CW01457283

LE SEUL ET VRAI PARADIS

UNE HISTOIRE DE L'IDÉOLOGIE DU PROGRÈS
ET DE SES CRITIQUES

DU MÊME AUTEUR

La révolte des élites et la trahison de la démocratie, Climats, 1996.
La culture du narcissisme, Climats, 2000.
Culture de masse ou culture populaire ?, Climats, 2001.
Les femmes et la vie ordinaire. Amour, mariage et féminisme, Climats, 2006.

Christopher Lasch

LE SEUL ET VRAI PARADIS

UNE HISTOIRE DE L'IDÉOLOGIE DU PROGRÈS ET DE SES CRITIQUES

Présentation et traduction de l'anglais (américain)
de Frédéric Joly

*Ouvrage traduit avec le concours
du Centre national du Livre*

Flammarion

Titre original :
The True and Only Heaven
Progress and its Critics

© W. W. Norton & Company, Inc., New York-Londres, 1991.
© Héritiers de Christopher Lasch.
© Éditions Climats, 2002.
© Éditions Flammarion, 2006 pour la présente édition.

ISBN : 2-08-080159-7

PRÉSENTATION DE L'ÉDITEUR

Le très fameux « sens de l'Histoire », dont il aurait été plutôt raisonnable en ce début de XXI⁰ siècle, de constater la disparition définitive, ne cesse pourtant d'être invoqué en permanence, contre tout sens historique, sinon contre toute logique. Le vieux rêve progressiste persiste à vouloir affranchir l'homme du tragique de sa condition, pourtant rappelé avec une constance, qui confine à l'acharnement, par notre quotidien. L'histoire de nos sociétés industrielles ne justifie aucune gloriole quant à leur capacité à assurer une redistribution équitable des fruits de l'accroissement de la richesse. Les inégalités sont de plus en plus fortes. Quant aux rapports entre industrialisation et démocratie, ils sont de plus en plus fragiles et problématiques, voire douteux. Ce constat évident est une contre-promesse directe à l'idée de progrès, qui demeure pourtant le fil directeur de nos politiques, toutes fondées sur le postulat de l'amélioration et de la modernité.

L'historien et critique social Christopher Lasch nous invite avec *Le Seul et Vrai Paradis* à fuir ce cauchemar qu'est cette « direction de l'Histoire » par la redécouverte de mouvements populaires et d'écrivains qui surent, entre autres, adopter une autre conception du Temps. Cette dernière, plus riche et consciente des différences existant entre l'optimisme, qui dépend de notre foi dans le progrès, et l'espérance, qui véhicule simultanément notre amour de la vie et notre conscience de sa tragédie, échappe à cette vision unidimensionnelle où l'irrémédiable catastrophe représente la seule alternative à l'avenir radieux. Ces penseurs critiques dont l'auteur revendique l'héritage menaient un combat contre un processus d'abstraction du passé dont ils devinaient les conséquences. Léo Strauss a montré qu'il n'était pas nécessaire d'être progressiste pour être démocrate. Christopher Lasch fait l'hypothèse qu'il est impossible d'être les deux à la fois en montrant que les mouvements authentiquement démocratiques du XIXᵉ siècle se constituèrent tous en opposition directe au progrès et à ses effets destructeurs. Il est vrai qu'il ne peut être compté parmi ces intellectuels à la Chomsky, cette « autre Amérique » idéologique, d'extrême gauche et d'obédience tiers-mondiste qui se fait à nouveau entendre. Lasch ne considéra jamais que l'affranchissement des déterminismes était la condition essentielle de la liberté individuelle. La très hypothétique solidarité du prolétariat international et l'impératif du déracinement le laissaient plutôt de marbre, lui pour qui la communauté d'appartenance et l'idée de tradition jouaient un rôle fondamental. Le retour qu'il nous propose ici vers l'histoire d'un certain radicalisme plébéien et d'une certaine tradition intellectuelle de l'Amérique concerne le lecteur français. Nous n'avons pas, en effet, attendu le 11 septembre 2001 pour être tous américains. Notre acharnement puéril à satisfaire immédiatement n'importe lesquels de nos désirs puérils, notre fascination pour la réussite matérielle, le kitsch et l'événement de pacotille n'ont rien à envier à ceux qui ont cours de l'autre côté de l'Atlantique. Nous moquons, fascinés, l'Amérique, et n'omettons jamais de dénigrer les aspects les plus vulgaires et extravagants du quotidien de ses habitants, mais nos démons intimes se confondent désormais, que nous le voulions ou non, avec ceux de l'*american way of life*. La critique européenne du supposé obscurantisme de la culture américaine semble bien se ramener à la simple réaffirmation de notre volonté d'être plus progressistes que le roi. Ceux pour qui la « critique anti-mondialisation » rime avec internationalisme et anti-américanisme, ce nouveau socialisme des imbéciles, s'apercevront, à la lecture du *Seul et Vrai Paradis*, qu'être *dans le ventre de la baleine* depuis le début était peut-être une chance. L'Amérique, notamment grâce au sens des limites propre aux fractions les plus modestes de sa classe moyenne, sut un temps se prémunir contre les mirages de la surabondance illimitée. Cette petite bourgeoisie tant méprisée, mais qui se voit en partie immunisée contre nos temps d'extrême consommation, a un passé. La tradition de radicalisme plébéien que Christopher Lasch nous fait découvrir donna lieu à la seule tentative sérieuse de poser l'une des grandes questions politiques du XXe siècle : l'abandon de ce fondement matériel de la vertu civique qu'était la propriété des moyens de production annonçait-il vraiment des temps meilleurs ? Cette tradition donna également lieu aux tentatives populaires les plus impressionnantes, dont celle du mouvement des droits civiques conduit par Martin Luther King reste l'exemple le plus superbe, d'organiser un mode d'action politique qui triompherait de l'envie et du ressentiment. Si la petite bourgeoisie se voit souvent attirée par ces passions tristes, sa culture dispose d'une « discipline spirituelle » suffisamment forte pour les contrecarrer. Les fanatiques de la raison éclairée, au contraire, trop sûrs du bien-fondé de leurs postulats, et bien trop peu intéressés par le versant sombre de l'existence, ont toujours préféré esquiver ces grands enjeux.

Envisager ces thèmes avec un dédain de principe, comme le font tant d'intellectuels, participe au caractère mortifère de ce qui tient lieu aujourd'hui de pensée et de débat politiques, dont témoigne avec éclat la misérable utilisation contemporaine du terme même de « populisme ». À nous priver d'une vision transversale des faits sociaux, à déformer sans vergogne des sensibilités politiques oubliées mais dignes d'intérêt, nous nous interdisons de comprendre la présente époque. La condescendance avec laquelle tant d'historiens se penchent sur le populisme du XIXe siècle laisse entendre que le XXe siècle aurait appris à réconcilier la liberté et l'égalité avec le système du salariat, la finance moderne, et l'organisation de la vie économique. Le refus de considérer cette histoire-là témoigne sans doute d'une frilosité assez compréhensible. Préoccupés par les menaces planant sur l'indépendance morale du travailleur et l'indifférence qui accueillait leur volonté de réhabiliter le travail de qualité, les Populistes comprenaient le salariat comme une autre forme d'esclavage, et la démocratisation de la consom-

mation comme un idéal qui ne valait pas la peine d'être
défendu. Une Démocratie authentiquement participative leur
semblait préférable à une organisation économique uniquement soucieuse de distribuer les fruits d'une croissance très
relative. La résistance au progrès dont ils se rendirent coupables
fut nécessaire, et menée avec intelligence. Ce combat, destiné
à défendre la propriété des moyens de production contre le
travail salarié, les processus capitalistes de concentration et la
collectivisation prônée par le communisme, échoua face à
l'adversité, mais la manière dont il fut mené reste, par bien des
aspects, un exemple.

La confusion, commune, entre radicalité et extrémisme ne
facilite pas la tâche de la critique sociale qui, plus que jamais,
par temps d'amalgame, est nécessaire. La « contestation » traditionnelle étant toujours destinée à se diluer dans la pensée
dominante, seule la pensée critique, soucieuse du passé, sera
peut-être susceptible de décrire l'étendue réelle des racines du
mal. Retourner vers des traditions oubliées et méprisées, nous
pencher sur des postures qui ont au moins prouvé, en leur
temps, leur légitimité, est un moyen d'y parvenir. Une exploration du populisme du XIXᵉ siècle pourrait bien nous aider à
tirer les leçons qui conviennent pour les temps qui sont les
nôtres. Elle nous rappelle, dans tous les cas, que le pays
enchanté du progrès ne fut pas toujours considéré comme le
seul et vrai paradis.

Frédéric Joly

« De nombreux voyageurs s'arrêtent pour prendre leur plaisir ou récolter leurs bénéfices à la foire (aux vanités), au lieu de se diriger vers la cité céleste. En effet, les charmes de l'endroit sont tels que les gens affirment souvent qu'il est le seul et vrai paradis ; soutenant catégoriquement qu'il n'en existe aucun autre, que ceux qui recherchent davantage sont de doux rêveurs, et que, si la clarté légendaire de la cité céleste se présentait à moins d'un mile des portes des vanités, ils ne seraient pas assez bêtes pour s'y rendre.

« ... Le lecteur chrétien, s'il n'a pas eu de récit de la cité ultérieur à l'époque de Bunyan, sera surpris d'apprendre que presque chaque rue a son église, et que les membres du clergé ne sont tenus nulle part en aussi haute estime qu'à la foire aux vanités. Et ils sont bien dignes d'une telle honorable considération ; car les maximes de sagesse et de vertu, qui tombent de leurs lèvres, viennent d'une source spirituelle aussi profonde, et nous proposent une philosophie religieuse aussi élevée que celle des plus sages philosophes d'autrefois. »

Nathaniel Hawthorne, *Le Chemin de fer céleste.*

Pour Robby et Greta
En gardant, malgré tout, espoir

PRÉFACE

Cette enquête débuta par une question faussement simple. Comment se fait-il que des gens sérieux continuent à croire au progrès alors que les évidences les plus massives auraient dû, une fois pour toutes, les conduire à abandonner cette idée ? La tentative d'expliquer cette anomalie – la persistance d'une croyance au progrès dans un siècle rempli d'atrocités – m'incita à me pencher sur le XVIIIe siècle, moment où les fondateurs du libéralisme moderne commencèrent à soutenir que les besoins humains, étant insatiables, nécessitaient une expansion illimitée des forces de production indispensables à leur satisfaction. Le désir insatiable, jadis condamné comme source de frustration, de malheur, et de désarroi spirituel, commença alors à être envisagé comme un puissant stimulant au développement économique. Loin de dénigrer cette tendance à vouloir toujours plus, des libéraux* comme Adam Smith avancèrent que les besoins variaient d'une société à l'autre, que les hommes et les femmes civilisés avaient des exigences supérieures à celles des sauvages pour être

---

* Nous avons choisi de laisser au terme son ambiguïté originelle – on sait qu'il s'applique aussi bien aux partisans de l'économie de marché, généralement classés à droite, qu'aux défenseurs des « idées nouvelles » censés incarner la gauche –, conforme à l'esprit de Lasch (*NdT*).

Les notes de l'auteur sont présentées en bas de page et signalées par un astérisque. Celles du traducteur, signalées par un chiffre, sont regroupées, sauf exceptions destinées à justifier tel ou tel choix de traduction, en fin d'ouvrage (*NdÉ*).

à leur aise, et qu'une perpétuelle redéfinition de leurs concepts
de confort et de commodité conduisait à des perfectionnements
dans la production et à une augmentation générale de la
richesse. La transformation du luxe en nécessité ne pouvait dès
lors plus connaître de terme. Plus les gens jouissaient de commodités, plus ils en demandaient. La plasticité de la demande
parut donner à l'idée anglo-américaine du progrès une base
solide qui ne pouvait être ébranlée par des événements ultérieurs, même pas par les guerres mondiales qui éclatèrent au
XXᵉ siècle. Ces guerres, bien au contraire, apportèrent davantage
de dynamisme au développement économique.

L'hypothèse que notre niveau de vie (au sens le plus large
du terme) connaîtra un net progrès embellit notre manière
d'envisager le passé aussi bien que notre vision du futur. Elle
donne lieu à une aspiration nostalgique pour la simplicité
d'antan – l'autre face de l'idéologie du progrès. La nostalgie,
qu'il ne faut pas simplement comparer à la recherche du temps
enfui, doit plutôt être comprise comme une abdication de la
mémoire. Elle fait du passé, David Lowenthal l'a démontré,
un pays étranger. Elle brouille les connexions entre le passé et
le présent. Profondément enracinée à la fois dans la culture
populaire et la sociologie universitaire, la posture nostalgique
tend à remplacer l'analyse historique par des typologies abstraites – société « traditionnelle » et « moderne », *gemeinschaft*
et *gesellschaft* – qui entravent la reconstruction imaginaire de
notre passé ou une évaluation réfléchie de nos perspectives.
Maintenant que nous avons commencé à prendre conscience
des limites écologiques à l'expansion économique, nous avons
besoin de soumettre l'idée de progrès à une critique minutieuse ; mais une vision nostalgique du passé ne fournit pas les
arguments nécessaires à une telle critique. Elle ne nous donne
qu'une image inversée du progrès, une vision unidimensionnelle de l'histoire dans laquelle un pessimisme désenchanté et
une sorte d'optimisme fataliste demeurent les seuls points de
référence, une critique du progrès qui ne tient qu'au contraste
entre les complexes sociétés modernes et les communautés,
caractérisées par un lien social fort, prétendument typiques du

« monde que nous avons perdu », tel que Peter Laslett le nomme dans son étude sur l'Angleterre du XVIIᵉ siècle.

L'idée du progrès et le contrepoint communautaire qui l'accompagnent favorisent une sorte de spéculation qui cherche à mettre en balance les avantages apportés par le progrès et les pertes qu'il occasionne, et demeure forcément ambivalente face au problème envisagé dans sa globalité. Ce qui s'impose est un point de vue qui coupe court à cet interminable débat, qui questionne les typologies dominantes et nous permette de comprendre la différence existant entre la nostalgie et la mémoire, l'optimisme et l'espérance. Une insatisfaction grandissante à l'encontre du point de vue dominant a conduit les historiens et la critique sociale à interroger la tradition, de ce côté-ci de l'Atlantique, du républicanisme ou de l'humanisme civique, un adversaire historiquement important de la tradition libérale. Des universitaires ont démontré que l'économie politique libérale avait dû faire face, pour s'imposer, à une opposition vigoureuse, que son triomphe final était loin d'être acquis à l'avance, et que la tradition républicaine persistait, notamment au XIXᵉ siècle, à soutenir un idéal de société décente radicalement différent de celui que mettait en avant le libéralisme.

Mon interprétation du Populisme du XIXᵉ siècle ou de la Démocratie fondée sur la propriété – généralement entendue comme un corps de pensée sociale condamnant l'appétit sans bornes pour toujours plus de biens, et se méfiant des « progrès » dès lors qu'ils ne font qu'engendrer une division du travail de plus en plus perfectionnée – s'appuie sur les recherches de J.G.A. Pocock, Gordon Wood, et d'autres historiens de la tradition républicaine. Je soutiens cependant que le concept de vertu, qui joue un rôle si important dans la critique propre au XIXᵉ siècle du « progrès », ne tirait pas uniquement son origine de sources républicaines. De récents travaux, dont beaucoup sont portés par l'espoir de ressusciter un sens du devoir civique et de contrecarrer l'individualisme rapace encouragé par le libéralisme, ont oublié que le concept de vertu le plus fort se trouvait dans certaines formes de protestantisme radical. Pour un puritain tel que John Milton, la « vertu » ne renvoyait pas au service désintéressé rendu au bien public mais au courage, à la vitalité, et à la force stimulante qui émanaient, en dernière instance, du créateur de l'univers. Milton associait la vertu à la fois aux bienfaits concédés au genre humain par Dieu, et à la reconnaissance pleine de gratitude à l'égard de la vie, une vie envisagée comme un don, plutôt que comme un défi à notre pouvoir de la modeler en fonction de nos propres aspirations. Jonathan Edwards comprenait également que la gratitude impliquait une reconnaissance par l'homme de sa dépendance à un pouvoir supérieur. Pour Edwards, l'ingratitude – le refus de reconnaître des limites aux pouvoirs humains, le désir de parvenir à un savoir et à des capacités égales à celles de Dieu – devenait l'antithèse de la vertu et l'essence du péché originel.

Au XIXe siècle, période où l'avancée de l'inventivité humaine semblait annoncer une victoire décisive sur la fatalité, Thomas Carlyle et Ralph Waldo Emerson, calvinistes modernes sans théologie calviniste, rappelaient à leurs lecteurs que les êtres humains ne contrôlaient pas leur propre destin. Ils prétendaient, en effet, que le destin ne pouvait être conquis que par l'« émerveillement » et la vertu – par l'acceptation pleine de gratitude d'un monde qui n'était pas uniquement fait de jouissance. L'importance qu'ils accordaient aux limitations humaines a, me semble-t-il, beaucoup à voir avec la critique populiste du « progrès », bien qu'ils la formulèrent beaucoup plus en termes philosophiques qu'en termes politiques. Le principe d'Emerson de « compensation » peut être compris comme une exploration des implications morales de l'« enrichissement immérité ». Défier le destin, dans la conception d'Emerson, se résumait à une forme de fraude fiscale, une tentative d'obtenir quelque chose pour rien – une tentative d'échapper à l'impôt sur le désir. Les économistes du progrès espéraient susciter un désir de création de richesses ; Emerson et Carlyle réaffirmaient l'ancienne sagesse rurale d'après laquelle un désir irrésistible entraîne le châtiment mérité, une force correctrice et compensatoire.

William James, dans sa pénétrante analyse du type d'expérience religieuse qu'il définissait comme celle des « nés deux fois » (*twice born*), expliquait « l'admirable cohérence de la théologie protestante avec la structure de l'esprit ». Pour les

« nés deux fois », la défaite et le désespoir n'étaient que le prélude à l'expérience de l'espérance et de l'émerveillement, d'autant plus intense qu'elle reposait sur une conscience de la tragédie. Si James doutait plus qu'Emerson ou Carlyle des vertus morales du dessaisissement de soi, il partageait avec eux la croyance qu'une « dessiccation » spirituelle, pour reprendre son expression, faisait encourir un plus grand danger au monde moderne que le fanatisme religieux, la superstition et l'intolérance – les « épouvantails » de tous ceux qui croyaient que le progrès permettrait à l'homme de perdre le goût de son besoin enfantin de religion. Nombre d'auteurs s'étaient laissés envahir, au début du XXᵉ siècle, par les doutes au sujet du progrès qu'avaient si brillamment exprimés Carlyle, Emerson et James. Ainsi Georges Sorel, qui reconnaissait une dette intellectuelle à l'égard de James, concevait le syndicalisme non seulement comme l'équivalent moral d'une forme première de propriété mais comme la seule forme d'action politique susceptible de soutenir une conception héroïque de la vie.

Un certain nombre de motifs récurrents inspire la forme d'opposition à l'idéologie du progrès que j'ai essayé d'analyser et de distinguer d'une lamentation plus traditionnelle sur le déclin de la « communauté ». Les habitudes de la responsabilité associées à la possession de la propriété ; l'oubli de soi volontaire qui accompagne l'immersion dans quelque ouvrage absorbant ; le risque que de bonnes conditions matérielles finissent par faire disparaître l'idéal plus exigeant d'une vie bonne ; l'idée que le bonheur est assujetti à la reconnaissance que les humains ne sont pas faits pour le bonheur – ces préoccupations, séparément ou se combinant de diverses manières, réapparaissaient dans la conception du syndicalisme de Sorel, dans le socialisme associatif prôné par G.D.H. Cole et d'autres, dans la « philosophie de la loyauté » de Josiah Royce, dans la présentation faite par Reinhold Niebuhr de la « discipline spirituelle contre le ressentiment », et dans la pratique de résistance non violente de Martin Luther King. Ce que tous ces penseurs partageaient, eux et leurs prédécesseurs, était un sens des limites – le thème qui unifie l'ensemble du texte qui suit. Une exploration de l'idée des limites dans leurs multiples formes nous permet de

reconstruire, moins une tradition intellectuelle, qu'une sensibilité qui va à contre-courant des tendances dominantes de la
vie moderne mais fait preuve, encore aujourd'hui, d'une force
considérable.

Il est plus facile, peut-être, de la décrire comme la sensibilité
de la petite bourgeoisie – difficile de la reconnaître en tant que
telle, chez les penseurs importants, précisément parce que nous
nous attendons à ce que ces derniers participent à la détestation
générale dirigée contre le mode de vie petit bourgeois. Ces
penseurs-là, je le crois, incarnaient la conscience des fractions
les plus modestes de la classe moyenne, donnant voix à leurs
préoccupations particulières, et critiquant leurs vices caractéristiques que sont l'envie, le ressentiment et la servilité. Malgré
ces tares, le conservatisme moral de la petite bourgeoisie, son
égalitarisme, son respect pour le travail de qualité, sa compréhension de la valeur de la loyauté, et sa répugnance face à la
tentation du ressentiment sont les fondements sur lesquels les
critiques du progrès ont toujours dû s'appuyer s'ils voulaient
élaborer ensemble une alternative cohérente à l'orthodoxie
régnante.

Je n'ai pas l'intention de minimiser l'étroitesse d'esprit et le
provincialisme de la culture des fractions les plus humbles de
la classe moyenne ; pas plus que je ne nie le fait qu'elle a
engendré racisme, chauvinisme, anti-intellectualisme et toutes
les autres plaies si souvent citées par les critiques libéraux. Mais
les libéraux, dans leur impatience à condamner ce qui est
déplaisant dans la culture petite bourgeoise, ont perdu de vue
ce qu'elle a d'estimable. Leur attaque contre « l'Amérique profonde », qui donna lieu en fin de compte à une contre-attaque
anti-libérale – l'élément principal de l'émergence d'une nouvelle droite – les a rendu aveugles aux aspects positifs de la
culture petite bourgeoise : son réalisme moral, sa compréhension du fait que chaque chose a un prix, son respect des limites,
son scepticisme au sujet du progrès. En dépit de tout ce qui a
pu être dit contre eux, les petits propriétaires, les artisans, les
commerçants et les fermiers – plus souvent victimes que bénéficiaires des « innovations » – ne risquent pas de confondre le
pays enchanté du progrès avec le seul et vrai paradis.

LE SEUL ET VRAI PARADIS

I. INTRODUCTION :
L'OBSOLESCENCE DU CLIVAGE
ENTRE LA GAUCHE ET LA DROITE

Le malaise actuel

Le postulat sous-jacent de cette enquête – le fait que les vieilles idéologies politiques ont perdu leur capacité d'expliquer les événements et d'inspirer aux hommes et aux femmes une ligne de conduite cohérente – nécessite une explication en introduction.

La réapparition inattendue de la droite, non seulement aux États-Unis mais à travers une grande partie du monde occidental, a plongé la gauche dans la confusion et a remis en question l'ensemble de ses anciennes suppositions quant à l'avenir : le fait que le cours de l'histoire favorisait la gauche ; que la droite ne se remettrait jamais des défaites qu'elle avait subies au cours de l'ère libérale et de l'ascendant social-démocrate ; qu'une certaine forme de socialisme, tout au moins un type d'État-providence plus volontaire, remplacerait bientôt le capitalisme de marché. Qui aurait prédit, il y a vingt-cinq ans, qu'au moment où le XXᵉ siècle parvenait à son terme, ce serait la gauche qui partout battrait en retraite ?

Mais l'état d'esprit particulier de ce temps, un sentiment déconcertant de flottement, ne concerne pas, loin de là, que les gens de gauche. Le succès imprévisible de la droite n'a pas redonné une ossature morale et un dessein collectif aux nations occidentales, et certainement pas aux États-Unis. La nouvelle droite s'est hissée au pouvoir avec un mandat destiné, non seulement à soustraire le marché aux interférences bureaucratiques, mais destiné également à mettre un terme à ce glissement vers l'apathie, l'hédonisme et le chaos moral. Elle n'a pas su répondre à ces attentes. Un effondrement spirituel, dont la perception est à l'origine d'une grande part de la colère populaire contre le libéralisme, est aussi manifeste aujourd'hui qu'il l'était au cours des années soixante-dix. Des participants à un récent congrès consacré à la situation du conservatisme américain constatent un « mal-être » généralisé avec la mise en œuvre de la soi-disant révolution Reagan. À l'instar des libéraux, les conservateurs souffrent d'une « baisse du moral », d'un « malaise ». La « crise de la modernité » ne peut être résolue, aux dires de George Panichas, par un « conservatisme en trompe l'œil » qui se contente de ne sanctionner que la poursuite débridée de la réussite matérielle. Les « vertus ordinaires d'honnêteté, de loyauté, de savoir-vivre, de travail et de sobriété », écrit Clide Wilson, sont plus « discrètes » que jamais. Au début des années soixante, il était encore « possible de tenir pour acquis que le tissu social à l'Ouest (...) était relativement préservé ». Sous Reagan, quoi qu'il en soit, il n'a cessé de se désagréger.

Sa déférence habituelle à l'égard des « valeurs traditionnelles » ne peut dissimuler le fait que la droite s'en est remise au progrès, au développement économique illimité, à l'individualisme rapace. À entendre Paul Gottfried et Thomas Fleming, « le scepticisme au sujet du progrès », jadis le signe distinctif des « intellectuels considérés comme conservateurs », a pratiquement disparu. « Les différences politiques entre la droite et la gauche ont déjà été largement réduites à des désaccords au sujet de mesures destinées à atteindre des objectifs moraux comparables. » Les distinctions idéologiques entre libéralisme et conservatisme ne signifient plus grand-chose ou définissent les contours du débat politicien.

Le tabou des limites

L'inutilité des vieilles étiquettes et la nécessité d'une réorientation des idées politiques commencent à se faire sentir. Il y a quelques années, dans un ouvrage qui se présentait comme le manifeste d'un libéralisme résurgent, Paul Tsongas, alors sénateur du Massachusetts, appelait les libéraux à devenir plus conservateurs quant aux enjeux économiques, et plus téméraires face aux « questions de société » que constituaient les droits des homosexuels, le féminisme et l'avortement. Bernard Avishai du *Massachusetts Institute of Technology*, dans un article publié dans Dissent, répondait que Tsongas « reculait », et que la gauche avait besoin de combiner radicalisme économique et conservatisme culturel. De telles prises de position démontrent une prise de conscience grandissante de la nécessité de repenser les engagements convenus. Elles doivent encore trop, quoi qu'il en soit, aux termes éculés de ce débat. Nous avons besoin d'aller au bout de la question plus courageusement, et de nous demander si la gauche et la droite n'en sont pas venues à trop partager les mêmes convictions fondamentales, parmi lesquelles une croyance dans l'aspect désirable et inévitable du développement technique et économique, à tel point que leur rivalité, aussi tendue et violente soit-elle, n'interpelle plus les grands enjeux de la politique américaine.

Un signe des temps : la gauche et la droite, avec une égale véhémence, refusent en bloc toutes les deux l'accusation de « pessimisme ». Ni l'une ni l'autre n'ont que faire des « prophètes de malheur ». Aucune des deux ne veut admettre que notre société a pris un mauvais tournant, a perdu son chemin, et a besoin de retrouver un sens du dessein et de la perspective. Aucune des deux ne se confronte à la question majeure des limites, si menaçantes pour ceux qui espèrent paraître optimistes en permanence. Les faits sont là : les ressources naturelles de la planète ne permettront pas une expansion infinie de la civilisation industrielle. La droite propose, en effet, de conserver notre mode de vie clinquant tel qu'il a été maintenu dans le passé, aux dépens du reste du monde (et de plus en plus de nos propres minorités). Ce programme sécrète son propre échec, non seulement parce qu'il entraînera des conséquences écologiques auxquelles même les riches ne peuvent échapper, mais également parce qu'il creusera le fossé séparant les nations riches des pauvres, générera des mouvements terroristes et insurrectionnels de plus en plus violents à l'encontre de l'Occident, et provoquera une détérioration de l'équilibre politique du globe aussi inquiétante que la dégradation du climat naturel.

Mais le programme historique de la gauche est devenu pareillement autodestructeur. L'espoir d'étendre le mode de vie occidental au reste du monde conduira encore plus rapidement à l'épuisement des ressources non renouvelables, à la pollution irréversible de l'atmosphère terrestre, et sous peu à la destruction du système écologique dont dépend la vie humaine. « Imaginons », écrit Rudolph Bahro, un porte-parole des écologistes allemands, « ce qu'impliquerait l'extension de la consommation en matières premières et en énergie de notre société aux 4,5 milliards de personnes vivant aujourd'hui, ou aux dix-quinze milliards probablement à venir. Il est forcément évident que la planète ne peut simplement pas supporter de tels volumes de production... à très court terme. »

Ces considérations refusent l'optimisme habituel (quoique le vrai désespoir réside au contraire dans le refus de ne pas s'y confronter du tout), et aussi bien la droite que la gauche préfèrent par conséquent changer de sujet – échanger, par exemple, des accusations de fascisme et de socialisme. Mais le déploiement rituel et l'inflation rhétorique de ces slogans faciles démontrent avec d'avantage d'évidence l'indigence du débat politique récent. Pour la gauche, le fascisme embrasse maintenant l'ensemble de la droite, aussi bien libérale que social-démocrate, incluant en son sein quelques éléments disparates comme l'Iran de l'Ayatollah Khomeini, l'opposition au régime sandiniste au Nicaragua, et l'administration Reagan même. Pour la droite, le communisme (ou ce qu'il est désormais convenu d'appeler le « socialisme rampant ») recouvre l'ensemble de la gauche jusqu'au *New Deal*. Non seulement ces termes ont perdu leur signification dans cette dangereuse inflation, mais ils ne recouvrent plus d'alternatives historiques en cette fin du XXᵉ siècle.

Il devrait déjà être plus qu'évident que ni le fascisme ni le communisme ne constituent la menace du futur. Les réformes capitales de Gorbatchev en Union Soviétique, suivies par l'effondrement de l'Empire soviétique en Europe de l'Est,

montrent assez que le communisme a fait son temps. Tout
comme le fascisme, il ne peut être analysé comme un modèle
d'organisation global, et certainement pas comme le stade terminal de l'effondrement du capitalisme. Pas plus le concept
approximatif de totalitarisme n'offre-t-il de substitut acceptable. L'histoire du XXᵉ siècle suggère que les régimes totalitaires
sont extrêmement fragiles, évoluant vers une forme de bureaucratie qui ne s'ajuste pas plus au modèle fasciste classique qu'au
modèle communiste. Rien de tout cela ne signifie que le futur
sera démocratique, mais seulement que le danger pour la
Démocratie vient moins de mouvements totalitaires ou collectivistes extérieurs que d'une érosion de l'intérieur de ses fondements spirituels, culturels et psychologiques.

La fabrication d'un mécontent

« Le mécontentement pourrait bien être le début d'une promesse. »
Randolph Bourne, *Twilight of Idols*

Ma propre confiance dans le pouvoir explicatif des vieilles
idéologies commença à vaciller au milieu des années soixante-
dix, moment où mon étude de la famille me poussa à questionner le programme de la gauche en faveur de la libération
sexuelle, de l'accès des femmes au monde du travail et de
l'Assistanat public. Jusqu'alors, je m'étais toujours identifié à
la gauche. J'avais grandi dans la tradition du Progressisme[1] du
Middle West, recouverte par le libéralisme du *New Deal*. Je
croyais à la *Tennessee Valley Authority*, au *CIO*[2] et aux Nations
Unies. Au cours des polémiques acharnées autour de la politique étrangère qui commencèrent à diviser les libéraux à la
fin des années quarante, et durant les années cinquante, je me
rangeais aux côtés de ceux qui encourageaient la poursuite des
efforts destinés à pacifier nos relations avec l'Union soviétique.
Je partageais le regret de mes parents d'avoir vu les ouvertures
de Franklin Roosevelt envers les Russes abandonnées par ses
successeurs – inconsidérément et prématurément abandonnées, comme nous le pensions[3]. Harry Truman n'était pas

un héros dans l'entourage de mes parents. Sa stratégie de la
tension, ses mises en garde permanentes contre une normalisation de la situation, et son effort malavisé pour coopter la
question de la sécurité nationale (qui ne faisait qu'aiguiser
l'appétit pour des mesures plus inflexibles encore contre une
soi-disant « subversion » intérieure) ne paraissaient en rien
avoir rendu les Américains plus en sécurité dans le monde.
Bien au contraire, le monde semblait devenir plus dangereux
chaque jour.

Les médias de masse avaient tenté, rétrospectivement,
d'idéaliser les années cinquante comme un âge de l'innocence.
Nous ne partagions pas, beaucoup de mes contemporains et
moi, cette vision des choses. Une situation chronique d'alerte
sur le plan international donnait lieu à une dégradation des
libertés civiles à l'intérieur du pays, ainsi qu'à une militarisation
de la vie américaine. Sous Joseph MacCarthy, l'anticommu-
nisme atteignit un délirant sommet d'intensité ; mais la chute
de MacCarthy n'entraîna pas une modification des limites du
débat toléré. Des critiques de la stratégie de la tension, comme
Walter Lippman et George Kennan (après 1955) avaient des
difficultés à se faire entendre, et leur appel à un « désengage-
ment » de la guerre froide n'eut aucune influence, autant que
mes amis et moi pouvions en juger, sur la politique américaine.
Nous nous sentions de plus en plus impuissants dans un monde
dominé par de gigantesques organisations militaires, deux
d'entre elles se préparant à quelque confrontation apocalyptique et apparemment imperméable à l'aiguillon de l'humanité,
ou même à une appréciation pragmatique de leurs propres
intérêts nationaux.

Ces événements des années soixante rapidement exposés
m'incitèrent à m'éloigner de la gauche. Contrairement à
beaucoup de mes camarades d'Harvard, je n'accueillais pas
favorablement l'élection de John Kennedy et la connexion
Cambridge-Maison blanche l'accompagnant. La politique étrangère de Kennedy – et l'actualité internationale continuait à
conditionner mes réactions politiques à cette époque – semblait
encore plus téméraire que celle de Truman. Les ayant côtoyés
d'assez près, je n'étais pas particulièrement impressionné par

les « meilleurs et les plus brillants ». La trajectoire allant
d'Harvard à Washington symbolisait, à mes yeux, l'ascendant
politique de la route 128, zone des industries de haute technologie qui étaient en train d'envahir la périphérie de Boston.
Cette immense étendue suburbaine, fondée sur la collaboration
entre « cerveaux » et pouvoir militaire, offrait une preuve évidente de ce qu'Eisenhower appelait le complexe militaro-
industriel.

Le discours d'adieu d'Eisenhower m'émut bien plus profondément que celui d'investiture de Kennedy, avec son appel
visant à redonner à l'Amérique un nouvel élan. L'avertissement
d'Eisenhower devint un de mes points de référence principaux
dans la politique du début des années soixante, avec l'article
de Dwight Macdonald consacré à l'élection de 1960, expliquant pour quelle raison il n'appelait à voter pour aucun candidat. Cet article m'incita à me tourner vers les mémoires
politiques de Macdonald des années trente et quarante, une
attaque cinglante, intelligente et vivante de l'État-providence.
Je commençai à lire d'autres critiques de la société qui s'adres-
saient à mon sens du pressentiment, à cette sensation que nous,
Américains, avions, d'une manière ou d'une autre, placé notre
destin entre les mains d'une machine de guerre implacable qui
s'avérait presque totalement indépendante de toute intervention humaine, poursuivant dans la plus totale irresponsabilité
son industrie de la destruction.

Les écrits qui donnèrent une forme et une orientation à ma
pensée au début des années soixante – les essais sur la guerre
de Randolph Bourne, *Power Elite* de C. Wright Mills, *Tragedy
of American Diplomacy* de William Appleman William, *Affluent
Society* de John Kennet Galbraith, *La Société technologique* de
Jacques Ellul, *Growing Up Absurd* de Paul Goodman, *Eros et
Civilisation* d'Herbert Marcuse, *Eros et Thanatos* de Norman
O. Brown – s'attachaient à des thèmes dont certains étaient
communs, que j'aborde aujourd'hui : la pathologie de la domination ; l'influence grandissante des structures (aussi bien économiques que militaires) qui agissent sans autre considération
rationnelle que leur propre développement ; l'impuissance des

citoyens face à ces monstrueuses institutions, et l'arrogance de
ceux qui sont censés défendre les intérêts de ces derniers.

La guerre du Vietnam confirma cette impression de pouvoir
implacable et omnipotent. Lorsque les « brigades de la vérité »
du Département d'État arrivèrent à Iowa City (où j'enseignais
à ce moment-là) avec pour ordre d'apporter une correction
aux dangereux errements prônés par les opposants à la guerre
au sein de l'Université, j'eus un avant-goût de l'intérêt porté
par notre gouvernement à l'opinion publique. Je me levai pour
contester l'explication officielle donnée de la politique américaine, pour m'entendre seulement répondre d'un de nos zélés
fonctionnaires : « Asseyez-vous et fermez-la ». Je pris à cœur,
quoi qu'il en soit, de participer à l'opposition grandissante à
la guerre, à la formation d'une nouvelle gauche, et à la tentative
du mouvement étudiant de mettre en lumière les liens de
causalité existant entre la guerre et la bureaucratisation de la
vie universitaire. La dépendance grandissante de l'industrie à
la technologie la plus avancée avait entraîné la « multiversité »
à l'intérieur du complexe militaro-industriel, mais bien que ces
événements eussent indubitablement des conséquences déplorables sur la scolarité et l'enseignement, ils laissaient espérer
une modeste possibilité d'évolution, depuis qu'une campagne
contre la recherche militaire secrète – si radicalement à l'opposé
de l'éthique universitaire de la publication et de la discussion
publique – était parvenue à interrompre la circulation des
informations classées des firmes vers le Pentagone. Tel était le
raisonnement quelque peu désenchanté – bien mieux étayé, je
m'en souviens, par l'historien Gabriel Kolko – qui incita
certains d'entre nous à considérer la réforme de l'université,
éminemment souhaitable dans cette optique, comme un enjeu
bien plus important qu'un simple contentieux universitaire :
une initiative stratégique dirigée contre le maillon le plus faible
du complexe militaro-industriel.

Cette stratégie présumait que l'Université, profondément
compromise par ses collaborations avec les conglomérats,
l'armée, et l'État, honorait tout de même l'idéal d'une communauté de chercheurs et était par conséquent sensible à la
pression exercée au nom de cet idéal. Il devint bientôt évident,

toutefois, que le mouvement étudiant entretenait une conception différente de l'Université, qui condamnait sans distinction toutes les institutions et mettait sur le même pied d'égalité « libération » et liberté individuelle anarchique. La nouvelle gauche dégénérant en parades révolutionnaires, ses porte-parole – des phénomènes de foire médiatiques comme Jerry Rubin et Abbie Hoffman, des explorateurs de l'authenticité « existentielle » comme Tom Hayden, des professionnels de la provocation tels Mark Rudd – trouvèrent manifestement de plus en plus délicate la distinction à effectuer entre pouvoir et autorité. Mes propres expérience et interprétation m'avaient convaincu que le mal dont souffrait la société américaine était l'effondrement de l'autorité légitime, et que ceux qui gouvernaient nos institutions, puisqu'ils avaient à un tel point perdu la confiance de l'opinion publique, devaient mettre un terme à la corruption, à la manipulation, à l'intimidation et à la surveillance secrète. Le travail était devenu une routine désagréable, voter un rituel dépourvu de signification, le service militaire quelque chose à éviter à tout prix. La tentative de rallier l'opinion publique au gouvernement avait donné lieu à la recherche d'une « crédibilité ». Les autorités, dans à peu près chaque domaine, avaient perdu tout crédit auprès de l'opinion publique ; mais la seule manière de contrer le cynisme en résultant était, me semblait-il, de réformer nos institutions afin de les rendre dignes de confiance, et non de jouer sur ce cynisme en affirmant qu'il était impossible de croire quiconque âgé de plus de trente ans.

Le fait que j'avais moi-même dépassé la trentaine n'était sans doute pas pour rien dans la manière dont j'envisageais ces questions. Ma génération – ceux d'entre nous qui ne s'étaient pas entichés de la Nouvelle Frontière – se retrouvait prise au piège d'une lutte dans laquelle les considérations de génération éclipsèrent très vite celles de classe et de race. Les jeunes militants nous dénonçaient comme des ennemis de la révolution en raison de nos professions, de nos familles et de nos postes à responsabilités (pourtant durement limitées par les réalités du pouvoir bureaucratique), alors que nos aînés – la vieille gauche anticommuniste et social-démocrate en route à

ce moment-là vers le néo-conservatisme – nous reprochaient
notre ingratitude à l'égard de la société qui nous avait offert
tous les avantages et octroyé des positions enviables au sein de
ses Universités. Nous considérions notre critique de la société
américaine, et de l'Université en particulier, comme un acte
de loyauté, destiné à restaurer la confiance de l'opinion
publique en l'autorité. Les vieux sociaux-démocrates l'interpré-
taient, cependant, comme une subversion délibérée et calculée,
une autre version de la « trahison des intellectuels » – plus
répréhensible, s'il en était, que la rébellion des enragés, qui
avait au moins l'excuse d'un excès d'idéalisme juvénile.

Mon insatisfaction grandissante à l'égard de la nouvelle
gauche n'impliquait aucune rupture avec les traditions historiques de la gauche, que je maintenais au plus haut plus je
parvenais à les comprendre. Le problème avec la nouvelle
gauche, me semblait-il, résidait précisément dans son ignorance
de l'histoire originelle de la gauche, avec pour conséquence le
fait qu'elle persistait à reproduire les figures les moins intéressantes de cette histoire : un sectarisme rampant, une obsession
de la pureté idéologique, une idéalisation des groupes d'exclus.
À la fin des années soixante, je me pensais socialiste, assistais
aux congrès de la *Socialist Scholars Conference*, et participais
par diverses contributions à la création d'un journal d'opinion
socialiste. Assez tardivement, je me plongeai laborieusement
dans les textes de Marx et Engels. Je lus Gramsci et Lukacs,
les fondateurs du « Marxisme occidental ». Je m'immergeai
dans les travaux de l'École de Francfort – Horkheimer, Adorno,
Marcuse. Leur synthèse des œuvres de Marx et Freud – auxquelles j'avais été initié en premier lieu par Marcuse et Norman
O. Brown, dont l'ambition était de mettre la psychanalyse au
service de la théorie sociale – me frappa par son impres-
sionnante fécondité, fournissant au Marxisme pour la première
fois une solide théorie de la culture. La tradition du Marxisme anglais, tel qu'élaboré par Raymond Williams et E.P.
Thompson, m'attirait pour la même raison. Elle refusait le
déterminisme économique et la distinction mécaniste entre
« infrastructure » économique et « superstructure » culturelle.
Elle démontrait que la conscience de classe est le produit de

l'expérience historique, et non un simple reflet de l'intérêt économique. Les travaux de Williams et Thompson montraient aussi combien le Marxisme pouvait embrasser les manifestations des conservatismes culturels et donner une explication synthétique, non seulement des difficultés économiques occasionnées par le capitalisme, mais également de la manière dont le capitalisme faisait obstacle au besoin de prendre plaisir à travailler, aux relations stables, à la vie familiale, au sens de la perspective, et au sens de la continuité historique.

À la fin des années soixante et au début des années soixante-dix, le Marxisme me paraissait incontournable – enrichi des nombreux raffinements et développements qu'avaient introduits ceux qui n'approuvaient pas son côté mécaniste et positiviste – pour tout un ensemble de raisons. Il fournissait une réponse de gauche à l'anti-intellectualisme de la nouvelle gauche – son culte de l'action (de préférence violente, l'action « authentique sur le plan existentiel »), son mépris pour l'autonomie de la pensée, sa terrible habitude de ne juger les idées qu'à l'aune de leur apport immédiat à la révolution. Les marxistes occidentaux choisissaient le long terme et prêchaient la patience : la préparation sereine d'une nouvelle culture. Le Marxisme expliquait un grand nombre de choses qui, me semblait-il, ne pouvaient l'être d'une autre façon, notamment la politique étrangère agressive qui m'avait si longtemps troublé. À la fin des années cinquante, j'avais attentivement écouté les Kennan, Lippman et autres « réalistes », qui affirmaient que les pires figures de la politique américaine trouvaient leur origine dans une ferveur morale déplacée. Le Vietnam me persuada, cependant – comme il en persuada beaucoup d'autres –, que l'impérialisme américain était intrinsèquement lié aux exigences structurelles du capitalisme même, qui persistait à se reposer sur l'exploitation coloniale. Ceux qui rejetaient le déterminisme économique souvent associé au Marxisme l'envisageaient toutefois comme un principe d'analyse sociale incontournable, voulant que les institutions d'une société dussent être comprises comme les reflets de sa structure sous-jacente, de la configuration caractéristique de ses forces de production en particulier.

Mais l'attrait du Marxisme, en ce qui me concerne, ne réside pas seulement dans sa capacité à fournir une structure d'explication globale, mais dans les éclaircissements plus spécifiques qu'il apporte sur l'« épuisement du sens de la vie », pour citer la merveilleuse expression de Gramsci. Sous cet angle, j'étais plus attiré par la critique marxiste de la culture de masse. Les idées de l'École de Francfort paraissaient ici coïncider avec celles qu'avançaient les socialistes américains associés au cours des années trente à *Partisan Review* et plus tard à *Politics*, *Commentary* et *Dissent*. Ces critiques nés, notamment Dwight Macdonald et Irving Howe, avaient condamné le Stalinisme en partie parce qu'il soumettait la culture (comme il soumettait tout le reste) aux exigences de l'idéologie officielle. Ayant défendu l'indépendance intellectuelle et artistique contre la *Kulturbolschewismus* au cours des années trente, ils vinrent la défendre, dans les années quarante et cinquante, contre les altérations très différentes, mais pas moins insidieuses, qui lui étaient imposées par le marché. La dégradation de l'art en divertissement, affirmaient-ils, avait le même effet sur la culture que celui de la production de masse sur les objets matériels : une standardisation, la destruction du savoir, et une prolifération d'objets factices condamnés à l'obsolescence immédiate. Les critiques de la culture de masse, tels que je les lisais, n'étaient pas préoccupés en priorité par la dégradation du goût populaire ; pas plus n'affirmaient-ils que la culture de masse servait d'opium au peuple, une source de « fausse conscience » conduisant les masses à l'acceptation de leur misérable condition. Ils s'attachaient à traquer quelque chose de plus inquiétant : le remplacement de la renommée par la célébrité ; des événements par les images, et les pseudo-événements ; du jugement moral légitime par un « abrutissement intérieur » qui conduisait à la peur panique d'être dépassé par les continuelles modes, au besoin de savoir ce qu'étaient en train de se dire les gens informés, à l'avidité pour le dernier scandale, la dernière découverte médicale, les derniers sondages d'opinion publique ou autres études de marché. La critique de la culture de masse montrait avec davantage d'évidence, me semblait-il, que notre société n'était plus guidée par un consensus moral. Ce qui

maintenait sa cohésion était la « crédibilité », et l'affaire du
Watergate, qui suivit de peu la guerre du Vietnam – elle-même
largement motivée par la nécessité de sauver la crédibilité des
États-Unis aux yeux du reste du monde – ne paraissait pas
simplement nous renseigner sur le fait que nos responsables
politiques ne se préoccupaient plus de la vérité mais montrait,
en outre, qu'ils avaient même perdu la faculté de la distinguer
de la falsification. Tout cela constituait la version particulière
d'irréalité que le public pouvait être incité à « acheter ». L'acte
d'acheter n'était pas nécessairement un acte de confiance : si
la « désinformation », comme elle fut plus tard nommée, se
révélait éminemment commercialisable, c'était parce que
l'information même était une ressource pitoyablement rare. La
désinformation monopolisait les voies de communication. Non
pas parce que les Américains se vautraient dans la stupidité ou
la crédulité, mais parce qu'aucune alternative institutionnelle
ne venait se présenter face à la consommation du mensonge.
Leur seul moyen de défense était de débrancher leurs télé-
viseurs, de résilier leurs abonnements aux quotidiens et
magazines, et d'ignorer les urnes les jours d'élection. De plus
en plus de gens adoptaient en fait d'eux-mêmes ces attitudes,
à en juger par la baisse des ventes de journaux, la participation
de plus en plus faible aux événements politiques et l'augmentation de l'abstention. Mais les sondages d'opinion publique
permettaient désormais, dans les faits, de se dispenser de l'électorat en accordant à un échantillon, infime mais présenté
comme représentatif, de la population la possibilité de déterminer par avance l'issue des élections.

Le pays où tout est possible : une opinion de parent

   Ma décision de me pencher, au milieu des années soixante-
dix, sur la question de savoir si la mutation des formes de la
vie familiale n'avait pas entraîné des changements à long terme
dans la structure de la personnalité découlait de ma croyance
que l'organisation sociale ne requerrait plus le consentement
informé des citoyens. Chaque forme de l'autorité, dont

l'autorité parentale, semblait connaître un sérieux déclin. Les enfants grandissaient désormais sans véritable contrôle ni conseil parental, sous la tutelle des médias de masse et des « professionnels de l'assistanat ». Il était probable qu'un changement si radical de modèle de « socialisation », pour reprendre le terme auquel avaient recours les sociologues, avait d'importants effets sur la personnalité, dont le plus néfaste pouvait être un affaiblissement de la capacité d'esprit critique, d'initiative, et d'autodiscipline, par rapport à laquelle la Démocratie avait toujours été considérée comme dépendante.

Telles étaient les préoccupations théoriques, s'il m'est permis de leur conférer de la dignité en usant de ces termes, qui sous-tendaient mes recherches consacrées à la culture et à la structure de la personnalité ; mais ces études avaient, plus profondément, à voir avec mon expérience personnelle de mari et de père. Comme tant de personnes nées pendant la Dépression, ma femme et moi nous mariâmes tôt, avec l'intention de fonder une grande famille. Nous prenions part au « retour au cocon familial » d'après-guerre, comme il est si spécieusement rappelé aujourd'hui. Sans doute espérions-nous trouver une sorte de refuge au milieu de l'insécurité générale ; mais cette vision des choses ne fait guère justice à nos espérances et nos attentes, qui impliquaient bien plus qu'un simple abri face à l'état permanent d'alerte internationale. Dans un monde dominé par la suspicion et la méfiance, un renouveau du potentiel de loyauté et de dévouement devait commencer, me semblait-il, à l'échelon le plus élémentaire, avec la famille et les amis. Ma génération investit les relations personnelles avec une intensité qu'elles pouvaient à peine supporter, comme l'avenir le démontra ; mais notre intérêt passionné pour les vies de chacun ne peut être décrit correctement comme une forme de repli émotionnel. Nous tentions de recréer dans notre sphère intime l'intensité d'un dessein collectif, qui ne pouvait plus être trouvé en politique ni sur le lieu de travail.

Nous souhaitions que nos enfants grandissent au sein d'une sorte de famille étendue, ou au moins entourés de nombreuses autres personnes. Une maison envahie de gens ; une table pleine mêlant les générations ; des morceaux joués à quatre mains au piano ; des conversations incessantes et de la cuisine ; des parties de base-ball et de la natation l'après-midi ; de longues marches après le dîner ; un poker, un jeu de société ou des charades dans la soirée ; toutes ces activités mêlant enfants et adultes – telle était notre idée d'un foyer équilibré et, plus spécifiquement, d'une éducation solide. Nous n'avions pas une grande confiance dans l'enseignement à l'école ; nous pensions que si nos enfants devaient apprendre tout ce que nous voulions leur apporter – la joie dans l'étude, le désir de l'expérience, la capacité d'amour et d'amitié –, ils auraient à le faire pour la plus grande partie à la maison. Pour cette même raison, toutefois, le foyer n'avait pas à être envisagé aussi simplement que la « famille nucléaire ». Son hospitalité aurait à s'étendre largement et profondément, poussant ses ressources émotionnelles à leur limite.

Rien de tout cela n'était consciemment réfléchi tel un programme pédagogique, et cela, si tel avait été le cas, aurait détruit croyance et spontanéité ; mais de tels sentiments, je le crois, aidaient à façonner la manière dont nous vivions, avec ce quelque chose de plus qui, non seulement n'était pas médité, mais était purement instinctif. Comme tous les parents, nous donnions à nos enfants moins que ce qu'ils méritaient. Au moins ne tentions-nous pas d'élever une génération d'enfants parfaits comme tant de parents d'un certain âge essaient de le faire aujourd'hui ; pas plus nous ne nous chargions de les armer de toutes les qualités requises par les critères dominants de la réussite matérielle. Notre échec à les former en vue de la réussite fut la manière dont nous ne les trompâmes pas – notre seule incontestable réussite. Cela ne fut pas d'ailleurs délibéré ; je ne compris que peu à peu qu'aucun de mes enfants, ayant été élevé non pour gravir l'échelle sociale mais pour exercer un travail honnête, ne pouvait raisonnablement envisager aucune des formes convenues de la réussite. Aucun d'entre eux ne pouvait espérer d'opportunités importantes et prêtes à être saisies, en d'autres termes un métier honorable qui ferait le meilleur usage de leurs capacités, leur procurerait la gratification qui découle de l'exercice de la responsabilité, et leur apporterait une sécurité financière appréciable, ainsi qu'une reconnaissance sociale. La

réussite n'avait pas à être envisagée en de tels termes. Les
« meilleurs et les plus brillants » étaient ceux qui savaient tirer
parti des institutions à leur propre avantage, et faire exception
pour eux-mêmes au lieu de respecter la règle du jeu. L'ambition
brute comptait beaucoup plus, dans l'attribution des récompenses distribuées par ce monde, que le service dévoué à une
cause – une vieille histoire, probablement, si ce n'est que
désormais elle s'accompagnait d'une considération supplémentaire suivant laquelle les postes et carrières les plus enviables
n'inspiraient plus en premier lieu un service dévoué.

La politique, le droit, l'enseignement, la médecine, l'architecture, le journalisme, la fonction publique – tous étaient trop
profondément compromis par l'intérêt excessif porté au « premier rang » pour attirer les gens qui aspiraient simplement à
pratiquer honnêtement une profession ou, les ayant attirés par
quelque hasard, leur faire conserver une inflexible loyauté face
à des expériences faites de déception et de cynisme. Si cela
était vrai de ces professions, c'était également vrai – cela doit
être, il va sans dire, dit – du travail en usine, et même d'un
grand nombre de professions manuelles et commerçantes. À
chaque niveau de la société américaine, il était devenu de plus
en plus difficile pour les individus de trouver un travail où le
respect mutuel entre hommes et femmes pouvait inspirer un
enthousiasme partageable. La dégradation du travail représentait la manifestation la plus évidente de l'impuissance des institutions à susciter la confiance de l'opinion. Elle était l'origine
la plus flagrante de la « crise de l'autorité », si largement
déplorée mais si peu comprise. L'autorité conférée par une
vocation, avec toutes ses connotations spirituelles et morales,
ne pouvait guère prospérer dans une société où la pratique
d'une vocation avait laissé place à une forme de carriérisme
particulièrement   perverse,   incontestablement   symbolisée,
durant les années quatre-vingt, par l'émergence du *yuppie*.

La charge, que je n'avais pas pensée si lourde, d'élever des
enfants m'exposa, comme elle expose nécessairement chaque
parent, à l'indifférence glaciale de notre société « obnubilée par
¹es enfants » à tout ce qui permet à ces derniers de grandir
· de devenir des adultes responsables. Envisager le monde

moderne du point de vue d'un parent équivaut à le faire dans la pire lumière possible. Cette perspective révèle incontestablement le caractère malsain, pour ne pas dire cela plus fortement, de notre mode de vie ; notre obsession pour le sexe, la violence et la pornographie du « Fais-le » ; notre dépendance maladive aux drogues, au « divertissement », et aux informations du soir ; notre exaspération face à tout ce qui limite notre liberté souveraine de choix, spécialement les contraintes maritales et les liens familiaux ; notre préférence pour les engagements qui n'engagent à rien ; notre système scolaire de troisième ordre ; notre moralité de troisième ordre ; notre refus d'établir une distinction entre le bien et le mal de peur d'« imposer » notre moralité aux autres et de cette manière d'inviter les autres à nous « imposer » la leur ; notre répugnance à juger et être jugé ; notre indifférence aux besoins des générations à venir, flagrante dans notre bonne volonté à les écraser sous une dette nationale colossale, un arsenal de destruction toujours plus important, et un environnement détérioré ; notre attitude inhospitalière envers les nouveaux venus nés parmi nous ; notre conviction soigneusement tue que seuls les enfants nés pour la réussite devraient être autorisés à naître, qui sous-tend une si grande partie de la propagande en faveur de l'avortement sans contrôle.

Ayant été amené à voir l'Amérique de cette façon, je pouvais comprendre pour quelles raisons la question de la famille en était venue à jouer un si grand rôle dans la politique des années soixante-dix et quatre-vingt, et pourquoi tant de Démocrates s'étaient éloignés de leur parti. Le libéralisme signifiait maintenant la liberté sexuelle, les droits des femmes, les droits des homosexuels ; la dénonciation de la famille comme le noyau de toute oppression ; la dénonciation de l'« autorité patriarcale » ; la dénonciation de la « dictature du prolétariat ». Même lorsque les libéraux commencèrent à prendre la mesure de l'ampleur de la désaffection parmi les votes autrefois démocrates, et tentèrent tardivement de se présenter comme des partisans de la famille, ils n'eurent rien de mieux à offrir qu'une « politique d'aide familiale au niveau national » – encore plus de services d'assistanat, de centres d'accueil, de travailleurs

sociaux, de conseillers d'orientation et d'experts en développement de l'enfant. Aucune de ces propositions ne répondait à
l'effondrement moral qui perturbait tant de gens – qui troublait même les libéraux, bien qu'ils refusassent de l'admettre
publiquement. Libéraux et sociaux-démocrates dévoilèrent
leurs véritables convictions en appelant tardivement la famille
un « légitime objet de préoccupation », des mots dégoulinants
de condescendance.

Le parti du futur et sa brouille
avec l'« Amérique profonde »

Ce n'était pas seulement de la condescendance, pourtant,
mais une croyance d'une ténacité remarquable dans le progrès
qui rendait si difficile pour les gens de gauche de prêter attention à ceux qui leur parlaient de sujets qui étaient en train de
tomber en désuétude. Ce genre de discours avait toujours été
le fonds de commerce – n'est-ce pas ? – de ceux qui ne supportaient pas d'envisager le futur, se languissaient des bons
vieux jours d'antan, et souffraient d'un « manque d'audace ».
Les polémiques dans lesquelles je me trouvais moi-même
entraîné après la publication de *Heaven in a Hearthless World*
et *La Culture du narcissisme* me donnèrent une meilleure compréhension de la brouille de la gauche avec l'Amérique. Si les
gens de gauche se sentaient étrangers à l'Amérique, c'était parce
que la plupart des Américains, selon eux, refusaient de regarder
en face l'avenir. Loin de les faire se cramponner au passé, les
habitudes provinciales de pensée les immunisaient, bien au
contraire, contre les changements de ces temps. Ceux « qui
savaient » comprenaient que ce que les pessimistes en matière
de culture et les prophètes de malheur prenaient pour un
effondrement moral ne représentait qu'une phase de transition
de l'irréversible processus de « modernisation ». Si seulement
tout le monde avait pu être préparé à voir les choses avec tant
de limpidité ! La transition vers une société « postindustrielle »
et une culture « postmoderne » entraînait naturellement toutes
sortes de réajustements et de destructions, mais l'inévitable

idéalisation des vieux jours, combien pénible dut-elle être dans ses implications secondaires, devait être acceptée comme le prix du progrès.

Ce n'était pas seulement le progrès matériel qui faisait aller de l'avant. À ma grande surprise, je découvrais que mes amis de gauche – ceux qui ne m'avaient pas, à ce moment-là, réduit à une « part du problème », qui me considéraient encore, en dépit de toute évidence du contraire, comme potentiellement récupérable – croyaient encore au progrès moral, comme au progrès matériel. Ils citaient l'abolition de l'esclavage et l'émancipation des femmes comme l'indiscutable preuve que l'idéal de fraternité universelle n'avait jamais été aussi en passe d'être atteint. Seule la persistance d'allégeances tribales dont l'origine remontait au stade patriarcal du développement social entravait encore, à leurs yeux, sa réalisation. Les liens parentaux, nationaux, et d'identité ethnique devaient accorder plus de place à ce qu'Erik Erikson avait l'habitude d'appeler des « identités inclusives » – accorder plus de place à une appréciation de l'unité sous-tendant le genre humain. Les sentiments familiaux, le clanisme et le patriotisme – assez admirable, peut-être, aux premiers jours – ne pouvaient plus longtemps se mettre sur la route de la civilisation globale en gestation à ce moment-là, en fait, pour sauver le genre humain des conséquences autodestructrices de ses vieilles habitudes de guerre et de rivalité nationales.

La gauche n'avait pas de problème avec le futur, je le découvrais, mais seulement avec les passéistes, ombrageux ou simplement malavisés, adversaires du progrès, dont la résistance aveugle pourrait empêcher le futur d'advenir. C'était la croyance dans le progrès – dont j'avais considéré la disparition comme acquise, jusqu'à ce que je commence à approfondir le sujet – qui expliquait le mélange inédit de complaisance et de paranoïa propre à la gauche. Leur confiance dans le devenir radieux de l'histoire rendait les progressistes insupportablement suffisants et supérieurs, mais ils se sentaient isolés et assiégés dans leur propre pays, puisqu'il était beaucoup moins progressiste qu'eux. Après tout, la culture politique des États-Unis restait notoirement attachée au passé – pas de parti travailliste,

pas de tradition socialiste, pas de ville dotée d'une place
financière telle que Londres ou Paris, où hommes politiques
et hauts fonctionnaires croisaient artistes et intellectuels, et
découvraient les idées avancées dans les cafés et les salons. En
Amérique, le divorce entre la politique et la pensée s'était
toujours matérialisé géographiquement par la distance qui
séparait Washington et New York ; et la culture de Washington
même, pour cette raison, semblait à des années-lumière du
gigantesque hinterland qui s'étendait au-delà des Alleghenies
– le pays du Yahoo, de la *John Birch Society*, et du Ku Klux
Klan.

À la fin des années soixante-dix et au début des années
quatre-vingt, je n'avais plus confiance ni dans la justesse de
cette vision résumée de l'Amérique, ni dans la conception
progressiste du futur à laquelle elle était si étroitement associée.
Les « Américains du milieu » avaient d'excellentes raisons, je
le pensais, de s'inquiéter au sujet de la famille et du futur dont
leurs enfants allaient hériter. Mon étude consacrée à la famille
proposait une conclusion plus générale qui montrait que la
capacité de loyauté est étendue trop pauvrement dès lors qu'elle
essaie de se rattacher à une solidarité hypothétique du genre
humain envisagé dans sa globalité. Elle a besoin de se rattacher
à des populations et des endroits spécifiques, pas à un idéal
abstrait de droits humains universels. Nous aimons des
hommes et des femmes particuliers, pas l'humanité en général.
Le rêve d'une fraternité universelle, parce qu'il repose sur la
fiction sentimentale qui veut que les hommes et les femmes
soient tous semblables, ne peut survivre à la découverte qu'ils
sont différents. L'amour, au contraire – un amour fait de chair
et de sang, opposé à un humanitarisme vague et larmoyant –
est suscité par des différences complémentaires, pas par un
mimétisme. Une féministe, protestant contre l'attention excessive portée aux différences sexuelles, recommande aux hommes
et aux femmes de se défaire de leurs « conceptions étriquées
de l'homme et de la femme », ajoutant que tandis que « nos
différences biologiques frappent par leur évidence, nos simi-
larités humaines sont sources d'excitation ». Ce sont, bien
au contraire, nos différences biologiques qui sont sources

d'excitation. Le fait que les hommes et femmes de conviction
progressiste ont perdu de vue cette évidence suggère qu'ils se
sont dangereusement éloignés, non seulement de l'Amérique
du milieu, mais également du bon sens élémentaire.

Une fois rejetée la vision du progrès historique qui signifie
tant pour les gens de gauche, leur représentation d'eux-mêmes
comme parti du futur, associée à leur crainte d'être ensevelis
sous la culture passéiste de l'Amérique, devient plus un objet
de curiosité historique que le postulat axiomatique à partir
duquel découle nécessairement une compréhension politique.
Commençant à me pencher sur le sujet, je découvrais que la
peur de l'Amérique qui tenaillait la gauche avait une longue
histoire, qui remontait au moins à la fin des années trente,
moment où le *New Deal* subit une série de revers dont il ne
se remit jamais vraiment. Elle persista, cette inquiétude, y
compris durant la longue période de prédominance libérale
qui succéda à la Deuxième Guerre mondiale. La conviction
que la plupart des Américains restaient incorrigibles sur le plan
politique – ultra-nationalistes en matière de politique étrangère, racistes dans leurs rapports avec les noirs et les autres
minorités, autoritaires dans leurs attitudes à l'égard des femmes
et des enfants – permet d'expliquer pour quelles raisons les
libéraux comptèrent si lourdement sur les juridictions et la
bureaucratie fédérale pour entreprendre des réformes qui
auraient pu échouer à susciter le soutien de la population si
elles avaient été débattues publiquement. Les grandes victoires
libérales – suppression de la ségrégation, discrimination positive, rééquilibrage législatif, légalisation de l'avortement –
furent principalement obtenues par voie juridictionnelle, pas
par le Congrès, ni par les législations des États, ni par les urnes.
Au lieu de chercher à créer un consensus populaire derrière ces
réformes, les libéraux poursuivaient leurs objectifs par le biais
de méthodes indirectes, craignant que les positions du peuple
persistent dans leur irréductibilité. Le trauma du maccar-
thysme, la longue et cruelle résistance du Sud à la suppression
de la ségrégation, et la résistance acharnée aux dépenses
fédérales (à moins qu'elles ne soient justifiées pour des raisons
militaires) semblaient tous confirmer les libéraux dans leur

croyance que l'Américain ordinaire n'avait jamais été un libéral
et ne le deviendrait jamais.

Le pays enchanté de la nouvelle droite

Le recours à des stratégies procédurières dans le but de
défendre les droits des minorités éloigna les libéraux des circonscriptions électorales des classes laborieuses, qui constituaient autrefois le cœur de la majorité du *New Deal*. Prônant
les idéaux de l'individualisme, de la mobilité sociale, et de
l'épanouissement personnel, de plus en plus résumés au succès
professionnel, les libéraux défendaient les défavorisés avec
l'accent de la haute société. Leurs efforts bien intentionnés
pour venir au secours des noirs, des femmes, des homosexuels,
et des autres victimes de la discrimination légale empestaient
le paternalisme. Leur confiance dans le bien fondé de leurs
intentions, dans leur statut moral de défenseurs des minorités
opprimées, frisait la vertu sûre de son bon droit. Leur foi dans
l'expertise administrative offensait ceux qui plaçaient la leur
dans le bon sens. Leur altruisme extrêmement rationalisé finit
par générer, affirmait George Wallace, « un rejet en bloc des
théoriciens et bureaucrates du gouvernement fédéral ». En
1968, lorsque Wallace démontra de manière convaincante que
les votes prolétaires dans le Nord annonçaient une nouvelle
géographie politique, les Américains « en avaient assez », selon
lui, « de ces pseudo-intellectuels qui se pavanent et veulent leur
en imposer, qui rédigent des directives (...) leur signifiant qu'ils
ne sont pas assez sensés pour savoir ce qui est le mieux pour
leurs enfants et pas assez sensés pour construire leurs propres
écoles, leurs hôpitaux et leurs institutions d'administration
locale ».

Douze ans plus tard, la révolte des classes laborieuses contre
le libéralisme permettait à la nouvelle droite de se hisser au
pouvoir sous Reagan. Mais la défense des valeurs traditionnelles
par Reagan se résumait, en l'occurrence, à peu de chose.
Conservateur revendiqué, Reagan, pas plus que les gens de
gauche, n'avait que faire de ceux qu'il appelait des « rabat-joie »

et des « prophètes de malheur ». Lorsqu'il dénonçait ceux qui clamaient faussement que l'Amérique souffrait d'un « mal-être » spirituel, il faisait écho au principal thème de la campagne ratée de Ted Kennedy aux primaires de 1980. Si Reagan avait réussi là où Kennedy avait échoué, la raison se trouvait probablement dans le fait qu'il était parvenu à créer l'impression qu'une régénération morale pouvait être menée sans douleur grâce à l'aura d'une pensée positive, alors que Kennedy se fiait à l'étalage habituel de programmes fédéraux.

Les « valeurs traditionnelles » célébrées par Reagan – dynamisme, individualisme féroce, propension à recourir à la force (contre des adversaires plus faibles) à la moindre provocation – n'avaient rien à voir avec la tradition. Elles reproduisaient le code du cow-boy, de l'homme fuyant ses ancêtres, sa proche famille, et tout ce qui le retenait et limitait sa liberté de mouvement. Reagan jouait sur le désir d'ordre, de continuité, de responsabilité et de discipline, mais rien dans son programme ne pouvait satisfaire cette aspiration. Bien au contraire, son programme visait à soutenir l'expansion économique et une dynamique entrepreneuriale dérégulée, les puissances par excellence qui avaient sapé la tradition. Un mouvement qui se présentait comme conservateur aurait pu s'associer à une demande visant à limiter, non seulement l'expansion économique, mais également la conquête spatiale, la conquête technologique de l'environnement, et l'ambition impie d'acquérir sur la nature des pouvoirs égaux à ceux de Dieu. Les collaborateurs de Reagan condamnaient pourtant une telle demande de limites comme un autre conseil funeste. « Les défenseurs de la libre entreprise », selon Burton Pines, un idéologue de la nouvelle droite, « insistent sur le fait que l'économie peut vraiment se développer et qu'ainsi, tous les membres de la société peuvent (...) augmenter leur richesse ».

Ces mots résument crûment la croyance au progrès qui a dominé la politique anglo-américaine ces deux derniers siècles. L'idée de progrès, contrairement aux idées reçues, ne doit pas l'attraction qu'elle exerce à la vision millénariste du futur qu'elle implique, mais bien à l'espérance apparemment plus pragmatique que le développement des forces de production peut se perpétuer indéfiniment. L'histoire du libéralisme – dont une bonne partie se présente aussi bien comme relevant du conservatisme – consiste en une série de variations sur ce thème sous-jacent.

Le fait que l'« optimisme » et le « pessimisme » restent les catégories favorites du débat politique indique que le thème du progrès n'est pas encore démodé. À l'âge menaçant des limites, il sonne cependant incroyablement faux. Nous pouvons commencer à discerner des voix discordantes, qui accompagnaient toujours la célébration du progrès comme une sorte de contrepoint mais étaient généralement recouvertes par les voix principales. Un examen plus minutieux de la partition – l'histoire de l'idéologie du progrès et de ses critiques – fait apparaître une texture plus complexe, un mélange à la fois plus riche et plus sombre d'harmonies, pas toujours aussi symphonique, sous certains aspects, que ce que nous avions été habitués à entendre. Ce sont en particulier les voix plus sombres qui aujourd'hui nous interpellent, non parce qu'elles parlent avec des intonations de désespoir, mais parce qu'elles nous aident à distinguer l'« optimisme » de l'espérance et nous donnent de cette façon le courage d'affronter les grandes difficultés qui menacent de nous engloutir.

II. L'IDÉE DU PROGRÈS RECONSIDÉRÉE

Une religion séculière ?

L'idée du progrès, à en juger par une interprétation largement partagée, constitue une forme séculière de la croyance chrétienne en la Providence. L'ancien monde, nous dit-on, nourrissait une vision cyclique de l'histoire, tandis que le Christianisme lui apportait une direction clairement définie, de la chute de l'homme à son ultime rédemption. « Ce n'est pas un hasard », écrivait Carl Becker en 1921, « si la croyance dans le progrès et un souci de la « postérité » se sont développés au fur et à mesure que la croyance en la Providence et une préoccupation pour l'au-delà déclinaient. La croyance dans le progrès – une illusion, si vous préférez – est la compensation que l'homme a trouvée pour se consoler de la perte de la croyance en la Providence. »

Grâce à son passé chrétien, le monde occidental préféra par facilité imaginer l'histoire comme ce qu'Ernest Lee Tuveson appelait « un processus qui évoluait généralement vers le haut selon une succession de phases majestueuses ». Pour les historiens du XXe siècle, sceptiques quant à la valeur d'une religion quelle que soit sa forme, une exploration des origines chrétiennes de l'idéologie du progrès révèle, selon Becker, sa fondamentale « absolue inconsistance », l'impossibilité de soutenir l'hypothèse d'une « finalité » historique. Pratiquement tout le monde reconnaît aujourd'hui que le progrès – au moins sous sa forme utopique – est une « superstition » qui est, Dean William Ralph Inge l'avançait en 1920, « à peu près épuisée » ;

que nous pouvons maintenant nous pencher sur ses racines
religieuses en partie parce que « l'idée a commencé à perdre
de son ascendant sur l'esprit de la société », comme Christopher Dawson le notait quelques années plus tard ; et que
l'espoir d'un stade final, à court terme, de perfection terrestre
est la « plus morte des idées mortes », comme Lewis Mumford
l'écrivait en 1932 – « l'idée qui a été totalement démentie par
les faits de la traversée du XXᵉ siècle ».

Les conceptions utopiques du futur furent définitivement
discréditées par leur association avec les idéologies totalitaires
qui accédèrent au pouvoir dans les années trente. La croyance
en une apocalypse séculaire, enracinée dans la tradition chrétienne, semblait avoir transmis à la barbarie moderne une
grande partie de son énergie spirituelle. « Plus on compare très
prudemment les débuts du messianisme social militant au
cours de la fin du Moyen Âge aux formations totalitaires
modernes », écrivait Norman Cohn, « plus les similitudes apparaissent d'une manière remarquable. » Les fascistes et les communistes remplaçaient les explications surnaturelles de l'histoire par des explications séculières, mais ils adhéraient à la
fantaisie apocalyptique d'une lutte finale et décisive qui imposerait une justice absolue et un contentement parfait. « Ce qui
avait été autrefois exigé au nom de « la volonté de Dieu » l'était
désormais au nom des « desseins de l'Histoire ». »

La croyance au progrès, remède au désespoir

L'effondrement de l'utopie montrait avec évidence que la
seule façon de conserver une foi dans le progrès était de désavouer ses accents perfectionnistes – et les mêmes désastres qui
discréditaient les aspirations utopiques semblaient les rendre
plus importantes encore afin de préserver quelque forme
d'espoir*. « Le monde aujourd'hui croit au progrès », déclarait

---

* Dans son important ouvrage *Ideology and Utopia*, publié en 1937,
Karl Mannheim exprimait une inquiétude partagée par beaucoup.
L'effondrement de l'illusion utopique priverait-il les hommes et les

sans détours Sidney Pollard en 1986, car « la seule alternative possible à la croyance au progrès serait un désespoir total ». Une foi dans le progrès ne pouvait reposer plus longtemps sur une vision de la perfection humaine, mais, comme l'affirmait E.H. Carr en 1963, une acception plus modeste du progrès n'était pas seulement possible, mais bien essentielle à la « survie » d'une société humaine. Dans la mesure où seule « une telle conception » pouvait « persuader l'actuelle génération de consentir des sacrifices au profit des générations suivantes », Carr proposait une doctrine plus parfaitement sécularisée du « progrès illimité ». Sans postuler une fin à l'histoire, avançait-il, les hommes et les femmes pouvaient encore s'attendre à des progrès « dépassant les limites actuellement (...) envisageables, en vue d'objectifs ne pouvant être définis qu'au fur et à mesure de nos avancées dans leur direction ». Seuls des intellectuels questionnaient la réalité du progrès. La situation des masses avait indéniablement évolué. La « pure accumulation de ressources » ne justifiait pas, à coup sûr, à elle seule une croyance au progrès, à moins qu'elle apportât « une science technique et sociale améliorée, (...) une maîtrise perfectionnée de l'environnement de l'homme ». Mais le progrès, au sens très large, maintenait Carr, ne pouvait pas encore être éliminé.

Ses remarques sont parfaitement exemplaires de la conception dominante entretenue sur ce sujet. Si « la croyance dans le progrès a fait preuve d'une remarquable longévité dans

---

femmes de la force stimulante d'envisager le futur ? Ayant rattaché l'idée du progrès, très banalement, à la tradition millénariste du Christianisme, qui encourageait ses héritiers à tenter de comprendre « l'accomplissement du passé dans le futur », Mannheim retraçait l'apparition d'une mentalité « sceptique », « prosaïque », et « qui s'en tenait aux faits », qui ébranlait l'idée d'achèvement historique et entraînait de cette façon un « affaiblissement général de l'intensité utopique ». Contrairement à ceux qui saluaient cette évolution, Mannheim se demandait si le monde moderne pourrait continuer de l'avant sans foi en une utopie future. « Une ablation de l'élément messianique au cœur de la culture et de la politique (...) laisserait le monde dépourvu de signification. » Elle conduirait à une « décadence de l'existence humaine ». Sans « idéaux », l'homme deviendrait un

l'Amérique du XXᵉ siècle », comme Clarke Chambers le notait
en 1958, c'est parce que les libéraux et les socialistes l'ont
dissociée de la « ville céleste des philosophes du XVIIIᵉ siècle »,
l'ont mise au service de la cause de la Démocratie et de la
surabondance, et ramenée sur terre. Plus personne n'affirme
que le progrès est inévitable ou qu'il aboutira à quelque état
culminant de perfection finale. Plus personne ne nie que le
perfectionnement moral rentre souvent en contradiction avec
l'amélioration matérielle. Mais l'élévation générale du niveau
de vie est manifestement désirable en elle-même. « La durée
moyenne de la vie a été notablement allongée », écrivait Charles
Frankel il y a quelque temps, l'analphabétisme « progressivement éliminé », le travail rendu moins éreintant, le temps
réservé aux loisirs plus important, et les « conditions élémentaires de la vie humaine », en résumé, « changées pour le meilleur », et « changées plus radicalement au cours des cent cinquante dernières années que dans toute l'histoire les ayant
précédées.* » Le constat d'un progrès technologique ne peut,
selon Barrington Moore, simplement pas être contesté, et il
« s'accompagne de changements dans la structure sociale » qui
offrent les « conditions préalables de la liberté ». Le confort
matériel ne garantit pas une vie agréable, mais une vie agréable
ne peut s'en passer. Les innovations matérielles, en outre, peuvent être interprétées comme une manifestation évidente du
refus de tolérer des conditions autrefois considérées comme

« simple esclave de ses pulsions ». L'utopie restait une nécessité culturelle et psychologique bien qu'elle paraissait, dans les faits, manquer
depuis longtemps d'une assise solide.

    Des défenseurs plus récents de l'idée de progrès tendent à rejeter
la conception de Mannheim pour qui les aspirations millénaristes sont
les seuls fondements d'une croyance dans le progrès. Comme j'espère
le démontrer, l'histoire de l'idéologie progressiste fournit une bonne
raison de se ranger à leurs côtés. Qu'une foi progressiste offre la seule
source possible d'« idéaux » et d'espoir est plutôt un autre problème.
Un postulat essentiel de ma propre thèse est qu'elle ne l'offre pas.

    * « La vision qui sous-tend le libéralisme », notait Frankel, « est
celle d'un monde progressivement libéré, par le pouvoir de l'homme,
de ses fléaux habituels que sont la pauvreté, la maladie, et l'ignorance

normales – la pauvreté, la faim, la pandémie, l'inégalité, le
fanatisme racial. « En dépit des difficultés à soupeser avantages
et inconvénients », avançait Morris Ginsberg en 1953, le sentiment humaniste « gagne en solidité (...) Rien n'avait jamais
autant été fait auparavant pour soulager la souffrance, et abolir
la pauvreté, la maladie et l'ignorance partout dans le monde. »
A.J. Ayer voit également « l'homme moyen » comme « plus
humain, plus pacifique et plus concerné par la justice sociale
qu'il ne l'était il y a quelques siècles ».

Le progrès est la « foi laborieuse de notre civilisation », écrivait
Christopher Dawson en 1929. Quelques écrivains établirent
plus tard le même constat. « Aucune autre idée n'a été plus
importante dans la civilisation occidentale » avance Robert
Nisbet. « (...) Cette idée a énormément apporté depuis son apparition (...) et donné plus de force à l'espoir humain (...)
qu'aucune autre idée dans l'histoire occidentale.[*] » J.H. Plumb
rejoint Nisbet en élevant l'idée de progrès à une « superbe vérité
humaine ». Warren Wagar condamne les « théologiens néo-
augustiniens, les obscurantistes, et tous ceux qui, réfugiés dans
une posture pieuse, esthétique et mystique », remettent en cause
la capacité de l'homme à vaincre. A.J.P. Taylor, aux côtés de
Wagar et Carr, renvoie le pessimisme culturel à un vice d'intellectuels maussades. Le débat sur le déclin de la civilisation,
affirme Taylor, signifie « seulement que les professeurs d'université avaient l'habitude d'avoir chez eux des domestiques, et doivent désormais faire eux-mêmes leur vaisselle ».

(...) Soutenir la conception libérale de l'histoire a toujours signifié
croire au progrès. »

[*] Nisbet trouve alarmant que l'époque actuelle soit « presque
dépourvue de toute foi dans le progrès », soit obsédée par les « limites
à l'expansion » et les « limites à la recherche scientifique ». Ceux qui
se préoccupent, dans les faits, des limites à l'expansion et à la recherche
scientifique restent, dans tous les cas, une petite minorité. Même
Barry Comoner, probablement le spécialiste de l'environnement le
plus respecté aux États-Unis, rejette l'idée que l'environnement
dépende de la « limitation de l'expansion économique ». L'approche
des « limites à l'expansion », maintient Comoner, est fondée sur une
« conception erronée » suivant laquelle la terre est un « système fermé,

Contre la « thèse de la sécularisation »

Puisque l'idée du progrès, à notre époque, gagne une certaine plausibilité au fur et à mesure qu'elle perd le caractère d'une religion séculière, l'étape suivante dans sa réhabilitation devait consister en la négation totale de ses origines religieuses. Dans *La Légitimité des temps modernes*, publié en Allemagne en 1966 mais seulement traduit depuis peu en anglais, Hans Blumenberg soumet ce qu'il nomme la « thèse de la sécularisation » – l'idée que l'idéologie progressiste constitue une version sécularisée du millénarisme chrétien – à une remise en cause sévère. Aux dires de Blumenberg, l'origine de l'idée de progrès ne se trouvait pas dans l'eschatologie chrétienne mais bien dans la révolte déclenchée au XVIIe siècle contre le prestige de l'art et de l'enseignement classiques, ainsi que dans la révolution scientifique, qui apportait à l'homme une nouvelle maîtrise de ses conditions d'existence, et suggérait par son exemple que la production du savoir est à la fois cumulative et irréversible. Blumenberg admet que les théoriciens du progrès du XIXe siècle comme Hegel, Comte et Spencer avaient développé des théories élaborées des étapes historiques, plus tard discréditées ; mais cela non pas parce qu'ils intégraient des éléments de la vision du monde chrétienne dans leurs systèmes de pensée, mais parce qu'ils soutenaient faussement que l'enseignement moderne devait rentrer en compétition avec le Christianisme sur son propre terrain. Essayant d'élaborer des théories qui rivalisent avec la cosmologie chrétienne par leur rayonnement, les penseurs du XIXe siècle avaient investi l'idée du progrès d'une charge superflue de signification historique universelle. Maintenant que s'est éteint cet emportement spéculatif, comme Blumenberg le pense, nous avons la possibilité de comprendre plus précisément ce qui distingue la conception moderne de l'histoire de la conception chrétienne : l'affirma-

---

isolé de toute source extérieure d'apport, et qui ne doit compter que sur ses propres ressources limitées ».

tion que le principe du changement historique découle de l'histoire même, et non des cieux, et que l'homme, au lieu de se reposer sur la grâce divine, peut parvenir à une vie meilleure « par la mise en œuvre de ses propres pouvoirs ».

La raison pour laquelle ces considérations devraient au juste établir la « légitimité des temps modernes » n'est pas claire, mais elles aident au moins à distinguer ces derniers des temps anciens. La « thèse de la sécularisation » a trop longtemps rendu incompréhensibles les différences existant entre l'idée de Providence et l'idée moderne de progrès. L'hypothèse d'une croyance au progrès sous l'Antiquité révèle plus encore ses faiblesses lorsqu'elle est avancée plus énergiquement, comme dans le travail de Nisbet, qui affirme déceler une théorie extrêmement développée du progrès non seulement chez les pères de l'église, mais également chez les auteurs classiques que sont Sénèque et Lucrèce. Nisbet assure que les philosophes romains et chrétiens partageaient la haute opinion que nous nous faisons des commodités matérielles. Mais bien qu'ils admiraient l'ingéniosité à l'origine de leur invention, ils pensaient que la sagesse morale résidait plus dans le sens des limites que dans la prolifération des besoins et des désirs. La conception moderne du progrès repose sur une estimation positive de la prolifération des besoins. Les Anciens, pourtant, ne discernaient aucune valeur morale ou sociale dans la transformation du luxe en nécessité. Dans *La Cité de Dieu* d'Augustin, il est vrai, nous trouvons dans le livre XXII un éloquent éloge de la fécondité, de la plénitude et de l'inventivité – Nisbet l'appelle sa seule « pièce de résistance ». Mais la saveur de ce passage se fait mieux comprendre dès lors qu'on le confronte à l'observation faite par Augustin selon laquelle l'habileté et l'intelligence humaine ne se montrent jamais aussi bien que dans « le brillant esprit dont font preuve les philosophes et les hérétiques lorsqu'il s'agit de défendre leurs nombreuses erreurs et leurs mensonges ». Les réalisations impressionnantes de l'homme le « consolent », affirme Augustin, de sa déchéance – pour la « vie de misère, cette sorte d'enfer sur terre » si bien dessiné dans le chapitre qui précède immédiatement celui que cite abondamment Nisbet. Mais ces réalisations n'assurent pas le salut.

Augustin les discute dans un passage qui loue également la générosité surabondante de la nature et envisage l'intelligence de l'homme et sa capacité de création comme une « manifestation des bienfaits dont il jouit », pas comme une démonstration de pouvoirs égaux à ceux de Dieu.

En enrôlant, sans discernement aucun, auteurs classiques et auteurs chrétiens dans les rangs progressistes, Nisbet perd même de vue l'unique élément qui rendait la « thèse de la sécularisation » plausible à première vue – la reconnaissance du fait que le Judaïsme et le Christianisme encourageaient un intérêt pour l'histoire dans un sens que les manières de pensée classiques et orientales n'empruntaient pas. Les Grecs croyaient, A.D. Ritchie le relevait, que « l'éternel, ou l'intemporel, est la réalité seule, ultime et totale », alors que les Juifs et les Chrétiens pensaient que Dieu se révèle « à travers Sa création, le monde matériel, et spécialement à travers la succession d'événements temporels que nous nommons histoire humaine ». Telle est l'interprétation acceptée et sans doute l'interprétation correcte – à laquelle il est nécessaire d'ajouter, cependant, que ni l'attitude juive ni la chrétienne, bien qu'elles sauvaient l'histoire du hasard, n'impliquaient une croyance dans l'innovation progressiste, ni ne se montraient proches des grossières célébrations de la destinée raciale et nationale qui accompagnent si souvent les idéologies progressistes dans le monde moderne. Pas plus n'impliquaient-elles nécessairement une croyance en un paradis sur terre à venir. Les références bibliques à l'âge d'or pouvaient être différemment interprétées, et l'idée que la fin du monde pourrait être précédée de mille ans de paix et de plénitude – prétendument l'origine de l'idée de progrès – ne fut jamais la conception majoritaire chez les Chrétiens. Elle n'était pas, en tout cas, une conception qui encourageait une interprétation progressiste de l'histoire humaine. Les pré-millénaristes, tels qu'on les appelait au XIXᵉ siècle, affirmaient que les choses ici-bas étaient en train de se détériorer à vive allure. C'était précisément la misérable situation du monde qui impliquait le retour du Messie et l'imposition par lui d'un ordre nouveau. Dans la mesure où l'idée du progrès trouvait du répondant chez les Chrétiens du

XIXᵉ siècle, elle en trouvait aussi dans les rangs de ceux qui se
présentaient comme des post-millénaristes – ceux aux yeux
desquels l'apparition du Christ au premier siècle avait déjà
exaucé la promesse biblique d'un âge d'or, et offert à l'homme
les ressources spirituelles qui assureraient en définitive son
triomphe sur les forces du mal.

Mais l'essence de l'espérance chrétienne réside ailleurs – ni
dans le paradis sur terre de la fin de l'histoire, ni dans la
christianisation de la société et les perfectionnements moraux
qu'elle impliquerait. L'essence de l'espérance pour les
Chrétiens réside, Richard Niebuhr l'affirma jadis, dans « la
conviction que la vie est une affaire délicate », « que rien n'y
est jamais tenu pour acquis, que rien de temporel n'est capable
de porter le fardeau de la foi humaine », et encore que la bonté
de la vie ne peut être mise en doute et que la certitude de sa
bonté nous interdit de « renoncer à telle ou telle partie de la
vie humaine au prétexte qu'elle se trouve au-delà d'un espoir
de Rédemption » [1]. Dans la tradition prophétique – le centre
moral du Christianisme, avance Niebuhr de manière si élo-
quente –, le royaume de Dieu n'était considéré ni comme la
fin du monde ni comme un « idéal de société future », mais
comme une communauté de croyants vivant sous le jugement
inhérent au caractère éphémère des affaires terrestres et plus
particulièrement sous « le sort des sociétés menacées ».

Lorsque les Juifs se présentaient comme le peuple choisi, ils
voulaient signifier par là qu'ils avaient consenti à se soumettre
à un ensemble exceptionnellement astreignant d'impératifs
éthiques, et pas qu'ils étaient destinés à régner sur le monde
ou à bénéficier de faveurs d'origine divine particulières. Les
colons puritains de Nouvelle Angleterre du XVIIᵉ siècle, plus
redevables à l'Ancien Testament quant à leur conception d'une
identité collective, concevaient pareillement leur mission. De
ce point de vue, l'histoire importait parce qu'elle se trouvait
sous le jugement divin, et non parce qu'elle conduisait inévitablement au paradis. Que les peuples choisis se montreraient
dignes des bienfaits qui leur étaient arbitrairement concédés
restait une question ouverte, et non une conclusion décidée à
l'avance ; et la tradition prophétique, centrale au Judaïsme, au

Catholicisme augustinien, et au premier Protestantisme, servait à les rappeler, encore et toujours, à une conscience douloureuse de leurs propres imperfections. La prophétie faisait beaucoup plus de l'histoire un registre de la faillite morale qu'une promesse de triomphe final. Elle mettait moins l'accent avec emphase sur l'âge d'or à venir que sur le devoir présent de vivre avec foi et espérance, dans un monde qui semblait, la plupart du temps, ne leur prodiguer aucun encouragement.

Ce que l'idée de progrès signifie réellement

Une fois reconnues les différences profondes existant entre la conception chrétienne de l'histoire, prophétique ou millénariste, et la conception moderne du progrès, nous sommes en mesure de comprendre ce qui était si original dans cette dernière : non pas la promesse d'une utopie séculière qui porterait l'histoire vers un dénouement heureux, mais celle d'un solide progrès sans aucun terme prévisible. L'attente d'un progrès illimité, infini, bien plus que l'insistance portée sur le fait que le progrès ne peut découler que de l'effort humain, apporte la solution d'un problème qui, autrement, serait totalement déconcertant – la résistance de l'idéologie du progrès aux décourageants événements qui ont ruiné l'illusion utopique. L'idée de progrès ne reposa jamais principalement sur la promesse d'une société idéale – pas du moins dans sa variante anglo-américaine. Les historiens ont exagéré la composante utopique de l'idéologie progressiste. La conception moderne de l'histoire n'est utopique que dans son affirmation que l'histoire moderne ne peut avoir aucune conclusion prévisible. Nous nous inspirons de l'exemple qu'offre la science, qui est à la fois à l'origine de nos réalisations matérielles, et qui est aussi le modèle d'une investigation fonctionnant sur le principe de l'accumulation, qui se perpétue d'elle-même, et garantit précisément sa perpétuation par sa bonne volonté à soumettre chacune de ses marches en avant au risque d'une remise en cause.

Que rien ne soit certain excepté l'obsolescence imminente de l'ensemble de nos certitudes – nos théories scientifiques, notre technologie, nos arts et nos écoles, nos philosophies, nos idéaux politiques, nos modes – donne naturellement lieu à un sentiment de non-permanence qui a été célébré ou déploré comme l'essence véritable de notre perspective moderne, le sentiment que « tout ce qui est solide se volatilise », une remarque de Marx et Engels souvent citée. Ce qui est moins souvent souligné est le fait que l'absence de permanence paraît garantir une certaine continuité de son propre fait lorsqu'elle est conçue comme une extension des procédures auto-correctrices de la découverte scientifique, qui permettent à la démarche inhérente à la recherche de se poursuivre dans sa globalité en dépit de la constante révision de ses résultats cir-constanciés. Une organisation sociale fondée sur la science, et son expansion déconcertante mais vivifiante de nos horizons intellectuels, semble être parvenue à une forme d'immortalité inimaginable pour les premières civilisations.

Quelle que soit notre manière d'envisager le futur, il apparaît que nous pouvons tenir sans grand risque pour acquis le mépris sophistiqué de ce dernier pour la qualité rudimentaire de nos choix présents. Nous pouvons imaginer que notre civilisation implose – et la perspective de son suicide présente un certain attrait au parfum illicite, puisqu'elle satisfait au moins la soif d'une fin –, mais pas qu'elle meure d'une mort naturelle, comme les superbes civilisations d'antan. Que les civilisations traversent un cycle de vie analogue au rythme biologique de la naissance, de la maturité, de la vieillesse et de la mort, nous choque maintenant comme une autre superstition dépassée, au même titre que l'immortalité de l'âme. Seule la science, supposons-nous, est immortelle ; et bien que l'improbabilité de son extinction puisse être vécue bien plus intensément, peut-être, comme une malédiction que comme une bénédic-tion, le caractère apparemment irréversible de son développe-ment historique définit le sens moderne du temps et rend superflue la question qui a hanté nos prédécesseurs : comment les nations devraient-elles se conduire tout en se sachant condamnées à mort ?

La Providence et la fortune, la grâce et la vertu

La conception biblique de l'histoire avait, après tout, plus de points communs (bien que cela ne soit pas dans le sens que Nisbet imagine) avec la conception classique, telle qu'elle fut reformulée au cours de la Renaissance, qu'avec la louange moderne du progrès. Ce qu'elles partageaient était une conscience du « sort des sociétés menacées » – une intelligence du fait que la qualité contingente, provisoire et finie des choses temporelles trouve sa démonstration la plus vivace non seulement dans la mort des individus, mais dans la grandeur et la décadence des nations. Il y aurait beaucoup à dire sur la thèse de J.H. Plumb suivant laquelle la chute de Rome aiguisa l'imagination historique en Occident, posant à la fois pour les Chrétiens au quatrième siècle et pour les néo-païens aux cinquième et sixième siècles une question à laquelle ne pouvait répondre qu'une spéculation sur le déroulement des événements passés. Pour quelles raisons ce magnifique empire s'était-il effondré ? Pour les Romains, la désertion des dieux païens, à la suite de l'introduction du Christianisme, était à l'origine de la conquête barbare. Augustin écrivit *La Cité de Dieu* pour réfuter cette croyance, mais aussi pour replacer la chute de Rome dans la perspective céleste d'un projet divin de salut. « Pour autant que je puisse en juger, la distinction entre les vainqueurs et les vaincus n'a pas la moindre importance pour la sécurité, pour les critères moraux, ou même pour la dignité humaine (...) Aussi longtemps que dure cette vie mortelle, qui prend fin après une succession de quelques jours, qu'importe la loi sous laquelle un homme vit, quand il est trop tôt pour mourir, pourvu que ceux qui l'édictent ne le forcent pas à des actes impies et mauvais ? » Pour Machiavel et ses lecteurs – aux yeux desquels la Rome ancienne, bien au contraire, fournissait « le critère à l'aune duquel les temps modernes (...) étaient évalués et se montraient peu concluants », pour citer Hanna Pitkin –, c'était seulement cette indifférence aux affaires civiques, encouragée par le Christianisme, qui avait affaibli fatalement Rome. Que l'explication qui lui était apportée soit ou non correcte, la chute de Rome servait, cependant, aussi bien de rappel du destin éphémère de la gloire que d'incitation à sauver quelque part de permanence du royaume du changement. « Le monde des événements particuliers était mal compris », selon John Pocock ; « le flux temporel échappait au contrôle conceptuel des hommes », et l'histoire se déployait « sous l'empire d'un pouvoir impénétrable, qui se manifestait sous la forme de la Providence aux hommes de foi, et sous celle de la fortune » aux hommes de peu de foi.

Quelles que soient les déficiences conceptuelles de cette manière de penser l'histoire, elle n'exposait pas, au moins, les sixième et septième siècles à l'illusion d'après laquelle l'homme peut contrôler l'histoire afin de servir ses propres aspirations, ou peut construire un nouveau type d'organisation sociale qui résiste aux effets corrosifs du temps. Ces historiens qui décélèrent les sources de l'idéologie du progrès dans la conception linéaire du temps, qu'avançaient les Chrétiens en opposition à la conception cyclique de l'Antiquité, oubliaient ce que l'idée de Providence partage avec celle de fortune. Karl Löwith allait sans aucun doute trop loin dans la direction inverse lorsqu'il affirmait que « dans la réalité de cette mer agitée que nous nommons « histoire », il n'existe qu'une infime nuance entre l'homme qui se sent à la merci de l'impénétrable volonté de Dieu et celui qui se sent à la merci du hasard ou du destin ». Cela fait une différence, qui fut d'ailleurs toujours implicite dans le contraste entre l'indifférence d'Augustin à l'égard des affaires publiques, et l'insistance portée par Machiavel sur le fait que seule la vie politique permet aux hommes de parvenir à la gloire dernière et de déjouer, de cette façon, les ruses de la fortune. Mais la conception machiavélique de la fortune ne manquait pas de respect, voire d'une certaine révérence à l'égard de son objet. Il confiait être « en partie enclin à partager l'opinion » qu' » il n'existe aucun remède, quel qu'il soit », contre la fortune. Seule la réflexion suivant laquelle « notre liberté » serait « entièrement annihilée » par une telle posture le conduisait à penser que, bien que « la fortune soit la règle de la moitié de nos actes », elle « autorise l'autre moitié, ou peu s'en faut, à être gouvernée par nous ». Il n'était pas si impressionné par l'exemple de Rome, ou par les projets destinés à la faire renaître, qu'il analysait comme l'équivalent de nos erreurs modernes qui consistent à exempter notre propre civilisation, apparemment immortelle par sa santé et sa propension à accumuler les fruits du savoir scientifique, du cycle du développement et de la décadence.

Le concept de vertu restait en partie relié à celui de fortune, dans la tradition civique qui héritait de Machiavel et, en fin de compte, du stoïcisme classique, comme le concept chrétien de grâce restait relié à celui de Providence. La vertu, comme la grâce, permettait aux hommes de vivre avec la connaissance de la finitude, le poignant contraste entre l'absolu et le contingent, sans pour autant sombrer dans le désespoir. La vertu imposait une forme au flux désordonné des événements temporels, en garantissant à une organisation civique l'exemple moral qui lui permettrait de survivre à l'espérance de vie qui lui était concédée. Puisque l'idéal civique se définissait en opposition directe au Christianisme, accusé par les Républicains d'affaiblir la loyauté civique en exigeant une fidélité exclusive à Dieu, il est aisé de passer à côté de leur affinité sous-jacente. Les deux encourageaient les hommes et les femmes à donner cohérence et sens à leur existence en se soumettant à un critère commun de conduite. Les deux associaient une vie bonne à une forme particulière de communauté et aux mémoires qui la constituaient. Il existait un monde de différences, à coup sûr, entre une communauté de saints et une communauté de citoyens vertueux, mais les deux concepts, la grâce et la vertu, « trouvaient un socle commun », selon Pocock, « dans un idéal d'austérité et de dessaisissement de soi ». La croyance dans le progrès portait en elle un idéal très différent de vie bonne.

La politisation par Machiavel de la vertu, qui conduisit à l'assimilation progressive de l'idée de fortune à celle, plus récente, de corruption civique, rendit les processus historiques plus intelligibles qu'auparavant, mais pas plus réductibles à une interprétation progressiste. Une fois que « le contraire de la vertu cessait d'être la *fortune* (et) devenait au lieu de cela la corruption », la succession d'événements temporels, Pocock l'explique, « pouvait se définir, non comme un désordre absolu », mais comme le résultat de forces sociales : la spécialisation, la division du travail, et la recherche du « luxe ». L'« ancienne mise en équivalence du changement et de la dégénérescence », toutefois, « restait encore vivace ». Aux yeux des successeurs de Machiavel – Harrington, Montesquieu, Rousseau –, la spécialisation des charges civiques, d'abord aggravée par l'émergence d'armées mercenaires, ébranlait la vertu civique en permettant aux citoyens d'abandonner leurs obligations civiques, notamment la plus importante de toutes, celle de porter les armes, à des professionnels. À lire les théoriciens républicains, fonder des armées ne représentait pas seulement une menace pour la liberté, mais contribuait indirectement à la corruption en permettant aux citoyens de rechercher leurs intérêts particuliers aux dépens de l'intérêt général. La spécialisation entraînait de nouveaux critères de confort et de raffinement, encourageait l'accumulation concurrentielle de richesses personnelles, et libérait les citoyens de l'obligation de servir la communauté. Elle affaiblissait, en résumé, la sociabilité pendant que la surabondance, rendue possible par une division du travail social incroyablement minutieuse, enflammait les imaginations des hommes par un goût pour la jouissance, et les conduisait à estimer plus hautement les plaisirs fugaces que les réalisations durables. Même les partisans du commerce comme Daniel Defoe parlaient du pouvoir du Crédit, le symbole de l'instabilité, dans des termes identiques à ceux qu'utilisait Machiavel pour parler de la fortune, décrite comme une maîtresse jalouse dont l'autorité « despotique » sur les fantaisies des hommes témoignait d'un « pouvoir d'imagination » inquiétant. Rousseau, toutefois, put fournir, comme le montra Michael Igniateff, la « première théorie moderne spécifique » de l'asservissement volontaire de l'homme par lui-même au cycle toujours plus excessif des besoins et des nécessités, et appliquer « l'ancienne explication stoïque de la corruption morale » aux « conditions économiques de la société capitaliste moderne – inégalité, désir rapace, et division du travail ».

La réhabilitation du désir entreprise par Adam Smith

Nous sommes désormais en mesure de comprendre ce qui était si inédit dans l'idée du progrès propre au XVIIIᵉ siècle, les caractéristiques distinctives d'un concept qui émerge avec bien plus d'évidence contre les fondements de cette critique républicaine de la corruption et du déclin civique que contre les fondements de la prophétie judéo-chrétienne. Ce n'était pas la sécularisation du règne de Dieu, ou même la tension nouvelle pesant sur les processus intrinsèques au développement historique, qui distinguaient principalement l'idéologie du progrès des conceptions de l'histoire plus anciennes. Son attrait originel et sa plausibilité constante étaient le fruit de l'affirmation plus spécifique que les appétits insatiables, auparavant condamnés comme une source d'instabilité sociale et de malheur personnel, pouvaient gouverner la machine économique – de la même façon que l'infatigable curiosité humaine est à la source du projet scientifique –, et assurer ainsi un développement illimité des forces de production. La réhabilitation morale du désir, bien plus qu'un changement dans la perception du temps en tant que tel, générait un nouveau sens des possibilités, qui s'annonçait bien plus significativement dans la nouvelle science pratique de l'économie politique que dans le vague utopisme des Lumières françaises.

Pour les moralistes du XVIIIᵉ siècle comme Bernard Mandeville, David Hume, et Adam Smith, c'était le caractère auto-reproductif des nouvelles attentes, les besoins et goûts nouvellement acquis, les nouveaux critères de confort personnel – les nombreux changements déplorés par les critiques républicains du commerce – qui mettaient un terme à l'ancien cycle social du développement et de la décadence, et favorisaient l'émergence d'une société capable d'une expansion infinie. La rupture décisive d'avec les modes de pensée plus anciens intervint lorsque les besoins humains commencèrent

à être envisagés non pas comme naturels mais bien comme
historiques, et par conséquent insatiables. La demande d'innovations matérielles se développant, les critères du confort matériel évoluaient également, et la catégorie des biens de nécessité
en vint à englober des biens jusqu'alors considérés comme
luxueux. Une chemise confectionnée à partir du « tissu du
Yorkshire le plus ordinaire », selon Mandeville, aurait été considérée comme un luxe bien auparavant, à l'époque où l'homme
« se nourrissait des fruits de la terre (...) et se couchait nu
comme les autres animaux sur le sein de leur géniteur
commun ». L'envie, la fierté, et l'ambition poussaient les êtres
humains à vouloir plus que ce dont ils avaient besoin, mais
ces « vices personnels », en stimulant l'industrie et l'inventivité,
devenaient des « vertus publiques ». L'épargne et l'oubli de soi,
au contraire, signifiaient la stagnation économique.

Hume et Smith rejetaient le « système pervers de moralité »
de Mandeville, que Smith décrivit astucieusement comme un
ascétisme véritablement inverti, aux yeux duquel n'importe
quelle « atteinte à l'abstinence la plus rigoureuse » devenait « un
luxe et une licence choquants, (...) de telle sorte qu'il y a même
vice à porter une chemise propre ». Mais ils partageaient avec
lui le refus de ce qu'il présentait comme « l'idée communément
admise » selon laquelle « le luxe est aussi destructeur pour la
richesse du corps politique entier, qu'il l'est pour chaque personne individuelle qui s'en montre coupable ». Les « plaisirs
du luxe et le profit apporté par le commerce », selon Hume,
« réveillent les hommes de leur indolence » et conduisent à
« davantage de progrès aussi bien dans chaque secteur de la vie
économique nationale que pour le commerce extérieur ».
Hume et Smith approuvaient le principe général voulant qu'un
désir croissant pour les innovations matérielles, considéré à tort
par les Républicains comme un signe de décadence et d'effondrement social généralisé, suscitait de nouveaux emplois, une
nouvelle abondance, et un niveau de productivité constamment en hausse. Ils reprochaient seulement à Mandeville sa
condamnation morale du « luxe ». Si le luxe signifiait « un
raffinement incontestable de la satisfaction des sens », il existait
de bonnes raisons de le défendre, argumentait Hume, aussi

bien pour des raisons morales qu'économiques. « Les complaisances ne sont des vices que lorsqu'elles sont poursuivies aux dépens de quelque vertu. »

Smith faisait remarquer, chose plus importante encore, que ce n'était pas le « luxe », après tout, qui alimentait la machine de production moderne mais les achats plus modestes des consommateurs ordinaires. Mandeville ne voyait pas au-delà de l'extravagante auto-complaisance des riches, dont la conséquence heureuse, quoiqu'entièrement involontaire, était d'utiliser « toutes sortes d'objets artificiels en or, bois, marbre, laiton, étain, cuivre, laine, lin et autres matériaux ». Smith insistait, d'autre part, sur le fait que « l'effort régulier, permanent, et incessant de chaque homme pour améliorer sa condition » – pas la somptuaire mais improductive dépense des souverains et des nobles – était « le principe à partir duquel l'opulence publique, nationale aussi bien que privée, trouvait sa source ». Contrairement à Mandeville, pour qui le parti pris mercantiliste devait profiter aux bas salaires, Smith défendait les hauts salaires, au motif qu'« une personne qui ne peut parvenir à la propriété ne peut avoir aucun autre intérêt que celui de se nourrir et de travailler le moins possible ». L'espoir d'améliorer sa condition, au contraire, encouragerait l'homme travailleur à dépenser ses revenus pour « des choses plus durables » que « l'hospitalité » ou « les fêtes » préférées par les riches, et l'effet cumulatif de ce type de dépense, bien qu'elle puisse encore refléter une « disposition indigne et égoïste », constituerait une nation solide de travailleurs laborieux, et pas simplement quelques laquais et d'inutiles ressources.

Une estimation positive des effets sociaux provoqués par la satisfaction de ses désirs permettait aux interprètes de l'ordre nouveau d'exempter, de fait, la société moderne du verdict du temps – le verdict que les Chrétiens, comme les païens, croyaient auparavant suspendu au-dessus des travaux de chaque homme tel une épée. Parce que la nouvelle science de l'économie politique paraissait délivrer le monde moderne de ce que Richard Niebuhr appelle de manière si merveilleusement évocatrice le « sort des sociétés menacées », c'est chez Adam Smith et ses immédiats prédécesseurs, plutôt que chez ces penseurs de second ordre plus banalement associés à l'idée de progrès – Fontenelle, Condorcet, Godwin, Comte, Spencer – que nous devrions rechercher la signification profonde de l'idéologie du progrès. Comparés à l'analyse perspicace par Smith des implications sociales du désir, les hommages flous au pouvoir de la raison et au progrès des arts et des sciences, les spéculations sur un état futur de perfection de la société, et les schémas variés des stades historiques conduisant le développement social du basique vers le complexe contribuèrent très peu à une théorie du progrès crédible. Le génie humain, tel qu'il fut mis en évidence par le solide progrès des arts pratiques, a même obtenu l'admiration modérée d'Augustin. L'ancien monde avait entièrement fait connaissance avec les réalisations de la raison ; tout comme celui du XVIIIᵉ siècle, si entiché de ces réalisations qu'il en avait oublié les limites de la raison. À l'instar de la conception des stades historiques, également familière aux anciens, ils ne conduisaient à une théorie du progrès que lorsque les théoriciens de la société cessaient de calquer ces stades sur le cycle de la vie biologique, où le développement et la maturité conduisent inévitablement à la déchéance et à la mort. Le travail de Smith, particulièrement *La Richesse des nations*, rejetait implicitement cette conception biologique de l'histoire et la morale de l'oubli de soi à laquelle elle était associée. La critique stoïcienne de l'appétit perdit une grande partie de son impact face à l'affirmation de Smith suivant laquelle les appétits insatiables n'entraînaient ni la corruption ni la décadence, mais conduisaient au contraire à une expansion illimitée de la machinerie de production nécessaire à leur satisfaction.

L'argument en faveur de la permanence – en faveur du projet d'une organisation sociale capable de résister aux effets du temps – n'avait pas à se reposer plus longtemps sur l'intervention divine ou la perfectibilité de la raison. Il se reposait maintenant plus sûrement, bien que d'une manière imprévisible et ironique, sur l'ambition ordinaire, la vanité, la cupidité, et un respect moralement déplacé, affirmait Smith, pour les « distinctions vaines et creuses de grandeur ». Dans la « langueur de la maladie et la lassitude de l'âge avancé », l'insignifiance

morale des biens de ce monde apparaissait dans sa véritable
lumière puisque, aux yeux de Smith, ni les possessions ni même
la beauté et l'utilité si universellement admirées dans « toute
production artistique » ne se montraient capables, face à
l'adversité, de rendre le bonheur possible. Les hommes, cependant, considéraient rarement l'affaire dans sa « lumière abstraite
et philosophique » ; et, écrit Smith dans *La Théorie des sentiments moraux*, « il est bon que la nature s'impose ainsi à
nous », dans un passage qui fait pour la première fois allusion
à la « main invisible » qui incite les hommes et les femmes à
accumuler de la richesse et, de cette manière, à servir involontairement de bienfaiteurs sociaux dans leur poursuite de possessions indéniablement attirantes, mais absolument vaines.
« C'est cette déception qui suscite et maintient dans un mouvement perpétuel l'industrie du genre humain. »

Les doutes de Smith quant à « la sécurité et le bonheur en général »

L'œuvre de Smith est instructive, dans le contexte déroutant
du développement de l'idéologie progressiste, non seulement
parce qu'elle nous permet de discerner ce qui distinguait réellement cette idéologie – l'exemption du monde moderne du
verdict du temps –, mais également parce qu'elle illustre la
persistance de certaines réserves qui s'exprimèrent au sujet de
l'optimisme engendré par la découverte moderne de la surabondance. Ses méditations occasionnelles sur la vanité de
l'acquisition trahissaient un vieil attachement à la « philosophie
stoïque », qui visait à fonder « notre bonheur sur le socle le
plus solide et le plus sécurisant, une inébranlable confiance
dans ces sagesse et justice divines qui dirigent le monde ». La
seule objection au stoïcisme, notait Smith, résidait dans le fait
qu'il visait à « une perfection absolue se trouvant bien au-delà
de la portée de la nature humaine ». Il savait très bien que « les
vertus de la douceur, du tact et de l'amabilité » étaient mieux
adaptées aux sociétés commerçantes que « les vertus de l'oubli
de soi » ; il préférait encore, dans l'ensemble, ces dernières.

Il admettait que les moralistes modernes étaient de meilleur conseil en matière « de relations privées et familiales » que Zenon et Épictète, dont l'« apathie stoïque » n'était « jamais plaisante » dès lors qu'elle essayait de modérer l'affection parentale. Mais bien que son propre système encourageât inévitablement les hommes à poursuivre leurs intérêts personnels aux dépens du bien commun, Smith nourrissait un mépris républicain pour une telle existence. Il croyait que la politique et la guerre, et non le commerce, faisaient fonction d'« excellente école de maîtrise de soi ». « Sous le ciel violent et sombre de la guerre et du complot, du désordre public et de la confusion, la sévérité résolue de la maîtrise de soi s'affermit mieux. » Une société commerçante avait besoin, à coup sûr, de la « douce vertu de l'humanité » ; et « la justice et l'humanité » se reposaient, tour à tour, sur une « considération sacrée » pour la vie et la propriété, nécessairement atteintes par « la violence de la division » et « les épreuves et hasards de la guerre ». Mais Smith gardait pourtant son hommage le plus vibrant, non seulement dans *La Théorie des sentiments moraux*, mais également dans *La Richesse des nations* même, pour la vie de soldat. Il regrettait que « la sécurité et le bonheur qui prévalent aux âges de la civilité et de la politesse ne puissent que difficilement mettre au défi le mépris du danger, la pugnacité inhérente à l'épreuve de longue haleine, à la faim et à la douleur ». La division du travail rendait possible une expansion illimitée de la productivité, comme il l'expliquait longuement dans *La Richesse des nations*, mais elle engourdissait également l'âme et sapait l'esprit de combat.

L'infatigable explication qu'il donnait de ces effets s'inspirait de l'identification républicaine de la vertu à la virilité et à l'ingéniosité. « Un homme, incapable de se défendre ou de se venger, manque de toute évidence de l'une des plus essentielles composantes de ce qui constitue le caractère d'un homme. » Pareillement, « un homme dépourvu de l'usage approprié des facultés intellectuelles propres à l'homme est (...) plus méprisable encore qu'un poltron, et semble être mutilé et amputé d'une part encore plus cruciale du caractère de la nature humaine ». Smith se contentait d'espérer qu'un programme

complet d'éducation publique enseignerait les vertus qui ne
l'étaient plus ni par le service militaire – désormais considéré
comme « bien inférieur à une armée professionnelle, mieux
disciplinée et mieux entraînée » –, ni par la participation active
à la vie politique.

Les plus sévères critiques de la spécialisation moderne
avaient peu apporté à ce réquisitoire, que dénigraient les apologistes enthousiastes de cette dernière. Mais de tels doutes
étaient destinés à rester confinés à un semblant de vie clandes-
tine, en marge du débat, aussi longtemps que les apports économiques et technologiques de la spécialisation – la question
centrale dans la controverse qui allait suivre sur l'industrialisation et la division du travail industrielle – resteraient incon-
testés. Si l'on acceptait la « supériorité écrasante » d'une
« armée professionnelle bien organisée » sur une armée de
citoyens, la question de savoir si « la justice et l'humanité »
étaient synonymes d'un relâchement de la maîtrise de soi, de
la force d'âme, du mépris de la douleur, et de « l'indépendance
à l'égard de la fortune » devenait de pure forme. Il était permis
de regretter la disparition des « vertus belles et terribles »
propres au « conseil, au sénat et au champ de bataille », mais
l'avancée inexorable de la civilisation répondait déjà à cette
question. « En général, les styles de comportement qui s'ins-
crivent dans chaque nation, peuvent (...) être dits les mieux
adaptés à sa situation. La robustesse est le trait de caractère le
plus adapté à l'environnement du sauvage, la sensibilité la
caractéristique de ceux qui vivent dans une société particulièrement civilisée. »

Parlant ainsi, Smith excluait efficacement les regrets, dont
le sien, du registre de la vaine spéculation quant à un hypothétique âge d'or révolu. Personne ne pouvait attaquer très
longtemps la surabondance, de plus en plus perçue comme
une caractéristique distinctive d'« une société particulièrement
civilisée ». En 1848, lorsque Macaulay publia son *History of
England*, le parti du progrès, persuadé qu'il avait depuis
longtemps triomphé, avait adopté un ton de défi et de jovial
déni, la défense béotienne et apologétique des conforts ordinaires, faisant mine de résister à la mode intellectuelle

prédominante de la déploration sentimentale, qui imprima sa marque jusqu'à ce jour.

> Il est maintenant à la mode de situer l'âge d'or de l'Angleterre à des époques où les nobles se trouvaient dépourvus de commodités dont l'absence serait, de nos jours, intolérable pour un domestique moderne, lorsque les fermiers et les commerçants déjeunaient avec du pain, ce dont le spectacle même soulèverait une émeute dans un atelier moderne, lorsqu'avoir une chemise propre, durant une semaine, était un privilège réservé à la très haute classe de la noblesse, lorsque les hommes mouraient plus rapidement dans l'air de la campagne le plus pur qu'ils meurent aujourd'hui dans les ruelles les plus pestilentielles de nos villes, et lorsque les hommes mouraient plus vite dans les rues de nos villes qu'ils meurent aujourd'hui sur la côte de Guinée. Nous devrions, également, à notre tour, être surpassés, et, à notre tour, être enviés.

La suffisance de Macaulay n'était en rien nuancée par le rappel banal que sa propre époque – dans la mesure où le processus d'accumulation poursuit sa lancée sans terme prévisible – apparaîtrait aux générations futures comme exactement aussi primitive par ses critères de propreté et de confort que se présentaient, de la même façon, les temps anciens à lui et ses contemporains, désormais également mûrs pour un retour vers le passé perversement désenchanté.

Le désir domestiqué

Les plus réfléchis des contemporains de Macaulay, quoi qu'il en soit, ne pouvaient tout à fait refouler la troublante pensée qu'une organisation sociale, fondée sur la promesse d'une surabondance universelle, pourrait trouver délicat de justifier les sacrifices mêmes minimes que présupposait l'économie autrement autorégulatrice d'Adam Smith. Hume avait malicieusement relevé, lorsque la philosophie de la surabondance n'en était encore qu'à ses prémisses, qu'elle pourrait même porter un coup à la tendance résiduelle à reporter la gratification. Les êtres humains, observait-il, sont « toujours plus enclins à

préférer l'intérêt immédiat à la gratification difficile à obtenir,
et lointaine » ; « il n'est pas plus facile pour eux de résister à
la tentation de tel ou tel avantage dont ils pourraient immédiatement profiter ». Tant que « les plaisirs de la vie (s'avéraient) peu nombreux », ce type de tentation ne représentait
pas une grave menace pour l'organisation sociale. Les firmes
commerciales, pourtant, intensifièrent comme l'on pouvait s'y
attendre la poursuite des « divertissements fébriles et creux » ;
et « l'avidité (...) à acquérir biens et possessions » devint « insatiable, perpétuelle, universelle, et directement destructrice pour
l'organisation sociale ».

Au cours du XIXᵉ siècle, l'espoir que le commerce rendrait
les hommes « aimables et sociables », et non avides et rapaces,
finit par reposer largement sur l'institutionnalisation de la gratification différée, qu'était censée apporter la famille – l'âme
et le cœur du mode de vie des classes moyennes. Les philanthropes du XIXᵉ siècle, les humanistes et les réformateurs avançaient d'une seule voix que la révolution des attentes croissantes
impliquait une conception de la vie privée plus exigeante, et
pas un déferlement d'auto-complaisance que suscitaient les
fantaisies d'une excessive opulence individuelle, pas une
débauche de richesses acquises sans grand effort par la fraude
ou la spéculation, pas une orgie de vin et de femmes. Qu'une
société commerçante nourrisse de telles ambitions les troublait
sans répit ; et c'était pour contrer ce rêve de succès clinquant,
cette excitation débridée à l'idée de s'enrichir, que les partisans
d'un développement économique plus harmonieux attachaient
tant d'importance à la famille. L'obligation de faire vivre une
femme et des enfants canaliserait, à leurs yeux, l'individualisme
avide et transformerait le joueur en puissance, le spéculateur,
le dandy, ou l'escroc en travailleur consciencieux. L'édification
et l'éducation stimuleraient le développement matériel, tout
en le tempérant. Une population entreprenante, intelligente et
auto-disciplinée réclamerait un approvisionnement toujours
plus important de biens et de services afin de satisfaire ses
besoins sans cesse croissants. En accordant leur confiance à la
famille, les gardiens de l'ordre public espéraient non seulement la stimuler, mais aussi la civiliser. Leur certitude que de

nouveaux critères de confort n'appuieraient pas uniquement l'expansion économique, mais nivelleraient les distinctions de classe, réconcilieraient les nations, et aboliraient même la guerre est incompréhensible si nous oublions qu'elle se fondait sur la domestication de l'ambition et du désir.

Une société libérale qui limitait les fonctions de l'État à la protection de la propriété n'accordait que peu de place au concept de vertu civique. Ayant abandonné le vieil idéal républicain de citoyenneté tout autant que le réquisitoire républicain contre le « luxe », les libéraux manquaient des quelques bases qui auraient permis d'appeler les individus à subordonner leur intérêt personnel au bien public. Mais ils pouvaient au moins en appeler à l'égoïsme plus élevé du mariage et de la paternité. Ils pouvaient en appeler, sinon à la suspension de l'intérêt personnel bien compris, du moins à son élévation et son atténuation. Les attentes croissantes conduiraient les hommes et les femmes à reporter leurs ambitions sur leur progéniture. Le seul appel qui ne pouvait être entièrement accueilli avec cynisme ou indifférence était celui qui fut plus tard sommairement résumé par le slogan du XXe siècle « Nos enfants : le futur » (un slogan qui ne fit son apparition que lorsque sa pertinence ne pouvait plus depuis longtemps être considérée comme admise). La foi progressiste n'aurait jamais pu, sans cet appel au futur immédiat, servir de mythe social unificateur, un mythe qui maintenait en vie un sens persistant de l'obligation sociale et permettait un perfectionnement de soi, prudemment distingué de l'auto-complaisance, la force d'un impératif moral.

Dans l'une de ses premières notes écrites au cours de ses périples américains, Alexis de Tocqueville parlait d'« une sorte d'égoïsme raffiné et intelligent » comme « du pivot sur lequel l'entière machine fonctionnait » ; et en arrivait à se demander au juste « dans quelles proportions (...) les deux principes du bien de l'individu et du bien de la collectivité coïncident réellement ». Dans *La Démocratie en Amerique*, Tocqueville soulignait à plusieurs reprises l'importance de la religion et de la vie familiale comme contrepoids à l'individualisme rapace. Dans une société commerçante, « les hommes ne peuvent être guéris de l'amour des richesses », observait-il, mais la religion pouvait les persuader de « s'enrichir par des moyens honnêtes », d'estimer « les liens naturels et les légitimes satisfactions du foyer », et de cette façon découvrir qu'« une vie raisonnable est le chemin le plus sûr vers le bonheur ». Ces conceptions n'appartenaient pas qu'à Tocqueville ; elles étaient partagées par les réformateurs des maisons de correction, les éducateurs et les humanistes sur lesquels Tocqueville s'appuyait pour nombre de ses impressions d'Amérique. En se décrivant comme « un libéral d'un nouveau genre », Tocqueville décrivait tous ceux qui étaient persuadés que l'individualisme économique ne pouvait être libéré sans danger des contraintes mercantilistes qu'à la condition d'être discipliné par les contraintes personnelles associées à la « bienfaisance » organisée, et pardessus tout par les nouveaux modes de « gouvernement de la famille ».

Horace Mann [2], effrayé par l'agitation chartiste en Angleterre, et par la possibilité que les extrémistes sociaux européens prolifèrent aux États-Unis, exprimait une inquiétude de plus en plus partagée lorsqu'il avançait que tout système d'« économie politique (...) qui s'occupe de capital et de travail, d'offre et de demande, d'intérêts et de rentes, d'équilibres commerciaux favorables ou défavorables ; mais qui ne tient aucun compte de l'élément que constitue le développement d'une mentalité largement répandue, n'aboutit à rien d'autre qu'une formidable folie ». Le progrès et la civilisation ont « multiplié par mille les tentations » en se défaisant des « codes pénaux excessifs » et de « la révérence aveugle à l'égard de l'autorité » qui les avaient jadis maintenues sous contrôle. La « course à la richesse, au luxe, à l'ambition, et à la vanité » avait permis d'« ouvrir les vannes » et donné aux pulsions les plus dégradantes « une liberté pleine et entière et toute marge de manœuvre ». Mann prédisait que, à moins que des « contraintes intimes et morales » ne viennent remplacer « les contraintes extérieures et arbitraires » désormais inefficaces, « les hommes, loin d'être les conquérants et les maîtres de leurs passions », en deviendraient « leurs victimes et leurs esclaves ».

Pour des libéraux comme Mann, c'était le développement rapide des institutions « de bénévolat », bien plus que les innovations matérielles, qui distinguait les sociétés progressistes des sociétés arriérées comme le Sud des États-Unis. Au Nord des États-Unis, contrairement au Sud, le progrès se manifestait, à lire Théodore Parker, par la prolifération des « sociétés en faveur de la réforme pénitentiaire, de la politique de prévention contre la criminalité, la pauvreté, l'intempérance, la licence et l'ignorance, (...) sociétés pédagogiques, sociétés de discussion religieuse, sociétés pacifistes, sociétés d'enseignement du Christianisme à l'étranger et dans les contrées barbares, (...) sociétés savantes et philosophiques pour l'enseignement de la science, des lettres et des arts ». Seuls les États libres, insistait Parker, se préoccupent de « l'amélioration du sort des catégories les plus humbles et les plus exposées de la société, de ses classes maudites et dangereuses ». Les associations de bénévolat, sur lesquelles Tocqueville fondait ses espoirs pour la Démocratie, servaient, comme l'énumération de Parker le démontrait sans ambiguïté, à canaliser l'avidité compulsionnelle. Elles jouaient en effet un rôle de prolongement de la famille, et étaient assez souvent explicitement conçues comme telles. Thomas Hopkins Gallauder, fondateur et président du *Hartford Asylum for the Deaf and Dumb*, affirmait que son école devait être « intimement reliée à (la) cellule familiale » et devait calquer son action sur « le mode de décision (...) du schéma parental ». Une « cellule familiale bien structurée », expliquait Gallauder, était le fondement de l'organisation sociale, qui ne reposait pas sur « la terreur des lois humaines », mais sur un « principe religieux et moral », sur les « premières associations de pensée et de sentiment », sur les « habitudes prises au cours de l'enfance et de l'adolescence », sur le « pouvoir de l'imitation », et sur « l'influence intimidante suscitée par l'exemple de ceux qui exercèrent une autorité sur l'esprit durant les premières étapes de l'existence ».

Il n'est pas besoin d'insister lourdement sur le fait bien connu que la révérence à l'égard de l'« influence » maternelle et les vertus du foyer sont au cœur même de la moralité de la classe moyenne. Ce qui doit attirer l'attention, dans la thèse

tout aussi familière voulant que le « culte du foyer » propre au
XIX⁰ siècle ne servît qu'à renforcer la subordination patriarcale
de la femme, et qu'à soumettre les classes dangereuses au
« contrôle social », ce ne sont pas ses implications réactionnaires, mais bien ses implications progressistes, dans la mesure
où une vie de famille harmonieuse était censée nourrir la
demande d'innovations qui assurait l'expansion illimitée de la
production capitaliste. Le « culte du foyer » était partie intégrante du raisonnement élaboré en faveur des réformes destinées à mettre un terme à la pauvreté, alléger les horaires de
travail, et extraire les classes laborieuses de leurs brutales
conditions de pure survie. Un relieur du Massachusetts, qui
prônait en 1870 la journée de huit heures, faisait remarquer
qu'« une multiplication de foyers heureux autour de la ville,
stimulerait l'ensemble de l'industrie, et augmenterait fortement
l'échange de biens (...) Les hommes et les femmes se voyant
élevés et améliorés aussi bien dans leur corps que dans leur
esprit, les besoins de leur corps et de leur esprit se voient
multipliés. Sur cette simple constatation dépendent tout le
commerce, la prospérité et la santé ».

L'énumération des effets cumulatifs de la consommation du
ménage établie par Parker peut être considérée comme un
énoncé définitif de « ces principes évidents d'économie politique », tels que les appelait le relieur. Donnant plus de détails
au sujet du contraste entre l'arriération sudiste et l'innovation
nordiste, dans sa célèbre « Lettre sur l'Esclavage », Parker faisait
remarquer que

> dans le Connecticut, chaque fermier et travailleur journalier, dans
> sa famille ou individuellement, est un consommateur non seule-
> ment des productions de sa propre ferme ou de son travail manuel,
> mais également de thé, de café, de sucre, de riz, de mélasse, de sel,
> et d'épices ; de coton, de laine, de vêtements de soie, rubans et
> bonnets ; de chaussures et de chapeaux ; de literies et d'autres
> fournitures ; de quincaillerie, de tapisserie, et de coutellerie ; de
> vaisselle de cuisine et de verrerie ; d'horloges et de bijoux ; de livres,
> de papier et de tout le reste. Ses besoins stimulent le mécanicien
> et le marchand ; ils les stimulent en retour, tout se développant du
> même mouvement ; chacun a un marché à la maison, un marché

continuellement en expansion et ouvert à des marchandises de qualité supérieure.

La production mécanisée, continuait Parker, facilitait la distribution de plaisirs et de marchandises « à une échelle infiniment plus large, dont n'auraient jamais osé rêver les anciens bienfaiteurs. Ce qui représentait pour nos pères le luxe, alors seulement envisageable pour les riches, atteignait désormais l'humble foyer ». Les distinctions de classe étaient davantage atténuées par le progrès de « la science, des lettres, de la religion », pendant que le commerce enfonçait les barrières nationales et apportait la paix. « Le soldat cède la place au marchand (...) Le héros de la force est relégué en arrière par les temps ; le héros de la pensée, de l'amour, est pressenti comme digne de l'hommage du genre humain. »

Parker avalisait par ailleurs l'idée banale selon laquelle les femmes, « très en avance sur les hommes » par leur « sentiment moral, leur sentiment affectueux, leur sentiment religieux », étaient la source principale des raffinements du goût et de la sensibilité associés à la démocratisation de la consommation. Plaidant pour la participation des femmes à la vie politique, Parker attribuait à l'influence grandissante des femmes l'acceptation du fait que « le gouvernement consiste dans l'économie politique – l'économie domestique nationale ». C'était l'influence des femmes, à nouveau, qui sapait les vieilles idées autoritaires au sujet des enfants, qui envenimaient la vie familiale et encourageaient les parents, au lieu de répondre intelligemment à leurs besoins, à les considérer comme des petits monstres dépravés. Aucune femme, déclarait Parker, « n'aurait jamais prêché la damnation pour les nouveaux nés ». Seuls des « prêtres célibataires », ignorants de la paternité, pouvaient « inventer ces doctrines infâmes ». De telles déclarations montrent sans ambiguïté que les valeurs du foyer étaient une composante essentielle de l'idéologie progressiste, pas seulement un témoignage sentimental à l'endroit de la « meilleure moitié de l'homme », offert en lieu et place d'une véritable égalité et d'un authentique respect.

Il est vrai que l'idéal du foyer pouvait facilement être réduit au lieu commun sentimental qui voulait que « presque chaque homme d'envergure », pour citer les termes d'un manuel populaire destiné aux jeunes femmes, « devenait ce qu'il était grâce à l'influence maternelle ». Mais il ne paraît pas chimérique de supposer que la doctrine de l'influence maternelle s'imposait, aux yeux des entrepreneurs et des progressistes, en grande partie parce qu'elle permettait de les conforter dans l'idée que le progrès matériel et moral se transmettait de la main à la main. « La femme est la mère du genre humain », expliquait Julia Ward Howe, une célèbre féministe. « (...) Dans toute véritable civilisation, elle sauve l'homme de sa sauvagerie naturelle pour lui faire partager, à ses côtés, l'amour de leur progéniture, la joie de la vérité et de la sociabilité. » La foi dans le pouvoir civilisateur de la femme permettait au XIXᵉ siècle de croire que l'intérêt égoïste bien compris ne trouverait pas son expression caractéristique dans la poursuite débridée de l'opportunité rêvée, encore moins dans celle du « luxe » et d'une vie dissolue à la mode, mais la trouverait dans le sentiment familial – dans la détermination de parents conscients de fournir à leurs enfants des opportunités qu'ils n'avaient pu espérer pour eux-mêmes.

La corrélation entre progrès et pauvreté établie par Henry George

Cette tentative d'ériger la famille en contrepoids à la mentalité avide était, naturellement, sur le long terme, destinée à échouer. Plus le capitalisme en venait à être précisément identifié à la satisfaction immédiate et l'obsolescence planifiée, plus implacablement il détruisait les fondements moraux de la vie de famille. L'augmentation du taux de divorce, qui était déjà une source d'inquiétude durant le dernier quart du XIXᵉ siècle, semblait refléter une exaspération grandissante à l'endroit des contraintes qu'imposaient les responsabilités et les engagements à long terme. La passion de la marche en avant avait commencé à impliquer le droit de repartir à zéro chaque fois que devenaient excessivement pesants les engagements. Le progrès économique affaiblissait également les bases économiques de l'« organisation familiale harmonieuse » de Gallauder. L'entreprise familiale cédait la place à la société anonyme, l'exploitation agricole familiale reculait – plus lentement et douloureusement – devant une agriculture collectivisée contrôlée en définitive par les mêmes banques qui avaient mis en œuvre la restructuration financière de l'industrie. L'insurrection agrarienne des années 1870, 1880 et 1890, s'avérait le premier épisode d'une lutte acharnée et perdue d'avance destinée à sauver l'exploitation familiale, qui reste, encore aujourd'hui, intacte dans la mythologie américaine comme une condition *sine qua non* d'une société décente, mais qui était en pratique soumise à un cycle ruineux où s'enchaînaient mécanisation, endettement et surproduction.

Les mêmes changements qui portaient atteinte à la famille menaçaient de renverser la tendance à l'égalité économique, sur laquelle les partisans du progrès s'appuyaient si fortement. Les fermiers, les artisans et hommes de métier se transformaient en esclaves du salariat ; plus qu'aucune autre évolution du XIXᵉ siècle, y compris la Guerre civile, la réapparition d'un prolétariat avili au pays de l'opulence – une classe permanente d'hommes et de femmes qui ne pouvaient accéder à la propriété – faisait douter de la sympathique affirmation suivant laquelle le progrès irréversible et illimité annulerait l'antique cycle du développement et de la décadence. Le langage républicain qui pouvait encore permettre aux Américains de donner du sens à ces reclassements commençait à tomber en désuétude, et ceux qui tentaient de le ranimer se considéraient aussi ridicules que des doux dingues et des visionnaires illuminés. *Progress and Poverty* d'Henry George, un mélange étonnant de républicanisme et d'histoire « scientifique », touchait des milliers de lecteurs, aussi bien aux États-Unis qu'en Europe, mais restait suspect chez les intellectuels.

Même ceux qui étaient touchés par la passion morale de George le trouvaient quelque peu excentrique, et ce sentiment, je crois, n'était pas seulement dû à son manque de formation universitaire en matière économique et à son engagement en

faveur de ce que John Jay Chapman appelait la « nouvelle
Jérusalem » de l'impôt unique, mais à sa façon démodée, apparemment naïve et brute de sophistication, de penser le temps
historique. John L. Thomas, un historien perspicace, déplorait
la « fascination pour la catastrophe » qui s'était imposée dans
Progress and Poverty. Henry George, pour Thomas, partageait
malheureusement « l'obsession *fin de siècle* du cataclysme » ;
ses méditations sur ce qu'il appelait la loi du progrès humain
étaient « essentiellement anhistoriques ».

La faute de goût qu'avait commise George réside, me
semble-t-il, dans son insistance à démontrer la contradiction
existant entre le progrès continuel – le « fatalisme gorgé d'optimisme » qui « domine désormais le monde de la pensée » – et
la « splendeur et la décadence des nations », le « développement
et la déchéance des civilisations ». George ne niait pas que « nos
civilisations modernes » se trouvaient « très éloignées de celles
qui (...) nous avaient précédés ». Mais il refusait que les réalisations de la civilisation moderne puissent être attribuées aux
innovations qui étaient désormais « en permanence au centre
de l'organisation mentale ». L'histoire, pensait-il, ne corrobo-
rait pas le « lieu commun » voulant que « le progrès tende à
conduire, sans cesse, vers une civilisation toujours plus perfectionnée ». Le monde moderne devait sa richesse et son pouvoir
à la transmission des talents et du savoir d'une génération à
l'autre ; mais le délicat mécanisme de la transmission culturelle
s'était enrayé à de multiples reprises dans le passé, et pouvait
à l'avenir facilement s'enrayer à nouveau. Le processus ne pouvait être relié à l'hérédité ; et quand bien « même il est admis
que chaque vague de progrès a rendu possible une autre plus
importante encore, et que chaque civilisation a passé le flam-
beau à une civilisation plus grande », ce n'était jamais
l'ancienne civilisation qui prospérait de cette façon sur les
fondations de son passé, mais bien une « race d'hommes nouveaux surgis d'un ordre inférieur ». Une avancée ne conduisait
pas sans heurts ni interruptions à la suivante. « Maintes et
maintes fois, l'art avait décliné, l'enseignement périclité,
maintes et maintes fois le pouvoir s'était étiolé, la population
raréfiée, jusqu'à ce que les hommes, qui avaient construit de

superbes temples et de majestueuses villes, détourné des rivières et ouvert des montagnes, cultivé la terre comme un jardin et introduit le raffinement le plus poussé dans les moindres affaires de la vie, (...) aient perdu même le souvenir de ce que leurs ancêtres avaient réalisé, et envisagé les vestiges de leur grandeur passée comme l'œuvre (...) de la race des géants d'avant le déluge ».

Lorsque les civilisations mouraient, une grande partie du « progrès difficilement obtenu » disparaissait avec elles ; seule une petite composante en était transmise à leurs conquérants. La terre était « autant la sépulture d'empires disparus que d'hommes morts ». Le développement et la décadence n'étaient pas simplement la loi générale, mais la « loi universelle ». Chaque théorie de l'histoire avait auparavant tenu compte de « la régression aussi bien que de la marche en avant », et George poursuivait en affirmant que la spécialisation et l'accumulation des richesses aggravaient continuellement le fossé entre dirigeants et dirigés ; que les civilisations avancées avaient, en conséquence, à consacrer de plus en plus de leurs ressources au maintien d'une classe dirigeante indolente ; qu'elles finiraient par disparaître, trop encombrées à leur sommet de dirigeants, sous leur propre poids ; et que l'inégalité et la pauvreté de masse – les inévitables compagnes de la civilisation, affirmait George dans le célèbre titre de son ouvrage, qui attirait l'attention sur l'unité intrinsèque entre pauvreté et progrès – fournissaient en somme la clé qui révélait la « loi » du progrès et du déclin.

Naïf et dépourvu de sophistication ? *Progress and Poverty* n'était « anhistorique », me semble-t-il, que dans son affirmation de dernière minute d'après laquelle les réformes provoquées par une compréhension de la « loi du progrès humain », pour la première fois rendues possibles maintenant que George lui-même les avait expliquées, sauveraient la civilisation moderne du sort de celles qui l'avaient précédée. Dans son analyse de la question primordiale – savoir si les sociétés industrielles parviendraient à mettre un terme à l'accroissement des inégalités –, George se montrait beaucoup plus astucieux que ses détracteurs, qui minimisaient les difficultés en prônant

la mise en œuvre d'une redistribution plus équitable de la
richesse. Il ne souscrivait ni à l'illusion de droite qui voulait
que la prospérité rejaillirait d'une manière ou d'une autre sur
les masses, ni à l'illusion de gauche – commune au Marxisme,
au « Nationalisme » de Edward Bellamy, et aux multiples
formes de réformisme social-démocrate – d'après laquelle la
concentration du pouvoir économique avait posé les bases d'un
ordre nouveau dans le cadre duquel les masses se réapproprie-
raient simplement les forces collectivisées de production, et les
utiliseraient pour le bien commun. George comprenait que la
collectivisation était également désastreuse, aussi bien sous le
capitalisme que sous le socialisme. Quelles que soient nos
réserves au sujet de son idéal personnel – un monde de petits
propriétaires, fondé sur la propriété commune du pays –, au
moins ne prétend-il pas réconcilier la Démocratie et les institutions républicaines avec les conditions sociales qui « obligent
chaque travailleur à se chercher un maître ».

George n'était pas seul à espérer ressusciter une compréhension de ce que Brooks Adams appelait la « loi de la civilisation
et de la décadence ». En 1895, lorsque Adams publia sa propre
version de la conception cyclique de l'histoire, les Américains
avaient plus que jamais raison de s'inquiéter au sujet de l'avenir.
L'économie de marché rudimentaire du début du XIXe siècle
cédant la place à une économie industrielle à l'organisation
extrêmement élaborée à une échelle internationale, les petits
producteurs devenaient les victimes du monopole des firmes,
les fermiers étaient chassés de leurs terres, et les travailleurs
manuels se démenaient sans grand succès contre la violence
des effets de la production de masse moderne. Le mouvement
populiste apportait une cohérence politique à un grand nombre
des mêmes craintes qui agitaient Henry George et Brooks
Adams, dont celle qu'une concentration grandissante des
pouvoirs entre les mains des organismes d'investissement ne
paupérise pas seulement les masses, et ne réduise pas seulement
les institutions démocratiques à des formes vides, mais étouffe
les sources de l'énergie créatrice de la culture américaine, laissant la voie libre à un vulgaire culte de la réussite. *The Law of
Civilisation and Decay* aurait pu devenir incontournable dans

le débat de fond qui portait sur les choix que pouvait encore adopter l'Amérique à la fin du XIXᵉ siècle. Au lieu de quoi, comme le mouvement populiste lui-même, l'ouvrage fut dénigré par la nouvelle rhétorique impérialiste, qui soutenait une expansion outre-mer comme le moyen de revitaliser l'esprit de combat, qui le présenta comme une protestation excentrique et vaine contre un avenir que le pays ne pouvait qu'accepter, ou absorber de manière sélective (avec l'aide considérable d'Adams lui-même).

Même ceux qui admettaient que l'ouvrage « puissant » et « mélancolique » d'Adams contenait « un élément menaçant de vérité », comme l'écrivit Théodore Roosevelt dans une longue recension, refusaient de prendre au sérieux la possibilité qu'un développement supérieur de la civilisation industrielle, dans la droite ligne de ce qui avait déjà été entrepris, pourrait conduire sur le long terme à la ruine. Pas plus n'acceptaient-ils l'hypothèse suivant laquelle l'industrialisation aboutirait inévitablement à l'inégalité. L'idée que les fermiers étaient à la merci des maisons de prêt, affirmait Roosevelt, « était véritablement assez indigne de M. Adams, et de toute personne du niveau intellectuel de M. Bryan, M. Henry George ou M. Bellamy ».

Pourtant, la prolétarisation des fermiers et des artisans, l'accumulation de fortunes personnelles monstrueuses, la domination du gouvernement par les conglomérats, et l'acceptation grandissante d'une sagesse cynique voulant que les politiciens ne soient que des criminels ou des sots, indiquaient que les craintes d'une dérive vers « l'impérialisme et l'anarchie », comme l'avançait Henry George, n'étaient pas infondées. L'acquisition de possessions territoriales outre-mer démontrait en outre, non seulement aux radicaux et aux Populistes, mais en l'occurrence à une foule considérable d'opinion éminemment respectable, que la période républicaine de l'histoire américaine approchait de sa fin. La polémique qui éclata au sujet de la guerre hispano-américaine et de l'annexion des Philippines représentait l'une des dernières occasions pour le vieux langage républicain de figurer en première ligne dans les affaires publiques. Les opposants à l'annexion insistaient sur le choix à opérer entre ce que George S. Boutwell, le président de la ligue anti-

impérialiste, appelait « la république et l'empire ». Ils prévoyaient la création d'une armée professionnelle, les « menace
et terreur d'un gouvernement populaire » d'un autre âge. Ils
rappelaient au pays le précepte républicain selon lequel « une
armée professionnelle signifie une réduction des salaires ». Pour
Moorfield Storey, l'impérialisme impliquait également une
« augmentation importante de la richesse et de nouvelles perspectives pour la corruption », la « logique de la part du gâteau
considérablement aggravée », et l'« apparition d'une classe peu
accoutumée à respecter les droits de plus faible qu'elle ».
L'annexion des Philippines représentait un manquement essentiel aux principes fondateurs du pays, l'amorce d'un glissement trop familier de la simplicité républicaine vers la corruption impériale. L'histoire se répétait, pensaient les anti-
impérialistes : le peuple américain, comme tant de peuples
avant lui, s'apprêtait à échanger ses libertés contre la promesse
fatale de conquête à l'étranger et de grandeur militaire.

La consommation invisible, la « machine superlative »

« L'obsession *fin de siècle* de l'apocalypse », qui avait tant
troublé les historiens, avait en ce temps-là d'excellentes raisons
d'apparaître. Le développement ultérieur de la civilisation
industrielle ne justifie pas l'affirmation que le monde moderne
est exempt de la « loi de la civilisation et de la décadence ». Si
la confiance du XIXe siècle dans les lois scientifiques de l'histoire
semble aujourd'hui pittoresque et frustre, ses craintes à propos
du futur paraissent plutôt raisonnables. Nous y trouvons, en
dehors des prétentions pseudo-scientifiques sur lesquelles des
écrivains comme Henry George et Brooks Adams comptaient
pour attirer l'attention, un solide noyau de réalisme historique.
Le problème ne consiste alors plus à comprendre les raisons
subjectives de l'« obsession », autrement inexplicable, pour un
sort funeste imminent. La question ne se résume plus à savoir
pour quelles raisons l'ordre nouveau industriel et impérialiste
inspirait des visions prémonitoires de son déclin et de sa chute,

mais pourquoi ces appréhensions étaient si rapidement recouvertes par une apologie redoublée du progrès.

La réaffirmation de l'ancien mythe républicain des cycles
historiques aurait pu conduire à la réaffirmation de principes
républicains en politique, dans l'éducation, et la pensée sociale
– un nouveau dévouement à l'idéal de civisme qui avait joué
un si grand rôle dans la fondation des nations. Au lieu de cela,
l'idée de Démocratie en arrivait à être associée de plus en plus
étroitement au projet de surabondance universelle. L'Amérique
commençait à être considérée comme une nation, non pas de
citoyens, mais de consommateurs. L'association du progrès et
de la consommation, bien qu'elle compromît une conception
participative de la Démocratie, autorisait les Américains à réhabiliter l'idéologie du progrès, et à la refonder sur une base
nouvelle et apparemment solide.

Adam Smith avait déjà montré la voie ; et l'envie de revenir
à Smith – sa redécouverte par les économistes et sociologues
progressistes par ailleurs critiques des politiques économiques
du *laisser-faire* – jetait une lumière significative sur les
intentions inavouées du mouvement progressiste du début du
XXᵉ siècle. Pour l'influent sociologue Albion Small, Smith était
le fondateur de la sociologie moderne, un moraliste avisé et
un théoricien social qui refusait de séparer l'« économie technique » de la « philosophie sociale ». Si Smith avait vécu jusqu'à
la fin du XIXᵉ siècle, pensait Small, ses convictions politiques
auraient ressemblé bien plus à celles d'un social-démocrate
moderne qu'à celles d'Herbert Spencer. Smith aurait salué
l'effet de la Démocratie « qui libère les énergies physiques,
mentales et morales des salariés », puisqu'elle suscitait la
demande de biens et conduisait à une amélioration générale
du niveau de vie. Les partisans de Smith, spécialement Spencer,
avaient donné au terme même de libéralisme une connotation
péjorative, et sa réhabilitation imposait, en conséquence, un
retour à ses origines du XVIIIᵉ siècle.

L'estime étonnamment admirative que Small portait à Smith
révélait l'essence de la stratégie progressiste : retrouver le potentiel démocratique du capitalisme même et, de cette façon,
devancer les demandes en faveur d'un changement plus radical.

Small insistait sur le fait que, si les libéraux du XIXᵉ siècle avaient
« cultivé la philosophie de leur professeur dans son intégralité,
au lieu d'une section abstraite de cette dernière » – la théorie
économique séparée de ses « indispensables amarrages » dans
La Théorie des sentiments moraux –, « une bonne partie de
l'occupation des sectaires socialistes aurait été évitée ». L'idée
selon laquelle le progrès était bien plus vulnérable à la critique
dans la forme que lui avait, semblait-il, donnée Spencer au
XIXᵉ siècle, que dans celle que lui avait donnée Smith, découlait
en partie du même raisonnement. Lorsque Henry George attaquait la « croyance dominante » voulant que la « sélection naturelle (...) conduit à améliorer et élever les pouvoirs de
l'homme », c'était la théorie de Spencer, après tout, qu'il avait
surtout à l'esprit – l'idée que « la lutte pour l'existence (...)
oblige les hommes à de nouveaux efforts et de nouvelles
inventions », et que « cette capacité à l'innovation est établie
par transmission héréditaire ». Mais les théoriciens du progrès
comme Small et Simon Patten n'avaient pas à compter plus
longtemps sur Spencer ; ils abandonnèrent le darwinisme social
de Spencer, et ranimèrent la théorie du progrès, de fait, dans
sa version originelle[3].

Le traité largement encensé de Patten, *The New Basis of
Civilization*, avançait assez explicitement que l'émergence
d'une « économie du plaisir ou du surplus » mettait, avec efficacité, fin à l'« ancien modèle tragique » de la civilisation et de
la décadence. « L'histoire de la grandeur et de l'effondrement
des nations, répétée encore et encore, semble confirmer la
banale conclusion d'après laquelle le déclin d'une société, à la
suite d'une époque de prospérité, est une loi naturelle, et irréfutable. » Mais « ceux qui prédiraient les conditions économiques de demain à partir d'une étude des conditions
économiques de Rome ou Venise » oublieraient l'abondance
sans précédent qu'avait rendue possible le système de production moderne, qui fondait la civilisation sur une « nouvelle
assise ». Leurs craintes appartenaient à « l'âge, en voie d'extinction, du manque ». Henry George et ses disciples maintenaient
de cette façon que les « terres de qualité et les sites avantageux
sont rares, et que beaucoup sont dégradés par la pression qui

les force à s'abaisser à de pauvres locations ». La « domination
de la nature » par l'homme mettait au contraire fin, à entendre
Patten, au « règne du besoin ». « Le surplus social est la
machine superlative lancée en avant, à l'âge de la machine, en
vue de l'accélération du progrès*. »

L'optimisme de Patten impliquait nécessairement l'hypothèse corollaire, directement opposée au rapport de causalité
entre pauvreté et progrès établi par George et Adams, portant
que le développement de l'inégalité pouvait être entravé.
Comme Smith (dont il ne reconnaissait nulle part le travail,
probablement parce qu'il partageait la perception incorrecte,
habituelle, de Smith voulant que ce dernier soit un autre « philosophe du déficit »), Patten percevait la consommation invisible – le « pouvoir de consommer grandissant du pauvre »,
pas la dépense extravagante des classes privilégiées – comme le
moteur du progrès social. Si les pauvres étaient privés du désir,
les riches parvenaient trop rapidement à la satiété. Ni la
« paresse somptuaire », ni « la faim, la maladie, et la misère
endémique » n'étaient propices à l'inventivité et ne généraient
une demande d'innovations. La promesse de l'abondance ne
pouvait être réalisée que par un programme de réformes énergique destiné à réduire les inégalités sociales. Il était essentiel,
pensait Patten, que les « lanternes rouges de l'industrie, les
guérillas de l'économie de subsistance » soient « intégrées »
dans les « rangs dociles des producteurs disciplinés ». L'« extension de la civilisation jusqu'aux plus bas échelons de la société »
nécessitait la destruction des « obstacles sociaux qui divisent
les hommes en classes ». Les travailleurs devaient être
considérés comme des consommateurs potentiels capables
d'« apporter un correctif émotionnel à une corvée industrielle
stérile ». La consommation développerait leurs « besoins », et

---

* Au cours de la première guerre mondiale, selon Guy Alchon, le
fait d'affirmer que « l'augmentation gigantesque des pouvoirs de production » du capitalisme allait « remettre en question l'entière portée
des affirmations faites au temps du manque » était devenu, spécialement dans les rangs de ceux qui approuvaient le « capitalisme dirigé »
comme alternative à la fois au socialisme et au *laisser-faire*, banal.

créerait la « possibilité de choix » – incluant celui de préférer une gratification remise à plus tard à une satisfaction immédiate. Leur « investissement dans les biens de demain » permettrait à « la société d'améliorer son rendement et d'élargir ses aires de production ».

Le mouvement progressiste et le *New Deal* insistaient lourdement, tous les deux, sur cette manière de penser, qui lie le progrès à la démocratisation de la consommation, et offre la promesse d'une nouvelle civilisation fondée sur le loisir pour tous. Les mêmes machines qui, de l'aveu général, supprimaient tout sens au travail permettraient de « réduire les heures de travail et les journées de travail au strict minimum », pour reprendre les termes auxquels avait recours un disciple et protégé de Patten, Rexford Tugwell, un théoricien majeur du *New Deal*[4]. Ceux qui souffraient de ce que Tugwell appelait la « nostalgie historique » étaient en droit de regretter le déclin de la compétence, mais « les avantages semblent pour la plupart de la population (...) supplanter les inconvénients ». La mécanisation autoriserait les travailleurs à « se soulager de conditions autrement intolérables par de plus hauts salaires, plus de repos, de meilleurs loisirs ». Seul un attachement « nostalgique » à l'éthique du travail et à d'autres idéaux obsolètes obscurcissait la « perspective d'une libération définitive du travail ». Tugwell croyait, avec Patten, que l'âge de la surabondance à venir imposait une « nouvelle moralité » – dans la formulation plus pittoresque de Patten, une moralité qui lançait un défi au prestige culturel du martyre et du sacrifice de soi, « la philosophie de l'accomplissement par la souffrance » et « l'art moral de l'extrême pauvreté ».

La seconde phase du *New Deal* portait la philosophie politique du consumérisme à sa diffusion publique la plus large. Le *New Deal* originel, avec sa « rareté planifiée en agriculture » et ses « contrôles de collusion en industrie » donnait « la priorité à la production aux dépens de la consommation », ce qu'avaient relevé Horace Kallen, Tugwell, et d'autres partisans du consumérisme[5]. Après 1935, cependant, l'administration Roosevelt accordait une écoute plus attentive à Keynes et aux keynésiens, réalisait de sérieux efforts pour améliorer le pouvoir d'achat des masses, et entamait même quelques pas hésitants en direction de la communauté de consommateurs à venir prédite par des enthousiastes comme Kallen. C'était l'impuissance à envisager le travailleur comme un consommateur qui expliquait, pensait Kallen, l'ensemble des maux dont souffrait le capitalisme – le problème global de la justice sociale. La glorification du producteur – l'homme économique – avait mis en échec la promesse du capitalisme du XVIIIᵉ siècle. La Déclaration d'Indépendance avait reconnu la primauté de la consommation lorsqu'elle avait fait observer le droit à la vie, la liberté et la poursuite du bonheur. Ainsi que l'avait fait Adam Smith, qui affirmait fermement, comme le rappelait Kallen, que « la consommation est la seule finalité et l'objectif de toute production ». Mais ces postulats du XVIIIᵉ siècle, avançait Kallen, avaient été oubliés. « Plus (les économistes) sont éloignés d'Adam Smith, plus leur thème prédominant est le producteur (...) Marx, le révolutionnaire, est bien plus profondément préoccupé par ce sujet que John (Stuart) Mill, le traditionaliste. » Sous l'influence de Marx, Ruskin, et d'autres faux prophètes, le mouvement ouvrier avait adopté pour slogans préférés la « dignité du travail » et le « droit au travail ». « Le travail avait été arraché de l'ingrate nécessité pour être mis au service de la dignité de l'homme libre », et ses « indignités inhérentes » et sa « servilité » faussement attribuées à l'exploitation d'une classe par une autre.

Ce n'est que lorsque les hommes et les femmes en arriveraient à envisager le travail sous la lumière la plus crue, pensait Kallen – comme une atteinte déplaisante à la « vie bonne » – qu'ils l'organiseraient afin d'en minimiser l'importance, de le reléguer à la périphérie de la vie sociale, et d'instaurer à sa place la consommation comme finalité principale de l'existence sociale. Loin de « dénigrer l'appétit de consommation », la société avait besoin de l'honorer, et de comprendre que le loisir, jusqu'à présent réservé aux riches, pouvait « sans heurt être étendu à tous les employés ».

La critique par John Maynard Keynes de l'épargne

La critique keynésienne de l'épargne et du placement nourrissait les intuitions des défenseurs du consumérisme qu'étaient Patten, Tugwell et Kallen par son exposé théorique extrêmement sophistiqué. Formé par l'éminent économiste Alfred Marshall, qui affirmait avoir découvert de nouvelles formules permettant d'expliquer pour quelles raisons les économies capitalistes étaient en mesure de se réguler elles-mêmes, Keynes s'éloigna par la suite de l'école néo-classique et finit par prendre le parti de la « courageuse armée d'hérétiques » conduite dans son propre pays par des publicistes libéraux comme John A. Hobson. Hobson remit, dès 1889, en question le consensus orthodoxe qui voulait que l'épargne et l'investissement circulent de la main à la main. Trop d'économies, selon Hobson, conduisaient à la sous-consommation et à un investissement déclinant. « En paraissant questionner la vertu de l'épargne illimitée », écrivit-il plus tard, « j'avais commis un péché impardonnable. » Il s'était vu, comme Henry George, marginalisé par les économistes orthodoxes. Seul Keynes comprenait que la « pugnacité » et l'« instinct » avaient amené Hobson « à la juste conclusion ». Il ne pouvait, cependant, se contenter de devoir compter pour lui-même sur l'instinct. « Élevé dans la citadelle » de l'orthodoxie économique, il « reconnaissait son pouvoir et sa puissance ». Il refusait pourtant de « s'en satisfaire », jusqu'à ce qu'il puisse identifier « la faiblesse de cet aspect de la thèse orthodoxe qui conduit à des conclusions qui me semblent ne pas pouvoir être acceptées ».

Cette faiblesse résidait, en fait, dans son incapacité à prendre en compte les conséquences économiques de l'inégalité, spécialement la « loi psychologique qui veut que lorsque les revenus augmentent, le fossé entre revenus et consommation augmentera ». Dans la mesure où les classes privilégiées ne pouvaient ne dépenser qu'une part mineure de leurs importants revenus, leur part disproportionnée de la richesse nationale signifiait que la disproportion entre l'augmentation des économies totales et l'augmentation du revenu national s'accentuait. Un plus haut volume d'épargne ne générait pas un plus haut volume d'investissement. Il conduisait à une baisse de la demande globale, au déclin de l'investissement, et au chômage. Une « nationalisation presque complète de l'investissement », concluait Keynes, « montrerait comment parvenir au plein emploi. » La dépense gouvernementale inciterait les hommes et les femmes à travailler, stimulerait la consommation, et anticiperait les demandes en faveur d'une approche plus radicale du problème de l'inégalité. Elle fournirait, en d'autres termes, une alternative à la redistribution des revenus, même si beaucoup d'entrepreneurs trouvaient encore difficile de distinguer « les nouvelles mesures destinées à préserver le capitalisme de ce qu'ils appellent le bolchevisme ».

Les économistes orthodoxes avaient, selon Keynes, exagéré la valeur de l'épargne. Ils pensaient à « la richesse accumulée du monde comme à une richesse douloureusement amassée, fondée sur la volonté des individus de repousser la jouissance immédiate de la consommation », alors qu'il aurait dû être « évident que la simple abstinence n'est pas suffisante pour bâtir des villes et drainer des marécages ». L'espoir de profits, et non l'abstinence, était le « moteur qui fait avancer l'entreprise ». Les profits présupposaient tour à tour un niveau de vie de la population totale en progrès constant, et un désir général d'une existence plus prodigue. Keynes n'envisageait l'épargne que comme une vertu pingre, seulement appropriée aux temps de manque. La monnaie était faite pour être dépensée, pas pour être thésaurisée. Elle n'avait en elle-même aucune valeur. La moralité de l'épargne et du dur labeur trahissait un manque de confiance en l'avenir, alors que « l'esprit d'entreprise » nécessitait « un instinct animal » et de l'optimisme. La théorie keynésienne perfectionnait la découverte déjà acclamée par l'industrie de la publicité dans les années vingt, d'après laquelle « la prospérité réside dans la dépense, pas dans l'économie », comme l'affirmait Earnest Elmo Calkins, l'un des premiers publicitaires à avoir compris le principe de « l'obsolescence artificielle* ». En 1928, sept ans avant la publication de sa *Théorie générale de l'emploi, de l'intérêt et de la monnaie*, Keynes prédisait, à l'occasion d'une lecture consacrée aux « Perspectives économiques des générations futures », que l'abondance discréditerait l'éthique du travail. « Nous devrions être capables de nous débarrasser de nombre de principes pseudo-moraux qui nous ont obsédés depuis deux cents ans, au nom desquels nous avons exalté comme les plus hautes vertus quelques-unes des caractéristiques humaines les plus déplaisantes. » Dans le futur, l'acquisition compulsionnelle – « l'amour de l'argent comme possession, à distinguer de l'amour de l'argent comme moyen de connaître les jouissances et les choses de la vie » – serait reconnue comme une « pulsion morbide quelque peu répugnante, une de ces pulsions mi-criminelles, mi-pathologiques, que l'on confie, avec un frisson de dégoût, aux soins des spécialistes des maladies mentales ».

L'abondance, pensait Keynes, assurerait « un niveau décent de consommation à chacun », et permettrait de consacrer « nos énergies » aux « centres d'intérêt non économiques de nos vies ». L'automatisation éliminerait le travail pénible, réduirait les horaires de travail, et fournirait aux hommes et aux femmes un grand nombre de loisirs. Les vertus économiques seraient reléguées à une place secondaire dans la hiérarchie des valeurs ; l'art et l'enseignement retrouveraient la leur. L'idée que l'État devait se consacrer aux questions « utilitaires et économiques »

---

* Keynésien avant la lettre, Calkins distinguait les biens « que nous utilisons » de ceux que « nous dépensons ». Alors que Adam Smith avait avancé que l'expansion économique serait provoquée par une demande grandissante « de choses plus durables » que les plaisirs excessifs de la richesse, Calkins interprétait la révolution des attentes grandissantes comme une demande de biens destinés à être « dépensés » le plus rapidement possible. « L'obsolescence artificielle » impliquait la reconception continuelle de produits, « de manière totalement indépendante de tout perfectionnement mécanique, afin de ne les rendre que sensiblement nouveaux, et d'encourager de nouveaux achats, exactement comme lorsque les couturiers de mode dessinent des jupes plus longues et que vous ne pouvez plus être heureuses dans vos vêtements actuels ». Le goût pour des « choses meilleures », une

serait considérée comme « l'hérésie la plus épouvantable, peut-être, qui ait jamais autant attiré l'attention d'un peuple civilisé ». Maintenant que le monde n'était plus hanté par le spectre du manque, il devenait possible d'apprécier l'importance du soutien étatique à l'art et à l'éducation, le rôle qu'il pouvait jouer en élevant le niveau général du goût. « Le jour n'est pas loin », écrivait Keynes en 1924, « où le problème économique retrouvera la place secondaire qui est la sienne, et (...) où la tête et le cœur seront occupés (...) par les vrais problèmes – les problèmes de la vie et des relations humaines, de la création, de la croyance et de la religion. »

Les problèmes « de la vie » que Keynes avait à l'esprit incluaient « le contrôle des naissances et le recours aux contraceptifs, les législations relatives au mariage, au traitement des infractions et perversions sexuelles, à la situation économique des femmes, à la situation économique de la famille ». À l'instar d'une féministe, d'un bisexuel, d'un malthusien, et d'un champion de la révolution sexuelle, Keynes mettait régulièrement l'accent sur le fait que « le problème démographique », comme il l'établit en 1921, « était en train de devenir non seulement un problème économique, mais bien, dans le futur proche, la plus importante de toutes les questions politiques ». Les « principes du pacifisme et du contrôle démographique et des naissances » constituaient les « prolégomènes à tout schéma futur de progrès social ». La guerre et la conquête, comme les vertus économiques de l'épargne et de la gratification différée, appartenaient à l'âge du manque. Tout comme l'oppression

---

autre publicité de luxe le relevait, requérait de cette façon un « idéal de beauté (...) en voie de démocratisation ».

Keynes avait, sans aucun doute, un idéal de beauté plus élevé à l'esprit lorsqu'il saluait la libération du jugement esthétique de la répression puritaine. Mais il n'était pas toujours facile de distinguer la maxime de G.E. Moore, un des premiers mentors de Keynes – pour qui « la jouissance procurée par les relations sexuelles et les plaisirs provoqués par la contemplation de beaux objets » représentaient les biens les plus hauts – de la louange des publicitaires qui juraient vouloir aider les gens à « jouir de la vie », et à « vivre une vie valant vraiment la peine d'être vécue ».

patriarcale de la femme – l'exemple le plus impressionnant de l'échec des principes moraux à suivre le rythme du changement économique. En temps de manque, les femmes étaient surtout considérées comme des reproductrices, et l'éthique du travail envahissait même les relations les plus intimes, assujettissant le plaisir sexuel au devoir de procréation. Les normes rigidement définies de la masculinité et de la féminité décourageaient l'expérimentation sexuelle. Dans leurs vies intimes, les hommes et les femmes n'accordaient, en réalité, que peu d'attention aux anciennes interdictions si manifestement inadaptées aux conditions de la prospérité ; mais la moralité officielle restait sévère et répressive. « Dans tous ces domaines, l'état existant de la loi et de l'orthodoxie est encore médiéval – à la fois déconnecté de l'opinion civilisée, et de la pratique civilisée, et de ce que les individus, éduqués et non éduqués, se disent entre eux en privé. »

Une opinion civilisée, telle que l'entendait Keynes, demandait un élargissement de l'étendue du choix personnel. La notion de devoir était dépassée ; le devoir le plus haut que s'assignait un individu ne regardait que lui. Lorsque Keynes sollicita une exemption du service militaire, en 1916, il fonda sa demande sur son droit à décider personnellement de son sort. Il ne discuta pas de la justice ou de l'injustice de la guerre opposant l'Angleterre à l'Allemagne, ou de la justice de la guerre en général. Il plaida simplement le fait que la conscription représentait une atteinte intolérable à sa liberté personnelle de choix. Il refusait, affirmait-il, d'abandonner sa « liberté de jugement face à la question si cruciale de l'enrôlement au service militaire ». Le gouvernement britannique accorda à Keynes une dérogation, sans doute parce qu'il était plus utile au Trésor que sur le front, sans prendre en compte l'essence de son argumentation. Un gouvernement disposé à reconnaître un tel « droit de décision » comme principe général, n'aurait naturellement plus été capable de gouverner, y compris en temps de paix.

Il n'est pas évident que Keynes se soit penché sur les implications plus générales de sa position ; s'il avait été interrogé à ce sujet, il aurait probablement répondu que seule une poignée d'individus supérieurs aurait été susceptible de véritablement précipiter les choses en ce sens. Ses conceptions de la conscription, comme ses conceptions dans tous les autres domaines, étaient empreintes de la vision qu'il avait de sa propre personne, un membre d'un cercle restreint d'individus suprêmement talentueux, d'hommes et de femmes atypiques dont l'intelligence et la sensibilité les exemptaient des critères ordinaires. « Il ne nourrissait aucun sentiment égalitaire », écrivit son premier biographe Roy Harrod. « Dans le domaine de la moralité, la première priorité concernant le dividende national était », selon son jugement, « de fournir à une minorité, douée d'une « perception passionnée », les conditions qu'une civilisation moderne a la possibilité d'offrir pour parvenir à une « vie bonne ». »

Étudiant à Cambridge, Keynes se retrouva dans son élément au milieu des Apôtres, qu'il décrivit plus tard comme une coterie de « débauchés », qui « rejetait en bloc les principes moraux habituels, les conventions, et la sagesse traditionnelle ». Le groupe de Bloomsbury qui se développa autour de ce noyau d'étudiants avait été explicitement fondé dans le but, selon Charles H. Hession, un de ses autres biographes, « d'établir sur les modèles français une société adaptée à la minorité éclairée ». Dans un texte biographique écrit dans les années quarante, Keynes reconnaissait le snobisme du groupe de Bloomsbury, et « sa superficialité, non seulement de jugement, mais également de sensibilité ». Il ne revint jamais sur sa certitude que la civilisation était le fruit de la « personnalité et de la volonté de quelques-uns », mais il considérait désormais, ayant traversé deux guerres mondiales et une crise économique planétaire, que la civilisation était infiniment plus « précaire » que ce que ses compagnons et lui avaient été disposés à admettre durant les années de confiance qui avaient précédé la Première Guerre mondiale. « Nous faisions partie des derniers utopistes, ou mélioristes, (...) qui croyaient à un progrès moral continu en vertu duquel le genre humain comprenait déjà des hommes et des femmes fiables, rationnels et honnêtes, (...) qui pouvaient se libérer sans danger des contraintes extérieures de la convention, des critères traditionnels et des lois inflexibles de la conduite. »

Le texte biographique de Keynes était quelque peu équivoque. La vision d'hommes et de femmes libérés des contraintes extérieures – l'essence du libéralisme et le cœur de la foi progressiste – était-elle entièrement malavisée, ou simplement prématurée ? Lorsque Keynes remettait en question l'affirmation suivant laquelle l'humanité était « déjà » constituée d'individus pouvant se dispenser de la convention, il laissait ouverte la possibilité qu'elle puisse consister en de tels individus à long terme. Il continuait à avancer, quoi qu'il en soit, que lui et ses contemporains « avaient entièrement mésestimé la nature humaine, dont la nôtre propre ». Leur « irrévérence » à l'égard de « la sagesse traditionnelle et des contraintes de la coutume » découlait d'une confiance excessive en la raison. « Il ne nous venait pas à l'esprit de respecter les extraordinaires réalisations de nos prédécesseurs dans l'agencement de la vie (...), ou la structure élaborée qu'ils avaient imaginée pour protéger cette organisation. »

La théorie de « la prospérité à travers le plein emploi » élaborée par Keynes, relève Hession, « redonna vie à la vieille idéologie du progrès et du développement économique national ». Sa reconnaissance tardive de la tradition émergea au même moment telle une arrière-pensée, symptomatique d'une vague de fond d'inquiétude persistante dans l'idéologie du progrès. Tout se passait comme si l'idée de progrès imposait comme corollaire une « révérence » excessive et légèrement sentimentale à l'égard des « contraintes de la coutume ». Keynes n'était ni le premier ni le dernier défenseur du progrès à redécouvrir la valeur des « contraintes extérieures » et des « critères traditionnels » que son propre travail contribuait à ébranler. Mais aucune autre trajectoire individuelle n'a pu montrer les implications contradictoires de l'idéologie progressiste aussi spectaculairement : sa critique de la convention, et sa défense rétrospective de la convention ; son engagement théorique en faveur de la Démocratie, et son aversion irrationnelle pour la Démocratie ; son empressement à assurer la redistribution la plus large possible des bonnes choses de la vie, et son soupçon fortement ancré voulant que la plupart des gens étaient incapables de les apprécier. Keynes attaquait de front l'ancienne éthique de l'épargne et de l'économie, en essayant de montrer qu'elle était inacceptable aussi bien sur le plan économique que sur celui des principes moraux. Il ne pouvait, cependant, tout à fait dissiper ses réserves tenaces quant aux capacités d'une éthique hédoniste à susciter l'enthousiasme « religieux » que requérait la lutte du capitalisme contre le communisme.

Dans *A Short View of Russia* (1925), Keynes faisait part du dégoût que lui inspirait le « credo (...) qui exalte le grossier prolétariat contre la bourgeoisie et l'intelligentsia ». Mais la bourgeoisie et l'intelligentsia, alors même qu'elles incarnaient la « qualité de vie » et « étaient à l'origine de tous les progrès humains », manquaient d'esprit de subordination. « Le capitalisme moderne est radicalement athée, dépourvu de cohérence interne, d'esprit public fort, (...) il n'est constitué que de simples agrégats de possesseurs et de plaignants. » Où pourrait-il trouver de nouvelles sources de vitalité spirituelle ? Keynes n'avait pas de réponse à cette question, sauf à dire que « si le capitalisme athée doit en définitive faire battre en retraite le communisme religieux, il ne suffit pas que son efficacité économique soit potentiellement plus efficace – elle doit être la plupart du temps plus efficace ». Avec une ingéniosité extraordinaire, Keynes continuait à avancer, dans sa *Théorie générale*, que le capitalisme pouvait devenir « la plupart du temps plus efficace », non pas en appelant la population à des sacrifices, comme le faisaient les communistes, mais en rejetant précisément le principe du sacrifice comme une atteinte à « l'esprit entreprenant ». Il se pouvait, quoi qu'il en soit, qu'un empressement à concéder des sacrifices au nom de quelque cause plus élevée réponde à un besoin humain non négligeable, un besoin qui serait systématiquement mis en échec à l'âge de la surabondance.

Optimisme ou espérance ?

Ce qui constitue l'attrait de l'idéologie progressiste, au moins dans sa version libérale – son rejet d'une conception héroïque de la vie –, s'avère de cette façon être son plus important point

faible. La notion de progrès ne peut être défendue contre la
critique intelligente qu'en postulant une expansion infinie des
désirs, une amélioration régulière du niveau général de confort,
et l'intégration des masses au sein de la culture de la prospérité.
C'est uniquement sous cette forme que l'idée de progrès a
supporté les rigueurs du XXᵉ siècle. Des versions plus extravagantes de la foi dans le progrès, fondées sur la perfectibilité de
la nature humaine – sur le pouvoir latent de la raison ou de
l'amour – se volatilisèrent bien auparavant ; mais la version
libérale s'est montrée étonnamment résistante aux coups portés
à l'optimisme facile, à un rythme frénétique, au cours des
événements du XXᵉ siècle.

Le libéralisme ne fut jamais utopique, à moins d'envisager
la démocratisation de la consommation elle-même comme un
idéal utopique. Il n'imposait à la nature humaine aucune obligation difficile à remplir. Il ne présupposait rien de plus formel,
sur le chemin de la motivation, qu'un intérêt personnel bien
compris. Horace Kallen parlait au nom de la plupart des libéraux, lorsqu'il déplorait « la stupidité de ces « grands seigneurs »
qui n'étaient motivés que par leurs intérêts propres, au mépris
de la diversité éclairée », et qui ne comprenaient pas que le
travailleur « cessait de cette façon de figurer comme un
consommateur de toute chose ». Il pouvait pourtant accepter
qu'un mélange de coercition gouvernementale et de persuasion
rationnelle aiguille, d'une façon ou d'une autre, ces employeurs
non éclairés vers leurs consciences, ou conduise à leur remplacement par une classe plus intelligente d'employeurs. Il était
évident pour lui, comme il l'avait été également pour Adam
Smith, qu'à peu près tout le monde bénéficierait de l'augmentation de la productivité, de plus hauts salaires, d'horaires de
travail plus courts, et d'un usage des loisirs plus créatif. Le
capitalisme avait « élevé le niveau général de vie (...), transformé le manque en abondance, réveillant les volontés d'aller
où personne n'était jamais allé, multipliant le peu en quantité,
apportant de plus en plus de biens variés à plus de gens aux
moindres coûts, de telle sorte que ce qui avait été auparavant,
s'il l'avait été, mis à la disposition de quelques-uns (...) se
trouvait désormais à la portée de la plupart de ceux qui

jusqu'alors produisaient beaucoup et consommaient peu ». Il suffisait désormais de parachever la révolution capitaliste en rendant les « bienfaits du loisir » accessibles à tous. Afin que cet objectif fût reconnu de tous comme désirable, n'était requise aucune amélioration des capacités mentales : ces réalisations ne requéraient pas plus altruisme et sacrifice de soi – uniquement une bonne volonté à subordonner les plaisirs à court terme à la paix et à la prospérité sur le long terme.

Mais si l'humanité se conforte avec la paix et la prospérité, elle manifeste également une propension épisodique au conflit. Les hommes et les femmes ont besoin de croire que « la vie est une affaire délicate », pour citer la formule de Richard Niebuhr. Ils ne peuvent seulement se satisfaire de l'opportunité de choisir leurs objectifs personnels et, pour utiliser le jargon actuel, leurs « styles de vie » ; ils ont besoin de croire que leurs choix impliquent des conséquences sérieuses. Les forces du bien et du mal livraient dans le cosmos chrétien un grandiose combat pour le cœur de l'homme, et chaque action devait être évaluée à l'aune de l'éternité. Le communisme, Keynes et beaucoup d'autres le comprirent, investissait les actes de la vie quotidienne de la même sorte de portée cosmique. George Orwell établissait en 1940 le même constat au sujet du fascisme. Les Démocraties occidentales, observait-il, en étaient venues à penser que « les êtres humains ne désiraient rien d'autre que l'aisance, la sécurité et l'absence de souffrance ». Le fascisme était, indépendamment de tout ce qui peut être formulé à son sujet, « psychologiquement bien plus solide qu'aucune autre conception hédoniste de la vie ». Hitler savait que les hommes et les femmes attendaient autre chose que « le confort, la santé, des horaires de travail plus courts, des critères d'hygiène stricts, un contrôle de la natalité ». « Alors que le socialisme, et même le capitalisme (...) avaient dit à la population « Nous vous offrons du bon temps », Hitler lui avait dit « Je vous offre des batailles, du danger et de la mort », et en retour une nation entière s'était jetée à ses pieds. »

Lewis Mumford avait la même année donné une analyse du « lisse esprit progressiste » qui aurait facilement pu être écrite par Orwell lui-même. Les progressistes, pour Mumford, croyaient que la nature humaine n'est détournée de sa naturelle bonté que par des circonstances extérieures indépendantes du contrôle des individus. N'ayant aucun sens du péché, ils faisaient peu de cas des difficultés inhérentes au développement moral, et ne pouvaient ainsi saisir le besoin d'une « discipline constituante de la personnalité ». Ils méprisaient la discipline procurée par le travail manuel, l'endurance due à l'inconfort, et l'initiation de la jeunesse. Ils étaient à la recherche d'un genre humain dégagé de toute espèce d'épreuve et d'adversité, de l'ennui des corvées domestiques, et de tout processus naturel en général. Les sociétés basées sur les principes progressistes, écrivait Mumford, renonçaient à tout objectif plus vaste au profit de « la jouissance privée de la vie ». Elles avaient créé une race d'hommes et de femmes qui « niaient, en raison de leur manque d'expérience, que la vie a d'autres significations, ou valeurs, ou possibilités ». De telles personnes « mangeaient, buvaient, se mariaient, donnaient naissance à des enfants et se dirigeaient vers la tombe dans un état d'esprit qui était au mieux une sorte d'anesthésie hilare, et au pire de l'anxiété, de la peur, de l'envie, faute de moyens nécessaires à l'assouvissement d'un minimum de sensations à la mode ».

Confrontés à une accusation de ce type, les progressistes répliquaient généralement que la discipline et l'adversité étaient absolument parfaites pour tous ceux qui pouvaient tenir pour acquis un certain niveau de sécurité matérielle, mais que les masses dans le besoin pouvaient difficilement espérer les savourer. Tant que chacun ne jouirait pas d'un niveau de vie décent, l'amélioration matérielle resterait l'objectif majeur des sociétés démocratiques. Le problème que pose cet argument réside dans le fait que la pression politique en vue d'une répartition plus équitable de la richesse ne peut naître que de mouvements animés par un dessein religieux et une conception élevée de la vie. Sans initiative populaire, même l'objectif limité d'une démocratisation du confort ne peut être réalisé. La minorité privilégiée n'est pas censée prendre en considération les besoins de la majorité, même si ses intérêts bien compris pourraient bénéficier, au moins à long terme, de l'augmentation du niveau général de la consommation. Si beaucoup profitent aujourd'hui de nombre de commodités autrefois réservées à quelques-uns, c'est parce qu'ils les ont obtenues grâce à leurs propres efforts politiques, pas parce que les riches ont renoncé librement à leurs privilèges ou parce que le marché assure automatiquement la prospérité à tous.

L'initiative populaire, quoi qu'il en soit, avait décliné pour un temps – en partie parce que la démocratisation de la consommation est un idéal insuffisamment astreignant, qui échoue à vivifier l'énergie morale nécessaire pour soutenir les mouvements populaires face à l'adversité. L'histoire de ces derniers, dont le mouvement des droits civiques des années cinquante et soixante – le dernier soulèvement de l'histoire américaine –, démontre que seule une compréhension de l'âpreté, et même de la tragédie, de la vie peut justifier les sacrifices qui s'imposent à ceux qui cherchent à défier le *statu quo*.

Seule l'idée de progrès, disait-on, est susceptible de pousser les hommes et les femmes à sacrifier les plaisirs immédiats au profit de quelque objectif plus élevé. Bien au contraire, l'idéologie progressiste mine l'esprit de sacrifice. Elle ne nous donne pas non plus un antidote efficace au désespoir, alors même qu'elle doit une partie substantielle de son attrait résiduel à la crainte que sa disparition nous laisse entièrement dans le désespoir. L'espérance ne requiert pas une croyance dans le progrès. Elle requiert une croyance dans la justice, la conviction que l'homme mauvais souffrira, que les hommes mauvais retrouveront le droit chemin, que l'ordre qui sous-tend le cours des événements n'a rien à voir avec l'impunité*. L'espérance implique une profonde croyance dans la vie qui paraît absurde

---

* Eugène D. Genovese et d'autres chercheurs montrèrent clairement que de telles opinions avaient maintenu en vie l'espoir d'émancipation parmi les esclaves du Sud d'avant la Guerre civile. Il serait absurde d'attribuer aux esclaves une croyance au progrès, en se basant sur le fait qu'ils attendaient la terre promise de la liberté. C'était le Christianisme, avance Genovese, qui « leur donnait un critère de référence solide pour apprécier le comportement de leurs maîtres, pour les juger, et formuler « une promesse de délivrance aussi bien aux hommes de ce monde qu'à ceux qui allaient suivre ».

à ceux qui en sont dépourvus. Elle repose sur la confiance, une confiance placée bien plus dans le passé que dans le futur. Elle surgit d'anciennes mémoires – sans doute déformées, recouvertes par des mémoires plus récentes, et qui, par conséquent, dans leur rôle de guides vers telle ou telle reconstruction factuelle d'événements passés, ne sont pas entièrement fiables –, pour lesquelles l'expérience de la paix et du contentement était si intense que les désillusions ultérieures ne pouvaient l'ébranler. Une telle expérience laisse pour trace la conviction inébranlable, non pas qu'est préférable au présent le passé, mais que ce sentiment n'est jamais totalement déplacé, même s'il n'est jamais complètement justifié, et donc inévitablement condamné à connaître des déceptions.

Si nous distinguons l'espérance de l'attitude plus conventionnelle connue aujourd'hui sous le nom d'optimisme – si nous l'envisageons comme un trait de caractère, une prédisposition du tempérament, plutôt que comme une appréciation de la direction du changement historique –, nous pouvons comprendre pour quelles raisons elle nous est plus utile, au milieu des flots déchaînés de la marche en avant, qu'une croyance dans le progrès. Elle ne peut nous prévenir d'attendre le pire. Le pire est toujours ce à quoi ceux qui espèrent se sont toujours préparés. Leur croyance en la vie ne serait pas très valable si elle n'avait pas survécu aux déceptions du passé, tandis que le fait de savoir que le futur porte des déceptions supplémentaires témoigne de la permanente nécessité de l'espérance. Ceux qui croient au progrès, au contraire, bien qu'ils aiment se penser comme le parti de l'espoir, n'en ont actuellement que peu besoin, depuis qu'ils ont l'histoire de leur côté. Mais ce manque leur interdit toute action intelligente. L'imprévoyance, une foi aveugle dans le fait que les choses ne peuvent se dérouler que pour le mieux, fournit un substitut indigent à la disposition qui consiste à mener les choses à bien, y compris lorsque les difficultés qu'elles posent nous semblent insurmontables.

III. LA NOSTALGIE : L'ABDICATION DE LA MÉMOIRE

Mémoire ou nostalgie ?

Si un étrange effet de l'idée de progrès est d'affaiblir la tendance à formuler des réserves intelligentes au sujet du futur, la nostalgie, sa jumelle idéologique, sape la capacité à faire un usage intelligent du passé. Apparemment à l'opposé l'une de l'autre, ces postures partagent en réalité beaucoup de choses. Pour ceux qui furent nourris par la louange du progrès, l'idéalisation du passé paraît épuiser les alternatives à une idéalisation du futur exaspérante, et de moins en moins convaincante.

Comme nous devrions tout aussi bien rejeter l'équation irréfléchie du progrès et de l'espoir, nous avons besoin de distinguer la nostalgie de la mémoire rassurante des temps heureux, qui permet de relier le présent au passé, et d'offrir un sentiment de continuité. L'appel émotionnel aux souvenirs heureux n'est pas lié à la dépréciation du présent, typique de l'attitude nostalgique. La nostalgie renvoie au sentiment que le passé offrait des joies désormais inenvisageables. Les représentations nostalgiques du passé évoquent une époque à jamais révolue, et pour cette raison intemporelle et inchangée. La nostalgie, au sens strict du terme, n'implique en rien l'exercice de la mémoire, puisque le passé qu'elle idéalise reste en dehors du temps, figé en une éternelle perfection. Il arrive que la mémoire idéalise le passé, mais pas pour condamner le présent. Elle tire espoir et réconfort du passé afin d'enrichir le présent, et de faire face avec courage à ce qui nous attend. Elle envisage

le passé, le présent et le futur comme continus. Elle est moins
préoccupée par la perte que par notre dette permanente à
l'égard d'un passé dont l'influence formatrice persiste à vivre
dans nos manières de parler, nos gestes, nos idées de l'honneur,
nos attentes, notre disposition fondamentale à l'égard du
monde qui nous entoure.

La muraille qui sépare le passé du présent, telle qu'elle apparaît à la sensibilité nostalgique, trouve son origine dans l'expérience de la désillusion, qui interdit de retrouver l'innocence
des premiers jours. La relation du passé au présent, de ce point
de vue, se définit avant tout par le contraste entre la simplicité
et la sophistication. La nostalgie trouve son expression littéraire
la plus pure dans la tradition de la pastorale, et son goût des
joies simples de la nature. Le charme de la pastorale ne réside
naturellement pas dans l'observation minutieuse de la vie
rurale, mais dans le rêve d'une simplicité et d'une sécurité
enfantines. La pastorale évoque un monde où n'existent ni le
travail, ni le mariage, ni l'intrigue politique – le monde insou-
ciant de l'enfance, en effet. Puisqu'elle ne prétend pas
dépeindre la vie à la campagne en tant que telle, elle peut
difficilement être l'objet de critiques pour son manque de
réalisme. « Il serait fastidieux », affirme C.S. Lewis, d'énumérer,
à ceux qui objectent que « les vrais gens de la campagne ne
sont pas plus heureux ou vertueux que quiconque », les nombreuses bonnes raisons « qui ont conduit l'humanité à symbo-
liser par des scènes d'occupations rurales une région qui, dans
l'imaginaire, existe et devrait être visitée souvent ». La défense
de la pastorale par Lewis rappelle la défense de l'utopie par
Karl Mannheim : sans images idéales d'un monde meilleur,
qu'il soit situé dans le passé ou dans le futur, notre propre
monde serait dépourvu, affirmait Mannheim, de tout « sens
de la vie ».

La sensibilité pastorale historialisée et popularisée

Bien que la tradition pastorale ait toujours fait appel aux
représentations d'un âge d'or, elle contribua très peu à l'éla-

boration de perceptions de l'histoire, précisément parce qu'elle
ne prétendait pas localiser l'idylle arcadienne ailleurs que dans
l'imaginaire. Dans *A Discourse on Pastoral Poetry*, Alexander
Pope insistait vivement sur le fait qu'elle devait rester aussi
artificielle et fantaisiste que possible. Le contraste entre la ville
et la campagne, qui plus est – même si recours était fait à lui
pour renvoyer à des conditions sociales contemporaines –, était
plus d'ordre spatial que temporel ; et ce ne fut que lorsque ce
contraste commença à être historialisé, aux XVIIIe et XIXe siècles,
que la nostalgie se mit à influer sur la manière dont les hommes
et les femmes pensaient le passé historique.

La spéculation historique était, cela ne fait aucun doute,
auparavant dominée par des schèmes conceptuels (classiques
ou chrétiens) qui tendaient à mettre en équation, nous l'avons
vu, le changement avec la dégénérescence ; il serait encore
erroné de les qualifier de nostalgiques. Ni l'appel chrétien au
repentir, ni l'appel républicain à l'ancienne gloire n'encourageaient les hommes à fuir le présent pour trouver refuge dans
les pensées du passé ; l'idéal austère de la conduite personnelle
partagé par ces deux traditions n'avait pas plus à voir avec un
culte de la simplicité idyllique qui considérait comme acquise
l'impossibilité de sa réalisation. Les conceptions chrétiennes et
républicaines de l'histoire impliquaient un programme de
rénovation morale. L'imaginaire en visite à Arcadie, au
contraire, consolait le visiteur mais, excepté cela, le laissait
inchangé, résigné au monde ennuyeux tel qu'il était et, de
toute façon, totalement insatisfait d'un monde dont la sophistication seule permettait, à vrai dire, d'apprécier une simplicité
rudimentaire. La célébration de la félicité rustique n'était
jamais le fait des campagnards. Elle ne pouvait être savourée
que par les gens raffinés qui, après tout, ne proposaient pas
sérieusement d'échanger les avantages d'une expérience de la
bonne éducation, et de la fortune matérielle, contre une vie
en accord avec la nature, quelle que soit la manière dont ils
chantaient lyriquement les joies de celle-ci. La nostalgie, au
moins dans sa forme pastorale, était un luxe auquel seuls les
privilégiés pouvaient avoir les moyens de s'adonner, exactement
comme leurs descendants spirituels allaient donner libre cours

à leur goût pour les produits artisanaux dans un monde dominé par la production industrielle.

La mutation de la conscience historique aux XVIIIe et XIXe siècles ne contribua pas seulement à l'historialisation de la nostalgie, mais contribua également à sa démocratisation. La coutume pastorale déclina avec la disparition de l'aristocratie, mais la mode pastorale devint beaucoup plus envahissante qu'autrefois, à un moment où le contraste entre la ville et la campagne paraissait définir les stades successifs du développement historique. L'urbanisation reflétait le développement du commerce, les systèmes plus efficaces de production et de distribution, des critères de confort plus exigeants, une augmentation rapide de la circulation du savoir – bref, un progrès dont l'autre aspect paraissait résider dans la perte d'une simplicité originelle. Puisque le progrès concernait tout le monde, attirant la population vers les villes dans des proportions de plus en plus importantes, il créait une nouvelle et large audience pour une littérature urbaine plus explicitement rétrospective que le genre de la pastorale, une littérature qui ne se préoccupait pas d'un imaginaire rural en recul, mais d'un processus historique en train de se dérouler (comme les hommes et les femmes finirent par le penser), qui consistait en l'éradication d'une nature intacte par les forces irrésistibles du changement progressiste.

C'est l'affirmation du caractère irrésistible de ces forces qui relie la nostalgie rurale du XIXe siècle à la tradition pastorale, et explique pour quelles raisons une lamentation sur la disparition de la campagne pouvait si facilement coexister avec la célébration du progrès historique, exactement comme l'éloge des scènes pastorales pouvait le faire avec un éloge des raffinements à la mode de la cour. Pour les lecteurs urbains de la classe moyenne, le charme de l'antique organisation agrarienne résidait principalement dans l'improbabilité qu'un de ses éléments quelconque puisse survivre aux assauts de l'industrialisation. Le legs de la pastorale, désormais au centre du pseudo-débat qui opposait les partisans du progrès à ceux qui idéalisaient le passé rural, interdisait chaque camp d'envisager, comme Raymond Williams le note dans son étude sur ce débat,

« qu'une économie rurale puisse simplement subsister », sous
une forme ou une autre, y compris au sein des « pays urbanisés
développés ». L'interminable polémique littéraire sur les
rapports entre la ville et la campagne était l'exemple même du
faux débat, car les deux camps partageaient le postulat central,
que présentait Williams, suivant lequel « l'expérience rurale, le
pays du labeur, était en voie d'extinction ; n'était en Grande-
Bretagne qu'une chose marginale, et que le temps viendrait où
elle disparaîtrait ». Williams lui-même acceptait ce postulat,
« qui semble bien près maintenant de se réaliser », comme il
l'écrivait, jusqu'au moment où il finit par comprendre que
« l'idée convenue d'un monde rural disparu » ne se fondait pas
simplement sur une conception abstraite, et sans espoir, des
processus historiques, mais impliquait une conception du futur
également trompeuse, « où le travail aux champs aurait à
devenir tout sauf important et central ». Mais un bon sens de
cette sorte ne joua malheureusement aucun rôle, ni dans la
littérature consacrée à la disparition de la vie rurale, ni dans
celle, qui lui était opposée, du progrès et du développement.

Images de l'enfance : de la gratitude au pathos

Le mouvement romantique, la première protestation contre
les temps nouveaux, traduisait son sentiment de dislocation
historique par des images opposant la campagne à la ville,
l'innocence à l'expérience, le monde en voie de disparition des
« prairies où la marche devient danse » et des « troupeaux au
pâturage », pour reprendre les termes du poème de Matthew
Arnold *Scholar Gypsy*, à la métropole et son « empressement
maladif, ses objectifs contradictoires, ses esprits surmenés, ses
cœurs pétrifiés » – « cette étrange maladie de la vie moderne ».
En un « temps du changement », tel que le définissait John
Stuart Mill dans son essai *The Spirit of the Age*, paru en 1831,
« l'idée de comparer sa propre époque aux précédentes » était
devenue pour la première fois une habitude mentale incontournable ; Mill y faisait référence comme à l'« idée dominante » du XIXe siècle. Pour beaucoup, l'« esprit du temps » était

absolument insupportable ; pour d'autres, « un motif d'exul-
tation » ; mais ce qui importait, Mill le relevait avec une vraie
perspicacité, c'était que le problème devait être résolument posé
en ces termes. « L'« esprit du temps », ajoutait-il, est (...) une
expression nouvelle, vieille de moins de cinquante ans. »

La vision pastorale en étant arrivée à être associée à une
période précise de temps historique – à l'exploitation agricole
prétendument florissante, ou au moins familiale et aisément
gérable, qui commençait à être laminée par l'industrialisation –, il était probablement inévitable que les contemporains
du « temps de la transition » de Mill aient à redécouvrir, en se
retournant vers leurs propres souvenirs d'enfance, l'image la
plus irrésistible de l'innocence perdue. William Empson avait
observé que le XIXᵉ siècle « reportait sur l'enfant (...) l'obscure
tradition de la pastorale ». Rousseau avait déjà « établi » la « loi
irréfutable qui veut que les impulsions premières de la nature
soient toujours justes ; il n'y a pas de péché originel dans le
cœur humain ». Il insistait fortement, dans *Émile*, sur un point
qui devait, encore et encore, être exploré. « Aime l'enfance, aie
de l'indulgence pour ses jeux, ses joies, et sa nature aimable.
Qui ne s'est pas retourné avec regret vers un âge où le rire est
toujours aux lèvres et l'esprit toujours en paix ? » L'enfance
nourrit Rousseau, Wordsworth, Blake, Charlotte et Emily
Brontë, Dickens, Hardy, Lewis Carroll, et d'innombrables
moindres talents par un vocabulaire obsédant de la perte,
auquel pouvaient recourir aussi bien la critique sociale que la
poésie et la fiction mais également, en le vulgarisant et le
traitant sur un mode sentimental, les pieuses leçons de morale
qui s'attardaient sur le bienheureux destin de ceux qui mouraient en bas âge.

L'exploration littéraire de l'enfance, de la solennelle extase
de Wordsworth au sentimentalisme de J.-M. Barrie, permet de
mieux comprendre les différences entre la nostalgie et une
forme plus active de souvenir qui cherche à saisir l'influence
formatrice du passé sur le présent. Samuel Taylor Coleridge
distinguait le pouvoir cicatrisant d'une mémoire « pleine de
joie et sensible », de l'attitude qui consiste à rejeter le passé,
qui pousse les hommes à « rire des mensonges qui leur étaient

imposés au cours de l'enfance » ; mais cette analyse remarquablement pertinente de leur différence s'applique, avec une égale exactitude, à la posture nostalgique, une autre forme de dénigrement du passé. Ceux qui ne se souviennent de l'enfance que comme du temps où ils étaient « brimés », écrivait Coleridge – mais également ceux qui s'en souviennent, devrions-nous ajouter, comme d'un temps de bienheureuse innocence à l'abri de toute réflexion consciente d'elle-même –

> ne sont pas assez bons et sages pour contempler le Passé dans le Présent, et donc pour faire naître, par une sensibilité vertueuse et prévenante, cette continuité dans la conscience qu'ils ont d'eux-mêmes, dont la nature a fait la loi de leur vie animale. L'ingratitude, la lascivité, et la dureté de cœur en découlent toutes. Les hommes ne sont ingrats avec les autres que lorsqu'ils cessent de se retourner sur leurs premières années avec joie et bienveillance. Ils n'existent qu'en fragments, anéantis au regard du passé, ils sont morts à celui du futur, ou cherchent partout les preuves de ce dernier, pas seulement (aussi seuls qu'ils puissent se trouver) en eux-mêmes.

Écrivant en 1809, Coleridge célébrait Wordsworth comme le poète qui avait « exprimé et illustré ce sentiment avec une égale finesse de pensée et de sentiment ». Wordsworth parlait lui-même de son œuvre comme d'une tentative d'explorer « la vertu rafraîchissante », « nourrissante » et « vivifiante » de la mémoire. Particulièrement dans *The Prelude*, il traitait l'immédiateté de l'expérience de « la peur et de l'amour », vécue par l'enfant, comme le fondement et la base de l'expérience ultérieure, l'origine de la perspicacité inhérente à la maturité ; et il ne semble pas totalement invraisemblable de penser que son attention rigoureuse, et non sentimentale, aux souvenirs d'enfance enrichissait le romantisme de Wordsworth, exactement comme une célébration des pères fondateurs enrichissait – en dépit de toutes les différences manifestes existant entre les deux traditions – le républicanisme classique, ouvrant la pensée à un sens de la gravité et de la joie de l'existence, plus précisément à une conscience de ses origines et une dette à

l'égard du passé, réveillant ainsi à nouveau la capacité d'attachement.

Même lorsqu'il parlait du « paradis au sein duquel je fus
élevé », et comparait les « enfants authentiques » élevés près de
la nature à ceux qui l'étaient dans « le tourbillon perpétuel/des
objectifs frivoles », la principale émotion dans les premières
œuvres de Wordsworth était la gratitude, et non le regret d'une
innocence à jamais enfuie. C'était toutefois une émotion –
cette « reconnaissance pleine de gratitude » envers « ce qui me
fut donné » – que Wordsworth trouvait délicat de traduire en
vers ; et elle commença à transparaître dans le poème qui
s'imposa en définitive comme le plus populaire, *Intimations of
Immortality*, sur un mode élégiaque que la plupart de ses admirateurs considérèrent d'une apparence plus agréable – plus
familier et par là rassurant, en dépit de son évocation de la
perte – que le ton énergique de *The Prelude*.

> Où donc a disparu ce rayon visionnaire ?
> Où sont donc, aujourd'hui, cette gloire et ce rêve ?

Pourtant, Wordsworth persistait,

> Ne nous affligeons pas, mais cherchons bien plutôt
> La force dans ce qui demeure

L'ode à l'immortalité évoquait la mort de l'enfance plus
énergiquement que les consolations mises à la disposition d'un
« esprit philosophique » et adulte.

Il n'était pas tout à fait surprenant, dès lors, que le XIXᵉ siècle
choisisse d'idolâtrer Wordsworth comme le poète du « ravissement désormais à jamais enfui ». Les écrivains victoriens, de
moins en moins intéressés par sa conception des souvenirs de
l'enfance envisagés comme « les refuges du pouvoir de
l'homme », et moins encore par sa « méthodique exploration »
de ces souvenirs, considéraient l'enfant, beaucoup moins
comme « le Père de l'Homme », que comme une victime
impuissante, et incorruptible, de la domination des adultes. Le
thème exploré par Wordsworth, au moins dans *The Prelude*,
était pourtant bien les moyens

Par lesquels cette sensibilité enfantine,
Magnifique essence de notre être, était en moi
Augmentée et prolongée.

Pour les poètes romantiques en général, Peter Coveney le releva avec pertinence, l'innocence tirait « sa valeur de ce qui pourrait en advenir ». Avec les Victoriens, quoi qu'il en soit, l'emphase se déplaçait « vers l'état d'innocence même, non pas comme une expression résistante de l'intégrité potentielle de l'homme, mais comme un élément juxtaposé de manière statique à une expérience, et moins statique que réellement en retrait ».

Ce retrait trouvait son illustration définitive dans la scène du lit de mort, de plus en plus obligatoire pour les romans qui aspiraient à quelque succès populaire, où un enfant négligé, opprimé, ou honteusement abandonné par ceux qui étaient censés être ses protecteurs, expire sans un mot de reproche – ce consentement muet étant lui-même le reproche ultime, dirigé à la fois contre les adultes directement responsables de telles tragédies, et contre ceux qui se contentent d'y assister avec tristesse. Dans le monde des mélodrames victoriens et post-victoriens, l'innocence ne jouait qu'un seul rôle : expirer de la manière la plus déchirante qui soit. Mme Henry Wood perfectionna la formule dans *East Lynne* (1861), le roman anglais le plus vendu du siècle : « Ne pleure pas, papa. Je n'ai pas peur de m'en aller. Jésus vient à moi. » Mais ce fut Marie Corelli, dans *The Mighty Atom* (1896), qui laissa voir le plus entièrement son importance lorsqu'elle demanda « si pour un grand nombre d'enfants il ne serait pas préférable de ne jamais avoir grandi du tout ». Elle conseillait à ses lecteurs de ne pas « s'affliger des belles légions d'enfants bien-aimés qui s'étaient éteints durant leurs jeunes années », puisque « nous savons, sans même le soutien réconfortant de l'Évangile, que cela est « bien mieux » pour eux également ». L'idée que les enfants sont bien mieux morts et enterrés jette une lumière brutalement crépusculaire sur le culte de l'enfance cher au XIXᵉ siècle, qui élève les enfants au rang d'objets d'adulation, mais leur

interdit toute possibilité irrésistiblement imaginaire de développement, où l'expérience originelle continuerait d'informer
les perceptions de l'adulte. Conception appauvrie de l'âge
adulte, cette vision ostensiblement souriante de l'enfance fal-
sifiait également tout ce qu'elle prétendait célébrer, attribuant
aux enfants l'espoir de Peter Pan « d'être toujours un petit
garçon et de toujours s'amuser », un espoir qui ne faisait que
déprimer et rendre amers les adultes qui avaient pu le
concevoir.

L'Ouest américain, l'enfance de la nation

Jeremy Bentham, cet infatigable avocat du progrès, faisait
observer, en s'en félicitant, que la « sagesse de nos ancêtres »
était à son époque devenue une « raillerie sarcastique empreinte
de haine et d'insulte », le monde ayant appris ce qu'était la
folie d'idolâtrer « la sagesse de générations dépourvues d'instruction et d'expérience ». Un écrivain dans *Household Words*,
un magazine dirigé un temps par Charles Dickens, établissait
le même constat dans une diatribe contre le culte du passé.
Les expressions « Plus le monde vieillit, plus il acquiert d'expérience », « le vrai bon vieux temps » dataient du XIXᵉ siècle, pas
des époques antérieures. Mais ces écrivains oubliaient un point
essentiel : croire que le monde acquiert plus d'expérience au
fil du temps n'empêchait pas le monde moderne de se
retourner vers des époques moins éclairées avec un profond
regret. L'idéalisation du passé avait fini par se fonder, non pas
sur le respect de la sagesse ancestrale, mais sur l'assimilation
du passé à des images d'innocence enfantine. Plus l'âge
moderne insistait avec emphase sur ses propres sagesse, expérience et maturité, plus les temps rustiques et non sophistiqués
apparaissaient, rétrospectivement, prétendument attirants. Le
progrès avait pour reflet la nostalgie.

Aux États-Unis, cet étrange mélange de « progrès » et de
regret apporta à l'imaginaire national sa saveur particulière, et
fournit les thèmes auxquels les interprètes de la vie américaine
retournèrent sans cesse, avec un intérêt obsessionnel. Nation

qui s'était le plus rapidement développée au monde, explicitement destinée aux riches et au pouvoir, l'Amérique s'investit corps et bien dans l'idéologie du progrès. Non seulement la santé matérielle du pays, mais son engagement en faveur de la démocratisation des opportunités, nécessaire à la pleine légitimation des théories du progrès, permettaient facilement aux Américains eux-mêmes, mais également aux observateurs étrangers, d'envisager l'Amérique comme l'avant-garde du futur ; les Américains s'adonnaient encore notoirement à de récurrents accès de mélancolie, provoqués par le soupçon qu'une innocence originelle, une « relation originelle à l'univers » pour citer l'expression d'Emerson, avait été perdue durant leur ruineuse course vers l'or. De nombreux observateurs étaient frappés par un trait persistant de tristesse dans le caractère américain, immédiatement reconnaissable, par exemple, chez Abraham Lincoln, dont le tempérament taciturne, aussi bien que l'humeur pleine de verve, l'allure négligée, la démarche traînante semblaient en faire la personnification exacte et le symbole de son peuple.

La nostalgie américaine, de même que la vision d'une expansion américaine irrésistible et illimitée, se concentrait à l'Ouest, dont la rapide colonisation semblait accélérer la marche de la civilisation. « C'est vers l'Ouest qu'avance l'Empire. » Dans l'interprétation généralement partagée de la marche vers l'Ouest, la rapide succession de stades historiques, du plus primitif au plus avancé, condensait les développements qui avaient, ailleurs, mis des siècles à prendre forme. Mais la conquête et la colonisation du continent rendaient les Américains profondément mal à l'aise, bien qu'insupportablement fanfarons et satisfaits d'eux-mêmes. La légende de Daniel Boone, le premier d'une lignée d'explorateurs à avoir été canonisés de leur vivant, illustre cette ambivalence [1]. Timothy Flint, un de ses premiers biographes, attribuait à Boone la paternité du constat selon lequel « cette magnifique vallée (de l'Ohio) doit bientôt devenir la demeure de millions d'hommes libres ; et son cœur gonflait de joie » à cette pensée, raconte Flint. Ce dernier rappelait par ailleurs comment Boone avait été chassé du Kentucky « par l'état d'esprit frénétique (...) de la civilisation et du progrès matériel », et comment, y compris au Missouri, « l'entreprise américaine semblait destinée à le suivre, et à contrarier tout projet de repli vers les forêts ».

Boone ne nourrissait naturellement pas un grand amour pour la civilisation qui le poursuivait si implacablement, pour l'expansion de ce que ses propres efforts avaient tant contribué à mettre en place. « Je n'étais pas depuis deux ans (dans le Missouri) qu'un enfoiré de Yankee arrivait et s'installait *à moins de cent miles de chez moi* !! » D'autres commentateurs complétèrent ce portrait de Boone en fugitif traqué par le futur. « Au fur et à mesure que la civilisation avançait », écrivait un reporter pour *The New York American*, « lui, au même rythme, reculait. » Dans *The North American Review*, un écrivain le dépeignait comme « plus heureux dans sa cabane de rondins (…) qu'il l'aurait jamais été au milieu d'une remarquable profusion de biens de luxe modernes ». Un autre biographe, toutefois, décelait une conception du progrès plus approbatrice dans la vision – apocryphe, sans doute, comme toutes les autres attitudes et déclarations qui lui ont été attribuées – que Boone avait de lui-même : une « créature de la Providence, ayant reçu l'ordre céleste (…) de faire aller de l'avant la civilisation (…) de son pays ».

Les romans de James Fenimore Cooper montraient comment le chasseur solitaire, délivré des responsabilités sociales, totalement autonome, inculte mais doté d'une capacité d'appréciation spontanée de la beauté naturelle, avait pu devenir la figure centrale du roman d'aventure de l'Ouest américain. Héritier d'une fortune terrienne et d'un statut d'aristocrate, Cooper croyait en l'importance de la loi, de l'ordre, et du raffinement ; il ne glorifiait Natty Bumppo et son fidèle ami indien Chingachgook (ancêtre de Queequeg, Nigger Jim, et Tonto), que parce qu'ils se montraient tous deux fréquentables pour la société respectable, et ne représentaient aucune menace pour la hiérarchie sociale. Le traitement sympathique des chasseurs et des Indiens par Cooper, Henry Nash Smith l'avait relevé, ne s'étendait pas aux petits propriétaires fermiers comme Ishmael Bush, qui se situaient au niveau le plus bas de la société civilisée, et refusaient encore de s'en remettre aux élites. Vêtu des « hardes les plus grossières qu'un éleveur puisse porter », Bush inspirait crainte et mépris. L'obsession du fermier pour le champ, telle que Cooper l'entendait, mettait en danger l'ascendant social et politique de l'aristocratie terrienne, et envenimait les relations avec les Indiens, interdisant le règlement pacifique des revendications indiennes.

Sous l'ère Jackson[2], et son actualité politique, c'était les classes privilégiées qui s'opposaient à la politique de Jackson de déplacement des populations indiennes et défendaient les droits des Indiens, en même temps qu'elles encourageaient une politique nationale de développement économique, promouvaient le développement du commerce et de l'industrie, et ridiculisaient l'idéal austère et, dans leur esprit, régressif, si cher aux jacksoniens, d'une République vertueuse composée de petits fermiers. Nous ne devrions pas nous étonner, au regard des conventions pastorales qui continuèrent à nourrir la célébration au XIXᵉ siècle de la simplicité rustique, du fait que le mythe nostalgique de l'Ouest ait été en grande partie la création d'écrivains fortunés comme Cooper, Washington Irving, et Francis Parkman. À l'instar du mythe propre au XVIIIᵉ siècle du bon sauvage, la fascination exercée par la *wilderness*[3] touchait la plupart de ceux qui étaient les plus éloignés des conditions de la Frontière, qui considéraient comme acquis le fait que la Frontière était, comme l'affirmait Irving, « essentiellement le fruit de l'imagination », et en viendrait pour cette raison à « ressembler aux romans de chevalerie ou aux contes de fées ».

Seule une distance sécurisante permettait d'idéaliser les Indiens, et de les dépeindre comme des philosophes critiques de la civilisation. Sur sa route vers l'Oregon, en 1839, Thomas J. Farnham racontait avoir interrogé un Indien élevé à Dartmouth et s'être vu répondre que l'extension de l'agriculture vers l'Ouest détruirait « l'honnêteté absolue, l'hospitalité, l'honneur et la pureté de l'état naturel de ses habitants ». Cela sonne plus comme le primitivisme facile des classes privilégiées, un primitivisme plus sophistiqué que tout ce qui pouvait avoir été acquis, même à Dartmouth, que comme la cinglante amertume causée par l'usurpation blanche subie par les Indiens –

un ressentiment qui, naturellement, conduisait régulièrement les aristocrates de la nature à d'atroces et sanglantes représailles. « Dès que vous poussez la charrue sous la terre, elle regorge de vers et d'inutiles mauvaises herbes. Cela pousse la population à des accès d'exaspération anormaux – crée la nécessité de textes pénaux – couvre le visage humain d'un masque de déception et d'égoïsme – et substitue l'infamie, l'amour de la richesse et du pouvoir, et le massacre de millions de personnes » aux conditions arcadiennes qui prévalaient jadis.

Richard Slotkin, un analyste du mythe de la Frontière, note que les biographes de Kit Carson lui attribuaient « une sympathie d'homme civilisé pour les Indiens ». Aventurier bagarreur et chercheur d'or, Carson, comme Boone, devint une figure légendaire pourvue de l'ensemble des attributs du dur à cuire – « l'un des meilleurs parmi ces caractères nobles et originaux qui s'étaient levés d'un bond vers et au-delà notre frontière », à entendre l'un de ses biographes, « avançant avec elle vers l'Ouest, approchant l'osmose avec une nature sauvage, non pas avec la grossièreté et la lascivité du sauvage, mais avec la véritable simplicité et la fidélité naturelle, et la générosité, la bravoure, et la sensibilité absolue, à un degré rarement atteint dans la société ». Charles Webber, un auteur prolifique formé au *Princeton Theological Seminary*, recourait à un type de vocabulaire identique dans sa description des bouviers texans : « Avec eux, les vertus primitives de la virilité héroïque suffisent, et ils ne se soucient en rien des révérences, des formes et autres devoirs, tels que les a élaborés la civilisation, mais respectent les droits de chacun, et reconnaissent la présence terrible d'un Dieu bienveillant dans la grandeur intangible de la montagne, de la forêt, de la vallée, de la plaine et de la rivière. »

Un écrivain, dans la *Democratic Review*, comparait *Old Hicks, The Guide* de Webber à Typee et *Omoo* de Melville, ajoutant, toutefois, que le roman de Webber contenait « plus de gravité et de poésie ». Les romans des mers du Sud de Melville, avec leur accent régulièrement porté sur le fait que « le sauvage polynésien, entouré de toutes les luxuriantes ressources naturelles, jouissait d'une existence infiniment plus plaisante, quoique certainement moins intellectuelle, que celle de l'Européen satisfait de sa personne », faisaient appel au même primitivisme sophistiqué qui trouvait une autre expression dans les versions plus lyriques du mythe de l'Ouest. Qu'un écrivain aussi puissamment original que Melville – un écrivain, qui plus est, prédisposé à mettre l'accent sur le versant sombre des choses – trouvât difficile d'écrire sur les mers du Sud sans invoquer les conventions de la Pastorale, montre justement combien ces dernières se montraient tenaces, particulièrement à une époque où les écrivains américains considéraient encore nécessaire d'utiliser un style chargé, porté sur l'euphémisme et sinueux, que jugeait approprié l'homme de lettres bien né.

> Au stade primitif de la société, les plaisirs de la vie, bien que rares et rudimentaires, sont partagés par tous, et sont parfaits : mais la civilisation, pour chaque avantage qu'elle accorde, garde une centaine de démons en réserve ; – rancunes, jalousies, rivalités sociales, dissensions familiales, et les mille fléaux de la vie raffinée que l'on s'inflige à soi-même, qui constituent en unités l'agrégat sans cesse grandissant de la misère humaine, sont ignorés par ces populations sans prétention*.

Un traitement littéraire, dénué de sentimentalisme, de l'Ouest – de la confrontation entre la sauvagerie et la civilisation, le progrès apporté par l'« innovation », et son impact dévastateur sur les modes de vie primitifs – nécessitait une suspension imaginative du point de vue consciemment cultivé, et l'élaboration d'un style vernaculaire, le « langage nerveux et noble » de *Moby Dick*, ou l'oralité de *Huckleberry Finn*, qui permettraient de comprendre la Frontière, non comme un stade « évanescent » du développement social, mais comme un objet de perpétuelle fascination. Seuls ces deux ouvrages, parmi les romans du XIXᵉ siècle, parvenaient à échapper aux

---

* La liste par Melville des « fléaux » de la civilisation découlait explicitement de la tradition de la pastorale. Le snobisme, l'arrivisme social, l'ostentation, la calomnie médisante, l'envie, la suspicion, la vanité, l'instinct de possession, l'ambition, et l'obsession des apparences étaient les cibles habituelles de la satire pastorale – les vices classiques de la vie de cour, plus tard généralisés à la civilisation urbaine.

conventions du mythe de la *wilderness* en prenant, en un certain sens, le mythe lui-même comme leur propre motif : la vision dynamique d'une fuite vers un monde de complète liberté, la fantaisie mégalomaniaque de l'autonomie qui la soustendait, son inévitable échec, et la dévastation morale que provoquait la tentative de sa réalisation.

Même *Huckleberry Finn* empruntait plus au mythe de l'Ouest que Twain ne le concédait probablement. Slotkin le montrait, l'ouvrage sous-entendait que la seule alternative à une société compétitive et commerciale résidait « dans les personnalités des jeunes femmes, des enfants, et dans les populations non blanches primitives ». Malgré le mépris de Twain pour les « crimes littéraires » dont s'était rendu coupable Cooper en traitant le thème de la Frontière sur un mode sentimental, *Huckleberry Finn* reproduisait l'action centrale, si non la thématique des romans « de trappeurs » : l'innocence perdue avec la civilisation. Que Twain ne fut pas entièrement satisfait du choix final de Huck de « décamper du territoire » pourrait être confirmé par sa décision d'entreprendre une suite, *Among the Indians*, dans laquelle une description réaliste du Territoire Indien aurait porté un coup fatal au cliché du noble sauvage, et souligné l'impossibilité d'une fuite. Le fait que cette suite n'ait jamais été achevée, ou même véritablement entreprise, montre qu'un traitement pleinement élaboré du thème de l'Ouest, un traitement qui aurait exploré la signification de l'Ouest, non seulement en tant que lieu géographique, mais également en tant que mémoire nationale, persistait à se soustraire aux tentatives de Twain.

Du chasseur solitaire à l'homme viril

À l'approche de la fin du XIXe siècle, les images idylliques de l'Ouest commencèrent à laisser place à une nouvelle imagerie qui reflétait l'intérêt grandissant de la nation pour une expansion outre-mer. Le fuyard solitaire délaissant la civilisation n'attirait plus autant l'attention. C'était désormais le bandit armé, trop occupé par les mauvais Indiens et les voleurs de bétail pour communier avec la nature, qui servait de héros au grand roman d'aventure de l'Ouest. Il partageait encore avec son prédécesseur ce que Charles Webber nommait les « vertus premières de la virilité héroïque », mais ce « compliment » n'était plus, avait affirmé Washington Irving dans sa description des trappeurs des montagnes rocheuses, « destiné à persuader [un habitant de l'Ouest] que vous l'avez confondu avec un Indien courageux ». Pour le héros de l'Ouest à l'âge de l'impérialisme américain, seul était un bon indien l'Indien mort.

Winning of the West de Théodore Roosevelt, publié dans les années 1880, illustre l'assimilation du mythe de l'Ouest à l'idéologie expansionniste. À en juger par son titre, ce sanglant tableau de l'expansion du vieux Southwest était intégralement consacré à la guerre qui avait permis de vider la contrée de ses premiers habitants. Les questions qui commençaient à susciter l'intérêt des historiens professionnels et des critiques de la culture – l'influence de la Frontière sur la mentalité américaine, ses contributions au développement des institutions démocratiques, l'héritage de la mentalité du pionnier – n'intéressaient absolument pas Roosevelt. Il n'était pas plus impressionné par l'image du noble Peau-Rouge ou par le mythe de la communion symbiotique du chasseur avec la nature. Pour Roosevelt comme pour Parkman, Owen Wister, et d'autres partisans de l'idéologie patricienne de l'art de la guerre et de l'expansion outre-mer, une exposition aux risques de la Frontière était censée fournir un correctif aux effets amollissants du confort et d'un excès de raffinement, un salutaire goût du danger qui restaurerait les qualités belliqueuses requises par le gouvernement d'État, la diplomatie et la guerre. La peur d'une décadence raciale hantait les hommes comme Roosevelt. L'élite dirigeante semblait avoir perdu une bonne partie de son élément « teuton ». Son obsession pour l'économie, son retrait fastidieux du politique, sa natalité déclinante, parmi tant d'autres attitudes peu enclines à la guerre trahissaient toutes, aux yeux de Roosevelt, une perte de virilité. Les hommes « aux petits pieds et aux mentons fuyants » ne se montreraient pas à la hauteur des peuples, dont la grossièreté égalait le taux de natalité, qui étaient en train d'envahir le pays. *The Winning of the West* était un appel aux armes – un rappel de la victoire, arrachée par de féroces batailles, des colons irlando-écossais sur les Indiens, destiné à ceux qui devaient faire face à un semblable défi lancé à l'ascendant persistant des anciennes valeurs.

The Virginian, le roman incroyablement populaire de Owen Wister, permit d'attribuer au nouveau type du héros de l'Ouest ses caractéristiques distinctives – une susceptibilité à vif face à l'insulte (« Lorsque tu me dis cela, souris ! »), une considération chevaleresque pour les femmes dissimulée derrière une timidité faite de mutisme, une maîtrise du revolver qui parlait plus significativement que les mots, un amour pour la loi et l'ordre mêlé à une propension à combattre les Indiens en adoptant les méthodes de ces derniers. Le genre du « Western » date de la transformation au tournant du siècle de l'archétype « Boone-Bumppo » en homme viril. La formule élaborée au départ resta pour l'essentiel inchangée dans des centaines de romans, de séries radio, films et bandes dessinées. Plus clairement encore qu'avec Boone, l'agent avancé de la civilisation, le bandit armé remonte sur son cheval sur fond de coucher de soleil une fois sa mission accomplie, incapable de supporter les contraintes inhérentes aux répercussions de ses triomphes ; mais, bien qu'il reste un solitaire pour qui le mariage et une ferme couverte de liserons seront toujours inenvisageables, il se contente de servir les colons restés derrière lui, et non l'appel plus élevé de la nature. S'il adopte les comportements d'un hors-la-loi, ce n'est que pour ramener ce dernier dans le droit chemin.

Transposé à la jungle urbaine, ce nouveau modèle du héros de l'Ouest devient un policier obligé, dans certaines circonstances, d'opérer au mépris de la loi afin de contourner la lourdeur bureaucratique de la justice procédurière, et même d'adopter un déguisement criminel dans le but de pénétrer les secrets du milieu. Défenseur de la liberté au cours des guerres à l'étranger, il a à lutter non seulement contre l'ennemi, qu'il apprend à contrecœur à respecter, mais également contre les bureaucraties civiles et militaires et les pacifistes malavisés, injustement bénéficiaires de sa vaillance, qui affaiblissent la volonté de combattre de l'Amérique. Absolument plus tempéré

par cette vertu qu'est l'appréciation intuitive de la beauté de
la nature, il devient, dans sa dernière incarnation sous les traits
de Rambo, une créature faite de rage pure, plus sauvage dans
sa force sûre d'elle-même que les sauvages qu'il poursuit. En
politique – il était permis de s'attendre à ce que cette imagerie,
si profondément ancrée dans la culture populaire, modèle les
perceptions des dirigeants politiques, y compris leurs propres
perceptions d'eux-mêmes –, quelques-unes de ses caractéristiques peuvent être trouvées chez des figures à moitié
mythiques comme Joseph McCarthy, dont les partisans excusaient les méthodes brutales, dans sa lutte contre la subversion,
en considérant qu'il s'agissait d'un sale boulot qui devait être
fait par quelqu'un, et naturellement dans la personne à sa
manière plus géniale de Ronald Reagan, lui-même vétéran de
l'écran et, en conséquence, choix idéal pour une reproduction
« dans la réalité » du rôle qui condensait à lui seul les accents
chauvins, auto-satisfaits, et expansionnistes de la mythologie
de l'Ouest.

La forte identification, au XXᵉ siècle, de la thématique de
l'Ouest à l'expansionnisme n'anéantissait pas totalement
l'image pastorale de l'Ouest, qu'invoquaient souvent les anti-
impérialistes face à la glorification de la conquête et de l'hyper-
masculinité. La légende de Daniel Boone, Natty Bumppo, et
Huck Finn persista dans la vie politique américaine, sous une
forme plus modeste, dans l'obsession du mouvement écologiste
pour la préservation de la nature (opposée à un équilibre supposé délicat entre industrie et agriculture, ou une technologie
plus flexible) ; dans le culte romantique des peuples du « tiers-
monde », dont l'Amérique indienne, considérés comme des
contrepoids à la technologie industrielle ; dans l'identification
des jeunes radicaux à Holden Caulfield, James Dean, Bob
Dylan, et d'autres fugitifs volontaires, modernes Huckleberry
Finn, de la répression adulte ; et dans la croyance persistante
que les femmes, les enfants et les « peuples de couleur » (une
vieille expression, condescendante et discréditée, étrangement
remise au goût du jour par la gauche ces dernières années) ne
s'étaient jamais compromis dans l'exercice du pouvoir, et
étaient par conséquent restés purs de cœur. Le fait que ces

images, qui partagent (quelles que soient leurs différences) la
même origine, puissent être invoquées aussi bien par les
opposants à l'expansionnisme que par ses partisans, souligne
l'ambiguïté qui fut toujours inhérente à la progression vers
l'Ouest, alternativement considérée comme l'avant-garde du
futur, et comme un retour vers le passé.

Le village idyllique : la vue de « Pittsburgh »

Sa répétition stéréotypée en témoignait, la source d'images
inédites que représentait le thème de l'Ouest s'était déjà tarie
au cours de la Première Guerre mondiale. L'imaginaire nostalgique s'était accaparé d'autres images, notamment celle de
la petite ville à l'ombre des ormes. Mark Twain écrivit autrefois,
au cours d'une visite en Inde, « Tout le moi qui est en moi
réside dans un petit village du Missouri, quelque part sur la
terre ». Comme tant de nombreuses déclarations de Twain,
celle-ci était ambiguë. Voulait-il entendre par là qu'il avait laissé
son cœur à Hannibal, ou qu'Hannibal était le prélude au reste
de sa vie, le refuge de son pouvoir d'homme et d'écrivain,
« l'arrière-plan » – comme Sherwood Anderson l'écrivit plus
tard à la dernière page de *Winesburg, Ohio*, où son personnage,
Chicagobound, regarde Winesburg disparaître peu à peu –
« sur lequel peindre les rêves de son âge d'homme » ? Hannibal
était-il une mémoire où puiser ou simplement un abri imaginaire où fuir l'âge adulte ? Les livres de Twain hésitaient entre
ces deux approches ; mais *Tom Sawyer*, le plus populaire à coup
sûr, fut évidemment écrit sur le mode élégiaque, et son succès
commercial garantissait dans les faits que, la nature inexplorée
commençant à perdre ses résonances imaginaires, la petite ville
la remplacerait comme symbole le plus évocateur de l'enfance
perdue.

Bien que « pauvre » et « minable », la petite ville de *Tom
Sawyer* était « lumineuse et éclatante et débordante de vie » –
« rêveuse, pleine de nonchalance, et attirante ». L'image d'une
enfance dans une petite ville, superbe, subsistait dans toutes
ses évocations ultérieures, subtilement perceptible à travers la

légère brume des forêts embrasées par l'été indien, les soirées passées au crépuscule sur le pas des portes, les rues profondément ombragées des après-midi d'été, ou à travers la neige qui tombe silencieusement. Des premiers romans de Booth Tarkington et Zona Gale jusqu'aux dernières publicités télévisées, la vie au village a conservé son attrait intemporel, et même ceux qui souhaitent la ridiculiser trouvent impossible de maintenir à son sujet un ton constamment satirique. Le même Anderson, dont *Winesburg* contribuait à imposer la vogue pour une infatigable exploration du sordide invisible propre à la petite ville, écrivit plus tard *Home Town*, qui défendait « la pensée du peu » comme alternative à la « fausse grandeur » de 1940 – « des hommes qui déclamaient aux réunions politiques, qui tentaient de remuer des masses d'autres hommes, suscitant dans ce but des émotions de masse ». La petite ville attirait plus Anderson maintenant que « l'immense monde extérieur » se révélait « si empli de confusion ». Sinclair Lewis, le père des satiristes, célébrait le simple bon sens dans son roman du milieu des années trente, *It Can't Happen Here*, où un éditeur de presse de province remet à sa place un dictateur en puissance.

Même Théodore Dreiser, qui en essayant de le désavouer le consolidait, considérait le mythe de la petite ville séduisant par intermittence. Ayant « vu Pittsburgh », expliquait-il, il ne lui était plus possible d'intégrer les « charmes et sentiments » du village dans « une élégie ou une épopée ». Une visite dans la ferme natale de sa fiancée dans le Missouri avait réveillé des souvenirs de sa propre enfance dans l'Indiana, et « l'esprit de l'Amérique rurale, son idéalisme et ses rêves », sa croyance dans « l'amour et le mariage et le devoir, et les autres choses auxquelles l'Amérique idéaliste se cramponne encore », « l'avaient ébloui ». Mais un écrivain qui avait vécu dans un monde plus ouvert, avançait Dreiser, ne pouvait espérer rendre hommage au village américain.

De fait, c'était bien, naturellement, la conception désenchantée de « Pittsburgh » qui commandait un traitement élégiaque des thèmes de la petite ville aux écrivains moins inconditionnellement engagés dans le réalisme littéraire (bien que beaucoup d'entre eux pussent aussi recourir au réalisme en écrivant sur les petites villes, y compris avec causticité, chaque fois qu'ils le choisissaient). Dreiser rejetait sans doute le mode élégiaque en ce qui le concernait, mais il partageait les émotions et, plus important encore, les idées préconçues qui le constituaient en profondeur. Dans leur apparent refus de la nostalgie, ses remarques sur le sujet constituent une démonstration classique d'attitude nostalgique.

> La terre même respirait la foi et l'idéalisme américain, une fixation sur une tradition américaine sentimentale et purement fictive, que, hélas !, je ne pouvais partager (...) J'ai vu des Lithuaniens et des Hongrois dans «leurs cours et leurs taudis», j'ai vu les filles de [Pittsburgh] marcher le long des rues la nuit. Cette profonde foi en Dieu, en la bonté, en la vertu et le devoir que je vis ici (dans le Missouri rural) ne s'accordait en aucune façon avec la ruse, la cruauté, la brutalité et l'envie que je vis partout ailleurs. [Les gens des petites villes] étaient gracieux et vivaient dans la crainte de Dieu, mais me semblaient sommeiller. Ils ne connaissaient pas la vie – ne pouvaient pas (...) Ils étaient comme absorbés par leurs rêves, des mangeurs de lotus.

Bien que conscient du fait que cette impression d'immobilité ne pouvait provenir d'événements actuels, mais bien de la «fixation» sur une tradition «purement fictive», Dreiser, confronté à nouveau au monde qu'il avait quitté, lui prêtait l'onirisme propre à l'état d'hibernation. Dans l'imaginaire américain, la petite ville est intangible ; elle rêve, dans un monde où tout le reste a changé et, pour cette raison, un observateur éloigné de ces scènes, lui-même totalement et irrévocablement changé par une familiarité avec le monde extérieur, ne peut plus prendre part à cette vie, ni partager ses idéaux. Notons l'affirmation capitale portant que «l'idéalisme et la foi» ne se développent que dans un état d'innocence. C'est cette affirmation, si radicalement à l'opposé de la conception voulant que l'expérience de l'enfance est l'assise de la conviction adulte, qui aboutit inévitablement, en premier lieu, à l'attitude nostalgique. Si une croyance en «la bonté, en la vertu et au devoir» ne peut survivre à une exposition à l'expérience, le passé ne peut qu'être considéré comme un Éden perdu, où seules les illusions soutiennent la capacité de croire – un aimable rêve appelé à mourir. Comme l'écrivait Thomas Wolfe, un autre romancier tiraillé entre l'élégie et la satire, tout aussi incapable d'imaginer une alternative à ce choix, il ne vous est plus possible de retourner vers la maison natale.

La vue de « Pittsburgh » faisait obstacle à une reconstruction imaginaire du voyage spirituel qui débutait à Hannibal, Terre Haute ou Clide, Ohio. Le fils exilé volontaire du *Middle Border* ne peut plus se reconnaître dans les souvenirs d'enfance ; il les revisite comme un étranger radical ; et la convention littéraire qui requiert un observateur extérieur au village, qui soit à la fois protagoniste et analyste, comme axe central de référence de cette histoire, accentue la discontinuité entre le village et la ville, l'enfance et la maturité. Anthony Channel Hilfer le note dans son étude consacrée à ce sujet, « le village, afin d'être apprécié, doit être observé de l'extérieur. L'une de ses vertus résidait, après tout, dans sa supposée absence de conscience de soi ». De là, le besoin d'un « narrateur ou d'un porte-parole qui parle hors la perspective du village ». Exception manifeste, le Régisseur de *Our Town* de Thornton Wilder, confirme, selon Hilfer, cette règle. En dépit de son attitude et de son discours rustiques, le Régisseur est de notre monde, le public urbain à qui on ne l'a fait pas ; et son titre, à vrai dire, nous rappelle, bien plus en réalité que le dispositif de l'observateur extérieur, que le village américain est une illusion mise en scène pour le divertissement de cadres urbains sophistiqués, un objet de désir mélancolique qui peut aisément devenir objet de moquerie, mais qui a peu à voir avec la réinterprétation, par le biais d'un dispositif fictionnel, des événements passés.

La fameuse pièce de Wilder – un triomphe si l'on ose dire, dans son exclusion radicale de tout sentiment, à l'exception de celui de la nostalgie – illustre une autre convention du genre de la petite ville, l'exclusion de l'incident. Rien n'arrive dans notre ville. Les trois actes de cette pièce sont intitulés « Vie quotidienne », « Amour et mariage », et « Mort ». Statique, intemporelle et universelle, la petite ville n'a pas d'histoire. L'histoire de la petite ville ne peut jamais, en conséquence, devenir une histoire au sens strict du terme (à moins qu'elle

ne soit celle d'un exil et d'un retour avorté). Elle ne comporte
ni intrigue, ni conflit, ni résolution, ni personnage, et certainement pas de développement. L'atmosphère éthérée de réminiscence nostalgique qui est la sienne exclut ces éléments. Le
terme même de « réminiscence » est trop « dynamique » pour
saisir l'ambiance qu'évoque ce genre. La mémoire appelle des
actions et des événements ; elle cherche à reconstruire ce qui
s'est produit. Un monde où rien n'arrive – où les gens naissent,
tombent amoureux, se marient et meurent – ne peut servir de
creuset de souvenirs, aimables, ou douloureux, ou de quoi que
ce soit d'autre. Toute personne, arrivée en étrangère dans une
petite ville, même si elle a vécu dans de semblables endroits
auparavant, sait que de telles villes ne sont pas interchan-
geables, et que ce que l'étranger trouve difficile de comprendre,
lorsqu'il arrive dans un lieu qu'il ne connaît pas, ce ne sont
pas ses coutumes mais ses souvenirs, sa connaissance des choses
du passé, son histoire – racontée d'une génération à l'autre –
extrêmement singulière, les descriptions contestées avec acharnement de cette histoire, ses querelles et ses divisions, ses inimitiés latentes et ses alliances apparemment irrationnelles. Elles
constituent ce qui exclut inévitablement l'étranger, et réunit
les autochtones en dépit des désagréments les plus déplaisants.
Ce ne sont pas ses manières d'étranger, mais son manque
d'accès à un fonds commun de souvenirs, qui le stigmatisent
en tant qu'étranger.

Mais la signification principale de la mémoire est précisément ce qui manque, la plupart du temps, dans la romance
du village qui, dans son insistance portée sur la récurrence
intemporelle de la naissance, du mariage, et de la mort a plus
à voir avec la sociologie qu'avec la narration historique. Les
sous-titres de Wilder rappellent ceux de *Middletown* : « Gagner
sa vie », « Construire une maison », « Élever des enfants »,
« Adopter des pratiques religieuses », et ainsi de suite. Les
études sociologiques de la petite ville – un genre important à
lui seul – fournissent une sorte de contrepoint et de critique
à la romance de la petite ville, une critique qui inverse ses
jugements mais présente une conception également statique
du sujet étudié.

La seule forme de conflit, pourtant stérile en incident dramatique, autorisée à pénétrer dans l'histoire de la petite ville, si l'on se fie aux termes d'une étude commandée sur le sujet par un magazine au cours des années trente, est « le conflit typique (...) qui oppose la bonté fondamentale des populations des petites villes à l'élite fortunée métropolitaine ; la modestie à la prétention, l'humilité au pouvoir ». Le conflit au sein même du village ne joue aucun rôle dans la romance nostalgique ; le village reste uni – « une grande famille », pour reprendre l'expression utilisée à la fois par Tarkington et Anderson, et sans aucun doute par beaucoup d'autres – contre le monde extérieur. Zona Gale, peut-être la première à utiliser le terme écœurant d'« harmonie » au sujet de la vie de village, faisait appel aux images de solidarité solidement établies au tournant du siècle. Anderson comparait dans son premier roman, *Poor White*, les villageois aux « membres d'une grande famille », dans un passage qui insistait également sur l'aspect intemporel de la vie de village que Wilder avait essayé de capturer dans *Our Town*. Une « sorte de toit invisible » protégeait selon Anderson les habitants. « Sous ce toit naissaient garçons et filles, qui grandissaient, se querellaient, se battaient, nouaient des amitiés avec leurs semblables, étaient initiés aux mystères de l'amour, se mariaient, devenaient des pères et des mères, vieillissaient, tombaient malades et mouraient. » Les sociologues s'opposaient à ce thème de la solidarité et de « l'harmonie » plus énergiquement qu'à toute autre forme de la mythologie de la petite ville ; ils mettaient en lumière les féroces divisions de classes, et démontraient que les vies politiques des petites villes étaient généralement dominées par une poignée de riches familles. Les études de « stratification sociale », quoi qu'il en soit, n'altéraient pas l'impression d'immobilité. Le concept statique de « stratification » et de division sociologique de la société de la petite ville en classes inférieures, moyennes, et supérieures, renforçait au contraire cette impression, et interdisait toute discussion sur les relations fluctuantes qui avaient cours au sein de ces groupes sociaux. Qu'elle soit perçue comme unie ou gravement divisée, la petite ville restait inchangée, son histoire – alternativement envisagée

sur le mode sociologique, satirique, pastoral ou élégiaque –
essentiellement un registre de statistiques.

Les années vingt :
la nostalgie nommée en tant que telle

En dépit de sa longue carrière en littérature et dans la culture
populaire, la nostalgie ne fut pas toujours connue sous ce nom.
Jusqu'au XXᵉ siècle, le terme était confiné à un usage médical,
et ne faisait strictement référence qu'à un symptôme aigu de
mal du pays reconnaissable, en tant que tel, dans des manifestations physiques bien connues : perte de l'appétit, respiration
irrégulière et soupirs, gastro-entérite. Johannes Hofer, un physicien allemand, inventa le terme en 1678 lorsqu'il découvrit
ces symptômes développés dans de larges proportions chez les
montagnards suisses déplacés vers les basses plaines. Au cours
du XIXᵉ siècle, la Suisse, à en juger par une étude de littérature
médicale, « continuait à être unanimement considérée comme
le pays typique de la nostalgie » ; mais la liste des souffrants
fut progressivement élargie aux étudiants, aux militaires, et aux
domestiques, des groupes sociaux également éloignés du pays
natal, et qui étaient exposés à un type de souffrances souvent
assimilées au mal d'amour. Des désordres psychologiques
furent ajoutés à la liste des symptômes ; un traité de 1879
parlait d'« ennui, qui donnait en fin de compte lieu à une
profonde mélancolie ; une réserve anormale et un état de
mutisme ; une indifférence totale à l'environnement immédiat ; de vagues sensations de trouble ; (...) des sanglots ; (...)
un désir irrépressible de retourner chez soi ». Des autorités
attribuèrent aux Celtes, aussi bien qu'aux Suisses, une propension inhabituelle à la nostalgie ; les Anglais, au contraire,
étaient considérés comme trop cosmopolites pour souffrir ainsi
d'un éloignement prolongé de la terre natale. La nostalgie
apparaissait en général comme une maladie qui touchait des
personnes naïves, frustes, illettrées, et certains médecins affirmaient que seule la démocratisation de l'éducation permettrait
efficacement de la prévenir.

Le moment précis où la « nostalgie » perdit ses connotations pathologiques pour définir une conception sentimentale du passé, est difficile à déterminer, mais son usage nouveau et élargi fut formellement établi au cours des années vingt. Les écrits de F. Scott Fitzgerald, pour ne citer que l'une des sources les plus évidentes, montrent que les sentiments jadis associés à la pastorale, à la célébration de l'Ouest américain et au mythe de la petite ville étaient désormais associés assez consciemment au phénomène de la nostalgie. Fitzgerald fait référence à la septième heure, le « moment doux et romantique précédant le souper », comme à une « heure nostalgique ». Il mentionne plusieurs fois sa « grande nostalgie » de garçon grandi à St Paul, à l'Est, l'appelant « le pays de ma nostalgie ». Ces passages, qui identifient la nostalgie à la promesse d'un enthousiasme romantique, sembleraient évoquer l'attente plus que le regret, si ce n'est que Fitzgerald était persuadé – et cette croyance fournit un thème récurrent, à vrai dire le thème central de son œuvre – que l'existence tient rarement ses promesses, que le bonheur ne dure jamais, et que les déceptions répétées finissent par affaiblir la capacité d'émerveillement (décrite avec le plus de tension émotive dans les pages finales de *Gatsby le magnifique*), et par conduire à « une banqueroute émotionnelle ». La conception de la nostalgie de Fitzgerald est loin d'être simple, il est difficile de lui rendre justice ici, mais il est suffisant pour notre démonstration actuelle de noter qu'il emploie le terme pour parler de l'innocence perdue – plus précisément, des espoirs déçus et de l'effondrement de la capacité d'espérance.

Pour ceux qui traversèrent le cataclysme de la Première Guerre mondiale, la désillusion fut une expérience collective – pas seulement en raison du passage de la jeunesse à l'âge adulte, mais d'événements historiques qui rendirent le monde qui avait précédé le conflit, innocent et lointain. Pour la première fois, une période entière de temps historique commença à revêtir les qualités qui avaient jadis été associées à l'enfance. Dans la mesure où ceux qui avaient vécu la guerre le plus immédiatement comme soldats, chauffeurs d'ambulances, et prisonniers militaires étaient littéralement des enfants avant le déclenchement du conflit, il était naturel pour eux d'opposer

les désillusions de l'après-guerre aux images idylliques de
l'enfance qui l'avait précédé. L'effet fortuit de la chronologie
renforçait la tendance à mettre sur le même plan histoire personnelle et histoire collective, et à faire donc du passé historique
un objet de ce qui était désormais connu sous le nom de
nostalgie. Pour les générations nées aux alentours de 1900, la
jeunesse du siècle, prématurément décimée par la guerre, coïncidait avec la leur, et il leur était aisé d'envisager l'histoire du
vingtième siècle comme celle de leur propre génération.

Ce n'est pas un hasard si le concept de génération commence
d'abord à influencer le savoir historique et sociologique durant
la même décennie, celle des années vingt, au cours de laquelle
les hommes et les femmes se mirent à parler si largement de
nostalgie. Karl Mannheim publia son important essai, *The
Problem of Generations*, en 1927. Robert Wohl le montre dans
The Generation of 1914, ceux qui étaient dans la fleur de l'âge,
au moment de la Première Guerre mondiale, se revendiquaient
consciemment comme faisant partie d'une génération marquée
par l'histoire, une génération façonnée par l'expérience partagée de cet apocalyptique fait d'histoire, et beaucoup d'entre
eux transportaient leur expérience dans le passé et réinterpré-
taient l'histoire entière en l'envisageant comme un conflit de
générations. Aux États-Unis, la guerre permettait de cristalliser
la rébellion de la « jeune Amérique », qui avait déjà commencé
à émerger dans les écrits de Randolph Bourne et Van Wyck
Brooks qui précédèrent de peu la guerre. Les images généra-
tionnelles de révolte se virent, après le conflit, popularisées par
la dite révolution des mœurs et morales conduite par la « jeunesse flamboyante ».

Le principal porte-parole de cette jeunesse des années vingt
fut, naturellement, Fitzgerald dont les descriptions de « l'ère
du jazz » ne lui conférèrent pas seulement une fausse unité,
mais relièrent l'histoire de cette génération à celle du XXᵉ siècle
et de l'ensemble de la nation. Une nouvelle fois, Brooks avait
anticipé cette manière de penser dans le titre de son manifeste
littéraire de 1915, *America's Coming-of-Age*, mais ce fut Fitzgerald, plus que tout autre écrivain, particulièrement dans ses
fictions et ses chroniques qui revenaient sur « l'ère du jazz »,

bien après sa fin, qui imposa à la culture populaire son image de l'Amérique, durant les années vingt, comme d'une société connaissant une sorte d'adolescence prolongée, douloureusement plongée dans la maturité par la Dépression de 1929.

Les écrivains dans les années vingt, dont Fitzgerald lui-même, se retournaient vers les années qui avaient précédé la guerre comme vers la période de la jeunesse perdue, mais, durant la décennie de la Dépression, les années vingt elles-mêmes devinrent objet de nostalgie. La décennie des années vingt, à en croire la description d'adieu qu'en donne Fitzgerald, fut une période marquée par le « pathos de l'adolescence ». Il était donc impossible de revenir vers elle sans un mélange de désir et de gêne. Comme il l'écrivit dans les colonnes de *Scribner's* en 1931

> Nous nous serrons aujourd'hui une fois de plus la ceinture, et prenons justement une expression horrifiée lorsque nous nous retournons vers notre jeunesse perdue. Quelquefois, cependant, surgit un infime chuchotement au milieu des roulements de batterie, un bruissement asthmatique dans les trombones qui me transportent vers le début des années vingt lorsque nous buvions de l'alcool de contrebande, et chaque jour que Dieu faisait, invariablement, tout s'améliorait, et il y avait même un premier raccourcissement avorté des jupes, et les filles se ressemblaient toutes avec leurs robes-chemisiers, et les gens que vous ne vouliez pas connaître disaient « Yes, we have no bananas[4] », et il nous semblait que seules quelques années nous séparaient du moment où les personnes les plus âgées seraient écartées et laisseraient le monde être gouverné par ceux qui voyaient les choses telles qu'elles étaient – et tout nous semblait alors rose et romantique, à nous qui étions jeunes, car nous vivions avec une intensité que nous ne retrouverions jamais plus dans le monde qui allait nous entourer.

Cette idéalisation des années vingt, bien plus encore que l'idéalisation, au cours des années vingt, comme un âge de l'innocence, de l'ère qui avait précédé la guerre, marque un tournant dans l'histoire de la nostalgie. Pour la première fois, le sentiment nostalgique – qui n'avait été nommé en tant que tel que depuis peu – ne découlait pas d'images génériques de l'enfance ou de ses symboles culturels, tels l'Ouest ou la petite ville, mais d'une période spécifique et soigneusement délimitée de temps historique, une seule décennie en tant que telle. Ceux qui vivaient dans les années vingt se pensaient, alors, comme une génération amèrement désillusionnée et cynique ; mais brusquement, presque du jour au lendemain, la désillusion et le cynisme vinrent s'emparer de la « romance rose » qui avait été jadis dédiée aux images d'un passé bien plus lointain et figé. Cette idéalisation immédiate de l'ère du jazz suggère un raccourcissement de l'analyse historique, une incapacité à se ressouvenir des événements au-delà d'une période de vie singulière, qui aiderait à expliquer une autre curieuse forme de l'imaginaire historique au XXᵉ siècle : la propension grandissante, parmi les journalistes, les commentateurs des tendances culturelles, et même les historiens professionnels à penser les périodes décennales comme des unités standards de temps historique.

Les travaux consacrés à l'histoire populaire commencèrent, au cours des années vingt et trente, à se focaliser sur des décennies particulières. Des exemples de ce nouveau genre incluaient *Fabulous Forties* de Meade Minnigerode, *Mauve Decade* de Thomas Beer, *Brown Decades* de Lewis Mumford, et *Only yesterday* de Frederick Lewis Allen, une histoire de la décennie qui avait succédé à la guerre, parue en 1931, et qui contribua à l'idéalisation des années vingt. L'étude de Mumford consacrée à la période qui succéda à la Guerre civile, le meilleur de ces livres, éclaire le rapport étroit entre la nouvelle préoccupation pour les décennies et le concept de génération. Elle débute par un déchaînement d'images où la couleur principale de la période est liée à la progression des saisons. « La Guerre civile fit tomber les feuilles et réduisit à néant la promesse du printemps. Les couleurs de la civilisation américaine changèrent brutalement. Alors que la guerre était en cours, le brun se répandit partout : tissus bruns, bruns chocolat terne, bruns couverts de suie qui tiraient sur le noir. L'automne était arrivé. » Mumford établit certains parallèles entre les « décennies brunes » et les années vingt. Une guerre désastreuse avait dans les deux cas laminé les prometteurs mouvements de renouveau culturel, et laissé les hommes et les femmes cyniques

et las de ce monde. Après la Guerre civile, comme dans les
années vingt, la « jeune génération avait grandi ; et durant la
décennie qui suivit la guerre, le cynisme et la désillusion attei-
gnirent des sommets ». Pour cette raison, avance Mumford, la
« génération qui lutta ou réussit après la Guerre civile suscite
à bon droit notre intérêt ».

L'histoire envisagée comme succession de styles culturels

L'histoire commençait à être envisagée comme une succession de décennies, et donc comme une succession de générations, chacune étant remplacée par la suivante, approximativement par intervalles de dix ans. Cette manière de penser
le passé avait pour effet de réduire l'histoire aux fluctuations
du goût du public, à une succession de modes culturelles avec
lesquelles les audacieuses avancées réalisées par une génération
ne devenaient les normes acceptées de la suivante que pour
être mises au rebut à leur tour par une nouvelle série de styles.
Le concept de décennie pouvait être célébré, comme unité de
base du temps historique, de la même façon que le changement
de modèle annuel de véhicule l'était à Détroit : il était garanti
comme n'étant pas le dernier. Il devait, tous les dix ans, être
donné en reprise pour un nouveau modèle, et cette rotation
rapide fournissait du travail aux universitaires et journalistes
spécialisés dans la détection et l'analyse des modes culturelles.

L'industrie des communications étendant son influence à la
fois sur le savoir et le goût populaire, les concepts étroitement
liés de décennie et de génération se placèrent de plus en plus
parfaitement sous l'emprise de la mode. Ainsi en 1950, le
magazine *Life* – plus connu comme magazine de mode que
comme magazine d'actualité, l'un des premiers à montrer comment les actualités pouvaient être vendues comme des dérivés
de la mode – publia un numéro spécial « milieu du siècle »
revenant sur la période entière qui s'était écoulée depuis 1900.
Deux longs éditoriaux, l'un de l'historien Allan Nevins, l'autre
du dessinateur Bill Mauldin, exploitaient le thème de la génération. Nevins écrivait dans « Les audacieux Américains », que

« le fait de vouloir, courageusement, faire des expériences nous a permis de bénéficier de cinq décennies d'éblouissantes réalisations. Ce fut notre adolescence ; nous sommes aujourd'hui arrivés à l'âge adulte ». La nation, à partir de maintenant, aurait moins à se reposer sur l'amateurisme et l'expérimentation que sur une expertise professionnellement organisée. L'éditorial de Mauldin, qui posait sensiblement la même question, défendait la génération la plus jeune – la « génération du lapin effrayé » –, accusée d'être obsédée par la sécurité. L'éditorial se concluait par un dessin qui avait pour légende : « chaque génération a ses doutes au sujet de la « génération la plus jeune » ». La seule chose certaine dans un monde de flux est, en d'autres termes, le fait que les styles d'aujourd'hui, les attitudes d'aujourd'hui, les idées d'aujourd'hui seront demain démodés, et que la génération plus âgée regrettera leur disparition sans pour autant être capable de faire quoi que ce soit pour l'éviter.

La majeure partie de ce numéro spécial était consacrée à une série d'essais illustrés, réalisés avec le brillant pour lequel *Life* était justement reconnu. Il est intéressant de se pencher sur quels aspects des cinquante premières années du siècle les éditorialistes choisissaient d'insister, et ceux qu'ils préféraient ignorer. La politique ou la diplomatie n'étaient pratiquement pas abordées, à l'exception d'un rappel du fait que la guerre froide représentait pour les Américains un défi que seul un peuple adulte pouvait affronter avec brio. L'histoire économique était réduite à l'histoire de la technologie, elle-même envisagée comme une autre branche de la mode, où la technologie d'hier (le cheval-vapeur) était destinée à être remplacée, comme les modes d'autrefois. Un sort identique était réservé aux vedettes des films d'autrefois (Rudolph Valentino, Clara Bow), du sport d'autrefois (Red Grange, Jack Dempsey, Bobby Jones) et à la comédie musicale d'autrefois – bien que les années trente restaient « l'âge d'or de la musique populaire ». Les articles sur l'*Armory Show* de New York de 1913, et sur les évolutions plus récentes de l'art au niveau mondial, délivraient le même message : les peintures qui choquaient le « calme suffisant et étouffant » de l'époque edwardienne étaient désormais devenues partie intégrante du canon moderniste reconnu. Un article sur les femmes américaines était illustré par une série de croquis de mode, décennie par décennie, et par des photographies d'actrices et de modèles. L'histoire des femmes découlait donc entièrement des canons éphémères de la beauté féminine.

Des articles intitulés « La Vie dans une petite ville » alternaient avec des articles intitulés « Accélération de la science » et « La Durée de la vie s'étend ». Un article qui avait pour titre « Les distractions de la haute société » dépeignait les activités des quatre cents familles au cours des « années bénies de l'avant-guerre » – qui étaient plus décrites comme une époque révolue qui se distinguait par « un esprit adolescent, exacerbé par le conflit qui oppose la naïveté de la jeunesse à la sophistication de l'âge adulte, qui marque toujours l'adolescence d'un homme ou d'un pays. Si l'on se retourne vers cette époque lointaine et presque oubliée, elle prend une coloration douce et dorée... » Un autre article présentait plusieurs pages de photographies couleurs des maisons Vanderbilt qui avaient été construites à peu près au tournant du siècle – « Elles nous rappellent le temps de l'opulence ». Dans tout le numéro – et dans à peu près chaque numéro de *Life* qui arrivait en kiosque –, une célébration du progrès technologique alternait avec une rétrospective sentimentale : et c'est exactement ce contrepoint qui semble caractériser le plus spectaculairement l'imaginaire historique de notre temps. Revenant sur l'histoire du XXᵉ siècle du haut de notre propre avantageuse position, nous la considérons comme une succession de décennies et de générations, chacune ayant posé sa propre marque : la génération perdue, la génération rouge, la génération silencieuse des années quarante et cinquante, la *beat génération*, la génération du Verseau (ou est-elle plus simplement la génération Pepsi ?), la génération du moi, la génération des yuppies. Une fois que l'histoire en vient à se placer sous l'emprise de la mode, le passé ne peut se voir recouvrir que par « une gaze douce et dorée ». Les styles démodés de la musique populaire ou de l'habillement ressurgissent alors périodiquement dans les changements soigneusement conçus du goût du public. Nous savons que les anciens styles étaient pris au sérieux en leur temps, mais nous avons perdu ce qui reliait les anciens temps au nôtre. « Lorsque nous invoquons ce monde plus ancien et plus distant », écrit George Trow dans un essai consacré aux communications de masse intitulé avec à propos *The Context of No Context*, il ne revêt ni substance ni signification.

> Les médias mettent en évidence le fait qu'il est quasiment impossible d'être en accord avec un monde déconcertant et déroutant à l'extrême. Un animateur de jeux télévisés posait une question sur la Première Guerre mondiale et la décrivait alors comme « à coup sûr un événement militaire d'une importance considérable ». Il était en train d'affirmer à son public que la Première Guerre mondiale était populaire au moment même où elle se déroulait.

Notre compréhension collective du passé a vacillé précisément à l'instant où notre capacité technique à recréer le passé s'est hissée à un niveau jamais atteint de perfectionnement. Les photographies, films et disques, les nouvelles techniques de recherche historique, la mémoire parfaite de l'ordinateur nous noient sous tant d'informations au sujet de l'histoire – et de tout le reste – que les assimiler est devenu impossible. Mais cette source d'informations inutile n'a plus le pouvoir d'éclairer l'époque présente ou même de fournir un critère de comparaison. Le seul sentiment que ces images momifiées du passé évoquent laisse à penser que les choses auxquelles elles se réfèrent ont dû être intéressantes ou utiles, mais que nous sommes dans l'incapacité de comprendre l'origine de leur séduction oubliée.

La nostalgie politisée

La nostalgie devenue consciente d'elle-même, le terme intégra rapidement le vocabulaire politique. Dans des sociétés qui se cramponnaient au dogme du progrès, aucun autre qualificatif n'était plus efficace pour dénigrer les opposants idéologiques. Avant même qu'il ne devienne monnaie courante, le style de l'argumentation à laquelle il était si bien adapté, était déjà devenu totalement familier, et même prévisible. En 1914, un éditorialiste réprimandait dans les colonnes de *The Nation* ceux qui affirmaient que la production de masse avilissait le travailleur en leur rappelant que l'industrie moderne conduisait à un « allégement conséquent des horaires de travail » et créait « de plus grandes opportunités de plaisir, d'excitation et de développement spirituel ». Les critiques de la manufacture en restaient à « la vieille erreur de l'âge doré », un refus de comprendre que « pour la plus grande partie de la population », la vie au Moyen Âge – si souvent invoquée comme critère de comparaison – se ramenait à « une existence de douleur et de peine humiliante et écrasante ».

Un critique du livre de Lewis Mumford sur l'architecture américaine, *Sticks and Stones*, faisait dix ans plus tard la même observation en reprochant à Mumford de chercher à « esquiver les implications de la vie moderne ». La généralisation d'une « civilisation urbaine mécanisée » rendait « tout discours sur le retour de l'artisan » sentimental et « invraisemblable ». Mumford lui-même pouvait en 1931 accuser de nostalgie Joseph Wood Krutch et d'autres critiques de la culture moderne, « mélancoliques et quelque peu victoriens », qui constataient que « le cœur de l'homme, à l'époque moderne, se retrouve dans un état de malaise et d'exacerbation ». Ces écrivains souffraient, pensait-il, d'une « nostalgie de la tradition ». Un an plus tard, John Dewey attaquait la « nostalgie idéalisatrice » de ceux qui espéraient retourner au programme classique. La nostalgie avait atteint le statut d'insulte politique de premier choix.

Après la Deuxième Guerre mondiale, la critique de la nostalgie se manifestait principalement dans le désir de faire revivre l'idée de progrès en lui retirant ses connotations utopiques. Ceux qui situaient l'âge d'or dans le passé, avançait-on, souffraient du même type de pensée anhistorique qui en avait conduit d'autres à le situer dans le futur. Le changement était inévitable et irréversible, et il était absurde de se languir du passé comme d'espérer que quelque utopie future porte le processus du changement à terme. L'attaque contre la nostalgie servait donc à déplacer l'attention vers des problèmes plus sérieux. Une croyance dans le progrès pouvait-elle réellement être soutenue ? L'ordre moderne était-il en permanence exempt du sort de ses prédécesseurs ? Les deux Guerres mondiales se résumaient-elles à une guerre civile européenne qui avait réduit à néant la civilisation du continent ? L'Europe serait-elle à nouveau la même ? Si la lumière délaissait l'Europe, la noirceur engloutirait-elle pareillement l'Amérique ? Ceux qui posaient de telles questions prenaient le risque de passer pour des défenseurs de la nostalgie. De fait, la quasi-totalité des critiques de la société moderne pouvaient être discrédités sur cette base.

Ceux qui déploraient la nostalgie attribuaient l'attrait qu'elle exerçait à une crise nerveuse, une incapacité à faire face aux réalités de la vie moderne. Richard Hofstadter débutait, en 1948, son essai *American Political Tradition* – un livre qui imprima sa marque sur le débat politique et culturel de l'après-guerre – par une diatribe contre les tentatives d'évasion de l'Amérique vers son passé :

> Depuis que les Américains ont récemment considéré qu'il était plus confortable de se retourner vers leur passé que de réfléchir à leur marche vers l'avenir, leur état d'esprit est devenu de plus en plus passif et contemplatif. Les romans historiques, les biographies romancées, les collections de films et de bandes dessinées, les ouvrages consacrés aux régions et rivières américaines, se multiplient afin de satisfaire un appétit vorace pour l'Amérique. Cette quête du passé américain est menée dans un esprit qui est plus porté à une évaluation sentimentale qu'à l'analyse critique. Une conscience de l'histoire est toujours partie d'une vie nationale culturellement dynamique ; mais je crois qu'un poignant sentiment d'insécurité est ce qui sous-tend l'accablante nostalgie des quinze dernières années. Les deux Guerres mondiales, des explosions de prospérité fragiles, et la dépression abyssale de notre temps ont profondément ébranlé la confiance nationale dans le futur (...) Si ce dernier paraît bien sombre, le passé semble en comparaison plus rassurant que jamais ; mais il est beaucoup moins mis à profit pour situer et guider le présent que pour redonner confiance.

Hofstadter avait bien raison de déplorer « l'appétit vorace pour l'Amérique ». Une approche plus avisée des préoccupations culturelles des années trente et du début des années quarante aurait, toutefois, distingué l'approche sentimentale de l'Amérique du Front populaire du ton introspectif de *Let*

Us Now Praise Famous Men de James Agee ; la conception idéalisée du vieux Sud de Margaret Mitchell de celle, plus critique, formulée par Allen Tate ; la célébration de l'histoire littéraire du XIXᵉ siècle des derniers écrits de Van Wyck Brooks de celle, plus caustique mais toujours respectueuse, de Mumford, Waldo Frank et F.O. Matthiessen ; le traitement écœurant des thèmes régionaux fait par Carl Sandburg de celui, bien plus profond, réalisé par Robert Frost ; les restaurations, dépourvues de vie, mises en œuvre à Williamsburg du style architectural autochtone développé par Frank Lloyd Wright ou Bernard Maybeck ; *Appalachian Spring* de *Oklahoma*. Un modernisme agressif et sans discernement, qui considérait avec mépris toutes ces œuvres comme rétrogrades et politiquement réactionnaires – et nombre d'entre elles étaient, à un moment ou un autre, l'objet de ce type d'attaques, sinon par Hofstadter, du moins par des critiques littéraires qui partageaient son avis dans les colonnes de la *Partisan Review* –, ne laissait aucune alternative à la nostalgie, si ce n'est un cosmopolitisme plein de mépris pour la culture populaire américaine.

L'attaque de Hofstadter contre l'« Amérique » pouvait en outre se voir objecter qu'elle était profondément incohérente – ce qu'elle ne pouvait fatalement qu'être, dans la mesure où les observateurs sophistiqués de la scène culturelle se permettaient de considérer avec dédain la résistance au changement comme irrationnelle, de mettre sur le même plan la mémoire aimante avec l'évasion des réalités, et de soutenir une foi défaillante dans le futur sans expliquer pour quelles raisons se justifiait une telle foi. Ayant attribué « l'irrésistible nostalgie des quinze dernières années » à une crise de confiance nationale provoquée par deux Guerres mondiales et la Grande Dépression, Hofstadter revenait sur ses dires et expliquait que « bien que la nostalgie nationale se soit intensifiée durant la dernière décennie, ce phénomène n'est en rien inédit ». Le « désir de capturer à nouveau le passé » a une « histoire spécifique », dont on pouvait repérer l'origine dans le mythe jeffersonien du petit propriétaire terrien, déjà démodé au moment de sa première apparition. Un mythe agrarien sentimental avait influencé négativement la pensée politique pendant cent cinquante ans, et interdisait aux Américains d'adhérer à la civilisation urbaine et industrielle que leur nation était, cela ne faisait aucun doute, appelée à adopter. Dans *The American Political Tradition*, comme dans ses travaux ultérieurs, notamment *The Age of Reform*, Hofstadter essayait de démontrer que les mouvements réformistes américains, loin d'embrasser le futur, avaient invariablement tenté de restaurer les conditions du capitalisme primitif, en se cramponnant à la vision de Jefferson d'une nation de petits propriétaires terriens alors que, dans les faits, les États-Unis, y compris au XIXe siècle, étaient en train de rapidement devenir une nation de salariés. À lire Hofstadter et une génération entière d'historiens qui marchèrent sur ses traces, les mouvements réformistes étaient habituellement conduits, non par des hommes et des femmes confiants dans le futur, mais par des patriciens dépossédés qui souffraient d'une « anxiété de statut », et trépignaient à l'idée de retrouver leur situation sociale antérieure.

En 1961, Arthur P. Dudden résumait cette interprétation, désormais solidement ancrée, dans un essai intitulé *Nostalgia and the American*. Dudden, comme Hofstadter, commençait par lier la nostalgie au déclin de la foi dans le progrès, mais pour ne faire suivre cette affirmation que par celle, assez différente, d'après laquelle la nostalgie qui affligeait les Américains était totalement débilitante. Mais si la nostalgie reflétait le déclin de l'idéologie du progrès, pourquoi s'était-elle développée à un moment où la foi progressiste était à son sommet ? Si elle reflétait une résistance générale au changement, pour quelles raisons les Américains accueillaient-ils toujours avec bienveillance le changement et le célébraient-ils ? L'incohérence de la position de Dudden suggère que la critique de la nostalgie, comme la nostalgie elle-même, servait des besoins émotionnels inavoués. Sous la structure de l'argumentation formelle, ici comme dans *The American Political Tradition*, nous pouvons reconstruire la chaîne d'associations suivante : les Américains, au milieu du XXe siècle, se sont réfugiés dans la nostalgie parce qu'ils avaient perdu leur foi dans le futur ; mais, puisqu'un examen plus approfondi montre que les Américains se sont toujours langui d'un âge d'or enfui, nous pouvons justement considérer avec mépris les craintes au sujet du futur comme une manifestation de ce que Dudden nommait un « pessimisme romantique » ; nous n'avons pas à considérer les arguments en faveur du « pessimisme » en fonction de leur pertinence ; le futur est aujourd'hui incertain, mais il l'a toujours été ; sans faire revivre le dogme du progrès sous sa forme utopique, nous pouvons affirmer que les Américains continueront à réussir comme ils l'ont fait de par le passé, quittant les morts pour les enterrer, et faisant face au futur pour mieux s'y confronter.

Ceux qui pensaient que l'espoir doit toujours se fonder sur le projet de progrès social réussissaient, en conséquence, à sauver les apparences, sinon l'essence de l'espoir, en déplorant le réflexe nostalgique qui rendait prétendument tant d'Américains craintifs face au futur. Au début des années soixante, la dénonciation de la nostalgie était devenue un rituel, accompli, comme tous les rituels, avec un minimum de réflexion critique. Une collection d'essais publiés par Arthur Schlesinger Jr. en 1963, *The Politics of Hope*, contenait une attaque contre le conservatisme (originellement publiée en 1955) dont le titre prévisible était *The Politics of Nostalgia*. Dans son étude de 1965, *The Paranoid Style in American Politics*, Hofstadter se référait régulièrement à la « nostalgie » de la droite américaine et de la tradition populiste dont elle se réclamait soi-disant. Mais ces escarmouches ne manifestaient qu'un avant-goût de la campagne plus écrasante encore qui allait suivre.

Celle qu'on appela la « vague de nostalgie des années soixante-dix » donnait lieu à un déluge d'analyses, de documentation et de déploration. *Time*, *Newsweek*, *U.S. News & World report*, *Saturday Review*, *Cosmopolitan*, *Good Housekeeping*, *Ladies'Home Journal*, et le *New Yorker* publiaient tous des reportages sur « la grande ruade nostalgique ». « Quelle dose de nostalgie l'Amérique peut-elle supporter ? » s'inquiétait le *Time* en 1971. Le journaliste britannique Michael Wood, qui citait le renouveau de la musique populaire des années cinquante, le succès commercial des films consacrés à la Deuxième Guerre mondiale, et la saturation des ondes par les drames historiques – « Upstairs, Downstairs », « The Pallisers », « The Forsyte Saga » – déclarait que « la maladie, s'il s'agissait d'une maladie, était brusquement devenue universelle ». Le « climat » nostalgique, affirmait-il, indiquait une « abdication générale, une désertion actuelle du présent ». Alvin Toffler proposait une analyse similaire dans son *Future Shock*. La transition d'une société industrielle vers une société « postindustrielle », selon Toffler, laissait la population désorientée et troublée. Incapable de faire face au futur, une partie d'entre elle trouvait refuge dans le passé. « Des partisans de la régression » comme Barry Goldwater et George Wallace « se languissaient de la société simple et structurée inhérente à la petite ville », alors que la gauche élaborait sa propre version de la « politique de la nostalgie », fondée sur un « romantisme bucolique », une « vénération exagérée des sociétés pré-technologiques », et une « méfiance excessive face à la science et la technologie ». La gauche et la droite nourrissaient toutes deux, aux yeux de Toffler, une « secrète passion pour le passé ». Un historien, Peter Clecak, affirmait en 1983 que « le thème de la nostalgie avait dominé la culture populaire » des années soixante-dix et du début des années quatre-vingt. « Pris dans la transition de la société industrielle vers la société postindustrielle, les Américains se sont sentis en grand nombre perdre leurs repères psychologiques, sociaux et moraux. » Ils cherchaient une consolation « en s'accrochant inconsidérément au passé », bien qu' » une telle conduite rende l'adaptation aux réalités présentes difficile, si ce n'est impossible ».

Le passé pétrifié

Même ceux qui analysaient avec plus d'indulgence « l'explosion de nostalgie » cédaient à la confusion dominante entre nostalgie et conservatisme, l'opposition séculaire au changement. Pour Fred Davis, un sociologue de l'Université de Californie à San Diego, « la vague de nostalgie des années soixante-dix » représentait une réponse aux « dislocations identitaires massives » des années soixante. « Rarement dans l'histoire, l'homme ordinaire

aura-t-il vu ses convictions fondamentales (...) autant mises au
défi, perturbées et remises en cause. » Les « réactions » nostalgiques avaient toujours succédé aux « périodes de forte discontinuité culturelle », mais avaient leur utilité car elles amortissaient
les chocs à venir. « La nostalgie collective contribue à restaurer
(...) un sentiment de continuité socio-historique », avançait
Davis. Elle « accorde du temps pour que les changements nécessaires soient assimilés », et fournit « des liens significatifs au
passé ». « Le sentiment nostalgique (...) cultive un sens de
l'histoire. »

Mais un sentiment de l'histoire, nous l'avons vu, est exactement ce que l'attitude nostalgique échoue à cultiver. Elle
idéalise le passé, mais pas dans le but de comprendre de quelle
manière il influence inévitablement le présent et le futur. Pas
plus ne fait-elle valoir sans ambiguïté la supériorité des jours
enfuis. Elle est empreinte d'une certaine autosatisfaction. En
exagérant la simplicité naïve des temps premiers, elle célèbre
implicitement la sagesse matérialiste des dernières générations.
Elle ne dénature pas seulement le passé, mais l'affaiblit. Elle
essaye « moins de préserver le passé », comme Anthony Brandt
l'a observé, « que de le restaurer, de le ramener à son état
originel, comme si rien ne s'était produit dans l'intervalle. »
Le *Greenfield Village* de Henry Ford, la reconstitution du
Williamsburg colonial, et « Main's Street, USA » de Disney-
land symbolisent, pour Brandt, la passion pour « l'authenticité
historique » qui cherche à tout capturer, à l'exception de la
seule chose qui importe, l'influence du passé sur le présent.
Quels que soient les efforts que nous fassions en ce sens, « nous
ne pouvons connaître le passé lorsqu'aucune relation ne s'établit entre lui et nous ». Pour cette raison, une vraie compréhension du passé, selon Brandt, « requiert quelque chose de
plus que le simple fait de savoir comment les gens fabriquaient
les bougies ou dans quel type de lit ils dormaient. Elle requiert
un sens de la persistance du passé : les nombreuses manières
dont il pénètre nos vies ». Cette persistance, naturellement, est
ce que nie l'attitude nostalgique.

La nostalgie n'évoque le passé que pour l'enterrer vivant.
Elle partage avec la croyance dans le progrès, à laquelle elle

n'est que superficiellement opposée, un empressement à proclamer la mort du passé, et à nier l'influence de l'histoire sur le présent. Ceux qui pleurent la mort du passé, et ceux qui l'acclament, tiennent tous pour acquis le fait que notre temps a oublié son enfance. Tous peinent à croire que l'histoire hante encore notre maturité éclairée et désabusée. Tous sont mus, dans leur attitude à l'égard du passé, par leur incapacité actuelle à croire aux fantômes.

Irréconciliables au premier abord, l'attitude nostalgique et la croyance dans le progrès partagent pourtant autre chose : une tendance à se représenter le passé comme statique et intangible, par contraste avec le dynamisme de la vie moderne. Nous avons vu de quelle manière la nostalgie pétrifie le passé en images intemporelles, en images de l'innocence enfantine. Mais l'idée de progrès, bien qu'elle décèle de l'ignorance et de la superstition là où la nostalgie ne discerne qu'une aimable simplicité, encourage un sens du passé également dépourvu de vie et indifférencié. Malgré l'importance qu'elle accorde au changement perpétuel, l'idée de progrès ne présente le changement social que comme une forme de la vie moderne. (Les dislocations qui en résultent sont alors citées comme une explication de la nostalgie moderne.) Ce type de pensées réduit les sociétés pré-modernes ou « traditionnelles » à l'immobilité et à la monotonie.

L'idée d'un passé pré-moderne, presque entièrement dépourvu d'incidents, se voit corroborée par une conception sociologique de l'histoire qui recherche le typique, l'authentique et le normal, par opposition au particulier et à l'exceptionnel. Macaulay, dont le nom est si étroitement associé à la conception de l'histoire des *Whigs*[5], soit une histoire d'éternel progrès, affirma un jour que la vie d'une nation moderne ne pouvait être comprise qu'en étudiant « les hommes ordinaires tels qu'ils apparaissent dans leur travail habituel et dans leurs joies ordinaires ». Ceux qui espéraient « comprendre la condition du genre humain dans les temps anciens », aux yeux de Macaulay, « devaient procéder à l'identique », au lieu de concentrer leur attention sur « les transactions publiques, les guerres, les réunions et débats publics ». Puisque c'est avant tout la situation des masses qui fournit le meilleur indice du progrès, pour ce courant de pensée, les temps anciens qui voyaient les masses vivre dans la pauvreté, l'analphabétisme, et l'obscurantisme de la superstition, prisonnières d'un éternel destin de labeur, adoptaient, dans l'historiographie progressiste, la même apparence intemporelle que nous avions déjà relevée dans les représentations nostalgiques du passé. Les archives historiques se réduisent à une succession monotone de naissances, de mariages et de morts. La seule question qu'elles semblent susciter consiste à savoir si la monotonie des temps pré-modernes était vécue comme un bienfait ou une malédiction. « L'existence éternellement vieillotte et étriquée » des masses pré-modernes, telles que s'y référait Edward Shils, offrait-elle la sécurité compensatoire de statuts sociaux précisément définis, d'obligations réciproques, ainsi que la connaissance rassurante du fait que le futur ressemblerait étroitement au passé ?

La conviction que de tels débats ne sont pas seulement interminables, mais aussi totalement dépourvus de pertinence, et le fait qu'ils persistent à dominer l'imaginaire historique de notre temps, aussi bien que sa politique, sont à l'origine de cette exploration de l'idée de progrès, et de son écho, le mal du pays dont souffre « l'esprit nomade ». Une exploration plus approfondie du contexte culturel du débat contemporain requiert une analyse de la controverse de longue date relative à la « modernisation » et la « communauté », qui a une nouvelle fois éclaté ces dernières années. La critique communautariste de la vie moderne récapitule, de manière plus explicitement politique, un grand nombre des mêmes thèmes qui nourrissent la controverse au sujet du progrès, mais pour les laisser, une fois encore, non résolus.

IV. LA TRADITION SOCIOLOGIQUE
ET L'IDÉE DE COMMUNAUTÉ

Cosmopolitisme et raison éclairée

Au XVIIIᵉ siècle, nous l'avons vu, les hommes et les femmes éclairés, persuadés que l'abondance économique donnait au genre humain la possibilité de maîtriser son propre destin, et cassait le vieux cycle du développement et du déclin, qui avait toujours été le sort des nations, saluaient l'ordre nouveau – mais se doutaient que le désir d'acquisition anéantirait les vertus de force morale et de sacrifice de soi. Ils avaient d'autres raisons de célébrer le développement du commerce. Si les marchands étaient selon Hume le « type d'hommes le plus utile à l'ensemble de la société », c'était parce que leurs activités mettaient un terme à « la malignité bornée et à l'envie des nations, qui ne peuvent en aucun cas souffrir de voir leurs voisines prospérer, et qui sont continuellement mécontentes de chaque nouvel effort industriel réalisé par une autre nation ». Le commerce international, une fois admis le fait que toutes les nations profitaient de ses apports, favorisait la paix internationale. L'abondance annulait la première loi de la vie sociale régie par le manque, qui voulait que les individus ou les nations ne prospèrent qu'aux dépens de leurs prochains. « Les nations ignorantes », affirmait Bentham, « se traitaient les unes les autres comme des rivales, qui ne pouvaient rayonner que sur les ruines des autres. » L'œuvre d'Adam Smith avait, par bonheur, rendu désormais évident le fait, à lire Bentham, que « le commerce est également avantageux pour

l'ensemble des nations – chacune en profitant à sa façon, en
fonction de ses ressources naturelles ». *La richesse des nations*
démontrait que ces dernières « sont associées et non rivales
dans la grandiose entreprise sociale ». L'argumentation de
Smith en faveur du libre échange offrait une application particulière du principe général posé par Bentham suivant lequel
« les intérêts des hommes coïncident sur bien des points, plus
qu'ils ne s'opposent les uns aux autres ». Si les hommes en
arrivaient à comprendre ce principe, et ses implications de
grande portée, ils régleraient leurs actions en conséquence,
relâchant leur attitude chronique de jalousie et de suspicion.
« Plus nous devenons raisonnables, plus nous devrions devenir
bienveillants. »

L'espoir que l'« intérêt du genre humain dans son
ensemble » en viendrait à prévaloir sur « l'esprit de rivalité et
d'ambition qui avait été monnaie courante parmi les nations »,
affirmait Richard Price, paraissait désormais reposer sur des
faits solides, et non sur des pensées sans fondement. Seules des
politiques économiques irrationnelles, ainsi que les effets per-
sistants du préjugé populaire, entravaient la marche vers la
tolérance entre nations. « Si l'on permettait au commerce de
fonctionner à l'échelle internationale qu'il serait susceptible de
recouvrir », déclarait Tom Paine dans *The Rights of Man*, « il
mettrait fin à la logique de guerre, et serait à l'origine d'une
révolution des modes de gouvernement non civiques. » Les
philosophes du XVIIIᵉ siècle se piquaient de leur supériorité sur
le patriotisme étriqué qui générait tant de mauvaise volonté
parmi les nations. « Vous le trouverez toujours le plus mauvais
et le plus violent là où existe le niveau de culture le plus bas »,
disait Goethe. Lessing affirmait que le patriotisme était le « préjugé du peuple ». La conception du patriotisme de Samuel
Johnson – « le dernier refuge du scélérat » – peut encore être
citée ; mais tous ceux dont les écrits faisaient du XVIIIᵉ siècle le
synonyme de l'Âge de la raison exprimaient, d'une manière
qui n'était, certes, pas toujours aussi succincte, la même
conception. Hume maintenait que « les gens vulgaires ont tendance à porter tous les *caractères nationaux* à leurs extrêmes :
et ayant, une fois pour toutes, établi comme principe que la

plupart sont coquins, ou lâches ou ignorants, ils n'admettront nulle exception, mais envisageront chaque individu sous les mêmes auspices ».

L'un des arguments les plus importants en faveur du commerce était qu'il mettait fin aux habitudes de pensée étricuées. Les défenseurs au XVIIIe siècle de l'ordre nouveau ne soutenaient pas, comme les libéraux ont tendance à le faire à notre époque, que les stimulants économiques sont en général suffisamment forts pour encourager les hommes et les femmes à écarter durant leurs heures de travail leurs préjugés nationaux, ethniques, raciaux et religieux, ne s'y livrant que dans l'espace privé anodin de leurs foyers et de leurs clubs. L'expérience du XXe siècle a démontré la ténacité de la solidarité nationale et ethnique, y compris lorsqu'elle était exposée au solvant de la mégalopole moderne. Le XVIIIe siècle croyait, au contraire, que le commerce balayait les particularismes et promouvait une perspective cosmopolite. « Dans les bourses d'Amsterdam, Londres, Surat ou Bassora », écrivait Voltaire, « les Guèbres, les Juifs, les Mahométans, les Chinois déistes, les Brahmanes, les Chrétiens grecs, les Chrétiens romains, les Chrétiens protestants, les Chrétiens quakers, commercent entre eux ; ils ne menacent pas les autres avec leurs poignards pour les gagner à leurs religions. » Addison insistait sur ce point bien plus énergiquement dans sa description d'une visite au *Royal Exchange* : « Je joue des coudes, à un moment, au milieu d'un groupe d'Américains ; je me perds à un autre parmi une foule de Juifs, ou encore au milieu d'une assemblée d'Allemands. Je suis un Danois, un Suédois, un Français selon l'heure, ou plutôt je m'imagine tel le vieux philosophe qui, interrogé sur sa rationalité, répliquait qu'il était citoyen du monde. »

Notre expérience au XXe siècle des conflits impérialistes, de la compétition économique internationale, et des guerres mondiales nous interdit de partager la conviction du Siècle des Lumières, persuadé que le capitalisme promouvrait la paix mondiale. L'idéal cosmopolite élaboré par les Lumières, bien qu'il reste une composante essentielle du libéralisme moderne, frappe nombre d'entre nous aujourd'hui par son arrogance, son mépris pour les masses ignorantes, et sa naïveté. « La bienvaillance » – l'amour universel de l'humanité était censé succéder à l'émancipation du préjugé local –, plus que jamais, se présente à nous comme une forme singulièrement exsangue de bonne volonté, plus fondée sur l'indifférence que sur la dévotion. Nous sommes désormais en mesure d'apprécier le trait d'esprit de Rousseau qui visait « ceux qui se prétendent cosmopolites et qui, justifiant leur amour du genre humain, se vantent d'aimer le monde entier afin de jouir du privilège de n'aimer personne ». L'humanitarisme satisfait de lui-même de Paine – « mon pays est le monde, ma religion faire le bien pour le genre humain » – nous laisse, bien au contraire, plutôt froids.

Il est important de nous rappeler, par ailleurs, que le cosmo-politisme et la « bienveillance » se louent, au XVIIIᵉ siècle, comme alternatives au féroce esprit de parti, désormais condamné au nom de deux cents années de guerres de religion. La tolérance religieuse pouvait refléter une indifférence grandissante à l'égard de la religion, mais laissait au moins entrevoir un espoir de paix*. À un moment où le patriotisme semblait si souvent aller main dans la main avec le fanatisme religieux, il n'était pas surprenant que les philosophes préfèrent se penser citoyens de celle que Diderot appelait la « cosmopolis, la ville mondiale » – « étrangers nulle part dans le monde ». Nous ne pouvons comprendre le conseil donné par Pierre Bayle à l'historien – celui de « sacrifier l'amertume causée par les injures, les souvenirs des faveurs reçues, et même l'amour de son pays » aux « intérêts de la vérité » – qu'à la condition de le replacer dans un contexte d'âpres dissensions religieuses, où des interprétations concur-rentes du passé, chaque incitation à voir dans les événements historiques la main de Dieu, servaient de propagande dans la

---

* Burke attaquait « ces nouveaux enseignants qui se vantent conti-nuellement de leur esprit de tolérance », de la même façon que Rous-seau, qui considérait que de telles professions de foi dénotaient en vérité une indifférence certaine, attaquait ceux qui professaient un amour pour l'ensemble du genre humain. « Le fait que ces personnes toléreraient toutes les opinions, mais pensent qu'aucune n'est digne de considération, est une sorte de bien petit mérite. L'égale indiffé-rence n'est pas bonté impartiale. La sorte de bienveillance qui est le fruit du dédain n'est pas charité vraie. »

lutte entre le Protestantisme et Rome. Nous pourrions objecter
que l'image que se faisait Bayle de l'historien, en « homme sans
père, sans mère, sans généalogie », semblait plus enrôler l'histoire au service de l'oubli qu'au service du souvenir, particulièrement lorsqu'elle était associée à un appel à « oublier qu'il
appartient à un pays, qu'il a été élevé dans une foi spécifique,
qu'il doit sa fortune à telle personne ou telle autre, que ceux-ci
sont ses parents ou ceux-là ses amis ». Oublier, quoi qu'il en
soit, est aussi pardonner : à une époque où la mémoire des
premiers torts gardait vivantes les inimitiés qui auraient été
autrement autorisées à disparaître, même ce curieux appel à
un savoir historique touché par l'amnésie faisait en quelque
sorte sens.

La critique par les Lumières du particularisme

Puisque le souvenir des anciens temps a de toute évidence
contribué à maintenir les populations plus séparées que soli-
daires, il n'est pas surprenant que les philosophes cosmopolites
n'aient fait que peu appel aux autres disciplines, jadis tenues en
haute estime, qu'étaient le droit et la théologie – des domaines
notoirement polémiques ayant tendance à donner lieu à des
querelles peu concluantes sur les époques précédentes, quant à
l'interprétation des documents historiques, et la signification du
passé. Les Lumières espéraient modeler la théorie éthique et
politique, non sur une compréhension historique mais sur la
méthode scientifique, qui promettait d'établir des principes
axiomatiques résistants au doute, et donc de permettre aux philosophes de distinguer infailliblement le vrai du faux, et la vérité
de la simple opinion. Depuis Descartes, les philosophes se
consacraient à une nouvelle tâche : analyser et rendre explicites
les procédures qui gouvernaient la pensée lucide. Une fois que
l'analyse critique aurait réduit les phénomènes à leurs composantes les plus simples, pensaient-ils, elle pourrait les assembler
sous la forme nouvelle de lois à validité universelle.

Que le langage puisse être remodelé sur les mathématiques
était une fantaisie caractéristique et révélatrice de cette nouvelle

conception du savoir – un projet, selon Descartes, qui poserait les fondations d'un langage universel. Les associations historiques logées dans le langage, que les juristes, les théologiens, les grammairiens et les rhétoriciens avaient essayé de démêler et de déchiffrer, semblaient aux nouveaux philosophes une source de contamination. Le langage ordinaire, dans leur conception, incarnait les préjugés culturels que la raison devait combattre pour se libérer. « Pratiquement tous nos mots », se plaignait Descartes, « revêtent des significations confuses, et les esprits des hommes y sont si accoutumés, qu'il n'existe presque rien qu'ils puissent exactement comprendre. » Le savoir, à lire Descartes, consistait en des propositions irréfutables qui ne pouvaient être obtenues qu'à la condition de se défaire des émotions et intérêts imbriqués dans le langage ordinaire. Il était donc nécessaire d'inventer un nouveau langage de purs et simples symboles, ayant chacun sa propre singularité et une signification exempte d'ambiguïtés, ou mieux encore de traduire chaque expérience sous forme numérique. « Dans notre quête d'une voie directe vers la vérité », affirmait Descartes, « nous devrions laisser de côté chaque objet au sujet duquel nous sommes incapables d'avoir une certitude égale à celle qui est procurée par les démonstrations arithmétiques et géométriques. » À une époque ou à une autre, l'idée d'un langage universel fut défendue par Leibniz, Voltaire, d'Alembert, Condorcet et Franklin, qui faisait remarquer qu'un alphabet universel élaboré par John Wilkins, secrétaire de la *Royal Society*, « pouvait être correctement appris en un dixième du temps que requiert l'étude du Latin ».

La mise en équation de la vérité avec des principes axiomatiques et universellement applicables pouvait inciter au scepticisme aussi bien qu'à l'enthousiasme. Hume affirmait que les procédures scientifiques ne répondraient jamais aux questions relatives à « la fin de l'homme », et concluait pour cette raison que de telles questions ne valaient pas la peine d'être posées, puisqu'elles conduiraient toujours à des pensées « joliment incertaines et non philosophiques ». Comme Descartes, il considérait acquis le fait que la philosophie devait se fonder sur des bases intellectuelles irréfutables – sur des « principes

permanents, incontestables, et universels ». Ces principes, qui
ne pouvaient être tirés que de l'étude scientifique de la nature,
constituaient « le fondement de nos pensées et actions », sans
lequel « la nature humaine périrait immédiatement et irait à la
ruine ». Tout le reste, pensait Hume, était « mouvant, peu
fiable, et instable ».

Des propositions en faveur d'une religion universelle, élaborées dans le même esprit que celui qui avait présidé au projet
d'un langage universel, attiraient ceux que répugnait le scepticisme de Hume, sinon toujours pour eux-mêmes, au moins
au nom des masses banalement crédules qui avaient de toute
évidence besoin de consolation et de directives morales fermes.
Un certain nombre d'intellectuels du XVIIIᵉ siècle avançaient
que la religion, comme le langage, pouvait être fondée synthé-
tiquement sur des principes scientifiques qui, affirmait Helvetius, « sont éternels et invariables, sont tirés de la nature des
hommes et des choses, et qui, comme les propositions de la
géométrie, sont susceptibles d'être l'objet de la démonstration
la plus rigoureuse ». La recherche par Kant d'une morale universelle, une version moins grandiose du même projet, impliquait l'hypothèse similaire : celle que l'irréfutabilité fournissait
le seul test de croyances socialement exploitable. Kant, à coup
sûr, ne souscrivait pas à la conviction qui se trouvait à la base
du travail d'utilitaristes comme Helvetius et Bentham, aux yeux
desquels « la moralité devrait être traitée comme toutes les
autres sciences », comme l'écrivait Helvetius, « et fondée sur
l'expérimentation, tout comme la philosophie de la nature ».
En faisant de l'universalité la condition essentielle des impératifs éthiques, Kant détachait néanmoins la moralité de son
contexte social habituel, tout comme Descartes espérait déta-
cher la communication du langage commun. L'obligation
morale ne se référait plus aux devoirs prescrits par une charge
particulière ou un rôle social, mais à l'impératif catégorique de
ne pas suivre la loi qui ne peut être recommandée comme loi
générale s'appliquant à tous.

Conçue en partie comme une réponse au scepticisme moral
et épistémologique de Hume, la philosophie morale minutieusement élaborée de Kant restait étrangement silencieuse sur la

nature d'une vie bonne, ou sur les fins propres à l'homme. Kant ne remettait pas en question le jugement de Hume pour qui ces « questions abstruses », telles qu'il les qualifiait, étaient des objets inappropriés à l'investigation philosophique. « Quelle est la fin de l'homme ? Est-il fait pour le bonheur ? Ou pour la vertu ? Pour cette vie ou la suivante ? Pour lui-même ou le Seigneur ? » Pour Hume, ces questions restaient « inaccessibles à la compréhension » ; et Kant, durant tout son laborieux effort destiné à fonder la moralité en principes premiers, n'avait pas plus de choses à dire à leur sujet que Hume. Comme les autres philosophes des Lumières, il était à l'évidence bien disposé à les abandonner au jugement individuel, en s'appuyant sur le postulat que l'individu était le meilleur juge de ses intérêts propres, ou au moins que chaque tentative de donner à une vision particulière de la vie bonne une sorte de sanction sociale n'entraînerait que des controverses amèrement conflictuelles dont le monde se passerait bien. La principale contribution de l'ontologie à la vie publique était, après tout, de transformer chaque dérisoire querelle en guerre générale contre l'hérésie. Les hommes politiques avaient été « honteusement dépravés » par « des idées surnaturelles », expliquait Holbach. Puisqu'il était dans la véritable nature des polémiques relatives aux fins ultimes de ne pouvoir jamais être conclues à la satisfaction de quiconque, elles diviseraient toujours le genre humain en communautés hostiles, chacune ayant ses propres dogmes, son propre dialecte, et une suspicion bien enracinée à l'encontre des autres.

La réaction contre les Lumières : la défense du préjugé selon Burke

Les implications politiques du rationalisme du XVIIIᵉ siècle étaient ambiguës et contradictoires. D'un côté, l'appel à fonder la discussion politique sur la base de principes universels et incontestables tendait à limiter la portée du débat, à reléguer les conflits divisant l'opinion à la sphère privée, et à promouvoir la tolérance religieuse (bien qu'au prix d'une banalisation du débat public). D'un autre côté, l'injonction similaire pouvait encourager d'ambitieux programmes d'ingénierie sociale, censés s'appuyer sur des principes auxquels personne ne pouvait s'opposer de bonne foi. L'idéal cosmopolite, et l'espoir d'élaborer une science du politique, se fondaient sur le postulat de l'égalité des êtres humains. « Ils ont tous les mêmes organes vitaux, une même sensibilité, et une même façon de se mouvoir », constatait Voltaire.

L'affirmation d'une uniformité donnait parfois lieu à des réformes radicales, que ne tempérait pas le plus petit doute quant à l'aptitude des législateurs éclairés à légiférer à propos de tout. Armés d'une compréhension scientifique des conditions nécessaires au bonheur humain, des philanthropes comme Jeremy Bentham n'hésitaient pas à proposer une reconstruction de l'ensemble des institutions politiques, où toutes les erreurs, dont l'accumulation avait été permise au cours des anciens temps non éclairés – des erreurs injustement célébrées comme sagesse ancestrale –, seraient impitoyablement repoussées. Le Panopticon de Bentham, un pénitencier dans lequel chaque intérieur de cellule pouvait être observé à tout moment par des gardiens regroupés dans une tour centrale, incarnait en miniature un système de surveillance universelle, une synthèse de « bienveillance » et de discipline implacable, susceptible de servir de modèle à l'organisation sociale entière. Un État qui ne visait qu'à assurer le bien le plus grand au plus grand nombre ne pouvait être accusé d'imposer l'uniformité de l'opinion à la manière des régimes autocratiques. La discipline sociale se transformait en instrument d'éducation populaire, qui enseignait aux populations leurs intérêts véritables, les libérant des ancestrales superstitions et des habitudes déplorables, et leur permettant de mener des vies heureuses, saines et productives.

La Révolution française, bien plus fortement et dramatiquement que l'utilitarisme anglo-saxon, démontrait que l'espoir de remodeler la société en fonction de principes abstraits de justice, de mettre un terme aux modes de vie établis et de renverser les anciennes croyances, pouvait conduire plus facilement au règne de la terreur qu'à celui de l'amour universel et de la fraternité. Non pas que la révolution représentât simplement ou directement l'application de principes philosophiques à la politique. Un féroce conflit entre classes sociales, associé aux efforts tardifs et timides de rénovation d'un système dépassé d'administration et de finance, expliquait une grande partie du chaos qui avait saisi la nation française en 1790. L'idéologie révolutionnaire, qui plus est, devait autant à la tradition républicaine, telle que la reformulait Rousseau, qu'au libéralisme des Lumières. Le règne de la vertu de Robespierre, la soumission absolue de toutes les activités au politique dévoilaient le fanatisme latent de l'idéal républicain de citoyenneté. En abolissant dans les faits la vie privée, la terreur permit de discréditer le Républicanisme, comme le stalinisme délégitima plus tard le Socialisme.

Mais la Révolution française discrédita également le libéralisme du XVIIIᵉ siècle, au moins aux yeux de ceux qui repéraient sa trace dans la sottise qui consistait à ignorer l'expérience, et à tenter de créer du jour au lendemain un ordre nouveau, basé sur rien de plus solide que la vaine spéculation. L'importance de la révolution réside, à mon sens, dans sa contribution à la réaction romantique contre le cosmopolitisme, les abstractions politiques, et la recherche de principes universels élaborés en vue de gouverner la politique et la moralité. La réaction romantique, pour sa part, légua pour partie de son héritage intellectuel les catégories fondamentales de la pensée sociale moderne – gemeinschaft et gesellschaft, « la communauté » et « la société », des catégories riches de significations connexes qui continuent encore aujourd'hui d'informer (ou de déformer) la discussion politique.

Avant même que la terreur n'entraîne la révolution à son paroxysme macabre, Edmund Burke publiait sa défense classique de la sagesse ancestrale contre l'innovation téméraire, une défense « des anciennes institutions » contre « le système purement théorique » imaginé par les « sophistes », les « déclamateurs », et les « métaphysiciens ». Burke recommandait avec force la valeur du préjugé, qui devait être « dix mille fois » préféré aux « démons de l'inconstance et de la versatilité ». Les Lumières condamnaient le préjugé en le présentant comme un ennemi de la raison ; mais son utilité comme source de sobriété morale, pensait Burke, avait été révélée avec éclat par la révolution – la mission des hommes et des femmes dont l'émancipation à l'égard du préjugé les autorisait à commettre des crimes effroyables. Burke mettait en rapport le préjugé avec la décence ordinaire (*common decency*)[1], et les « sentiments naturels », l'aiguillon spontané du cœur. C'était un « sage préjugé » contre le parricide qui avait, de cette manière, incité les Anglais, alors qu'ils observaient de l'autre côté du Channel la folie de leurs voisins, à « regarder avec horreur les enfants de ce pays si prompts à mettre imprudemment en pièces » l'État français, « et à le pousser dans le chaudron des sorciers ». La description par Burke du supplice de Marie-Antoinette, jetée de son trône et traitée par les révolutionnaires en citoyenne comme les autres, confirmait l'importance qu'il attachait à la valeur morale du préjugé – en l'occurrence, le préjugé de « chevalerie », qui imposait le respect dû à la fois au rang social et à la femme. Richard Price, et d'autres admirateurs de la révolution, ne pouvaient tirer satisfaction de la déchéance de la reine qu'en ignorant, selon Burke, « les sentiments naturels (...) exempts de pédanterie et d'infidélité ».

> À cette époque éclairée, je suis suffisamment effronté pour confesser que nous (Anglais) sommes en général des hommes aux sentiments naturels ; loin d'abandonner nos vieux préjugés, nous les tenons en très haute estime ; et, au risque de nous attirer plus de honte encore, nous les chérissons précisément parce qu'ils sont des préjugés ; et plus ils ont duré, plus ils ont influencé le plus grand nombre, plus nous les chérissons. Nous sommes effrayés à l'idée que les hommes aient à compter uniquement sur leur capacité personnelle à la raison ; car nous nous doutons que cette capacité propre est faible, et qu'il serait préférable que les individus fassent appel à la connaissance des nations et des époques passées.

Au lieu de « discréditer des préjugés partagés par le plus grand nombre », les philosophes devraient « mettre mieux à profit leur sagacité », pensait Burke, « à découvrir la sagesse latente qui couve en eux ». Les préjugés guidaient la conduite plus sûrement que la raison, en faisant de « la vertu de l'homme une habitude, et non une série d'attitudes qui n'entretiennent aucun rapport les unes avec les autres ». La superstition même a sa place au sein d'un schème de pensée correctement ordonné. « Il n'est point de rouille de la superstition, sans laquelle l'absurdité accumulée de l'esprit humain n'aurait pu former une croûte avec les années, que quatre-vingt-dix-neuf pour cent du peuple d'Angleterre ne préféreraient à l'impiété. »

Burke ne questionnait pas l'opposition entre raison et tradition. Il renversait simplement les valeurs qui étaient habituellement attachées à ces concepts, exaltant le préjugé et la superstition contre la préférence des Lumières pour ce qu'il appelait « la raison nue ». Sa critique de la raison, telle qu'il la formulait, ne se limitait pas à démontrer comment la raison encourageait la témérité, des actions inconsidérées. Elle comportait également l'accusation contraire, portant que la raison encourageait l'indécision et le doute. La raison paralysait la capacité d'initiative, alors que le préjugé pouvait « montrer son utilité dans l'urgence », et ne « laissait pas l'homme dans l'hésitation, sceptique, perplexe, et irrésolu, à l'heure où devait être prise une décision ». De telles remarques montrent combien Burke identifiait entièrement la raison à la spéculation librement fluctuante, désincarnée et gratuite, totalement indifférente aux suites du cours donné d'une action – indifférente même au besoin d'action, de décision et de choix moral, à l'opposé de l'élaboration, à partir de postulats théoriques, de politiques sociales.

L'accent mis par Burke sur l'importance d'une action décisive ne devrait pas être interprété, à tort, comme une défense aristotélicienne de la « raison pratique » face à la spéculation théorique. Aristote distinguait à la fois la raison pratique, ou *phronesis*, d'une part de la théorie, et d'autre part de la technique. Burke n'établissait pas de telles distinctions, considérant la raison en général – plus que ne le faisaient les Lumières – comme spéculation pure, épistémologie. L'objectif de la raison pratique n'était, pour Aristote, ni l'établissement de vérités intemporelles, ni le calcul des moyens les plus économiques pour obtenir un résultat donné, mais la recherche d'un équilibre entre les moyens et les fins, la formation d'une capacité de jugement et, avant tout, l'encouragement à la connaissance de soi. La raison pratique procédait par énoncés d'arguments – dont la valeur n'était, pourtant, pas plus prédominante dans la pensée de Burke que le jugement et la connaissance de soi. Le raisonnement était bien, en effet, la dernière chose que Burke avait l'intention d'encourager. Lorsqu'il parlait du « sentiment ancien et permanent de l'esprit humain », il faisait référence à la convention tacite que suscitaient les habitudes et « les affections », pas à la décision collective qui découle de la délibération.

Brillant spécialiste des débats, Burke préférait cependant le silence aux pollutions sonores de l'échange verbal ou, pour reprendre son image favorite, l'habillement décent de la coutume à la « nudité », qu'il associait à la raison. Il louait la religion comme « la base de la société civile », mais déplorait la controverse théologique. Les Chrétiens modernes, écrivait-il, envisageaient « la religion comme une habitude, sous la tutelle d'une autorité, et sans controverse ». Lorsqu'il parlait du Christianisme comme de « la seule véritable source de civilisation existant de par chez nous », il ajoutait que « se débarrasser » du Christianisme équivaudrait à « découvrir notre nudité ». Dans son hommage à Marie-Antoinette, il parlait dans des termes similaires de la « chevalerie ». Ceux qui affirmaient qu'« une reine n'est qu'une femme » écartaient les « agréables illusions qui rendirent le pouvoir tolérant et l'obéissance libérale, qui harmonisèrent les différentes nuances de la vie, et qui, par une douce assimilation, incorporèrent en politique les sentiments qui embellissent et adoucissent la société civile ». Notons que Burke ne remettait en aucune façon en cause la pertinence de l'assertion voulant qu'« une reine n'est qu'une femme, [qu']une femme n'est qu'un animal, et pas un animal de premier ordre ». Il s'en tenait à refuser l'idée qu'il n'y avait aucun risque à se défaire de la « plaisante illusion » que les choses puissent en aller autrement. Conformément à la « philosophie mécanique » des Lumières,

tout ce qui recouvre d'un voile de décence la vie doit être violemment arraché. Toutes les idées superflues, sorties de la garde-robe d'une imagination morale, que le cœur possède et que l'entendement approuve, comme étant indispensables au voilement des défauts de notre nature frissonnante et nue, et comme nécessaires pour la hisser à ce que nous considérons comme la dignité, doivent être détruites, comme une mode surannée, absurde, et ridicule.

Burke limitait sa défense du préjugé au même argument. « Faire tomber le manteau du préjugé », avançait-il, « ne laisserait plus rien, excepté la raison nue. »

La défense du préjugé par Burke, ainsi que l'accent qu'il mettait sur la nécessité d'un « voile de décence », illustre la distinction entre mémoire et coutume, et met en lumière l'erreur qui consiste à associer trop étroitement la tradition à cette dernière. Le concept de tradition « remplace le besoin d'élucidation », écrit Bruce James Smith dans *Politics and Remembrance*, une étude en partie fondée sur une analyse de Burke. Smith maintient que la tradition doit plus à la mémoire qu'à la coutume. Une coutume se rapporte à l'ordinaire et au non exceptionnel ; la mémoire, à l'extraordinaire et à l'inattendu. Une coutume s'entoure de silence, d'une profonde ambiance de vénération ; la mémoire d'art oratoire, de controverses et de dialectique. Les sociétés qui attachent une grande valeur à la coutume font preuve de peu d'intérêt pour leurs propres origines, alors que les sociétés unifiées (et divisées) par la mémoire cultivent un mythe fondateur qui reste un point de référence moral, et rappelle les hommes et les femmes à une conscience de leurs obligations civiques.

Si nous acceptons ces distinctions, nous ferions mieux de ne pas considérer Burke comme un traditionaliste, au sens strict du terme, mais plutôt comme un sociologue de l'oubli. Smith le compare à Machiavel, dont la pensée politique trouvait précisément son origine, à le lire, dans une hantise de l'oubli. Machiavel préférait une République à une monarchie héréditaire, parce qu'elle inspirait les hommes par une aspiration à rester dans l'histoire pour leurs glorieuses actions. La mémoire conférait une immortalité par procuration à ceux qui s'attachaient ce que Machiavel nommait « l'honneur de ce monde ». Pour Smith, « à travers le souvenir, l'action pouvait acquérir

une permanence qui était refusée à l'homme d'action (...) Sans
la glorieuse action et son inscription dans la mémoire politique,
les hommes ne pourraient plus tenter « l'action rare et incomparable » ». Machiavel parlait de « coutumes » à propos des
régimes héréditaires, de « souvenirs » à propos des Républiques.

Burke, au contraire, célébrait le principe d'hérédité, et affirmait à propos de la constitution anglaise que son « autorité
seule découlait du fait qu'elle avait existé dans le temps sans
le secours de la raison ». L'hérédité s'imposait, aux yeux de
Smith, comme la source de l'autorité politique en raison du
caractère « automatique et incontournable » des liens de sang.
Confronté au problème que posent les querelles régulières
autour d'un héritage, Burke ne pouvait qu'inciter ses compatriotes à ne pas autoriser « leur succession assurée à être mise
en péril et en pièces par tel ou tel esprit violent et procédurier ».
Bien que sachant la coutume constamment changeante, de la
même façon que le legs du passé est toujours objet de controverse, Burke tirait réconfort, pour Smith, de la pensée que la
coutume « réussissait d'une façon ou d'une autre à dissimuler
le changement (...), à purger l'esprit du souvenir de dangereux
exemples de progrès (...) La première tâche du conservatisme
doit consister en l'effacement d'un tel souvenir ».

L'action, la conduite et la découverte de la « société »

La distinction entre mémoire et coutume peut être affinée
par l'ajout d'une distinction supplémentaire entre action et
conduite. Alors que chaque action est unique et particulière,
la conduite est faite de combinaisons qui se répètent avec une
grande prévisibilité. L'action, qu'elle soit téméraire et impulsive, ou réfléchie et empreinte de discernement, est le produit
d'un jugement, d'un choix, et d'une volonté libre, alors que
la conduite est automatique et irréfléchie. L'action a conscience
de son propre déroulement ; la conduite est habituelle et
inconsciente. La coutume ressemble de cette façon à ce que
Burke appelle « l'air que nous respirons », qui opère « insensiblement » sur les personnes. Hannah Arendt l'a relevé, l'action

est la capacité d'initier, d'entamer un nouveau départ. La conduite s'en tient, elle, aux sentiers battus. L'action a des effets imprévisibles, souvent à l'opposé de ceux qui sont attendus. La conduite, au contraire, obéit à des lois mesurables, analogues aux lois physiques du mouvement. Si nous pensons aux hommes et aux femmes comme à des créatures de circonstance et d'habitude, nous aurons tendance à minimiser le rôle des idées et de l'initiative dans l'histoire, en soulignant au lieu de cela le « lien secret, invisible mais irréfragable des relations normales », pour citer Burke – les « coutumes, manières et habitudes de vie » qui « rapprochent les hommes entre eux sans qu'ils se connaissent ». Si nous pensons essentiellement aux hommes et aux femmes comme à des agents moraux, il y a des chances pour que nous soyons frappés par la disjonction ironique existant entre les intentions et les résultats, par la propension de la volonté humaine à se défaire des limitations naturelles, et en même temps par sa tendance à présumer de ses forces, et à entraîner la destruction par sa prétention à dominer son environnement.

Dans notre analyse de la nostalgie, nous avons vu que les représentations littéraires de la vie de la petite ville sombrent souvent dans une sorte de style de pensée sociologique, qui la rattache au cycle répétitif des naissances, des mariages et des morts. La petite ville relève, en d'autres termes, de la conduite, comme forme opposée de l'action. Arendt l'a montré, le concept de conduite est étroitement lié, à son tour, au concept de société, dans la mesure où le domaine social se distingue du politique par l'absence de détermination consciente, la persistance de coutumes et de rituels dont a été oubliée la signification originelle, et le poids accumulé d'habitudes fortement résistantes au changement. Dans la réaction au libéralisme du XVIIIᵉ siècle, la « société » devenait un cri de ralliement pour ceux qui condamnaient la révolution, en affirmant que des habitudes et des préjugés profondément ancrés ne pouvaient être corrigés du jour au lendemain, en tout cas pas sans causer des torts irréparables. « Les usages sont de plus d'importance que les lois », écrivait Burke en 1796. « D'eux, dans une grande mesure, dépendent les lois. » Ces mots résumaient un nouveau consensus, partagé non seulement par les ennemis de la révolution, mais également, en définitive, par les socialistes du XIXᵉ siècle, pour qui l'État n'était qu'une « superstructure », qui reposait sur d'obscures routines gouvernant l'approvisionnement en moyens de subsistance, et la reproduction biologique des espèces. Pour les conservateurs comme pour les socialistes, la découverte de la société impliquait une dévaluation de la politique. L'élaboration des lois, la guerre et la diplomatie, comme cela était désormais mis en évidence, n'influençaient que très peu la structure sous-jacente des relations sociales. Les hommes d'État agissaient dans le cadre de contraintes strictes, les ignorant à leur péril, des contraintes imposées par l'organisation de la production, la combinaison des croyances du moment, et l'état existant de la technologie.

Non seulement la Révolution française, mais également la gigantesque accélération du développement commercial, les commencements de l'industrialisation, et l'articulation d'une théorie économique qui justifiait ces développements au nom du progrès contribuaient à la découverte du social. La société n'accéda à la visibilité, en tant que telle, que lorsqu'elle commença à perdre ses formes familières et à se transformer à une vitesse jusqu'alors inconcevable. Une croyance grandissante dans l'irréversibilité d'un changement fondamental de ce type – une croyance, soit dit en passant, qui distinguait la critique du XIXᵉ siècle de l'ordre nouveau, de la critique républicaine du commerce du XVIIIᵉ siècle – permettait de focaliser l'attention sur les forces souterraines censées être à son origine, des forces souvent comparées à un séisme géologique, qui relevaient désormais, dans leur déroulement, de la même loi. La critique romantique de l'ordre nouveau déplorait le relâchement des liens sociaux, le déclin de la connaissance du métier, et le remplacement du sens de l'obligation réciproque par l'individualisme rapace ; mais l'irrésistible intensité des forces génératrices de changement semblait confirmer la futilité de toute résistance.

Des socialistes comme Karl Marx, William Morris et Lewis Henry Morgan approuvaient une partie du réquisitoire romantique contre le capitalisme – que résumait le concept d'aliénation –, tout autant que le principe qui voulait qu'il fût impossible de retourner à un stade moins avancé de développement social, ou même de faire dévier le développement du capitalisme de sa trajectoire programmée. Ils postulaient toutefois que le capitalisme donnerait lieu, à son tour, à un stade de développement supplémentaire, au cours duquel les effets aliénants de la vie moderne seraient surmontés, et l'antique sens de la solidarité rétabli sur de nouvelles bases. « Un gouvernement démocratique, une société fraternelle, l'égalité de droits et de privilèges, et l'éducation pour tous », écrivait Morgan, « annoncent le stade supérieur à venir de la société. (...) Il constituera un renouveau, sous une forme plus élevée, de la liberté, de l'égalité et de la fraternité des anciens gentes. » Seule la conviction que le capitalisme contenait les ingrédients de sa propre destruction, affirmait William Morris, le gardait de rejoindre les rangs de ceux qui se contentaient d'attaquer le progrès.

Culture contre civilisation

Parallèlement à l'idée de société, se développait une idée de la culture qui conservait, mais étendait, ses très anciens rapports avec la culture de la terre et la formation des capacités humaines. La « culture » servait maintenant à attirer l'attention sur les rapports organiques entre la vie mentale structurée d'une société, et ses traditions, habitudes et modes de travail et de jeu.

Raymond Williams et E.P. Thompson, entre autres historiens, ont expliqué le rôle central que jouait le concept de culture dans la critique anglaise du capitalisme industriel. La « Culture » n'englobait pas seulement l'art et l'instruction, mais bien le mode de vie entier d'une population, et c'était la destruction massive de traditions profondément ancrées qui troublait les opposants au progrès. Dans la pensée sociale allemande, le contraste entre « culture » et « civilisation » permettait de condamner la société bourgeoise, et de défendre la philosophie allemande, la poésie et la musique allemandes, la spiritualité allemande contre le matérialisme conquérant de la Révolution française. Grâce à Coleridge, qui se plongea dans le Romantisme allemand, l'idée de culture, délestée de son chauvinisme germanique mais pas de ses implications anti-industrielles et anti-modernes, imprégna la critique sociale anglaise. En Angleterre, comme en Allemagne, la société bourgeoise était condamnée, non seulement parce qu'elle semblait s'être très peu préoccupée d'art, mais parce qu'elle coupait les liens entre l'art et la vie ordinaire. L'idée que « l'art de chaque pays est le révélateur de ses vertus sociales et politiques », comme l'affirmait Ruskin, était une croyance capitale du Romantisme, et cet art ne pouvait s'épanouir s'il s'isolait du monde de tous les jours, ou s'il ne servait qu'à appliquer un vernis de raffinement sur des activités autrement dominées par la poursuite de la richesse. En France, au contraire, les intellectuels qui condamnaient la société bourgeoise au nom de l'art, héritaient du cosmopolitisme des Lumières. Ils ne manifestaient qu'un enthousiasme très limité pour la vie agrarienne, la production artisanale, ou l'art traditionnel. Stendhal, Flaubert et Baudelaire, ennemis de la stupidité et du matérialisme bourgeois, adoraient néanmoins Paris et détestaient la province, que Flaubert décrivait comme la « demeure de l'imbécillité », et Baudelaire comme « le sol nourrissant des abrutis ». Pour les intellectuels parisiens, la « civilisation » était dépourvue des connotations négatives qu'elle revêtait en Allemagne et en Angleterre, où la « culture » impliquait un rejet de l'idéal cosmopolite, et une glorification de l'environnement décentralisé, organique et largement rural, sans lequel l'art était censé perdre ses liens avec la connaissance du métier et les joies simples de la vie ordinaire.

Défendre la cause de l'art était insuffisant, à lire Ruskin, de même que supposer que l'art pouvait, d'une manière ou d'une autre, servir de domaine privilégié réservé à quelques âmes sensibles fuyant la saleté industrielle. Les beaux-arts étaient les reflets des formes dominantes du travail, et une société qui subordonnait le travail aux profits ne pouvait espérer rivaliser avec les réalisations artistiques des temps anciens, où un amour de la beauté avait habité même les tâches les plus humbles.

Dans les écrits de Ruskin, qui abordent aussi bien l'économie que la peinture et l'architecture, la « culture » fournissait les arguments d'un réquisitoire radical contre le capitalisme industriel, et l'idéologie progressiste qui aidait à le supporter. La division du travail, affirmait Ruskin, n'était pas un terme qui convenait. Ce n'était pas le travail qui était divisé, mais les hommes, qui étaient « divisés en simples segments d'hommes – réduits en minuscules fragments et miettes de vie ». Si « les fondations de la société n'avaient jamais encore été brutalisées » comme elles l'avaient été au XIXᵉ siècle, c'était parce que les hommes étaient désormais condamnés à des formes de labeur qui les transformaient à leurs yeux en « sous-hommes ». « Le problème n'est pas que les hommes ne mangent pas à leur faim, mais qu'ils ne trouvent aucune gratification dans le travail qui leur permet de se nourrir, et qu'ils recherchent par conséquent la richesse comme le seul moyen de trouver le plaisir. »

Le contraste entre « culture » et « civilisation », d'abord développé par les hommes de lettres, fit bientôt son chemin dans le domaine de la théorie sociale. À l'origine élaboré comme une description des différences de caractère national entre Allemands et Français, il en vint bientôt à être considéré comme la description d'une séquence historique : le remplacement des relations sociales fondées sur le statut, pour reprendre la formule d'Henry Maine, par celles fondées sur le contrat. Les caractéristiques associées à la « culture » étaient maintenant appliquées au stade de développement social ayant précédé le bouleversement révolutionnaire qui avait précipité sa fin. L'opposition entre l'organique et le mécanique, le coutumier et le contractuel, la famille et l'individu, l'intime et l'impersonnel renvoyait désormais à ce que Maine présentait comme une « loi du progrès » qu'accompagnait, naturellement, la compréhension du fait que le progrès, dans ce contexte, n'impliquait pas nécessairement une avancée spirituelle et morale. Bien au contraire, un grand nombre de ceux qui trouvaient commode de conférer à de tels concepts une dimension historique, même s'ils clamaient quelquefois suspendre tout jugement moral, considéraient que le déroulement de l'histoire récente était profondément troublant.

Même Marx et Engels, dont les sympathies allaient au camp
du progrès, parlaient, dans un célèbre passage du *Manifeste du
parti communiste*, de la destruction des « relations féodales,
patriarcales et idylliques » par « l'intérêt égoïste nu » et « le
brutal "paiement cash" ». Dans son étude consacrée à Man-
chester, Engels écrivait que les effets destructeurs du capitalisme
sur la famille ouvrière offensaient chaque sentiment humain.
Marx avait recours au même langage lorsqu'il décrivait l'extinction des communautés villageoises indiennes sous l'impact du
colonialisme britannique. Il pensait comme Engels que l'éradication des structures « patriarcales » était un stade nécessaire
de l'évolution conduisant vers une civilisation plus élevée, mais
il ne tentait en rien de minimiser la souffrance générée par
cette mutation. Il était « révoltant (...) pour le sentiment
humain d'observer ces myriades d'organisations sociales indus-
trieuses, patriarcales et inoffensives, désorganisées et dissoutes
dans leur unité même, plongées dans un océan de malheurs,
et d'observer leurs membres perdre à ce moment leur ancienne
forme de civilisation, et leurs moyens héréditaires de subsistance. » Le spectacle douloureux de la dislocation restait plus
essentiel au souvenir, ajoutait Marx, que le fait que « ces communautés villageoises idylliques, inoffensives telles qu'elles
apparaissaient, avaient toujours (...) maintenu l'âme humaine
à l'intérieur des plus étroites limites possibles, l'avaient transformée en jouet dépourvu de résistance face à la superstition,
asservie aux lois traditionnelles, privée de toute noblesse et
d'énergie historique, (...) [et] avait assujetti l'homme aux circonstances extérieures au lieu de l'élever au statut de maître
des circonstances. »

Les conservateurs ne partageaient pas la confiance de Marx
dans les effets bénéfiques, sur le long terme, du progrès, mais
ils approuvaient la direction du changement historique. Les
concepts de culture et de civilisation, ou leurs équivalents, sans
cesse élaborés en séries de contrastes supplémentaires, fournissaient un vocabulaire commun à toutes les nuances de l'opinion politique. Les Français eux-mêmes, qui, à l'origine, étaient
les cibles de ce type de spéculations, adoptaient la trame générale de la réaction conservatrice à la Révolution, si non toujours

les termes identiques de comparaison. La distinction établie par Bonald, entre la famille agrarienne et la famille industrielle, était reprise, avec des modifications, à la fois par des conservateurs américains comme Ferdinand LePlay, et par des progressistes, comme Saint-Simon et Comte, qui reconnaissaient leur dette à l'égard de celle que Comte nommait l'« école rétrograde ». Partout, la transformation de la famille paraissait fournir la clé indispensable d'une compréhension du changement social. La famille avait, au départ, servi de modèle à l'ensemble des autres relations sociales ; désormais, même le mariage était fondé sur l'accord mutuel, et soumis à annulation si les parties contractantes ne répondaient pas à leurs obligations légales. « Le statut », à lire Maine, dérivait « des pouvoirs et privilèges qui résidaient anciennement dans la famille », et « l'évolution conduisant du statut au contrat » démontrait, en conséquence, l'influence déclinante du principe familial. « Ayant débuté, comme s'il s'était agi d'un terme de l'histoire, avec une société où l'ensemble des relations interpersonnelles se résumait aux rapports purement familiaux, nous semblons avoir régulièrement évolué vers une phase de l'organisation sociale où toutes ces relations découlent de l'accord librement consenti des individus. »

Les dichotomies de Ferdinand Tönnies

Dans les dernières décennies du XIXe siècle, le mouvement historique qui conduisait du village à la métropole, de la solidarité organique propre à la communauté préindustrielle à l'individualisme moderne et à l'anomie, s'était imposé comme la préoccupation centrale de la théorie et de la critique sociales. Les contrastes qui évoquaient cette transition servaient maintenant de socle commun aux sciences sociales, fournissaient aux nouvelles disciplines une batterie signifiante et infinie de catégories, et définissaient la question qui, d'une manière ou d'une autre, absorbait pratiquement chaque théoricien social de l'époque : l'ancienne solidarité pouvait-elle être ranimée sur de nouvelles bases, ou la société moderne deviendrait-elle si profondément fragmentée, que seul un État unitaire, armé d'effrayants pouvoirs de coercition et de surveillance, pourrait imposer l'ordre ?

La conception de l'histoire qui sous-tendait l'ensemble de ces questions était si largement partagée, et apparemment si incontournable, mais aussi si indéfinissable et vague, qu'il était difficile de la critiquer efficacement. Il est difficile, encore aujourd'hui, de reconstruire son itinéraire particulier – de retracer son émergence, ou d'expliquer comment elle en arriva à être considérée comme un fait acquis. Il est préférable de commencer par sa formulation classique, *Gemeinschaft* et *Gesellschaft*, publiée en 1887 par le sociologue allemand Ferdinand Tönnies. Puisque Tönnies, chercheur modeste et sans prétention, a proposé, dans divers écrits, un exposé complet de ses engagements intellectuels (constamment révisés, à l'instar de ses catégories centrales), son travail nous fournit une généalogie de catégories, dans un contexte par rapport auquel ce petit livre simple, peut, malgré sa superficialité, être considéré à la fois comme la charte fondatrice de la sociologie moderne, et un condensé d'idées déjà familières. L'attrait immédiat de l'ouvrage, et sa renommée, s'expliquaient probablement, en effet, par le sentiment que tout ce qu'il disait l'avait déjà été de nombreuses fois auparavant, mais jamais sans un tel plaisant mélange de conviction et d'imprécision. *Gemeinschaft* et *Gesellschaft* (généralement traduit par Communauté et Société), qui était moins une démonstration argumentée qu'un appel à la connaissance commune, était continuellement abstrait et schématique, dans le style de l'école allemande. Mais il était, précisément pour cette raison, suggestif et évocateur, puisqu'il permettait à l'imagination du lecteur de jouer avec la surface éclatante et miroitante de ses typologies changeantes, qui se défaisaient, phrase après phrase, de tout ce qui pouvait être solide ou substantiel. Le livre reflétait, comme la mer, l'état d'esprit de ceux qui s'y absorbaient. Envisagé sous une lumière particulière, il évoquait l'innocence perdue ; sous une autre, un avenir radieux, illuminé par une compréhension adulte. Il ne renfermait pas tant une théorie qu'une mythologie du changement social.

La liste établie par Tönnies de ses prédécesseurs incluait pratiquement tous les plus grands théoriciens de la société du XIXᵉ siècle. *Ancient Law* de Maine, disait-il, avait directement inspiré sa propre étude. D'autres historiens du droit, notamment Otto von Gierke, l'avaient aidé à saisir la différence entre une « philosophie du droit rationaliste et individualiste », et une philosophie historique, plus intéressée par les coutumes et les institutions que par les droits individuels. Les « rivières et cours d'eaux de l'histoire économique et de l'histoire du droit » rejoignaient les travaux d'anthropologues comme Johan Bachofen et Lewis Henry Morgan, pour mettre à jour les « relations indissociables de la loi et de la culture ». Hegel et ses successeurs, Lorenz von Stein et Rudolf von Gneist, clarifiaient la distinction entre la société et l'État, la première fondée sur la coutume et les intérêts communs, le second sur ce que Tönnies appelait « l'association »*. Nous devons à Jacob Burckhardt le concept d'État comme œuvre d'art (par opposition à l'excroissance spontanée qu'est la communauté) ; à Tocqueville, celui d'individualisme. Comte et Saint-Simon montraient comment prendre en considération « l'ordre positif et organique » du Moyen Âge, « sans que la science, l'éducation et la liberté soient pour autant répudiées ». Par-dessus tout, Tönnies reconnaissait l'influence de Marx, le « plus remarquable et le plus profond des philosophes sociaux ». Injustement attaqué en tant qu'utopiste, Marx lui fournissait, affirmait Tönnies,

---

* Cette distinction fut solidement établie dans la sociologie allemande durant les années 1860, bien avant que Tönnies ne commence à écrire. Elle apportait, il est vrai, une caution intellectuelle à une science autonome de la sociologie. Lorenz von Stein notait que l'État considérait les hommes et les femmes comme des individus, alors que la « société » se fondait sur la « sujétion d'individus à d'autres individus », sur leur dépendance mutuelle. Robert von Mohl avançait que la science politique était l'étude des individus et de l'État ; la sociologie, l'étude des groupes. La société se développait à partir d'« une sphère de vie commune, d'intérêts communs, de coutumes identiques, de critères moraux et de sentiments communs ». En tant que telle, elle devait être clairement distinguée de l'État. À lire Mack Walker, « séparer la "société" de la politique étatique, comme de la

l'une de ses idées clé, selon laquelle « l'état naturel de la constitution de l'ancienne culture était jadis communiste, alors que
le futur état de la société sera le socialisme ». Sous le socialisme,
que Marx ne présentait pas comme le produit d'un rêve utopique clinquant, mais comme la conséquence inévitable du
capitalisme lui-même, le communisme primitif aboutirait à la
forme plus élevée d'une interdépendance fonctionnelle – la
dépendance de tout à l'égard de tout ce qui était inhérent au
processus particulier de spécialisation et de différenciation, qui
brisait les liens patriarcaux de parenté, mais créerait, en fin de
compte, de nouveaux modes d'intégration, en venant à bout
de la « limitation temporaire » que représentait le nationalisme.

La question de savoir si Tönnies considérait le cours de
l'histoire comme bienveillant ou malveillant reste curieusement
incertaine et, aurait-il avancé, hors de propos, dans la mesure
où le cours de l'histoire était devenu, à ses yeux, irréversible.
Il interdisait tout jugement : telle était sa revendication
constante. Sa contribution à la compréhension sociale, disait-il
en 1925, était d'avoir donné « pour la première fois » une
« base théorique » à « un contraste (...) jusqu'à présent (...)
utilisé épisodiquement en (...) poésie, dans les biographies et
en histoire », et de l'avoir dépouillé de « nuances normatives »,
en ne tenant aucun compte des « implications éthiques ». Dans
la préface de la première édition de *Gesellschaft* et *Gemeinschaft*,
Tönnies insistait sur le fait que « les sentiments moraux et les
inclinations subjectives (...) ne doivent pas être tolérés, sous
peine de perturber l'évaluation objective des faits tels qu'ils
sont ». Celui qui analyse la société doit se tenir « en dehors du
phénomène et, comme s'il utilisait un télescope et un micros-
cope, observer la structure et les processus », « tout comme »

---

vie individuelle, avait pour conséquence, pratiquement inévitable, de
concevoir la "société" à l'image de la ville natale », si étroitement
identifiée (maintenant que les villes allemandes étaient en train de
perdre rapidement leurs structures corporatistes) à l'« omniprésent
désir d'intégrité organique ». La séparation de la sociologie d'avec la
science politique avait pour conséquence, en d'autres termes, une
conception de la « société » à l'image de la *gemeinschaft*.

les scientifiques observaient « la course des corps célestes, et les processus vitaux des organismes élémentaires ».

Ayant adopté cette posture, Tönnies pensait pouvoir entrevoir un futur où le monde deviendrait « une immense cité », une « seule république mondiale, se développant au même rythme que le marché mondial, qui serait organisée par des penseurs, des chercheurs et des écrivains, et qui pourrait ne faire appel qu'à des méthodes de coercition uniquement psychologiques ». Cette vision constituait-elle une réaffirmation de la spéculation utopique que Tönnies désavouait par ailleurs, ou était-elle une sinistre anticipation de l'État totalitaire ? La remarque, explicitement rassurante (dans l'essai de 1925 intitulé « A Prelude to Sociology »), suivant laquelle son « pessimisme » portait sur le « futur de la civilisation présente, pas sur le futur de la civilisation elle-même », n'éclairait pas beaucoup plus le problème. Savoir si le progrès était bon ou mauvais se révélait, une nouvelle fois, inutile, à lire Tönnies, qui voyait « dans tout cela une interconnexion de faits, aussi naturelle que la vie et la mort ». La question restait néanmoins toujours aussi incontournable, puisque ses catégories, malgré ses protestations, étaient inévitablement recouvertes par toutes sortes de « nuances normatives », et d'« implications éthiques » qui pouvaient difficilement être résorbées, alors que Tönnies insistait sur le fait qu'elles devaient l'être, dans la « contemplation du sort divin ».

Considérons quelques-unes des nombreuses typologies opposées, que Tönnies superposait au contraste fondamental entre communauté et « société », ou « association » contractuelle. La communauté se fondait sur le sentiment, l'association sur l'intellect. La communauté faisait appel à l'imaginaire et aux émotions, l'association à l'intérêt égoïste bien compris. La communauté encourageait la croyance ; l'association, le scepticisme. La communauté était une extension de la famille, alors que « la vie de famille était en train de décliner » face au principe d'association. Les hommes et les femmes se voyaient maintenant, les uns les autres, comme des « étrangers ». « La coutume, l'habitude et la foi » gouvernaient la vie en communauté, le « raisonnement froid » la vie de la métropole

moderne. La communauté était féminine, la métropole masculine. Ce contraste correspondait, également, à celui qui
séparait jeunes et vieux, ou encore à celui entre gens de peu et
classes privilégiées. La vie dans une grande ville engendrait un
type de pensée et d'action qui se caractérisait par la séparation
des moyens et des fins, et qui se voyait exemplairement symbolisé par l'échange commercial. Sous le règne de la communauté, au contraire, moyens et fins demeuraient inséparables.

Les « dichotomies opposées », telles que les appelait Tönnies,
volontiers oublieuses de leur vacuité, aussi bien comme instruments de l'analyse sociologique qu'en tant que catégories
du jugement moral, pouvaient être étendues à l'infini, toujours
en vue de la même conséquence ambiguë sur le plan éthique.
Le commerçant était, de cette façon, « le premier être humain
pensant et libre », mais était aussi le premier à traiter, pour
faire carrière, les autres personnes comme des moyens destinés
à atteindre ses objectifs. La *gesellschaft* transformait la
« culture » en « civilisation », et remplaçait les « très hautes et
nobles formes de relations humaines », propres à la *gemeinschaft*, en relations d'exploitation typiques du capitalisme. Elle
encourageait toutefois la science dans son « combat (...) contre
l'ignorance, la superstition, et l'irrationalité ». La *gemeinschaft*
signifiait intimité et chaleur humaine, la *gesellschaft* isolement
et aliénation ; mais quiconque décrivait « la première, comme
une période de jeunesse, (...) « bonne », [et] la deuxième,
comme une période de sénescence, « mauvaise » », « n'avait
certainement jamais été mon élève », déclarait sèchement
Tönnies, « pour la simple raison que je considère une telle
affirmation parfaitement fausse ». Quoi qu'il en soit, les
contrastes qu'il élaborait semblaient, souvent, ne pas se démarquer du même type de raisonnements. Le principe communautaire, notait-il, était fait de coopération, alors que le
« commerce » – l'élément central du changement social –
encourageait la compétition acharnée, une « guerre dissimulée
de tous contre tous ». La communauté ayant conduit à la
« société », succéda à la production destinée à l'usage la production destinée à l'échange, avec pour résultat le fait que les
marchandises étaient désormais évaluées uniquement en

fonction des profits qu'elles étaient susceptibles d'engendrer, sans rapport aucun avec leurs qualités intrinsèques. Une société commerciale rendait même les femmes « éduquées, impitoyables, et conscientes de l'être ». Elle les libérait, ce faisant, de la domination masculine. En général, le commerce contribuait à l'égalité, dans la mesure au moins où les individus étaient « capables de s'investir dans l'échange ou d'entrer en contact ». Mais il contribuait également à l'égoïsme et à une totale indifférence à la souffrance humaine. Il anéantissait tout sentiment de pitié ; à la charité succédaient des programmes d'assistanat social, gérés de manière bureaucratique.

L'ambivalence morale de la tradition sociologique

Rien ne pouvait être plus éclatant, je crois, que l'impuissance de la « méthode comparative » de Tönnies à produire une série cohérente de jugements éthiques, exceptée l'insistance avec laquelle ses catégories invitaient néanmoins à de tels jugements. Il ne sert de rien de revendiquer un principe de neutralité pour son propre compte, ou de prétendre que les faits historiques auxquels ses catégories semblent faire allusion partagent avec le mouvement des astres le même statut. L'histoire n'est pas le « destin », tout au moins pas dans l'acception de Tönnies. Elle limite, à coup sûr, la liberté humaine, mais elle est aussi le fruit de la liberté humaine. Tönnies lui-même ne se lassait jamais de faire remarquer que, même la communauté, en dépit de son apparence substantiellement organique, trouvait son origine dans des actes de volonté – une « volonté essentielle », ajoutait-il, incapable de résister à une autre dichotomie, par opposition à la « volonté rationnelle » qui gouverne la civilisation urbaine. Pour cette raison précise, pourtant, l'histoire provoque des jugements de type moral ; et l'analyse de Tönnies en regorge. Mais ces derniers, et c'est un problème, ne cessent de circonscrire leur objet, sans jamais parvenir à l'élucider.

Conscient, avec inquiétude, que ses lecteurs puissent s'interroger sur la morale de l'histoire, ou cherchent à en tirer quelque application politique, Tönnies se contentait de nier toute responsabilité pour des « explications erronées et des applications vraisemblablement ingénieuses ». Quoi qu'il en soit, y compris sur ce sujet, il laissait transparaître son indécision. La préface de *Gemeinschaft* et *Gesellschaft* avertissait sans grande aménité le lecteur que le livre avait été conçu comme une pure contribution à la science, et que « les personnes peu familiarisées à la pensée conceptuelle feraient mieux de s'abstenir de formuler tout jugement ». Mais la même préface admettait, de manière sibylline, qu'« on ne pouvait s'attendre, à ce moment et à notre époque » à « une telle abstention ». Tönnies semblait lui-même largement indifférent à la politique. Il « s'était, avec ferveur, dévoué au socialisme durant des années », écrivit-il plus tard ; et semblait ne jamais avoir perdu l'espoir que le socialisme rétablisse, d'une manière ou d'une autre, la *gemeinschaft* sur de nouvelles bases. Il n'avait, pourtant, pas plus de choses à dire que Marx sur la manière par laquelle cet heureux résultat en viendrait à triompher. La principale impression laissée par son travail était une sensation de douloureuse ambivalence, comme s'il cherchait à confronter les apports et les inconvénients du progrès, l'émancipation de l'intelligence contre la perte de la sécurité émotionnelle, l'égalité contre l'intimité inhérente au groupe fondateur – pour ne tourner, encore et toujours, qu'autour de l'irréversibilité de processus sociaux qui se poursuivaient au mépris de la préférence humaine.

La même ambivalence imprégnait le travail des héritiers et successeurs de Tönnies. Émile Durkheim formulait le classique diagnostic du déracinement moderne, complété par une terminologie clinique (*anomie*), et des corrélations statistiques qui mettaient en rapport le suicide avec la désorganisation sociale ; mais Durkheim observait également qu'un homme était « bien plus libre noyé dans la foule qu'au milieu d'un microcosme », et que la société moderne encourageait les « diversités individuelles », et mettait fin à la « tyrannie collective » censée prévaloir au sein des groupes restreints et très soudés. Max Weber comparait la rationalité moderne à une « cage d'acier », mais célébrait les effets émancipateurs de la science, et ne faisait pas mystère de son mépris pour les intellectuels qui abandonnaient la vocation scientifique pour la religion, cherchant à « remplir

leurs cœurs d'antiquités garanties d'origine ». Sigmund Freud
adoptait à peu de choses près la posture similaire : la civilisation
exigeait un niveau supérieur de répression, mais récompensait
l'âme humaine par une meilleure compréhension d'elle-même.
L'affirmation progressive de la raison sur l'appétit pouvait être
reliée au développement de l'individu, de l'enfance à la maturité.
Les individus et la société payaient tous un prix émotionnel pour
la maturité, mais se languir de l'innocence perdue de l'enfance
était dépourvu de sens. Si le « désenchantement du monde »
(pour reprendre l'expression de Weber) avait privé les hommes
et les femmes de la naïve sécurité inhérente à l'état de dépendance, il leur avait donné la science, qui avait « enseigné aux
hommes plus de choses depuis son apparition que ce qu'ils
avaient appris depuis le Déluge, et (...) qui augmentera toujours
plus leurs pouvoirs ». La religion, après tout, était « comparable
à une névrose d'enfance », et la société pouvait espérer « surmonter cette phase névrotique ». Le ton de Freud, comme celui
de Weber, était mélancolique, mais ferme : remettons à leur
place les choses de l'enfance. « L'être humain ne peut rester éternellement un enfant (...) C'est déjà quelque chose, en tout cas,
de savoir qu'on en est réduit à sa propre force. »

Le très admiré essai de Georg Simmel « The Metropolis and
Mental Life » – « peut-être l'étude la plus évocatrice et stimulante jamais écrite sur la culture urbaine », selon Thomas
Bender – fournit une illustration particulièrement frappante
de l'ambivalence qui semble, inévitablement, entourer la question de la « communauté ». Une lecture de cet ouvrage célébré
confirme l'impression qu'une telle spéculation était le fait
d'intellectuels récemment arrachés à leurs environnements provinciaux, et par voie de conséquence exposés, dans leur quotidien immédiat, au contraste ville-campagne. Le « profond
contraste » qui séparait la ville de « la petite ville, et de la vie
rurale », pour Simmel, pouvait être plus précisément évalué
dans les conséquences de l'environnement urbain sur la « vie
psychique ». La vie s'appuyait, au fin fond des provinces, sur
« des relations émotionnelles profondément ressenties » qui se
développaient « au rythme régulier d'habitudes ininter-
rompues », alors que la ville suscitait une « intensification de

la tension nerveuse ». Le citadin vivait « avec sa tête à la place
de son cœur ». Une économie monétaire encourageait une
« attitude prosaïque dans l'appréhension des hommes et des
choses ». Elle modifiait les attitudes à l'égard du temps, faisant
de la ponctualité une vertu et, par extension, de l'exactitude
une vertu en toutes choses. « La haine passionnée d'hommes
comme Ruskin et Nietzsche pour la ville », pensait Simmel,
« n'est compréhensible qu'à la condition de l'envisager sous
cet angle. » L'argent devenait la mesure de toutes choses, le
« dénominateur commun de toutes les valeurs », et détruisait
par conséquent le sentiment de la particularité, du « caractère
unique » de lieux tenus à l'écart, d'hommes et de femmes ou
d'événements. Il « évidait le cœur des choses ». Une économie
monétaire contribuait à une « justice formelle », dans la mesure
où elle sapait les distinctions de classe et rendait chacun égal
devant la loi ; mais une égalité abstraite était « souvent associée
à une dureté inconsidérée ».

La cité écrasait l'individu tout en le libérant des voisins
indiscrets, cancaniers, ainsi que des préjugés qui s'élevaient
contre le différent et le neuf. L'homme de la ville cultivait une
individualité exacerbée, voire une certaine excentricité, comme
un moyen de se prévenir de l'anonymat. Confronté à des
conditions qui faisaient de lui un « simple rouage d'une énorme
machinerie de choses et de pouvoirs », il trouvait nécessaire de
mettre en avant l'« élément personnel » afin de « rester audible,
ne serait-ce qu'à lui-même ». Par l'intermédiaire du « manié-
risme, du caprice et de la préciosité », il recherchait des moyens,
de plus en plus extravagants, d'attirer l'attention. Il se plongeait
dans les plaisirs qui l'entouraient, pour s'en fatiguer aussitôt.
« Une vie qui se résume à la poursuite illimitée du plaisir rend
blasé », observait Simmel ; « elle stimule les nerfs à leur plus
forte réactivité sur une durée si longue, qu'ils cessent finalement de réagir à quoi que ce soit. » Une « posture désenchantée » donnait le ton de la vie urbaine.

Dans les moments d'ennui ou de solitude, le citadin se
ressouvenait avec ardeur de la chaleur de sa maison natale.
L'ayant quitté, pourtant, il ne pourrait jamais trouver le
chemin qui y reconduisait, pas plus que le monde moderne

ne pourrait retrouver celui de « l'antique *polis* ». Dans tous les
cas, ce qu'il y trouverait lui déplairait : « mesquinerie et
préjugés », « ressentiment de la meute face à l'individualité »,
« obstacles à l'indépendance individuelle et à la différenciation » sans lesquels « l'homme moderne n'aurait pu s'épanouir ». Athènes même n'était qu'un village glorifié, « indépendant et autarcique ». « Le tout premier modèle de formations sociales repéré dans l'histoire, aussi bien que dans la
structure sociale contemporaine, est celui-ci : un cercle relativement restreint, solidement fermé aux voisins, aux étrangers
ou, de quelque autre façon, aux autres cercles hostiles », « étroitement cohérent », mais réticent à allouer aux individus plus
qu'une « parcelle limitée réservée au développement de qualités
personnelles ». La vigueur de la culture athénienne, avançait
Simmel, ne découlait pas de son tribalisme étroit, mais de sa
lutte contre l'individualisme. « Les individus vraiment faibles
étaient éliminés », alors que les plus solides tentaient de
« s'éprouver le plus passionnément possible ».

La métropole moderne, et non la cité-État, encore moins la
ville rurale moyenne, était donc le « lieu de la liberté ». Les
hommes modernes préservaient, sans doute, leur liberté à l'aide
d'une « réserve (étudiée), et d'un soupçon d'aversion latente ».
Cette réserve rendait les citadins en apparence « froids et
dépourvus de cœur » aux yeux des habitants des petites villes.
La ville ne pouvait égaler l'intimité du « cercle restreint », où
« la connaissance inévitable de l'individualité produit forcément une tonalité plus chaleureuse dans la conduite ». Une
sociabilité urbaine était fondée sur une « mise en rapport purement objective des services rendus ». Tout à la fois, cependant,
la métropole offrait « une conscience aiguisée, une prédominance de l'intelligence ».

Le Marxisme, le parti du futur

Simmel concluait son essai par la dénégation habituelle :
« Notre propos n'est ni d'accuser, ni de pardonner, mais seulement de comprendre ». Là encore, le simulacre d'objectivité

ne pouvait suffisamment dissimuler l'ambivalence émotionnelle et l'indécision morale. L'ambivalence était cependant une
réponse plus appropriée au progrès qu'une opposition ferme,
ou une approbation sans réserve. Elle était, à vrai dire, la seule
réponse appropriée, à un moment où le progrès était identifié
au destin ; et la détermination des sociologues classiques à faire
résolument face à des faits qui ne pouvaient être à leurs yeux
contrecarrés, à « supporter le sort des temps présents en
homme », comme Weber l'affirmait, dénote un certain
héroïsme. La conception de la vocation scientifique de Weber
a peut-être trop concédé à la vision d'une science exigeant le
refus absolu du jugement moral, mais sa mise en garde contre
la « prophétie académique » demeure incontournable. « Dans
les salles de lecture de l'Université », insistait Weber, « aucune
autre vertu n'importe plus que la pure intégrité intellectuelle ».
Il est impossible de ne pas reconnaître la force de cette affirmation, y compris pour ceux qui ont vu l'idéal de détachement
héroïque prôné par Weber dégénérer en l'habituelle compromission académique avec un pouvoir politique qui prenait,
dans les faits, le parti du *statu quo*, tout en affirmant ne vouloir
prendre parti pour qui que ce soit. « La science comme vocation » et son corollaire, « la politique comme vocation », étaient
mises au service de desseins que Weber lui-même aurait désavoué, servant à justifier l'autosatisfaction morale et politique,
à délivrer le savoir des « jugements de valeur », à renforcer
l'idée suivant laquelle les jugements éthiques ne peuvent être
que totalement subjectifs et arbitraires, et finalement à les
bannir de la politique même, abandonnant cette dernière
aux gestionnaires et aux technocrates. Loin d'encourager
« l'intégrité intellectuelle », ou de préserver l'université des
interférences politiques, un idéal faussé d'objectivité scientifique entraînait un rapprochement entre l'Université et l'État,
dans le cadre duquel l'expertise académique ne peut servir que
de lubrifiant à la machinerie bureaucratique ; et il est essentiel
de nous rappeler que Weber, souvent invoqué par ceux qui
souhaitent à la fois limiter le savoir et la politique, à des fins
purement techniques, ne souscrivit jamais à une conception,
de l'une comme de l'autre, aussi grossière.

Il condamnait, en politique, la poursuite des absolus éthiques, pas la poursuite de fins éthiques en tant que telles. Les absolus éthiques n'avaient aucune place en politique, pour Weber, parce qu'ils ne tenaient compte ni des « carences habituelles des individus », ni des conséquences auxquelles une ligne de conduite donnée était censée aboutir. Une obéissance à l'injonction absolue contre l'usage de la violence – « Ne résistez pas à celui qui est malveillant et violent » – pouvait avoir comme conséquence politique le fait que les gens de bien deviennent « responsables des victoires du Mal ». La politique exigeait une « éthique de la responsabilité », avançait Weber. Puisque « la violence est une carte maîtresse en politique », ceux qui acceptaient la charge de la décision politique avaient l'obligation de mesurer les atouts de chaque ligne de conduite adoptée contre les « forces diaboliques qui se dissimulent dans tout acte de violence ». Ils avaient à évaluer la possibilité que des moyens de coercition, bien qu'inévitables, puissent néanmoins corrompre même les fins les plus irréprochables.

Une critique de l'irresponsabilité politique débutait alors par le salutaire rappel du fait qu'un échec à résister au mal, quitte à ce que la résistance à celui-ci doive faire appel à des méthodes moralement ambiguës, puisse conduire à un mal plus grand encore ; mais cette résistance se muait de son propre chef en une pure et simple irresponsabilité, selon Weber – et non seulement une irresponsabilité, mais aussi une intolérance et un fanatisme –, dès qu'elle se mettait à prétendre que des fins absolues sur le plan éthique pouvaient racheter des méthodes contestables. Écrivant immédiatement après la Première Guerre mondiale, Weber se montrait déconcerté par la facilité avec laquelle les premiers pacifistes et objecteurs de conscience s'étaient soudainement transformés en « prophètes apocalyptiques », appelant à une brutale abolition de l'injustice, à des guerres destinées à éradiquer la guerre, ou à une violence révolutionnaire qui mettrait fin, une fois pour toutes, à la nécessité d'une violence révolutionnaire. Il pensait que le refus des pacifistes de résister au mal par la force, bien qu'il conduise logiquement au triomphe du mal, était moins nuisible, en pratique (dans la mesure où le sens commun avait généralement

l'avantage sur le pacifisme), que l'affirmation des anciens pacifistes portant que la force, mise au service d'une cause juste,
devenait forcément éthique. Weber réservait son plus grand
mépris pour ceux qui prêchaient la révolution au nom de
l'amour. « Celui qui souhaite suivre l'éthique de l'Évangile (...)
devrait éviter de parler de « révolution ». »

Les critiques formulées par Weber contre la « prophétie académique » visaient en priorité les socialistes chrétiens, dont
beaucoup avaient renoncé à la non-violence au cours des années
vingt (aux États-Unis aussi bien qu'en Allemagne), et commençaient à soutenir l'idée d'un renversement par la force du capitalisme. Mais la teneur générale de ce réquisitoire concernait
tous ceux qui refusaient de reconnaître la nature contingente,
provisoire, et moralement ambiguë de l'action politique. Elle
concernait tout aussi bien les socialistes chrétiens que les
marxistes, à la différence près que ces derniers ne justifiaient pas
la révolution au nom de l'amour, mais au nom de la nécessité
historique. Les marxistes, dans la controverse sur le progrès, se
rangeaient du côté du futur. Ils approuvaient la tradition sociologique qui postulait que la disparition de l'ancienne organisation agrarienne était prédéterminée, et par conséquent inévitable, mais ne perdaient pas de temps à pleurer le passé. Ils ne
cherchaient pas plus à mettre en balance les apports et les inconvénients du progrès, à la manière des sociologues critiques de la
vie moderne. Ils ne minimisaient pas l'extrême pauvreté provoquée dans le monde par le capitalisme et la production industrielle. Ils avaient, dans tous les cas, intérêt à l'exagérer. Dans la
mesure où le capitalisme posait les bases matérielles du socialisme, cette souffrance ne pouvait, toutefois, être évitée. « Nous
disons aux travailleurs et aux petits bourgeois », écrivait Marx
en 1849 : « Il est préférable de souffrir dans la société bourgeoise
moderne, qui par son industrie crée les conditions matérielles
nécessaires à la fondation d'une société nouvelle, qui vous libérera, que de retourner vers une forme périmée de société qui, au
prétexte de sauver vos classes sociales, tire la nation entière en
arrière, vers la barbarie médiévale. »

Tout au long de sa carrière de révolutionnaire, Marx eut à
affronter les socialistes rétrogrades, tels qu'il les considérait, qui

envisageaient plus le socialisme comme le rétablissement d'une
solidarité pré-capitaliste, que comme la réalisation de la révolution bourgeoise. Son dédain pour cette façon de penser ne
souffrait aucune limite. Le socialisme chrétien, avec sa « religion de l'amour », encourageait une « servile humiliation de
soi », le « voluptueux plaisir de la crainte et du mépris de sa
personne ». Ceux qui en appelaient aux « préceptes sociaux du
Christianisme » se fourvoyaient. « Les préceptes sociaux du
Christianisme prêchent la nécessité d'une classe dominante et
d'une classe dominée, et tout ce qu'ils ont à offrir est le vœu
pieux que la première soit charitable (...) Les préceptes sociaux
du Christianisme prêchent la couardise, le mépris de soi,
l'humiliation, la soumission et l'humilité, en somme, toutes
les qualités de la populace. »

Le radicalisme que soutenaient les artisans, les paysans et les
petits commerçants, y compris lorsqu'il était libéré des
influences religieuses, était, quant à lui, aux yeux de Marx, tout
aussi malavisé. Un régime de « petite industrie » et de « production de biens de première nécessité » n'était « compatible
qu'avec (...) une société qui évoluait à l'intérieur de limites
étroites et plus ou moins primitives ». Un système de production dans lequel « le laboureur est le propriétaire de ses propres
forces de travail, (...) le paysan celui de la terre qu'il cultive,
et l'artisan celui de l'outillage qu'il manie avec compétence »,
faisait obstacle à la « concentration des forces de production »,
à une « division collective du travail », au « contrôle exercé par
(...) la société sur les forces de la Nature », et au « libre développement des forces sociales de production ». La société de
marché élémentaire, à laquelle les artisans et les fermiers voulaient retourner, aurait assuré le règne de « l'universelle
médiocrité ».

Marx n'avançait pas simplement que la production capitaliste créait des conditions préalables favorables au développement du socialisme. Sa théorie de l'histoire, Jon Elster le relève,
lui faisait voir « les tout premiers stades comme tendant irrésistiblement » vers les derniers. L'Histoire avait un dessein
caché. Par conséquent, le « stade capitaliste ne peut être évité »,
selon Marx, « pas plus qu'il ne fût possible à l'homme d'éviter

le stade (originel), au cours duquel ses ressources spirituelles se virent donner une définition religieuse, comme des pouvoirs à lui extérieurs. » Les socialistes chrétiens ne pouvaient comprendre que l'histoire s'était éloignée du stade au cours duquel était appropriée une vision du monde religieuse, et les artisans ne voyaient pas davantage que la production à petite échelle était condamnée à l'extinction. « À un certain stade de développement, il incorpore les éléments matériels qui concourent à sa propre destruction (...) Il doit être détruit ; il est détruit. »

Les considérations qui contribuaient à une appréciation ambivalente du progrès chez d'autres écrivains – le déclin de la connaissance du métier, la fragmentation de la communauté, la solitude inhérente à la métropole moderne, la subordination de la vie spirituelle aux exigences du marché – étaient ainsi congédiées par Marx et ses disciples comme, dans l'ensemble, le fruit d'une pure sensiblerie. Les sociologues critiques du progrès s'accordaient avec Marx sur l'inévitabilité de la transformation de la société, mais ne cachaient pas leurs profondes réserves à son sujet. Ils idéalisaient peut-être l'ordre ancien, mais au moins n'idéalisaient pas le nouveau. Marx, quoi qu'il en soit, louait les capitalistes convaincus – leur énergie, la soumission stricte des moyens aux fins qu'ils se proposaient, leur nature particulièrement impitoyable. Il ne critiquait ni la technologie moderne ni l'individualisme moderne, pourvu que « soit écartée la configuration bourgeoise limitée ». La destruction de la vie de la communauté était peut-être « révoltante », mais il s'agissait du prix à payer pour bénéficier du progrès.

Que Marx n'ait pas été particulièrement troublé par l'individualisme sexuel, qui perturbait tant de critiques sociaux du XIXe siècle, est significatif. La conception marxiste du mariage était radicalement éloignée de celle que défendaient les tenants du communautarisme, qui déploraient la dégradation du mariage en pure relation contractuelle. Marx et Engels n'avaient aucun reproche à formuler au sujet d'un tel arrangement. Ils souhaitaient le faire évoluer vers ce qu'ils pensaient être sa conclusion logique. Sous le socialisme, le mariage donnerait lieu à des unions libres, uniquement basées sur la préférence personnelle. L'intérêt social de la vie familiale, pensaient-ils, se limitait à la reproduction et à l'éducation des enfants, et ne s'étendait pas aux « arrangements de la vie », que peuvent choisir d'adopter des adultes consentants. L'objectif du socialisme était l'épanouissement maximal de l'individu. Le capitalisme, bien qu'il tende dans ses effets à l'individualisation, encourageait encore la « plus forte déperdition d'épanouissement individuel », sacrifiant les intérêts de l'individu au processus de renforcement des capacités productives du genre humain entier. Le socialisme réconcilierait l'individu et la société. Il représentait une « synthèse plus aboutie » entre individualisme et « unité organique ».

Elster, un critique bien disposé, trouve la « solidarité non discriminante » envisagée par Marx et Engels, à la fois peu convaincante et d'assez mauvais augure. Les hommes et les femmes ont, pour Elster, plus besoin « d'un centre, précisément délimité, de loyauté et de solidarité, qu'une communauté internationale de travailleurs ». L'altruisme se développe au sein de « groupes restreints et stables », et « décline au fur et à mesure que s'élargit le cercle ». « Une bonté librement fluctuante » est incompatible avec « l'intégrité personnelle et la force de caractère ». L'élément le plus estimable et convaincant du Marxisme, aux yeux de Elster, est la façon dont il met en avant la « réalisation de soi » en la présentant comme la « valeur centrale de la société ». Mais il s'agit d'une autre manière de dire que le Marxisme doit une grande partie de son attrait, au moins à l'Ouest, à son identification aux valeurs centrales du capitalisme lui-même – considérées comme ne pouvant être mises en pratique, dans leur forme pleinement développée, qu'à la suite de la révolution socialiste.

La structure de la nécessité historique

Confiants dans la capacité de l'histoire à indiquer le droit chemin conduisant vers la raison, l'égalité, et la liberté intellectuelle, Marx et Engels n'avaient pas à s'attarder plus longuement sur la question de la moralité des moyens et des fins, qui préoccupait tous ceux qui pensaient, avec Weber, que le

progrès avait, dans le meilleur des cas, du bon et du mauvais.
Pour les marxistes, le choix des moyens était simple : tout ce
qui accélérait la révolution prolétarienne devait être réalisé. La
violence devait être utilisée si des conditions spécifiques l'exigeaient. Le choix des moyens était une question de tactique
révolutionnaire ; la moralité n'y avait aucune place. La moralité
classique était une escroquerie bourgeoise : la bourgeoisie
n'avait eu aucun scrupule à utiliser la violence contre la
noblesse féodale, mais prêchait désormais, auprès des travailleurs, la non-violence et des méthodes parlementaires pour
mieux les laisser à leur place. Les classes exploitées pouvaient
bien saisir chaque avantage moral ; le militantisme révolutionnaire, fondé sur la compréhension historique, était, cependant,
au contraire de l'indignation morale, la réponse appropriée à
l'hypocrisie de la classe dirigeante. Nonobstant son hypocrisie,
la bourgeoisie avait rendu au monde un service, au pire des
motifs, en détruisant l'ancien ordre patriarcal, en divisant les
terres qui appartenaient à la collectivité, en consolidant la
production, en introduisant le machinisme moderne, et en
subordonnant les considérations sentimentales à l'objectif
majeur que constituait l'accroissement de la productivité.
Grâce à la révolution bourgeoise, les travailleurs n'avaient plus,
désormais, qu'à prendre les commandes de la machine de production existante, au moins dans les pays déjà industrialisés,
et à le faire dans l'intérêt du genre humain entier.

Les « lois naturelles du capitalisme », affirmait Marx, travaillaient « avec une nécessité de fer, en vue de résultats certains ».
Cette affirmation ne signifiait pas pour autant que chaque
nation devait traverser une phase bourgeoise, sur sa route vers
le socialisme. Lorsque les Bolcheviques prirent le pouvoir en
Russie, ils purent citer la déclaration de Marx portant que la
Russie serait peut-être capable « d'obtenir, sans connaître le
régime capitaliste, les fruits par lesquels la production capitaliste avait enrichi l'humanité ». Sans révolution bourgeoise, le
régime socialiste aurait toutefois à réaliser lui-même la tâche
du capitalisme, en commençant par l'expropriation de la paysannerie ; ce raisonnement devint, par la suite, celui du stalinisme dans l'Union soviétique. Le résultat de la conception

marxiste de l'histoire était que certaines opérations devaient intervenir l'une à la suite de l'autre, que ce soit dans un contexte bourgeois, ou sous des auspices prolétariens : la destruction de la vieille aristocratie terrienne ; l'émergence, à sa place, d'une nouvelle classe dirigeante ; la « suppression » de la production à petite échelle ; la transformation des paysans et des artisans en salariés ; le remplacement des arrangements communautaires, patriarcaux et « idylliques » par des arrangements contractuels ; un nouvel individualisme dans la vie personnelle ; l'effacement de la religion, et la diffusion des habitudes scientifiques de pensée ; la démystification de l'autorité. De telles séries d'évolutions avaient à s'imposer, qu'on le veuille ou non, et peu importait quels groupes se trouveraient être en charge de la situation, en temps voulu. La théorie de l'histoire de Marx, écrit Elster, était « étrangement désincarnée ». « Travaillant en partant du résultat final, pour remonter aux conditions préliminaires », elle « pouvait se passer des acteurs et de leurs intentions ». Parce qu'elle pouvait se passer des acteurs, pourrions-nous ajouter, elle pouvait, également, réduire les questions de moralité à la justification des moyens au nom de la fin décrétée par l'« Histoire ».

L'oubli de l'élément humain ne contribua pas seulement à une débilité morale, mais également à une monstrueuse erreur de calcul historique. En déniant à une partie de ses contradicteurs toute capacité à la compréhension historique, ou à l'action autonome, Marx supposait que capitalistes et travailleurs réaliseraient les tâches qui leur incombaient en vue de l'incontournable objectif, les capitalistes en résistant aux demandes de changement, les travailleurs en étant forcés d'adopter des mesures d'autodéfense révolutionnaires, et de plus en plus désespérées. Il était pourtant évident, y compris du vivant de Marx, que l'histoire s'était déjà considérablement écartée de la « nécessité de fer ». Le gouvernement anglais avait commencé à mettre en place des réformes qui donneraient finalement à la classe ouvrière un rôle à jouer dans le processus de décision politique. Le fait que la plupart de ces réformes avaient été décidées par des gouvernements conservateurs était, qui plus est, un indice que la « révolution bourgeoise » n'avait

pas placé la bourgeoisie au pouvoir, que ce soit en France ou
même en Angleterre ; et lorsque Marx avançait des explications
ingénieuses, qui montraient pour quelles raisons il n'était pas
du meilleur intérêt pour les capitalistes de gouverner ouvertement, ces dernières constituaient une acceptation implicite du
fait que le cours de l'histoire était gouverné, non par quelque
batterie parfaite de « lois naturelles », mais par des événements
particuliers, des conflits spécifiques liés à la redistribution de
la richesse et du pouvoir, et par des décisions improvisées,
fréquemment induites en erreur par des informations inexactes,
qui s'avéraient souvent avoir des résultats plutôt imprévisibles.

Plus la structure générale de la théorie de Marx doit être
modifiée, pour pouvoir prendre en compte des « exceptions »,
moins elle offre d'explications. L'histoire globale du capitalisme
occidental doit, désormais, être considérée, non comme un
stade spécifique d'une séquence rigide de stades de développements – telle qu'elle était envisagée, non seulement par
Marx, mais également par les sociologues du XIXᵉ siècle –, mais
comme le produit d'une histoire particulière, d'une conjonction unique de circonstances, qui n'eurent aucun équivalent
ailleurs dans le monde, et qui n'étaient pas censées se reproduire. Savoir, de plus en plus, que le capitalisme moderne se
fonde sur ce que Roberto Unger définit comme une « histoire
spécifique de victoires et de défaites politiques », et que ces
victoires et ces défaites ne peuvent plus être « considérées avec
morgue comme le simple décret d'un dessein préétabli », a
généré une insatisfaction croissante à l'endroit de celles que
Unger appelle des « théories sociales profondément structurées » en général, qui incluent non seulement le Marxisme,
mais aussi la sociologie classique et ses dérivés du XXᵉ siècle.
Charles Sabel nous rappelle que les « habitudes de pensée profondément ancrées dans le déterminisme », qui étaient
associées à la tradition sociologique, n'ont en rien disparu ;
mais elles sont devenues de moins en moins défendables.

La mise en œuvre de la « modernisation » sous un gouvernement conservateur – par exemple, dans le Japon du XXᵉ siècle,
dans l'Allemagne de Bismarck de la fin du XIXᵉ siècle, et même,
dans une certaine mesure, dans l'Angleterre de Disraeli du

XIXᵉ siècle – constitue l'une des nombreuses difficultés aux-quelles les théories structurelles de l'histoire se voient confrontées. L'industrialisation peut, semble-t-il, s'imposer sans qu'intervienne une redistribution révolutionnaire de la richesse et du pouvoir politique. Les théoriciens sociaux du XIXᵉ siècle partageaient presque tous la croyance, établie sous sa forme classique dans l'étude de Tocqueville sur la Démo-cratie américaine, que l'émergence « inévitable » de l'égalité revêtait « l'ensemble des caractéristiques principales » d'un « fait providentiel », dans la mesure où elle était « universelle », « durable », et « se soustrayait à toute humaine interférence ». Ils avançaient, à son sujet, que l'égalité requérait ordre et liberté pour être conséquente, mais la plupart d'entre eux étaient d'accord avec Tocqueville pour dire que « la révolution (...) de la condition sociale, des lois, des opinions, et des sentiments humains » était en train de donner lieu à un ordre nouveau, au sein duquel « la grande richesse tend à disparaître, le nombre des petites fortunes à augmenter ; les désirs et les satisfactions à se multiplier, mais l'extraordinaire prospérité et l'irrémédiable pénurie à devenir pareillement méconnues » –, était en train d'aboutir, en somme, à une situation d'« univer-selle uniformité* ».

Là encore, l'histoire n'a pas tenu ses promesses. Même à faire abstraction de la persistance des inégalités aux États-Unis et en Europe occidentale, la coexistence du développement

---

* Ayant établi le caractère « providentiel » de la révolution sociale du XIXᵉ siècle, Tocqueville commençait, à la manière habituelle, à dresser un bilan des avantages et inconvénients du progrès, les évaluant avec une extrême précision. « La force de caractère est faible, mais les coutumes douces et les lois humaines (...) La vie n'est pas parée de brillants atours, mais elle est extrêmement facile, et tranquille (...) Le génie devient plus rare, l'information plus diffusée (...) La perfection est moins recherchée, mais la production artistique est plus abondante dans son ensemble. » Confessant que « la vue d'une telle universelle uniformité m'afflige et me glace », Tocqueville ajoutait rapidement que, selon toute vraisemblance, ce « n'est pas la singulière prospérité de quelques-uns, mais le plus grand bien-être de tous qui est plus agréable aux yeux du Créateur et du Sauveur des hommes ». Une

industriel et des multiples formes de l'organisation sociale « traditionnelle » dans un pays extrêmement développé comme le
Japon, ou dans nombre de pays développés ailleurs dans le
monde, tend à ébranler l'hypothèse d'une corrélation entre
industrialisation et Démocratie. Forcés de reconnaître que le
développement économique peut s'établir sous des régimes
autoritaires, « sans agitation révolutionnaire populaire », Barrington Moore et d'autres néo-marxistes ont avancé qu'un
modèle de développement unilinéaire avait laissé place à un
modèle plus complexe, et plus mouvant. En opposition aux
« versions simplifiées du Marxisme », ils concentraient leur
attention sur la « voie prussienne », comme alternative à celle
qu'avaient empruntée l'Angleterre, la France et les États-Unis.
Une « modernisation conservatrice » reste néanmoins, à leurs
yeux, un modèle aberrant. L'influence prolongée des modes
de pensée structuralistes se laisse voir dans cette formulation,
puisqu'un modèle déviant de développement implique fatalement l'existence d'un modèle normal – une prise du pouvoir
révolutionnaire par des groupes, à l'origine dépossédés, par
opposition à « une révolution par le haut ». C'était parce que
l'Allemagne et le Japon n'avaient jamais estimé les aspects
positifs d'une révolution bourgeoise, selon Moore, que ces deux
pays s'étaient modernisés sous des régimes autocratiques, et,
en fin de compte, développés sous des dictatures militaires de
la plus grande envergure. La morale de l'histoire est transpa-
rente : au lieu de déplorer les révolutions qui éclatent dans les
nations en voie de développement, au lieu de prendre parti
pour les pouvoirs en place, les Américains devraient soutenir
les mouvements révolutionnaires, comme la seule alternative
au modèle répressif de développement soutenu par les régimes
droitiers. « Pour un chercheur occidental, parler en termes
positifs du radicalisme révolutionnaire », écrit Moore avec une
bonne dose d'exagération, « (...) va à l'encontre de réflexes
mentaux profondément routiniers » ; alors qu'une compréhen-

---

démocratie est peut-être « moins élevée », mais elle est « plus juste ».
La teneur spécifique de ces prises de position nous intéresse moins
que le postulat qui les sous-tend, celui d'une incontournable nécessité.

sion des « modèles caractéristiques de modernisation » oblige
à conclure que la révolution est la meilleure voie.

Le fait que cette conclusion repose sur une lecture de l'histoire tenaillée par le remords devrait être, au premier coup
d'œil, évident. Les premières révolutions modernes encourageaient l'émergence de la Démocratie, mais le même constat
ne pouvait être fait au sujet des révolutions qui éclatèrent au
XXᵉ siècle en Russie, en Chine, à Cuba, et dans d'autres nations
en voie de développement. Plus nous en apprenons à leur sujet,
moins nous sommes enclins à croire aux « modèles caractéristiques de modernisation ». S'il existe un tel modèle, il réside
sans doute en Europe occidentale, dont l'histoire s'écarte de la
norme. Les Bolcheviques se pensaient comme des Jacobins des
temps modernes, mais leur révolution ne reproduisit pas la
Révolution française. Elle n'était pas plus démocratique que
les programmes autocratiques de développement mis en place
en Allemagne et au Japon. Leur révolution était aussi une
« révolution par le haut », comme l'étaient la révolution
maoïste en Chine, et celle de Castro à Cuba. Si nous envisageons l'histoire du développement économique dans sa globalité, il n'y a rien d'étonnant à conclure qu'il a partout été
imposé par le haut. Même dans l'Europe du XIXᵉ siècle et aux
États-Unis, il fut rarement accueilli par une énorme acclamation populaire. Bien au contraire, il le fut (nous allons le voir)
par la suspicion populaire, et souvent par une résistance
ouverte.

Cette résistance – habituellement balayée comme une opposition gratuite au progrès – n'était pas nécessairement mal
conçue. L'histoire ultérieure des sociétés industrielles ne justifie
aucune gloriole quant à leur capacité d'assurer une distribution
équitable des fruits de l'accroissement de la richesse. Les
rapports entre industrialisation et Démocratie paraissent de
plus en plus fragiles et problématiques. À mettre l'accent sur
une loi du développement historique, autant conclure, en
reprenant l'expression de Lawrence Goodwyn, que « des
sociétés fondées sur une production à grande échelle ont une
propension historique vérifiable à devenir sans cesse (...)
plus hiérarchisées au fil du temps ». « Une caractéristique

supplémentaire si généralisable », ajoute Goodwyn, « qu'elle
devrait désormais être considérée comme une loi » – une
« contre-promesse directe à l'idée de progrès ».

La « modernisation » en réponse au Marxisme

La croyance que la Démocratie et le développement sont,
dans le cours normal des choses, inséparables est, parmi les
théoriciens du développement, de quelque obédience politique
qu'ils soient, presque universellement partagée. La question est
rarement débattue : le débat, au lieu de cela, se recentre sur la
question qu'a soulevée l'émergence du Marxisme dans les
nations en voie de développement, et par la théorie néo-
marxiste du développement – c'est-à-dire celle de savoir si les
nations en voie de développement ont la possibilité de choisir
entre la voie « prussienne », déviante, et la norme révolutionnaire. Un transfert révolutionnaire de richesse et de pouvoir
aux masses, conformément à la conception néo-marxiste, libère
les énergies requises par le développement. En l'absence de
cette démocratisation des relations sociales, le modèle réactionnaire du développement imposé par le haut constitue (excepté
la stagnation continue) la seule alternative.

La théorie de la « modernisation », qui bénéficia d'une
grande vogue au cours des deux décennies ayant succédé à la
Deuxième Guerre mondiale, se comprend mieux si on l'envisage comme une réponse à ce raisonnement. Walt Rostow
présentait explicitement son traité paru en 1961, *The Stages
of Economic Development*, comme un « manifeste anticommuniste ». Les théoriciens de la modernisation essayaient,
en effet, de réfuter l'affirmation qui voulait que la révolution
soit la seule voie crédible conduisant à la terre promise. Ils
mettaient en avant l'importance des forces impersonnelles –
urbanisation, alphabétisation, communications de masse, ou
« développement des médias ». Leur exposé du développement
laissait encore moins de place aux initiatives humaines que
l'exposé marxiste. Le processus était conduit, puisqu'il était
entièrement dirigé, par des « élites tutélaires », mais ces élites

agissaient sans contraintes précises. Une fois que l'information sur le monde moderne commençait à se diffuser parmi les populations récemment urbanisées, il devenait impossible de refuser aux masses une place au soleil. « L'exposition aux influences modernisatrices », affirmait Alex Inkeles, générait une inévitable demande en faveur de biens ordinaires de meilleure qualité. Elle conduisait à une « ouverture à l'expérience nouvelle », à une « indépendance plus forte à l'égard de l'autorité, des figures traditionnelles que représentent les parents ou le clergé », à une « croyance en l'efficacité de la science et de la médecine », à une « ambition pour soi et ses enfants », et un fort intérêt pour la politique – le « syndrome de la modernité » global.

Les élites ne pouvaient ni résister à la demande populaire d'une représentation politique, ni introduire des institutions démocratiques, et d'autres « symboles de la modernité », là où n'avait pas encore été exprimée une telle demande. Pour Daniel Lerner, « l'effort de nouveaux gouvernements, (...) destiné à provoquer l'émergence de certains symboles de la modernité par des décisions politiques, s'il se déroulait dans le cadre d'un processus ignorant l'organisation de base des modes de vie en dehors desquels se développaient lentement ces institutions modernes, désormais si précipitamment symbolisées », échouerait toujours. Lerner relevait, avec une certaine irritation, que les progrès mal conçus, « décidés dans l'ignorance du modèle », introduisaient un « facteur stochastique » au sein d'un processus qui devait autrement être programmé. En d'autres termes, elles obligeaient les planificateurs sociaux à s'appuyer sur la conjecture. Un des objectifs pratiques de la théorie de la modernisation consistait, semble-t-il, à encourager les dirigeants politiques à respecter le scénario.

Par sa conception unilinéaire de l'histoire, l'importance qu'elle accorde au fait que les sociétés en voie de développement ont à passer par un processus obligé constitué de séquences particulières, et par sa certitude qu'elles parviendraient toutes, en fin de compte, au même résultat, la théorie de la modernisation ressemblait aux très grossières versions du Marxisme qu'elle était censée réfuter. Dans un essai plaidant en faveur d'une « analyse plus différenciée et équilibrée », Reinhard Bendix notait que Lerner, Rostow, Clark Kerr, et d'autres analystes du développement, avaient tendance à « prévoir un système d'industrialisation, pour toutes les sociétés, pratiquement de la même manière dont Marx prédisait la fin de la lutte des classes, et celle de l'histoire, pour la société socialiste à venir ». Bendix signalait que la théorie de la modernisation puisait également dans l'ensemble de la tradition sociologique. Elle était profondément « redevable », affirmait-il, « au contraste, dépourvu d'originalité, opposant tradition et modernité ». D'autres critiques avaient fait l'observation identique, portant leur attention sur sa dépendance aux « distinctions binaires bien connues ». Pour Dean Tipps, « les théories de la modernisation n'avaient à peine fait plus que résumer sommairement » le travail de Maine, Tönnies et Durkheim.

Une lecture attentive de la littérature confirme cette hypothèse. Pour prendre un exemple typique, C.E. Black, dans son essai *Dynamics of Modernization*, traçait de la société moderne un portrait d'une société où « l'individu est atomisé – arraché de ses racines communautaires, isolé de tout, excepté sa famille immédiate », et privé « non seulement du soutien et de la consolation qu'offre l'appartenance à une communauté plus autonome, mais aussi de la stabilité relative de l'emploi et des lois sociales, que fournit en temps normal la vie rurale ». Dans le même temps, la modernisation occasionnait, selon Black, une amélioration générale du niveau de vie. La « méthode comparative » démontrait que, « les sociétés devenant plus productives, la richesse tend à être plus uniment distribuée ». Le taux de mobilité sociale s'accélérait ; la classe moyenne prenait de plus en plus d'importance. « Cette tendance à l'égalisation du revenu et du statut (...) est le résultat inévitable du développement économique. »

La théorie de la modernisation recyclait tous les postulats qui avaient inspiré la sociologie du XIXᵉ siècle : la transition de l'ordre ancien vers l'ordre nouveau constituait un processus global où chaque élément était relié aux autres ; elle trouvait son origine dans les dynamiques internes aux sociétés en voie de développement, et pas dans la diffusion culturelle ou la conquête ; les nouveaux modèles remplaçaient les anciens en raison de leur efficacité (en dépit de certains de leurs effets secondaires indésirables) ; le processus se déroulait selon un ordre séquentiel, un stade succédant à un autre ; il aboutissait à l'égalité et à la prospérité générale, malgré son aspect « atomisé ». La modernisation, pour Samuel P. Huntington, était un « processus à multiples facettes, qui entraînait des évolutions dans chaque domaine de la pensée et de l'activité humaine ». Pour Lerner, elle était un processus « systémique », qui se reproduisait « pratiquement dans toutes les sociétés modernes, sur tous les continents du monde, indépendamment des différences de race, de couleur, de croyance ». Elle devait être envisagée, non comme l'Occidentalisation du monde, mais comme la reproduction, en Asie, en Afrique, en Amérique latine, d'une série d'événements qui s'étaient d'abord joués en Europe. L'exemple donné par l'Occident pouvait servir à stimuler un désir de changement, mais ce dernier venait principalement de l'intérieur. Des changements dans une partie de l'organisme social étaient fonctionnellement interconnectés à d'autres, qui se produisaient dans d'autres parties : ainsi du développement du commerce, du développement du marché du travail, de la coïncidence entre l'avènement de la production industrielle et les changements de la structure familiale, la famille étendue laissant la place à la famille nucléaire ou « conjugale ». « Si la famille doit se déplacer à travers le marché du travail », écrivait Neil Smelser, « elle n'a pas les moyens de déplacer tous ses membres avec elle (...) Les rapports avec les parents de second degré commencent à s'étioler ; (...) les couples nouvellement mariés constituent seuls des foyers, et délaissent les autres. (...) Les systèmes fondés sur l'apprentissage, qui requièrent la présence permanente des pères auprès des fils, disparaissent au fur et à mesure que se développe la production industrielle spécialisée. » Les familles largement étendues, expliquait Marion J. Levy, ne sont pas « compatibles avec le développement de niveaux relativement élevés de modernisation ». « La société traditionnelle tend à être une société familiale », affirmait S.N. Eisenstadt, « alors que la société moderne tend à écarter l'unité familiale de la plus

grande part de ses activités, la famille elle-même évoluant plus
en direction de la petite famille nucléaire. »

Les changements de la structure familiale, alliés aux changements concomitants de la structure de la personnalité –
incluant une nouvelle « empathie », une « vision cosmopolite »,
et un désir de « réalisation » – permettaient, d'après Lerner, à
des « individus nouvellement mobiles d'opérer efficacement au
sein d'un monde en évolution ». L'interdépendance fonctionnelle de la vie économique, de la structure familiale et de la
structure de la personnalité, de l'idéologie et de la politique,
signifiait pour ce dernier que « le modèle de la modernisation
suit une logique historique autonome, que chaque phase tend
à générer la suivante par le biais d'un mécanisme qui fonctionne indépendamment des variations culturelles ou doctrinales ». Le processus atteignait sa « phase ultime », le « bout
du chemin », lorsque chacun, affirmait Black, était « correctement nourri, correctement éduqué, et correctement pourvu en
biens de consommation, soins médicaux et sécurité sociale ».
Black prévenait qu'« il faudrait attendre le XXIe siècle, avant
qu'une majorité des sociétés de la planète ait accompli les
principales tâches de transformation économique et sociale »,
et soit parvenue à cette heureuse situation où « rien de plus ne
devra être fait ». À l'instar des autres théoriciens de la modernisation, toutefois, aucun doute ne le tenaillait quant à l'issue
finale. « Le problème de la pauvreté n'est cruel qu'à court
terme », selon Ernest Gellner : « (...) sur le long terme, (...)
nous devrions tous parvenir à la prospérité. » Profondément
redevable à la sociologie du XIXe siècle pour ses catégories et
ses concepts, la théorie de la modernisation ne retenait rien de
l'ambivalence du XIXe siècle à l'égard du progrès. Bendix attribuait la « déplaisante personnification de la modernité et de la
tradition » au dédain snob des intellectuels pour la Démocratie,
et leur « utopie romantique » d'un âge d'or perdu, fait de travail
libéré de l'aliénation et de créativité artistique. Alex Inkeles
ridiculisait l'idée, propagée par des « philosophes sociaux »,
selon laquelle « l'industrialisation était une sorte de fléau qui
bouleverse l'organisation sociale, détruit la cohésion culturelle,
et suscite uniformément la démoralisation, et même la

désintégration personnelle ». Au contraire, « les institutions modernes, en elles-mêmes, ne provoquent pas de stress psychique plus fort. »

Il est aisé de comprendre pour quelles raisons l'étude des changements sociaux globaux paraissait requérir un tel concept de modernisation, un concept qui tienne compte de l'interdépendance des évolutions sociales, politiques et culturelles, sans accorder de priorité causale à une série particulière de déterminants. Traiter purement la société moderne comme le triomphe du capitalisme, c'était paraître mettre en avant un seul aspect d'un changement plus général ; même le facteur de « l'industrialisation » semblait accorder une importance excessive à l'aspect économique de la question. Mais la « recherche constante de conceptualisations plus inclusives », telles que les appelait Tipps, sacrifiait la précision analytique à la définition d'une typologie exhaustive, qui extrayait certains contrastes de leur contexte historique, leur accolait de nouvelles appellations, mais comptait sur la familiarité des anciennes désignations pour fournir l'illusion d'une explication. Les théoriciens de la modernisation confondaient classification et analyse.

Ils ne tenaient aucun compte de la mise en garde, régulièrement formulée par les fondateurs de la sociologie, qui critiquaient le remplacement des faits historiques par des concepts désincarnés. « Les idées ou les concepts, quel que soit le nom qu'on leur donne, ne sont pas des substituts légitimes aux choses », écrivait Durkheim. « (...) Ils sont comme un voile tiré entre les choses et nous-mêmes, nous les dissimulant plus sûrement lorsque nous les pensons plus transparentes. » Weber relevait que lorsque les « séquences de développement » sont déformées en types idéaux, les concepts qui en résultent prennent l'apparence d'une « séquence historique qui se déroule avec la force d'une loi ». Ce que Bendix appelait le « modèle de « l'avant et de l'après » » n'en continuait pas moins à dominer l'analyse de la modernisation ; Bendix, même si son analyse de la théorie de la modernisation était dans l'ensemble assez critique, maintenait que la « distinction entre tradition et modernité » ne pouvait être « entièrement » écartée.

Le dernier refuge de la théorie de la modernisation

Le concept de modernisation ne domine plus l'étude de la croissance économique dans le monde non occidental ; mais les images conceptuellement attirantes, auxquelles il est associé, imprègnent encore la conception occidentale de sa propre histoire. Ce fut la transformation de la société occidentale par la révolution industrielle qui engendra d'abord les concepts de tradition et de modernité, et le réflexe persiste de retracer notre évolution à travers ces points de repère familiers. Les critiques n'ont cessé d'exposer les insuffisances du modèle de la modernisation, y compris pour mieux comprendre l'Occident. Il reste toujours, quoi qu'il en soit, un manoir déserté, à la peinture défraîchie, aux fenêtres brisées, à la cheminée en voie d'effondrement, et aux seuils pourrissants ; une masure qui ne convient plus qu'au séjour de fantômes mais encore occupée, de temps à autre, par des squatters, des vagabonds et des fugitifs.

La théorie de la modernisation, affirment ses critiques, ignore le rôle autonome de l'État dans le changement social. Elle n'envisage l'État que comme le produit de forces sociales souterraines, ignorant sa capacité d'initiative autonome. Cette théorie sous-estime l'importance, dans la détermination du déroulement des événements historiques, des conflits politiques. Elle met trop l'accent sur les forces internes aux pays développés, et néglige les effets des premiers avantages, remportés par l'Occident, dus à l'exploitation des possessions coloniales. La conquête militaire sous-tend l'expansion économique au XVIᵉ siècle, et la discipline qu'imposaient les structures industrielles à grande échelle fut mise au point au sein des institutions militaires, et seulement appliquée ensuite à la manufacture. La dépendance de l'État moderne au pouvoir militaire permet sans doute d'expliquer l'influence persistante exercée par la noblesse, prétendument marginalisée par le développement du commerce et de l'industrie. Les partisans du modèle

de la modernisation ne peuvent expliquer autrement ce phénomène que par la persistance des élites traditionnelles, ou la
résistance des institutions traditionnelles, comme la famille
envisagée au sens large. La coexistence d'éléments traditionnels
et modernes sous-tend l'affirmation suivant laquelle la modernisation est un processus « systémique ». Ce dernier paraît
désormais hautement sélectif ; et cette découverte accompagne
la prise de conscience, grandissante, du fait que le progrès,
dans le domaine technologique, n'entraîne pas nécessairement
un progrès dans le domaine de la morale, ou en politique.

Il devrait désormais être évident que le concept de modernisation ne nous renseigne pas plus sur l'histoire de l'Occident
que sur celle du reste du monde. Plus nous en apprenons au
sujet de cette histoire, plus le développement du capitalisme
industriel en Occident paraît avoir été le produit d'une
conjonction unique de circonstances, le résultat d'une histoire
particulière qui ne donne l'impression d'avoir été inévitable
qu'a posteriori, ayant été largement déterminée par la défaite
de groupes sociaux opposés à la production à grande échelle,
et par l'élimination de programmes concurrents de développement économique. La production de masse moderne n'était
nullement le seul système sous lequel l'industrialisation aurait
pu être réalisée. Comme le démontrèrent Charles Sabel et
Jonathan Zeitlin, elle ne fut pas le produit de la « logique
imminente du changement technologique ». Elle fut le produit
d'un « choix collectif implicite, parvenu à maturation dans
l'ombre d'innombrables micro-conflits ».

Le contraste entre « la société traditionnelle » et la modernité
ne peut nous aider sérieusement à comprendre ces conflits.
Pourtant, loin d'écarter les anciennes catégories, les critiques
de la théorie de la modernisation se contentent de les déployer,
pour la majeure partie, dans de nouvelles directions. Le truisme
qui veut que chaque société comprenne à la fois des éléments
traditionnels et modernes résume le consensus révisionniste.
Le très vivant et intelligent petit livre de Thomas Bender,
Community and Social Change, illustre la difficulté de rompre
avec des modes de pensée solidement établis. Il illustre également l'ambivalence morale qui a toujours été associée aux

concepts de *gemeinschaft* et *gesellschaft*, liés à l'espoir que la
« communauté » puisse, d'une manière ou d'une autre, être
combinée au « progrès » industriel. Bender relève que les historiens ont repris les anciennes dichotomies, sans prendre la
peine de les « mettre à l'épreuve » des « matériaux historiques » ; ils ont, au lieu de cela, « mécaniquement inséré des
données historiques dans le cadre qu'assurait la logique du
changement essentiellement anhistorique offerte par la théorie
de la modernisation ». À l'instar des autres révisionnistes, il
rejette le postulat qui veut que la modernisation « entraîne la
même succession d'événements dans différents pays », et « produit une convergence progressive de formes ». Son ouvrage
tente d'élaborer « une structure narrative plus praticable », une
structure qui « assume la coexistence de voies communes et de
voies qui ne le sont pas ».

Après avoir exposé les insuffisances de la théorie de la modernisation, Bender persiste néanmoins à raconter l'éternelle
même histoire. Dans la Nouvelle-Angleterre du XVIIᵉ siècle, la
« « totalité de la vie » était encadrée par un « cercle de visages
familiers et aimés, d'objets connus et chéris » ». La formule est
tirée de l'étude consacrée par Peter Laslett à la vie villageoise
anglaise, *The World We Have Lost* – un traitement nostalgique
d'une « société traditionnelle », comme son titre l'indique.
« Les hommes et les femmes ne connaissaient pas la vie compartimentée qui caractérise la société moderne », écrit Bender.
Ils jouaient « différents rôles », alors que « la société moderne
multiplie et sépare les rôles sociaux ». Le village de la Nouvelle-
Angleterre était « indifférencié », et « essentiellement homogène ». Bender souscrit à la description par Kenneth Lockridge
du village du XVIIᵉ siècle, comme « unité sociale autonome,
presque hermétiquement isolée du reste du monde ».

L'histoire politique et religieuse de la Nouvelle-Angleterre,
qui rendit cette communauté si intensément consciente du
caractère unique de sa place au sein d'un ensemble plus large
d'éléments, se dissipe de cette façon dans une brume de sociologie historique. La Nouvelle-Angleterre se considérait – avec,
sans aucun doute, un sentiment absurdement exagéré de sa
propre importance – comme le champ de bataille décisif d'un

combat global opposant les Protestants à l'Antéchrist papal.
Pour cette raison, des différences d'opinions, qui auraient
peut-être paru insignifiantes aux étrangers, y revêtaient une
dimension historique universelle. La controverse religieuse
ébranla régulièrement la colonie sur ses bases. Roger Williams
et Anne Hutchinson ne furent que les premiers d'une longue
série de dissidents dont l'expulsion, loin de froids désaccords,
consolida, s'il en était, le caractère routinier d'un âpre débat
religieux. Seule une vague image de la « société traditionnelle »
permet d'oublier de tels faits bien connus, et de peindre un
tableau idyllique d'une Nouvelle-Angleterre coloniale, serein
petit îlot fait de paix idéologique, épargné par les dissensions,
et « hermétiquement » isolé du monde extérieur.

Bender s'oppose à une narration historique « façonnée par
la notion d'un déclin sans rémission de la communauté », mais
les prémisses de son tableau de la Nouvelle-Angleterre sont
erronées, et la description nuancée de la société « segmentée »,
« compartimentée », qui émergea au XIXᵉ siècle, vient à peine
modérer une vision des choses généralement partagée. Il veut
affirmer la possibilité d'une coexistence entre « communauté »
et « société », et avance que nous devrions les penser, non
comme des stades d'une séquence historique, mais comme des
« formes d'interaction » opposées. Dans la mesure où la « communauté » n'a plus d'assise territoriale, elle doit, désormais,
s'appuyer sur des associations volontaires. Au XVIIᵉ siècle, « la
communauté en tant que lieu, et la communauté en tant
qu'expérience, ne faisaient qu'une ». Au XIXᵉ siècle, ce lien fut
brisé. L'« expérience » de la communauté doit aujourd'hui se
trouver dans la compagnie de « la famille et des amis », qui
répond au besoin d'intimité au sein d'un monde régi par les
dynamiques impersonnelles du marché. La « coexistence de
voies communes et non communes » requiert des « loyautés
multiples » ; les hommes et les femmes doivent « apprendre à
vivre dans deux mondes distincts, chacun ayant ses propres
lois et ses propres attentes ».

La thèse de la « coexistence » n'est pas nouvelle ; sous une
forme ou une autre, elle a fait son apparition avec les débats
consacrés à la communauté. C'était l'espoir d'isoler la vie

privée, en sanctuaire protégé du marché, qui incitait les moralistes du XIXᵉ siècle à idéaliser la sphère domestique. Le désir similaire d'interdire au marché de contaminer ce que John Stuart Mill appelait la « culture des sentiments », sous-tend le culte moderne de l'art et de la liberté artistique. Mais la doctrine des « sphères » séparées, qu'elle soit conçue comme un programme de réforme sociale, ou simplement comme une description de la société moderne, s'est toujours vue opposée des objections insurmontables. Le principe du « contrat » a tendance à envahir la sphère de la vie privée, et à corrompre les relations fondées sur le « statut ».

Dans *The Homeless Mind*, une étude consacrée au thème de « la modernisation et la conscience », Peter Berger, Brigitte Berger et Hansfried Kellner affirment qu'il est « permis de reconnaître le caractère irrévocable et irrésistible de la modernisation, (...) et d'envisager la sphère privée comme un refuge ou un « terrain réservé » à d'autres strates de la conscience ». Ils adoptent la position de Bender, en la formulant autrement ; mais ils ne nient pas la difficulté de séparer la vie privée de son environnement. « Il serait exagéré de dire que la « solution » de la sphère privée est un échec ; (...) mais elle est toujours très précaire. » L'histoire de la famille moderne, pourrions-nous ajouter, démontre la difficulté de faire de la vie domestique un havre de paix au sein d'un monde impitoyable. Non seulement le mariage est devenu un arrangement contractuel, révocable à loisir, mais l'influence envahissante du marché – dont la manifestation la plus flagrante est l'omniprésence de la télévision commerciale – rend de plus en plus difficile pour les parents de protéger leurs enfants du monde du kitsch sentimental, de l'argent et du pouvoir.

Outre l'impossibilité d'isoler la vie privée des sphères mercantiles, bureaucratiques et technologiques qui l'assiègent, la « solution privée » banalise l'idéal commun qu'elle cherche à protéger. Bender reconnaît la force de cette objection. Il s'élève contre la formation en « relations humaines » du management industriel, qui tente de « greffer des éléments de la communauté sur la principale tige du système ». Le milieu des affaires ne deviendra jamais une communauté, affirme Bender, pas plus que la nation, envisagée dans sa globalité, ne deviendra une « famille ». Ce type d'affirmation « banalise la communauté », « renforce l'illusion d'une communauté », et donne lieu à un « sentiment informulé de perte et de vacuité qui, à son tour, rend les Américains vulnérables à la manipulation des symboles de la communauté ».

À la fin de son ouvrage, Bender suggère que l'idée d'un patrimoine commun, « plutôt que celle de communauté, fournît l'assise principale d'une vie politique énergique et efficace ». Un patrimoine commun, note-t-il, « se fonde plus sur des idéaux publics partagés, que sur le savoir ou l'empathie ». Mais cette réflexion de dernière minute intervient trop tard pour sauver le reste de son argumentation. La banalisation du patrimoine commun est inhérente au concept précis de « communauté », qui a toujours été associé, bien plus étroitement, à l'intimité et l'« être ensemble », qu'à la recherche d'une « vie politique énergique et efficace ». La vie politique s'épanouit avec la controverse, le souvenir, et un retour périodique aux premiers principes, que condamne l'idéal communautariste. Le propre livre de Bender débute par la définition classique d'une communauté : « des compréhensions partagées et un sens de l'obligation » ; « des rapports intimes, et généralement directs » ; un accent porté sur « les liens affectifs et émotionnels » par opposition à l'intérêt égoïste. Un effort sérieux de réinvention de notre vie politique devra débuter par une prémisse différente. Il devra abandonner le concept, envisagé dans sa globalité, de « communauté », ainsi que le discours au sein duquel il s'est historiquement développé – le discours de la *gemeinschaft* et de la *gesellschaft*, de la « tradition » et de la modernité – et prendre une direction radicalement nouvelle.

La perspective habituelle : progrès ou catastrophe ?

L'inflation rhétorique autour du progrès, si la démonstration précédente est correcte, approche de sa fin. Au moment où le XXᵉ siècle se termine, nous trouvons de plus en plus délicat d'élaborer une défense convaincante de l'idée de progrès ; mais nous trouvons également difficile d'imaginer la vie sans elle.

Sa meilleure ligne de défense, nous l'avons vu, relie le progrès à une augmentation, sans terme prévisible, de la demande pour des biens de consommation toujours plus prolifiques. L'expansion de cette demande présuppose, pourtant, des conditions qui n'ont plus cours. Elle suppose une révision permanente des attentes matérielles, une redéfinition constante des biens de luxe en produits de nécessité, une incorporation continuelle de nouveaux groupes au sein de la culture de la consommation, et, en définitive, la création d'un marché global qui comprenne des populations à l'origine exclues de toute espérance raisonnable d'abondance. Mais la prédiction voulant que « nous soyons tôt ou tard tous prospères », formulée avec tant de confiance il y a quelques années à peine, n'emporte plus autant l'adhésion. Au regard du taux actuel d'accroissement de la population, l'espoir d'exporter un niveau de vie occidental vers le reste du monde, même s'il était économiquement ou politiquement réalisable en premier lieu, aboutirait à un désastre environnemental assuré. Les pays développés n'ont plus, dans tous les cas, la volonté ou les ressources pour s'engager dans un aussi monumental programme de développement. Ils ne peuvent même pas résoudre le problème que pose la pauvreté à l'intérieur de leurs propres frontières. Aux États-Unis, le pays le plus riche du monde, un prolétariat grandissant laisse entrevoir un avenir sinistre, et même la classe moyenne a vu son niveau de vie commencer à décliner.

La circulation globale des marchandises, de l'information, et des populations, loin d'apporter la prospérité à tout un chacun, a élargi le fossé qui sépare les nations pauvres des nations riches, et entraîné une immigration massive vers l'Ouest, où les nouveaux venus rejoignent la cohorte des sans toits, chômeurs, illettrés, toxicomanes et autres épaves humaines, privées de droits civiques. Leur présence pousse les ressources existantes au point limite. Les établissements médicaux et éducatifs, les institutions chargées de l'application de la loi, et l'offre disponible de travail – pour ne pas mentionner l'appel à la bonne volonté et à la tolérance raciale, jamais très abondantes au départ – montrent tous leur insuffisance face à la gigantesque tâche que représente l'assimilation de ce qui est essentiellement considéré comme un surplus ou, pour reprendre l'expression cruellement significative, une population « surnuméraire ». Les effets pernicieux de la pauvreté et de la discrimination raciale ne peuvent être confinés au ghetto ; ils se propagent aussi à une large échelle. « Comme les conséquences de la pollution industrielle, et le nouveau système des marchés financiers globalisés », écrit Susan Sontag, « la crise provoquée par le SIDA est la manifestation d'un monde (...) où tout ce qui a la possibilité de circuler la saisit » – biens, images, ordures, maladies. Il n'est pas étonnant que « le regard tourné vers le futur, qui se rattachait autrefois à une vision d'un progrès linéaire » se soit tourné vers « une vision similaire du désastre », écrit Sontag, et que « tout (...) ce qui peut être décrit comme en perpétuel changement peut être envisagé comme une avancée vers la catastrophe ».

Comme correctif à l'idée de progrès, le « fantasme du désastre » auquel Sontag fait ailleurs référence, laisse grandement à désirer. Tout aussi manifestement, il ne fait qu'invertir l'idée de progrès, substituant l'inévitable désintégration à l'irrésistible avancée. La vision dystopique du monde à venir, désormais si solidement ancrée dans l'imaginaire occidental, offre une telle abondance d'inévitables calamités qu'elle devient, avant tout, nécessaire aux hommes et aux femmes pour qu'ils se rattachent à l'idée de progrès, comme soutien émotionnel, en dépit de l'évidence croissante du contraire. Des images horrifiantes du futur, y compris lorsqu'elles sont invoquées, non seulement pour titiller un goût pervers et blasé, mais pour pousser les hommes et les femmes à une action constructive, encouragent un curieux état d'esprit qui, simultanément, croit et refuse de croire en la probabilité de quelque catastrophe terminale visant le genre humain. Une sobre évaluation de notre difficile situation, une évaluation qui conduise à l'action, et non à un désespoir paralysant, doit commencer par mettre en question le fatalisme qui imprègne dans sa totalité cette rhétorique du progrès et du désastre. C'est l'hypothèse que notre futur est prédéterminé par le développement continuel d'une production à grande échelle, des technologies colossales, et un processus de centralisation politique, qui entrave la pensée créatrice, et rend si difficile de se soustraire au choix de l'optimisme béat ou de la nostalgie débilitante.

La découverte de l'humanisme civique

Une telle série de considérations, je le pense – comme l'affirme Michael Sandel, « une peur grandissante que, individuellement et collectivement, nous contrôlions de moins en moins les forces qui dirigent nos vies » –, permet d'expliquer la fascination récente pour les traditions oubliées de critique sociale qu'avait éclipsées la tradition dominante héritée des Lumières. Au cours des vingt-cinq dernières années, historiens et politologues ont redécouvert l'« humanisme civique » et la « vertu républicaine », et les débats passionnés autour de ces idées, qui débordent les publications universitaires pour envahir les colonnes des journaux d'opinion, démontrent que leur intérêt est loin de concerner simplement les universitaires. Le « Républicanisme » – qui, naturellement, ne se réfère pas au parti républicain, mais à un corpus bien plus ancien d'idées remontant à la Renaissance et, au-delà, à l'antiquité classique – est devenu le slogan de ceux, qu'ils soient de gauche ou de droite, qui critiquent le libéralisme au motif que cette philosophie politique est de plus en plus impuissante à inspirer un attachement désintéressé au bien commun. Seul un renouveau de l'esprit civique, maintiennent ces critiques, nous permettra de nous confronter aux difficultés qui menacent de nous engloutir ; et l'accent porté par les Républicains sur une citoyenneté active répond plus directement, clament-ils, aux enjeux contemporains que ne le fait la philosophie libérale de l'individualisme rapace.

Partout, nous observons les signes de cette insatisfaction grandissante à l'encontre du libéralisme, et plus explicitement peut-être encore, dans la complainte, largement répandue, qui veut que le libéralisme autorise les intérêts particuliers à prendre le pas sur les politiques partisanes. La répulsion qu'inspirent les politiques partisanes elles-mêmes témoigne, à vrai dire, du mécontentement qu'inspire le libéralisme. Démocrates et Républicains déplorent ensemble maintenant un esprit de parti excessif, l'érosion de la « communauté » et de la « citoyenneté ». En Grande-Bretagne, même Margaret Thatcher, la championne de l'économie de marché, promet de faire de la « communauté » le thème central de sa campagne pour un quatrième mandat de premier ministre, s'attirant ainsi les critiques de quelques-uns de ses premiers soutiens, qui lui conseillaient de persister dans la voie de l'individualisme entrepreneurial. « Les notions de citoyenneté et de communauté sont fondées sur une vision sentimentale de ce que la vie rurale était censée être », avance *The Economist* d'un ton plein de reproche. « (...) La vraie Angleterre est, le plus souvent, bien différente. Ses cités sont un kaléidoscope de races (...) Un tiers des mariages finit en divorce. (...) Les jeunes Écossais quittent leurs petites villes pour venir travailler sur les chantiers de construction londoniens, et dorment sur des péniches et dans des caravanes. Même les propriétaires (...) déménagent, en moyenne, tous les sept ans (...) Dans cette Angleterre d'un nouveau type, la « communauté » voit sa signification

réduite. » Mais ce sont ces conditions précises qui font que
tant de gens envisagent un renouveau de la communauté
comme une nécessité revêtant un caractère d'urgence. La
fabrique sociale semble ne plus pouvoir fonctionner ; l'État-
providence a montré son incapacité à la remettre en marche ;
et le temps est venu, nous dit-on, d'adopter une nouvelle série
de solutions. Le libéralisme, pour Sandel, ne s'adresse pas aux
« inquiétudes de l'époque » – « à l'érosion de ces communautés
intermédiaires existant entre l'individu et la nation, des familles
et quartiers aux cités et villes, en passant par les communautés
constituées par des traditions religieuses, ethniques ou culturelles ».

La signification de la citoyenneté varie considérablement
suivant que l'on se place d'une extrémité du spectre politique
à l'autre. À droite, elle signifie serment d'allégeance, respect à
l'égard de l'autorité et de la religion, et remplacement de l'État-
providence par des institutions privées qui, loin de rendre tout
un chacun dépendant de l'État, en appelleraient à l'esprit de
coopération volontaire. Vu de la gauche, un renouveau de la
citoyenneté ne semble pas requérir seulement une décentralisation politique, mais également une décentralisation économique. Après avoir critiqué le libéralisme, Sandel en vient à
critiquer également le conservatisme contemporain. « Les politiques conservatrices ne peuvent répondre à l'aspiration en
faveur de la communauté », car elles ignorent les effets « corrosifs » du capitalisme même : « la mobilité effrénée du capital,
et ses effets perturbateurs sur le quartier, les cités et les villes ;
la concentration du pouvoir entre les mains de gigantesques
conglomérats qui n'ont pas à rendre de comptes aux communautés qu'ils servent ; et une organisation du travail rigide qui
oblige les travailleurs et travailleuses à choisir entre l'avancement de leurs carrières, et le soin apporté à leurs enfants. »

L'appel à la citoyenneté et à la communauté peut permettre
de transcender les clivages habituels, dans lequel cas il a un
effet salutaire sur le débat politique ; mais il peut également
servir à les consolider, et dissimuler leurs insuffisances. Le langage de la citoyenneté, tel qu'il est utilisé aujourd'hui, clarifie
et obscurcit simultanément les enjeux politiques. Sa popularité

actuelle, toutefois, ne peut être mise en question. Des ouvrages tels que *Liberalism and the Limits of Justice* de Sandel, *After Virtue* de Alaisdair MacIntyre, et *Habits of the Heart* de Robert Bellah ont fait de la tradition civique un des principaux thèmes du débat politique. La « vertu civique » se prête trop facilement, en fait, aux objectifs de l'incantation publique. Ainsi, le président de Yale, Benno C. Schmidt, recommande vivement à ses meilleurs diplômés de se « rebeller » contre la « corruption et l'égoïsme qui ont été ces dernières années une des principales caractéristiques de notre vie publique ». La « république de la vertu », affirme Schmidt, reste un idéal viable, le legs le plus important de la « tradition, qui remonte à la Renaissance, de l'humanisme civique ». Les pères fondateurs « considéraient le maintien d'une République de vertu comme l'objectif principal de l'art de gouverner », et cet idéal, bien qu'« assailli par le doute et la difficulté », inspire encore les « engagements publics de nombreux gens de bien ». De tels énoncés nous en disent moins sur le concept de vertu que sur la hantise de la fragmentation sociale, de l'individualisme avide et égoïste, qui sous-tend les tentatives destinées à le faire revivre.

La tradition civique dans les récents travaux historiques

L'utilisation précise du terme de « Républicanisme », ainsi qu'une compréhension correcte de son contexte historique, sont nécessaires pour ne pas le réduire à un simple slogan. Des travaux récents permettent de retracer l'itinéraire d'une figure à éclipses, dont la descendance intellectuelle débuta avec la polis athénienne, et la république romaine, une figure qui déclina au cours du Moyen Âge, réapparut à Florence durant la Renaissance, fut rétablie, à nouveau, par James Harrington et ses disciples en Angleterre, et par Montesquieu et Rousseau en France, puis transmise aux fondateurs de la république américaine, principalement par le biais de sa variante anglaise. La tradition républicaine adopta des formes différentes selon les pays, et connut de nombreuses métamorphoses au fil du temps, la plus importante d'entre elles ayant été le remplacement, établi par Harrington,

des états de service militaires par la possession de la terre
comme fondement social de la citoyenneté. Le Républicanisme
rousseauiste, qui mettait en avant un État unitaire et une
« volonté générale » toute puissante, avait peu à voir avec le
type de Républicanisme qui cherchait à limiter le pouvoir de
l'État, et trouver un équilibre entre tel type de pouvoir et tel
autre – des préoccupations qui finirent par aboutir à la théorie
moderne de la séparation des pouvoirs.

S'il est permis de parler d'une tradition jamais interrompue,
et d'une tradition plus unique que plurielle, c'est en raison de
la persistance de deux soucis particuliers, dont la combinaison
distingua le Républicanisme d'autres variétés de pensées politiques. Le premier, qui trouve son origine dans la classification
aristotélicienne des régimes, selon qu'ils sont dirigés par une
seule personne, plusieurs, ou le plus grand nombre (respectivement la tyrannie, l'oligarchie, et la Démocratie), conduisit à
tenter d'analyser les causes de l'instabilité politique – qui faisait
que les régimes dégénéraient en une forme ou une autre de
ces extrêmes, et d'élaborer un principe d'équilibre susceptible
de combiner les avantages de chacun, tout en faisant disparaître
leurs traits caractéristiques qui les rendaient oppressifs. La
seconde série de préoccupations découlait de la croyance voulant que la « vertu » soit l'objet (et non la condition préalable)
de la citoyenneté, et de la croyance que tout système politique
devait donc être jugé à l'aune des qualités d'esprit et de caractère qu'il essayait de susciter. Sur ce point, on constatait une
grande variété d'opinions, de l'accent aristotélicien mis sur une
vie humaine unifiée, à l'importance qu'attachaient les partisans
de Machiavel à la vaillance militaire. Pour tous les Républicains, cependant, la vertu était associée à l'affirmation de
soi, à la réalisation de soi, et non au dessaisissement de soi.
Les Républicains faisaient peu appel au Christianisme, non
seulement parce qu'il était censé saper la loyauté civique, mais
également parce qu'il soutenait le désintéressement en tant
qu'idéal éthique. Machiavel l'affirmait, le Christianisme accordait aux hommes de « la force pour endurer, plus que de la
force pour accomplir d'audacieuses actions ». « Les véritables

Chrétiens », disait Rousseau, anticipant Nietzsche, « sont faits pour être des esclaves. »

La vertu impliquait, pour les Républicains, le développement le plus complet des capacités et pouvoirs humains. Ils ne condamnaient pas une vie consacrée à la poursuite de la richesse et des plaisirs privés parce qu'elle était égoïste, mais parce qu'elle ne fournissait qu'un espace insuffisant au dépassement de l'ambition personnelle. L'opposition entre l'égoïsme et l'altruisme, si frappante dans le récent communautarisme, ne joua qu'un rôle mineur dans la tradition civique. Même une dévotion « désintéressée » à la politique, à la guerre, ou à quelque autre pratique, était considérée comme source de gloire et de renom – gloire et renom qui ne devaient pas, à coup sûr, être considérés comme des récompenses, mais comme un accompagnement et une validation nécessaires et appropriés. Le Républicanisme condamnait l'égoïsme lorsqu'il incitait les hommes à évaluer les signes extérieurs de l'excellence plus hautement que cette dernière, ou à détourner les lois gouvernant une pratique donnée à leur propre avantage immédiat. L'égoïsme n'était choquant que parce qu'il conduisait les hommes à moins exiger d'eux-mêmes en comparaison de ce qu'ils étaient capables de réaliser, et seulement de manière incidente parce qu'ils injuriaient également les autres en se mesurant à l'aune de faux critères.

L'« altruisme », le « dévouement au bien public », l'« attachement désintéressé à l'intérêt général » – ces termes fournissent une fade traduction de ce que les Républicains entendaient par la vertu. Ceux qui, aujourd'hui, invoquent le Républicanisme à l'appui de ces idéaux ou dans l'espoir d'encourager, à nouveau, l'esprit de solidarité dans une société qui est perçue comme excessivement fondée sur la compétition, seraient mieux avisés d'asseoir leur cause sur d'autres bases. Rien n'était plus fondé sur la compétition que l'éthique républicaine. Elle était l'éthique de l'arène, du champ de bataille et du forum – acharnée, combative, angoissante. En enjoignant les hommes à se mesurer aux critères les plus astreignants de la réalisation, elle les dressait les uns contre les autres. Elle accordait, dans la politique, une plus grande valeur à l'éloquence, à la controverse, et à l'attaque verbale, qu'au compromis et à la conciliation. La vie politique, pour les Républicains, fournissait un autre exutoire à l'ambition, une autre forme de compétition – pas vraiment des moyens de réconcilier des intérêts concurrents, ou d'assurer une distribution équitable des biens. Les questions économiques relevaient, comme le mot grec (*oikos*) l'indique, de la sphère domestique : en matière politique, les hommes jouent à quelque chose de plus important.

Parce que certains Républicains souhaitaient limiter les pouvoirs de l'État, ils étaient quelquefois pris pour des libéraux modernes ; parce que d'autres parlaient de « vertu » civique, ils étaient considérés comme des communautaristes modernes. Le premier de ces malentendus témoigne de la situation du savoir historique, avant la redécouverte de la tradition civique, au cours des années soixante ; le second, de la confusion involontairement encouragée par les universitaires révisionnistes. Le renouveau républicain débuta lorsque Bernard Bailyn et Gordon Wood démontrèrent que l'idéologie de la révolution américaine ne s'inspirait pas tant du libéralisme de John Locke que de la tradition dite du « patrimoine commun », ou du *country party*, de l'Angleterre des XVIIᵉ et XVIIIᵉ siècles. Particulièrement dans la thèse de Wood, la révolution a moins à voir avec les droits de propriété qu'avec la citoyenneté. Le débat politique du XVIIIᵉ siècle, selon Wood, s'attachait à essayer d'élaborer un projet de gouvernement qui assurerait la participation active des citoyens dans un pays où les conditions nécessaires à l'obtention de la citoyenneté étaient bien moins restrictives que partout ailleurs – démocratiser l'idéal républicain de la vie politique.

Cette interprétation de la révolution était proposée en réponse aux historiens qui envisageaient la Guerre d'Indépendance comme une révolution bourgeoise et qui avançaient, qui plus est, qu'elle avait été une révolution douce et modérée (contrairement à la française) parce que l'Amérique, dépourvue de passé féodal, était depuis le début une société bourgeoise. Louis Hartz adoptait cette interprétation dans son essai *Liberal Tradition in America*, mais beaucoup d'autres souscrivaient à sa thèse d'après laquelle le libéralisme n'avait jamais eu à faire face à une opposition sérieuse, ni au cours de la période coloniale, ni à aucune autre période de l'histoire américaine ultérieure. L'histoire politique américaine, telle qu'elle est envisagée par Hartz, Richard Hofstadter et d'autres – qui n'est pas forcément, à leurs yeux, une *success story* –, était celle de l'ascension indiscutée du libéralisme, du triomphe du capitalisme, comme de l'échec du conservatisme et du socialisme. Andrew Jackson, de cette façon, une fois déifié en tribun populaire, apparaissait dans *American Political Tradition* de Hofstadter en défenseur du « capitalisme libéral », et Abraham Lincoln, le Grand Émancipateur, comme l'idéologue le plus important du « mythe de la réussite personnelle ». Que l'intention se cachant derrière de telles interprétations ait été de déplorer l'absence d'une tradition sociale démocrate (ce qu'elle semblait être, au moins au départ, chez Hofstadter et Hartz), ou de célébrer l'absence de fracture idéologique (dans le cas de Daniel Boorstin), l'hypothèse d'un large « consensus » libéral – étouffant ou réconfortant, selon les cas – dominait, durant les années quarante et cinquante, le savoir historique.

Bailyn et Wood s'opposaient à cette interprétation en montrant que le libéralisme, dans la tradition lockienne, ne constituait pas la seule source de l'idéologie révolutionnaire. Mais cette démonstration, pour une légion de révisionnistes qui marchèrent sur leurs traces, était insuffisante. Les révisionnistes souhaitaient faire du Républicanisme le thème dominant de l'histoire américaine. Si des historiens plus âgés n'y décelaient que du libéralisme, les révisionnistes n'y voyaient que de l'humanisme civique. Lorsqu'ils rencontraient dans leurs recherches des libéraux qui ne cachaient pas leur scepticisme au sujet de l'individualisme rapace, ils n'hésitaient pas à les présenter comme des Républicains. Les *Whigs* américains, promoteurs enthousiastes du développement économique, devenaient ainsi des Républicains parce qu'ils préconisaient un modèle régulé de développement, et un équilibre entre industrie et agriculture. L'opposition des jacksoniens aux monopoles et à la corruption faisait d'eux des Républicains également. Mais si les deux partis étaient issus de la même tradition politique, et partageaient les mêmes conceptions du gouvernement, comment pouvaient-ils trouver autant de motifs pour se combattre ? Louis Hartz pensait qu'il était nécessaire d'écarter la rivalité entre les *Whigs* et les Démocrates jacksoniens, car il considérait qu'elle n'était qu'un faux débat – un indice important permettant de penser que quelque chose ne fonctionnait pas dans sa thèse du consensus libéral. La « synthèse républicaine » paraissait générer les mêmes difficultés. Lorsque l'ensemble des composantes de l'opinion publique se voyaient rangées dans la même catégorie, il devenait de plus en plus difficile de comprendre ce que les hommes, dans le passé, pensaient de ce qu'ils débattaient. Une synthèse républicaine n'était pas meilleure qu'une synthèse libérale lorsque de tels termes en venaient à être déployés jusqu'à recouvrir l'ensemble des convictions politiques.

Tom Paine : libéral ou républicain ?

Le fait que tout individu qui manifestait son opposition à l'institution de la monarchie devenait par définition un Républicain rend tentant d'exagérer l'omniprésence de l'influence républicaine, dans la politique des XVIIIᵉ et XIXᵉ siècles. En Europe, la monarchie elle-même restait une question à l'origine de divisions, mais constituait un problème qui n'avait plus lieu d'être aux États-Unis dès 1783. Dans cette acception limitée, le Républicanisme était réellement un credo universel, au moins pour les Américains. Mais nous savions cela depuis longtemps. Si la « synthèse républicaine » peut revendiquer faire progresser notre compréhension du passé, ce n'est que parce qu'elle distingue le Républicanisme du libéralisme, démontre son attrait persistant, et réfute donc l'hypothèse d'un consensus libéral. Malheureusement, la plupart des nombreux Républicains célébrés dans l'histoire anglo-américaine, qualifiés ainsi en raison de leur détestation de la monarchie, ne peuvent en rien être considérés comme républicains.

Prenons le cas de Tom Paine, « républicain » s'il en était, à en juger par sa violente attaque contre la « sinistre institution » qu'était la monarchie. Excepté cette dernière, pourtant, peu de chose dans la pensée de Paine le rattache à la tradition civique. Il restait indifférent à la question de la représentation, qui préoccupait tant d'anti-fédéralistes au cours des années 1780. Les adversaires de la nouvelle constitution avançaient qu'un gouvernement républicain ne pouvait prospérer au sein d'une grande nation où des citoyens, loin de se gouverner directement, auraient à accepter une participation indirecte à travers leurs représentants. La spécialisation des fonctions politiques n'était pas plus acceptable aux yeux des Républicains que la spécialisation des fonctions militaires. Elles illustraient toutes deux les dangers de la division du travail, qui minait l'esprit d'indépendance, et rendait les hommes passifs et dépendants. Ces préoccupations recouvraient, à leur tour, la peur qu'une expansion géographique détruise la vertu républicaine.

Paine ne prenait pas la peine de répondre à ces objections. Il soutenait seulement, sans prendre la peine d'argumenter, qu'« en greffant la représentation sur la Démocratie, nous parvenons à un système de gouvernement capable de contenir et de regrouper tous les intérêts divergents et chaque étendue de territoire et de population ». Il ne s'opposait ni au remplacement de la participation directe par la représentation, ni à l'implication de plus en plus importante des hommes dans les affaires commerciales, qui les éloignaient, selon la théorie républicaine, de leurs devoirs civiques, et les absorbaient trop pour transmettre ces devoirs à une nouvelle classe de politiciens professionnels. Les politiciens – l'art de gouverner en général – n'intéressaient que très modérément Paine, mais il ne discernait pas les rapports entre leur importance grandissante et le développement du commerce. Il se présentait, au contraire, comme un « ami du commerce », auquel il faisait référence comme à un « système pacifique, qui contribue à adoucir le genre humain, en rendant les nations, comme les individus, utiles les unes envers les autres ». Les Républicains n'envisageaient pas avec autant de bienveillance le commerce, et ne partageaient pas non plus l'enthousiasme de Paine pour une citoyenneté cosmopolite. Un humanisme civique impliquait une citoyenneté au sein d'une ville particulière ou à l'intérieur d'un État particulier, alors que Paine se revendiquait citoyen du monde, et défendait le commerce au motif, qui renvoyait à Hume et Adam Smith, qu'il « éliminerait la logique de guerre » et ferait apparaître une « civilisation universelle ».

Ces opinions ne pouvaient qu'opposer Paine aux Républicains classiques, mais elles n'en faisaient pas nécessairement un défenseur de ce qu'Isaac Kramnick entend par « libéralisme bourgeois ». La société commerciale qu'il soutenait était une Démocratie composée de petits commerçants et artisans, et ce furent les commerçants et les artisans qui maintinrent la mémoire de Paine vivace au XIXᵉ siècle, qui l'idolâtraient comme le champion des « classes productrices » dans leur combat contre les parasites. Cette opposition, l'essence spécifique du radicalisme populaire du XIXᵉ siècle, faisait appel à ceux qui condamnaient le mécanisme du crédit moderne et le considéraient comme exploiteur et improductif. Paine avait peut-être défendu au cours des années 1780 la *Bank of North America* contre ses détracteurs, mais il semble avoir essentiellement considéré les banques comme des dépôts destinés aux économies ou à l'« argent dormant » des commerçants, et non comme des sources de crédit commercial à grande échelle. Il dénonçait le papier-monnaie comme un mal dont la perniciosité était à peine moindre que celle de l'impôt. Le papier-monnaie n'avait « aucune réelle valeur en lui-même » ; sa valeur ne dépendait que « d'un accident, d'un caprice ou d'un changement politique ». Seuls l'or et l'argent – solides, résistants, « sacrés » – inspiraient confiance.

> L'argent, lorsqu'il est envisagé comme le fruit d'une activité de longue haleine, comme la récompense du travail, de la sueur et de la peine, comme la dot de la veuve et la part d'héritage des enfants, et comme le moyen d'obtenir des biens de première nécessité, et d'apaiser les souffrances de la vie, et de permettre à la vieillesse d'être une période de répit, revêt quelque chose de sacré qui n'a pas à être pris en charge, ou confié à la vaine illusion du papier.

Andrew Jackson, un autre homme de l'argent-métal, fit plus tard l'éloge de *The Rights of Man* comme d'un ouvrage « plus résistant au temps que tous les édifices de marbre et de granit que l'homme peut ériger » – une phrase hautement évocatrice de la préoccupation pour les matières solides et durables si caractéristique de l'idéologie de l'argent-métal.

Cette idéologie ne peut être décrite comme du « libéralisme classique » qu'à la condition de la juger à l'aune des critères de la social-démocratie moderne, au regard desquels une croyance en l'égalité implique un refus de la propriété privée et un soutien apporté à la régulation gouvernementale du marché. Il est vrai que Paine affirmait, dans *The Rights of Man* (1792), que « le commerce est capable d'assurer sa propre pérennité ». Mais il prônait les contrôles des prix au cours de la guerre révolutionnaire, défendait un système dégressif de taxation, et condamnait « toute accumulation (...) de propriété personnelle, au-delà de ce que produisent les mains d'un homme ». Ces opinions incitèrent Eric Foner à définir le programme économique de Paine comme une version précoce de l'État-providence ; mais cette définition semble presque aussi inappropriée que celle qui le rapproche du libéralisme du laisser-faire. Dans *Agrarian Justice* (1795), Paine recommandait avec force le recours aux fonds publics, accumulés grâce aux taxes sur les plus-values, afin de « soulager la misère », aider les « vieux miséreux », et « fournir aux générations montantes les moyens de prévenir leur future pauvreté ».

> Lorsqu'un jeune couple débute dans le monde [expliquait-il], il existe une énorme différence selon qu'il commence sans rien ou avec une pièce de cinquante livres. Grâce à cette aide, ils pourraient acheter une vache, et des outils pour cultiver quelques arpents de terrain ; et, loin de devenir des charges pour la société, ce qui est toujours le cas là où les enfants sont mis au monde plus vite qu'ils ne peuvent être nourris, ils seraient placés en situation de devenir des citoyens utiles et productifs.

La Démocratie des petits propriétaires de Paine faisait peu de cas d'une classe permanente de salariés, et encore moins d'une classe dépendante de pauvres entretenue par les fonds publics.

Il n'était possible de considérer Paine libéral qu'en adoptant les mêmes méthodes que choisissaient ceux qui le rangeaient dans le camp républicain – en galvaudant des termes jusqu'à

les déformer totalement. Des libéraux aux XVIIIe et XIXe siècles
élaborèrent une idéologie perfectionnée du progrès fondée sur
la division du travail, des gains sans précédent de productivité,
le raffinement des goûts, et l'augmentation de la demande en
matière de consommation. Paine adoptait une définition bien
plus limitée de la vie bonne. « Chaque homme espère poursuivre son activité, et profiter des fruits de son labeur et du
produit de sa propriété dans la paix et la sécurité, et en dépen-
sant le moins possible. » Malgré son enthousiasme pour le
commerce, il nourrissait de sérieux doutes quant à la réalité
du progrès. « Que cet état, fièrement, peut-être faussement,
appelé civilisation, ait plus loué ou plus injurié le bonheur
général de l'homme, est une question qui devrait être sérieusement posée. » Le contraste entre la prospérité et la misère,
de « somptueuses apparences » et une « extrême pauvreté »,
empêchait Paine de se ranger, de manière inconditionnelle, aux
côtés des défenseurs du progrès. L'« énorme masse des
pauvres » était devenue une « race héréditaire », et « cette masse
augmente dans tous les pays dits civilisés ».

Paine devrait mieux être compris, me semble-t-il, non
comme un républicain, ni comme un « libéral classique », mais
comme l'un des fondateurs d'une tradition populiste qui s'inspirait du Républicanisme comme du libéralisme, mais combinait ces éléments jusqu'à parvenir à un résultat inédit.
L'importance de ces influences variait d'un écrivain à l'autre.
Dans la recette de Paine, les ingrédients libéraux prédominaient ; mais cela devrait laisser penser, non pas que ses sympathies bourgeoises lui interdisaient de devenir un social-
démocrate moderne, mais que le libéralisme, dans l'esprit de
Paine et de ses successeurs, ne signifiait pas encore le progrès,
une production à grande échelle, et la prolifération de biens
de consommation. L'opposition latente entre Populisme et
Libéralisme ne devint manifeste qu'à partir du moment où ce
dernier se mit à signifier sans ambiguïté ces phénomènes.

William Cobbett et le « système de papier »

La carrière politique de William Cobbett, un adversaire acharné de Paine dans sa jeunesse mais un grand admirateur de ce dernier à la fin de sa vie, illustre la difficulté de faire rentrer par la force les débats spécifiques aux XVIIIᵉ et XIXᵉ siècles dans des catégories hermétiques comme le « libéralisme de Locke » et l'« humanisme civique ». Cobbett adoptait le langage des Républicains, mais écrivit pourtant un panégyrique de Paine, et fit exhumer ses restes à Long Island pour les transférer en Angleterre. Cet hommage tardif paraît pour le moins étrange au regard des différences évidentes opposant les deux hommes. Paine célébrait le cosmopolitisme, alors que Cobbett était un fervent patriote qui assurait aux siens, à la veille de son départ précipité pour les États-Unis, en 1817, qu'il « resterait toujours un étranger dans tous les pays, à l'exception de l'Angleterre ». Avec une exagération caractéristique, il traita un jour une maxime de Ben Franklin, « Là où est la *liberté*, se trouve mon *pays* » – une déclaration tout aussi éminemment digne de Paine – d'« immorale et vile, un sentiment qui n'avait jamais autant déshonoré l'esprit de l'homme ». La vie de Paine était essentiellement urbaine ; Cobbett célébrait les joies de la vie rurale et dénigrait les « frivolités efféminées de la métropole ». Paine défendait le développement commercial ; Cobbett s'y opposait, en se fondant précisément en partie sur des arguments qu'avançait Paine – notamment celui qui voulait qu'il rapproche les nations les unes des autres. Le fait que le commerce favorisait « un rapprochement des relations, et presque un mélange entre nations étrangères » ne le rendait pas, aux yeux de Cobbett, souhaitable. Bien au contraire, il envisageait le commerce international comme une autre source d'« effémination contagieuse ».

Paine, élevé comme un Quaker, haïssait la guerre (bien qu'il incitât les Quakers à soutenir la Guerre d'Indépendance américaine), alors que Cobbett ne perdit jamais son enthousiasme

pour les arts virils, « qui stimulent les nerfs et fortifient la
personnalité, qui encouragent une émulation pour les actions
de courage et de valeur, et qui, imperceptiblement, instillent
dans l'âme du bouffon honneur, générosité, et amour de la
gloire ». Paine se pensait humaniste ; Cobbett goûtait les sports
sanguinaires, les duels et le combat armé. Il considérait l'humanitarisme de William Wilberforce, sa *bête noire* de toujours,
comme une manifestation supplémentaire du déclin civique.
Dénonçant une loi qui proscrivait la boxe et les combats d'ours
et de chiens, il recourrait au style républicain afin de retracer
les six phases du déclin national : « Commerce, opulence, luxe,
efféminaison, couardise et asservissement ». Wilberforce et sa
Société pour la Suppression du Vice espéraient supprimer, affirmait Cobbett, « l'ensemble des activités des gens de peu (...)
chargées de les préparer à des actions de bravoure d'un type
plus élevé » et de « préserver l'indépendance et les libertés de
leur pays ».

Relier Cobbett à la tradition populiste agrarienne ne requiert
aucun tour de passe-passe historiographique. Il le faisait de
lui-même, notant qu'autrefois l'Angleterre avait été divisée en
« un parti de cour et un parti de la campagne, ce dernier ayant
toujours été prêt à défendre les droits des hommes du
commun ». Un jour funeste, écrivait Cobbett, le parti de la
campagne avait lié son sort au Prince de Galles, et était alors
devenu de sa propre initiative un parti de cour, avec pour
résultat le fait que « les gens de peu n'étaient plus représentés
par personne ». Sa référence restait l'Angleterre rurale de son
enfance – une société dans le temps prospère, il s'en souvenait,
avant que « le système » prive les Anglais de leur énergie, de
leurs sports de combat, et surtout de leur indépendance. Les
doutes que nourrissait Paine au sujet du progrès se fondaient
sur le contraste habituel opposant la civilisation à l'état de
nature. « Une grande partie du genre humain, dans les pays
dits civilisés, connaît une situation de pauvreté et de misère
bien plus dramatique que la condition d'un Indien. » (Des
constats similaires peuvent être trouvés dans les écrits d'Adam
Smith.) Lorsque Cobbett parlait, quant à lui, de déclin, il se
référait à un processus contemporain.

Je me souviens parfaitement de l'époque où des hommes âgés, de simples manœuvres, avaient l'habitude de porter à l'église de bons manteaux en popeline qu'ils avaient achetés à l'occasion de leurs noces. Ils étaient économes et prévenants, mais ils étaient encouragés à pratiquer ces vertus. Les biens ménagers d'un membre de la classe ouvrière, son horloge, ses couteaux et ses assiettes en étain, ses outils en laiton et en cuivre, ses chaises, ses bancs, ses tables de gros chêne, sa literie et tout ce qui lui revenait, contrastent avec son misérable présent, et son absence de substance dont la seule pensée soulève le cœur.

Kramnick et Michael Foot le notent, « Cobbett se retournait vers le passé, vers un âge d'or médiéval ; Paine portait son regard vers une utopie, un état de perfection humaine ». Cobbett finit pourtant par considérer Paine comme un compagnon d'armes, et non sans raison. Tous les deux méprisaient les monopoles, les spéculateurs et les intermédiaires – ceux que Cobbett appelait les « pillards » et les « sangsues », qui vivent vautrés dans « le scandale et le luxe » sur le « dos de l'ignorant, de l'innocent et du faible ». Les deux exemptaient de leur attaque contre les « obsédés de l'argent », le « loyal marchand » et les « fournisseurs honnêtes et industrieux, qui occupent le rang du milieu et ont prouvé à de multiples reprises qu'ils préfèrent la loi et la liberté à l'or ».

Pour Cobbett, c'était avant tout l'endettement gouvernemental qui était à l'origine de l'apparition d'une nouvelle engeance de « petits trafiquants, d'agents de change et de spéculateurs ». Sous le « système de papier », le gouvernement n'était plus financé par les recettes courantes mais par des emprunts auprès des riches, qui gagnaient ainsi une influence décisive sur l'État. Une dette nationale et une armée de métier – cette dernière, qui nécessitait toujours plus d'emprunts, devait être financée à fonds perdus par le trésor public – conduisaient à l'émergence d'une société « où seules deux classes d'hommes subsistent », affirmait Cobbett, « des maîtres et d'abjects laquais ». Paine attribuait le même résultat à l'émergence d'un « monopole foncier » qui avait « dépossédé plus de la moitié des habitants de chaque nation de leur patrimoine naturel », et par conséquent « créé des types de pauvreté et de misère qui n'existaient pas auparavant ». Cobbett et lui déploraient tous deux celle que Paine appelait la « révérence faite de soumission » pour l'« abondance », et croyaient que « la richesse et la splendeur, loin de fasciner la multitude » devaient « provoquer des grimaces de dégoût ». Les deux hommes autorisaient, en d'autres termes, leur politique à être gouvernée en grande partie par leur répulsion instinctive pour la richesse, alors que Adam Smith, cela sera rappelé, admettait que le respect pour « les vaines et creuses distinctions de grandeur » était déplacé, mais saluait cette « supercherie » comme l'origine du progrès industriel et économique.

Cette comparaison entre Paine et Cobbett suggère que l'idéologie républicaine avait perdu la plus grande partie de sa résonance à cette époque, et survivait principalement sous la forme d'une aversion égalitariste pour les situations sociales extrêmes, d'une préférence pour une vie simple, et d'un dégoût appuyé pour les prétentions grandissantes des nouvelles classes émergentes. Le Républicanisme, d'abord associé aux qualités masculines et à la gloire militaire, à la poursuite de l'excellence à travers la participation civique, un respect du passé, et une tendance à mettre en rapport le changement social avec la décadence, persista bien plus fortement chez Cobbett que chez Paine. Toutefois, même Cobbett ne peut être considéré comme un humaniste civique que dans une acception très générale. Sa pensée sociale se fondait sur un appel à la mémoire, mais il invoquait la mémoire de la vieille Angleterre, et non celle de l'antiquité classique ou de la Renaissance. Après Cobbett, la critique anglo-américaine du progrès insista moins lourdement sur les thèmes religieux que sur les thèmes républicains, et en vint à être associée à une admiration grandissante pour le Moyen âge plutôt contradictoire avec l'imagerie classique préférée par les Républicains. Des critiques sociaux comme Thomas Carlyle, Orestes Brownson, John Ruskin, et William Morris chérissaient le Moyen âge mais accordaient peu de mérite à la Renaissance. Seule leur attaque du « système de papier », associée à une référence occasionnelle à Harrington et ses disciples (presque jamais à Machiavel), les relie à la tradition civique, et même cet aspect de leur pensée se comprend moins comme un Républicanisme résiduel, que comme un mélange de traditions multiples dans lequel le Républicanisme devenait un ingrédient de plus en plus insignifiant. Ces éléments se combinaient à un nouveau type de critique sociale qui ne pouvait être justement défini en recourant aux anciennes désignations. Ses traits distinctifs – identifiés pour le mieux, à mes yeux, dans la variante américaine – incluaient une défense des petits fermiers, artisans et autres « producteurs » ; une opposition aux organismes de crédit publics, aux spéculateurs, banquiers, et intermédiaires ; une opposition à la culture entière de l'ascension sociale et du « progrès » ; et un réquisitoire de plus en plus détaillé et éloquent dirigé contre l'humanitarisme, la philanthropie, la réforme sociale et la bienveillance universelle – ce que Cobbett nommait avec mépris le « réconfortant système ».

Orestes Brownson et le divorce entre la politique et la religion

La recherche par Orestes Brownson d'une synthèse satisfaisante entre politique et religion l'obligea à tant de contorsions, tant de faux départs et d'impasses, qu'elle défie presque les tentatives qui visent à lui trouver un semblant de consistance, ou même à ne lui trouver aucune forme particulière. Décrit une fois par Emerson comme un « scribe de Cobbett » (grâce à son stimulant essai « The Laboring Classes » [1]), Brownson parcourut pratiquement la totalité du spectre des sectes protestantes – Presbytérianisme, Universalisme, Libre Pensée, Unitarisme – avant de se convertir au Catholicisme en 1844, et ses opinions politiques suivirent une trajectoire également erratique. Socialiste du type Owen à vingt ans, il embrassa plus tard la cause du radicalisme ouvrier, se présenta brièvement comme un Démocrate jacksonien, revint sur son adhésion à la Démocratie à la suite de la terrible campagne de 1840, s'allia pour un temps avec John C. Calhoun [2] et finit par adopter l'étiquette de catholique conservateur au cours des vingt-cinq dernières années de sa vie.

Puisque Brownson ne gardait jamais ses opinions pour lui-même, ou n'y réfléchissait jamais en privé avant de les envoyer à l'impression, il « inspirait le mépris », il le nota lui-même, pour sa « versatilité et ses fréquents changements d'opinion ». Il se faisait sa propre éducation en public, dans les colonnes de magazines qu'il rédigeait entièrement à lui seul. « Le débat dans mon esprit », écrivait-il en 1842, « s'est poursuivi au cours des dix dernières années. » Il se poursuivit en fait bien plus longtemps encore ; et il ne s'arrêta pas davantage avec sa conversion. Comme catholique, il continua à fournir à la *Brownson's Quarterly Review* des articles denses, érudits, secs et dogmatiques consacrés à la théologie, à la morale, à l'épisté-mologie, au droit et à la politique. Plus catholique que le pape, il devait être quelquefois rappelé à l'ordre par ses supérieurs de la hiérarchie cléricale, particulièrement lorsque ses appels fré-quents en faveur de la réunification de la politique et de la religion menaçaient la trêve précaire qui était intervenue entre l'église catholique et l'État. La hiérarchie catholique considérait la séparation de l'église et de l'État comme la condition essen-tielle de l'existence de l'église en Amérique, et le zèle manifesté par Brownson en faveur d'une religion publique s'avérait pour le moins embarrassant.

Son incapacité à accepter la séparation de la politique d'avec la religion fournit, je crois, la clé du parcours, autrement inex-plicable, de Browson – le seul élément de stabilité et de conti-nuité repérable au milieu de toutes ses incohérences et contradictions. Il campait, au début, sur la position voulant que la religion fût bien trop importante pour rester une préoc-cupation d'ordre purement personnel ; il ne fait aucun doute que ce fut cette conviction qui, en partie, le conduisit à faire de sa religion, de ses doutes et de tout le reste un tel enjeu public. Il ne cessa d'insister, y compris au cours de sa période de Libre Pensée, sur le fait que la société avait, plus que jamais, besoin de religion – la religion de l'humanité qui, il l'espérait alors, prendrait la place du Christianisme. Au milieu des années trente, il avait répudié la religion créée par l'homme que défen-daient les Saints Simoniens. Il écrivit *New Views of Christianity, Society, and the Church* (1836) pour réfuter expressément

l'affirmation selon laquelle une société avait besoin d'une nouvelle religion à la place de l'ancienne. Dans la même œuvre,
cependant, il persistait à critiquer la séparation de l'église et
de l'État, qui se fondait, avançait-il désormais, sur la séparation
philosophique de l'esprit et de la matière, de l'âme et du corps,
qui allait à l'encontre de la doctrine de l'Incarnation et de la
tradition chrétienne dans son ensemble. Trois ans plus tard, il
critiquait l'idée que les ecclésiastiques ne devraient pas « se
mêler de politique » en affirmant que « les devoirs de tous les
hommes sont intimement liés », que « la religion et la politique
rentrent perpétuellement en contact l'une avec l'autre », et
qu' » une religion qui néglige le bien commun est mauvaise à
l'extrême », tandis qu'un système politique séparé de la religion
dégénérait « de la nécessité vers le Machiavélisme ». En 1842,
il affirmait qu'il était « mauvais, décidément mauvais » de citer
l'histoire médiévale à propos des dangers de l'oppression cléricale, comme s'il était déplacé pour des autorités séculières de
se soumettre à l'autorité spirituelle. Au contraire, « il était bon
pour l'homme qu'il existât un pouvoir supérieur aux brutaux
tyrans nommés empereurs, rois, et barons qui foulaient aux
pieds l'humble paysan et l'artisan ».

Le caractère inséparable de la politique et de la religion, tel
que Brownson le concevait, n'impliquait en rien qu'il faille
désirer un consensus officiel ou une religion civique. Il souhaitait une « synthèse puissante et vivante », et non un « éclectisme imbécile ». Au cours des années 1830 et 1840, les Protestants libéraux, pour la plupart *Whigs*, recommandaient aux
églises d'abandonner les querelles sectaires et de s'unir autour
de quelques préceptes éthiques partagés par toutes, susceptibles
de servir de credo national. Ils craignaient qu'en l'absence
d'une discipline morale, l'individualisme rapace démantèle
totalement la société. La séparation de l'église et de l'État
constituait à leurs yeux un arrangement hautement souhaitable
car elle laissait les controverses doctrinales, des sources de division dénuées d'importance, en dehors de la sphère politique
et permettait aux églises de se consacrer au travail plus important de réforme sociale. Tempérance, épargne, honnêteté dans
les affaires commerciales, manières de travailler convenables,

dispositions prises en faveur des pauvres, règlement rapide des
dettes, respect de la femme, protection des droits des Indiens :
tels étaient les besoins criants du moment pour les *Whigs* – des
besoins auxquels la « conscience *whig* » aurait ajouté l'émancipation progressive des esclaves, suivie de leur retour en Afrique.
Cet ambitieux programme de « progrès » présupposait un
consensus moral de fond, que les *Whigs* espéraient généraliser
par l'intermédiaire d'organisations de charité et d'autres organismes interconfessionnels – les « associations volontaires » si
hautement louées par Tocqueville –, ainsi qu'à travers les écoles
pour tous (*common schools*). Le système scolaire envisagé par
Horace Mann et d'autres réformateurs était censé constituer
la principale source de la moralité sociale.

Dans ses virulentes attaques contre les réformes de l'éducation entreprises par Mann, Brownson rendait très explicite la
différence existant entre sa conception personnelle des relations
appropriées entre politique et religion, et la conception
défendue par les *Whigs* d'une religion civile fondée sur la suppression des questions doctrinales. Un système éducatif pris en
charge par l'État, fonctionnant selon les principes envisagés
par Mann, engloberait les « opinions aujourd'hui dominantes »
et renforcerait le *statu quo* politique. Il se résumerait à une
« branche de la police générale ». Mann et ses amis promouvaient l'éducation comme « le moyen le plus efficace pour
juguler la pauvreté et le crime, et faire que les riches se sentent
en sécurité sur leurs terres ». Ayant échoué à perpétuer l'institutionnalisation de la religion, ils espéraient désormais
l'imposer à nouveau à travers une institution éducative financée
par l'État. Leurs projets étaient inacceptables, aussi bien sur le
plan religieux que sur le plan politique. En supprimant tout
ce qui était source de divisions dans la religion, ils n'en lais-
seraient qu'un fade résidu. « Une foi, qui n'embrasse que des
généralités, n'est qu'à peine préférable à l'absence totale de
foi. » Des enfants élevés au sein d'un « Christianisme s'ache-
vant dans le néant », anodin et non confessionnel, dans des
écoles où « on enseignera beaucoup en général, mais rien en
particulier », seraient privés de leur patrimoine commun. Le
fait de « respecter et préserver ce qui existe » leur serait

enseigné ; ils seraient mis en garde contre la « licence de la population, l'agitation et la violence des masses » ; mais ils ne feraient jamais sous un tel système l'apprentissage d'un « amour de la liberté ».

Résidait ici ce que Brownson comprenait comme le cœur du sujet : l'impossibilité d'apprendre aux individus à « tenir fermement à leur liberté », à moins qu'ils n'aient été, dans un premier temps, élevés dans une tradition religieuse particulière. « Une éducation qui n'est pas religieuse est un solennel simulacre » ; mais « aucun Calviniste, s'il est honnête, ne peut enseigner le Christianisme afin de satisfaire un Unitarisme consciencieux et fervent[3] ». Avant de pouvoir se respecter et respecter les autres, les hommes et les femmes avaient besoin d'apprendre à respecter quelque corpus d'« importante vérité ». Pour ces raisons, l'éducation devait rester sous un contrôle local et, autant que possible, parental. Mais cet objectif ne devait pas constituer, en ce qui la concernait, l'objectif ultime ; il ne s'agissait, pour Brownson, que d'un postulat de départ. Le véritable travail d'éducation ne se déroulait absolument pas dans les écoles. Anticipant John Dewey, Brownson relevait que

> nos enfants sont éduqués dans les rues, sous l'influence de leurs camarades, dans les champs et sur les flancs des collines, sous l'influence du décor environnant et du ciel le surplombant, au sein de la famille, par l'amour et la douceur, ou le courroux et l'irritabilité des parents, par les passions et les affections qu'ils voient manifestées, les conversations qu'ils écoutent, et par-dessus tout par les occupations, les coutumes, et la tonalité morale générale de la communauté.

Ces considérations, associées aux commentaires approfondis de Brownson sur la presse et le *lyceum*[4], semblaient en arriver à la conclusion que les hommes avaient le plus de chances de développer un amour de la liberté en étant exposés à une large et générale controverse publique, la « libre action de l'esprit sur l'esprit ». De fortes convictions ne se réduiraient qu'à bien peu de chose, si ceux qui les exprimaient ne se montraient ni capables, ni disposés à les défendre. Une controverse publique, en conséquence, devait aborder, non seulement la politique, mais également la religion – les « deux grandes préoccupations des êtres humains ». Lorsqu'il critiquait la séparation de la religion d'avec la politique, Brownson laissait entendre que les questions touchant à la « destinée de l'homme » devaient être débattues publiquement, et non qu'une nouvelle institution religieuse dût apporter des réponses faisant autorité. « L'époque d'un enseignement faisant autorité est révolue. » Des efforts destinés à l'imposer à nouveau ne feraient que conduire à cet « état calme, compassé, pour lequel se bat notre respectable clergé » ; et tout était préférable à la « situation mortifère présente de nos églises ». « La paix est une bonne chose, mais la justice est meilleure encore (...) Donnez-nous le tumulte et la lutte de la vie, plutôt que la paix et le silence de l'ossuaire. »

Le réquisitoire de Brownson contre la philanthropie

Présenter Brownson comme un républicain serait excessif. Il considérait comme un argument en faveur de la Démocratie le fait qu' » elle prend soin de ne pas diluer l'homme dans la figure du citoyen » – ce qui n'est pas à proprement parler un sentiment républicain. Dans les cités libres de l'Antiquité, relevait Brownson, « il existait des droits du citoyen, mais pas de droits de l'homme ». De cette façon, Socrate, condamné à mort, loin de tenir compte du conseil de ses amis de prendre la fuite, se soumit à la cité. « Il n'avait aucun droit en tant qu'homme, ce qu'il plaida peut-être. » En Grèce et à Rome, « il n'existait aucune liberté personnelle » ; l'« individu (...) ne comptait pour rien ». Cette subordination de l'homme au citoyen trouvait son application moderne dans le dogme du peuple en souverain absolu, ce à quoi Brownson s'opposait sans relâche. Il croyait que les « droits inaliénables de l'homme » limitaient les pouvoirs de l'État, qu'il soit contrôlé par « des monarques ou les masses ». Cette idée ne jouait aucun rôle dans la tradition civique ; ceux qui souhaitaient retrouver ses antécédents, disait Brownson, auraient à se retourner vers « le système féodal, et plus encore vers le Christianisme », qui avait introduit l'« élément de l'individualité ».

À la fin de sa vie, Brownson se présentait quelquefois comme républicain, mais pour ne rappeler à ses lecteurs (de la même façon que Paine le lui avait rappelé) que la signification littérale du terme faisait référence au bien public, ou, autrement, pour avancer que « le peuple américain commettait une sérieuse erreur en confondant Républicanisme et Démocratie », et qu'il devait maintenant « rappeler le gouvernement aux vrais principes de la Constitution ». Lorsque Brownson évoquait Harrington, ce n'était que pour nier l'impact des travaux de ce dernier sur ses propres conceptions de l'« influence de la propriété sur la politique et la législation ». Nous ferions mieux de ne pas tenir compte de ses déclarations visant à faire croire que ses conceptions lui « appartiennent en propre » ; mais quelle que soit leur provenance, son point de vue général devait sans aucun doute bien plus aux influences chrétiennes, recouvertes à ce moment-là par celles des Lumières, qu'à la tradition de l'humanisme civique.

Son radicalisme chrétien rencontrait néanmoins la tradition républicaine sur un certain nombre de points : un goût pour la joute verbale ; une confiance en la discipline éducative et formatrice de la vie politique et de la confrontation des opinions ; une croyance dans « la finitude de l'homme », à savoir le développement de ses capacités maximales ; l'intuition persistante que la vie ne vaut la peine d'être vécue qu'à la condition de l'être avec ardeur, énergie et dévotion. « Rien (...) n'est plus répugnant que la tiédeur » lançait-il. « Donnez-nous, nous l'affirmons, des ennemis ouverts, énergiques, intransigeants, ou des amis inébranlables, loyaux, qui s'attacheront fermement à la vérité, (...) pour vivre avec elle ou mourir avec elle ; et non des hommes mi-figues mi-raisins. » Vivre ou mourir pour la vérité n'est pas la même chose, à coup sûr, que vivre pour la gloire ; mais ces idéaux partagent plus de choses entre eux qu'avec l'idéal de « paix et de sécurité » proposé par Paine, qui accoucha d'un libéralisme plus pleinement développé, proche de celui qu'élabora Adam Smith. Brownson pensait que la politique devait s'adresser aux questions morales d'importance transcendante, y compris au risque de remettre en cause la paix ; pour cette raison, il se désolidarisa plus d'une fois de l'affirmation de Paine portant qu'un gouvernement était, au mieux, un mal nécessaire.

Son hostilité à une institution éducative s'expliquait aussi par des considérations qui n'étaient pas différentes de celles qui sous-tendaient l'opposition républicaine à une armée de métier. Brownson avançait, en effet, que les hommes et les femmes perdraient la capacité à s'éduquer, ainsi qu'à éduquer leurs enfants, s'ils confiaient leur éducation à une classe de professionnels. Il s'opposait, comme les Républicains, à la tendance générale qui conduisait à une division du travail de plus en plus hautement spécialisée ; sa querelle fondamentale avec l'économie politique libérale trouvait son origine dans cette question, et la même chose peut être dite des Républicains. En 1841, affirmant encore que la « mission de son pays » était d'« élever le niveau des classes laborieuses, et de rendre chaque homme réellement libre et indépendant », il regrettait la « division de la société entre travailleurs et oisifs, employeurs et ouvriers », une « classe instruite et une non instruite, une classe cultivée et une inculte, une classe raffinée et une vulgaire ». Le seul moyen de renverser cette tendance était, à ses yeux, de faire de chaque homme un propriétaire. Cette proposition était le résultat de son fameux essai de 1840, *The Laboring Classes* – un ensemble si radical qu'il fut reçu, Brownson le rappela plus tard, par « un hurlement d'horreur universel »*.

* « L'aspect le plus grave de mon délit résidait dans ma condamnation du système industriel moderne, particulièrement le système du travail salarié, que je tenais comme pire encore, sauf au regard des sentiments, que le système esclavagiste du Sud (...) Je soutenais que la principale source de tous les maux de la société moderne était la séparation du capital et du travail ; ou le fait qu'une classe de la communauté détient les ressources pécuniaires, et qu'une autre classe distincte est contrainte de réaliser le travail de production. » Brownson concédait que ce remède – faire de « chaque homme un propriétaire des fonds financiers comme du travail de production » – « aurait démoli le système commercial moderne dans sa totalité, paralysé toutes les grandes industries, ou ce que j'appelais le système industriel, et renvoyé les masses vers la campagne pour qu'elles puissent gagner

Les commentateurs ont, avec raison, vu dans *The Laboring Classes* une anticipation du *Manifeste communiste*, lancé à travers le monde huit ans plus tard. « Partout dans le monde ce constat saute aux yeux, l'ouvrier est pauvre et déprimé, alors qu'une grande partie de ceux qui ne travaillent pas (...) baigne dans l'opulence. » Le mal, à lire Brownson, ne résidait pas dans un excès de dirigisme, comme le croyaient les disciples d'Adam Smith, mais dans le « présent système de négoce », précisément dans le travail salarié – « un dispositif sournois diabolique ». La véritable ennemie de la classe laborieuse était la « classe moyenne, toujours championne inébranlable de l'égalité, lorsqu'elle se soucie d'humilier une classe supérieure, mais (...) son ennemie invétérée, dès lors qu'elle s'inquiète de l'élévation d'une classe qui lui est inférieure. » Ayant vaincu l'aristocratie, la classe moyenne était devenue « conservatrice, (...) qu'elle se présente comme whig ou radicale ». Le « combat à venir », qui prenait déjà forme en Angleterre avec l'émergence du mouvement chartiste, opposerait le travailleur à son employeur, son « seul véritable ennemi ». Il ne pourrait être résolu « sans lutte ni effusion de sang ». L'éducation ferait très peu pour améliorer le sort des pauvres. Et la réponse ne résiderait pas plus dans « l'autodidactisme » – le remède préféré de ceux qui espéraient une réforme « qui ne perturbe pas les arrangements sociaux qui rendaient une réforme nécessaire ». Puisque le mal était « inhérent à l'ensemble de nos arrangements sociaux », il ne

---

leur vie par des travaux agricoles et mécaniques ». Mais c'était précisément « l'un des résultats auxquels je visais », bien qu'« il allât directement contre l'état d'esprit dominant du monde britannique et américain » en remettant en cause « sa gloire suprême ».

Notons que Brownson ne revint jamais sur ces prises de position. « Je suis incapable, encore aujourd'hui, de percevoir quelque faiblesse », écrivait-il en 1857, « dans ma conception de la relation entre capital et travail, et dans ma conception du système moderne du salariat. » Il changea plus tard de point de vue sur un sujet, la « faisabilité » de ses réformes, la campagne de 1840 l'ayant « dégoûté » de la démocratie et rendu « méfiant à la fois à l'égard de l'intelligence et des instincts "des masses" ».

pouvait être traité « sans une modification radicale de ces arrangements ».

Le traitement que Brownson avait à l'esprit était, naturellement, la propriété, et non le communisme.

> Il ne peut être question qu'une classe entière de nos semblables soient condamnés à peiner tout au long de leur vie comme de simples travailleurs salariés. Les salaires ne doivent être tolérés, en ce qui concerne l'ouvrier seul, que sous certaines conditions afin que, arrivé à l'âge de s'installer dans la vie, il puisse avoir accumulé suffisamment pour être un travailleur indépendant propriétaire de son propre capital, de sa propre ferme ou de son propre commerce. Voici notre tâche.

Brownson se faisait ailleurs encore plus explicite. Dans *The Convert*, une autobiographie publiée dix-sept ans plus tard, il expliquait qu'il avait eu l'intention d'abolir la « distinction entre capitalistes et travailleurs », entre le « système industriel » et le « système bancaire et de crédit », bref, la structure globale du progrès moderne. « J'espérais contrôler le commerce, mettre un terme à la spéculation, et en ce qui concerne le système industriel, pour lequel nous étions en train d'imposer des taxations afin de le protéger et consolider, restaurer l'ancien système de l'industrie familiale véritable. »

Ce projet était celui de l'économie politique du Républicanisme, que Brownson se soit inspiré ou non de sources républicaines. Il partageait très peu de choses avec le libéralisme, comme avec le socialisme. La Démocratie, telle que Brownson la concevait, était incompatible avec des programmes avant-gardistes de ce genre ; elle n'accordait que peu de place au « progrès ». Elle présupposait une simple société de marché, la « forme élémentaire de liberté à laquelle Carlyle faisait référence, acheter au meilleur marché, vendre au meilleur prix ». Elle présupposait l'abolition du « système du papier-monnaie », bien que « les professionnels de la bourse ricaneront sans aucun doute de notre simplisme », admettait Brownson, « qui consiste à réclamer une unité monétaire purement métallique ». Elle présupposait une indépendance économique ; tout type de collectivisme la menaçait à sa source même.

L'indépendance n'impliquait pas la solitude. Si Brownson s'opposait à un développement plus important du marché, ce n'était pas parce qu'il craignait qu'il compromette son autonomie. Il n'était pas Thoreau, opposé à l'innovation parce qu'il pensait qu'un développement de ses besoins, dépassant le stade de la simple subsistance, l'emprisonnerait dans un réseau de sociabilité. Au contraire, il estimait la sociabilité bien plus hautement que la plupart des individualistes, et rejetait la culture de la philanthropie et du « progrès », précisément parce qu'elle remplacerait à ses yeux la camaraderie entre amis et voisins par l'amitié vague et insipide d'une humanité envisagée dans sa généralité. « Vos hommes dont toutes les traces de leur pays natal sont effacées, qui entretiennent cette philanthropie hypertrophiée qui recouvre toutes les distinctions géographiques, et qui englobe avec une égale affection tous les pays, toutes les races, et les individus, sont vraiment trop raffinés et transcendants pour un usage ordinaire. » Brownson comprenait que le cosmopolitisme représentait une forme plus haute de solitude. En développant cette argumentation, il appuyait sa plaidoirie, comme toujours, sur des affirmations portant sur la nature et la destinée de l'homme – c'est-à-dire sur les fins propres à son existence :

> La *nature* de l'homme est de vivre par le moyen d'une communion ininterrompue avec les autres hommes et avec la nature, sous les trois formes précises et définies que sont la famille, le pays et la propriété. Sa destinée, c'est-à-dire le dessein de son Créateur dans sa constitution, ne consiste donc pas à se placer physiquement, sentimentalement, et intellectuellement en communion avec tous les autres hommes, et avec tous les autres êtres de l'univers. Cela équivaudrait à le faire disparaître dans l'immense solitude du Sahara.

Brownson faisait part de ces observations dans l'une de ses nombreuses attaques contre la philosophie du « non gouvernement » que défendaient tant d'individualistes. L'humanitarisme cosmopolite de Paine et la misanthropie de Thoreau trouvaient tous deux leur source dans l'erreur qui consiste à croire que l'homme peut se passer de la nécessité d'un gouvernement – c'est-à-dire, d'une relation active avec ceux que des « allégeances locales » relient à lui, une « préférence pour sa propre terre natale », et les « circonstances particulières » dans lesquelles il a été élevé. Les idéologies de l'autonomie et les idéologies de l'annihilation de soi (pour lesquelles l'homme disparaissait au profit du citoyen, et, dans le cas de Paine, du citoyen du monde) impliquaient des conséquences similaires. Les deux sapaient la forme « concentrée » de solidarité – l'« amour de la famille et de la terre natale » – que requérait la nature humaine si elle souhaitait s'épanouir. Les deux en demandaient trop à la nature humaine, perdant de vue le fait crucial que « le fini cherche en vain à dominer l'infini ».

L'idée véhiculée dans cette dernière phrase relie les multiples thèmes de la pensée sociale de Brownson : le caractère inséparable de la matière et de l'esprit, de la politique et de la religion ; la discipline formatrice de « circonstances particulières » envisagées comme le terreau nécessaire à une maturation de la personnalité ; le besoin d'intégrer toute appréhension vivante de la réalité au sein d'une série de valeurs particulière (qui est donc inévitablement source de divisions), de préférence à un insipide éclectisme. Brownson n'oubliait jamais que les êtres humains avaient un corps et que « l'homme désincarné », privé du poids des circonstances et des associations, « ne serait plus un homme, que l'homme ne se résume qu'à un corps lorsqu'il est privé de l'esprit * ». L'homme ne touche à l'universel qu'à

---

* Pour cette raison, Brownson s'opposait à chaque théorie du progrès qui impliquait un rejet du passé. Ayant fait le choix, dans ses premiers écrits, de « réaliser des efforts en vue du progrès », il entreprenait de décontenancer ses lecteurs « en leur conseillant de ne pas fuir le passé ». Le futur ne pouvait pas plus être dissocié du passé que l'esprit ne pouvait l'être du corps. « La distinction entre le parti du mouvement et le parti de la stagnation est dépourvue de fondement », avançait-il, « lorsque l'on regarde un tout petit peu sous la surface. » Ainsi, l'objectif de son important essai *Reform and Conservatism* (1842) était de mettre fin à la distinction évoquée par le titre. « Il est vain de combattre le passé. Personne ne peut devenir un réformateur, s'il n'a pas une tradition. Privez-nous de tout héritage, de tout ce que nous avons tiré du passé (...) et nous deviendrons de simples sauvages

travers le particulier : tel est le cœur du radicalisme chrétien de Brownson.

Le libéralisme de Locke : une idéologie « bourgeoise » ?

Tout en nous gardant de méconnaître les différences qui les séparent, nous pouvons considérer Brownson, Cobbett, et même Paine, comme représentatifs d'une certaine tradition, qui se distingue par son scepticisme quant aux bénéfices du progrès commercial, et plus particulièrement par la crainte que la spécialisation sape les fondations sociales de l'indépendance morale. Browson parvint à une compréhension plus large des implications du « progrès », mais il partageait la haine de Cobbett pour le « système de papier » que des hommes d'État comme Horace Walpole et Alexander Hamilton espéraient utiliser pour rallier les classes possédantes aux nouvelles conditions en n'appelant pas à leur « vertu », mais à leurs intérêts égoïstes de créanciers publics. Il détestait autant que Cobbett le « réconfortant système »*. La bureaucratisation de la bienfaisance, à ses yeux, diminuait à la fois les individus, en les exemptant de leurs devoirs civiques et religieux, et imposait d'impressionnants pouvoirs tutélaires au sein de l'État. Ayant sapé les capacités des citoyens à l'autodéfense, à la formation de soi, et à l'aide mutuelle, l'État aurait désormais à assumer ces

---

nus. » La réticence de Brownson à choisir entre réforme et conservatisme, ou à mettre en équation radicalisme politique et répudiation du passé, était typique de la tradition populiste.

* L'ordre nouveau, comme il le voyait, aurait à comprendre non seulement une institution financière et une institution militaire – et c'était le coût qu'impliquaient des armées de métier qui nécessitait en premier lieu la réforme de la finance publique –, mais tout autant une institution éducative et une institution philanthropique. Ce que Cobbett appelait le « réconfortant système » représentait par bien des aspects la forme la plus dangereuse de spécialisation de toutes les activités, qui conduirait le citoyen ordinaire, déjà délivré de ses obligations militaires, à investir même l'État des obligations naturelles de bon voisinage et de charité chrétienne.

fonctions lui-même. Afin de faire obstacle aux conséquences de l'individualisme rapace, l'État aurait à promouvoir une religion quasi-officielle dans l'espoir d'assurer une homogénéité de l'opinion. L'émergence de structures philanthropiques interconfessionnelles, alliée à un système uniforme d'enseignement public fondé sur la même idéologie faite de bienveillance aveugle, incitait Brownson à penser que la tentative de mettre la religion au service de l'État la vidait de toute substance, et affaiblissait la capacité de la religion à fournir une résistance effective à la soif de richesse et de pouvoir. La tentative d'asseoir l'ordre public sur la religion requérait précisément l'élimination de ces éléments religieux – les doctrines qui opposaient une secte à une autre tout en exigeant une intense loyauté – susceptibles d'apporter une certaine gravité et un poids moral au débat public.

Il devrait être évident que le réquisitoire de Brownson contre la spécialisation devait plus aux influences chrétiennes qu'aux influences républicaines, bien que son analyse de la manière dont la spécialisation tend à éroder les capacités morales des individus complétât certaines figures de la tradition républicaine. Le point important qui émerge d'une comparaison entre Brownson, Cobbett et Paine, est que le Républicanisme n'était pas la seule source à laquelle l'opposition au « progrès » avait la possibilité de puiser. Le Christianisme fournissait une source également importante ; mais le libéralisme même se mêlait à

Serait-ce aller trop loin que de dire que ces idées nous fournissent les éléments d'une théorie extrêmement sophistiquée de l'État moderne ? Je ne peux affirmer que Brownson les développait dans cette direction ; après 1840, son « dégoût de la démocratie » lui interdit d'élaborer ses idées politiques sur un mode systématique, et il ne fut jamais un penseur systématique, dès le début. Pourtant, les positions qu'il partageait avec d'autres populistes ne devraient pas être perdues de vue. La critique habituelle du populisme, ravivée au cours des récentes polémiques sur le républicanisme, accuse les populistes d'accorder un intérêt excessif aux problèmes de finance, de crédit et de monnaie – l'accuse, pour le dire autrement, d'attacher trop d'attention à la circulation, et non à la production, des marchandises. Ce reproche est en partie fondé, bien que la critique populiste du travail

ces autres influences du courant du radicalisme populaire. Henry George, qui partageait la vision de Paine, Cobbett et Brownson, tirait une grande partie de son inspiration (comme Paine lui-même) de Adam Smith.

Dans leur enthousiasme pour un Républicanisme réinventé, des historiens révisionnistes ont dressé ce dernier contre une caricature de libéralisme, une caricature qui présente sans nuances le libéralisme comme la philosophie de « l'individualisme possessif ». Là encore, les révisionnistes se sont emparés d'éléments qui constituaient la synthèse même – celle de Louis Hartz et C.B. Macpherson – qu'ils avaient l'intention de revisiter ; et c'est la découverte tardive que même des libéraux avaient, après tout, nourri des réserves au sujet de l'individualisme rapace qui conduit tant de nouveaux chercheurs à commettre l'erreur supplémentaire d'interpréter le libéralisme en dehors de tout contexte historique, et de le remplacer par une tradition de l'humanisme civique unique, autosuffisante, et « paradigmatique ». Cette attention excessive portée à la critique républicaine du libéralisme a eu pour conséquence d'obscurcir le thème essentiel, très limpidement présenté par Pocock lui-même, du « combat pour l'existence que l'idéologie bourgeoise, dont l'apparition avait été dépeinte par un Marxisme dépassé comme revêtue d'une inévitabilité historique, avait dû mener et qu'elle n'avait jamais entièrement remporté ». La conclusion similaire transparaît de travaux de chercheurs qui

---

salarié, qui égalait la critique marxiste sans pour autant conduire à une condamnation de la propriété, doive le nuancer. Son refus de reconnaître que la propriété privée était la racine de tous les maux condamnait le populisme, aux yeux des marxistes et des sociaux démocrates, à la futilité analytique et pratique.

S'opposant au monopole, à la concentration du pouvoir économique dans les mains d'une classe de capitalistes de plus en plus réduite, les populistes y voyaient à tort des « privilèges spéciaux » accordés par l'État. Mais si cette explication négligeait la manière dont le monopole échappe à la logique intrinsèque de la compétition économique, elle n'en capturait pas moins un élément qu'oubliaient les Marxistes : la mainmise grandissante d'une classe prospère de créanciers privés (et, à notre époque, d'une classe de plus en plus

sont opposés à une mise en avant unique du Républicanisme
– chez ceux, par exemple, qui insistent à nouveau sur l'importance centrale de John Locke, contre la tentative de Pocock de
reléguer Locke aux marges du débat politique le plus moderne.
Grâce, entre autres, à John Dunn, Richard Ashcraft, Neal
Wood, James Tully, et John Marshall, Locke ne peut plus être
envisagé comme un « lockien » – c'est-à-dire comme un théoricien de « l'individualisme possessif ». L'interprétation de la
louange de l'esprit entreprenant par Locke devrait, selon Dunn,
prendre en compte un contexte qui n'était pas capitaliste, mais
bien protestant. Anticipant la réplique portant que la doctrine
protestante de la vocation était elle-même inspirée par l'« esprit
du capitalisme », Dunn maintient que les Protestants se montraient plus préoccupés par la suppression de la tradition
monastique que par la promotion du capitalisme, ou l'imposition de la discipline du travail moderne aux vagabonds et
oisifs. L'idée que les hommes et les femmes servaient mieux
Dieu par un service dévoué aux tâches matérielles qui leur
incombaient par la grâce de Dieu se développait en opposition
à l'idéal monastique de spiritualité, et plus particulièrement en
opposition à la proposition qui voulait que « le salut pût être
obtenu par l'observation d'une série de stricts principes de
croyance ». L'importance accordée par les Calvinistes à la
valeur spirituelle du travail avait peut-être donné une certaine
approbation morale à l'entreprise capitaliste, mais « l'appro-

---

importante d'entrepreneurs privés spécialisés dans la fourniture militaire) sur l'État. Les fondateurs des États modernes, pressés de
conforter leur légitimité et de contrecarrer les effets perturbateurs liés
aux origines révolutionnaires de ces États, ne faisaient aucun mystère
de leur intention de s'assurer la loyauté des riches en les impliquant
dans la bonne marche de l'État. Les populistes avaient bien plus
clairement conscience des conséquences probables de cette politique
que ceux qui n'envisageaient l'État que comme l'« organe exécutif de
la classe dirigeante ». La nouvelle classe dominante, les populistes le
comprirent, était elle-même la création de l'État – le produit du besoin
de l'État d'un système de plus en plus élaboré de finance publique,
qui, à son tour, se développait largement en rapport avec les exigences
de la guerre moderne. Que les républicains et les populistes aient

priation capitaliste et le labeur agricole intensif », relève Dunn,
« étaient également des vecteurs appropriés » à « l'aspiration
sans bornes » à la piété que réclamait le Calvinisme. Loin de
considérer les richesses comme le signe extérieur du salut,
Locke pensait, selon Dunn, que « les riches sont le plus souvent
corrompus », et les gens vertueux « destinés à rester pauvres ».
« La vertu et la prospérité », déclarait Locke, « font rarement
bon ménage » – une formule difficilement susceptible de justifier ce que Macpherson nomme une « appropriation sans
limites ». Dans son empressement à identifier Locke à la
« théorie politique de l'appropriation », Macpherson écarte sa
religion comme un papier d'emballage dont il est permis de
se débarrasser sans faire violence à l'essence de sa pensée.
Non seulement il sous-estime la solidité des convictions religieuses de Locke, mais il échoue à comprendre leur signification politique. Quand Locke exaltait l'esprit entreprenant et
la productivité, « il ne semblait pas avoir à l'esprit les grandes
fabriques », affirme Neal Wood, « mais les petits producteurs,
les petits et moyens artisans et commerçants ». Locke devrait,
selon Wood, être considéré comme un défenseur du « capitalisme agrarien » comme contre-modèle au capitalisme commercial et industriel. « Sa tendresse pour le petit artisan, le
producteur qui vend ses propres marchandises », alliée à « ses
critiques contre le rôle improductif du courtier » interdit de
considérer sa théorie de la propriété comme une théorie bourgeoise au sens de Macpherson.

Macpherson affirme que Locke tenait les classes laborieuses
pour des classes de sous-hommes et proposait de les exclure de
la vie politique. Il n'est pourtant nullement évident que les
critiques de la paresse formulées par Locke étaient principalement dirigées contre les pauvres. Au XVIIIᵉ siècle, la population
« laborieuse » de la nation britannique – à laquelle Locke opposait sa critique de l'aristocratie improductive – pouvait encore
être envisagée comme une majorité, ou au moins comme une

formulé le plus médiocre des arguments quant à la circulation de la
monnaie, la propriété privée et l'économie politique en général, n'est
en rien évident.

minorité de la population avec laquelle il fallait compter, et les conditions du droit de vote étaient, qui plus est, bien moins restrictives que ce qu'elles allaient devenir par la suite. Ashcraft relève que la principale menace pour les droits de propriété n'émanait pas d'un mouvement de masse composé de prolétaires paupérisés et privés de droits civiques, mais de la monarchie des Stuart, et de sa tentative d'imposer des taxes sans l'aval du Parlement, et de consolider ses prétentions à un pouvoir absolu. Macpherson et d'autres historiens de l'« individualisme possessif » ont tendance à plaquer leur grille de lecture des luttes de classe du XIXᵉ siècle sur celles du XVIIᵉ siècle. Ils envisagent la défense des droits de propriété formulée par Locke comme un pan d'une stratégie plus large de « contrôle social », destinée à maintenir les classes laborieuses à leur place. Locke n'estimait la religion, selon cette interprétation, que parce que des récompenses et châtiments d'ordre divin décourageraient les pauvres d'exiger justice ici-bas. Les critiques de Macpherson le mettent en lumière, pourtant, la proposition de Locke qui voulait que les travailleurs manuels soient autorisés à consacrer quelques heures par jour à l'étude (et que les classes éduquées se consacrent pareillement au travail manuel) ne résonne pas comme l'opinion d'un homme qui tablait sur l'ignorance et la superstition pour maintenir le *statu quo*.

Il est vrai que Locke recommandait un traitement sévère à l'égard des populations pauvres désœuvrées. Mais il pensait par ailleurs que les lois devaient faire d'un crime le refus de toute paroisse d'apporter du soulagement à ceux qui en avaient besoin. Il entendait si largement la « règle commune de la charité » qu'il aurait interdit à quiconque de s'enrichir aux dépens d'autrui, ou d'exploiter « l'état de nécessité » d'autrui afin de le « forcer à devenir son vassal ». James Tully va jusqu'à interpréter ces termes comme une interdiction du travail salarié. Tully s'est vu reprocher d'exagérer la réticence de Locke à approuver l'aliénabilité des droits de propriété comme celle de la force de travail. Mais si Locke ne peut être considéré comme un critique du travail salarié, il ne peut tout autant être considéré comme un de ses ardents défenseurs. Il n'avait que peu de choses à dire au sujet du salariat, que ce soit pour le défendre ou le critiquer. Il vivait dans un monde où les relations capitalistes de production ne s'étaient pas encore imposées à une large échelle. Lorsqu'il dressait l'éloge du travail honnête, le salarié comme le capitaliste étaient absents de son champ de vision, note Tully, « tout comme le propriétaire terrien et le maître », aucun d'entre eux ne contribuait de quelque façon que ce soit, dans l'opinion de Locke, à la richesse de la société. Du point de vue de Locke, Tully le montre précisément, « seuls le laboureur, le moissonneur, le batteur en grange, le boulanger, l'ouvrier au four, le planteur, le cultiva-teur, le bûcheron, le meunier, l'armateur, le fabriquant de vêtements et le tanneur, réalisent des choses utiles à la vie de l'homme et créent de la valeur ».

De récents travaux dépeignent Locke comme un penseur qui estimait les effets positifs du négoce et du commerce sur l'amélioration du niveau de vie, mais qui se méfiait du « luxe » et de la « convoitise ». La même chose peut être dite d'autres libéraux des XVIIᵉ et XVIIIᵉ siècles. Il ne s'agit pas d'affirmer que les premiers libéraux étaient des Républicains de cœur, ou que le Républicanisme fournissait la seule structure cohérente du discours politique. Il s'agit de relever que les partisans du commerce, à ce premier stade de son développement, avaient tout autant conscience de ses nombreux effets indésirables que de ses apports. Les libéraux pensaient qu'ils pouvaient se dis-penser de la vertu civique, mais ne pouvaient se défaire de l'intérêt bien compris éclairé ; ils savaient en outre que la pour-suite de la richesse pouvait aisément conduire les hommes et les femmes à sacrifier des objectifs à long terme au profit de plaisirs immédiats. Même ceux qui pensaient, en opposition à la tradition républicaine, que « la fin de chaque individu est son propre bonheur privé », comme Richard Jackson l'écrivit à Benjamin Franklin en 1755, ne pouvaient que relever que « le luxe et la corruption (...) semblent les compagnons insé-parables du commerce et des arts ». Jackson admettait que « le commerce est quasiment à ce jour le seul *stimulus* qui oblige chacun à verser une part de son travail au bénéfice public ». Il considérait cependant le commerce comme une bénédiction contradictoire ; s'il encourageait l'esprit entreprenant, il libérait aussi des forces incontrôlables et conduisait les hommes à penser que « chaque chose devrait avoir son prix ». Que le commerce « ramollisse et affaiblisse les manières » ne plaidait pas en sa faveur, aux yeux de Jackson. « La ferme vertu, et l'intransigeante intégrité se trouvent rarement là où une mentalité commerciale pervertit chaque chose. » Jackson croyait, comme Adam Smith, que seule l'éducation pouvait « endiguer le torrent » et amener une « réconciliation entre le désintéressement et le commerce ».

En Amérique, les théories économiques du nationalisme émergent renforçaient les malentendus au sujet du « luxe ». Dans la mesure où les Américains exportaient leurs produits agricoles de première nécessité et d'autres matières premières tout en important des produits finis, le meilleur moyen d'assurer une balance commerciale favorable était, semblait-il, de décourager les goûts de luxe. Cette façon de penser devint politique officielle avec les accords de non-importation de la guerre révolutionnaire et, plus tard, l'embargo ordonné par Jefferson – expériences au cours desquelles les Américains en appelèrent à la critique familière du luxe afin de soutenir la cause patriotique. Lorsque l'abnégation ascétique se mit à être articulée à la défense des libertés américaines de la manière la plus directe et imparable, l'expérience politique s'associa alors à la doctrine de la critique du mercantilisme pour retarder le développement d'une idéologie capitaliste pour laquelle la multiplication des besoins devenait un motif de célébration, et non de déploration, le fondement du progrès et de la prospérité générale. Ces boycotts réguliers à l'encontre du commerce international, particulièrement l'embargo, avaient naturellement, dans le même temps, pour effet inattendu d'encourager le développement des entreprises familiales en supprimant l'approvisionnement en biens de l'étranger.

L'économie capitaliste se développait, quoi qu'il en soit, plus rapidement que l'idéologie capitaliste. Les Américains restaient encore, en plein XIXᵉ siècle, profondément méfiants à l'endroit du crédit, des firmes et du travail salarié. Les sociétés à responsabilité limitée n'étaient pas « maîtrisées par ces prudentes considérations qui évitent aux individus d'investir inconsidérément leurs capitaux », expliquait un démocrate jacksonien, « dans l'espoir désespéré du gain ». Un autre jacksonien, qui se présentait comme un « adversaire des entreprises dans l'acception la plus large du terme », en appelait vivement à une loi qui tienne les actionnaires pour responsables de leurs dettes, avec pour objectif « d'empêcher l'institutionnalisation dans nos contrées du même type de sociétés qui ont été décrites comme existant dans d'autres pays ». « Ce que le droit de primogéniture a fait de l'autre côté de l'Atlantique », il le craignait, « les firmes le feraient ici. » Le développement du crédit, dans ce raisonnement, autorisait les hommes et les femmes à vivre au-dessus de leurs moyens – ce qui était précisément l'objectif des ardents défenseurs du progrès commercial. Pour les libéraux d'arrière-garde, le développement du crédit encourageait l'envie et l'émulation, la dictature de la mode et un mépris pour le travail honnête.

Une première opposition au travail salarié

L'intérêt récent pour le Républicanisme a brouillé l'histoire de l'opposition au « progrès » de deux manières : en identifiant le Républicanisme comme la seule source de cette opposition, éclipsant de cette façon la contribution d'autres traditions, dont celle du libéralisme ; et en identifiant la « corruption » et le système du crédit comme le seul objet de la critique. Les travaux historiques récents sont curieusement silencieux sur l'opposition largement répandue au travail salarié des XVIIIe et XIXe siècles, peut-être parce qu'elle fut plus directement influencée par le libéralisme de Locke (et non par le « libéralisme lockien » tel que le conçoivent Hartz et Macpherson) que par l'idéologie de l'humanisme civique. Le malaise général lié à l'ordre nouveau économique trouvait pourtant son expression la plus saisissante dans la condamnation presque universelle du travail salarié.

Langton Byllesby, un imprimeur de Philadelphie, avançait en 1826 que le travail salarié, qui mettait fin au « choix de travailler ou non », était l'« essence même de l'esclavage ». La division du travail paupérisait les artisans, affirmait Byllesby, « le fait que chaque progrès dans les arts tende à réduire la valeur du travail nécessaire à leur production, a inévitablement pour effet d'augmenter la valeur et le pouvoir de la richesse qui se trouve dans les mains de ceux qui, par hasard, en sont détenteurs ». En 1834, la *General Trades' Union of New York* déclarait que « plus le fossé qui sépare l'employeur de l'employé s'élargit, plus la situation de ce dernier se rapproche d'un système de vassalité ». De tels constats rappellent l'argument de Locke suivant lequel quiconque était obligé par une situation de nécessité de vendre son travail, perdait l'un des attributs essentiels de la liberté. Mike Walsh l'affirmait, « tout homme n'ayant comme moyen de subsistance que ce que lui rapporte son travail ne peut être un homme libre, dans le présent état de la société. Il se doit d'être un humble esclave du capital. »

Walsh, un homme politique du parti démocrate, parlait dans les années 1840 au nom des artisans de New York ; mais ceux qui plaidaient en faveur des intérêts de la manufacture en Amérique adoptaient la même position. Ils pouvaient tolérer le crédit et les firmes, mais refusaient catégoriquement le travail salarié. Henry Carey comme Daniel Raymond, tous les deux des éminents économistes *whigs*, critiquaient l'« école anglaise » de l'économie politique, associée à Adam Smith, en avançant qu'elle acceptait la nécessité d'une classe permanente de salariés. « Est-il possible », demandait Carey, « qu'une bienfaisante Providence ait tant et si bien réglé les lois sous lesquelles nous vivons que les travailleurs *doivent* être à la merci de ceux qui accaparent la nourriture et les vêtements avec lesquels s'achète le travail ? » Raymond, qui citait la déclaration de Locke d'après laquelle « le droit individuel à la propriété n'est jamais absolu », défendait une protection tarifaire ainsi que d'autres mesures destinées à défendre les manufactures, mais il rejetait l'argument d'Adam Smith qui défendait la cupidité humaine comme le moteur du progrès social. L'avidité conduisait à une division du travail de plus en plus complexe, relevait Raymond, et élargissait donc le gouffre existant entre les classes possédantes et les classes laborieuses. « L'indépendance du travailleur », dans la pensée de Raymond résumée par Allen

Kaufman, se fondait sur son « savoir-faire technique » et la « propriété de ses forces de production ».

Ceux qui s'opposaient aux revendications de plus en plus militantes des artisans au cours des décennies 1830 et 1840 ne contestaient pas l'affirmation suivant laquelle le salariat était une forme d'esclavage. Ils n'admettaient tout simplement pas le fait qu'une classe permanente de salariés était en train d'apparaître aux États-Unis. « Dans cette terre privilégiée de droit et de liberté, le chemin qui conduit à l'ascension sociale est ouvert à tous », affirmait l'un d'eux, « et les ouvriers, par leur compétence et leur travail, et leur valeur morale, ont la possibilité de rapidement devenir de prospères chefs mécaniciens. » L'idée voulant que la liberté ait à se fonder sur une distribution élargie du droit de propriété était envisagée par les Américains, qui la chérissaient, comme une profession de foi politique axiomatique. Au cours des débats portant sur le suffrage universel, les opposants à un suffrage limité reconnaissaient les dangers du suffrage universel dans des sociétés marquées par une richesse et une pauvreté également extrêmes. Au cours de la convention sur la constitution organisée à New York en 1821, où la question du suffrage fut largement débattue, un intervenant après l'autre établissait ce constat. David Buel, un délégué de Rensselaer County, relevait qu'en Angleterre la terre était accaparée par les riches, alors que la « plus grande partie de la population » était pauvre. « Si je pensais que notre population peut tomber dans une telle situation, j'hésiterais (...) à étendre le droit de vote ; mais j'avoue ne pas entretenir de telles craintes. » Des titres de propriétaires n'étaient nécessaires, pour John Ross de Genesee County, que là où la propriété était concentrée dans les mains de quelques-uns, et par conséquent menacée par la plupart. Aux États-Unis, où la propriété était « infiniment répartie », le danger avait « cessé d'exister ». Même les ouvriers agricoles, affirmait Ross, « espèrent pour la plupart d'entre eux devenir bientôt propriétaires fonciers ». Pour Martin Van Buren, ceux qui étaient concernés par les restrictions existantes étaient eux-mêmes propriétaires fonciers ou locataires, à tout le moins – « des hommes qui ont des femmes et des enfants à protéger et soutenir (...) et (...) rien d'autre sur eux que la poussière sur laquelle ils marchaient pour les amener au pays ».

Les deux camps dans les débats du début du XIXe siècle sur le suffrage et la question du travail reliaient, en somme, la liberté politique au rôle prédominant de ce que Robert Rantoul, un jacksonien, appelait l'« intérêt raisonnable » et la « solide petite propriété ». Les deux camps soutenaient que la liberté ne pouvait prospérer dans une nation de laquais. Voir dans de telles conceptions, simplement parce qu'elles n'incluent pas une condamnation de la propriété privée, l'idéologie d'une « classe moyenne émergente », l'avant-garde du capitalisme, est anachronique. Il s'agissait des convictions de petits producteurs et de publicistes accoutumés aux besoins des petits producteurs – fermiers, artisans, maîtres artisans, compagnons – qui croyaient qu'« un modeste mais universel droit de propriété », pour citer l'expression de Robert MacFarlane, un dirigeant du mouvement ouvrier du milieu du siècle, constituait le « fondement véritable d'une république stable et solide ».

Les mêmes historiens, dont le travail nous permet de reconnaître ce style de pensée caractéristique, qui n'est ni capitaliste ni socialiste, retombent régulièrement dans les schémas intellectuels plus anciens dès lors qu'ils cherchent à expliciter sa signification. Dans son analyse des années de formation du parti républicain – le dernier des grands partis à avoir donné la voix à cette idéologie du productivisme –, Eric Foner fait référence aux Républicains comme aux représentants d'une « société capitaliste dynamique et en expansion ». Leur éthique du travail protestante, pense Foner, fournissait une « assise psychologique aux valeurs capitalistes ». Son ouvrage montre d'une manière évidente, bien au contraire – comme le fait l'étude des artisans new-yorkais de Sean Wilentz, aux côtés de nombre d'autres recherches récentes –, que l'éthique du producteur, ce que Wilentz met aussi en avant, n'était pas « « libérale » ou « petite-bourgeoise », au sens où le XXe siècle entend ces termes ». Elle était anticapitaliste, mais ni socialiste ni social-démocrate, à la fois radicale, révolutionnaire même, et profondément conservatrice ; et elle mérite pour ces raisons une attention plus soutenue, quant à ses particularités, que celle qu'elle a habituellement suscitée.

L'acceptation du travail salarié et ses conséquences

Il était devenu de plus en plus difficile, au milieu du XIXᵉ siècle, de nier l'existence d'une classe de salariés, y compris aux États-Unis, ou de prétendre que chaque salarié était un artisan, un commerçant, ou un capitaliste potentiel. La contradiction manifeste entre l'idéologie dominante et l'émergence d'un prolétariat obligeait néanmoins à croire que le travail salarié n'était simplement qu'une condition temporaire, un étage singulier de l'ascenseur social que la plupart des individus pouvaient espérer emprunter, expliquait Horatio Alger[5], avec un peu de chance et beaucoup de pugnacité. Au cours de l'Age du Toc[6], la pensée d'Alger, colorée d'une nuance de darwinisme social, s'était imposée comme l'idéologie dominante de la politique américaine, et nombre d'Américains y sont encore aujourd'hui attachés. L'échec à connaître une mobilité sociale ascendante témoigne, pour la mythologie de l'opportunité, d'une incapacité morale des individus ou, dans une version encore plus invraisemblable, ne peut être le fait que d'une ethnie désavantagée et de minorités raciales.

Même lorsqu'ils finirent par accepter le système du salariat comme un trait caractéristique du capitalisme, les Américains persistaient à se conforter dans la pensée que personne n'avait à supporter indéfiniment la condition de salarié – que chaque vague successive d'immigrants, commençant au bas de l'échelle sociale, finirait par gravir celle du succès jusqu'à intégrer la classe des propriétaires. Au moment où la « nouvelle immigration » des années 1880 et 1890 faisait douter de ce sympathique postulat, cette situation devenait un argument pour imposer de sévères restrictions à l'immigration venant de l'Orient, ainsi que du Sud et de l'Est de l'Europe. Un statut permanent comme celui des travailleurs salariés – la foi du candidat propre aux nouveaux arrivants – ne pouvait tout

simplement plus être concilié au rêve américain tel qu'il avait
été jusqu'alors compris.

Ceux qui, pour cette raison précise, en appelaient avec force
à une nouvelle interprétation de ce qu'Herbert Croly définissait
comme la « promesse de la vie américaine », reconnaissaient
que le cœur du problème résidait dans l'apparition d'une classe
permanente de travailleurs salariés[7]. Directeur de la publication de *The New Republic*, journal qu'il avait créé, Croly posait
le problème avec une clarté sans égales dans *Progressive Democracy*, publié en 1914. Ceux qu'il appelait « les Démocrates
pionniers » de l'Amérique des débuts « pouvaient espérer une
indépendance économique absolue, que garantissait la propriété perpétuelle et libre dont ils bénéficiaient ». Mais
l'« appropriation privée du domaine public convertit rapidement le peuple américain à une Démocratie fondée sur le
salariat, et plus du tout sur la propriété », et souleva la question
capitale à laquelle aucune réponse n'a encore été apportée par
les sociétés modernes : « Comment les salariés pourraient-ils
obtenir une part ou un degré d'indépendance économique
analogue à celui que le démocrate pionnier était en droit
d'espérer ? » Les programmes d'assistance sociale, avançait
Croly – des assurances contre le chômage, la maladie, et la
vieillesse ; des mesures imposant des conditions de travail saines
et sûres ; un salaire minimum – ne représentaient dans le
meilleur des cas qu'une réponse très partielle. Les conservateurs
répondaient que de telles réformes ne feraient qu'encourager
un « sentiment de dépendance », et cette critique, admettait
Croly, était empreinte « d'une grande force d'évocation ». La
solution apportée par les conservateurs, cependant – « le fait
que le seul espoir du salarié est de devenir propriétaire » – était,
avec son accent uniquement porté sur l'industrialisme
moderne, si complètement inconsistante, qu'il était difficile de
la traiter « avec patience et courtoisie ». L'affirmation voulant
que l'épargne et l'abnégation permettraient aux travailleurs de
devenir propriétaires était absolument invraisemblable. « Si les
salariés doivent devenir des hommes libres » – et « l'unique
tâche la plus importante de l'organisation sociale démocratique
moderne » était de les transformer en hommes libres –, quelque

chose de plus que des exhortations à travailler plus dur et à dépenser moins allait être nécessaire.

La solution syndicaliste défendue par Croly à cette époque (sur laquelle nous reviendrons dans le chapitre VIII) ne suscita jamais un grand enthousiasme chez les réformateurs sociaux et les radicaux. En 1914, la social-démocratie s'était déjà imposée, au moins à l'opinion éclairée, comme l'alternative principale à la conception, fondée sur la propriété, de l'opportunité. Dans cette manière de penser, reconnaître le caractère irréversible de la révolution industrielle était le préalable à une juste compréhension de la « question sociale ». Les conglomérats, le système du salariat, une division du travail de plus en plus complexe – telles étaient les manifestations permanentes de la société moderne, et il était vain de démanteler les trusts dans l'espoir de restaurer l'émulation entre sociétés familiales et entreprises de modeste envergure. Le salarié resterait un salarié, au lieu d'essayer de devenir propriétaire ou associé ; une politique sociale éclairée vérifierait que son emploi soit assuré, ses conditions de travail tolérables, son salaire équitable, et la possibilité qui lui était offerte d'organiser sa vie privée délivrée des entraves posées par des obstacles légaux archaïques.

Le débat à gauche se résumait désormais à de telles questions, comme si ces objectifs pouvaient être réalisés sans une nationalisation des forces de production ou, au moins, une soumission de l'industrie à de sévères contrôles publics, comme si le mouvement ouvrier devait se consacrer au syndicalisme pur et simple ou soutenir fortement un large programme de réformes politiques, et comme si des syndicats devaient être organisés dans les métiers ou dans l'industrie. Mais pratiquement tout le monde à gauche s'accordait, y compris ceux qui attendaient le jour où les travailleurs contrôleraient l'État et s'empareraient par conséquent (en théorie) des forces de production, pour affirmer que les travailleurs continueraient à vendre leur travail comme s'il était une marchandise, sinon à des employeurs privés, à l'État lui-même. Il était désormais acquis que penser différemment – proposer un retour à la production artisanale ou une réinvention de la propriété sous une nouvelle forme –, c'était trahir une maladie nerveuse, une incapacité à s'adapter à la vie moderne, une fixation sentimentale sur le passé, une sensibilité « petite bourgeoise », une vision désespérée faite d'illusions « romantiques », « populistes », « individualistes », « nostalgiques », et d'autres fantasmes dérisoirement rétrogrades d'autonomie. Samuel Gompers, l'avocat conservateur du syndicalisme pur et simple, recourait aux mêmes injures, comme les socialistes les plus doctrinaires, en dénonçant l'hérésie « petite bourgeoise ». Le seul élément qui subsistait de la familiarité première de Gompers avec le Marxisme, élément sur lequel il ne revint jamais, était la certitude que l'histoire progresse dans une direction unique, que personne ne peut échapper aux lois de fer du mouvement historique, et que l'opposition à la nécessité historique constitue la pire forme d'évasion de la réalité*.

La nouvelle histoire du travail
et la redécouverte du rôle de l'artisan

Ces idées influencèrent naturellement la pratique du mouvement ouvrier au XXᵉ siècle, mais également les efforts pour comprendre son histoire récente. Des historiens qui adoptaient un point de vue socialiste ou social-démocrate ne pouvaient prendre en considération le mouvement des travailleurs au XIXᵉ siècle que lorsqu'il semblait annoncer le syndicalisme

---

* L'acceptation grandissante du travail salarié n'est qu'un indice de l'appauvrissement du débat politique au XXᵉ siècle. Un autre indice en est la quasi-disparition des questionnements sur le travail.

Au XIXᵉ siècle, la population se demandait si le travail était une bonne chose pour le travailleur. Nous nous demandons aujourd'hui si les employés sont satisfaits de leurs postes. Un haut niveau de « satisfaction dans le travail » permet alors de répondre à ceux qui déplorent la division du travail, le déclin de la connaissance du métier, et la difficulté à trouver un travail susceptible de procurer aux travailleurs un sentiment de réalisation. Le principe libéral suivant lequel chacun est le meilleur juge de ses intérêts bien compris interdit de demander ce dont la population a besoin, par opposition à ce qu'elle dit vouloir. Pourtant, les enquêtes consacrées à la « satisfaction dans

éclairé de leur temps. Des historiens marxistes, comme ceux
de l'école anti-marxiste de John R. Commons, se montraient
également déconcertés par les Chevaliers du Travail[8], leur
enthousiasme démodé pour la « coopération » et leur manque
notoire d'entrain pour les grèves. Ils se montraient tout autant
incapables d'expliquer l'intérêt que manifestait le mouvement
des travailleurs au XIXe siècle pour une réforme monétaire, une
réforme foncière, une religion et une tempérance, sauf comme
la marque d'une déplorable susceptibilité de travailleurs à
l'endroit des idéologies de la classe moyenne. Où qu'ils regardent, ils décelaient les signes d'une mentalité rétrograde, confu-
sément mêlés à un militantisme révolutionnaire. L'école de
Commons se demandait pour quelles raisons le développement
du syndicalisme ouvrier (*trade unionism*) avait été si tardif ; les
marxistes, pourquoi le syndicalisme ouvrier, une fois mis sur
pied, n'avait pas donné lieu à son tour à une classe particulière
sensibilisée à la forme spécifique du socialisme. Les deux écoles
passaient trop de temps à expliquer pour quelles raisons le
mouvement des travailleurs avait échoué à développer dans la
direction appropriée des initiatives qui, elles le remarquaient à
peine, avaient effectivement été prises. Puisque l'histoire
échouait si souvent à répondre à leurs attentes, elle devait en
grande partie être passée sous silence.

Les historiens ne commencèrent à se débarrasser de ces
préjugés étouffants que dans les années soixante. Le conservatisme grandissant de l'AFL-CIO remettait en cause l'hypothèse
de travail de l'école de Commons, d'après laquelle le syndicalisme ouvrier était, d'une manière ou d'une autre, plus avancé
que les mouvements de travailleurs de grande ampleur du
XIXe siècle. Mais de récents événements viennent également
jeter un doute sur l'hypothèse d'une alternative marxiste à une
histoire du travail orthodoxe. Non seulement aux États-Unis,
mais dans l'ensemble des pays hautement industrialisés de la

---

le travail » et à la « morale » du travailleur ne sont guère encourageantes. Le rêve de s'épanouir dans les affaires, même s'il signifie des
horaires écrasants et des résultats incertains, reste presque universellement attirant.

planète, les mouvements regroupant les classes laborieuses ont renoncé à la révolution, alors que les partis marxistes sont parvenus au pouvoir dans des pays préindustriels comme la Russie, la Chine, et Cuba. Le cours de l'histoire semblait suggérer, comme Barrington Moore l'affirme dans son ouvrage *Social Origins of Dictatorship and Democracy*, que les révolutions ne sont pas le fait des classes dangereuses, mais des classes qui sont « portées par la vague du progrès ».

Cette intuition influençait, sous une forme ou une autre, la nouvelle histoire du travail qui émergeait dans les années soixante et soixante-dix, inspirée en grande partie par le classique de E.P. Thompson, *The Making of the English Working Class* (1963). Le titre de l'ouvrage de Thompson l'indique, la nouvelle génération des historiens du travail luttait encore pour concilier leurs conclusions avec le Marxisme, tout comme Moore tentait de concilier son analyse de la « voie prussienne » vers la modernisation avec la théorie marxiste du développement historique. Thompson avançait que l'importance de Paine, Cobbett et d'autres Populistes de ce type résidait dans leur contribution à la pleine maturation de la conscience prolétarienne qui avait plus tard émergé. Le travail des disciples de Thompson, quoi qu'il en soit, faisait qu'il était de plus en plus difficile d'échapper à la conclusion que le radicalisme populaire avait perdu à la fois de sa puissance explicative, et d'une partie de son intensité au fur et à mesure de son identification aux intérêts de classe particuliers des travailleurs du secteur industriel. La « fabrication de la classe ouvrière » se ramenait de plus en plus à un processus de consolidation d'un groupe d'intérêt qui luttait pour ce que Craig Calhoun appelait des « progrès au sein du système industriel capitaliste », et qui obtint, de l'aveu général, une importante « série de réformes », accordées cependant « sans que la société industrielle capitaliste, ou même une grande partie de l'hégémonie culturelle et du pouvoir matériel des élites, soient, pour autant, sacrifiées ». Les mouvements que les marxistes orthodoxes présentaient avec dédain comme des rébellions « primitives » ou « prématurées » contre l'industrialisation – des mouvements conduits par des artisans et des petits propriétaires terriens au XVIIIe et

au début du XIXᵉ siècle –, commençaient, d'un autre côté, à
paraître radicaux au regard de ce qui avait suivi. « Les revendications les plus potentiellement révolutionnaires », affirme
Calhoun, « étaient celles qui exigeaient que le capitalisme
industriel soit entravé afin de protéger les communautés de
métiers et les valeurs traditionnelles. »

Les historiens des mouvements de travailleurs du XIXᵉ siècle
et de la culture de la classe ouvrière continuent de débattre sur
un certain nombre de questions, et il serait trompeur de
résumer ces travaux de manière à faire accroire à une homogénéité. Une conclusion, cependant, inspire, aux dires mêmes
de William Sewell, un « consensus presque universel », à savoir
que des « artisans de métier, et non les ouvriers des nouvelles
industries manufacturières, dominaient les mouvements de travailleurs au cours des premières décennies de l'industrialisation ». Les recherches qui se succèdent démontrent, comme
thème unifiant, l'influence déterminante des artisans – en
France, en Angleterre, comme en Amérique. « Cet ouvrage est
consacré à une communauté d'artisans », écrit Robert J.
Bezucha dans son travail sur les soieries de Lyon, « qui s'orga-
nisèrent afin de résister à la prolétarisation, et se retrouvèrent
en conséquence sur les barricades. » Joan Scott oriente son
étude des verriers français dans la même direction : « Cet
ouvrage (...) étudie les expériences menées par les artisans
souffleurs de verre à un moment où leur commerce se voyait
métamorphosé par la mécanisation, qui transformait un art
extraordinairement délicat en une opération purement technique. » Les radicaux de l'Angleterre du XIXᵉ siècle étaient, selon
Calhoun, « artisans, artistes de métier, maîtres artisans, et,
moins souvent, petits marchands ».

L'institutionnalisation du système de la manufacture n'altéra
pas immédiatement ce modèle. En Nouvelle-Angleterre, selon
Alan Dawley, « la protestation des artisans inspirait la protestation dans la fabrique » ; dans les industries où cet arrière-plan
artisanal faisait défaut, des associations entre militants ne parvenaient pas à émerger. À Cincinnati, le mouvement ouvrier
continuait, à lire Steven J. Ross, à être conduit par des artisans,
y compris au cours des années 1870 et 1880. Ces artisans

revendiquaient, affirmait l'un d'entre eux, représenter les
« classes moyennes », et espéraient « prévenir les usurpations
des deux classes (...), celle des très riches et celle des très
pauvres ». « En dépit des profondes mutations économiques
qui succédèrent à la Guerre civile américaine », écrit Herbert
Gutman, « les artisans de l'Âge du Toc n'abandonnaient pas
aisément des habitudes de travail ancrées et séculaires. » Même
dans la manufacture, les artisans conservaient souvent le
contrôle du rythme et de l'objectif de production ; et ce fut
leur résistance aux tentatives des employeurs d'introduire une
division du travail plus élaborée, et de remplacer les artisans
d'expérience par des ouvriers non qualifiés, tout comme leur
lutte pour de plus hauts salaires et des horaires moins écrasants,
qui ont inspiré le radicalisme ouvrier jusqu'à la fin du
XIXe siècle.

Les artisans contre le progrès

La découverte que les artisans dominaient les mouvements
ouvriers au XIXe siècle amène presque irrésistiblement à plusieurs autres conclusions, bien qu'elles ne soient pas toujours
formulées explicitement, et pourraient être rejetées par des
chercheurs qui espèrent encore concilier la nouvelle histoire du
travail au Marxisme. Dans la mesure où les artisans luttaient
avant tout « pour sauver leur art », avance Scott, le radicalisme
ouvrier devrait mieux être compris comme une « tentative
d'interrompre le processus de prolétarisation plutôt que
comme un indice de l'arrivée à terme de ce processus ». Ceci
permet d'expliquer pour quelles raisons les travailleurs, non
seulement aux États-Unis mais également en Angleterre et
même en France, n'adhéraient plus aussi facilement aux idéologies de la lutte des classes, s'identifiaient souvent aux « producteurs » de la classe moyenne, et dirigeaient une si grande
partie de leur colère, non contre leurs employeurs (qui pouvaient être considérés comme des compagnons de travail), mais
contre les banquiers, les spéculateurs, les monopoles, et les
intermédiaires. À Philadelphie, de nombreux artisans radicaux

pensaient qu'il était « futile », d'après Bruce Laurie, « d'attaquer les patrons (...) si des financiers cupides (...) se dissimulaient derrière la dégradation de la connaissance du métier et la réduction des salaires ». Bien que le gouffre grandissant entre patrons et ouvriers rendît à ces derniers de plus en plus improbable la possibilité qu'ils deviennent leurs propres maîtres, ils refusaient d'accepter la légitimité ou la permanence de l'ordre nouveau. Ils pouvaient constater que leurs patrons avaient commencé à agir de plus en plus en capitalistes et que de nombreuses industries étaient désormais contrôlées, non par des contremaîtres, mais par des hommes qui n'avaient aucune connaissance de leurs métiers. Leur première réaction fut, pourtant, d'éliminer la distinction entre capital et travail, et non d'accepter leur statut de travailleurs et d'essayer de l'améliorer.

Une convention des industries mécaniques de Nouvelle-Angleterre adoptée en 1844 le constatait, « le travail devient maintenant une marchandise, et l'ordre naturel des choses est entièrement renversé ». Les socialistes appelaient vivement les travailleurs à tirer un trait sur l'« ordre naturel des choses », et à accepter les nouvelles conditions comme un fait acquis. Un socialiste de Cincinnati déclarait en 1875 que « les fils et filles des classes laborieuses (...) n'ont plus d'autre choix que de devenir des ouvriers d'usine à vie, (...) sans le moindre espoir (...) de devenir leurs propres patrons ». Gompers donnait exactement le même conseil. En 1888, au cours de l'une de ses fréquentes attaques contre les Chevaliers du Travail, il plaidait en faveur d'un syndicalisme ouvrier « pur et simple » en affirmant que « les salariés de ce continent (...) représentent une classe distincte et particulière de la société moderne ; et ont, en conséquence, des intérêts communs distincts et permanents ».

Les artisans ne pouvaient se convaincre, toutefois, de renoncer à l'espoir de devenir « leurs propres maîtres » – pas nécessairement par le biais de l'accumulation individuelle du capital, mais par l'acquisition en coopération des forces de production. Les socialistes et syndicalistes ouvriers ridiculisaient pareillement l'enthousiasme des travailleurs pour les schémas coopératifs, mais le rôle essentiel des artisans au sein des mouvements ouvriers permet en partie de comprendre cet enthousiasme. Pour ceux qui rejetaient le système global du salariat comme une menace directe pour leurs métiers, la coopération était une alternative parfaitement rationnelle, ce qu'expliquait en 1870 le syndicat des cordonniers, les Chevaliers de St. Crispin.

> Si le travail est à l'origine de toute la richesse d'un pays, pourquoi ne devrait-il pas exiger la propriété ? (...) Nous affirmons, bien que les masses aient avancé sur le chemin de l'indépendance, qu'elles ne seront jamais totalement libérées de la sujétion tant qu'elles ne se seront pas débarrassées du salariat. Les hommes qui travaillent pour un salaire se retrouvent, dans une plus ou moins grande proportion, pris dans les fers du servage. L'offre et la demande de travail les transforment en jouets des circonstances. (...) Nous ne pouvons espérer venir à bout de cette loi de l'offre et de la demande ; nous n'en croyons pas moins qu'un homme, qui devient son propre capitaliste, conquiert en proportion son indépendance à l'égard de cette loi. La question de savoir combien d'hommes ont la possibilité de devenir leurs propres capitalistes est déjà décidée par les économistes politiques. La réponse est la coopération.

L'identification habituelle de la Démocratie au progrès interdit quasiment de comprendre que les mouvements démocratiques au XIXᵉ siècle se constituèrent en opposition au progrès. La nouvelle race de capitalistes était faite d'authentiques progressistes ; les radicaux des classes laborieuses, au contraire, se démenaient pour préserver un mode de vie qui se voyait menacé. Les historiens des mouvements ouvriers n'ont cessé de porter leur attention sur ce mélange inédit de militantisme et de conservatisme. « Les travailleurs ne luttaient pas pour contrôler la révolution industrielle, mais contre cette révolution même », écrit Calhoun.

Leur appel au passé adoptait différentes formes selon les pays. En France, il prenait la forme d'une défense de l'organisation corporatiste des métiers, supprimée par la Révolution de 1789, mais illégalement réactivée par des artisans qui cherchaient à se prémunir contre le marché concurrentiel du travail.

Les lois qui abolissaient les corporations illustraient l'idéologie libérale sous sa forme la plus pure : « Il n'y a plus de corporation dans l'État ; il n'y a plus que l'intérêt particulier de chaque individu et l'intérêt général. Il n'est permis à personne d'inspirer aux citoyens un intérêt intermédiaire, de les séparer de la chose publique par un esprit de corporation. » Faisant face à une offensive tous azimuts contre les organisations qui régulaient le coût du travail, prenaient en charge les funérailles, et soutenaient leurs membres en difficultés, les artisans « considéraient la structure qu'était la corporation (...) parfaitement appropriée », explique Sewell, « pour permettre d'organiser la résistance pratique aux tendances atomistiques du nouveau système ». La « nouvelle vision socialiste » que proposaient les travailleurs en 1848 « était fondée sur un très ancien sens de la communauté de métier ».

En Angleterre comme en Amérique, l'appel aux antiques formes de solidarité se fondait moins sur un idiome corporatiste explicite que sur les anciens droits des Anglais, sur la résistance saxonne au « joug normand », sur les images d'une ancienne « aimable Angleterre », ou, dans le cas de l'Amérique, sur l'« esprit de '76 », la promesse particulière de la vie américaine, et la mission providentielle d'abolition de l'inégalité dont était investie la nation. William B. Sylvis, dont la *National Labor Union* des années 1860 entendait « mettre fin à l'entier système du travail salarié » et, par conséquent, « supprimer totalement la nécessité de syndicats », invoquait les « lois et institutions de notre pays », qui incarnaient « l'égalité de l'homme ordonnée par Dieu ». Les radicaux de la classe ouvrière ne cessaient d'invoquer la mémoire de la promesse originelle de l'Amérique, faite d'égalité de droits et de fraternité, pour soutenir que « ce joyau le plus admiré » avait été soustrait, déclarait Eugene Debs[9], à la « sphère de souveraineté » du peuple. « L'Amérique est censée, depuis le début, être la terre promise du pauvre », observait le *Labor Leaf* de Détroit en 1885 ; mais « l'Âge d'or est vraiment révolu – l'Âge de fer l'a remplacé. Le talon de fer de la nécessité a remplacé la règle d'or. »

Les travailleurs américains en appelaient également aux conditions sociales qui étaient censées avoir prévalu au cours de l'histoire originelle du pays. Dans la Terre Haute de sa jeunesse, affirmait Debs, « le travailleur ne se souciait pas de sa position. Le patron comptait sur lui, et (...) l'ambition du travailleur était de faire fonctionner une petite affaire à soi ». Les fabricants de chaussures de Lynn « se souvenaient de l'indépendance de l'artisan », rappelait Dawley, « et du temps où le travail de fabrication des chaussures se mêlait intimement aux tâches de la vie familiale et communautaire (et) (...) où l'ouvrier, à la fois fabriquant de chaussures et propriétaire, voyait son activité quotidienne épouser les rythmes intrinsèquement liés de ces deux rôles ». C'était cet héritage fait d'« indépendance du foyer » et de « coutumes préindustrielles », avance Dawley, qui, au cours des premières étapes de l'industrialisation, cimentait la solidarité des ouvriers de la fabrique. « Le refus opposé par les artisans aux intrusions du capitalisme dans la sphère de production constituait un legs sans lequel le militantisme de l'ouvrier d'usine est difficilement imaginable. »

La plupart des nouveaux historiens du travail désavoueraient probablement l'emphatique déclaration de Calhoun, qui affirmait que les travailleurs reconnaissaient la « priorité de la communauté sur la classe » ; mais leur travail confirme que le mouvement ouvrier tirait un soutien à la fois moral et matériel de communautés dont l'ancien mode de vie se voyait menacé, au niveau local, par l'industrialisation. Les petits entrepreneurs, les commerçants, et même les hommes de métier se retrouvaient régulièrement aux côtés des ouvriers dans leur lutte contre le grand capital. À Braidwood, dans l'Illinois, des détectives de Pinkerton venus mettre fin à une grève de mineurs furent désarmés par un shérif, qui déclara qu'il craignait « infiniment moins » les mineurs qu'« une bande d'étrangers arpentant une bourgade tranquille des armes à feu mortelles à la main ». Le soutien que les travailleurs recevaient des éditeurs de journaux locaux, des juristes, et des officiers de la force publique permet d'expliquer pour quelles raisons leur idéologie s'appuyait sur la solidarité des « classes productrices », et identifiait les financiers et spéculateurs « parasites », et non les employeurs, comme les véritables ennemis.

En déplaçant leur attention du processus de syndicalisation vers l'étude de la culture de la classe ouvrière, les nouveaux historiens du travail ont montré qu'un mode de vie entier était en jeu dans la lutte contre l'industrialisme. Les travailleurs n'étaient pas en train de défendre seulement leurs intérêts économiques, mais leurs métiers, leurs familles, et leur environnement. Reconnaître que des intérêts économiques ne suffisent pas à inspirer une agitation radicale ou révolutionnaire, ni à faire accepter aux individus les risques qu'elle implique, suggère une conclusion plus générale. La résistance au progrès est, me semble-t-il, un élément important, sans doute incontournable, de l'action révolutionnaire, de même qu'une propension à identifier le progrès au bouleversement, par des forces venant de l'extérieur, de l'équilibre de très anciennes communautés. Au XXᵉ siècle, les révolutions ont adopté la forme typique de guerres de libération nationale, et quelque chose du même ordre, peut-on avancer, sous-tend le radicalisme de la classe ouvrière au XIXᵉ siècle. Les travailleurs envisageaient leurs oppresseurs, les « capitalistes » et prêteurs, comme des étrangers, plus souvent qu'ils ne les considéraient comme des membres de leur propre communauté – des agents d'un pouvoir étranger, en fait, d'un « système de papier », ou d'une « banque monétaire » internationale qui privaient les Anglais ou les Américains de leurs droits d'héritage, et menaçaient de les réduire en esclavage.

L'appel au passé impliquait également, en d'autres termes, un appel à une solidarité locale, régionale ou nationale face à une invasion de l'extérieur – un élément bien plus substantiel que l'hypothétique solidarité du prolétariat international. L'extrême spécificité du radicalisme du XIXᵉ siècle (pour ne pas mentionner l'esprit religieux qui l'informait souvent) s'impose, comme une découverte déconcertante, aux historiens qui se réclament des Lumières (sous la forme du Marxisme), et qui croyaient qu'un progrès moral requiert le remplacement des allégeances locales, et d'une manière de penser provinciale, par des identités à la fois très larges et plus inclusives, dont l'Internationale des travailleurs semble être la forme ultime. La nouvelle histoire du travail représente le triomphe du savoir historique – un respect farouche pour les faits – sur l'idéologie. Il n'est pas surprenant que nombre d'historiens cherchent à atténuer le coup porté à leurs vieilles croyances en insistant sur le caractère « transitoire » du radicalisme ouvrier du XIXe siècle. Dernier vestige des postulats marxistes qui guidèrent à l'origine une si grande partie de ces travaux, l'adjectif « transitoire », révélateur, semble impliquer que l'acceptation du système du salariat aurait conduit à une appréciation plus lucide par les travailleurs de leurs intérêts, à une reconnaissance de la « fraternité de tous les travailleurs » (telle que la présente Sewell), et à une compréhension du fait qu'une révolution socialiste aurait à s'appuyer sur les réalisations effectives du capitalisme industriel, et non sur une résistance aveugle à leur endroit.

Le déclin continu de la ferveur révolutionnaire dans les rangs de la classe ouvrière nous incite, quoi qu'il en soit, à ne pas se fier aux « transitions » de ce type. La solution « adulte » et « progressiste » s'est transformée, très prévisiblement, en une autre version du dicton-oxymore de Gompers voulant que « la solution au système du salariat doive se chercher à travers de plus hauts salaires ». Alan Trachtenberg relève que Gompers souhaitait ardemment « accepter le système du salariat en échange d'une place assurée au sein de l'organisation sociale ». Le même constat s'applique cependant au mouvement ouvrier du XXe siècle dans sa totalité, et pas seulement au syndicalisme « pur et simple » de Gompers.

Le populisme agrarien :
la dernière tribune du producteur

La mise en évidence, récente, des origines artisanales du radicalisme ouvrier, son idéologie « productiviste », sa défense d'une antique manière de vivre à l'opposé de l'industrialisme innovant, ainsi que son sens appuyé de l'identité locale, régionale et nationale suggèrent que le radicalisme de la classe ouvrière au XIXe siècle devrait être envisagé comme une forme de Populisme, et non comme le premier pas, hésitant, vers le syndicalisme « adulte » et le socialisme. E. P. Thompson débutait ses travaux par l'hypothèse que le radicalisme du XIXᵉ siècle reflétait les intérêts et la vision du monde d'une classe émergente. Le savoir historique que ses recherches ont inspiré rend maintenant évident le fait que la « fabrication de la classe ouvrière » peut mieux être décrite comme la « dé-fabrication » d'une classe de petits propriétaires qui se rapprochaient plus des petits exploitants agricoles désargentés que des ouvriers d'usines. Au lieu de considérer le Populisme comme un mouvement purement agrarien, nous devons maintenant considérer la variante agrarienne du Populisme comme partie d'un mouvement plus large qui faisait appel aux petits producteurs de toutes sortes. Les artisans, et même de nombreux commerçants, partageaient avec les fermiers la crainte que l'ordre nouveau menace leurs conditions de travail, leurs communautés, et leur capacité à transmettre à leur descendance et leurs savoirs techniques et leur économie morale. Au XIXᵉ siècle, l'expression « mouvement agrarien » servait de terme générique pour définir le radicalisme populaire, ce qui doit nous rappeler que l'opposition aux monopoles, aux intermédiaires, aux créanciers publics, à la mécanisation, et à l'érosion de la connaissance du métier par la division du travail n'était en rien l'apanage de ceux qui travaillaient la terre.

Parler du Populisme en des termes si généralisants implique à coup sûr un risque d'imprécision. Ces dernières années, des journalistes et politiciens ont utilisé le terme si approximativement que le « populisme », comme tous les autres termes du vocabulaire politique, semble pratiquement condamné. À un moment ou à un autre, il a été accolé, entre autres, à Joseph McCarthy, George Wallace, George McGovern, Jimmy Carter, Ronald Reagan, et Jesse Jackson. Il a été fait appel à lui à la fois au sujet de la nouvelle gauche et de la nouvelle droite.

Les historiens ont également utilisé ce terme avec désinvolture ; et le savoir révisionniste dut par conséquent commencer, il y a quelques années, par distinguer le *free-silver movement* des années 1890, qui culmina avec le discours dit de la « croix d'or » de William Jennings Bryan[10], ainsi que la campagne

mémorable de 1896, du mouvement plus radical qui découla
des expériences de collectivisation en matière de financement
et de commercialisation menées par certains fermiers. Coin
Harvey, l'idéologue du *free-silver*, était pour Richard Hofstadter, avec son obsession irrationnelle pour la question monétaire, sa méfiance à l'endroit des étrangers, et ses craintes
« paranoïdes » d'une conspiration secrète destinée à escroquer
le peuple de son patrimoine, le populiste à l'état pur. Aux yeux
de Lawrence Goodwyn, au contraire, l'authentique Populisme
se concentrait dans la personne de C. W. Macune, à l'origine
de l'Alliance des fermiers (*Farmers' Alliance*), et auteur d'un
plan économique alternatif qui aurait rendu le crédit fédéral
accessible aux fermiers, et leur aurait donc permis de gagner
leur indépendance face aux banquiers et aux fournisseurs. Le
People's Party du début des années quatre-vingt-dix était, aux
yeux de Goodwyn, le produit de séries spécifiques d'expériences, et ceux qui se ralliaient sur le tard au mouvement, sans
avoir bénéficié de cette expérience, ne pouvaient prétendre tirer
parti de ses leçons [11].

Ces « populistes suivistes », comme les appelle Goodwin,
détournaient le mouvement des réformes destinées à encourager les coopératives vers la croisade du *free-silver*. Séduits par
la perspective d'un succès électoral remporté du jour au lendemain, ils poussaient le parti à adhérer inconsidérément à
Bryan. L'alliance avec les Démocrates diluait le programme
populiste, entravait les efforts des Populistes pour mettre un
terme à l'hégémonie des Démocrates dans le Sud, où les Populistes avaient rencontré un succès considérable, et supprimait
la possibilité qu'apparaisse un nouveau parti qui regrouperait
fermiers noirs et blancs derrière un programme de réformes de
grande envergure. Contre la conception habituelle qui veut
que les réformes d'abord défendues par les Populistes aient en
fin de compte trouvé leur chemin au sein de la politique
traditionnelle, jusqu'à être mises en œuvre au cours de la
période progressiste par les partis institutionnels, Goodwyn
avance que la cause agrarienne et la cause de la normalisation
des relations raciales connurent à ce moment une défaite écrasante et définitive dont elles ne se remirent jamais.

Dans *The Age of Reform. The Paranoid Style in American Politics*, et dans d'autres écrits, Hofstadter défendait l'idée que l'« esprit » populiste avait persisté à « jouer un rôle important dans la vie politique de l'ère progressiste », avait tourné « à l'aigre » durant les années vingt et trente, lorsque les conflits culturels entre la ville et la campagne s'étaient mis à nourrir des « ressentiments provinciaux, une insubordination et une méfiance populaires et « démocratiques », ainsi qu'un repli sur soi », et avait fini par trouver un écho de plus en plus réactionnaire au sein des mouvements conduits par Huey Long, Charles Coughlin, et Joseph McCarthy. Le Populisme incarnait, y compris au meilleur de lui-même, la réponse déconcertée de fermiers et de petits entrepreneurs au monde moderne, à la complexité de ce que leur naïf « mythe fermier » ne pouvait expliquer. La Démocratie jacksonienne, le mouvement « des Granges » et le *greenback movement*[12], comme le courant de Bryan, mettaient tous l'accent sur une « impulsion populaire intrinsèque à la culture politique américaine », une culture que Hofstadter associait également à une longue tradition d'« anti-intellectualisme ». Le *People's Party* « n'était qu'une expression paroxystique » de cette vision rétrograde, d'une conception « nostalgique » du monde, qui avait constamment ralenti le développement du réalisme politique en Amérique.

Les Populistes de Goodwyn, au contraire – les Populistes authentiques, pas les suivistes – étaient parvenus à une claire compréhension de leur situation, une compréhension qui n'était pas fondée sur des slogans mais sur une expérience pratique. Acculés de plus en plus gravement à l'endettement par la chute des prix, l'augmentation du coût du transport ferroviaire, et le manque de crédit, ils commençaient à réaliser que leur seul espoir résidait dans l'organisation de coopératives. L'Alliance des fermiers dépêchait partout en grand nombre des conférenciers pour presser les fermiers de résoudre le problème que posait le crédit par le regroupement de leurs ressources afin de mettre fin, de cette façon, au monopole des banquiers. Mais l'« hostilité implacable » des banquiers et des fournisseurs apprit bientôt aux fermiers que la coopération ne pouvait réussir sans un soutien fédéral. « Ceux qui contrôlaient les institutions monétaires », regrettait Macune, « (...) ne choisissaient pas de faire des affaires avec nous. » Afin de s'assurer l'aide du gouvernement fédéral, l'Alliance n'organisa le *People's Party*, avec, au cœur d'un programme complet de réformes, l'alternative économique proposée par Macune –, que pour voir en définitive le plan économique et le parti lui-même engloutis par l'agitation causée par le *free-silver*.

L'essence du Populisme, avance Goodwyn, résidait dans l'éducation politique qu'apportaient la coopération économique et les efforts de ses ennemis pour la saboter. Les tournées de conférence et les colonnes des journaux leur fournissaient un « réseau de communications démocratique », au moyen duquel les Populistes commençaient à vaincre les « modes de pensée conformistes » et les « règles intimidantes de conduite » qui découragent habituellement l'initiative populaire. Le « moment populiste », tel que le conçoit Goodwyn, se définissait par la promesse d'une culture politique fondée sur l'éducation populaire (le type de culture politique envisagé plus tôt par Orestes Brownson). Lorsque « le moment fut passé », le radicalisme agrarien ne fut pas seul à dépérir. Le déclin du Populisme fut suivi d'« un déclin correspondant de la vitalité de la vie publique ».

Avant Goodwyn, des historiens bien disposés à l'égard du Populisme faisaient ressortir les connexions existant entre le Populisme, le Progressisme, et la social-démocratie, comme si les Populistes ne pouvaient éviter de se voir accusés d'être les suppôts d'une réaction rurale ténébreuse qu'en étant assimilés à des mouvements ultérieurs plus acceptables aux yeux des intellectuels libéraux. John Hicks et Chester MacArthur Destler considéraient les Populistes comme des proto-Progressistes, alors que Norman Pollack essayait de les faire passer pour des socialistes qui n'en portaient pas le nom. Goodwyn envisage leur programme d'éducation populaire, au contraire, comme plus démocratique, et par conséquent plus radical, que tout ce qui fut produit par des mouvements ultérieurs. Sa défense des Populistes n'enrôle en rien ces derniers sous la bannière de la marche perpétuelle vers le progrès. « Ils entrevoyaient la société

à venir et ils ne l'aimaient guère. » Pour ceux qui croient encore
que la « modernisation » est destinée à l'emporter, un verdict
de ce type expédie les Populistes dans les poubelles de l'histoire.
Goodwyn le note, « l'idée qu'une Démocratie locale est réalisable sans qu'entrent en jeu des systèmes de production économique de grande échelle est étrangère aux présomptions
« progressistes » que partagent, et qui unissent, dans une fraternité religieuse, les capitalistes et les communistes ». L'obsolescence de la production à petite échelle, un dogme qui lui est
étroitement lié, nécessite un réexamen de ses propres
fondements, et Goodwyn en appelle à une nouvelle approche
du « sujet global que constitue l'agriculture à grande échelle
dans l'État moderne, à la fois sous les systèmes d'organisation
capitaliste et communiste ».

L'originalité de l'interprétation de Goodwyn réside dans son
rejet du postulat convenu qui veut que le progrès apporte la
Démocratie. Il pense, bien au contraire, qu'une croyance dans
les lois inexorables du développement va généralement de pair
avec un certain mépris pour les gens ordinaires et leurs idées
et coutumes ancestrales. Dans les années 1890, le « peuple »
et la « société progressiste », avance-t-il, constituaient des
symboles qui n'étaient pas complémentaires, mais bien opposés
et rivaux. Le « différend entre « les gens de peu » et la « société
progressiste » » aboutit à la défaite des premiers et à l'émergence
du « mouvement progressiste », un mouvement apparu sur les
ruines de la Démocratie participative, plus timoré et moins
ambitieux que le Populisme.

La condamnation du travail de Goodwyn par des historiens
marxistes vient confirmer son constat d'après lequel les
socialistes partagent avec les libéraux une adhésion dogmatique
aux conceptions progressistes de l'histoire, qui leur permet de
n'attacher aucune espèce de valeur aux mouvements radicaux
jadis mis sur pied par les petits propriétaires. David Montgomery reproche à Goodwyn de négliger une « analyse de classe
de l'Amérique rurale », et d'ignorer la distinction entre
propriétaires terriens, métayers et ouvriers agricoles. « Ses
catégories théoriques ne prennent pas en compte le type de
relations qu'induit le travail salarié, ni l'exploitation, rien que

celle qui résulte de l'hégémonie du crédit et de l'échange de marchandises. » À l'instar des Populistes eux-mêmes, Goodwyn échoue à comprendre l'importance de « l'appropriation collective de la totalité du secteur industriel, comme condition préalable nécessaire » à l'indépendance des fermiers. James Green, après avoir nié que les historiens marxistes et les « historiens capitalistes » souscrivent au même modèle de progrès, se met involontairement à confirmer la pertinence de cette critique. Des structures de taille modeste sont « inefficaces », déclare Green ; et le Populisme, une défense des petites exploitations familiales et des « modes de vie traditionnels », était une forme de contestation sociale « rudimentaire » et « petite bourgeoise ». Comme Hofstadter, Green rejette le Populisme comme rétrograde et nostalgique ; cette convergence des interprétations libérale et marxiste, Goodwyn le note, met en évidence l'« héritage intellectuel » qui est ancré en elles à un « niveau élevé de visibilité ». La « condescendance » qui imprègne ces interprétations découle, selon Goodwyn, de la « tradition historique américaine qui consiste à convertir l'expérience nationale en une saga pleine d'allant et généralement progressiste, presque divinement exonérée (...) des vicissitudes qui affligent partout ailleurs la condition humaine ». Leur acceptation de cette tradition, pense-t-il, permet peut-être d'expliquer pour quelles raisons les historiens américains, comme les essayistes américains, ont fait si peu impression sur les lecteurs étrangers.

L'essence du Populisme du XIXᵉ siècle

La littérature historique américaine, pour prendre un autre exemple, ne fait que peu de cas de la possibilité de la tragédie – opportunités manquées, choix fatals, défaites cuisantes et irrévocables*. L'histoire doit avoir une fin heureuse. Montgomery

---

* « N'y a-t-il pas de calamités dans l'histoire ? », demandait Brownson en 1843. « N'y a-t-il rien de tragique ? Ne pleurerons-nous donc jamais d'une défaite ? (...) Devrons-nous toujours abandonner la cause que la fortune abandonne, et adopter celle qui a le dessus,

refuse, de cette façon, que l'histoire des mouvements radicaux nous présente un « moment enfui de promesse démocratique qui fut irrémédiablement anéanti par la consolidation du capitalisme moderne ». L'histoire du Populisme nous laisse en lieu et place comme enseignement utile l'idée qu' » aucun dessein socialiste couronné de succès dans le domaine de l'agriculture ne peut être réalisé s'il ne l'est par des hommes qui travaillent la terre eux-mêmes », et que des « initiatives populaires », en conséquence, « seront à nouveau indispensables pour mettre en place le volet agricole d'une Amérique socialiste ».

Si les mouvements démocratiques de l'Âge du Toc finirent par échouer, contredisant ainsi les affirmations rassurantes de ceux qui croient encore, en dépit de l'évidence du contraire, que le mouvement de l'histoire ne cesse d'être ascendant, cette défaite fut celle, non seulement des fermiers, mais également celle de tous les travailleurs. Montgomery le relève, les ouvriers adhéraient au mouvement populiste dans des proportions considérables, et le fait que Goodwyn néglige à tort leur participation, donne l'impression trompeuse que le Populisme n'exerçait aucun attrait en dehors de la *farm belt*[13]. Non seulement les ouvriers soutenaient, dans un certain nombre de zones, les candidats populistes, mais leurs propres organisations, à l'époque où l'AFL n'avait pas encore établi son hégémonie, étaient fortement imprégnées des idées populistes. Le mouvement des travailleurs du XIXᵉ siècle, nous l'avons vu, ambitionnait d'unifier les « classes de producteurs », s'intéressait de très près aux questions bancaires et monétaires, et défendait la coopération comme le meilleur espoir de réaffirmer le contrôle ouvrier sur la production. Dans son histoire des Chevaliers du Travail, Leon Fink note que les membres des Chevaliers, « en tant qu'artisans indépendants, petits commerçants, ou ouvriers spécialisés », prenaient « au sérieux l'« idéal de Lincoln » d'une république de producteurs ». Ce sont précisément

et hurler au milieu de la foule des hommes qui jettent en l'air leurs chapeaux en l'honneur du vainqueur ? » De nos jours, comme au temps de Brownson, prévaut ce qu'il appelait « l'optimisme historique ». Nous adorons être dans le camp de ceux qui gagnent.

ces caractéristiques du radicalisme ouvrier au cours de l'Âge
du Toc – son « obsession pour une réforme monétaire », la
large définition qu'il donnait des « producteurs », son opposition donquichottesque au système du salariat, sa « marotte »
qui consistait à vouloir « imposer un ordre moral à l'économie
de marché » – qui, aux yeux des historiens progressistes comme
Montgomery, le stigmatisent comme sentimental, rétrograde,
nostalgique et naïf, le produit de « bouffées de fantaisie », de
« l'illusion d'une société harmonieuse », d'une « Arcadie imaginaire des jours enfuis ».

Ayant retenu l'enseignement de Goodwyn, aux yeux duquel
le Populisme doit être prudemment distingué du *free-silver
movement* et d'une défense simplement rhétorique du bouseux
réactionnaire, qu'amalgame si souvent la vie politique américaine, nous devons néanmoins reconnaître que le Populisme
du XIXᵉ siècle s'exprimait également en dehors du *People's Party*.
Nous sommes d'accord avec Goodwyn pour dire que ni Bryan,
ni Pitchfork Ben Tillman de Caroline du Sud, ni James K.
Vardaman du Mississipi, qui se posaient en fils de la terre,
n'étaient des Populistes, pas plus que William V. Allen, le
sénateur du Nebraska qui mit au point l'alliance entre Populistes et Démocrates en 1896, qui n'était que « populiste par
le nom ». Mais que dire de Terence V. Powderley, grand maître
des Chevaliers du Travail, qui soutenait les coopératives et
désapprouvait les grèves ? Que dire de William B. Sylvis, qui
condamnait le « système entier du travail salarié » ? Que penser
de la *Boston Voice*, un organe de presse proche des ouvriers,
qui incitait vivement la *National Labor Union* en 1867 à élargir
son programme afin d'attirer les « « classes moyennes » intelligentes – parlant, pour se faire comprendre, d'après la mode
du jour – qui ne sont ni capitalistes, ni autrement impliquées,
égoïstement, dans le présent ordre des choses ? » Que dire du
Pennsylvania Greenbacker qui déclarait dans les années 1870
que « chaque travailleur et producteur travaillant dans une
manufacture, une mine, ou une ferme, ou dans une autre
branche de l'industrie qui crée la richesse [se retrouve] dans le
même bateau » ? Sauf à être déterminés à les présenter comme
« de sentimentaux réformateurs du travail », ou comme des

proto fascistes petits bourgeois, refuser de les considérer comme des Populistes, aux côtés des dirigeants du *People's Party* comme Ignatius Donnelly, Leonidas Polk, et Tom Watson, serait un exercice plutôt délicat.

Nous pouvons étendre le terme de cette façon sans édulcorer sa signification, ni avaliser la confusion actuelle qui veut que quiconque cultive un style traditionnel est un Populiste. Le Populisme du XIXe siècle revêtait une signification suffisamment spécifique : une posture de producteur ; une défense des métiers menacés (incluant le métier de fermier) ; une opposition à la nouvelle classe de créanciers publics et à la machinerie globale de la finance moderne ; une opposition au travail salarié. Les Populistes héritaient de traditions politiques anciennes, libérales aussi bien que républicaines, du principe suivant lequel la possession de la propriété et l'indépendance personnelle qu'elle confère sont les conditions préalables absolument essentielles de la citoyenneté. Au XIXe siècle, la validité de ce principe était encore largement reconnue, en Angleterre comme aux États-Unis. Le fait qu'il correspondait de moins en moins à la pratique sociale l'était également. La plupart de la population – dont, hélas, un grand nombre de membres des « classes de producteurs » – « adhère à l'idée que le travail salarié fonctionne comme un incubateur temporaire », affirmait Fink, « qui prépare les jeunes hommes durs à la tâche aux qualités nécessaires pour atteindre un statut indépendant ». Ceux qui pouvaient à juste titre être appelés des Populistes, au contraire, ne se voilaient pas la face et décidaient que la substance de la propriété ne pouvait être restaurée qu'à travers l'organisation de coopératives de fermiers et d'artisans.

La découverte que des coopératives ne pouvaient réussir sans le soutien de l'État survint malheureusement trop tard pour permettre aux ouvriers et aux fermiers de faire cause commune. Dans les années 1890, les Chevaliers du Travail avaient sombré dans le désarroi, l'AFL tenait les rênes du pouvoir, et la question des coopératives avait été reléguée aux marges excentriques du mouvement des travailleurs. La lutte pour un « contrôle ouvrier » continuait, mais était désormais contenue à l'intérieur des étroites limites qu'imposait une division du travail de plus en plus élaborée. Les ouvriers qualifiés tentaient sans grand succès de renforcer l'homogénéité des règles de travail, de conserver le contrôle sur l'apprentissage, et d'empêcher leur remplacement par des opérateurs non qualifiés. Ils lisaient Frederick Winslow Taylor et savaient que Taylor et ses disciples ne relâcheraient pas leurs efforts « tant que la quasi-totalité des objets proposés dans les magasins », expliquait Taylor, « ne seraient pas fabriqués par des hommes à l'envergure et aux compétences moindres » que celles des anciens artisans – des hommes « par conséquent meilleur marché que ceux auxquels faisait appel l'ancien système ». Mais l'afflux de travailleurs non qualifiés détournait l'attention de la défense des métiers vers la nécessité, apparemment plus urgente, de formes plus inclusives de syndicalisme. Le radicalisme du mouvement des travailleurs en vint, au cours de la Première Guerre mondiale, à être identifié au syndicalisme industriel, et non à l'opposition à la différenciation fonctionnelle entre capital et travail. Ce genre de radicalisme, quoi qu'il en soit, ne lançait aucun défi au taylorisme ou à la nouvelle interprétation du rêve américain que proposait, entre autres, Taylor, aux yeux duquel la promesse de la vie américaine ne se fondait pas sur une « indépendance virile », mais sur l'abondance que généraient des progrès sans terme prévisible dans la productivité.

Pratiquement personne ne se demandait si la liberté était conciliable avec le travail salarié. Les hommes essayaient en effet de trouver, au lieu de cela, un équivalent moral et social à une large répartition de la possession de la propriété par rapport à laquelle avait été considérée comme dépendante une authentique Démocratie. Les tentatives de mettre en œuvre une redistribution des revenus, d'égaliser les chances de diverses manières, d'incorporer les classes laborieuses au sein d'une société de consommateurs, ou d'encourager la croissance économique et l'expansion outre-mer en lieu et place d'une vaste réforme sociale, peuvent toutes être considérées comme des solutions de substitution, au XXᵉ siècle, à la possession de la propriété ; mais aucune de ces politiques n'a créé le type de citoyens actifs et entreprenants qu'espéraient les Démocrates du XIXᵉ siècle. Pas plus que ne l'a fait la solution apparemment plus audacieuse adoptée en Union Soviétique et en Europe de l'Est, qui revendiquait abolir l'« esclavage du salariat », et qui en réalité le consolida sous une forme nouvelle et bien plus insidieuse, remplaçant l'employeur privé par l'État et privant même, par conséquent, les travailleurs du droit de grève.

La condescendance et le mépris avec lesquels tant d'historiens se retournent vers le Populisme du XIX⁰ siècle laisse entendre que le XX⁰ siècle a en quelque sorte appris à réconcilier la liberté et l'égalité avec le système du salariat, la finance moderne, et l'organisation corporative de la vie économique. Rien dans l'histoire des temps présents, pourtant, ne justifie une telle complaisance. La critique « petite bourgeoise » du progrès mérite une écoute attentive. Son enseignement pourrait bien s'avérer utile ; et même si l'histoire de sa défaite ne nous paraît pas, au premier abord, particulièrement encourageante, elle pourrait nous aider, sur le long terme, à nous confronter à la situation contemporaine qui est la nôtre, et aux sombres perspectives qui s'offrent à nous.

VI. « UN ÉCHO POUR TOUTE RÉPONSE » :
LE MONDE SANS ÉMERVEILLEMENT

La philosophie des vêtements de Carlyle

La résistance à l'idéologie du progrès et à son « fatalisme
gorgé d'optimisme » n'adoptait pas toujours une optique
conservatrice, contrairement à ce que prétendaient les
premières études consacrées au sujet. Une critique radicale du
« progrès », nous l'avons vu, pouvait découler d'une analyse de
la propriété et des vertus civiques qui lui étaient associées –
un esprit entreprenant, une capacité d'initiative, un sens de la
responsabilité. Le Populisme du XIXᵉ siècle s'inspirait bien plus
de la tradition républicaine, et même des premiers théoriciens
libéraux comme John Locke, que du conservatisme d'Edmund
Burke. Les Populistes condamnaient le progrès parce qu'il
sapait l'indépendance du propriétaire et laissait la voie libre à
l'« esclavage du salariat », et non parce qu'il mettait en pièces
la délicate fabrique de la coutume. Ils se souciaient très peu de
la coutume en tant que telle, et n'avaient pas plus de vénération
pour le passé. Mais ils n'étaient pas davantage séduits par les
prometteuses visions du futur qui se propagèrent partout au
cours de l'Âge de la Raison et des périodes qui suivirent.

La critique du progrès s'inspirait d'une grande variété de
sources, mais la plus féconde de toutes était la tradition de la
prophétie chrétienne, telle qu'elle fut reformulée par Calvin et
ses disciples, et telle que la reformulèrent au XIXᵉ siècle des
philosophes de la morale et des critiques sociaux – notamment
Thomas Carlyle et Ralph Waldo Emerson –, aux yeux desquels

le Calvinisme restait une présence, souterraine, pleine de puissance. Pas plus Calvinistes que Chrétiens dans la stricte acception du terme, Emerson et Carlyle revendiquaient pourtant une compréhension prophétique de l'histoire et de la nature humaine en opposition, non seulement à la célébration sans précédent du progrès, mais également à l'alternative qu'en proposait Burke. Le contraste entre la vénération de Burke pour la coutume humaine, et la foi prophétique transparaît immédiatement dans les manières très différentes de Burke et Carlyle de développer la métaphore des vêtements. Burke, cela sera rappelé, aimait comparer la coutume aux vêtements, qui couvrent les « défauts de notre nudité, de notre nature grelottante » par des « tissus décents ». Lorsque les révolutionnaires français renversèrent Marie-Antoinette de son trône et l'exhibèrent comme une femme ordinaire, ils se défirent des « plaisantes illusions » sans lesquelles la vie devient brutale et vile. « Abandonner le manteau du préjugé », affirmait Burke, laissait les hommes sans rien, excepté leur « raison nue » – une protection pathétiquement insuffisante contre les rigueurs de l'existence.

Dans *Sartor Resartus* (*The Tailor Retailored*), Carlyle approfondissait la métaphore des vêtements, mais la portait à des conclusions que Burke ne pouvait pas avoir anticipées, et encore moins partagées. Ayant aussi peu de sympathie que Burke pour les Lumières, Carlyle prenait néanmoins, rétrospectivement, le parti des sans-culottes, pressentant les implications métaphoriques de l'expérience française. Il voyait la Révolution française, non comme une effroyable erreur, mais comme une opportunité manquée d'aller au fond des choses. Il ne partageait pas les illusions de Bentham sur le rêve de « bienveillance universelle » qui inspira l'énorme basculement de 1789, mais son histoire de la révolution, le livre qui le rendit célèbre, ne célébrait pas la restauration de l'ordre, que Burke et ses amis acclamaient à ce moment-là. Le retour de l'ordre, Carlyle le comprenait, signifiait le retour de Mammon, « le plus vil des Dieux connus, et même des démons connus ».

Carlyle, à l'instar de Burke, ne faisait aucune confiance en la « raison nue », mais il n'espérait pas davantage la voir revêtue des habits de la coutume. Il comprenait l'utilité des

« vêtements », mais il comprenait aussi qu'il était quelquefois nécessaire pour l'esprit humain, de même que le serpent mue, de se dépouiller des « solennités et des affaires inhérentes à la Vie civilisée, qui nous encombrent tant ». Les vêtements, Burke l'avait relevé, faisaient de Marie-Antoinette une reine. Carlyle approfondissait l'idée pour la renverser. « Les vêtements nous donnaient une individualité, des traits distinctifs, un statut social ; les vêtements ont fait de nous des hommes ; ils menacent de nous transformer en automates » – en gravures de mode, en mannequins ambulants.

« La coutume est la plus extraordinaire des couturières », écrivait Carlyle. Parmi ses nombreuses ruses et ingénieuses illusions,

> la plus habile réside peut-être dans son talent de nous persuader que le Miraculeux cesse, par la simple répétition, d'être Miraculeux. Il est Vrai que nous vivons ainsi : car l'homme doit travailler tout autant que s'émerveiller ; et sur ce point la Coutume est jusque-là une bienveillante conseillère, le guidant vers son intérêt véritable. Mais elle est une conseillère envahissante et stupide, à moins que nous ne soyons plutôt de faux enfants idiots, lorsque, à nos heures de repos et de réflexion, nous prolongeons la même supercherie. Dois-je considérer le Prodigieux avec une indifférence débile, parce que je l'ai vu deux fois, ou deux cents fois, ou deux millions de fois ?

L'effet rassurant de la coutume, si hautement célébré par les conservateurs à la Burke, qui consiste à dissimuler les terreurs existentielles derrière les associations familières et les activités quotidiennes, nous prive en même temps de l'expérience nouvelle – de ce qu'Emerson définissait comme une « relation originelle à l'univers ». Peut-être cela explique-t-il pour quelles raisons, vivant au sein d'un monde trop lourdement vêtu, nous faisons preuve d'une avidité croissante dans notre quête de la nouveauté – qui montre ses limites bien trop rapidement, dès lors que nous nous apercevons que de nouveaux vêtements échouent à procurer l'excitation annoncée.

La présentation peu engageante par Carlyle de la coutume semblerait le ranger du côté du parti du progrès, de la même façon qu'Emerson, en son temps, paraissait se rallier à ce qu'il appelait le parti de l'espérance, contre le parti de la mémoire. Mais Carlyle pensait que le juste contraire de la coutume, loin d'être le progrès, était l'« émerveillement ». Il s'opposait à la tyrannie de la coutume, non parce qu'elle décourageait les hommes et les femmes de l'expérimentation, mais parce qu'elle les décourageait de porter leur regard au-delà de la surface des choses. « Les vêtements », dans son interprétation expansible de l'image, recouvraient ce qui était habituellement entendu comme la civilisation et le progrès. Ils renvoyaient, entre autres choses, aux arts et aux sciences, à tous les fruits de l'ingéniosité humaine par lesquels les hommes et les femmes espéraient s'entourer de confort et de sécurité, mais également se divertir, faire passer le temps, et satisfaire leur goût, non seulement des commodités, mais de la beauté. « La première utilité des vêtements », pensait Carlyle, « (...) n'était ni la chaleur, ni la décence, mais l'ornement. » La coutume, entendue strictement comme l'usage et l'habitude, ne devait être considérée que comme l'une des diverses formes que prennent les vêtements. La coutume se rapportait à la fois à la routine abrutissante, et à la stimulation fallacieuse suscitée par le scintillement de la mode. Mais l'assujettissement technologique de la nature pouvait aussi être considéré comme faisant partie des vêtements. La technologie protégeait le genre humain des forces de la nature, comme les vêtements protégeaient le corps humain du froid, mais interposait un obstacle qui faisait perdre de vue la signification profonde du monde naturel. L'art s'immisçait, également, entre l'humanité et une compréhension plus profonde des choses. Si la science mettait fin à une « vénération » pour la nature, l'art n'apportait aucun correctif à cette situation. Comme la science, il se transformait facilement en un objet de culte.

Carlyle partageait avec Kierkegaard la croyance que les approches esthétique et éthique de la vie sont antagonistes. *Sartor Resartus*, une autobiographie spirituelle maintes fois éloignée des événements contemporains des jeunes années de Carlyle, et adroitement déguisée en traité écrit par un obscur pédant allemand, est une œuvre d'une grande tenue artistique[1] ; mais l'ouvrage fut clairement conçu comme une confession, et donne essentiellement la même description de l'absence de foi, du désespoir, auxquels succède la renaissance de l'espérance, qu'offrent les premières confessions chrétiennes.

> Bien que le Stoïcisme (...) a touché de quelque manière notre Vagabond, il est clair qu'en lui règne une terrible fièvre faite de désordre et de misère. (...) Pour cette raison, comme il divague péniblement à travers ce monde, il a maintenant perdu toute autre notion de ce qui est différent et plus élevé (...) Ainsi le Vagabond désorienté doit, comme tant d'autres l'ont fait, hurler question après question à l'entrée de la caverne de la sibylle de la Destinée, et ne recevoir pour toute Réponse qu'un Écho. Ce monde qui l'entoure est en tout un lugubre Désert : où seuls s'entendent les hurlements des meutes sauvages, ou les cris de désespoir, les hommes portés par la haine ; et aucune Colonne de Fumée le jour, et aucune Colonne de Feu la nuit, plus rien ne guide le Pèlerin.

Seuls ceux qui ont perdu espoir à ce point, affirme Carlyle, peuvent réellement espérer le retrouver. Même le « "Non" éternel » est préférable à la religiosité convenue des Chrétiens « cultivés » qui ne connaissent Dieu « que par tradition », dans la mesure où la négation conduit à la compréhension du fait que seuls ceux qui ont renoncé à l'espérance du bonheur sont susceptibles de le trouver.

La renonciation à nos revendications sur le monde est le « premier acte moral préparatoire », parce qu'elle nous permet d'estimer la vie pour elle-même, et non parce qu'elle sourit à notre ambition de jouir du meilleur de tout, de réussir dans toutes nos entreprises, et de rester le centre de l'attention cosmique. Lorsque nous accepterons de ramener nos revendications de « gratifications » cosmiques à « zéro », nous sentirons à nouveau le monde sous notre pied. « Quelle Loi pourrait décider que *vous* devriez être heureux ? Il n'y a pas si longtemps, vous n'aviez aucun droit à *être* tout court. » L'analyse par Carlyle de l'expérience religieuse, si elle n'est pas chrétienne au sens classique du terme, concorde néanmoins avec les témoignages délivrés à travers les siècles par les saints et les prophètes chrétiens. Carlyle s'accorde avec eux, en particulier, dans sa description des conditions préalables à l'exercice spirituel. « L'amour et non le plaisir ; l'amour de Dieu. » Demandez moins à la vie, et plus à vous-même. Apprenez à considérer le problème du Mal – l'éternelle question de savoir si un Dieu aimant aurait pu admettre la souffrance humaine dans le monde – pour ce qu'il est, une « controverse vaine et interminable ».

Le calvinisme comme critique sociale

Que *Sartor Resartus* soit le fruit du XIXᵉ siècle, et non celui du vᵉ siècle, transparaît dans la forme de la confession spirituelle de Carlyle, celle de la critique sociale, un genre qu'il contribua à élaborer. Une description complète d'une désintégration et d'un renouveau spirituels paraissait requérir une description de leurs effets sociaux, autant qu'une description des conditions sociales qui contribuaient, en premier lieu, à l'absence de croyance et la rendaient, plus que jamais, difficile à surmonter. Ce n'était pas simplement quelques individus, comme Carlyle pouvait le constater, qui étaient en train de vivre l'ancienne expérience de l'éloignement et de la réaffirmation. L'expérience de la perte de la foi s'était désormais généralisée, précisément en raison des philosophies progressistes qui promettaient au genre humain santé, richesse et bonheur. Le très célèbre « progrès de l'époque », en dépit de toutes les inégalités flagrantes dont il était la cause, rendait plus difficile encore qu'auparavant de saisir la fausseté de sa promesse, ou les carences d'une moralité qui identifiait le bien au plaisir, et le mal à la souffrance.

« La souffrance est en soi un mal », affirmait Bentham, « et véritablement, sans exception, le seul mal. » Une telle affirmation était sans aucun doute superficielle, mais nombreux étaient ceux qui, manifestement, la trouvaient convaincante. Rendus aveugles au « miracle qui, partout, nous entoure », en raison de l'incroyable profusion d'inventions humaines, du triomphe du génie humain sur la nature, les hommes et les femmes du XIXᵉ siècle vivaient dans un monde mécanique « dénué de Vie, de Dessein, de Volonté, d'Hostilité même ».

Ayant à l'origine été un « royaume du Merveilleux », le monde
était devenu « une gigantesque machine à vapeur, inerte,
incommensurable, qui continuait d'avancer, dans son indifférence de morte, en écrasant (l'homme) membre après
membre ».

Ce n'était pas la disparition de la coutume, mais celle de la
foi, qui résumait le réquisitoire de Carlyle contre le monde
moderne. Mais ce dernier n'était toutefois en rien une énième
déploration du déclin de la religion institutionnalisée. « Tous
les cultes inférieurs », dont l'église organisée autant que le droit,
l'État, et l'économie, tombaient dans la catégorie des
« vêtements ». L'ancienne foi ne pouvait plus s'incarner dans
les anciennes cérémonies, les anciennes incantations, les
anciens dogmes. « Il est dans la nature de l'homme de changer
son Dialecte de siècle en siècle », et le dialecte de la prédestination, de la double prédestination, de la grâce prévenante, du
baptême, de l'expiation, y compris le dialecte du péché originel,
ne permettaient plus de montrer la voie. Parce que Carlyle
parlait un idiome nouveau, et souvent plutôt exotique – le
parlait, plus que jamais, avec une tonalité germanique inspirée
de Goethe, Schiller, et d'autres romantiques –, de nombreux
commentateurs ont totalement oublié son Calvinisme, le présentant comme un précurseur du culte fasciste du chef, ou
simplement comme un critique avisé du capitalisme industriel.
Ni son intérêt pour les grands hommes, ni sa défense précoce
des classes laborieuses, ne peuvent pourtant se comprendre en
dehors d'un contexte de croyances religieuses qui restaient,
pour l'essentiel, étonnamment conventionnelles, lorsqu'elles
n'étaient pas strictement orthodoxes.

Carlyle n'était pas indifférent aux aspects concrets et à
l'imminence des enjeux sociaux. Le gouffre grandissant entre
la richesse et la pauvreté, les « dandys » et les « corvéables à
merci » l'horrifiait, comme il horrifiait beaucoup de ses
contemporains, en partie grâce à ses propres premiers écrits.
Sa critique sociale – « Signs of the Times » (1829), « Characteristics » (1831), *Chartism* (1839), *Past and Present* (1843) –
définissait la « condition de la question anglaise », et en faisait
le sujet d'un débat animé. Mais Carlyle ne défendait ni une

révolution à l'initiative de la classe ouvrière (bien que sa critique du *cash nexus* fît appel à Marx), ni un renouveau de la coutume, de la solidarité organique, et du paternalisme (bien que le contraste qu'il établissait entre l'unité médiévale et la fragmentation moderne en appelait à des paternalistes comme John Ruskin, George Fitzhugh, et Henry Adams). S'il avait un programme, il était fait de « héros et d'admiration pour le héros ». Mais même cette dernière était, dans sa conception, d'essence religieuse, et non l'expression d'un culte aveugle du pouvoir. L'admiration pour le héros était un acte de « véritable loyauté religieuse », le héros une incarnation de l'exubérance et de la vitalité spirituelles, qui, dans l'idiome de Carlyle, survenaient au nom de l'émerveillement. Le prototype du héros était le prophète.

L'admiration de Carlyle pour les grands hommes – Mohammed, Shakespeare, Cromwell, Frédéric le Grand – l'éloignait plus encore de ceux qui comptaient sur le poids des institutions, des traditions, et des habitudes sociales, pour fournir une continuité, et décourager une expérimentation sociale inconsidérée. L'héroïsme était, dans la conception de Carlyle, perturbateur. Sa valeur résidait précisément dans son effet dérangeant sur les habitudes et la routine. Il divisait les hommes et les femmes plus souvent qu'il ne les réunissait. La vision de Carlyle de l'homme d'action partageait un certain nombre d'éléments avec les conceptions républicaines, et son refus d'une organisation politique fondée sur l'intérêt égoïste rappelait à certains moments la tradition républicaine. À l'âge de la machine, tel qu'il l'appelait dans « Signs of the Times », les hommes étaient censés, à tort, « n'être guidés que par leurs intérêts bien compris ». Le gouvernement devenait un « contrepoids efficace à cette situation ; et, exceptés un instinct affûté et un appétit pour l'intérêt égoïste, aucune vertu n'est nécessaire, quel que soit le domaine ». Dans « Characteristics », comme dans *Sartor Resartus*, Carlyle parlait de « vertu » en ayant conscience des nuances profondes du terme, l'associant à la « Valeur chevaleresque », à la « Noblesse d'esprit », et à l'« inspiration héroïque », comme à un type d'action brillante,

impulsive, qui dépérissait et déclinait dès qu'elle commençait
à être « intellectualisée ».

La vertu puritaine

Mais l'intérêt de Carlyle pour la « vertu » ne faisait pas de
lui un Républicain. Il pouvait avoir appris de ses ancêtres
puritains, comme aussi bien de Machiavel et d'Harrington,
que la vertu avait toujours été associée au courage et à la force
masculine, à la vitalité en général, et plus largement encore à
la force de la création qui est source de vie. Une lecture attentive de *Paradise Lost* par exemple – une lecture plus au goût
de Carlyle que *Oceana* ou *The Discourses* –, l'aurait familiarisé
à une riche conception de la vertu, qui se rapprochait souvent
de sa propre conception de l'héroïsme. Dans la bouche du
Satan de Milton, le terme conserve ses associations républicaines avec la gloire, l'ambition de se surpasser, et le courage
intrépide. Exhortant sa légion d'anges déchus à donner l'assaut
aux portes du paradis, Satan les présente à maintes reprises
comme « des Trônes, des Domaines, des Primautés, des Vertus,
des Pouvoirs ». Il tente Ève en insistant sur les pouvoirs divins
conférés par la « vertu » présente dans la pomme et prédit,
mensongèrement, que Dieu louera son « intrépide vertu » si
elle a le courage de mordre dedans. Puisque le « pouvoir qui
résidait en elle », comme Ève le dit à son tour à Adam dans
son hommage aux « vertus » de la pomme, n'inclut pas seulement la « vertu de rendre sage », mais également celle de doter
de la parole un serpent, Adam et Ève espèrent acquérir, de
l'arbre de la connaissance du bien et du mal, bien plus qu'une
simple vitalité humaine. Le fruit de cet arbre, qu'Ève définit
comme « souverain, vertueux, précieux », « fera de ceux qui le
goûtent des Dieux ».

La description par Milton de la « vertu » de Dieu, qui se
laisse voir dans la création du monde, renforce l'association de
la vertu aux pouvoirs supra humains. « L'obscurité profonde/
Recouvrait l'abîme mais sur le calme livide/Ses ruminations
s'envolaient vers l'esprit de Dieu déployé/Et la vertu vitale

infusait, et la chaleur vitale... » Quand Dieu envoie son fils disperser la horde rebelle de Satan, il s'appuie sur la « vertu » du Christ pour l'emporter. « Je t'ai empli à un tel point/D'une telle vertu et d'une telle grâce/Que tous devraient savoir/Au Paradis comme en enfer que ton pouvoir est incomparable... » Quelque chose de la même force, avec ses pouvoirs régénérateurs, réside, selon Milton, dans la « vertu » du soleil. La chaleur du soleil, comme sa gravité, sa « vertu fascinante », témoigne de la manière dont une vitalité surabondante diffuse sa gloire à tout ce qui l'approche. Milton attribue à Ève la même « vertu » qu'il assigne au soleil ; sa description du mariage d'Adam et Ève suggère qu'Adam est autant attiré par sa force naturelle que par « l'innocence et la modestie virginale » d'Ève.

L'association de la vertu à la force vivifiante et à la vitalité reste présente dans la scène mémorable où Adam et Ève, ayant succombé aux charmes de la lasciveté après avoir mordu dans le fruit défendu, se réveillent de leur sommeil épuisé pour se retrouver, comme Samson, « dénués et privés de toute leur vertu ». Lorsque Adam dit d'Ève et de lui-même qu'ils se retrouvent « dépouillés de tout notre bien », la bonté elle-même se voit investie des mêmes qualités ailleurs associées à la vertu. Milton conçoit la bonté comme une disposition heureuse et obéissante de la volonté humaine, mais également comme l'abondance, la plénitude, et la perfection de l'existence, des dons accordés par un créateur bienveillant – dont la perte attend, en conséquence, ceux qui refusent de les reconnaître comme tels (et donc de reconnaître leur dépendance à un pouvoir supérieur), et qui aspirent en lieu et place à des pouvoirs divins et un savoir omniscient.

Dans la tradition républicaine, la vertu et la grâce restaient sévèrement opposées : la vertu autorisait les hommes à défier le sort en l'absence de foi. Dans la version du puritanisme de Milton, la vertu et la grâce se mêlaient intrinsèquement, puisque c'était dans la plénitude de l'existence de Dieu – par suite de sa vertu, dans la plus riche des nombreuses et concordantes acceptions du terme – que les hommes et les femmes étaient par la grâce pourvus de tous les biens qui étaient les

leurs, dont le suprême don de la vie. La même étroite association des « vertus », des « dons » et des « grâces » influençait le
concept d'admiration du héros forgé par Carlyle, si facilement
incompris dès que ses racines puritaines sont oubliées au profit
d'un grossier culte du chef autoritaire.

Dans *Heroes and Hero-Woship*, Carlyle distinguait différents
types d'héroïsme, dont seul un d'entre eux s'avérait politique
– leur dénominateur commun étant une certaine « Force
vitale » et une vigueur de la perspicacité présentes seulement
chez les individus hors du commun, qui les considéraient justement, non comme leurs propres réalisations, mais comme le
« don de la Nature elle-même ». Le fait que le héros les comprenne bien comme des dons était un élément constitutif
important de l'héroïsme. Le sentiment d'avoir été appelé à une
tâche donnée, ou d'avoir été « envoyé ici bas » pour que le
« mystère sacré » des choses soit, « d'une manière plus impres-
sionnante encore, connu de nous » sous-tend les actions du
héros. Le « don héroïque » – « la sincérité et l'intensité de la
vision », « la puissance de la lucidité », la « Force vitale » qui
« lui permet d'aller au cœur même des choses » – découlait de
la même force créatrice qui se laisse contempler dans la nature.
Il était vertueux dans la plus profonde acception du terme ;
pour cette raison, Carlyle pouvait insister sur le fait que « pour
connaître une chose, ce que nous pouvons appeler connaître,
un homme doit en premier lieu *aimer* la chose, lier amitié avec
elle : c'est-à-dire, être *vertueusement* relié à elle ». La vertu de
l'aimante perspicacité primait sur « l'égoïsme » ; c'est-à-dire
qu'elle donnait à ceux qui en étaient pourvus le « courage de
rester en permanence fidèle à la dangereuse vérité * ».

L'hommage de Carlyle au renard – un animal qui fournit
à Machiavel le modèle du chef politique rusé – exagérait de
manière inattendue la supériorité morale de l'animal sur son
pendant humain. Les deux savaient où trouver leur proie, mais
ce que le prédateur humain, obsédé seulement par son intérêt
personnel, savait par habileté et roublardise, le renard le savait
par la vertu de cette sorte de compréhension gratuite, spontanée, et non calculée que Carlyle associait à l'héroïsme. Le
renard de Machiavel, contrairement à celui de Carlyle, man-

quait de « dons et de grâces », comme son lion manquait de
la joie inconsciente que procure la sensation de ses propres
pouvoirs, qui rend impossible à un animal d'en faire mauvais
usage. Le héros de Machiavel, comme le Satan de Milton, en
rébellion contre sa condition, espérait maîtriser la Fortune au
moyen des « vertus » péniblement gagnées – courage ou ingéniosité –, qui sont accessibles à ceux qui n'ont pas foi en la
Providence. L'héroïsme de Machiavel était celui du « Non
éternel ». La conception de Carlyle de l'héroïsme, au contraire,
se fondait sur la reconnaissance pleine de gratitude de dons
pour lesquels le héros lui-même ne pouvait revendiquer aucun
crédit. Ainsi le génie de Shakespeare, selon Carlyle, réside dans
le fait qu'il s'ignorait lui-même. L'intelligence de Shakespeare
« n'était pas consciente d'elle-même » ; « il y a plus de vertu
en elle qu'il ne le croit lui-même ». Si Shakespeare était un
prophète, un « saint Fournisseur de Lumières envoyé des
cieux », il n'était « *consciemment porteur* d'aucun message
céleste » ; et c'était la modestie du génie poétique, pensait
Carlyle, qui distinguait le poète du prophète et en faisait une
figure supérieure et plus digne de foi.

Carlyle comprenait les dangers de l'admiration pour le héros
avec bien plus de lucidité que ce qu'affirmèrent ses critiques.
Il comprenait que l'admiration du héros dégénérait en idolâtrie
lorsqu'elle ne se rattachait pas à la sagacité du héros, mais à sa
revendication artificielle de pouvoirs supranaturels. Il louait en
même temps l'« indestructible révérence pour l'héroïsme »
comme une expression essentielle de la capacité d'émerveillement, et considérait en conséquence la dépréciation moderne
de l'héroïsme – bien plus librement exprimée à notre époque
qu'à la sienne –, comme l'un des plus alarmants des nombreux
« signes des temps » inquiétants.

« *Les bien-portants ne savent pas leur santé* »

L'admirable essai « Characteristics » aide à clarifier les pensées de Carlyle sur le caractère inconscient de la vertu qui, dès
lors qu'elle « prend conscience d'elle-même, est écœurante et

se met à décliner ». « Les bien-portants ne savent pas leur santé, seuls les malades savent ce qu'elle signifie. » Shakespeare « ne se donne pas d'airs pour écrire *Hamlet* et *The Tempest* », mais Milton est « plus conscient de son talent, qui est en conséquence inférieur ». Byron annonce que le critique est l'égal du poète ; les critiques se propagent avec une telle « étrange vigueur » qu'il devient nécessaire de publier une *Revue des Revues* ; et « toute la littérature est devenue une Revue qui se parodie sans fin ». Non seulement la littérature, mais chaque forme d'expression, de savoir, et de travail s'est parée de commentaires et de critiques ; l'impulsion créatrice, étouffée par la spéculation « métaphysique », est à bout de souffle. « Jamais, depuis le commencement des Temps, il n'y eut (...) une société aussi intensément consciente d'elle-même. » Chaque chose est « décortiquée » – « anatomiquement étudiée, à tel point qu'elle pourrait être médicalement assistée ».

Le problème réside dans les développements particuliers qui sont habituellement considérés comme une manifestation du progrès. L'avancée de l'intelligence est hautement désirable, mais elle n'ira pas loin à se retourner constamment en arrière afin d'admirer la distance déjà parcourue. « (...) Tout ce que nous entendons, depuis une ou deux générations, au sujet du Progrès de l'Époque, de l'Esprit de l'Époque, de la Destruction du Préjugé, du Progrès de l'Espèce, et de l'Avancée de l'Intelligence, ne serait-il pas le signe d'un état malsain d'obsession de soi et de contemplation de soi ; le signe précurseur et annonciateur d'une santé toujours plus déclinante ? » Plus le XIXᵉ siècle se félicite bruyamment de sa supériorité sur les époques antérieures, plus il invite à suspecter une décadence morale et intellectuelle.

Carlyle, dans « Signs of the Times », appelait le XIXᵉ siècle un « Âge mécanique ». Dans « Characteristics », il fait en outre remarquer, de façon apparemment contradictoire, qu'il mérite également d'être appelé l'« Âge de la Métaphysique ». Mais le machinisme et la métaphysique sont deux symptômes de la même maladie. Lorsque la pensée devient trop consciente d'elle-même, elle perd contact avec l'« action vitale » et sombre dans des abstractions vaines et de plus en plus auto-

référentielles. L'idéalisme allemand et l'utilitarisme anglo-
saxon, particulièrement ce dernier et son « ingénieux mécanisme fait d'intérêts égoïstes, et de tous les ajustements imaginables de contrôle et d'équilibre », symbolisent le divorce
entre l'action et la réflexion. L'« homme entier, inspiré par
Dieu » se soustrait à notre vue, et les hommes incomplets le
remplacent, aussi inaptes à l'action intelligente qu'à la pensée
originale. « La vertu, au sens exact du terme, a cessé d'être
pratiquée », et a laissé la place à la « bienveillance ». Seul le
« mécanisme externe » du « mouvement (...) humain reste
reconnu : nous n'entendons rien de la Volonté, sauf quand elle
est synonyme de Désir ; des Impulsions dépourvues d'Inspiration supérieure, plus qu'il n'en faudrait. »

L'appréciation par Carlyle des effets démoralisants d'une
conscience de soi excessivement critique n'implique aucune
lamentation au sujet d'une innocence perdue. « Jamais la vie
de l'homme ne fut ce qu'il appelle une vie heureuse ; à aucune
époque elle ne peut l'être. » Le puritanisme de Carlyle se révèle
dans le rappel que le labeur est le lot commun de l'homme ;
que le rêve du paradis séculaire, « où les ruisseaux devraient
être de vin, et les arbres s'incliner sous le poids de victuailles
prêtes à être savourées » est un rêve impossible ; que le labeur
seul, qui est nécessairement l'« interruption de cette facilité,
que l'homme se figure assez bêtement être sa joie », lui apporte
un bien-être tel qu'il n'en a jamais apprécié d'autre ; et que ce
« qu'il appelle le Mal » – le « matériau sombre et trouble en
dehors duquel la libre volonté de l'homme se doit de créer un
édifice fait d'ordre et de Bien » – ne disparaîtra qu'avec la
disparition de l'humanité. Le labeur est notre lot ; et nos travaux apportent, à vrai dire, de l'ordre au chaos – aussi
longtemps qu'ils sont portés par une véritable foi, et la compréhension du fait que le pouvoir créateur qui les rend possible
vient à nous comme un don des dieux*.

---

* Si le mal est absence de vie, de vitalité, de cohérence, d'ordre, et
de dessein créatif, alors le mal, et non le vice, est l'opposé exact de
la vertu. L'opposition familière de la vertu et du vice renvoie au sens
secondaire, et bien moins précis, de la vertu (pour ne pas mentionner

Le résultat de nos travaux, tel que l'interprète Carlyle, ne nous fournit pas une rassurante fabrique de coutumes, ou une confirmation de notre progrès matériel et moral, mais une manifestation de l'« enthousiasme intime » sans lequel le travail ne devient rien de plus qu'une pénible nécessité. Nous triomphons de la nécessité dans les travaux amoureusement et loyalement réalisés et exécutés, et non en nous entourant de technologies qui suppriment l'obligation de travailler. (L'idéologie du progrès révèle là encore sa parenté avec le rêve nostalgique d'un paradis perdu ; la surabondance moderne, à entendre le mythe du progrès, finira par nous soulager du besoin de travailler.) Notre triomphe réside dans notre capacité à transformer une nécessité, le travail, en un acte de foi et de libre volonté. Dans nos travaux, nous triomphons de la nécessité, y compris de sa forme la plus douloureuse, l'irrésistible force du changement perpétuel. Remémorées, nos œuvres collectives restent une source d'espérance, puisque leur souvenir montre que « rien de ce qui fut respectable dans le Passé ne disparaît ». Pour cette raison, « le véritable admirateur du Passé », affirme Carlyle, « (...) ne s'afflige pas de sa disparition, comme une personne qu'écrase le deuil ».

Carlyle et la tradition prophétique

L'accent mis par Carlyle sur le fait que « rien ne se perd » – que la « somme totale du Passé entier » persiste à vivre dans le présent – distingue avec évidence son sens du passé de la tradition pastorale et de son évocation mélancolique d'un passé enfui, ainsi que de la tradition sociologique qui envisagea le genre de la pastorale à travers le contraste entre *gemeinschaft* et *gesellschaft* – entre l'unité organique de sociétés disparues

---

un sens plus flou encore du péché, qui devrait être plutôt pensé comme l'opposé de l'affirmation, de l'obéissance et de la soumission ; bref, comme un "non" éternel). Le vice est un concept insipide qui transmet son insignifiance à la vertu dès lors que les deux sont, d'une manière très convenue, mis en rapport.

plus élémentaires, et la fragmentation moderne. Carlyle exalte la supériorité de la mémoire sur la coutume. L'histoire, telle qu'il la conçoit, représente le triomphe de l'héroïsme (commémoré avec à propos, et donc continuellement revisité) sur la convention. Le considérer pour cette raison, comme le fait Raymond Williams, comme un successeur de Burke au sein d'une tradition intellectuelle qui critiquait la société moderne en lui opposant le concept de culture, est une erreur. Pour Carlyle, la culture est la couverture de la coutume, qui rend le monde apparemment familier et qui, par conséquent, bride la capacité d'émerveillement. Sa compréhension de l'histoire, qu'il considérait comme le registre de la gloire et de la « vertu », est plus proche du Républicanisme que de la tradition de Burke, Ruskin, et que de la sociologie européenne. Elle est même plus proche d'une tradition protestante où la « vertu » faisait essentiellement référence aux pouvoirs nourriciers du créateur, que les humains n'approchent que dans la mesure où ils en reconnaissent la source. L'affirmation par Carlyle de la liberté humaine se voit nuancée par une reconnaissance de notre dépendance à des pouvoirs supérieurs. La reconnaissance de cette dépendance – la signification la plus profonde de ce qu'il entend par « émerveillement » – devient précisément pour cet héritier de Calvin et John Knox la condition de la liberté de l'homme. L'illusion de l'indépendance, au contraire, fait obstacle à la véritable perspicacité et aux actions héroïques qui en découlent. Dans le monde moderne, cette illusion trouve son expression caractéristique dans les machines grâce auxquelles le genre humain espère se libérer du labeur – c'est-à-dire des contraintes incontournables de l'existence humaine.

Carlyle est un « prophète », de nombreux commentateurs l'ont noté ; mais la pertinence de cette désignation ne doit pas se trouver dans sa référence à sa propension à l'oracle, aux figures plus solennelles de son style littéraire, ou même à la vision qu'il avait de lui-même comme prophète. Il était le moins convaincant lorsqu'il adoptait consciemment la posture prophétique, pour des raisons qu'il expliquait lui-même lorsqu'il opposait la puissance d'expression inconsciente du poète au délire d'inspiration divine du prophète. Mais il ne

284 Le Seul et Vrai Paradis

devrait donc pas pour autant être considéré comme un poète. Interpréter ses écrits comme de la « littérature », c'est ignorer ses réserves puritaines sur l'art et la littérature, pour ne pas mentionner cette déclaration pour le moins explicite : « pour nous, en ces jours, la *Prophétie* (bien comprise), et non la *Poésie*, est ce que nous voulons ; comment pouvons-nous chanter et peindre quand nous ne *croyons* pas et nous ne *voyons* pas ? » Mais les œuvres de Carlyle peuvent être justement décrites comme « prophétiques » – plutôt que « poétiques » –, à la condition que ce terme fasse référence assez directement et littéralement à une tradition de pensée religieuse qui débuta avec les prophètes de l'Ancien Testament, réapparut sous la Réforme, et parvint jusqu'à lui par l'intermédiaire de ses ancêtres calvinistes. La remarque souvent citée de James Anthony Froude selon laquelle Carlyle restait un puritain sans théologie puritaine, échoue à capturer la pleine importance de sa dette à la tradition de la prophétie judéo-chrétienne. Il retenait beaucoup de l'ancienne théologie, alors même qu'il l'exprimait dans un idiome inédit et extrêmement idiosyncrasique. Le pouvoir et la majesté du créateur souverain de la vie ; le caractère incontournable du mal sous la forme des naturelles limites à la liberté humaine ; le caractère scandaleux de la rébellion de l'homme contre ces limites ; la valeur morale du labeur, qui implique à la fois la soumission de l'homme à la nécessité et la possibilité de la transcender – ces postulats constituaient le cœur de la théologie calviniste, aux côtés de son analyse de l'expérience religieuse, la psychologie du désespoir et de la conversion ; et ils constituaient également le cœur de l'œuvre de Carlyle, ou au moins de celle qui continue à importer.

Les interprétations politiques
et littéraires erronées de Carlyle

Présenter ainsi Carlyle, c'est faire abstraction, j'en conviens, d'une grande partie de son œuvre, et omettre avec trop de légèreté ses déplaisantes opinions – sa condamnation de plus en plus véhémente et aveugle de la Démocratie, sa défense de l'esclavage comme un mal moindre que le travail salarié, son soutien apporté au Sud au cours de la Guerre civile américaine, ainsi que les implications autoritaires qui se dissimulaient derrière sa doctrine de l'admiration du héros et qui devinrent assez explicites dans ses derniers travaux. Mais une énumération de ses erreurs politiques ne sert aucun objectif, Raymond Williams l'a autrefois rappelé, sauf celui de priver les radicaux du XXᵉ siècle de ses considérations sur la « redéfinition de ce que devrait être la politique » – la leçon que les radicaux ont le plus besoin d'apprendre. Pris à partie par les rédacteurs de *The New Left Review*, qui se plaignaient « du racisme et de l'impérialisme acharné de Carlyle », et de l'« incompréhensibilité » du portrait empreint de sympathie qu'il faisait de lui dans *Culture and Society*, Williams s'élevait contre « cette classification séparant les penseurs progressistes et les penseurs réactionnaires du XIXᵉ siècle ». Lui aussi avait écrit un mémoire d'étudiant intitulé « Essai sur le Carlyle fasciste ». Au cours des années 1950, néanmoins, il avait « découvert des thèmes profondément reliés » à la « perception qu'il se faisait de la crise sociale » de son temps, non dans la liste agréée des penseurs progressistes, mais chez des « personnalités paradoxales » comme Burke, Carlyle, et Ruskin, qui défiaient la canonisation de gauche mais avaient généralement plus de choses intéressantes à dire sur la vie moderne que ceux qui marchaient au pas derrière la bannière du progrès.

Williams concédait, avec le recul, que sa tentative de reconstruire une tradition de critique sociale résistante aux classifications politiques convenues ne rendait pas justice à l'éventail complet de ses opinions sur le sujet. « La méthode exacte aurait consisté à discuter le cas de chaque penseur pleinement et explicitement jusqu'au bout, et de dire ce qui n'allait pas avec eux. » La concession de Williams était déplacée. Il n'existe aucune raison pour qu'un ouvrage comme *Culture and Society*, dont le but est de retracer l'histoire d'une tradition intellectuelle, devrait se pencher systématiquement sur chaque cas afin d'envisager les œuvres des écrivains concernés dans leur totalité, de débattre pour chacun d'eux du pour et du contre, et de

parvenir ainsi à une série complète de jugements prudemment
nuancés. Une telle méthode n'est pas seulement impraticable,
puisqu'elle nécessite une longue analyse pour chacun des
écrivains considérés comme importants, mais est aussi non
pertinente au regard de l'objectif d'un tel travail. L'objection
essentielle qui peut être faite au traitement de Carlyle par
Williams n'est pas qu'il a échoué à attirer l'attention sur les
opinions réactionnaires de Carlyle (qu'il condamnait explicitement), mais qu'il a situé Carlyle dans une mauvaise tradition
– celle du communautarisme à la Burke, au lieu de la prophétie
chrétienne.

Quoi qu'il en soit, Williams ne se réfugiait pas, au moins,
dans la dérobade académique habituelle qui voulait que Carlyle
soit une personnalité purement littéraire qui ne devrait être,
en aucun cas, tenue pour responsable de ses opinions. La critique politique est une affaire risquée, spécialement dans le cas
d'un écrivain qui mêlait aux observations les plus pénétrantes
une bonne dose de non-sens ; et il est en conséquence toujours
tentant de s'abriter derrière la critique littéraire. Harold Bloom
appelle ainsi Carlyle un « prophète de la sensibilité », qui comprenait que « l'autorité ne pouvait à nouveau être établie que
sur un socle esthétique ». Comme Ruskin, Walter Pater, et
d'autres « prophètes victoriens », Carlyle, si l'on en croit
Bloom, « mêlait la perception et la sensation en un nouveau
mode de sensibilité » qui dépendait d'une « intériorisation
croissante du moi ». Albert J. LaValley le traite de même
comme un défenseur précoce de l'« idée du moderne », et
identifie la « quête du moi » comme le thème unifiant de son
travail. Il était plus saisissant, pense LaValley, lorsqu'il « abandonnait la chimère des messages », et s'attachait aux « fondements esthétiques » de la pensée. *The French Revolution*
devrait être lue comme une « épopée », *Past and Present* comme
un « poème », à la gloire de l'« accomplissement esthétique de
la création permanente », et *Sartor Resartus* comme un « acte
esthétique de découverte de soi », un ouvrage qui offrait une
« solution (...) presque entièrement esthétique ».

En substituant aux catégories politiques, éthiques et religieuses, des catégories esthétiques, les historiens de la littérature

avaient essayé de moderniser Carlyle, de détourner l'attention de ses embarrassants « messages », et de le rendre acceptable à un public exclusivement soucieux de « mythes » et de « métaphores ». Le « nouveau mythe religieux » de Carlyle, avance LaValley, doit être « simplement » compris comme une forme d'expression du moi, pas comme une description de la nature des choses qu'accompagne une injonction éthique à ce que la soumission à la nature des choses soit la seule ligne de conduite susceptible d'apporter la paix de l'esprit. « Le mythe pour Carlyle et l'esprit moderne devient un motif que l'on crée à partir des profondeurs du moi, plus qu'un motif auquel on se soumet. » Carlyle s'était peut-être raccroché à la curieuse notion suivant laquelle « Dieu » renvoie à « quelque chose d'extérieur à soi », de même qu'il s'était attaché à son préjugé puritain contre l'art, mais c'était seulement « cette méfiance à l'endroit de l'activité artistique de sa propre écriture et de sa propre vision » qui l'avait, selon LaValley, conduit à des « extrêmes et à la confusion ».

A. Abbott Ikeler parvient à une conclusion similaire dans son analyse de la « vision littéraire » de Carlyle. « La tristesse et le pessimisme » puritains lui interdisaient d'accepter pleinement la nouvelle religion de l'art. « Le poids entier de la tradition calviniste écrasait l'artiste. » Même Eric Bentley, qui trouve quelque valeur aux idées de Carlyle (par opposition à sa « sensibilité » littéraire), lui reproche de verser le « vin nouveau de l'imagination historique » dans de « vieilles bouteilles calvinistes ». La véritable valeur de la « doctrine de l'admiration du héros » de Carlyle, maintient Bentley, était esthétique. Elle encourageait les hommes et les femmes à « rechercher l'excellence à une époque où prévalait la moyenne ». Mais les idées de Carlyle ne peuvent, me semble-t-il, être séparées, sans en souffrir, de leur contexte moral et religieux. Ses héros étaient des messagers « de l'Infini Inconnu », pas seulement des modèles d'« excellence ». Ils portaient « une sorte de "révélation" ». Leur pouvoir créateur ne découle pas du « moi ». Il est un don, dans l'acception la plus riche du terme, qui leur a été accordé en toute confiance, et leur compréhension intuitive, inconsciente, de ce fait, est ce qui, en premier lieu, fait d'eux des héros. Leur héroïsme réside dans l'acceptation du destin qui est le leur, dans leur empressement à se voir appelés à servir des fins qui ne sont pas leurs. L'héroïsme est donc l'inverse de l'« expression de soi » – une soumission volontaire, et donc triomphante*.

Emerson aux yeux de ses contemporains : un « prophète » stoïque

Ralph Waldo Emerson fit découvrir *Sartor Resartus* au public américain, et ne faisait pas mystère de son admiration de toujours pour son auteur. Carlyle retournait le compliment. « Dans ce monde », je le dis souvent en soupirant, « il n'existe personne, excepté Emerson, qui me réponde avec une voix tout à fait humaine ! » Le ralliement d'Emerson à Carlyle renforça, dans un premier temps, les soupçons déjà très répandus quant au fatalisme des intonations de sa philosophie. George Gilfillan d'Edinburgh, l'un de ses détracteurs les plus zélés, l'accusait de promouvoir une « négation pure », de nier la possibilité d'un « progrès régulier de l'humanité », et de prêcher un « évangile (...) fait du désespoir le plus profond et le plus absolu ». George W. Bungay, dans un ouvrage publié à Boston en 1852, décrivait Emerson comme « l'un des hommes les plus velléitaires et capricieux d'Amérique », un « homme meilleur et plus grand que Carlyle » peut-être, mais pourtant un « étrange composé de contradictions ». Comme Gilfillan,

---

* Ce type de pensée fait de Jésus l'un des nombreux héros envoyés des Cieux, et évite donc de donner une signification unique à sa révélation. Sur ce point, Carlyle se sépare manifestement des Chrétiens. Il serait erroné, quoi qu'il en soit, de conclure que sa doctrine de l'admiration du héros représente, en conséquence, une forme sécularisée du Christianisme, dans laquelle Jésus se voit simplement réduit à un exemple moral. L'une des nombreuses particularités de la position de Carlyle, qui la distingue de ce type de libéralisme religieux (et la relie dans le même temps au premier Calvinisme), est qu'il n'associe en rien l'héroïsme à la moralité, mais à la vénération, et à l'« émerveillement ».

Bungay notait qu'Emerson ne paraissait pas terriblement « ardent dans ses espérances au sujet du progrès ». Noah Porter, un autre critique acharné, écrivait dans *The New Englander*, en 1856, qu'« il est si naïf, si innocent dans ses manières, que nous ne savons guère s'il faut le ranger aux côtés de ces cœurs innocents qui ne sont pas encore parvenus à la connaissance du bien ou du mal, ou aux côtés de ces cœurs subtils qui connaissent tant les deux qu'ils les ignorent, l'un comme l'autre ». Revenant à la charge quelques années plus tard, à l'occasion d'une recension de *La conduite de la vie*, Porter écrivait que la « superficialité et la désinvolture » des idées d'Emerson sur le Christianisme démontraient son « incompétence » morale et intellectuelle. Porter considérait l'essai consacré au « Destin » particulièrement « consternant » – la « plus horrible » description imaginable de « l'absolutisme impitoyable et permanent d'un univers de loi impersonnelle, (...) privé de son Dieu »*. Ce ne fut que progressivement qu'un Emerson plus affable apparut dans l'esprit du public, le « sage de Concord » familier. Ses premiers critiques pressentaient avec raison, même dans leurs exagérations, un élément troublant et délicat dans la recherche d'Emerson, un élément difficilement conciliable avec les formes dominantes de la croyance politique et religieuse. À la longue, cependant, les prescripteurs du goût du public s'accordèrent pour ignorer la substance de sa pensée, et l'introniser au panthéon des gloires littéraires, comme

---

* Emerson, selon Porter, était un « stoïque qui se défiait fièrement d'une Divinité Personnelle, qui s'en remettait sereinement à un Destin tout-puissant, et qui, par sa souveraine indépendance, se confrontait aux mouvements de la destinée ». Emerson révérait la nécessité, au lieu de chercher à « venir à bout du Destin, en le remplaçant par une Providence qui se préoccupe des meilleures fins de l'ensemble, par le biais de lois à portée générale et de stricte application, et qui, dans le même temps, aime, et prend pitié, et réconforte l'individu le plus humble qui souffre de leur application ».

Que cette description de la posture d'Emerson soit ou non correcte, l'opposition qu'établissait Porter entre le « destin » et la « providence » – des termes clefs qui permirent si longtemps de distinguer la tradition classique, républicaine, de la tradition chrétienne (ou au moins de la

« prophète », personnalité inspirante, représentative de la
« qualité de la plus haute culture de la Nouvelle-Angleterre ».
Son soutien enthousiaste, et plutôt dépourvu de sens critique,
à l'Union au cours de la Guerre civile, associé à son adhésion
à la cause de la lutte contre l'esclavage, désormais sanctionnée
par le succès, permit à l'institution littéraire de s'assurer qu'il
s'était « toujours » tenu du « bon côté des grands enjeux
publics » – un verdict nécrologique de William Dean Howell
prononcé en 1882. Des commentateurs parlaient, désormais,
de l'« optimisme triomphant de sa conception de la nature
humaine ». James Russell Lowell, parmi tant d'autres, décidait
qu'il était « essentiellement un poète ». Un autre admirateur
soutenait qu'il était en quelque sorte même « meilleur, peut-
être, qu'un poète ou un philosophe – un homme, (...) une
personnalité si pure, si noble, et si brave que nous devrions,
sans hésitation, la déclarer grande ». George William Curtis
pouvait, à la « lumière doucement déclinante » du transcendantalisme, voir Emerson comme le « père fondateur » de la
littérature américaine, « un poète au lieu d'un philosophe ».
La comparaison avec Carlyle jouait maintenant en faveur
d'Emerson : alors que « Carlyle ne semble s'être jamais réconcilié avec la vie », comme George S. Merriam le déplorait en
1888, Emerson dégageait une « impression de joie sereine et
rayonnante ». Louant l'« optimisme » d'Emerson, Joel Benton
déclarait que sa « vision du monde (...) était juste l'opposée de
celle de Carlyle ». Il était à mettre au crédit d'Emerson que
Carlyle ait échoué à lui faire croire au démon en lui faisant
visiter le quartier londonien de l'East End. « Le diagnostic

---

tradition dominante de la pensée chrétienne) – démontre que ce
vocabulaire était encore largement utilisé en pleine moitié du
XIXᵉ siècle.

Emerson était aussi un « stoïque », ajoutait Porter, « par son mépris
des masses ignorantes, par sa déification de l'intelligence, et l'arrogance de sa revendication, pour l'humanité, de prérogatives qui appartiennent à Dieu seul ». Ces traits sont, habituellement, très peu
associés à Emerson aujourd'hui, mais ils lui étaient souvent attribués
au XIXᵉ siècle.

(d'Emerson) était toujours constitué de lignes affirmatives, et justifiait les espoirs les plus hauts. »

Le style trompeusement conciliant d'Emerson permettait facilement de passer à côté du caractère sulfureux de ses idées. Contrairement à Brownson ou Carlyle, il n'avait que peu de goût pour la controverse publique. « La moindre personne », dit-il un jour, « (...) me démolit le plus entièrement. Je trouve toujours un quart, un semblant de respect de la part du médiocre. Mais un critique hargneux me dévore en une bouchée. » Peu sûr de sa capacité à se maîtriser dans les débats, il préférait les éviter*. Le conflit semblait toujours le prendre par surprise. Il n'anticipa pas la furieuse condamnation qui accueillit son *Discours à l'école de théologie* (*Divinity School Address*)[2], supposant manifestement que son auditoire le reconnaîtrait comme une nouvelle formulation de positions qui avaient auparavant été largement acceptées. Il en appelait à des idées audacieuses et nouvelles, mais il ne se considérait pas, je le crois, avant tout, comme un penseur provocateur, dont les conceptions offensaient nécessairement. Il ne se considérait certainement pas comme un prophète. Lorsqu'il décida qu'il lui était impossible de persister dans le sacerdoce, l'église unitarienne s'étant montrée trop dogmatique à son goût, il prit l'habitude de se présenter comme un conférencier libre, une manière d'annoncer qu'il continuerait à travailler à l'intérieur des conventions d'une profession établie[3]. Il n'avait aucunement l'intention d'inventer un nouveau métier, ou un nouveau type de discours. Il confia un jour à Carlyle que seul le « désespoir de trouver un auditoire contemporain » imposait à son alter ego, le Professeur Teufelsdröckh, de « prononcer son

---

* Cela fait donc une sorte de choc de découvrir cet homme à la douceur légendaire faire référence à la discussion comme à une forme de combat mortel – un régicide, qui plus est. Un jeune homme lui présentant un jour un essai débattant de Platon, Emerson lui répondit « agréablement », si l'on en croit Howells, « mon garçon, quand vous frappez le roi, vous devez le tuer ». Une conscience de la hauteur des enjeux a, peut-être, contribué à la propre répugnance d'Emerson à s'inscrire sur les listes.

message avec des intonations comiques* ». Lui aussi était confronté à la même difficulté. Maintenant que la théologie de la Réforme était devenue méconnaissable, y compris aux yeux des fils et filles de la Réforme, il ne pouvait plus espérer les toucher en prêchant de sa chaire l'Ancien Évangile. Les bonnes nouvelles devaient être présentées – travesties, même – sous la forme d'une philosophie « transcendantale » (bien qu'Emerson n'acceptât jamais lui-même cette étiquette particulière). Le travestissement s'avéra malheureusement si efficace que pratiquement personne ne parvint à voir à travers lui.

Le fond puritain de la pensée d'Emerson : Jonathan Edwards et la théologie du « consentement »

Pour saisir les raisons pour lesquelles Emerson trouvait nécessaire d'adopter un idiome peu familier – que ses contemporains, avant qu'ils aient décidé de l'immortaliser et de le statufier, trouvaient « extravagant », « pervers », « grossier », « barbare », « grotesque » et « inintelligible » –, il est nécessaire de comprendre le déclin du calvinisme en Nouvelle-Angleterre. Le Grand Réveil des années 1740 avait un temps interrompu l'évolution constante qui conduisait, pour reprendre l'utile expression de Joseph Haroutunian, « de la piété au moralisme », avant que les défenseurs d'une religion plus mesurée, raisonnable, l'emportent en fin de compte. Le Grand Réveil contribua quoi qu'il en soit, comme Haroutunian le relève, à la réaction humaniste contre le Calvinisme en popularisant une brutale conception du péché originel, où le péché d'Adam était « imputé » à ses descendants. L'idée que le genre humain

---

* Carlyle perçut immédiatement la finesse de cette analyse. Il écrivit en retour : « Vous avez dit à juste titre que j'avais adopté cette posture parce que je n'ai aucun public connu, suis seul sous les cieux, déclamant dans un espace amical ou inamical ; ajoutons seulement que je ne défendrai pas une telle attitude, que je qualifie de discutable, provisoire, et la seule à ma disposition que je puisse, en ces temps de folie, adopter opportunément ».

héritait littéralement des conséquences de la désobéissance d'Adam défiait l'explication rationnelle. Pour quelles raisons les hommes et les femmes honnêtes du XVIIIᵉ siècle, sans parler de leurs innocents enfants, auraient-ils à partager le châtiment – la damnation éternelle – justement infligé à Adam seul ?

Jonathan Edwards [4] essayait d'expliquer que le péché n'avait pas à être pensé comme analogue au crime. Le péché ne réside pas tant dans des transgressions spécifiques, que dans un cœur par nature insubordonné, incrédule. Les enfants aussi ont par conséquent une « nature malveillante, bien qu'incapables de commettre une action malveillante ». De telles subtilités échappaient même aux disciples d'Edwards. Plus ils soutenaient le caractère « vindicatif » d'une justice divine – comme lorsque Joseph Bellamy, son héritier le plus important, défendait l'apparent paradoxe voulant qu'une « justice vindicative de la Divinité n'a rien, dans sa nature, de contradictoire avec une bonté infinie » –, plus leur religion offensait ceux qui assimilaient le mensonge au crime, la justice divine à une discipline « correctrice », et présumaient, par conséquent, que Dieu ne punissait les pécheurs que pour leur propre bien, de la même façon que des parents aimants corrigent un enfant dans l'intérêt de son développement moral. La damnation de l'enfant – et les adversaires du calvinisme, pressentant leur avantage, insistaient volontiers sur ce point – était inconciliable, affirmait Samuel Webster, avec le « caractère aimant de notre Père céleste compatissant ». Les hommes et les femmes raisonnables, qui croyaient que « le péché et la culpabilité sont affaires personnelles », pour citer un autre pasteur libéral, trouvaient de plus en plus incompréhensible une doctrine qui les envisageait comme les conditions inhérentes à la vie humaine, des faits universels et incontournables de l'histoire de l'homme. Les adversaires du Calvinisme l'accusaient de saper les motivations rationnelles d'une conduite de bien. Pour Samuel Johnson, Anglican du Connecticut du XVIIIᵉ siècle, le déterminisme calviniste détruisait « le gouvernement civil et familial – que signifient l'ensemble des lois et règles d'action, l'ensemble des motivations tirées de l'éloge et du blâme, de l'espérance ou de la peur, de la récompense ou de la punition, lorsque chaque chose que nous accomplissons se retrouve sous la coupe d'une nécessité fatale, et qu'il nous est impossible de ne rien faire d'autre que ce que nous sommes en train d'accomplir ? »

Edwards répondait à cette objection, de manière caractéristique, en ne développant pas une spéculation abstruse sur l'« imputation » du péché d'Adam à sa descendance, mais par des observations sur la pratique humaine ordinaire. Dans l'un de ses sermons, « La Justice de Dieu dans la Damnation des Pécheurs », il faisait observer que les hommes parlent communément d'une disposition à l'immoralité comme de quelque chose qui aggrave une faute, au lieu de l'atténuer. « Il est courant que des personnes, lorsqu'elles se voient gravement injuriées par autrui, l'invectivent, et aggravent sa bassesse, en affirmant que « cet homme a un esprit des plus pervers ; qu'il est naturellement d'un tempérament égoïste, mesquin, ou fier et arrogant : qu'il est d'une disposition basse et vile ». » Dans son traité sur le péché originel, Edwards approfondissait cette argumentation. L'objection logique et dialectique, mais empiriquement falsifiable, selon laquelle « le caractère obtus », l'« entêtement », et l'« esprit contrariant » – des traits attribués au genre humain par la doctrine du péché originel – niaient, d'une manière ou d'une autre, la « représentation morale » de l'homme, se fondait sur une confusion entre le péché et les crimes pour lesquels les individus pouvaient être traduits devant une cour de justice. Parce que personne ne passait jamais en jugement pour « entêtement » et « esprit contra-riant », les hommes et les femmes ne pouvaient voir que ces traits définissaient la disposition habituelle de l'homme à l'endroit de Dieu, et exprimaient par conséquent l'essence précise de ce qui était entendu par péché originel.

La révolte contre Dieu n'était, avançait Edwards, que la condition normale de l'existence humaine. Les hommes trouvaient insupportable de se voir rappeler leur dépendance à un pouvoir supérieur. Ils avaient, plus que jamais, des difficultés à reconnaître le caractère juste et bon de ce pouvoir supérieur, alors que le monde était si manifestement empli de mal. Pour le dire différemment, ils trouvaient impossible (à moins que leurs cœurs ne soient adoucis par la grâce) de réconcilier leurs espoirs de succès matériel et de bonheur, si souvent défaits par le cours des événements, avec l'idée d'un créateur juste, aimant et tout-puissant. Incapables de concevoir un Dieu qui n'envisage pas le bonheur humain comme le but suprême et la fin des fins de la création, ils ne pouvaient accepter le paradoxe central de la foi chrétienne, tel qu'Edwards le concevait : que le secret du bonheur réside dans le renoncement au droit à être heureux.

La théologie élaborée par Edwards se fondait sur une observation attentive de ce qui se produisait chez les personnes – chez lui en premier lieu – qui renonçaient à leurs revendications sur l'univers.

> L'apparence de tout était modifiée ; il semblait qu'en toute chose une harmonie calme et douce, ou une apparence de gloire divine, soit apparue. L'excellence de Dieu, sa sagesse, sa pureté et son amour, semblaient se refléter en toute chose ; dans le soleil, la lune, et les étoiles ; dans les nuages, et le ciel bleu ; dans l'herbe, les fleurs, les arbres ; dans l'eau, et toute la nature...

Dans un « récit autobiographique » relatant sa propre conversion, Edwards rappelait comment il « avait pris l'habitude d'être singulièrement terrifié par le tonnerre, et frappé d'épouvante » à l'approche d'un orage. La reconnaissance de la souveraineté de Dieu transformait sa terreur en gratitude et en émerveillement. « Je sentais Dieu, s'il m'est permis de parler ainsi, à la première apparition d'un orage tonitruant ; et j'avais l'habitude de saisir l'occasion, à de tels moments, de m'immobiliser afin d'observer les nuées, et de voir la foudre s'abattre, et d'entendre la voix majestueuse et effroyable du tonnerre divin (...) me conduisant aux douces contemplations de mon grand et glorieux Dieu. »

Ces termes aident à clarifier ce qu'Edwards entendait par « un consentement et un acquiescement à l'Existence en général » – l'essence de ce qu'il appelait la « véritable vertu » dans son traité consacré à ce thème. Le « consentement » impliquait un amour de la création de Dieu en elle et pour elle, sans autre considération pour les manières dont elle contrariait, ou semblait encourager, les desseins humains. Quand Edwards

associait la vertu à la « bienveillance », il n'utilisait pas le terme
dans son acception philanthropique. La signification « première » de la foi résidait dans l'amour de Dieu, et non dans
l'amour du genre humain, de même que le péché, l'antithèse
velléitaire du « consentement », était avant tout une offense
faite à Dieu, et non à l'humanité en général ou à des personnes
en particulier. Bien qu'il soit juste de dire que la foi, telle que
la comprenait Edwards, trouvait son origine dans l'émotion de
la gratitude, il veillait à distinguer une « bonne volonté » recon-
naissante, du type de gratitude qui découle du sentiment d'être
aimé et apprécié. « La véritable vertu consiste principalement,
non en l'amour d'Êtres particuliers, en raison de leur vertu ou
de leur beauté, ni en la gratitude, parce qu'ils nous aiment ;
mais en la propension et l'harmonie du cœur à l'Existence
simplement considérée ; une enthousiasmante absolue bienveillance (...) à l'égard de l'Existence en général.* ». L'homme
n'a aucun titre à la faveur de Dieu, et la gratitude doit être
conçue en conséquence, non comme une juste reconnaissance,
s'il est permis d'utiliser ces termes, de la réponse à nos prières,
mais comme la reconnaissance de la souveraineté de Dieu et
de son pouvoir vivifiant d'ordonner les choses comme il lui

---

* Parce qu'Edwards identifiait la vertu à l'affirmation et au consentement, le péché à un "Non" éternel, il refusait de classer par catégories
les vertus et les vices, et d'attribuer à chacune sa récompense ou sa
condamnation appropriée. Le consentement à l'existence, tel qu'il
l'entendait, ne connaissait pas de degrés. Il était inconditionnel, ou
il n'était pas. La déclaration (dans « The Justice of God ») d'après
laquelle « chaque crime ou faute mérite une punition plus ou moins
grande, selon l'importance plus ou moins grande du crime lui-
même », n'évoquait pas les principes de pénologie du XVIIIe siècle, vraisemblablement familiers, et par conséquent acceptables, aux yeux des
membres de sa congrégation de Northhampton, que pour porter son
raisonnement à une conclusion qui était radicalement opposée à l'idée,
propre au XVIIIe siècle, d'un Dieu qui, en comptable moral, ajuste
prudemment la sentence au crime. L'injonction absolue et inconditionnelle à aimer Dieu, telle qu'Edwards l'envisageait, faisait du refus
d'aimer Dieu une décision « infiniment atroce, qui méritait véritablement un châtiment éternel ».

sied sans « apporter – affirme Edwards dans « The Justice of God » – une quelconque justification à ses décisions ».

Connu aujourd'hui pour son célèbre sermon, « Pécheurs dans les Mains d'un Dieu Furieux » – généralement considéré comme le parfait exemple du prêche qui annonce les feux de l'enfer, où Dieu est envisagé en des termes exagérément personnalisés –, Edwards dépouillait en fait Dieu de ses attributs personnels, en insistant précisément sur sa souveraineté absolue (et en faisant également ressortir sa propre présence dans la nature). Dieu était simplement « l'être en général ». En tant que tel, il « était absolument parfait, et infiniment sage, et la fontaine de toute sagesse », et il était par conséquent « normal (...) qu'il fasse de lui-même sa fin, et qu'il ne fasse de sa propre sagesse que sa seule règle dans la poursuite de cette fin, sans demander d'autorisation ou de conseil à quiconque ». La vertu réside ainsi dans la sereine affirmation de la beauté et de la justice d'un tel Dieu (et pas dans un simple acquiescement contraint et forcé à son autorité). Edwards, à l'instar de Milton, associait la vertu à ce qu'il définissait comme une certaine « prédisposition et volonté », et non à l'accomplissement d'actions de bien. La foi qui déplaçait les montagnes, affrontait l'océan, et domptait le tonnerre, c'est-à-dire la vertu, avait plus à voir avec le courage et la résolution – avec une exubérance de l'esprit, une vitalité surabondante –, qu'avec un scrupuleux calcul des obligations dues les uns aux autres*.

Les images auxquelles faisait appel Edwards contrariaient probablement son dessein personnel. En utilisant le langage du crime et de la punition, il s'exposait à se voir répondre que tous les crimes sont relatifs et contingents, qu'aucun (quel que soit son caractère répréhensible) ne justifie une éternité de souffrance, et qu'un Dieu susceptible d'infliger une telle sentence ne pouvait être rien de plus qu'un petit tyran. Edwards, affirmaient ses ennemis, mettait en équivalence le péché et le *crime de lèsemajest*é, qui n'était aucunement un crime, au regard des critères éclairés de la monarchie constitutionnelle du XVIIIᵉ siècle.

* Dans un intéressant article du *Dictionary of the History of Ideas*, « La *vertù* dans et depuis la Renaissance », Jerrold E. Seigel analyse la

298 Le Seul et Vrai Paradis

Edwards au sujet de la véritable vertu

Les pasteurs puritains aimaient à rappeler à leurs congrégations qu'un homme de bien dépourvu de grâce finirait néanmoins en enfer. Abandonné par la grâce, le propriétaire et citoyen modèle n'était guère meilleur qu'un pécheur endurci. Dans *The Nature of True Virtue*, l'un de ses derniers ouvrages – le sommet de sa carrière de théologien, un traité conçu comme une sorte de somme puritaine, pourtant jamais terminé –, Edwards approfondissait, de fait, ce thème classique avec sa subtilité et son raffinement habituels. Débutant par le contraste familier entre l'amour de soi et l'amour de Dieu, il développait ses implications avec une rigueur sans précédent dans la tradition puritaine.

L'amour de soi, tel qu'Edwards le comprenait, est bien plus profond que l'égoïsme ordinaire et l'obsession de soi. Il est la matrice de base d'une conscience parvenue à maturité, la source de la moralité créée par l'homme. L'amour de soi, augmenté de notre sens naturel de la cohérence, de l'à-propos, et de la « mesure », nous fait sentir que nous devrions traiter les autres comme nous aimerions être traités par eux. Il donne donc lieu à un critère de justice justement astreignant – incarné, par exemple, par la règle d'or. « Pensant aux autres », nous avons tendance à « nous mettre (nous-mêmes) à leur place », et cette

« division fondamentale entre les diverses significations de la vertu : d'un côté, un sens "moral" qui se concentre sur la conformité d'actions au regard de fins ou de critères reconnus, de l'autre, un sens "non moral" qui se préoccupe de la capacité d'une action (ou d'un acteur) à être efficace, ou à atteindre une fin désirée ». À première vue, *Nature of True Virtue* d'Edwards paraît offrir un excellent exemple de la première de ces deux acceptions. Même ici, pourtant, le sens second du terme persiste à se faire sentir. Dans la première pensée moderne, les deux « vertus » se révèlent souvent difficilement distinguables. Seigel le note, « le mot "vertu" (...) est utilisé pour attribuer un certain type de valeur à la conduite ou à l'action ». Même les significations « non morales » de la vertu sont, par conséquent, empreintes de fortes connotations morales.

empathie naturelle, spontanée, est à la base de notre condamnation de la malice, de l'envie, et des autres vices qui « en arrivent naturellement à blesser le genre humain ». Souffrant de l'envie et de la malice lorsqu'elles sont dirigées contre nos personnes, nous sommes conduits à condamner l'envie et la malice en général. L'amour de soi invite de la même façon à l'éloge classique de « la docilité, du pacifisme, de la bienveillance, de la charité, de la générosité, et des vertus sociales en général ». Il est à l'origine de l'accomplissement consciencieux des « devoirs parentaux », pour citer la phrase d'Edwards : « les devoirs des enfants à l'égard de leurs parents, et ceux des parents à l'égard de leurs enfants ; les devoirs des maris et des femmes ; les devoirs des gouvernants et des citoyens ; les devoirs d'amitié et de bon voisinage ». L'amour de soi s'étend alors naturellement, jusqu'à englober l'amour des autres. Fondé sur l'« enchantement naturel [de l'enfant] que procure le plaisir de sentir et d'entendre, et sur son aversion pour la souffrance et la mort », l'amour de soi peut conduire à un amour de l'humanité en général*. La distinction établie par Edwards entre l'amour de soi et « le consentement à l'existence en général » n'a bien évidemment rien à voir avec le contraste convenu entre égoïsme et altruisme.

Edwards louvoie quelque peu sur la question de savoir si les conceptions humaines de la justice trouvent leur source dans l'amour de soi seul, ou si un sens de la cohérence et de la proportion devrait être considéré comme une source indépendante de ce qu'il appelle la « vertu secondaire ». « Il y a accord en nature et mesure, lorsque l'amour qu'il manifeste suscite en retour le même amour ; lorsque son cœur soucieux du bien d'autrui voit son propre bien défendu par autrui ; il existe, pour cette raison, une forme de justice dans la bienséante gratitude. » Edwards semble, à ce stade, distinguer la « pro-

---

* L'analyse freudienne du moi idéal, qui trouve son origine dans l'illusion de l'enfant d'occuper le centre de l'univers, mais qui devient plus tard le fondement des plus élevés idéaux éthiques de l'homme, peut être lue comme une nouvelle formulation, au XXᵉ siècle, de cette argumentation.

portion » de l'empathie, et identifier plus étroitement un sens
de la justice avec la première qu'avec la seconde. « À vrai dire,
la plupart des devoirs qui nous incombent, tout bien considéré, se trouveront relever de la nature de la justice. Il existe
un accord naturel d'une chose à l'autre ; (...) un rapport de
causalité entre l'acte et la circonstance ; quelque égalité et
commune mesure dans des choses d'une nature similaire, et
qui entretiennent une relation directe les unes avec les
autres. » Avec une grande lucidité, Edwards ne montre le lien
existant entre un sens de la justice et une reconnaissance de
la beauté et de l'« harmonie », que pour nous rappeler qu'une
« forme secondaire de beauté » ne peut évoquer plus qu'une
forme secondaire de vertu*. « Qui affirmera qu'une disposition à apprécier l'harmonie de la musique de qualité, ou la
beauté d'un carré ou d'un triangle équilatéral, est la même
chose que la véritable sainteté, ou une disposition de l'esprit
authentiquement vertueuse ? » Pourtant, « l'approbation de la
beauté secondaire, qui réside dans la constance et la proportion, qui est naturelle en tout » est si importante, semble
suggérer Edwards à un moment, qu'elle devrait être considérée
comme une « autre assise » sur laquelle peut se fonder une
vertu secondaire. Deux pages plus loin, il affirme cependant
qu'« il n'existe aucune vertu morale particulière, quelle qu'elle
soit » – c'est-à-dire, aucune vertu secondaire – qui n'en « vienne
pas à recevoir une certaine reconnaissance de l'amour de
soi ».

---

* C'était une telle idée de la justice, fondée sur un sens de la
« proportion » et de la « mesure », je crois, que les disciples d'Edwards
avaient à l'esprit lorsqu'ils défendaient la justice « vindicative » de
Dieu, au motif que le châtiment est la conséquence logique et méritée
du crime. Le « sentiment du mérite », expliquait Edwards, consiste
en « un accord naturel, une proportion et une harmonie, entre la
malveillance ou l'injure, et le ressentiment et la punition ; ou entre
le fait d'aimer et celui d'être aimé, entre manifester sa prévenance et
en être récompensé, etc... » Mais Edwards était encore ici en train de
parler d'une justice humaine, et aurait probablement considéré inap-
proprié d'étendre le même raisonnement aux énigmatiques voies de
la providence.

Qu'un sens du devoir trouve ou non sa seule origine dans l'amour de soi, Edwards se démarque explicitement de ces philosophes de la morale qui postulent l'existence d'un sentiment moral inné, qui permet à l'homme de distinguer le bien du mal*. Notre conscience « naturelle », insiste-t-il – c'est-à-dire une conscience non informée par « un consentement à l'existence en général » –, trouve sa source dans notre désir d'être aimé et protégé, dans l'instinct de préservation même, et dans ce sentiment de justesse et de « cohérence » qui nous rend si naturel le fait d'assumer que ce désir d'être aimé (par les autres et par nous-mêmes) devrait être gratifié, que notre besoin d'amour devrait provoquer une réponse appropriée, non seulement des autres êtres humains, mais de « l'existence en général ».

C'est précisément cette revendication sur l'univers qu'Edwards veut que nous abandonnions. Nos inquiétudes humaines, nos « affections privées » sont

> si loin de contenir la somme de l'existence universelle (...) qu'(elles) ne contiennent qu'une part infiniment réduite de celle-ci. La raison pour laquelle les hommes sont aussi prêts à prendre ces affections privées pour la vertu véritable, est la petitesse de leurs visions ; et par-dessus tout, le fait qu'ils sont aussi prêts à laisser l'Être divin hors de leur vue, (...) ou à l'envisager dans leurs pensées comme s'il n'appartenait pas, à proprement parler, au système de l'existence réelle, mais était une sorte d'être vague, imaginaire.

* Edwards suit Locke en rejetant l'hypothèse de sentiments innés. Si l'esprit est une ardoise vierge à la naissance, la conscience doit être considérée comme le produit de l'expérience, incluant, naturellement, l'expérience de la grâce, qui transforme la conscience « naturelle » en un amour de l'existence en général. La distinction entre la « véritable vertu » et la « vertu secondaire » autorise Edwards à accepter l'argument de Locke selon lequel toute moralité naturelle trouve son origine dans l'amour de soi. Les libéraux ne trouvèrent nécessaire d'insister sur la propension de l'homme à l'esprit public désintéressé et l'intelligente sympathie, comme forme opposée à l'empathie (qui se contente de projeter le moi aimé sur les autres), qu'à partir du moment où les fondements théologiques qui sous-tendaient la propre position de Locke (et celle de libéraux comme Mandeville, qui fondaient une

Le Seul et Vrai Paradis

Notons une fois encore que l'attaque d'Edwards est dirigée, non contre l'égoïsme ordinaire, mais contre nos espérances de bonheur, notre supposition que le bonheur nous revient comme un droit accordé par Dieu. L'égoïsme, universellement condamné, ne vaut guère la peine d'être condamné une nouvelle fois. L'amour de soi, en outre, n'est évidemment pas une mauvaise chose, mesuré à l'aune des valeurs simplement humaines. Il peut trouver à s'épanouir dans le sentiment familial, le patriotisme, y compris dans une forme exaltée de bienveillance universelle. L'amour de soi peut inspirer les hommes par une « affection bienveillante circonscrite à un parti, ou à la nation en général, (...) ou à la communauté publique à laquelle ils appartiennent, [y compris à une communauté] aussi vaste que l'Empire romain était ancien ». L'amour de soi peut se dilater en « une bienveillance pour le genre humain à travers le monde entier, ou même à l'égard de toutes les natures sensibles créées à travers l'univers ».

Le point soulevé par Edwards – délicat, à coup sûr – n'est pas que les hommes manquent d'amour fraternel, mais que la « bienveillance », si elle exclut Dieu, passe à côté de la véritable vertu. Un amour universel du genre humain, en effet, est la plus dangereuse de toutes les formes d'amour de soi, puisqu'il se confond trop facilement avec l'amour de l'« existence en général ». « Plus le nombre, auquel s'étend l'affection privée, est important, plus les hommes sont susceptibles, en raison de l'étroitesse de leur vision, de la confondre avec la véritable

---

version plus grossière de ce raisonnement sur Pascal) commencèrent à s'effriter. Dans son *Inquiry Concerning the Principles of Morals*, Hume rejetait le « système égoïste de principes moraux » que proposaient Hobbes et Locke. Il admettait que la « sympathie (...) est plus faible que notre souci pour nos propres intérêts », mais pour cette raison précise, avançait-il, « il nous est nécessaire, dans nos jugements sereins, (...) de négliger toutes ces différences qui nous séparent des autres, et de rendre nos sentiments plus soucieux du bien public, et sociaux ». Adam Smith adoptait une position similaire dans *La Théorie des sentiments moraux*.

vertu ; parce qu'alors le système privé semble mieux participer de l'image de l'universel.* »

Mais si les très hautes expressions de l'amour de soi – patriotisme, esprit public, philanthropie – peuvent si aisément être confondues avec la véritable vertu, quelle différence cela fait-il qu'elles découlent ou non du « consentement à l'existence » ? La « conscience naturelle » du genre humain, écrit Edwards, « devrait approuver et condamner les mêmes choses qui sont approuvées et condamnées par un sentiment spirituel, ou un goût vertueux ». Les tenants d'une conception de la moralité uniquement liée au comportement interpréteront cette affirmation comme une acceptation du fait que les distinctions qu'Edwards est si empressé d'établir – la distinction entre la « véritable vertu » et la « vertu secondaire », entre la « gratitude véritablement vertueuse » et la gratitude qui découle du « fait d'aimer ceux qui nous aiment », ou encore entre « le remords de la conscience » et le sincère repentir – n'ont aucune conséquence pratique, et sont donc totalement inapplicables à la philosophie morale. Si « la conscience naturelle (...) concorde avec la loi de Dieu », pourquoi avoir besoin de la loi de Dieu ? La moralité créée par l'homme paraît suffire à des objectifs pratiques. Même la moralité créée par l'homme, esquissée par Edwards, que l'on ne peut apparemment distinguer, dans son contenu, de la moralité qui découle d'un amour de Dieu, paraît elle-même impliquer un critère de conduite incroyablement élevé, un niveau d'exigence inaccessible, à coup sûr, à la plupart. En quoi est-il bon de soutenir un critère plus élevé encore, particulièrement lorsque nous ne pouvons démontrer qu'il améliorera le comportement réel de chacun ? Edwards semble prescrire, relevait jadis le Dr Oliver Wendell Holmes, une moralité plus adaptée aux anges qu'aux êtres humains.

* Le même raisonnement conduisit plus tard Orestes Brownson à condamner la philanthropie comme l'œuvre du diable. Voilà une autre raison de préférer les attachements locaux à un amour abstrait du genre humain : ils sont moins aisément assimilables à la véritable vertu.

Perry Miller signale dans sa biographie d'Edwards que ce dernier aurait avalisé cette description de sa moralité, mais pas l'idée l'accompagnant suivant laquelle cette dernière était par conséquent inapplicable aux desseins humains. L'ordre civique et la paix sociale, pourrions-nous ajouter, ne sont tout simplement pas les objectifs humains qu'Edwards avait principalement à l'esprit. Aussi importants soient-ils, ils n'épuisent pas les préoccupations qui devraient être celles d'une théorie éthique cohérente. Le contrôle du comportement collectif reste, dans la conception d'Edwards, une préoccupation secondaire. Ce qui incombe aux hommes afin d'atteindre à un état de grâce – la condition décrite seulement de manière imparfaite comme la paix de l'esprit, l'assurance intérieure, la confiance, la vitalité débordante, et la santé spirituelle – constitue un souci plus important. Assez curieusement, le concept du bonheur, cette obsession du XVIIIe siècle, explique, peut-être aussi bien qu'un autre, pour quelle raison la vertu qui nous permet de vivre en paix avec nos voisins importe tellement moins, dans la conception d'Edwards, que la vertu qui « calme et adoucit l'esprit », et nous permet en conséquence de vivre en paix avec Dieu – qui, « lui-même », nous rappelle Edwards, « est, dans les faits, l'existence en général ». La vertu secondaire est inapte à nous rendre heureux (pour le formuler en termes intelligibles à l'esprit moderne). Elle ne peut triompher de notre ressentiment provoqué par les imperfections du monde. Elle ne peut résoudre le « problème du mal ». Elle ne peut expliquer pour quelles raisons nous serions censés aimer la vie, alors qu'elle est saturée de douleur et de souffrance, intolérablement courte, et délimitée à chacune de ses extrémités par le néant. Seuls le « repentir » et le « consentement » peuvent faire cela : telle était la réponse d'Edwards à la « poursuite du bonheur » qui distingue le XVIIIe siècle.

L'« argument moral » contre le calvinisme

Il s'agissait d'une réponse que, naturellement, les rationalistes du XVIIIe siècle n'étaient guère préparés à accepter, ni même à comprendre. Mettant sur un même pied d'égalité la bonté et la fréquentation des églises, le respect des lois et le respect des droits d'autrui, ils peinaient à entendre le thème central de la théologie d'Edwards – le fait que la bonté ne réside pas tant dans le comportement apparent que dans des « affections » vraies, un « tempérament » de bien, une « propension du cœur » à aimer et accorder sa confiance. Au XVIᵉ siècle, la doctrine de la « justification par la foi » avait attiré ceux qui se révoltaient contre le formalisme catholique et la corruption ; mais la prééminence de la foi sur le travail n'avait jamais été facile à expliquer à des citoyens sobres, droits et travailleurs, qui menaient des vies apparemment exemplaires, et espéraient en être récompensés en conséquence. Au cours du XVIIIᵉ siècle, les gens de bien de Nouvelle-Angleterre, dans la mesure où ils restaient résolument calvinistes, préféraient presque invariablement la version moins sévère du Calvinisme que le théologien allemand Jacobus Arminius avait prôné dès les années 1590. Des prêcheurs comme Edwards qui s'appesantissaient sur l'absolue souveraineté de Dieu, et en appelaient avec ferveur à une réconciliation avec sa justice énigmatique et apparemment arbitraire, comme à l'essence de l'expérience religieuse, se retrouvaient désormais en situation de petite minorité. Edwards prêchait la réconciliation à une congrégation qui n'en éprouvait nul besoin, une congrégation d'individus aisés, ambitieux et respectables, moraux au regard de leurs propres critères, et par conséquent prompts à s'épancher avec un sens brûlant du péché.

Les Arminiens adoptaient une conception contractuelle des relations de l'homme à Dieu, où le comportement de bien était récompensé par Dieu, qui ne punissait que ceux qui choisissaient librement une direction contraire. Edwards affirmait qu'ils tenaient Dieu pour responsable des critères humains définissant une relation loyale, et qu'ils compromettaient de cette façon sa souveraineté. Mais l'idée d'une souveraineté absolue de Dieu était difficilement conciliable avec la théorie politique dominante de l'époque, qui postulait que les gouvernements eux-mêmes avaient à obéir à la loi. Une partie du problème – une partie de la difficulté d'Edwards à se faire entendre – s'explique ici par sa tentative de défendre une conception de Dieu parfaitement abstraite, impersonnelle, qui faisait appel à une abondance d'images politiques, et qui invitait à se voir répondre que son Dieu était un tyran, jalousement obsédé par son propre honneur aux dépens des besoins de ses sujets. Le plus astucieux des héritiers d'Edwards trouverait indispensable d'abandonner sa description politique de Dieu, au risque, cependant, de perdre la distinction entre le créateur et sa création.

La formulation par Edwards du Calvinisme allait à l'encontre de la tendance générale de la pensée éclairée. Elle était incompatible, non seulement avec la théorie politique du XVIIIᵉ siècle, mais avec la nouvelle pénologie, les nouvelles conceptions de la famille, et la moralité commerciale d'une époque éclairée. À un moment où la monarchie absolue était partout discréditée, Edwards faisait de Dieu le seigneur souverain de toute création. À une époque où les vieux codes pénaux étaient critiqués pour leur sévérité, leur échec à accorder le châtiment au crime, et leur incapacité à, à la fois, dissuader le crime, et corriger le criminel, Edwards défendait la justice arbitraire de Dieu. À une période où l'autorité patriarcale dans la famille était en train de céder la place à un nouveau respect pour les droits des femmes et des enfants, il vouait un culte à un Dieu qui regardait de plus en plus ses contemporains avec les yeux d'un petit despote domestique, surpris dans l'erreur habituelle qui consiste à essayer d'effrayer ses enfants pour leur faire adopter le comportement approprié.

La « nouvelle divinité » prêchée par Edwards et ses disciples offensait les Calvinistes de la vieille école, comme les libéraux. Ceux qui se pensaient encore comme des Calvinistes orthodoxes craignaient que le fait de mettre en avant l'expérience intérieure sape la discipline de l'église, « augmente le Déisme et l'infidélité » (comme le craignait Samuel Moody), et aboutisse, expliquait Joseph Huntington, à l'« introduction du paganisme dans ce pays ». De telles préoccupations avaient été présentes en Nouvelle-Angleterre depuis le tout début, et la controverse qui entourait la « nouvelle divinité » ravivait un conflit persistant entre ce qu'Edmund Morgan appelle un « tribalisme » puritain, et un type de piété moins préoccupé par le problème de l'organisation sociale – les relations des hommes avec leurs semblables –, que par celui de la relation des hommes à Dieu.

Les libéraux envisageaient la conscience individuelle comme une assise plus sûre pour l'organisation sociale que les institutions religieuses, mais ils croyaient également, autant que les orthodoxes, que la « nouvelle divinité » minerait dans les faits la religion civile – la seule force susceptible, à leurs yeux, de maintenir dans sa cohésion une société fondée sur l'avidité compulsionnelle. « La Nouvelle Divinité, si prédominante dans le Connecticut, détruira la colonie », annonçait Charles Chauncy. « Elle est aussi nuisible, sinon pire, que le paganisme. » Les libéraux protestaient contre le Grand Réveil en affirmant, entre autres arguments, qu'il exciterait la populace. Ils n'appréciaient pas les implications autoritaires qu'ils décelaient dans la Nouvelle Divinité, mais son égalitarisme latent leur déplaisait tout autant. « Il est monstrueux », disaient-ils, « de se voir dire que notre cœur est aussi coupable que celui des vulgaires pauvres diables dont grouillent les rues. » L'obligation de faire suivre la conversion d'une confession publique les mettait désormais mal à l'aise. Un tel inconvenant étalage d'émotion religieuse semblait porter atteinte aux nouveaux critères de la vie privée et de la bienséance. Certains gentilshommes en herbe de la Nouvelle-Angleterre, de plus en plus attirés par les références culturelles apportées par la petite noblesse anglaise, comme par l'Anglicanisme de la haute église, s'élevaient même contre la « forme indépendante ou congrégationaliste du gouvernement de l'église », comme l'expliquait Samuel Johnson alors qu'il justifiait son adhésion à l'Église d'Angleterre. Un système « au sein duquel chaque frère est impliqué », disait Johnson, lui déplaisait parce qu'il « tendait trop à la suffisance et à l'indépendance ». Il était persuadé qu'« un système si entièrement populaire ne pouvait que très pauvrement (...) répondre aux fins de gouvernement, (...) puisque chaque individu semblait se penser infaillible ». Edwards faisait à juste titre ironiquement référence à ses adversaires comme à « des messieurs possédant cette noble et généreuse liberté de pensée, qui prévaut heureusement à l'époque de la lumière et de la recherche ». Les libéraux représentaient les classes nouvellement éclairées et cultivées, qui avaient fini par considérer les renaissances religieuses avec un mépris affecté.

Jonathan Mayhew, un libéral en religion comme en politique, l'un des premiers porte-parole du mouvement en faveur de l'Indépendance américaine, parlait de cette façon aux jeunes hommes de Boston des « moyens les plus efficaces de s'assurer une renommée de qualité parmi leurs semblables ». Il leur conseillait de rechercher l'« approbation de quelques sages et savants », au lieu d'essayer de séduire les « énormes masses ignorantes, qui n'ont en elles ni connaissances, ni goût, ni jugement ». À une autre occasion, Mayhew s'offensait des sermons de George Whitefield, la plus forte voix, aux côtés d'Edwards, du Grand Réveil, au motif qu'une religion de l'émotion n'attirait que « les individus les plus incultes ». « Les Yankees devenant plus prospères et confiants », écrit Daniel Walker Howe, « leur sentiment de dépendre de Dieu s'émoussait quelque peu. » De même que leur engagement à vivre avec simplicité, leur mode de vie rustique, et leur aversion anachronique pour les distinctions sociales. La piété défendue par Edwards concédait trop peu à la croyance en la supériorité de leur propre culture pour conserver la fidélité des classes aisées, éduquées. Elle insultait à la fois leur intelligence, maintenant qu'une éducation plus libérale leur donnait accès au savoir qui promettait de rendre les hommes libres, et leur besoin de respect que paraissaient justifier leurs réalisations matérielles. Plus le Calvinisme en venait à être étroitement identifié à l'« enthousiasme » religieux, plus il choquait ces élites en herbe, non seulement par sa dureté et son intransigeance excessives, mais par son inconvenance absolue. L'humilité était peut-être une vertu, aux yeux des humbles, mais elle laissait les gens à leur place ; et même les humbles étaient dignes d'une religion qui promettait de les élever – de faire d'eux des citoyens prospères et entreprenants, au lieu de les écraser sous la certitude de l'iniquité de leur sort*.

---

* « Le Dieu impénétrable d'Edwards », avait observé Henry May, « ne pouvait être enrôlé au sein de la force de contrôle social. » Les

L'accusation suprême lancée contre l'ancienne religion, à son apogée dans « The Moral Argument against Calvinism », l'essai de William Ellery Channing[5] paru en 1820, consistait à affirmer qu'elle réduisait à néant les incitations à faire le bien, et faisait donc obstacle au progrès social et au « progrès de l'esprit humain ». En mettant l'accent sur l'« incapacité naturelle » de l'homme, les prêcheurs qui ressassaient le péché originel absolvaient, en réalité, les pécheurs de toute responsabilité quant à leurs actes. Ils dressaient en outre un sinistre tableau des châtiments qui attendaient les pécheurs dans l'au-delà, ignorant manifestement le « principe originel et fondamental » d'après lequel « l'incapacité naturelle absout la culpabilité ». Ils calomniaient à la fois l'homme en niant son libre arbitre, et Dieu en lui conférant des qualités qui « heurtent nos idées de rectitude ». Si des parents mettaient leurs enfants au monde, dans un univers entièrement dépravé, et les poursuivaient ensuite d'un « châtiment éternel », une telle cruauté serait, sans autre forme de procès, universellement condamnée. « Qu'un souverain frappe d'incapacité ses sujets (...) afin qu'ils obéissent à ses lois, et qu'il les torture dans les donjons du malheur perpétuel, nous devrions le dire, l'histoire ne connaît pas de crime plus atroce. » Mais mis au défi d'expliquer comment la même injustice devenait juste lorsqu'elle était attribuée à Dieu, les disciples d'Edwards se réfugiaient dans l'obscurantisme. Les êtres humains, répondaient-ils, ne doivent pas commenter le verdict divin.

Pourquoi pas ? Channing voulait savoir. Les attributs de Dieu étaient parfaitement « intelligibles », sa justice « la même que celle de ses créatures ». Les conceptions humaines du bien

---

forces de la respectabilité ne souhaitaient pas nécessairement laisser la populace à sa place. Des libéraux éclairés – ceux qui étaient libéraux en politique et en religion, comme Mayhew – souhaitaient la moraliser, l'élever et l'améliorer. Mais le Calvinisme la tirait de toute évidence en arrière, affirmait le *Christian Examiner* en 1829, en mettant l'accent sur « les vertus sévères qui prônent le sacrifice », aux dépens des vertus « aimables et pacifiques » – celles que requérait, pour le dire autrement, le nouveau système d'économie politique d'Adam Smith.

et du mal, bien qu'« apprises de notre nature » (la seule source à partir de laquelle elles pouvaient sérieusement l'être), étaient suffisamment adaptées à la tâche qui consistait à juger Dieu : et le Dieu de Jonathan Edwards, Samuel Hopkins et Joseph Bellamy, restait convaincu de graves crimes et délits. Prétendre que les êtres humains ne pouvaient se former aucune idée fiable au sujet de cet insondable tyran était une marque de « fausse humilité ». Pour quelles raisons devrions-nous nous « prosterner aux pieds d'un simple pouvoir » ?

Puisque le Calvinisme attribuait à Dieu « des conceptions indignes » de la moralité, il n'était pas étonnant, pensait Channing, que la population déserte les églises calvinistes en masse. Elle souhaitait une « religion rationnelle », pas un système qui « insultait » la raison comme la conscience. Elle appelait de ses vœux une religion qui puisse lui donner raison d'espérer que la conduite de bien bénéficie de la récompense appropriée. Elle attendait « encouragement et consolation », et non les feux de l'enfer et du soufre. Channing interprétait la « défection silencieuse, mais bien réelle, dont souffrait le Calvinisme » comme l'un des signes les « plus encourageants » de ces temps – un autre indice de « progrès social ». Mais sa propre religion d'« amour, de charité, et de bienveillance » fut bientôt elle-même l'objet d'attaques. Les libéraux ne triomphèrent du Calvinisme que pour se retrouver confrontés à une autre « défection », cette fois-ci dans leurs propres rangs – une défection qui était loin d'être silencieuse.

Emerson au sujet du destin

Discourant en 1838 à Harvard, le bastion de l'Unitarisme, Emerson annonçait aux disciples de Channing qu'ils appartenaient à une « église sur le déclin », qu'ils avaient perdu le « principe de vénération », que leur Christianisme était « pétrifié », que leur Christ était un héros pétrifié dans la pierre, et que les libéraux n'avaient rien à dire de valable au sujet de la « mort de la foi » dans la société moderne – en étaient, en fait, en partie responsables. Dans son *Discours à l'école de théologie*, Emerson disait aux Unitariens ce que Jésus disait au haut clergé, ce que Luther et Calvin disaient au pape, ce qu'Edwards disait à ceux qui avaient été élevés dans la foi complaisante de son aïeul Solomon Stoddard : que l'esprit avait été perdu dans la lettre, la substance de la religion dans ses formes, ce qu'Emerson appelait l'« éternelle révélation du cœur » dans les rituels et les règlements. Emerson n'en appelait, pas plus que ses prédécesseurs de la tradition prophétique, à une nouvelle religion. « Laissons plutôt l'air de la vie nouvelle être respiré par vous à travers les formes déjà existantes. »

Ces termes précis sont rarement cités par les historiens du transcendantalisme de la Nouvelle-Angleterre, la plupart d'entre eux envisageant ce mouvement comme une étape supplémentaire vers la sécularisation de la religion, une étape succédant à l'Unitarisme, ce que Channing aurait présenté comme un stade supplémentaire du progrès de l'esprit humain. Il ne fait aucun doute qu'un certain nombre d'adeptes du transcendantalisme – Bronson Alcott, par exemple [6] – se voyaient en réalité ainsi, mais Emerson ne peut être considéré comme un adepte du transcendantalisme que dans l'acception la plus approximative du terme. Lui-même refusait cette étiquette, et attachait peu d'intérêt, pour cette raison, au « progrès social ». Sans être un partisan invétéré du « Non », ni un chantre du sentiment tragique de la vie, à l'instar d'un Hawthorne ou d'un Melville, il n'avait pourtant rien d'un sot « optimiste ». « Toute description de la vie qui oblitère les faits insupportables », écrivit-il un jour, « ne peut se targuer d'une quelconque véracité. » Sa pensée ne souffrait pas d'un manque de conscience du mal, comme on l'en accusa souvent. Il savait que « les choses tendent vers le bas », comme il l'écrivit dans son essai consacré à Montaigne, « pour justifier le découragement, encourager le coquin, mettre en déroute le juste », et tendent à délivrer la société « des mains d'une clique de criminels pour la précipiter dans les mains d'une autre clique de criminels ». S'il disait oui à la vie, il comprenait combien il était facile de lui dire non. Il prêchait la justice et l'espérance, pas l'optimisme. Il est temps de délivrer Emerson de ses récupérateurs, ces optimistes professionnels qui ont essayé (alors même qu'il vivait encore) de contrecarrer la première impression laissée par son « fatalisme » en faisant de lui le saint patron de la pensée positive.

Ceux qu'un aperçu de l'aspect plus sévère de la pensée d'Emerson intéresserait pourraient commencer par son essai consacré au destin paru en 1860 – un sujet au premier abord plus proche de Machiavel, semblerait-il, que d'Emerson[7]. La « question du temps », commence-t-il, se résout dans la « conduite de la vie ». Comment devrais-je vivre ? Une réforme sociale – la réponse des Américains à toute question – n'est en aucun cas une réponse, simplement un autre indice de la superficialité américaine. La « terreur de la vie » ne peut être « débattue ou écartée par vote », et la liberté ne se résume pas à quelque chose qui puisse être garanti par une constitution, un « énoncé de papier ». La liberté consiste à regarder le destin en face ; le courage de le faire est le signe de la grandeur des hommes, et de celle des nations. « Nos Calvinistes de la dernière génération », ajoute Emerson, ont quelque chose de cette « dignité », de cette « assurance dans la conduite ».

Les détracteurs d'Emerson, en commençant par Melville, ont toujours considéré sa conception de la nature trop bienveillante. Dans « Destin », pourtant, il parle de « férocité » à propos de la nature. « La nature n'est pas sentimentale. » Elle « ne se souciera pas de voir un homme ou une femme se noyer, mais engloutit votre navire comme un grain de poussière. » Le froid « gèle un homme comme une pomme » ; la maladie « ne respecte personne ». La nature sacrifie volontiers l'individu à l'espèce. « Chez certains hommes, la digestion et la sexualité absorbent l'énergie vitale, et plus elles sont fortes, plus l'individu est faible. Plus il meurt de ces bourdons, mieux se porte la ruche. » « Sauvage, rude, imprévisible », la nature impose « avec tyrannie » des limites infranchissables à l'esprit humain. Si Emerson avait toujours cru que « la force affirmative était tout », il était revenu sur cette position dans une phrase évoquant Machiavel, qui affirmait (cela sera rappelé) que la fortune réglait « la moitié de nos actions », laissant l'autre moitié être « gouvernée par nous ». Ayant à l'évidence changé d'avis à ce sujet, Emerson écrit : « maintenant, nous apprenons qu'un pouvoir négatif, ou une circonstance, nous gouverne pour moitié ». Le monde de la nature évoqué si lyriquement dans le premier ouvrage d'Emerson, *La Nature*, se présente dans *La conduite de la vie* comme « le livre du destin », par rapport auquel notre résistance semble ridiculement inadaptée*. « Ce qui est doit être. » Les nations vivent, comme l'homme, et peut-être même comme l'espèce humaine entière, le temps qui leur est concédé. « Lorsqu'une espèce a vécu son temps, celui-ci ne revient plus. »

Soumis aux limites qu'impose la nature, l'homme rêve aussi de les défier. Sa propre nature est sérieusement défectueuse et divisée. L'homme est un « formidable nœud de contradictions », l'enfant mais également le soi-disant maître de la nature. Sa destinée est de « servir et commander, pas de ramper » aux pieds de cet « élément présent à travers la nature entière, que nous appelons communément Destin », mais qui est l'expérience de la « limitation ». Cette défiance à l'égard des limitations, si elle doit en fin de compte être condamnée, ne doit pas être condamnée à la légère. « Les grands hommes, les grandes nations n'ont pas été des fanfarons et des bouffons, mais avaient une conscience aiguë de la terreur de la vie, et se sont efforcés de lui faire face. » Dans une langue qui, une fois encore, évoque Machiavel, Emerson loue le courage et la résolution qui inspirent les hommes dans leur combat contre le destin. Machiavel nommait ces qualités « vertu », et Emerson utilise le terme – l'un de ses favoris – dans la même acception (sauf, précisément, dans le présent essai). « Chaque jeune homme courageux s'entraîne à chevaucher et maîtriser ce dragon. »

---

* Ce passage vigoureux, qui mérite d'être intégralement cité, évoque à la fois l'immense pouvoir qui écrase l'effort humain, et le caractère inexorable des processus naturels, particulièrement dans leur dimension temporelle. « Le livre de la Nature est le livre du Destin. Elle en tourne les pages gigantesques – feuille après feuille –, sans jamais revenir en arrière. Une page de tournée, un sol de granit ; puis, un millier de siècles, un lit d'ardoises ; un millier de siècles, et une mesure de charbon ; un millier d'années, et une couche de marne et de limon : des formes végétales apparaissent ; ses premiers animaux difformes, zoophytes, trilobes, poissons ; plus tard, les sauriens – des

La nature, quoi qu'il en soit, ne sera pas dominée ; elle ne
cède qu'avec beaucoup de réticences à l'injonction de l'homme,
et ne le fait que pour un temps. « La limitation est infranchis-
sable, quelle que soit la perspicacité de l'homme. » L'authentique perspicacité réside dans la connaissance du fait que la
nature prévaudra sur le long terme. La soumission, et non la
défiance, est le chemin de la vertu véritable ; mais la conception
de la soumission d'Emerson ne peut être soupçonnée d'instiller
faiblesse et passivité. « La résignation aimante » n'a rien à voir
avec la couardise, ou la timidité, ou la complainte voulant que
nous soyons les victimes désemparées et irréprochables des
circonstances. La soumission, aussi admirable que rare chez les
« races héroïques et instinctives » qui croient en la destinée,
« fait une impression différente » chez les « faibles et les vicieux
qui jettent l'opprobre sur le Destin ». Entendue exactement,
elle est un « courage fatal », une « énergie de la volonté », une
affirmation « extatique », « héroïque » de la vie, qui transforme
la nécessité en liberté, en reconnaissant précisément tant sa
justesse et sa beauté que son caractère incontournable. La soumission implique un empressement à accepter le destin, non
seulement comme source de limitation, mais comme source
de justice, « de défense, visant le plus haut, s'extrayant du plus
bas, appelant la justice dans l'homme, et frappant toujours,
tôt ou tard, lorsque justice n'est pas rendue ». La soumission
apparaît dans la passion du combat, sous la forme d'une « révélation » – la « révélation de la Pensée », qui « extraie l'homme
de la servitude pour le rendre à la liberté ». Cette « béatitude »,
écrit Emerson – rejetant pour une fois fermement son idée de
prédilection, celle de la divinité qui demeure en l'homme –,
« descend vers nous et nous voyons. Elle est moins en nous
que nous ne sommes en elle. »

---

formes grossières, dans lesquelles elle n'a qu'ébauché sa future statue,
dissimulant sous ces monstres disgracieux la figure élégante de son
roi à venir. La face de la planète se refroidit, sèche, les espèces s'amé-
liorent, et l'homme naît. Mais lorsqu'une espèce a vécu son temps,
celui-ci ne revient plus. »

Ce vif et court essai, malgré sa conception du destin similaire à celle de Machiavel, et sa conception darwinienne de la nature, se termine par une conclusion digne d'Edwards : la liberté réside dans l'acceptation de la nécessité. Les éléments personnels à Emerson, plus reconnaissables dans ce texte, se montrent, dans ce contexte, assez éloignés de tout ce que nous sommes censés attendre du cliché qui présente Emerson en Pangloss du XIXᵉ siècle, essayant sans relâche de se convaincre qu'il vit dans le meilleur des mondes possibles. La déclaration selon laquelle « le mal est le bien en gestation » ne nie pas l'existence du mal ; ce qu'elle nie, c'est la possibilité que nous puissions l'abolir. C'est bien notre refus d'admettre des limites à notre liberté qui rend, en premier lieu, les limites mauvaises, et la « béatitude » qui nous permet, en définitive, d'accepter ces limites fait disparaître leur pouvoir de nous dominer, et transforme en conséquence le mal en bien*. La déclaration portant que le destin « est un nom donné à des faits qui ne sont pas encore passés sous le feu de la pensée » est en grande partie empreinte de la même signification. La déclaration, en fin de compte, que « ce qui est » non seulement « doit être », mais « devait être », distingue la résignation stoïque de la soumission sereine à un ordre de choses que nous pouvons reconnaître, alors même qu'il n'était pas désigné dans quelque sens final, à notre convenance ou même à notre édification, comme « le meilleur ». Le fait qu'Emerson achève cette phrase lourde de sens par l'ajout du « devait » au verbe « être » transforme le destin en Providence.

---

* Cela pourrait être également le sens de l'observation frappante que l'on peut trouver dans « L'Héroïsme » (« Heroism »), l'essai d'Emerson publié en 1841, que Melville trouvait si extravagant.
« Le tétanos qui courbe la tête d'un homme contre ses talons ; l'hydrophobie qui le fait aboyer contre sa femme et ses enfants ; la folie qui lui fait manger de l'herbe ; la guerre, la peste, le choléra, la famine témoignent d'une certaine férocité de la nature qui, ayant une issue intérieure dans le crime humain, doit avoir une issue extérieure dans la souffrance humaine. » Profondément offensé par l'idée que le mal trouve son origine dans le « crime humain », Melville identifiait

Melville le comprit, avec bien plus de perspicacité que la
plupart des critiques d'Emerson : nous avons ici affaire à de la
« théologie », une théologie calviniste en fait ; mais ce que
Melville entendait comme un reproche, devrait mieux être
entendu comme un compliment. Emerson conserve le réalisme
moral de ses ancêtres, tout en se défaisant de leur conception
anthropomorphique de Dieu. Si Dieu est l'être pur, il ne peut
plus être défini avec pertinence comme un « souverain »,
encore moins comme un « père ». Mais on ne peut non plus
s'en dispenser. Reconnaître que « ce qui est doit être et devait
être, ou est la meilleure chose » est la seule manière de venir à
bout de la tyrannie du destin.

« La compensation » : La théologie du productivisme

« Destin » a été écrit par Emerson à la fin de sa vie, et
contient des réflexions longuement mûries, une inflexion de
ce qu'il en est peut-être venu à considérer comme une conception de la nature excessivement bucolique. Mais la conception
arrivée à maturité qui était la sienne avait déjà pris forme dès
1841, lorsqu'il présenta sa théorie de la « compensation », le
principe sous-jacent à l'ensemble des écrits qui suivirent.
« Compensation », le troisième de ses *Essays : First Series*, clarifie la relation d'Emerson à ses ancêtres puritains, comme à
l'idéologie productiviste du Populisme anglo-américain.

Bien plus précisément que dans le *Discours à l'école de théologie*, « Compensation » explique pour quelles raisons Emerson
devait renoncer à son ministère et s'éloigner de l'église organisée – quelles qu'en soient les conséquences sur sa compréhension de la dimension sociale de la religion. L'essai débute
par une analyse cinglante de la « manière ordinaire » de

---

justement sa source, et reconnaissait même la « noblesse » de la pensée
d'Emerson. « Regardons honnêtement ceci », écrivait-il à côté du passage offensant, « et qu'est-ce, si ce n'est de la pure théologie – du
Calvinisme ? Le ruisseau a la couleur des berges qu'il a longées. Pourtant, ces essais sont nobles. »

dépeindre le Jugement Dernier, dans laquelle sont condamnés les hommes mauvais, et où les humbles réclament finalement la récompense, différée de longue date, qui leur revient. Ce tableau prétendument réconfortant du monde à venir, relève Emerson, implique une représentation bien peu encourageante du monde tel qu'il est. Il assume le fait que « justice n'est pas rendue dans ce monde : que les hommes mauvais réussissent, et que les hommes de bien sont miséreux », et que les gens de bien ne peuvent espérer trouver satisfaction que dans l'au-delà. Pire encore, il met sur un même pied d'égalité l'épanouissement spirituel et la jouissance du luxe classiquement condamnée comme coupable. Il assure aux doux et aux humbles, en outre, qu'ils auront aussi le droit de pécher lorsque, au paradis, les rôles seront inversés.

Venant d'écouter un prêcheur exposer cette étrange doctrine, Emerson médite ses implications.

> Que veut dire le prêcheur en disant que les gens de bien sont miséreux dans la vie présente ? Que les maisons et les terres, les fonctions, le vin, les chevaux, les garde-robes, le luxe sont destinés aux hommes dénués de principes, tandis que les saints sont pauvres et méprisés ; et qu'une compensation doit être accordée à ces derniers dans l'au-delà, en leur donnant à cette autre occasion les mêmes satisfactions – comptes bancaires, doublons, venaison et champagne ? Telle doit être la compensation attendue ; pour quoi d'autre ? Est-ce ce qu'ils ont dû quitter pour louer le seigneur et prier ? pour aimer et servir l'homme ? Allons, c'est ce qu'ils peuvent faire maintenant. La conclusion légitime que le fidèle devrait en tirer serait : « Nous devrons avoir autant de bon temps que celui qu'ont maintenant les pécheurs » ; ou, pour la pousser à son extrême logique : « Vous péchez maintenant, nous pécherons bientôt ; nous pécherions maintenant, si nous le pouvions ; n'y parvenant pas, nous attendons demain notre revanche. »

L'« erreur » d'un tel prêche, affirme Emerson, réside dans la « conclusion, d'une immense portée, qui veut que les vauriens rencontrent le succès ; que la justice n'est pas rendue maintenant ». La justice divine, telle qu'elle est classiquement entendue, repose sur une fausse idée de la justice et sur une fausse idée du succès. Elle s'en remet à la « définition de base

du marché de ce qui représente un succès pour l'homme ».
Mais le prêche sans originalité auquel Emerson s'oppose, et
auquel nous pourrions nous opposer à notre tour, comporte
au moins une description réaliste des conditions sociales qui
prévalaient à l'époque d'Emerson, et qui prévalent encore. Que
les crapules aient réussi, quel que soit le critère de succès
communément accepté, alors que les gens de bien connaissaient tous trop souvent l'échec, est un fait*. La véritable
« erreur » de la religion organisée, pourrions-nous avancer
contre Emerson, réside dans le conseil qu'elle donne aux
pauvres de différer leur revanche dans l'au-delà – un appel à
la soumission politique, destiné de toute évidence à détourner
leur sens de l'injustice vers une voie, politiquement inoffensive,
faite de piété et de prière. Pour quelles raisons auraient-ils à
attendre la récompense qui leur est due ? Pourquoi devraient-ils
se décourager – en dehors du fait que la vision d'une récompense céleste, d'une gratification remise à plus tard sur le plan
théologique, sert à consolider les structures existantes de l'injustice sociale – de prendre en main leur sort ? Pour quelles raisons
la justice sociale devrait-elle être abandonnée à Dieu ? Une
religion populaire, il est permis d'abonder dans ce sens,
concède trop aux idéaux convenus du succès, mais la critique
par Emerson de ces idéaux semble conduire à des conséquences
politiques plus déplorables encore que celles qu'occasionne une
affirmation non critique de ces derniers. Le prêche populaire
nourrit au moins une sensation légitime de ressentiment.
Emerson, au contraire, assure aux dépossédés que la justice
règne en réalité, alors que le simple bon sens nous montre
qu'elle ne se manifeste nulle part. Emerson, après tout, est ici

---

* Ceux qui se raccrochent encore à l'idée fausse voulant que le
premier Protestantisme évangélique célébrât le succès matériel comme
le signe extérieur du salut seront surpris d'apprendre que le prêche
populaire, au contraire, insistait sur la disparité existant entre l'injustice manifeste à laquelle les hommes et les femmes étaient ici-bas
confrontés et la justice céleste à venir. Seules les églises plus libérales,
à l'époque d'Emerson, avaient abandonné ce thème au profit d'un
accent porté sur les « progrès » de la société qui assureraient en fin de
compte le confort, si ce n'est la prospérité, à tous.

un optimiste. Que peut vraiment signifier cette évaluation follement optimiste de la situation ? Que la vertu est sa propre récompense ? Glacial réconfort !

Emerson lui-même est bien conscient de ces objections. La différence entre la surabondance et le manque – la distribution inéquitable non seulement de la richesse, mais de l'intelligence, de la beauté, et de l'imagination – semble être une « tragédie radicale de la nature ». « Comment ne pas ressentir de souffrance dans le manque ; comment ne pas ressentir indignation ou malveillance pour celui qui a plus ? » Le mal reste beaucoup trop souvent impuni, aussi loin que nous puissions voir. « Nous nous sentons frustrés du châtiment que justifieraient de mauvais actes, car le criminel persiste dans son crime et dans la désobéissance, et n'en vient à connaître ni une crise, ni un quelconque jugement intervenant dans la nature visible. » Nous attendons une « implacable condamnation » des actes mauvais, qui ne vient jamais.

Emerson avance néanmoins que toute personne qui transgresse les lois de la nature ne peut échapper au châtiment. « Toute infraction à l'amour et à la justice dans les relations sociales est rapidement punie » par la peur. Quiconque trompe son voisin perd la confiance de son voisin, s'enferme derrière un mur d'inimitié et de suspicion, et se coupe donc de ses semblables. Les rencontrer sur l'ancienne base de la simplicité et de la confiance réciproque ne lui est plus possible. Souvent considéré à tort comme un individualiste radical, Emerson envisage, à l'instar de son contemporain Hawthorne, la disparition de la camaraderie humaine comme une affligeante calamité. Sa compréhension de l'importance de la sociabilité est l'un des nombreux éléments qui témoignent de sa supériorité sur Thoreau, souvent placé plus haut qu'Emerson à la fois comme écrivain et comme penseur à l'esprit acéré. Emerson désire que les hommes et les femmes deviennent plus « indépendants », afin de pouvoir précisément se rencontrer en égaux, sans déférence ni condescendance. Dans « Society and Solitude », l'un de ses derniers essais, il condamne la solitude comme un état « contre-nature », et note que la sociabilité, bien qu'elle doive être « prise à très petites doses », apporte d'« immenses » bénéfices. « Un homme doit apparaître dans les vêtements de la société, ou nous ressentons une certaine nudité et pauvreté » d'esprit. Sans « enfants, sans événements, sans une situation et une histoire sociales », écrit-il dans « Culture » (1860), nous manquons « de corps ou d'assise ». Se priver de toute relation courante au monde n'est donc pas affaire négligeable, spécialement lorsque cette aliénation découle de la peur, l'« oiseau obscène » qui plane au-dessus du « gouvernement et de la propriété », qui se régale de la « pourriture », et attire par sa présence l'attention sur « les grands maux qui doivent être corrigés ». Cette inquiétude dévorante ne quitte jamais ceux qui abusent de leurs voisins, ou recherchent le pouvoir aux dépens d'autrui. Rapaces eux-mêmes, ils voient la paix de leur esprit dévorée par le fait de savoir l'envie et le ressentiment de leurs voisins*. Chaque chose réclame son prix : « C'est cette ancienne doctrine de la Némésis qui monte la garde dans l'univers, et ne laisse aucune infraction impunie. » L'injustice défie le destin et invite par conséquent aux représailles. Tôt ou tard, d'une façon ou d'une autre, les triomphes trompeurs qu'elle rend possibles tombent en poussière. La force inexorable du destin, telle qu'Emerson la comprend, ne se montre nulle part avec plus d'évidence que dans le principe de compensation, la « circonstance vindicative » ou « la profonde force correctrice » de la nature qui passe outre nos desseins, et impose une lourde taxe sur chaque tentative de la surmonter, ou de la contourner. La compensation est la « loi des lois », et elle est « fatale ». Le châtiment « mûrit à l'intérieur de la fleur du plaisir » ; il prend forme sur la tige même du

---

* Nietzsche, un écrivain rarement accusé de sentimentalisme, entretenait une conception très similaire du châtiment revisité le plus hautement et puissamment sous la forme de l'envie, de la haine et de la peur. Une « paix armée », observait-il – la seule paix concevable chez les prédateurs – n'apportait aucune « paix de l'esprit ». « Personne n'a confiance ni en soi, ni en son propre voisin, et, moitié par haine, moitié par peur, ne pose les armes. Plutôt périr que haïr et craindre, et plutôt périr deux fois que se faire soi-même haïr et craindre – ceci doit aussi devenir un jour la plus haute maxime pour chaque citoyen pris individuellement. »

crime. « Les hommes recherchent la grandeur ; ils souhaitent obtenir fonctions, richesse, pouvoir et renommée. Ils pensent qu'il est grand de posséder un aspect de la nature – le doux, sans l'autre aspect, l'amer. » Mais, tôt ou tard, ils comprennent que le « plaisir est ôté des choses plaisantes, le profit des choses profitables, le pouvoir des choses puissantes, dès que nous cherchons à les séparer de l'ensemble ». Ni l'impudence la plus totalement dénuée de scrupules, ni même la plus grande ingéniosité ne peuvent séparer la partie de l'ensemble, la cause des effets, la fin des moyens.

Les théologiens calvinistes parlaient de la justice « vindicative » de Dieu, offensant ainsi les pasteurs libéraux qui plaidaient pour une conception de la justice plus douce, plus aimable. Emerson rétablit la conception plus ancienne dans toute son intransigeante sévérité. Il démontre que les Calvinistes traditionnels n'étaient pas seuls à reconnaître la loi du châtiment ; elle est, à ses yeux, universellement reconnue, dans la mythologie et le folklore mondiaux. Emerson appuie son argumentation, comme Edwards, sur l'observation de la « vie ordinaire », qui montre que les hommes et les femmes comprennent intuitivement le principe de compensation. Les prêcheurs le nient peut-être, mais le peuple l'affirme dans ses proverbes : « Un prêté pour un rendu ; œil pour œil, dent pour dent ; sang pour sang ; mesure pour mesure ; amour pour amour ». Le petit peuple voit plus profondément ces choses-là que les gardiens officiels de la moralité.

> Les hommes sont meilleurs que leur théologie (...) Ce que le monde monotone, enchaîné aux apparences, n'autorisera pas au réaliste de dire avec ses propres mots, il souffrira qu'il le dise sans contradiction dans des proverbes. Et cette loi des lois, que l'église, le Sénat et le collège nient, est prêchée à toute heure sur tous les marchés et dans toutes les boutiques par des volées de proverbes, dont la leçon est aussi vraie et aussi omniprésente que les vols des oiseaux et des mouches.

La moralité politique du productivisme, pourrions-nous avancer, est encore une autre expression de la sagesse rurale qui condamne toute tentative d'obtenir quelque chose sans en

payer le prix. La « plus-value imméritée » est la version, chez
le producteur, de l'orgueil démesuré, ou de la fierté qui défie
les limites, outrepasse les limites naturelles, défie le destin, et
provoque par conséquent les colères des dieux. Emerson s'inspire à maintes reprises de la proverbiale sagesse « petite bourgeoise » au sujet de l'argent et du crédit, reconnaissant de cette
façon son affinité avec le principe de « compensation » – un
terme qui a lui-même une résonance dans le monde des affaires.
« Tout le monde paye : que vous soyez le premier ou le dernier,
vous devez payer la totalité de votre dette. » Ceux qui vivent
sur un crédit moral auront à payer leurs dettes avec des intérêts
– à connaître, en fait, une vindicte.

Un « tiers parti muet », note Emerson, accompagne « toutes
nos affaires » – qu'il s'agisse de la Némésis ou du destin. Est
ici traduit, dans le langage du Populisme du XIXᵉ siècle,
l'ancienne idée puritaine d'un honorable appel, permettant
ainsi d'atteindre, entre autres choses, à une nouvelle compréhension du péché, l'antique doctrine de la chute de l'homme.
Le péché est une évasion fiscale – la tentative d'échapper à la
taxe sur le désir. Notre confiance déplacée en notre capacité à
frauder la destinée découle d'une « maladie » de la volonté, la
maladie de « la rébellion et de la séparation ». Emerson, là
encore, suit la trace de ses ancêtres calvinistes. Il envisage la
rébellion et la séparation comme des faits inhérents à la nature
humaine, la disposition naturelle du désir humain. Notre
nature déchue, « notre état déchu », se révèle précisément dans
notre refus de voir la « profonde force correctrice » qui, dans
la nature, nous poursuit continuellement. Chaque homme
pense qu'il peut se soustraire aux griffes du percepteur, alors
même que l'expérience montre bien que personne (pas même
l'homme arrogant et suffisant entouré de ses consultants,
comptables et conseillers fiscaux grassement payés) ne leur
échappe sans avoir payé. Chacun pense que les lois fiscales
s'appliquent à tout le monde, à l'exception de sa propre personne – une omission presque comique dans sa vanité, si elle
ne conduisait pas à des conséquences aussi tragiques.

Emerson en populiste

La lecture de « Compensation » ne justifie pas à elle seule qu'on lise l'œuvre d'Emerson comme une sorte de théologie du productivisme. Dans cet essai séminal, et dans beaucoup d'autres du reste, Emerson se confronte à des préoccupations que partagent les traditions calvinistes, républicaines et mêmes les premières traditions libérales – destin, corruption morale, et vertu. Il y déplace en effet l'économie politique du Populisme (qui est, nous l'avons vu, le fruit d'antécédents à la fois libéraux et républicains) vers un registre plus élevé de spéculation morale et ontologique. Mais il ne reste pas en permanence juché sur ces hauteurs. Il aborde également des sujets plus prosaïques ; sa préoccupation constante est de montrer de quelle manière des soucis ordinaires croisent des préoccupations fondamentales – afin d'envisager le quotidien à la lumière de l'éternel, mais également de puiser dans l'expérience ordinaire dans le but d'enrichir notre compréhension des choses dernières.

Les écrits d'Emerson abordent souvent les sujets du jour assez directement, et ses conceptions sociales sont aisément reconnaissables, je le soutiens, comme celles d'un Populiste du xixe siècle. Il entretient un dédain très populiste pour le mode de vie urbain à la mode, qu'il congédie à plusieurs reprises comme une vie ne pouvant convenir qu'aux « dandys ». Dans *La Nature*, il parle de l'« avantage de la vie à la campagne, pour un esprit puissant, sur la vie artificielle et restreinte des villes ». Il revient à l'attaque dans *La Confiance en soi*. « Un robuste gaillard du New Hampshire ou du Vermont qui, tour à tour, tâte de tous les métiers, qui travaille en équipe, travaille dans une ferme, fait du colportage, tient une école, prêche, lance un journal, rentre au Congrès, remporte une municipalité, et ainsi de suite au fil des années, et toujours comme un chat retombe sur ses pattes, vaut bien cent fois une de ces marionnettes des villes. » La société de la ville est « infantile », écrit

Emerson dans un essai plus tardif, « La richesse ». Elle encourage la vanité, le goût du luxe, et l'ostentation frivole. Bien
qu'elle utilise parfois la richesse à bon escient sous la forme de
librairies, de galeries d'art, et d'autres « avantages de la civilisation », elle subordonne pour leur majeure partie les usages
publics de la richesse à la distraction privée, et fait donc d'elle
un « bibelot ». Nous avons besoin, nous dit Emerson dans « La
culture », des villes comme de « centres où se trouvent les
meilleures choses », mais elles « nous humilient en magnifiant
des choses insignifiantes ». Un homme de la campagne se
retrouve dans une ville « au milieu d'une engeance à l'échine
souple, à la langue bien pendue, qui vit pour le spectacle,
servile à l'opinion publique ». Lui manquent « la grandeur de
l'horizon, des coteaux et des plaines, et la sobriété et l'élévation
qui les accompagnent ».

Emerson croit en la valeur morale du travail manuel. Dans
« Le Savant américain » (« The American Scholar », 1837)[8], il
souscrit à la croyance en la « dignité et la nécessité du travail
pour chaque citoyen ». Dans « L'homme réformateur » (« Man
the Reformer », 1841), il ajoute que, bien que l'égalité réclame,
sans ambiguïté, que le travail manuel dans une société « soit
pris en charge par tous ses membres », cet argument ne repose
pas sur l'équité seule, mais sur les bénéfices conférés par un tel
travail. « Un homme devrait travailler à la ferme ou réaliser
une tâche manuelle pour sa propre culture (...) Non seulement
la santé, mais l'éducation se trouve dans le travail. » À l'objection qui lui était faite que le programme populiste renoncerait
aux « immenses avantages apportés par la division du travail »
et « renverrait les hommes à la barbarie », Emerson répond
que, bien qu'il n'envisage « à aucun instant la perspective d'une
révolution vertueuse », il sacrifierait volontiers quelques « commodités » de la civilisation à la culture morale procurée par la
ferme ou un métier manuel. « Je ne devrais pas être affligé d'un
changement qui menacerait la société de la disparition de
nombre de biens de luxe ou de commodités, s'il procédait
d'une préférence pour la vie agricole, indépendamment de la
croyance que nos devoirs premiers en tant qu'hommes pourraient mieux être acquittés par cet appel. » Dans « La

Richesse », il exalte l'autoconsommation dans un langage rappelant Brownson ou Cobbett.

> Quand les hommes qui vivent aujourd'hui naquirent, la ferme produisait tout ce qui y était consommé. La ferme ne produisait pas d'argent, et le fermier faisait avec. S'il tombait malade, ses voisins lui venaient en aide ; chacun donnait une journée de travail, ou une demi-journée ; ou prêtait son attelage de bœufs, ou son cheval, et surveillait même son travail ; binait ses patates, fauchait son blé, moissonnait son seigle ; sachant bien qu'aucun homme ne pourrait avoir les moyens de s'assurer les services d'un ouvrier sans devoir vendre sa terre. En automne, un fermier pouvait vendre un bœuf ou un porc et en tirer un peu d'argent pour payer quelques taxes de plus. Maintenant, le fermier achète presque tout ce qu'il consomme – ustensiles en métal, vêtements, sucre, thé, café, poisson, charbon, billets de train et journaux.

C'était précisément la dépendance grandissante du fermier au marché, pour des libéraux comme Theodore Parker, qui non seulement augmentait la demande pour des marchandises en tout genre, mais élargissait les horizons intellectuels des fermiers, leur donnant accès – les exemples donnés par Emerson nous le rappellent – aux nouvelles du jour, à la possibilité de voyager vers des endroits éloignés, et à tous les autres avantages de la vie moderne. Le scepticisme d'Emerson à propos de ce processus le place directement en porte-à-faux avec l'économie politique dominante. Ainsi de sa conviction que la culture des citoyens, et non la protection de la propriété, est l'objet principal de l'action politique. Dans « La Politique » (« Politics », 1844), il avance que les dispositions sociales dominantes autorisent « le riche à usurper le pauvre », et que « l'entière constitution de la propriété », plus que jamais, « est injurieuse, (...) son incidence sur les personnes avilissante et dégradante ». Mais les mêmes considérations qui conduisent Emerson à condamner l'économie politique d'Adam Smith et Theodore Parker, « Malthus et Ricardo », le conduisent aussi à s'abstenir d'une adhésion sans réserve à ses principales alternatives. Dans « La Richesse », il félicite le « socialisme de notre époque » de soulever la question des méthodes par lesquelles

« certains avantages civilisateurs, dont ne jouissent actuellement que les riches, pourraient être accessibles à tous ». Il en
vient à affirmer, cependant, qu'une distribution plus équitable
des biens n'est pas suffisante. L'objectif est de parvenir à un
« caractère » affirmé, autonome, indépendant, un accès plus
complet aux « bénéfices civilisateurs » n'étant qu'un moyen de
parvenir à cette fin. « Une société ne peut jamais prospérer (...)
tant que chaque homme ne fait pas ce pour quoi il a été créé. »

L'attitude constamment sceptique d'Emerson envers une
réforme sociale doit être considérée sous la même lumière. Il
sympathisait avec nombre de mouvements sociaux de son
époque, et l'un d'entre eux, l'Abolition, s'assura en fin de
compte son soutien presque inconditionnel ; mais il restait la
plupart du temps, du point de vue des réformateurs, lamen-
tablement distant. Il tient que la société moderne a besoin de
« foi », et non de réforme. Dans « Les Réformateurs de la
Nouvelle-Angleterre » (« New England Reformers », 1844), il
appelle avec insistance les réformateurs à « regarder au-delà des
apparences » et des remèdes partiels. Une société a besoin
d'hommes et de femmes qui se respectent, pas d'un ensemble
parfait d'institutions. « La maladie avec laquelle l'esprit humain
a maintenant à faire est la volonté de foi. » Emerson affirme
en effet que l'État ne peut se passer de la vertu, que la vertu
réside dans le citoyen, pas dans les institutions*. Il se demande
également si les réformateurs, trop exaltés pour guider le genre
humain vers un type commun, ne détruiront pas le respect
pour le « génie », qui incite le peuple par son exemple à vivre
à un « niveau supérieur ». « Nous sommes las d'errer tels des

---

* Il vaut la peine de prêter attention une nouvelle fois à la conception contraire – la doctrine cardinale du libéralisme – qu'exprimait
John Taylor, le théoricien politique de Virginie. Contre John Adams
et d'autres républicains classiques, Taylor affirmait qu'« une société
cupide peut former un gouvernement capable de se défendre contre
l'avarice de ses membres » en ralliant l'« intérêt du vice (...) au camp
de la vertu ». Les hommes n'avaient pas besoin d'un autre motif que
l'intérêt égoïste pour comprendre la nécessité d'un gouvernement
juste et limité qui maintiendrait l'ordre, en empêchant les individus
de s'agresser les uns les autres tout en se soumettant lui-même aux

fantômes à travers le monde (...) Nous désirons (...) être touchés par ce feu qui devrait faire ruisseler cette glace, et faire de notre existence un privilège. »

La vertu, la « flamme véritable »

L'intérêt manifesté par Emerson pour la « vertu » et le « caractère », envisagés comme les justes objectifs de la vie politique, bien qu'ils soient rarement formulés en tant que tels dans la rhétorique de la citoyenneté, le relie aux traditions républicaines et populistes. « C'est un point impérieux de la vertu que l'indépendance d'un homme soit assurée », écrit-il dans « La richesse ». Un débiteur est un « esclave ». « Quand on observe, dans les hôtels et les palaces de nos capitales atlantiques, l'habitude de la dépense, l'explosion des sens, l'absence de liens, de regroupement, de camaraderie – on sent que lorsqu'un homme ou une femme est sommé de choisir, les chances de probité sont affreusement diminuées. » La pauvreté comme le luxe érodent l'indépendance. Le « rôle d'un homme » est de trouver une ligne honorable de conduite, et de s'y tenir « de toutes ses forces ». Le « brave travailleur » perd « agrément » et « élégance », mais gagne « une certaine hauteur ». Le « mécanicien à son établi », avec son « cœur serein et ses gestes assurés », s'occupe, de la même façon, « d'hommes de toutes conditions ». Ceux qui parlent à travers leur « travail loyal » peuvent « se permettre de ne pas transiger ».

Au milieu du XIXe siècle, la « vertu » républicaine avait perdu, nous l'avons vu, une grande partie de ses associations originelles avec la poursuite de la gloire, et subsistait principalement désormais, sous une forme résiduelle, comme un synonyme de l'indépendance que conféraient la possession de la propriété et

---

contraintes imposées par les lois du pays. « Si (...) les individus composant la nation pouvaient être vertueux, (...) les républiques se trouveraient dans (...) les qualités évanescentes des individus. » Heureusement, les institutions et « les principes d'une société peuvent être vertueux, bien que les individus la composant soient mauvais ».

un métier honnête. Emerson partage la préoccupation de ses contemporains pour les conditions sociales préalables à « la vertu et au respect de soi » – des qualités explicitement reliées entre elles dans « L'Amitié » (« Friendship »), et dans nombre d'autres essais. Mais il restaure aussi l'ensemble des connotations originaires de la vertu : « énergie spirituelle », « grandeur d'âme », « force », « vigueur ». La « vigueur de la vertu sauvage » nous arme en vue de la « violente lutte contre le destin ». Elle dissout les « doutes lâches » et le « scepticisme ». Elle libère l'homme de « la condescendance à l'égard des circonstances ». Elle ne peut s'apprendre dans les librairies ou les salons, par « le thé, les essais et le catéchisme ». Elle requiert une « instruction plus rude » – « des hommes, du travail, des voyages, du travail aux champs, de la guerre, de la faim, de l'abondance, de l'amour, de la haine, du doute et de la terreur ». La vertu triomphe de la « force naturelle », peut-être parce qu'elle participe de ce même excès de la nature – sa vitalité et son abondance débordantes, son ampleur et sa profusion, son empressement à sacrifier l'individu à l'espèce. La vertu est peu soucieuse de la sécurité et du confort personnels. Son antithèse, Emerson le montre en détail dans « L'héroïsme », le développement le plus élaboré de la conception stoïque de la vertu auquel il soit parvenu, n'est pas l'égoïsme, un manque d'altruisme, ou un refus de subordonner l'intérêt égoïste au bien commun, mais la prudence excessive, la timidité, « la fausse sagesse », « l'épanouissement sensuel » – un souci démesuré pour « la santé et la richesse ». « L'âpre vertu cathartique » est l'antidote à « l'abattement et à la couardise de nos théoriciens de la religion et de la politique ». Elle est la « plénitude de l'énergie et du pouvoir » qui s'annonce dans « le mépris pour la sécurité et le confort », en « contradiction avec la voix du genre humain », et dans « la bonne humeur et la franche hilarité ». Elle est, pour le dire succinctement, l'« attitude militaire de l'âme » à laquelle « nous donnons le nom d'Héroïsme ».

Emerson fait non seulement renaître l'idéal stoïque de la vertu, mais ressuscite une autre manière de parler d'un concept insaisissable – comme lorsqu'il se réfère aux propriétés inhé-

rentes ou à la qualité d'un objet comme à ses « vertus » ou son
« génie » –, qui était déjà archaïque, ou pour le moins en voie
de disparition, dans l'usage de la langue anglaise de son époque.
Il observe ainsi que « la vertu d'une pipe est d'être douce et
creuse ». Lorsqu'il parle de « la vertu de l'art » ou de la « vertu »
de la logique, il utilise le mot dans la même acception, afin de
décrire la capacité intrinsèque ou (par extension) le pouvoir et
la force intrinsèques qui accordent un objet, une activité ou
une entreprise particulière, ou même un être humain, à ses
justes fins. Appliquée à la conduite humaine, cette idée de
vertu atavique, mais éminemment utile, sert à nous rappeler
que la vertu ne réside pas tant dans l'acte, que dans ce que
Jonathan Edwards aurait présenté comme la disposition ou le
tempérament qui le sous-tendent. La vertu doit être distinguée,
dit Emerson, de « ce qui est communément appelé choix ».
Elle découle moins d'une décision consciente que du « choix
de ma constitution ». Elle est donc « impulsive et spontanée ».

Emerson croit, comme Carlyle, que l'héroïsme est inconscient – le produit non pas d'un calcul mais d'une « obéissance », comme il le postule, à une « loi plus haute que celle
de notre volonté ». La vertu est le caractère héroïque qui parle
au travers d'actions. Elle est acceptation non préméditée des
limites naturelles à la liberté humaine, qui seule vient à bout
du pouvoir du destin, et remplace « l'apparent » par « l'être ».
La vertu est « adhésion en acte à la nature des choses ».

« Spiritual Laws », l'œuvre dans laquelle Emerson reformule
plus manifestement encore cet ancien mode de pensée, succède
à « Compensation » dans les *First Series*, et lui sert de guide.
Pris ensemble, ces deux essais (aux côtés d'autres écrits) montrent avec limpidité qu'Emerson, à l'instar de Carlyle, ne se
rapproche pas seulement des conceptions stoïques et aristoté-
liciennes de la vertu, mais également des conceptions chrétiennes. « Le mérite, en la matière, n'existe pas », insiste
Emerson. « Ou Dieu est là, ou il n'est pas là. » Disant cela, il
assimile, de fait, la vertu à la grâce. Présent des Dieux, l'« émotion vertueuse » devient un autre nom de l'« obéissance » qui
succède à la « révélation ». « L'individu se sent envahi par elle »,
d'une façon telle qu'elle réanime toutes ses « associations », et

« rend la société possible ». La « flamme véritable » illumine « chacun de nous de ses millions de manifestations », et reflète quelque chose de la vitalité et de la force créatrice de sa source. Parce qu'elle surgit de l'« abysse originaire de l'Être véritable », de « l'essence, ou de Dieu » – de la « vaste affirmation » qui est négation de la négation –, elle est la seule à échapper à la loi de la compensation.

« Il n'y a pas de taxe sur la bonté de la vertu, parce qu'elle est l'appel de Dieu lui-même, ou l'existence absolue, incomparable. » Pour cette raison, la vertu, loin de redistribuer le bien et le mal déjà en circulation, est la seule à même d'apporter quelque nouveauté dans le monde. « Dans une action vertueuse, je suis absolument ; dans un acte vertueux, j'apporte au monde. » Là encore, Emerson recourt à l'imagerie ordinaire de l'échange commercial afin de pousser ce point à ses conclusions ultimes. Et voir dans cette conception exaltée d'une force vivifiante qui « envahit » et porte la volonté – le point culminant de l'étude par Emerson de la vertu –, un autre indice de sa dette à la théorie politique du productivisme ne fait donc violence ni à l'esprit, ni à la substance de sa pensée. Le pouvoir de créer une nouvelle richesse appartient, dans la pensée populiste, aux producteurs seuls, la banque, le crédit et la spéculation commerciale ne faisant que recycler les biens déjà existants. Nous avons vu qu'Emerson dote les classes productrices de la vertu dans les acceptions les plus classiques du terme ; mais l'association persiste même aux niveaux les plus élevés de sa philosophie dans l'idée suivant laquelle la vertu seule échappe à la Némésis, l'inévitable percepteur de l'impôt. « Le bien matériel a son impôt, (...) mais le bien de la nature dans son ensemble (...) peut être obtenu s'il est payé dans la juste monnaie de la nature, c'est-à-dire par le travail que le cœur et la tête autorisent. » Armé de la vertu, « je n'espère plus obtenir un bien que je ne mérite pas, par exemple trouver un tas d'or, enfoui sous terre, sachant qu'il porte en lui de nouveaux fardeaux. »

La Vertu à la recherche d'une vocation

Le problème avec le progrès moderne, de ce point de vue, n'est pas seulement qu'il anéantit l'esprit de vénération, l'ingéniosité croissante de l'homme lui donnant l'illusion de contrôler la nature, mais plus spécifiquement qu'il dévalue le travail honnête, « la juste monnaie de la nature ». Emerson exhorte son lecteur au « travail et [à] la vie » ; mais un travail honnête est difficile à obtenir. Plus sa nécessité se fait sentir, plus il nous échappe. Une vocation honorable, qu'Emerson considère, dans les faits, comme la forme ordinaire de l'héroïsme, aide à nous réconcilier non seulement avec les déceptions quotidiennes, mais avec la terreur métaphysique et la souffrance de l'existence. Nous sommes terrassés par la disparité existant entre nos désirs océaniques et nos satisfactions, qui ne sont attribuées qu'au compte-gouttes ; entre notre désir d'immortalité et la certitude de notre mort à venir ; entre notre besoin de savoir ce qui nous arrivera après la mort, et l'impossibilité de le déterminer. À une époque dépourvue de foi, semble suggérer Emerson, l'esprit religieux se vautre surtout dans la « vile curiosité » qui nous fait quémander des réponses définitives à toute chose ou, encore, dans la spéculation tenace sur l'« origine du mal », qu'il compare aux oreillons, à la rougeole, et à la coqueluche – des maladies adolescentes contre lesquelles est immunisé le « simple d'esprit ». « La seule façon d'obtenir une réponse à ces questions sentimentales », dit Emerson, « est de renoncer à toute vile curiosité, et d'accepter la marée de l'existence qui nous porte vers le secret de la nature, le travail et la vie, le travail et la vie. »

La « doucereuse médiocrité et le contentement sordide des temps », quoi qu'il en soit, encouragent difficilement l'« honneur » et « l'ancienne vertu », ou même la simple demande d'un travail respectable. Dans « L'Homme réformateur » et « Le Transcendantaliste » (« The Transcendentalist »), des essais qui tentent d'expliquer et d'interpréter les mouvements réformistes et les « nouvelles conceptions » du temps, Emerson attribue le mécontentement grandissant suscité par les institutions existantes au manque d'opportunités de trouver un travail honnête. Les « obstacles pratiques » qui se dressent contre les « jeunes hommes vertueux » paraissent insurmontables. La « voie qui conduit à des emplois rémunérateurs » est « paralysée par des abus ». Le commerce est devenu « tellement égoïste qu'il est sur le point de devenir du vol ». Acheter une exploitation agricole « requiert une sorte de concentration pour l'argent telle, que l'on en vient à se vendre soi-même pour un grand nombre d'années », ce à quoi s'opposent instinctivement « la grandeur d'âme et la vertu ». « Des professions libérales au travail manuel le plus grossier, (...) s'instaure un esprit de lâche compromis. » Les jeunes hommes « ne voient que peu de vertu » dans les « emplois quotidiens » qui leur sont proposés, et réclament à grands cris quelque chose « de digne à réaliser ». Dans « Le Caractère » (« Character »), Emerson concède que même le commerce peut susciter la « grandeur d'âme », mais ajoute que « cette vertu modèle plus l'esprit lorsqu'elle apparaît dans une activité qui tend vers des fins qui ne sont pas autant contradictoires ». Au XIXᵉ siècle, pourtant, des fins non contradictoires font défaut – des professions qui peuvent, en d'autres termes, répondre à la capacité à la dévotion et à l'émerveillement.

Des manières anglaises (*English Traits*), la percée la plus ambitieuse d'Emerson dans le domaine de la critique sociale, peut être lue comme un développement de sa pensée finale. Emerson admire les Anglais – leur « don pour la précision » et leur « cran », leur solide volonté, leur attachement à la vérité, et leur bon sens, leur « suprême attention aux faits ». Il pense que ces qualités auraient pourtant dû être mises au service d'une meilleure cause que celle d'une « richesse extraordinaire et infinie ». L'Angleterre est la « meilleure des nations actuelles », mais une préoccupation excessive pour le confort, un « parti pris inconsidéré en faveur de l'utilité », ainsi qu'une « vie à la mode faite de vétilles se suffisant à elle-même » ont appauvri le caractère anglais, et conduit à une déperdition de « visions considérables en littérature, en philosophie et dans le domaine des sciences ». Emerson ne minimise pas la solidité et la sagesse qui ont « fait de ce petit territoire une importante nation », transformant une « terre dépourvue de grandeur » en un « paradis de confort et d'abondance ». Quiconque l'envisage encore comme un idéaliste confus et la tête dans les nuages ferait bien de lire *Des manières anglaises*, ses observations détaillées de la société soigneusement consignées, et sa description élogieuse d'une civilisation « féconde, somptueuse et impériale ». « Pas de besoin, pas de gaspillage », Emerson le constate, n'est en aucune façon le pire principe sur lequel se fonder pour construire une nation ; pas plus que le fait d'avoir « diffusé à travers l'Europe le goût pour des chapeaux, des chaussures et des manteaux simples et solides » n'est-il une réalisation négligeable. Les Anglais fabriquent les choses comme s'ils se les destinaient. « Ils construisent avec de la pierre : les immeubles privés et publics sont imposants et résistants. » La même qualité transparaît dans leur discours, leur « pouvoir de dire la dure vérité, quelquefois dans la gueule du lion ».

Leur respect pour le travail mis à part, les Anglais n'en ont pas moins créé une civilisation où il devient de plus en plus difficile de mener à bien une vie « d'homme ». Leur succès incontestable, qui consolide « l'abondance de base » et les « desseins vulgaires », décourage l'ardeur juvénile, ou la guide autrement vers les mauvaises voies.

Qui peut proposer à la jeunesse pauvreté et sagesse, alors que le vicieux profit est parvenu à contaminer les arts et les lettres ; alors que la réussite anglaise a perdu de vue les véritables principes de renoncement, et le dévouement à l'extérieur ? Une civilité faite de babioles, de monnaie et de dépense, une érudition de sensation s'imposent comme autant d'obstacles possibles placés entre l'homme et ses fins. Les plus courageux d'entre eux ont à peine la force d'y résister avec succès. Nous en sommes ainsi arrivés à une situation où ce qui doit être considéré, par un jeune garçon atteignant sa majorité en Angleterre, ce ne sont pas les desseins d'une vie d'homme, mais les moyens de satisfaire une dépense énorme certaine.

Nous pourrions avoir recours à ce constat comme à une description également juste des États-Unis d'aujourd'hui, un pays qui a hérité du pouvoir et de la richesse de l'Angleterre, ainsi que de la torpeur spirituelle qui déjà, à l'époque d'Emerson, présageait du déclin de l'Angleterre. L'immensité de l'empire britannique, comprend Emerson, ne contient « aucune immense espérance ». Les Anglais jouissent de toutes les conditions d'une vie de qualité, mais manquent des exutoires appropriés à leur énergie et leur ambition, et sont donc seulement destinés à devenir bien éduqués, astucieux et aisés. L'opinion courante, au regard de la médiocrité de la dimension de cette ambition, selon Emerson, est qu'une « grande famille est considérée comme un malheur », et que même la « mort d'un enfant » se présente comme une bénédiction inavouée, puisqu'une « source de dépense » se trouve ainsi éliminée. Une société aussi indifférente aux jeunes gens ne peut qu'accueillir de nouveaux membres sans grand enthousiasme – un autre indice, Emerson le postule dans un tout autre contexte, qui laisse à penser que l'Angleterre, désormais, « vit sur son capital ».

L'éclipse de l'idéalisme à l'Âge du Toc

Il était encore possible, en 1856, d'espérer que les choses se dérouleraient autrement dans le Nouveau Monde. « Là, dans cet immense continent débraillé, sur les hauts pâturages des Alleghenies, dans les prairies éloignées de la mer qui côtoient le ciel, dort et murmure et se dissimule la grande matrice, depuis longtemps chassée du jardin excessivement soigné de l'Angleterre aux haies d'arbustes bien taillées. » Les Américains essaieraient toujours de tirer de sa torpeur cette beauté sommeillante, mais il faudrait, pour y parvenir, qu'ils relèvent le défi posé par Emerson de vivre à un « niveau supérieur », avec ardeur, intensité, dévotion, et imagination. Le déroulement des événements publics, au cours des dernières décennies de la vie d'Emerson, n'était guère encourageant. L'idéalisme américain semblait s'être épuisé dans la guerre contre l'esclavage.

L'héritage d'hostilité raciale laissé par l'esclavage confrontait la nation à des injustices plus gigantesques encore que l'esclavage même, dont la survivance, cependant, se manifesta presque immédiatement. Loin d'accepter les obligations sociales inhérentes à l'émancipation, les populations du Nord remettaient les affranchis aux mains de leurs anciens maîtres, et se lançaient, avec un fanatisme absolu, sans précédent dans l'histoire des nations, à la poursuite de la richesse. Les énergies libérées par la Guerre civile se révélaient presque entièrement mercantiles et rapaces – l'ancienne sagacité yankee se voyant délestée de ses scrupules puritains, ou même de la simplicité rustique qui servait jadis en partie de frein à la soif de richesse.

Les classes cultivées regardaient, plus que jamais, vers l'Europe non seulement pour définir leurs critères littéraires, mais pour définir leur critère de l'échelle de dépense adaptée à leurs prétentions mondaines. On attendait maintenant de l'homme d'affaires qu'il adopte une mise élégante, afin de voyager chaque année en Europe avec sa famille, qu'il lance ses filles en « société » avec le cérémonial et la dépense appropriés, procure à ses fils des professions éminentes en les faisant étudier à l'étranger, habille sa femme au dernier cri, entretienne plusieurs superbes résidences, organise des dîners et des bals somptueux, s'entoure d'une équipe conséquente de domestiques, soutienne les arts, finance les églises et les universités, commandite des enquêtes précises consacrées à la situation des pauvres (dont le nombre semblait se multiplier de façon exponentielle, bien au-delà des capacités correctrices de la « charité chrétienne »), et fasse de généreuses contributions aux partis politiques chargés de maintenir un semblant d'ordre public.

L'idéal yankee d'une vie sans prétention et d'une pensée élevée n'attirait pas plus les Américains de l'Âge du Toc que l'appel d'avant le Guerre civile à une littérature nationale autonome. Les rédacteurs de *The Nation* (la voix de l'abolition désenchantée), commentant en 1868 la revendication en faveur d'une « littérature véritablement américaine », confessaient qu'ils ne savaient « simplement pas ce qui est exprimé par ces mots si souvent entendus ». Si ces mots faisaient référence aux œuvres qui prônaient un « américanisme » provincial, ou une nouvelle fois à la poésie irrégulière, gauche de Walt Whitman (qu'Emerson, soit dit en passant, fut l'un des premiers à recommander), *The Nation* se disait plutôt disposée – « sans intention d'être désagréable, mais plutôt avec une tristesse compatissante » – à « attendre ». Le pays aurait à attendre, en d'autres termes, d'avoir accumulé les ressources matérielles, les musées, les librairies et les instituts nationaux des arts et des lettres qui soutiendraient un enseignement de meilleur niveau et des goûts culturels plus sophistiqués. En attendant, ceux qui s'« inquiétaient du devenir américain de notre littérature » pouvaient rester certains qu'elle ne pouvait être « autre chose ». La littérature n'avait pas l'obligation, pour le dire autrement, de se préoccuper de la grandeur de la vie américaine, ou de l'opportunité unique qui se présentait à la nation de réconcilier la Démocratie avec l'art et la dévotion, la satisfaction des besoins matériels avec les attentes spirituelles. Bien au contraire, la « prédominance des chiffres en matière politique », comprenait *The Nation*, signifiait que « les domaines intellectuels et esthétiques » auraient à devenir, sans plaisir, exclusifs et fastidieux.

Les poèmes de la Guerre civile de Whitman, *Drum Taps*, illustraient, aux yeux d'un critique de *The Nation*, les dangers d'un art excessivement conscient de son américanisme. Ces vers ineptes parlant de « l'effort d'un esprit essentiellement prosaïque pour s'élever, par une tension musculaire prolongée, à l'intérieur de la poésie », ne contenaient « rien, excepté des imitations tapageuses d'idées ». Leur seule visée était « de célébrer la grandeur de nos armées » et, en second lieu, la « grandeur de la ville de New York ». Le patriotisme ne pouvait remplacer l'art ; il était, à vrai dire, sous cette forme, une « offense faite à l'art », qui démontrait seulement que « de simples faits » ne pouvaient être transmués en art qu'à la condition d'être envisagés « avec hauteur ».

L'auteur de ces lignes, Henry James, s'en repentit plus tard comme d'un consternant exercice d'impertinence juvénile[*]. À

---

[*] Dans sa biographie de Whitman, Justin Kaplan écrit ceci : « Trente-huit ans plus tard, avec un sentiment de "honte profond et

l'époque, pourtant, elles offraient un reflet assez exact de l'opinion cultivée. La guerre d'unification nationale de l'Amérique, l'énorme richesse qui commença à s'accumuler dès qu'elle fut terminée, les critères plus élevés de dépense à la mode, et la sophistication croissante du goût, aux côtés des nouvelles possibilités offertes à la vénalité et à la corruption, faisaient que des écrivains comme Emerson et Whitman paraissaient étroits et provinciaux, et dans le même temps excessivement optimistes dans leur vision de la nature humaine. La « noble conception du bien » de Emerson n'était pas contrebalancée, affirmait James, par une « conception bien arrêtée du mal ». Emerson ne tenait aucun compte de « la noirceur, de l'immonde, de la misère » – des aspects de la vie « desquels les yeux d'Emerson se détournaient particulièrement ». Commentant en 1883 la correspondance entre Emerson et Carlyle, un an après la mort d'Emerson, James notait que « les deux étaient puritains », ce qui signifiait pour lui qu'ils « regardaient instinctivement le monde, la vie, comme une immense totalité, pleine de relations de grande portée ». C'était leur « intérêt pour la destinée du genre humain », et les espoirs auxquels elle était associée, qui paraissaient maintenant également périmés.

William James : le dernier puritain ?

William James, qui faisait partie comme son frère d'une génération plus profondément troublée que celle d'Emerson – une génération en proie à des pensées « morbides », pour utiliser un terme que ce philosophe considérait indispensable –, partageait le sentiment que les limitations d'Emerson se

---

accablé", Henry James avouait avoir écrit cette "petite atrocité (...) perpétrée (...) au cours de l'impudence crasse de la jeunesse". Il en était venu depuis à considérer Whitman comme le plus grand poète américain. Edith Wharton, écoutant James lire *Lilacs* – "sa voix emplissait la pièce profondément silencieuse comme l'adagio d'un orgue" – y trouva "une nouvelle preuve de la manière dont, à un certain niveau, les intelligences les plus divergentes marchent ensemble à l'égal des dieux." »

manifestaient dans son « optimisme ». Emerson avait une
« compréhension trop réduite », pour William James, « de
l'aspect morbide de la vie ». Dans sa critique des écrits
d'Emerson, James faisait référence à la vision d'Emerson
comme à une « révélation anesthésique », « l'eau insipide des
âmes ». Dans *Les formes multiples de l'expérience religieuse*, il
classait Emerson, aux côtés de Whitman, Theodore Parker, et
Mary Baker Eddy, dans la catégorie des « nés une fois » (*once
born*). La piété des « esprits bien portants », pensait James,
n'entretenait aucune conscience du mal, « aucun élément de
remords ou de crise morbide ». L'affirmation de Parker, « Je
n'ai pas conscience de détester Dieu », symbolisait cette attitude « musclée ». Tout comme « l'incapacité à sentir le mal »
de Whitman, telle que la définissait James.

James était néanmoins partagé au sujet d'Emerson. Il écrivit
ailleurs que « l'optimisme d'Emerson n'avait rien en commun
avec cette apologie sans discernement de l'Univers à laquelle
Whitman nous a familiarisés ». Il entrevoyait quelque chose de
plus profond chez Emerson qui faisait de lui un modèle exemplaire, une personnalité dont l'itinéraire irradiait un « fort éclat
raisonnable » qui lui était propre. La relecture qu'il fit de « the
divine Emerson » en 1903 lui fit « énormément de bien »,
comme il l'écrivit à Henry.

> La voie sans concession par laquelle il suivait sa propre vocation
> (...) et (...) creusait résolument son sillon, refusant de s'encom-
> brer d'initiatives inutiles pourtant attirantes et tentantes, ayant
> conscience à la fois de sa force et de ses limites, et s'accrochant
> immuablement à l'environnement rural qu'il considérait définiti-
> vement comme le plus propice, me semble être une leçon morale
> pour tous les hommes qui ont quelque génie, même modeste, à
> entretenir.

L'ambivalence de William James au sujet d'Emerson reflétait
son ambivalence au sujet de l'« optimisme » en général, ainsi
que son incapacité à distinguer l'optimisme de l'espérance. Une
conscience du mal ne conduisait pas nécessairement à une
« maladie » spirituelle, comme sa propre description de l'expérience religieuse des « nés deux fois » aurait dû le lui rendre

largement évident. James ne pouvait pourtant se débarrasser
du soupçon voulant que la soumission à une volonté supérieure
– la figure centrale de cette expérience – fût empreinte d'un
élément quelque peu efféminé et « névrotique », particulièrement si elle impliquait une vision « moniste » de l'univers où
le mal n'était envisagé que comme le produit de la perversité
et de l'orgueil humains, non comme son principe actif. James
reprenait la distinction, établie par John Henry Newman, séparant les nés une fois des nés deux fois, mais sa formulation de
l'enjeu paraissait souvent plus relever de Nietzsche. L'antipathie violente de Nietzsche pour le Christianisme, qu'il considérait comme la religion du « malade » et du « morbide », était
« elle-même assez maladive », écrivait James dans *Les Formes
multiples*, « mais nous savons tous ce qu'il entend par là, et il
exprime avec force l'éternel conflit entre les deux idéaux ». Le
surhomme glorifié par Nietzsche ne pouvait « dans la douceur
et la sévérité à son propre égard du saint, ne rien voir d'autre
que moisissure et morbidité ». Le débat entre les deux idéaux
– et le débat était « sérieux », insistait James – se réduisait au
choix entre « l'agressivité » et la « non résistance ». Qui fournissait les meilleurs « moyens d'adaptation » à un monde où
les projets et les espérances des hommes n'aboutissaient si
souvent à rien ?

L'engagement passionné de James dans ces questions faisait
de lui un digne successeur d'Edwards et Emerson – un penseur
dont les idées sont, à vrai dire, facilement mal comprises si
l'on s'autorise à perdre de vue le contexte de leur apparition.
Mais le contexte du premier Protestantisme américain commençait déjà à sombrer dans l'oubli, y compris aux yeux de
James lui-même, qui n'entendait pas l'appel à l'héroïsme
d'Emerson, et le lisait, en fait, en l'interprétant comme un
défenseur de la « non-résistance ». Nietzsche, qui lut Emerson
et Carlyle avec un respect plus attentif, et les estimait précisément parce qu'ils admiraient aussi l'héroïsme, leur reprochaient
d'essayer de le réconcilier avec la soumission religieuse. Bien
que James ne souscrivît pas à l'opinion de Nietzsche à propos
d'Emerson, il acceptait sa présentation de la question globale
– le fait qu'il assimilait la soumission à la faiblesse et à la

« morbidité ». L'intérêt qu'il portait à l'« optimisme » et au
« pessimisme », relié à l'identification qu'il faisait de ces dispositions à « la santé » et « la maladie », suggère un certain
appauvrissement de l'atmosphère intellectuelle de l'époque,
dont personne, y compris ceux qui s'élevaient contre les temps,
ne pouvait entièrement échapper aux effets – un processus de
simplification de la pensée, qui réduisait en fin de compte
toutes les questions spirituelles à des questions de « bien-être
mental ».

La philosophie de l'émerveillement

L'œuvre de James, au premier abord, ne paraît pas simplement annoncer cette vision thérapeutique de la religion, mais
la présenter sous une forme pleinement développée. James
conduit, après tout, son investigation de la religion sur le mode
psychologique. Dans ses *Principles of Psychology*, un ouvrage
qui anticipait Freud, il dévoilait l'importance dans le « flux de
la conscience » des associations mentales inconscientes. Son
œuvre majeure suivante, *Les Formes multiples de l'expérience
religieuse*, appliquait sa méthode psychologique à l'analyse des
« symptômes » religieux – la psychologie de la conversion. Il
reprend ici à son compte le postulat religieux voulant que seules
des forces extérieures au contrôle conscient d'une personne
puissent provoquer de réels changements dans le caractère et
la vision du monde ; mais il y affirme que ces forces pénètrent
le moi par les profondeurs souterraines de l'esprit, non par le
dessus, mais par le dessous. Il y adresse un « adieu définitif
à la théologie dogmatique » et à une conception personnelle
de Dieu, « inconcevable », dit-il, « pour notre imaginaire
moderne ». Il ne juge les idées religieuses, ou du moins ne
semble les juger, qu'à l'aune de leur effet sur le bien-être
mental, écartant la question de leur vérité. Il avance ainsi que
la Science Chrétienne et d'autres mouvements soucieux de
soigner l'esprit devraient être pris au sérieux parce qu'ils provoquent parfois un « changement de caractère bénéfique »,

alors que le Christianisme libéral « ne fait absolument rien »
pour le croyant.

Lorsque nous ajoutons à de telles déclarations les références
régulières faites par James à la « valeur « cash » de la religion,
il semblerait justifié de le considérer comme le « théologien
séculier » de ce que Clarence Karier appelait la « nouvelle
société thérapeutique », un homme qui n'estimait la religion
que pour ses propriétés thérapeutiques et affirmait que « toute
croyance thérapeutique est bienvenue pourvu qu'elle fonctionne ». Mais les choses ne sont pas si simples. James repousse
explicitement la « réinterprétation de la religion comme sexualité pervertie », de même que le « matérialisme médical » qui
peut si facilement être utilisé comme un moyen de « discréditer
les mentalités pour lesquelles nous éprouvons de l'antipathie ».
Il se dissocie des tentatives d'écrire l'« histoire de l'esprit dans
une stricte optique d'histoire naturelle, sans que soit manifesté
le moindre intérêt pour la religion ». Une vision purement
scientifique, dit-il, est loin d'« être pleinement suffisante pour
être considérée comme une explication de l'ensemble des
faits ». Un rationalisme scientifique donne un aperçu « peu
profond » et « superficiel » de la vie spirituelle d'un homme.
Il ne peut apporter une explication à la croyance religieuse, y
compris lorsqu'il essaie de plaider en faveur de la religion au
lieu d'argumenter contre elle. Un Dieu rationaliste n'est pas
plus convaincant qu'un univers absolument dépourvu de Dieu.
Si Dieu existe, il doit désormais être entièrement envisagé
comme un « personnage plus cosmique et tragique », dont la
présence se révèle dans les profondeurs de l'émotion que provoque la croyance religieuse.

L'« incubation subconsciente » du sentiment religieux,
avance James, n'exclut pas la possibilité que quelque chose
réside dans les « tréfonds les plus *lointains* » de la conscience,
aussi bien que dans « ses couches les *plus proches* », ou souterraines. Le réalisme psychologique de Luther, d'Edwards et
d'autres théologiens protestants – dont l'analyse de la conversion, pense James, peut difficilement être surpassée par un
psychologue moderne – ne signifie pas que la religion devrait
être remplacée par la psychologie. Il signifie seulement que la

compréhension psychologique a participé depuis le début de
l'attraction de la religion. La « congruence ˙admirable de la
théologie protestante avec la structure de l'esprit » indique que
Luther et Edwards savaient de quoi ils parlaient, et qu'ils
devraient être écoutés avec une attention respectueuse. Quant
à la « valeur « cash » de la religion, James ne s'attribue aucunement la paternité de cette idée. Il l'envisage simplement
comme une formulation nouvelle de la doctrine d'Edwards
d'après laquelle la religion devrait être jugée à l'aune de ses
fruits – sa capacité à susciter une disposition latente à l'acceptation et à l'affirmation ou, pour citer James, un nouvel
« élan », un profond « amour de la vie », et par-dessus tout une
estimation de son caractère « héroïque » et « solennel ». L'analyse par James de l'expérience religieuse, telle qu'il la conçoit,
prolonge les recherches d'Edwards sur les « affections religieuses », et se fonde sur le même postulat, voulant que « la
religion, au sens vital, (...) doit s'instaurer ou disparaître par
la conviction que des effets de cette sorte se produisent vraiment ».

Bien que nous n'ayons à notre disposition aucune information biographique sur James, bien que nous ne sachions rien
de la crise émotionnelle qu'il traversa au cours de ses vingt ans
– de sa crainte première qu'une carrière scientifique hypothé-
querait le « privilège de croire *aveuglément* [comme il l'écrivit
dans son journal en 1873], que tout homme possède comme
un droit » –, ou de sa tentative, sa vie durant, « de concilier
empirisme et spiritualisme », comme il l'affirme dans ses notes
rédigées en vue d'un cours de métaphysique en 1905, le témoignage de ses livres seul, associé à la trajectoire globale de sa
carrière intellectuelle, nous imposerait encore de rejeter l'idée
d'après laquelle son intérêt pour la religion était de nature
purement thérapeutique. *Les Formes multiples de l'expérience
religieuse* occupaient une position centrale dans la maturation
intellectuelle de James. Cet ouvrage joua le rôle de charnière
entre ses premières recherches comme psychologue, et les
recherches qu'il réalisa à la fin de sa vie en philosophe du
pragmatisme ; et il ne serait pas exagéré d'affirmer que
l'épreuve pragmatiste de la vérité se présentait d'abord à James

sous la forme du principe religieux familier suivant lequel la qualité de la croyance se fait connaître par ses effets sur la conduite de la vie.

La sagesse antique qui veut que « les usages de la religion (...) par l'individu qui l'adopte (...) sont les meilleurs arguments qui démontrent que la vérité réside en elle » guide James vers le principe plus général, officiellement posé pour la première fois dans les dernières pages des *formes multiples*, portant que « la vérité est ce qui fonctionne bien ». Il n'entendait pas par là, dans le cas de la religion, qu'elle nous procure un sentiment d'autosatisfaction, qu'elle confirme l'opinion que nous nous faisons de notre propre rectitude, ou nous donne une illusion réconfortante de certitude intellectuelle. Il voulait signifier par là qu'elle fournit la vitalité spirituelle qui accompagne dans son surgissement un aperçu de la condition humaine. Une compréhension du contexte religieux au cours duquel le pragmatisme se présentât d'abord à James permet d'anticiper la vulgaire méprise qui fait du pragmatisme la glorification philosophique du succès. Benjamin Paul Blood était bien plus près de la vérité lorsqu'il l'appelait la philosophie de l'émerveillement – « la seule méthode philosophique » possible pour ceux qui étaient parvenus à comprendre que « l'émerveillement, et non la raison cynique, est le mot de la fin pour toutes les créatures, comme pour les créateurs ».

Art et science : de nouvelles religions

Lorsque James affirmait que la vérité ou la fausseté de la religion devait être constatée à l'aune de ses résultats pratiques, il ne pensait pas à sa capacité à encourager la conduite de bien, pas plus qu'il ne pensait au bien-être mental. Fidèle à la tradition protestante, il envisageait la conduite de la vie comme une question, qui n'était pas morale au premier chef, mais bien émotionnelle. La question à laquelle la religion apportait une réponse n'était pas tant celle de la manière dont la vie devait être vécue, dans la stricte acception du terme, mais bien celle de savoir si elle valait vraiment la peine d'être vécue (comme

il la posait dans le titre d'un de ses essais). Le sentiment de
gratitude associé à la conversion religieuse était vécu comme
un don pour lequel n'était requis « aucun effort de volonté »,
et c'était cette gratitude qui distinguait « l'assentiment enthousiaste » à la vie de la résignation stoïque. La « différence d'atmosphère émotionnelle » était ce qui importait, plaidait James,
non la moralité.

La conduite de la vie n'était pas une question abstraite aux
yeux de James, mais bien un enjeu particulièrement brûlant et
intime ; elle n'était pas plus une question portant sur les obligations des individus à l'égard de leurs voisins. Elle était une
question portant sur les obligations des individus à l'égard de
la vie même, et elle se présentait d'abord à James, comme elle
se présentait à beaucoup d'autres, sous la forme du choix d'une
vocation. Jeune homme, il se retrouva tiraillé entre la science
et les arts. Il savait qu'en choisissant la science, il se priverait
de la possibilité d'une « croyance aveugle » ; mais il nourrissait
des réserves tout aussi importantes au sujet de l'attitude esthétique à l'égard de l'expérience. Ce qu'il désirait ardemment,
comme il l'écrivit au paroxysme de sa crise juvénile d'indécision
et de malaise « neurasthénique », c'était la « santé, l'intelligence, et la vigueur » qu'il avait découvertes chez les anciens
Grecs après avoir lu l'*Odyssée*. Il opposait les « sacrés vieux
païens », et « leur indifférence au mal dans l'abstrait, leur
besoin de ce que nous appelons la sympathie, le caractère pour
l'essentiel bien déterminé de leurs joies, ou en tout cas de leurs
peines (car leur joie était peut-être coextensive à la vie elle-
même) », aux « pleureurs sur-cultivés et vaguement malades »
de son temps, au sein desquels il s'incluait. « Les Grecs
d'Homère « acceptaient l'univers », leur seule notion du mal
était sa périssabilité (...) À leurs yeux, l'existence était à elle
seule sa propre justification, et le ton imperturbable de joie et
d'admiration avec lequel Homère parle de chaque fait n'est en
rien affaibli lorsque les faits deviennent à nos yeux parfaitement
atroces. »

La croyance naïve des Grecs ne pouvait être retrouvée au
XIXe siècle, en tout cas pas par les classes cultivées ; mais ces
dernières avaient à leur disposition l'ensemble des arts de

l'époque, et peut-être y trouvaient-elles une sorte de sanctuaire – dans l'adoration de poètes comme Homère, si non dans l'adoration du monde que vénérait Homère. Il est significatif que l'approche esthétique de la vie se présentait à James comme la réponse à des questions qui restaient essentiellement religieuses. Lorsqu'il affirmait en 1897, « la religion est le centre d'intérêt essentiel de ma vie », il pensait ce qu'il disait. En 1884, il avait donné un compte rendu remarquablement pénétrant de la solution esthétique au « dilemme du déterminisme ». La doctrine du libre arbitre faisait montre d'une ambition excessive dans sa détermination du stade à partir duquel l'homme devenait son propre maître, mais le déterminisme (sous ses formes à la fois religieuses et scientifiques) tenait pour acquis le fait que les choses ne pouvaient être autrement que ce qu'elles étaient, et nous obligeait, par conséquent, soit à les condamner entièrement, soit à les approuver sans distinction – à adopter le pessimisme cosmique d'un Schopenhauer ou le fol optimisme d'un Dr Pangloss. Une vision « dramatique » de l'univers offre peut-être, pourtant, une alternative à la difficulté. Et si l'« objectif final de notre création » était l'« enrichissement le plus complet possible de notre conscience éthique, à travers le jeu le plus intense de contrastes et la diversité la plus grande de caractères » ? Nous pourrions dans ce cas considérer le mal comme nécessaire car, sans lui, nous ne saurions rien du bien. Le monde serait, sans le jeu des contrastes, aussi insupportablement unidimensionnel que le « paradis peuplé d'anges diaphanes dont nous parlent nos écoles du Dimanche », ou que la « vision élyséenne de dames très comme il faut attablées pour le thé » qu'envisageaient Herbert Spencer et d'autres darwinistes sociaux comme l'« aboutissement final du progrès ». La nature humaine appelait le « combat incertain du rayon de soleil et des ténèbres », un « clair-obscur moral à la Rembrandt ». Elle trouverait toujours « des peintures où la lumière ne joue qu'avec la lumière », terriblement décevantes, « vaines et dépourvues d'expression »*.

* Ces termes fournissent une caractérisation raisonnablement exacte de la théologie de la « bienheureuse chute », à laquelle Henry

James présentait sa conception du monde « dramatique », « gnostique », « subjectiviste », et « romantique » si plaisamment qu'un lecteur négligent pouvait s'y méprendre. Il en arrivait cependant à avancer qu'une approche esthétique de l'expérience conduisait à une « indifférence éthique ». Elle transformait la vie « d'une réalité tragique en une exhibition mélodramatique insincère, aussi nauséabonde ou aussi artificielle que ce qui se complaît à satisfaire la curiosité malsaine de chacun ». Elle donnait lieu à un culte de la « sensibilité » que symbolisait « la littérature parisienne contemporaine », à l'autosatisfaction cynique qui n'envisageait le monde que comme un roman expérimental. C'était donc avec un sentiment de soulagement que l'on s'éveillait d'un « rêve fiévreux » de sensibilité de ce genre pour retrouver une appréciation renouvelée du « simple sentiment moral », qui voulait que le monde soit meilleur qu'il ne paraissait, et qui, loin de s'abreuver simplement au spectacle du monde, se décidait à agir afin de réduire la proportion de mal dans le monde.

Ayant rejeté la religion de l'art, James ne proposait pas d'adopter, faute de mieux, la religion de la science. Il adopta le métier de scientifique, mais il n'oubliait pas ses limitations. Il fut l'un des premiers à voir, alors même que la foi victorienne en la science ne cessait pourtant de croître, que la science ne serait jamais capable d'offrir une vision universelle susceptible de remplacer les religions discréditées. Dans un autre de ses premiers essais, trompeusement intitulé « The Will to Believe », James explorait les faiblesses de la science avec la même perspicacité dont il avait fait preuve dans son analyse des insuffisances de l'art*. La vision scientifique universelle, avançait-il, apparemment si « saine » et « solide », si « dure et

---

James Sr. souscrivait parmi d'autres. La tentative de l'homme de connaître et de faire le bien ne reviendrait à rien, si l'on se fie à cette théorie, sans sa connaissance du mal.

Une connaissance intime de telles conceptions aidait probablement James à en donner une description aussi réaliste.

* Ce titre [La volonté de croire] est trompeur car la croyance est la seule chose, si l'on se fie à la description qu'il en donne, qui ne peut être objet de volonté.

masculine » dans son respect pour les faits, dissimulait en réalité un désir infantile de certitude. L'ardent désir de se délivrer du doute, enraciné dans la tradition épistémologique de la philosophie moderne sous la forme de la distinction entre la certitude et la simple « opinion », doit être considéré, non comme le commencement de la sagesse, mais comme le produit d'une « faiblesse de notre nature dont nous devons nous libérer, si nous le pouvons ». La science, au moins telle qu'elle était interprétée par la tradition cartésienne de la philosophie, avait hérité de l'attitude qu'avaient toujours adoptée ceux qui souhaitaient à tout prix vivre dans un monde sans risque. Elle trahissait une « nervosité excessive » en face de l'erreur possible. La vérification, ce principe de la science moderne tant vanté, n'était qu'une technique destinée à éviter l'erreur, non à extraire la vérité du chaos. « Mieux vaut risquer de perdre la vérité que de s'exposer à l'erreur, – voici, vous qui opposez un veto à la foi, votre exacte position. » Jamais cette posture ne pourrait servir de guide à la conduite de la vie. Les « règles agnostiques présidant à la recherche de la vérité » établies par « les absolutistes de la science » trahissaient un état d'esprit timoré, une réticence à agir, une suspension du jugement qui ignorait le champ entier de l'expérience religieuse et son témoignage du pouvoir de la foi.

> Lorsque j'observe la question religieuse telle qu'elle se pose vraiment aux hommes concrets, (...) alors ce commandement selon lequel nous devrions poser un bouchon sur nos cœurs, nos instincts, et notre courage, et attendre – en continuant d'agir naturellement pendant ce temps plus ou moins comme si la religion n'était pas vraie – jusqu'au jour du jugement dernier, ou jusqu'à ce que notre intellect et nos sens opérant ensemble aient pu avoir amassé suffisamment de preuves –, ce commandement, dis-je, me semble la plus suspecte idole jamais élaborée dans la caverne philosophique.

James ne retourna à ses études psychologiques et philosophiques de la religion que lorsqu'il se débarrassa des idéologies concurrentes de l'art et de la science, dans l'espoir d'apporter une réponse au perpétuel débat opposant dans son esprit la santé et la morbidité, l'optimisme et le pessimisme, le « pluralisme » et le « monisme » religieux.

La vie acharnée de la Sainteté

Les formes multiples de l'expérience religieuse s'attaquent à la fameuse distinction séparant l'expérience des « nés une fois » de celle des « nés deux fois ». L'ouvrage n'offre pas seulement une analyse pleine d'empathie de chaque catégorie ; il tente également, de manière caractéristique, de les évaluer – de déterminer quelle est la différence entre le fait d'adopter telle conception de l'univers et telle autre, et quelle vision présente une compréhension des choses plus profonde. James semble, la plupart du temps, diriger ses critiques vers le camp des « nés une fois ». Sa passion pour la santé aurait pu nous inciter à penser qu'il exprimerait sa préférence pour la catégorie des « caractères énergiques ». N'ayant aucune conscience du mal, cependant, les « nés une fois » peuvent difficilement résister à l'adversité. Ce type d'expérience offre de la subsistance tant qu'il n'essuie pas de « venimeuses humiliations ». « Un léger apaisement de l'excitabilité et de l'instinct animal, une légère perte de force animale porteront, au vu et au su de tous, le ver au cœur de l'ensemble de nos sources habituelles de joie, et feront de nous de mélancoliques métaphysiciens. » Lorsque cela se produit, nous avons besoin d'un type de foi plus âpre, un type de foi qui reconnaisse que « la vie et sa négation sont inextricablement ensemble mêlées », et que « tout bonheur naturel semble donc infecté par la contradiction ». Dans le cas contraire, l'ombre de la mort surplombe, les remettant en question, nos joies et nos victoires. « Le revers de toute chose est le spectre immense de la mort universelle, la noirceur qui recouvre toute chose. »

Le stoïcisme, l'« effort le plus élevé » de l'homme purement naturel (l'homme sans foi), confronte la douleur, la perte, et la mort à une demande d'« amortissement de désir ». Le type d'expérience religieuse des « nés deux fois », au contraire, affirme la bonté de l'existence dans la souffrance et le mal initial. Le noir désespoir et l'aliénation, note James – la sensation que le monde est devenu « inhospitalier » –, deviennent souvent le prélude à la conversion. La conscience du « mal radical », la crainte et le tremblement, ainsi qu'un éloignement amer d'un Dieu qui autorise le mal et la souffrance à croître, sous-tendent donc l'intoxication spirituelle qui s'accompagne de « complaisance » et de « reddition de soi ». L'expérience à la suite de laquelle « on naît deux fois » est plus douloureuse mais émotionnellement plus profonde, car elle est imprégnée du « fer de la mélancolie ». Pour cette raison, les religions qui insistent sur l'importance de la conversion instantanée – ce qu'Horace Bushnell présente, d'un ton plein de reproche, comme une piété de « conquête » dans son appel en faveur d'une « éducation chrétienne » – suivent un « instinct spirituel plus profond ». La conversion s'attaque au désespoir de front et ébranle ceux qui en font l'expérience au plus profond de leur être, ce que la piété faite d'amour et de « croissance » de Bushnell, concentrée sur l'éducation rituelle et religieuse, est incapable de susciter.

Dans les chapitres consacrés à la sainteté qui succèdent à son analyse de la conversion, James présente la sainteté comme la forme la plus haute de la « vie acharnée ». L'« optimisme général et la disposition au bien-être des cercles protestants libéraux d'aujourd'hui », note-t-il, « nous présentent comme répugnante la mortification pour la mortification. » James admet qu'une grande « vitalité de cœur » trouve souvent « un usage appauvri » dans les vies des saints – jeûne et prière sans fin, exposition de la personne à toutes sortes d'épreuves superflues, renonciation non seulement à la richesse et à la satisfaction sensuelle, mais à tout agrément concevable et à tout intérêt humain. En dépit des formes limitées à travers lesquelles il s'exprime souvent, l'ascétisme du saint, pense James, offre, quoi qu'il en soit, une expression à la « croyance qu'il existe un élément de véritable injustice dans ce monde, qui ne doit être ni ignoré ni esquivé, mais auquel il est nécessaire de courageusement se confronter, et que l'on doit vaincre par un appel aux ressources héroïques de l'âme, et neutraliser et balayer par la souffrance ». La « forme ultra-optimiste de la

philosophie de l'unique naissance » tente de frayer avec le mal
en l'ignorant, alors que la philosophie de la seconde naissance
maîtrise l'« élément du mal dans une solution », et est par
conséquent « plus ample et complète ». Elle représente une
« synthèse plus élevée où s'affrontent et se combinent à la fois
une propension à la santé et une propension à la morbidité ».

L'assurance intérieure qui accompagne la conversion, bien
que pauvrement employée chez les saints, fait chaque jour
obstacle à l'inertie et à celles que James appelle les « inhibitions ». Elle vient à bout de la passivité, de la timidité, de
l'appétit insatiable pour le confort, du respect excessif pour les
conventions sociales, de la crainte du ridicule, et de l'ensemble
des autres doutes et hésitations qui paralysent la capacité
d'action. Elle met fin au désir de « garantie et de sûreté ». La
certitude de l'« importance de l'homme et de l'omnipotence
de Dieu » a le curieux effet de libérer les énergies jadis anes-
thésiées. Elle porte en elle un « appétit exigeant » pour la vie.
L'« abandon de la responsabilité de soi » permet de « vivre avec
énergie ». Il transforme les indécis et les couards en hommes
et femmes capables de courage exemplaire et de résolution. Le
« miracle principal » de l'héroïsme religieux, découvre James,
« est qu'il se produit si souvent, non par l'action, mais simplement par le repos et l'abandon du fardeau ».

Superstition ou dessiccation ?

Si le débat entre les « deux types de religions », tel qu'il est
présenté par James dans *Pragmatism*, soulevait la « question la
plus profonde et la plus féconde que nos esprits puissent formuler », nous pourrions imaginer que la transformation de
l'« âme malade » en amante acharnée de la vie, telle qu'elle est
décrite avec tant de force dans Les formes multiples de l'expérience religieuse, devrait régler la question. Mais James mettait
sur le même plan la soumission à une volonté supérieure, et
une « morbide » confession de faiblesse. Nous l'avons déjà
relevé, il souscrivait à la formulation par Nietzsche du choix à
effectuer entre la défiance et la soumission servile, alors même

que sa propre démonstration aurait dû le conduire à la question. Ainsi dans « Pragmatism and Religion », le dernier chapitre de son œuvre ultérieure capitale, *Pragmatism*, James prenait le parti du « dynamisme propre aux caractères énergiques ». « Il existe des esprits morbides dans tout groupe humain », écrivait-il, et nous connaissons tous « des moments de découragement (...) lorsque notre moi tombe malade, et que nous sommes las de fournir des efforts inutiles. » Mais James paraissait maintenant rejeter l'« attitude du fils prodigue », la considérant comme une expression d'un désir de sécurité parfaite dans un monde incertain. Lorsque notre humeur cède au découragement, « nous voulons un univers où nous puissions simplement nous abandonner, nous reposer contre l'épaule de notre père, et être absorbés par la vie absolue comme une goutte d'eau se fond dans la rivière ou la mer ». Mais le dessaisissement de soi était la marque d'une propension à la soumission, qui recherche la sécurité dans l'illusion d'une divinité omnipotente au lieu d'aller à la rencontre de la vie en l'envisageant comme une « réelle aventure, comportant un réel danger ».

James développa plus entièrement cette pensée au cours de ses *Hibbert Lectures*, prononcées à Oxford en 1908-1909, et publiées en 1909 sous le titre *A Pluralistic Universe*. À l'instar de *Pragmatism*, ces travaux devraient être compris comme une tentative de fournir la suite philosophique, destinée à l'origine à succéder à l'investigation psychologique de la religion, qui avait été présentée à l'occasion des Gifford Lectures de 1901-1902 (*Les Formes multiples de l'expérience religieuse*). Dans *A Pluralistic Universe*, la distinction entre une religion énergique et une religion morbide se voyait recouverte par la distinction philosophique ou théologique entre pluralisme et monisme. Ainsi formulé, l'enjeu commençait à paraître assez différent de ce qu'il semblait auparavant. La question qui séparait le bien-portant du malade consistait, semblait-il, à savoir si le monde serait inévitablement racheté, ou si la rédemption ne devait être envisagée que comme une possibilité parmi tant d'autres. Pour l'énoncer autrement, elle consistait à savoir si le mal était simplement l'absence du bien, ou une force active qui pourrait, en dernière instance, dominer le bien. James considérait désormais que les « âmes malades », louées pour leur héroïsme saint dans *Les Formes multiples*, se rangeaient, dans le cadre de ces enjeux, du mauvais côté. Elles avaient besoin de la sécurité émotionnelle que procure l'absolu, alors que les caractères énergiques et opiniâtres, auxquels s'identifiait désormais James, saisissaient leurs chances au sein d'un monde « pluraliste » dont la forme finale n'avait pas encore été déterminée.

Rejetant encore l'« autonomie naturaliste » d'après laquelle l'« individu, à condition qu'il soit suffisamment vertueux, était en mesure de répondre à toutes les demandes possibles », James, une nouvelle fois, faisait l'éloge de la vision religieuse d'un « monde bien plus vaste » que ne pouvait l'imaginer le naturalisme, où « le bien est en tout, en *dépit* de certaines formes de mort, à vrai dire en raison de certaines formes de mort – mort de l'espérance, mort de la force, mort de la responsabilité, de la crainte et de l'inquiétude, de la compétence et du mérite, mort de tout ce que le paganisme, le naturalisme et le légalisme attribuaient à leur foi et reliaient à leur croyance ». Le sentiment que « le bien est en tout » ne pouvait malgré tout être poussé vers des conclusions monistes, avançait James, sans sacrifier l'aperçu essentiel voulant que le bien n'est pas en tout, au moins à court terme, et suivant lequel même le résultat, à long terme, reste incertain. James laissait son audience dans le sentiment que la souveraineté absolue de Dieu, le sophisme moniste, était une doctrine qui prenait sa source dans une « abstraction dialectique », et était totalement incompréhensible dans les « termes avec lesquels les hommes ordinaires ont généralement poursuivi leur commerce actif avec Dieu ». Les « perfectionnements monistes qui rendent Son concept si paradoxal sur le plan pratique comme sur le plan moral » ne pouvaient être tirés de la « méthode plus grossière » de la description empirique, et de son absorption dans les « faits confus et indésirables de la biographie personnelle ». Ces perfectionnements représentaient l'« adjonction plus sereine d'esprits professoraux réservés » soucieux de « substituts conceptuels » à Dieu en lieu et place de l'expérience directe.

Le postulat dicté par le sens commun d'un Dieu fini et d'un univers pluraliste, décidait James, offrait la seule « échappée hors des paradoxes et perplexités » de la théologie. Il défendait cette solution à la fois comme l'alternative opiniâtre, et comme la « ligne de la dernière résistance ». La meilleure preuve disponible, le témoignage de l'expérience religieuse, suggérait l'existence d'une « conscience supra-humaine » qui, néanmoins, « n'englobait pas toute chose ». L'expérience indiquait « en d'autres termes, qu'il existe un Dieu, mais qu'il est fini, soit en pouvoir soit en savoir, ou les deux à la fois ». Tel fut le dernier mot de James sur le sujet.

Son incertitude quant à la valeur morale de la soumission et du dessaisissement de soi illustre la difficulté de poursuivre une controverse essentiellement théologique en dehors de son contexte théologique. Bien plus qu'Emerson et Carlyle, James croyait que l'on pouvait maintenant se dispenser de son contexte. En son absence, quoi qu'il en soit, il devenait facile d'interpréter l'affirmation par Emerson de la bonté de l'existence soit comme un fat optimisme, soit comme le produit d'un besoin émotionnel de sécurité absolue et de réconfort, et de voir l'héroïsme, d'un autre côté – en dépit de l'avertissement de James suivant lequel « l'excitation seule est un idéal indigne » –, dégénérer en une « volonté de puissance » nietzschéenne.

À notre propre époque, l'idéal héroïque est si étroitement associé au culte du pouvoir (et, de cette façon, discrédité) qu'il est important de se rappeler ce qui le rendait si fascinant aux yeux de James et de ses prédécesseurs. Lorsque le libéral anglais L. T. Hobhouse affirma en guise d'objection à cette vision que le pragmatisme – et la confusion qu'il établissait entre la vérité et la « valeur cash », son indifférence cavalière aux principes, et sa préférence, selon Hobhouse, pour l'action sur la pensée – pouvait aisément encourager l'irrationalité collective et le règne de la corruption, James essaya de corriger cette « caricature » de pragmatisme (« en croyant à une chose nous la rendons vraie », affirmait Hobhouse) en répondant que la querelle entre Hobhouse et lui s'expliquait, en fait, par leurs opinions divergentes au sujet de la consternante situation moderne. Pour Hobhouse, la victoire des Lumières était fragile, et le danger d'une rechute dans la barbarie, toujours imminent. Pour James, au contraire, la victoire des Lumières était si complète qu'elle avait quasiment éradiqué la capacité à l'ardeur, à la dévotion, et l'action enthousiaste. « Nous sommes également en train d'obtenir un perfectionnement de toute chose », écrivait-il ailleurs, « radicalement en dehors de tout contact avec la véritable existence. » En conséquence, disait-il à Hobhouse, « votre hantise est la superstition ; ma hantise est la dessiccation ».

La question entière du progrès se résume à la justesse de ces lectures rivales des signes des temps.

VII. LE MOMENT SYNDICALISTE :
LA LUTTE DES CLASSES ET LE CONTRÔLE OUVRIER
ENVISAGÉS COMME L'ÉQUIVALENT MORAL
DE LA PROPRIÉTÉ ET DE LA GUERRE

Le culte de l'« excitation pure »

William James n'était pas le seul à craindre une « dessicca-tion ». À la fin du XIXᵉ siècle, le déclin de l'héroïsme était devenu l'objet d'une lamentation convenue. Coupée de ses amarres religieuses, la défense de la vie acharnée dégénérait pourtant en un culte de la force brute. L'appel à vivre « à un niveau supérieur », tel qu'Emerson l'avait lancé, devenait une intimation à la guerre et à la conquête impériale, souvent accompagnée d'attaques contre la mollesse moderne et l'effé-mination, les diverses formes du « suicide de la race », et de critiques contre les initiatives malavisées du gouvernement, qui étaient censées récompenser la médiocrité et la faiblesse pour mieux entraver les lois de la « sélection naturelle ». Les critiques de la décadence moderne et de la « sur-civilisation » enrôlaient l'idéal héroïque au service du militarisme, du chauvinisme, de l'impérialisme, et de la purification raciale. Il devenait de plus en plus difficile dans ce contexte de distinguer ce qui était estimable de ce qui était sinistre et pernicieux dans le concept d'héroïsme, ou de réconcilier l'héroïsme avec la Démocratie, la tolérance raciale, et la conciliation entre nations.

En 1895, Oliver Wendell Holmes, qui n'était pas encore magistrat, prononça, le Jour du Souvenir, une allocution inti-tulée « Une foi de soldat » qui lui permit de présenter une version particulièrement brutale et intransigeante de la nou-velle éthique militaire. Déplorant l'hédonisme moderne, Holmes insistait sur le fait que l'homme « a pour destin la

bataille ». Le mercantilisme et la « philanthropie », cette dernière et sa vision d'un monde « sans grand malheur ni grand
danger », avaient sapé l'esprit combatif de la nation. Le patriotisme avait laissé place au « cosmopolitisme », une « recherche
égoïste, déracinée, d'un endroit où puisse s'obtenir au moindre
coût le plus grand plaisir ». Une notion de justice mal inspirée
avait conduit les humanistes à l'absurde conclusion qu'il était
« injuste (...) que quiconque puisse échouer ». Mais la sévère
épreuve de la guerre avait toujours fourni les idéaux les plus
élevés de l'âge viril, de la même façon qu'« [avaient] été tirés
de la maternité ceux qui étaient destinés aux femmes », et le
monde avait plus que jamais besoin de la guerre comme d'un
antidote aux « négativités individualistes » et à la « complaisante facilité ». La foi du soldat – « l'honneur plutôt que la
vie » – était, pour Holmes, « authentique et digne de vénération », précisément parce qu'elle conduisait le soldat à « sacrifier sa vie » par « obéissance à un devoir aveuglément accepté,
pour une cause qu'il comprend à peine, dans le cadre d'un
plan de campagne dont il n'a aucune notion, de tactiques dont
il ne voit pas l'usage ».

Une bonne partie de tout ceci devait sans doute être dit,
spécialement dans une circonstance où étaient honorés les
morts de la Guerre civile, devant un monument – le mémorial
du souvenir de Harvard – nouvellement dédié à leur mémoire.
La condamnation par Holmes de la « révolte contre la souffrance » et l'échec, son attaque contre la « croyance que la
monnaie est la chose principale », son réquisitoire même contre
le « cosmopolitisme déraciné » (une formule qui n'était pas
encore récupérée et disqualifiée par le fascisme) énuméraient
des symptômes importants d'une décadence morale et culturelle. Mais Holmes discréditait l'idéal héroïque en l'identifiant
trop étroitement à l'obéissance irréfléchie, et en glorifiant la
guerre comme une fin en soi. « L'excitation pure », affirmait
William James en réponse à Holmes, « est un idéal indigne ».
Holmes ne se contentait pas simplement, qui plus est, de
rendre hommage à ceux qui étaient tombés au cours de la
Guerre civile. « Une foi de soldat », James le notait, était
devenu son « unique registre de discours » à « toute occasion ».

« Il est normal, dans l'exubérance de la jeunesse, de célébrer à un moment la pure excitation vitale, la *joie de vivre* comme une protestation contre la monotone solennité. Mais le faire systématiquement, et l'opposer, en tant qu'idéal et devoir, aux obligations religieuses ordinaires, est la pervertir entièrement. »

La version de l'éthique martiale de Holmes était, cependant, bien plus convaincante, émouvante même par moments – plus rétrospective et moins belliqueuse, moins soucieuse de justifier le devenir impérial de l'Amérique –, que la version avancée par Théodore Roosevelt et sa coterie d'intellectuels impérialistes. La célèbre lecture de Roosevelt, « La Vie acharnée » – comme celle de Holmes, un registre de discours utilisé à toute occasion –, ne contenait rien de la passion morale de Holmes. Elle était pure emphase. « Je veux prêcher, non la doctrine de l'ignoble facilité, mais la doctrine de la vie acharnée, la vie faite de peine et d'effort, de labeur et de lutte. » Comme Holmes, Roosevelt nuançait son hommage aux « qualités viriles » par un éloge de la maternité, mais sans la suggestion atténuante suivant laquelle la maternité fournissait une source importante d'idéaux aux femmes. Il se montrait plus préoccupé par le taux de natalité déclinant, qui menaçait, pensait-il, de diminuer l'influence des gens de bien dans une nation assiégée par des hordes d'immigrants. Il n'envisageait simplement les devoirs des femmes qu'à la lumière des exigences militaires de la nation, et s'empressait de relier à la fois la maternité et la « vie acharnée » à la compétition internationale pour des possessions coloniales, auxquelles les États-Unis, croyait-il, pourraient choisir imprudemment de ne pas participer. « La femme doit être la femme au foyer (...), la mère avisée et courageuse de nombreux enfants bien-portants. » La volonté d'échapper à la maternité, comme la fuite du mâle américain loin du « grand combat, des vertus magistrales » indiqueraient, à moins que ces tendances puissent être inversées, que la civilisation anglo-saxonne était « pourrie jusqu'en son cœur ». Si les Américains devaient s'obstiner à « rester confinés à l'intérieur de [leurs] propres frontières », se dérobant au déroulement du devoir impérial, alors les « peuples plus audacieux et persévérants [leurs] passeront devant, et obtiendront à leur avantage la domination du monde ».

Roosevelt n'hésitait pas à dénoncer « le mercantilisme » comme une autre nuisance qui ébranlait les « courageuses vertus », et les puissants capitalistes le considéraient naturellement avec méfiance, jusqu'à ce qu'ils découvrent que ses formules étaient plus impressionnantes que ses initiatives. Il appelait ses compatriotes à renier « ce vil esprit de profit et de cupidité qui reconnaît dans le mercantilisme la fin des fins de la vie nationale ». D'autres impérialistes reprenaient ce mot d'ordre. L'industrialisme devait, aux yeux de Homer Lea, être envisagé non comme l'« objectif de la grandeur nationale », mais seulement comme un moyen de tendre vers cette fin : lorsqu'il devenait une « fin en soi », il dégénérait en un « mercantilisme », et devenait une « source de danger et non de pouvoir ». L'« opulence » nationale conduisait à une « effémination du caractère national et à la veulerie » : « la corruption est exactement proportionnelle à la richesse d'une nation ». Lea blâmait une « richesse nationale excessive » pour le déploiement de « luxe, d'effémination, de théorie, [et] le déclin de l'inclination martiale et de la compétence militaire » qu'elle occasionnait.

La peur de la décadence hantait à cette époque toutes les nations industrielles « sur-civilisées », spécialement les classes patriciennes, qui envisageaient moins l'impérialisme comme un stade plus avancé du capitalisme que comme la solution au capitalisme – contre ce que Lea appelait la « goinfrerie dépourvue de dessein » qui minait l'esprit de combat. Afin de gagner les hommes d'affaires à la cause de l'expansion, les impérialistes devaient arguer, de manière quelque peu inconsistante, que les colonies relanceraient la richesse nationale ; mais ils étaient plus satisfaits lorsqu'ils pouvaient louer la guerre et la conquête pour elles-mêmes. Rudyard Kipling glorifiait le « jeu [impérial] pour son attrait propre ». Il reliait, à l'instar de Holmes, la pureté de la foi du soldat à son indifférence absolue pour les considérations instrumentales. « Il ne lui revient pas d'en questionner la raison, il lui revient d'agir et de mourir. » Dans la pléthorique écriture fictionnelle apportée par la coutume britannique en Inde, à lire Allen J. Greenberger, « la valeur de la construction d'un empire semble moins avoir à faire avec l'Empire lui-même qu'avec le développement de certaines qualités propres aux constructeurs d'empires ». La colonisation revitaliserait le pays, surmontant le « luxe presque oriental » qui, d'après un romancier mineur, avait fini par « affaiblir la fibre » de la classe moyenne britannique. Henry Stanley, l'explorateur de l'Afrique la plus sombre, en tirait la leçon habituelle dans son autobiographie : « L'Angleterre est en train de perdre ses grandes spécificités, elle est en train de devenir trop efféminée et languide des suites d'une longue inactivité, d'un long affaiblissement du dessein, causés par l'indolence et la facilité, méfiante devant ses propres pouvoirs et ses nerfs mis à l'épreuve. »

L'explorateur, le conquérant, ou l'administrateur colonial, tel qu'ils étaient dépeints par les romanciers et propagandistes en France et en Allemagne, aussi bien qu'en Angleterre et aux États-Unis, représentait une figure plus large que la vie, souvent imaginée sur le modèle de Cecil Rhodes [1] – un titan, un colosse, un homme de pure énergie et de pure volonté. Peu soucieux des conséquences de ses actes, indifférent à sa propre sécurité, plus qu'un peu méprisant à l'égard de ses compatriotes restés au foyer, il inspirait la crainte des indigènes, une loyauté inconditionnelle chez ses subordonnés. Ayant échangé le petit monde étriqué de l'Europe pour les immenses espaces ouverts de l'Inde et de l'Afrique, il jouissait d'une relation originelle à l'univers. L'Afrique, en particulier, attirait les impérialistes européens au tournant du siècle pour la même raison qui poussait les Américains à être fascinés par les images de l'Ouest sauvage. « Un homme est un homme ici », dit le héros d'un des nombreux romans britanniques célébrant la guerre des Boers. « Il donne du sens à sa vie. Il peut se surpasser (...) Les Américains appellent leur terre le pays de Dieu. Mais que diraient-ils de celle-ci, où chaque chose est encore comme elle l'était au commencement de la création, et où aucun être humain n'a posé sa marque ? » S'inspirant libéralement de Carlyle et Nietzsche tout autant que de la philosophie vitaliste d'Henri Bergson, les propagandistes de l'impérialisme dépeignaient le colonisateur comme un homme supérieur, l'incarnation de la force vitale. À lire Maurice Barrès, Charles Maurras, et Ernest Seillière, les Européens avaient trop longtemps vécu dans la raison, et oublié la valeur de la solidarité tribale, de la loyauté instinctive, et de la violence. En Italie, le *Manifeste Futuriste* de F.T. Marinetti, paru en 1909, annonçait un art nouveau qui « célébrerait l'amour du danger, l'habitude de l'énergie et de l'imprudence », et qui galvaniserait une population affaiblie par une surabondance de commodités matérielles. « Nous voulons glorifier la guerre – le seul remède pour le monde –, le militarisme, le patriotisme (...) Nous chanterons les foules immenses transportées par le travail, le plaisir et la révolte. »

Ce fut dans cette atmosphère fiévreuse que le jeune Mussolini commença à rêver d'une Italie rendue à sa gloire d'antan. Dans un entretien datant de 1924, Mussolini citait parmi les influences formatrices de son idéologie fasciste non seulement Georges Sorel, le syndicaliste français, mais William James, qui lui avait appris à « juger les actions en fonction de leurs résultats ». James ne pouvait pas avoir envisagé un tel héritier, mais son avènement, quelle que soit son illégitimité, ouvrait bien plus de possibilités que celles dont avait jamais rêvé la philosophie de l'émerveillement.

James au sujet de l'équivalence morale

Cette dernière affirmation a besoin d'être nuancée. James ne vécut pas suffisamment longtemps pour assister à l'émergence du fascisme, mais il discerna son expression prémonitoire dans l'idéologie impérialiste du tournant du siècle, et la désavoua sur-le-champ. Dans l'un de ses derniers écrits, « The Moral Equivalent of War », il distinguait Homer Lea comme un porte-parole du même culte de l'excitation vitale qu'il avait plus tôt critiqué chez Holmes. Mais James ne se contentait pas simplement de condamner l'esprit guerrier des temps – qui en étaient arrivés à un tel point, disait-il, que « "la paix" et "la guerre" signifient la même chose » pour « les gueules militaires » –, ou de se présenter comme un membre du « parti anti-militariste ». Il ne suffisait pas de condamner les horreurs de la guerre, alors que les horreurs de la guerre participaient précisément de la « fascination » qu'elle exerçait. Pas plus qu'il n'était suffisant d'en appeler à de hauts salaires et des horaires de travail plus courts comme aux « seules forces [susceptibles de surmonter] le dégoût de l'homme pour des formes de travail repoussantes ». Le dur labeur et même le danger cessaient d'être « répugnants » dès lors qu'ils servaient la « pugnacité naturelle et l'amour de la gloire dans sa totalité » dont l'homme moderne avait hérité de ses ancêtres. Les pacifistes ne prenaient pas en compte l'importance et la légitimité de ces besoins, les traitant comme des pulsions ataviques destinées à disparaître sous l'effet du rationalisme moderne et de l'éducation morale éclairée. Le besoin de prendre part à des communautés partagées de risque et de dessein grandiose était au contraire, avançait James, inextinguible. « Les vertus martiales » étaient pour lui « des traits humains absolus et intangibles ». S'ils ne pouvaient être satisfaits d'une quelconque autre manière, ils continueraient à l'être dans la guerre. James appelait les pacifistes à « pénétrer plus profondément le point de vue esthétique et éthique de leurs adversaires ». Ils devaient comprendre pour quelles raisons leur utopie humaniste « est perçue comme mièvre et insipide par des gens qui conservent encore un goût pour les saveurs plus fortes de la vie ». Au lieu de congédier sur-le-champ l'opposition résiduelle à l'édification morale et au progrès social, ils feraient mieux de l'envisager comme l'expression d'une « réticence à voir fermé le théâtre suprême de l'acharnement humain ». Simon Patten prévoyait un glissement d'une « économie de la douleur » vers une « économie du plaisir », mais même Patten, notait James, reconnaissait les « influences à fort pouvoir de désintégration » sur le plan moral de la surabondance. « Où sont la franchise et l'âpreté », voulait savoir James, « le dédain à l'égard de la vie, quelle soit la nôtre, ou celle d'un autre ? Où sont le « Oui » sauvage et le « Non », le devoir inconditionnel ? » Les hommes et les femmes n'atteignaient à la dignité que lorsqu'il leur était demandé de se soumettre à une sévère discipline imposée par quelque « col-

lectivité » ; et aucune « collectivité n'égale une armée pour
nourrir une telle dignité ». La vie peu exigeante de « l'industrialisme cosmopolite pacifiste » ne pouvait, au contraire, que
nourrir un sentiment de « honte » dans les « cœurs dignes de
considération ».

La seule alternative à la guerre, telle que James la voyait,
était un « équivalent moral de la guerre », qui formulerait les
mêmes exigences aux individus au nom de la paix, satisferait
le même goût pour le sacrifice de soi, et obtiendrait les mêmes
qualités de dévotion, de loyauté et d'ardeur. Sa réponse – une
armée appelait en temps de paix à la guerre « contre la *Nature* »
– anticipait les *Civilian Conservation Corps*[2] brièvement constitués sous le *New Deal*. Elle recourait aux images de l'Ouest
américain qui influençaient d'autres porte-parole des vertus
martiales, comme Francis Parkman et Theodore Roosevelt. La
vie dans les immenses étendues, à laquelle James faisait référence, exposerait « notre jeunesse dorée » à de rudes conditions
dans lesquelles « son enfance lui serait enlevée », de telle sorte
qu'elle pourrait « retourner dans la société douée de sympathies
plus saines et d'idées plus sobres ».

Edward Bellamy concevait son armée industrielle, dans *Looking Backwards*, comme un mécanisme grâce auquel le travail
pouvait être collectivisé, réalisé avec l'efficacité parfaite que
permettait une division élaborée des tâches, et pouvait donc
être réduit à quelques heures de travail quotidiennes, et à
quelques années dans la vie de chacun, laissant l'ensemble du
temps libre restant consacré à la distraction. James, au
contraire, pensait à une armée industrielle comme à un moyen
de rendre le travail le plus astreignant possible. Pour Bellamy,
une armée était une machine gigantesque au sein de laquelle
chaque tâche était réduite à une routine, et le besoin d'initiative
individuelle et d'inventivité en réalité éliminé. L'esprit d'initiative et l'inventivité, aux côtés d'un sens de l'« honneur
civique » et d'un amour de la gloire, étaient pour James les
qualités que la vie militaire tendait précisément à mettre en
avant. De ce point de vue, les sociétés qui échouaient à entretenir ces qualités, que ce soit à travers le militarisme ou à
travers son équivalent, ne « méritaient que le mépris » et pou-

vaient s'attendre à de « dangereuses réactions » à leur encontre. James semble, rétrospectivement, avoir annoncé un élément tel que le fascisme ; tandis que Bellamy, convaincu que les hommes et les femmes n'espèrent que jouir de la vie en fournissant un minimum d'effort, ne pouvait que prévoir un progrès indolore vers la cité céleste du mercantilisme.

L'introduction du travail salarié avait laminé l'indépendance du petit producteur (elle-même conçue à l'origine, par Harrington et d'autres théoriciens républicains, comme un équivalent moral de la vocation militaire), et créé une classe permanente de laquais. Pour ceux qui refusaient de donner libre cours à l'illusion d'après laquelle les salariés pouvaient encore devenir propriétaires s'ils tendaient leurs esprits vers cet objectif, la « question sociale » semblait désormais inviter à deux solutions radicalement antagonistes. La première acceptait le système du salariat, ainsi que l'ensemble de ses effets indésirables, comme le prix à payer de la surabondance économique. Les avantages en loisir et confort l'emporteraient sur les inconvénients moraux que déploraient les avocats de la « vie acharnée », dans la mesure naturellement où les biens de consommation seraient distribués aussi largement que possible – la seule justification concevable, en premier lieu, de la surabondance. La seconde solution nécessitait la réorganisation du travail lui-même, en vue de restaurer sa discipline structurante. La première ligne d'argumentation, illustrée à la perfection dans les romans utopiques de Bellamy, concevait principalement l'individu comme un consommateur ; la seconde, illustrée sous une forme embryonnaire dans la théorie de l'équivalence morale de James, concevait surtout l'individu comme un producteur. L'idéologie du productivisme ne répondait pourtant plus, dans sa forme spécifique au XIXᵉ siècle, aux conditions du capitalisme du XXᵉ siècle. Un renouveau de la production à petite échelle paraissait improbable, et quelque autre forme de discipline exigeante, d'autres moyens d'instiller un sentiment de dévotion constant pour une vocation honorable, devaient être trouvés. La recherche frustrait un grand nombre de ceux qui sympathisaient avec ces objectifs, et qui sombraient ainsi dans un communautarisme vague et éva-

nescent qui évacuait le problème global du travail moderne et
des insatisfactions qu'il suscitait.

Il est intéressant de constater que William James, qui se
présentait comme un « farouche individualiste », et qui écrivait
rarement sur les questions sociales, contribua bien plus à une
compréhension des grands enjeux sociaux du XXᵉ siècle, y
compris dans cet unique court essai, que ceux qui se préoccupaient en permanence du déclin de la « communauté ». L'idéal
héroïque, apparemment irréductible à n'importe quelle sorte
de mise en pratique sociale, permettait d'envisager les questions
sociales d'une manière plus incisive, bien que souvent très
indirecte, que des philosophies sociales bien plus sophistiquées.
Afin d'observer comment certaines des perspectives qu'elle
ouvrait pouvaient être plus parfaitement réalisées, nous devons
nous tourner vers le philosophe du syndicalisme, Georges
Sorel, qui reconnaissait une dette intellectuelle à l'égard de
James – bien plus légitimement que Mussolini –, et dont le
travail peut être lu comme une version plus hautement élaborée
de la théorie de l'équivalence morale de James*.

L'offensive de Sorel contre le progrès

Sorel inspire, naturellement, une forte suspicion dans les
cercles progressistes, et un compte rendu compréhensif de son
œuvre invite à la censure. N'importe quelle défense de son cas
doit débuter par une reconnaissance de ce qui est légitime dans
les critiques qui lui sont faites. Son écriture était relâchée et

* Sorel n'était pas influencé par l'idéal des « équivalents moraux »
en tant que tels. L'essai de James parut après que Sorel ait complété
trois de ses plus importantes œuvres (toutes étaient sorties entre 1906
et 1908) : *Réflexions sur la Violence*, *Les Illusions du Progrès*, et *La
Décomposition du Marxisme*. Ce que Sorel tirait de James était la
philosophie du pragmatisme en général, qui mettait en valeur ce qu'il
avait par ailleurs appris de Bergson, et plus particulièrement la conception qu'avait James de la « valeur "cash" » de la religion comme
héroïsme moral. Il est intéressant de noter que son admiration pour
James ne s'étendait pas au concept d'« univers pluraliste ».

confuse, sa pensée souvent peu structurée, et son jugement politique pour le moins erratique. Comme Orestes Brownson, il changea d'opinions trop souvent et acquit une réputation d'inconstant. Tour à tour dreyfusard, puis anti-dreyfusard, critique du nationalisme, puis défenseur du nationalisme, soi-disant monarchiste, puis quelque peu léniniste, il se querellait tôt ou tard avec tout le monde et ne se gagna jamais beaucoup de partisans. Identifié dans la conscience collective au syndicalisme, il fut en fin de compte désavoué même par les syndicalistes. Quelques penseurs majeurs parmi ses contemporains – Henri Bergson, Benedetto Croce, Vilfredo Pareto, Antonio Gramsci, G.D.H. Cole – parlèrent de lui en des termes favorables ; mais dans la mesure où ceux qui trouvaient son œuvre stimulante et revendiquaient son influence couvraient l'éventail entier des prises de position politiques, leur opinion positive à son propos ne faisait que renforcer cette impression d'incohérence. Si Sorel peut être revendiqué à la fois par l'extrême droite et l'extrême gauche, il est tentant de le réduire à un « esprit confus notoire », comme le présentait Lénine, ou d'en tirer la conclusion banale qui veut que les extrémismes de gauche et de droite se rejoignent dans ce qu'Edwards Shils nomme leur « vision apocalyptique de l'histoire et de la politique », et doivent donc être fuis comme la peste par « ceux qui se positionnent dans le camp de la société libre ».

L'« esprit polyglotte » de Sorel, tel qu'Irving Louis Horowitz le définit avec à propos, était par certains aspects profondément

---

Écrivant à Croce en 1910, il observait astucieusement : « Le pluralisme semble, dans l'esprit de William James, avoir pour fonction d'expliquer l'existence du mal dans le monde ; le fait que constitue le mal pose quelques difficultés aux philosophes qui ont des penchants à l'optimisme (comme le sont les Anglais et les Américains) ; ils le justifient grossièrement en affirmant qu'il existe plusieurs mondes et plusieurs dieux. (*Les Formes multiples de l'expérience religieuse* laissent entrevoir cette thèse.) D'une manière générale, le problème du mal est la pierre d'achoppement de la pensée moderne, réticente comme elle est à prêter attention à quoi que ce soit de désobligeant pour son

contradictoire. Il se rattachait à des réactionnaires politiques comme Paul Bourget, Maurice Barrès, et Charles Péguy, tout autant qu'à des syndicalistes ouvriers radicaux comme Fernand Pelloutier et Hubert Lagardelle. Il rejetait la Démocratie qu'il considérait comme le règne de la médiocrité. Il avait tendance à confondre politique et religion, comme si les hommes pouvaient trouver le salut dans la lutte des classes. Mais si Sorel reste convaincu de tous ces chefs d'accusation, et sans doute également de celui d'antisémitisme, les autres critiques le concernant doivent être écartées, puisqu'elles résultent à la fois d'une compréhension défaillante de son œuvre, quelquefois d'interprétations délibérément erronées de ses conceptions, ou simplement du préjugé éclairé en défaveur du « pessimisme ». Sa critique constante de l'idée de progrès peut difficilement être considérée comme un indice d'instabilité intellectuelle. Pas plus ne pouvons-nous accepter l'affirmation d'Horowitz voulant que sa défense de la production à petite échelle trahit un « sentiment nostalgique » et un « provincialisme économique ». Même son mépris pour la Démocratie parlementaire doit être exclu du réquisitoire contre Sorel, à moins que nous soyons en mesure de démontrer que la Démocratie incarne un critère de conduite exigeant, moralement astreignant. Si la Démocratie ne signifie pas plus qu'une « réduction de la journée de travail », selon la formule d'Horowitz, « des techniques automatiques perfectionnées dans la production », et « une abondance de marchandises », elle ne vaut pas la peine d'être défendue. Comment une si misérable vision, comme le disait William James, pourrait-elle inspirer autre chose que du mépris ?

Comme pour les accusations les plus graves – la défense par Sorel de l'« irrationalisme », son « culte » de la violence –, cette vision de son œuvre découle d'une lecture hâtive et superficielle. On ne peut attendre des libéraux modernes, de leur conception plutôt étroite de la rationalité et de leur réaction viscérale à la moindre allusion à la violence et à la contrainte,

---

optimisme. » Sur ce point, Sorel, bien qu'il ne fût pas catholique pratiquant, restait bien plus orthodoxe que James.

qu'ils fassent justice à quelqu'un comme Sorel, qui ne partageait pas les préjugés dominants de l'époque. L'obsession du fascisme des libéraux les pousse, plus que jamais, à discerner des « tendances fascistes » ou un « proto-fascisme » dans toutes les opinions qui n'entretiennent aucune sympathie pour le libéralisme, tout comme la droite dure détecte un « socialisme rampant » dans le libéralisme même. Si les libéraux s'étaient vus stigmatisés par un « harcèlement rouge », ils avaient perfectionné leur propre technique de rejet méprisant en élargissant le concept de fascisme à tout ce qui s'écartait de la tradition des Lumières.

Sorel fournit une cible facile pour ce type d'abus, puisque l'opposition aux Lumières fut le seul positionnement sur lequel il ne revint jamais. Le progrès, l'humanisme, l'idéal cartésien de certitude, l'utilitarisme, le positivisme, la liberté sexuelle – Sorel les rejette tous. Il hérita de ses maîtres intellectuels – Pascal, Proudhon, Tocqueville, Le Play – une profonde suspicion pour l'esprit moderne, pour son peu de profondeur et sa complaisance, pour son complexe injustifié de supériorité sur le passé, sa fascination pour le futur, et son indifférence latente pour le futur. Il prenait le parti de Pascal contre Descartes, qui essayait de réduire toute chose à des formules, avec des conséquences également déplorables, pensait Sorel, pour une théorie de la connaissance et une théorie des principes moraux. À strictement parler, « il n'existe pas de moralité cartésienne » du tout, écrivait-il dans *Les Illusions du Progrès*, seulement une « règle de propriété qui édicte le respect des usages établis ». Le fait que Sorel critiquait Descartes au motif qu'il « ne semblait jamais avoir été préoccupé par la signification de la vie » était un signe de sa « conception de la vie quasi protestante », pascalienne (telle qu'un admirateur italien, Giuseppe Prezzolini, la présentait).

« Vous avez bien reconnu quelle était la grande préoccupation de toute ma vie », écrivait-il à Croce en 1907, « la genèse historique de la morale », qu'il ne reliait ni aux Lumières françaises, pas plus qu'aux Lumières athéniennes, mais aux « tribus guerrières [pastorales] qui vivaient dans les montagnes » de la Grèce ancienne, dont le sens de la « grandeur et de la beauté de la création », préservé dans l'*Iliade* et l'*Odyssée*, « fournissait aux Républiques de l'Antiquité les idées qui constituent l'orne-ment de notre culture moderne ». C'étaient les paysans et les petits propriétaires, aux yeux de Sorel, qui se rapprochaient à l'époque moderne, avec le plus d'évidence, des vertus homé-riques. Il pensait que la moralité paysanne incorruptible de Proudhon – son respect pour la « tempérance, la frugalité, le pain quotidien gagné par le labeur quotidien, une pauvreté prompte à sanctionner la gloutonnerie et la fainéantise » – sous-tendait ses réalisations de théoricien social. Il attachait, comme Le Play, une grande importance à la famille et à la continuité entre générations. « Le monde deviendra plus juste », écrivait-il, « au fur et à mesure qu'il deviendra plus sobre. » Il déplorait l'acceptation grandissante du divorce, les lourdes taxes sur l'héritage foncier, et la théorie contractuelle de la famille qui animait ces réformes, avec pour résultat le fait que la famille finissait par être purement considérée comme un agrégat d'individus.

L'attaque extrêmement originale de Sorel contre l'idée de progrès devait en grande partie à l'hypothèse de Tocqueville d'après laquelle l'Ancien régime, en consolidant le pouvoir de l'État, et en affaiblissant les institutions intermédiaires, avait jeté les bases de la Révolution et de l'identification de l'État à la forme la plus élevée de la raison. La structure entière de la politique et de la pensée modernes, avançait Sorel, reposait sur les douteuses innovations du temps de l'absolutisme. L'esprit cartésien en philosophie, l'idée de droits absolus en matière de propriété, et la théorie du despotisme éclairé entretenaient une affinité certaine avec l'idée de progrès – « l'ornementation de l'esprit qui, libre du préjugé, sûr de lui-même, et ayant foi dans le futur, (...) créa une philosophie assurant le bonheur de tous ceux qui possédaient les moyens de mener une vie méri-tant d'être vécue ». Le vieux rêve de surabondance semblait être devenu une réalité au XVIIIe siècle, au moins pour la haute société. « Aux alentours de 1780 », grâce au développement des forces de production, « chacun croyait au dogme du pro-grès illimité du genre humain. » Ce « sentiment d'absolue confiance » devait être considéré comme « étrange et inexpli-

cable », ajoutait Sorel, sauf à être le produit d'innovations économiques, dans la mesure où il était si manifestement à l'opposé
de l'expérience du genre humain. L'expérience et le sens
commun montraient que « les mouvements vers l'élévation sont
toujours forcés », comme il l'écrivait à Croce en 1911, « alors
que le mouvement vers la décadence est toujours *naturel* ; notre
nature est irrésistiblement portée dans la direction que la
philosophie de l'histoire considère comme mauvaise ».

Sorel pensait que la bourgeoisie, qui avait tiré ses idées sur
la morale de l'absolutisme du XVIIIᵉ siècle et de l'aristocratie
décadente favorisée par l'absolutisme, était en train d'essayer
d'instiller son éthique de l'irresponsabilité aux travailleurs, les
séduisant par la promesse du loisir sans fin et de l'abondance.
Il avançait, en effet, que l'aristocratie de l'ancien régime, avec
sa culture de l'« art de vivre », avait anticipé le culte moderne
de la consommation. Les aristocrates avaient monnayé leur
pouvoir contre les délices clinquants, fiévreux, de la cour du
Roi Soleil. Privés de charges civiques, ils étaient au moins
déterminés à « profiter de leur richesse avec appétit » ; ils « ne
voulaient plus entendre parler de la prudence qui leur avait
été si longtemps imposée par leurs pères ». L'affirmation du
caractère automatique et incontournable du progrès les soulageait de la nécessité de prévoir pour les temps à venir.
« Pourquoi s'inquiéter du sort des nouvelles générations, destinées à connaître un sort forcément supérieur au nôtre ? » Les
aristocrates tentaient de se soustraire à leurs obligations non
seulement à l'égard du futur, mais également à l'égard du
pauvre ; cette fuite loin de la responsabilité était aux yeux
de Sorel le thème majeur de la culture aristocratique du
XVIIIᵉ siècle. « À l'aube des temps modernes, quiconque ayant
quelque autorité aspirait à se libérer des responsabilités que
des conventions archaïques, des coutumes, et la moralité chrétienne avaient, jusqu'alors, imposées aux maîtres pour le bénéfice du faible. » L'idée de progrès fournissait la justification
théorétique à l'abrogation des obligations réciproques, le fondement de la moralité aristocratique dans sa phase héroïque,
avant que ne soient corrompus par une vie facile les aristocrates
éclairés.

L'accusation de « pessimisme »

L'idéologie progressiste dissimulait son indifférence pour le futur derrière une apparente préoccupation pour ce dernier, tout comme l'optimisme désenchanté dissimulait ses « pulsions sanguinaires » derrière son horreur humaniste de la violence. D'où la terreur révolutionnaire – peut-être le legs le plus persistant des Lumières. Un pessimisme héroïque, avançait Sorel, n'avait rien à voir avec l'amer désenchantement dont souffraient ceux qui ne croient aveuglément dans le futur que pour mieux trébucher sur les obstacles imprévisibles qui entravent la marche du progrès. Le pessimiste comprenait que « notre faiblesse naturelle » obstrue le chemin de la justice sociale. L'optimiste, « affolé par les résistances imprévues que rencontrent ses projets », cherchait à faire le « bonheur des générations futures en égorgeant les égoïstes actuels ». Les humanistes condamnaient la violence par principe, mais recouraient à une forme de violence particulièrement brutale et dictée par la vengeance lorsque leurs plans capotaient.

Le pessimisme se fondait sur un amour de la vie et un empressement à lui céder. Il exprimait une conscience de la « grandeur et de la beauté du monde », incluant les propres pouvoirs d'invention de l'homme, associés à une reconnaissance des limites de ces pouvoirs. Ce que Sorel appelait pessimisme était proche de ce que Carlyle, Emerson, et James appelaient émerveillement – une affirmation de la vie en dépit de ses limites. Sorel comprenait que l'état d'esprit moderne se résume à un état de révolte, né de l'exaspération grandissante que provoquaient des limitations obstinément persistantes en dépit de l'ensemble des avancées célébrées dans la science, la technologie, et la bienfaisance organisée. C'est la raison pour laquelle il prenait tant de soin à distinguer sa doctrine de la lutte des classes, à la fois de la terreur révolutionnaire que mettaient en pratique des intellectuels armés d'une foi aveugle dans le progrès, et des insurrections populaires inspirées par l'envie et le ressentiment à l'encontre des plus fortunés. L'envie et le ressentiment étaient les signes d'une disposition servile, et les révoltes sanglantes qu'inspiraient ces passions tristes laissaient les choses exactement en l'état. Les hommes politiques français, immédiatement après l'affaire Dreyfus étaient, pensait Sorel, dominés par une alliance entre des intellectuels progressistes et les masses révoltées. Les intellectuels, eux-mêmes jaloux du pouvoir qu'exerçaient l'armée, l'église, et l'institution financière, jouaient avec l'envie des masses. L'idéalisme originellement associé à la campagne lancée au nom du capitaine Dreyfus, injustement accusé de trahison afin de laisser les Juifs à leur place, avait dégénéré. Sorel, au cours des années 1890, avait embrassé le socialisme, mais il en était bientôt venu à considérer le mouvement socialiste comme le principal symbole de l'envie servile et du ressentiment. Il pensait maintenant qu'un État socialiste ne ferait qu'entraîner un changement de maîtres. Jean Jaurès, le champion socialiste, devint pour Sorel l'incarnation parfaite du pharisaïsme politique. Jaurès, disait-il, était « capable de n'importe quelle férocité sur le vaincu », car « à ses yeux, les vaincus étaient toujours du côté de l'erreur ». Les socialistes vouaient un culte au succès ; arrivés au pouvoir, ils « se montreraient de dignes successeurs de l'Inquisition, de l'Ancien régime, et de Robespierre ». L'expérience – toujours la meilleure conseillère – montrait que « les révolutionnaires plaidaient « la raison d'État » dès qu'ils parvenaient au pouvoir ».

Les socialistes, plus que jamais, n'avaient aucunement l'intention d'éliminer les conditions qui imposaient une classe de surveillants sur le lieu de travail. Un socialisme qui méritait d'être pris au sérieux, selon Sorel, chercherait à faire des ouvriers leurs propres maîtres. Jaurès et sa clique, quoi qu'il en soit, ne cherchaient qu'à devenir eux-mêmes les maîtres. La « seule différence qui existerait entre ce socialisme de pacotille et le capitalisme » résiderait dans l'« utilisation de méthodes plus ingénieuses destinées à imposer la discipline sur le lieu de travail ». Le réquisitoire de Sorel contre le socialisme ne s'arrêtait pas à l'école réformiste ; il s'étendait aussi bien au socialisme révolutionnaire. Le syndicalisme avait souvent été présenté sous un faux jour comme un mouvement qui débutait et prenait fin avec l'appel à ce que des méthodes parlementaires se voient répondre une violence révolutionnaire, comme si l'enjeu était uniquement tactique. L'accent mis par Sorel sur la violence encourageait cette dénaturation ; mais il était permis d'attendre, même de la part de lecteurs obsédés par la causalité, qu'ils saisissent sa condamnation de la terreur révolutionnaire, qui montrait en elle-même que son objection au socialisme n'était en rien tactique en premier lieu, mais bien fondamentale. Il souhaitait une organisation sociale où les ouvriers gouvernent eux-mêmes l'industrie, et pas une organisation où une classe directoriale oppresserait toujours les travailleurs, qu'elle doive son influence aux capitalistes ou à l'État. Les mouvements révolutionnaires chercheraient avant tout, selon Sorel, à rendre les ouvriers indépendants, courageux, et ingénieux ; au lieu de quoi les socialistes exploiteraient leur faiblesse, encourageant des attentes extravagantes qu'ils ne seraient jamais en mesure de satisfaire. Sorel ne nourrissait aucune illusion sur ce qui arriverait si une classe ouvrière peu structurée parvenait soudainement au pouvoir, et essayait d'imposer sa moralité asservie à l'État. Manquant à la fois de l'indépendance morale et du savoir technique pour organiser à eux seuls l'industrie, les ouvriers se retrouveraient bientôt dans la même éternelle situation. La « dictature du prolétariat » se transformerait en la dictature des intellectuels – la pire forme de tyrannie imaginable, aux yeux de Sorel.

La guerre comme discipline contre le ressentiment

Le seul moyen d'éviter cette issue était de fournir aux ouvriers les ressources morales et techniques qu'exige une vie de liberté – faire d'eux des soldats, en somme. La défense par Sorel des vertus militaires choquait la sensibilité de son temps, et continue de se mettre en travers d'une compréhension bienveillante de sa pensée. Même si certains de ses contemporains, exaspérés par l'injustice et la pauvreté qu'ils observaient partout autour d'eux, pouvaient avaler l'idée de violence révolutionnaire, celle de discipline militaire leur restait en travers de la gorge. Le plaidoyer de Sorel en faveur de la guerre, pourtant, peut facilement se comprendre comme le fruit d'une longue tradition de pensée révolutionnaire qui avait jadis étroitement associé la citoyenneté à la profession des armes. Aux XVIII⁰ et XIX⁰ siècles, nous l'avons vu, les Républicains remplacèrent la vaillance militaire par la propriété comme fondement social de la citoyenneté, et la tradition républicaine se mêla à d'autres dans un large courant d'obédience populiste qui glorifiait le petit producteur. Sorel hérita de ce Populisme, ainsi que, de Proudhon, d'une « moralité paysanne » ; son originalité – une réponse à la difficulté représentée par le fait que de petits producteurs paraissaient, à cette époque, être une race en voie d'extinction – réside dans son retour au modèle militaire de citoyenneté, auquel les autres Républicains avaient depuis longtemps renoncé. La classe ouvrière ne ferait l'apprentissage de la liberté, affirmait-il, qu'en agissant comme une armée. La lutte des classes deviendrait l'école de la vertu moderne.

Contrairement à Bellamy, aux yeux duquel la discipline militaire impliquait une division complexe du travail, et l'efficacité procurée par une discipline parfaite, Sorel croyait que la guerre nourrissait un « individualisme forcené ». Au cours des guerres de la Révolution française – son exemple préféré, après la Grèce d'Homère, de la vie militaire à son sommet –, « chaque soldat se considérait comme un individu ayant quelque chose d'important à réaliser au cours de la bataille, au lieu de se considérer simplement comme un rouage du mécanisme militaire placé aux ordres de la direction suprême du chef ». La conception de la guerre de Sorel n'impliquait pas l'obéissance aveugle, que prônait Oliver Wendell Holmes, comme l'essence de la « foi du soldat ». Seules une suspension de la sécurité personnelle et une indifférence sublime aux gratifications personnelles – ce que James aurait présenté comme le triomphe sur les « inhibitions » ordinaires – pouvaient ressembler à de l'obéissance aveugle.

Lorsqu'une colonne est envoyée à l'assaut, les hommes à sa tête savent qu'ils sont envoyés à la mort, et que la gloire de la victoire reviendra à ceux qui, passant au-dessus de leurs cadavres, enfonceront la position de l'ennemi. Pourtant, ils ne s'attardent pas sur cette injustice, et poursuivent leur marche de l'avant.

Sorel critiquait Napoléon pour avoir introduit un régime méritocratique dans l'armée, et ainsi affaibli son ardeur révolutionnaire. De tels dispositifs sapaient l'héroïsme à sa source*.

La fin de la guerre était la gloire, pas le pillage ou le gain personnel, et elle appelait à l'héroïsme, non à l'envie et à la haine. La majeure partie du discours de Sorel sur la guerre revient à ces deux points, qui peuvent être davantage synthétisés dans l'affirmation que la guerre ne représentait pas juste une agression, mais une agression disciplinée, et que l'essence spécifique de cette discipline était la discipline contre le ressentiment. « Toute chose dans la guerre est poursuivie sans haine et sans esprit de revanche : dans la guerre, les vaincus ne sont pas massacrés ; les civils ne sont pas censés supporter les conséquences des déboires dont les armées pourraient avoir souffert sur le champ de bataille. » Nous avons sans aucun doute ici à faire à une vision idéalisée de la guerre, une vision préindustrielle de la guerre. Mais l'empressement de Sorel à défendre l'« idée de guerre envisagée sur un mode héroïque » ne le rendait pas aveugle aux moyens moins exaltés de la mener. Il savait que la guerre, comme toute autre vocation, pouvait être corrompue par la superposition d'éléments externes (pillage, ambition personnelle) aux éléments internes à sa pratique. L'impérialisme avait dépouillé la guerre de sa valeur morale, pensait-il. La « fin de la guerre » n'était « plus la guerre elle-même ». « Son but est de permettre aux politiciens de satisfaire leurs ambitions » – exploiter des populations soumises, et apaiser leurs propres populations en leur donnant des victoires faciles à célébrer. « Il est à espérer que les citoyens seront si

* Notons le parallèle religieux. La théologie de la Réforme, de celle qui influença Edwards et Pascal (et en fin de compte Sorel lui-même, par le biais de Pascal), insistait sur le fait que la véritable vertu réside dans l'indifférence pour les récompenses, célestes ou autres. Les libéraux religieux aux XVIIIe et XIXe siècles commençaient à avancer que Dieu distribue les récompenses en proportion exacte du mérite. La méritocratie paraissait fournir le seul principe rationnel de justice.

intoxiqués par le charme de la victoire qu'ils perdront de vue les sacrifices qu'ils sont amenés à supporter. » Dans ces conditions, les qualités internes spécifiques à la vocation militaire ne pouvaient plus fournir une source de vertu civique. Mais ce constat ne faisait que renforcer la nécessité d'une alternative morale sous la forme de la lutte des classes*.

Repli sur soi sectaire ou pétrification institutionnelle ?

L'idée de violence révolutionnaire chez Sorel était fort éloignée des idées avancées par des théoriciens de la violence ultérieurs comme Franz Fanon et Jean-Paul Sartre, qui mettaient en avant la force purifiante de la haine. Sorel comprenait que, bien que « la haine soit susceptible de provoquer le désordre, de mettre à bas une organisation sociale, de plonger un pays dans une période de révolutions sanglantes, (...) elle ne produit rien ». Comme Emerson, un écrivain qu'il n'avait probablement jamais lu, il croyait que seule la vertu permet de s'affranchir de la routine. Dans le passage où il critiquait sévèrement les réformes de l'armée maladroitement entreprises par Napoléon, il ajoutait cette pensée éminemment digne d'Emerson : « L'effort qui tend vers la perfection, qui se manifeste, malgré l'absence de toute récompense personnelle, immédiate et appropriée, constitue la secrète vertu qui assure le progrès continu du monde » (les italiques sont les siennes). Il retrouvait

---

* Sorel établissait une analogie entre les mercenaires qui combattaient dans les bataillons impérialistes et l'armée prolétarienne telle qu'elle était envisagée par les politiciens socialistes. Pour les politiciens, disait-il, « le prolétariat est leur armée, qu'ils aiment comme un administrateur colonial aime les troupes qui lui permettent d'enrôler un grand nombre de nègres sous son autorité ». Par le biais des mêmes promesses – pillage et revanche –, ils espéraient enrôler les ouvriers dans leur campagne afin d'obtenir le contrôle de l'État. La vieille distinction entre les armées mercenaires et les armées citoyennes, qui avait toujours été un fondement de la pensée républicaine, sous-tend cette analyse. Sorel voulait que les ouvriers deviennent des soldats citoyens et non des laquais, comme ils l'étaient.

cette vertu chez les soldats, chez les inventeurs, chez les artistes
et les hommes de métier, et aussi chez les figures exemplairement religieuses, qu'il portait aux nues avec une ferveur qui
pourrait étonner de la part de l'auteur de *Réflexions sur la
Violence*.

S'il subsiste quelque doute quant à la signification spirituelle
qu'il attachait à la lutte des classes, il devrait être dissipé par
les fréquentes comparaisons qu'il établissait entre le mouvement prolétarien et l'histoire des commencements de l'Église
chrétienne. Les premiers Chrétiens se pensaient, aux yeux de
Sorel, comme une « armée sainte » en guerre contre le démon,
et bien que leur rêve de « délivrance ne se concrétisât pas », le
rêve lui-même (comme le « mythe » de la grève générale, à son
époque) « produisait de nombreux actes héroïques, engendrait
une courageuse propagande, et était à l'origine d'un progrès
moral considérable ». L'analogie entre l'apocalypse chrétienne
et la grève générale éclaire la signification que Sorel attachait
aux mythes sociaux. Il ne les envisageait pas simplement
comme des fictions convenues, à écarter comme des illusions
ou de purs et simples mensonges. Ils guidaient les croyances
sur le monde, qui mêlaient perspicacité morale et aspiration
morale. Leur valeur « cash », aurait affirmé James, réside dans
leur capacité à mobiliser une inébranlable dévotion, à disci-
pliner le ressentiment, et donc à changer le monde pour le
meilleur. Sorel réservait le terme de « mythe » aux idéologies
qui incitaient aux qualités jadis associées au concept de vertu.
Le progrès, au contraire, était une « illusion », car il ne suscitait
que de la complaisance, la faisant alterner avec des « accès »
d'optimisme désenchanté.

Dans l'une des nombreuses allusions au Christianisme
premier de *Réflexions sur la Violence*, Sorel relevait que la
persécution des Chrétiens à l'époque romaine était, dans
l'ensemble, passablement clémente, que la torture et l'exécution ne s'appliquaient qu'épisodiquement, que les Romains
eux-mêmes n'attachaient que peu d'importance à ces incidents,
et que l'importance donnée à la persécution doit plutôt se
chercher dans la croyance des Chrétiens qu'elle annonce un
combat décisif opposant le bien au mal. La persécution ne

revêtait l'« aspect épouvantable et dramatique » qui était le sien
que dans le contexte de la mythologie chrétienne, qui ne signifiait rien pour les Romains. De la même façon, suggérait Sorel,
le combat entre le capital et le travail ne pourrait que conduire
à « quelques conflits mineurs », sans grande conséquence du
point de vue du capital. Ce qui importait, c'était que les
conflits entre capital et travail évoquent dans l'esprit du travailleur l'« idée de la grève générale », qui découragerait tout
compromis entre les forces antagonistes, comme l'attente de
la fin du monde prévenait tout compromis entre le Christianisme et Rome. Même lorsque le Christianisme accéda au
statut de religion officielle de l'empire, l'église considéra les
nouveaux arrangements strictement provisoires, et un sentiment de clivage radical entre Chrétiens et païens persista tout
au long des périodes ultérieures de compromis et de conciliation, afin d'être ravivé chaque fois que l'église empruntait trop
entièrement les chemins du monde.

Sorel souhaitait sans ambiguïté que le mouvement prolétarien, discipliné par les austères contraintes de la lutte des classes,
hérite du modèle revivifiant offert par les sectateurs de la Chré-
tienté. L'église, à son époque, comme l'armée – cette autre
source d'idéaux acharnés –, en était finalement arrivée, du point
de vue de Sorel, à un état terminal d'épuisement moral. Il souscrivait au constat d'Ernest Renan – le plus astucieux de tous,
pensait-il, pour avoir été proposé à un moment où tant de gens
« étaient en train d'annoncer la renaissance de l'idéalisme, et de
prévoir des tendances progressistes au sein d'une Église qui se
réconciliait lentement avec le monde moderne » – d'après lequel
« les deux seules forces qui ont résisté jusqu'à présent à la
déchéance de la vénération, l'armée et l'église, seront bientôt
entraînées par le courant ». La défection de l'armée et de l'église
laissait, pour Sorel, « une seule force » capable de soutenir un
« état d'esprit entièrement épique » – le mouvement ouvrier, qui
n'était pas organisé autour de revendications pour de plus hauts
salaires, mais autour de l'idée du contrôle de la production par
les producteurs.

Nous sommes aujourd'hui mieux en mesure, je le crois,
d'apprécier à la fois la valeur et les limites de la vision politique

de Sorel. Ces limitations ne résident pas dans son « culte de la violence ». Il espérait que le mouvement prolétarien « affinerait le concept de violence ». La violence telle qu'il l'entendait était si largement imaginée, comme Jack Roth le relève, qu'elle était suffisamment « compatible » avec une « résistance chrétienne non violente ». Le problème posé par l'approche de la politique par Sorel n'était pas qu'elle exaltait les passions brutes et l'« irrationalisme », et ouvrait donc la voie au totalitarisme, mais qu'elle était bien trop raffinée pour un usage ordinaire – trop rigidement séparée des quelques objectifs pratiques que pouvaient espérer atteindre les travailleurs.

Des critiques de Sorel mieux disposés ont relevé ce trait. « Ce qui l'attirait », comme l'observait justement G.D.H. Cole, « était la lutte, non la victoire. » Il est vrai qu'il aspirait au contrôle ouvrier des forces de production ; mais même ceci semblait moins figurer, dans son schème de pensées, comme un objectif que comme un effet secondaire de la lutte des classes. Une fois que les ouvriers en viendraient à penser par eux-mêmes, il deviendrait pratiquement hors de propos de savoir s'ils institutionnaliseraient leurs réalisations. L'« état d'esprit épique » était, en fait, dans son essence, rétif à l'institutionnalisation. L'héroïsme moral et le renouveau de la connaissance du métier – les deux grands objectifs du mouvement syndicaliste, tel que Sorel le comprenait – n'étaient pas entièrement compatibles, du moins pas dans la conception du syndicalisme de Sorel.

« L'art », écrivait-il, « est une anticipation du type de travail qui devrait être réalisé à un stade hautement productif de la société. » Le contrôle collectif du travail par les travailleurs ferait de chacun un artiste et remettrait par conséquent au goût du jour la fierté procurée par le bel ouvrage, à l'origine associée à la propriété de taille modeste. À lire Sorel, la supériorité du syndicalisme sur le socialisme résidait, en partie, dans l'estime qu'il portait à la propriété privée, considérée avec mépris par les Marxistes comme la source du provincialisme « petit bourgeois » et de l'arriération culturelle. Peu impressionnés par les diatribes marxistes contre l'idiotie de la vie rurale, les syndicalistes, pensait-il, estimaient les « sentiments d'attachement inspirés chez chaque travailleur véritablement qualifié par les forces de production qui lui étaient confiées ». Ils respectaient l'« amour du paysan pour son champ, son vignoble, son étable, son bétail, ses abeilles ».

Que Sorel parlât de ces possessions comme de choses « confiées » à l'homme montre combien il se démarquait radicalement des marxistes, qui partageaient avec les libéraux la conception d'une nature envisagée comme autant de matériau brut mis à la disposition de l'objectif de l'homme, au gré de sa convenance. Mais il se démarquait également des conservateurs, qui faisaient de la possession de la propriété un fétiche en tant que tel, ne voyant pas que sa valeur ne réside que dans l'encouragement apporté à l'approfondissement de la connaissance du métier, qui pouvait l'être par d'autres biais. « L'ensemble des vertus attribuées à la propriété ne signifierait rien sans les vertus que procure une certaine manière de travailler. » Ce n'était pas tant la propriété, que la possibilité d'inventer et d'innover, qui rendait le travail passionnant, et les mêmes avantages pourraient être recréés à l'intérieur des manufactures une fois que les ouvriers eux-mêmes commenceraient à exercer une responsabilité sur la définition des grandes lignes de la production.

L'enjeu s'imposait suffisamment de lui-même : la difficulté consistait à réconcilier les demandes pratiques d'un travail noble avec un « état d'esprit épique ». Sorel avançait, d'un côté, qu'» une formation technique moderne devrait avoir pour objectif de donner à l'ouvrier de l'industrie » les qualités d'un artisan ou d'un fermier accompli – faire de lui « un observateur, attaché au raisonnement », une personne « curieuse des nouveaux phénomènes ». Il appelait, d'un autre côté, les ouvriers à ne pas être « *raisonnables*, comme les sociologues professionnels veulent qu'ils soient », ni à circonscrire leur lutte contre le capital à des « querelles se limitant aux intérêts matériels ». Les questions matérielles, il les prévenait, ne fournissaient « pas plus d'occasion à l'héroïsme de se manifester que lorsque les syndicats agricoles discutent du prix du guano avec des marchands d'engrais ». S'il entendait par là que les ouvriers devaient imposer un contrôle sur l'industrie au lieu de simplement négocier un partage plus important des profits, son conseil était un conseil de bon sens syndicaliste. Il n'en restait pas moins quelque peu mystérieux de savoir comment les ouvriers en viendraient à assurer un contrôle de l'industrie sans discuter du prix du guano, et d'autres problèmes terre à terre. Trop d'emphase portée sur l'héroïsme pouvait facilement faire dévier le mouvement syndicaliste de la question du contrôle ouvrier de la production vers la pompe et le spectacle des grèves, qui ne laissaient, derrière une histoire légendaire, aux générations suivantes, qu'un simple arrière-goût – comme dans le cas de l'I.W.W. (Industrial Workers of the World) aux États-Unis –, mais rien sur le plan des réalisations concrètes.

Sans l'idéologie fondatrice que constituait le contrôle ouvrier de la production, le syndicalisme pouvait aisément dégénérer en une mystique du « combat » autosuffisante. Sans sa composante « épique », d'un autre côté, il dégénérerait dans la direction opposée, produisant une abondance de propositions « rationnelles » visant à une réorganisation industrielle qui échouerait néanmoins à générer plus d'enthousiasme. Le mouvement syndicaliste devait se confronter au même dilemme qui avait déconcerté l'église chrétienne tout au long de son histoire, le choix entre les alternatives, également insatisfaisantes, du repli sur soi sectaire et de la pétrification institutionnelle. Quel bien apportait une religion qui n'était pratiquée que par une poignée de zélotes, revendiquant chacun sa propre révélation spécifique, et n'accordant obéissance qu'à sa voix intime ? Quel bien apportait une religion de rituels publics et de formules creuses, ensemble imposés par une discipline hiérarchique ? Si le syndicalisme restait une secte, unie seulement par des vœux de pureté révolutionnaire, il ne réaliserait rien d'autre que le salut de son âme. Mais s'il renonçait au mythe de la grève générale, et commençait à ne se soucier que des détails pratiques de production, il perdrait de vue l'intuition qui le rendait en premier lieu attirant – celle qui veut que la vie puisse être vécue à un niveau plus élevé, comme Emerson l'aurait affirmé.

L'enjeu, naturellement – en politique comme en religion –, consistait à maintenir ces éléments inconciliables dans une sorte de tension, de telle manière qu'aucun n'éclipse l'autre.

Seul un théoricien aussi peu structuré que Sorel pouvait réussir cette gageure aussi brillamment. Sa faiblesse la plus évidente – son incapacité à élaborer une pensée systématique – lui permit de vivre avec des contradictions que des esprits plus méthodiques auraient pu être tentés de résoudre.

L'esclavage du salariat et l'« État de la servilité » : G. D. H. Cole et le socialisme de la Guilde

Au cours des premières décennies du XXᵉ siècle, une période d'instabilité et d'effervescence pour le *British Labor Movement*, le syndicalisme, observait G.D.H. Cole en 1913, « soulevait les agités, les mécontents, et les extrémistes »[3]. Beatrice Webb, qui personnifiait le socialisme fabien et était par conséquent la cible du mépris syndicaliste, admettait en 1912 que le syndicalisme avait « pris la place du Marxisme périmé ». Elle notait avec désapprobation qu'il attirait également le « jeune ouvrier pédant », dont la langue s'emballait dès qu'il récitait les « phrases du syndicalisme français au lieu de celles de la social-démocratie allemande », et l'« idéaliste bourgeois inexpérimenté » qui accueillait le nouveau mouvement comme une « nouvelle et excitante Utopie ».

Utopique ou non, le syndicalisme présentait les défauts du socialisme parlementaire. Il apparaissait sur la scène à un moment où beaucoup commençaient à se demander si le « socialisme étatique », une étiquette accolée au programme fabien par ses adversaires, constituerait une innovation de quelque importance par rapport au « capitalisme étatique », qui était en train d'émerger comme un résultat de la dépendance grandissante des firmes à un gouvernement fort. Hilaire Belloc attirait l'attention sur les dangers de la centralisation dans *The Servile State* (1912), un ouvrage qui laissa une profonde impression, y compris à ceux qui rejetaient son appel en faveur d'un renouveau de la propriété de modeste envergure. Presque tout le monde à gauche, syndicalistes comme socialistes, tenait maintenant pour acquis que la propriété de taille modeste était une chose du passé. « La manufacture en est

venue à s'imposer », disait Cole, « et la machine en est venue
à s'imposer (...) Nous ne pouvons (...) revenir en arrière. » Cela
ne signifiait pas pour autant que les problèmes de la société
moderne pouvaient être réglés par le renforcement des pouvoirs
de l'État. La solution fabienne, avançait Cole, était « résolument mauvaise », et la contribution de Belloc était décisive,
qui montrait de quelle manière « l'énorme extension de la
sphère d'intervention étatique (...) conduisait à l'affrontement
entre un homme réduit à l'état de pygmée et un gigantesque
Léviathan, et donnait lieu à une situation extrêmement défa-
vorable pour la liberté personnelle ».

Aucun radical anglais de quelque importance n'était
d'accord avec les syndicalistes pour dire qu'« une action
directe » pouvait entièrement remplacer l'action politique, mais
bon nombre d'entre eux convenaient que les partis politiques
ne réaliseraient jamais quoi que ce soit d'eux-mêmes. Les
Fabiens, qui s'étaient emparés de l'*Independent Labour Party*,
espéraient obtenir le contrôle du Parlement, et mettre en pratique le socialisme par le biais d'une réforme législative. Mais
« si vous placez votre confiance dans les méthodes politiques
pour réaliser des réformes industrielles », les prévint franche-
ment S.G. Hobson au *Trades Union Congress* en 1913, « alors,
vous êtes des fous criminels ». Hobson, un socialiste de la
Guilde, faisait remarquer que plus de quarante membres du
Labour Party avaient été élus au Parlement en 1906, mais que
les conditions de travail continuaient à se dégrader. Cole avançait en 1913 que le *Labour Party* ne pourrait jamais espérer
devenir majoritaire. Ses objections, cependant, au Fabianisme
– dont un grand nombre s'appliquait aussi bien au socialisme
marxiste –, allaient bien au-delà de simples considérations tactiques. Marx avait infecté les socialistes d'un « fatalisme économique », affirmait-il, qui les avait fait consentir à la
centralisation, et à un contrôle par le haut de l'industrie qu'ils
envisageaient comme les conditions préalables incontournables
à l'efficacité économique. Loin de prendre des initiatives
concrètes afin de contrecarrer l'autorité hiérarchique sur le lieu
de travail, ils misaient tout sur l'espoir que les partis politiques
pourraient prendre le contrôle de l'État. Les sociaux-

démocrates et les socialistes révolutionnaires ne se querellaient qu'au sujet des modalités de réalisation de cet objectif. Aucun des deux camps ne paraissait comprendre qu'un changement de maîtres n'apporterait que très peu à la classe ouvrière. L'objectif était de se débarrasser totalement des maîtres, et de rendre les ouvriers « capables » d'exploiter l'infrastructure industrielle par eux-mêmes.

Cole se doutait à juste titre que la plupart des socialistes n'avaient aucun intérêt à souscrire à ce projet, et aucune confiance dans la capacité des ouvriers à s'emparer un jour du contrôle de la production. Beatrice Webb, parlant manifestement au nom des Fabiens dans leur ensemble, écrivait dans son journal, « Nous n'avons que peu de foi en l'« homme du milieu », nous ne croyons pas qu'il puisse faire beaucoup plus qu'égrener ses doléances, nous ne pensons pas qu'il puisse de lui-même prescrire ses remèdes. » Les Fabiens n'essayaient pas, même en public, de dissimuler leur mauvaise opinion des ouvriers qu'ils déclaraient soutenir. La Démocratie, avançaient les Webb [4], ne nécessitait qu'un « assentiment à des résultats », pas une participation aux délibérations grâce auxquelles ils étaient atteints. Cette conception de la Démocratie était beaucoup trop limitée et désillusionnée pour convenir à Cole et aux autres socialistes de la Guilde*.

Ceux que Cole et ses amis appelaient des socialistes étatistes, ou « collectivistes », n'envisageaient la justice sociale que comme un levier, qui permettrait de mettre en œuvre une

---

* Cole critiquait également l'idéal cosmopolite que partageaient les Fabiens et les Marxistes. Il croyait en la valeur des allégeances nationales, et pensait que le socialisme aurait à se fonder sur un respect pour les traditions culturelles spécifiques. Le mythe socialiste du travailleur en homme déraciné, « cosmopolite uniquement soucieux des différences de classe », une sorte d'essence désincarnée de l'exploitation, était simplement aussi abstrait et « irréel », aux yeux de Cole, que l'« "homme économique" des économistes plus anciens ». Le cosmopolite obsédé par les différences de classe était, en effet, le descendant direct de l'homme économique ; là encore, le mouvement socialiste rejoignait fortement les idéologies libérales qu'il affirmait rejeter.

distribution plus équitable des biens de consommation produits en masse par la technologie moderne. Le socialisme était pour eux, selon Cole, une « proposition commerciale » ; ils oubliaient qu'il était une « proposition humaine aussi ». Plaçant leur foi dans l'État, ils « oubliaient que l'État ne peut (...) être meilleur que les citoyens, et qu'une extension des pouvoirs de l'État, à moins que les citoyens soient capables de contrôler le gouvernement, ne se résumerait qu'à un transfert d'autorité du capitaliste au bureaucrate ». Les collectivistes envisageaient les choses d'un point de vue de consommateur. Ils affirmaient, disait Cole, qu'une « production à grande échelle » était la « méthode la moins coûteuse et la plus efficace », et qu'une production à grande échelle devait être contrôlée d'un centre. Ils affirmaient que les ouvriers resteraient encore sous le socialisme ce que Cole appelait un « rouage de la machine », mais qu'ils se soumettraient volontiers à la discipline de l'usine pourvu que leur situation matérielle en soit notablement améliorée. Les plaisirs de la consommation compenseraient la monotonie du travail.

Les socialistes de la Guilde avaient appris de William Morris que la défense du socialisme devait s'appuyer sur le droit à tirer fierté et joie de son travail. Cole avait été « converti » au socialisme par un roman utopique de Morris, *Nouvelles de nulle part*, qui justifiait le socialisme sur la base de ce que Cole présentait comme des arguments de « morale, de décence, et de sensibilité esthétique ». C'était une erreur que de plaider en faveur du socialisme au motif que les travailleurs avaient un « droit sur le produit entier de leur travail ». Même les syndicalistes souscrivaient à la théorie de la valeur du travail. Ils avaient la possibilité de défendre une « cause bien plus raisonnable », aux yeux de Cole, à condition de renoncer aux « théories économiques abstraites », de laisser la « théorie de la valeur s'occuper d'elle-même », et d'adopter « une éthique concrète et de bon sens ». La justice et la convenance suggéraient toutes deux que « le producteur devait contrôler le plus entièrement possible ses conditions de travail ».

Le contrôle ouvrier de la production offrait le seul remède à l'apathie, et le seul fondement solide à une citoyenneté démocratique. Le travail salarié revenait à une forme d'esclavage, et c'était sur ces bases qu'il fallait s'opposer à lui.

> Personne ne réalise suffisamment, y compris les socialistes – spécialement les Marxistes –, que la question entière du contrôle de l'industrie n'est pas économique, mais bien éthique. La tentative de fonder une « justice » sur la théorie de la valeur ranime la vieille conception du droit naturel individuel dans sa forme la moins défendable. Le droit de la main d'œuvre à une vie de confort et d'accomplissement personnel n'a que peu à voir avec la question de savoir si elle crée ou non de la richesse.

Les socialistes défendaient « une paye d'une journée raisonnable pour un travail d'une journée raisonnable » au lieu de s'attaquer au système du salariat lui-même, la véritable source de la souffrance du travailleur. L'esclavage, non la pauvreté, était le « mal fondamental ». Les socialistes « se focalisaient sur la misère matérielle du pauvre sans réaliser qu'elle repose sur l'avilissement spirituel de l'esclave ».

La tentative de réconcilier syndicalisme et collectivisme

Les socialistes de la Guilde tenaient les syndicats ouvriers pour des gouvernements à l'état embryonnaire, pas simplement comme des agences à travers lesquelles les travailleurs avaient la possibilité de négocier de plus hauts salaires et de meilleures conditions de travail. En se référant aux syndicats comme à des « corporations », ils n'entendaient pas remettre au goût du jour un système médiéval de production, bien que certains d'entre eux, notamment A.J. Penty, témoignaient, depuis leurs lectures des œuvres de Ruskin et Morris, d'une admiration durable pour le Moyen Âge. Cole rappelait à ses lecteurs que « le XXe siècle n'est pas le XIVe », mais il croyait encore que le terme de « corporations » permettait d'attirer l'attention sur une « moralité dans l'industrie que nous avons perdue et qu'il est important de restaurer ». Les syndicats devaient être conçus avec bien plus d'ambition que par le passé. Avec un encouragement approprié, ils pourraient devenir des structures de

formation, l'équivalent moderne de l'apprentissage, où les
ouvriers pourraient acquérir le savoir technique sans lequel ils
ne pouvaient espérer exproprier les capitalistes. Les syndicats
prendraient en outre également en charge les missions de sécurité sociale dévolues à l'État. Ils répartiraient les pensions de
retraite, les indemnités de maladie, les assurances accidents, et
« plus encore », soutenait S.G. Hobson. En soumettant un
spectre entier d'enjeux essentiels à la décision collective des
travailleurs, ils en feraient de « meilleurs citoyens » – l'examen
ultime, aux yeux d'Hobson, de tout système de gouvernement.
Ils mettraient également en avant la camaraderie et la solidarité,
et feraient donc obstacle aux effets destructeurs du capitalisme
industriel.

Pour le rédacteur en chef de *New Age*[5], A.R. Orage, la
réduction du travail à une marchandise – l'essence du « salariat » – nécessitait l'élimination de l'ensemble des liens sociaux
qui entravaient la libre circulation du travail. La suppression
des corporations médiévales, le remplacement d'un gouvernement local par une bureaucratie centralisée, la fragilisation des
liens familiaux, et l'émancipation des femmes se résumaient
aux « étapes successives du (...) rabaissement du matériau brut
du travail », parfaitement achevé sous le « mot d'ordre » de
progrès. Puisque le travail salarié dépendait de l'« atomisation
progressive de notre système social », ceux qui s'y opposaient
auraient à transformer les syndicats en agences de cohésion
sociale et de croyance civique.

Parce que les syndicalistes espéraient fonder l'ordre nouveau
sur les syndicats, et non sur le parti et l'État, les socialistes de
la Guilde les accueillaient, avec certaines hésitations, comme
des alliés dans leur lutte contre le collectivisme. Le syndicalisme, croyaient-ils, réaffirmait le point de vue des producteurs.
Il refusait de mettre en équivalence le socialisme avec une
simple distribution plus équitable des biens de consommation.
Il reconnaissait le conflit implacable entre capital et travail, et
rejetait la possibilité d'un compromis. Il condamnait un socialisme parlementaire au motif que ce dernier se contentait
d'élever les membres les plus dynamiques du mouvement
ouvrier vers la classe moyenne, où ils oubliaient bientôt leurs

principes révolutionnaires. Pour toutes ces raisons, le syndicalisme – « duquel les socialistes de la Guilde apprirent beaucoup », écrivait Cole en 1920, « aux premiers jours de leur
propre mouvement » – représentait une avancée considérable
par rapport au socialisme orthodoxe.

Mais le syndicalisme se voyait opposé des objections. Il allait
trop loin dans sa défense des intérêts des producteurs, oubliant
la nécessité pour une structure de gouvernement – l'État – de
protéger les intérêts des consommateurs. Le socialisme de la
Guilde, selon ses partisans, combinerait les traits les meilleurs
des programmes socialiste et syndicaliste. Le système de la
Guilde prônait la nationalisation de l'industrie, non comme
une panacée, mais comme une condition préalable essentielle
à l'autonomie de la classe ouvrière. Sans nationalisation, la
transformation des syndicats en corporations resterait incom-
plète, puisque l'industrie serait encore gouvernée par le besoin
de réaliser des profits. Des syndicats puissants, d'un autre côté,
réduiraient à néant le danger d'un « État de la servilité ». L'État
pourrait être chargé en toute sécurité de pouvoirs de coordination en matière de production et de distribution aussi
longtemps que les corporations auraient la mainmise sur les
décisions les plus importantes. Pour « ceux qui avaient attrapé
la fièvre venant de France », pour reprendre l'expression de
Cole, une « action directe » et un contrôle local étaient devenus
des obsessions, comme la nationalisation était devenue une
obsession pour les Fabiens. La défense de l'échelon local était
une « attitude désespérée » ; « seul un contrôle centralisé » pouvait « répondre aux besoins de la guerre industrielle moderne »,
et à la planification industrielle moderne.

L'intransigeance du syndicalisme, particulièrement dans la
version défendue par Sorel, offensait le sens pratique britannique. Les radicaux anglais ne savaient que faire du « mythe
de la grève générale » de Sorel. Bertrand Russell, au cours de
la brève période où il adhéra au socialisme de la Guilde, avait
mis en garde les ouvriers sur le fait que, s'ils « étaient amenés
à croire que la Grève Générale n'est qu'un pur mythe, leur
énergie flancherait, et leur vision du monde sombrerait entièrement dans la désillusion ». Tout en ressentant la nécessité

d'un antidote à l'« apathie » et à la « stupidité » du *British Labor Movement*, les socialistes de la Guilde trouvaient le syndicalisme trop exotique à leur goût. Certaines de ses tares, pensait Cole, découlaient de la survivance, en France, de la production à petite échelle, qui incitait les partisans de Sorel à sous-estimer la nécessité d'un contrôle centralisé. Les syndicalistes, en général, attachaient trop peu d'attention aux détails pratiques d'organisation, excitant les ouvriers au lieu de les préparer à la confrontation finale avec leurs maîtres. Que la grève générale ait été conçue comme un mythe ou comme un événement concret, elle était, dans l'opinion de Cole, « grotesquement irréalisable, et même dépourvue de tout attrait immédiat ». « L'ouvrier anglais est bien trop solidement organisé, et bien trop conservateur par nature, pour effectuer un tel saut dans l'inconnu. »

Adoptant un discours qui se rapprochait en partie de celui de Burke, Cole défendait, sans se priver de ricaner, l'assommant sérieux britannique contre l'extravagance gauloise. « Dans des pays comme l'Angleterre, douloureusement affligés par l'art du compromis, et « s'en tirant tant bien que mal », les idées gagnent plus à être transformées en « propositions commerciales » qu'à être artistiquement et dramatiquement exprimées. » Il reprochait, en même temps, aux Fabiens de ne faire du socialisme qu'une « proposition commerciale ». C'était cette posture intellectuelle délicate qu'il essayait d'approfondir ; au lieu de « réconcilier » syndicalisme et collectivisme, il se montrait pourtant en permanence sur le point de ne plus tenir cette ligne argumentative pour tomber dans le camp du « socialisme d'État ».

Le syndicalisme était « paralysé par la théorie », affirmait Cole ; les socialistes de la Guilde le mettraient en pratique. Hobson assurait aux *Trades Union Congress* qu'ils s'étaient « donnés du mal pour élaborer un programme constructif ». Leurs efforts pour faire doucement redescendre le syndicalisme sur terre, quoi qu'il en soit, étaient plus destinés – comme nous pouvons le voir avec le recul – à se terminer par un plongeon final dans un fatras de propositions et de contre-propositions, de recommandations et de révisions, de plans d'organisation et de constitutions de papier, où brillait rarement la lumière limpide d'un dessein moral. Plus les socialistes de la Guilde se démenaient pour s'instruire des modalités d'un schème idéal de gouvernement, plus ils avaient de raisons de concéder à l'exigence des Fabiens de faits et de schémas, de réformes réalisables, de règles et de règlements précisément articulés, de preuves démontrables qu'une justice sociale n'interférerait en rien avec l'efficacité économique.

Dans *Guild Socialism Restated* (1920), Cole tentait de minutieusement expliquer les procédures par lesquelles les ouvriers, dans chaque industrie, éliraient leurs dirigeants, les garanties légales contre la révocation arbitraire de ces derniers, les mécanismes qui réguleraient les relations entre les diverses corporations, les pouvoirs de coordination du Congrès des Guildes Industrielles (*Congress of Industrial Guilds*), le système de représentation qui protégerait les consommateurs d'abus de la part des corporations, les conditions sous lesquelles les petits fermiers et les propriétaires indépendants seraient autorisés à exister, et l'ensemble des difficultés qui auraient à être envisagées au cours de la période de « transition » vers un État socialiste pleinement développé. Personne n'aurait pu l'accuser d'exprimer des idées « d'une manière artistique et dramatique ». S'il démontrait bien quelque chose, c'était que lui et ses compagnons, « hommes de corporations », pouvaient rendre le socialisme presque aussi soporifique que le faisaient les Fabiens.

Il admettait qu'une « discussion sur les méthodes de choix des porte-parole dans un système démocratique industriel paraissait peut-être quelque peu assommante et détaillée ». Il restait pourtant inébranlable dans sa conviction qu'il était nécessaire « de poser la question » du socialisme « plus pratiquement ». Il savait que « chaque représentation (...) du travail d'une organisation sociale » était loin « d'être une représentation de la vie réelle de la collectivité », puisqu'elle excluait l'« esprit non organisé du peuple ». Il était conscient de l'« impossibilité pour un théoricien, qui entend planifier un système social pour le futur, d'invoquer cet esprit, bien qu'il sache que son travail, précisément en raison de son absence, court un grand risque de paraître irréel, et sans rapport aucun avec les besoins humains les plus profonds. » Cole, en démocrate, ne pouvait se permettre d'ignorer ces besoins, comme le faisaient les Fabiens. Pourtant, tant qu'il accepterait les contraintes du discours politique britannique – les contraintes de « mise en pratique » –, il n'aurait aucune possibilité de s'adresser à eux très efficacement. Loin de faire des « besoins humains les plus profonds » son point de départ, il pouvait seulement s'y reporter comme à une réflexion de dernière minute, se souvenant qu'un « esprit non organisé » ne devrait pas se perdre dans la rage de l'organisation. Il était trop honnête pour dissimuler à sa conscience inquiète qu'une telle procédure laissait quelque peu à désirer. « L'impression donnée par cet ouvrage », il l'admettait, « (...) est peut-être celle d'une terrible et déroutante complexité de l'organisation sociale, dans laquelle l'individu se perdra*. »

Du contrôle ouvrier à la « communauté » : l'absorption du socialisme de la Guilde par la social-démocratie

Ses concessions au socialisme fabien allaient bien au-delà de questions de style argumentatif. Il fit également des concessions substantielles, qui réduisirent à néant une grande partie de l'attrait potentiel du socialisme de la Guilde. Ayant déclaré avec impudence, dans *The World of Labour*, que lorsque le socialisme ignorait le producteur, il devenait une « théorie morte incapable d'inspirer l'enthousiasme ou d'occasionner un changement de cœur », il recula très vite en rappelant prudemment que les intérêts du producteur devaient être mis en

---

* « J'assume la part entière de blâme qui me revient », écrivait Cole dans *The Next Ten Years* (1929), pour les « excès dans l'élaboration du système socialiste de la Guilde. » Le mouvement avait pris le « mauvais tournant », disait-il, « dès lors qu'il avait cessé d'être une idée et ambitionné d'être un système. Alors la vie s'était retirée de lui. »

balance avec ceux du consommateur. S'il négligeait le consommateur, disait-il, le socialisme « tomberait dans un égoïsme de clocher, et perdrait l'élément de communauté et de fraternité dans l'individualisme et l'estime de soi ».

La difficulté avec cette formule, typiquement judicieuse, était que les travailleurs étaient plus censés trouver « communauté et fraternité » dans l'« égoïsme particulier » de la lutte des classes que dans des propositions prudemment mises au point en vue d'une nouvelle constitution où l'intérêt de chacun trouverait des mécanismes appropriés de représentation. « L'individualisme et l'estime de soi », des vertus trop longtemps monopolisées par les capitalistes, étaient exactement ce dont les travailleurs avaient besoin, relevait Sorel, afin de venir à bout des habitudes serviles de pensée. Les travailleurs avaient, plus que jamais, besoin de se faire entendre dans le présent immédiat, pas dans quelque lointain futur socialiste. Ce qui rendait le syndicalisme attirant n'était pas simplement son rejet du compromis, mais son refus de remettre à plus tard. Sorel ne s'inquiétait pas de la « transition » vers une nouvelle organisation sociale. Il ne pensait même pas à une nouvelle organisation sociale comme à l'objet de l'action politique. L'objet de l'action politique était précisément de gagner individualisme et estime de soi, et les travailleurs pouvaient y parvenir, pensait Sorel, sans attendre la révolution.

Les socialistes de la Guilde appréciaient l'importance des initiatives immédiates qui prépareraient les ouvriers à la gestion de l'industrie. Leur insistance sur le lien entre le contrôle ouvrier et la nationalisation de l'industrie avait, quoi qu'il en soit, tendance à affaiblir la « demande naissante en faveur d'un contrôle de l'industrie (...) en gestation au sein du syndicalisme ouvrier », en dépit de l'accent que mettait Cole sur l'importance d'une « propagande constante en faveur du contrôle ouvrier ». Il conseillait au mouvement ouvrier « de ne pas placer excessivement sa confiance entre les mains de l'État et du public », mais il faisait encore de la nationalisation la condition préalable, l'« étape intermédiaire vers la mise en pratique du contrôle ouvrier ». Bien qu'il comprît que l'autonomie des producteurs ne serait jamais effective tant que l'industrie res-

terait hautement centralisée, il rejetait la possibilité d'un retour
immédiat à la production artisanale et aux marchés locaux. La
décentralisation restait une perspective lointaine, avec laquelle
les travailleurs se consolaient, semblait-il, tout en travaillant à
des réformes immédiates qui auraient inévitablement l'effet
inverse. Cole ne pouvait fournir une justification convaincante
à sa croyance que la décentralisation suivrait d'une manière ou
d'une autre la nationalisation. Pas plus ne pouvait-il expliquer,
d'ailleurs, comment une nationalisation devait être en premier
lieu mise en œuvre, dans la mesure où le *Labour Party* ne
pouvait espérer, comme il l'estimait lui-même, obtenir une
majorité parlementaire. Il pouvait seulement espérer, ce qu'il
affirmait dans *Guild Socialism Restated*, une fois le travail placé
sous le contrôle de l'État, que « se produirait, chez le producteur comme chez le consommateur, une forte demande en
faveur de biens de meilleure qualité (...), et que cette situation
entraînerait l'adoption d'un nouveau standard de compétence
professionnelle, et un retour, à une échelle considérable, à la
production artisanale ».

Même au paroxysme de son influence, le socialisme de la
Guilde s'était de cette façon trop profondément compromis
avec la social-démocratie et l'idéologie du progrès pour fournir
une opposition efficace aux tendances dominantes à l'œuvre
dans le mouvement ouvrier. Les socialistes de la Guilde se
considéraient comme membres à part entière d'un « mouvement progressiste » ; ils ne souhaitaient pas se retrouver relégués
par l'histoire. Ils avaient assimilé une bonne dose de la pensée
de Sorel, mais faisaient montre de peu d'intérêt pour sa critique
du progrès. La plupart d'entre eux renoncèrent tout à fait au
socialisme de la Guilde dès que le déroulement des événements
publics, au cours des années vingt, délimita drastiquement les
contours du débat politique.

La révolution bolchevique faisait qu'il était plus difficile que
jamais de résister à l'affirmation d'après laquelle l'« esclavage du
salariat » ne pouvait être supprimé que par la conquête socialiste
de l'État. Lénine et Trotsky paraissaient avoir donné raison à
cette position ; la seule question qui semblait maintenant
importer consistait à savoir si les socialistes parviendraient au

pouvoir par le biais de méthodes révolutionnaires ou par celui de méthodes parlementaires. L'opposition au socialisme parlementaire adoptait, au cours des années vingt, la forme du communisme, pas celle du syndicalisme. Les partis communistes occidentaux, actifs et agressifs, s'accaparaient le militantisme révolutionnaire qui avait à l'origine été associé au syndicalisme, alors que ceux qui considéraient une prise de pouvoir révolutionnaire comme un fantasme puéril, comme le faisait Cole, se retrouvaient pris dans une alliance avec les sociaux-démocrates.

La dépression économique qui suivit la guerre incitait les travailleurs à camper sur une posture défensive. Confrontés à une menace immédiate sur leur niveau de vie et la survivance de leurs syndicats, les ouvriers perdaient tout intérêt pour la question du contrôle de la production. Cole prédisait, en 1913, que la lutte portant sur la gestion scientifique se terminerait soit par l'un des « plus grands pas en avant » jamais effectués vers le contrôle ouvrier de la production, soit par la « défaite la plus écrasante des travailleurs ». Au début des années vingt, pourtant, les syndicats avaient fini par accepter la gestion scientifique (comme l'avaient fait les bolcheviques, pour des raisons différentes), afin de concentrer tous leurs efforts sur le maintien des niveaux de salaire qui avaient été fixés pendant la guerre.

L'émergence du communisme, comme la détérioration des conditions de travail, renforçaient le *Labour Party* – le seul contrepoids efficace, semblait-il, à la menace combinée des employeurs réactionnaires et des révolutionnaires irresponsables. À la fin des années vingt, une majorité travailliste au Parlement ne paraissait plus impossible, et Cole se consacrait désormais à élaborer un programme à court terme autour duquel pourrait s'unir le *Labour Party**. En 1929, il annonçait

---

* Dans *Socialist Control of Industry* (1933), il avançait assez explicitement que l'autonomie de la classe ouvrière aurait à attendre, pour s'imposer, qu'un gouvernement travailliste ait nationalisé les forces de production : « Lorsque nous aurons appliqué nos schèmes de socialisation à l'organisation du travail, nous pourrons rapidement commencer à déléguer la responsabilité en leur sein ; mais nous ne

à la Société fabienne que, « dans les circonstances présentes », le socialisme avait plus besoin d'« écrivains à la prose sobre » que de « poètes ». La même année, il publiait *The Next Ten Years in British Social and Economic Policy*, une défense à l'arraché de la social-démocratie. Il avançait désormais, comme les Fabiens l'avaient toujours fait, que le travail industriel contenait un élément irréductible de pénibilité, et que les ouvriers auraient à trouver ailleurs un épanouissement personnel dans le loisir et la consommation de masse. Il écartait l'espoir des socialistes de la Guilde de faire revivre la joie procurée par le travail artisanal comme « notre forme particulière d'hypocrisie ». Il rejetait l'« idée d'un art de gouverner comme discipline morale ». *Guild Socialism Restated*, et sa description sophistiquée d'une nouvelle forme d'organisation sociale, le frappait maintenant comme une « utopie pensée par une personne politiquement préoccupée ». Il décidait qu'il y avait « beaucoup à dire », à la réflexion, « sur la suprême maxime de la conduite politique que résume la formule « le plus grand bonheur du plus grand nombre » ». Les socialistes de la Guilde, disait-il, avaient exagéré la capacité de l'homme du milieu à la citoyenneté. Ils avaient échoué à faire avec la « grande force du conservatisme » – son refus de commettre l'« erreur de supposer que l'homme ne cesse d'être un animal politique actif ».

Comme beaucoup d'autres libéraux et sociaux-démocrates, Cole se montrait, au cours des années vingt et trente, de plus en plus attiré par la psychologie sociale. Il s'avouait impressionné par les apports de la psychologie qui semblaient donner raison à son soupçon suivant lequel les socialistes de la Guilde avaient adopté une vision trop généreuse de la nature humaine. Les hommes et les femmes souhaitaient loisir et sécurité, pas l'âpre gratification que procure l'accomplissement personnel. Les peurs et les anxiétés irrationnelles jouaient un rôle plus important dans la conduite humaine que ce qu'en avaient

___

pouvons nous permettre d'encourir un échec et la confusion qui l'accompagnerait en tentant d'être trop "démocratiques » dès le tout début. »

supposé ses amis et lui. Au cours des années trente, Cole finissait par envisager le fascisme comme la preuve la plus évidente du fait que les « pulsions irrationnelles de l'esprit humain » seraient exploitées par la droite si la gauche se montrait incapable de satisfaire ce besoin de sécurité. Privé de sécurité, l'homme serait « rejeté simplement vers son sous-moi irrationnel et amoral, qui est dominé par l'appétit et susceptible de croire tout ce qui servira ses fins dictées par l'appétit ».

L'inquiétude de Cole face à la « société de masse » le ramenait finalement vers une position qui évoquait vaguement le socialisme de la Guilde, mais il voyait désormais l'antidote à l'« énormité », non pas dans l'atelier autonome, mais dans la notion bien plus nébuleuse de « communauté ». Dans la mesure où il souscrivait encore à l'idée qui voulait que la centralisation soit une condition impérative et inévitable de la technologie et de la politique modernes, et puisque le *Labour Party* avait depuis longtemps « abandonné l'objectif du contrôle ouvrier », observait Robert Dahl en 1947, il devait se réfugier dans le fragile espoir que de « petits groupes », s'ils pouvaient se voir accorder une « place fonctionnelle dans la société », iraient à l'encontre de la « tendance à la bureaucratisation ». « Nous devons (...), sans délai, accepter l'énormité comme l'environnement caractéristique de la société à venir, et découvrir comment ne pas nous y noyer. »

Dans les années quarante et cinquante, Cole critiquait le *Labour Party* pour avoir défendu un programme de « nationalisation supplémentaire » pour lequel « personne ne ressent de l'enthousiasme ». Le parti, disait-il, avait succombé à la « tendance à la centralisation et au contrôle autoritaire, qu'il aurait dû avoir pour mission de combattre ». Il souscrivait encore au développement de l'État-providence, alors même que ce dernier prenait en charge des services à l'origine assurés par les familles, les sociétés d'entraide mutuelles, et le voisinage, et ébranlait de cette façon les « petits groupes » qu'il entendait préserver.

La redécouverte par Cole de la « vie communautaire » coïncidait avec une autre période de dégoût, au sein de la gauche britannique, pour la tradition socialiste dominante. Ce fut dans les années cinquante que E.P. Thompson fit redécouvrir William Morris, pendant que Raymond Williams mettait à jour, dans la critique conservatrice de la culture moderne, des aperçus insoupçonnés. Cole se tournait lui-même à ce moment-là vers les études historiques. Son *History of Socialist Thought* distinguait, pour les célébrer spécialement, des personnalités méprisées ou dénigrées à la fois par les Marxistes et les Fabiens : Fourier, Proudhon, Bakounine, Kropotkine, Ruskin et Morris. Le travail de Cole, au cours de la dernière partie de sa carrière, contribua de cette façon à une dynamique nouvelle école de recherche historique, et plus généralement à l'émergence de la nouvelle gauche, qui tenterait une nouvelle fois de combiner le socialisme à la mise en avant du localisme et de la « communauté » – sans plus de succès, en fin de compte, que les socialistes de la Guilde à leur époque. Les échecs répétés de ce type indiquent que la prémisse de base de la pensée progressiste – le postulat qui veut que l'abondance économique prime sur tout le reste, qui conduit inévitablement à une acceptation de la centralisation de la production et de l'administration comme le seul moyen de l'atteindre – doit être rejetée. Tant qu'elle ne le sera pas, la « communauté » restera un slogan vide de sens.

La critique progressiste et social-démocrate
du syndicalisme américain

Le syndicalisme et le socialisme de la Guilde, à la différence des « mouvements progressistes » qui finirent par les éclipser, lançaient un impressionnant défi au système du salariat – le dernier défi de ce type, comme il s'avéra. Ils s'appuyaient sur une croyance partagée, d'après laquelle l'enjeu capital des temps modernes était, non la pauvreté, mais bien « l'esclavage ». Ils divergeaient, cependant, sur un point : le degré de compromission avec le progrès auquel ils étaient respectivement prêts à consentir. En Angleterre, le socialisme de la Guilde était finalement absorbé par la social-démocratie. En France, le mouvement syndicaliste, égal à lui-même, restait intransigeant ; à la suite de son effondrement, aux alentours de 1910, les syndicalistes eurent tendance à graviter de l'extrême gauche à l'extrême droite. Pour les syndicalistes français, l'état d'esprit servile qu'on disait encouragé par le travail salarié ne pouvait être contrecarré que par un mouvement de défense des idéaux, mis au rebut, d'honneur, de gloire, et de « pessimisme ». Les socialistes de la Guilde, plus fortement attachés à la Raison, manifestaient peu d'enthousiasme pour l'austérité et l'abnégation. Ils se montraient plus concernés par la question pratique qui consistait à démontrer de quelle manière le contrôle ouvrier pouvait être réconcilié avec les apports technologiques de la production à grande échelle.

Le contraste entre les deux mouvements ne s'expliquait pas simplement par une question de tempérament national. Le système industriel était en Angleterre bien plus profondément implanté qu'il ne l'était en France, où les petits ateliers prédominaient encore, y compris à la veille de la Première Guerre mondiale. Un observateur américain, le socialiste radical William English Walling, notait en 1912 que la France restait « à certains égards économiquement à la traîne ». Les petits propriétaires de la classe moyenne étaient encore suffisamment nombreux, les ouvriers représentaient une minorité de la population, et les ouvriers qualifiés constituaient encore une part importante du « prolétariat ». C'étaient les « hommes de métier et les artisans », notait Walling, qui parlaient le « langage syndicaliste et révolutionnaire », bien qu'ils se montraient, « traditionnellement », « plus conservateurs » que les ouvriers qualifiés. Leur radicalisme découlait en partie de leur résistance à la machinerie nouvelle. La composition de classe du mouvement syndicaliste permettait d'expliquer, pensait Walling, pour quelles raisons le mouvement se retrouvait dans une impasse. Son explication peu complaisante saisissait en grande partie ce mélange de radicalisme et de conservatisme moral qui distinguait l'opposition française à « l'esclavage du salariat » de son homologue britannique. Nonobstant sa bonne volonté à assimiler quelques penseurs avancés comme Bergson et James, le syndicalisme se comprend mieux, semblerait-il, comme s'intégrant dans une tradition persistante de radicalisme populaire qui, en France, tirait la majeure partie de sa force de la résistance de longue date des artisans à la production en manufacture.

Aux États-Unis, au contraire, le système industriel s'était imposé bien plus solidement, au tournant du siècle, qu'il ne l'avait fait en Angleterre. La critique du travail salarié avait par conséquent à lutter contre une tendance apparemment irréversible. Les dix années qui précédèrent la Première Guerre mondiale furent cependant, aux États-Unis comme en Europe, une période d'intense agitation politique et intellectuelle. Les projets en faveur d'une transformation radicale du système industriel semblaient dans l'ensemble plus intelligents qu'ils n'avaient paru l'être précédemment.

L'émergence du syndicalisme, comme en Europe, déclenchait une controverse acerbe à gauche. Les Progressistes et les sociaux-démocrates se rejoignaient dans leur opposition à l'I.W.W., qui avait été fondé en 1905, et qui avait conquis une position centrale au niveau national à la suite de sa victoire lors de la grève du textile conduite à Lawrence, dans le Massachusetts, en 1912. John Graham Brooks, un Progressiste, considérait le mouvement syndicaliste comme un avant-goût inquiétant des convulsions sociales auxquelles pouvait s'attendre la nation si elle échouait à fournir un meilleur niveau de vie aux ouvriers et refusait de leur accorder « un droit de regard dans la gestion ». Fondé sur un « appel convulsif et incendiaire aux masses oubliées », le syndicalisme exploitait, en réalité, leur misère. Il était l'« enfant de la désillusion ». Ses porte-parole utilisaient l'échec du réformisme politique comme un argument en faveur de l'« action directe ». Ils n'avaient aucun programme « constructif » à mettre à leur actif, selon Brooks, mais ils continueraient à se gagner de nouvelles recrues tant que la société américaine resterait indifférente à la demande raisonnable des travailleurs qui consistait à exiger une vie meilleure.

Les sociaux-démocrates, plus directement menacés par l'I.W.W., critiquaient plus durement la violence, le sabotage, et un « syndicalisme dédoublé » (la tentative de remplacer les syndicats de métiers par des syndicats industriels conduisait à la stratégie de l'action directe). En 1912, le parti socialiste décidait par vote d'expulser quiconque rejetterait l'action politique ou défendrait « le crime, le sabotage, ou d'autres méthodes violentes ». Les porte-parole du parti semblaient envisager le syndicalisme comme une menace plus importante pour le mouvement ouvrier que pour le capitalisme même. Morris Hillquit, qui plaidait en faveur de la résolution d'expulser l'I.W.W., affirmait que ni la « classe capitaliste » ni l'église catholique ne pouvaient « contrôler ou déstabiliser le mouvement socialiste », seuls étaient susceptibles de le faire des « amis peu judicieux présents en son sein ».

Les Progressistes déploraient la violence ouvrière, mais relevaient qu'elle était souvent provoquée par la violence des employeurs. Lorsque les capitalistes eux-mêmes défiaient ouvertement la loi, ils pouvaient difficilement s'attendre à ce que les travailleurs renoncent à l'usage de la force. Brooks protestait contre la « lâcheté morale qui consiste à imposer au faible une norme que le fort ne reconnaîtra ni ne respectera ». De telles réserves apparaissaient rarement dans les attaques lancées par les sociaux-démocrates contre l'I.W.W. John Spargo dénonçait la violence comme l'« arme du sous-prolétariat ». Elle était le fruit d'une « moralité d'esclave », selon W.J. Ghent, pas d'une « moralité ouvrière ». Les « mesures politiques » de l'I.W.W. étaient « simplement anarchistes et anti-socialistes », déclarait Spargo, et un compromis entre syndicalisme et socialisme était impensable. Dans son *Syndicalism, Industrial Unionism and Socialism* (1913), Spargo tentait de montrer que les syndicalistes avaient simplement remis au goût du jour les fantaisies réchauffées de Robert Owen et Pierre-Joseph Proudhon, depuis longtemps discréditées par Marx. Leur mouvement était pré-marxiste et pré-scientifique, plutôt plus utopique qu'« évolutif ». Leur opposition gratuite au progrès technologique rappelait les Luddites, tout comme leur incapacité à voir au-delà des intérêts immédiats des travailleurs – leur « indifférence déclarée aux intérêts de la société, et leur empressement assumé à adopter des méthodes destinées à conserver les avantages remportés par le prolétariat qui sont, du point de vue de la société, régressifs ».

Le socialisme révolutionnaire contre le syndicalisme : le cas de William English Walling

Les socialistes révolutionnaires, bien plus que les sociaux-démocrates, considéraient que le mouvement syndicaliste constituait pour eux une menace. Ils devaient trouver une solution afin de se distinguer des syndicalistes à leur gauche, mais également des réformateurs arrogamment imperturbables et des sociaux-démocrates à leur droite. William English

Walling tentait cette prouesse dans deux ouvrages, *Socialism as it is* (1912) et *Progressivism – and After* (1914), écrits à l'apogée du tollé suscité par le syndicalisme. Walling attribuait les éléments « ultra-utopiques » et « anarchistes » du syndicalisme à ses origines de classe. Le mouvement reflétait la sensibilité d'une « classe sur le déclin sans avenir », à savoir les artisans et les hommes de métier, laminés par la production industrielle centralisée. « Les syndicats de métiers sur le déclin espéraient établir le socialisme par l'insurrection et la grève générale », affirmait Walling, alors que « les capitalistes d'État » et « les socialistes étatistes », également malavisés, espéraient l'établir par la « bienveillante règle (...) des intellectuels ».

Walling louait les syndicalistes de percevoir la nécessité d'un syndicalisme industriel, mais déplorait leur indifférence pour l'action politique. Les travailleurs seuls ne pouvaient mettre en œuvre le socialisme. Ils avaient besoin d'être guidés par un parti socialiste engagé dans la conquête de l'État. Mais le parti socialiste aurait à devenir plus militant s'il souhaitait réussir. Il ne pouvait se permettre de renoncer à l'usage de la violence, que ce soit dans le cadre des luttes quotidiennes sur le lieu de travail comme dans celui de la confrontation finale avec l'État capitaliste. Le parti avait commis une erreur en expulsant l'I.W.W., spécialement depuis qu'un certain nombre de syndicalistes étaient maintenant revenus sur leur opposition, à l'origine inconditionnelle, à l'action politique.

Le socialisme révolutionnaire de Walling semblait, au premier abord, plus proche du syndicalisme que de la social-démocratie. Son entrée en scène était, quoi qu'il en soit, décevante. Walling, comme de nombreux Américains, mettait en équivalence syndicalisme et syndicalisme industriel. Les syndicalistes radicaux s'opposaient en fait à la tentative de l'I.W.W. d'obliger l'ensemble des travailleurs à intégrer les rangs des syndicats industriels. William Z. Foster (qui devint plus tard un théoricien et organisateur communiste de premier plan), à cette époque à la tête de la *Syndicalist League of North America*, relevait que l'I.W.W. n'avait réellement rien à voir avec une organisation syndicale. Elle avait pour ambition d'organiser l'ensemble des travailleurs au sein d'« un gigantesque

syndicat », alors que les syndicalistes manifestaient une préférence pour la décentralisation et l'autonomie au niveau local.
Bill Haywood, son président, proposait avec son entourage de
confier la direction du mouvement des travailleurs à un « comité
exécutif bienveillant, omnipotent », qu'ils domineraient vraisemblablement eux-mêmes. Ils ambitionnaient de remplacer les
syndicats de métiers existants par des syndicats industriels, alors
même que les tentatives, couronnées de succès, de « propager les
idées révolutionnaires au sein des anciens syndicats », en Angleterre comme en France, démontraient que les syndicats de
métiers avaient « fait preuve de dispositions à l'évolution ». La
« ridicule théorie » suivant laquelle « rien ne peut être accompli
au sein des anciens syndicats » n'avait fait que les soumettre au
« contrôle indiscuté des conservateurs ». « Les syndicalistes mettaient beaucoup moins fortement l'accent que les syndicalistes
du secteur industriel sur la forme industrielle du syndicalisme
ouvrier », écrivait Foster. Ils s'apercevaient que l'enjeu ne résidait
pas tant dans la détermination d'une forme spécifique d'organisation, que dans la centralisation, et que les syndicats industriels hautement centralisés étaient actuellement « inférieurs en
nombre aux syndicats de métiers qui couvraient les mêmes catégories de travailleurs ».

En soutenant le syndicalisme industriel de l'I.W.W., les socialistes révolutionnaires comme Walling soutenaient ainsi un programme que désavouaient les syndicalistes authentiques.
Exceptée son opposition à l'action politique (en rien inconditionnelle, quel que soit le cas, Walling le notait), le programme
de Haywood pouvait difficilement être distingué du socialisme
de la gauche classique. L'I.W.W. condamnait en apparence
« l'esclavage du salariat », mais dans les faits, comme tous les
socialistes marxistes, ses porte-parole se contentaient de faire
valoir le droit du travailleur au « produit entier de son travail* ».

---

* G.D.H. Cole le relevait, les implications de ce slogan n'étaient
pas particulièrement radicales. À l'instar de Foster, Cole notait que,
bien que l'I.W.W. parlât de l'« abolition du système du salariat », elle
se montrait bien plus intéressée par la question de l'encadrement des
ouvriers non qualifiés.

« L'ensemble de la richesse est produit par le travail », déclarait Haywood. Cette formule, et celle qui l'accompagnait, voulant que « la richesse revienne à son producteur », ne faisaient de la justice sociale qu'un simple enjeu de distribution. Ni Haywood ni Walling ne saisissaient la question que soulevait G.D.H. Cole lorsqu'il affirmait que l'esclavage, et non la pauvreté, constituait le véritable enjeu. « L'esclavage du salariat » était, à leurs yeux, fonction de la propriété privée des forces de production, qui privait le travailleur de ce que Walling affirmait être « sa part dans les revenus de la société ». Une fois le capitalisme aboli, « l'esclavage du salariat » disparaîtrait, alors même que le travail salarié, naturellement, continuerait. Marx « n'affirmait aucunement avec autorité », observait justement Walling, qu'« il serait nécessaire d'abolir les salaires » dans une société socialiste. « C'est l'« esclavage du salariat » ou le « système du salariat » qui doit être aboli » – c'est-à-dire, le système de la propriété privée qui interdisait au travailleur d'obtenir le « produit total » de son travail. L'appropriation par les capitalistes de la « part » des travailleurs, avançait Walling, était l'« essence précise de l'injustice sociale ». « La question (...) n'est pas de savoir si quelque chose de plus doit épisodiquement revenir au travailleur, mais de savoir quelle proportion du produit total lui revient. »

Walling comptait sur sa conception expansive de la justice distributive pour distinguer le socialisme révolutionnaire du Progressisme et de la social-démocratie. Contrairement aux révolutionnaires, les réformateurs ambitionnaient seulement, disait-il, d'« augmenter la richesse de la nation », et par conséquent « d'élever le revenu de chacun à un certain niveau » sans mettre en œuvre une « distribution plus équitable de cette richesse et de ce revenu national augmentés » (les italiques sont les siennes). Malheureusement pour cet argument, les Progressistes et les sociaux-démocrates approuvaient aussi une redistribution de la richesse. Arthur Brisbane, le directeur éditorial du groupe de presse Hearst, affirmait, d'après Walling, que le travailleur avait un droit au « produit entier de son travail » – une phrase, comme Walling le relevait, qui « aurait pu être prononcée par Marx lui-même ». John Graham Brooks, notant

que le fossé entre « les gros revenus et les petits » s'était considérablement élargi, déclarait que « la prétention du salarié à
bénéficier d'une part relativement plus importante est légitime ». Mary Simkhovitch, une célèbre porte-parole des
organisations d'œuvres sociales[1], souscrivait également à la
demande du travailleur pour de plus hauts salaires et de plus
nombreux loisirs. Comme de nombreux travailleurs sociaux,
elle critiquait la réforme « d'en haut » exactement aussi violemment que le faisait Walling, et pour la même raison : elle
ne s'attaquait pas au problème de l'inégalité. Les réformes
paternalistes renforçaient les « classes privilégiées dans leur sentiment d'être des bienfaitrices », écrivait-elle, mais ne faisaient
rien « pour redistribuer la richesse par le biais de méthodes de
taxation améliorées ».

Qu'en était-il alors de la distinction entre réforme et révolution, que Walling peinait tant à établir ? La « différence essentielle ou pratique », pensait Walling, était que les réformateurs
espéraient « travailler, dans l'ensemble, avec les capitalistes, qui
étaient censés être éliminés, alors que les socialistes espéraient
travailler contre eux ». Des réformes parcellaires n'assureraient
jamais au travailleur le « produit entier » de son travail. Sans
doute pas ; mais la raison pour laquelle le travailleur resterait
« privé » de « l'ensemble des possibilités offertes par la civilisation moderne », comme le clamait Walling, uniquement
parce que sa part n'était en aucune commune mesure celle du
« produit total », restait floue. Il n'était pas plus facile de comprendre quelles « possibilités » Walling avait à l'esprit, en
dehors du fait qu'elles n'incluaient pas la possibilité d'un retour
à la forme de la production à petite échelle, la production
contrôlée au niveau local grâce à laquelle les travailleurs devenaient directement responsables de leur travail. Si les « possibilités offertes par la civilisation moderne » renvoyaient simplement à une distribution plus équitable de la richesse, il était
difficile d'expliquer pour quelles raisons les travailleurs ne
pourraient parvenir à cet objectif sans en passer par une
révolution.

Les syndicalistes et les socialistes de la Guilde, nous l'avons
vu, croyaient que la propriété de taille modeste conférait

indépendance morale, estime de soi, et responsabilité. Ils ne cherchaient pas à restaurer la propriété en tant que telle, mais ne perdaient jamais de vue les vertus qui lui étaient associées. Ils avaient à l'esprit une société de petits ateliers, où le contrôle effectif sur la production resterait au niveau local. Pour ceux qui s'étaient rangés dans le camp du dogme du progrès, la sociologie syndicaliste de la vertu était déplorablement régressive et « utopique », et trouvait la plupart de ses adeptes, ils ne se lassaient jamais de le relever, dans des pays « à la traîne » comme la France et l'Italie. Ils ne pouvaient nier, cependant, que ses partisans faisaient preuve d'une intensité dans la conviction révolutionnaire que n'égalait aucun autre mouvement social. Le scandale du syndicalisme réside précisément ici : il était rétrograde, mais ostensiblement révolutionnaire, et par conséquent difficile à rejeter pour les gens de gauche. Son existence était particulièrement embarrassante pour les socialistes révolutionnaires, car son radicalisme rendait en comparaison le Marxisme bien fade, et permettait de dévoiler les nombreux points communs que partageaient le Marxisme et le « nouveau libéralisme ». Le syndicalisme (comme le Populisme) s'écartait du consensus général en faveur du progrès, de la centralisation, et de la Démocratie distributive. Il annihilait la prétention marxiste d'offrir une alternative radicale à l'enrégimentement à l'œuvre sur le lieu de travail. Il obligeait les marxistes à justifier leur programme en se fondant sur des arguments de plus grande efficacité, sur les arguments, de plus en plus invraisemblables, suivant lesquels seul un État socialiste pouvait assurer la prospérité à tous, ou sur de vagues appels au progrès du genre humain.

Une lettre anonyme, citée par Walling comme une contribution décisive au débat, un courrier adressé par un « travailleur social de conviction socialiste » à la rédaction de *Survey*, témoignait de la difficulté de distinguer le socialisme révolutionnaire du Progressisme ou du « nouveau libéralisme ». La « différence entre le socialiste raté et le véritable socialiste » résidait, selon son auteur, dans la préoccupation du second pour l'« aspect positif » du « problème social ». Loin de limiter son attention à la « condition des classes inférieures », le

socialiste authentique gardait à l'esprit le « développement
admirable, le pouvoir et la vie qui se produiraient (...) si un
usage élargi et social était fait du surplus dégagé par l'industrie ». L'utilisation du « surplus social » fournissait le meilleur
« critère de justice sociale dans chaque communauté civilisée ».
Dans le passé, le surplus allait dans les « pyramides », les
« guerres », ainsi que dans une « vie sensuelle (...) réservée à
une classe privilégiée ». L'auteur du courrier ne se donnait pas
la peine de détailler les apports d'une distribution plus équitable du surplus. Des monuments pour les masses ? Une « vie
sensuelle » pour tous ? Il ne clarifiait pas plus son observation
mal informée selon laquelle « le principal acte d'accusation
contre le capitalisme est qu'il se met égoïstement et stupidement en travers de la route du progrès méthodique et régulier
du genre humain ». Les avantages du socialisme, particulièrement du socialisme révolutionnaire envisagé comme le
contraire du « socialisme raté », restaient nébuleux et n'étaient
pas précisés. Une Démocratie distributive n'avait de toute évidence besoin d'aucune justification. Ni les Marxistes, ni les
Démocrates libéraux ne tentaient de répondre à l'objection
suivant laquelle l'« État de la servilité » pourrait bien devenir
l'instrument le plus efficace de démocratisation du surplus
social.

L'i.w.w. et les intellectuels : le coup de foudre

Les conditions sociales qui présidaient à l'explosion syndicaliste en Europe – l'imposition de l'industrialisme à des économies encore dominées par de petits ateliers, un mélange
hautement explosif – avaient leur équivalent américain le plus
proche à l'Ouest, où les formes traditionnelles de l'installation
minière, du camp forestier et du baraquement se heurtaient à
la forme la plus impitoyable et prédatrice du capitalisme industriel. L'I.W.W. était le descendant direct de la *Western Federation of Miners*, un syndicat qui en appelait au même sens de
l'indépendance virile et au même amour du combat qu'exaltait
le syndicalisme en France et en Italie. Dans ces pays aussi, les

travailleurs vivaient l'industrialisme et le système du salariat non seulement comme un effondrement de leur niveau de vie mais, avant tout, comme une atteinte dramatique à leur contrôle du lieu de travail, à leur statut particulier d'hommes libres. Les villes industrielles qui se multipliaient dans les États miniers semblaient faire de l'« esclavage du salariat » une application littérale de l'ordre nouveau, et pas simplement une analogie rhétorique. Les compagnies contrôlaient non seulement le lieu de travail mais l'habitat, le crédit, et le nécessaire dans sa totalité. Le travailleur qui pouvait se remémorer sa vie de prospecteur ou de cow-boy découvrait désormais qu'il avait vendu son âme au magasin de la compagnie. Il se sentait littéralement vendu en esclavage, et adoptait la philosophie de l'« action directe » comme la seule issue possible.

Tandis que les conditions sociales à l'Ouest adoptaient certaine ressemblance avec celles qui étaient provoquées ailleurs par les premières avancées de l'industrialisme, les traditions culturelles que les travailleurs essayaient de défendre différaient avec évidence de celles qui irriguaient le syndicalisme européen. Dans l'Ouest américain, l'idéal d'indépendance était associé, non pas au contrôle du petit propriétaire sur sa maisonnée, sa terre ou son commerce, et ses outils, mais à la vie nomade de l'homme déraciné. Il n'était pas surprenant que l'I.W.W. glorifie le travailleur itinérant, le vagabond, le « travailleur nomade de l'Ouest », pour citer les termes auxquels avait recours son journal, *Solidarity*. L'Ouest était encore un « pays d'homme », selon Charles Ashleigh, un radical anglais qui émigra vers la côte nord-ouest du Pacifique et se transforma, comme le héros de son roman, *Rambling Kid*, en « itinérant et en *Wobbly* ». Ashleigh admirait les « garçons randonneurs et téméraires qui méprisaient la molle sécurité et le confort d'une terne existence rythmée par la ville ». Ralph Chaplin, le poète et chansonnier *wobbly*, avait été attiré par le mouvement en raison de son « excitant courage et par l'aventure », qu'il associait aussi à l'Ouest. Ceux qui admiraient les *Wobblies* à distance exagéraient tout autant leur lien originel à l'Ouest. La grève de Lawrence était une « grève de l'Ouest se déroulant à l'Est », écrivait Lincoln Steffens ; « une grève conduite en Nouvelle-

Angleterre par des mineurs de l'Ouest, qui y avaient amené les
méthodes et l'esprit qu'ils avaient adopté dans le Colorado,
l'Idaho, et le Nevada ».

Le syndicalisme européen était influencé par une éthique
austère faite d'épargne et d'abnégation. En Amérique, le mouvement syndicaliste finit par être associé à une éthique de la
libre expression et de l'irresponsabilité provocante – le nouveau
« paganisme » de Greenwich Village. Les intellectuels littéraires
voyaient les *Wobblies* comme des parias de la culture qui,
comme eux, étaient des esprits libres, des rebelles hostiles à la
respectabilité. Ils percevaient l'affinité entre leur propre idéal
qu'incarnait l'individu émancipé, délivré du bagage culturel du
passé, et les itinérants et travailleurs déracinés glorifiés par
l'I.W.W. Ayant assimilé de la littérature moderne une image
de la « beauté de la vie essentiellement sans attaches, sans
enfants et itinérante », telle que la présentait Floyd Dell, ils
reconnaissaient dans les *Wobblies* des âmes sœurs. « L'anarchisme et l'art », affirmait Margaret Anderson, rédactrice en
chef de la *Little Review*, « surgissent pour exactement le même
type de raison. » Hutchins Hapgood, le prototype de l'intellectuel bohème, appelait Anarchisme le grand art du prolétariat. Il comparait l'Armory Show, qui apporta l'art moderne à
New York en 1913, à un « grand feu, un tremblement de terre,
ou une révolution politique ».

Les *Wobblies* ne s'opposaient pas à cette assimilation de l'art
et de la révolution. Ils se considéraient également comme des
artistes. « J'ai vécu comme un artiste, et je mourrai comme un
artiste », affirmait Joe Hill peu avant son exécution pour
meurtre. Bill Haywood se laissait encenser par Mabel Dodge
et d'autres membres de son célèbre salon. Il considérait la Grève
Historique de Paterson conduite en 1913 – le fruit de ce
rapprochement entre l'I.W.W. et Greenwich Village – comme
le sommet de sa carrière. L'impressionnant cortège, conçu par
Mabel Dodge, avait eu pour objectif de dramatiser l'exploitation des travailleurs par le capitalisme, mais les avait exposés
à un type plus insidieux d'exploitation en métamorphosant
une politique radicale en spectacle. « La vie se transformait
insensiblement en une forme d'art certaine, simple », disait

Hapgood. « (...) Voilà la grande chose à son sujet, la chose pratiquement sans précédent. » Des articles hostiles à l'I.W.W. donnaient du grandiose spectacle des comptes rendus enthousiastes : ce qui était condamné comme politique pouvait être célébré comme théâtre. Haywood comme Elizabeth Gurley Flynn, l'oratrice la plus charismatique de l'I.W.W., avaient plus tôt décliné des invitations à se présenter lors de tournées de lectures, ou sur scène. Pour cette dernière, l'offre n'en était pas moins venue d'un impresario comme David Belasco, qui avait pu se rendre compte, aussi clairement que John Reed, du potentiel théâtral de l'activisme révolutionnaire. En tête du majestueux cortège, Reed menait les grévistes de Paterson avec une chanson écrite pour l'occasion, « The Haywood Thrill ». Haywood ne résista donc aux propositions de conférences que pour tomber dans les pattes de l'avant-garde, laissant Flynn se demander si les divertissements du grand spectacle n'avaient pas contribué à l'échec de la grève elle-même.

« Je refuse la responsabilité », déclarait Marcel Duchamp, dont le *Nu descendant un escalier* était la sensation de l'Armory Show. Ces mots résumaient le programme culturel qui unissait les anarchistes américains aux intellectuels d'avant-garde dans une offensive commune contre la moralité bourgeoise. Le « cynisme souriant » du *Wobbly*, tel qu'il était décrit dans *Solidarity* – « son franc et direct mépris pour la plupart des conventions de la société bourgeoise » – faisait de lui l'allié naturel d'intellectuels en colère comme Reed. Dans son éditorial ouvrant *The Masses*, lancé en 1912 comme l'organe de l'émancipation artistique et politique, Reed appelait avec force ses collaborateurs à « être arrogants, impertinents, et de mauvais goût », et à « attaquer sans discontinuer les vieux systèmes, les vieilles morales, les vieux préjugés – le poids entier d'une pensée périmée que nous ont imposé des hommes morts ». En Europe, le mouvement syndicaliste, au moins tel qu'il était interprété par Sorel, combinait le radicalisme politique au conservatisme culturel. En Amérique, au contraire, il joignait ses forces aux ennemis du passé.

Mother Earth d'Emma Goldman, avec non moins d'enthousiasme que *The Masses*, prenait le parti de tout mouvement qui « arrache effrontément le voile (...) des sujets tabous ». Goldman souscrivait au syndicalisme comme à l'« expression économique de l'Anarchisme », mais elle approuvait également le contrôle des naissances, l'éducation sexuelle, « l'amour libre », le naturisme, le féminisme, l'athéisme, et l'art moderne. Elle défendait la suppression des prisons, l'abolition de la famille, l'élimination des frontières nationales et des loyautés nationales, l'abolition de la religion, l'abolition du gouvernement, et l'élimination de tout ce qui serait susceptible d'entraver la liberté personnelle. Se déclarant fièrement « libertaire », elle écartait comme « absurde » l'« affirmation qui veut que notre ère soit celle de l'individualisme ». Elle était celle du conformisme et de l'« esprit grégaire », insistait-elle. La seule chose qu'elle partageait avec Sorel, aux côtés de sa croyance en la nécessité d'« un refus absolu du système du salariat » – lui-même un slogan hautement ambigu, nous l'avons vu – était une détestation de la Démocratie. Mais alors que Sorel s'opposait à la Démocratie parce qu'elle ne laissait aucun espace au « pessimisme héroïque », Goldman la considérait comme un frein au progrès – à l'émancipation de l'individu de la tradition, d'un sens déplacé de la responsabilité, et de conventions sociales paralysant la liberté d'expression. Le progrès était toujours la mission de minorités éclairées ; dans une Démocratie, ces dernières étaient destinées à être « mal comprises, traquées, emprisonnées, torturées et assassinées ».

Même Foster, dont le syndicalisme – tant qu'il perdura – était plus proche de la conception européenne, souscrivait à l'ensemble des positions normalisées qui définissaient désormais un engagement en faveur du progrès culturel. « Le syndicaliste », écrivait-il, « « suicide la race ». Il sait que les enfants lui sont un fardeau dans ses combats quotidiens, et qu'en les élevant il (...) offre une nouvelle fournée d'esclaves au capitalisme. » Cet argument était certainement celui en faveur du planning familial que préférait Goldman, offensée comme elle l'était par la « reproduction irresponsable d'enfants par des parents inaptes ». Goldman insistait sur le « droit de tout enfant à bien naître », alors que Foster ne considérait les familles que comme un *impedimenta* qui accablait l'armée des travailleurs révolutionnaires et paralysait sa liberté de manœuvre. Son soutien distrait à la révolution culturelle manquait du zèle dont faisait preuve Goldman. « Le syndicaliste accepte par principe les positions anarchistes sur l'école moderne, le néo-Malthusianisme, le mariage, l'individualisme, la religion, l'art, le théâtre, etc., qui viennent préparer la révolution intellectuelle » ; mais il ne s'inquiétait de ces questions, ajoutait Foster, « que dans la mesure où elles contribuent au succès de son organisation qui, pour l'essentiel, est une organisation de lutte ». Foster ne fit preuve, ni comme syndicaliste, ni plus tard comme communiste, de beaucoup d'intérêt pour le programme culturel de la gauche. Il approuvait simplement l'opinion éclairée, ne s'inquiétant pas assez de ces enjeux pour mettre en doute le consensus qui prévalait à ce moment.

Herbert Croly au sujet de l'« autonomie industrielle »

Si le mouvement syndicaliste était en Angleterre assimilé par la social-démocratie, en Amérique il l'était par la révolte des intellectuels contre la « moralité bourgeoise ». Pendant un temps, cependant, il représenta une alternative radicale à l'État-providence et à une conception uniment distributive de la Démocratie. Même les personnes qui se pensaient comme faisant partie du « mouvement progressiste » en politique se montraient attirées par lui, tout autant que par le socialisme de la Guilde, la critique par Hilaire Belloc de l'« État de la servilité », et le « pluralisme » politique que défendaient J.N. Figgis et Harold Laski (avant que ce dernier ne devienne aussi un collectiviste). Mary Parker Follett, une Progressiste communautarienne qui se réclamait de Figgis, Laski et Cole, faisait l'éloge du socialisme de la Guilde, dans *The New State* (1918), en le présentant comme un heureux mélange de « socialisme étatiste » et de syndicalisme. Le syndicalisme s'était « gagné nombre d'adhérents », écrivait-elle, car « les gens ne veulent pas de l'État de la servilité et, par conséquent, pensent peut-être qu'ils ne veulent aucun État » du tout. Les socialistes de la Guilde, quant à eux, manifestaient une préférence pour la

« propriété étatique des forces de production » tant que « le contrôle de chaque industrie ou « corporation » » serait « exercé par les membres de l'industrie ». Un fort gouvernement central était à la fois nécessaire et désirable, avançait Follett – mais à l'unique condition qu'il soit contrebalancé par de solides foyers, de solides quartiers, et de solides « corporations » de travailleurs.

Herbert Croly, dont *Promise of American Life* (1910) fournissait l'assise idéologique du « Nouveau Nationalisme » de Theodore Roosevelt, adoptait une position similaire à celle de Follett dans son essai *Progressive Democracy*, un ouvrage plus radical que le livre pour lequel il est mieux connu. Croly, nous l'avons vu, reconnaissait la force des objections conservatrices à l'État-providence, mais désapprouvait la conclusion, qu'en tiraient les conservateurs, d'après laquelle « le salarié ne peut assurer son indépendance qu'en devenant un propriétaire ». Le véritable enjeu résidait dans la responsabilité, pas dans la possession de la propriété en tant que telle*. L'« unique tâche la plus importante de l'organisation sociale démocratique moderne » était de transférer la responsabilité de la production aux ouvriers. Elle seule saurait « faire des salariés des hommes libres ». Croly rejetait les méthodes « répugnantes » des syndicalistes, mais les félicitait d'avoir introduit un « ferment nécessaire » dans le mouvement ouvrier. Il croyait aussi que les ouvriers devaient avoir l'« opportunité et la responsabilité de commander le mécanisme des affaires de la vie moderne ». Bien qu'il déplorât la violence, il se montrait d'accord avec les syndicalistes sur le fait que les ouvriers ne pouvaient être formés

---

* Croly tira directement, selon toute vraisemblance, cette idée de *World of Labour* de Cole. Ce dernier écrivait : « Le secret du succès du petit exploitant agricole ne réside pas dans le sens de la propriété, mais dans celui de la responsabilité (...) Le sentiment de voir sa force de travail achetée est démotivant ; le sentiment de la possession ne signifie pas tant qu'un homme souhaite détenir les titres de propriété de son bien, mais bien plus qu'il désire travailler pour la communauté et lui-même, et non pour un maître privé. (...) Le nouvel état d'esprit ne pourra apparaître que si chaque travailleur peut être en mesure de se sentir (...) responsable du travail qu'il doit accomplir. »

à l'« autonomie » que par l'école de la « lutte » des classes. Leur
« indépendance (...) ne rimerait pas à grand-chose », pensait-il,
si elle [leur] était « transmise par l'État ou par des associations
d'employeurs ».

À l'instar de Cole, Croly pensait que la gestion scientifique
de Frederick Winslow Taylor pourrait précipiter une entrée en
lutte des ouvriers pour le contrôle de la production. Il était
improbable que les syndicats entendent des appels en faveur
d'une plus grande efficacité tant que l'« élimination du gaspillage » ne servirait qu'à accélérer le rythme de la production et
remplacer les ouvriers qualifiés par des machines. Il ne faisait
aucun doute que le travailleur américain avait besoin d'acquérir
l'« esprit scientifique intrépide, critique, sincère et désintéressé ». Dans la mesure où une société organisée convenable-
ment nécessiterait un « énorme saut quantitatif à la fois dans
la production et la consommation », les ouvriers de l'industrie
auraient à accepter « une discipline intransigeante semblable à
celle que requiert une armée ». Mais cette discipline deviendrait
intolérable à moins que les travailleurs ne se l'imposent à
eux-mêmes. Imposée par le haut, elle conduirait ou à une
résignation fataliste, ou à une révolte générale. Si la production
industrielle devait être organisée sur un modèle militaire,
l'alternative se présenterait, selon Croly, sous la forme d'un
choix à effectuer entre une armée de citoyens ou une armée
de métier composée de mercenaires.

Croly faisait précéder cette analyse de l'« autonomie industrielle » par une analyse complémentaire de la « Démocratie
directe » en matière politique. Là encore, il tentait de montrer
que « le gouvernement direct n'est pas rétrograde ». Les dispositifs électoraux mis en avant par tant de Progressistes – l'initiative, le référendum, et la convocation supplémentaire – ne
devaient pas être pensés, plaidait-il, « simplement comme un
moyen d'améliorer la Démocratie représentative ». Le développement des communications modernes avait remis en cause
l'ancienne affirmation voulant qu'un gouvernement républicain dût laisser place à un gouvernement représentatif « en
dehors de la cité et des États tribaux ». Une participation
civique était maintenant possible à une plus grande échelle, à

condition que les Américains acceptent de subordonner l'efficacité administrative à l'éducation morale et politique des
citoyens eux-mêmes. Les Américains attachaient trop d'importance aux « résultats particuliers, et trop peu au bien-être moral
permanent » de la communauté dans son ensemble. Ils ne
semblaient pas comprendre que l'efficacité imposée par le haut,
en politique comme en industrie, entraînerait « une servilité
populaire ou une résistance populaire organisée ».

Le progressisme orthodoxe de Walter Weyl : la démocratie des consommateurs

Une lecture comparative de l'ouvrage de Croly et de *New
Democracy* (1912) de Walter Weyl, généralement considéré
comme un exposé plus militant du credo progressiste, met en
évidence avec suffisamment de clarté le radicalisme de la position de Croly. Étant co-rédacteurs en chef du journal *The New
Republic*, Weyl et Croly ne considéraient bien évidemment pas
leurs prises de position comme immuablement opposées. Les
différences entre eux sont néanmoins frappantes, quand bien
même elles apparurent sans doute avec plus d'évidence avec le
temps que sur le moment. Nous pouvons voir maintenant qu'il
était absolument essentiel pour les Américains, à ce moment-là,
de saisir l'importance des effets débilitants du contrôle centralisé, à la fois sur le lieu de travail et en politique, afin que soit
reformulée une conception participative de la Démocratie, et
qu'un renouveau de citoyenneté active soit encouragé. Nous
pouvons également voir comment certains d'entre eux parvenaient à se confronter à ces enjeux d'une manière soutenue,
malgré tout le discours sur l'« esprit civique » auquel les Progressistes d'avant-guerre aimaient s'adonner. Croly était l'un
de ceux qui s'y confrontaient, et *The New Republic*, sous sa
direction, accordait beaucoup d'attention au syndicalisme, au
socialisme de la Guilde, et à l'autonomie de la classe ouvrière.

Weyl, quoi qu'il en soit, pensait que l'enjeu capital ne résidait pas dans la participation, mais bien dans la distribution.
Si le pays traversait une « période d'inquiétude et de crise de

conscience », c'était parce que la « ploutocratie » n'était plus en mesure d'assurer un accès égal aux biens produits avec une si merveilleuse efficacité par l'industrie moderne. Weyl prenait exemple sur l'analyse « brillante » par Simon Patten du « passage d'une économie de la douleur à une économie du plaisir »[2]. L'« espoir d'une Démocratie prospère » aurait dorénavant à se fonder sur l'abondance, qui générait une demande grandissante en faveur d'une « vie prospère pour tous les membres de la société ». L'ancien individualisme compétitif de la Frontière, l'éthique du manque et de la « conquête » étaient d'un âge révolu. L'âge de la surabondance et de l'organisation à grande échelle requérait une éthique de la coopération. Les hommes d'affaires même condamnaient maintenant la compétition impitoyable. Les trusts étaient parvenus à mettre de l'ordre dans le chaos commercial ; la régulation publique de l'industrie était en ordre de marche.

Lorsque les socialistes de la Guilde assignaient à l'État un important rôle de représentant du consommateur, ils prenaient la précaution de signaler que les consommateurs n'étaient qu'un groupe parmi tant d'autres, et en aucun cas le plus important. Mais Weyl considérait les consommateurs comme le seul groupe qui incarnait les intérêts de la société dans son ensemble. Ils supportaient seuls le coût de l'augmentation des prix, des produits frelatés, de la pénurie, des grèves et des fermetures provisoires*. Puisque l'État parlait au nom des consommateurs, et que les consommateurs parlaient à leur tour au nom de la société entière, Weyl ne s'inquiétait pas d'un « État de la servilité ». Il l'envisageait comme l'expression institutionnelle du nouvel esprit de coopération. Au cours du passage de l'« ancienne éthique miséreuse de la survie à la nouvelle éthique prospère du progrès social », l'État s'était

---

* Le progressisme était selon Weyl un mouvement de consommateurs. « Le consommateur (...) apparaît sur la scène politique comme l'"homme du commun", le "simple individu", l'"usager du métro", l'"homme de la rue". » C'étaient ces figures que les progressistes invoquaient chaque fois qu'ils voulaient justifier une nouvelle régulation ou un renforcement plus strict de celles qui existaient déjà.

rangé du côté du progrès. Son monopole de la violence physique avait mis fin à la violence privée et au besoin d'une
révolution violente. Le renforcement de ses pouvoirs protecteurs garantissait les « droits des enfants » et remplaçait la
« tyrannie parentale des premiers jours » par une « responsabilité parentale renforcée ». Son pouvoir de taxation socialisait
la consommation, postulait Weyl, en décourageant « la mode,
le gaspillage ostentatoire, [et] l'extravagance absurde » – en
imposant par exemple de lourdes taxes sur le tabac et l'alcool.
Son pouvoir en matière d'éducation pouvait être mis à profit
par des réformateurs civiques afin de créer un système éducatif « différencié, modernisé », susceptible de décourager des
« égoïsmes purement concurrentiels », et de « guider la société
et les individus vers une consommation élargie de la richesse ».

   Une production plus efficace, une distribution plus équitable de ses fruits, et un usage plus averti du loisir résumaient
la conception que se faisait Weyl des tâches qui attendaient la
Démocratie. Les Américains avaient été trop préoccupés par
la conquête du continent, pensait-il, pour maîtriser l'usage
intelligent du loisir. Il rappelait aux « obsédés de la doctrine
de la vie acharnée » qu'une distribution plus équitable de la
richesse était plus importante que de remarquables démonstrations d'héroïsme moral. La Démocratie avait « laissé tomber
le majestueux "grand homme", qui jadis obsédait l'histoire »,
et exaltait la « multitude anonyme ». Les Carlyle ricanaient
peut-être, mais « tant que les problèmes matériels qui harcèlent
le genre humain ne seront pas réglés, (...) l'humanité ne se
sentira pas dans l'obligation de tenter de régler les problèmes
de l'esprit ».

Les perspectives concurrentes de la démocratisation de la culture

   Il est permis de penser qu'Herbert Croly et Mary Parker
Follett aient pu souscrire à une grande partie de ceci. Les maux
de la compétition ; le besoin d'une nouvelle éthique de coopération ; la priorité donnée au progrès matériel comme la

condition préalable nécessaire aux tentatives de se confronter aux « problèmes de l'esprit » – tels étaient les thèmes fondamentaux de la pensée progressiste. Il existait une différence considérable, quoi qu'il en soit – même si ses implications n'étaient jamais explorées très systématiquement –, entre l'enthousiasme de Weyl pour l'État et l'attitude bien plus circonspecte à l'égard d'un pouvoir centralisé qu'exprimaient Follett et Croly ; entre l'accent mis par Weyl sur la consommation et celui mis par Croly sur la production ; et entre la mise en équivalence par Weyl de la Démocratie et d'une distribution équitable des biens, et le souci de Croly d'une citoyenneté participative.

> Une nation démocratique [disait Croly] ne peut fournir à la masse de la population l'opportunité d'activité et de vie dont elle a besoin, en se contentant de répartir dans ses rangs la richesse possédée par la minorité. N'importe quelle distribution de ce genre diffuserait chez les pauvres les germes, non d'une activité sociale, mais d'une léthargie sociale. Les masses ont, naturellement, besoin d'une part plus grande de bien-être matériel, mais elles ont, plus que tout, besoin d'une possibilité plus grande de labeur social sain et stimulant. Leur travail doit leur être rendu intéressant non seulement en raison de la gratification qu'il procure, mais parce que sa réalisation appelle le développement d'êtres humains plus dynamiques et plus responsables.

La distinction entre une conception distributive de la Démocratie et une conception participative, bien que rarement formulée avec force, se retrouvait implicitement dans les débats largement répercutés sur la démocratisation de la culture qui se multiplièrent au cours de l'ère progressiste. Nombreux étaient ceux qui croyaient que la Démocratie était simplement incompatible avec l'excellence, et que la popularisation de la culture ne ferait que conduire à son avilissement. Ceux qui rejetaient cette conception se retrouvaient face à deux alternatives. La première proposait une démocratisation du loisir et de la consommation ; la seconde, la démocratisation du travail. Si la culture était fonction de la prospérité et du loisir, alors une abondance universelle, associée à un programme

ambitieux d'éducation populaire destiné à instiller une compréhension des classiques, laisserait les meilleurs espoirs de
parvenir à une Démocratie populaire. Une fois que les masses
jouiraient du loisir, de la prospérité, et de l'éducation, elles se
métamorphoseraient en une entité composée d'amateurs
avertis d'art, de littérature, et d'idées. Les musées, les salles de
concert, les librairies itinérantes, et les nouvelles technologies
de la reproduction culturelle – disques, livres de poche, copies
photographiques de célèbres tableaux – donneraient aux gens
ordinaires accès au « meilleur de ce qui a été pensé et fait dans
le monde ». La formule familière de Mathew Arnold synthé-
tisait cette conception particulière de la culture, que de nombreux Progressistes (au contraire d'Arnold, qui pensait que le
« meilleur » ne pouvait être apprécié que par une minorité)
proposaient maintenant d'universaliser en espérant ne pas
provoquer, ce faisant, une déperdition notable de sa teneur.

La seconde position, avancée entre autres par Thorstein
Veblen, Frank Lloyd Wright, John Dewey, Randolph Bourne,
Lewis Mumford, Van Wyck Brooks, et Waldo Frank, se fondait
sur une idée très différente de la culture comme de la Démocratie. Ces écrivains se méfiaient de la pulsion missionnaire
qu'ils décelaient dans le programme d'édification culturelle des
progressistes. Loin de populariser les valeurs de la classe des
loisirs, ils défendaient une nouvelle série de valeurs fondées sur
la dignité du travail. Leur programme puisait chez Morris
plutôt que chez Arnold. Ils ne partageaient pas nécessairement
l'enthousiasme de Morris pour la production artisanale, mais
marchaient sur ses traces en faisant du renouveau de la connaissance du métier le préalable nécessaire à une culture démocratique. Dans son influent essai, « The Art and Craft of the
Machine » (1901), Wright tentait de montrer que la connaissance du métier pouvait être réconciliée avec la production
mécanique. Veblen avançait que la familiarisation avec la
machine favorisait un état d'esprit « iconoclaste » chez les
travailleurs. Elle leur apprenait à penser par eux-mêmes, à
comprendre les relations de causalité, et à questionner les idées
reçues et les autorités culturelles établies. L'industrie moderne,

pour Veblen, faisait de chaque individu son propre scientifique, et donnait libre cours à l'« instinct de fabrication ».

Dewey pensait ses réformes éducatives – la manifestation la plus évidente de cette spéculation d'avant-guerre portant sur la démocratisation de la culture – comme une autre méthode qui pouvait être à l'origine d'une réhabilitation du travail. Dewey, comme Veblen, déplorait le mépris « culturel » pour le travail honnête – qu'il considérait comme un legs du passé aristocratique. En attirant l'attention sur la connexion entre l'école et le lieu de travail, Dewey espérait avoir raison du divorce entre la pensée et la pratique, et fournir un dispositif au sein duquel l'« intérêt de chacun pour sa tâche se manifeste librement et intelligemment ». Il n'avait que faire de la notion de culture comme corpus de vérités immuables et incontestées, destinées à être transmises intactes à chaque génération suivante. La pédagogie convenue, pensait-il, entraînait la passivité intellectuelle, un respect excessif pour l'autorité, et un préjugé contre l'activité pratique. Une culture littéraire ne pouvait être séparée de la vie ordinaire qu'au prix d'un appauvrissement pour les deux. Le divorce entre la pensée et l'action se reproduisait dans la division sociale du travail, qui assignait ces activités à des classes sociales différentes, une classe intellectuelle et une classe de travailleurs manuels uniquement formés pour mettre à exécution les instructions qu'ils recevaient. L'école, telle que Dewey la concevait, servait d'atelier modèle où les technologies sous-tendant la production moderne devenaient compréhensibles à travers l'application pratique et l'expérimentation. Sa salle de classe était l'antithèse du Taylorisme : loin de décourager la curiosité et l'initiative, elle aspirait à encourager une compréhension du processus de production dans sa totalité, tout autant que du processus social, en montrant de quelle manière chaque opération contribuait au résultat final.

Randolph Bourne, qui se pensait comme un disciple de Dewey et William James (jusqu'à ce que le soutien de Dewey à la Première Guerre mondiale le fasse revenir sur sa position)[3], décrivait la mise en pratique des idées de Dewey dans le domaine éducatif qui avait été menée dans les écoles publiques de Gary, dans l'Indiana. Il se disait frappé par l'absence de vandalisme, par la fierté des étudiants devant l'aspect des entrées et des salles de cours. La nécessité d'une pénible discipline disparaissait une fois que les jeunes gens en arrivaient à envisager l'école non comme l'incarnation d'une autorité extérieure, mais comme une institution dont ils partageaient eux-mêmes la responsabilité. Si le même sentiment d'appropriation pouvait être étendu à la manufacture, la discipline du travail hiérarchique pourrait alors céder la place à la coopération volontaire. Le travail deviendrait peut-être une fin en soi, susceptible de répondre au besoin de l'individu de se considérer comme membre à part entière d'une entreprise commune. Bourne avalisait la proposition émise par James d'un « équivalent moral au service militaire obligatoire », un service national pour les jeunes gens qui restaurerait la joie du travail et promouvrait un sens de la responsabilité partagée par l'entretien des monuments publics et des parcs nationaux.

Dans les articles consacrés à l'éducation, à l'urbanisme, et à la culture civique qu'il donnait à *The New Republic* en 1915 et 1916, Bourne détaillait ses objections au type de culture défendu par Mathew Arnold, qui conduisait à un « accent porté sur l'acquisition » – sur l'accumulation et l'acclamation des chef-d'œuvre. Les idées d'Arnold décourageaient un « goût spontané », et avaient pour effet « désagréablement non démocratique » de séparer les « intellectuels » des « non intellectuels ». Elles perpétuaient en Amérique une dépendance servile aux modèles européens. Les États-Unis avaient besoin d'arts qui leur soient propres, d'arts civiques qui accompagneraient la vie ordinaire avec harmonie, beauté et dignité. Bourne se montrait oppressé par les « rues hirsutes et barbares » des villes américaines, et par le piètre état de leur « habillement civique ». Loin de construire un environnement plaisant et accueillant où vivre, les Américains dévalisaient l'Europe de ses trésors culturels et les intégraient dans des musées prudemment éloignés de la vie du labeur ordinaire.

Lewis Mumford voyait aussi le musée comme un symbole du divorce entre l'art et la vie. En 1918, il s'inspirait de Ruskin, Morris et Patrick Geddes, le principal défenseur de l'urbanisme, pour appuyer sa critique de l'institutionnalisation dans le musée de la culture de la classe des loisirs. Il voulait également mettre l'art à la disposition de la communauté dans son ensemble, et redonner « à l'artiste l'opportunité, qui avait disparu avec le déclin du Moyen Âge, de servir la collectivité ». Bien des années plus tard, Mumford affirmait que cet essai, et son plaidoyer en faveur de la réintégration de l'art et du travail, « avait eu une influence décisive sur la suite de [son] itinéraire intellectuel ».

Van Wyck Brooks et la recherche d'un « bienveillant juste milieu »

L'attaque la plus vigoureuse, spirituelle, et irrévérente contre la conception décorative de la culture fut le fait de Van Wyck Brooks, dont l'audacieux petit livre, *America's Coming-of-Age*, accéda au statut de manifeste pour la génération d'avant-guerre des intellectuels littéraires. Les Américains, selon Brooks, avaient toujours séparé trop brutalement les affaires de ce qu'ils considéraient comme la culture – « des idéaux élevés de vulgaires réalités ». « Une culture desséchée à un extrême et l'utilité brute à un autre extrême avaient conduit l'esprit américain dans une impasse, et toute notre existence flotte dans le chaos entre ces deux pôles. » L'œuvre du pionnier avait absorbé une grande partie de l'énergie nationale. Les affaires étaient devenues la grande aventure américaine, et la culture, comme les autres biens de luxe, se devait d'être importée d'Europe. L'individualisme excessif de la Frontière « interdisait la maturation d'une vie spirituelle collective » et « nous privait de cette vénération humaine instinctive pour ces divines réserves d'expérience collective que sont la religion, la science, l'art, la philosophie, dont l'apport est presque la mesure du bonheur humain ».

La division sociale du travail entre la « machinerie de l'instinct de conservation et le mystère de la vie » coïncidait avec une division sexuelle du travail qui faisait des femmes les principales gardiennes de l'art et de la religion. « Nous avons en

Amérique deux publics, le public cultivé et le public des
affaires, le public de la théorie et le public de l'activité, le public
qui lit Maeterlinck et le public qui accumule l'argent : l'un
largement féminin, l'autre largement masculin. » Ayant fait des
femmes les arbitres du goût correct, des écrivains sérieux
comme Mark Twain et William Dean Howells se soumettaient
même à la censure féminine. La littérature sombrait dans l'arti-
ficialité ; elle se bornait, comme Howells l'affirma dans une
célèbre diatribe, à traiter des « aspects plaisants de la vie américaine ». L'esprit de la Tante Polly [4] de *Tom Sawyer* régentait
les lettres américaines.

Les moquant avec délectation, Brooks ridiculisait les valeurs
littéraires – Longfellow, Lowell, Whittier – que vénéraient ceux
qui confondaient la culture avec de nobles sentiments n'entre-
tenant aucun rapport avec l'expérience ordinaire. Même Hawthorne et Poe, qui se seraient peut-être épanouis dans une
atmosphère plus favorable, se retiraient, aux yeux de Brooks,
dans leurs « diaphanes univers intimes ». Emerson également
se voyait diminué par son environnement. Emerson, « un ven-
triloque », « une voix atténuée nous parvenant d'une immense
distance », était « abstrait aux mauvais moments et concret aux
mauvais moments ». Il « présidait et donnait son ton » à un
« monde d'infinie fragmentation sociale et de libre arbitre sans
limites ». Son style, porté aux nues par des admirateurs sans
discernement, illustrait la différence entre « l'anglais littéraire
de l'Angleterre », un « discours vivant » qui occupait le « milieu
du terrain » et exprimait la « chair et le sang d'un peuple
évolué », et l'anglais littéraire de l'Amérique, qui reflétait simplement le « prestige et l'ascendant et la volonté et l'habitude
d'une classe dominante ».

De tous les écrivains américains du XIXᵉ siècle, Whitman
seul échappait à la critique de Brooks. Malgré la légèreté de
Whitman « dans le domaine des idées », et sa propension à
affirmer n'importe quoi gratuitement, il apprenait aux intellectuels américains à puiser leur inspiration dans la vie banale
qui les entourait, au lieu de regarder vers l'Europe en quête de
modèles littéraires. Premier écrivain à rompre d'une manière
décisive avec des conventions policées, Whitman devenait le

« précipitant » d'une nouvelle culture américaine. Son exemple autorisait les Américains à tenter de retrouver une partie de l'« heureuse excitation de la pensée européenne » en triomphant simplement de leur complexe d'infériorité.

Cette analyse du caractère emprunté et « colonial » de la littérature américaine eut sans aucun doute de salutaires effets, mais la préoccupation qui la sous-tendait déformait la conception que se faisait Brooks de l'histoire culturelle. Le souci qu'il manifestait pour ce que George Santayana appelait la « tradition policée », l'empêchait de discerner une quelconque valeur dans la tradition du protestantisme radical incarné par Edwards, Emerson, et William James, ou encore de reconnaître la parenté entre les préoccupations de ses prédécesseurs et certaines des siennes. Une approche métaphysique des questions morales qui ne rentrait aucunement en contact avec l'expérience pratique les exaspérait pourtant tout autant que lui. Brooks ne pouvait pourtant voir le « puritanisme », l'une de ses cibles favorites, que comme une autre expression de la tradition policée, et le pragmatisme comme son antithèse également insatisfaisante – une simple célébration de résultats pratiques. Les deux mouvements, tels que Brooks les envisageait, étaient caractéristiques des extrêmes entre lesquels les Américains continuaient de flotter. Dès le XVIIIᵉ siècle, ils avaient trouvé leurs porte-parole respectifs avec Edwards – « un intellectuel effréné » – et Benjamin Franklin, l'homme pratique par excellence. Edwards et Franklin personnifiaient tous les deux l'« expérience de la Nouvelle-Angleterre », une « expérience des deux extrêmes – les faits nus et la métaphysique ». Ce qui manquait, insistait Brooks, c'était « l'expérience du monde, de la société, de l'art, le bienveillant juste milieu de la tradition humaine ».

Brooks puisait chez Santayana une trop grande partie de son réquisitoire contre la culture américaine, et bien trop peu chez James, dont il avait également suivi les cours à Harvard. Sa tentative de trouver un « bienveillant juste milieu » entre « intellectuels » et « non intellectuels » – les catégories, une nouvelle fois, de Santayana – le conduisait à ignorer l'analyse plus incisive qu'avait entamée James de la « dessiccation » culturelle. James, lui aussi, voulait « porter l'idéal *au sein même des choses* » –, plus précisément, « redonner à la philosophie la trempe de la science et de la vie pratique ». Il condamnait également un « Christianisme du dimanche » qui n'avait aucune incidence sur la conduite ordinaire. Au regard de son opposition bien connue au « succès, la garce idolâtre », nous pouvons sans grand risque affirmer qu'il aurait approuvé l'affirmation de Brooks suivant laquelle l'échec de l'écrivain américain à « éloigner l'âme de l'Amérique de l'accumulation des dollars » fournissait « une sorte d'assise à la critique littéraire ». L'« utilité de la majeure partie de notre réflexion », maintenait James, était « de nous aider à changer le monde ». La façon de le faire, pourtant, consistait à reconnaître que les idées n'importent que lorsqu'elles évoquent la conviction passionnée, pas lorsqu'elles ne servent qu'à rendre les individus raisonnables, tolérants, et « affables ». James admirait les vertus martiales et nourrissait des doutes profonds au sujet de l'« étrange transformation morale » qui les avait jetées dans le discrédit. Il ne distinguait rien de répréhensible dans l'amour de l'aventure ; le problème, pensait-il, était qu'il échouait souvent à trouver des formes adéquates d'expression. Ni la mortification de soi obsessionnelle du saint, ni la transcendance apportée par la guerre n'offraient les exutoires appropriés à la « vitalité spirituelle ».

Brooks et Santayana, quoi qu'il en soit, envisageaient l'« existence militante » glorifiée par James avec un mélange d'horreur et de condescendance amusée. Ils l'associaient à l'intolérance, au fanatisme, à l'individualisme hystérique. Le puritain et le pionnier étaient, aux yeux de Brooks, jumeaux en dépit de leur aversion mutuelle : irritables, querelleurs, exaspérés par toute velléité d'opposition. Aucun ne faisait preuve d'un quelconque talent pour l'ordinaire fréquentation du monde. La vie spirituelle du pionnier, dans la mesure où il en avait une, était « spectrale et glaciale », « impersonnelle et asociale ». Qu'elle se définît en opposition « métaphysique » à la vie ordinaire (le puritanisme), ou glorifiât la vie ordinaire sous sa forme la plus élémentaire (le pragmatisme), la pensée américaine souffrait d'un « manque d'ancrage social ».

Avec Brooks, l'affinité présumée entre le puritanisme et l'œuvre du pionnier s'imposait comme un postulat fondateur de la critique de la culture. Dans un essai publié en 1917, « The Puritan's Will to Power », Randolph Bourne avançait qu'une obsession pour le « bien être » ressemblait étroitement à une obsession pour le « bien faire ». Apparemment oublieux de soi, le puritain trouvait un « sens positif au pouvoir » dans le « matériau brut » de la « renonciation ». « Dans l'injonction faite à autrui de s'abstenir, vous trouvez l'essence finale du pouvoir puritain. » Waldo Frank élaborait sa critique du puritanisme et de l'œuvre du pionnier dans *Our America* (1919), assimilant plus étroitement que jamais ces catégories aux catégories esthétiques de l'« intellectuel » et du « non intellectuel ». La « vie sobre et faite d'abnégation » qu'idéalisait le puritanisme détournait, selon Frank, les énergies qui auraient été susceptibles d'emprunter les voies de l'art et de l'œuvre du pionnier. Le désir de beauté ne disparaissait pas entièrement, mais il fuyait la « réalité » pour l'air supérieur raréfié du transcendantalisme. La culture se transformait en « décoration philosophique ». D'où l'attrait d'Emerson, qui « fournissait le dualisme dont notre obsession pour les questions matérielles avait besoin pour survivre ». Le « sage de Concord régnait en souverain absolu dans les cercles intellectuels », aux dépens de Whitman et Thoreau, car son idéalisme « vague », « impalpable », apportait une justification à l'« hypocrisie de l'Américain qui se rend à l'église le dimanche et saigne son frère le lundi, qui mène une vie sexuellement déviante et met en avant les livres "purs" ». À l'instar du pragmatisme, il représentait une forme « sublimée » de l'œuvre du pionnier. Frank faisait écho aux accusations que Bourne lançait avec colère contre Dewey, lorsque le soutien apporté par Dewey à la guerre conduisit Bourne à avancer que le pragmatisme avait dégénéré en un culte de la technique. Le pragmatisme avait contribué à la « libération de l'affectation » de l'Amérique, pensait Frank, mais la pression de la guerre avait révélé son insuffisance face à la tâche qui consistait à « créer ses propres valeurs ». La philosophie pragmatiste se révélait maintenant sans détours comme une « pure extension de la disposition pionnière ».

Mumford reformulait dans *The Golden Day* (1926) cette argumentation, développée jusqu'à inclure James aussi bien que Dewey. Ayant ignoré ses « désirs les plus intimes » et manqué sa vocation d'artiste, James était devenu le philosophe de l'« acquiescement ». Le pragmatisme offrait un acquiescement philosophique aux « platitudes journalistiques » de l'Âge du Toc – la « suprématie des valeurs « "cash" et des résultats pratiques », l'« évangile du sourire ». Ses « compromis et dérobades » trahissaient le désir d'un « confortable abri ». Comparé à Emerson, James était « singulièrement naïf ». En traitant Emerson lui-même de « grand poète », Mumford passait à côté des préoccupations religieuses que partageaient James et Emerson. Son affirmation suivant laquelle l'« esprit américain (...) avait commencé à se trouver » au cours de la « période bénie » qui avait précédé la Guerre civile n'était pas étayée par une analyse de la substance de la pensée d'Emerson, se concentrait sur celles de Thoreau et Melville, que Mumford évaluait plus hautement. Comme Brooks, Mumford était soucieux d'illustrer le « rythme heurté de la vie américaine, avec ses intellectuels et ses non intellectuels, ses Edwards et ses Franklin, ses partisans du transcendantalisme et ses empiristes », et de montrer que « le fossé les séparant s'était élargi au lendemain de la Guerre civile ».

La controverse au sujet de l'immigration : assimilation ou pluralisme culturel ?

Il est regrettable que des critiques aussi profondément conscients de l'importance de la tradition se soient détournés de traditions qui leur étaient particulièrement proches. Dans leur recherche de ce que Brooks appelait un « passé utilisable », ils ignoraient le passé qui se trouvait à portée de leur main et cherchaient dans toutes sortes de directions insolites. Ils tentaient de reconstituer une tradition culturelle à partir de travaux d'écrivains négligés ou mineurs, dans le cas de Frank, à partir des « cultures ensevelies » du SouthWest, où les Mexicains et les Indiens avaient jadis vécu « en harmonie avec la Nature ». Dans un ouvrage précoce, *The Wine of the Puritans* (1909), Brooks s'était lui-même convaincu de l'impossibilité « d'*établir* intentionnellement une tradition américaine ». En 1918, pourtant, il avait décidé que, dans la mesure où « le passé qui subsiste dans l'esprit du temps est un passé dépourvu de valeur vitale », il était peut-être possible, après tout, d'en « découvrir » ou même d'en « inventer » un autre.

Il était pour la première fois dans le vrai. Ses amis et lui auraient pu se consacrer à la tâche essentielle qui consistait à extirper la tradition puritaine de sa digne captivité. Parce qu'ils la rejetèrent sans autre forme de procès, la réhabilitation du puritanisme dut attendre Perry Miller et d'autres historiens des années trente et quarante. Les conditions d'une telle réévaluation étaient, à ce moment-là, beaucoup moins favorables : le stéréotype négatif du puritanisme avait imprégné trop profondément l'inconscient populaire pour en être facilement délogé, et le travail de Miller, académique dans sa conception comme dans sa réalisation, fit peu impression sur le grand public.

Aux yeux de Brooks et de Bourne, de Mumford et de Frank, le « puritanisme » rimait avec prétentions policées, pruderie, et censure. À une époque où des critiques respectables comme Barrett Wendell et Stuart Sherman se revendiquaient les garants officiels du legs puritain, ceux qui se présentaient comme les « jeunes intellectuels » rebelles avaient d'excellentes raisons de dénigrer ce passé-là. La tradition de la Nouvelle-Angleterre était désormais identifiée à l'ascendant politique et social d'une élite anglophile conduite par des individus comme Henry Cabot Lodge et Nicholas Murray Butler. Elle était assimilée à des mouvements qui prônaient la limitation de l'immigration, désapprouvaient la diversité culturelle et la dissidence politique, et imposaient l'« Américanisme » comme une sorte de religion publique. Le violent débat sur l'immigration, l'un des plus importants événements intellectuels de l'ère progressiste, souleva un grand nombre des mêmes questions qu'avaient posées les débats sur la démocratisation de la culture. Les mêmes types d'arguments étaient avancés dans les deux contextes ; les mêmes positionnements apparaissaient ; et les « puritains » se rangeaient dans cet affrontement du mauvais côté, s'associant

soit à une conception étroite de la Démocratie, soit à une
opposition radicale à la Démocratie.

Trois positionnements différents, dans le débat sur l'immigration, pouvaient être constatés : celui qui prônait l'exclusion,
celui qui défendait l'assimilation, et le positionnement pluraliste. Ils coïncidaient assez étroitement avec ceux qui étaient
apparus au cours du débat sur la démocratisation de la culture.
Les mêmes personnes qui croyaient que la « culture » présupposait richesse et loisir avaient toutes tendance à s'opposer à
l'immigration non réglementée, comme elles s'opposaient aux
tentatives de garantir un accès universel au « meilleur de ce
qui a été pensé et fait dans le monde ». La démocratisation de
la culture ne ferait qu'entraîner sa dilution, avançaient-elles,
de la même façon qu'une immigration non réglementée dilue-
rait l'héritage anglo-saxon et ferait des États-Unis une nation
métissée.

Les Démocrates considéraient naturellement de telles
opinions répugnantes, mais la définition de la meilleure alternative les divisait. Ceux qui voulaient, en effet, démocratiser
l'accès à la haute culture défendaient une approche similaire
du problème de l'immigration : une immigration non réglementée, associée à un programme volontariste d'assimilation
culturelle. *The Melting Pot*, la pièce d'Israël Zangwill jouée
pour la première fois en 1908, offrait une démonstration classique de la défense de l'assimilation. Zangwill condamnait à la
fois l'antisémitisme et le nationalisme juif. L'action de sa pièce
s'attachait au mariage mixte, qu'il traitait comme le meilleur
moyen d'enterrer les ancestrales animosités. En Amérique, écrivait-il, « nous devons regarder vers l'avenir » en « oubliant tout
ce cauchemar de religions et de races ». L'assimilation impliquait l'oubli. L'« héritage de l'Ancien Monde, la haine et la
vengeance et le sang » faisaient obstacle à la réconciliation
raciale et au progrès. « Les idéaux des pères ne devraient pas
être imposés aux enfants. Chaque génération doit vivre et
mourir au nom des rêves qui sont les siens. » La symbolique
du *melting pot* – « ce gigantesque nouveau continent qui pouvait mettre un terme définitif à toutes les animosités et ven-
dettas raciales » – rendait suffisamment explicite ce qui avait

toujours été implicite dans l'idéologie du progrès : la dépendance de ce dernier à l'amnésie.

L'anthropologue Franz Boas, un champion acharné de la tolérance raciale, plaidait de la même façon en faveur de l'assimilation, recourant aux sciences sociales afin de lui fournir des fondations solides. Le mythe de la supériorité raciale du blanc, relevait Boas, était sans fondement scientifique. Le particularisme, quelle que soit sa forme, était atavique et irrationnel. Le tribalisme, l'ethnocentrisme, le nationalisme, et la conscience de classe s'appuyaient dans leur ensemble sur une crainte primitive de l'étranger. La « multiplication des unités politiques » dans le monde moderne constituait une évolution éminemment désirable, puisqu'elle brisait le « sentiment émotionnel de la solidarité de groupe » et conduisait la population « à reconnaître des mêmes droits à tous les individus ». Les migrations de masse des temps modernes, qui avaient culminé dans la toute dernière vague d'immigration vers les États-Unis, avaient le même effet. Les « masses dans nos populations urbaines modernes », n'ayant rien connu de l'« influence conservatrice d'un foyer où parents et enfants vivaient ensemble », avaient échappé au « contrôle inconscient des idées traditionnelles ». Les conditions sociales modernes encourageaient les mariages mixtes raciaux et ethniques, ainsi qu'une acceptation grandissante de l'idée d'après laquelle les hommes et les femmes avaient un « droit à être considérés en tant qu'individus, non comme membres d'une classe ». Boas ne niait pas la ténacité du préjugé racial, mais il comptait sur le « métissage » pour affaiblir la « conscience d'une différence raciale ». Lorsque le « sang nègre » en viendrait à être dilué à un point tel qu'il ne pourrait « plus être reconnu en tant que tel », la « question noire » « disparaîtrait », de la même manière que l'antisémitisme s'évanouirait lorsque « le dernier vestige du Juif en tant que Juif disparaîtrait ».

Les tenants du pluralisme culturel étaient d'accord avec Zangwill et Boas pour condamner l'intolérance ethnique et raciale, mais ils s'opposaient à une définition de la Démocratie qui mettait trop l'accent sur l'uniformité et l'éradication de la mémoire du groupe. L'essai de Bourne paru en 1915,

« Trans-National America », bien qu'il attaquât une version
plus grossière de l'idéal de l'assimilation, remettait aussi bien
implicitement en cause des versions de cette dernière plus
raffinées. Bourne, au contraire de Boas, n'interprétait pas la
désintégration des « cultures nationalistes » comme une évolution positive. Elle engendrait à ses yeux des « hordes d'hommes
et de femmes dépourvus d'ancrage spirituel, des hors-la-loi
culturels, privés de goût, de critères de conduite exceptés ceux
de la populace ». Le *melting pot* brassait un « fluide d'uniformité inodore, incolore ». Boas pensait que les hommes et les
femmes arrachés des loyautés tribales avaient une chance de
devenir des individus. Bourne pensait qu'ils devenaient « les
épaves et les déchets d'une vie américaine caractérisée par un
niveau de civilisation déclinant, manifeste dans sa lubricité de
troisième ordre et la fausseté de son goût et de ses perspectives
spirituelles ».

La philosophie de la loyauté de Royce

Au lieu de l'assimilation, Bourne préférait une sorte de
« double citoyenneté », une institutionnalisation de loyautés
partagées. Il souhaitait que les minorités tribales s'exposent à
des courants de pensée plus larges sans acquérir pour autant
les habitudes mentales de « demi-sang culturels ». Sa position
se rapprochait de celle d'Orestes Brownson, bien que rien ne
laisse penser qu'il eut connaissance de l'œuvre de Brownson.
Bourne maintenait, comme Brownson, que l'individualité
devait s'appuyer sur une instruction précoce portant sur une
série définie, spécifique, de pratiques culturelles. Sa position
était également proche – et en était, en l'occurrence, fortement
influencée – de la défense par Josiah Royce du provincialisme,
alors même que Bourne se référait à son propre idéal « trans-
national » comme à une forme de cosmopolitisme. Pendant
des années, Royce – le troisième membre du distingué trium-
virat des philosophes d'Harvard – avait mis en garde contre la
« tendance au nivellement de la civilisation nouvelle » qui
menaçait d'« écraser l'individu ». « Les fréquents changements

de domicile » détruisaient, selon Royce, « l'esprit de communauté ». Les journaux, « lus par de trop grandes multitudes »,
favorisaient une « vulgarité de l'esprit banalement uniforme ».
« Un processus de regroupement industriel » et « une organisation sociale impersonnelle » renforçaient la « mentalité de la
masse et de la populace ». Le provincialisme – la loyauté au
« petit groupe » – fournissait, tant qu'il ne dégénérait pas en
une « ancienne étroitesse », un contrepoids nécessaire, affirmait
Royce, au nivellement qu'entraînait la vie moderne.

Ni Bourne ni Royce n'expliquaient ce qui arriverait si les
loyautés particulières rentraient en collision. Comment les
conflits en résultant seraient-ils résolus ? C'était la peur qu'ils
ne puissent l'être, à moins d'en passer par une guerre ouverte,
qui rendait attirant, comme le meilleur espoir de paix sociale,
le programme de l'assimilation. Les groupes, semblait-il,
étaient intrinsèquement belliqueux et querelleurs. Ils opéraient
selon le principe d'exclusion : ce qui les réunissait était une
antipathie commune pour les étrangers. L'organisation sociale
paraissait, en conséquence, dépendre d'un processus de dislocation des groupes. Les individus avaient des droits qui pouvaient être reconnus et garantis par l'État, mais les groupes
refusaient comme à leur habitude de reconnaître les droits des
groupes rivaux, de reconnaître même leur humanité. « Ceux
qui ne sont pas membres de la tribu ne sont pas des êtres
humains » notait Boas avec désapprobation.

Si Royce et Bourne échouaient à prêter suffisamment
d'attention au règlement des conflits et aux mécanismes de
cohésion sociale, c'était parce qu'ils considéraient une dessiccation comme un plus grand danger qu'un conflit social. Le
débat sur le pluralisme culturel se résumait à la question que
posait William James lors de son échange avec Hobhouse. Les
partisans de l'assimilation, dont Hobhouse, s'inquiétaient de
l'intolérance et du fanatisme, alors que les défenseurs du pluralisme, comme James, voyaient « l'insipidité » comme un plus
grand risque – la « mollesse docile », telle que Bourne la présentait, « qui est acceptée comme l'Américanisation ». Les
individus déracinés, émancipés, en perpétuel déplacement, si
hautement loués par les critiques du particularisme étaient, à

leurs yeux, des renégats culturels qui ne croyaient en rien
excepté leur propre droit au bon temps. Boas se disait frappé
par les traits que partageaient les hommes et les femmes, une
fois qu'étaient effacées les différences imposées par la culture*.
Royce et Bourne, à l'instar de Brownson, attachaient plus
d'importance aux différences culturelles et à la loyauté qu'elles
inspiraient. Ils étaient moins préoccupés par le danger que
représentaient des loyautés concurrentes que par l'érosion de
la capacité spécifique à la loyauté.

Même une loyauté aveugle, pensait Royce, était préférable
à un « individualisme irréfléchi qui n'est loyal en rien ». La vie
moderne donnait lieu à « des mobiles sociaux qui semblent
priver les hommes et les femmes du véritable esprit de loyauté,
et les laisser absents, instables quant à leurs critères moraux,
incertains quant à la signification et aux objectifs de leur vie ».
L'utilitarisme effaçait l'existence de « quelque chose de plus
large et plus riche que la simple somme du bonheur humain ».
L'« étendue de la sympathie » et l'esprit de philanthropie universelle faisaient oublier aux hommes et aux femmes que la
philanthropie, lorsqu'elle n'était « pas fondée sur une loyauté
personnelle de l'individu à sa propre famille et à ses propres
devoirs personnels », devenait « notoirement une abstraction
dépourvue de toute valeur ». Ceux qui espéraient « simplement
venir en aide au genre humain dans sa globalité » sans s'engager
d'abord « à prêter assistance à leur entourage immédiat »

* Sa fréquentation des Eskimos, au cours de la première de ses
nombreuses missions de recherche comme anthropologue, lui avait
appris, disait-il, qu'« ils appréciaient la vie, comme nous le faisons ;
que la nature leur est également belle ; que les sentiments de camaraderie prennent aussi racine dans le cœur eskimo ; que, bien que le
caractère de leur vie soit si rude comparé à la vie civilisée, l'Eskimo
est un homme comme nous le sommes ; ses sentiments, ses vertus et
ses défauts sont comme les nôtres fondés sur la nature humaine. » Il
est impossible de ne pas être touché par ces sentiments, typiques de
l'esprit libéral lorsqu'il est le plus généreux et ouvert. L'appel à des
traits humains universels, quoi qu'il en soit, contient un piège inattendu. Si tous les hommes sont semblables, ils devraient voir, agir, et
penser de la même façon. Lorsque le fait de la diversité contredit la

gaspillaient leur énergie. Puisqu'« une personne a une vie dans la mesure où elle fait corps avec un dessein singulier », une passion morale doit être concentrée sur des objectifs particuliers, au risque même de l'étroitesse.

Si ces objectifs entraient en conflit les uns avec les autres, suggérait Royce, le principe de « loyauté à loyauté » était susceptible de fournir son propre correctif. Il ne s'agissait pas d'une affirmation gratuite. Elle impliquait un respect pour un adversaire digne, pas le principe libéral du « vivre-et-laisser-vivre ». Lorsque Royce laissait « à l'individu le (...) choix de la cause », il n'entendait pas par là qu'une cause était aussi bonne qu'une autre, ou qu'il était impossible, à quelque niveau que ce soit, d'arbitrer leurs revendications concurrentes. Pas plus ne prétendait-il que les tenants de positions rivales s'accorderaient pour ne pas les pousser à un point de conflit ouvert, au regard de la difficulté à défendre la supériorité morale de l'une d'entre elles. Il affirmait, au contraire, que ceux qui étaient mus par la loyauté à une cause la défendraient jusqu'à la mort. Ils la défendraient, toutefois, sans haine ni amertume et sans nier l'humanité de leurs adversaires. La loyauté à une cause, telle que la concevait Royce, portait en elle une estimation de la loyauté en elle-même, sans considération pour les fins au nom desquelles elle était invoquée. Dans sa *Philosophy of Loyalty*, il comparait ses effets à ceux de la « grâce divine dans une théologie plus ancienne ».

Ces effets incluaient à la fois une dévotion qui ne se démentait pas à une cause qui « doit vous contrôler », et un respect pour la même dévotion chez vos ennemis. Royce avançait, en effet, que le respect pour les ennemis était plus susceptible d'encourager les hommes et les femmes à se traiter entre eux comme des êtres humains que la dénégation de l'inimitié, ou

---

fiction de la fraternité, les libéraux peinent souvent à conserver une attitude de tolérance exemplaire. La diversité offense leur vision de l'unité de l'ensemble du genre humain. Ainsi Boas, stupéfié par l'intensité des animosités raciales aux États-Unis, avançait, nous l'avons vu, que le problème racial ne disparaîtrait que lorsque les différences raciales observables disparaîtraient elles-mêmes.

la fiction d'une fraternité universelle. Ceux qui croyaient en la cause qu'ils défendaient étaient moins susceptibles de dénigrer autrui. Pour ceux qui étaient animés par la loyauté, une « rivalité gaie » prévalait aussi bien à la guerre que sur les terrains de sport. La loyauté portait en elle un refus d'autoriser la fin à justifier les moyens. Elle pouvait conduire à la guerre, « mais alors même », elle refusait de « porter atteinte » à tout ce qui était « sincère et franc » dans la conduite de l'ennemi. La loyauté encourageait un « jeu loyal sur le terrain de sport, un respect chevaleresque de l'adversaire sur le terrain de bataille, une tolérance à l'égard des convictions sincères des autres hommes ». Elle fournissait la « clé de tous les mystères familiers que pose la relation droite de l'amour de l'homme aux vertus acharnées ».

Royce n'expliquait pas de quelle manière des conflits entre loyautés concurrentes devaient être l'objet de médiations ou empêchés, mais il fit mieux : il démontra que la question importante n'était pas de savoir comment prévenir les conflits, mais comment les mener avec dignité. Son souci pour le jeu loyal paraîtra sans doute vieillot aux réalistes auto-proclamés qui assurent que le conflit est par essence brutal, et qui envisagent par conséquent la résolution du conflit comme l'objectif principal de l'action politique. Royce avait la chance de vivre à une époque où il ne paraissait pas encore totalement absurde de parler d'honneur et de guerre dans la même phrase. Au XXe siècle, naturellement, la guerre avait dégénéré en une cruauté à grande échelle, et la paix, en conséquence, en était venue à se présenter comme le bien social le plus précieux. Nous sommes maintenant tous des pacifistes. Mais le dégoût général et compréhensible suscité par la guerre – qui, soit dit en passant, n'a pas conduit à un monde plus pacifique – a eu le déplorable effet, comme le prédisait William James, de discréditer les « biens humains intangibles » à l'origine associés à l'éthique de l'honneur, de la gloire, et du sacrifice de soi. Ce qui devrait être suffisamment déplorable en soi, en l'absence d'un « équivalent moral » à la guerre ; mais la perte des vertus associées à la loyauté a eu pour conséquence supplémentaire de rendre la guerre elle-même (et, par extension, toute forme de conflit) plus sanguinaire et dégradante qu'elle ne l'avait jamais été de par le passé.

La dégénérescence de la guerre au XXᵉ siècle, loin de discréditer l'argument de Royce, lui apporte une confirmation supplémentaire. Comme James, Royce comprenait que la paix et la prospérité étaient des objectifs sociaux inadéquats, et qu'il était plus important d'établir la « relation droite de l'amour de l'homme aux vertus acharnées ». Il n'entendait pas par là que l'« amour de l'homme » fournissait le correctif aux « vertus acharnées ». Il voulait signifier qu'il dépendait d'elles. Une loyauté à une abstraction comme la loyauté même (avec son respect pour le principe du jeu loyal) ne pouvait s'enraciner que dans une loyauté à un élément suffisamment spécifique. La tentative malavisée de supprimer les sources de conflit social en décourageant le particularisme, dans l'espoir qu'un amour fraternel apparaîtrait alors de lui-même, tuait précisément la possibilité d'un amour fraternel en le coupant de ses racines*.

La réaction de l'après-guerre contre le Progressisme

Dans un célèbre passage de *L'Adieu aux armes*, Ernest Hemingway notait que la Première Guerre mondiale avait discrédité les mots d'« honneur », de « gloire » et de « sacrifice ». Elle avait, pour la gauche américaine, discrédité également le concept de loyauté, désormais associé au fanatisme nationaliste, à la haine des Huns (plus tard déplacée sur les Bolcheviques), à « l'Américanisme inconditionnel », et à une intolérance grandissante du débat politique. La gauche s'était depuis toujours montrée méfiante à l'égard du particularisme, mais la guerre confirmait ces soupçons et mit fin à la possibilité d'un débat plus approfondi sur le pluralisme culturel et la « loyauté à la loyauté ». La guerre mit fin, à vrai dire, à une série entière de débats sur la Démocratie qui se recoupaient les uns les autres, et dont l'intensité avait rendu le climat intellectuel des années

---

* Le point de vue de Royce était pour l'essentiel celui de Brownson : l'homme n'atteint à l'universel qu'à travers le particulier.

d'avant-guerre particulièrement vivifiant. Les années qui suivirent, la version du dogme démocratique de l'assimilation, consumériste, distributive, allait rarement être l'objet d'une critique aussi perspicace.

La valeur d'une pensée sociale « progressiste », le label excepté, résidait dans le fait qu'une de ses composantes majeures travaillait contre le progressisme même. Le « Progressisme » n'était pas entièrement compatible avec l'idéologie du progrès. Il est vrai que le mouvement syndicaliste en Amérique ne lança jamais un défi de front à cette idéologie, comme il le fit ailleurs, mais les débats, largement répercutés, consacrés à l'« autonomie industrielle » que lancèrent Croly et d'autres, permettaient de rappeler au peuple qu'une production à grande échelle pourrait détruire le sentiment de responsabilité du travailleur, et donc saper les fondements moraux de la Démocratie. La controverse sur la démocratisation de la culture, nous l'avons vu, soulevait un certain nombre des mêmes questions sous une autre forme. Ceux qui pensaient que le loisir et la surabondance démocratiseraient des critères esthétiques jadis réservés aux oisifs devaient faire face à une conception de la Démocratie bien plus vivante qui considérait que l'objectif principal de la critique de la culture, comme de l'action politique, devait se chercher dans la réhabilitation du travail, et non dans la démocratisation de la consommation. La controverse relative à l'assimilation et au pluralisme culturel permettait de poser ces questions bien plus intelligemment. Les défenseurs du particularisme remettaient en cause l'un des dogmes centraux de l'idéologie éclairée, la mise en équation du progrès avec l'éradication des loyautés tribales et leur remplacement par un amour englobant du genre humain entier.

Toutes ces questions s'éclipsèrent rapidement du débat public de l'après-guerre, qui se caractérisait par un climat de découragement et de cynisme. De nombreux intellectuels, en fait, commençaient précisément à remettre en question l'opportunité même d'un débat public. Le ridicule de la « gogocratie » (*booboisie*) de H.L. Mencken [5] donnait le ton des années vingt. « M. Mencken est arrivé », écrivait John Gunther en 1921. « (...) Son nom, qui était déjà un cri de ralliement pour la jeune génération, commence à pénétrer tous les quartiers, y compris les plus pieux et révérends. On le trouve partout. » Sinclair Lewis et lui étaient devenus, aux yeux de Robert Morss Lovett, les « interprètes de la vie américaine les plus lus et les plus considérés ». Mencken se « targuait d'une telle importance qu'il pensait influencer la pensée américaine ». Edmund Wilson déclarait que « l'optimisme, le Puritanisme, et l'inaptitude à la Démocratie » étaient devenus « le stock de reproches où puisait l'intelligentsia ». F. Scott Fitzgerald affirmait qu'il estimait la pensée de Mencken plus hautement que celle de n'importe qui d'autre en Amérique. Walter Lippmann le décrivait en 1926 comme l'« influence la plus puissante sur cette génération entière d'Américains ». Mencken retournait le compliment dans un compte rendu élogieux de *Phantom Public* de Lippmann : ayant « débuté dans la vie avec de grandes espérances pour la Démocratie », Lippmann en était « arrivé à la conclusion que les masses sont ignorantes et incapables d'apprendre ». Il s'agissait d'un grand compliment de la part du directeur de publication de *Smart set* et du *American Mercury*. Le désenchantement de Lippmann à l'égard d'un gouvernement populaire l'identifiait comme un membre de ce que Mencken se plaisait à appeler la « minorité civilisée ».

Souvent considéré à tort par les libéraux comme l'un des leurs, Mencken préférait se définir comme un « libertaire ». La liberté, insistait-il, était la « première et la dernière chose ». Les libéraux voulaient réformer le peuple, le libérer « contre sa volonté », souvent « en lui causant un tort évident, comme dans le cas de la majorité des Nègres et des femmes ». Mencken voulait seulement le laisser à lui-même, pas simplement parce qu'il croyait dans le discours libéré mais parce que, dans son opinion, le fait d'entraver les lois de la sélection naturelle était une erreur. Il tirait directement ses conceptions sociales du darwiniste social du XIXe siècle William Graham Sumner. Les libéraux rejetaient désormais le Darwinisme social, mais nombre d'entre eux en étaient venus à partager la croyance de Mencken d'après laquelle les « fruits les plus élaborés du progrès humain, comme toutes les très hautes vertus de l'homme, sont la possession exclusive de petites minorités ».

La démocratisation de la vertu leur apparaissait désormais en elle-même comme une antinomie flagrante.

Un enseignant désenchanté, écrivant anonymement dans les colonnes de *The New Republic*, rappelait l'heure de gloire qu'avaient connue « la raison et l'éducation éclairée », lorsque le peuple croyait en l'éducation comme en une « religion publique ». Il avait, jeune homme, été influencé par la réflexion de Santayana, aux yeux duquel « l'homme commun devait tenir à la fois du saint et du héros pour qu'une Démocratie civilisée puisse survivre ». La Démocratie était une « déesse plus jeune et plus lumineuse ces jours-là, adorée avec une fierté et une confiance dont notre art oratoire rotarien présent n'est qu'un écho ». Son expérience dans une université d'État du Midwest, cependant, avait transformé le « cri de guerre » de Santayana en « le plus âpre des cynismes ». Il en concluait que l'éducation n'était pas le « bon chemin pour parvenir à l'intelligence populaire ». À vrai dire, il « avait renoncé à l'intelligence populaire ». Il avait, plus tard, pris la direction d'une fondation spécialisée dans l'éducation, une position qui l'avait obligé à « exprimer sa foi en la Démocratie à venir ». Mais il n'avait « plus une telle foi », confessait-il. « Elle s'était doucement effacée. » La seule « chose qui vaille vraiment la peine d'être faite », décidait-il, était « de s'asseoir à une terrasse d'un boulevard » parisien et « d'observer les foules passer », avec « un Montaigne ouvert posé sur la petite table de café placée devant moi ».

Seuls les conservateurs, à l'avant guerre, dénigraient l'intelligence populaire et l'opinion publique. Un écrivain observait en 1915 dans la *Unpopular Review*, un magazine réputé de droite, que l'opinion publique était l'autre nom de la meute. « Le public moderne, lorsqu'il est hypnotisé par une pulsion incontrôlable, est tout à fait capable de démonstrations de masse à la hauteur de celles dont fait preuve n'importe quelle multitude shakespearienne. » Au milieu des années vingt, les libéraux affirmaient la même chose. Ils avaient « perdu leur ancienne confiance », selon *The New Republic*, « dans la capacité des agitateurs progressistes à convaincre l'opinion populaire de la désirabilité de changements radicaux ». La répression de la période de la guerre, la panique rouge de l'après-guerre, l'amendement relatif à la prohibition, le *National Origins Act* de 1924, l'affaire Sacco et Vanzetti, et le procès Scopes[6] avaient laissé des traces. La population n'était, semblait-il, sensible qu'aux mouvements qui jouaient sur ses émotions – nativisme, fondamentalisme, croisade contre la ville. « Les gens qui pensent sont une minorité dans chaque pays », assénait *The Nation*, qui citait en l'approuvant l'une des attaques de Mencken contre le fondamentalisme – contre le « sentiment hargneux d'élection que chérissent les hommes vulgaires et ignorants ». La popularité de Calvin Coolidge[7] porta le coup fatal à l'ancienne foi progressiste dans l'opinion publique. « Le mythe Coolidge était le fruit d'une propagande étonnamment habile », se plaignait *The Nation*. « Le peuple américain adore passionnément être berné. »

L'élection de Hoover en 1928, qui succéda à une campagne à l'occasion de laquelle les Républicains firent appel au préjugé anti-catholique contre Al Smith, ne fit rien pour faire renaître la confiance des libéraux dans le peuple. « Le trait caractéristique des libéraux de nos jours », notait Matthew Josephson en 1930, « est leur déception provoquée par la découverte que les gens se soucient peu de la liberté. » Josephson ne niait pas que la liberté avait « pratiquement disparu », écrasée par une « triomphante égalité ». Il niait seulement que quoi que ce soit puisse être fait à ce sujet. Un « processus de mécanisation écrasant » avait « manifestement déplacé les lieux de pouvoir », au bénéfice d'une classe de millionnaires qui partageaient les goûts plébéiens de l'« employé de station-service » – « les mêmes horizons, les mêmes préoccupations ». Les nouveaux dirigeants de l'Amérique étaient des hommes qui s'étaient extraits de la foule et qui étaient imprégnés de la mentalité de la foule. « Leurs heures de labeur sont les mêmes ; leurs plaisirs sont pareillement les promenades familiales du dimanche, la veille passive devant l'universel téléviseur. » Les libéraux, avançait Josephson, étaient maintenant obligés « de résister à la majorité, à la *vox populi*, à l'écrasante masse » qu'ils avaient jadis adorée. Mais ils étaient également obligés de résister aux nouveaux « humanistes » et autres réactionnaires qui prônaient

un « retour aux anciens systèmes d'autorité, de discipline, et
de culture ». En « bons déterministes », les libéraux pensaient que l'histoire marche toujours de l'avant. « Le genre
humain ne se retourne jamais vers un ordre ancien. » Le meilleur espoir résidait dans une « transition [harmonieuse] vers ce
que Dewey et Beard avaient appelé une « société technologico-
rationaliste » », même si l'« égalité la plus valable » qu'elle
promettait impliquait le « sacrifice inévitable » des libertés individuelles. « Il y a quelque chose de laborieusement fatal dans
une telle transition », songeait Josephson, « mais si elle suscite
l'ordre, l'enthousiasme, et l'harmonie, nous nous satisferons
de notre sacrifice. »

L'adieu de Lippmann à la vertu

L'évaluation la plus sobre de l'incapacité du public à faire
preuve de perspicacité critique et d'indépendance fut le fait de
Walter Lippmann qui consacra, au cours des années vingt,
quatre études séparées, chacune plus sombre que la précédente,
au problème de l'opinion publique. La première d'entre elles,
A Test of the News, écrite avec Charles Merz et publiée en
supplément à *The New Republic* en 1920, analysait la manière
dont la presse avait rendu compte de la révolution russe. À lire
Lippmann et Merz, les journaux américains donnaient à leurs
lecteurs un compte rendu de la révolution que déformaient
des préjugés anti-bolcheviques, une tendance à prendre leurs
désirs pour des réalités, et de l'ignorance pure et simple. L'écriture de *Liberty and the News* (1920) avait également été inspirée
par l'effondrement de l'objectivité journalistique durant la
guerre, époque où les journaux s'étaient érigés en « défenseurs
de la foi ». Le résultat, selon Lippmann, avait été un « effondrement des moyens de connaissance du public ». La difficulté
excédait largement la guerre ou la révolution, les « suprêmes
destructrices de la pensée réaliste ». L'étalage de sexe, de violence, et de « faits divers » – les produits de base du journalisme
de masse moderne – soulevait de graves questions quant au
futur de la Démocratie. « Tout ce que les critiques les plus

perspicaces de la Démocratie ont allégué est vrai s'il n'y a pas apport constant d'informations dignes de foi et pertinentes. »

Dans *Public Opinion* (1922) et *The Phantom Public* (1925), Lippmann élargissait son réquisitoire pour inclure non seulement la presse, mais le public lui-même. Il n'avançait plus seulement que la presse devrait chercher à mieux informer le public. Au lieu de cela il proposait de confiner le rôle de l'opinion publique, en matière de mise en œuvre politique, à des questions strictement procédurales, réservant les décisions importantes à une élite administrative. « L'intérêt du public pour un problème », avançait Lippmann, « est limité à ceci : au fait qu'il devrait y avoir des règles (...) Le public s'intéresse à la loi, pas aux lois ; à la méthode de la loi, pas à sa substance. » Les questions d'importance devaient être confiées aux experts, dont l'accès au savoir scientifique les immunisait contre les « clichés » et « stéréotypes » émotionnels qui dominaient le débat public.

Lippmann reconnaissait le fossé existant entre ses recommandations et les principes qui guidaient habituellement les « réformateurs démocrates ». Ces principes étaient, à ses yeux, simplement « faux ». Il rejetait l'« erreur mystique de la Démocratie » et l'« appel habituel à l'éducation comme remède à l'impuissance de la Démocratie ». La théorie démocratique présupposait un « citoyen aux compétences multiples », un « touche-à-tout » qui ne pouvait se trouver que dans une « communauté élémentaire autarcique ». Dans l'« immense et imprévisible environnement » du monde moderne, le vieil idéal de la citoyenneté était obsolète. Pas plus ne pouvait-il être réanimé dans l'atelier, comme le proposaient les socialistes de la Guilde. Un contrôle démocratique de l'atelier n'éliminerait pas la difficulté constituée par le fait que les relations entre une enseigne et une autre posaient des questions qui « dépassent l'expérience immédiate ». À moins que le socialisme de la Guilde se proposât de dégénérer en un « chaos d'enseignes en guerre les unes contre les autres », la gestion de leurs « relations à l'extérieur » aurait encore à être déléguée à des représentants élus, et le problème global de la représentation resurgirait à nouveau entièrement. « Les opinions politiques d'un com-

merçant au sujet de ses droits et devoirs, dans les domaines
industriel et social, sont affaire d'éducation et de propagande,
pas le fruit automatique de la conscience du commerçant. »
Les socialistes de la Guilde ne pouvaient esquiver le « problème
du démocrate orthodoxe ». Dans une société industrielle complexe, le gouvernement devait être pris en main par des fonctionnaires dont on attendait qu'ils « conçoivent un intérêt
général ». En essayant de tendre leurs esprits « au-delà des
limites de l'expérience immédiate », ces fonctionnaires seraient
guidés soit par l'opinion publique, soit par le savoir de l'expert.
Il n'y avait pas d'alternative à ce choix.

L'opinion publique n'était pas fiable, selon Lippmann, car
elle ne pouvait être unifiée que par le recours à des slogans et
des « images symboliques ». Dans une société gouvernée par
l'opinion publique, l'art de gouverner devenait l'art de la
« manipulation » – la « fabrique du consentement ». « Là où
toutes les nouvelles sont de seconde main, là où tout témoignage prête au doute, les hommes cessent de réagir aux vérités,
et réagissent simplement aux opinions. L'environnement au
sein duquel ils agissent n'est pas la réalité même, mais le
pseudo-environnement des reportages, des rumeurs, et des
conjectures (...) Toute chose relève de l'affirmation et de la
propagande. » L'analyse de Lippmann se fondait sur la distinction épistémologique entre la vérité et la simple opinion, qui
était enracinée dans la tradition dominante de la philosophie
moderne. Les philosophes pragmatistes avaient essayé de
réduire à néant cette distinction, la dernière tentative en ce
sens étant *Quest of Certainty* de Dewey ; mais Lippmann, bien
que professant une dette à l'égard de James et Dewey, n'attachait aucune importance à leur affirmation suivant laquelle le
savoir scientifique même est entaché par ce que Lippmann
appelait des « attentes », qui interdisaient par conséquent à la
science de pouvoir être distinguée de l'opinion au motif qu'elle
met fin au doute. La vérité, telle que Lippmann la concevait,
surgissait d'une investigation scientifique désintéressée ; tout le
reste était idéologie (bien qu'il n'utilisât pas ce terme, pas
encore répandu dans l'usage courant). La sphère du débat
public devait, en conséquence, être strictement délimitée. Le

débat public était au mieux une nécessité désagréable – et non
l'essence véritable de la Démocratie, comme Brownson ou
Bourne l'auraient avancé, mais son « défaut premier » qui
n'apparaissait que parce que l'« exacte connaissance » était,
hélas, une denrée rare. Le débat public ne devait, dans l'idéal,
occuper absolument aucune place ; les décisions s'appuieraient
sur des « critères de mesure » scientifiques seuls. La science
tranchait net dans « les slogans et clichés paralysants », les « fils
de la mémoire et de l'émotion » qui gardaient l'« administrateur responsable » prisonnier de leurs nœuds. Comme Edmund
Burke, Lippmann dénigrait la mémoire comme une source
importante de conflits et de désagréments. Il proposait, cependant, de contrecarrer son influence, non par la coutume, mais
par une « intelligence organisée ».

Les adversaires même de Lippmann reconnaissaient la force
de son argumentation. S'il était dans le vrai, le moment était
venu d'adresser un adieu définitif à la vertu – c'est-à-dire à
l'espoir que la Démocratie engendrerait un « monde entier de
héros », pour citer l'expression mémorable de Carlyle. « Une
théorie politique fondée sur l'espérance que les hommes de
chaque communauté fassent preuve d'abnégation et de sacrifice », affirmait Lippmann, « ne mériterait pas d'être considérée ». Le meilleur argument en faveur de la Démocratie –
qui veut que les responsabilités entraînées par l'autonomie
révèlent des talents insoupçonnés chez les hommes et les
femmes ordinaires – devait être abandonné comme une autre
relique du passé préindustriel. Une théorie plus précoce de la
Démocratie avait considéré les citoyens ordinaires au moins
compétents pour gérer leurs propres affaires, si non capables
avec constance de faire preuve d'abnégation et de sacrifice.
Leurs opinions devaient, pour Lippmann, susciter le respect,
car l'art de gouverner n'excédait pas grandement leur expérience. Mais il n'était « pas possible d'affirmer qu'un monde
caractérisé par la division du travail et la répartition de l'autorité, puisse être gouverné par des opinions partagées par la
population entière ». Sous les conditions altérées de la vie
industrielle, la participation populaire au gouvernement ne
ferait que conduire à l'anarchie et à la loi de la meute. Une

Démocratie participative devait laisser place à une Démocratie distributive. Au lieu de « faire dépendre la dignité humaine » de l'autonomie, avançait Lippmann, les Démocrates feraient mieux de la faire dépendre d'un accès universel aux bonnes choses de la vie. Le test de la Démocratie n'était pas de savoir si elle produisait des citoyens indépendants, mais de savoir si elle produisait des biens et des services essentiels. La question à poser au sujet du gouvernement était « de savoir s'il produit un minimum certain de richesse, d'habitat décent, de biens matériels de première nécessité, d'éducation, de liberté, de plaisirs, de beauté, pas simplement si, au sacrifice de toutes ces choses, il préfère les opinions égocentriques qui en viennent à s'immiscer dans les esprits des hommes ».

La réponse insuffisante et trop tardive de Dewey à Lippmann

Pratiquement personne, au milieu des années vingt, ne se souciait de questionner la conception passive de la Démocratie avancée par Lippmann ni même son explication de la futilité du débat public. Dewey était pratiquement le seul à essayer d'élaborer une réponse, mais lui-même admettait que ses objections pouvaient simplement découler d'un préjugé en faveur de la Démocratie – d'un « subjectivisme à son sujet, que même le traitement de M. Lippmann n'a pas purgé ». Il ne niait pas la force de l'« analyse implacable et réaliste » de Lippmann – « peut-être le réquisitoire contre la Démocratie le plus efficace (...) jamais écrit ». Il essayait pourtant d'esquiver l'accusation en rejetant la notion de « citoyen omnicompétent » – l'« homme de paille » contre lequel était dirigée une si grande partie de l'argumentation de Lippmann.

Les critiques de Lippmann, affirmait Dewey, ne s'appliquaient qu'à une conception de la Démocratie du XIXe siècle qui s'était vue « réduite à néant par le cours des événements ». L'ancien individualisme – l'origine de la fiction du « citoyen omnicompétent » – se fondait sur une « fausse psychologie » qui exagérait l'indépendance des individus et leur « souci intel-

ligent et bien compris de leur bien personnel ». La découverte
qu'une « émotion grossièrement formulée » et « l'habitude »
jouaient un plus grand rôle dans la conduite humaine que
l'intérêt personnel rationnel invalidait l'individualisme, pas la
Démocratie. Ce n'était pas, quoi qu'il en soit, l'intérêt égoïste
bien compris qui qualifiait les hommes et les femmes ordinaires
à gérer leurs propres affaires, selon Dewey ; c'était leur accès à
un fonds commun de savoirs, le produit d'une « association »,
d'une « communication », d'une « tradition », et d'« outils et
méthodes socialement transmis, développés et sanctionnés ».
Ce savoir généré socialement avait, au XXᵉ siècle, adopté une
forme rigoureusement scientifique, ce qui ne signifiait pas pour
autant que les seuls experts et « initiés » étaient, comme l'avançait Lippmann, en position de le comprendre ou d'en faire
usage. Un gouvernement des experts n'était pas seulement
indésirable mais « impossible ». « Parvenus au stade à partir
duquel ils deviennent une classe spécialisée, ils se coupent de
la connaissance des besoins qu'ils sont censés servir. » Une
compréhension de ces besoins ne pouvait s'obtenir que par
« débat, discussion, et argumentation » – l'« amélioration des
méthodes et conditions » de ce qui devenait par conséquent le
défi principal auquel les Démocrates du XXᵉ siècle se voyaient
confrontés.

Ces arguments, esquissés dans deux longs comptes rendus
du travail de Lippmann et développés dans *The Public and Its
Problems* (1927) et *Individualism Old and New* (1930), n'abordaient pas la question cruciale que posait le développement
des communications de masse – la même question qui avait
été posée, sous une autre forme, par l'émergence de la massi-
fication de la production. De la même façon que la restructuration financière de l'industrie sapait le contrôle ouvrier de
la production, l'hégémonie croissante des communications
de masse privait le public d'une « voix nette » dans les affaires
publiques, ce que Dewey lui-même semblait admettre. La
critique de l'individualisme, à laquelle Dewey consacra une
si grande partie de son énergie au cours des années trente
et quarante, n'abordait pas les questions plus profondes
qui avaient préoccupé les théoriciens de la vertu républicaine

depuis toujours, notamment la question de savoir si l'autonomie pouvait fonctionner au-delà du niveau local. Dewey
reconnaissait sans peine l'importance de cette question. « Le
point capital », écrivait-il en passant, « est que les loyautés qui
jadis portaient les individus, qui leur apportaient soutien,
direction, et unité de conception de la vie, ont pratiquement
disparu. » L'industrialisme, plus que jamais, avait « exclu » les
individus de l'usage de la pensée et de l'émotion dans leurs
occupations quotidiennes, ainsi que de l'« affirmation de la
responsabilité », sans laquelle « il ne peut exister de développement stable et équilibré de l'esprit et du caractère ». Bien
qu'il laissât subsister l'espoir que « la Grande Société puisse
devenir la Grande Communauté », Dewey savait qu'elle ne
pourrait « jamais posséder l'ensemble des qualités qui distingue
une communauté à l'échelon local ». « Dans son acception la
plus riche et profonde, une communauté doit toujours rester
une affaire de rapports immédiats (...) Des attachements vitaux
et profonds ne se produisent que dans l'intimité d'une relation
qui est, par nécessité, limitée dans son étendue. »

Ce que Dewey ne pouvait expliquer était justement de quelle
manière la loyauté et la responsabilité pourraient s'épanouir
dans un monde dominé par une production à grande échelle et
des communications de masse. Il considérait comme acquise la
« désintégration de la famille, de l'église et du quartier ». Comment et par quoi le « vide » en résultant devait-il être comblé ?
Dewey ne le disait pas. « Étudier la perspective d'une reconstruction de communautés faites de rapports immédiats », écrivait-il, « ne rentre pas dans notre propos. » Son attachement à
l'idée de progrès l'empêchait d'approfondir ce point. Dans un
essai consacré au progrès publié en 1916, il avançait que, bien
que le remplacement d'une structure sociale « statique » par une
« structure sociale dynamique ou facilement modifiable » ne
garantît pas le progrès, il créait les conditions préalables au
progrès – faites d'« intelligence constructive » et d'« ingénierie
sociale constructive ». Il n'y avait en aucun cas « moyen de
« limiter » ou faire revenir en arrière la révolution industrielle et
ses conséquences ».

Il lui était, dans ces circonstances, impossible de défendre sa croyance en la possibilité d'un « mouvement de retour (...) vers les patries locales de l'humanité ». Puisque rien dans la philosophie sociale de Dewey ne justifiait un tel espoir, les thèmes que constituaient le travail et la loyauté devaient être relégués aux marges de son œuvre comme ils l'étaient, de plus en plus, aux marges de la tradition libérale dans son entier.

Le regard de Reinhold Niebuhr
sur la mythologie chrétienne

Au cours de l'été 1919, Reinhold Niebuhr, encore obscur pasteur à Detroit, écrivit une lettre à *The New Republic* qui annonçait en partie la réaction de l'après-guerre de la gauche contre le libéralisme. Le Traité de Versailles avait réduit à néant les espoirs « d'un monde meilleur », affirmait Niebuhr. Mais il était inutile de blâmer Woodrow Wilson, comme le faisaient tant de libéraux, pour son empressement à composer avec la demande des Alliés qui réclamaient un règlement sévère et coercitif. Le camouflet subi par Wilson révélait les « limites du libéralisme même ». Les libéraux « craignaient de détruire les anciennes bâtisses et d'en reconstruire de nouvelles ». Ils refusaient « de saisir l'occasion et de relever le défi ». Ils abordaient l'ordre ancien « l'air bienveillant », espérant le guider « les yeux bandés » vers le futur sans alerter ses défenseurs. Le libéralisme était dominé par l'« esprit morne du compromis ». Il manquait de « ferveur » – de l'« esprit d'enthousiasme, pour ne pas dire de fanatisme, qui est si nécessaire pour faire sortir le monde de ses sentiers battus ». Il représentait la « philosophie du temps du renoncement ».

Cet appel, lancé avec l'indignation impétueuse de la jeunesse, annonçait déjà l'un des thèmes de l'œuvre de maturité de Niebuhr, la force positive du « fanatisme ». « Le libéralisme est trop intellectuel et trop peu émotionnel pour être une force historique efficace », annonçait Niebuhr aux lecteurs de *The New Republic*. Il croyait, comme Sorel, que seuls des « mythes » avaient le pouvoir d'inspirer une action politique efficace. Comme James, il considérait, en réalité, une dessiccation comme une plus grande menace que la superstition et le fanatisme. « Des factions rivales dans une lutte sociale requièrent une morale », comme il le postulait dans *Moral Man and Immoral Society* (1932) ; « et une morale est créée par des dogmes, des symboles justes, et des simplifications excessives émotionnellement puissantes. » Les ouvriers ne gagneraient jamais la « liberté » s'ils suivaient le conseil des libéraux de ne compter que sur l'« intelligence » seule. Les Nègres n'obtiendraient pas plus un traitement juste de cette façon. Les libéraux comme Dewey plaçaient à tort leur foi dans la persuasion morale, l'éducation et la méthode scientifique. Ils imaginaient qu'« avec un petit peu plus de temps, un petit peu plus de pédagogie morale et sociale appropriée, et un développement de l'intelligence humaine plus élevé en général, nos problèmes sociaux trouveraient une solution ». Mais la science ne pouvait offrir le courage et la volonté qui permettaient aux « groupes déshérités » de résister à l'injustice. Afin de mettre en déroute leurs oppresseurs, ils devaient « croire bien plus fortement en la justice et dans le triomphe probable de leur cause, qu'en une science impartiale qui leur donnerait le droit d'y croire ».

En 1919, Niebuhr, bien qu'exaspéré par la politique libérale, adhérait encore à la théologie libérale de l'évangile social (*Social Gospel*) [1]. Son premier ouvrage, *Does Civilization Need Religion ?* (1926), s'appuyait sur une interprétation libérale de la tradition protestante. Le libéralisme religieux, cependant, avait été en 1932 ébranlé jusque dans ses fondations par la réaffirmation de la théologie dogmatique par Karl Barth. Niebuhr émettait des réserves sur les implications politiques de la nouvelle orthodoxie de Barth, qui lui semblait fragiliser le domaine de la politique en le considérant comme irrémédiablement corrompu ; mais il en était venu par ailleurs à accepter le péché originel comme un « fait incontournable de l'existence humaine », à rejeter l'optimisme superficiel de la théologie libérale, et à reconnaître l'impossibilité de justifier la croyance religieuse par des motifs purement rationnels. Face au « caractère impitoyable de la nature » – face à la « brièveté et à la condition mortelle de la vie naturelle » – des sentiments de croyance et de gratitude (en d'autres termes, une croyance en Dieu) ne pouvaient se voir opposé un appel à la raison, expliquait Niebuhr dans *An Interpretation of Christian Ethics* (1935). De la même façon qu'une « science impartiale » ne pouvait pleinement justifier le « droit de croire » à la justice ou à la possibilité que prévaudrait la justice dans l'ordre politique, elle ne pouvait tout autant justifier une croyance en la bonté du cruel monde de Dieu. L'espérance – « le nerf de l'action morale » – devait être soutenue face à l'évidence, une évidence qui pouvait aisément justifier la conclusion suivant laquelle le monde est « dépourvu de sens ». L'espérance était le produit de l'émotion, pas de l'intelligence. Elle surgissait de « la gratitude et de la contrition » – « une gratitude devant la Création et une contrition d'avant le Jugement ; ou, pour le dire autrement, de la confiance dans la bonté de la vie en dépit de son aspect mauvais, et dans la conscience de cet aspect malgré sa bonté ». L'espérance devait donc être distinguée de l'optimisme ou du « sentimentalisme », qui détournaient le regard du versant sombre des choses, et attribuaient simplement le mal à l'ignorance ou au « retard culturel » – l'échec d'une science de la morale et de la société à suivre le rythme de la compréhension scientifique de la nature. Envisagé sans le soutien qu'apporte l'espérance, le monde était « soit dépourvu de signification, soit révélait des significations absolument simples et bonnes ». L'espérance excédait encore des attentes strictement raisonnables et réalistes. L'orthodoxie chrétienne avait pour cette raison toujours mis sur le même pied d'égalité l'espérance et l'état de grâce, auquel il était impossible d'accéder par le simple exercice de la volonté ou de l'intelligence.

Dans *Interpretation of Christian Ethics*, plus profondément et explicitement que dans ses autres ouvrages, Niebuhr envisageait le Christianisme – plus précisément, la tradition prophétique dans le Judaïsme et le Christianisme – comme une mythologie nourricière, presque exactement de la même manière dont Sorel parlait du mythe de la grève générale. Nous l'avons vu, l'uti-

lisation par Sorel de ce concept laissait perplexes ses commentateurs, qui insistaient sur le fait que les travailleurs ne se
rallieraient jamais à une promesse de libération purement imaginaire. L'argumentation de Niebuhr invitait au même malentendu. Il est par conséquent important d'insister sur le fait qu'il
n'entendait pas affirmer que le Christianisme, bien que nourrissant dans ses effets psychologiques, était une illusion. La
mythologie, telle qu'il la comprenait, offrait une présentation
cohérente de l'histoire humaine, sous la forme de récits qui incarnaient une perspicacité éthique et une vérité émotionnelle sous
une forme symbolique ; mais la véracité de cette présentation,
parce qu'elle se fondait sur l'intuition et l'émotion (dans le cas
chrétien, sur les émotions que constituent la croyance, la loyauté,
la gratitude et la contrition), ne pouvait être simplement établie
par l'argumentation. Niebuhr ne recommandait pas le mythe
prophétique – le récit de la création, de la chute, du jugement
de Dieu et de la rédemption de l'histoire – comme un objet
d'appréciation esthétique, une succession de plaisantes fictions.
Il maintenait qu'il donnait une description exacte de la condition
humaine, supérieure aux autres descriptions. La prophétie judéo-
chrétienne, comme n'importe quel autre mythe, était pré-
scientifique, mais elle était également « supra scientifique ». Les
mythes trouvaient leur origine dans l'« enfance de chaque
culture, le moment où l'imagination humaine joue librement
avec la riche variété des faits et des événements de l'existence et
de l'histoire, et cherche à découvrir leur relation à des causes
fondamentales et des significations ultimes sans examiner prudemment leur relation à l'autre dans le domaine de la causalité
naturelle ». Dans cette acception, une pensée mythique n'égalait
pas la science par son pouvoir d'explicitation du monde ; mais
se montrait supérieure à la science par la vertu de son pouvoir
d'illuminer la « fin de l'existence sans l'abstraire de l'existence ».
Dans la dernière acception, le mythe seul était « capable de
dépeindre le monde comme un royaume de cohérence et de
signification sans pour autant nier les réalités de l'incohérence* ».

---

* « Cette voix fabuleuse a en elle quelque chose de divin », écrivait
Emerson dans « Compensation », en se référant explicitement au

Niebuhr distinguait la religion prophétique non seulement de la rationalité scientifique, qui ne peut justifier l'espérance, mais de la religion mystique, qui ne peut la justifier non plus, sauf à tourner le dos aux « réalités de l'incohérence ». Si la science rejetait l'existence d'un ordre moral et d'une cohérence historique comme une illusion, le mysticisme rejetait le monde naturel lui-même comme une illusion, tout comme l'entier déroulement de l'histoire humaine. La réalité s'appuyait aux yeux du mystique sur le domaine intemporel de l'essence pure, la contemplation de ce qui, dans l'indifférence des faits historiques difficilement maîtrisables, devenait la fin de l'aspiration religieuse. Le mysticisme, selon Niebuhr, était l'image-miroir du rationalisme. Il portait la « passion rationnelle pour l'unité et la cohérence à un point tel que le regard se détournait de la scène extérieure, de ses faits récalcitrants et de sa variété rebelle, vers le monde intérieur de l'esprit ». La tradition prophétique décelait une signification morale dans l'histoire (puisque l'histoire se trouve sous le jugement de Dieu) sans nier pour autant la réalité qui est faite d'incohérence et de mal. La prouesse du « mouvement prophétique dans la religion hébraïque », écrivait Niebuhr, réside dans sa capacité « à purger sa religion des faiblesses paroissiales et puériles de son enfance, sans la rationaliser, et donc sans détruire la vertu de son mythe ».

Sa référence à la « vertu » du mythe prophétique, lorsque nous nous ressouvenons des riches associations et multiples significations du terme, fournit l'explication la plus limpide de la signification de la mythologie, telle que Niebuhr la comprenait. La vertu, dans la tradition prophétique, est la vérité qui brise le cycle de l'optimisme excessif et du désenchantement. Elle affirme la bonté de la vie sans nier l'évidence qui justifierait le désespoir. De cette façon, la « spiritualité hébraïque », avançait Niebuhr, « ne fut jamais corrompue ni par l'optimisme qui concevait le monde comme possédant absolument sainteté et bonté, ni par le pessimisme qui reléguait l'existence historique au domaine des cycles dénués de sens. »

---

concept de la Némésis. « Elle venait d'une pensée surplombant la volonté de l'écrivain. »

La vertu du particularisme

Parce que la tradition religieuse que l'on trouve dans la mythologie hébraïque prenait l'histoire au sérieux, ce que ne faisait pas la religion mystique, elle se voyait toujours exposée, relevait Niebuhr, à la tentation d'historialiser ses concepts centraux – lire le mythe de la création comme une « histoire actuelle des origines quand il est en fait une description de l'essence de l'existence », transformer le mythe de la chute en une « description de l'origine du mal, alors qu'il est en fait une description de sa nature », ou « construire une histoire du péché en dehors du concept de son inévitabilité ». C'était précisément cette interprétation historique erronée de la prophétie chrétienne, nous l'avons vu – de la doctrine du péché originel en particulier –, qui avait exposé les disciples de Jonathan Edwards à une contre-attaque libérale. Lorsqu'ils avançaient que le genre humain héritait du péché d'Adam, les prêcheurs de la « Nouvelle Divinité » se retrouvaient bientôt eux-mêmes prisonniers d'un embrouillamini conceptuel qui aurait pu être évité s'ils s'étaient souvenus, comme le formulait maintenant Niebuhr, que le péché originel était un « fait incontournable de l'existence humaine », pas une « corruption héritée » qui rendait d'une manière ou d'une autre les fils responsables des crimes des pères. La prophétie mythologique jetait une puissante lumière sur l'histoire, mais ne devait pas être confondue avec le registre historique actuel.

Pas plus l'éthique chrétienne ne devait-elle être envisagée comme une description littérale de la société harmonieuse. Les enseignements éthiques de Jésus se référaient aux relations de l'homme à Dieu. Ainsi Jésus exhortait-il ses disciples à « haïr » leurs parents, femmes et enfants et à jurer loyauté à Dieu seul. De tels commandements, observait Niebuhr, pouvaient difficilement guider une moralité sociale, là où les obligations familiales entraient en concurrence avec d'autres obligations. « Nous sommes presque tentés d'approuver Karl Barth sur le fait que cette éthique « n'est pas applicable aux problèmes sociaux contemporains pas plus qu'à ceux de n'importe quelle société imaginable ». » La vie politique ne pouvait devenir un royaume de perfection morale ; mais cela ne signifiait pas, comme semblait l'impliquer Barth, qu'elle était par conséquent exempte de jugements moraux différentiels. La religion prophétique, pour Niebuhr, maintenait une « tension intolérable » entre l'absolu et le contingent. La nouvelle orthodoxie dissolvait cette tension dans une condamnation globale de la vie politique qu'elle envisageait comme une lutte pour le pouvoir qui n'était pas rachetée par un plus haut dessein. Mais l'évangélisme social, dans sa tentative d'historialiser le Royaume de Dieu, dissolvait également la tension entre l'universel et le particulier. Il considérait à tort l'éthique chrétienne, et son injonction radicale à l'encontre de la violence, comme une recette de réformisme social, oubliant la nécessité de la violence et de la coercition en matière politique, et comptant sur le « pieux espoir que les hommes et les femmes pouvaient être bons et aimants, hypothèse qui rendrait dispensable tout le déplaisant commerce de la politique ». Dans la mesure où les hommes et les femmes n'étaient ni bons ni aimants – du moins pas dans leurs relations à autrui en tant que membres de « collectivités, qu'elles soient de races, de classes ou de nations » –, la politique et la moralité rentreraient toujours en collision.

Dans *Moral Man and Immoral Society*, Niebuhr reliait l'« immoralité » de la vie politique au particularisme irréductible des groupes. L'opposition qu'annonçait le titre attira tant l'attention, dans les controverses qui s'ensuivirent entre Niebuhr et les avocats de l'évangile social, que la plupart des lecteurs passèrent à côté de son affirmation selon laquelle le particularisme restait une source de « vertu » tout autant que de « ferveur démoniaque ». Dans *Christian Ethics*, il parlait de « ces attitudes vertueuses de l'homme naturel où une sympathie naturelle est inévitablement combinée à un égoïsme naturel ». Les libéraux dénonçaient les « loyautés étroites » et une « sympathie circonscrite », mais Niebuhr voyait leur aspect positif, de la même façon qu'il voyait l'aspect positif du fanatisme. « Il est assez naturel d'aimer plus sa propre famille que les autres familles, et aucune quantité d'éducation n'éliminera jamais l'inverse proportion existant entre le potentiel d'amour et l'ampleur et le développement du contexte auquel il se voit porté. » La valeur de la mythologie résidait, en partie, dans sa « compréhension des aspects organiques de la vie qu'échoue fréquemment à apprécier une moralité rationaliste ». Les libéraux et les socialistes commettaient l'erreur de rejeter les « unités organiques de la famille, de la race, et de la nation comme des idiosyncrasies irrationnelles destinées à être éliminées par une plus parfaite rationalité ». Ainsi John Strachey pensait que « des cultures nationales séparées, des langues séparées, et ainsi de suite » n'occuperaient aucune place dans un « monde communiste pleinement développé ». Les hommes et les femmes « se lasseraient des pénibles idiosyncrasies locales » et « chercheraient à mettre en commun l'héritage culturel du genre humain entier au sein d'une synthèse mondiale ». Il était difficile, affirmait Niebuhr, « de trouver une expression plus parfaitement naïve de l'illusion moderne d'après laquelle la raison humaine sera capable d'obtenir la maîtrise complète de l'ensemble des forces contingentes, irrationnelles et illogiques du monde naturel qui sous-tendent et conditionnent la culture de l'homme dans son ensemble ».

Il ne niait pas que le particularisme adoptait souvent une forme « hystérique et morbide », comme dans le culte nazi de la race arienne. Mais l'indifférence de la gauche à la valeur du particularisme permettait plus facilement à des mouvements comme le national-socialisme de la pervertir. La cécité de la gauche face à la « force éternelle et la vertu modérée des relations humaines les plus organiques et moins rationnelles » permettait à la droite de s'approprier les symboles de solidarité organique pour servir ses propres sinistres objectifs. Le particularisme était dangereux et avait besoin d'être critiqué, mais il ne pouvait être éliminé. « Tenter de l'éliminer ne fait qu'aboutir à des affirmations désespérées et démoniaques des valeurs mises en danger » qui lui étaient intrinsèquement associées.

Niebuhr trouvait un autre exemple de cette recherche malavisée de l'unité – d'une « perspective absolue qui transcende le

conflit » entre loyautés concurrentes – dans *A Common Faith*
(1934), le petit livre de Dewey consacré à la religion. Dewey
déplorait les effets diviseurs de la religion et pressait les églises
de devenir plus authentiquement catholiques. Elles s'attachaient trop, pensait-il, à tenter de distinguer celui qui est
sauvé de celui qui est perdu, au lieu de reconnaître que « nous
sommes (...) tous dans le même bateau ». Niebuhr considérait
l'appel de Dewey en faveur d'une « foi religieuse qui ne devrait
pas se limiter à une secte, une classe ou une race » comme une
tentative d'« éliminer le conflit, et de réunir partout les
hommes de bonne volonté en dépouillant leur vie spirituelle
de strates historiques, traditionnelles, et supposées anachroniques ». La position de Dewey était exemplaire de la « foi du
rationalisme moderne en la capacité de la raison à transcender
les perspectives partielles du monde naturel où s'enracine la
raison ». Dewey ne comprenait pas que des loyautés concurrentes s'ancraient dans « quelque chose de plus vital et immédiat que d'anachroniques traditions religieuses ». La ferveur
qu'elles évoquaient ne pouvait se voir modifiée ou résolue,
comme Dewey semblait le penser, par un « petit groupe d'intellectuels » qui appréciait la « neutralité comparative et la sécurité
de la vie intellectuelle ».

La faculté de pardon, non la tolérance, fournissait, avançait
Niebuhr, le correctif approprié à l'égoïsme et au pharisaïsme
des groupes. « L'idéal religieux du pardon est plus profond et
plus difficile que la vertu rationnelle de la tolérance. » Niebuhr
avalisait l'observation de G.K. Chesterton selon laquelle la
tolérance est l'attitude de ceux qui ne croient en rien. La faculté
de pardon, au contraire, permettait à des groupes rivaux de se
combattre jusqu'à la mort sans nier leur humanité respective
– « de s'engager dans les luttes sociales avec une ressource
religieuse ». Puisque les sources du conflit social ne pouvaient
être éradiquées, il était « plus important de préserver l'esprit
de pardon au milieu des conflits que de rechercher des îlots de
neutralité* ».

---

* C'est ce que Lincoln tentait de réaliser, « sans malice aucune »,
dans son second discours d'investiture, une manifestation saisissante

Le « cycle éternel du conflit social » et la manière d'y mettre fin

La majorité de ceux qui en venaient à considérer Niebuhr comme un mentor politique oubliait sa défense du particularisme et ne retenait que son analyse de ses dangers. Puisqu'ils partageaient sa croyance en l'efficacité politique de la persuasion morale et de l'« intelligence », se félicitant de leur réalisme politique, ils concluaient que la politique resterait toujours un domaine de « contrôles et d'équilibrages et de forces compensatoires », pour citer les termes auxquels avait recours Michael Novak. Ce dernier cite *Moral Man and Immoral Society* au sujet du « pouvoir de l'intérêt égoïste et de l'égoïsme collectif dans toutes les relations entre groupes » qui fait « du conflit social un élément incontournable de l'histoire humaine ». Mais il ne s'agissait que du début de l'argumentation de Niebuhr : une de ses prémisses, pas sa conclusion. Novak entend utiliser la pensée de Niebuhr pour justifier des idées convenues sur l'importance des « institutions, des coutumes, et des associations qui fourniront les contrôles et équilibrages nécessaires pour contrer les inextirpables maux du cœur humain ». Pour Niebuhr, cependant, le besoin irréductible de coercition en matière politique formulait la question, pas sa réponse. Si la politique ne se résumait qu'à « des contrôles et équilibrages »,

---

de la « ressource religieuse » qui caractérisait sa conduite de la Guerre Civile. « Les deux [camps] lisent la même Bible, et prient le même Dieu, et chacun invoque Son aide contre l'autre. » Invoquer Dieu pour défendre l'esclavage pouvait paraître « étrange » aux hommes du Nord, disait Lincoln ; mais « Ne jugeons pas ce que nous ne pouvons juger (...) Le Très- Haut a Ses desseins propres. » La déclaration de Lincoln est exemplaire de la distinction entre action et conduite, expliquée au chapitre IV. L'action découle de la capacité à prendre des initiatives, à entamer un nouveau départ, et trouve son expression la plus entière, comme Hannah Arendt le mit en évidence, dans la faculté de pardon. L'action est à la conduite ce que la faculté de pardon est à la tolérance.

qu'au combat d'une force contre une force opposée, elle ne pourrait jamais avoir quoi que ce soit à faire de la moralité. Il rejetait le raisonnement de Barth comme une autre expression, à peu de choses près, du vice historique intrinsèque à la théologie de la Réforme, qui conduisait à une séparation rigide de la religion d'avec la politique et garantissait ainsi la brutalité croissante de l'ordre politique. Niebuhr ne se faisait aucune illusion au sujet de l'ordre politique, mais il ne proposait pas plus de l'abandonner à ceux dont la promptitude à recourir à la force n'était en rien réprimée par de consciencieux scrupules.

Sa formulation la plus suggestive du problème posé par la politique adoptait, dans *Moral Man*, la forme de séries de questions solidement construites, et interdépendantes. « Si la cohésion sociale impose de recourir à la coercition, et si la coercition implique inévitablement l'apparition de l'injustice sociale, et si l'élimination de l'injustice exige le recours à une coercition supplémentaire, ne nous retrouvons-nous pas prisonniers d'un cycle éternel de conflit social ? » Dans ces conditions, un « précaire équilibre de pouvoir » semblait être l'« objectif le plus haut auquel la société était en droit d'aspirer ». Le refus de Niebuhr de s'en tenir à ce point le distinguait de la plupart de ses épigones, dont le réalisme débute et se conclut par une acceptation du rôle incontournable de la force en politique. Sa quête d'une sortie du « cycle éternel du conflit social » était liée à à son engagement politique auprès du mouvement progressiste et de l'évangélisme social. Même après avoir, en définitive, rejeté la foi du progressisme en la persuasion morale – et une partie de *Moral Man* consistait en une attaque constante de l'illusion qui voulait que les puissants cèdent leur pouvoir sans lutter –, il refusait encore de considérer la politique comme un combat pour le pouvoir non dégagé de considérations de justice et de moralité. Lorsqu'il déclarait que « la cohésion sociale impose de recourir à la coercition », il se démarquait de nombreux Progressistes ; mais dans la proposition suivante de cette série, il se dissociait des Marxistes et d'autres révolutionnaires, dont les partisans radicalisés de l'évangélisme social, les précurseurs de l'actuelle théologie de la libération, qui souhaitaient mettre la religion au service de la lutte prolétarienne contre le capitalisme. Contrairement aux Progressistes, les révolutionnaires acceptaient volontiers la nécessité d'une coercition, mais refusaient d'admettre que « la coercition implique inévitablement l'apparition d'une injustice sociale ». Ils se montraient persuadés qu'une coercition révolutionnaire créerait les conditions d'une justice parfaite, ou au moins que l'ordre nouveau représenterait un tel progrès par rapport à l'ancien que quelques injustices passagères commises au nom d'une juste cause, ne devaient pas être autorisées à entraver son avancée.

La seule manière de mettre fin au « cycle éternel » de l'injustice, avançait Niebuhr, était une coercition non violente, avec sa « discipline spirituelle contre le ressentiment », sa capacité à dégonfler la « suffisance morale » des égoïsmes indélogeables, sa reconnaissance de l'humanité de l'adversaire, et son appel aux « unités profondes et fondamentales ». Notons que Niebuhr défendait une « résistance » ou une « contrainte » non violente, pas une « non résistance ». Il n'y avait, à ses yeux, aucune vertu dans la soumission passive à l'injustice ; même la violence était préférable à la soumission. Le choix entre la violence et la non-violence se présentait en effet à lui comme un choix tactique, non comme un choix de principe. Gandhi lui-même, observait-il, introduisait des considérations tactiques dans sa défense de la non-violence, avançant qu'elle servait les intérêts d'un groupe qui, tel que le présentait Niebuhr, « a plus de pouvoir déployé contre lui qu'il n'est capable d'en mobiliser ». Gandhi sous-entendait ainsi que la violence même « pouvait être utilisée comme un instrument de bienveillance morale, s'il n'existait aucune autre possibilité de victoire suffisamment rapide pour parer aux périls de guerres imminentes ». Ce qui importait était une « bienveillance morale », non le choix de méthodes violentes ou non-violentes.

Ce qui importait, en d'autres termes, c'était la « discipline spirituelle contre le ressentiment » qui distinguait « les maux d'un système social (...) des individus qui évoluaient en son sein ». William Lloyd Garrison [2], avançait Niebuhr, mobilisait le Sud contre l'abolition quand il condamnait les tenants de l'esclavage en les présentant comme des pécheurs. L'autosatisfaction et le ressentiment, tel que Niebuhr comprenait ce dernier, allaient de pair. Les victimes de l'injustice, dont la souffrance les autorisait à ne pas l'accepter, avaient les meilleures raisons du monde de renoncer au ressentiment, afin qu'il ne leur procure pas le sentiment d'une supériorité morale qui les excuserait soi-disant de riposter à l'injustice par une injustice de leur propre fait. Afin d'ébranler les prétentions de supériorité morale de leurs oppresseurs, ils devaient se garder eux-mêmes de telles prétentions. Ils devaient renoncer au statut privilégié de victimes. Ils n'avaient pas moins besoin que leurs oppresseurs de « repentir ». Ils avaient besoin de reconnaître, en d'autres termes, que « le mal chez l'ennemi est également en soi ». « La découverte d'éléments de faiblesse humaine commune chez l'adversaire », avançait Niebuhr, « (...) crée des attitudes qui transcendent le conflit social et apaisent ainsi ses cruautés. » Les « unités profondes et fondamentales » que Niebuhr espérait réveiller se fondaient sur un sens du péché, pas sur l'affirmation qui veut que les hommes et les femmes partagent tous en fin de compte les mêmes intérêts, et qu'une conscience intelligente de cette harmonie d'intérêts permettrait de prévenir le conflit social. Il n'envisageait pas la prévention du conflit comme possible ou même désirable. Ce qui pouvait être espéré de mieux en politique était l'« atténuation de ses cruautés ».

La dénaturation et le détournement du défi lancé par Niebuhr au libéralisme

La manière habituelle d'interpréter la carrière de Niebuhr, qui se contente de le présenter comme un critique de l'évangélisme social et de sa foi excessive dans l'opinion publique, fait l'impasse sur sa critique du « réalisme » politique, qui réduit la politique à une lutte pour le pouvoir et fait ainsi entièrement obstacle à toute vie publique. Niebuhr lui-même, cela doit être dit, était en partie responsable de ce malentendu. Dans ses écrits politiques des années trente et quarante – dans ses chroniques journalistiques polémiques contre le pacifisme chrétien tout autant que dans ses livres –, il s'attachait bien plus aux illusions de l'évangélisme social qu'aux dangers d'un réalisme politique cynique à l'excès. Il ridiculisait les libéraux pour leur confiance en la nature humaine et le pouvoir des bonnes intentions. Il entreprenait, avec un plaisir non dissimulé, de les détromper quant à leur extravagante idée d'un changement social indolore, et dévoilait l'insincérité morale qui rendait si facile au riche et au puissant de condamner le recours du pauvre à la violence. Les classes dominantes, affirmait-il, pouvaient aisément se permettre de proscrire la violence car elles disposaient de moyens plus efficaces de coercition.

Sans doute les défenseurs les plus naïfs de l'évangile social méritaient-ils cette réprimande, mais le réquisitoire de Niebuhr contre le pacifisme mettait exagérément l'accent sur de tels sujets. Pressé de démontrer que « le sentimentalisme est une arme dérisoire contre le cynisme », il se montrait bien trop loquace au sujet du sentimentalisme et bien trop peu au sujet du cynisme. Dans tous les cas, les socialistes chrétiens comme Walter Rauschenbush [3] rejetaient expressément les conceptions que Niebuhr attribuait à l'évangile social. « La persuasion morale s'avère étrangement médiocre », écrivait Rauschenbush en 1912, « là où les sources de revenus de l'homme sont concernées. » L'histoire n'offrait aucun « précédent d'effacement altruiste volontaire à l'initiative d'une classe entière ». Pour cette raison, « la persuasion intellectuelle et la conviction morale (...) ne triompheraient jamais d'elles-mêmes de la résistance opposée par l'égoïsme et le conservatisme ». Il est vrai que Rauschenbush dénigrait la violence, mais il ne se voilait pas la face devant la nécessité d'une pression et d'une force. « Les idéalistes chrétiens », disait-il, « ne doivent pas commettre l'erreur d'essayer de cantonner la classe ouvrière au seul usage de la persuasion morale » – une affirmation éminemment digne de Niebuhr. Il désavouait le principe selon lequel l'« usage de la force contre l'oppression doit toujours être condamné comme mauvais », ajoutant que les États-Unis devaient leur existence en tant que nation à la guerre révolutionnaire. Il s'opposait seulement à l'« idée suivant laquelle la violence peut brusquement établir la droiture », qu'il pensait « exactement

aussi utopique que l'idée qui veut que la persuasion morale
peut soudainement l'imposer ».

En ignorant Rauschenbush, Niebuhr invitait au soupçon
voulant que sa position soit développée en opposition à une
caricature de l'évangile social. Cela permettait à ses adversaires
de dénigrer une majeure partie de sa critique. Il obligeait la
frange libérale du Protestantisme américain à admettre que
« nous ne pouvons plus parler d'un ordre social « chrétien » »,
comme le reconnaissait John C. Bennett en 1935, et que la
politique représentait un « compromis » entre l'« idéal et le
possible ». En l'absence, toutefois, d'une critique à la Niebuhr
plus pleinement développée de la politique du compromis, les
libéraux pouvaient concéder ce point sans faire la concession
plus importante qui aurait consisté à reconnaître qu'un « précaire équilibre du pouvoir » n'était pas plus satisfaisant que des
efforts utopiques destinés à éliminer totalement le conflit. Les
libéraux s'inspiraient suffisamment du réalisme chrétien de
Niebuhr pour repousser l'accusation de sentimentalisme, mais
pas assez pour comprendre pour quelles raisons une politique
faite de compromis, non compensée par une « discipline spirituelle contre le ressentiment », conduisait à une impasse.
Bennett prévoyait que l'impact de Niebuhr sur le libéralisme
américain serait moins fort que ce que craignaient certains. Les
libéraux avaient besoin de cultiver une « conception plus réaliste de la nature humaine », selon Bennett, sans retomber pour
autant dans des « modes de pensée traditionnels privés de
discernement ». La « contribution » de Niebuhr réside dans sa
capacité à proposer un réalisme théologique dépourvu de
pessimisme et de retrait du politique. « Avec [Niebuhr] plus
efficacement qu'avec n'importe qui d'autre, la critique européenne du libéralisme se mêle au Christianisme américain, et
le dosage est suffisamment léger pour être adopté sans trop
grand risque de complications. »

L'analyse par Niebuhr du « cycle éternel du conflit social »
lançait un défi à l'idéologie entière du progrès, le legs le plus
douteux de l'évangile social ; mais son échec à approfondir le
sujet permettait aux libéraux de désavouer une conception
excessivement optimiste de la nature humaine sans renoncer

pour autant à leur croyance en un progrès moral continu.
« Ceux qui renoncent à l'espoir du progrès », affirmait Bennett,
« sont autant dans le tort que ceux qui croient en l'inévitabilité
du progrès. » L'abolition de l'esclavage, de la torture, du duel,
du sacrifice humain, de la persécution religieuse, et du travail
des enfants démontrait « combien tant de progrès véritable était
apparu dans la conscience publique ». Shailer Mathews s'accordait pour dire que l'opinion publique, grâce à l'« influence
pédagogique du groupe chrétien », avait réalisé d'importantes
avancées – par exemple, une « conception plus intelligente de
la punition » qui portait en elle la compréhension du fait que
« Dieu est plus qu'un souverain, et ses relations à l'univers ne
sont pas celles d'un monarque du XVIIe siècle ». Le « réaliste le
plus minutieux », déclarait F. Ernest Johnson, était le « héraut
le plus authentique d'un nouveau jour ». À lire Chester Carlton
McCown, « le désenchantement présent ne peut détruire les
faits de l'évolution sociale ». « Le progrès a été et sera réalisé »,
maintenait McCown, après avoir passé en revue les accusations
portées à son endroit. « La lumière et l'énergie électriques, le
télégraphe, le téléphone, et la radio étaient inconcevables tant
que les hommes savaient simplement que la foudre se trouvait
entre les mains de Jupiter. » Le progrès ne pouvait plus être
attribué à une amicale Providence, mais l'effondrement de cette
croyance obligeait l'humanité à ne dépendre que de ses propres
ressources. Des progrès en « économie, en éthique, et en religion » rejoindraient les progrès technologiques dès que les
hommes apprendraient « à se défaire des superstitions et dog-
matismes du passé, et à se consacrer sans réserve à l'étude des
faits historiques, psychologiques et sociétaux ». Les archives
historiques montraient que le « genre humain se déplace lentement en avant et en arrière », et un « noir brouillard de
pessimisme » ne se justifiait pas plus que de « roses nuées
d'optimisme ».

Le réalisme libéral après Niebuhr :
la critique du tribalisme

En consacrant la majeure partie de son attention à l'« utopisme » de l'évangile social, laissant sa croyance dans le progrès
largement à l'abri de la critique, Niebuhr facilitait inutilement
la tâche de ses adversaires, et autorisait ses épigones à ignorer
les implications plus profondes de son travail. À la fin des
années trente et au cours des années quarante, sa critique du
« sentimentalisme » sombrait de plus en plus dans la partialité.
Il accordait tant d'attention à la première des propositions
interdépendantes présentées dans *Moral Man and Immoral
Society* – l'impossibilité de la politique sans coercition – qu'il
habilitait en réalité ses disciples à oublier la seconde, suivant
laquelle « la coercition implique inévitablement l'apparition
d'une injustice sociale ». Arthur Schlesinger Jr. recourrait ainsi
à Niebuhr pour avaliser la distinction qu'il établissait entre un
libéralisme « utopique » et un libéralisme « pragmatique ».
Dans *The Vital Center* (1948), Schlesinger avançait que la
théologie de Niebuhr mettait à nu la « conception aseptisée et
superficielle de la nature humaine » antérieure. En s'attachant
à la « dimension de l'anxiété, de la culpabilité et de la corruption », Niebuhr démolissait l'illusion utopique voulant que
« l'homme puisse être remis dans le droit chemin par l'argumentation », et « la bonté en l'homme libérée par un changement des institutions économiques ». Schlesinger affirmait
ailleurs que depuis Niebuhr il était impossible de croire,
comme Rauschenbush l'avait cru, que la « simple morale des
Évangiles résoudrait les questions complexes que posait la
société industrielle », que le « Royaume de Dieu pouvait être
réalisé sur terre », ou que le « commandement d'amour » fût
« directement applicable aux questions politiques et sociales ».

Au cours des années quarante et cinquante, les libéraux
« pragmatiques » en arrivaient de cette façon à s'accorder sur
le fait que la politique resterait toujours un combat entre des

groupes défendant des intérêts divergents. La justice et la stabilité ne pourraient être atteintes en politique qu'en confron-
tant, comme l'estimait John Kenneth Galbraith dans *American
Capitalism* (1950), un pouvoir à un « contre-pouvoir compensatoire », et non en persuadant ces groupes d'observer le « commandement d'amour ». Ni une conception centralisatrice, ni
un retour à la compétition économique entre petits producteurs ne représentaient, selon Galbraith, une stratégie viable
pour les sociétés industrielles. La lutte entre des groupes
d'intérêts organisés étant destinée à se perpétuer, la sagesse
politique résidait par conséquent dans l'encouragement à la
création d'une organisation capable de contrecarrer des groupes
qui menaceraient de s'emparer d'un pouvoir excessif – travail
contre capital, consommateurs contre ces deux derniers. Les
mêmes considérations s'appliquaient à l'arène internationale,
comme George Kennan, Walter Lippmann, et d'autres réalistes
revendiqués le relevaient dans leur attaque contre le type
d'idéalisme qu'incarnait Woodrow Wilson, qui espérait rendre
le monde acquis à la Démocratie en faisant la guerre pour
mettre fin aux guerres. La diplomatie devait s'appuyer sur des
« intérêts nationaux », tout comme des politiques nationales
avaient à se fonder sur des groupes d'intérêts.

L'avertissement de Niebuhr selon lequel une telle politique
ne pouvait au mieux qu'atteindre un « précaire équilibre de
pouvoir » avait, à ce moment-là, été depuis longtemps oublié,
y compris par Niebuhr lui-même. Dans *The Irony of American
History* (1952), il ridiculisait l'« espoir libéral de racheter l'histoire » et prônait une politique fondée sur les contre-pouvoirs.
Bien que la défense de toute évidence inconditionnelle de
l'« égoïsme » par Kennan le rendît quelque peu mal à l'aise, il
n'était plus en mesure d'expliquer pour quelles raisons elle ne
pouvait répondre aux « sensibleries et prétentions d'hier ». Les
« illusions d'enfantine innocence » – un refrain permanent, à
ce moment-là, dans l'écriture politique de Niebuhr – offraient
une cible plus attrayante à ses attaques. L'innocence nationale
américaine, il le maintenait, interdisait à la nation de faire face
aux responsabilités qui l'attendaient au niveau mondial et à la

nécessité d'opposer la force à la force*. Il citait Hobbes au sujet de l'inflexibilité de l'intérêt égoïste. Il avançait que l'égoïsme des groupes trouvait son origine non seulement dans leur détermination à faire prospérer leurs intérêts économiques, mais dans l'ethnocentrisme qui transformait les loyautés partielles en loyautés absolues, et générait en conséquence des mouvements utopiques conçus pour trouver un « salut » politique.

Sa position devenait ici, à bien d'autres égards, de plus en plus partiale. Ses premiers ouvrages avaient considéré le particularisme comme une source d'énergie morale constructive tout autant qu'une source de « ferveur démoniaque ». Il avait tendance, dès le milieu des années trente, à ne mettre l'accent que sur son seul aspect destructeur. Il oubliait que le problème posé par le type de libéralisme que représentait l'évangile social n'était pas simplement qu'il sous-estimait l'égoïsme des groupes. Il mésestimait également ce que Niebuhr appelait la « sympathie naturelle ». Les libéraux ne pouvaient voir que des allégeances au niveau local appelaient une intensité dans la conviction qui ne pouvait être égalée par un attachement abstrait à l'humanité envisagée dans sa globalité. Si le libéralisme manquait de « ferveur » et de « fanatisme », comme le déplorait Niebuhr en 1919, c'était en grande partie parce qu'il condamnait toutes les formes de tribalisme comme rétrogrades et non progressistes, exigeant qu'elles donnent lieu à de plus en plus d'identités inclusives (et nécessairement atténuées). Avec une

---

* Ces conceptions faisaient de Niebuhr un apologiste efficace de la politique étrangère américaine à l'ère du « confinement ». Richard Fox affirme, dans sa biographie de Niebuhr, qu'il ne devrait pas être considéré comme un partisan de la guerre froide ; il offre pourtant aux tenants d'une interprétation contraire un grand nombre d'arguments. Il montre, par exemple, que Niebuhr eut très peu de difficultés à surmonter les réserves initiales qu'il entretenait au sujet de John F. Kennedy et à établir de cordiales relations avec la Nouvelle Frontière. Ce témoignage suggère que ses réserves initiales concernaient en grande partie des questions de style politique et que, sur les enjeux essentiels, Niebuhr en était arrivé à envisager les choses du même œil que ceux qui identifiaient le réalisme politique à la domination mondiale américaine.

exaspération grandissante, Niebuhr reprochait aux libéraux de penser que la persuasion morale et l'« intelligence » organisée pouvaient triompher de l'égoïsme des groupes. Mais il restait bien trop silencieux au sujet du postulat qui sous-tendait cette croyance, qui voulait que des loyautés intensivement convergentes soient, sans équivoque aucune, indésirables.

Le réalisme politique finissait de cette manière par être assimilé à une reconnaissance, concédée à contrecœur, de la ténacité du particularisme, qu'accompagnait l'espoir qu'un processus de sécularisation affaiblirait au moins sa ténacité, sinon l'éliminerait tout à fait. Niebuhr, dans les années trente, avait cité la vision de Strachey d'une « synthèse mondiale » à venir comme un exemple de l'illusion moderne d'après laquelle la raison viendrait finalement à bout de l'ensemble des forces irrationnelles à l'œuvre dans la nature, dont celle que Niebuhr appelait la force de la sympathie naturelle. Au cours des années soixante, même un réaliste chrétien comme Harvey Cox, décrit par l'un de ses admirateurs comme un penseur « de l'après-Barth » qui avait assimilé les aperçus néo-orthodoxes, et par conséquent surmonté l'« optimisme facile » de Rauschenbush, pouvait avancer que l'émergence de la « cité séculière » sapait les idolâtries tribales et rendait possible une forme plus élevée de vie religieuse*. Le désenchantement du monde, selon Cox, délivrait le genre humain de la « dépendance au destin » et « chassait les démons de la nature et de la politique ». Le tribalisme s'enracinait dans la peur et la superstition, qui s'affaibliraient inévitablement au fur et à mesure que l'homme deviendrait maître de sa destinée. *The Secular City* (1965) célébrait l'évolution de la société de la tribu à la ville puis à la

---

* Des commentateurs de *The Secular City* affirmaient que Cox avait simplement remis au goût du jour la position de Rauschenbush, prêtant le flanc à l'ensemble des objections habituelles auxquelles s'était exposée cette dernière. Personne, dans le débat passionné consacré à *The Secular City*, ne mettait en question la caricature habituelle de Rauschenbush lui-même, qui avait été jadis exempté des jugements plus sévères dirigés contre l'évangile social, mais qui était désormais rangé, en tant qu'incurable rêveur, aux côtés de Shailer Mathews, Francis Peabody, et consorts. Personne n'essayait de consi-

cité, le progrès qui conduisait de l'« aquarium de la vie de la petite ville » et de tous les « asservissements écœurants de la société pré-urbaine » à l'anonymat urbain, accompagné des nouvelles formes de « créativité » qu'il rendait possible. L'homme, pour la première fois, ne dépendait que de lui-même. Ses « illusions adolescentes » dissipées, il « atteignait sa majorité ». Des vestiges d'idolâtrie et de superstition subsistaient, à coup sûr. Ainsi du communisme, une force puissante de sécularisation et de progrès, qui était également un « culte sectaire extatique doté de saints et d'une vision béatifique ». Son « utopisme messianique » suggérait la présence de « tenaces résidus de passés pré-urbains et tribaux ». La tendance générale de l'histoire, quoi qu'il en soit, permettait que l'on entretienne l'espoir que l'homme dépasse ses habitudes mentales « juvéniles ». « La dépendance, la révérence, et la religiosité » – les « résidus tribaux » qui conduisaient les hommes et les femmes à faire preuve d'une obéissance inconditionnelle aux vérités partielles – seraient en fin de compte « exorcisées » par la « maîtrise sur le monde » croissante de l'homme. Le jour où les hommes et les femmes comprendraient que l'homme lui-même était le « créateur du sens », ils en viendraient à reconnaître la relativité culturelle des valeurs, et à accorder une obéissance inconditionnelle à Dieu seul.

La thèse de Cox – la sécularisation comme voie d'accès à la foi authentique – ne manquait pas d'ingéniosité ; mais elle ignorait la possibilité que la loyauté absolue au créateur de l'Être ait à se fonder sur la loyauté aux familles et aux amis, à un lopin de terre particulier, et à un métier particulier ou une vocation particulière. La maîtrise collective de la nature par l'homme, plus que jamais – même si nous pouvions ignorer l'évidence flagrante qu'elle est aussi, en grande partie, une illusion –, peut difficilement être censée conférer un sentiment

---

dérer la différence entre la croyance de Rauschenbush au progrès, qui, bien qu'exagérée ou malavisée, mesurait au moins le progrès à un idéal éthique absolu, et la version plus convenue de l'idéologie progressiste qui ne faisait que le mesurer aux folies et superstitions du passé tribal.

de confiance et de bien-être lorsqu'elle coexiste avec des forces centralisées qui ont privé les individus de toute maîtrise sur les conditions concrètes, immédiates de leur existence ; le contrôle collectif censé être conféré par la science est une abstraction dont la résonance sur la vie ordinaire est infime. La technologie scientifique a rendu la vie plus sûre de nombreuses manières, mais son aspect destructeur, plus dramatiquement révélé par le développement des armes nucléaires, ajoute au sentiment d'insécurité qui découle de la difficulté croissante des hommes à contrôler leur environnement immédiat. La « superficialité et le désarroi de l'homme moderne » ne peuvent être considérés avec mépris comme un cauchemar fantasmé par des intellectuels, comme l'affirmait Cox, dans une « orgie de masochisme rituel ». La structure de l'expérience moderne peut difficilement nous persuader que nous vivons au sein d'un univers bienveillant. Elle encourage bien plus un sentiment d'impuissance, de discrimination, de cynisme, et de désespoir ; et même le mythe du progrès, qui fournit pendant une longue période un substitut à la foi religieuse, a désormais perdu une grande partie de sa plausibilité. Pour des millions d'hommes et de femmes, l'espérance d'un monde meilleur – même si elle n'est que l'espérance d'une offre plus vaste de possessions matérielles – n'est plus vécue comme une réalité quotidienne.

La découverte par Martin Luther King de l'œuvre de Niebuhr

Les théories sociales issues des Lumières, qui affirment qu'une maîtrise scientifique sur la nature devrait « exorciser » la peur et la crainte, et donc faire naître chez les hommes et les femmes un sentiment de sécurité, ne peuvent expliquer pour quelles raisons tant d'entre eux se sentent plus que jamais menacés et tendent, par conséquent, à se penser comme des victimes impuissantes des circonstances. Pas plus de telles théories ne peuvent-elles expliquer pour quelles raisons la résistance la plus efficace au sentiment d'impuissance dominant, ces dernières années, a précisément été le fait des populations qui avaient les meilleures raisons du monde de se présenter comme des victimes, à savoir le peuple noir du Sud, opprimé dans un premier temps par l'esclavage, par la répression politique, et un système pervers de ségrégation raciale ensuite. Arriérés culturellement au regard des critères éclairés de Cox, les noirs du Sud vivaient au sein d'une culture saturée de « résidus tribaux » ; ils faisaient néanmoins plus confiance en la bonté des choses – en l'« existence d'une certaine force créatrice qui œuvre pour l'intégrité universelle », pour citer les termes employés par Martin Luther King, Jr. – que ceux qui jouissaient d'un accès plus complet aux fruits de la raison scientifique. Leur expérience dans le Sud apportait peu de confirmation à une croyance dans le progrès ; ils semblaient cependant disposer de provisions illimitées d'espérance. Ils avaient toutes les raisons de sombrer dans le cynisme et le désespoir, d'accepter passivement l'exploitation, ou au contraire de se lancer dans une politique dictée par le ressentiment et la revanche. Ce fut pourtant au sein du mouvement des droits civiques, initié par les noirs du Sud en 1950, que la « discipline spirituelle contre le ressentiment » s'épanouit sous sa forme la plus magistrale. Les théories sociales qui mettent en équation la morale éclairée avec le cosmopolitisme et la sécularisation sont inaptes à expliquer ce type de phénomènes.

Dans son analyse de la coercition non violente, dans *Moral Man and Immoral Society*, Niebuhr annonçait, avec une étrange justesse, que l'« émancipation de la race noire attend probablement le développement approprié de ce type de stratégie sociale et politique ». Le monde attendait « une telle campagne avec d'autant plus de raison et d'espoir », disait-il, « que les dons spirituels particuliers du Nègre le dotent de la capacité à la conduire avec succès ». Niebuhr se contentait d'analyser l'origine de ces « dons spirituels ». S'il l'avait voulu, il aurait peut-être découvert un chef d'accusation supplémentaire contre la conception éclairée qui veut que « les unités organiques de la famille, de la race, et de la nation » constituent des « idiosyncrasies irrationnelles » destinées à être détruites par une « plus parfaite rationalité ». L'histoire du mouvement des droits civiques indique que les dons qu'admirait Niebuhr

trouvaient leur origine dans le mode de vie caractéristique des
Noirs du Sud. La discipline du mouvement contre l'envie et
le ressentiment commença à s'affaiblir lorsque la SCLC (*The
Southern Christian Leadership Conference*) essaya de mobiliser
les noirs dans le Nord, où ce mode de vie s'était désagrégé.
C'étaient précisément les « idiosyncrasies » d'une identité
raciale et régionale, exprimées sous une forme hautement idiosyncrasique de la religion protestante (quoiqu'« irrationnelle »,
comparée à des versions plus libérales), qui inspiraient les ressources spirituelles – courage, ténacité, faculté de pardon, et
espérance – sur lesquelles s'appuyait si fortement le mouvement. Lorsque la campagne des droits civiques se déplaçait vers
les ghettos du Nord, elle devait s'adresser à des circonscriptions
qui n'étaient plus structurées et disciplinées par la culture que
les Noirs avaient élaboré dans le Sud. Arraché de son sol natal,
le mouvement dépérit et mourut.

Étudiant en théologie au *Crozer Theological Seminary*, et
plus tard à *Boston University*, Martin Luther King lisait les
travaux de Niebuhr avec un grand intérêt, et il est permis de
supposer qu'il s'est particulièrement penché sur son analyse de
la non-violence coercitive en comprenant qu'elle constituait
une stratégie politique parfaitement adaptée aux besoins et
capacités des Noirs américains. C'était la critique par Niebuhr
du pacifisme, cependant – et sa critique de l'évangile social en
général –, qui suscitait l'attention de King. À la fin des années
quarante et au début des années cinquante, Niebuhr était si
étroitement identifié à la « nouvelle orthodoxie » (bien qu'il
refusât cette étiquette) qu'il était de plus en plus difficile pour
ses lecteurs d'apprécier la complexité de sa pensée, ou de se
rappeler ses objections aux implications politiques de la théologie de Karl Barth. Sa critique du pacifisme, dirigée avec une
véhémence croissante contre les Chrétiens qui s'opposaient à
la participation américaine à la crise européenne de 1939-1941,
avait provoqué un tollé dans les cercles religieux qui faisait
oublier qu'il avait d'abord défendu la non-violence coercitive
comme la sortie la plus efficace du « cycle éternel du conflit
social ». King, dont les sympathies politiques allaient à l'évangile social, en arriva en conséquence à envisager Niebuhr non

comme un allié politique, mais comme un formidable adversaire dont la théologie sinistrement réaliste, mais intellectuellement imparable, imposait de restaurer la cause du pacifisme sous une forme plus rigoureuse.

La maturation intellectuelle de King recoupait l'histoire récente de la théologie protestante aux États-Unis. Élevé dans la tradition fondamentaliste du baptisme du Sud, il étudia la sociologie à Morehouse College, où « les fers du fondamentalisme », écrivit-il plus tard, « avaient été retirés ». Une exposition à des modes de pensée plus ouverts lui fit se demander pendant un certain temps si la religion, quelle qu'elle soit, était « intellectuellement respectable* ». Il traversa une « phase de scepticisme » jusqu'à ce qu'une incursion dans la Bible le convainque que les « légendes et mythes » bibliques exprimaient des « vérités plus profondes » sous une forme symbolique. À Crozer, il lut Rauschenbush, dont les travaux « lui laissèrent un souvenir indélébile », fournissant une « base théologique » à ses préoccupations sociales. Durant sa quatrième et dernière année à Crozer, la lecture de Niebuhr l'amena à reconsidérer une nouvelle fois sa position. « Les éléments prophétiques et réalistes du style passionné et de la profonde pensée de Niebuhr m'attiraient », rappelait-il, « et je devins si passionné par son éthique sociale que je faillis presque tomber dans le piège qui consistait à accepter, sans réserve aucune, tout ce qu'il écrivait ». La « critique du pacifisme » de Niebuhr, écrivit King plus tard, le laissa, dans un premier temps, dans un « état de confusion ». Il décida plus tard que Niebuhr s'était mépris sur le pacifisme en l'interprétant comme une « non-résistance au mal » : mais il ne rejeta jamais les aperçus de Niebuhr sur les « illusions d'un optimisme superficiel au sujet de la nature humaine et les dangers d'un faux idéalisme ». Il

---

* C'est-à-dire qu'il commença à se demander si elle pouvait résister aux coups de boutoir des plus rigoureuses réalisations de la critique intellectuelle moderne. Mais il « se révoltait [également] contre le sentimentalisme de la religion noire, les hurlements et les martèlements de pieds ». « Je ne la comprenais pas », disait-il, « et elle m'embarrassait. »

croyait encore dans « le potentiel de l'homme au bien », mais Niebuhr lui avait fait « prendre conscience de son potentiel au mal, qui n'était pas moins grand ». De nombreux pacifistes, avait-il décidé, adoptaient une conception de la nature humaine trop bienveillante.

> Trop d'entre eux témoignaient d'un optimisme injustifié au sujet de l'homme et souffraient inconsciemment d'un penchant pour l'autosatisfaction. Ce fut ma révolte contre ces attitudes, sous l'influence de Niebuhr, qui explique le fait que, en dépit de ma forte inclination pour le pacifisme, je ne rejoignis jamais une organisation pacifiste. Après avoir lu Niebuhr, je tentais de parvenir à un pacifisme réaliste. En d'autres termes, j'en vins à envisager la posture pacifiste non comme pure, mais comme le moindre mal au regard des circonstances. J'eus alors le sentiment, sentiment que je ressens encore, que le pacifisme aurait un attrait plus grand s'il ne revendiquait pas sa liberté à l'égard des dilemmes moraux auxquels se confronte le Chrétien non pacifiste.

À *Boston University*, où il complétait sa préparation au sacerdoce par un doctorat en théologie, King découvrit une version de la théologie libérale de l'après-Niebuhr dans le « personnalisme » qu'enseignaient Edgar S. Brightman et L. Harold DeWolf. Il en arriva à la conclusion que Niebuhr avait « exagéré la corruption de la nature humaine ». Brightman, DeWolf, George W. Davis de Crozer, et d'autres enseignants déploraient la « révolte [néo-orthodoxe] contre la raison », pour citer l'expression qu'utilisait DeWolf à son propos, et insistaient sur le pouvoir de l'amour chrétien ou *agape*, qui finit par jouer un rôle important dans la théorie de la non-violence de King. Adoptant un ton proche par certains égards de John Bennett, King expliqua plus tard que ses études à Boston lui avaient permis de mettre l'œuvre de Niebuhr en perspective. « La grande contribution de Niebuhr à la théologie contemporaine réside dans le fait qu'il a réfuté le faux optimisme caractéristique d'une partie importante du libéralisme protestant, sans tomber pour autant dans l'anti-rationalisme du théologien européen Karl Barth. » Les personnalistes bostoniens permettaient en effet à King de réconcilier Niebuhr et Rauschenbush.

Il finit par rejeter le « pessimisme » qu'il décelait chez Niebuhr,
mais ne cessa jamais de croire en la réalité du péché. Dans un
article universitaire, il s'opposait à la « dangereuse » doctrine
libérale qui voulait que le péché ne soit qu'un « retard de la
nature », destiné à « être progressivement éliminé au fur et à
mesure de l'ascension de l'homme au fil de l'échelle de l'évolution ». La théologie de Niebuhr, comme il le nota dans un
autre article rédigé au cours de son doctorat, fournissait un
« rappel constant de la réalité du péché à chaque stade de
l'existence humaine ». Sa propre expérience du « pervers problème racial » dans le Sud, ajoutait-il, rendait « très difficile
(...) de croire en la bonté essentielle de l'homme ».

L'injonction chrétienne d'aimer votre ennemi n'impliquait
pas, telle que King la comprenait, une croyance de ce type.
L'ennemi était digne d'être aimé, non pas parce qu'il était bon,
mais parce qu'il était l'objet de l'amour de Dieu, comme tous
les autres pécheurs. La fraternité de l'homme se fondait sur
une faiblesse et une fragilité communes. Le pacifisme impliquait, aux yeux de King, une lutte constante contre le pharisaïsme dans lequel tombaient si souvent ses adeptes. Niebuhr
l'avait montré, l'homme était un « être en quête d'un repentir
permanent », et les pacifistes n'échappaient pas à ce constat
global. Ils avaient également besoin de cultiver l'« habitude du
repentir permanent », qui « nous prévient du péché de
l'autosatisfaction ».

L'espérance sans l'optimisme

Les écrits universitaires de King à Crozer et *Boston University*, tels qu'ils sont cités dans l'analyse de sa maturation intellectuelle par Ansbro, témoignent d'une intensité et d'une
gravité par-delà ces années. Il n'exagérait pas lorsqu'il fit plus
tard référence à son « goût prononcé pour l'étude ». Après avoir
achevé son doctorat, il examina plusieurs offres de postes
d'enseignant avant de décider de retourner dans le Sud comme
pasteur. Ses professeurs le considéraient comme « un savant

accompli », susceptible de donner un travail « créatif et éminent » en théologie ou en histoire des religions.

Un indice de son indépendance et de sa maturité intellectuelles était sa réticence, en dépit de ses efforts pour réconcilier la théologie libérale et le réalisme chrétien, à accepter les extravagantes théories du progrès avancées par ses professeurs. Le personnalisme incitait, selon Brightman, à « affirmer la possibilité d'un progrès infini ». La capacité de l'homme à la bonté interdisait de poser « quelque limite que ce soit » aux « inépuisables possibilités du progrès ». Davis citait le déclin du patriarcat, l'abolition de l'esclavage, la soumission grandissante des droits de propriété aux droits de l'homme, l'abolition du travail des enfants, le remplacement de la persécution du malade mental par le traitement médical, la prise en charge des personnes âgées par la sécurité sociale, et le respect grandissant de la personne humaine, comme, en somme, des « jalons du véritable progrès ». « Le grand dessein pour ce monde » de Dieu visait à une fraternité universelle, dans laquelle « chaque homme reconnaît la dignité et la valeur de chaque personne humaine ». Lorsque Davis parlait de la « ruine de toute dictature », il entendait par là que les dictateurs s'écartaient « du droit chemin » parce qu'ils ignoraient les « signes directeurs de l'histoire » qui montraient l'avènement d'un « monde où tous les hommes vivront ensemble comme des frères ». King invoquait la « déesse Némésis », au contraire, non pour soutenir une théorie du progrès mais pour réaffirmer l'antique intuition d'après laquelle « quelque chose dans la structure précise du cosmos (...) provoquera en fin de compte l'accomplissement et le triomphe de ce qui est juste ». Il fit mieux qu'historialiser le concept de la Némésis. Il exposa sa conviction que la justice fondamentale était quelque chose de « profondément intérieur », alors que Davis l'associait aux « leçons de l'histoire ».

Peu avant sa mort, King annonçait à sa vieille congrégation de Montgomery qu'il n'était plus un optimiste, bien qu'il conservât encore l'espérance. La distinction entre l'optimisme et l'espérance était tout autant implicite dans nombre de ses premières déclarations. Il avait assisté à trop de souffrances pour adhérer au dogme du progrès, alors même qu'il prenait toujours soin d'expliquer qu'il ne s'opposait qu'aux théories du progrès « automatique » ou « inévitable », et de l'optimisme « faux », « superficiel ». Cette rhétorique libérale classique était celle de l'après-Niebuhr, et l'Université de Boston (associée à ses convictions politiques personnelles) fit de King un libéral de l'après-Niebuhr. Mais le libéralisme était superposé, dans son cas, à une conscience plus profonde de la dimension tragique de l'existence, qui prenait ses racines dans le fondamentalisme baptiste de son enfance, et était par conséquent antérieure à une exposition à une « néo-orthodoxie » dont elle ne dépendait donc pas. « La source d'inspiration la plus importante de la pensée de King », écrit James Cone, « était sans aucun doute la tradition de l'Église noire d'où venait sa foi et à laquelle il revenait sans cesse pour y puiser force et courage. » Il attribuait lui-même sa croyance inébranlable en un univers « fondamentalement aimable » à ses « expériences d'enfant* ». Mais son sens de la « fraternité cosmique » cohabitait avec une douloureuse conscience du mal, qui découlait également, à coup sûr, de l'église noire et plus généralement des souffrances endurées par le peuple noir dans le Sud. « Nous nous sommes lourdement trompés », affirmait-il en 1967, « en pensant que la religion nous protège de la peine et de l'agonie de l'existence mortelle. La vie n'est pas une euphorie faite de confort parfait et de calme aisance (...) Pour être un chrétien il faut porter sa croix. »

Le réalisme puisé chez Niebuhr et la marque distinctive du fondamentalisme prêché dans les églises noires du Sud tempéraient de cette manière le libéralisme de King. À cette époque,

---

* Ces expériences, cela devrait être noté, incluaient non seulement la souffrance et l'humiliation infligées en raison de l'appartenance à une minorité raciale persécutée, associées à une exposition à une tradition religieuse qui mettait l'accent sur la signification rédemptrice de la souffrance, mais également une enfance heureuse passée au sein du foyer de l'un des principaux pasteurs d'Atlanta, qui était l'un des piliers de la communauté noire. L'héritage de King était fait à la fois de souffrance et de sécurité, comme le mettaient en évidence deux formulations contrastées de ses souvenirs d'enfance.

le libéralisme était la *lingua franca* incontestée de la vie publique américaine, et King devait la parler s'il souhaitait s'adresser à une audience nationale. Mais il parlait également la langue de son peuple, qui incorporait son expérience de l'épreuve et de l'exploitation, et qui affirmait encore et encore la justesse d'un monde saturé de peine imméritée. Il réussit, seul parmi les leaders politiques de son temps, à s'adresser dans le même temps à des audiences diverses, de la plus simple à la plus sophistiquée. Lorsque le besoin s'en faisait sentir, il pouvait avoir recours au langage de l'optimisme libéral, sévèrement stigmatisé par le réalisme de Niebuhr ; mais il savait également de quelle manière expliquer les origines plus profondes de l'espérance aux hommes et aux femmes qui avaient toutes les raisons de se résigner au désespoir. Il devint un héros libéral – le dernier héros libéral ? – sans pour autant renier ses racines. Si son itinéraire invite constamment à la comparaison avec celui de Lincoln, qu'il admirait, ce n'est pas seulement parce que les deux hommes se trouvèrent emportés dans la principale tragédie américaine que constitua l'esclavage noir, et endossèrent une grande partie du fardeau moral de l'esclavage, mais parce que tous les deux maîtrisaient le langage officiel de la politique américaine sans perdre contact pour autant avec une tradition religieuse populaire dont le mélange d'espérance et de fatalisme était plutôt étranger au libéralisme. Cela leur permit de parler aux gens ordinaires sans condescendance ni fausse humilité, et aux gens cultivés sans étaler complaisamment leur culture. Bien plus convaincants que la plupart des dirigeants politiques, ils pouvaient revendiquer parler au nom

---

« Alors que je venais d'un foyer qui bénéficiait de la sécurité économique et d'un relatif confort », écrivait-il dans *Stride toward Freedom* (1958), « je ne pouvais jamais faire abstraction de l'insécurité dans laquelle nombre de mes semblables étaient plongés, et de la tragique pauvreté de ceux qui vivaient autour de moi. » Dans l'un de ses sermons regroupés dans *Strength to Love* (1963), il donnait une description assez différente de ses premières années. « Les vingt-quatre premières années de ma vie furent des années saturées de satisfactions. Je ne connus aucune difficulté ou fardeau écrasants. En raison de

de la nation entière, alors même qu'ils consacrèrent tous les deux leurs vies publiques à la défense de principes qui s'avérèrent d'éminentes sources de divisions.

Les origines sudistes du mouvement des droits civiques

Comme Lincoln, King appelait avec insistance ses successeurs à refuser tout compromis avec l'injustice, mais à combiner le militantisme à la patience morale et à la faculté de pardon. Ayant grandi sous un système de relations raciales intolérablement répressif, il comprenait les tentations également dangereuses que représentaient l'acquiescement et la vengeance. Lorsqu'il fit pour la première fois l'expérience, petit garçon, du plein impact de la ségrégation, il se découvrit « déterminé à haïr chaque blanc », et « ce sentiment persista à se développer », dit-il plus tard, alors même que ses parents lui disaient qu'il « ne devait pas haïr l'homme blanc, mais qu'il était de [son] devoir, en tant que chrétien, de l'aimer ». La seule façon de triompher de la haine de votre ennemi, cependant, était de lui tenir tête : tel était, comme King en était venu à le comprendre adulte, le premier principe de la non-violence militante. Le peuple noir devait en terminer avec ses sentiments profondément intériorisés d'infériorité, devait se confronter à ses oppresseurs d'égal à égal, et affronter la ségrégation en face. Il ne pouvait plus se contenter, comme l'avait fait le père de King, de simplement préserver un état de subordination fait de relative sécurité dans une société caractérisée en permanence par la ségrégation. Mais il avait à déclarer la guerre à la ségrégation – tel était le second principe qui sous-

---

parents prévenants et aimants qui répondaient à chacun de mes besoins, je suivis les cours du collège, du lycée, de l'école théologique, et de l'université sans interruption. Ce n'est qu'à partir du moment où je devins un des porte-parole de la campagne organisée autour des transports en commun de Montgomery que je fus confronté aux épreuves de la vie. » Aucune de ces remarques ne peut être ignorée si l'on veut décrire la force de caractère de King.

tendait la position de King, bien plus difficile à saisir que le premier, qui était le seul à être mis en pratique – sans faire appel à son histoire victimaire susceptible de lui permettre de revendiquer une posture de supériorité morale. Le fait que King en était arrivé à comprendre que la haine raciale se nourrit de pharisaïsme et d'acquiescement démontre pareillement sa capacité à la maturation spirituelle. Qu'il ait été capable d'instiller sa vision du monde au cœur du mouvement des droits civiques, et de sortir le mouvement de sa difficile traversée de dix années d'épouvantables turpitudes, est encore plus remarquable.

Une direction inspirée n'explique naturellement pas à elle seule la remarquable combinaison de militantisme et de retenue morale du mouvement. Ses victoires s'appuyaient sur les plus modestes réalisations de personnes comme le père de King, qui s'était occupé, durant des années, d'édifier dans les conditions les moins favorables une communauté noire dynamique dans les villes et les cités du Sud. Le cœur de cette communauté était l'église, et le mouvement des droits civiques était « fort », relevait Bayard Rustin, car il était « construit à partir de l'institution la plus stable de la communauté noire du Sud – l'Église ». L'église offrait un soutien aussi bien institutionnel que moral. À Montgomery, Birmingham, et Selma, c'était la structure organisationnelle de l'église, tout autant que sa vision de la terre promise, qui soutenait le mouvement. Le clergé fournissait une direction issue de la communauté, et les églises servaient à la fois de canaux de communication et de sources de financement. Au cours du boycott des bus ségrégés de Montgomery, les églises rassemblèrent la plupart des fonds qui permirent de faire fonctionner plusieurs engins durant douze mois. Le succès du boycott dépendait également, du moins au départ, de la bonne volonté des compagnies de taxis noires à accueillir des passagers au prix du trajet en bus habituel – un rappel du fait que la communauté noire dans le Sud disposait d'autres ressources institutionnelles en dehors de l'église. Elle disposait de familles stables ; de commerces, de journaux, de stations de radio, et de collèges ; et de suffisamment de pouvoir d'achat, dans certaines localités, pour faire

des boycotts une arme économique efficace. « Le noir a suffisamment de pouvoir d'achat à Birmingham », notait King,
« pour rendre une affaire florissante ou déficitaire. » Il attribuait
en partie l'échec de sa campagne à Albany, en Géorgie, au
manque de puissance économique de la communauté.

Le mouvement remporta ses plus grandes victoires là où il
pouvait s'appuyer sur un socle solide d'institutions issues de la
communauté, ainsi que sur l'éthique petite bourgeoise de
l'épargne et de la responsabilité sur laquelle elles reposaient.
Reconnaissant l'importance d'une infrastructure institutionnelle dans le cadre de la lutte pour la conquête de la dignité
et de l'indépendance, King appelait instamment la communauté noire à mettre en place des organisations coopératives
de crédit, des établissements financiers, et des commerces de
distribution alimentaire. Les boycotts de commerces ségrégés,
il le relevait, non seulement fragilisaient la ségrégation mais
encourageaient l'initiative noire, apportant « initiative personnelle et autonomie économique » à la « communauté au niveau
local ». Il prêchait la dignité du travail et la nécessité de parvenir
à une « excellence extrême », y compris dans la réalisation des
tâches les plus humbles. Il rappelait à ses partisans que beaucoup trop de noirs vivaient au-dessus de leurs moyens, dépen-
saient leur argent en « frivolités », échouaient à conserver des
critères exigeants de conduite personnelle, sombraient dans
l'excès, et se rendaient insupportables en adoptant un comportement « extravagant et tapageur ». « Le fait que nous soyons
les victimes d'une injustice ne justifie pas que nous éliminions
toute notion de responsabilité de nos propres vies*. » S'il avait

---

* À lire David Garrow, Stanley Levison fit pression sur King pour
qu'il supprime ce passage, consacré à l'effort personnel, du manuscrit
de *Stride Toward Freedom*, son récit autobiographique du boycott des
transports en commun de Montgomery. « La partie consacrée à l'amélioration de la condition du noir n'est pas souhaitable », affirmait
Levison, « (...) L'objectif devrait être de mobiliser et d'organiser les
gens en vue du principal objectif, plutôt que d'en appeler à un changement de caractère sans rapport aucun avec la poursuite d'objectifs
sociaux. » Levison, durant ces années, essaya constamment de l'inciter
à adopter une posture social-démocrate.

été accusé de soutenir des valeurs petites bourgeoises, King aurait probablement pris cette critique pour un compliment. Il n'hésitait pas à condamner le rock comme « totalement incompatible » avec le gospel, affirmant qu'il « plonge souvent l'esprit des hommes dans des abîmes dégradants et immoraux ». Andrew Young ne travestissait pas le mouvement des droits civiques lorsqu'il le décrivait, « dans tous les cas jusqu'en 1965 », comme « réellement un mouvement de la petite bourgeoisie », qui avait des « aspirations petites bourgeoises » et des « adhérents appartenant à la petite bourgeoisie ». « Quand bien même un grand nombre de pauvres allaient en prison », disait Young, « (...) il s'agissait encore pour l'essentiel d'une opération petite bourgeoise. »

Le mouvement tirait sa force de la culture inhérente aux fractions les plus humbles de la classe moyenne des noirs du Sud, mais également de la culture régionale du Sud même, avec laquelle il entretenait une relation complexe et ambivalente. Dans la mesure où la conception dominante du mode de vie sudiste incluait une détermination à laisser le Sud être une « contrée de l'homme blanc », le mouvement aurait pu être censé nourrir une éternelle inimitié pour tout ce qui s'y rattachait. Au lieu de quoi, il se montrait inspiré par une compréhension du fait que l'histoire des noirs du Sud était intrinsèquement liée à celle de leurs oppresseurs. Expliquant sa décision de retourner dans le Sud après avoir complété ses études à Boston, King ne parlait pas simplement d'une « obligation morale », mais des charmes positifs du pays de sa jeunesse. « Le Sud, après tout, était notre foyer. Malgré ses défauts, nous l'aimions comme un foyer et avions un réel désir de faire quelque chose pour résoudre les problèmes que nous avions, enfants, si profondément ressentis. » Dans son célèbre discours tenu au Mémorial Lincoln en 1963, il faisait part de son intention de « retourner dans le Sud » et de son « rêve » de délivrance et de fraternité raciale. Parmi les considérations qui guidèrent sa décision de s'impliquer dans la grève des éboueurs de Memphis, la ville où il trouva la mort en 1968, celle qui pesa le plus lourdement, selon toute vraisemblance, était l'opportunité pour King de rappeler aux militants des droits

civiques de cette ville qu'il se sentait du Sud, et que les noirs
du Sud croyaient encore à la non-violence. Il parlait toujours
de lui-même comme d'un homme du Sud. Dans sa « Lettre
écrite de la prison de Birmingham », il faisait référence à « notre
bien aimée terre du Sud ». Il louait le meilleur de l'héritage
sudiste, et insistait sur le fait que « nous, hommes du Sud,
noirs ou blancs, ne devons pas permettre que notre nation et
notre héritage se voient déshonorés aux yeux du monde
entier ». Les ségrégationnistes ultra-réactionnaires, affirmait-il,
ne représentaient pas le vrai Sud. « Un jour », écrit-il dans sa
lettre de Birmingham, « le Sud reconnaîtra ses véritables héros »
– les « enfants déshérités de Dieu » qui étaient « en train de
défendre le meilleur du rêve américain. »

En s'adressant à leurs oppresseurs non seulement comme à
des compagnons de péché, mais également comme à des compatriotes sudistes, King et ses partisans exposaient les prétentions morales du régime blanc du Sud, persuadé de sa
supériorité raciale, à l'examen le plus minutieux et le plus
compromettant ; et l'appel à un héritage régional commun
était probablement tout aussi important, dans la victoire finale
sur la ségrégation, que l'appel à ce que Niebuhr définissait
comme « des unions profondes et fondamentales ». King
croyait toujours, y compris face à ce qui devait quelquefois se
présenter comme l'évidence accablante du contraire, qu'« il
existe d'importantes ressources de bonne volonté chez l'homme
blanc du Sud dont nous devons, d'une manière ou d'une autre,
tirer parti ». Lorsque Lyndon Johnson accéda à la présidence,
King mit un point d'honneur à relever que Johnson était un
« compatriote du Sud » qui se montrait « préoccupé par les
droits civiques ». Les blancs du Sud qui lui marquaient sa
sympathie sentaient que King parlait non seulement du peuple
noir, mais de l'âme du Sud dans sa totalité. D'où l'« admiration », affirmait Lillian Smith à King, « de milliers de blancs
du Sud » pour ce qu'il était en train de réaliser.

Leslie Dunbar, un militant blanc du mouvement des droits
civiques qui assistait à une réception à la Maison Blanche
où étaient invités des défenseurs des droits civiques, racontait
avoir écouté les « accents du Sud qui bourdonnaient avec

bonhomie » autour d'un plat de côtelettes grillées, et avoir été frappé à ce moment par la « fraternité entre blancs et noirs originaires du Sud, qui fait de chaque homme blanc du Nord et de chaque homme noir du Nord (...) un étranger ». Avec tous ses péchés, écrivait Dunbar, « le Sud incitait ses fils et ses filles, y compris celles et ceux qui, étant noirs, souffraient, à l'aimer ». De nombreux blancs du Sud en arrivaient, néanmoins, à l'aimer avec mauvaise conscience, et King savait combien il était important de maintenir une pression constante sur la « conscience de la communauté ». Il n'attendait pas des ségrégationnistes qu'ils abandonnent la partie sans lutter, mais il ne s'attendait pas plus à ce que la lutte débouche sur quoi que ce soit si elle n'était pas fondée sur un « grand appel moral ». La remarque d'un pasteur d'après laquelle les ecclésiastiques blancs étaient devenus des « âmes torturées » indiquait que cet appel ne se limitait pas à ceux à qui il était immédiatement adressé – les modérés du Sud à la conscience accablée. Très peu d'entre eux, disait-il, « restent imperturbables et ne ressentent aucune admiration pour King ». Dunbar décrivait les militants des droits civiques comme d'« étranges révolutionnaires », qui « arrivaient en défenseurs du pays et de ses valeurs. Ils arrivaient, un blanc du Sud me les présenta un jour ainsi, pour nous rendre notre pays ». Les revendications du mouvement ne pouvaient être interprétées de cette façon que parce qu'il était capable de se reconnaître comme le produit de la culture qu'il cherchait à changer – le produit, précisément, de celle que Dunbar présentait comme la « forme typiquement théologique de la pensée du Sud », et de son habitude d'« envisager toutes les vies comme placées sous le jugement de Dieu, et d'entretenir, par conséquent, une conscience certaine de la nature contingente de l'ensemble des réalisations humaines ».

Le mouvement des droits civiques, naturellement, n'adressait pas exclusivement son appel moral aux blancs du Sud. Il dépendait dans le Nord de l'opinion publique, et en fin de compte de l'intervention fédérale. Les dirigeants du mouvement reconnaissaient l'importance de ce que King appelait les « relations publiques ». « Sans la présence de la presse », écrivait-il en 1961, « il aurait pu se produire, dans le Sud, un massacre inouï. » « Très peu aurait été fait », selon Coretta King, « sans la télévision (...) Lorsque la majorité des Américains blancs découvrit à la télévision la brutalité de la ségrégation en action, (...) ils réagirent (...) avec répulsion et sympathie et en exigeant que, d'une façon ou d'une autre, cela (...) cesse. » Une « présentation à la nation de ce qu'était la ségrégation » requérait, pour Wyatt Walker, la présence des télévisions nationales. « Nous utilisions consciemment – expliquait Andrew Young – les médias de masse pour essayer de faire prendre conscience à la nation » des maux de la discrimination raciale. Lorsque les jeunes radicaux de la SNCC [4] reprochèrent à la Southern Christian Leadership Conference son intérêt pour une couverture médiatique nationale, ils se virent rappelés que le mouvement n'avait pu réussir sans elle. Lorsqu'ils déploraient le fait que la SCLC ne restait jamais suffisamment longtemps à un endroit pour pouvoir mettre en place une organisation locale permanente, et abandonnait ainsi toute une « série de cités à leur amertume », Hosea Williams répliquait que « nous pouvons y amener la presse avec nous, ce qu'elles ne peuvent faire ».

Mais la « dramatisation » de l'injustice ne se montrait puissamment émotionnelle, et donc politiquement efficace, que parce que la SCLC entreprenait de former ses membres à la discipline de la non-violence, car elle pouvait ainsi revendiquer d'une manière convaincante parler au nom du meilleur de l'héritage régional du Sud, et car, en définitive, elle se présentait comme « le meilleur du rêve américain ». King ne niait pas les composantes africaines de la culture noire, mais écartait un « retour en masse vers l'Afrique », que prônaient certains séparatistes, comme une solution de facilité au problème racial. « Nous sommes des citoyens américains », avançait-il, « et nous méritons nos droits au sein de cette nation. » « Bien qu'abusés et méprisés comme nous le sommes », déclarait-il dans sa lettre de Birmingham, « notre destinée n'en est pas moins liée à la destinée de l'Amérique. » Même dans ses réquisitoires les plus sévères contre les États-Unis, il invoquait la constitution et la Bible, incarnations des traditions politiques et religieuses américaines partagées par tous. « Notre nation bien-aimée », disait-il en 1967, lorsqu'il commença à manifester des signes d'exaspération, « est encore un pays raciste » ; mais elle n'en restait pas moins bien-aimée.

L'effondrement du mouvement des droits civiques dans le Nord

Après dix années d'agitation victorieuse dans le Sud, ayant culminé avec l'adoption du *Civil Rights Act* de 1964 et du *Voting Rights Act* de 1965, le mouvement se désagrégea rapidement dès qu'il s'aventura dans le Nord. L'explication habituelle de son échec dans le Nord – qui veut que la lutte contre la discrimination légale dans le Sud soulevât ce que le président Johnson appelait des « questions morales simples et claires », alors qu'une discrimination *de facto* ne pouvait être aisément dramatisée comme un combat opposant le bien et le mal – manque substantiellement de vérité. Le type de confrontations qui soulevait l'opinion publique contre Bull Connor, Sheriff Clark et d'autres symboles du racisme sudiste pouvait bien plus facilement être mis en scène que des situations qui avaient peu de chances d'attirer l'attention bienveillante des médias. La situation critique des ghettos du Nord ne se prêtait pas, qui plus est, à des solutions simplement législatives. Mais la démoralisation et la paupérisation de la communauté noire dans des villes comme Chicago, qui ne pouvait soutenir un mouvement qui s'appuyait si fortement sur un réseau autonome d'institutions noires, une culture petite bourgeoise solidement enracinée, et l'influence persistante de l'église, distinguaient de manière plus importante encore le Nord du Sud. Le mouvement espérait donner aux noirs une nouvelle dignité en faisant d'eux des participants actifs à la lutte contre l'injustice, mais il ne pouvait réussir que si les éléments constitutifs du respect de soi étaient déjà en partie présents.

Faisant le tour des ghettos noirs après la première vague d'émeutes, en 1965, King s'était montré stupéfait par la désespérante pauvreté qu'il y avait trouvée, mais avait été encore plus découragé par l'absence d'institutions susceptibles de sou-

tenir le moral de la communauté noire. Il ne souscrivait pas à
la critique formulée par des militants noirs et des libéraux
blancs récemment radicalisés contre le rapport Moynihan,
accusé de détourner l'attention de la pauvreté vers la question
de la désagrégation de la structure familiale, et donc de « rendre
responsable la victime » des crimes de l'oppression blanche.
« Les terribles coups portés à la famille noire », avançait-il,
« l'ont fait sombrer dans l'instabilité, la déshérence, et souvent
la psychopathie (...) Rien n'est plus nécessaire qu'une vie de
famille stable pour pouvoir s'arracher à la pauvreté et à l'arriération mentale. » L'effondrement institutionnel était, aux yeux
de King, aussi bien une cause qu'une conséquence de la pauvreté. Alors que certains observateurs tentaient de dépeindre
le ghetto comme le terreau d'une sous-culture dont il était
possible de tirer quelque chose, il pensait que « les Noirs
entassés, névrosés et psychotiques » des villes du Nord ne pouvaient qu' » adopter des modes de vie violents ». Ces conditions
l'incitèrent à demander la suppression du ghetto par le biais
de règlements sur le libre accès au logement, et une action
fédérale de très grande ampleur contre la pauvreté. Sa défense
de tels programmes constituait une acceptation tacite du fait
que le Nord manquait de communautés noires stables sur
lesquelles s'appuyait le mouvement des droits civiques dans le
Sud. Hosea Williams établit le même constat plus ouvertement. « Je n'ai jamais vu un tel désespoir », dit-il après un mois
passé à Chicago. « Les Noirs de Chicago ont un très grand
sentiment d'impuissance que jamais je n'ai vu ailleurs. Ils ne
participent pas au processus gouvernemental parce qu'ils sont
psychologiquement laminés. Nous sommes habitués à travailler
avec des gens qui aspirent à la liberté. » Cette dernière
remarque résumait le contraste existant entre le Nord et le Sud.
    Avant même que la SCLC prenne sa décision fatale de lancer
une campagne en faveur des droits civiques à Chicago, King
faisait face à une critique de plus en plus importante de la part
de la SNCC, qui était encore officiellement engagée dans la
non-violence, mais s'exaspérait de plus en plus, non seulement
de la modération de King, mais également du culte de ses
qualités de chef charismatique. « Nous ne croyons pas aux

qualités d'un chef », affirmait James Forman. « Nous pensons que les individus devraient gouverner, mais la SCLC pense qu'il ne devrait y avoir qu'un seul porte-parole. » Ce ne fut pourtant qu'à partir du moment où le mouvement des droits civiques s'enlisa à Chicago, que Forman, Stokely Carmichael, et d'autres militants mirent en cause, avec succès, la prééminence de King sur le mouvement, renoncèrent à la non-violence, et adoptèrent le slogan du *black power*. King pouvait facilement identifier les objections morales et stratégiques qui pouvaient être opposées au nouveau slogan, mais ne pouvait persuader les jeunes militants en colère de l'écouter. Ils perturbaient ses réunions par des huées et du chahut, le traitaient d'Oncle Tom, et ne cachaient pas leur satisfaction lorsque des premiers soutiens comme Adam Clayton Powell faisaient référence à lui comme à « Martin Loser King ». Une fois que le théâtre de ses activités se déplaça vers le Nord, il ne s'adressa plus à une audience qui se souciait d'entendre des propos sur l'indépendance, la dignité du travail, l'importance de familles solides, et le pouvoir cicatrisant de l'agape. Pour les militants noirs, les blancs n'entendraient que les coups de feu et le fracas des vitrines enfoncées. Ayant à faire face à la rage sans bornes du ghetto et à l'influence grandissante de porte-parole comme H. Rap Brown, qui appelaient instamment les Noirs à s'armer en vue d'une guerre d'extermination des blancs, King s'enfonçait peu à peu dans le découragement et la dépression. Vers la fin de sa vie, il confiait à Ralph Abernathy que « ceux d'entre nous qui adhèrent à la non-violence » auraient à « se ranger sur le bas-côté et laisser les forces de la violence suivre leur cours ».

Incapable par tempérament de passer la main, il persistait avec plus d'acharnement que jamais. Au cours des deux dernières années de sa vie, il se démena pour conserver sa lucidité au milieu d'un océan de complications. Les désertions des Noirs du mouvement non-violent étaient suffisamment décourageantes, mais il avait également à supporter des menaces de mort incessantes, le harcèlement du FBI, les dénonciations de l'administration Johnson portant sur le fait que sa prise de position contre la guerre du Vietnam ne constituait rien moins

qu'une trahison, la critique de plus en plus importante des
blancs modérés, et une dissension au sein de sa propre organisation causée par ses efforts fournis dans le Nord et ses
projets d'une seconde marche sur Washington, pour ne pas
mentionner un écrasant programme de réunions publiques
destiné à renflouer la trésorerie réduite de la SCLC. L'extrême
fatigue et le quasi désespoir, associés à la pression des séparatistes noirs, et à sa propre évaluation, de plus en plus pessimiste, des perspectives qui s'offraient à la paix raciale, pous-
sèrent King à entamer un virage prononcé à gauche. Il
rejoignait à certains moments une partie de sa base militante
en accusant la société américaine d'être irrémédiablement
raciste, même si le slogan du « racisme blanc » avait pour effet
de brouiller les premières mises en garde par lesquelles il rappelait que le peuple noir ne devait pas tomber dans le réflexe
de condamner en bloc tout ce qui se rattachait aux blancs. Il
défendait la non-violence de plus en plus au pied de la lettre
en se fondant sur des arguments tactiques, écartant les
arguments moraux qui l'avaient rendu jadis si captivante. Il
promettait des manifestations plus énormes encore, alors qu'il
ne pouvait plus mobiliser des volontaires en grand nombre,
ni assurer qu'ils s'abstiendraient de toute violence. Entre les
années 1966 et 1968, lorsqu'il eut besoin d'une période de
repos et de réflexion, qui devait lui permettre de comprendre
dans quelle impasse s'était engagé son mouvement, et de réfléchir à la manière dont il pourrait retrouver un sens de l'orientation, il se força encore et encore à « jouer le tout pour le
tout », à élaborer des plans en vue d'un « bouleversement
général », et à être de plus en plus exigeant quant à sa propre
aptitude à l'abnégation et au sacrifice de soi. À la fin de 1967,
il avait pour objectif d'occuper Washington jusqu'à ce que
Johnson mette un terme à la guerre du Vietnam et lance une
vaste offensive contre la pauvreté. « Il s'agit d'une demande
dernière, désespérée, afin que la nation réponde à la non-
violence », dit-il à ses conseillers. « (...) Nous avons joué le
tout pour le tout auparavant, mais pas de la même façon que
nous le faisons cette fois, car s'il le faut, j'irai en prison six
mois – ils ne me jetteront pas hors de Washington. »

Sa découverte de la déchirante pauvreté dans les ghettos du Nord poussa King à la conclusion que le seul espoir pour la société américaine résidait dans une redistribution immédiate de la richesse. Il ne resta jamais indifférent à l'importance de la question de l'égalité économique ; mais l'enjeu se présentait avec une urgence plus grande encore après 1965, et le rendait de plus en plus intolérant à l'endroit des demi-mesures. King, dès 1964, appelait ses partisans à passer de la revendication à la politique : « Nous faisons maintenant face à des problèmes sociaux et économiques fondamentaux qui requièrent une réforme politique d'ampleur ». La stratégie de la protestation non-violente, qui avait si bien fait ses preuves dans le Sud, était malheureusement inadaptée à une campagne contre la pauvreté dans le Nord. À Chicago, les marches pour le libre accès au logement à l'intérieur des quartiers blancs n'avaient aucun rapport perceptible avec les objectifs politiques que King épousait désormais ; leur seul résultat était d'exciter une hostilité féroce dans les quartiers ainsi envahis. Les militants noirs de Chicago, malgré leur engouement pour une « guerre de guérilla », parvenaient à une meilleure compréhension de la situation que King. Ils critiquaient le libre accès au logement comme une illusion. Même s'il était souhaitable de mettre fin au ghetto noir en encourageant une émigration vers les quartiers blancs, la plupart des noirs, ils le relevaient, ne pouvaient assumer le coût de l'habitat qui y était pratiqué. L'émigration des franges les plus modestes de la classe moyenne noire ne ferait, quoi qu'il en soit, que chasser les blancs, recréant les conditions qu'ils cherchaient à fuir. Le seul résultat des marches pour un libre accès au logement était d'encourager « les nombreuses personnes qui auraient, au moins, été peut-être neutres (...) à devenir anti-nègres ».

King refusait non seulement d'admettre la justesse de tels arguments, mais ne semblait pas comprendre les raisons de l'hostilité des blancs pour sa campagne de Chicago. Il n'établissait aucune distinction entre les ségrégationnistes ultra-réactionnaires du Sud et les communautés ouvrières et petites bourgeoises épuisées du Nord, où les marches pour un libre accès au logement avaient rencontré un accueil plus « hostile et haineux », disait-il, que tout ce qu'il avait pu voir à Selma ou Birmingham. Au lieu d'analyser les implications de ce contraste, il sombra de plus en plus dans la posture accusatoire de l'indignation morale, accusant les blancs d'un « génocide psychologique et spirituel ». De sa campagne mal conçue pour un libre accès au logement à Chicago, il ne tira que la conclusion boiteuse d'après laquelle ils « n'avaient pas su évaluer l'intensité de la résistance de la communauté blanche ». S'il s'était obligé à comprendre la teneur de cette résistance, il aurait peut-être pu s'apercevoir que les Noirs ne pouvaient espérer atteindre leurs objectifs en demandant la dissolution de communautés blanches dont le seul crime était, aussi loin qu'il était permis de voir, leur sens de la solidarité ethnique.

Des droits civiques à la social-démocratie

Le mouvement des droits civiques s'était, dans le Sud, construit en s'appuyant sur l'intégrité de la communauté noire, s'opposant fermement, affirmait King, à la « proposition spécieuse de ceux qui inciteraient [les noirs du Sud] à migrer en masse vers d'autres secteurs du pays ». « Le problème du Nègre », affirmait-il avec fermeté, « ne se réglera pas par la fuite. » Au cours de la campagne pour le libre accès au logement et l'intégration scolaire dans le Nord, King semblait cependant conseiller la fuite hors du ghetto comme le seul espoir. Une meilleure solution, on aurait pu l'imaginer – une solution plus en rapport avec l'accent et les visées originelles du mouvement –, aurait pu consister à essayer de transformer le ghetto en une vraie communauté. Le mouvement des droits civiques dans le Nord aurait pu s'identifier à la tentative – un mouvement en fin de compte avorté en faveur d'une « autonomie de la communauté » – que certains radicaux noirs étaient en train de commencer à envisager comme l'approche la plus prometteuse, non seulement au problème racial, mais également à la centralisation et à la bureaucratisation de la vie américaine. La critique par les radicaux du libre accès au logement annonçait une tendance qui conduisit, peu de temps après la mort de

King, à diverses tentatives d'institutionnalisation d'un contrôle à l'échelon local du système éducatif, et de meilleure adaptation des écoles aux besoins de la communauté noire. Ces expériences de décentralisation, particulièrement celle qui fut initiée dans le quartier Ocean Hill-Brownsville de Brooklyn, s'avérèrent peu concluantes. L'idée qui les sous-tendait, quoi qu'il en soit, était faite de bon sens. Il était plus raisonnable, en effet, de consolider la communauté noire que de chercher à la dissoudre par son intégration dans des quartiers blancs et leurs écoles.

Alors que « le projet de loi en faveur des déshérités » de King incluait, entre autres choses, un « dispositif en matière de travail social de grande envergure », Leslie Dunbar se demandait si la communauté noire avait plus besoin « d'un énième travailleur social blanc que de l'argent, équivalant à un modeste prêt d'entreprise, que sa formation impliquerait ». « Dans la mesure où la solidité de la communauté est si nécessaire », avançait-il, le mouvement des droits civiques serait bien inspiré de se poser des « questions déplaisantes » de ce genre. Le gouvernement devait-il mettre en œuvre des projets d'habitat public au sein des quartiers noirs, « sachant par avance qu'[ils] fragiliseraient la cohésion de la communauté » ? Devait-il conduire en bus scolaires les enfants hors des quartiers noirs, « affaiblissant ainsi l'influence de l'école dans son rôle de poumon de la communauté » ? « Devait-il y avoir des gardiens de la paix blancs dans les quartiers noirs ? (Combien de policiers italiens patrouillèrent jamais dans un quartier irlandais ?) » Cette prise de position semblait conduire à la conclusion que les avantages apportés par la cohésion de la communauté (nécessairement garantis, bien sûr, par de considérables versements d'aide fédérale) l'emportaient sur les dangers de la séparation raciale qui hantaient tant les libéraux.

King concédait lui-même, dans les dernières semaines de sa vie, qu'il serait peut-être nécessaire d'accepter une « séparation temporaire en guise d'étape de transition vers une société véritablement intégrée ». Réfléchir sur sa campagne de Chicago, disait-il, l'avait convaincu qu'il fallait « chercher à faire prospérer immédiatement le ghetto par l'amélioration des conditions de logement, l'amélioration des écoles du ghetto, l'amélioration des conditions économiques ». Sa tentative de réconcilier cette approche avec un effort persistant de « dissémination du ghetto » n'était pas particulièrement convaincante, mais ses réflexions sur la possibilité de travailler « à deux niveaux » suggéraient au moins qu'il n'avait pas été entièrement inattentif aux implications de l'échec du mouvement à Chicago. Non seulement sa répugnance pour toute velléité de séparatisme, mais un intérêt grandissant pour la social-démocratie, l'empêchaient cependant de développer plus pleinement ses idées dans la direction d'une autonomie de la communauté. « Quelque chose ne fonctionne pas dans le système économique de notre nation », affirmait-il en 1967 à l'état-major de la SCLC. « (...) Quelque chose ne fonctionne pas dans le capitalisme (...) Il doit pouvoir exister une meilleure distribution de la richesse, et peut-être l'Amérique doit-elle évoluer en direction d'un socialisme démocratique. » À partir de 1968, il demandait à son état-major d'« éteindre le magnétophone », et se mettait à parler « de ce qu'il appelait le socialisme démocratique », comme s'en rappelait l'un de ses assistants. « Il ne croyait pas que le capitalisme pouvait répondre aux besoins des pauvres, mais que nous avions besoin de nous tourner vers une forme de socialisme, mais une forme démocratique de socialisme*. » De plus en plus profondément convaincu que « l'enjeu principal est économique », il tentait de défendre un revenu annuel garanti, et avançait que « nous devrions moins nous préoccuper des méthodes destinées à inciter les gens à travailler que de celles qui habilitent la population à consommer ». « Si nous supprimons directement la pauvreté en garantissant un revenu », déclarait-il en 1967,

---

* L'historien marxiste C.L.R. James se souvenait d'une conversation avec King datant de cette époque : « [Il] voulait que je sache qu'il comprenait et acceptait (...) les idées que je mettais en avant – des idées qui étaient fondamentalement marxistes-léninistes ». James décrivait King comme un homme « dont les idées étaient aussi avancées que celles de la gauche, mais qui, il me le disait en réalité, ne pouvait dire de telles choses du haut de sa chaire ». Ce témoignage vient apporter une confirmation à l'impression d'après laquelle King avait de plus en plus tendance à envisager le socialisme comme le seul

« nous viendrons à bout de notre principal problème. » Mais il n'expliquait pas comment un revenu garanti restaurerait le respect de soi ou l'amour de soi que procurait le travail de qualité, sur lesquels il avait jadis tant insisté.

L'engagement croissant de King en faveur de la social-démocratie tendait, comme G.D.H. Cole l'aurait affirmé, à faire de la pauvreté, et non de l'esclavage, l'enjeu primordial. Il faisait de la distribution, plutôt que de la participation, le test de la Démocratie. Dans son discours tenu à l'occasion de la remise du Prix Nobel de la Paix en 1965, King avait adopté une conception des choses différente. Le trait le plus caractéristique du mouvement des droits civiques, affirmait-il, était la « participation directe des masses à la protestation, plutôt que la confiance en des méthodes indirectes qui incitent rarement les masses à l'action ». En 1968, pourtant, il était en train de défendre des politiques qui nécessitaient une intervention fédérale massive. Les objectifs premiers du mouvement, avait-il décidé, étaient trop limités. Ils se réduisaient à peu de chose près à une application des droits déjà garantis, du moins en théorie, par le Quatorzième Amendement. Il était désormais nécessaire de se colleter aux causes profondes de l'inégalité, et pas simplement à la discrimination légale. Mais l'importance véritable du mouvement des droits civiques, King aurait dû être le premier à s'en rappeler, ne résidait pas tant dans ces objectifs habituels qui sont connus de tous, que dans sa capacité à venir à bout de ce qu'il appelait le « désastreux complexe d'infériorité » dans lequel s'était enferré le peuple noir. La défense en actes de ses droits était bien plus importante que n'importe lequel des acquis tangibles qu'avait obtenu son peuple – sans que ces derniers doivent pour autant être considérés comme négligeables. C'est la raison pour laquelle King était en droit de penser que la victoire avait déjà été

---

espoir du pauvre. L'affirmation qu'il n'était plus en situation de présenter ses pensées les plus profondes à ses propres partisans indique, quoi qu'il en soit – à condition de pouvoir nous fier à la description légèrement mélodramatique et conspiratrice de James –, que sa capacité à diriger était désormais épuisée.

conquise au commencement précis du boycott des transports
en commun de Montgomery, bien avant que les exigences du
mouvement – elles-mêmes si modestes qu'elles ne répondaient
même pas aux critères minimums établis par la NAACP – aient
été reconnues*. À la suite de la réunion publique où avait été
prise la décision de lancer le boycott, King s'était dit que « la
victoire était déjà gagnée, (...) Une victoire infiniment plus
importante que le règlement de la situation des transports en
commun. La véritable victoire résidait dans cette réunion qui
regroupait tant de monde, où des milliers de noirs avaient fait
preuve d'un sens inédit de la dignité et de la destinée ». Comme
il le rappela dans son récit du boycott des transports en
commun de 1958, « un peuple rongé par la peur s'était
métamorphosé ».

Son attention se déplaçant de la question de la participation
vers celle de la pauvreté, King entama une réflexion sur la
redéfinition des populations qui le soutenaient pour les présenter comme une coalition interraciale de noirs, de Portoricains, de Mexicains, et d'Indiens américains – une première
version de la coalition hétéroclite qui se regroupa plus tard
autour de Jesse Jackson. La marche des pauvres sur Washington, déclarait-il, réunirait un peuple qui n'avait « rien à
perdre ». King, aux débuts du mouvement des droits civiques,
avait résisté à la tentation de définir les noirs comme de simples
victimes de l'oppression blanche. Il avait essayé, en lieu et place
de cela, d'encourager l'initiative, la confiance en soi, et la
responsabilité. Il comprenait que les personnes qui se pensaient
comme victimes resteraient vainement passives, ou sombre-

---

* Le principal enjeu à Montgomery, aussi invraisemblable que cela
puisse paraître aujourd'hui, consistait à savoir si les noirs avaient à
rester debout alors que certains sièges restaient inoccupés par les
blancs. En raison d'un règlement de la municipalité de Montgomery,
aucune personne noire n'avait le droit de s'asseoir aux côtés d'une
personne blanche. Lorsque tous les premiers rangs étaient complets,
les noirs occupant les rangs suivants devaient libérer la totalité des
quatre sièges si un seul passager blanc venait à monter dans le bus.
Il leur était alors demandé de rester debout, y compris si trois des
quatre sièges de la rangée concernée restaient inoccupés. Telle était la

raient dans la vindicte ou l'autosatisfaction. Sa tentative ultérieure de structurer une alliance de groupes « défavorisés » au niveau national, quoi qu'il en soit, l'obligeait à ne compter que sur ce genre d'appel moralement pernicieux, dans la mesure où un sentiment partagé de marginalité était le seul élément susceptible de maintenir cohérente une telle alliance. En tant que victimes du racisme, de l'exploitation et de l'abandon, avançait désormais King, les groupes parias avaient droit à un « traitement compensatoire ». Dans son premier compte rendu de l'action directe menée à Montgomery, il essayait de persuader les blancs que « le Nègre, jadis réduit à l'état d'enfant incapable, avait maintenant atteint sa majorité politiquement, culturellement et économiquement », et que « tout ce qu'il recherche est la justice, à la fois pour lui-même et l'homme blanc ». Le Nègre, disait King, « comprend et pardonne et est prêt à tirer un trait sur le passé ». Il changea dix ans plus tard de registre pour rappeler à la population que les noirs avaient enduré une histoire particulière de discrimination qui les différenciait des immigrants blancs. « Lorsque les immigrants blancs débarquèrent aux États-Unis à la fin du XIXᵉ siècle, un gouvernement bienveillant leur accorda des terres libres ainsi que des crédits pour mener une vie utile et indépendante. » Les noirs, au contraire, ne connurent que le préjugé et la persécution. Leur histoire d'oppression, dont King explorait les implications, semblait justifier l'acceptation d'une moralité politique à deux vitesses. Les émeutiers noirs, il l'admettait, s'étaient rendus coupables de crimes « incontes-

_____

situation lorsque Rosa Parks, contrairement aux trois autres passagers noirs de sa rangée, refusa de se lever et finit en lieu et place en prison. *The Montgomery Improvement Association* – l'ancêtre de la SCLC – proposa une modification des règlements municipaux qui « permettrait aux Nègres de s'asseoir les uns en face des autres, et aux blancs de s'asseoir les uns en face des autres jusqu'à ce que l'ensemble des sièges soit occupé ». Une solution de ce type avait déjà été adoptée à Mobile ainsi que dans d'autres villes d'Alabama. « Nous ne demandons pas que cesse la ségrégation », affirmait King aux journalistes en décembre 1955. « Il s'agit d'une question qui concerne au

tables et déplorables », mais ces crimes étaient « la conséquence », étaient « nés des crimes plus grands encore dont
s'était rendue coupable la société blanche ». Demandant implicitement une distribution plus équitable de la richesse, et anticipant donc les objectifs de la campagne des pauvres, ces crimes
étaient, plus que jamais, avant tout dirigés « contre la propriété,
bien plus que contre les personnes ».

Pour ne pas se faire déborder par les militants à sa gauche,
et se rallier un soutien en vue des manifestations hautement
perturbatrices qu'il entendait organiser à Washington, King se
retrouvait dans l'obligation de falsifier l'histoire de son propre
mouvement. Il le présentait, rétrospectivement, comme un
mouvement de la jeunesse aliénée opposé aux « valeurs de la
classe moyenne ». « Le jour où ils ont rejeté leurs valeurs petites
bourgeoises », maintenait-il en 1967, « les jeunes Nègres ont
apporté une contribution sociale historique » à la cause de la
justice raciale. « Lorsqu'ils sont devenus sans remords des
taulards et des fauteurs de troubles, lorsqu'ils ont quitté leur
tenue Brooks Brothers et revêtu leurs bleus de travail pour
travailler dans le Sud rural à l'écart de tout, ils ont mis au défi
et incité les jeunes blancs à suivre leur exemple. » En se référant
aux militants des droits civiques comme à des « étudiants en
rupture de ban », King cherchait à contrecarrer le sarcasme qui
voulait que ses manifestations dans le Sud ne réunissent que
des « vieilles dames pieuses ». Ces manifestations, clamait-il,
avaient « entièrement grippé le système », exactement comme
la marche des pauvres paralyserait le gouvernement de la nation
et l'obligerait à décréter une « loi en matière économique ».

------

premier chef le corps législatif et les tribunaux. Nous avons le sentiment d'avoir trouvé une solution à l'intérieur même de la loi ségré-
gationniste existante. Tout ce que nous cherchons est la justice et un
traitement décent lorsque nous empruntons les transports en
commun. Nous n'aimons pas l'idée que les Nègres aient à rester
debout alors que certains sièges restent libres. »

La politique du ressentiment et de la réparation

L'assassinat de King au mois d'avril 1968 réduisit à néant tout espoir que sa coalition de pauvres apparaisse un jour ; mais ses collaborateurs personnels avaient déjà formulé de sévères objections sur l'opportunité d'une autre marche sur Washington et la stratégie qui la sous-tendait. Marian Logan avançait que des manifestations paralysantes « durciraient la résistance du Congrès » et contribueraient à la défaite des candidats libéraux aux élections qui se préparaient. Bayard Rustin s'accordait sur le fait que « toute tentative de paralyser la circulation, l'activité administrative, etc. » ne « conduirait qu'à une réaction et une répression plus violentes encore ». Il doutait de la faisabilité d'une alliance interraciale entre pauvres. Le mouvement ouvrier, il le relevait, avait échoué à maintes reprises à regrouper le type de populations en lesquelles King plaçait désormais ses espoirs, et il n'y avait aucune raison de penser qu'un défenseur des droits civiques des noirs y parviendrait. « Martin Luther King est dans l'impossibilité de regrouper les pauvres blancs, les pauvres portoricains, les pauvres noirs, les pauvres irlandais », affirmait Rustin.

King, en février 1968, l'admettait : « Cette campagne axée autour des pauvres nous a mis dans de beaux draps. Elle ne fonctionne tout simplement pas. Le peuple n'y répond pas ». Le mouvement des droits civiques dans le Nord n'avait pas évolué, comme il l'avait espéré, vers une alliance social-démocrate, pas plus qu'il n'était parvenu à obtenir des avantages durables pour les masses noires. Son legs dans le Nord était un parti démocrate amèrement divisé, officiellement engagé dans une politique de déségrégation des écoles par le recours aux bus scolaires (*busing*)* mais qui devait faire face,

---

* Ce terme, spécifique, ne renvoie pas à la déségrégation des transports en commun, mais bien *au recours aux bus de ramassage scolaires* pour tenter d'apporter une réponse à la ségrégation des établissements scolaires. Pour compléter, en effet, le combat contre la

dans ses propres rangs, à une opposition grandissante à cette politique*. La révolte contre « les méthodes à la McGovern », qui conduisit en fin de compte à des défections massives et à l'émergence de la nouvelle droite de Reagan, trouvait sa source dans les événements intervenus à la fin des années soixante. Les émeutes du ghetto, l'émergence du *black power*, l'effondrement du militantisme non violent qui prônait une application équitable des lois, ainsi que le mouvement pacifiste – au sein duquel King finit par jouer un rôle capital, au grand dam de la plupart de ses conseillers – divisaient radicalement le pays et généraient en retour une « hostilité » non seulement contre les droits civiques, mais contre le libéralisme en général.

King avait tout fait pour éviter qu'une telle situation se produise, mais son évolution sensible de la « liberté » vers la social-démocratie constituait, c'était l'évidence même, un mauvais choix dont les implications s'avérèrent plus graves

---

ségrégation scolaire, entamé en 1954, et tenter de parvenir à l'intégration raciale dans les classes, malgré le règne de la ségrégation en matière d'habitat, l'administration Johnson avait décidé une nouvelle action « affirmative » (*affirmative action*), entérinée par la cour suprême en 1971 : dans un district donné, les bus de ramassage scolaire (*school buses*) transporteraient les enfants noirs vers les écoles jusque-là blanches, et réciproquement.

Cette politique de ramassage scolaire, financée par le gouvernement en réponse au mouvement noir, était en soi une concession habile faite aux protestataires. Elle entraîna en pratique, comme le montre Howard Zinn dans son *Histoire populaire des États-Unis*, « une véritable concurrence entre Noirs pauvres et Blancs pauvres pour accéder aux écoles misérables et sous-équipées que le système réservait à tous les pauvres sans discrimination ». L'organisation de la mixité se mua en effet rapidement « en un échange entre populations défavorisées : les enfants des ghettos noirs étaient conduits dans les écoles des Blancs pauvres et vice versa – tandis que les enfants des riches allaient dans les écoles privées ».

Nous avons choisi, dans les pages qui suivent – particulièrement dans le chapitre XI où cette question est longuement analysée par l'auteur –, de ne pas traduire le terme *busing* (*NdT*).

* Notons à nouveau le contraste avec le Sud, où le mouvement des droits civiques était parvenu à une amélioration notable des relations raciales, face à une opposition déterminée qui, pendant longtemps,

encore. En recourant à l'accusation de « racisme blanc », il éveillait l'hostilité des ouvriers et de la classe moyenne blanche sans apaiser pour autant les militants noirs. En identifiant l'agitation en faveur des droits civiques à une révolte contre « les valeurs de la classe moyenne », il perdait toute chance de forger une alliance bi-raciale fondée sur les idéaux de responsabilité, d'effort personnel, et sur la défense des communautés et des quartiers menacés. Au lieu d'en appeler au sens de la justice de la nation, il devait maintenant recourir au mélange de pitié et de crainte qui avait fini par s'imposer, sans grande pertinence (dans la mesure où l'exaspération l'inspirait bien plus que la prise de conscience), sous le vocable de « culpabilité libérale blanche ».

À la fin, King défendait la non-violence à la fois comme un choix tactique et comme un choix de principe (bien qu'avec

---

paraissait presque insurmontable. La combinaison de détermination militante et d'autodiscipline morale fournissait aux noirs courage et estime de soi, conduisait de nombreux blancs du Sud à reconnaître la justice de leur cause, forçait la main de politiciens d'envergure nationale comme Kennedy et Johnson, et créait un consensus public en faveur de la mise en vigueur d'une loi impartiale. Au cours de l'été 1963, des études d'opinion publique montraient qu'une large majorité, aux dires d'Harvard Sitcoff, se prononçait « en faveur de lois garantissant aux noirs droits de vote, possibilités de travailler, habitats décents et en faveur d'une déségrégation des écoles et des services publics ». Menacée par la législation fédérale, qui bénéficiait d'un solide soutien de l'opinion publique, la ségrégation reculait, de même que le système de non-reconnaissance des droits civiques qui avait maintenu les noirs dans l'impuissance politique depuis les années 1890. Les deux tiers des noirs du Sud étaient en 1970 inscrits sur les listes électorales. En 1980, 2500 noirs avaient été nommés à des postes officiels dans le Sud.

Le Mississipi, le dernier bastion de résistance à l'ordre nouveau, comportait désormais autant de fonctionnaires noirs que n'importe quel autre État de l'Union. Même George Wallace, Sitcoff le relève, « nommait des noirs à des fonctions élevées de l'État, recevait une reine noire de retour à l'Université qu'il avait jadis juré d'interdire aux étudiants noirs, et était présent en 1979 sur le podium officiel pour applaudir le discours d'investiture du premier maire noir de

une emphase grandissante portée sur le premier). Mais le fait
de définir avant tout les noirs comme des victimes ne pouvait
qu'encourager, que la violence en soit absente ou pas, une
politique du ressentiment. Que les noirs se livrent à des
émeutes dans les rues ou demandent simplement un traitement
compensatoire devant les cours de justice – et les deux stratégies
se montraient assez compatibles –, ils revendiquaient désormais
une position morale privilégiée en se prévalant du statut de
victimes de « quatre cents ans d'oppression ». Leur histoire
victimaire, avançaient-ils, leur donnait le droit de se venger,
bien que leur empressement à accepter des dédommagements
pût laisser penser le contraire. Les libéraux pouvaient, pour des
raisons évidentes, s'accorder sur des réparations afin d'échapper
à des représailles ; mais leur soutien au *busing*, comme toute
manifestation de « compassion », n'avait aucun poids moral.
Ceux qui soutenaient le *busing* – essentiellement des membres
de professions libérales et des cadres – n'avaient pas à supporter
les conséquences de leurs prises de position. La corvée des

Birmingham. Seize ans seulement plus tôt, Wallace avait proclamé
l'intangible slogan du Sud : « La ségrégation maintenant ! La ségrégation demain ! La ségrégation toujours ! » David Lewis, qui, dans sa
biographie de King publiée en 1970, dénigrait les victoires du mouvement des droits civiques en les considérant comme essentiellement
symboliques, revint sur son jugement de départ – un « jugement
dépourvu de perspective » – dans une nouvelle postface écrite en
1978. « Les histoires exemplaires sur le Sud nouveau – le Sud de
Martin King et Jimmy Carter – abondent. La mienne concerne une
visite de deux jours à Orangeburg, Caroline du Sud, en 1974, comme
lecteur invité au Collège d'État de Caroline du Sud, endroit où trois
étudiants noirs avaient trouvé la mort en 1968, abattus par la police
locale au cours d'une manifestation étudiante. [Avec] sa prospérité
bi-raciale et son absence de friction raciale, Orangeburg aurait pu
passer pour Xenia, dans l'Ohio. Faculté et étudiants étaient intégrés ;
et là où étaient tombés les trois étudiants, s'élevait un monument,
construit grâce aux fonds de l'État, et portant une plaque qui commémorait leur mort. Je réalisai avec stupéfaction que de considérables
changements étaient intervenus par le biais des législations relatives
aux droits civiques et aux droits de vote, y compris au sein de communautés dominées six ans auparavant par la peur et la violence. »

transports en commun concernait, cela était de notoriété publique, les quartiers ethniques des villes, pas les libéraux des banlieues résidentielles dont les écoles fonctionnaient encore, dans les faits, sur le principe de la ségrégation, ni les adeptes fortunés de la « compassion » dont les enfants ne fréquentaient en aucun cas les écoles publiques.

Leur soupçon qu'une grande partie de leur « chaleur humaine » était moralement fausse avait, je le crois, un effet déplorable sur le moral des libéraux. Mais une justice compensatoire avait un effet tout aussi préjudiciable sur le moral des noirs. Non seulement elle n'apportait aucune solution au problème de la pauvreté des noirs ; mais elle ne s'adressait même pas au problème plus profond que constituait le respect de soi. Les discriminations positives ébranlaient, en réalité, le respect de soi en créant l'impression que les noirs avaient à être jugés à l'aune de critères moins exigeants que ceux qui étaient appliqués aux blancs. Dans le meilleur des cas, des programmes compensatoires permettaient aux individus talentueux d'échapper au ghetto, élargissant ainsi le fossé creusé entre les noirs de la classe moyenne et les noirs en situation de paupérisation croissante. La politique du ressentiment et de la réparation élargissait également le fossé qui séparait les libéraux de l'opinion publique américaine, qui soutenait les lois contre la ségrégation et pour la reconnaissance des droits civiques, mais refusait le *busing*. En l'absence d'un consensus public en faveur de ce qu'il était désormais convenu d'appeler une discrimination inversée, les libéraux devaient s'appuyer de plus en plus sur les cours de justice, qui commençaient à élaborer une nouvelle catégorie de droits normatifs et à étendre leur autorité propre au domaine de l'ingénierie sociale. Leslie Dunbar le relevait en 1966, « tout intérêt légitime n'est pas un droit (...) Un droit est un moyen de défense contre le pouvoir de la société, pas une prescription du type de société qui doit exister ». Les décisions judiciaires qui interdisaient l'éducation religieuse dans les écoles, ou qui exigeaient des écoles qu'elles « atténuent l'ensemble des maux inhérents à la ségrégation en matière de logement » tendaient à « usurper le sentiment de responsabilité instinctif de la collectivité à l'égard des jeunes

502   Le Seul et Vrai Paradis

générations », et faisaient en fin de compte de la loi elle-même
un objet de mépris. Dans leur empressement à trouver des
solutions de type juridique, les libéraux avaient oublié que
« nous devons (...) vivre comme des personnes reliées par des
attaches faites de confiance mutuelle, pas selon le principe de
la lutte de tous contre tous ».

L'avertissement lancé par Dunbar à propos de la confiance
excessive portée au « jugement fait loi » a gagné de la force
avec le temps. Il s'étonnait que l'annulation par la Cour
Suprême d'un projet de rééquilibrage législatif dans le Colorado, au motif qu'il violait l'interprétation par la Cour du
Quatorzième Amendement, soit applaudie par les libéraux,
quand bien même ce projet eût été approuvé par voie électorale. « Ceci peut-il être la voix authentique du libéralisme ? »,
demandait Dunbar. De telles décisions encourageaient le « sentiment d'une séparation entre la superstructure d'une institution et son corps constituant, qui est une caractéristique de la
vie sociale américaine redoutablement prédominante et envahissante ».

La « séparation des décideurs et de leurs électeurs », pensait
Dunbar, constituait l'évolution la plus notable des récentes
dernières années. Relevant que les dirigeants protestants avaient
joué un rôle actif dans le mouvement des droits civiques, il
louait leur courage mais se demandait pour quelles raisons ils
avaient dépensé si peu de leur énergie à tenter de modifier les
attitudes de leurs propres congrégations sur la question raciale.
« Loin de chercher à réformer directement leurs congrégations,
les dirigeants protestants avaient dépensé leurs efforts les plus
notables à les délaisser, pour témoigner dans les rues de Selma,
ou de Chicago, ou dans les couloirs du Congrès. » Lorsqu'une
telle tendance devenait « prédominante, un domaine social
après l'autre », observait Dunbar, elle conduisait à « une profonde séparation entre ceux qui tiennent les rênes du pouvoir
d'une société et les masses ».

Tels étaient les fruits de la « compassion ». La politique de
la pitié et de la peur creusait encore le gouffre qui séparait la
« minorité civilisée » de la majorité, que les libéraux considéraient désormais comme raciste. Le mouvement des droits

civiques, qui puisait sa force dans un vigoureux défi à l'auto-satisfaction et au ressentiment, voyait sa conclusion coïncider avec un renforcement des pires caractéristiques du libéralisme américain : un complexe de supériorité à l'encontre des masses obscurantistes, un refus de créditer leurs adversaires d'intentions respectables, une réticence croissante à soumettre leur politique à l'approbation publique. Mais les libéraux avaient commencé à perdre foi en l'opinion publique, nous l'avons vu, dès les années vingt. Le succès qui suivit ne dissipa jamais entièrement leur défiance. Au contraire, leur sentiment d'une brouille d'avec l'Amérique continua à grandir, pour des raisons qu'il nous appartient maintenant de tenter de reconstruire dans le détail.

X. LA POLITIQUE DE LA MINORITÉ CIVILISÉE

Le regard sur l'opinion publique des libéraux
après la Première Guerre mondiale

Les réformateurs sociaux commencèrent, à peu près au tournant du siècle, à se présenter comme des progressistes plutôt que comme des libéraux. Le « libéralisme » était trop étroitement associé aux politiques économiques du *laisser-faire* pour servir leurs objectifs. Le terme ne retrouva à nouveau leur faveur qu'à la toute fin de la Première Guerre mondiale, en partie parce que les partisans d'un règlement pacifique considéraient désormais nécessaire de se différencier des Bolcheviques et de leurs soutiens, mais également parce que la répression des années de guerre conférait une nouvelle dimension à la défense des libertés civiles. Dans un monde radicalement divisé, la liberté politique et culturelle se voyait menacée à la fois par la terreur révolutionnaire et par les activités contrerévolutionnaires de l'État capitaliste.

La guerre et la révolution avaient, aux yeux de Harold Stearns, engendré un climat d'intolérance et de fanatisme. Ni la droite ni la gauche n'avaient foi en la « persuasion rationnelle » ; elles « n'étaient intéressées que par leur propre propagande ». Dans son analyse, à l'après-guerre, de l'« effondrement temporaire » du libéralisme, Stearns identifiait le libéralisme à la « haine de la contrainte », au « respect de l'individu », et à la « tolérance ». *Liberalism in America* (1919) laissait entendre que les hommes et les femmes qui croyaient en ces idées se considéraient désormais comme une minorité critiquée de toutes parts. La guerre avait renforcé la « tradition de vénération de la violence » de la vie américaine, et affaibli de cette façon le libéralisme. Loin de constituer simplement une batterie de programmes politiques, le libéralisme était pour Stearns une « philosophie globale de la vie » – « scientifique, singulière, expérimentale ». Dans un monde saturé par les revendications des « idéalistes politiques, des diplomates, des syndicalistes, des prohibitionnistes, des réformateurs, des révolutionnaires », les libéraux, convaincus que « le meilleur service rendu par le libéralisme peut consister à instiller dans la société une certaine mentalité faite de tolérance », restaient « *au-dessus de la mêlée* ». Le libéralisme était « urbain, serein, détaché des querelles partisanes ». Il n'était toutefois pas évident de déterminer si la société américaine était en situation d'utiliser à son profit ces qualités, pas plus qu'il n'était facile d'apprécier sa capacité à « parvenir à la révolution sociale qui s'annonçait sans en passer par une violence généralisée ».

Le libéralisme réintégrait ainsi le vocabulaire politique à un moment où il paraissait battre en retraite. « La principale marque distinctive de la campagne présidentielle de 1920 », écrivait Herbert Croly alors que cette dernière approchait de sa fin, « est l'éclipse du libéralisme ou du progressisme comme force effective de la vie politique américaine. » « La domination capitaliste » de l'État avait conduit au remplacement de la « tolérance bon enfant » par une « politique de l'intimidation ». L'État n'était pas le seul à menacer les libertés. L'opinion publique approuvait sans ambiguïté la suppression par le gouvernement de la dissidence politique – dont témoignaient les attaques de Palmer, la croisade du comité Lusk contre la subversion, l'expulsion de radicaux d'origine étrangère, l'incarcération de Debs. La réaction de l'après-guerre convainquit de nombreux libéraux du fait que le peuple américain faisait preuve d'encore moins de tolérance pour les prises de position marginales que l'État. Menée par des démagogues comme William Jennings Bryan, qui avait été auparavant considéré comme un héros progressiste, mais qui était devenu la cible du mépris des libéraux à l'après-guerre, la population approuvait les lois qui interdisaient l'enseignement du darwinisme dans les écoles publiques. Elle réclamait à grands cris un « américanisme pur et dur » et un terme définitif à l'immigration. Elle ressuscitait le Ku Klux Klan, et l'instrumentalisait dans le but de terroriser aussi bien les Juifs et les Catholiques que les Nègres. Elle réclamait l'adoption de l'amendement sur la prohibition, une mesure soutenue par de nombreux « progressistes », mais qui était universellement condamnée, comme l'essence précise de l'intolérance, par la nouvelle génération de « libéraux ». Plus que n'importe quel autre enjeu, la prohibition symbolisait l'ascendant de la bigoterie bornée et du « puritanisme » populaire, auxquels s'opposait désormais – il s'agissait d'ailleurs de son trait distinctif – le libéralisme américain.

Les libéraux s'accordaient sur le fait que l'ignorance, la superstition, et l'intolérance représentaient une grave menace pour la liberté, mais ils divergeaient quant aux causes de la réaction de l'après-guerre, et ses implications. Certains d'entre eux pensaient qu'ils n'étaient pas parvenus à créer un consensus public en faveur de leurs programmes, et auraient à redoubler leurs efforts en ce sens. D'autres avançaient, nous l'avons vu, qu'il ne fallait pas s'attendre à ce que l'opinion publique écoute la voix de la raison. « L'opinion publique » était presque entièrement dominée, aux yeux de cette seconde tendance, par des stimuli émotionnels. Si les libéraux souhaitaient remporter un succès populaire, ils auraient, soit à maîtriser les nouvelles techniques de publicité et de propagande qu'utilisaient si efficacement leurs adversaires, soit à chercher à minimiser l'influence de l'opinion publique sur la politique, à limiter la participation populaire aux questions générales de procédure, et faire en sorte que l'ingénierie politique soit exclusivement confiée aux experts.

The New Republic, sous la direction d'Herbert Croly, fut lancé au cours des années vingt comme le principal organe d'expression de la première de ces tendances. Les libéraux, aux yeux de Croly, avaient, dans leur empressement à remporter les élections, négligé l'éducation populaire. S'attachant d'abord à Theodore Roosevelt et ensuite Woodrow Wilson, ils s'étaient appuyés sur des porte-parole puissants pour soutenir les

programmes libéraux et se doter d'une influence déterminante
sur les affaires nationales. La débâcle du libéralisme de Wilson
démontrait la superficialité de cette stratégie. Sans la solide
assise que constituait le soutien de l'opinion publique, même
les administrations libérales subordonneraient toujours les
desseins libéraux aux objectifs intérieurs et internationaux de
la classe capitaliste. Croly en était arrivé, en 1920, à la conclusion que le meilleur espoir de restaurer un « sain équilibre du
pouvoir économique et social au sein de la nation américaine »
résidait dans un rapprochement des libéraux et du mouvement
ouvrier. Leur soutien aux ouvriers, cependant, devait s'accompagner d'un engagement soutenu dans la « recherche d'un
savoir libérateur de la nature et de la société humaine ». Dans
la mesure où ce savoir ne pouvait apparaître qu'à travers le
processus de discussion et d'expérimentation politiques, l'éducation publique devait être conçue comme une fin en soi, pas
simplement comme un moyen par lequel les libéraux pouvaient
espérer obtenir le pouvoir politique. Le pouvoir que les libéraux
essayaient avec acharnement d'emporter « dépendrait de la
vitalité de l'opinion publique, d'une traduction des opinions
en une approche plus exacte de la vérité, que fragilise la compétition en vue du pouvoir ».

Le point de vue de Croly – une position à la Niebuhr, bien
que ni lui ni Niebuhr ne la reconnaissaient comme telle – ne
consistait pas à affirmer que la « compétition pour le pouvoir »
devait être d'une manière ou d'une autre interdite, mais qu'elle
ne conduirait pas, en elle-même, à la « vérité ». Loin de dépré-
cier la lutte pour le pouvoir, Croly en faisait l'éloge en la
présentant comme la seule manière dont « une nation apprend
à connaître son âme ». À ceux qui reprochaient à *The New
Republic*, au cours des années vingt, son échec à proposer un
programme concret en faveur d'un changement social, il répliquait que les programmes ne devaient pas émaner des intellectuels libéraux, mais des « groupes politiques, sociaux ou
professionnels » qui cherchaient à faire avancer des « intérêts
communs ». « L'une des façons par lesquelles un peuple fait
preuve d'initiative morale et développe son aptitude à l'autonomie est l'élaboration de projets de ce type. » L'« opposition »,

la « comparaison » et la « révision » de « programmes à visée
globale » offraient une « source indispensable et abondante
d'éducation politique et sociale ». Des programmes et des
objectifs opposés fournissaient le « matériau grâce auquel le
comportement du consommateur et les idées des hommes et
des femmes étaient testés, définis, modifiés et améliorés ». Ceux
qui se battaient en leur nom adoptaient toutefois, inévitablement, une vision partiale des choses. Ils envisageaient leurs
propres objectifs comme « parfaitement suffisants ». Les
groupes en prise avec l'adversité concevaient rarement l'agitation politique comme une « activité expérimentale à évaluer
au regard de ses résultats ».

Le travail des intellectuels était d'attirer l'attention sur cet
atavisme des desseins collectifs (cet égoïsme des groupes, aurait
affirmé Niebuhr), et d'encourager « l'observation de soi chez
ces hommes et ces femmes dont les vies sont consacrées à
imposer leurs convictions et leurs idées à autrui ». Le mouvement ouvrier sombrerait dans l'autosatisfaction et « l'arrogance
destructrice » s'il se privait du soutien critique des intellectuels
libéraux. Croly n'entendait pas par là que les intellectuels
devaient essayer d'agir en qualité de médiateurs ayant pour
mission de concilier des intérêts divergents, ou qu'eux seuls,
du haut de leur tour d'ivoire, étaient susceptibles de définir en
leur nom les desseins communs de la société. Des desseins
communs ne surgiraient que de la compétition entre intérêts
rivaux. Si la compétition n'était pas disciplinée par « l'observation de soi », les idées, quoi qu'il en soit, ne deviendraient
que de « pures rationalisations d'intérêts ou d'activités ». Les
programmes ne constituaient pas simplement des instruments
auxquels recouraient les groupes pour chercher à atteindre leurs
objectifs spécifiques ; ils étaient également des instruments que
les sociétés utilisaient « pour façonner leur mentalité ». La fin
principale de l'action politique était, plus que jamais, de
« transformer les activités politiques » en « écoles » de « caractère, de discernement, et de jugement » pour l'« acteur social
vertueux ». « La valeur suprême pour la civilisation de tout
projet social, qui peut consister en une guerre que l'on propose,
en la création d'un nouveau ou la rénovation d'un ancien parti,

ou en n'importe quelle campagne réformatrice radicale, dépend moins de la désirabilité du but précis envisagé par le projet concerné que de la qualité des hommes et des femmes, pris individuellement, dont la participation à ce projet permet de le faire aboutir. »

Mais cette dimension formatrice de la politique ne ressortirait en aucun cas, avançait Croly, si les concepteurs de programmes ne « restaient pas conscients des faux pas, des reculs, des hésitations, et des erreurs tout autant que des longues marches et des glorieuses victoires de leurs forces expéditionnaires ». Les activistes politiques et les concepteurs de programmes avaient besoin de « chroniqueurs et d'historiens de leurs prouesses désintéressées », pas de propagandistes, de stratèges de haut niveau, ou de cerveaux idéologiques. Nous pouvons avec le recul constater que, si les intellectuels avaient été disposés à accepter ce « rôle mineur mais néanmoins indispensable », l'histoire ultérieure de la gauche américaine aurait pu être très différente.

L'ingrate Amérique

La confiance de Croly dans l'opinion publique et les « acteurs sociaux vertueux » choquait à cette époque la plupart des libéraux par son côté démodé et grossier. Ils se montraient plus impressionnés par l'analyse de l'irrationalité de l'opinion publique menée par Walter Lippmann, et par la satire élaborée par H. L. Mencken de la Démocratie, présentée sous la forme de la « gogocratie ». Mencken apprenait aux intellectuels libéraux à se penser comme une « minorité civilisée », et à exhiber leur impopularité comme un insigne honneur. Un homme d'intelligence et de goût se retrouverait toujours « en révolte active contre la culture qui le cerne ». Faisant l'éloge de Sinclair Lewis, Mencken érigeait en dogme le fait que « l'artiste est (...) un ennemi public ; la *vox populi*, à ses yeux, est le braiment d'un âne ». Les meilleures réflexions étaient toujours menées en « révolte consciente » contre la majorité.

La réaction de l'après-guerre permettait facilement aux libéraux de souscrire à la piètre opinion que Mencken se faisait de l'Américain du milieu. Non seulement le libéralisme mais la civilisation même n'avaient, semblait-il, aucun avenir en Amérique : telle était la conclusion à laquelle étaient parvenus la plupart des participants à *Civilization in the United States*, l'essai collectif édité sous la direction de Harold Stearn et publié avec succès en 1922. Un autre projet collectif, une étude État par État commandée par *The Nation* au début des années vingt, donnait dans l'ensemble la même impression ; plus encore que le recueil de Stearn, « These United States » laissait voir la profonde répulsion des libéraux pour la politique et la culture populaire américaines.

En lançant cette série d'études, les rédacteurs en chef de *The Nation* exprimaient l'espoir que « la diversité et l'expérience » des États-Unis prévaudraient sur les forces qui contribuent à « la centralisation et l'enrégimentement ». L'image de l'Amérique qui se faisait jour à la lecture de la plupart de ces textes ressemblait plus, cependant, à celle que Mencken et Stearn avaient rendue familière. Mencken lui-même participait à l'étude consacrée au Maryland qui avait été intitulée « Aucune lumière, aucune couleur, aucun son ! » Plusieurs articles étaient écrits par des auteurs bien connus pour leurs féroces satires de la vie provinciale : Sinclair Lewis sur le Minnesota (« les Scandinaves s'américanisent simplement trop vite ») ; Sherwood Anderson sur l'Ohio (« Connaissez-vous une ville qui empeste autant que Akron, un dépotoir plus laid que Youngstown, une ville plus auto-satisfaite et prétentieuse que Cleveland ? ») ; et Théodore Dreiser sur l'Indiana (« une religion dogmatique », « une somnolence politique », « un grand sommeil bouffi d'autosatisfaction dans sa supposée éducation éclairée »). Au moins deux articles (« le Michigan : la « Fordification » d'une aimable péninsule », et « la Virginie occidentale : Drame dans un champ de mines ») étaient écrits par des protégés de Mencken au *Baltimore Sun* ; un autre (« l'Arkansas : un prolétariat enfant du pays ») le citait à maintes reprises ; et plusieurs autres, dont l'analyse cinglante par Ludwig Lewisohn de la Caroline du Sud (« une ignorance et une étroitesse d'esprit effroyables d'intolérance »), étaient écrits à la manière de Mencken. Les rédacteurs en chef de *The Nation* ne voyaient à l'évidence aucune contradiction dans la cohabitation d'une célébration de la diversité régionale et d'une satire des coutumes locales qui ne manquait jamais de laisser entendre que les États-Unis étaient surtout peuplés de bouseux réactionnaires, de fondamentalistes, et de militants du Ku Klux Klan. Cette série était conçue comme une « contribution à la nouvelle littérature de l'analyse de la nation par elle-même » ; mais aucune distinction n'était faite entre l'analyse de soi, qui s'appuie sur l'identification de l'écrivain à sa communauté, et une critique sociale qui faisait preuve d'un complexe de supériorité invincible à l'égard de la culture qui l'entourait.

Le Sud en particulier – condamné autant pour l'arriération de sa culture provinciale que pour la qualité lamentable de ses relations interraciales – provoquait ce second type de critiques. Dans l'Alabama, un État « bouffi de provincialisme », selon Clement Wood, les idées de l'insigne réactionnaire G.K. Chesterton « seraient considérées comme avancées ». La « stérilité mentale et spirituelle » de l'État avait été analysée « avec une impertinence dévastatrice » dans « le Sahara de l'intelligence », la célèbre diatribe de Mencken contre le Sud, et Wood peinait à ajouter quoi que ce soit au réquisitoire de Mencken. Il ne pouvait que se demander, une nouvelle fois, quelle avait été la contribution de l'Alabama « à la musique, au théâtre, à la sculpture, à la peinture, à la littérature », ou au « monde fascinant de la science, qui avait accompagné l'homme tout au long de son éloignement progressif de la condition de bête sauvage ». Seules la Virginie et la Caroline du Nord, parmi les États du Sud, bénéficiaient d'un commentaire critique modérément favorable. À lire Douglas Southall Freeman, l'« espoir de tout habitant progressiste de Virginie » résidait dans le « mouvement pour un nouvel enseignement ». Robert Watson Winston tirait du réconfort de l'existence d'« un élément actif, progressiste » en Caroline du Nord, un État qui ne se revendiquait plus « provincial et fier de l'être ».

Une condamnation de l'arriération sudiste, dans un hebdomadaire libéral, était prévisible. Plus surprenant était le fait qu'une série d'analyses, conçue comme une exploration de la diversité de la nation, se conclue si souvent par l'affirmation d'un critère uniforme de progrès culturel, qui était évalué à l'aune du nombre d'œuvres d'art importantes et de réalisations éminentes dans les domaines scientifique et technologique. Aucune des personnalités participant à ce travail ne se demandait si un ordre nouveau dans le Sud n'aurait pas à se fonder sur des traditions spécifiques à la région. Aucune ne faisait preuve de beaucoup d'intérêt, en comparaison de celui qu'elles portaient au nombre d'orchestres, de galeries d'art, de librairies et d'universités, pour les conditions nécessaires à l'apparition d'une vie civique dynamique. L'idée implicite qui se cachait derrière cette attitude était qu'une « civilisation », si jamais elle devait apparaître dans le Sud, aurait à s'imposer de l'extérieur. Une invasion de la région par des « missionnaires » venant du Nord constituait pour le Mississipi, selon Beulah Amidon Ratliff, le seul espoir. Comme les autres régions du Sud, le Mississipi avait besoin de « missionnaires en matière d'éducation, afin de faire accéder les écoles des blancs et celles des gens de couleur aux critères modernes ; de missionnaires en matière médicale, afin d'enseigner l'hygiène et les règles sanitaires ; (...) de missionnaires dans le domaine de l'agriculture, afin d'enseigner les techniques agricoles modernes ». La « lumière de la civilisation ne toucherait le fin fond » de Dixie qu'à la suite d'une seconde reconstruction.

Le Sud n'était manifestement pas le seul à stagner culturellement. Le Nevada était, de tous, selon Anne Martin, l'État le « plus en retard » ; mais il avait à faire à une forte concurrence. L'Ouest, dans sa totalité, n'avait connu la Démocratie que sous sa forme la plus grossière, comme dans le Wyoming de Walter C. Hawes, où un « groupe de jeunes célibataires fêtards » avait donné le ton de la vie culturelle. L'histoire du Colorado, comme celle d'autres États de l'Ouest, était aux yeux de Easley M. Jones une « histoire ininterrompue de colossal gâchis ». Dans l'Idaho, le « goût pour le jeu » permettait au moins, de l'avis de M. R. Stone, de contrecarrer la « tendance au conformisme », bien qu'il détournât l'énergie des « centres d'intérêts culturels » vers les « questions matérielles ».

Même le Kansas et l'Iowa, des États qui se félicitaient de leur propension à se surpasser, restaient culturellement arriérés.

William Allen White décrivait le Kansas comme une « survivance puritaine ». Tout en reconnaissant son esprit de civisme, sa lutte remportée avec succès contre la pauvreté et le crime, et ses critères toujours plus élevés en matière de santé et d'éducation, son compte rendu mettait l'accent sur l'aspect négatif du « Puritanisme ». La « volonté excessivement austère de combattre ce qui était considéré comme mauvais » avait mis fin au sens de la beauté. Le Kansas n'avait produit « aucun grand poète, aucun grand peintre, aucun grand musicien, aucun grand écrivain ou philosophe », uniquement un « bon niveau de Démocratie économique et politique ». Johan J. Smertenko utilisait une rhétorique du même type dans sa description de l'Iowa, un endroit « prudent, prosaïque, industrieux, et médiocre » où les perspectives d'« expression culturelle » étaient « véritablement peu encourageantes ». Manquant de quelque « généreux dessein » ou d'un « arrière-plan spirituel », l'Iowa était un État « monotone et grisâtre ». « Rarement une population s'était-elle montrée aussi peu intéressée par la libre expression spirituelle, et autant préoccupée par l'alimentation du cochon. »

John Macy, rédacteur en chef des pages littéraires de *The Nation*, peignait un portrait tout aussi peu flatteur du Massachusetts, où les traditions yankees s'étaient vues modifier par l'immigration catholique sans que pour autant rien ne se produise de plus qu'un « conformisme complaisant et insignifiant ». Si les Catholiques abusaient « à tort et stupidement » de leur « position de force récemment acquise » en bannissant des bibliothèques publiques les études consacrées à l'inquisition espagnole ou les romans de Zola, leur tentative d'imposer une uniformité intellectuelle ne témoignait que d'une « transformation sans incidence du fanatisme puritain ». Les « citoyens les plus éclairés du Massachusetts » pouvaient tirer fierté de Holmes et Brandeis, mais des politiciens médiocres comme Henry Cabot Lodge, David Walsh, et le « campagnard » Calvin Coolidge représentaient plus fidèlement leur électorat. La population du Massachusetts avait les politiciens et les journaux qu'elle méritait. À l'exception du *Christian Science Monitor* – une publication au lectorat plus national que local –, la presse était le reflet de l'« aspect et de la mentalité d'une ville minière prospère ».

Le fait que des États aussi différents que l'Iowa et le Massachusetts puissent inviter au même type de dénigrement suggère que les conventions qui sous-tendaient cette dépréciation avaient acquis une existence autonome. La mise en équation de la culture civique du progrès et de la raison permettait difficilement de voir autre chose qu'un développement bloqué, y compris dans un État comme celui de New York, dépeint par Charles F. Wood comme une région plongée dans les ténèbres de l'ignorance, dominée par « la peur et la suspicion » face au monde moderne. Ce qui subsistait en lui de « provincial », affirmait Wood, avait « étranglé l'État ». « La résistance au changement est leur principe le plus sacré. Les commodités modernes leur semblent des marques de dégénérescence ; et l'histoire du garçon qui quitte sa maison natale pour se rendre à la ville reste leur thème de tragédie le plus populaire. » Il ne venait pas une seconde à l'esprit de Wood qu'une célébration sans réserves du dépeuplement des campagnes n'était pas le meilleur indice d'une civilisation florissante, ou qu'une réticence « à accepter l'automobile », dans des communautés menacées par un exode, ne témoignait pas nécessairement de la stupidité de la vie rurale.

Le Nord de l'État de New York (la ville de New York étant traitée par un autre auteur, comme pour mieux signifier sa relation particulière au reste de l'État et à la nation entière) « était à la traîne » en matière de réforme pénitentiaire, de soins médicaux, de législation progressiste. Les gardiens de l'ordre moral censuraient les films de peur que « les jeunes gens n'en tirent quelque invite en dysharmonie avec la moralité intangible et rigidifiée du « retour au domicile parental » ». Ils se montraient capables d'« efforts acharnés » pour étendre leur censure aux livres et périodiques. Diffuser des informations sur le contrôle des naissances restait un crime. « Les lois interdisant ceci et cela sont aussi communes à New York qu'elles le sont dans le Kansas. » Les universités n'attachaient pas plus d'intérêt aux idées nouvelles que le corps législatif d'État. « Le discours libre n'existe pas. » Mais l'industrialisme était en train de transformer l'État malgré lui. « Ricaner de la simple avancée industrielle », observait Woods, « est chez les intellectuels un sport populaire », mais les avantages l'emportaient sur les inconvénients. Les critiques sentimentales de la technologie déploraient le « contrôle des chutes du Niagara », mais la « découverte par les scientifiques que le Niagara peut être maîtrisé est en train de produire un rêve de liberté humaine qui touche aujourd'hui puissamment New York ». Le Niagara était condamné ; « mais, d'un autre côté, des millions de gens rompent avec le passé ».

Pris dans l'ensemble, ces reportages constituaient une manifestation évidente du sentiment d'aliénation que ressentaient les intellectuels libéraux dans leur relation à l'Amérique. Le problème n'était pas que le pays avait échoué à « conserver sa foi », écrivait Croly en 1922, « dans son idée originelle des États-Unis comme Terre Promise ». Les collaborateurs de *The Nation* invoquaient rarement l'« idée originelle » de l'Amérique. La plupart d'entre eux écrivaient comme si la « promesse de la vie américaine » avait été depuis le début une escroquerie. L'idée d'après laquelle la Démocratie que les Américains parviendraient à réaliser dans le futur aurait, quelle que soit sa forme, à s'appuyer sur les réalisations du passé, était la marque de la critique sociale laissée par Croly. Les auteurs de « These United States » affirmaient, au contraire, que « rompre avec le passé » était la condition préalable à l'avancée culturelle et politique. Le fait que les Américains refusaient de franchir le pas témoignait de l'arriération et de l'immaturité du pays, de sa haine de la liberté intellectuelle et artistique, de sa crainte des idées nouvelles, de son intolérance à l'égard de tout ce qui mettait en question les anciennes manières, de son obsession puritaine pour la pureté sexuelle, et, pire que tout, de sa méfiance pour les intellectuels. Dans la mesure où les libéraux conservaient au moins une fidélité de pure forme à l'idée de Démocratie, ils avaient tendance à considérer plus ses imperfections avec indignation qu'avec le détachement ironique de Mencken. Ils partageaient cependant son mépris pour la majorité. La Démocratie, telle qu'ils la comprenaient, signifiait le progrès, l'émancipation intellectuelle, et la liberté personnelle,

516   Le Seul et Vrai Paradis

pas le gouvernement du peuple par lui-même. Le gouvernement du peuple par lui-même était manifestement incompatible avec le progrès.

Critique sociale désincarnée, et critique sociale enracinée

De rares contributions à « These United States » défendaient, contrairement aux autres, le particularisme culturel et
l'autonomie locale. Elizabeth Shepley Sergeant découvrait au
Nouveau-Mexique un sentiment précisément articulé du passé
qui pourrait permettre à sa population de bénéficier du bien-
être matériel sans « abaissement » aucun. Elle considérait le
mélange des populations espagnole, indienne et anglo-saxonne
qui composaient l'État comme un modèle de pluralisme
culturel. Willa Cather attribuait de la même façon la vigueur
et la prospérité du Nebraska à la présence d'immigrés de
bohème, de Scandinaves et d'Allemands. Elle remettait en
question la « conviction fortement ancrée » des « législateurs
suivant laquelle un garçon peut être un meilleur Américain en
ne parlant qu'une seule langue, plutôt qu'en en parlant deux ».
À l'instar de Randolph Bourne, elle concevait le cosmopolitisme comme une coexistence de cultures nationales harmo-
nieusement articulées, pas comme la subordination de particularités nationales et ethniques à quelque modèle universel.
« C'est dans ce grand pays cosmopolite connu comme étant le
Middle West », écrivait-elle, « que nous pourrions espérer voir
les solides traditions du provincialisme américain brisées. »
Quelques auteurs allaient même jusqu'à déceler une valeur
positive dans le provincialisme. Le Maine, à lire Robert Her-
rick, était parvenu à une « situation stable de confort, de
confiance, à une activité non parasitaire, commune à la
Nouvelle-Angleterre d'une précédente génération, qui favorise
la stabilité, l'initiative individuelle, et le conservatisme ». Le
Maine manquait des « apports plus agréables, plus harmonieux
de la civilisation », mais il avait à son crédit des réalisations
plus substantielles : un équilibre solide entre industrie et agri-

culture ; des débats publics suivis avec succès ; des habitations
dont la « solidité et la permanence les rendent partie intégrante
du rude paysage ». Dorothy Canfield Fisher défendait passionnément le retard culturel dans son article consacré au Vermont,
« Notre riche pauvre petit État ». Le secret du Vermont, pensait
Fisher, réside dans son refus de vivre au-dessus de ses moyens.
Il n'était pas encore atteint par la phobie de la pauvreté qui
faisait « courir le monde moderne* ». Il refusait d'échanger une
« gratification, dépourvue d'envie, obtenue simplement »
contre les illusoires avantages de la richesse, du pouvoir et du
statut social. Mus par ce qu'ils appelaient des « visées strictement commerciales d'efficacité industrielle », les étrangers
confondaient sans doute leur absence d'envie avec du « flegme
bucolique », mais les habitants du Vermont ne s'en laissaient
pas compter et restaient imperturbables face au jugement défa-
vorable que le monde portait sur leurs manières rustiques. « Il
provoque, comme le fait le comportement absurde manifeste
d'un gamin, un pincement ironique au coin de leurs lèvres. »
    L'habitant du Vermont payait sans aucun doute « ses
moqueries trop autoritaires des distinctions sociales sacrées, par
une simplicité fruste, pour ne pas dire une brusquerie de langage et de comportement ». Mais son style sans fioritures le
libérait non seulement de la peur de la pauvreté, mais également du scepticisme paralysant à l'endroit de la politique qui
persuadait les autres Américains qu'ils ne seraient jamais
capables « d'obtenir ce qu'ils voulaient par l'action politique ».
Dépourvus de toute obsession pour l'argent, les habitants du
Vermont n'avaient pas besoin de ce « substitut facile à l'autonomie » qu'est la Démocratie représentative. Ne dépendant ni
d'employeurs, ni d'une classe dirigeante, les habitants du

---

    * Cette expression pourrait bien être un exposé admirablement
succinct de l'essence de l'économie politique d'Adam Smith. La
phobie de la pauvreté – la surestimation moralement suspecte mais
économiquement vivifiante de la richesse et du luxe – fait, selon
Smith, tourner le monde. Mais la Fortune souriait au Vermont : l'idée
de progrès ne s'en empara jamais.

518 Le Seul et Vrai Paradis

Vermont tenaient en haute estime la « capacité de prendre personnellement en main sa vie ».

Le contraste entre ces quatre textes et la totalité du recueil nous instruit sur la manière dont la plupart des libéraux en étaient arrivés à s'identifier totalement au libéralisme par le biais d'une critique, sous l'angle culturel, de l'arriération et du provincialisme. Se vivant comme une minorité civilisée isolée au sein d'une nation de ploucs et de culs-terreux, les libéraux tombaient dans un style de critique sociale qui avait pour étrange effet de renforcer leur complaisance au lieu d'y remédier. Les auteurs de « These United States » invitaient implicitement leurs lecteurs à se compter eux-mêmes au petit nombre des élus. Le reste de l'Amérique vivait sans aucun doute dans l'obscurité, mais eux – les fins auteurs et leurs lecteurs – avaient vu la lumière. Un lecteur perspicace, Louis Segel de Cleveland, relevait dans une lettre adressée à *The Nation* que la critique de la vie américaine élaborée par Mencken, apparemment si radicale, perdait précisément une grande partie de sa force en raison de ses excès, dans la mesure où les lecteurs comprenaient que son accès d'humeur était dirigé, non contre eux-mêmes, mais contre tous les autres. Mencken donnait voix à la moquerie et au mépris que ressentaient ses lecteurs pour leurs voisins, en s'appuyant sur la conviction de leur propre supériorité, une conviction qu'ils avaient quelque hésitation à exprimer. « Chaque Américain se croit trop intelligent pour être la cible du venin de Mencken, l'approuve avec admiration comme une insulte adressée à son voisin, et tire une satisfaction par procuration d'une brutalité que s'interdit sa propre humanité. » Les seuls lecteurs qui refusaient la satire de Mencken étaient ceux qui ne parvenaient pas à prendre en considération son appel à s'exempter d'eux-mêmes de son réquisitoire contre l'homme du commun.

La conception de la critique sociale de Mencken présumait que, dans la mesure où il nous est plus facile de trouver à redire des autres que de nous-mêmes, nous avons besoin de transformer nos voisins en extra-terrestres avant de pouvoir leur faire des reproches. Mais « une disposition à critiquer si facile », Michael Walzer l'a récemment noté dans un tout autre contexte, permet très vite de passer à côté du but recherché. Elle rend la critique sociale « superflue », avance Walzer, car elle échoue à « toucher la conscience des hommes et des femmes à qui elle s'adresse », et la « tâche de la critique sociale consiste précisément à toucher la conscience ». Une juste compréhension du rôle de la critique sociale nous impose de rejeter la « conception convenue d'une critique sociale qui se dégage de ses loyautés et conceptions spécifiques, et envisage la société dans laquelle elle s'inscrit de l'extérieur – d'un point de vue idéal, équidistant de l'ensemble des sociétés ». En lieu et place de cette critique désincarnée et « désocialisée », Walzer défend une critique « enracinée », qui tente de mêler l'universel et le particulier, l'abstrait et le concret. Un engagement inconditionnel dans l'universel tend à engendrer un « monde idéologiquement affadi » où disparaissent les êtres humains pris dans leur individualité, et où « l'impartialité [de la critique] glisse dans une froide indifférence ». Un engagement inconditionnel auprès du particulier, au contraire, conduit à un acquiescement sans discernement à la bonne opinion qu'entretient la communauté d'elle-même, à une acceptation a priori de ses illusions égoïstes. La loyauté à un mode de vie spécifique, lorsqu'elle ne prête pas attention à la disparité qui existe entre la profession de foi et la pratique, supprime toute possibilité de critique sociale, alors que le refus de la loyauté, au motif que l'intellectuel ne doit jurer fidélité qu'à la vérité et la justice dans l'abstrait, la rend inoffensive et non pertinente.

Considérée à la lumière de cette opposition entre une critique sociale enracinée et la satire sociologique, l'enquête lancée par *The Nation* sur les États-Unis laisse une impression quelque peu ambiguë. La plupart des auteurs tentaient, avec bonne volonté, d'envisager l'Amérique avec un regard détaché, mais très peu d'entre eux la voyaient avec une « indifférence glaciale ». Ils ne pouvaient se forcer tout à fait à ne regarder la Démocratie, à l'instar de Mencken, que comme un spectacle toujours stimulant pour le spécialiste de la stupidité populaire. Leur indignation impliquait une croyance en la capacité résiduelle du peuple américain à l'autonomie, quand bien même leur désobligeante description de la société américaine apportait peu de confirmation à cette croyance.

La sociologie comme critique sociale : l'apothéose de l'expert

La même ambiguïté transparaissait dans les réactions contemporaines à l'analyse très controversée de Muncie, dans l'Indiana, réalisée par Robert et Helen Lynd – la première d'une longue série d'études consacrées à la communauté où était fait recours à la sociologie comme mode de critique sociale[1]. Mencken était enchanté par *Middletown* – un ouvrage qui, disait-il, montrait « combien Sinclair Lewis s'était montré éloigné de la diffamation dans *Main Street* et *Babbitt* ». Il louait les auteurs d'avoir adopté une posture de complet détachement à l'égard de leur propre culture. Ils « s'étaient rendus à Middletown exactement comme W.H.R. Rivers et Bronislaw Malinowski étaient allés en Mélanésie », sans préjugés ni « thèse à confirmer ». Ils étudiaient leurs objets « comme un anthropologue analyse une tribu sauvage ». Pour John Dewey, au contraire, *Middletown* semblait accuser les Américains de ne pas vivre à l'aune de leurs propres idéaux – un reproche il est vrai passablement différent de celui qui consistait à purement et simplement vomir ce que Mencken nommait leur « invraisemblable bêtise ». Ce que les Lynd avaient découvert, selon Dewey, c'était la contradiction entre les « institutions » et les « croyances », la « pratique » et les « théories ». Leur découverte la plus attristante concernait l'avilissement de la religion. « La glorification de la religion, ultime mode d'approbation du succès matériel, et légitimation active d'une lutte plus énergique en vue d'un tel succès, et l'adoption par les églises des derniers slogans du cinéma et de la publicité, frôlent l'obscène. » Dans la lecture de Dewey, la ville de Middletown était une « maison en lutte contre elle-même », qui prêchait l'idéalisme et pratiquait le matérialisme – pas, comme Mencken l'envisageait du haut de sa posture avantageuse de neutralité satirique, une « ville imbécile ».

La conception de Dewey de la religion impliquait un respect pour les idéaux au nom desquels Middletown revendiquait son existence. La disparité entre le prêche et la pratique n'était « obscène » que parce que ces idéaux méritaient d'être pris au sérieux. Mencken, au contraire, mettait un point d'honneur à ne rien prendre au sérieux, et surtout pas la religion, et n'avait par conséquent à sa disposition aucune référence susceptible de justifier le recours à un langage aussi puissant – le plus évocateur de tous en l'occurrence, dans la mesure où Dewey utilisait avec tant de modération ce type de langage, celui de la jérémiade américaine.

Les Lynd s'exposaient à des lectures divergentes de leur travail car ils oscillaient eux-mêmes entre une critique de la société américaine désincarnée, et une critique plus enracinée. Robert Lynd, après tout, était un produit de la culture urbaine provinciale du Middle West qu'il cherchait à comprendre. Sa descente sur Muncie avait un arrière-goût de retour à la maison natale. Il avait choisi pour lieu de sa recherche Muncie parce qu'il souhaitait étudier les effets de l'industrialisation lorsque ces derniers ne sont pas parasités par l'appartenance ethnique, mais également parce qu'il croyait encore que les anciennes communautés protestantes du Middle West restaient un foyer d'« énergie spirituelle ». *Middletown* était donc empreint de quelques-unes des caractéristiques ordinairement prêtées à ce que Richard Fox nomme une « jérémiade laïque », qui « violente ses lecteurs par une chronique implacable de leurs fautes tout en les appelant au repentir et à la conversion »*. Mais l'ouvrage était également, dans la lignée de Mencken et Sinclair Lewis, une satire de la vie dans une petite ville. La note satirique

---

* « Ma demande, à Washington, équivaut à dire : Amérique, repents-toi », affirmait Martin Luther King à propos de sa marche des pauvres. Robert Lynd, comme King, était issu de la tradition de l'évangile social. Il avait étudié en vue du sacerdoce à l'*Union Theological Seminary*, et n'avait abandonné l'église que lorsqu'il avait décidé que les sociologues étaient mieux placés que les prêcheurs pour réussir à « aider les gens à affronter les faits et penser leurs problèmes ». Il assignait, en d'autres termes, à la science sociale le rôle que le chroniqueur social assignait à la religion.

se faisait bien plus manifestement sentir encore dans le texte qui suivit, *Middletown in Transition*, avec son attaque contre l'« esprit de Middletown » – son « chauvinisme appuyé », son « refus en bloc du radicalisme », sa réticence à mettre en cause la « justesse du système en place », et la crainte générale du monde extérieur qui était la sienne et qui semblait s'être développée bien plus fortement comme une résultante de la Dépression. Plus les Lynd s'immergeaient dans Muncie, plus ils adoptaient le point de vue d'invités malvenus. L'indignation laissait la place à une sorte de mépris perplexe.

Le problème n'était pas qu'ils devenaient, comme Mencken, plus conservateurs sur le plan politique. Bien au contraire, ils mâchaient de moins en moins leurs mots dans leur condamnation du capitalisme, comme de nombreux libéraux au cours des années trente. Mais ils ne voyaient aucune raison de revenir sur la mauvaise opinion qu'ils se faisaient des compétences politiques des Américains ordinaires. Dans *Knowledge for What ?* (1939), Robert Lynd accordait une crédibilité grandissante à l'idée suivant laquelle « les attitudes libérales sont en corrélation avec l'intelligence ». Un changement social, si tel était le cas, aurait vraisemblablement à être organisé par le haut. Les masses étaient les créatures de l'habitude, et la société moderne s'était développée d'une manière trop complexe, dans tous les cas, pour être gouvernée par la loi de la majorité. « De nombreux enjeux publics contemporains sont d'une si grande technicité qu'ils ne devraient pas être l'objet de votes à mains levées. » L'opinion publique ne pouvait naturellement pas être ignorée, mais elle ne pouvait pas plus être guidée par des arguments de raison, ni même par un appel à l'intérêt égoïste bien compris. Les publicitaires et les démagogues politiques comprenaient, au contraire des libéraux, l'importance des stimuli émotionnels. L'« exactitude parfaitement manipulatrice de la publicité moderne » réside dans son habile usage des symboles, comme étaient « profondément exactes » les « tactiques d'un Hitler », qui reconnaissaient la « nécessité pour les êtres humains d'une dramatisation permanente du sentiment de dessein commun ». Ceux qui pensaient que le capitalisme était « en faillite » et que « les alternatives au capitalisme » offraient le seul espoir de justice sociale, auraient à maîtriser les techniques de propagande qu'utilisaient si efficacement leurs adversaires. Lynd écartait ailleurs, en la présentant comme une affirmation gratuite, le prétendu « haut degré de rationalité » des « choix du consommateur ». Le consommateur devait mieux être envisagé comme un « marin gravement en danger au milieu d'une tempête, disposé à mettre le cap vers pratiquement n'importe quel port ». La question de l'opinion publique se résumait de cette façon « en grande partie à savoir quels signaux lumineux pouvaient lui être envoyés » de la manière la plus « attirante ».

Knowledge for What ? attaquait les fondements intellectuels du libéralisme du XIXᵉ siècle, tout comme son économie du *laisser-faire*. Sociologue, Lynd héritait d'une tradition intellectuelle qui avait toujours accordé plus de poids aux coutumes, aux habitudes, et aux émotions qu'à la raison. La théorie psychanalytique, en montrant que « l'homme est fondamentalement guidé par l'affect dans ses motivations, et seulement capable, de manière sporadique, de supporter les tensions que suppose l'exercice de la pensée destiné à soutenir ses actions », cautionnait la propension de la sociologie à mettre en avant les origines irrationnelles de la cohésion sociale. Mais la plupart des Américains se raccrochaient encore à la culture politique de l'individualisme. Ils surestimaient la « compétence des êtres humains dans tous les domaines », et abandonnaient « chaque chose à la capacité précaire de l'individu à « utiliser son cerveau » ». Ils refusaient d'admettre que les individus étaient loin d'avoir les mêmes capacités, et que la plupart d'entre eux s'avéraient inévitablement perdants dans la « course individualiste à la richesse ». Le dogme égalitaire conduisait ainsi, en pratique, à des résultats radicalement inégalitaires. Seul l'État était en mesure de corriger les inégalités qu'engendrait le capitalisme concurrentiel, et de protéger le faible contre le puissant.

Alors que la tradition sociologique trouvait son origine dans la contre-révolution romantique qui intervint pour s'opposer aux Lumières et à l'idée de progrès, les sociaux-démocrates qui s'opposaient à ce que Lynd appelait « l'importance extrême portée à la compétitivité » par le capitalisme l'adoptèrent au

XXᵉ siècle. Comme les sociologues romantiques, les sociaux-démocrates insistaient sur le fait que les individus n'avaient aucune existence en dehors de la société*. Ils déploraient également le déclin de la « communauté », mais plaçaient leur confiance, afin de restaurer un sens du lien, en l'État, et non dans des petits groupes intermédiaires ou des associations bénévoles. Lorsque Lynd posait la question de savoir s'il était possible d'« incorporer des citadins au sein de communautés dynamiques », la structure grammaticale de sa formule révélait plus de choses qu'il ne le voulait probablement. Les hommes et les femmes étaient les objets, non les sujets, de la communauté telle qu'il l'entendait.

La ténacité de la coutume, dans la tradition sociologique conservatrice, était envisagée comme un frein utile contre le progrès. « Les manières traditionnelles » étaient synonymes pour Lynd de « retard culturel ». Les habitudes et les « valeurs » ne parvenaient pas à suivre le rythme du changement économique et technologique**. Les Américains conservaient les habitudes mentales des pionniers alors même que leurs vies se voyaient maintenant gouvernées par des organisations sophistiquées et des technologies complexes. Leur « adaptation » aux conditions modernes aurait à être guidée par la science sociale et son inflexible « révision de postulats absolus ». Nombreux étaient ceux qui rendaient sans réfléchir la technologie responsable du malaise moderne ; alors que c'était l'« inflexibilité du facteur humain, et non notre technologie, qui avait gâché le rêve américain ». Seuls les sociologues comprenaient le « fac-

---

* « La science moderne », écrivait Lynd, « a mis au rebut [la] conception première d'un individu discret, autonome (...) Il n'y a pas de Robinson Crusoe, pas "d'individus" séparés des autres individus. » Cette découverte (dont Lynd exagérait la nouveauté, ignorant, à l'instar de la plupart des sociologues, l'histoire de sa propre discipline) imposait, avançait-il, de se débarrasser tout autant des autres « manières de pensée traditionnelles » – par exemple, l'idée vieillotte qui veut que l'homme ait « une âme », « un esprit », et « une volonté ».

** Lynd citait *Progress and Power* (1936) de Carl Becker : « Le genre humain est entré dans une nouvelle phase du progrès humain – un temps où l'acquisition de nouveaux instruments de pouvoir dépasse

teur humain ». Si la Démocratie devait « fonctionner avec une population d'individus largement inégaux », la science sociale aurait à « montrer comment restructurer la culture afin de remédier à ces inégalités ». La recherche scientifique pouvait découvrir « que les différences sont à un tel point biologiquement conditionnées que des conditions culturelles favorables ne peuvent matériellement les modifier ». Elle pouvait montrer aux décideurs politiques de quelle manière ériger « des garanties appropriées » contre l'exploitation de « groupes particuliers constitués de personnes défavorisées ». Elle était ainsi en mesure de poser les bases d'une forme pleinement développée d'État-providence qui protégerait la population des conséquences de son imprévoyance, de son ignorance et de sa folie.

> Que devrait faire notre culture américaine si elle s'obligeait à voir que ses citoyens, de la naissance à la mort, n'ont pour seule possibilité que d'investir leurs économies en toute ignorance, de courir après des marchandises de troisième ordre, de contracter des mariages désastreux, d'avoir « accidentellement » des enfants non désirés, de remettre à plus tard des opérations indispensables, de se lancer dans des carrières qui sont des impasses, et ainsi de suite ?

La question, telle que la formulait Lynd, ne pouvait avoir qu'une seule réponse : confier l'ensemble du pouvoir aux experts. Afin d'apporter à chacun bonheur et sécurité, l'Amérique aurait à institutionnaliser l'expertise sous la forme d'un système d'assurance sociale, d'une législation protégeant le consommateur, d'une politique de planning familial, d'une stratégie de « sélection de la main d'œuvre », d'initiatives en matière d'orientation professionnelle, et d'une médecine d'État. Elle aurait à « résoudre, en faveur de l'ingénieur, le conflit opposant ce dernier à l'entrepreneur ». Un échec à y parvenir

---

trop rapidement le nécessaire ajustement des habitudes et des idées aux nouvelles conditions créées par leur utilisation ». Il aurait pu trouver ce banal concept de « retard culturel » dans des centaines d'autres sources.

trahirait la survivance de la vieille illusion voulant que des individus autonomes et compétents en toutes matières puissent gérer toute chose à leur profit. Les Américains ne pouvaient plus longtemps s'adonner à cette illusion, comme ils ne pouvaient plus se permettre de placer leur confiance dans l'« esprit », l'« âme », et la « volonté » de l'humanité.

Experts et tribuns : la satire « anthropologique » de Thurman Arnold

Au moment où Lynd publiait *Knowledge of What ?*, les libéraux et les sociaux-démocrates étaient revenus au pouvoir sous le *New Deal* ; mais leurs doutes quant à la capacité des Américains à l'autonomie, renforcés par l'adversité politique des années vingt, ne se dissipèrent pas avec le raz de marée démocrate des années trente. Les électeurs apportèrent d'une manière écrasante leur soutien à Franklin Roosevelt en 1936, mais il n'était pas évident qu'ils souscrivaient au *New Deal*, l'ingénierie sociale globale qui avait les faveurs des libéraux et des sociaux-démocrates. Le *New Deal* lui-même constituait un alliage de libéralisme social, de libéralisme à l'ancienne dit du *laisser-faire*, et de pur opportunisme. Conduit par un homme qui courait après la popularité aux dépens de la consistance et de la cohérence de son programme, il se voyait dépourvu de tout sens du dessein et de la perspective. Les partisans convaincus du *New Deal* comme Rex Tugwell – ceux qui défendaient une offensive tous azimuts contre la théorie et la pratique de l'individualisme concurrentiel – désespéraient souvent du *New Deal*. Ils se doutaient que Roosevelt devait ses victoires électorales à son charisme plutôt qu'à un enthousiasme général pour ses prétendus principes. Alors que certains partisans du *New Deal* se joignaient à une célébration de gauche du peuple et du passé américains, qui avait culminé avec la culture du Front populaire des années trente, la plupart s'en tenaient curieusement à l'écart. Ils se fiaient à des programmes, pas à des hommes, et considéraient le nouveau style d'affirmation – « le peuple, oui », pour citer l'écœurante phrase de Carl Sandburg – pour le moins embarrassant. Ils avaient de la compassion à revendre ; ils s'affligeaient du terrible sort des ouvriers agricoles, dont ils prenaient connaissance à travers les photographies rendues célèbres par la *Farm Security Administration* ; ils apprenaient les chansons protestataires des ouvriers, défendaient leur droit de grève, et condamnaient les employeurs qui recouraient à la violence et à l'intimidation ; mais bien que leurs cœurs allaient aux victimes de l'injustice, ils ne faisaient pas entièrement confiance au peuple américain dans son ensemble. Leurs sentiments à l'endroit du peuple étaient, à vrai dire, plus proches de ceux de Mencken que de ceux de Sandburg.

Thurman Arnold, le parfait partisan du *New Deal*, élevait la satire politique à la Mencken à un niveau d'urbanité et de cynisme sophistiqué inégalé dans *The Symbols of Government* (1935) et *The Folklore of Capitalism* (1937). Mencken, qui lut sur tapuscrit le second de ces textes, dut découvrir avec ravissement que Arnold partageait son mépris pour la Démocratie et sa croyance en la futilité du débat public. Mais Arnold finissait par défendre des positions auxquelles Mencken s'opposait fermement : une régulation gouvernementale de l'industrie, une redistribution du revenu, des programmes d'assistance sociale – en résumé, une version plus radicale du *New Deal*. Il allait jusqu'à appuyer le projet impopulaire de Roosevelt de s'assurer un nombre prépondérant de partisans à la Cour suprême. Le fait que les libéraux se joignaient aux conservateurs dans la dénonciation de ce projet démontrait, à ses yeux, la banqueroute du libéralisme à l'ancienne – son engouement pour les abstractions et les modes symboliques ou « théologiques » de pensée. Comme Mencken, Arnold envisageait l'histoire culturelle comme un combat de longue haleine mené par la science contre la superstition. Il essayait d'approcher les « anciennes manières » des Américains de la même façon qu'elles apparaîtraient à un anthropologue ou « un habitant de Mars ». Cette extériorité l'incitait à questionner les superstitions économiques aussi bien que les superstitions fondamentalistes plus frappantes que ridiculisait Mencken. Cette appropriation de la technique « anthropologique » de la satire sociale, initiée par Mencken, par un ardent défenseur du *New*

Deal marquait une nouvelle étape de l'histoire du libéralisme américain*.

Professeur de droit à Yale avant d'intégrer l'administration Roosevelt au milieu des années trente, Arnold était devenu de plus en plus critique à l'encontre de la défense dogmatique du *laisser-faire* par la Cour suprême, particulièrement de son utilisation du quatorzième amendement dans le but de protéger les firmes de la régulation. Le faux-semblant qui voulait que les firmes soient des individus ayant le droit d'être protégés par voies légales le frappait comme un triomphe de la pensée « métaphysique » sur la pensée « factuelle ». Les firmes étaient bien évidemment des organisations, pas des individus, et elles exerçaient des pouvoirs qui devaient mieux être compris comme des pouvoirs de type gouvernemental que comme des pouvoirs économiques. Leur pouvoir de fixation des prix revenait à un pouvoir de taxation, qui devait être reconnu en tant que tel et soumis au contrôle public. La mythologie de la firme privée – qu'Arnold comparait aux « mythes médiévaux qui entravèrent le savoir médical pendant des centaines d'années » – avait pour effet de favoriser l'émergence d'« organisations fondées sur l'industrie ou le monde des grandes affaires », et d'entraver l'apparition d'« organisations fondées sur l'idée de gouvernement ». Une approche plus rationnelle aurait reconnu leur similarité sous-jacente et les aurait évaluées à l'aune du seul critère approprié, celui de l'efficacité. Arnold ne se donnait pas la peine de défendre le « critère suivant lequel il est bon de produire et distribuer » autant de biens qu'il est possible. Il ne proposait pas de débattre pour savoir « si la civilisation médiévale est réellement meilleure que la civilisation moderne ». Il considérait simplement comme acquis le « modèle

* « Thurman Arnold », écrivait Richard Hofstadter dans *The Age of Reform*, « réalisait des travaux extrêmement brillants, intelligents, et d'une importance permanente considérable – de meilleurs ouvrages, je le crois, que la critique politique de l'ère progressiste. » Ses ouvrages, selon Hofstadter, illustraient le « pragmatisme » du *New Deal*, sa critique du « moralisme » des progressistes de l'avant-guerre. Ils représentaient l'« équivalent théorique de la virtuosité opportuniste de la FDR en matière politique ».

(...) d'une société qui produit et distribue des biens au maximum de ses capacités techniques ». La seule question qui vaille la peine d'être débattue consistait donc à savoir quelles firmes, entre les privées et les publiques, serviraient le mieux cet objectif – ou, plus précisément, quel mélange particulier de contrôle privé et public permettrait de l'atteindre.

L'analyse par Arnold des pouvoirs quasi gouvernementaux exercés par les firmes prétendument privées, bien qu'elle ne fût pas particulièrement originale, était pénétrante et importante. Il constatait, chose rare, que la collectivisation de la propriété privée faisait disparaître les vertus morales qui lui étaient à l'origine associées. Le refus de reconnaître ce fait condamne le dit conservatisme américain à une absence de pertinence absolue dans n'importe quelle discussion sérieuse sur les implications morales du capitalisme moderne. Les opposants conservateurs au *New Deal* recouraient souvent à une rhétorique qui rappelait vaguement le Républicanisme ou le productivisme du XIXᵉ siècle, mais ils ne se confrontaient jamais aux différences manifestes qui existaient entre la propriété privée, telle qu'elle existait au XIXᵉ siècle, et la firme moderne, qui se trouve dans l'incapacité absolue de conférer à ses petits porteurs ou ses employés l'indépendance et le sens de l'initiative qui sont classiquement censés accompagner la propriété. Les conservateurs s'opposaient à la législation sur la régulation des firmes aux motifs qu'elle pénalisait « l'initiative, le courage, la vigueur, la sobriété, et l'aspiration », comme si ces vertus jouaient un rôle quelconque dans le quotidien d'une firme. Une telle position ne pouvait être soutenue qu'en prétendant que les firmes étaient réellement des individus et, Arnold le relevait, excédait largement ce qu'une personne raisonnable était susceptible de croire. En ignorant les faits les plus évidents de l'organisation moderne, les conservateurs discréditaient le langage du Républicanisme civique et contribuaient de cette façon à l'appauvrissement du débat public. Mais des libéraux comme Arnold rabaissaient le débat public de leur propre initiative, non seulement en remettant directement en cause sa nécessité, mais en ramenant l'ensemble des questions politiques à celle de la production et de la dis-

tribution des biens. Toutes les autres considérations relevaient,
aux yeux de Arnold, du royaume de la « métaphysique », pas
du gouvernement. Le « confort pratique du moment » l'emportait sur les « grands enjeux moraux du futur ». La question de
savoir comment fournir le « confort pratique » était une question technique, un sujet qui ne pouvait être abordé par un
appel aux premiers principes. Il s'agissait d'une question à
laquelle seuls les « experts » pouvaient répondre, pas les
« orateurs ».

Arnold aurait pu, en juriste, être censé reconnaître l'inflexibilité des intérêts divergents, et douter de la possibilité de faire
de la politique une science exacte. Sa foi dans l'expertise, pourtant, excédait même celle de nombreux sociologues. Il mesurait
précisément le progrès intellectuel à l'aune de l'absence de
débat. Les médecins, avançait-il, ne se lançaient plus dans des
controverses sur les revendications rivales des écoles de médecine homéopathique et allopathique. « C'étaient des hommes
de technique, et non des hommes de principe, qui avaient pris
les rênes » de la profession médicale, avec pour résultat le fait
que peu de sujets « en matière médicale pouvaient prêter à
débattre ». Alors que l'enseignement médical était pourtant
devenu « plus technique que philosophique », l'enseignement
en économie et en droit restait « essentiellement philosophique » – un indice patent d'arriération culturelle. L'explication par Arnold de la futilité de tout débat faisait écho à celle
de Lippmann. Bien que Lippmann, comme Mencken, s'op-
posât violemment au *New Deal*, Arnold ne voyait rien
d'incongru dans une défense du *New Deal* qui s'inspirait si
lourdement des idées de cette critique explicite de la Démocratie. Il rejetait tout autant, au motif qu'elle était « irrationnelle », la formule voulant que « le remède aux maux de la
Démocratie est plus encore de Démocratie ». « Le débat public
ne convainc jamais l'autre camp », écrivait-il ; sa seule fonction
consiste à prêcher pour les convertis de chaque paroisse. Le
« remue-ménage provoqué par l'affrontement de théories
rivales » couvrait la voix de l'expert. Soumettre les questions
de société au « jugement médiocre de la populace » était le
sommet de la démence. La Démocratie consistait – en priorité,

sans aucun doute – à donner aux gens ce qu'ils voulaient, mais pas à écouter leurs conseils sur le moyen de l'obtenir. Leurs idées trouvaient leur source, Lippmann l'avait démontré, dans la « réaction émotionnelle » aux « petites images souterraines » qui trottaient dans leurs crânes. Ils attachaient plus d'importance aux « gestes moraux » – lois anti-trusts, croisades contre le vice, campagnes périodiques contre la corruption – qu'à l'efficacité.

L'individualisme moraliste qui dominait le débat public conduisait les organisations concernées avec une secrète efficacité. Les firmes se devaient de violer les lois anti-trusts afin de poursuivre leurs affaires. Les appareils politiques, qui remplissaient une « fonction caritative » en direction de leurs électeurs, devaient opérer en sous-main, puisque l'opinion publique refusait de reconnaître leur légitimité. La tentative absurde de faire arrêter les gens de s'adonner à la boisson générait un trafic illicite d'alcool et une nouvelle catégorie de criminels. Lippmann et d'autres critiques de la « réforme » avaient relevé bien auparavant que l'interdiction puritaine du sexe avait eu le même effet. « Ces croisades ne sont pas des remèdes au mal », affirmait Arnold, « mais une partie de la totalité complexe qui est à son origine. » Elles s'expliquaient par le « curieux » concept de péché, et l'idée également curieuse qui voulait que le gouvernement dût chercher à instiller chez les citoyens la force de caractère. De telles attitudes entravaient la maturation d'une « classe gouvernante compétente » faite de « techniciens affables et dotés du sens pratique ». Les « hommes désintéressés du type que nous aimerions voir aux rênes du pouvoir » commettaient l'erreur d'endosser le « rôle de missionnaires s'adressant aux barbares, au lieu de jouer celui d'anthropologues ».

Arnold citait l'occupation américaine des Philippines comme un exemple encourageant de ce que les administrateurs pouvaient accomplir dès lors qu'ils n'étaient pas entravés par les notions obsolètes de péché, de culpabilité, et de « caractère » moral. L'« héroïsme et le sacrifice de soi » des fonctionnaires américains, « indifférents à leurs intérêts personnels », avaient établi un record « faramineux » de « progrès ». « Les maladies

reculaient, l'œuvre sociale se poursuivait, les conditions de vie
s'amélioraient » – tout cela parce que les objections habituelles
faites au paternalisme ne concernaient pas le gouvernement de
« nos petits frères bruns ». L'« idéal impérialiste », associé à
« nos pulsions humanitaires naturelles », permettait « de mieux
traiter ces populations primitives que les nôtres ». « Nous ne
craignons pas de ruiner leur tempérament car nous ne les
pensons pas comme des égaux susceptibles de voir leur tempérament ruiné. »

Non content de cet affront aux préjugés libéraux contre
l'impérialisme, Arnold prônait la politique de gestion des asiles
d'aliénés comme un autre modèle d'administration éclairée.
« D'un point de vue humanitaire, la meilleure politique est
celle que nous trouvons dans un asile d'aliénés », où les
médecins qui le dirigent essayaient de rendre les conditions de
vie des malades « aussi confortables que possible, sans se soucier
de leurs mérites moraux respectifs ». Les docteurs comprenaient qu' » argumenter avec le malade mental de la sagesse
ou du manque de pertinence de leurs idées » était une perte
de temps. Ils ne considéraient ces idées qu' » à la lumière de
leur effet sur le comportement de leurs patients », exactement
comme le « gouvernement imposé par les nations civilisées aux
tribus sauvages » cherchait à faire usage des tabous au lieu
d'essayer de les éradiquer. Avec une provocation étudiée digne
de Mencken, Arnold ajoutait que « l'avantage d'une telle
théorie du gouvernement » – une théorie qui traitait les gou-
vernés comme des malades mentaux ou des « petits frères
bruns » – réside dans la manière dont elle échappe au « pénible
postulat d'après lequel le genre humain se voit guidé par la
raison ». Ce qu'il appelait l'impérialisme humanitaire autorisait
les administrateurs à poursuivre des mesures énergiques sans
avoir à répondre à des objections morales. « Nous n'avons pas
besoin de remettre à plus tard de tels engagements sociaux
comme l'assistance publique, car nous nous inquiétons de leur
effet sur le caractère de leurs bénéficiaires. » Un observateur
impartial, au contraire d'un « orateur », d'un « prêcheur », ou
d'un « théologien », pouvait aisément voir que des résultats
pratiques, particulièrement dans un contexte économique déli-

cat, étaient préférables à des argumentations portant sur des principes abstraits, ou au conflit que ces argumentations provoquaient si souvent. Ainsi, « un habitant de Mars pourrait penser qu'un gouvernement discipliné ne devrait pas permettre des batailles rangées au sujet des salaires, à l'origine de pertes et de souffrances pour des communautés entières ». Malheureusement, les habitants de notre planète ne parvenaient que rarement à adopter le point de vue d'un habitant de Mars, et « la notion d'arbitrage obligatoire ne rencontrait les faveurs ni du travail ni du capital ».

L'Union soviétique fournissait à Arnold un troisième modèle de la subordination de la controverse éthique aux résultats pratiques. Les Bolcheviques, notait-il, « étaient capables d'envisager la distribution des biens comme un problème purement mécanique de production et de diffusion, sans rapport aucun avec le problème moral de la préservation du caractère national ». L'Union soviétique offrait un « spectacle de coopération interne » que l'on ne pouvait observer normalement qu'en temps de guerre. De tels hommages étaient des lieux communs dans les années trente. Les admirateurs américains de l'« expérience soviétique », pourtant, essayaient habituellement de nier les traits antidémocratiques du régime bolchevique, ou alors les excusaient comme un expédient temporaire imposé à Staline par la compétition économique et l'hostilité occidentale. Arnold n'avait pas à s'aveugler de cette manière, dans la mesure où il ne défendait pas en priorité la Démocratie. À postuler que l'idée de Démocratie avait quelque substance, elle n'était qu'un autre nom, à ses yeux, de l'« impérialisme humanitaire ». Elle signifiait l'uniformisation du bien-être matériel, mise en œuvre par « des individus pragmatiques » et « des diagnostiqueurs compétents ». Un régime démocratique devait, à coup sûr, « s'attacher sa population émotionnellement » ; mais cela n'impliquait en aucune façon que le peuple prenne une part active au gouvernement. Tant que les classes gouvernantes saisiraient la nature et l'importance de la puissance du symbole en politique, elles pourraient satisfaire la demande publique de slogans émotionnellement suggestifs et

de « cérémonials », sans permettre pour autant au « rituel »
public d'interférer avec la production et la distribution.

Le « *Machiavel* » de la révolution managériale

L'administrateur idéal, aux yeux d'Arnold, combinait les
talents diagnostiques d'un psychiatre et l'art de la persuasion
perfectionné par l'industrie de la publicité. Les publicitaires
s'appuyaient sur « des slogans plutôt que sur des descriptions
de leurs produits ». Ils auraient tourné en ridicule la « suggestion suivant laquelle la meilleure manière de vendre des biens
de consommation consiste à élaborer un appel rationnel ». Les
moralistes rejetaient peut-être, comme « machiavélique »,
l'application de techniques publicitaires à l'art de gouverner,
mais leurs scrupules malavisés les privaient de toute influence
constructive sur les affaires publiques. Ils avaient besoin
d'apprendre que les hommes sont mus par des mythes et des
symboles, pas par des arguments moraux, et que si des porte-
parole responsables n'offraient pas de « croyances et de rêves »
captivants, des démagogues irresponsables s'engouffreraient
dans la brèche avec délectation. L'importance qu'Arnold attachait à la mythologie, associée au fait qu'il reconnaissait la
nécessité d'équivalents moraux à la guerre, pourrait au premier
abord le rapprocher de James, Sorel et Niebuhr. Pour ces
écrivains, pourtant, la mythologie était, comme le pensait Niebuhr, autant supra-scientifique que pré-scientifique. Arnold ne
la comprenait que dans cette dernière acception. La mythologie
ne pouvait jeter quelque lumière sur les choses. Seule la science
était en mesure de le faire ; mais la plupart des hommes, hélas,
ne pouvaient être à la hauteur des austères exigences de la
science. Incapables de regarder les faits en face, ils quéman-
daient de réconfortantes illusions.

Arnold envisageait la mythologie de la même façon que
Voltaire envisageait la religion. Les hommes dont la tournure
d'esprit était scientifique pouvaient vivre en se contentant de
peu, mais les masses réclamaient des consolations. Les masses,
observait Arnold, voulaient bêtement « croire que le gouver-

nement est moral, rationnel, et symétrique ». Elles partageaient
cette faiblesse avec les classes sacerdotales, incluant les membres
de sa propre profession. L'expérience pratique ne semblait pas
décourager les intellectuels – et certainement pas les juristes –
de leur indécrottable croyance d'après laquelle « la théorie gouvernementale est le produit d'époques où prédominait la
pensée savante réfléchie ». Les intellectuels, comme la plupart
de leurs semblables, restaient d'« incurables moralistes ». Une
approche « machiavélique » du gouvernement ne susciterait
jamais, pour cette raison, un large accueil positif. Le « concept
de gouvernement comme asile d'aliénés », quand bien même
il fut basé sur la proposition « irréfutable » d'après laquelle « il
est bon de rendre la vie des personnes plus confortable lorsque
les moyens de le faire existent », ne « fonctionnerait jamais »
comme une « théorie politique générale ». « Son réalisme est
trop apparent, comme l'est également son dédain implicite
pour le genre humain. » Il ne pouvait servir de théorie politique, ni pour les intellectuels ni pour les masses. Le « Machiavélisme » n'avait « jamais été une source de cohésion ».

Arnold, dans *The Symbols of Government*, essayait d'élaborer
une « philosophie publique » mieux adaptée aux conditions
modernes que l'ancien individualisme concurrentiel, mais plus
acceptable aux yeux des masses qu'une théorie qui ne les traitait
que comme les internés d'un asile. Si les idéaux n'avaient aucun
rapport avec la conduite, une philosophie politique était intrinsèquement contradictoire ; la discussion publique ne pouvait
s'élever au-dessus du niveau du babillage dépourvu de sens.
Mais Arnold la prenait, après tout, suffisamment au sérieux
pour en appeler à une nouvelle « foi dans le futur », « abandonnant » ainsi sa position d'« observateur objectif » pour
adopter celle d'« un prêcheur et d'un avocat, plutôt que celle
d'un anthropologue ». La « nouvelle philosophie sociale »,
avançait-il, aurait à se fonder sur l'« axiome fondamental voulant que l'homme ne travaille que pour son semblable ». Elle
« remplacerait l'idée du grand homme qui vivait et mourait au
nom de desseins moraux et rationnels » par « la tolérance et
le sens commun ». L'acceptation populaire du « concept de
personnalité adulte tolérante » promouvrait une « attitude

scientifique envers le gouvernement » et mettrait fin à l'ascendant politique de la « classe supérieure psychopathe et fanatique ». Le déclin d'une « dévotion fanatique du public au principe » libérerait les « porte-parole intelligents » de la nécessité de « s'engager, pour des raisons politiques, dans toutes sortes d'impasses absurdes ». Lorsque le public en viendrait à évaluer « les résultats pratiques » plus hautement que « les principes préconçus », une « classe gouvernante compétente, à l'esprit pragmatique, et opportuniste » se retrouverait en situation de se colleter à la sérieuse tâche de rendre la vie de la population plus confortable, sans avoir à l'émouvoir ni à la distraire.

Dans son rôle de nouveau mythe social ambitieux, la « nouvelle philosophie sociale » laissait grandement à désirer. Elle n'était qu'un énoncé plus général du point de vue de l'expert en organisation qui, du propre aveu de Arnold, était incapable de susciter l'enthousiasme général. Il s'agissait du credo de celle qu'il appelait, dans *The Folklore of Capitalism*, la « nouvelle classe ». Les « ingénieurs, commerciaux, cadres, et travailleurs sociaux », parce qu'ils faisaient fonctionner les « affaires temporelles du pays » en tout anonymat, constituaient la classe dirigeante du futur. Dans les universités, la nouvelle classe était constituée d'un « groupe d'économistes, de politologues, et de juristes plus jeunes ». Toutes ces professions partageaient une croyance « humanitaire » en la nécessité d'une « efficacité en matière de distribution des biens », et un scepticisme de marbre face au « culte de l'homme d'affaires américain ». Ils n'avaient pas encore développé une théorie politique pleinement élaborée, mais les capitalistes n'avaient pas plus mis au point une telle théorie avant de prendre le pouvoir au XVIIIᵉ siècle. Adam Smith leur en avait apporté une après coup ; et la nouvelle classe trouverait son théoricien à elle une fois qu'elle se serait solidement emparée des rênes du pouvoir.

Après avoir longuement expliqué que les masses avaient besoin de romance, de kitsch sentimental et d'émotion, Arnold ne leur offrait rien d'autre que de la tolérance et de la maturité. Ce fut probablement l'intuition de l'inadéquation de sa « nouvelle philosophie sociale » qui l'incita à partir en quête des

symboles plus séduisants de la révolution managériale. Il les
dénicha dans un endroit improbable. En 1938, il commença
à déceler des possibilités inespérées dans la tradition antitrust
qu'il avait auparavant tournée en ridicule. Ceux qui suivaient
sa carrière se montraient décontenancés par la contradiction
manifeste entre son application énergique de la loi Sherman
lorsqu'il était devenu l'assistant du procureur général, et le
traitement méprisant des lois antitrust qu'ils trouvaient dans
ses premiers écrits. À la tête de la division antitrust du Département de la Justice de 1938 à 1943, il engagea presque plus
de poursuites judiciaires que l'ensemble de ses prédécesseurs
réunis. En 1937, pourtant, il avait affirmé que les lois antitrust
perpétuaient l'illusion qui veut qu' » une organisation industrielle hautement organisée et centralisée » soit réellement
« composée d'individus ». Lorsqu'il intégra le Département de
la Justice, Arnold se demandait « précisément de quelle
manière » il « allait expliquer » son « enthousiasme présent
pour les lois antitrust » à la lumière de ce qu'il « avait écrit à
peine un an auparavant ».

L'explication, s'il y en avait une, résidait dans son affirmation d'après laquelle il était nécessaire, afin d'obtenir l'acceptation d'une idée nouvelle, de la déguiser en une idée ancienne.
« Une idée nouvelle doit apparaître comme une idée ancienne
avant de travailler à plein », écrivait-il dans *The Bottlenecks of
Business* (1940), et la loi Sherman, comme « symbole de nos
idéaux traditionnels », aiderait peut-être à dramatiser la nécessité de politiques industrielles plus complètes. Peut-être espé-
rait-il également que le symbolisme de la loi Sherman habil-
lerait le nouvel idéal de l'efficacité industrielle avec « le mystère,
la romance et la magie » autrefois associés à la compétition et
au libre commerce. Si l'efficacité était en elle-même quelque
peu insignifiante, une croisade contre « des manœuvres anti-
concurrentielles » pourrait peut-être fournir une partie de
l'enthousiasme qui faisait défaut. L'application de la loi
Sherman semble s'être imposée à Arnold, en 1938, comme un
moyen de résoudre le « troublant paradoxe » qu'il avait analysé
dans *The Symbols of Government*. « Les institutions sociales
exigent des religions et des rêves qu'ils leur apportent de la

confiance. Elles ont besoin d'échapper à ces religions et à ces rêves afin de progresser. » Une campagne soigneusement orchestrée contre les monopoles, menée par un sceptique qui comprenait néanmoins le désir du public de croire en quelque chose, servirait immédiatement ces deux exigences.

Ceux qui avaient défendu un retour à la production à petite échelle accueillaient positivement la réanimation par Arnold d'une politique de démantèlement des trusts, mais il ne parvint pas à galvaniser l'opinion publique*. Les ouvriers restaient dubitatifs au sujet des lois antitrust, qui pouvaient facilement se voir retournées contre les syndicats. Les petits entrepreneurs haïssaient tout ce qui était lié au *New Deal*, y compris ce qui servait leurs intérêts. Les consommateurs pourraient peut-être soutenir une politique qui offrait l'espoir d'une baisse des prix, mais ils n'avaient en rien la possibilité de s'exprimer politiquement. Aucune circonscription structurée et influente, avait relevé Ellis Hawley, n'avait intérêt à voir les lois antitrust renforcées. Les accents satiriques de la croisade antitrust menée par Arnold n'échappaient par ailleurs probablement pas à la population. « Des hommes sans illusion », il l'avait écrit lui-même, « ne font pas des dirigeants efficaces. » Peu importe la manière dont il s'attardait tant sur leur importance symbolique, il ne croyait pas en ce que symbolisaient les lois antitrust. Il ne croyait pas que les petits propriétaires représentaient l'espoir de la Démocratie. Dans la mesure où la Démocratie ne constituait absolument pas, à ses yeux, un sujet de préoccupation

* G.D.H. Cole et Bertrand Russell, nous l'avons vu, s'opposaient au mythe de la grève générale de Sorel au motif que les ouvriers ne se rallieraient jamais au syndicalisme s'il ne leur était présenté que comme un « mythe ». La mythologie, telle que Sorel l'envisageait, incarnait toutefois des croyances qui ne pouvaient être exprimées autrement. Arnold, au contraire, considérait les mythes comme des mensonges utiles, propagés au sein des masses crédules par des porte-parole qui l'étaient moins. Cette différence permet d'expliquer pour quelles raisons le syndicalisme suscitait tant d'enthousiasme chez les ouvriers, malgré les doutes à son sujet que ne dissimulaient pas Cole et Russell, alors que tombait à plat la campagne antitrust menée par Arnold.

valable, il pensait que son avenir résidait dans la « nouvelle classe ». Après avoir fait l'expérience d'une tiède philosophie faite d'altruisme et d'efficacité, il en était arrivé à la conclusion que la nouvelle classe avait besoin d'une idéologie plus attirante de consommation de masse. Il avait, en effet, décidé que la nouvelle classe pourrait avoir à s'exprimer dans l'idiome du productivisme du XIXe siècle.

Son instinct politique lui disait, assez justement, que ce dernier était le seul idiome susceptible de susciter un « enthousiasme pour l'action » général, au moins aux États-Unis, mais ni lui ni aucun de ses semblables parmi les défenseurs du *New Deal* ne pouvait le parler avec quelque conviction. En dépit de ses jeunes années passées dans le Wyoming, le spectacle d'un Thurman Arnold en champion du petit producteur était fondamentalement invraisemblable. Son accent – l'accent caractéristique du *New Deal*, fait de dédain plein de bienveillance, de raillerie sophistiquée, et d'impitoyable humanitarisme – trahissait son appartenance à la minorité civilisée, dont il était un membre de choix.

De la satire à la pathologie sociale : le « dilemme américain » interprété par Gunnar Myrdal

Pauvre Arnold ! Si le public pouvait le prendre au sérieux dans son rôle de populiste et de défenseur du démantèlement des trusts, la nouvelle classe y parvenait difficilement lorsqu'il revêtait son habit de sociologue. Ses livres étaient bien trop vivants, ses manières trop joviales et irrévérentes, ses notes de bas de page trop peu nombreuses et clairsemées. La satire, en l'occurrence, n'avait pas à être la forme homologuée du discours managérial. Elle impliquait l'existence d'un public, pourtant restreint, alors que la nouvelle classe, dans son effort pour rendre le gouvernement scientifique, préférait ne s'adresser qu'à elle-même. La seule communauté qu'elle reconnaissait était la communauté de la recherche scientifique, pour laquelle la satire n'occupait aucune place. Arnold lui-même le reconnaissait et s'excusait d'écrire sur un mode humoristique.

Il n'était nécessaire de recourir au ridicule, affirmait-il, que dans des champs scientifiquement sous-développés comme l'économie et le droit. La satire était une marque certaine de retard culturel.

Au cours des années quarante, la plupart des sociologues se montraient prêts à délaisser cette forme primitive de critique sociale. Un esprit audacieux et brillant, des intuitions surprenantes, ils s'accordaient sur ce sujet, ne pouvaient remplacer une recherche poussée. Les sociologues mettaient de plus en plus l'accent sur l'importance du travail collectif. Ils poursuivaient leurs recherches en étroite collaboration les uns avec les autres, pas dans un isolement acariâtre. Ils ressentaient un besoin irrésistible de collecter des masses de « données » qui excédaient largement les capacités d'un seul individu, afin de soumettre leurs « découvertes » à leurs collègues à l'occasion de conférences et colloques, de les réviser à la lumière de la « critique constructive », et de formuler leurs conclusions comme des « recommandations politiques » accompagnées de suggestions appropriées à une « mise en pratique ». Organisée à un niveau sophistiqué, la recherche en sciences sociales requérait désormais un soutien financier du gouvernement et de fondations philanthropiques, des institutions qui constituaient également le premier public des comptes rendus établis dans le cadre de ces recherches. Les questions les plus explosives et polémiques, en conséquence, se devaient même d'être débattues dans un style sinistre, inaccessible, destiné autant à dégoûter les non-spécialistes qu'à imposer le statut des enquêteurs, celui d'experts impartiaux ne se préoccupant jamais d'« éloquence ».

L'énorme étude réalisée par Gunnar Myrdal consacrée à la question raciale – un enjeu explosif s'il en était – devint un exemple classique du nouveau genre. Publié en 1944, *An American Dilemma* revendiquait un statut qui faisait autorité dans chaque détail, plus bruyamment encore dans son incontestable volume – mille cinq cents pages tassées et la plupart du temps illisibles, dont un bon tiers était constitué d'appendices, de notes de références, et autres impedimenta. Cinquante-six tableaux et graphiques participaient à l'impression manifeste

de lourdeur, qu'aggravait une liste introductive des collaborateurs de Myrdal, assistants de recherche, et autres
consultants ; six membres constituant l'équipe de travail ;
trente et un étudiants qui contribuèrent à un mémorandum
fondé sur une recherche inédite ; trente-six assistants de
recherche ; ainsi que cinquante-deux assistants qui, après lecture de certaines parties du manuscrit, émirent « des critiques
et des suggestions ». Commandé et financé par la Carnegie
Corporation, *An American Dilemna* exsudait des senteurs de
salles de réunion, de tables de conférence, et de séminaires
académiques. L'ouvrage était judicieux, exhaustif, impartial, et
d'un ennui mortel. Le choix d'un universitaire suédois pour
superviser la recherche et rédiger les conclusions fournissait
l'ultime preuve du souci d'objectivité. Parlant au nom de la
Carnegie Corporation, Frederick Keppel expliquait que les
membres du conseil d'administration avaient porté leur choix
sur un étranger car « la question entière avait été, pendant
presque cent ans, si chargée d'émotions qu'il paraissait prudent
de choisir (...) une personne susceptible d'aborder cette tâche
avec un esprit neuf, à l'abri d'attitudes traditionnelles ou de
conclusions hâtives ».

Derrière cette imposante façade d'expertise universitaire,
Myrdal avançait une thèse simple : la question raciale était une
question morale, inhérente à la contradiction entre le « credo
américain » de l'égalité des chances et la réalité de la discrimination raciale. C'était cette ligne d'argumentation, qui impliquait la possibilité d'un appel à la mauvaise conscience des
Américains, qui fit de l'ouvrage un document capital dans
l'histoire du mouvement des droits civiques. Les porte-parole
du mouvement pouvaient citer Myrdal pour appuyer leur
croyance suivant laquelle la société américaine n'était en aucun
cas irrémédiablement raciste, qu'une réserve de profonde bien
que souterraine bonté subsistait, et que le mouvement devait
chercher à éveiller la meilleure nature des blancs en attirant
l'attention sur la disproportion entre leurs principes et leur
pratique. Myrdal ne prévoyait ni ne défendait une telle stratégie. Il comptait sur les cours de justice, une bureaucratie
fédérale éclairée, et sur le processus global de développement

économique et culturel pour venir à bout du « dilemme américain ». Il ne lui vint jamais à l'esprit que les noirs pourraient être à l'origine de leur propre libération. Le problème racial ne pouvait être réglé que par les blancs. Mais l'accent qu'il mettait sur sa dimension morale laissait au moins ouverte la possibilité d'une stratégie qui en appellerait à la conscience publique ; et il est affligeant de constater, par ailleurs, que ce fut précisément cet accent moral que les critiques de Myrdal à gauche distinguèrent comme l'aspect le plus contestable de son ouvrage. Les Américains ne croyaient pas réellement, à entendre ces critiques, en l'égalité des chances. Leur engagement en faveur de l'égalité des chances était « essentiellement rhétorique », affirmait Kenneth Clark lors d'un symposium qui commémorait en 1964 le vingtième anniversaire de la publication de la somme de Myrdal. James Baldwin déclara à cette même occasion que la société américaine était « essentiellement *non* éthique ». Même les libéraux n'étaient jamais parvenus à « se défaire du concept global de suprématie blanche ». Leur refus de reconnaître leur propre racisme leur interdisait de voir que les noirs ne trouveraient jamais leur place dans la société américaine, comme Myrdal l'imaginait prétendument, en se contentant d'en appeler aux sentiments moraux de leurs oppresseurs.

Pourtant, Myrdal portait, en réalité, bien plus son attention sur la pathologie sociale que sur des appels moraux. Contrairement à Martin Luther King, il ne demandait pas aux Américains de se repentir ; il leur demandait simplement de mûrir. Lorsqu'il affirmait que la question raciale était « essentiellement une question morale », il entendait par là qu'un « retard de la morale publique » avait perpétué l'« anachronisme » que constituait la discrimination raciale. Il était un sociologue, pas un moraliste, encore moins un « prophète », comme l'un de ses détracteurs fit sans grande pertinence référence à lui. Il envisageait le problème racial comme une question qui dépendait de l'arriération du Sud, un problème qui pourrait être solutionné à travers la modernisation. Il reconnaissait que « l'Amérique lutte continuellement pour son âme », mais il avait tendance à penser cette lutte comme le combat de la raison contre l'ignorance populaire, du cosmopolitisme contre le provincialisme. Sa conceptualisation de la question en « dilemme » semblait sous-entendre que les Américains faisaient l'expérience, chacun à titre individuel, d'un conflit entre la théorie et la pratique, mais une lecture plus attentive de l'ouvrage révèle qu'il recourait à des expressions du type « la mauvaise conscience de l'Amérique » comme à des abstractions métaphoriques, pas comme à des descriptions littérales de l'âme divisée des individus américains. La lutte menée au nom de cette « âme » américaine abstraite se transformait en une lutte entre les libéraux blancs, qui croyaient en la justice raciale, et les gens du Sud, particulièrement les blancs pauvres du Sud, qui n'y croyaient pas. Les forces de la raison et de l'obscurantisme, telles que Myrdal les envisageait, loin de coexister dans chaque individu, étaient commodément réparties de chaque côté de la ligne Mason et Dixon[2].

« Le problème noir n'a nulle part dans le Nord l'importance qu'il revêt dans le Sud », déclarait Myrdal. Des émeutes raciales avaient, sans aucun doute, occasionnellement éclaté dans des villes du Nord, mais, dans l'ensemble, il était peu probable qu'éclatent « dans le Nord d'autres émeutes d'un degré de violence significatif »*. Le Nord était industriel, prospère, et cosmopolite ; le Sud arriéré, son agriculture « primitive », son organisation du travail « archaïque » et « paternaliste ». Son système judiciaire et pénal, « si moribond qu'il méritait des réformes fondamentales », constituait un « immense anachronisme culturel dans l'Amérique progressiste du XXᵉ siècle ». Les avancées réformistes modernes – « la participation des femmes au suffrage et l'égalité économique, des négociations

---

* Myrdal attribuait l'émeute de 1942 de Detroit au grand nombre d'immigrants blancs venant du Sud qui s'étaient à l'époque installés dans cette ville ; mais « Detroit est un cas presque unique parmi les villes du Nord », notait-il, « pour son importante population d'origine sudiste ». Il ajoutait, rendons-lui justice, que de futures émeutes pourraient prendre la forme d'« épidémies de violence sporadiques et désorganisées à l'initiative de Nègres ayant à faire à une faible opposition des blancs », en lieu et place des « conflits bilatéraux que nous appelons émeutes ».

collectives, une législation du travail, une éducation progressiste, une aide à l'enfance, une réforme de la fonction publique, une réforme de la police et de la justice, une réforme pénitentiaire » – n'avaient pas touché le Sud*. « L'idéologie » sudiste restait « statique » et « pré-capitaliste » ; comme dans d'autres sociétés « pré-concurrentielles » et « traditionnelles », « la tradition était en elle-même une valeur ». Une grande partie du problème racial pouvait être simplement résolue en « extirpant le Nègre du marasme du Sud rural ».

Myrdal s'appuyait lourdement sur l'ouvrage, paru à peu près au même moment, de W.J. Cash, *The Mind of the South*, qui considérait le Sud, reprenait Myrdal, comme une « société-frontière obstinément à la traîne », « dont le fort accent paternaliste était hérité des anciennes plantations et du système esclavagiste ». Cash, un protégé de Mencken, adoptait, en écrivant sur sa région natale, un ton cynique et méprisant. Il tentait, comme Mencken, de dégonfler les prétentions aristocratiques du Sud, et Myrdal s'inspirait d'une bonne partie de son analyse, reliant la question raciale au legs de la Frontière, fait d'un individualisme sans foi ni loi, et d'une « moralité puritaine » qui avait donné lieu à une « obsession pour le sexe » et pour une pureté sexuelle parmi les « couches inférieures frustrées des populations blanches du Sud ». S'inspirant également des travaux de John Dollard et d'autres psychologues sociaux, Myrdal attribuait l'agressivité à la frustration (la frustration sexuelle en particulier), au « type de religion évangélique protestante « fondamentaliste » à l'esprit étroit et intolérant », et à la « grisaille de la vie quotidienne, à l'ennui général de la vie dans le Sud, qu'elle soit rurale ou se déroulant dans une petite ville ». La « moralité intangible et puritaine des masses » faisait obstacle aux réformes nécessaires, dont un

* La liste des initiatives réformistes établie par Myrdal rappelle celle que Theodore Parker dressait une centaine d'années plus tôt. L'absence d'esprit « progressiste » fournissait, comme toujours, aux libéraux la preuve concluante de l'arriération du Sud – une preuve encore plus parlante, à leurs yeux, que son sous-développement économique ou sa pénurie de galeries d'art et de salles de concert.

« programme sévère de contrôle des naissances » qui pourrait contribuer à atténuer la pauvreté de la région.

Notant que les noirs n'étaient pas plus réceptifs au contrôle des naissances que les blancs pauvres, Myrdal peignait un tableau de la culture noire dans le Sud presque aussi peu flatteur que celui qu'il donnait des bouseux du Sud. Les noirs étaient, pensait-il, trop influencés par la religion. Leurs églises encourageaient une « conception des choses détachée de ce monde », un « fatalisme » impuissant face à l'oppression. Fort heureusement, « l'hystérie religieuse criarde et bruyante des vieilles églises nègres » était en déclin. L'influence du fondamentalisme noir, quoi qu'il en soit, subsistait, retardant le développement d'une vision du monde séculière. Les noirs du Sud n'étaient libéraux que sur la question raciale ; ils restaient à bien d'autres égards ignorants.

> En général, les gens pauvres ne sont pas radicaux et pas même libéraux, bien qu'avoir de telles opinions politiques soit souvent de leur intérêt. Le libéralisme n'est pas non plus caractéristique des Nègres. (...) Une manière de pensée libérale est bien plus censée apparaître chez des gens qui bénéficient d'une situation sociale et économique sûre et d'une éducation de qualité. Le problème du libéralisme politique (...) semble être, dans un premier temps, de faire bénéficier les masses de la sécurité et de l'éducation, et de travailler, dans un second temps, pour les rendre libérales.

La marche « vers la social-démocratie et l'observation de la loi » devait être conduite par des libéraux, et il y avait « relativement peu de libéraux dans le Sud », qu'ils soient blancs ou noirs. Le progrès apparaîtrait comme un résultat de la « tendance générale à l'amélioration sociale et à la sécularisation ». « Plus d'éducation, un habitat de meilleure qualité, et une sécurité économique renforcée » feraient progressivement disparaître les vestiges de superstition raciale et d'intolérance. La méritocratie rendrait l'éducation « de plus en plus importante comme véhicule de la mobilité sociale », et une campagne d'éducation populaire correctement planifiée, la clé d'une « ingénierie sociale » efficace, permettrait aux noirs d'échapper à la pauvreté. Le développement d'une fonction publique

professionnalisée remplacerait la justice expéditive par le règne
de la loi. Même les « gens de peu », observait Myrdal, étaient
en train de commencer à comprendre qu'une « bureaucratie
compétente et incorruptible » était « aussi importante pour le
fonctionnement efficace d'une Démocratie moderne que (...)
le vote de l'électeur pour l'orientation générale de cette
administration ».

Myrdal invitait ses lecteurs à se compter parmi la « poignée
de libéraux intellectuels rationnels » qui ne s'opposaient pas
même au mariage mixte, le grand cauchemar américain. Il
n'écrivait pas avec l'intention de changer l'état d'esprit de ses
lecteurs. C'était l'« esprit du Sud » qui avait besoin d'être
changé – non par quelque appel moral direct, mais par la
mobilisation des ressources économiques, éducatives et gou-
vernementales qui traîneraient le Sud vers le XXᵉ siècle. Myrdal
modifia pourtant par inadvertance l'esprit d'au moins un de
ses lecteurs – un exploit sans aucun doute plus notable que
n'importe lequel des objectifs qu'il se proposait de remplir. « À
onze ans », écrit E.D. Hirsch pour appuyer sa défense de
l'importance d'une éducation culturelle, « je me mis à critiquer
les conceptions conservatrices de ma famille et de la communauté sudiste au sein de laquelle j'étais élevé, précisément parce
que l'on m'avait donné une éducation traditionnelle et que
j'étais donc suffisamment lettré pour lire *An American Dilemna*
de Gunnar Myrdal, un livre qui fit date dans ma vie ». Démontrer que *An American Dilemna* eut un effet comparable sur son
premier public, les institutions à l'origine de la définition des
politiques publiques, pourrait être délicat. Les décideurs politiques ne passèrent à l'action qu'à la dernière minute, lorsque
le mouvement des droits civiques ne leur laissa plus d'autre
alternative. Le soutien de libéraux du Sud comme Hirsch
contribua, par contre, au succès du mouvement – en partie
parce qu'ils répondirent assez littéralement et personnellement
(dans la mesure où Hirsch ne fut vraisemblablement pas le
seul à répondre sincèrement à Myrdal) à un appel à la
« conscience coupable de l'Amérique », un appel que Myrdal
lui-même semblait avoir conçu comme une simple figure de
rhétorique.

La découverte de la personnalité autoritaire

Six ans après la publication de *An American Dilemna*, Theodor W. Adorno, Else Frenkel-Brunswick, Daniel J. Levinson, et R. Nevitt Sanford publiaient leur monumental ouvrage, *La Personnalité autoritaire* (1950). Constituant l'un des cinq volets d'une série d'analyses sociologiques du préjugé, parrainée par l'*American Jewish Committee*, cette enquête collective financée par des mécènes était proche de celle de Myrdal à la fois sur le plan formel et par les préoccupations qui la portaient : le pouvoir extraordinairement destructeur des haines raciales, ethniques et religieuses, tel qu'il était mis en évidence par le problème racial en Amérique, et d'une manière bien plus terrifiante encore par la guerre d'extermination menée par Hitler contre les Juifs ; la persistance de ces haines ataviques au sein de la civilisation la plus avancée et éclairée que l'histoire ait connue ; et l'urgente nécessité de les maintenir sous contrôle afin de prévenir la destruction de ce qui subsistait de cette civilisation. Dans leur introduction générale à cette série, Max Horkheimer et Samuel B. Flowerman formulaient la question du moment dans des termes qui auraient facilement pu être utilisés par Myrdal : « Comment se pouvait-il (...) que dans une culture de loi, d'ordre et de raison, les vestiges irrationnels des ancestrales haines raciales et religieuses aient survécu ? »

Les implications de cette question étaient d'un poids considérable. Se poser la question des raisons de la « survivance » d'attitudes raciales anachroniques, revenait à exclure à l'avance la possibilité que le racisme, distingué de l'esprit de clocher tribal, représentait un élément inédit dans l'histoire*. La for-

---

* Comparons cette interprétation avec celle, plus captivante, du racisme moderne qu'offre Hannah Arendt dans *Les Origines du totalitarisme* (1951). Pour Arendt, le racisme fit son apparition dans un contexte où l'impérialisme se mit à générer un profond « sentiment de déracinement ». Le mythe de la grandeur impériale et de la destinée

mulation par Horkheimer de la question ne laissait aucune
place à une telle distinction. Elle assimilait le racisme moderne
à un « ancien » tribalisme, et souscrivait implicitement à une
théorie de l'arriération culturelle qui se révélait plutôt en
contradiction avec le mode de pensée dialectique des autres
travaux de Horkheimer et Adorno, dont certains, réalisés au
cours de la même décennie, avaient donné naissance à La
personnalité autoritaire, ainsi qu'aux autres *Studies in Prejudice*.
Dans *L'Éclipse de la raison* (1944) de Horkheimer, et dans
l'ouvrage qu'ils écrivirent ensemble, *La Dialectique de la raison*
(1947), Horkheimer et Adorno avançaient que la « raison »
était une partie du problème, pas sa solution. Bien que la raison
libérât le genre humain de la superstition et de la soumission
à l'autorité, elle faisait disparaître toute conscience des limites
naturelles aux pouvoirs humains. Elle donnait lieu à la dangereuse fantaisie qui veut que l'homme puisse remodeler à sa
guise à la fois le monde naturel et la nature humaine même.
La raison transformait la philosophie morale en ingénierie
sociale, interdisant ainsi à la pensée critique de servir de
« mémoire et de conscience au genre humain », pour citer
l'expression révélatrice de Horkheimer.

L'Éclipse de la raison niait toute intention de fournir un
« programme d'action ». La philosophie morale, avançait Horkheimer, « ne doit pas se transformer en propagande, y compris
au nom des meilleures intentions du monde ». Même un

---

raciale en appelait aux « hommes superflus » qui « n'avaient pas la
plus petite idée de ce que signifiaient la *patrie* et le patriotisme, pas
plus que la plus vague notion de ce qu'était la responsabilité ressentie
pour une communauté partagée, limitée ». L'émergence du racisme
et de l'impérialisme coïncidait avec l'abandon d'une conception politique de l'égalité qui fondait les droits civils non sur la nature, mais
sur une « égalité du dessein humain ». Alors qu'une théorie politique
plus ancienne postulait que la citoyenneté conférait l'égalité aux
individus, par ailleurs inégaux par la naissance et les circonstances, le
nationalisme moderne fit de l'égalité une condition préalable plutôt
qu'un produit de la citoyenneté. « Le positivisme et le progressisme
du XIXᵉ siècle pervertissaient [l']objectif de l'égalité humaine lorsqu'ils
cherchaient à démontrer ce qui ne pouvait l'être, à savoir que les

sociologue « hors du commun » comme Robert Lynd confondait « la pensée et l'action », et considérait que la science sociale « s'imposerait ou disparaîtrait au regard de sa capacité à se mettre au service de l'homme dans son combat pour la vie ». « Choqués par l'injustice sociale », de tels universitaires tentaient, « sur le modèle d'Auguste Comte », d'« élaborer un nouveau catéchisme social ». Leur application de la « sagesse de l'ingénierie à la religion » s'avérerait, prédisait Horkheimer, aller à l'encontre du but recherché. « Le langage de la recommandation désavoue ce qu'il entend recommander. »

Cette dernière formule pourrait aussi bien s'appliquer à *La Personnalité autoritaire* même. La seule façon de rendre compte du fossé entre la théorie critique que Adorno et Horkheimer exposaient dans d'autres travaux et le « nouveau catéchisme social » qui transparaissait des *Studies in Prejudice*, consiste à montrer que la forme de cette dernière entreprise prédéterminait sa teneur. Des enquêtes financées par une fondation à vocation philanthropique pouvaient difficilement échouer à se conclure en recommandations politiques qui, en l'occurrence, avaient pour optique un ambitieux programme de « rééducation [populaire], scientifiquement planifié sur la base d'une compréhension scientifiquement élaborée ». Quel était l'objectif de telles enquêtes sinon de proposer un « programme d'action » ? Des études destinées à enrôler la science sociale dans le diagnostic et le traitement des maladies sociales ne fournissaient pas une tribune appropriée qui permette d'exprimer des réserves à propos de la science sociale. De telles

---

hommes sont rendus égaux par la nature et différents seulement par l'histoire et les circonstances, et donc qu'ils ne peuvent être mis sur le même pied d'égalité par des droits, mais par les circonstances et l'éducation. » Lorsque l'éducation et le réformisme social échouaient à produire des communautés solides, la politique la plus drastique de purification raciale s'imposait, comme la seule alternative à la « décadence » culturelle, aux hommes et aux femmes déracinés, qui « ne pouvaient découvrir aucune autre valeur plus élevée que celle qui était attachée à leurs propres personnes ». Loin de baser son interprétation sur la spéculation psychologique, Arendt tentait de replacer le phénomène du racisme dans son contexte historique.

études avaient à respecter des critères rigides d'évaluation, à exposer l'évidence sous la forme de graphiques et de tableaux, à rappeler au lecteur chaque fois qu'il le fallait l'affreuse complexité du problème (qui n'était cependant en rien insoluble), et donc à justifier la déclaration qui voulait que seuls des experts étaient susceptibles de la résoudre.

L'objectif et l'intention des *Studies in Prejudice* imposaient la conclusion d'après laquelle le préjugé, qui était un désordre psychologique au cœur de la structure de la personnalité « autoritaire », ne pouvait être éradiqué qu'en soumettant les Américains à ce qui ne relevait que de la psychothérapie collective – en les traitant, aurait affirmé Thurman Arnold, comme les aliénés d'un asile. Cette conclusion découlait en droite ligne des prémisses de Horkheimer selon lesquelles « l'élucidation scientifique sincère et systématique de [l'antisémitisme] peut directement contribuer à une amélioration du climat culturel au sein duquel se reproduit la haine ». À titre d'exemples du pouvoir de la science de corriger la superstition populaire, Horkheimer citait la disparition de l'engouement pour la sorcellerie sous les coups du rationalisme cartésien, et la « révolution de la relation entre parents et enfants » provoquée par l'œuvre de Freud. Dans son introduction à *La Personnalité autoritaire*, il comparait l'antisémitisme à une « maladie sociale » que le « sociologue, comme le biologiste ou le physicien », pouvait étudier au cours de « périodes de rémission » dans le but de découvrir « des méthodes plus efficaces afin de prévenir ou réduire la virulence de l'épidémie à venir ». Dans leur introduction générale aux cinq *Studies in Prejudice*, Horkheimer et Flowerman prévenaient qu'une « conscience éveillée est insuffisante si elle ne stimule pas la recherche systématique d'une réponse ». Autant pour la philosophie morale, la mémoire et la conscience du genre humain ! Ni la conscience, ni le sentiment partagé de la communauté ne conduiraient, semblait-il, à l'« éradication » du préjugé. Il se pouvait que le « progrès de la science » puisse en effet « peut-être être établi par les avancées qu'avaient prises les scientifiques sur les notions communes des phénomènes ».

Les recherches réalisées dans le cadre de *La Personnalité autoritaire*, conduites pour leur majeure partie dans les derniers mois de la guerre, se déroulèrent en deux étapes. Étaient soumis à divers sujets des questionnaires destinés à déceler des attitudes faites de préjugés, « pseudo-démocratiques », ou carrément « anti-démocratiques ». Sur les deux mille individus qui remplirent ces questionnaires, cent cinquante furent sélectionnés pour suivre ce qui était présenté, d'une manière assez pompeuse, comme une « étude clinique intensive » – c'est-à-dire, pour participer à un entretien s'étalant sur deux à trois heures. Ces personnes se voyaient attribuées des notes qui ne pouvaient être que très hautes ou particulièrement basses, les entretiens étant censés « déterminer les facteurs qui distinguaient le plus nettement un extrême d'un autre ». Quatre-vingts sujets se soumirent à un test thématique aperceptif. Étaient parmi eux présents des étudiants de l'Université de Californie et d'autres collèges, des étudiants de l'*Alameda School for Merchant Marine Officers*, des détenus de San Quentin, des patients d'une clinique psychiatrique, des membres de clubs masculins tels le Rotary ou le Lions, un groupe de femmes d'affaires, et des membres de divers autres groupes.

L'étude ne prétendait pas se fonder sur un groupe représentatif de la population. Elle ne se proposait pas de découvrir « quelle proportion de la population générale approuverait les déclarations du type « les syndicats sont devenus trop puissants » et « les Juifs trop présents dans les organismes gouvernementaux », [mais] se proposait plutôt de déterminer s'il existait une corrélation globale entre ces deux opinions ». Une combinaison de réponses contradictoires – des réponses qui décrivaient, par exemple, simultanément les Juifs comme isolés et gênants, capitalistes et révolutionnaires – était considérée comme particulièrement significative, dans la mesure où les contradictions internes révélaient l'irrationalité du préjugé racial et ethnique.

Quatre questionnaires distincts mesuraient l'antisémitisme, l'ethnocentrisme en général, le conservatisme politique et économique, et « l'autoritarisme ». Le dernier de ces questionnaires, la fameuse échelle F (fascisme), tentait de surmonter les

quelques difficultés qui surgissaient au cours des premières
étapes de la recherche. Les enquêteurs avaient, dès le début,
présenté leurs questionnaires aux sujets comme « un inventaire
de l'opinion publique – pas comme une étude consacrée au
préjugé ». Espérant « prévenir une méfiance excessive », particulièrement chez les personnes interrogées ayant des opinions
conservatrices, ils y avaient inclus des instructions qui présentaient sous un faux jour l'objectif de leur recherche. « Il n'y a
pas de « bonnes » ou de « mauvaises » réponses. La meilleure
réponse est *votre opinion personnelle**. » Cette supercherie, quoi
qu'il en soit, ne réussissait pas entièrement à percer la « façade
pseudo-démocratique » censée dissimuler des traits de personnalité « potentiellement antidémocratiques ». Il n'était pas en
outre toujours possible, avec les échelles de mesure de l'antisémitisme et de l'ethnocentrisme, d'élaborer des questions
« attirantes et "facilement piégeuses" » – qui « exprimeraient
une hostilité subtile sans paraître offenser les valeurs démocratiques que les individus les plus constitués de préjugés sentaient
qu'elles ne pouvaient être remises en cause ». Même l'échelle
d'évaluation du conservatisme, qui plus est, qui consistait en
items qui « pourraient être trop facilement associés au préjugé
par quelque biais logique ou automatique », était « trop explicitement idéologique ». L'échelle F, une évaluation des tendances « psychologiques » qui reflétaient « des forces plus
profondes, souvent inconscientes », était présentée comme
apportant une confirmation à l'hypothèse suivant laquelle
« des tendances pré-fascistes » s'enracinaient dans une structure
de la personnalité qui se caractérisait par une agressivité, un

---

* Adorno et les autres chercheurs approchaient leurs sujets dans le
même esprit avec lequel Thurman Arnold pensait que des administrateurs éclairés devaient approcher l'opinion publique – avec l'intention de tromper. L'arriération de la culture politique américaine, telle
que l'envisageaient les libéraux et les radicaux, nécessitait une stratégie
de ce type. Ceux qui cherchaient à « éduquer » le public ne pouvaient
avouer leurs intentions réelles. Ainsi, C.L.R. James considérait Martin
Luther King comme un « marxiste-léniniste » obligé de prêcher, du
haut de son pupitre, un message plus tempéré, un message chrétien
sentimental d'amour fraternel.

cynisme destructeur, une rigidité morale, un refus de l'ambiguïté, une tendance à la répression, une faiblesse du moi, « une
incapacité à intérioriser le surmoi », un sadomasochisme, et
une « obsession pour les aspects les plus primitifs du sexe ».
Les individus qui répondaient à cette description, pour Adorno
et ses collaborateurs, souffraient d'une hostilité refoulée contre
l'autorité, qui les poussait à attribuer leurs propres pulsions
indéfendables aux étrangers, et à demander que ces étrangers
soient sévèrement punis. « En d'autres termes, les propres
pulsions inavouables des individus sont projetées sur d'autres
individus et groupes qui sont alors rejetés. »

La politique comme thérapie

L'objection la plus évidente à tout ceci réside dans le fait
que les enquêteurs étaient parvenus à la plupart de leurs
conclusions à l'avance. Loin d'étayer ces conclusions, la
recherche consistait en une série de procédures, qui se vali-
daient d'elles-mêmes, qui ne pouvait conduire qu'aux résultats
attendus. Cette objection, assez curieusement, ne figurait pas
en très bonne place dans le volumineux commentaire critique
consacré à *La Personnalité autoritaire*. Une objection plus fré-
quente – que les auteurs avaient anticipée et à laquelle ils
répondaient – était que cette recherche substituait à une analyse
sociologique du préjugé une analyse psychologique. Cette critique n'interprétait pas pertinemment la nature de ce travail.
Les auteurs ne concentraient leur attention sur l'analyse de la
personnalité que parce qu'ils tenaient pour acquis son arrière-
plan sociologique. Ils n'avaient jamais douté de l'importance
du rôle des inégalités sociales dans l'émergence des mouvements d'ultra-droite, mais ils entendaient examiner, annonçait Else Frenkel-Brunswick, les « répercussions des combinaisons sociales à l'intérieur des univers les plus intimes de la
vie individuelle ». Aucun des participants à cette recherche,
disait-elle, n'envisageait « les facteurs psychologiques comme
les déterminants majeurs ou exclusifs des mouvements politiques ou sociaux ». Ils reconnaissaient, dans leur introduction,

que « des changements d'envergure des conditions et institutions sociales » auraient un « lien direct avec les types de
personnalité qui se développent au sein d'une société ». Horkheimer et Flowerman, dans leur introduction générale aux
Studies in Prejudice, notaient que la « cause de l'hostilité irrationnelle doit en dernière analyse se trouver dans la frustration
et l'injustice sociales ».

Une argumentation critique presque aussi mal élaborée reliait
La Personnalité autoritaire aux idéologies anti-familiales de
l'extrême gauche. Pour Brigitte et Peter Berger, l'ouvrage défendait la thèse, qu'avançaient « bien plus fortement » Wilhelm
Reich, R.D. Laing et David Cooper, d'après laquelle « l'autoritarisme prend racine dans le type de famille qu'engendre la
société bourgeoise capitaliste ». Seul « un petit pas » séparait,
pensaient les Berger, *La Personnalité autoritaire* de la condamnation globale de la famille, et du « type de pensée » qu'incarne
le « mouvement général observable en Amérique et en Europe
occidentale ». Alors que la première ligne de critique négligeait
les éléments marxistes qui imprégnaient cette recherche, la lecture des Berger surestimait leur importance. Les conclusions
générales auxquelles étaient parvenus Adorno et ses collaborateurs s'accordaient aisément au consensus libéral qui condamnait les formes dites répressives de la structure familiale des
milieux ouvriers et des fractions inférieures de la classe moyenne,
et défendait comme alternatives à ces formes, non des « communautés », mais des formes familiales éclairées déjà adoptées
par les classes supérieures. C'était parce que *La Personnalité
autoritaire* semblait soutenir les attitudes libérales dominantes
que l'ouvrage se vit si rapidement absorbé par le principal courant de la science sociale américaine. Son importance véritable
réside pourtant dans sa contribution à la redéfinition du libéralisme comme impulsion aussi bien culturelle que politique. Il
contribua au glissement du discours public du domaine politique vers le domaine psychosocial, et au remplacement des
catégories éthiques et philosophiques par des catégories médicales et thérapeutiques.

Une troisième argumentation critique, à l'instar de la lecture
des Berger, s'appuyait sur une surestimation de l'importance

du Marxisme de Adorno. Edward Shils, dans une analyse largement considérée comme définitive, reprochait à Adorno de se cantonner à l'autoritarisme droitier, et d'ignorer l'autoritarisme de gauche. Adorno invitait à ce type de critique par son *obiter dicta*, qui dévoilait ses opinions politiques, lorsqu'il dénonçait par exemple l'« irrationalité totale, pour ne pas dire la stupidité » de la « fausse identification du communisme au fascisme ». Des exagérations de ce type autorisaient Shils à l'accuser de traiter la gauche et la droite comme les pôles opposés du spectre politique, et d'ignorer ainsi la convergence des extrêmes politiques dans leur commune détestation des valeurs démocratiques. Mais Shils ne lui formulait aucun reproche au sujet de sa traduction de catégories politiques en catégories psychiatriques. Il ne trouvait rien à redire au réductionnisme psychanalytique qui voulait qu'une révolte refoulée contre l'autorité parentale conduise au déplacement des pulsions agressives vers les étrangers. Il envisageait, à vrai dire, cette explication des psycho-dynamiques de l'autoritarisme comme « l'une des hypothèses les plus valables du groupe de Berkeley ». Il ne s'opposait pas à leur psychologisme, mais simplement à leur vision politique.

Le désaccord entre Adorno et les plus influents de ses critiques mettait en lumière un accord d'un degré bien plus profond entre marxistes, libéraux, et même de nombreux conservateurs américains. Cet accord prit forme dans le climat politique qu'avait généré le choc sismique du national-socialisme, une désillusion croissante quant au potentiel de transformation des mouvements ouvriers occidentaux, ainsi qu'une croyance grandissante en un humanisme scientifique – plus particulièrement dans les aperçus et la pratique psycho-thérapeutiques – considéré comme la meilleure défense contre l'autoritarisme. Des lecteurs attentifs de *La Personnalité autoritaire*, ne se faisant pas distraire par les manifestations épisodiques d'une orthodoxie politique de gauche, auraient dû se montrer plus impressionnés par la vision peu flatteuse de la classe ouvrière qui s'en dégageait. Adorno et ses collaborateurs n'étaient pas parvenus à avaliser la proposition qui voulait que la classe ouvrière pût être envisagée comme la « principale porteuse des idées libérales ». Ils nuançaient cette affirmation en faisant le rappel habituel selon lequel « le rôle crucial dans le combat contre une concentration croissante du pouvoir économique devra incomber aux populations ouvrières, agissant en fonction de leurs intérêts bien compris » ; mais il était « imprudent », pensaient-ils, « de sous-estimer la prédisposition de ces masses à la propagande fasciste ». Les résultats obtenus avec les personnes interrogées appartenant à la classe ouvrière se révélaient, à vrai dire, médiocres en matière d'ethnocentrisme (et probablement autant en matière de conservatisme) ; mais leurs résultats élevés sur l'échelle F montraient que, bien que des syndicats libéraux aient endoctriné leurs membres par des idéologies opposées à une discrimination raciale ouverte, « cet endoctrinement n'allait pas jusqu'à modifier ces attitudes, centrées autour de l'autoritarisme, plus prononcées dans ce groupe que dans la plupart des autres ».

C'est en nous penchant sur la question de l'identification réelle de ces « attitudes centrées autour de l'autoritarisme » que nous pouvons mieux saisir la manière dont *La Personnalité autoritaire*, en définissant le préjugé comme une « maladie sociale », remplaçait un idiome politique par un idiome médical, et reléguait un pan entier de questions controversées dans le domaine clinique – dans l'étude « scientifique », par opposition au débat philosophique et politique. Cette méthode avait pour effet de rendre superflue toute discussion sur les valeurs des questionnements moraux et politiques. « La résistance au changement social », le « traditionalisme », et l'absence de capacité ou de disposition à « critiquer activement l'autorité en place », devenaient ainsi, par définition, pathologiques. Une tendance à envisager les enjeux politiques « en termes plus moraux que sociologiques » était l'objet de la même suspicion. Une vision du monde ramenant ce dernier à une jungle, une croyance en une stricte répartition des rôles sexuels, une moralité sexuelle « rigide », un mode d'éducation des enfants « répressif » et « moralisant », ainsi qu'une « adhésion rigide aux normes culturelles existantes » identifiaient le « syndrome » autoritaire, et pouvaient de cette façon être révoquées sans que les avantages et les inconvénients de ces postures puissent être débattus, et sans que puisse être considérée la possibilité que de nombreuses personnes aient en définitive d'excellentes raisons d'adopter, par exemple, une « vision de leur environnement comme celle d'un environnement menaçant et dangereux », ou encore de rejeter une conception peu exigeante, celle – en l'occurrence – de la classe moyenne, de la discipline parentale.

Le réflexe du jugement et du congédiement sommaires venait trop aisément aux auteurs de *La Personnalité autoritaire*. Ne prenant pas la peine d'étayer leur vision par une démonstration, ils affirmaient qu'une femme qui avait une « image d'elle-même faite de féminité conventionnelle » développait une « aigreur latente » (« dans la mesure où le foyer ne lui fournit pas des formes satisfaisantes d'expression ») qui adoptait souvent « des formes indirectement destructrices ». La personnalité autoritaire était plus révélatrice des préjugés des classes supérieures éclairées que des préjugés autoritaires des hommes du commun. Une réponse affirmative à la proposition voulant que « la science est essentielle, mais [que] de nombreuses choses importantes ne pourront probablement jamais être élucidées par l'esprit de l'homme » était aux yeux des auteurs une manifestation de « soumission à l'autorité ». Ils voyaient une « agression autoritaire » dans la croyance qu'« une insulte à notre honneur doit toujours être punie », ou dans celle qui voulait que « le monde se porterait mieux si les gens parlaient moins et travaillaient plus ». Ils détectaient de « l'hostilité pour l'introversion » dans l'idée suivant laquelle « de nos jours de plus en plus de gens cherchent à pénétrer dans des domaines qui devraient rester personnels et privés ». En faisant de la « personnalité libérale » l'antithèse de la personnalité autoritaire, ils mettaient en équivalence la santé mentale et une position politique approuvée. Ils ne défendaient pas le libéralisme aux motifs que des politiques libérales servaient des fins de justice et de liberté, mais au motif que les autres postures s'enracinaient dans une pathologie personnelle. Ils étendaient la définition du libéralisme jusqu'à inclure une attitude critique à l'encontre de toutes les formes de l'autorité, une foi dans la science, des pratiques éducatives tolérantes et non répressives, et des conceptions souples des rôles sexuels. Cette définition extensive, largement culturelle, du libéralisme permettait facilement d'interpréter l'adhésion au libéralisme comme une « affaire psychologique ».

Le remplacement de l'argumentation morale et politique par un psychologisme téméraire ne permettait pas seulement à Adorno et ses collaborateurs d'écarter des opinions intolérables par des arguments médicaux ; il les conduisait à établir un critère standard de santé politique qui ne pouvait simplement pas l'être – un critère auxquels seuls des membres d'une avant-garde culturelle auto instituée pouvaient constamment répondre. Afin de prouver leur « autonomie » émotionnelle, les sujets de leur recherche devaient non seulement exprimer les opinions correctes, mais également les exprimer avec profondeur et spontanéité. Ils avaient à faire preuve d'une capacité professorale à « l'analyse critique ». Il n'était pas suffisant d'avoir des idées libérales ; il était indispensable d'avoir une personnalité libérale. Dans un pays qu'ils voyaient officiellement dévoué à une idéologie démocratique, mais pas encore pleinement émancipé de ses commencements provinciaux, les auteurs de *La Personnalité autoritaire* pensaient qu'il était important de distinguer « l'idéologie de surface de l'opinion véritable », l'adhésion réflexe à des principes démocratiques d'un engagement psychologique profond dans un mode de vie démocratique.

Ils consacraient pour cette raison une grande part de leur attention à la différence existant entre le « libéral authentique » et le « pseudo-progressiste » qui ne faisait qu'ânonner les slogans libéraux qu'il tirait de « la lecture régulière de la presse » au lieu de parvenir de lui-même aux opinions justes. Particulièrement dans les chapitres donnés par Adorno, le test du libéralisme spontané, en dépit de l'affirmation selon laquelle les attitudes libérales reflétaient une prédisposition psychologique sous-jacente, devenait avec évidence un test politique. Le pseudo-progressiste apportait un soutien du bout des lèvres à l'« expérience » socialiste en Union Soviétique, mais remplaçait le « concept socialiste traditionnel de lutte des classes par l'image d'une sorte d'entreprise collective et unanime – comme si la société dans sa totalité, dans la situation qui est aujourd'hui la sienne, était prête à tenter l'expérience socialiste sans se soucier de l'influence des rapports de propriété existants ». Le pseudo-progressiste se cramponnait à l'individualisme et aux autres « valeurs traditionnelles de la Démocratie américaine » sans comprendre qu'« à une époque où "l'individualisme forcené" avait en réalité abouti à un contrôle social de grande envergure, (...) une conception individualiste non critique de la liberté se contenterait de se mettre au service des groupes les plus puissants ». Les pseudo-progressistes défendaient « l'éducation » comme un substitut au changement social ; ce « complexe éducatif » permettait aux « anti-utopistes » de s'opposer au changement et « d'apparaître encore progressistes ». Il arrivait qu'Adorno parlât d'un « complexe de la taxation », un mal également exotique. Il découvrait que les pseudo-progressistes faisaient preuve d'opinions libérales dans un grand nombre de domaines, mais étaient « si profondément imprégnés par leurs conceptions économiques traditionnelles » qu'ils ne pouvaient amener leurs opinions à leur conclusion logique. Ces sujets dénonçaient le monopole sans bien comprendre combien il était écrasant. « Il est difficile d'échapper à l'impression que [les pseudo-progressistes] ont recours au monopole comme à une vague formule négative, mais que très peu de sujets sont en réalité conscients de l'impact du processus de concentration sur leurs vies. » Le test du « libéralisme authentique » était devenu si rigoureux que seule une minorité civilisée était capable de le passer avec succès – une minorité qui ne se ramènerait qu'à une seule personne, pour peu que Adorno soit choisi comme l'arbitre des élégances ultime.

La critique libérale du populisme

La Personnalité autoritaire n'était qu'une étude parmi tant d'autres de l'après-guerre à avancer, au moins implicitement, que la population envisagée dans sa globalité ne faisait montre que d'une médiocre compréhension de la Démocratie libérale, et que les questions importantes de politique publique devaient

être confiées aux élites éduquées, pas soumises au vote populaire. Une étude largement citée par Samuel Stouffer, *Com-
munism, Conformity, and Civil Liberties* (1955), montrait que
les élites étaient bien plus tolérantes à l'égard de l'anti-
conformisme politique que l'opinion publique. Edward Shils
en était arrivé à la même conclusion dans *The Torment of Secrecy*
(1956), qui affirmait que « seule une minorité voyait son action
guidée par l'amour des libertés publiques et la préférence pour
l'intérêt général ». Dans *The Politics of Mass Society* (1959),
William Kornhauser avançait que la classe ouvrière et la petite
classe moyenne étaient « moins engagées aux côtés des partis
démocratiques et des libertés civiles » que les classes éduquées.

Des analystes de la politique étrangère de l'après-guerre,
notamment Walter Lippmann et George F. Kennan, rendaient
la démocratisation de la fonction diplomatique sous Woodrow
Wilson et Franklin Roosevelt responsable de l'intrusion dans
la décision politique de passions morales et idéologiques. Leur
plaidoyer en faveur d'une diplomatie conduite par des professionnels expérimentés, et fondée sur une évaluation réaliste de
l'intérêt national, témoignait d'une croyance, née du long
combat contre l'isolationnisme des années trente et quarante,
qui voulait que la politique étrangère dût être préservée de
l'arène du débat partisan, et confiée à un appareil administratif
impartial qui ne céderait en rien aux pressions politiques.
C'était un fait « déconcertant » de l'histoire récente, pensait
Lippmann, que les « masses admises au suffrage n'avaient pas
été, d'une manière assez surprenante, celles qui avaient défendu
avec le plus de résolution les institutions de la liberté ». La
confrontation au totalitarisme – d'abord avec l'Allemagne nazie
et ensuite avec la Russie soviétique – avait révélé les graves
faiblesses de la Démocratie : son inertie, son indécision, sa
tendance à adopter des solutions de facilité rapides et indolores,
sa rapidité à éluder les décisions délicates en les soumettant à
l'opinion publique. Une « conception jacobine du peuple
émancipé et souverain » avait entraîné une « dévitalisation du
pouvoir de gouvernement » et un « déclin de l'Occident »
général.

Le McCarthysme renforçait les libéraux dans leur crainte des mouvements de masse et de la « Démocratie directe », et ils se retournaient vers le concept de pseudo-conservatisme qu'avait élaboré Adorno dans le but de découvrir les racines sociales et psychologiques de ce que Richard Hofstadter appelait leur « haine profonde, sinon largement inconsciente, de notre société et de ses manières d'être ». Les libéraux ignoraient, à quelques exceptions près, les tensions internationales qu'exploitait McCarthy. La majorité d'entre eux refusait d'admettre que la politique de confinement de Truman et son *domestic loyalty program* avaient contribué à générer l'hystérie anticommuniste qui se retournait désormais contre Truman lui-même et ses principaux conseillers. Ils reliaient au lieu de cela le « pseudo-conservatisme » de McCarthy à la tradition populiste de la politique américaine. Cette « éruption de Démocratie directe », écrivait Peter Viereck dans *The New American Right* (1955), un recueil d'essais consacrés au McCarthysme édité sous la direction de Daniel Bell, « vient en droite ligne de la rhétorique gauchiste des anciens Populistes et Progressistes, qui appelle depuis toujours le Peuple à retirer à « son » gouvernement les Pouvoirs secrets qui sont censés être les Siens ». Pour Leslie Fiedler, la « défiance [populiste] à l'endroit de l'autorité, des institutions, et du savoir de l'expert » avait trouvé un *nouveau* champion avec McCarthy. Seymour Martin Lipset affirmait que McCarthy jouait sur les « symboles clés » qui en appelaient aux Populistes, et s'attaquait « aux mêmes groupes auxquels le Populisme du Midwest s'était toujours opposé, l'aristocratie financière conservatrice de la côte Est ».

Cette interprétation du McCarthysme comme survivance du Populisme s'appuyait très largement sur le concept élaboré par Adorno de politique du statut. L'obsession de McCarthy pour la subversion intérieure révélait, selon Hofstadter, une « irrationalité massive et dense » qui distinguait le pseudo-conservatisme du « conservatisme en actes ». Hofstadter, comme Adorno, envisageait chaque manquement au libéralisme orthodoxe comme une manifestation de type « paranoïaque ». Ayant fini par reconnaître l'existence d'« un large éventail de comportements pour lesquels semble inadéquate l'interprétation

économique de la politique », il décelait dans toute chose une
angoisse liée au statut irréductible à toute interprétation éco-
nomique*. Cette approche, bien qu'explicitement destinée
à remplacer le déterminisme économique, se proposait néanmoins de rechercher des intérêts économiques identifiés avec
précision, la seule activité politique rationnelle et légitime,
semblait-il. Tout ce qui ne pouvait être réduit à une motivation
économique devenait « paranoïaque » par défaut. Les fermiers
américains ne commencèrent par conséquent à réaliser des
gains tangibles, selon Hofstadter, que lorsqu'ils abandonnèrent
le mythe agrarien sentimental et apprirent à se définir comme
un groupe d'intérêt. Il congédiait le Populisme en le présentant
comme un mouvement guidé par une vision de la politique
conspiratrice typique des petits propriétaires terriens, grisé par
les idéologies de la *soft money* et d'autres sornettes, acquis aux
débordements nationalistes et antisémites, et qui désirait avec
ardeur les simplicités rurales authentiques que célébrait le
mythe du soldat du *yeomanry*. Il écartait le Progressisme
comme un autre type de mouvement petit bourgeois conduit
par des représentants d'une classe moyenne plus ancienne, qui
avaient souffert d'un brusque effondrement de leur statut
social, et qui craignaient les gigantesques organisations – trusts
et syndicats – qui s'apprêtaient à dominer la société industrielle. L'interprétation de l'histoire américaine de Hofstadter
incorporait des préjugés culturels si familiers à un si large
éventail d'opinions intellectuelles que sa réception à grande
échelle semble presque, rétrospectivement, une conclusion
obligée.

* « Ma génération », écrivait Hofstadter en 1962, « fut élevée dans
la conviction que le pouvoir moteur basique du comportement politique était l'intérêt économique des groupes. » Ayant été amené à
comprendre les imperfections de cette vision des choses, il s'était posé
la question de savoir si la racine du problème ne devait pas plutôt se
trouver dans un effort malavisé de réduction de l'action politique à
la « conduite ». Hannah Arendt relevait dans *La Condition de l'homme
moderne*, ouvrage publié la même année que *The New American Right*,
qu'une conception de la politique excessivement « sélective » avait
« exclu d'une conceptualisation articulée une grande variété d'expé-

Un mépris permanent pour la petite bourgeoisie constituait probablement le plus important de ces préjugés. Une curieuse convergence entre Mencken et Marx informait la critique libérale du Populisme. Marx admirait le capitalisme pour son dynamisme, sa capacité de destruction des modes de vie traditionnels, et le progrès technique qu'il rendait possible ; mais ni lui, ni ses disciples n'admiraient la classe hétérogène composée de petits propriétaires, petits commerçants, artisans et fermiers – une classe heureusement destinée, selon le *Manifeste communiste*, à « disparaître face à l'industrie moderne ». Dans le schéma marxiste, dont de nombreuses figures s'étaient rappelées au souvenir de libéraux comme Hofstadter, bien après qu'elles aient cessé d'être marxistes dans leur politique, les membres des fractions les plus modestes de la classe moyenne partageaient avec les capitalistes l'amour de l'argent, mais pas leur audace. Ils se cramponnaient à des manières d'être dépassées – une religiosité et une conception de la santé et du foyer convenues, le culte sentimental de la maternité –, et à des modes de production obsolètes. Ils se retournaient vers un âge d'or mythique révolu. Les classes sociales plus élevées leur déplaisaient, mais ils intériorisaient leurs critères, traitant de haut les pauvres au lieu de se joindre à eux dans une lutte commune contre l'oppression. Ils étaient hantés par la peur de glisser au bas de l'échelle sociale, et s'agrippaient aux lambeaux de respectabilité qui leur restaient et les distinguaient de la classe des travailleurs manuels. Engagés avec férocité dans l'éthique du travail, ils croyaient que tous ceux qui prenaient

---

riences politiques authentiques », dont les plus importantes – le refus délibéré de la vengeance, par exemple, le refus de la « réaction naturelle, automatique, à la transgression » – sont précisément celles qui sont les moins attendues, et donc les moins réductibles à un élément aussi prévisible que la « conduite ».

La nécessité d'une conception plus large de la politique était, quoi qu'il en soit, la dernière chose que les historiens américains avaient à l'esprit au cours des années quarante et cinquante. Ils ne s'intéressaient pas à la suggestion de Arendt d'après laquelle la vie politique représente l'institutionnalisation de la capacité à l'action – la capacité

la peine de chercher du travail pouvaient en trouver un, et que
ceux qui refusaient de travailler méritaient de dépérir. Souffrant
d'un manque de culture libérale, ils tombaient facilement en
proie à la tentation d'adhérer à toutes sortes de remèdes
de charlatan et autres lubies politiques – monnaie de papier,
vagues systèmes destinés à partager la richesse, anarchisme,
socialisme utopique (par opposition au socialisme scientifique)*.

Un essai de Victor Ferkiss, « Populist Influences on American Fascism » (1957), était, dans sa forme la plus crue, exemplaire de la critique libérale du Populisme petit bourgeois.
Ferkiss comprenait le Populisme comme une configuration
« générique » qui embrassait le *People's Party* des années 1890
et « des mouvements étroitement alliés à ce dernier, tels le
Greenback Party, les croisades de Bryan autour du *free silver*,
le Progressisme de LaFollette », la *Non-Partisan League*, la justice distributive (*distributivism*) [2], ainsi que d'autres manifestations d'« une révolte agrarienne contre la domination des
groupes d'intérêts financiers et industriels de la côte Est ». Il
constituait l'« équivalent américain du fascisme et du national
socialisme européen ». Isolationniste, raciste et antisémite, le
Populisme était aux antipodes du « socialisme démocratique
de la tradition humaniste ». Il ne contenait aucune « idée
d'envergure sur la liberté humaine ou une vie humaine plus
riche » et, en conséquence, « ne suscitait aucun intérêt dans les
cercles intellectuels américains sérieux ». Il ne critiquait pas « la
propriété privée ou le système du salariat ». Il attaquait au lieu
de cela des maux symboliques et largement imaginaires,

---

d'initier quelque chose, d'entamer un nouveau commencement (par
le renoncement à la revanche). Loin de reconsidérer les implications
de la « conduite », ils se contentaient de superposer au réductionnisme
économique un réductionnisme sociologique et psychologique, rajou-
tant à une interprétation économique du comportement politique
une interprétation socio-psychologique destinée à dissimuler des
situations où ne semblait jouer aucun motif économique intelligible.

* La petite bourgeoisie, selon Lénine, « souffre d'une oppression
constante » sous le capitalisme et « devient aisément révolutionnaire,
mais est incapable de faire preuve de persévérance, d'une capacité à

généralement présentés comme le produit de conspirations initiées par des financiers juifs, des agents de l'église catholique romaine, ou des communistes. Les Populistes partageaient une croyance en une « Démocratie plébiscitaire » et une « absence d'illusion quant aux institutions démocratiques libérales ». Ils souhaitaient balayer les « institutions interventionnistes » – corps législatifs, cours de justice, partis politiques – et instaurer une tyrannie de la majorité. Ils haïssaient les syndicats ouvriers autant que le monde des grandes affaires. Leur programme en appelait à « une classe moyenne composée en majorité de fermiers et de petits commerçants » qui craignaient d'être « pris en tenaille entre le monde des grandes affaires (...) et une classe ouvrière qui tend à remettre en question la nécessité du système du salariat et même de la propriété privée ».

Niant l'évidence suivant laquelle la critique du système du salariat était bien plus étroitement identifiée à la tradition populiste qu'au mouvement ouvrier du XXᵉ siècle, Ferkiss appuyait sa plaidoirie sur des citations enflammées de Huey Long, Father Charles Coughlin, Gerald L.K. Smith, Ezra Pound, Lawrence Dennis, et Charles Lindbergh. Leurs déclarations témoignaient d'un « noyau de doctrine commun », et libéraient par conséquent l'historien du Populisme de l'obligation de rattacher leurs idées à une tradition spécifique de pensée, ou à une histoire particulière d'agitation politique. Extrait de son contexte historique – le combat destiné à préserver les vertus morales conférées par la possession de la propriété contre la menace combinée du travail salarié et de la collectivisation de la propriété –, le « populisme » devenait une catégorie de fortune où jeter tout ce qui tombait en dehors du consensus libéral ou social-démocrate. Ferkiss n'essayait pas même de démontrer que ses « populistes » se présentaient

---

l'organisation, à la discipline, et à l'assurance ». C'est avant tout leur résistance à la discipline révolutionnaire qui a fait des fractions les plus modestes de la classe moyenne le désespoir des Marxistes. Associé à leur refus obstiné de disparaître, leur manque de fiabilité politique fait de cette frange de la population, pour citer l'historien Arno Mayer, un « problème historique ».

comme tels, ou revendiquaient se positionner dans la lignée
de l'héritage populiste. Le sujet passif de son affirmation centrale – « Démonstration est publiquement faite que les fascistes
revendiquent ouvertement l'héritage du Populisme » – n'était
pas même spécifié. Dans la mesure où « aucune personnalité
citée dans cet essai ne revendiqua jamais ouvertement cette
étiquette », admettait Ferkiss dans une note de bas de page
accompagnant cette même sentence, il est effectivement difficile de se faire une idée de leur exacte opinion sur le sujet.
Peut-être le résumé de cette thèse singulièrement dépourvue
de toute argumentation faisait-il référence à la thèse elle-
même : la « démonstration » qu'était « publiquement » en train
de faire Ferkiss dans son propre essai !

Le Populisme comme autoritarisme de la classe ouvrière

La critique du Populisme petit-bourgeois servait aux
marxistes de contrepoint à leur éloge des ouvriers de l'industrie,
les vrais révolutionnaires. Pour Marx et Engels, l'industrialisme
arrachait la classe ouvrière à ses racines, l'extrayait de force de
l'« idiotie de la vie rurale » pour la faire rentrer dans la manufacture, la délestait des fausses consolations apportées par la
religion et la respectabilité, bouleversait sa vie de famille en
poussant la femme de l'ouvrier, et même ses enfants, vers la
place du marché, et faisait de cette façon des anciens artisans
et paysans une classe de hors-la-loi révolutionnaires. Au cours
des années cinquante, quoi qu'il en soit, il était devenu évident
pour tout le monde, à l'exception de quelques ultra-
conservateurs, que les ouvriers de l'industrie n'étaient pas
parvenus à saisir l'occasion révolutionnaire qui avait été la leur.
Les révélations de faits de corruption au sein des syndicats, le
déclin du militantisme ouvrier, et l'avènement du « grand travail » arrachaient l'aura romantique, qui est le propre du plus
faible, qui avait entouré le mouvement ouvrier au cours des
années trente. Chaque nouvelle étude consacrée au sujet dépeignait une classe ouvrière nouvellement installée en banlieue,
pour la première fois à l'abri du sentiment de précarité éco-

nomique, mais socialement déboussolée, pleine de ressentiment pour les noirs et d'autres minorités menaçantes, tenaillée
par une angoisse liée à son statut, et prête à se rallier à des
démagogues extrémistes. Ces clichés d'un embourgeoisement
ouvrier permettaient aux libéraux d'accoler, y compris aux
ouvriers de l'industrie, les traits habituels de la petite bourgeoisie qui avait jadis été l'espoir de la gauche, mais qui constituait désormais une partie du « problème historique » que
posaient les fractions les plus modestes de la classe moyenne.

La manifestation de plus en plus évidente d'un « autoritarisme ouvrier », pour Lipset, « constituait un tragique dilemme
pour ces intellectuels de la gauche démocratique qui croyaient
autrefois que le prolétariat ne pouvait être qu'une force portant
liberté, égalité raciale, et progrès social ». Une étude de la
personnalité, des enquêtes relatives aux formes adoptées par la
famille ouvrière, et des analyses de l'opinion publique montraient toutes que les ouvriers envisageaient leurs choix politiques comme « noirs et blancs, bons et mauvais ». Leur refus
de l'ambiguïté – la marque constitutive, selon Adorno, de la
personnalité autoritaire – les prédisposait à se rallier aux « mouvements extrémistes qui proposent des solutions faciles et
rapides aux problèmes sociaux, et entretiennent une vision du
monde figée ». À l'instar de nombreux autres libéraux, Lipset
avait fini par « réaliser peu à peu que les mouvements extrémistes et intolérants, dans la société moderne, ont de toute
évidence bien plus intérêt à se fonder sur les populations les
plus humbles, que sur la classe moyenne et la classe supérieure ». Les libéraux s'inquiétaient autrefois du déclin de la
participation populaire en politique. Ils commençaient désormais à se demander s'il ne fallait pas se féliciter de l'« apathie »,
dans la mesure où elle réduisait le danger que des personnes
« accablées par leur statut », cherchant désespérément, telles
qu'Adorno les dépeignait, une « reconnaissance sociale », trouvent des exutoires politiques à leur « rage sociale refoulée ».

La volumineuse littérature consacrée au thème de la famille
autoritaire témoignait du changement de l'opinion que se faisaient les libéraux de l'ouvrier américain. Les sociologues
avaient un temps avancé qu'une nouvelle éthique de l'éga-

litarisme sexuel et générationnel était en train de détruire le
« concept traditionnel de la famille », qui veut que le « père
soit à la tête du foyer, la mère chargée du soin (...) des enfants,
et (...) les enfants tenus de respecter leurs parents » et de leur
obéir. Ils commencèrent, après la Deuxième Guerre mondiale,
à politiser la famille en avançant qu'une « forme autocratique
d'organisation familiale », pour citer le président de la *National
Conference on Family Relations*, « ne peut en aucun cas préparer
les enfants au nouvel ordre social démocratique ». Il ne venait
pas, quoi qu'il en soit, à l'esprit des sociologues libéraux d'identifier, avant les années cinquante, la famille « traditionnelle »
comme une institution ouvrière. Des premières études avaient
relevé, en sanctionnant positivement ce constat, que des
parents ouvriers faisaient preuve de plus de tolérance dans
l'éducation de leurs enfants que leurs homologues des échelons
supérieurs de la classe moyenne. La discipline que préféraient
ces derniers était souvent critiquée pour sa rigidité et son caractère répressif. Allison Davis et Robert Havighurst notaient en
1946 qu'elle produisait des adultes « méthodiques, consciencieux, responsables et fades ». En 1954, Eleanor Maccoby et
Patricia Gibbs mettaient en cause cette conception plus
ancienne en démontrant que les parents des couches supérieures de la classe moyenne faisaient montre de permissivité
dans un grand nombre de domaines, et étaient « relativement
plus chaleureux et démonstratifs » dans leurs relations avec
leurs enfants. Quatre ans plus tard, Urie Bronfenbrenner pouvait présenter comme la « découverte la plus substantielle » des
études menées sur la question de l'éducation des enfants, celle
qui montrait que les parents ouvriers recouraient typiquement
à la punition physique, alors que les parents des fractions les
plus élevées de la classe moyenne comptaient sur « le raisonnement, l'isolement, et (...) des techniques de discipline
« guidées par l'amour » ». Un autre bilan de recherche indiquait, en 1971, que ces contrastes dominaient maintenant la
littérature produite dans le domaine de la sociologie de l'éducation des enfants. « Les parents, parmi les échelons supérieurs
de la classe moyenne, tendent à être plus préoccupés et plus
proches de leurs enfants, que les parents des fractions les plus

modestes de cette classe, et (...) sont moins censés avoir recours à la punition physique. » Dans un laps de temps remarquablement court, la famille de la classe moyenne, de puritaine et refoulée, était devenue chaleureuse et aimante, pendant que l'image de la vie de famille du foyer ouvrier passait d'une spontanéité insouciante à une discipline sévèrement autoritaire. Talcott Parsons relevait en 1964 que la recherche récente, qui indiquait que la « discipline imposée aux enfants des classes inférieures tend à être, significativement, plus sévère » que la discipline adoptée par les classes supérieures, confirmait « le travail désormais bien connu qu'avait mené Lipset sur l'autoritarisme ouvrier ». Des travaux ultérieurs ajoutèrent à l'accusation de discipline punitive une liste continuellement allongée d'infractions à la pratique éclairée : des stéréotypes sexuels rigides, un sens exagéré de l'honneur personnel, une incapacité à exprimer ses émotions, un manque de sophistication dans les relations interpersonnelles, une ignorance de la psychologie, ainsi qu'une « incapacité chronique à partager », pour citer Mirra Komarovsky. Dans sa monographie classique, *Blue-Collar Marriage* (1962), Komarovsky racontait que ses visites dans les foyers ouvriers la « transportaient », « telles une machine à remonter le temps à la Wells, vers une époque révolue, faite d'innocence pré-freudienne à l'égard de la nature humaine », où demeuraient inconnus des concepts comme la « sécurité émotionnelle » et la « capacité à établir un rapport avec autrui ». Komarovsky considérait cette « pénurie d'idées », cette « ignorance des dynamiques psychologiques » comme des sources d'inadaptation émotionnelle. Un point de vue similaire inspirait l'observation, faite par Donald McKinley, d'après laquelle les parents de la classe ouvrière ne pensaient pas l'enfant « comme un produit ». Ceci aurait pu être jadis considéré comme un hommage à la spontanéité ouvrière. Pour McKinley, pourtant, ce constat suggérait une insuffisance du « capital émotionnel », qui conduisait à « une socialisation sévère de l'enfant, une hostilité à l'encontre de tout facteur humain ou émotionnel, (...) et une distanciation globale par rapport aux normes sociales dominantes ».

Le glissement d'une vision compréhensive vers une vision peu amène de la culture ouvrière reflétait autant un enthousiasme grandissant pour l'expertise médicale et psychiatrique qu'un changement du climat politique. La résistance ouvrière à l'intervention thérapeutique fournissait bien plus qu'un indice d'arriération culturelle. Une étude révélatrice, « La sous-utilisation des services médicaux par les cols bleus » repérait l'origine du problème dans une attitude fataliste à l'égard du corps.

> Tout se passe comme si la classe des cols blancs pense le corps comme une machine qui doit être préservée et maintenue en parfait état de fonctionnement, que ce soit par le biais de dispositifs prothétiques, d'une rééducation, d'une chirurgie esthétique, ou d'un entretien perpétuel, alors que les groupes de cols bleus pensent que le corps a une durée limitée d'usage : doit être apprécié pendant la jeunesse, est ensuite destiné à devenir une source de souffrances, et doit être supporté avec stoïcisme avec l'âge et la décrépitude.

Les libéraux avaient peut-être jadis préféré le réalisme ouvrier à la conception du corps comme machine requérant un « entretien perpétuel » que partageaient les membres de la classe moyenne supérieure. Les auteurs, pourtant, en arrivaient à la conclusion opposée. Une acceptation stoïque du déclin physique, avançaient-ils, témoignait d'une « image de soi dégradée ».

Les généralisations au sujet de ce qu'Herbert McClosky appelait le « rôle de la personnalité dans la formation des croyances sociales » servaient à rendre inacceptables pour le débat politique des croyances déplaisantes, et à justifier l'affirmation suivant laquelle les meilleures gardiennes de la Démocratie étaient des élites éduquées. S'inspirant autant de l'étude du « véritable croyant » réalisée par Eric Hoffer que de *La Personnalité autoritaire*, McClosky reliait conservatisme politique et « rigidité psychologique ». Une croyance en la perversité de l'homme, en la nécessité de contrôles sociaux forts, et en l'influence stabilisante de la famille et de l'église dérivait de « pulsions psychologiques » morbides, de « projections de tendances personnelles à l'agressivité ». Étant les « manifestations doctrinales d'un profil de personnalité particulier », de telles idées n'avaient pas à être discutées au regard de leurs mérites. Elles attiraient les personnes incorrectes de toutes sortes, suspectes autant pour des raisons socioéconomiques que psychologiques : « les ignorants, les incultes, (...) les moins intelligents, (...) les éléments les plus arriérés et apeurés de la population ». Les « classes cultivées et informées », bien au contraire, étaient « dans leur majorité libérales par leur manière d'envisager les choses », et représentaient en conséquence les « garants majeurs de la conscience publique ». Elles étaient, semblait-il, les seules à même de « résoudre par le dialogue les questions sociales complexes » d'une « manière purement désintéressée », et de s'élever au-dessus du « brouhaha des opinions discordantes et mal informées ».

Une fois les symptômes de l'autoritarisme ouvrier identifiés et reliés à leurs racines familiales, les spécialistes ès sociologie politique n'avaient aucune difficulté à expliquer leur incidence sur les idéologies peu libérales, « antidémocratiques ». « L'autoritarisme ouvrier permet même d'expliquer l'approche rigide et intolérante adoptée par de nombreux cols bleus à l'endroit des affaires politiques américaines », écrivait Arthur B. Shostak dans l'un des incontournables travaux consacrés à la culture ouvrière. « Incapables de comprendre le fonctionnement de la politique, et répugnant à la conciliation et au compromis, les autoritaires de la classe ouvrière cherchent à imposer à la société une sorte de « vérité fondamentale » qui libérera l'Amérique de ses niaises illusions. » Les analystes de l'« aliénation politique » découvraient que le mépris pour les politiciens, le ressentiment à l'encontre du monde des grandes affaires, et un sentiment général d'impuissance apparaissaient plus souvent chez les ouvriers que parmi les populations de la classe moyenne. Pour William Simon et John Gagnon, les ouvriers étaient guidés par un « sens mythique du passé » et un désir de restaurer un ordre plus ancien. William Kornblum reliait le Populisme des cols bleus, et son irrationnelle « défiance face au monde des grandes affaires », son sentiment d'aliénation envers un « gouvernement coupé de la volonté populaire », ainsi que sa « peur d'idéologies étrangères », à la compétition pour « la rectitude et le statut » au sein de communautés marquées par « un provincialisme général », « une solidarité de voisinage provinciale », et « un isolement culturel ».

Les ouvriers croyaient que « le monde des grandes affaires fait tourner ce pays », notait Robert Lane. Loin de se demander s'il n'y avait pas quelque vérité dans cette perception des choses, Lane l'expliquait comme le produit d'une mentalité « cabalistique » ou d'un « complexe d'usurpation ». Sujets aux « fantaisies et à l'impulsion », les ouvriers adhéraient à des théories du complot pour « contrecarrer les forces chaotiques du mouvement et du changement qu'ils mélangeaient anarchiquement ». *Political Ideology* de Lane, considérée par beaucoup comme la principale analyse de l'aliénation politique, réduisait le mécontentement ouvrier à une pathologie personnelle. Lane se demandait pour quelles raisons les ouvriers ne « considéraient pas que le Président ou le Congrès détenaient le pouvoir », et en attribuaient tant au monde des grandes affaires. L'explication, décidait-t-il, résidait dans le fait que des personnes ayant un « ego ou un moi » sous-développé réclamaient une image de « pouvoir absolu » qui était « évidemment difficile à trouver dans le Congrès ou le Président ». Seule une poignée des sujets qu'avait rencontrés Lane, « libres de toute pensée cabalistique », percevait avec réalisme le pouvoir comme « généralement partagé et limité », et respectait « le pouvoir légitime en le considérant supérieur (...) au pouvoir des groupes privés qu'il englobait ». Comme dans *La Personnalité autoritaire*, l'idéologie libérale – en l'occurrence, le dogme qui voulait que le pouvoir politique aux États-Unis soit réparti si uniment entre une pluralité de groupes d'intérêts qu'il était impossible que l'un d'entre eux parvienne à une influence illimitée – fournissait le critère d'évaluation de la santé mentale.

Lane manifestait une certaine exaspération face à la théorie de la « société de masse » qu'avançaient William Kornhauser et d'autres. L'anomie et l'aliénation politiques reflétaient, pour Kornhauser, le délabrement de la « communauté ». Lane affirmait, au contraire, que c'était l'« absence précise de communauté qui rendait la Démocratie possible ». Les institutions démocratiques étaient le produit de la modernisation : « l'industrialisation, une richesse augmentée, une urbanisation en développement, une éducation perfectionnée, une communication améliorée ». La « classe supérieure », plus pleinement exposée aux influences modernisatrices que les autres classes, était la plus libérale dans sa manière d'envisager les choses, « le défenseur le plus dévoué des deux plus grands idéaux de la Démocratie », la liberté et l'égalité. « Ni les commerçants ni la classe ouvrière » ne manifestaient beaucoup d'« affection » pour ces idéaux. « Ce n'est pas vers « le Peuple », pas vers la classe d'affaires, pas vers la classe ouvrière, que nous devons rechercher la défense constante et relativement inconditionnelle de la liberté et de l'égalité. » Le réquisitoire de Lane contre la pathologie de la classe ouvrière était aussi un éloge de sa propre classe, l'élite salariée éduquée.

James D. Wright en arrivait à des conclusions similaires dans *The Dissent of the Governed*, où il manifestait son désaccord avec la proposition convenue qui voulait que la Démocratie nécessitât une croyance populaire dans le gouvernement. Wright, en recourant aux questionnaires habituels, décelait une « aliénation » largement répandue dans l'approbation de formulations telles que « les gens comme moi n'ont strictement rien à dire sur le mode de fonctionnement du gouvernement » ou du type « les fonctionnaires ne se soucient pas beaucoup de ce que pensent les gens comme moi ». Il avançait pour finir, cependant, que les Américains aliénés étaient trop passifs et apathiques pour menacer le corps politique. « Vieillissants, pauvrement éduqués, et appartenant à la classe ouvrière », ils n'étaient pas « censés aller à l'église, et prêtaient peu d'attention aux médias de masse », et étaient même rarement enclins à voter. « L'évidence (...) suggère que les Démocraties fonctionnent raisonnablement bien avec le consentement d'à peine plus d'une moitié de la population. » McClosky établissait à peu de choses près le même constat, rassurant ses lecteurs en affirmant que ceux qui étaient « les plus perdus au regard des idéaux démocratiques » étaient également « apathiques et sans grande influence ». « Leur rôle dans le processus de décision de la nation est si mineur », écrivait McClosky, « que leurs opinions « malavisées » ou leur absence d'opinion ont peu de conséquence pratique sur la stabilité ». Les seules personnes qui

importaient réellement étaient, semblait-il, les membres des
classes supérieures. « L'assentiment de ces groupes », observait
Wright, « est une condition *sine qua non* au maintien du régime
(...) Le système pourrait aisément s'effondrer si leur assentiment lui était retiré ».

L'étroitesse d'esprit éduquée

La théorie de l'autoritarisme ouvrier n'échappait pas à la
critique, mais les postulats aux implications plus larges qui se
dissimulaient derrière elle se révélaient hautement résistants
aux critiques. Quelques sociologues s'opposaient à l'importance excessive qu'elle accordait aux racines pathologiques des
attitudes non éclairées, préférant les expliquer par un manque
d'éducation, pas par de profondes tares de caractère. « L'autoritarisme plus accentué de la classe ouvrière », écrivait Lewis
Lipsitz, « (...) semble en grande partie le fruit d'une éducation
plus médiocre. Avec une éducation de qualité, les individus de
la classe moyenne (...) ne sont pas moins consubstantiellement
autoritaires que les individus de la classe ouvrière. » L'impression générale d'une arriération ouvrière subsistait, quoi qu'il
en soit, qu'elle soit attribuée à des schémas familiaux autoritaires ou simplement à un manque d'éducation. La « médiocre
éducation » de l'ouvrier, selon Albert Cohen et Harold Hodges,
lui interdisait de « se confronter à autrui, à des mondes différents ». Une récusation efficace des hypothèses habituelles sur
la « modernisation » et l'arriération culturelle aurait donc à
mettre en question la mise en équivalence de la Démocratie
avec la mobilité sociale, la sécularisation, l'égalité en matière
d'éducation, et l'abandon de manières d'être traditionnelles.
Elle aurait à mettre en question le cliché d'une étroitesse
d'esprit propre au milieu ouvrier que popularisaient même
ceux qui tentaient, comme Mirra Komarovsky, de décrire la
culture ouvrière avec quelque sympathie, mais parlaient
presque invariablement d'une existence « étroitement circonscrite » qu'une absence de contact avec le reste de la société,
au-delà de l'horizon du voisinage immédiat, rendait mortel-

lement ennuyeuse. Au-delà du voisinage, affirmait Komarovsky, « s'étend une immense obscurité ».

Aveugles à leurs propres préjugés, les enfants des Lumières ne pouvaient s'apercevoir que leur propre monde était exactement, de bien des manières, aussi étroitement circonscrit que celui des ouvriers. Si ces derniers passaient leurs journées en compagnie de « personnes qui leur ressemblaient beaucoup », il en était de même pour les classes éduquées. Leurs déplacements les entraînaient autour du globe, mais l'internationalisation du mode de vie des cadres signifiait qu'ils rencontraient le même type d'individus et les mêmes conditions de vie où qu'ils aillent : les mêmes hôtels, les mêmes restaurants trois étoiles, les mêmes salles de conférences et les mêmes auditoriums. Leur éducation leur donnait par procuration accès à la culture mondiale, mais leur familiarité à cette culture était de plus en plus sélective et fragmentaire, et ne semblait pas avoir renforcé leur propre capacité d'identification imaginative à l'expérience inconnue. Leur jargon étudié avait perdu contact avec le langage ordinaire, et ne servait plus de substrat où puisse venir puiser le sens commun propre à la communauté. En droit, en médecine et dans le domaine des sciences dures, le discours académique était parvenu à une précision analytique certaine, aux dépens du pouvoir éclairant et évocateur de la langue ; alors que dans des domaines comme la psychiatrie, la sociologie et le travail social, il se contentait de distinguer les spécialistes des non-spécialistes, et apportait un air de prestige scientifique à des pratiques qu'embarrassaient leurs origines peu prestigieuses. L'Anglais académique – le médium abstrait, rigide, insipide, utilisé non seulement dans les salles de classe, mais au sein des conseils d'administration, des hôpitaux, des cours de justice et des services administratifs – avait mis au rebut la plupart des idiomes truculents qui trahissaient son passé anglo-saxon provincial, et aucun indice d'accent ou de dialecte régional ne transparaissait plus de sa langue parlée. La bureaucratisation du langage indiquait ce qui était en train d'arriver à la culture intellectuelle dans son ensemble : sa transformation en un médium universel semblait curieusement affaiblir sa capacité à faciliter la communication publique. Les personnes qui se positionnaient à l'avant-garde de « l'âge des communications » se retrouvaient en situation de ne plus pouvoir communiquer avec quiconque, excepté eux-mêmes. Leurs jargons techniques étaient inintelligibles pour les néophytes mais immédiatement reconnaissables, tel le badge qui confirme le statut professionnel, aux spécialistes du même domaine partout à travers le monde. Le cosmopolitisme des spécialistes éduqués avait raison des vieilles barrières posées par l'identité locale, régionale et même nationale, mais les isolait des gens du commun et de l'expérience humaine ordinaire.

Se félicitant de la dimension transfrontalière de leur culture, les classes éduquées menaient ce qui ressemblait, par bien des aspects, à une existence insulaire, étroite. Les commodités modernes les protégeaient des inconforts de la vie ordinaire. L'air conditionné et le chauffage central les protégeaient des éléments, mais les coupaient de la connaissance vivifiante de la nature que seuls acquièrent ceux qui s'exposent à ses humeurs plus rudes. L'exemption du travail manuel les privait de toute appréciation des savoirs pratiques qu'il nécessite, ou du type de savoir qui surgit directement de l'expérience personnelle. Exactement comme leur connaissance de la nature se limitait à un séjour dans quelque parc national, leur conscience de l'aspect sensuel, physique de la vie était en grande partie distractive, restreinte aux activités destinées à conserver la « machine » corporelle en état de fonctionnement. Le jogging, le tennis et le *safe sex* ne pouvaient remédier à l'absence d'un exercice plus vigoureux. Pas plus l'ouverture d'esprit ne compensait-elle l'absence de convictions fermement ancrées. Les classes éduquées surmontaient le fanatisme au prix d'une dessiccation. En étant arrivées à envisager la communauté scientifique de la recherche libre et ouverte comme le « prototype de la société libre », affirmait Shils, elles avaient redéfini la Démocratie à leur propre image. « La Démocratie » finissait par faire référence à ce que Lane appelait les « modes de pensée d'une société bien informée » – une capacité à l'abstraction, la tolérance et l'ambiguïté, un rejet de l'« idéalisme philosophique » et des « modes de pensée théologiques et métaphysiques », une reconnaissance des « modes d'expression mathématiques ». Ces habitudes de pensée définissaient un idéal intellectuel d'ouverture d'esprit ainsi qu'un idéal éthique de tolérance, de respect mutuel, et de jugement mesuré. Si les « perspectives morales » typiques de l'autoritarisme se fondaient sur « des postulats grossiers et mécaniques au sujet de la nature humaine », avançait Robert Endleman dans un « portrait composite » des cols bleus, une moralité plus éclairée devait alors se fonder sur les vertus académiques et thérapeutiques. Elle devait s'appuyer sur un respect pour le potentiel humain, une aversion pour la douleur et la souffrance, une attitude critique envers l'autorité, un refus d'être gouverné par des préceptes traditionnels, et une croyance d'après laquelle la plupart des conflits peuvent être résolus grâce à l'arbitrage d'experts des questions concernées. En reformulant ces valeurs en normes psychologiques, la classe supérieure permettait que l'on révoque les attitudes dissidentes par rapport au consensus éclairé comme des manifestations d'arriération émotionnelle et culturelle. Les membres de l'élite éduquée défendaient l'ouverture d'esprit comme la vertu politique suprême mais refusaient de débattre de l'idée qu'ils se faisaient d'une vie bonne, peut-être parce qu'ils se doutaient qu'elle ne pouvait soutenir l'exposition à des idées plus vigoureuses.

Camelot après Kennedy : Oswald en monsieur tout le monde

Le libéralisme « civilisé » atteignit son paroxysme avec l'accession au pouvoir de John F. Kennedy, puis l'idéalisation rétrospective de ce dernier comme son incarnation la plus pure. Dans la mythologie libérale, l'assassinat de Kennedy devint un symbole de promesse réduite à néant, d'« excellence » laminée, un symbole du déclin du rêve américain. L'ébullition politique qui suivit sa mort, bien plus que le McCarthysme, convainquit les libéraux du fait que l'autorité gouvernementale constitue une structure délicate et vulnérable de contraintes civilisées superposées à des émotions populaires bouillonnantes – racisme, violence, esprit de vengeance, envie de distinction et de célébrité. La légende de « Camelot » protégeait la Nouvelle Frontière, et la tradition politique dont elle était issue, d'un réexamen. Dans la mesure où la stature immense assignée (à la fois dans la vie et la mort) à Kennedy, celle de symbole du plus superbe moment du libéralisme, s'appuyait plus sur des images que sur de la substance – la défense par Arthur Schlesinger de Kennedy contre Nixon en 1960 ayant consisté en grande partie à affirmer que « Nixon manque de goût » –, l'illusion de sa grandeur ne pouvait être maintenue, face à des résultats peu concluants, souvent décevants, que par un commentaire rétrospectif qui remâchait la promesse inexaucée d'une carrière prématurément interrompue par une fin tragique.

Deux thèmes émergeaient du flot de commentaires qui suivirent l'assassinat de Kennedy : une célébration de son « style » ainsi qu'une spéculation sur les ténébreux courants souterrains de la vie américaine, les tares insoupçonnées du caractère national, qui avaient conduit à son meurtre. Pour *Newsweek*, Kennedy « insufflait au bureau ovale un style plein de jeunesse, direct et énergique, sans égal depuis la présidence de Theodore Roosevelt ». « Le style était la clé », écrivait Ben Bradlee. « Son style capturait l'imaginaire de la nation. Le pays, à l'image de son nouveau dirigeant, avait un nouveau visage (...) Avec ses dons intellectuels, un dessein, et du charme, et ses grandes espérances de remporter un second mandat, de quelles impressionnantes et durables réalisations se serait-il montré capable ? » Theodore H. White louait « la candeur remarquable, l'esprit caustique » de Kennedy, « sa gaieté, son élégance, sa grâce ». Alors que les historiens discuteraient de la « législation et des fructueuses propositions de l'administration Kennedy », personne ne pouvait douter de son « style » sans pareil. Le panégyrique de Schlesinger dans les colonnes du *Saturday Evening Post* célébrait la « vitalité de la personnalité » de Kennedy, son « intelligence rapide, son charme immédiat, et son esprit laconique », son « imagination historique », sa « vision de l'Amérique (...) qui en faisait une nation noble, s'élevant au-dessus des motivations mesquines et basses ». Kennedy apportait à la nation un « nouveau sentiment d'elle-même », écrivait Schlesinger, « un nouvel esprit, un nouveau style, une nouvelle conception de son rôle et de son destin ». Pour ne pas être en reste, White publiait un entretien avec Jacqueline Kennedy, réalisé deux semaines après l'assassinat, qui se clôturait par les mots, cités par Mme Kennedy, d'une comédie musicale de Broadway : « Pendant un bref laps de temps rayonnant il y eut Camelot* ».

Un héros défini autant par son style nécessitait une antithèse appropriée, et les apologistes de Kennedy en trouvèrent une sur mesure avec Lee Harvey Oswald. Inadapté, insignifiant, pathétique minus, Oswald avait exactement les qualités requises pour le rôle que l'histoire lui avait, à l'évidence, assigné. Une sorte de satisfaction esthétique se glissait insidieusement dans les comptes rendus consacrés à son rôle, celui de Némésis de Kennedy. « Alors la haine a triomphé », écrivait Ralph McGill en suggérant son inévitabilité, en conclusion d'un article qui déplorait l'« extrémisme » politique. Schlesinger terminait son hommage à Kennedy sur un ton similaire. Kennedy avait été le « Président le plus civilisé que nous ayons eu depuis Jefferson », écrivait Schlesinger. « Et alors un extrémiste politique dément l'a abattu. » Les admirateurs de Kennedy, eux-mêmes fascinés par ce que *Newsweek* présentait comme la « majesté et les charges de la Présidence », attribuaient la même fascination à l'assassin présumé de Kennedy. Oswald, comme les assassins de Garfield, Lincoln, et McKinley, était, d'après une enquête du *Time*, un « psychopathe solitaire » à la recherche d'une « heure de gloire démente ». Prototype du petit homme dans sa jalousie de perdant pour le glamour de Kennedy, Oswald renforçait les doutes sur la capacité de l'homme du commun à répondre au défi que posait le monde

---

* Les admirateurs de Kennedy faisaient preuve de dons certains pour souligner l'impérative nécessité d'un dirigeant qui parlerait au nom de, et représenterait, ce que Norman Mailer, dans son tableau de la convention démocrate de 1960, appelait la « véritable vie souterraine de l'Amérique ». Il y avait beaucoup à dire sur l'affirmation de Mailer d'après laquelle « la vie de la politique et la vie du mythe avaient bien trop divergé » au cours des années de l'après-guerre, et selon laquelle les temps réclamaient un *leader* susceptible de « relancer » une nouvelle fois le « mythe de la nation », afin d'apporter

moderne. Ceux qui admiraient le dédain patricien de Kennedy
pour les gestes politiques conventionnels trouvaient en Oswald
un exutoire parfait à leur phobie de la mentalité de masse. Il
représentait le pire de la vie américaine, exactement comme
Kennedy incarnait son meilleur et plus brillant aspect.

La spéculation sur l'assassinat finit de cette façon par tourner
autour, non pas de la question qui consistait à savoir si Oswald
pouvait avoir abattu Kennedy seul, mais autour de la question
apparemment plus large, capitale, qui consistait à se demander
ce que son acte révélait de la psyché nationale. La question si
souvent posée dans les heures qui suivirent l'assassinat –
« Qu'avons-nous fait pour en arriver là ? » – provoqua une
orgie d'examen de conscience national. Menée pour sa plus
grande partie sur le mode sociologique et psychiatrique, cette
pseudo-introspection n'abordait pas les questions laissées sans
réponse par le rapport Warren : le nombre et la localisation
des tirs qui tuèrent Kennedy, la nature de ses blessures, et le
contexte précis qui avait probablement conduit aux coups de
feu. Les soupçons émis au sujet du rapport Warren étaient
écartés comme la manifestation d'une « mentalité conspiratrice » qui participait du même climat de haine qui engendrait des psychopathes comme Oswald. Les assassinats de
Malcolm X, Martin Luther King et Robert Kennedy, une vague
d'émeutes urbaines, ainsi que les affrontements de plus en plus
violents entre les étudiants radicaux et les forces de l'ordre
rendaient la demande d'explications socio-psychiatriques du
malaise américain extrêmement pressante. En 1969, la *Natio-*

---

de cette façon un nouvel « élan (...) aux arts, aux pratiques, aux vies
et à l'imaginaire des Américains ».

Mailer commit l'erreur de croire que Kennedy pouvait être un tel
dirigeant. Ceux qui croient que « l'histoire est faite de héros » – une
conception que Mme Kennedy attribuait à son époux lui-même –
ont besoin de cultiver la capacité de distinguer l'héroïsme de l'impos-
ture, le prophète du faux prophète, « l'orateur » du « bavard », aurait
affirmé Carlyle. Ceux qui, abusés par le glamour de la Maison
Blanche, idolâtraient Kennedy, confondaient héroïsme et célébrité.
Leur toquade pour Kennedy les rendait aveugles à la présence, parmi

nal Commission on the Causes and Prevention of Violence avançait que tous ces événements pouvaient être reliés à la tradition de violence aveugle et apolitique du pays*.

Des comparaisons interculturelles indiquaient que les sociétés « traditionnelles » et « modernes » connaissaient des taux de violence peu élevés, alors que la violence prospérait dans les sociétés « de transition », « qui s'éveillaient au désir d'un nouveau mode de vie, mais commençaient seulement à le réaliser ». Dans la mesure où les États-Unis ne répondaient pas aux attentes quant aux effets civilisateurs de la modernisation, la commission cherchait des traits spécifiques à la société américaine, et les trouvait (de la même manière que Gunnar Myrdal les avait trouvés) dans l'histoire de conflit racial de la nation, dans la tradition de justice expéditive, ainsi que dans les notions malencontreuses d'individualisme et de souveraineté populaire qui aidaient à la soutenir. « La tradition d'autodéfense subsiste. Elle est devenue une composante permanente de l'héritage américain. » Des doctrines démocratiques bien ancrées telles que la liberté de conscience, le droit de porter des armes, et le droit de révolution lui fournissaient une caution culturelle. Manifestant une certaine nervosité à l'égard de la Démocratie, la commission soulignait l'« importance capitale » du maintien d'un « sentiment écrasant de la légitimité de notre gouvernement et de nos institutions ». Elle attachait bien plus d'importance, à l'instar de la commission Warren, à la question de la légitimité qu'à celle de la Démocratie.

La Commission sur la Violence reconnaissait la nécessité d'éliminer les « causes premières de l'agitation sociale et de

---

eux, d'un authentique héros. Ce n'est que de nombreuses années plus tard (Garry Wills le relève dans une recension de l'histoire du mouvement des droits civiques écrite par Taylor Branch) que les Américains commencèrent à reconnaître les années cinquante et soixante, non comme l'époque de John F. Kennedy ou Lyndon B. Johnson, mais comme celle de Martin Luther King.

* Comme le rapport Warren, *Assassination and Political violence* débutait par l'affirmation de la culpabilité unique d'Oswald, et en arrivait à construire une structure spéculative élaborée sur la base de ce postulat de départ bien peu solide. Dans une partie consacrée à la

l'injustice perçue », et désavouait toute « solution de facilité en vue d'obtenir la tranquillité politique » ; mais elle désavouait également la possibilité que des injustices sociales puissent être corrigées à travers l'initiative populaire. Elle déplorait les tensions sociales et « l'injustice perçue », pas l'injustice elle-même. Elle déplorait l'émergence de « deux camps rivaux, celui des racistes blancs et celui des militants noirs », sans examiner les enjeux qui avaient entraîné ces deux camps à le devenir. Elle dénonçait l'« extrémisme » de gauche et de droite, affirmant violemment que les « tactiques de la nouvelle gauche sont virtuellement identiques à celles utilisées à une époque antérieure par les Nazis ». Par l'insinuation et les sous-entendus, elle définissait l'agitation populaire comme la principale menace à la « tranquillité politique ».

Les auteurs de *Assassination and Political Violence* ne dissimulaient pas leur étonnement devant la popularité des théories du complot élaborées autour des assassinats. Ils avançaient que les assassinats de présidents, par leurs relents de parricide, mettaient en valeur la vulnérabilité des symboles chéris de permanence et continuité. Les théories du complot, quelle que soit leur absurdité, amortissaient le choc en fournissant une « explication plus intelligible » que la gratuité de la violence. « Il semble invraisemblable que l'homme le plus puissant du monde puisse être anéanti en une poignée de secondes par l'agression d'un insignifiant individu. » Au lieu d'admettre qu'un unique « individu isolé, instable » est en mesure de menacer la fragile structure que constitue l'autorité gouvernementale, la population se réfugiait dans des théories du complot fantasques et tirées par les cheveux. Une fois encore, la commission exagérait le contraste entre la vulnérabilité de

---

« psychologie des assassins de présidents », les auteurs (James F. Kirkham, Sheldon G. Levy, et William J. Crotty) découvraient un schéma commun de bouleversement et d'aliénation sur le plan familial, auquel Oswald se conformait étroitement : « absence ou perturbation de la relation familiale normale entre parent et enfant », « hostilité à l'encontre de la mère redirigée contre des symboles de l'autorité », « difficulté à nouer des relations amicales avec l'autre sexe, particulièrement à établir des relations durables avec les femmes ».

l'autorité légitime et la violence de l'irrationalité et du sentimentalisme populaires, qui menaçaient prétendument de déstabiliser l'imposante mais fragile structure des institutions représentatives. La haine et l'irrationalité populaires ressurgissaient, non seulement dans l'acte du meurtrier dément lui-même, mais également dans la réponse guère moins démente qui lui était donnée : la « nécessité psychique » de théories du complot, le refus de prêter attention à l'« évidence manifestement accablante » qui allait à leur encontre, et l'exigence vengeresse d'obtenir la tête de l'assassin, y compris par ceux qui doutaient de sa seule et unique responsabilité dans le crime. Des enquêtes d'opinion qui montraient que seul un tiers des personnes interrogées considérait que Oswald devait avoir droit à un procès équitable déstabilisaient, presque autant que celles qui démontraient l'existence d'une croyance largement partagée en une conspiration, les personnes sensées. « Le public américain dans ces circonstances est plus préoccupé par le châtiment que par (...) l'application de la loi », écrivaient les auteurs de *Assassination and Political Violence*. La confusion entre justice et vengeance – qui allait diminuant, ils le relevaient, chez les catégories les plus aisées et mieux éduquées – fournissait un autre indice de l'immaturité et du sentimentalisme de la mentalité populaire.

Les postulats qui sous-tendaient le rapport de la Commission sur la violence réapparaissaient même dans les écrits d'observateurs qui prenaient pourtant bien plus leurs distances par rapport à la version officielle. Garry Wills et Ovid Demaris proposaient une explication similaire de la soif populaire de théories du complot. La balle qui avait tué Kennedy, affirmaient-ils, évoquait une peur de « dangers considérés comme des sources de désintégration bien plus néfastes que n'importe quelle conspiration ». Elle évoquait un « sentiment panique de déflagration chaotique ». S'appuyant sur une étude des réactions de la population à l'assassinat conduite par le *National Opinion Research Center*, Wills et Demaris attribuaient le besoin de théories du complot à la peur de l'inconnu et au désir de nier l'horreur existentielle de la mort de Kennedy en la réduisant à une conspiration. Horrifié par le mal radical

qu'incarnait Oswald, le peuple américain se devait de le supprimer, « l'« abattre » avec des mots, du discours, de la théorie,
de la copie ». Le meurtre de Oswald par Jack Ruby apportait
une satisfaction par procuration, non seulement au besoin primitif de châtiment nourri par le public, mais également au
besoin d'éliminer entièrement l'assassin, et de nier de cette
façon l'« irresponsabilité destructrice de la mort ».

Même certains de ceux qui mettaient en question le rapport
Warren critiquaient le besoin populaire de théories du complot,
ainsi que les nécessités psychologiques qui le guidaient. En
1968, Edward Jay Epstein, l'un des premiers à avoir formulé
des critiques contre la commission Warren, publiait une
attaque contre Jim Garrison, le procureur de la Nouvelle-
Orléans qui revendiquait avoir mis à jour un complot droitier
à l'origine du meurtre de Kennedy. Garrison symbolisait, selon
Epstein, « ce que Richard Hofstadter avait distingué comme
« le style paranoïde de la vie politique américaine », pour lequel
« le sentiment de persécution est central », et qui se trouve
« systématisé dans de grandioses théories du complot ».
Admettant que le « style paranoïde » de Garrison n'« excluait
pas de lui-même la possibilité que ses affirmations revêtent
quelque part de vérité », Epstein n'en déplaçait pas moins, en
réalité, la charge de la preuve du gouvernement vers ses critiques*. La caractéristique la plus remarquable de la controverse
autour de l'assassinat ne réside pas dans l'abondance des

* Il était naturellement facile, bien avant que l'accusation de Garrison ne s'effondre devant le tribunal, de ridiculiser ses attaques rhé-
toriques contre l'« establishment de la côte Est », ainsi que ses accusations irresponsables et non étayées contre le président Johnson, dont
la volonté d'étouffer la vérité sur le meurtre de Kennedy suffisait à
prouver, aux yeux de Garrison, qu'il avait également participé au
complot qui avait planifié l'élimination physique de Kennedy,
puisqu'il « profitait plus que tout autre homme de l'assassinat ». La
variante anti-Johnson de la théorie du complot était la plus déplaisante
des nombreuses hypothèses, insensées et fantasmées, que proposait la
gauche dans sa tentative, non seulement d'expliquer des événements
que le rapport Warren laissait inexpliqués, mais également de blanchir
Oswald.

théories du complot mais dans le fait que les « meilleurs et les plus brillants » ont toujours rejeté toute possibilité de conspiration. À ce jour, ils restent convaincus que la « recherche d'un complot », comme Anthony Lewis l'écrivit, « ne fait qu'exacerber les composantes morbides, paranoïaques et fantasmatiques du pays (...) Elle obscurcit notre nécessaire compréhension du fait que, pour nous tous, dans cette vie, la tragédie intervient souvent sans raison ». Les admirateurs de Kennedy, en ignorant l'évidence qui remettait en cause les explications officielles de l'assassinat, s'autorisaient à ne pas se demander si la « promesse » inaccomplie de la présidence de Kennedy avait pu, dès l'origine, être mal placée. Ce que nous savons aujourd'hui de la vie et de la mort de Kennedy incite à conclure que la grandeur impériale et le « style » cosmopolite n'étaient que de pauvres substituts à la promesse originelle de

---

Les théories du complot avancées par la gauche, que motivaient une recherche obsessionnelle d'infâmes droitiers, ainsi qu'une haine féroce de Johnson, permettaient de discréditer l'hypothèse d'une conspiration qu'émettaient ceux qui se montraient peu convaincus par la lecture du rapport Warren, mais qui considéraient répugnantes certaines des spéculations lancées à son sujet. La popularité des théories du complot à droite, qui chargeaient Moscou ou La Havane, permettait de les identifier bien plus étroitement à l'extrémisme politique. Les lacunes de l'explication officielle, par ailleurs, ne pouvaient être dissimulées par le gouvernement, ou perdues de vue dans la contre-attaque idéologique menée par ses opposants. Les défenseurs du rapport Warren ne pourraient jamais expliquer, sans même évoquer des explications plus improbables encore, comment Oswald avait pu se débrouiller pour tirer à deux reprises en moins d'une seconde avec un fusil qui ne pouvait faire feu à deux reprises en moins de 2,25 secondes. Ni la commission Warren, ni les enquêtes ultérieures d'un groupe de médecins légistes, nommé en 1968 par le procureur général Ramsey Clark, d'une autre commission médicale nommée en 1975 par le vice-président Nelson Rockefeller, ou du *House Select Committee on Assassinations* en 1979, ne surent expliquer comment l'arme de Oswald avait pu infliger au visage de Kennedy les énormes blessures qui étaient les siennes, et qui avaient de toute évidence été causées par des balles explosives tirées par une arme d'un autre type. Aucune de ces enquêtes n'expliqua de quelle façon les blessures du visage de

la vie américaine : l'espoir qu'une république autonome pourrait un jour servir de source d'inspiration morale et politique au reste du monde, et non de centre d'un nouvel empire mondial. Kennedy et son entourage méprisaient en réalité cette vision originelle de l'Amérique, considérant qu'elle n'était faite que pour une petite nation provinciale arriérée. Si Lawrence Goodwyn a raison d'affirmer que le « progrès » et le « peuple » symbolisent des versions plus conflictuelles que complémentaires du rêve américain, la Nouvelle Frontière – l'image l'impliquait – se rangea sans aucune ambiguïté dans le camp du progrès, une conception du progrès, qui plus est, plutôt clinquante. La Nouvelle Frontière signifiait l'ascendant précaire d'une minorité civilisée, progressiste, sur une population arriérée ; et la légende de Camelot, telle qu'elle prenait forme rétrospectivement, autorisait les libéraux à blâmer la bigoterie et la « paranoïa » du peuple à propos de la mort de Kennedy et de l'ensemble des troubles qui suivirent, dont le désastreux déclin de leur propre influence ne fut pas le moindre.

Il est temps que nous trouvions une meilleure explication de ces difficultés, une explication moins flatteuse pour la vanité des classes cultivées, mais plus compatible avec le témoignage laissé par l'histoire.

Kennedy avaient pu lui être infligées par des coups de feu tirés dans son dos. Au fil des ans, les arguments en faveur de l'hypothèse d'un assassin isolé sont apparus bien moins convaincants qu'ils ne l'étaient dans les années soixante. Une pièce importante, notamment le cerveau du président, disparaissait dans des circonstances suspectes pendant que, d'un autre côté, une nouvelle pièce à conviction, un enregistrement acoustique des coups de feu réalisé par la police de Dallas, démontrait de façon concluante, sous réserve de son authenticité, que les coups de feu avaient été tirés autant face au président que dans son dos. Ce fut en grande partie sur la foi de cet enregistrement que le *Select Committee on Assassinations*, alors même qu'il confirmait à nouveau un grand nombre des hypothèses les plus contestables de la Commission Warren, concluait dans son rapport final, en 1979, que Kennedy avait probablement été assassiné suite à une conspiration.

XI. LE POPULISME DROITIER
ET LA RÉVOLTE CONTRE LE LIBÉRALISME

La « réaction blanche »

Que le libéralisme connaisse des temps difficiles n'est un secret pour personne. L'explication habituelle – l'explication apportée par les libéraux eux-mêmes – attribue cette situation à la violente « réaction » contre le mouvement des droits civiques, le radicalisme étudiant des années soixante, les politiques de la Nouvelle Frontière et de la Grande Société. Cette explication se contente de remettre au goût du jour la critique de « l'autoritarisme de la classe ouvrière » qu'élaborèrent les libéraux au cours des années cinquante et soixante. Les populations blanches ont, paraît-il, abandonné les Démocrates, leurs premiers bienfaiteurs, car leur niveau de vie est suffisamment confortable pour qu'elles ressentent négativement des impôts élevés et des programmes d'aide sociale, sans pour autant être rassurées quant à leur précaire statut de classe moyenne. L'angoisse liée à leur statut renforce leur racisme, et les rend irrationnellement jalouses à l'endroit des minorités raciales actuellement favorisées par la politique libérale. Le *New York Times* expliquait, en 1980, que le libéralisme signifiait jadis « aider les familles irlandaises et italiennes encore prisonnières des échelons inférieurs de la classe ouvrière », mais qu'il signifiait désormais « aider les noirs paupérisés et les autres minorités raciales » – chose que ne semblaient pas pouvoir comprendre les bénéficiaires « plus prospères » d'un libéralisme antérieur. La « question la plus profonde » au cœur des controverses liées au *busing* et aux discriminations positives, qui avait divisé la coalition libérale, était « raciale ». Les populations blanches ne pouvaient simplement pas voir que les gens de couleur avaient besoin du même type d'aide dont elles avaient elles-mêmes bénéficié au cours du *New Deal*.

« La réaction blanche » était déjà un sujet sensible à la fin des années soixante. Dans une analyse du mouvement étudiant, *The Radical Probe* (1971), Michael Miles avançait que la révolte étudiante avait généré une « contre révolte », dont l'objectif avait été « de mettre un terme au mouvement radical dont la nature constitue une menace pour le *statu quo* ». Les minorités ethniques exécraient la nouvelle culture jeune car elle offensait « leur sensibilité petite bourgeoise ». Les cols bleus qui avaient récemment intégré la classe moyenne – eux qui avaient dû lutter pour obtenir les acquis qui étaient les leurs, mais qui devaient aussi continuer à lutter pour les conserver –, qui éprouvaient de l'amertume face aux privilèges dont jouissaient, comme s'ils découlaient d'un droit de naissance, les étudiants de la classe moyenne supérieure, exprimaient leur frustration à travers une « politique de la moralité » grincheuse. Ils avaient « intégré les valeurs liées à la propriété véhiculées par le mode de vie banlieusard », mais bien que « leur intégration sociale fût assurée dans un futur immédiat par la croissance économique et la prospérité générale », ils restaient culturellement « fragilisés » et par conséquent bouffis d'envie et de haine raciale.

Ces explications du rejet du libéralisme surestiment la sécurité économique de la classe ouvrière et des fractions les plus modestes de la classe moyenne. Ces classes ont toujours dû « lutter, y compris pour se maintenir », comme l'affirmait un militant hostile au *busing*, et ont commencé à perdre du terrain ces récentes dernières années. Une bonne partie de leur mécontentement à l'encontre du libéralisme est étrangère aux problèmes raciaux. Ce mécontentement constitue en partie une réaction au type de paternalisme irréfléchi qui incite les libéraux à se considérer comme des « bienfaiteurs » auprès des populations paupérisées. Il témoigne également en partie d'une détermination à défendre « les valeurs familiales » que traitent avec mépris de nombreux libéraux. Il s'explique par ailleurs également par la perception du fait que les libéraux, bien qu'ils étalent souvent leur supériorité culturelle, n'ont pas démontré qu'elle conduit à une compréhension morale supérieure ou une véritable perspicacité politique. Pour des populations qui sont devenues les cibles du mépris libéral, ces prétentions culturelles ressemblent bien plus à un snobisme social.

Les problèmes raciaux eux-mêmes sont, en définitive, bien plus complexes que ce qu'en suggère la formule du « racisme blanc ». Ils ne paraissent simples qu'à ceux qui ne les envisagent qu'à distance – aux populations qui vivent, par exemple, dans les banlieues résidentielles, qui n'ont pas à s'inquiéter de la sécurité de leurs rues, ou de l'impact de la déségrégation sur leurs écoles. Dans les quartiers urbains où l'anxiété causée par ces problèmes était devenue un mode de vie, la tentative de parvenir à la justice raciale à travers le *busing* et la discrimination positive, se présentait comme un combat opposant celles que Louise Day Hicks appelait, au paroxysme des conflits scolaires de Boston, « les populations aisées des banlieues résidentielles » aux populations modestes des villes – « l'ouvrier et l'ouvrière, le locataire, le propriétaire, l'Américain respectueux des lois, payant ses impôts, vivant décemment et travaillant dur, que l'on avait oublié ». Des militants anti-busing relevaient, avec bon sens, que les « libéraux limousines » des banlieues résidentielles espéraient que les centres urbains supportent le fardeau entier de la déségrégation. « Le fardeau est en train d'être injustement placé sur les épaules des noirs pauvres et des blancs de la classe ouvrière. » Le fait que de nombreux noirs rejettent le busing et, plus encore, la discrimination positive, affaiblit l'explication d'un « racisme blanc » à la crise raciale et au déclin du libéralisme.

Ces faits devraient être évidents pour des personnes lucides, mais l'analyse politique les prend rarement en compte. Et l'analyse politique libérale n'est pas la seule à les ignorer. La droite s'est instituée la voix de « l'Amérique du milieu », mais perpétue tout autant le lieu commun du « travailleur prospère » – la source de tant d'incompréhension au sujet du déclin du libéralisme. Afin de dissiper ce malentendu, nous devons passer

en revue, et en détail, chacune des trois objections à la théorie
de la « réaction » : la situation déclinante de la dite classe
moyenne ; le conflit culturel entre les classes éduquées et
l'« Amérique du milieu » ; et la complexité de la politique
raciale.

Une classe moyenne en pleine prospérité ?

Les libéraux, comme les conservateurs, supposaient la classe
moyenne prospère, et son niveau de vie continuellement en
hausse. En réalité, elle est de moins en moins prospère, et son
niveau de vie ne cesse de se dégrader. L'impression que les
États-Unis sont devenus une société où la classe moyenne
occupe une place très largement majoritaire est due en grande
partie à l'expansion du secteur de l'économie des services, et
au développement des postes pour cols blancs par rapport aux
postes pour cols bleus. Au cours du XXᵉ siècle, cependant,
l'augmentation du nombre de cols blancs a été, pour la plus
grande partie, la conséquence de l'augmentation du nombre
d'employés de bureau, de vendeurs et de salariés du tertiaire,
qui reçoivent même habituellement une rémunération inférieure à celle de la plupart des cols bleus. La catégorie des
employés de bureau est majoritairement composée de femmes
du milieu ouvrier, et « l'existence de deux gigantesques catégories de travailleurs – les ouvriers et les employés de bureau –,
les deux classifications professionnelles majeures, comme la
composition par sexe de chacune de ces catégories, permettent
de supposer », notait Harry Braverman en 1974, « que la combinaison professionnelle la plus commune au sein de la famille
voit le mari être un ouvrier, et la femme une employée de
bureau ». Cette hypothèse suggère à son tour, non seulement
que les emplois manuels et de bureau ne peuvent plus, dans
de nombreux domaines, être distingués, mais également que
les familles ouvrières, comme le reste de la population, trouvent
de plus en plus difficile de faire avec un seul revenu. « Plus
que n'importe quoi d'autre, c'est le travail des épouses », écrit

Andrew Levinson, « qui a rendu possible le niveau de vie, même le plus modeste, dont jouissent les travailleurs. »

Levison relève que le *Bureau of Statistics* exclut les employés de bureau, les vendeurs et les salariés du tertiaire de la catégorie des professions manuelles. La plupart des postes ainsi omis sont répétitifs et pauvrement rémunérés. Le secteur tertiaire, par exemple, inclut les concierges, les agents de sécurité, les policiers, les pompiers, les garçons de restaurant, les serveuses, les cuisiniers, les aides serveurs, les plongeurs, les femmes de chambre, et les chasseurs. À reclasser ces trois catégories – employés de bureau, vendeurs, et salariés du tertiaire – dans le secteur du travail manuel, le pourcentage d'ouvriers dans la population augmente spectaculairement. Il a augmenté au fil du temps tout autant, passant de 50 % en 1900 à 70 % en 1970. Cette situation indique que les ouvriers ne peuvent être envisagés comme faisant partie de la classe moyenne qu'à la condition de considérer qu'ils occupent une position intermédiaire entre les classes supérieures d'un côté, et le « sous-prolétariat », en majorité noir et hispanique de par sa composition, de l'autre.

Ceux qui insistent sur le fait que l'Amérique est devenue une société où la classe moyenne occupe une place largement majoritaire ne relèvent pas seulement le déclin proportionnel de l'ancienne force de travail employée en usine, mais l'émergence d'une nouvelle classe moyenne d'employés salariés, qui a prétendument absorbé l'ancienne classe moyenne des petits propriétaires, et qui absorbera en fin de compte tout autant la classe ouvrière. À lire ces optimistes, « chaque profession s'est développée de façon plus complexe » dans notre société postindustrielle, et le besoin grandissant d'expertise technique, à chaque niveau, est censé réduire la distance entre classes sociales, apporter l'égalité des chances en matière d'éducation, et en définitive ouvrir l'accès à un emploi salarié stable pratiquement universel – avec l'ensemble des avantages qui l'accompagnent, sous la forme de la sécurité de l'emploi, de parts de bénéfices, et de pensions de retraite. Mais ce tableau réconfortant d'une société sans classes, prospère, ressemble bien peu à la réalité qui émerge. L'idée qu'une « société de l'information »

nécessite une force de travail hautement spécialisée n'est pas
tenable. Il est peut-être encore vrai, si l'on se fie à un récent
rapport sur l'éducation, que « la demande de travailleurs hautement qualifiés, dans de nouveaux secteurs, s'accroît rapidement », mais il est également vrai – ce rapport échoue, de
manière caractéristique, à le relever – que la demande de travailleurs non qualifiés s'accroît bien plus rapidement encore.

Au milieu des années quatre-vingt, le *Bureau of Labor Statistics* rendait publique une série de projections en matière
d'emplois pour les dix années à venir. Des vingt-cinq professions censées s'imposer comme les plus importantes en
effectifs en 1995, pas une seule n'avait un rapport direct avec
l'« explosion de l'information »*. Les cinq premières professions sur cette liste – concierges, vendeurs, secrétaires,
employés de bureau, et caissières – étaient censées constituer
plus de 10 % de la masse salariale en 1995, et presque 14 %
de la totalité des nouveaux emplois. Seules six des vingt-cinq
professions en question nécessitaient une formation supérieure
au niveau secondaire, et seules trois d'entre elles – celles d'enseignant, d'ingénieur, et d'infirmière – requéraient une formation
d'enseignement supérieur. Les postes dévolus à la maintenance
de systèmes informatiques augmenteraient de 90 % (ce qui
constituait déjà une baisse par rapport à l'augmentation de
100 % estimée au milieu de la décennie 70 pour les
années 1978-1990), mais 225 000 nouveaux postes seulement,
au maximum, en résulteraient. 850 000 nouveaux postes de
concierges seraient, d'autre part, créés – considérablement plus
que le nombre total de nouveaux postes (66 000) créés par les
cinq professions qui connaissaient le taux le plus fort de

---

* Les professions recensées par le *Bureau of Labor Statistics* étaient,
en fonction des estimations minimales réalisées à leur sujet, les suivantes : gardiens d'immeuble, vendeurs, secrétaires, employés de
bureau, caissières, instituteurs, serveurs et serveuses, chauffeurs de
camions, infirmières, ingénieurs de tout type, ouvriers métallurgistes,
représentants commerciaux, cuisiniers et chefs de cuisine, contremaîtres, gardes-malades et aides soignantes, fermiers et ouvriers
agricoles, chefs de magasin, comptables, aides de cuisine, dactylographes, mécaniciens auto, enseignants, manutentionnaires, char-

croissance relative. 750 000 nouveaux postes de vendeurs devaient être disponibles ; 580 000 de serveurs et serveuses ; 470 000 d'infirmières et d'aides soignantes ; 460 000 de chauffeurs de camions ; et 350 000 de mécaniciens auto. 165 000 nouveaux postes de programmeurs informatiques étaient censés apparaître entre la fin des années quatre-vingt et le début des années quatre-vingt-dix, pendant que la demande d'employés et d'aides de cuisine dans le secteur de la restauration rapide produirait 525 000 nouveaux postes.

Une récente étude réalisée par Barry Bluestone et Bennett Harrison conforte l'impression d'un chômage persistant, de salaires en baisse, et d'un rapide développement de postes médiocrement rémunérés. 44 % des nouveaux postes créés entre 1979 et 1985, selon ces auteurs, sont pauvrement payés, alors que la création de postes très bien rémunérés, dans les secteurs tertiaire, technique et managérial, ralentit à un simple 10 %, soit un tiers du rythme soutenu qui avait été le sien entre les années 1963 et 1979. Les postes à temps partiel se développaient, plus que jamais, deux fois plus rapidement que les postes à temps plein, qui ne représentaient que 30 % des nouveaux statuts. L'augmentation de postes médiocrement rémunérés ne concernait pas seulement les minorités, les femmes, ou les jeunes. L'élimination partielle de la disparité entre les salaires des hommes et ceux des femmes – à première vue le seul point positif d'un tableau autrement bien sombre – s'explique, en fait, par un déclin du niveau des salaires gagnés par les hommes de couleur blanche.

Selon une étude réalisée par l'Université du Michigan, 39 % de la population, entre les années 1968 et 1972, gagnait des

pentiers, ainsi que les employés du secteur « de la restauration rapide, préparation alimentaire et services ». Par ailleurs, les cinq types de postes qui se développaient le plus rapidement, à distinguer de ceux qui étaient censés être les plus nombreux, devaient leur existence, au moins indirectement, à l'économie hightech : assistants juridiques, techniciens en électronique, analystes de systèmes, programmeurs, et opérateurs informatiques. Il n'est, toutefois, en aucun cas évident que ces professions devraient toutes être considérées comme hautement qualifiées.

revenus qui ne pouvaient supporter le coût de l'inflation. Au cours de la période de quatre années qui suit, cette proportion passa à 43 % ; pendant la période 1978-1982, elle alla jusqu'à atteindre 56 %. Une étude de Eli Ginzberg montre que la proportion des revenus moyens, liés aux nouveaux postes, s'effondrait à peu près autour de 20 % entre 1979 et 1984, alors que la proportion des bas revenus (des postes payés moins de 7 000 $ l'année, selon la définition de Ginzberg) s'élevait au-dessus de la barre des 50 %.

L'ensemble de cette démonstration vient ébranler l'affirmation suivant laquelle la classe moyenne connaît la prospérité, si ce terme fait référence à une classe de travailleurs non manuels dont les postes requièrent une formation conséquente et assurent un revenu confortable. « Comme certains de ses membres sombrent dans la pauvreté, et que d'autres s'enrichissent, elle s'est rétrécie », postule un récent reportage du *Time*. Le revenu familial moyen, ajusté pour tenir compte de l'inflation, reste au même point qui était le sien au début des années soixante-dix. Mais le pourcentage des ménages qui gagnent un revenu moyen (ceux qui gagnent entre 20 000 et 60 000 $ à l'année, en prenant compte de la situation du dollar en 1985) a décliné, passant de 53 % en 1973 à 49 % en 1985. Ces chiffres pourraient même « exagérer la prospérité de la classe moyenne », admet le Time, puisque son niveau de vie a décliné en même temps que son nombre. Les revenus de la classe moyenne n'ont plus pu suivre l'inflation impressionnante du coût de l'habitat et de l'enseignement supérieur, mettant de cette façon en danger deux des signes extérieurs de son statut auxquels tient par-dessus tout la classe moyenne. Les groupes aux revenus moyens ne peuvent même conserver un semblant de ce statut qu'en s'endettant et en obligeant leurs femmes à intégrer le marché du travail. Plus de la moitié des ménages américains voient maintenant leur endettement surpasser leur patrimoine. En 1985, la proportion de l'endettement hypothécaire s'élevait à 90 % par rapport au revenu disponible des ménages, un record depuis la dernière guerre.

Un revenu « intermédiaire », tel que le définissait le *Bureau of Labor Statistics*, autorisait difficilement, y compris au début des années soixante-dix, au sommet de la prospérité de l'après-guerre, un niveau de vie extravagant, ou même confortable. Une étude menée par la *United Auto Workers* démontrait qu'un revenu « intermédiaire » autoriserait une famille à acheter un véhicule de deux ans d'âge et à le conserver pendant quatre ans, à acheter un aspirateur qui devrait tenir quatorze ans et un grille-pain trente-trois, à aller au cinéma une fois tous les trois mois, et ce sans pouvoir réaliser la moindre économie. En 1970, 35 % des familles américaines et 60 % des familles ouvrières vivaient avec moins de 10 000 $ à l'année – c'est-à-dire, en dessous du niveau « intermédiaire ». La famille moyenne ne gagnait que 9 500 $ en 1973, l'année où le revenu par famille atteignit son apogée depuis la dernière guerre.

La convergence de la classe ouvrière et des fractions les plus modestes de la classe moyenne

Le déclin de son niveau de vie rend plus difficile que jamais de comprendre exactement ce qu'entendent les Américains lorsqu'ils parlent d'une classe moyenne. En Europe, où la bourgeoisie se positionnait entre les vestiges de la noblesse féodale et un prolétariat conscient des différences de classe, le terme revêtait une précision sociologique dont il ne bénéficia jamais aux États-Unis. Les ouvriers américains n'en vinrent jamais à s'envisager, sans équivoque, comme un prolétariat. Le rêve américain d'égalité des chances les incitait à espérer que leurs enfants connaîtraient une mobilité sociale ascendante. Il s'avéra que très peu de ces enfants intégrèrent la classe salariée, mais ils parvinrent, au cours des années de forte expansion de l'après-guerre, à un niveau précaire de sécurité qui fit qu'il leur parut assez raisonnable de se penser comme une classe moyenne, simplement parce qu'ils avaient fait mieux que leurs parents, et mieux, à coup sûr, que les Noirs et les Hispaniques qui vivaient dans la « culture de la pauvreté ».

La frontière entre la classe moyenne et la classe ouvrière était bien plus imprécise en raison du déclin, sur le long terme, de la position de la classe des anciens propriétaires de

petits commerces, des petits entrepreneurs, et des professionnels indépendants. La classe moyenne n'aurait jamais pu,
en 1900, être confondue avec la classe ouvrière. Elle était
indépendante et rien moins que suffisante. Elle employait des
travailleurs salariés et des domestiques. Les femmes ne travaillaient pas – un sujet de fierté considérable. Les hommes en
âge de travailler de la classe moyenne se consacraient pour la
plus grande part à une activité privée, et même lorsqu'ils
étaient salariés, l'étaient habituellement dans des structures –
collèges, hôpitaux, petites firmes de diverses sortes – sur lesquelles ils détenaient une grande part de responsabilité. Au
cours des années soixante et soixante-dix, toutefois, trouver
une catégorie importante de personnes répondant à ces
caractéristiques n'était plus possible. Les petits entrepreneurs
s'étaient fait balayer par les firmes, les fournisseurs par les
chaînes de distribution. Les salariés travaillaient maintenant
dans leur majorité au sein de gigantesques bureaucraties, où
certains d'entre eux gagnaient des salaires princiers et exerçaient une influence considérable, alors que d'autres n'obte-
naient que de très médiocres rémunérations et n'exerçaient
strictement aucune influence.

Ces variations considérables de rémunérations et de responsabilités rendent délicate l'utilisation précise d'un concept
comme celui de classe intellectuelle et managériale (*professional-
managerial class*)*, mais cette désignation fait bien mieux référence aux échelons les plus élevés de la classe des salariés que
ne le permet l'habituelle désignation de classe moyenne. Sauf
comme description grossière de niveaux de revenus relatifs, la
classe moyenne avait cessé d'exister. Elle s'était, à ses niveaux
supérieurs, dissoute dans une « nouvelle classe » dont les centres
d'intérêt et la vision du monde ne pouvaient être définis
comme spécifiques à « la classe moyenne », envisagée dans
n'importe laquelle des acceptions habituelles du terme. À ses
niveaux inférieurs, la classe moyenne pouvait de moins en

---

* Le terme *professionals* recouvre l'équivalent de nos professions
libérales et intellectuelles. Nous emploierons par la suite le terme de
« classe managériale » et celui de « professions intellectuelles » (*NdT*).

moins être distinguée d'une classe ouvrière dont l'échappée hors la pauvreté s'était arrêtée au seuil de l'abondance.

Le reportage du *Time* consacré au déclin de la classe moyenne, publié au moment où la campagne présidentielle de 1988 atteignait son paroxysme, était accompagnée d'un portrait révélateur qui illustre la difficulté de distinguer entre les franges les plus modestes de la classe moyenne et la classe ouvrière, spécialement à un moment où les deux ont à faire face à des contextes difficiles. Bob Forrester, âgé maintenant de soixante ans, s'était installé sur la côte ouest en 1953, après avoir grandi au sein d'une famille ouvrière d'East St Louis. Son épouse, Carol, était la fille d'un débardeur de Staten Island. Aucun des deux ne suivit une formation d'enseignement supérieur. En 1957, Forrester obtint un poste syndiqué de docker dans le port de Los Angeles, pour un salaire annuel de 5 512 $, pendant que sa femme restait au foyer pour élever leurs trois enfants. Il gagne aujourd'hui 40 000 $ à l'année et possède trois maisons d'une valeur totale de 600 000 $. Le *Time* le présente comme un membre de la classe moyenne, et la plupart des Américains – dont Forrester lui-même – seraient probablement d'accord pour le définir comme tel, bien qu'il doive sans doute sa sécurité matérielle au mouvement ouvrier, et continue à servir ce dernier comme représentant syndicaliste. Mais le *Time* reconnaît de lui-même l'ambiguïté du statut inhérent à l'appartenance à la classe moyenne lorsqu'il décrit l'histoire de Forrester comme partie d'un « changement fondamental de la structure sociale et économique des anciens quartiers ouvriers ».

« Ma situation est sans aucun doute meilleure que celle de mon père à l'époque », affirme Forrester. Aucun de ses enfants, quoi qu'il en soit, n'est en mesure d'affirmer la même chose. L'aîné, Billy, vint travailler sur les navires après être sorti de l'université. Il gagnait 27 000 $ à l'année au milieu des années quatre-vingt, lorsque la compagnie pour laquelle il travaillait commença à licencier les salariés syndiqués et à les remplacer par des briseurs de grève. Ayant perdu son travail, Billy quitta la côte pour Washington et s'installa à son propre compte comme jardinier. Son salaire fluctuait entre 10 000 et 20 000 $.

598   Le Seul et Vrai Paradis

Il fit en 1987 l'acquisition d'une maison pour 43 000 $ grâce
à son père qui put verser un acompte de 11 000 $. Son salaire
subvient à peine à l'entretien de ses quatre enfants, mais il n'a
pu trouver un travail correspondant à son expérience professionnelle à Washington. « Tu dois faire la queue trois jours de
suite simplement pour voir ton nom inscrit sur une liste »,
dit-il. « Une course de rats. »

Le plus jeune fils de Forrester, Bob, recherche également du
travail dans le secteur du transport maritime, mais le syndicat
des débardeurs de Los Angeles a conservé sa candidature pendant trois ans sans lui offrir de poste. « Ils reçoivent 50 000
ou 60 000 candidatures », dit-il, « (...) pour à peu près 300
postes. » Il conduit, en attendant, une camionnette de livraison
pour 8,25 $ l'heure. Jusqu'en 1987, il vivait avec ses parents,
comme sa sœur, Peggy. Sa femme et lui vivent désormais dans
un appartement d'une pièce. « Ce dont j'ai peur », confie son
épouse, « est de vivre ainsi jusqu'à nos vieux jours. » Comme
Peggy, elle gagne 25 000 $ comme chef de vente dans un
magasin de vêtements au détail, mais voit les deux tiers de son
revenu absorbés dans le loyer, les dépenses domestiques, et le
remboursement d'un crédit automobile. Épargner est inenvi-
sageable, et elle n'a aucun espoir de posséder une maison – le
dernier vestige du statut de propriétaire*. Sa voiture, une Ford
Tempo acquise pour 8 500 $, lui a pratiquement coûté autant
que ce que son père avait dû payer pour faire, en 1957, l'acquisition de sa maison. L'acompte versé atteignait 6 % de son
salaire, alors que son père n'avait dû payer qu'une somme
équivalente à 14 % de son revenu annuel en guise d'acompte
pour sa première maison, qu'il revendit en 1973 à un prix

---

* La propriété foncière est un substitut indigent au type de propriété qui soutenait autrefois une famille et soulageait ses membres
de la nécessité de vendre leur force de travail. Elle n'est pas une source
de subsistance matérielle, encore moins une source de cette « vertu »
qui jadis était associée à la propriété. Elle reste, quoi qu'il en soit, un
important symbole d'indépendance et de responsabilité, et le fait que
la propriété foncière connaisse un déclin, plus clairement encore que
n'importe quelle autre évolution, rend pour beaucoup de gens plus
dramatique encore l'effondrement du rêve américain.

pratiquement cinq fois plus élevé que la somme qu'il avait dû
débourser pour elle à l'époque. Le véhicule de Peggy, d'autre
part, a maintenant une valeur inférieure de moitié à son prix
d'achat*.

La convergence de la classe ouvrière et des fractions les plus
modestes de la classe moyenne, à une ère de mobilité descen-
dante, se manifeste non seulement dans leur niveau de vie,
mais également dans une commune vision du monde. Si la
classe moyenne est un état d'esprit, comme tant d'observateurs
le font remarquer avec insistance, c'est une mentalité petite
bourgeoise qui lui apporte sa cohérence. La petite bourgeoisie
n'a plus aucune importance socio-économique maintenant que
les artisans, les fermiers, et autres petits propriétaires ne constituent plus une part importante de la population ; mais ses
habitudes vénérables et son code éthique caractéristique ne
subsistent nulle part ailleurs plus vigoureusement que dans le
cœur du travailleur américain. La culture et la manière d'envisager le politique de l'ouvrier américain n'ont que peu à voir
avec celles de son homologue européen. Par bien des aspects,
cependant, elles ressemblent étroitement à la vision du monde
de l'ancienne paysannerie et de la petite bourgeoisie euro-
péennes – à partir desquelles la classe ouvrière américaine fut,
en premier lieu, constituée.

Ce n'est pas simplement que les ouvriers américains, contrairement à leurs homologues européens, échouèrent à soutenir
les partis socialiste et communiste (contrairement à ce qu'en
croit Seymour Martin Lipset), ou qu'ils ne firent jamais preuve
de beaucoup d'intérêt pour une réivention du parti démocrate
sur le modèle du parti travailliste britannique. Les différences
sont bien plus profondes. Les ouvriers américains sont plus
religieux que leurs homologues européens : ils revendiquent
une affiliation à une église, confessent croire en Dieu, et en

* Alors que Bob Forrester et son épouse, encore fidèles au parti
qui avait tant fait pour le mouvement ouvrier, prévoyaient de voter
Dukakis en 1988, tous leurs enfants entendaient voter Bush – un
choix qui ne peut évidemment être attribué à une mobilité sociale
ascendante ou à un « embourgeoisement ».

attendent même occasionnellement des services. Ils entretiennent un sens plus solide de l'identité ethnique et raciale. Ils
s'investissent plus fortement dans l'éthique de la responsabilité
personnelle et de l'entraide entre voisins, qui tempère leur
enthousiasme pour l'État-providence. Ils poussent le code de
l'indépendance virile à des extrêmes considérés comme
ridicules en Europe – notamment leur prétention à défendre
leur droit sacré à porter sur eux des armes à feu. Ils se définissent, par-dessus tout, comme une « classe moyenne ». Ils se
définissent également comme, naturellement, des « travailleurs », mais la signification de ce terme, en Amérique, est
toujours plus associée à celui de « producteurs » qu'à celui de
« prolétaires ». Dans son étude consacrée à Canarsie, une communauté ethnique particulièrement controversée de Brooklyn,
Jonathan Rieder note que les habitants « manifestaient leur
hostilité aux professionnels de l'assistanat social » – ainsi
qu'à la richesse des firmes – « en opposant les parasites aux
producteurs ». « Nous avons vu, pendant des années, les
"sangsues" non-productives et contre-productives assouvir
leurs désirs aux dépens de la force de travail de la classe
moyenne de New York », écrivait un porte-parole d'un groupe
civique dans son journal. Ce langage populiste, associé à la
référence à une « force de travail de la classe moyenne », saisit
toute l'ambiguïté inhérente à l'identité de la classe ouvrière en
Amérique.

L'éthique des limites des fractions les plus modestes de la classe moyenne et le débat sur l'avortement

La culture propre aux fractions les plus modestes de la classe
moyenne est organisée, de nos jours comme elle l'était de par
le passé, autour de la famille, de l'église et du quartier. Elle
estime plus hautement la continuité de la communauté que la
promotion personnelle, la solidarité plus hautement que la
mobilité sociale. Les idées convenues de succès jouent un rôle
moins important dans la vie des membres de ces fractions que
la question de la conservation de modes de vie existants. Les

parents veulent que leurs enfants connaissent une ascension sociale, mais ils veulent également qu'ils respectent leurs aînés, qu'ils résistent à la tentation de mentir et de tricher, qu'ils endossent volontiers les responsabilités qui viennent à leur incomber, et affrontent l'adversité avec courage. Plus préoccupés d'honneur que d'ambition matérielle, ils manifestent moins d'intérêt pour le futur que ne le font les parents des couches plus aisées de la classe moyenne, qui essayent de pourvoir leurs enfants des qualités que requiert la réussite sociale. Ils ne souscrivent pas à l'idée selon laquelle les parents devraient apporter à leurs enfants tous les avantages possibles et imaginables. Le désir « de préserver leur mode de vie », écrit E. E. LeMasters dans une étude consacrée aux ouvriers du bâtiment, prime sur le désir de grimper l'échelle sociale. « Si mon garçon veut porter une foutue cravate toute sa vie et faire des courbettes et des simagrées à un patron, libre à lui, mais nom de Dieu, il devrait aussi avoir le droit de gagner honnêtement sa vie avec ses mains si c'est ce qu'il souhaite. »

Au cours de ses travaux de recherche historique sur le Massachusetts du XIXᵉ siècle, Stephan Thernstrom découvrit que ni les Irlandais ni les Italiens ne pensaient en premier lieu à la scolarisation comme à une opportunité offerte à leurs enfants de gravir un échelon social supérieur et de laisser derrière eux leurs anciens quartiers. À Newburyport, les parents irlandais sacrifiaient quelquefois la scolarité de leurs enfants à leur obsession d'acquérir une maison, les obligeant à travailler au lieu de les envoyer à l'école. Irrationnel au regard des critères de la classe moyenne supérieure, ce choix était revêtu de sens pour des populations inclinées à maintenir la cohésion de leurs communautés et à assurer la continuation de leur mode de vie par la génération suivante. Les travailleurs sociaux et les éducateurs, quoi qu'il en soit, condamnaient le travail des enfants, et cherchaient à mettre en place un système d'éducation pour tous qui permettrait aux enfants de surpasser leurs parents, de briser les anciens mensonges, et de faire leur chemin au sein d'un monde plus vaste que le ghetto ethnique. Les réformateurs de la fonction publique essayaient, de la même façon, de remplacer les politiques tribales du système irlando-américain par un système plus compatible avec les principes de la méritocratie et de l'efficacité administrative.

Les sociologues faisaient observer, généralement avec un soupçon de désapprobation, que les ouvriers paraissaient n'avoir aucune ambition. Pour Lloyd Warner, qui étudia Newburyport au cours des années trente, les femmes au foyer de la classe ouvrière donnaient le ton, dominant, du conservatisme culturel. Elles adhéraient à un code de moralité « rigide » et « convenu », et osaient rarement « tenter quoi que ce soit de neuf ». Elles ne faisaient preuve d'aucune sorte d'intérêt pour des objectifs à long terme. « Leurs aspirations sont fondamentalement centrées autour de l'idée de continuité [et] se manifestent dans le refus de voir leur présente routine perturbée – elles veulent continuer comme elles l'ont fait jusqu'à présent, mais, ce faisant, dans de meilleures conditions et en gagnant plus de liberté. » Un journaliste, Anthony Lukas, établit le même constat dans son compte rendu des conflits qui avaient éclaté autour des écoles de Boston au milieu des années soixante-dix. Lukas mettait en contraste l'« éthique de la débrouille de Charlestown » avec l'« impératif américain de la mobilité sociale ascendante ». La population de Charlestown, laissée à l'abandon suite à la migration de voisins plus ambitieux vers les banlieues résidentielles, avait renoncé à « l'opportunité, à l'avancement, à l'aventure », au profit de la « consolidation de la communauté, de la solidarité, et de la camaraderie ».

Des postures antagonistes au sujet du futur, bien plus qu'une spéculation abstraite sur l'immortalité de l'âme de l'embryon, sous-tendent la controverse relative à l'avortement qui avait été déclenchée par la décision *Roe v. Wade* adoptée par la Cour suprême en 1973. Aucun autre enjeu ne révèle plus spectaculairement l'abîme qui sépare les valeurs « de la classe moyenne » de celles de l'élite éclairée. « Je pense », déclarait un militant anti-avortement, « que les gens sont fous de vouloir planifier le futur. » Une autre militante du mouvement en faveur de la vie affirmait que « vous ne pouvez tout planifier dans la vie ». Pour le camp favorable au choix, toutefois, la « qualité de la vie » dépendait d'une paternité et d'une maternité planifiée, ainsi que d'autres formes de planification rationnelle du futur. Il était irresponsable, de leur point de vue, de mettre des enfants au monde dès lors qu'ils ne pouvaient bénéficier de la gamme complète des avantages matériels et culturels essentiels à la compétition matérielle. Il n'était pas juste de charger les enfants de handicaps – déficiences congénitales, pauvreté, ou déficit d'amour parental – dans la course à la réussite. Un militant qui défendait l'opportunité du choix avançait qu'« élever un enfant équivaut à signer un contrat d'au moins une vingtaine d'années, (...) alors si votre situation ne peut vous permettre de vous engager à élever un enfant, vous devriez avoir la possibilité de ne pas le faire à ce moment-là ». La grossesse adolescente était inacceptable aux yeux des avocats de la légalisation de l'avortement, non pas parce qu'ils s'opposaient aux rapports sexuels pré-conjugaux, mais parce que les adolescents, de leur point de vue, n'avaient en rien la possibilité d'offrir à leur progéniture les conditions matérielles qu'elle méritait.

Pour les opposants à l'avortement, cependant, ce souci de la « qualité de la vie » se réduisait à une décision de subordonner les intérêts éthiques et émotionnels aux intérêts économiques. Ils pensaient que les enfants avaient plus besoin d'orientation éthique que d'avantages économiques. La maternité était, à leurs yeux, une « œuvre capitale », non parce qu'elle impliquait une planification financière sur le long terme, mais parce que « vous êtes responsable, autant qu'il est possible de l'être, de les éduquer et de les former (...) avec ce que vous croyez être juste – valeurs morales, obligations et droits ». Les femmes opposées à l'avortement pensaient que leurs adversaires envisageaient la sécurité financière comme une condition préalable incontournable à la maternité. Une de ces femmes rejetait « ces statistiques suivant lesquelles » l'éducation d'un enfant « coûte 65 000 $ à partir de la naissance », comme « ridicules ». « C'est un nouveau vélo chaque année. Ce sont les collèges privés. C'est un équipement entièrement neuf à chaque rentrée scolaire (...) Ces chiffres sont gonflés en fonction de la pseudo-nécessité de donner à ces enfants absolument tout, et je pense que cela n'est pas une bonne chose pour eux. »

Le débat sur l'avortement illustre la différence entre l'éthique
éclairée de la réussite matérielle et l'éthique des limites, qu'elle
soit ouvrière ou petite-bourgeoise. « Les valeurs et croyances
des défenseurs de la solution du choix s'opposent diamétrale-
ment à celles des militants du droit à la vie », écrit Kristin
Luker dans son analyse des choix politiques relatifs à l'avortement en Californie. Les militantes du droit à la vie n'acceptaient pas le dénigrement par les féministes des travaux
domestiques et de la maternité. Elles s'accordaient sur le fait
que les femmes méritaient d'être rémunérées en fonction des
heures qu'elles effectuaient sur le marché du travail, mais elles
n'étaient pas d'accord pour affirmer que le travail au foyer non
rémunéré était dégradant et équivalait à une forme d'oppression. Ce qu'elles trouvaient « inquiétant [dans] l'état d'esprit
général des défenseurs de l'avortement », disait l'une d'elles,
« c'est l'idée suivant laquelle les devoirs familiaux – élever les
enfants, tenir une maison, aimer et assister son conjoint – sont
d'une manière ou d'une autre dégradants pour les femmes ».
Elles considéraient l'idée selon laquelle « il n'existe aucune
différence majeure entre les hommes et les femmes » comme
un faux-semblant. Elles croyaient que les hommes et les
femmes « avaient été créés différemment (...) pour se compléter
les uns les autres ». Les féministes de la classe moyenne supérieure, au contraire, envisageaient la croyance en des différences
sexuelles biologiquement déterminées comme la base idéologique de l'oppression des femmes.

L'opposition des féministes à une conception biologique de
la nature humaine ne se limitait pas à affirmer que cette dernière permettait de priver les femmes de leurs droits. Leur
insistance sur le fait que les femmes devaient affirmer « le
contrôle de leurs corps » témoignait d'une exaspération à
l'endroit des contraintes biologiques de toutes sortes, associée
à une croyance d'après laquelle la technologie moderne avait
libéré l'humanité de ces contraintes, et permis pour la première
fois au genre humain dans sa totalité de mener une vie meilleure. Les partisans du choix accueillaient positivement les
technologies médicales qui rendaient possible la détection des
anomalies physiques avant même la naissance, et ne pouvaient

comprendre pour quelles raisons une personne pouvait espérer, en toute connaissance de cause, mettre un enfant « endommagé », ou d'ailleurs un enfant « non désiré », au monde. Une réticence à admettre un tel « droit à ne pas naître » pouvait elle-même être considérée, à leurs yeux, comme une preuve d'inaptitude à la paternité et à la maternité. « Je pense que si j'avais voix au chapitre », affirmait l'une d'elles à Luker, « je défendrais probablement la nécessité de brevets de grossesse. »

Pour les militants du droit à la vie, ce type de raisonnement conduisait logiquement à une planification génétique intégrale, à une affirmation arrogante du pouvoir d'édicter des jugements sommaires sur la « qualité de la vie », et à une propension à assigner, non seulement à un fœtus « défectueux », mais à des catégories entières d'individus considérés comme défectueux ou superflus, le statut de proscrits*. Un militant en faveur du droit à la vie dont la fille avait succombé en bas âge à une infection pulmonaire s'opposait à l'idée selon laquelle la « vie de son enfant, aux yeux d'un grand nombre de gens, n'aurait pas été très significative (...) Elle vécut seulement vingt-sept jours, et ce n'est pas bien sûr une très longue période, mais que nous vivions quatre-vingt-dix-neuf ans, ou deux heures, ou vingt-sept jours, l'être humain est l'être humain, et ce que cela implique, nous ne le savons vraiment pas ».

C'était peut-être la suggestion suivant laquelle « nous ne savons vraiment pas » ce que signifie naître au monde qui divisait le plus profondément les deux parties dans le débat sur l'avortement. Pour les libéraux, une telle affirmation équivalait à une trahison, non seulement des droits des femmes, mais du

---

* Ces craintes ne sont ni fantaisistes ni excessives. Un article paru en 1970 dans le journal de la *California Medical Association* accueillait favorablement l'acceptation grandissante de l'avortement comme un « prototype de ce qui se prépare », le signe avant-coureur d'une « éthique nouvelle » qui remplacerait, dans les faits, le caractère sacré de la vie par la qualité de la vie. L'article prévoyait que « les questions posées par le contrôle des naissances et la sélection prénatale [seraient] inévitablement étendues au choix de la mort et au contrôle de la mort », et conduiraient à une acceptation de la nécessité pour « la décision publique et professionnelle de déterminer le moment où le

projet moderne dans sa totalité : la conquête de la nécessité, et le remplacement des œuvres aveugles de la nature par le choix humain. Une foi irréfléchie dans la capacité de l'intelligence rationnelle à résoudre les mystères de l'existence humaine, et en dernière instance le secret de la création même, reliait les positions apparemment contradictoires soutenues par les libéraux – qui voulaient que l'avortement soit une « décision privée à caractère éthique », et le sexe une transaction entre « adultes consentants », mais pour lesquels l'État devait se réserver le droit d'autoriser la grossesse, et même se lancer dans des programmes d'ingénierie eugénique d'envergure. La coexistence délicate de l'éthique de l'individualisme et du collectivisme médical découlait de la séparation du sexe et de la procréation, qui faisait du premier une question d'ordre privé tout en laissant ouverte la possibilité que la procréation et l'éducation des enfants soient soumises à de sévères contrôles publics. L'objection suivant laquelle le sexe et la procréation ne peuvent être séparés sans éliminer le mystère qui les entoure choque les libéraux, qui l'envisagent comme le pire type d'obscurantisme théologique. Pour les opposants à l'avortement, au contraire, « Dieu est le créateur de la vie, et (...) l'activité sexuelle devrait être ouverte à cela (...) L'esprit de la contraception nie sa volonté : « C'est ma volonté, pas la tienne » ».

Si le débat sur l'avortement ne se résumait qu'à la question de la détermination du moment où un embryon devient un être humain, il serait difficile de comprendre pour quelles raisons il suscite de telles polémiques passionnées, ou pourquoi il est devenu l'objet d'une attention politique apparemment

---

recours à des méthodes exceptionnelles se montrerait nécessaire ». Les cours de justice avaient fait preuve d'une propension à transformer le droit de prévenir les handicaps de naissance par le recours à l'avortement en un devoir de prévenir les handicaps de naissance, et donc à appliquer ce type de raisonnement à tous ceux dont les vies n'ont « aucun sens », pour citer une récente décision qui autorise l'adoption d'une « ligne de conduite favorable à l'abrègement de la vie » dans le cas d'un patient âgé – à tous ces êtres humains malchanceux dont on peut dire, en d'autres termes, qu'ils sont, « au regard de n'importe quelle fin pratique », « simplement existants ».

disproportionnée par rapport à son importance intrinsèque. Mais l'avortement n'est pas simplement une question médicale, ni même une question de femme devenue le centre d'une controverse plus large sur le féminisme. Il s'agit d'abord et avant tout d'un enjeu de classe. L'étude de Kristin Luker consacrée aux militantes des deux camps ne laisse aucun doute sur ce point. Les femmes qui défendent la possibilité du choix étaient, dans son enquête, mieux éduquées et bien mieux rémunérées que leurs homologues du mouvement anti-avortement. Elles travaillaient dans le secteur tertiaire et les professions libérales. Nombre d'entre elles étaient célibataires, beaucoup étaient divorcées, et celles qui étaient mariées avaient peu d'enfants. Plus de 60 % de l'échantillon des femmes favorables à l'avortement interrogées par Luker précisaient n'avoir pas de religion, les autres se présentant pour la plupart comme vaguement protestantes. Les femmes hostiles à l'avortement, au contraire, étaient femmes au foyer et avaient de nombreux enfants. 80 % d'entre elles étaient catholiques. Ces différences recoupaient celle qui séparait deux classes sociales, chacune ayant sa propre conception du monde – l'une désirant profiter de ses récents acquis et parfaire la révolution moderne de nouvelles espérances, l'autre dévouée à une ultime défense de l'« Américaine oubliée ».

Culture de classe contre culture de classe

« Deux cents ans après le commencement de notre « Grand Rêve Américain » », écrivait Alan Erlichman, un porte-parole du mouvement anti-*busing* du secteur Canarsie de Brooklyn, au milieu des années soixante-dix, « la classe moyenne se retrouve maintenant prise au cœur du « Grand Cauchemar Américain ». » Ce n'était pas simplement une menace planant sur son niveau de vie qui caractérisait le cauchemar dans lequel se voyait plongée la classe moyenne, mais une menace sur son mode de vie – ses croyances et ses idéaux, l'importance qu'elle attachait à la propriété, ses conceptions distinctives de la justice. Des communautés comme Canarsie avaient douloureusement conscience du fait qu'elles étaient devenues les objets du mépris éclairé. Les étudiants radicaux des années soixante moquaient leur patriotisme. « Arrivaient ces enfants, des enfants riches qui pouvaient aller à l'université, qui n'avaient pas à lutter, (...) qui vous disaient que votre fils était mort pour rien. Cela vous donne le sentiment que votre vie entière n'est que de la merde, juste rien. » Les libéraux balayaient d'un revers de main leur demande de principe et d'ordre comme un signe de « proto-fascisme », leur opposition au *busing* comme un « racisme blanc ». Les féministes disaient aux femmes qui voulaient rester au foyer avec leurs enfants que la maternité à plein temps transformait une femme au foyer en bonne à tout faire, le rang de l'humanité le plus vil. Lorsque les planificateurs sociaux tentaient de déterminer la composition raciale des écoles, ils classaient les Noirs et les Hispaniques dans des catégories statistiques distinctes, mais regroupaient les blancs, sans distinction aucune, dans la catégorie « autres », ignorant la manière dont les travailleurs blancs, selon Rieder, « ne s'envisageaient pas comme des blancs dans l'abstrait, mais comme des membres de groupes ethniques spécifiques ».

Les programmes de télévision représentaient les noirs de la classe moyenne, les femmes d'affaires, et les très riches, mais n'accordaient aucune attention aux travailleurs, sauf pour faire d'Archie Bunker un symbole de l'ignorance et de la bigoterie de la petite classe moyenne. Il ne faut pas s'étonner que les ouvriers se montrent de plus en plus « exaspérés », notait Lilian Rubin dans son étude sur Oakland, « par les étudiants de l'université et leurs appuis – une minorité privilégiée qui méprise avec désinvolture et dévalorise un mode de vie que les membres de la classe ouvrière n'ont obtenu qu'après de longues et difficiles luttes ». Il n'était pas plus surprenant que les ouvriers du bâtiment interrogés par LeMasters se sentent « isolés et oubliés ». Le fait que LeMasters se montrait lui-même « surpris par la profondeur et l'étendue de la suspicion et de la défiance des cols bleus à l'encontre des cols blancs de la classe moyenne supérieure » était un indice du fossé entre classes sociales que dissimulait le mythe de la surabondance et de l'« embourgeoisement » de la classe ouvrière. Ignorés par les médias de masse, considérés avec condescendance par les fabricants d'opinion et les critiques sociaux, abandonnés par les politiciens qui représentaient jadis leurs intérêts, ces hommes et ces femmes croyaient que les « gens qui avaient l'argent » étaient aux manettes, et qu'eux-mêmes n'avaient rien à dire sur le déroulement des événements publics.

Du mauvais côté, vue de l'extérieur, la culture dominante semblait assez différente de ce qu'elle paraissait vue de l'intérieur. Son souci pour la créativité et l'expression personnelle paraissait complaisant. Sa préoccupation pour la qualité de la vie humaine semblait impliquer une croyance d'après laquelle la vie doit être précautionneusement conservée et préservée, protégée du danger et du risque, prolongée aussi longtemps que possible. Sa manière d'envisager l'éducation des enfants et la négociation maritale sur le mode permissif transpirait plus la faiblesse, un désir d'éluder les conflits susceptibles de libérer les rancœurs, qu'une compréhension bienveillante. Sa passion pour la critique permanente semblait témoigner d'un refus d'accepter toute contrainte à la liberté humaine, une attitude doublement choquante de la part de ceux qui jouissaient de tant de liberté dès le départ. Le réflexe de la critique, vu des fractions les plus humbles de la classe moyenne, paraissait inviter les hommes et les femmes à être interminablement quémandeurs, à espérer plus de la vie que quiconque a le droit d'en attendre.

Une femme de chambre, blanche et catholique, de Somerville, dans le Massachusetts, interrogée par Robert Coles au milieu des années soixante-dix, adoptait une vision peu flatteuse mais hautement révélatrice de Cambridge, où elle faisait des travaux de ménage pour le compte d'une famille de professionnels libéraux. La femme pour qui elle travaillait était « folle », pensait-elle, d'intégrer le marché du travail alors qu'elle n'avait aucun besoin manifeste de revenu supplémentaire. Elle confiait que ses employeurs passaient la plupart de leur temps à s'observer, s'inquiétant d'être « déprimés », à essayer de nouveaux vêtements, et à « se regarder dans un miroir après l'autre ». Lorsqu'éclatait une querelle conjugale, l'épouse pleurait ou refusait ses faveurs sexuelles. « Je ne ferais jamais cela ! » affirmait, indignée, la femme de ménage. « Je préférerais hurler et crier et envoyer valser la vaisselle que résister à mon mari de cette façon. »

> La maison est pleine de bavardages, même très tôt le matin. Il a lu quelque chose qui lui a déplu, et elle a lu quelque chose qui l'a ennuyée. Ils sont tous les deux prêts à téléphoner à leurs amis. Les enfants entendent tout ça et commencent à se plaindre de ce qui les ennuie eux – généralement de l'école. Ils sont tous si *critiques*. Je dis à mes enfants d'obéir à leur professeur et d'écouter le prêtre ; et ils se prennent une taloche de leur père s'ils s'opposent à lui. Mais les choses sont différentes quand j'arrive dans cette capricieuse Cambridge. Dans cette maison, les enfants répondent à leurs parents, se comportent aussi effrontément et arrogamment qu'il est possible de faire. J'ai quelquefois envie de hurler quand j'entends ces morveux parler comme s'ils savaient tout.

Il n'est pas difficile de comprendre pour quelles raisons une si grande partie d'une exaspération de la sorte en arriva à se déchaîner sur la figure de Benjamin Spock, un symbole de tout ce dont les « Américains du milieu » se méfiaient. Auteur de *Baby and Child Care*, Spock était identifié dans l'esprit populaire, non seulement à l'éducation permissive des enfants, mais également à l'expertise médicale et psychiatrique intrusive, si souvent invoquée par ceux qui condamnaient « l'autoritarisme ouvrier ». Porte-parole du mouvement pacifiste, il symbolisait le danger qu'un recul de la moralité sape l'ordre civique et le patriotisme. Les ouvriers manifestaient peu d'enthousiasme face à la guerre, mais ils ne supportaient pas l'anti-américanisme si souvent exprimé par le mouvement étudiant. Leur « révérence pour le drapeau », selon Rieder, « incarnait un style de patriotisme moins inspiré par des idéaux abstraits que par le sentiment primordial d'appartenir à un lieu particulier. » Le mouvement pacifiste, au contraire, dénonçait « l'Amérique » comme une société totalitaire. « L'Amérique, soudainement, était l'ennemie », avait écrit rétrospectivement Julius Lester. « (...) Le bon sens élémentaire aurait dû nous inciter à comprendre que transformer une nation est impossible quand on la déteste. » Mais l'élémentaire bon sens jouait un

rôle très mineur au sein de l'aile radicale du mouvement pacifiste, qui espérait soulever une opposition à la guerre en pro-
fanant le drapeau, en présentant les héros nationaux qu'étaient
Jefferson et Lincoln comme des racistes, des impérialistes, et
des porcs chauvins et machistes, et en revendiquant sa solidarité
avec les millions d'opprimés d'Afrique, d'Asie et d'Amérique
latine. Le résultat en était un soutien renforcé à la politique
gouvernementale de la part de populations qui l'aurait autrement condamnée. Des stratégies de ce type aggravaient également le ressentiment populaire à l'encontre d'individus comme
le docteur Spock – les « intellectuels de pacotille qui se pavanent » dénoncés par Spiro Agnew et George Wallace.

Les experts qui se proclamaient les protecteurs des droits des
enfants semblaient, aux yeux des ouvriers, encourager un état
d'esprit prompt à l'insubordination et contribuer de cette façon
à l'affaiblissement de la confiance parentale. « De nos jours,
vous craignez de punir l'enfant ou de l'« aliéner » (...) Complexes ! Complexes ! » Le jargon de la compréhension thérapeutique et de la « compassion » semblait absoudre les jeunes
gens, les transgresseurs de la loi, et autres « victimes » d'une
société prétendument répressive de toute responsabilité pour
leurs actes. Les violations des conventions sociales restaient
impunies, tandis que ceux qui demandaient leur renforcement
se voyaient reprochés de « blâmer la victime ». La tolérance
grandissante de la grossièreté, de l'étalage de la sexualité, de la
pornographie, des drogues, et de l'homosexualité semblait indiquer un effondrement général de la décence ordinaire (*common
decency*). Les travailleurs américains ne se considéraient pas
comme des modèles de rectitude, et n'adhéraient pas plus à
une moralité figée qui condamnait toute forme d'épanouissement sexuel personnel. Ce qu'ils condamnaient, c'était l'étalage
public de sexe et de pornographie, spécialement sous leurs
formes déviantes – la révocation de la réticence. « Si [les gens]
veulent vivre ensemble et ne pas se marier, pas de problème.
S'ils veulent lire des livres pornographiques et regarder des
films pornographiques, c'est d'accord (...) tant qu'ils ne les
diffusent pas (...) à l'écran ou dans les journaux. » La critique
droitière des médias faisait vibrer la corde sensible des ouvriers

que troublait la publicité faite aux conduites socialement perturbatrices. Son offensive contre la « permissivité », quoi qu'il
en soit, découlait d'un sens du décorum, pas d'un inflexible
critère moral qui ne laissait aucune place à la tolérance ou à la
liberté d'expression. Des organisations comme l'*American Civil
Liberties Union*[1] s'exposaient aux critiques parce qu'elles semblaient invoquer la doctrine constitutionnelle de la liberté
d'expression au nom d'objectifs qu'elles n'avaient jamais eu
l'intention de cautionner.

Dans un climat exacerbé par des revendications en faveur
d'un droit apparemment illimité à la liberté personnelle, d'un
côté, et d'une restauration de l'ordre public de l'autre, même
des graffitis pouvaient devenir un enjeu politique. Les libéraux
voyaient les graffitis dessinés sur les bus de quartiers comme
une nouvelle forme pleine de vitalité d'art populaire, alors que
les travailleurs des minorités ethniques les envisageaient comme
une manifestation supplémentaire de la crise que traversait la
civilité. Les aménagements publics urbains n'appartenaient
plus, à leurs yeux, aux citoyens soucieux de décence et respectueux des lois. Les rues, les parcs et les passages souterrains
avaient été envahis par les trafiquants de drogues, les porno-
graphes, les prostituées et les bandes de jeunes noirs bruyants,
qui exhibaient leur mépris pour la respectabilité petite bourgeoise. « Ces cinglés, la manière dont ils arpentent les rues, et
le langage qu'ils utilisent, qu'ils aillent se faire voir ailleurs ! »
Un air de menace planait sur la ville. « Je ne déteste pas réellement les noirs », affirmait une Juive de Canarsie, « je déteste
le fait qu'ils m'obligent à regarder derrière moi. » « Lorsque les
noirs m'ont dévalisé », disait un autre habitant de Canarsie,
« j'ai laissé tomber tout ce truc sur la fraternité entre races. »
Au lieu de démolir « le principe et l'ordre » en présentant ces
termes comme relevant d'un registre raciste, les libéraux
auraient été mieux avisés de se colleter à la fracture de l'ordre
public. Même si leur culture de l'expression de soi et de
l'épanouissement personnel les empêchait de discerner une
quelconque valeur dans la culture des fractions les plus
modestes de la classe moyenne, ils auraient au moins dû reconnaître le problème de la sécurité publique. Le libéralisme lui-

même, après tout, était historiquement dépendant de l'émergence de l'État moderne, qui avait mis un terme aux guerres féodales et religieuses, monopolisé les moyens de violence, et confisqué le droit à la vengeance privée. L'érosion de la capacité de l'État à assurer l'ordre public obligeait les habitants des villes à improviser d'eux-mêmes des solutions, allant des patrouilles de quartiers aux associations de blocs d'immeubles destinées à prévenir les guerres de gangs. Les libéraux voulaient, à juste titre, limiter la vente des armes à feu, mais refusaient de comprendre les peurs qui conduisaient les habitants à s'armer, en dernier ressort, face à la vague croissante de violence et de crimes. Ils déploraient la campagne en faveur d'une application de lois plus sévères et la considéraient comme une menace pour les libertés que garantissait le *Bill of Rights*, mais ils n'expliquaient pas de quelle manière le *Bill of Rights* assurerait la sécurité dans les rues.

Les politiques raciales : le militantisme anti-busing à Boston

Du point de vue des habitants des quartiers urbains en déshérence, les libéraux n'étaient pas seulement indifférents à leurs besoins mais activement hostiles à leur endroit, disposés à détruire ces quartiers dès lors qu'ils se mettaient en travers de l'intégration raciale. Le principe du traitement préférentiel en faveur des minorités défavorisées offensait les groupes ethniques qui n'avaient jamais, aussi loin qu'il leur était permis de remonter dans le temps, bénéficié d'un tel favoritisme au cours de leurs propres luttes contre la pauvreté et le préjugé ethnique. « Ces panneaux bilingues me rendent fou », affirmait un résident de Canarsie. « Les vieux Juifs et Italiens ne voyaient pas leurs langues inscrites sur des panneaux. » Même ceux qui soutenaient le mouvement des droits civiques rejetaient la justice raciale à deux vitesses telle que la résumait McGeorge Bundy, à la tête, en 1977, de la Fondation Ford : « Pour en finir avec le racisme, nous devons (...) tenir compte de la race. » Ils ne se montraient pas plus impressionnés par l'argument déve-

loppé par Justice Thurgood Marshall, au cours du procès
Bakke [2], deux ans plus tard, portant que le racisme américain
avait été « si envahissant » que chacun, « quels que soient son
niveau de vie ou sa position sociale » avait ressenti son impact.
Cette affirmation impliquait que tout le monde aurait à porter
le fardeau qu'impliquait son éradication, mais le fardeau ne
pesait dans les faits que sur ceux qui pouvaient le moins être
en mesure de le supporter. Le plaidoyer en faveur de ce que
Justice William Brennan appelait, avec une intonation positive,
les « programmes conscients des différences raciales », aurait
pu être empreint d'une force morale si les principaux
défenseurs des programmes compensatoires n'avaient pas si
facilement éludé leurs conséquences. Si les effets de la discrimination raciale concernaient l'ensemble de la société américaine, les conséquences d'une discrimination inversée devenaient hautement sélectives.

   La prétention des libéraux de camper sur une position de
surplomb moral, au cours des violentes polémiques relatives
au *busing* et aux discriminations positives qui éclatèrent à la
fin des années soixante et au début des années soixante-dix,
était suspecte depuis le début. La question qui divisait les
libéraux et leurs premiers soutiens, pourtant, n'était pas simplement une question de principe. Les ouvriers vivaient la
politique libérale comme une invasion de leurs quartiers. À
Brooklyn, les Juifs ne s'étaient retirés à Brownsville, East New
York et Flatbush, face aux vagues successives d'immigration
noire, que pour se voir confrontés en 1972 à une injonction
d'une cour de justice de parvenir à un équilibre entre races
dans les écoles de Canarsie. Les taux de crédit immobilier élevés
et un sentiment de fidélité à Canarsie leur interdisaient de
battre en retraite plus loin encore, vers les quartiers résidentiels.
« La classe moyenne blanche de Canarsie est le dos au (...)
mur » affirmait un habitant : « il n'existe aucun lieu où se
retirer ». « Ils ont ruiné Brownsville », disait un autre, « mais
je ne les laisserai pas ruiner Canarsie (...) Les libéraux et la
presse méprisent les ouvriers du bâtiment comme moi, mais
nous avons investi tout ce que nous avions dans cette maison
et dans ce quartier. » Le président du Conseil de la Commu-

nauté Juive, prônant un boycott des écoles concernées par la décision de la cour de justice, s'insurgeait : « Nous avons transformé les terrains vagues de Canarsie en une belle communauté, et personne ne nous enlèvera cela ».

À Charlestown, dans le Massachusetts, le conflit provoqué par le *busing* fut précédé par des conflits, qui se prolongèrent, causés par le réaménagement urbain. La menace immédiate ne venait pas ici de l'installation d'une population noire dans le quartier, mais des avocats du réaménagement qui rêvaient de Boston comme d'un modèle de l'« économie de l'information » destiné à se développer sur les ruines de l'industrie lourde. Avec un sens de la présomption qui rappelait les fondateurs de la ville du XVIIᵉ siècle, mais pratiquement rien de ce qui avait été leur vision morale, les promoteurs du réaménagement envisageaient la « nouvelle Boston » comme une cité de collines, un endroit plaisant où se côtoieraient technologies avancées, sophistication cosmopolite, haute finance, et splendeur architecturale. Ils nourrissaient de grandes ambitions pour Charlestown, un quartier sur le déclin depuis longtemps abandonné par les protestants, plus récemment par les membres les plus prospères de sa population à dominante irlandaise, et finalement par l'arsenal de la marine de Charlestown, qui avait jadis été le poumon de l'économie locale. Les urbanistes envisageaient un réaménagement comme un moyen de « faire venir un meilleur genre de personnes » à Charlestown. « Charlestown a un rêve », s'exclamait un éditorialiste dans les colonnes du *Boston Globe*, « un rêve de développement – être à Boston ce que l'élégante Georgetown soigneusement restaurée est à Washington. » Ce n'était pas le rêve de Charlestown, naturellement, dont la mentalité était typiquement mesquine aux yeux du monde extérieur. « Nous voulions aider les gens à restaurer leurs maisons », disait un habitant. « Nous voulions montrer ce que nous étions capables de faire sans aide fédérale. » Une politique de réaménagement signifiait, pour les vieux résidants, la restauration de la communauté telle qu'elle avait été à ses meilleurs jours, lorsque les habitants s'entraidaient et se respectaient, et que le quartier était connu comme l'un des plus sûrs de toute la ville, même à la tombée de la nuit.

Une session tumultueuse du conseil municipal de Charlestown se conclut en 1965 par l'approbation, entre autres douteuses innovations, d'un projet de démolition qui concernait
10 % de l'habitat privé, et d'un projet de remplacement de la
prison d'État par le collège de la communauté de Bunker Hill.
Des projets ultérieurs défendaient la construction d'habitations
de luxe, agrémentées de piscines, de terrains de tennis, et de
deux marinas, sur le site de l'ancien chantier naval de l'État.
« Je me sens concerné par la destruction des familles » affirmait
un opposant à cette évolution. « Nous voulons que les gens
reviennent, pas qu'ils soient remplacés par un professionnel
libéral, sa secrétaire et un chien. » Les urbanistes, quoi qu'il en
soit, raisonnaient plus en termes de valeurs foncières et se
souciaient plus de « faire venir un meilleur genre de personnes ». Le Charlestown Patriot évaluait exactement l'effet de
leurs efforts lorsqu'il mettait en garde les « habitants de la ville »
en leur prédisant qu'ils perdraient bientôt le « Charlestown
qu'ils connaissent maintenant », dans l'hypothèse bien sûr où
ils se montreraient « capables de vivre ici » au milieu de « tout
cet étalage de luxe ».

La même coalition qui concevait et construisait la « Nouvelle
Boston » – groupes d'intérêts immobiliers et bancaires, présidents d'université, directeurs de fondations, et dirigeants
associatifs, dont des représentants de la petite élite noire –
accueillit le *Racial Imbalance Act* voté par le corps législatif
d'État en 1965 comme une occasion de moderniser le système
scolaire municipal. Les hommes d'affaires et leurs affidés dominaient le *Citywide Coordinating Council*, les « yeux et les oreilles
de la cour », qui avait été mis en place par le juge Arthur
Garrity en 1975 lorsque son ambitieux projet de déségrégation commençait à rencontrer une opposition populaire acharnée. Le *Globe* décrivait le *Coordinating Council* comme un
« mélange de membres de la communauté, du clergé, d'enseignants et d'hommes d'affaires » qui promettait d'apporter le
type de direction « positive, représentative et crédible » dont
avait manqué la cité dans le passé récent. Un membre éminent
du *Coordinating Council*, le président Kenneth Ryder de la
Northeastern University, affirmait qu'il était celui de « l'intel-

ligence, du professionnalisme, de l'absence de considérations politiques ».

Dès le départ, les édiles locaux considéraient que des établissements scolaires de qualité feraient revenir en ville les membres de la classe managériale et des professions intellectuelles, généreraient des recettes fiscales, et attireraient la force de travail qualifiée requise par la nouvelle économie high-tech. Selon une étude commandée par la Fondation Ford en 1965, l'amélioration de l'enseignement public était un « préalable nécessaire à l'arrivée de la classe moyenne en ville ». James M. Howell, un vice-président de la *First National Bank*, détaillait précisément le raisonnement habituel sur la réforme scolaire : une insistance nouvelle portée sur les « compétences commerciales » ; « des projets-pilote innovants » destinés à mettre en rapport « l'école et le marché du travail » ; une attention accrue portée aux « compétences qui reflètent l'orientation technique du secteur des sociétés commerciales ». Robert Wood, président de l'Université du Massachusetts et président du *Coordinating Council*, souscrivait à l'objectif de « programmes qui s'adaptent à la place du marché ». Lorsqu'il prit la direction du rectorat en 1978, il fit de « l'éducation professionnelle » la « première de ses priorités ». Ce qui se résuma, en pratique, à l'introduction de programmes de « formations en informatique » et à l'acquisition d'équipements électroniques coûteux.

Pour la classe managériale et les membres des professions intellectuelles, l'intérêt bien compris semblait coïncider avec l'idéalisme moral – une heureuse conjonction. Les écoles à la pointe de l'intégration raciale et autres « innovantes » mettraient un terme au cycle héréditaire de la pauvreté, et permettraient (à condition qu'elles soient accompagnées de programmes anti-discriminatoires énergiques) aux membres qualifiés du « sous-prolétariat » de décrocher un statut professionnel. Le seul élément qui venait se mettre en travers de la justice raciale et d'un renouveau civique était la résistance obstinée d'« enclaves » ethniques que les réformateurs considéraient invariablement « repliées sur elles-mêmes », se cramponnant à leur « étroitesse d'esprit et à leur intransigeance ». Des

quartiers comme Charlestown et South Boston – « des pénin-
sules figées sur le plan ethnique et condamnées à une croissance
autarcique », peuplées de « voyous », de « fanatiques » et de
« meutes de racistes hystériques » – s'opposaient systématiquement à n'importe quel type de progrès, particulièrement s'il
promettait de bénéficier à la population noire.

Le parti du progrès civique ne pouvait discerner que du
racisme dans leur opposition au *busing*. Mme Hicks, une porte-
parole de cette dernière, pouvait dénoncer le dispositif mis en
place par Garrity comme une solution imposée à la ville par
« les gens riches des banlieues résidentielles », la « structure du
pouvoir du dehors », les « forces qui essayent de nous
envahir » ; mais le « racisme » constituait ce qu'Elaine Noble,
une libérale du corps législatif d'État, présentait comme la
« véritable question ». Jon Hillson, un libéral noir, attribuait
l'opposition au *busing* à l'« extrême étroitesse d'esprit » et à
l'« arriération » des Irlandais, « encouragés et abusés par des
politiciens racistes » qui savaient comment exploiter une « peur
brutale, primitive ». Hillson écartait la déclaration suivant
laquelle « les acquis obtenus au cours du combat pour les droits
civiques (...) sortent des poches des travailleurs blancs » comme
un « mensonge » total propagé par l'« alliance raciste qui
conduit l'Amérique ». Jonathan Kozol, célèbre pour son
ouvrage *Death at an Early Age*, un récit de son expérience
d'enseignant à Boston, expliquait le mouvement anti-*busing*
par « une terreur de populace et par des décennies de non-
éducation, un mouvement mené par des démagogues, planifié
à l'avance par ceux qui se repaissent de haine ». L'ensemble de
la violence qui entourait la polémique sur le *busing*, insistait
Kozol, découlait en dernière instance de la violente résistance
initiée par les blancs. Lorsque Michael Faith, un élève de la
South Boston High School, fut poignardé par un de ses
camarades de classe noir venant de Roxbury, Kozol se
débrouilla pour se convaincre que « c'était (...) la main de
Louise Day Hicks (...) qui tenait le couteau avec lequel avait
été agressé Michael Faith ».

Mme Hicks avait en fait perdu la plupart de ses soutiens à
South Boston à ce moment-là, précisément en raison de sa

condamnation de la violence. L'épisode de l'agression au couteau contribua directement au déclin de son influence. La nouvelle de l'agression se répandant à travers South Boston, une foule se rassembla à l'extérieur du lycée et refusa de laisser les étudiants noirs, bloqués à l'intérieur du bâtiment, retourner à Roxbury. Mme Hicks appela la foule à se disperser. Ne lui prêtant aucune attention, cette dernière entonna l'un des refrains les plus déplaisants des années soixante : « Merde alors, non, nous ne partirons pas ! » « Elle semblait paniquée », selon un enseignant qui observait la scène d'une fenêtre. Les élèves noirs furent finalement conduits hors du bâtiment par une porte latérale pendant que la police fédérale maîtrisait la foule.

Les injustices subies par la population noire en Amérique étaient si éclatantes et leur demande de réparation si légitime que les avocats du *busing* trouvaient impossible d'admettre que des ouvriers blancs puissent exprimer des doléances, particulièrement lorsque ces dernières étaient formulées dans l'idiome de l'injure raciale, et soutenues par des porte-parole qui n'exerçaient aucun contrôle sur leurs propres partisans. Les libéraux étaient prédisposés à ne discerner rien d'autre que du préjugé racial dans le mouvement anti-*busing*, mais le mouvement lui-même ne faisait pas grand-chose pour dissiper ce malentendu. Ses agitateurs en appelaient quelquefois à l'exemple que constituait le mouvement des droits civiques, mais ne comprenaient rien à son autodiscipline morale. Ils déploraient la violence, mais l'encourageaient insidieusement en s'attardant sur le devoir de repousser l'« invasion » de leurs communautés par des étrangers. Ils protestaient en avançant, comme le faisait Dennis Kearney, un politicien de South Boston, que « bien que nous soyons opposés à l'application par la force du busing, nous ne sommes pas racistes » ; mais les foules qui manifestaient leur hostilité à ce dernier mettaient à mal de telles déclarations en hurlant leur slogan préféré, « Ramenons en bus les nègres vers l'Afrique ! » « Nous *sommes* racistes » affirmait un élève blanc de la *South Boston High School*. « Soyons réalistes. C'est ainsi que nous nous sentons. » Ione Malloy, l'enseignante anglaise qui consigna cette déclaration détestable dans son journal du conflit, tentait de persuader ses étudiants que la situation de South Boston était bien plus complexe. Lorsque les étudiants déploraient que « les noirs obtiennent tout ce qu'ils veulent », elle les enjoignait à prendre en compte le point de vue de l'autre camp. Lorsqu'ils menaçaient de « provoquer des problèmes afin que le projet ne fonctionne pas », elle prédisait, assez justement, que les autorités fermeraient l'école. Elle les suppliait d'éviter la violence et la provocation, sans résultat. La situation se détériorant, elle confessait un sentiment d'« inutilité ». « Nous semblons nous diriger vers une impasse. »

Le meilleur argument contre le *busing* était qu'un « quartier homogène sur le plan ethnique ou racial respectait l'intégrité d'une autre communauté plus facilement que ne le faisait un quartier fragilisé, menacé ». Dans ce raisonnement, « des quartiers forts constituaient des blocs solidement structurés qui composaient une cité sainement diverse ». La « préservation de la communauté » aurait en conséquence dû être reconnue comme une « valeur rivale de celle – encore ironiquement nécessaire – d'égalité ». Mais ces termes étaient ceux qu'avait employés Anthony Lukas, un observateur extérieur perspicace, pas une analyse de l'intérieur du problème. Les porte-parole du mouvement anti-busing ne recouraient jamais à cet argument. Ils s'élevaient rarement au-dessus du niveau du ressentiment, de l'autosatisfaction et de l'apitoiement sur soi. « Nous sommes de pauvres gens prisonniers d'une situation économiquement misérable » se plaignait Pixie Palladino de la ROAR (Rétablissons les droits dont nous avons été privés [*Restore Our Alienated Rights*]). « Tout ce que nous voulons, c'est être les mères des enfants que Dieu nous a donnés. La couleur nous indiffère. Nous sommes opposés au busing. »

Faute d'une direction composée d'habitants du quartier, le mouvement, pour se colleter à la délicate question de savoir comment réconcilier la solidarité ethnique avec l'égalité raciale, voyait sa direction abandonnée à un étranger occasionnel ou à une initiée ambivalente comme Ione Malloy. Comme d'autres modérés de South Boston – la poignée restante au milieu des années soixante-dix –, Malloy supportait l'intégration mais partageait l'amertume locale que suscitait le « jugement fait loi » de Garrity. « Une grande injustice a été commise contre la population de South Boston en lui imposant un projet de déségrégation qui ne prenait en compte ni les besoins des étudiants, ni l'héritage ouvrier de la communauté. » Elle admirait la fierté dont faisait preuve la communauté, qu'elle découvrit lorsqu'elle assista à une manifestation publique de la ROAR, mais elle regrettait la tentative, à l'initiative de la communauté, de faire du lycée un champ de bataille politique. Elle approuvait le communiqué qu'avait rendu public le rectorat d'après lequel, si les communautés noires et blanches restaient à l'extérieur, s'abstenant d'« aggraver les tensions communautaires entre étudiants », l'atmosphère à l'intérieur de l'école s'en trouverait améliorée.

Catholique irlandaise ayant grandi à Boston et désirant ardemment une « renaissance culturelle irlandaise à South Boston », Malloy comprenait néanmoins que le credo de ses habitants, « Nous nous préoccupons de nous », représentait un « idéal inadéquat ». Elle espérait « changer l'image qu'entretenait le jeune de South Boston de lui-même en lui faisant prendre conscience de ses racines culturelles afin qu'il puisse se tenir solidement sur ses deux jambes ». Elle n'espérait pas, cependant, accomplir cela en dissimulant les défauts et les insuffisances des Irlandais, encore moins en appelant à un sentiment improbable de supériorité raciale. Elle ne proposait pas plus de renforcer la solidarité irlandaise en isolant South Boston du monde extérieur. « J'entendrais, maintes et maintes fois : « Nous voulons simplement être laissés seuls ». » Elle rejetait cette solution simpliste, de la même façon qu'elle rejetait des solutions naïves proposées par l'autre camp. En tant qu'enseignante, elle ne pouvait accepter aucune des conceptions concurrentes de l'éducation qui étaient implicitement soulevées par la polémique sur le *busing*, et qui l'étaient plus explicitement encore par les controverses au sujet de la prière à l'école, par les débats plus généraux sur la place de l'instruction religieuse dans les écoles publiques, et par le problème global que posait l'antagonisme existant entre la demande en faveur d'écoles essentiellement réactives à la pression parentale et la demande d'écoles guidées par un idéal abstrait d'« excellence ». Malloy considérait, en effet, que la première de ces conceptions ne ferait que renforcer l'adhésion non critique au dogme local, alors que la seconde autoriserait une poignée d'individus doués à échapper à leur culture pour intégrer la classe managériale ou les professions intellectuelles, laissant derrière les autres.

Les défenseurs du *busing* avançaient que des écoles intégrées sur le plan racial mettraient fin aux stéréotypes raciaux et promouvraient la tolérance. La conséquence plus ambiguë de cette politique est illustrée par l'exemple de Vinnie, le seul étudiant de Charlestown disposé à s'astreindre au *busing* à Roxbury au cours de la première année du programme de déségrégation. Présenté comme un modèle de raison face aux tensions raciales par un reportage consacré à la crise, réalisé par Pamela Bullard et Judith Stoia, deux journalistes de la télévision de Boston, Vinnie aurait dû mieux être présenté comme un modèle de mobilité sociale et d'expatriation culturelle. Martha Bayles le notait dans un article clairvoyant, Vinnie était aux yeux de Bullard et Stoia un héros parce qu'il était « exactement comme nous ».

> Contrairement à ses voisins arriérés et ignorants, il veut aller à Harvard. Contrairement à ses voisins bornés, il entend quitter Charlestown et ne jamais revenir (...) Contrairement à ses voisins sexuellement refoulés, il ne voit aucun inconvénient à ce que des jeunes femmes non mariées aient des enfants (...) L'important est que Bullard et Stoia, dans leur zèle à montrer comment le *busing* a guéri Vinnie du préjugé racial, montrent également de quelle manière le *busing* l'a soulagé de nombreuses autres croyances et valeurs. Au lieu de décrire un garçon de Charlestown qui a surmonté le racisme, elles décrivent un garçon de Charlestown qui a surmonté Charlestown.

Malheureusement pour l'expérience d'équilibre racial lancée par le juge Garrity, la plupart des voisins de Vinnie ne partageaient pas son ambition de « surmonter Charlestown », encore moins les méthodes pour y parvenir ; mais même si tel avait été le cas, ils n'auraient pas nécessairement été les plus aptes à cela. Si la raison en matière raciale ne pouvait être obtenue qu'au prix de l'exil, peut-être était-il temps de reconsidérer le projet de la raison dans sa totalité.

Le « populisme » et la nouvelle droite

La bataille rangée qui éclata autour du *busing*, en dehors de ses conséquences pour les jeunes gens qui s'y retrouvèrent entraînés, eut un effet désastreux pour l'ancienne coalition libérale. De toutes celles qu'il était désormais convenu d'appeler des « questions de société », qui divisaient gravement la coalition du *New Deal* – l'avortement, l'*Equal Right Amendment*, la peine de mort, la législation sur les armes à feu, les droits des homosexuels, l'enseignement religieux à l'école, le serment d'allégeance, le dispositif législatif judiciaire –, le *busing* était la plus violemment contestée et la plus dramatique dans sa manière de dévoiler la distance grandissante entre les libéraux aisés et les ouvriers, qui avaient jadis été unis dans leur soutien à Franklin Roosevelt et ses héritiers de la tradition libérale. Lorsque Edward Kennedy essaya de s'adresser à un rassemblement qui manifestait son hostilité au *busing*, en 1974, un groupe d'Irlandais en colère l'insulta et lui jeta à la figure des œufs et des tomates avant qu'il trouve refuge dans un bâtiment fédéral qui portait le nom de son frère. Autant pour Camelot.

Dans son étude consacrée aux conflits des écoles de Boston, Anthony Lukas décrit un affrontement qui éclata en 1975 – l'Année Internationale de la Femme dans le Massachusetts, sur décision du gouverneur – entre la Commission sur le Statut des Femmes mise en place par le gouverneur et une délégation de femmes issues du mouvement anti-*busing*. Les militantes de ce dernier affirmaient que l'État les avait dépossédées de leur responsabilité sur l'éducation de leurs enfants. « Vous êtes censés défendre les droits des femmes. Pourquoi ne nous défendez-vous pas ? » La commission décida que le *busing* n'avait « rien à voir » avec les droits des femmes. Les féministes des banlieues résidentielles, « avec leurs tailleurs Town and Country, leurs foulards en soie Pierre Cardin, et leurs chaus-

sures en alligator à quatre-vingt-cinq dollars pièces » n'avaient
rien à répondre à un groupe de femmes peu au fait des modes
vestimentaires, qui portaient sous des coupe-vent des tee-shirts
« Non au *busing* obligé ».

Les « questions de société » en venant à définir ce qui opposait la gauche et la droite, des « populistes » d'un nouveau type
commencèrent à bâtir une coalition politique autour du ressentiment des franges les plus humbles de la classe moyenne.
À l'instar des Populistes d'antan, ils se considéraient comme
les ennemis de la richesse et du privilège, les champions de
celui que George Wallace appelait l'« homme de la rue » :
l'« ouvrier du textile », l'« ouvrier en aciérie », le « coiffeur » et
l'« esthéticienne », l'« agent de ronde », le « petit entrepreneur ». Les architectes de la nouvelle droite n'étaient en rien
unanimement engagés en faveur de l'économie de marché.
Certains d'entre eux restaient des partisans du *New Deal* sur
les questions économiques. En 1968, l'*American Independent
party* de Wallace en appelait à un renforcement de la sécurité
sociale, promettait une meilleure prise en charge médicale, et
réaffirmait le droit aux négociations collectives. La *National
Review* dénonçait le « Marxisme provincial » de Wallace, et ses
adversaires conservateurs de l'Alabama le jugeaient « carrément
rose ». Paul Weyrich, un idéologue influent de la nouvelle
droite, était un homme du peuple, comme Wallace – le produit
d'une culture col bleu, catholique allemande, de Racine, dans
le Wisconsin. Il se sentait « plus proche de William Jennings
Bryan », disait-il, « que des conservateurs ». L'« essence de la
nouvelle droite », telle qu'il l'envisageait, résidait dans un
« conservatisme moral », pas dans les théories économiques de
la liberté du marché. « Les gigantesques firmes sont aussi
néfastes qu'une administration d'État écrasante » affirmait
Weyrich. « Elles partagent le même lit. » Insistant sur le fait
que « le *laisser-faire* est insuffisant », il mettait l'accent avec
plus d'insistance sur la nécessité d'une « valeur plus élevée »
que celle qu'offrait la poursuite de la richesse. En soutenant
qu'« il ne peut exister autre chose qu'un marché entièrement
libre », il confessait s'accorder « avec certains libéraux ». Ce

qu'il ressentait, disait-il, était une « compassion » libérale, « condescendante » et « paternaliste ».

Les électeurs de la nouvelle droite croyaient pour beaucoup d'entre eux que « le pétrole, l'acier, les assurances et les banques gouvernaient ce pays », comme l'affirmait un membre de l'*Italian-American Civil Rights League* de Brooklyn. « Je serais favorable à la nationalisation des compagnies pétrolières », disait cet homme, « si je ne pensais pas que les politiciens nationaux sont une bande de voleurs. » Un démocrate conservateur affirmé disait à Jonathan Rieder : « Ce n'est pas seulement l'assistanat d'État mais les multinationales qui nous arnaquent, nous privant de nos emplois et nous obligeant à chercher du travail du Sud à l'Ouest. Les classes moyennes sont celles de populations désespérées. » Kevin Philipps affirmait en 1982 que la révolte de la classe moyenne contre la fiscalité, un élément important du processus de cristallisation de la nouvelle droite, était dirigée contre des impôts fonciers régressifs, pas contre l'impôt sur le revenu fédéral. Elle était, selon Philipps, « plus populiste que conservatrice ». Des impôts fonciers plus élevés frappaient bien plus lourdement les cols bleus et les membres des fractions les plus modestes de la classe moyenne, et ce fut eux, et non les riches, qui votèrent en 1978, en Californie, en faveur de la célèbre proposition[3], qui échoua à emporter l'adhésion d'un certain nombre de circonscriptions à hauts revenus, qui se reportèrent plus tard en faveur de Reagan en 1980. En Californie comme dans l'Oklahoma, les électeurs qui accordaient leur préférence à une réduction des impôts fonciers refusaient une réduction de l'impôt sur le revenu. La révolte fiscale, aux yeux de Philipps, ne devrait pas être envisagée comme un mandat donné en faveur d'une théorie économique de l'offre. Très peu de ceux qui souhaitaient des coupes budgétaires en matière sociale avaient à l'esprit de massives réductions. Philipps découvrait, en fait, un soutien public considérable en faveur d'une redistribution générale du revenu.

Les sondages d'opinion publique réalisés par Patrick Caddell au milieu des années soixante-dix montraient que de plus en plus de personnes approuvaient simultanément une redistribution du revenu et des positions sévères en matière de

« questions de société ». Donald Warren, un sociologue du Michigan, rapportait des découvertes similaires en 1973. 30 % des individus composant l'échantillon sur lequel il travaillait affirmaient que les noirs détenaient trop de pouvoir politique et recevaient plus qu'ils ne contribuaient à l'aide fédérale, mais 60 % d'entre eux affirmaient la même chose au sujet des riches. 18 % considéraient que les noirs avaient de meilleures chances que les blancs de bénéficier d'un traitement correct devant la justice, mais 42 % affirmaient que les riches avaient des chances meilleures encore de bénéficier d'un tel traitement. À se fier à de récents sondages réalisés par le *National Opinion Research Center*, bien plus de la moitié des personnes sondées à cette occasion croyaient que le gouvernement se voit guidé par les « groupes de pression importants », et approuvaient l'action fédérale destinée à réduire le fossé creusé entre les riches et les pauvres, de préférence par « l'augmentation des impôts sur les grandes fortunes ». Les mêmes personnes rejetaient, toutefois, les valeurs que le libéralisme en était venu à représenter et votaient pour des candidats de droite qui dénonçaient les médias libéraux, les bureaucrates libéraux et les planificateurs sociaux, ainsi que les défenseurs libéraux du relativisme culturel et de la permissivité sexuelle.

L'émergence du « néo-libéralisme » au milieu des années soixante-dix rendit plus facile que jamais à la droite de s'approprier la rhétorique et la symbolique du Populisme. En 1974, deux ans après la désastreuse campagne présidentielle de George McGovern, les Démocrates se ressaisirent à la suite de leur défaite en remportant quatre postes de gouverneur, quatre nouveaux sièges au Sénat, et quarante-neuf sièges au Congrès. La plupart de ceux qui avaient été élus dans le cadre de ce sursaut démocrate à ces niveaux – des politiciens comme Gary Hart, John Culver, Dale Bumpers, Jerry Brown, Ella Grasso, Richard Lamm, Tom Downey, Christopher Dodd, Toby Moffett, Paul Simon, Paul Tsongas, Les AuCoin, James Blanchard, et Tim Wirth – étaient issus de la « nouvelle politique » des années soixante et du début des années soixante-dix. Ils avaient gagné leurs galons dans le cadre des *Peace Corps*, de la Guerre contre la Pauvreté, du mouvement pacifiste, et de la campagne de McGovern. Leur opposition à la guerre au Vietnam, leur engagement en faveur du féminisme et des droits civiques, leur exaspération face aux « groupes de pression » qui contrôlaient prétendument le parti (dont son travail), leur enthousiasme pour la technologie la plus avancée, et l'importance qu'ils accordaient à la compétence professionnelle, comme l'exact contraire de l'idéologie, les distinguaient de libéraux plus anciens comme Edward Kennedy et Hubert Humphrey. Toby Moffett du Connecticut définissait, sans ironie ni connotation péjorative, la génération qui avait intégré le Congrès, en 1974, comme « très banlieusarde ». La croissance économique et l'éducation s'imposaient aux néo-libéraux comme les principales préoccupations de la nation. « Si l'économie américaine se porte bien », expliquait Tsongas, « une marée montante soulève l'ensemble des bateaux. » Ce que Les AuCoin de l'Oregon nommait, en comparaison, la « logique de lutte de classes » des politiques partisanes démodées, divisait la nation et détournait l'attention des problèmes techniques qui avaient à être solutionnés si les États-Unis voulaient retrouver leur prééminence économique dans le monde. Les critiques du monde des grandes affaires étaient contre-productives. « Le peuple américain refuse d'entendre (...) un discours politique fondé sur la lutte des classes », déclarait AuCoin. « Le peuple américain, à ce point de notre histoire, attend un gouvernement qui défende des stratégies de développement économique. »

Tsongas, qui se présentait « libéral sur les questions de société », considérait qu'« une grande partie de la théorie économique libérale » offensait sa sensibilité « favorable au monde des grandes affaires ». Si une politique donnée, quelle qu'elle soit, « génère de la richesse et aide l'économie et nous rend plus compétitifs, nous sommes pour elle ». Lorsque Michael Dukakis annonçait en 1988 que « cette élection ne se soucie pas d'idéologie, mais de compétence », il exprimait l'essence du néo-libéralisme. Le fait qu'ils souhaitaient faire du déficit fédéral l'enjeu principal des années quatre-vingt, ignorant des questions que les « Américains du milieu » considéraient plus importantes (la distribution de la richesse et du privilège, les perspectives déclinantes qui s'offraient à la classe moyenne, la disparition d'un dessein moral), et qu'ils proposaient de réduire le déficit, non seulement par des coupes dans le budget de la défense, mais par de lourdes taxes sur le tabac, la bière et les alcools forts – les consolations traditionnelles de la classe ouvrière –, était typique de ce groupe.

À un moment où le soutien libéral à l'avortement, aux discriminations positives, et au *busing* avait déjà conduit quantité de Démocrates à quitter le parti, rien ne pouvait être moins censé les faire revenir que cette école du libéralisme, managériale, technocratique, et « banlieusarde ». Des néo-libéraux comme Hart en appelaient à des « idées nouvelles », mais leurs idées économiques, sur lesquelles ils mettaient avant tout l'accent, ne paraissaient pas pouvoir être distinguées, sauf dans les détails, de celles de la droite. « La chose importante », affirmait Jerry Brown, « était d'éviter le recours à l'impôt et de réaliser des économies. » L'émergence d'un consensus bipartisan sur l'importance d'impôts plus légers et d'une politique d'épargne gouvernementale, associée à un accord tacite de ne pas soulever la question de la distribution de la richesse, signifiait que les « questions de société » domineraient les campagnes électorales nationales. Elle signifiait, plus précisément, que les symboles vaguement évoqués par ces enjeux – les « valeurs familiales », le drapeau, le serment d'allégeance, le « rêve américain » – domineraient les campagnes électorales nationales et que les Républicains, ayant consolidé leur appel à la tradition populiste, continueraient de remporter les élections présidentielles avec une régularité monotone.

La théorie de la nouvelle classe et ses origines historiques

L'attrait idéologique de la nouvelle droite dépendait de sa capacité, non seulement à mettre en avant les questions de société aux dépens des enjeux économiques, mais à diriger le ressentiment « petit bourgeois » à l'endroit des riches vers une « nouvelle classe » parasitaire constituée par des spécialistes de la résolution des problèmes et des relativistes moraux. En 1975, William Rusher de la *National Review* faisait allusion à l'émer-

gence d'une « élite « verbeuse » », qui n'était composée « ni
d'hommes d'affaires, pas plus que d'industriels, de cols bleus
ou de fermiers », comme au « grand fait marquant » de l'histoire américaine récente. « Les producteurs de l'Amérique »,
affirmait Rusher, « (...) ont un intérêt économique commun à
limiter le développement de cette nouvelle classe non productive, rapace ». L'idée d'une nouvelle classe habilitait la droite
à invoquer des classifications sociales imprégnées de la tradition
populiste – producteurs et parasites –, et à les mettre au service
de programmes sociaux et politiques directement opposés à
tout ce que le Populisme avait toujours signifié.

La spéculation au sujet d'une « nouvelle classe » avait une
longue histoire. Trois traditions distinctes contribuaient à une
théorisation de droite, et ce fut en partie l'incapacité de la
droite à les démêler qui expliqua pour quelles raisons sa version
de la nouvelle classe devint, selon Daniel Bell, un si « fumeux
concept ». Une tradition progressiste, dont la généalogie
remontait jusqu'à Saint-Simon, considérait l'intelligentsia
technique comme une classe qui était destinée à jouer, en vertu
de sa position incontournable, un rôle de plus en plus important dans la société moderne. Aux États-Unis, Thorstein
Veblen était probablement le partisan le plus influent de cette
conception. Veblen établissait une distinction entre la culture
« pécuniaire » de la classe des loisirs et la culture scientifique,
critique et « iconoclaste » des ingénieurs. Il ridiculisait l'idée
qui voulait que les ouvriers, réduits à l'état d'automates par la
division moderne du travail, soient détenteurs de suffisamment
de savoirs pour pouvoir mener à bien le processus d'expropriation et exploiter l'infrastructure industrielle, mais il faisait
montre de plus de foi dans le personnel d'encadrement et
managérial, qui estimait l'efficacité pour elle-même, et se souciait plus de développement industriel et de productivité que
de profits. Les ingénieurs exerçaient déjà *de facto* un contrôle
sur l'entreprise, selon Veblen, mais se voyaient entravés par les
contraintes qu'imposait un système gaspilleur de production
capitaliste. Une fois qu'ils en arriveraient à comprendre leurs
véritables intérêts, ils mettraient à la porte les capitalistes et

feraient fonctionner le système industriel pour le bénéfice de la société dans son ensemble.

Cette vision encourageante de la « classe du savoir » influença, sous une forme ou une autre, le mouvement progressiste, le *New Deal*, et la Nouvelle Frontière. Le Walter Lippmann de la première période, des partisans du *New Deal* comme Stuart Chase et Thurman Arnold, et des libéraux inspirés de Keynes comme John Kenneth Galbraith, affirmaient que le capitalisme pouvait être transformé de l'intérieur par celle que Galbraith définissait comme une « technostructure » d'entreprise, dont l'intérêt dans la croissance économique entrait en collision avec la raison rentable. L'étude célèbre de Adolph Berle et Gardiner Means, *The Modern Corporation and Private Property* (1932), semblait fournir un fondement empirique à ce concept d'une catégorie autonome de cadres et d'experts industriels, en attirant l'attention sur la divergence grandissante entre la propriété de l'entreprise, désormais dispersée entre une multitude d'actionnaires, et ceux qui la contrôlaient et la faisaient en réalité fonctionner. L'émergence, après la Deuxième Guerre mondiale, de ce que Clark Kerr appelait la « multiversité » exacerbait la dépendance de l'industrie au savoir scientifique et technique, et apportait ainsi un encouragement supplémentaire aux spéculations sur l'« industrie du savoir ».

Les socialistes trouvaient, tout autant que les libéraux, ces idées attirantes. La nouvelle gauche, à la recherche d'un « agent » révolutionnaire pour remplacer le prolétariat, envisageait les producteurs de savoir comme une « nouvelle classe ouvrière », telle que la définissait Greg Calvert. Lorsque ces travailleurs intellectuels en viendraient à comprendre que le capitalisme leur interdisait d'exercer la gamme complète de leurs talents, ils s'allieraient aux autres groupes dépossédés afin de le renverser.

Un second tableau, moins flatteur, de la nouvelle classe prit forme au cours des années quarante et cinquante, dans un contexte fait de débats houleux sur l'échec du socialisme en Union Soviétique et en Europe de l'Est. Opposés à la définition par Trotsky du régime stalinien, soit un « État ouvrier dégé-

néré », Max Schachtman et ses disciples affirmaient que
l'Union soviétique n'était en aucun cas un État ouvrier, mais
une forme de « collectivisme bureaucratique » dominé par des
caciques du parti. Dans *The Managerial Revolution* (1941),
James Burnham avançait que, bien que le capitalisme connût
une phase déclinante, le socialisme n'était pas en train de le
remplacer. L'appropriation étatique des forces de production
ne transférait pas le pouvoir des capitalistes aux ouvriers, mais
à une nouvelle classe dirigeante de managers professionnels,
qui mettaient en œuvre l'abolition des négociations collectives,
le remplacement du marché par une planification centralisée,
et l'élimination de tout résidu de liberté politique. Des intellectuels dissidents d'Europe de l'Est développaient cette thèse
dans leur critique passionnée du stalinisme. Des ouvrages
comme *La nouvelle classe* de Milovan Djilas (1957), ainsi que
The Intellectuals on the Road to Class Power de George Konrad
et Ivan Szelenyi (1979), en appelaient aux anciens marxistes,
aux États-Unis comme en Europe, qui s'étaient retournés
contre le stalinisme mais conservaient les réflexes intellectuels
du Marxisme, et considéraient donc comme acquis le fait
qu'une nouvelle forme de société impliquait l'existence d'une
nouvelle classe dirigeante. Il arrivait que l'on relevât que l'émergence de l'État soviétique monolithique exigeait un réexamen
global du concept de classe dirigeante, non des tentatives
destinées à l'élargir afin de l'adapter à un nouveau contexte.
Ceux qui avaient été imprégnés par la théorie marxiste de
l'histoire, quoi qu'il en soit – et cette catégorie incluait un
grand nombre d'intellectuels qui, plus tard, devinrent néo-
conservateurs –, ne prêtaient pas grande attention à ces
objections. Ils avaient besoin d'une classe dirigeante, ne
serait-ce que pour conserver l'image qu'ils entretenaient
d'eux-mêmes, un groupe isolé de diseurs de vérités qui osait
remettre en question l'orthodoxie régnante, et ils la trouvèrent
avec les faiseurs de la « révolution managériale ».

La troisième source de la théorie de la nouvelle classe avait
la généalogie la plus longue de toutes, qui prenait sa source
dans l'attaque de Burke contre la Révolution française. Tocqueville, dès 1856, proposait un énoncé définitif du plaidoyer

contre l'intelligentsia révolutionnaire, qui inspira l'ensemble
de la critique ultérieure de la tradition révolutionnaire. Dans
L'Ancien régime et la Révolution, Tocqueville dépeignait les
intellectuels révolutionnaires en rêveurs irresponsables et en
fanatiques, « suffisamment privés de tout contact avec la politique pratique » pour manquer par conséquent de l'« expérience qui aurait pu tempérer leurs enthousiasmes ». Leur
« penchant pour les généralisations sommaires » et pour « les
systèmes législatifs faits de bric et de broc », leur « mépris pour
la dure réalité », leur « goût pour des institutions réorganisées
sur des lignes nouvelles, ingénieuses, originales », et leur « désir
de refaçonner la constitution dans sa totalité selon les règles
de la logique et un système préconçu » étaient le produit, aux
yeux de Tocqueville, d'un déracinement aliénant. Des commentateurs ultérieurs ajoutèrent à ce réquisitoire l'accusation
suivant laquelle les intellectuels se montraient dévorés par
l'envie de la richesse et du pouvoir et par un désir de revanche ;
nous avons vu de quelle manière Georges Sorel avait développé
cette thématique dans son attaque contre l'intelligentsia socialiste dreyfusarde de la troisième République. Julien Benda
retourna le même type d'argumentation contre Sorel lui-même
dans sa *Trahison des clercs* (1927), et Raymond Aron en fit de
même contre le Marxisme dans *L'Opium des intellectuels*
(1955). L'histoire française est pleine de complaintes contre
les intellectuels visionnaires et obsédés de pouvoir, sans doute
parce que l'héritage révolutionnaire s'est révélé une source de
divisions considérable ; mais la même tradition inspira l'œuvre
de George Orwell et d'autres écrivains britanniques, et intégra
le discours politique américain au cours des années soixante et
soixante-dix, lorsque Lionel Trilling, Daniel Bell, Lewis Feuer
et Norman Podhoretz, entre autres, commencèrent à attaquer
la nouvelle gauche en la présentant comme le tout dernier
avatar de la « culture de l'antagonisme » chère aux intellectuels.

Les néo-conservateurs à propos de la nouvelle classe

La reformulation par des intellectuels néo-conservateurs de ces traditions spéculatives bien établies – où la nouvelle classe était successivement décrite comme raisonnable et efficace, autoritaire et répressive, en marge et en prise à l'adversité – représentait la contribution la plus importante de ces intellectuels à l'apparition de la nouvelle droite. La théorie de la nouvelle classe autorisait la droite à attaquer les « élites » sans attaquer le monde des grandes affaires. Les hommes d'affaires étaient, semblait-il, responsables et voyaient leur action dictée par le sens civique : ils étaient responsables devant les consommateurs à qui ils vendaient leurs produits, tout comme des hommes politiques raisonnables étaient responsables devant leurs électeurs ; et le marché limitait de cette façon n'importe quel type de pouvoir qu'ils pouvaient espérer exercer. La nouvelle classe, au contraire, n'était responsable devant personne, et le contrôle qu'elle exerçait sur l'enseignement supérieur et les médias de masse lui conférait un pouvoir pratiquement illimité sur l'esprit du public. Les membres de cette classe se sentaient pourtant encore marginalisés et isolés : plus leur pouvoir prenait de l'ampleur, plus se renforçait leur sentiment de souffrir d'un manque de pouvoir.

Certaines descriptions de la nouvelle classe se contentaient de plaquer sur les intellectuels le vieux « syndrome autoritaire » des ouvriers, désormais favorablement accueillis en alliés dans le cadre de la lutte contre la culture de l'antagonisme. Feuer parlait de « l'autoritarisme aigu des « intellectuels », qui résultait d'un désir inassouvi de pouvoir ». *Commentary* caricaturait le « professeur radicalisé » en « homme qui avait erré à travers la vie, et qui jamais ne s'était éprouvé à l'extérieur de l'université », « envieux, bouffi de ressentiment », incapable de supporter d'être exclu du « cercle magique où se trouvent le pouvoir, la gloire, et la vertu ». À l'instar des « ouvriers autoritaires » et des « pseudo-conservateurs » populistes des

années cinquante, les intellectuels de la nouvelle classe des
années soixante et soixante-dix trahissaient l'ensemble des
symptômes classiques d'une angoisse liée au statut. Il semblait qu'une analyse de la personnalité autoritaire pouvait
être, sans grande distinction, appliquée à n'importe quel
groupe qui finissait par être la cible d'une suspicion politique – un indice supplémentaire de sa banqueroute intellectuelle.

Il n'était jamais tout à fait évident, en la matière, de savoir
quel groupe social la notion de nouvelle classe était censée
recouvrir. Elle était parfois apposée, non au monde des grandes
affaires, mais à l'intelligentsia technique, elle-même candidate
au statut de nouvelle classe dans la première des trois traditions
que les néo-conservateurs établirent plus ou moins par hasard.
Daniel Bell comparait, dans *The End of Ideology* (1960),
l'« intellectuel » et le « savant », évidemment à l'avantage du
dernier. Le savant devait assumer la responsabilité d'un
« champ de savoirs délimité », mais l'intellectuel papillonnant
ne se reconnaissait aucune responsabilité, excepté à l'égard de
lui-même. Le savant était « moins concerné par son « moi » »,
alors que l'intellectuel allait rarement au-delà de « *son* expérience, de *ses* perceptions personnelles ». Dans *The Cultural
Contradictions of Capitalism* (1976), Bell avançait que l'hédonisme nihiliste célébré par les intellectuels férus d'antagonisme
sapait la discipline de travail que requérait le capitalisme (bien
qu'il affirmait également, bien au-delà des limites imposées par
le consensus néo-conservateur, que le capitalisme même encourageait l'hédonisme et était donc en guerre contre lui-même).
Dans *The Coming of Post-Industrial Society* (1973), toutefois,
l'expression « les hommes nouveaux » faisait référence à
l'« intelligentsia technique et professionnelle », dont les talents
étaient devenus essentiels au maintien d'une « société de
l'information »*. Les néo-conservateurs jetaient en général un

---

* « Alors que ces experts ès technologies ne sont pas regroupés par
un intérêt commun suffisant pour faire d'eux une classe politique, ils
partagent des caractéristiques communes (...) Les normes de la nouvelle intelligentsia – les normes du professionnalisme – sont contraires

regard plus aimable sur la nouvelle classe quand ils l'identifiaient à l'expertise scientifique et technique que lorsqu'ils l'identifiaient au radicalisme culturel. Dans *Between Two Ages : America's Role in The Technetronic Era*, Zbigniew Brzezinski, qui devint plus tard conseiller à la sécurité nationale de Jimmy Carter, louait l'élite technique tout en condamnant les intellectuels littéraires et les militants politiques dans les termes coutumiers. Puisque ces derniers venaient « de ces branches de l'enseignement plus sensibles à la menace que constituait une inapplicabilité sociale », leur « activisme politique » pouvait s'expliquer par une « réaction à la (...) crainte (...) qu'un monde nouveau n'émerge sans que soient sollicités leurs conseils ou leurs qualités d'initiateurs ». Peter Berger établissait une distinction similaire entre les spécialistes responsables et les intellectuels mécontents, qui souffraient d'une peur irrépressible à l'idée de devenir, entre autres maux, des impotents sociaux. « Les intellectuels », écrivait Berger, « ont toujours eu une propension à doter leurs émotions libidinales de signification philosophique (...) On se doute que le besoin de philosophie découle d'une combinaison malheureuse de grandes ambitions et de faibles capacités ».

Bien que la « nouvelle classe » semblât souvent ne faire référence qu'aux intellectuels littéraires et à leur « culture de l'antagonisme », elle pouvait aisément se dilater, lorsque le besoin s'en faisait sentir, jusqu'à embrasser aussi bien les bureaucrates, les réformateurs professionnels, les travailleurs sociaux, et les spécialistes ès ingénierie sociale que les individus issus de

---

à celles de l'intérêt économique bien compris qui prévalaient jusqu'à présent et qui avaient guidé une civilisation commerciale.
Au sein des échelons les plus élevés de cette nouvelle élite – c'est-à-dire au sein de la communauté scientifique –, les hommes sont porteurs de valeurs significativement différentes [de] celles qui autorisent une auto-glorification économique, qui auraient pu devenir le fondement de la nouvelle culture d'une telle classe. » Malheureusement, l'éthique du professionnalisme a à rentrer en concurrence avec l'allégeance de la « classe du savoir » à l'éthique « apocalyptique, hédoniste, et nihiliste » dont la promotion est assurée par le modernisme

formations littéraires. Dans cette version, qui découlait de la théorie de la révolution managériale, la « nouvelle classe » semblait faire référence à tous ceux qui travaillaient dans le secteur public. Pour Irving Kristol, elle se composait de « scientifiques, d'enseignants et d'administrateurs de l'enseignement public, de journalistes et affiliés des industries des communications, de psychologues, de travailleurs sociaux, de ces juristes et docteurs qui font leurs carrières dans un secteur public en expansion, d'urbanistes, des équipes d'importantes fondations, des niveaux les plus élevés de la bureaucratie gouvernementale, et ainsi de suite ». La description de Charles Murray était encore plus extensive : « les niveaux supérieurs de (...) l'université, du journalisme, de la publicité, ainsi que le vaste réseau des fondations, les instituts et centres de recherche engagés dans des partenariats avec le gouvernement au cours des trente dernières années ». Murray y incluait même les hommes politiques, les juges, les banquiers, les hommes d'affaires, les juristes, et les médecins – au moins libéraux. De ce point de vue, la nouvelle classe pouvait être reconnue, non tant par sa culture hédoniste, que par la pression continue qu'elle exerçait en faveur de ce que Michael Novak définit comme un « gouvernement fédéral volontaire engagé dans le « changement » ». Les professionnels du secteur public voulaient, selon Novak, des programmes fédéraux massifs car de tels programmes créaient « des centaines de milliers de postes et de perspectives » pour « ceux dont les cœurs brûlent d'envie de faire le bien et qui désirent ardemment faire un usage « constructif » de leurs talents, de leurs compétences et de leurs jeunes années ». Pour Novak, Murray et Kristol, la culture de la nouvelle classe n'était pas simplement antibourgeoise, mais hostile au monde des

littéraire et que la contre-culture popularise. Dans les toutes dernières pages de *The Coming of Post-Industrial Society*, Bell avançait que « ces valeurs antibourgeoises (...) accompagnent, main dans la main, le développement d'une nouvelle classe intellectuelle suffisamment énorme pour se soutenir économiquement en tant que classe (...) Cette nouvelle classe, qui domine les médias et la culture, se pense moins radicale que "libérale", bien que ses valeurs, centrées sur la "liberté personnelle", soient anti-bourgeoises. »

grandes affaires. Elle ambitionnait de remplacer l'entreprise privée par une vaste bureaucratie qui saperait l'esprit d'initiative, mettrait un terme à l'économie de marché, et instaurerait un contrôle centralisé dans tous les domaines.

Ces descriptions extrêmement divergentes de la nouvelle classe montraient avec évidence que le terme faisait référence à un éventail d'attitudes politiquement inacceptables, pas à un groupe social identifiable, encore moins à une classe. Pour quelles raisons était-il alors absolument nécessaire de parler d'une nouvelle classe, alors que ce terme ne servait que de vague synonyme à celui de « libéralisme » ? Il permettait sans aucun doute de lancer des attaques contre l'« intelligentsia » libérale tout en niant qu'il comportât, comme le disait Murray, « une connotation péjorative ». Mais la beauté réelle du concept réside dans la manière dont il brouillait la différence entre l'opposition aux « valeurs de la classe moyenne » et l'opposition au monde des grandes affaires. Le « libéralisme », comme description de ce dont souffrait l'Amérique, ne bénéficiait pas de cette ambiguïté. Les reclassements politiques des années soixante-dix et quatre-vingt indiquaient qu'une défense des valeurs approximativement identifiées à la contre-culture était plutôt compatible à une défense du monde des grandes affaires et de l'économie de marché. Les néo-libéraux se déclaraient favorables au monde des grandes affaires en même temps qu'ils appuyaient la révolution sexuelle, soutenaient les droits des gays et des femmes, s'opposaient à la peine de mort, et applaudissaient l'arrêt *Roe v. Wade* rendu par la Cour Suprême. La frange favorable à l'économie de marché au sein de la coalition Reagan affichait en bonne partie la même combinaison, faite de conservatisme économique et de libéralisme culturel. En dehors du mouvement libertarien – l'exemple le plus évident de cette configuration –, les sondages d'opinion publique montraient avec régularité qu'un grand nombre de ceux qui se montraient attirés par le programme économique de Reagan ne faisaient preuve d'aucun intérêt particulier pour les « questions de société », ou avaient des opinions communément décrites comme libérales. Même au cœur de l'administration Reagan, la Maison-Blanche elle-même, la position

droitière en matière de questions de société suscitait un enthousiasme limité. Nancy Reagan raya une référence au débat sur
l'avortement du Message à la Nation de 1987, ajoutant : « Je
me fiche éperdument des militants du droit à la vie ». Reagan
s'était fait le champion des « valeurs traditionnelles », mais il
est loin d'être sûr qu'il envisageait cette restauration comme
une priorité véritable. Sa préoccupation première était le renouveau du capitalisme dérégulé des années vingt : la révocation
du *New Deal*. Gouverneur de Californie, il avait condamné la
« vague d'hédonisme » qui submergeait l'Amérique et plaidé
en faveur d'un « sursaut spirituel, d'un nouvel attachement aux
préceptes moraux qui nous guidèrent si longtemps de par le
passé ». Au cours de la campagne de 1980, quoi qu'il en soit,
il tourna en ridicule Carter qui adoptait à peu de choses près
le même discours. La thématique du « sursaut spirituel » donnait lieu à une stratégie de dérobade et de déni. Il n'y avait,
après tout, pas de problèmes en Amérique : « Ne laissez personne vous dire que les meilleurs jours de l'Amérique sont
derrière elle, que l'esprit de l'Amérique a été vaincu ». Une
régénération morale pouvait, semblait-il, être réalisée sans douleur par le biais du pouvoir que conférait la pensée positive.

La défense rhétorique par Reagan de « la famille et du quartier » ne pouvait s'accorder avec sa défense de la dérégulation
du marché, qui avait remplacé les quartiers par des centres
commerciaux et des hypermarchés. Une société dominée par
l'économie de marché, où le rêve américain dégénérait en une
pure avidité compulsionnelle et un pur égoïsme, n'avait aucune
place à laisser aux « valeurs familiales »*. Non seulement l'ad-

---

* Les liens de parenté et les liens maritaux créent des obligations
qui excèdent les considérations où prime l'intérêt personnel, et ne
peuvent être simplement esquivés par un programme préétabli de
versements financiers. En comparaison, le marché – indifférent aux
personnes – réduit les individus à des abstractions, acheteurs et
vendeurs anonymes dont les revendications mutuelles sont uniment
déterminées par leur capacité à payer. La famille dépend d'une vie
communautaire active, alors que le marché bouleverse les communautés en les privant de leurs meilleurs éléments. Sous Reagan, la
logique inhérente au marché devint pleinement explicite : idéalisation

ministration Reagan, mais la nouvelle droite dans son ensemble étaient prisonnières de cette contradiction fondamentale. Si la droite souhaitait s'attirer les faveurs des ouvriers que troublait le déclin moral, aliénés par le néo-libéralisme, mais indifférents ou hostiles à l'économie de marché, elle avait besoin d'attiser le ressentiment à l'endroit des élites sans ranimer pour autant le vieux ressentiment populiste contre les capitalistes. Le concept d'une « nouvelle classe », alors que ce dessein n'avait pas présidé à sa conception, autorisait les gens de droite à dépeindre la moralité sociale « permissive », qui aurait pu autrement être considérée comme l'expression culturelle du capitalisme consumériste même, comme partie de ce que Robert Bartley du *Wall Street Journal* appelait une « attaque concertée contre le monde des grandes affaires ». Ainsi Rita Kramer, dans sa contribution au débat passionné sur la famille, *In Defense of the Family* (1983), rendait responsables du déclin de la famille les professionnels de l'assistanat social, les intellectuels libéraux qui présentaient leur moralité permissive comme une vérité scientifique, les médias de masse et l'État-providence bureaucratique. Le capitalisme, avançait-elle – « qui est l'objet d'une accusation injuste sur cette question » –, n'a rien à voir avec la fragilité grandissante de la famille.

Dans *The War over the Family* (1983), Brigitte Berger et Peter Berger présentaient une version plus sophistiquée de cette analyse. Le débat sur la famille, affirmaient les Berger, découlait de la « lutte de classes » entre la classe commerciale et la classe intellectuelle, la « nouvelle classe » des bureaucrates,

---

de l'individu qui cherche à s'enrichir ; poursuite des profits rapides ; compétition fiévreuse conduisant (comme s'il s'agissait de parvenir à la stabilité) à la création de monstrueux empires économiques imperméables à tout contrôle local, étatique et en définitive même national ; abysse sans cesse plus profond entre riches et pauvres ; hostilité aux syndicats ; redéploiement urbain destiné à faire fructifier les véritables valeurs foncières et à obliger les familles des échelons inférieurs et intermédiaires de la classe moyenne à quitter les centresvilles ; déshérence des aménagements publics – et particulièrement des services de transports en commun –, tout cela au nom de « la famille, du travail, du quartier, de la paix, et de la liberté ».

des administrateurs, et des experts professionnels. La nouvelle classe essayait d'étendre son contrôle sur le mariage, le sexe, et l'éducation des enfants de la même façon qu'elle avait étendu son contrôle sur l'entreprise privée. Dans son combat contre la bourgeoisie (une classe qui incluait désormais aussi bien les ouvriers), elle parlait un nouveau langage, qui lui était propre, et qui se caractérisait par l'« usage obscurantiste de termes prétendument scientifiques ». En érigeant une barrière entre professionnels et profanes, cet impénétrable jargon de l'expertise renforçait les « prétentions de l'expert à une sagesse supérieure, et par conséquent à un statut, un revenu plus élevé, et peut-être même un pouvoir politique ». Les Berger défendaient un État qui respecterait les « choix privés » au lieu de tenter de remodeler la famille en fonction de théories préconçues de la psychologie de l'enfant et du développement moral. La responsabilité de l'État à l'égard des enfants se limitait à assurer une nutrition adéquate, des soins médicaux, et une scolarisation ; et le marché était même plus censé assurer ces besoins qu'un État-providence élaboré. Un système de « chèques éducation », par exemple, fournirait aux familles un choix d'alternatives institutionnelles, et intégrerait de cette façon les forces du marché au sein d'une « situation monopolistique » qu'engendrait un système uniforme d'écoles publiques. Le meilleur moyen d'assurer ordre moral et progrès économique consistait, en résumé, à brider le pouvoir de la nouvelle classe.

« Permissivité » de la nouvelle classe ou consumérisme capitaliste ?

L'idée d'une nouvelle classe, exprimée par des intellectuels néo-conservateurs qui étaient eux-mêmes membres de la nouvelle classe (ce que leurs critiques à gauche n'omettaient jamais de relever), était plus utile à des visées polémiques qu'analytiques. Y compris comme explication de la permissivité contemporaine – qui est elle-même une description superficielle de notre confusion morale et culturelle –, elle négligeait une explication plus évidente. Le capitalisme même, en raison de sa dépendance grandissante au consumérisme, promeut une éthique de l'hédonisme et de la richesse, et mine par conséquent de l'intérieur les « valeurs traditionnelles » que sont l'épargne et l'oubli de soi. La sensibilité thérapeutique ne sert pas l'« intérêt de classe » des seuls membres de cette nouvelle classe, comme l'ont affirmé Daniel Moynihan et d'autres critiques de cette dernière ; elle sert les besoins du capitalisme avancé dans sa totalité. Moynihan, à la fin des années soixante et au début des années soixante-dix, émettait l'hypothèse qu'une classe regroupant les professions managériales et intellectuelles, « axée sur le gouvernement », en mettant bien plus l'accent sur la pulsion que sur le calcul comme déterminant de la conduite humaine, et en rendant la société responsable des problèmes auxquels sont confrontés les individus, tentait de créer une demande susceptible de correspondre à l'offre qu'elle proposait. Les membres de la classe managériale et ceux des professions intellectuelles avaient un intérêt matériel au mécontentement, car les mécontents se tourneraient, pour se soulager de leurs maux, vers des remèdes prescrits par leurs soins. Mais le même principe sous-tend le capitalisme moderne en général, qui tente continuellement de créer de nouvelles demandes et d'inédites frustrations qui ne peuvent être apaisées que par la consommation de marchandises. La glorification par elle-même de la classe managériale se développait concomitamment à l'explosion de l'industrie de la publicité et à l'organisation de la création de la demande. La même évolution historique qui transformait le citoyen en client transformait le travailleur de producteur en consommateur. L'offensive médicale et psychiatrique sur la famille, considérée comme un secteur de la société arriéré sur le plan technologique, accompagnait de cette façon étroitement la volonté de l'industrie de la publicité de convaincre la population de la supériorité des produits achetés en magasin sur les biens fabriqués chez soi.

La théorie économique néo-classique ou post-keynésienne – la contribution douteuse de la droite à la théorie économique – ne prend pas en compte l'importance de la publicité. Elle vante le « consommateur souverain », et insiste sur le fait que la publicité ne peut obliger les consommateurs à acheter un produit qu'ils ne voulaient pas déjà. L'importance de la publicité, quoi qu'il en soit, ne réside pas dans sa manipulation du consommateur ou dans son influence directe sur les choix de ce dernier. L'important est qu'elle plonge le consommateur dans la dépendance, le rend incapable de vivre sans des doses de plus en plus élevées de stimulation fournies de l'extérieur. Les néo-conservateurs affirment que la télévision érode la capacité des enfants à conserver leur concentration. Ils déplorent que les jeunes gens attendent maintenant de l'éducation qu'elle soit, par exemple, simple et excitante. Pris en lui-même, cet argument est solide. Là encore, pourtant, les néo-conservateurs attribuent à tort ces attentes artificiellement entretenues à la propagande libérale – en l'occurrence, aux théories de l'éducation permissive des enfants et à la « pédagogie créative ». Ils ignorent l'origine plus profonde de ces attentes qui minent l'éducation, détruisent la curiosité de l'enfant, et encouragent la passivité. Les idéologies, quels que soient leur attrait et leur puissance, ne peuvent modeler la structure des perceptions et de la conduite, à moins d'être intriquées à des expériences quotidiennes qui semblent les confirmer. Ces expériences, dans notre société, apprennent aux individus à désirer un approvisionnement sans fin de nouveaux jouets et de nouvelles drogues. Une défense de la libre entreprise fournit difficilement un correctif à de telles attentes.

La théorie économique de droite conçoit l'économie capitaliste comme au temps de Adam Smith, lorsque la propriété était encore distribuée équitablement et largement, lorsque les entrepreneurs étaient tous propriétaires de leurs affaires, et lorsque les marchandises conservaient encore quelque chose de leur caractère d'objets utiles. La notion de libre entreprise chérie par la droite ne tient absolument aucun compte des forces qui ont transformé le capitalisme de l'intérieur : la toute-puissance de la firme, la bureaucratisation du monde des affaires, l'insignifiance grandissante de la propriété privée, et le glissement d'une éthique du travail vers une éthique de la consommation. Quand la droite prend note de l'une de ces évolutions, ce n'est que pour l'attribuer au parasitisme de l'activité de la classe managériale par l'activité gouvernementale. Les gens de droite décrient la bureaucratie, mais ne concentrent leur critique que sur le secteur public, ignorant l'intrication de la bureaucratie et du si mal nommé secteur privé. Ils trahissent ainsi leur profonde ignorance du riche corpus de recherche historique qui démontre de quelle façon l'expansion du secteur public se produisit, en grande partie, en réaction à la pression des firmes elles-mêmes.

La droite tient que la nouvelle classe contrôle les médias de masse, et met à profit ce contrôle pour mener une « lutte de classes » contre le monde des grandes affaires. Dans la mesure où les médias de masse sont financés par les recettes publicitaires, il est pourtant difficile de prendre au sérieux cette affirmation. Ce sont la publicité et la logique consumériste, pas l'idéologie capitaliste, qui gouvernent le tableau de la réalité que produisent les médias de masse. La droite se plaint que la télévision moque la « libre entreprise » et présente les hommes d'affaires comme « avides, malveillants et corruptibles » à l'instar de J.R. Ewing. Voir une propagande anticapitaliste dans une série comme Dallas requiert pourtant une suspension, non seulement de tout jugement critique, mais des facultés les plus ordinaires d'observation. L'étalage d'images de luxure, de romance et d'excitation domine de tels programmes, comme ces dernières dominent les publicités qui nous entourent et nous submergent. Dallas est en soi une publicité pour la « bonne vie », comme pratiquement tout ce qui envahit les médias – pour la « bonne vie », c'est-à-dire une vie envisagée comme une soif de nouveauté, un état d'excitation permanente et de changement perpétuel, une titillation des sens par chaque stimulant disponible, une possibilité illimitée. « Faisons du neuf » est le message, non seulement de l'art moderne (la « culture de l'antagonisme » déplorée par les néo-conservateurs), mais du consumérisme moderne. L'économie capitaliste moderne se fonde sur les techniques de production de masse qu'élabora d'abord Henry Ford mais également, non moins solidement, sur le principe de l'obsolescence planifiée inauguré par Alfred Sloane lorsqu'il institua le changement annuel de modèle. Une « innovation » constante du produit ainsi qu'une extension des goûts du consommateur constituent le cœur du marchandisage de masse, et ces impératifs sont assénés dans les médias de masse à chaque niveau.

Les reportages des actualités télévisées doivent même être compris, non pas comme de la propagande en faveur d'une idéologie particulière, libérale ou conservatrice, mais comme de la propagande en faveur des marchandises – en faveur du remplacement des biens par des marchandises, de la valeur d'usage par la valeur d'échange, des événements par des images. Le concept précis d'actualité est une ode à la nouveauté. La valeur des actualités, comme celle de n'importe quelle autre marchandise, réside principalement dans leur nouveauté, en second lieu seulement dans leur valeur informationnelle. Waldo Frank le relevait il y a des années de cela, les actualités font appel au même appétit blasé qui fait qu'un enfant gâté se lasse d'un jouet dès qu'il lui devient familier et en demande un neuf à sa place. Frank le notait (dans *The Rediscovery of America*, 1930), les attentes sociales qui stimulent l'envie d'un enfant pour de nouveaux jouets font appel au désir de possession : l'attrait des jouets en vient à résider non dans leur usage, mais dans leur statut de possessions. « Un nouveau jouet renouvelle l'opportunité qu'a l'enfant de dire : c'est le mien. » Un enfant qui reçoit rarement un nouveau jouet, notait Frank, « le chérit comme une part de lui-même ». Mais, si « les jouets deviennent plus fréquents, la valeur se transfère graduellement du jouet à la nouveauté du jouet (...) L'arrivée du jouet, non le jouet lui-même, devient l'événement. » Les actualités doivent, en conséquence, être envisagées comme les « jouets d'un enfant dont l'appétit de jouets a été astucieusement stimulé ». Nous pouvons approfondir cette analyse en relevant que le modèle de la possession, dans une société organisée autour de la consommation de masse, fonctionne sur le principe de la dépendance. Le besoin de nouveauté et de stimulation nouvelle devient de plus en plus intense, les interludes d'ennui survenant entre-temps de plus en plus intolérables.

Les néo-conservateurs perçoivent un lien entre les drogues et la télévision, mais ne saisissent pas la nature de cette connexion, pas plus qu'ils ne saisissent ce qui importe avec les actualités : le fait qu'elles représentent une autre forme de publicité, pas une propagande libérale. La propagande, dans l'acception courante du terme, joue un rôle de moins en moins important dans une société consumériste, où toute déclaration officielle est accueillie avec suspicion par la population. Les médias de masse contribuent d'eux-mêmes au scepticisme prédominant ; l'un de leurs principaux effets est de saper à la base l'héroïsme et la direction charismatique, de tout réduire aux mêmes dimensions. L'effet des médias ne consiste pas à provoquer la croyance, mais à maintenir le dispositif de dépendance. Les drogues ne constituent que la forme la plus évidente de dépendance. Il est vrai que la dépendance à la drogue est l'un des éléments qui minent les « valeurs traditionnelles », mais le besoin de drogues – c'est-à-dire le besoin de marchandises qui soulagent de l'ennui, et satisfont le désir socialement stimulé de nouveauté et d'excitation – découle de la nature précise d'une économie consumériste.

Seule leur qualité de consommateurs absolus fait que les jeunes membres de la classe managériale dominent les ondes et donnent le ton de la vie américaine. Leur manière de vivre distinctive incarne l'ambition hystérique, l'insatisfaction persistante face aux choses telles qu'elles sont, qu'entretient une économie consumériste. Leurs carrières leur imposent de passer la majorité de leur temps en déplacement, et d'accepter les mutations comme le prix de l'avancement. Bien qu'ils se plaignent d'avoir à se déplacer si souvent, leur bonne volonté à voyager sur de longues distances, y compris à la poursuite du plaisir, suggère qu'ils trouveraient une vie plus stable insupportable. « Le loisir », pour eux, ressemble étroitement au travail, puisque la majeure partie de ce dernier consiste en une activité énergique, et principalement solitaire. Même le shopping, leur passion principale, prend le caractère d'une épreuve éreintante : « Fais les boutiques jusqu'à ce que tu tombes ». Il semble, au titre d'exercice, se présenter souvent comme une forme de thérapie, destinée à restaurer un sentiment d'intégrité et de bien-être après de longues heures de travail ingrat. « Je suis au trente-sixième dessous et je sors pour une course, et avant que je m'en rende compte, tout est O.K » Le shopping sert le même objectif : « Peu importe ce que j'achète, c'est juste une frénésie d'achat. C'est comme le premier rail de cocaïne. C'est l'euphorie, et plus j'achète, plus je plane. » Les profils sociologiques des « clients compulsifs » montrent que 40 % d'entre eux ont « plus tendance à faire des achats lorsqu'ils se « sentent mal » ». Si l'on se fie à un résumé de ces études paru dans le *Wall Street Journal*, le shopping est un des moyens d'« apaiser l'isolement », de « dissiper l'ennui », et de « soulager un état dépressif ». « Ils n'ont pas réellement besoin de ce qu'ils achètent. Ils ne savent souvent même pas ce qu'ils cherchent. » Une enquête réalisée auprès de clients d'un centre commercial indique que seuls 25 % d'entre eux viennent acheter un article précis.

Une démonstration de ce type suggère que le consumérisme constitue une menace plus sérieuse pour les « valeurs tradition-nelles » que l'idéologie prétendument anticapitaliste de la nou-velle classe. Elle suggère que la menace qui plane sur ces valeurs, plus que jamais, ne peut être très justement ou précisément décrite comme un état d'esprit hédoniste et complaisant qui sape l'éthique du travail. La nouvelle classe est aussi dépendante au travail qu'elle l'est à l'exercice et à la consommation. Les satisfactions inhérentes au travail sont, à coup sûr, générale-ment éclipsées par des récompenses externes – salaires élevés, statut social, possibilité d'avancement, déplacements fréquents. Mais les travailleurs bien disposés, pour ne pas dire compulsifs, sont légion. Ce qui fait défaut, c'est le type de travail qui pourrait susciter un sens de la vocation.

Une vocation implique, à l'opposé d'une carrière, une croyance en la valeur intrinsèque d'un engagement profes-sionnel particulier. Lorsque des biens sont produits unique-ment afin de satisfaire le goût de la nouveauté, il est difficile, même pour des membres de la classe managériale, de se convaincre que leur travail sert quelque besoin social pressant. Quand « les gens regardent des produits comme s'ils étaient des antidépresseurs », pour citer James Ogilvy, un chercheur en marketing, ceux qui conçoivent et produisent ces produits – ou contribuent simplement indirectement à leur fabrication et leur distribution – ne peuvent s'empêcher de se demander si leurs efforts importent vraiment dans le schéma plus général des choses. Même l'industrie informatique a perdu, selon Dennis Hayes, le sens de la mission qui l'animait dans les années soixante-dix. Le progrès technologique n'est plus « relié au bien public ». Les produits informatiques sont de plus en plus « éphémères ». « Les marchés volatiles attirent, sont saturés, envahis, rendus obsolètes, et oubliés aussi vite à l'apparition d'un nouveau produit, ou à la création de nouveaux marchés (...) Le travail informatique est de moins en moins en relation avec son environnement social. Une culture de l'indifférence et de l'ignorance du produit a englouti les spécialistes les plus sophistiqués du secteur. »

La nouvelle classe envisagée d'un point de vue de gauche

Même si nous pouvions souscrire au diagnostic superficiel qui fait de la « permissivité » la principale menace planant sur les anciennes valeurs, nous trouverions difficile de résister à la conclusion d'après laquelle, « s'il existe une source évidente et omniprésente de permissivité », pour citer Barbara Ehrenreich, « (...) elle réside, comme cela a toujours été le cas, dans la culture du consommateur ». Le capitalisme moderne, soutient Ehrenreich, est lui-même « en contradiction » avec les « valeurs traditionnelles » que sont « le travail acharné, le dessaisissement de soi, et la loyauté à la famille ». L'attaque contre la nouvelle classe, avance-t-elle, est par conséquent déplacée. L'élite des grandes affaires, et non l'élite managériale et intellectuelle, est la seule « élite véritable, en comparaison de laquelle la classe moyenne [managériale et intellectuelle] n'est qu'une autre « classe inférieure » ». C'est l'« élite des grandes affaires et de la haute finance », plus que jamais – spécialement dans sa recherche frénétique de profits à court terme à travers les fusions, les acquisitions, et la spéculation –, qui « met en valeur de la manière la plus éclatante » les déficiences morales associées à la permissivité : « une manière d'être et de faire en temps réel, ainsi qu'une incapacité à différer la gratification ».

Le récent ouvrage de Ehrenreich consacré à la « vie intérieure » des membres de la classe managériale, bien qu'il

contienne de nombreuses observations dignes d'intérêt, montre
pour quelles raisons il est si difficile pour la gauche d'élaborer
une réponse, qui emporte l'adhésion, au populisme droitier, et
plus particulièrement à la théorie de la nouvelle classe. Ehrenreich reste convaincante tant qu'elle avance que la théorie de
la nouvelle classe détourne le ressentiment provoqué par la
« permissivité » de sa cible appropriée, les firmes et leur culture
de la consommation. Sa décision d'inscrire le débat à ce niveau
interdit cependant une analyse plus profonde des questions qui
déstabilisent « les Américains du milieu », ainsi qu'une analyse
de l'échec de l'idéologie de droite à prendre en charge ces
enjeux. L'incapacité de la droite à aller au-delà des clichés sur
l'hédonisme, la permissivité, et le relativisme moral devrait
inviter les hommes et les femmes de gauche à donner une
description plus pénétrante de la culture contemporaine. Une
attention scrupuleuse aux récriminations populaires au sujet,
par exemple, des médias, suggérerait que la population se
montre troublée par quelque chose de plus insaisissable que le
« préjugé libéral » ou la licence sexuelle. Ce en quoi les médias
la déstabilisent, me semble-t-il, réside dans leur obsession pour
la jeunesse et la richesse, le kitsch sentimental, la célébrité,
l'argent et le pouvoir ; leur indifférence pour les ouvriers et les
pauvres, sauf comme objets de satire ou de « compassion » ; le
côté lascif de leur fascination pour la violence et le sexe ; leur
sentiment exagéré de leur propre importance ; leur appétit
insatiable pour le scandale ; leur propension nerveuse à déni-
cher des motivations indignes derrière chaque activité estimable ; l'encouragement qu'ils apportent à l'irrespect et au
cynisme. Un certain nombre d'études ont montré que la télévision favorise le cynisme chez les enfants, et cette démonstration évalue sans doute plus efficacement l'inquiétude populaire
que la « permissivité libérale ». Une partie de la population
manifeste son hostilité à la télévision parce qu'elle encourage
les enfants à être trop exigeants, à attendre trop, à mettre en
équivalence la vie bonne et l'extravagante richesse, et à admirer
ceux qui obtiennent quelque chose pour rien, mais par-dessus
tout parce qu'elle détruit la capacité au respect. Derrière
l'attaque populaire contre les médias, il est permis de percevoir

le même type de préoccupations qui rendaient les citoyens de Canarsie si anxieux face aux menaces qui planaient sur l'intégrité de leur quartier. De la même façon que les rues avaient été envahies par les toxicomanes, les trafiquants de drogue, les maquereaux et les racoleuses, l'audiovisuel public semblait avoir été envahi par des arnaqueurs faisant la promotion d'une conception similaire de ce que devrait être une « bonne vie », une conception qui humilie les gens décents en leur promettant une richesse tapageuse et en les plongeant dans un kitsch sentimental permanent.

Rien de tout cela n'apparaît dans la description de la guerre entre cultures de classes que donne Ehrenreich. Elle dénie en effet l'existence d'un tel conflit, préférant interpréter le débat sur les « valeurs » comme un débat circonscrit à la nouvelle classe. Admettre que les ouvriers sont concernés par des enjeux de ce type, et sont par conséquent attirés par des explications droitières (même si ces explications se révèlent en définitive insatisfaisantes), fracasserait l'image qu'elle se fait des ouvriers en militants inflexibles dans leur dévotion à la social-démocratie. Elle tente par conséquent d'exonérer la classe ouvrière de toute responsabilité dans la « réaction » au libéralisme. Ce retour de manivelle, croit-elle, est une fantaisie fabriquée par des intellectuels néo-conservateurs. Leur discours centré sur la fracture culturelle et l'anarchie morale rencontre une audience, non pas chez les ouvriers, mais chez les membres des échelons supérieurs de la classe moyenne, particulièrement des professions intellectuelles et managériales, parce qu'il joue insidieusement sur leur « crainte de sombrer » dans l'auto-complaisance. Au cours des années soixante, les néo-conservateurs conduisaient la campagne médiatique contre les hippies et les étudiants radicaux en les dépeignant comme des traîtres à leur classe, qui avait depuis toujours été construite sur la discipline et l'oubli de soi. Ils déconcertèrent davantage la nouvelle classe en « découvrant » l'opposition ouvrière au libéralisme – une autre fantaisie, à lire Ehrenreich, mais une fantaisie qui ébranlait la confiance des libéraux en leur capacité à parler au nom des Américains dans leur ensemble, et qui avait donc un effet profondément démoralisant. Une « vague

de contrition » emportait la nouvelle classe. Les travailleurs
« oubliés » en venaient à incarner « ce que la classe [managé-
riale] elle-même avait perdu, ou semblait en permanence sur
le point de perdre : la capacité au dessaisissement de soi et à
la gratification différée ».

Le stéréotype de l'ouvrier du bâtiment aveuglait, selon
Ehrenreich, les médias sur la nature véritable de la révolte
ouvrière. « Pour l'ensemble des analystes de la réaction raciale,
les ouvriers blancs et noirs étaient en marche, déterminés à
organiser des piquets de grève, et à s'organiser ensemble dans
un esprit de solidarité de classe qui n'avait pas été vu depuis
les années trente. » Ils « faisaient pousser leurs cheveux
jusqu'aux épaules, fumaient de l'herbe, et commençaient à
remettre en question le régime totalitaire de la vie en usine. »
En fait, « il existait même la possibilité, à la fin des années
soixante, d'une convergence explosive entre une insurrection
ouvrière et le mouvement étudiant. » La rhétorique inspirée
emballée dans ces formules – « blancs et noirs ensemble »,
« solidarité de classe », « les années trente », « insurrection
ouvrière », « convergence explosive » – indique que Ehrenreich
avait quitté ce monde pour visiter l'ossuaire marxiste, où il est
permis de se prosterner devant de vieux slogans révolutionnaires admirablement embaumés. Elle répondait à un stéréotype de l'ouvrier par un autre, à l'image de Archie Bunker par
l'image d'une solidarité révolutionnaire que conservaient les
annales de la gauche. La seconde image n'entretient pas plus
de relation étroite à la réalité que la première.

Les théoriciens de la nouvelle classe attribuent le conservatisme culturel de l'ouvrier à son *embourgeoisement*, ignorant
son ressentiment à l'encontre des riches. Les radicaux et les
sociaux-démocrates perçoivent avec justesse le déclin de son
statut socio-économique, mais ignorent ses valeurs, celles des
fractions les plus humbles de la classe moyenne. Ils ignorent
également son hostilité au busing, aux discriminations
positives, à l'avortement, à l'abolition de la peine de mort,
entre autres causes libérales. Pour étayer son affirmation inte-
nable voulant que les ouvriers ne se déplacent jamais vers la
droite de l'échiquier politique, Ehrenreich avance d'un ton peu

convaincu que les ouvriers qui votèrent en faveur de Wallace en 1964, 1968, et 1972 n'étaient attirés que par son « libéralisme » économique. Mais s'ils souhaitaient un libéralisme économique, ils auraient tout aussi facilement pu voter pour Johnson, Humphrey, ou McGovern. Ils attendaient, me semble-t-il, un programme populiste, empreint d'une moralité petite bourgeoise comme d'un radicalisme économique ; et Wallace leur proposait un succédané de ce qui s'en rapprochait le plus à ce moment-là.

La description par Ehrenreich de la « culpabilité yuppie » est exactement aussi fantaisiste que celle qu'elle donne de l'« insurrection » ouvrière. Le titre de son livre, *Fear of Falling*, ne fait pas référence à une peur de dégringoler au bas de l'échelle sociale, mais à la peur de la classe moyenne supérieure de perdre l'éthique de l'oubli de soi. Les membres de la classe managériale et des professions intellectuelles se sentent coupables de leur prospérité grandissante. Ils entretiennent une horreur irrationnelle de la « langueur », qu'ils tentent d'« expier » par le biais de l'exercice et du travail à outrance. Ce puritanisme résiduel rend la nouvelle classe curieusement réceptive aux accusations idéologiques dont elle fait l'objet. « L'attaque par la droite de la nouvelle classe (...) sonnait juste parce qu'elle mettait le doigt sur la peur continuelle des membres des échelons intermédiaires de la classe managériale et intellectuelle de s'assoupir, d'échouer à combattre, de tomber dans les filets de l'abondance. »

La réponse de gauche à la version néo-conservatrice de la théorie de la nouvelle classe devient son image miroir. Pour les néo-conservateurs, la nouvelle classe est à l'origine de l'offensive contre les « valeurs traditionnelles ». Pour Ehrenreich, sa crainte déplacée de la complaisance a fait d'elle, pour le moment, le principal bastion de ces valeurs. Son besoin irrationnel d'« expiation » surpassé, il est pourtant permis d'attendre de la nouvelle classe qu'elle se range aux côtés des ouvriers « insurgés » dans leur quête d'une justice sociale. La lutte pour son « âme » menée par la nouvelle classe en est encore à ses prémisses. La nouvelle classe n'a pas encore décidé ce qu'elle veut être, « généreuse ou égoïste, trop indulgente ou

exigeante ». Si elle adopte les choix appropriés, elle deviendra
l'espoir du futur. Ehrenreich conclut en affirmant qu'elle a
l'étoffe d'une classe universelle et que son « programme »
devrait, en conséquence, chercher à « ce qu'elle se développe,
qu'elle accueille le maximum de monde, jusqu'à ce qu'aient
disparu toutes les autres classes ».

Ni les intellectuels de gauche, ni ceux de droite, étrangement réunis dans leur détermination à délivrer la nouvelle
classe d'elle-même, ne semblent avoir manifesté beaucoup
d'intérêt pour le reste de la société américaine. Leur vision des
États-Unis débute et se conclut avec l'industrie du savoir. Les
autres classes ne rentrent dans le tableau que comme des
images et des stéréotypes projetés sur la conscience de la
nouvelle classe. Il ne vient pas à l'esprit de ces intellectuels
que le reste du pays pourrait ne manifester qu'un intérêt
limité pour l'« âme » de la nouvelle classe. Il ne leur vient pas
plus à l'esprit qu'un accès universel au statut de membre de
cette classe pourrait bien ne pas correspondre aux ambitions
de la plupart des Américains, et encore moins être considéré
comme un idéal de société décente. Ehrenreich reconnaît elle-
même les limites de sa perspective sur un point. « Que nous
soyons de gauche ou de droite, nous restons prisonniers d'une
culture [managériale et intellectuelle] presque entièrement
autarcique, auto-référentielle, et, à sa manière, provinciale. »
Son ouvrage démontre exactement, quoi qu'il en soit, combien est difficile pour les intellectuels de rompre avec ce
confortable emprisonnement.

Une classe universelle ?

Ce qui est sûr avec la nouvelle classe, si nous essayons de
l'examiner de l'extérieur, c'est que ses membres, en dépit de la
diversité de leurs professions et de leurs convictions politiques,
ont une vision du monde commune, mieux décrite par Alvin
Gouldner comme une « culture du discours critique ». Ils partagent un respect excessif pour certaines références culturelles,
un refus de n'accorder foi a priori à quoi que ce soit, un

engagement en faveur de la libre investigation, une tendance à remettre en question l'autorité, une croyance en la tolérance comme en la vertu politique suprême. À leur meilleur, ces qualités renvoient à l'habitude de pensée scientifique – l'empressement à soumettre chaque idée, qu'elle soit déplaisante ou attirante, à un examen critique minutieux, et à suspendre tout jugement jusqu'à ce que puisse être établie la démonstration pertinente. « Rien n'est à leurs yeux sacré » écrivait Gouldner ; « rien n'est exempt d'un nouvel examen*. »

Cette observation pourrait le suggérer, cependant, l'humeur critique peut aisément dégénérer en cynisme. Elle peut dégénérer en un dédain snob pour les gens qui n'ont pas fait d'études et travaillent avec leurs mains, en une confiance infondée en la sagesse morale des experts, en un préjugé également infondé contre le sens commun non informé, un dédain pour toute expression d'intentions de bien, une défiance à l'égard de tout ce qui n'est pas science, une irrévérence invétérée, une propension (l'excroissance naturelle de l'irrévérence et de la défiance) à envisager le monde comme un environnement uniquement destiné à la satisfaction des désirs humains. Les figures positives et négatives de cet état d'esprit matérialiste, sceptique et critique sont si étroitement entrelacées qu'il est impossible de les assigner, comme ont essayé de le faire Daniel Bell et d'autres, à des secteurs sociologiquement distincts de la nouvelle classe – les qualités positives aux scientifiques et techniciens, les négatives aux intellectuels littéraires. Les vertus et les tares de la classe qui regroupe les professions managériales et intellectuelles proviennent toutes de l'habitude critique, qui,

---

* Le dernier travail de Gouldner, *The Future of Intellectuals and the Rise of the New Class* (1979), reste l'une des meilleures explorations du sujet. Le concept de discours critique, contrairement à ceux d'« hédonisme », de « nihilisme », de « permissivité », ou simplement de « libéralisme », est suffisamment large pour s'appliquer à la nouvelle classe dans sa totalité, aux scientifiques et techniciens tout autant qu'aux intellectuels littéraires. Mais Gouldner fit preuve lui aussi de myopie face à la nouvelle classe. Il ne parvint pas à comprendre les terribles limites du « discours critique ». Il considérait, à l'instar de Ehrenreich, la nouvelle classe comme « à la fois émancipée et élitiste »,

non inspirée par un sens de ses propres limites, a vite fait de
réduire le monde en cendres.

Pour la même raison – parce que les vertus éclairées portent
en elles une longue liste de vices éclairés –, il est impossible
de réfuter le noyau de vérité qui réside dans le concept d'une
nouvelle classe en affirmant que tous les maux qui lui sont
attribués peuvent à la place se voir reprochés au consumérisme
capitaliste. Le capitalisme ne peut être absous, mais il n'est pas
plus possible de lui faire endosser l'entière responsabilité de la
culture moderne. Le capitalisme était lui-même, pour partie,
le produit de la révolution scientifique du XVIIᵉ siècle. Ses
réalisations matérielles se fondaient sur la technologie que rendait possible la science moderne. L'« esprit du capitalisme », à
tort relié par Max Weber à l'éthique protestante, dérivait bien
plus directement du sentiment d'un pouvoir illimité conféré
par la science – la perspective enivrante offerte par la conquête
par l'homme du monde naturel. L'investigation scientifique
servait également, nous l'avons vu, de modèle à la conception
caractéristique de l'histoire associée à la promesse de surabondance universelle. De la même façon que chaque avancée réalisée par l'intelligence critique était destinée à se voir supplantée
par la suivante, la définition des besoins et des manques
humains était censée s'étendre au fur et à mesure que ces
besoins et ces manques se verraient progressivement satisfaits.
Le caractère insatiable de la curiosité et du désir paraissait
conférer à l'idée de progrès une solide assise dans l'analyse
psychologique et historique.

En héritière des traditions critiques de la révolution scientifique et des Lumières, la nouvelle classe place ses espoirs dans
le triomphe final de l'intelligence critique sur la superstition,

---

et espérait que son impulsion émancipatrice viendrait à bout de l'élitiste. Comme Ehrenreich – qui fut peut-être influencée par Gouldner
pour ses propres conclusions –, il envisageait la nouvelle classe comme
« une classe universelle embryonnaire, mais gravement défectueuse ».
Avec tous ses défauts, elle était à ses yeux la « force la plus progressiste
dans la société moderne » – le « foyer, à moyen terme, de la possible
émancipation humaine ».

du cosmopolitisme sur le provincialisme, de l'homme sur la nature, de la surabondance sur le manque. Sa croyance dans le progrès, durement éprouvée par les événements du XXᵉ siècle, mais sans doute non encore abandonnée, transcende tout engagement en faveur de tel ou tel système de production. Nous avalisons bien volontiers la description que donne Gouldner de la classe qui regroupe les professions managériales et intellectuelles, soit la « force la plus progressiste dans la société moderne » ; la question est de savoir s'il est encore possible de considérer ce trait comme une vertu.

Même à ignorer les figures déplaisantes du « discours critique », et à considérer ce dernier avec la plus grande bienveillance, il est impossible d'esquiver l'évidence de plus en plus flagrante qui remet en question le principe qui le sous-tend – celui qui veut que les possibilités générées par la science et la production modernes soient illimitées. La promesse d'une surabondance universelle a toujours été porteuse d'implications égalitaristes sans lesquelles elle aurait été empreinte d'une très mince autorité morale. Ces implications s'exposaient à des interprétations divergentes. Certains avançaient qu'elles étaient suffisantes pour augmenter la demande générale de biens et de services, dans l'espoir qu'en résulterait une amélioration du niveau de vie de chacun. D'autres réclamaient des mesures plus radicales destinées non seulement à augmenter la richesse totale, mais à la distribuer plus équitablement. Mais personne, parmi ceux qui croyaient au progrès, n'imaginait que la capacité productive dans sa globalité pouvait rencontrer une limite. Personne n'envisageait un retour à une existence plus sobre ; de telles conceptions étaient étrangères au consensus progressiste.

La découverte tardive que l'écologie de la planète ne supporterait plus une expansion illimitée des forces de production porta le coup fatal à la croyance dans le progrès. Une distribution plus équitable de la richesse, c'est désormais l'évidence, requiert au même moment une réduction drastique du niveau de vie dont bénéficient les nations riches et les classes privilégiées. Les nations occidentales ne peuvent plus présenter leur niveau de vie et la culture éclairée, critique et progressiste qui lui est étroitement associée, comme un modèle à suivre pour le reste du monde. Les classes privilégiées du monde occidental – et elles comprennent les classes managériales et intellectuelles tout autant que les très privilégiées – ne peuvent pas plus envisager de résoudre le problème de la pauvreté par l'intégration, dans leurs propres rangs, de chacun. Même si cette solution était moralement souhaitable, elle n'est plus réalisable dans la mesure où les ressources nécessaires au maintien du niveau de vie de la nouvelle classe, jusqu'alors supposées inépuisables, sont d'ores et déjà en train d'approcher de leur ultime limite. Les prétentions universalistes de la nouvelle classe ne peuvent, dans ces conditions, être prises au sérieux. Elles sont en fait profondément offensantes, non seulement parce qu'elles incarnent un idéal très étroit de vie bonne, mais parce que les conditions préalables à cette forme particulière de vie bonne ne peuvent être rendues universellement effectives.

Le Populisme contre le progrès

Les mêmes développements qui interdisent à ceux qui croient au progrès de parler avec confiance et autorité morale nous imposent de porter une écoute plus attentive à ceux qui le rejetèrent depuis toujours. Si les idéologies progressistes se sont réduites à un espoir nostalgique que les choses devraient malgré tout, d'une manière ou d'une autre, aller pour le mieux, nous avons besoin de retrouver une forme d'espérance plus vigoureuse, qui croit en la vie sans nier son caractère tragique ni tenter de présenter la tragédie comme un « legs culturel ». Maintenant que cette forme d'espoir nostalgique, que l'on peut mieux décrire sous le nom d'optimisme, a entièrement montré qu'elle n'était qu'une forme supérieure de pensée extravagante, nous sommes en mesure d'apprécier pleinement une espérance d'un autre type. L'optimisme progressiste s'appuie, dans le fond, sur le déni des limites naturelles au pouvoir et à la liberté de l'homme, et ne peut survivre très longtemps dans un monde où une prise de conscience de ces limites est devenue inévitable. La disposition justement décrite comme l'espérance, la confiance, ou l'émerveillement – trois noms pour le même état de cœur et d'esprit –, affirme, au contraire, la bonté de la vie face à ses limites. Elle ne peut être mise en difficulté par l'adversité. Dans les temps troublés qui nous attendent, nous en aurons bien plus besoin que par le passé.

Limites et espérance : ces mots résument les deux grandes lignes d'argumentation que j'ai essayé d'articuler. La première cherche à distinguer entre l'espérance et l'optimisme et à explorer les implications de cette distinction. La seconde explore certaines expressions politiques et idéologiques du sens des limites. C'est leur reconnaissance des limites seule qui justifie la considération d'une si grande variété de mouvements politiques et d'écoles de pensée qui, d'une façon ou d'une autre, font partie d'une tradition ou d'une sensibilité singulière. Cette sensibilité – qu'on l'appelle populiste ou petite bourgeoise, faute d'un meilleur terme – se définissait en premier lieu par de profondes réserves à l'égard du schéma progressiste de l'histoire. L'idée que l'histoire, à l'instar de la science, enregistre un déploiement cumulatif des capacités humaines, et que la civilisation moderne est l'héritière des réalisations du passé, va à l'encontre du sens commun – de l'expérience de la perte et de l'échec qui constitue une si grande partie de la texture de la vie ordinaire. « N'y a-t-il aucune calamité dans l'histoire ? » demandait Orestes Brownson. « Rien de tragique ? » Brownson et d'autres opposants au « progrès » ne voyaient pas se manifester autour d'eux une rationalité cumulative. Des concepts officiellement discrédités comme la Némésis, le destin, la fortune, ou la Providence paraissaient à leurs yeux s'adresser plus directement à l'expérience humaine que le concept de progrès.

Leur sensibilité politique, en second lieu, était façonnée par une évaluation plus modeste que l'estimation progressiste, des aspirations économiques appropriées aux êtres humains. Ceux qui croyaient au progrès se montraient impressionnés par la conquête de la technologie sur le manque et le contrôle collectif de la nature qui paraissaient inhérents à la machinerie productive des sociétés modernes. La surabondance, croyaient-ils, apporterait en fin de compte à chacun un accès au loisir, à l'épanouissement personnel, au raffinement – des privilèges jadis réservés aux riches. Le luxe à la disposition de chacun : tel était le noble rêve du progrès. Les Populistes, au contraire, considéraient ce qu'ils appelaient une compétence – un lopin de terre, une petite boutique, une vocation utile –, comme une ambition plus raisonnable et plus digne. Une « compétence » revêtait de riches connotations morales ; elle renvoyait aux moyens de subsistance dont la propriété était la source, mais également aux talents que nécessitait sa bonne gestion. L'idéal d'une propriété à la portée de chacun incarnait un éventail plus humble d'attentes que l'idéal de consommation universelle, un accès universel à une prolifération de produits. Elle incarnait en même temps une définition de la vie bonne plus énergique et plus exigeante. La conception progressiste de l'histoire impliquait une société de consommateurs suprêmement cultivés ; la conception populiste, un monde entier de héros.

L'idéal d'une société composée de petits producteurs était, à l'aune de critères progressistes, étroit, provincial, et réactionnaire. Il portait le stigmate de ses origines petites bourgeoises – un refus de faire face au futur. Le mépris pour l'arriération, le souci de respectabilité et la religiosité de la petite bourgeoisie devenait la marque de fabrique de l'esprit progressiste. La caricature éclairée de la culture des fractions les plus modestes de la classe moyenne contenait d'indéniables éléments de vérité ; elle n'aurait pu autrement être même entendue comme caricature. Les firmes balayant avec le temps les petits producteurs, les mouvements petits bourgeois adoptèrent une posture de plus en plus défensive et succombèrent à certaines des pires pulsions de la vie moderne – anti-intellectualisme, xénophobie, racisme. Mais la même tradition de radicalisme plébéien donna lieu à la seule tentative sérieuse de poser la grande question politique du XXᵉ siècle : Existait-il un fondement matériel de la vertu civique autre que la propriété susceptible de remplacer cette dernière ?

Cette tradition donna également lieu aux tentatives les plus impressionnantes d'organiser un mode d'action politique qui triompherait du ressentiment et casserait de cette façon ce que

Reinhold Neibuhr nommait le « cycle éternel » de la coercition et de l'injustice. Si les fractions les plus humbles de la classe moyenne se voyaient souvent attirées par une politique de l'envie et du ressentiment, elles saisissaient, précisément pour cette raison, l'importance d'une « discipline spirituelle » destinée à la contrecarrer. La tradition progressiste, au contraire, ne se débattit jamais ni avec la question de la propriété et de la vertu, ni avec la question que formulait Niebuhr en 1932 : « Si la cohésion sociale impose le recours à la coercition, et si la coercition implique inévitablement l'apparition d'une injustice sociale, et si l'élimination de l'injustice exige le recours à une coercition plus forte encore, ne nous retrouvons-nous pas prisonniers d'un cycle éternel de conflit social ? »

L'épuisement de la tradition progressiste – et cette tradition, envisagée dans une large acception, inclut non seulement la gauche mais tout aussi bien la droite à la Reagan, qui n'est pas moins séduite par la vision d'une expansion économique sans terme prévisible – se révèle dans son incapacité à se confronter à ces questions politiques modernes fondamentales, ou à la question également brûlante de savoir comment les niveaux de vie des riches pourraient être étendus aux pauvres, à une échelle globale, sans faire peser pour autant sur les ressources naturelles de la planète un fardeau insupportable. La nécessité d'une distribution plus équitable de la richesse aurait dû s'imposer avec évidence, à la fois sur le plan moral et sur le plan économique, et aurait dû être également évident le fait que l'égalité économique ne pouvait être mise en œuvre sous un système avancé de production capitaliste. Était beaucoup moins évident le fait que l'égalité allait désormais impliquer un niveau de vie général plus modeste, et non une extension des niveaux de vie extravagants dont jouissent les classes privilégiées dans les nations industrialisées aux dépens du reste du monde. Au XXIᵉ siècle, l'égalité implique une reconnaissance de limites, à la fois morales et matérielles, une reconnaissance qui ne trouve qu'un faible soutien dans la tradition progressiste.

La tradition populiste n'offre aucun remède miracle à l'ensemble des maux qui affligent le monde moderne. Elle pose les bonnes questions, mais ne fournit pas une gamme de réponses toutes faites. Elle a très peu contribué à l'élaboration d'une théorie économique ou politique – sa faiblesse la plus manifeste. Ses avocats prônent la production à petite échelle et la décentralisation politique, mais n'expliquent pas comment réaliser ces objectifs dans une économie moderne. Manquant d'une théorie de la production sérieusement développée, les Populistes ont toujours été la proie facile de lubies du type monnaie de papier et autres remèdes de charlatans, de la même façon qu'ils restent la proie des ressentiments sociaux qu'exploite si efficacement la nouvelle droite. Un Populisme pour le XXIᵉ siècle ne ressemblerait en rien à la nouvelle droite, ni ne ressemblerait, d'ailleurs, aux mouvements populistes du passé. Mais il pourrait puiser une grande partie de son inspiration morale dans le radicalisme populaire du passé, et plus généralement dans la vaste critique du progrès, de la rationalité, et de l'ambition illimitée qu'élaborèrent des moralistes dont les perceptions se voyaient influencées par la vision du monde des producteurs. La question de la « plus-value » donna lieu à la fois à un autre type de politique, et à une autre tradition de spéculation morale tirée de l'expérience ordinaire (tout autant que de l'âpre expérience de la ferveur spirituelle) et qui, par conséquent, était destinée à échapper aux modes.

NOTE DE L'AUTEUR

Ce livre a été écrit au cours d'un séjour au *Center for Advanced Study in the Behavorial Sciences*, et a été financé par une aide du *National Endowment for the Humanities*. Au fil des années, l'équipe de ce centre a mis au point une heureuse combinaison de sollicitude et de modeste discrétion, et je lui dois énormément. Je dois beaucoup, en particulier, à Virginia Heaton pour son inestimable aide de dactylographe et correctrice. Mes assistants de recherche à l'Université de Rochester – Everett Akam, Ken Hawkins, Chris Lehmann, et Colin Morris – m'ont donné de nombreux motifs de satisfaction. Ian Shapiro, Nell Lasch et Chris Lehmann ont lu entièrement le manuscrit, prouvant, si cela devait l'être, qu'une telle chose était possible ; ils m'ont également fait bénéficier de leurs conseils, dont je dus suivre à contrecœur la plupart. Dan Borus, David Chappell, Dale Vree, Stewart Weaver, Robb Westbrook, et Suzanne Wolk ont lu des parties du manuscrit. À l'époque où je cherchais un titre, Jim Campbell me suggéra de relire *Le chemin de fer céleste*. Jeanette Hopkins s'est chargé de l'édition du manuscrit avec un perfectionnisme aigu, pour ne pas dire avec agressivité ; ses innombrables conseils, même lorsque je les ai rejetés, eurent souvent pour effet de me faire revenir avec attention sur certains points délicats qui nécessitaient un réexamen.

NOTE DU TRADUCTEUR

Les vers de Wordsworth sont en partie tirés d'une traduction, par Dominique Peyrache-Leborgne et Sophie Vige, de *Ballades lyriques* et de *Ode : pressentiments d'immortalité*, parue aux éditions José Corti, dans la collection Romantique, en 1997. Nous remercions les éditions José Corti de nous avoir donné l'autorisation de les utiliser.

NOTES DE L'ÉDITION FRANCAISE

I. INTRODUCTION

1. Le Progressisme américain, dont l'ascendant au début du XXᵉ siècle sur le courant populiste accéléra l'effondrement de ce dernier, fut un mouvement politique essentiel de cette période. Il ne peut toutefois en aucun cas être présenté comme l'incarnation, dans la vie politique américaine, de l'idéologie progressiste en tant que telle, bien qu'il accompagnât et facilitât naturellement l'évolution de la nation vers une acceptation de cette idéologie. Les réformes progressistes eurent pour effet de stabiliser le système capitaliste.

2. La *Tennessee Valley Authority*, créée par le Congrès en 1933, avait pour mission de gérer et développer le *Tennessee River System*, destiné à générer un approvisionnement en électricité pour tous. L'AFL-CIO (« *American Federation of Labor-Congress of Industrial Organisations* ») était une gigantesque structure syndicale, notamment à l'origine de l'organisation d'occupations d'usines entre 1936 et 1937. C'est à travers le CIO que la classe ouvrière se fit reconnaître par le New Deal.

3. Le père de l'auteur, l'écrivain et journaliste Robert Lasch, était dans les années quarante le principal éditorialiste du *Chicago Sun Times*, et reçut en 1966 le prix Pulitzer.

II. L'IDÉE DE PROGRÈS RECONSIDÉRÉE

1. Frère cadet de Reinhold Niebuhr, relativement éclipsé par ce dernier, le théologien Richard Niebuhr (1894-1962) a laissé une œuvre théologique cohérente, marquée par le souci de l'unité spirituelle, et donc consacrée en partie à une critique des tendances

pluralistes de la société de son temps, à l'origine à ses yeux d'une fragmentation religieuse qu'il assimilait à une forme de décadence spirituelle.

2. Créateur des écoles pour tous (*common schools*), secrétaire du Comité d'Éducation des chambres du Massachusetts, Horace Mann fut l'auteur d'importantes réflexions sur les programmes éducatifs, qui se distinguaient par son idéalisme démocratique.

3. Ouvrier autodidacte issu d'une famille pauvre de Philadelphie, Henry George devint homme de presse et économiste. *Progress and Poverty*, paru en 1879, se vendit à des millions d'exemplaires dans le monde entier.

4. Sociologue à l'université de Chicago, Albion Small proposait des cours sur la « sociologie du Nouveau testament », dans le but d'initier les étudiants en religion aux sciences sociales. Économiste, Simon Patten enseignait à l'université de Pennsylvanie. Il exerça une grande influence sur de nombreux étudiants qui, plus tard, devaient mener d'éminentes carrières politiques et administratives.

5. Rexford Tugwell, après avoir été l'élève de l'économiste Simon Patten, fut secrétaire à l'Agriculture, puis gouverneur de Porto Rico.

6. Le philosophe Horace Kallen, qui avait suivi l'enseignement de William James, est à l'origine de l'expression « pluralisme culturel ».

III. LA NOSTALGIE : L'ABDICATION DE LA MÉMOIRE

1. Daniel Boone, lorsqu'il mourut en 1820, était l'un des Américains les plus célèbres. Ses exploits sur la Frontière avaient été racontés par John Filson dans *The Adventures of Colonel Daniel Boone*, publiées en 1872. James Fenimore Cooper s'inspira sans doute de sa personnalité et de son itinéraire pour créer son héros Natty Bumppo (Bas-de-Cuir).

2. La période jacksonienne débute en 1829 et se termine en 1837.

3. La *wilderness* est, littéralement, « l'immensité inhabitée ». La découverte de l'Ouest réactive une image présente dès l'origine de la colonisation anglaise. Les puritains de la Nouvelle-Angleterre avaient recours à la métaphore biblique d'une « terre sauvage inhabitée » (*wilderness*) qui devait être métamorphosée en jardin. L'Ouest sauvage se prêtait entièrement à la perpétuation de ce mythe.

4. Ce refrain populaire fut adapté des centaines de fois par les chansonniers de l'époque. L'expression reste courante.

5. Les *Whigs* constituaient le parti traditionnel de la Nouvelle-Angleterre protestante, une formation qui fit les frais de la polarisation Nord-Sud provoquée par la question de l'esclavage.

IV. LA TRADITION SOCIOLOGIQUE ET L'IDÉE DE COMMUNAUTÉ

1. Le terme n'est pas employé par hasard par Christopher Lasch. La *common decency* est la notion philosophique centrale de la pensée politique de George Orwell. Dans son essai consacré à *Charles Dickens*, George Orwell définissait la *common decency* de cet écrivain comme « une perception émotionnelle que quelque chose n'est pas juste ». Cf. notre bibliographie pour une recension des ouvrages approfondissant ce concept.

V. LA CAMPAGNE POPULISTE CONTRE LE PROGRÈS

1. Brownson, dans cet article, dresse un tableau, d'une implacable sévérité, de l'exploitation industrielle et de l'aveuglement d'une société obnubilée par la réussite matérielle. Les remèdes qu'il préconise sont, entre autres, l'abolition de l'héritage et de la prêtrise. Destiné à soutenir la campagne électorale de Van Buren, le texte provoqua à sa publication, en 1840, un énorme scandale, particulièrement chez les Démocrates, mais fut salué par les *Whigs*.

2. Homme politique de Caroline du Sud, John C. Calhoun fut un ardent défenseur de l'esclavage. Sénateur réputé pour son éloquence, il occupa le poste de secrétaire d'État à la guerre.

3. L'Unitarisme était né de l'éclatement du congrégationalisme américain en une aile « orthodoxe » et une aile « libérale », rupture rendue officielle en 1825 après plusieurs décennies de conflit. La majeure partie des paroisses unitariennes se trouvait dans le Massachusetts, l'Unitarisme n'étant majoritaire que dans la ville de Boston.

4. Comme la presse et d'autres vecteurs de l'éducation populaire de l'époque, le lyceum était une institution qui organisait des conférences publiques ouvertes à tous moyennant un modeste droit d'entrée.

5. Adoptée par les sectateurs d'Arminius, l'Arminianisme était une doctrine qui se proposait de combattre une partie des doctrines de Calvin.

6. Romancier populaire et prolifique, Horatio Alger décrivait dans ses ouvrages les destins d'individus qui, nés humbles, parvenaient à la fortune grâce à leur labeur, leur frugalité et leur confiance en soi.

7. Inventée par Marc Twain, l'expression « l'âge du Toc » désigne les trente années qui suivirent la fin de la Guerre de Sécession, et qui

se distinguèrent par l'avènement de la puissance industrielle américaine et une corruption politico-financière sans précédent.

8. Herbert Croly était l'un des intimes du président Theodore Roosevelt. *Promise of American Life*, son premier ouvrage, publié en 1909, se proposait de résoudre la contradiction entre gigantisme économique et Démocratie locale en partant du principe que la réorganisation économique ne constituait pas un obstacle à la réalisation des idéaux du XVIIIe siècle, et pouvait même être à l'origine d'une nouvelle Déclaration d'indépendance.

9. Les Chevaliers du travail (*Knights of Labor*) firent partie de ces syndicats de métiers, composés d'ouvriers qualifiés, qui, comprenant que seule la solidarité ouvrière pouvait faire échec au patronat, acceptèrent de s'ouvrir aux masses d'ouvriers non qualifiés.

10. Eugene Debs consacra sa vie au syndicalisme et au socialisme. Originaire de Terre-Haute dans l'Indiana, il rejoignit, après plusieurs années dans les chemins de fer, la *Railroad Brotherhood*. Il s'opposa cependant aux grèves de 1877 au motif qu'il n'y avait pas, à leur origine, « nécessairement conflit entre le capital et le travail ». Il participa ensuite à la création du syndicat américain des Chemins de fer, auquel vinrent adhérer en masse les membres des Chevaliers du travail. Debs avait pour principale ambition, avec la création de ce syndicat, de regrouper l'ensemble des travailleurs des Chemins de fer, quels qu'ils soient, et ce afin d'éviter l'égoïsme de classe. Il ne parvint cependant pas à y faire admettre les Noirs. Debs fut incarcéré de longs mois à la suite des émeutes de Chicago au cours desquelles les troupes fédérales tuèrent treize personnes. La *General Managers Association*, qui regroupait les propriétaires de compagnies ferroviaires, avait auparavant, en vain, essayé de briser la grève initiée par les travailleurs de la *Pullman Palace Car Company*. Son incarcération marque un tournant dans son engagement politique, puisqu'il devint socialiste en prison et finit par être le porte-parole d'un parti dont il fut cinq fois le candidat à la présidence des États-Unis.

11. Le discours sur « la croix d'or » fut tenu, avec succès, par William Jennings Bryan, candidat démocrate aux élections présidentielles de 1896, lors de la Convention démocrate de la même année. Il y exhortait les Américains à « ne pas imprimer une couronne d'épines » sur le front des travailleurs et à ne pas « crucifier l'humanité sur une croix d'or ». L'éloquence de Bryan, reconnue, lui valut à trois reprises d'être désigné comme candidat démocrate à la présidence. La question de la démonétisation de l'argent était, quant à elle, revenue sur le devant de la scène politique en 1890 avec le *Sherman Silver Purchase Act* qui autorisait l'achat limité d'argent par l'État. Les « silverites » exigeaient, eux, une remonétisation complète du métal afin

de provoquer une inflation dont bénéficieraient les fermiers endettés. Farouche « silverite », Bryan est désigné candidat à l'élection présidentielle malgré les réticences du *People's Party* dans le Sud. Sa défaite marquera également l'échec de l'alliance entre le mouvement populiste et les Démocrates.

12. Le *People's Party* est fondé en 1891. James Weaver en est élu président à l'occasion de la convention d'Omaha l'année d'après. La sécheresse de 1890 avait fait augmenter le prix du maïs de 300 %, forçant les éleveurs à vendre à perte leur bétail. Sur les circonstances de la création du *People's Party*, cf. notamment l'ouvrage de Philippe Jacquin et Daniel Royot recensé dans notre bibliographie.

13. Le mouvement coopératif des Granges, qui regroupait des fermiers du Mid-West cherchait, à son apogée dans les années 1870, à améliorer la condition de ses membres en exigeant, entre autres, la baisse des tarifs ferroviaires. Il attaquait de front la ploutocratie des propriétaires de silos, des magnats du chemin de fer et des banquiers. Il joua un rôle pionnier dans le développement des silos à céréales en coopérative et l'institution de taux maximum de stockage du grain. Il encouragea également la croissance des maisons de vente par correspondance, qui vendaient les produits sans intermédiaire. Pour une présentation de ce mouvement et du contexte de son apparition, cf. Olivier Zunz, *L'Amérique en col blanc. L'invention du tertiaire : 1870-1920*, Paris, Belin, 1991. L'auteur montre pour quelles raisons les tentatives des Granges pour acheter collectivement des machines agricoles sophistiquées et onéreuses se révélèrent vaines.

Les fermiers endettés s'opposaient également à l'étalon-or, très avantageux pour les prêteurs, et avaient pour idée fixe l'argent métal. La question monétaire était au centre des préoccupations du *free-silver movement* (qui réclamait en priorité une politique d'émission de pièces d'argent) et du *greenback movement*. La *National Labor Union* militait en particulier en faveur d'une réforme monétaire visant à faire émettre du papier-monnaie : le Billet vert, ou Greenbacks. Le gouvernement fédéral, à ce moment-là, tentait de combattre l'inflation, notamment par le biais de la réduction de la masse monétaire, et du développement des paiements en espèces métalliques. Les créanciers bénéficiaient inévitablement de cette politique dans la mesure où les débiteurs voyaient la valeur réelle de leurs remboursements augmenter. Le projet proposé par Macune, qui occupait une place centrale dans le programme des Populistes, équivalait à la mise en place d'un système monétaire parallèle. Le gouvernement posséderait ses propres entrepôts où les fermiers stockeraient leurs produits et obtiendraient en échange des récépissés. Appelés *greenbacks*, ces derniers constitueraient un supplément de monnaie disponible ne dépendant que de

la production agricole globale, et donc indépendant de la réserve
d'or, comme de celle d'argent. Cf. à ce sujet l'*Histoire populaire des
États-Unis* de Howard Zinn, mentionnée dans notre bibliographie.

14. La *farm belt* recoupe l'ensemble des zones à forte activité
agricole qui s'étendent de l'Est à l'Ouest des États-Unis.

VI. UN ÉCHO POUR TOUTE RÉPONSE :
LE MONDE SANS ÉMERVEILLEMENT

1. Les prénom et nom du personnage caricatural de Diogenes
Teufelsdröckh, professeur de « toutes sortes de sciences » à l'université
de Jenesaisoù (*Weissnichtwo*), disent assez les intentions de l'auteur,
comprises par la critique de l'époque.

2. Le *Divinity School Address*, tenu devant les étudiants de Harvard,
date du 15 juillet 1838. Emerson y clarifie sa position et s'élève contre
le moralisme conformiste de l'institution religieuse. On trouve notamment dans ce texte une dénonciation de l'insistance sur la personne
de Jésus. Le perfectionnisme de Emerson, comme le présente Anne
Wicke dans sa préface à sa traduction des *Essais*, « vise plus à libérer
le bien existant, au moins potentiellement, en l'homme, qu'à réprimer
le mal suivant des critères dogmatiques ». Cf. *Essais* de Ralph Waldo
Emerson, Michel Houdiard Éditeur, Paris, 1997, préface de Anne
Wicke, pp. 7-12. Cf. également Stanley Cavell, *Statuts d'Emerson.
constitution, philosophie, politique*, Éditions de l'Éclat, Combas, 1992,
ainsi que *Conditions nobles et ignobles, la constitution du perfectionnisme
moral emersonien*, trad. fr. de Christian Fournier et Sandra Laugier,
Éditions de l'Éclat, Combas, 1993.

3. Ralph Waldo Emerson avait consenti en 1829, à vingt-six ans,
à être ordonné pasteur de la *Second Church* unitaire de Boston. Bien
que suivant les cours de la Faculté de théologie et prêchant en différentes églises, il avait longuement hésité au seuil du ministère. Il pensa
finalement, arrivé à la fin de ses études, pouvoir laisser de côté les
symboles de la croyance pour n'enseigner que la morale. Le différend
qui l'opposa rapidement à la *Second Church* concernait la communion, dont il ne souhaitait pas maintenir le rite. La séparation fut
consommée en 1832.

4. Théologien calviniste de renom et pasteur congrégationaliste
issu de la colonie du Massachusetts, Jonathan Edwards (1703-1758),
formé à l'université de Yale, est notamment l'auteur de *Enquiry into
The Freedom of the Will* (1754). Il lance en 1734 depuis son église
de Northampton, grâce à des sermons d'une éloquence enflammée,
le mouvement dit du « Grand Réveil » (*Great Awakening*) qui révo-

lutionne les consciences dans l'ensemble du Nord-Est. Cf. à ce sujet C. Lasch, *La Révolte des élites et la trahison de la Démocratie* : « Le retour à la rigueur du dogme calviniste s'accompagne d'un appel hystérique à l'émotion, qui proclame la nécessité d'une communion totale avec Dieu. C'est donc ce grand philosophe, cet esprit encyclopédique, qui meurt peu de temps après avoir été nommé président de Princeton, qui lance une vague mystique et anti-intellectuelle tournant le dos à l'esprit des Lumières. »

5. William Ellery Channing (1770-1842) fut l'une des grandes figures de l'Unitarisme dans la Nouvelle-Angleterre de la première moitié du XIXᵉ siècle. Sur la personnalité de Channing et son ralliement à l'Unitarisme, cf. deux documents éclairants : « Visite à Coleridge » de Ralph Waldo Emerson, et « Scènes avec literati. Une lettre à Emerson » de Henry James Sr., commentaires et tr. fr. de Philippe Blanc, revue *Conférence* nº 12, printemps 2001, et nº 13, automne 2001.

6. Ami de Thoreau, Amos Bronson Alcott élabora une nouvelle pédagogie fondée sur l'enseignement de Jésus qui consistait en une sécularisation du message christique, réinterprété à la lumière de l'œuvre d'Emerson.

7. Cf. « Destin », trad. fr. Christian Fournier et Sandra Laugier, dans Stanley Cavell, *Statuts d'Emerson*, pp. 41-69, *op. cit.*

8. Donnée en 1837, la conférence intitulée « The American Scholar » est généralement considérée comme la déclaration d'indépendance culturelle américaine. Cf. revue *Critique*, « La Nouvelle Angleterre », nº 541-542, juin-juillet 1992, pp. 548-566, trad. fr. Christian Fournier ; cf. également *Essais* de Ralph Waldo Emerson, préface de Anne Wicke, *op. cit.*

VII. LE MOMENT SYNDICALISTE :
LA LUTTE DES CLASSES ET LE CONTRÔLE OUVRIER ENVISAGÉS COMME L'ÉQUIVALENT MORAL DE LA PROPRIÉTÉ ET DE LA GUERRE

1. Né en 1853 et mort en 1902, Cecil Rhodes était un homme d'affaires et administrateur colonial anglais qui dut sa fortune, considérable, à la prospection du diamant.

2. Les CCC furent créés dans les années trente afin d'aider les jeunes gens au chômage, et ce jusqu'au début de la Deuxième Guerre mondiale. Les jeunes volontaires qui les intégrèrent étaient chargés du reboisement, des coupe-feu, de la conservation des sols, et de l'aménagement des parcs nationaux.

3. *Fellow* – agrégé – du Magdalen College de l'Université d'Oxford, G.D.H. Cole dirigea un temps le Département de recherches du *Labour Party*. Ses ouvrages étaient particulièrement lus.

4. Voici comment les Wobblies définissaient l'« action directe » : « C'est l'action menée directement sur le lieu de travail par et pour les travailleurs eux-mêmes, sans l'intermédiaire fallacieux des irresponsables syndicaux ou des politiciens intrigants. Une grève décidée, contrôlée et menée par les travailleurs directement concernés, c'est cela l'action directe (...) L'action directe, c'est la Démocratie ouvrière. » cité in *Histoire populaire des États-Unis* de Howard Zinn, mentionnée dans notre bibliographie.

5. Béatrice (née Potter) et Sidney Webb. Béatrice Potter fut un auteur de contes pour enfants particulièrement célèbre de son temps. Béatrice Webb fut, quant à elle, l'auteur du tout aussi fameux *Mouvement coopératif en Angleterre*. Sidney Webb, qui dirigea la *London School of Economics*, était considéré comme le chef des fabiens. Leurs travaux, mêlant histoire économique et histoire politique, portèrent sur l'histoire de l'administration locale anglaise, et surtout sur l'histoire et la théorie du mouvement syndical anglais (*History of Trade Unionism* et *Industrial Democracy*). Pour un portrait de ce couple, cf. « Les Webb sont, à Paris, reçus par l'Union des coopérateurs », article de Marcel Mauss paru dans *Le Populaire* du 4 mai 1921, in Marcel Mauss, *Écrits politiques*, textes réunis et présentés par Marcel Fournier, Paris, Fayard, 1997.

6. La revue *New Age* (L'Âge nouveau) avait été créée par Orage et Hobson dans le but d'approfondir et diffuser les idées que représentaient le syndicalisme et le syndicalisme révolutionnaire.

7. Mary Kingsbury Simkhovitch ouvrit notamment en 1902 la Maison de Bienfaisance de Greenwich avec le soutien actif de pionniers du mouvement social et de travailleurs sociaux.

VIII. TRAVAIL ET LOYAUTÉ
DANS LA PENSÉE SOCIALE DE L'ÈRE PROGRESSISTE

1. Fondateur avec Richard Ely et Edwin Seligman de l'*American Economics Association*, destinée à combattre l'école économique du *laisser-faire*, et à unir les efforts de l'Église, de l'État et de la science pour pallier aux insuffisances des institutions locales face à l'afflux de nécessiteux, l'économiste Simon Patten définissait l'abondance comme une caractéristique capitale du siècle américain. La promesse de la Démocratie était pour lui une promesse de profusion.

2. La philosophie pragmatiste de William James a fortement inspiré la pensée pluraliste. Des philosophes pragmatistes comme John Dewey prolongeaient ainsi les réflexions de James, sans doute de manière moins métaphysique, en s'attachant à l'idée que « la réalité consiste en une pluralité et une multiplicité d'êtres distincts ». Mais si Bourne s'inscrivit sans ambiguïté dans cette tradition, les polémiques sur la participation des États-Unis à la Première Guerre mondiale, et l'engagement de Dewey en faveur de cette dernière, marquèrent une violente rupture dans sa trajectoire intellectuelle, puisqu'il attribua la responsabilité de la trahison des intellectuels de son temps à la « dispense pragmatique » (*the pragmatic dispensation*). Sur cet épisode de l'itinéraire intellectuel de Randolph Bourne, cf. l'essai de Michael Walzer, *Le Deuxième âge de la critique sociale. Solitude et solidarité*, recensé dans notre bibliographie.

3. La tante Polly, qui recueille l'orphelin, le martyrise et le materne à la fois. Elle fait montre d'une bienveillance étouffante qui peut facilement se transformer en fureur chaque fois que l'enfant se rend coupable de bêtises.

4. Journaliste né à Baltimore, H.L. Mencken écrivait notamment dans l'*American Mercury*. Il consacra de nombreux ouvrages à l'étude linguistique de l'américain. Il est notamment l'auteur de *The American Language*, ode au parler populaire américain plaidant, d'après Daniel Boorstin, « la cause d'une langue familière drue et riche contre la pauvre pitance distribuée par les maîtres d'école ».

5. John T. Scopes, professeur d'histoire naturelle dans le Tennessee, se vit intenté, en 1925, un procès à l'initiative de William Jennings Bryan pour avoir expliqué le darwinisme à ses élèves, en contradiction avec la loi de l'État, qui interdisait tout enseignement contraire à la Bible.

6. Calvin Coolidge fut élu président des États-Unis en 1923. Il fut le premier président à se servir de la radio, quatre mois après son élection, pour son premier message au Congrès.

7. Le « mouvement des maisons sociales », d'inspiration protestante, culmina avec l'Évangélisme social. Ce dernier fut à l'origine de nombreuses enquêtes et donna une première impulsion aux sciences sociales.

IX. LA DISCIPLINE SPIRITUELLE CONTRE LE RESSENTIMENT

1. Personnalité incontournable du Mouvement américain contre l'esclavage, William Lloyd Garrison contribua, aux côtés de Theodore

Dwight Weld et Wendell Phillips, à la transformation de l'abolition-
nisme en une renaissance religieuse qui se voulait universelle.

2. Homme d'église, Walter Rauschenbush se montrait favorable à
un rapprochement avec les sciences sociales. Il estimait que la sociologie et l'économie politiques permettraient à des hommes comme
lui de concrétiser leurs idéaux chrétiens.

3. La SNCC (Student Nonviolent Coordinating Committee) pratiquait un activisme non violent mais néanmoins militant, notamment par le biais des *Freedom Rides* qui se proposaient de mettre un
terme à la ségrégation des transports en commun. Ces dernières, qui
montraient spectaculairement l'impossibilité pour les Noirs de
voyager librement d'un État à l'autre, attirèrent l'attention de la presse
internationale sur la situation des noirs en Amérique.

X. LA POLITIQUE DE LA MINORITÉ CIVILISÉE

1. Ancien pasteur devenu sociologue, Robert Lynd s'était fait
connaître en dénonçant les mauvais traitements infligés par Rockefeller à ses ouvriers de l'industrie pétrolière.

2. À la demande de Lord Baltimore et Thomas Penn, les héritiers
respectifs du Maryland et de la Pennsylvanie, Charles Mason et Jere-
miah Dixon tracèrent d'est en ouest une ligne absolument rectiligne
de huit mètres de large afin de séparer ces deux provinces.

3. Ces mouvances avaient pour point commun de manifester leur
hostilité au protectionnisme douanier et à l'étalon-or. Dans le Dakota-
du-Nord, la *Non-Partisan League*, d'inspiration socialiste, mobilisait
les fermiers scandinaves en préconisant la prise de contrôle des silos,
et en réclamant la création d'une banque d'État et de programmes
d'assurance par les pouvoirs publics.

4. Pour le juge Justice Thurgood Marshall, un militant de la cause
noire, une politique volontaire de réparation juridique était le seul
moyen d'intégrer les Noirs dans la vie publique. L'affaire Bakke
concernait un étudiant blanc dont la candidature à l'entrée dans une
école de médecine de Californie avait été rejetée. L'étudiant attaqua
l'école au motif que des candidats issus de groupes minoritaires, moins
qualifiés que lui, avaient été acceptés. La cour suprême jugea, dans
l'arrêt qu'elle rendit en 1978, qu'il avait fait l'objet d'une discrimination de la part de l'école. L'arrêt affirme en outre que « les
États-Unis sont devenus une nation de minorités ». Cette décision
constitue l'ultime déclaration de cette juridiction au sujet de la discrimination positive (*affirmative action*). Pour une analyse plus approfondie de cette décision de justice, et une analyse précise de l'histoire

du concept de « minorité », cf. Christopher Lasch, *La Révolte des élites et la trahison de la Démocratie*, pp. 29-30, *op. cit.* Pour une analyse de l'*affirmative action* et du dépassement du mode de pensée pluraliste qu'elle implique, cf. O. Zunz, *Le siècle américain. Essai sur l'essor d'une grande puissance*, *op. cit.*

XI. LE POPULISME DROITIER
ET LA RÉVOLTE CONTRE LE LIBÉRALISME

L'ACLU (*American Civil Liberties Union*) fut créée pour défendre, en particulier, les droits des communistes, et d'autres groupes politiques marginalisés. L'une de ses fondatrices était Elizabeth Gurley Flynn.

BIBLIOGRAPHIE DE L'ÉDITION FRANCAISE

Les lecteurs pourront se reporter aux ouvrages suivants :

ARENDT Hannah, *Les Origines du totalitarisme. Eichmann à Jérusalem*, Paris, Quarto-Gallimard, nouvelle édition établie sous la direction de Pierre Bouretz, 2002.

BERGER Suzanne, *Les Paysans contre la politique*, Paris, Le Seuil, 1975.

BLUMENBERG Hans, *La Légitimité des temps modernes*, [2ᵉ ed. revue et augmentée, 1988], tr. M. Sagnol, J.-L. Schlegel, et D. Trierweiler, Paris, Gallimard, 1999.

BOORSTIN Daniel, *Histoire des Américains*, Paris, coll. Bouquins, Robert Laffont, 1991.

BURCKHARDT Jacob, *Considérations sur l'histoire universelle*, trad. fr. de Sven Stelling-Michaud, Paris, Allia, 2002.

CHANIAL Philippe, *Justice, don et association. La délicate essence de la démocratie*, Paris, La Découverte/MAUSS, 2002. Sur la théorie politique du « libéralisme communautaire » de Michael Walzer et sa définition de la société civile et de la société civique, ses rapports avec l'héritage deweyien et l'associationnisme civique. Cet ouvrage aborde en profondeur l'œuvre de John Dewey.

COBB Richard, *La Protestation populaire en France* (1789-1820), Paris, Calmann-Lévy, 1975.

COHN Norman, *Cosmos, chaos et le monde qui vient. Du mythe du combat à l'eschatologie*, tr. Gilles Tordjman, Paris, Allia, 2000.

revue Critique, « La Nouvelle Angleterre », n° 541-542, juin-juillet 1992.

DUPUY Roger, *La Politique du peuple. Racines, permanences et ambiguïtés du Populisme*, Paris, Bibliothèque Albin Michel Histoire, 2002.

EMERSON Ralph Waldo, *Essais*, Michel Houdiard Éditeur, Paris, 1997. Sur l'œuvre de Ralph Waldo Emerson : CAVELL Stanley, *Statuts d'Emerson. constitution, philosophie, politique*, Éditions de l'Éclat, Combas, 1992, et *Conditions nobles et ignobles, la constitution du perfectionnisme moral emersonien*, Éditions de l'Éclat, Combas, 1993. Tous deux traduits par Christian Fournier et Sandra Laugier. Sur la fréquentation précoce par Nietzsche de l'œuvre d'Emerson, cf. MICHAUD Stéphane, « Nietzsche et Emerson », revue *Critique*, op. cit. ; texte également utilisé en postface à R.W. Emerson, *La confiance en soi et autres essais*, Paris, Rivages poche/Petite bibliothèque, 2001.
Voir aussi : « Visite à Coleridge » de Ralph Waldo Emerson, et « Scènes avec literati. Une lettre à Emerson » de Henry James Sr., tr. fr. de Philippe Blanc, revue *Conférence* n° 12, printemps 2001, et n° 13, automne 2001.

FREUD Sigmund, *L'Avenir d'une illusion*, trad. fr. d'Anne Balseinte, Jean-Gilbert Delarbre et Daniel Hartmann, Paris, P.U.F, 1995.

JACQUIN Philippe Jacquin et ROYOT Daniel, *Go West ! Histoire de l'Ouest américain d'hier à aujourd'hui*, Paris, Flammarion, 2002.

JAMES William, *Les Formes multiples de l'expérience religieuse*, tr. fr. de Frank Abauzit, Exergue, 2001. Ainsi que les *Essais d'empirisme radical*, traduits de l'anglais par Guillaume Garreta et Mathias Girel, Marseille, Agone, 2005, et *La Volonté de croire*, traduit de l'anglais par Loÿs Moulin, Paris, Les Empêcheurs de penser en rond, 2005.

KEYNES John Maynard, *Le Docteur Melchior, un ennemi vaincu*, traduit de l'anglais par Bernard Hoepffner, Castelnau-le-Lez, Climats, 1993. Au sujet, entre autres, du groupe de Bloomsbury. Ainsi que, sur le même thème, l'ouvrage de Angelica Garnett, *Les deux cœurs de Bloomsbury*, tr. fr. Michèle Hechter, Paris, Gallimard/Le Promeneur, 2001.

MAUSS Marcel, *Écrits politiques*, textes réunis et présentés par Marcel Fournier, Paris, Fayard, 1997. En particulier pour une présentation du socialisme de la Guilde et un portrait des Webb.

MURAY Philippe, *Le XIXᵉ siècle à travers les âges*, Paris, Gallimard/Tel 1999.

NICOLAS Jean, *La Rébellion française. Mouvements populaires et conscience sociale*, 1661-1789, Paris, Le Seuil, « L'Univers historique », 2002.

ORWELL George, *Essais, articles, lettres*, Paris, Éditions Ivréa-Éditions de l'Encyclopédie des Nuisances, volume I (1920-1940), 1995 ; volume II (1940-1943), 1996, traduits de l'anglais par Anne Krief, Michel Pétris et Jaime Semprun ; volume III (1943-1945), 1998, et volume IV (1945-1950), 2002, traduits de l'anglais par Anne Krief, Bernard Pécheur et Jaime Semprun.

Pour une analyse critique détaillée du concept de *common decency*, cf. MICHÉA Jean-Claude, *Orwell, anarchiste tory*, Climats, 2000, *Orwell éducateur*, Climats, 2003, et *Impasse Adam Smith. Brèves remarques sur l'impossibilité de dépasser le capitalisme sur sa gauche*, Climats, 2002, Champs-Flammarion, 2006. On lira également sur le sujet Simon Leys, *Orwell ou l'horreur de la politique*, Paris, Hermann, 1984.

SOREL Georges, *Réflexions sur la violence*, préface de Jacques Julliard, édition établie par Michel Prat, Paris, Le Seuil, 1990.

STAROBINSKI Jean, *Action et réaction. Vie et aventures d'un couple*, Paris, La librairie du XXIᵉ siècle/Le Seuil, 2000.

STRAUSS Léo, *Nihilisme et politique*, tr. fr. et présentation de Olivier Seyden, Paris, Rivages poche/Petite bibliothèque, 2001.

THOMPSON Edward Palmer, *The Making of the English Working Class*, Londres, Harmondsworth, 1963.

THOREAU Henri David, *Journal 1837-1861*, présentation de Kenneth White, Paris, Denoël, 2001.

VENTURI Franco, *Les Intellectuels, le Peuple et la Révolution. Histoire du Populisme russe au XIXᵉ siècle*, deux tomes, tr. fr. de Viviana Pâques, Paris, Gallimard-Bibliothèque des Histoires, 1972.

WALZER Michael, *Le Deuxième âge de la critique sociale. Solitude et solidarité*, trad. fr. de Sebastian McEvoy, Paris, éditions Métailié, coll. Leçons de choses, 1995, pour, en particulier, un approfondissement de la notion d'enracinement de la critique sociale, et de beaux portraits de George Orwell, Randolph Bourne et Ignazio Silone. Ainsi que, du même auteur, *Critique et sens commun, essai sur la critique sociale et son interprétation*, tr. fr. de Joël Roman, Paris, Éditions la Découverte, coll. Agalma, 1990.

ZINN Howard, *Une histoire populaire des États-Unis d'Amérique de 1492 à nos jours*, tr. fr. de Frédéric Cotton, Marseille, Agone, 2002.

ZUNZ Olivier, *L'Amérique en col blanc. L'invention du tertiaire :
1870-1920*, Paris, Belin, 1991, ainsi que *Le Siècle américain. Essai
sur l'essor d'une grande puissance*, Paris, Fayard, 2000.

TABLE

Table 683

Table   685

Cet ouvrage a été composé par
IGS-CP à L'Isle-d'Espagnac (16)

CW01457358

SEA GUIDE TO

Pembrokeshire

TOM BENNETT

Imray Laurie Norie *&* Wilson

Published by

Imray, Laurie, Norie & Wilson Ltd

Wych House, The Broadway,
St Ives, Cambridgeshire,
PE27 5BT England

☎ +44 (0)1480 462114
Fax +44 (0)1480 496109

www.imray.com

2006

All rights reserved. No part of this publication may be reproduced, transmitted or used in any form by any means - graphic, electronic or mechanical, including photocopying, recording, taping or information storage and retrieval systems or otherwise - without the prior permission of the publishers.

© Tom Bennett 2006

All photographs and line drawings unless otherwise credited are the author's copyright © Tom Bennett 2006. Originally designed by Dragonfly Design, Wiseman's Bridge, Pemrokeshire.

The previous edition entitled 'A Sea Guide to the Pembrokeshire Coastline' was printed in 2003. This edition has had minor corrections and the last input of technical information was October 2006.

ISBN 978 085288 990 9

British Library Cataloguing in Publication Data

A catalogue record for this book is available from the British Library.

Plans are derived in part from material obtained from the UK Hydrographic Office with the permisssion of the UK Hydrographic Office and Her Majesty's Stationery Office.

CAUTION

Every effort has been made to ensure the accuracy of this book. It contains selected information and thus is not definitive and does not include all known information on the subject in hand; this is particularly relevant to the plans, which should not be used for navigation. The publisher believes that its selection is a useful aid to prudent navigation, but the safety of a vessel depends ultimately on the judgement of the navigator, who should assess all information, published or unpublished, available to him.

PLANS

The plans in this guide are not to be used for navigation. They are designed to support the text and should at all times be used with navigational charts.

Printed in Singapore by Star Standard Industries

Introduction

Pembrokeshire is an excellent cruising ground. Its limestone cliffs to the south and impressive rugged scenery to the north, with hundreds of bathing beaches in between cannot be bettered anywhere on mainland Britain. It also has 23 miles of natural waterway within Milford Haven. Here gentle wooded valleys and wading birds are a peaceful retreat only an hour's sail away from the hustle and bustle of oil tanker traffic in one of Britain's busiest ports. The entire coast is fringed by Pembrokeshire Coast National Park with offshore islands that are internationally renowned bird reserves.

I well remember my first cruise along the Pembrokeshire Coast many years ago. It was a weekend trip from Fishguard to Solva in a slow 10m yacht. On the return journey we met a foul tide on the West Ramsey Island. The tidal stream was so strong that we motored for a whole hour, just to stay in the same place. It was a lesson to remember. Cruising around the Pembrokeshire coast you certainly need to know and use the tides.

Passage plans and times of entering harbours are relevant to a cruising yacht with a keel depth of 1.5m, and having a cruising speed of 5 knots. Although orientated to the cruising yachtsman this book is intended as an essential guide to all users of the Pembrokeshire coast.

Acknowledgments

The author extends his thanks to all those who have helped with this guide. To David Rogers, John Wright, Colin Thomas, Mandy and Sean Tilling for making comments on the draft. To Pembrokeshire Coast National Park for permission to use photographs and to Ian Meopham and John Evans for their assistance. To Greg Evans for providing tidal stream information. To Neil Barber for his ideas and expertise in graphic design. To the above, and many others, the author is indebted.

Contents

Contents

Contents

Purpose and limits of this guide

This guide is intended to encompass the essential information needed for you to enjoy the delights of the Pembrokeshire coast and its tidal waters. However you still should have up to date charts to navigate the waters; this guide being a useful addition to those charts. All information is given in good faith but should not be relied upon.

Layout

Harbours, anchorage and beaches are listed from North Pembrokeshire to the South and clockwise around Milford Haven.

Where Difference is given this is the time difference of local High Water from the standard port of Milford Haven.

Latitude and longitude

A location in Latitude and Longitude is given. The position given for a port is a suitable distance off for convenient navigation. For an isolated rock or navigational mark then the position given is the actual location of the hazard. Note that Latitude and Longitude is given in degrees, minutes and two decimal points, not in seconds. Waypoints should always be checked on the chart for accuracy and to ensure that the line of approach is free of hazards. Ordnance Survey map references are given to each beach in the Surf and Beaches Guide.

Charts and maps

Admiralty AC	1484,1973, 1410, 1178, 3273/4/5, 2878, 1482, 1076, 1179
Imray	C13, C51, C61/60
Stanfords	14, 27,
Admiralty Leisure	SC5620 covers all charts of West Wales
OS map	157, 158 OL35, OL36

WGS84 Datum

Always check the datum of your GPS and that of your chart. Most GPS systems use WGS 84 and some charts are not so corrected. Always check each chart for the satellite derived position and adjust the plotting position accordingly.

Distances

These are given in nautical miles (M). Smaller distances are given in metres (m).

Sometime cables are used. One cable being a tenth of a nautical mile, 185.3 metres or 200 yards. Half a nautical mile is shown as 0.5M. Land Heights are in metres above Mean High Water Mark. Depths are given in metres (m) below Chart Datum (CD).

Bearings and courses

Are True. (°T) To obtain a compass course to steer add the local magnetic Variation degrees W and apply any Deviation of the ship's compass.

In 2003 the Variation at Milford Haven was 4 degrees 30 minutes (4°30') West and decreasing about 10 minutes (10') annually. Thus assuming no Deviation of the compass, the Compass course to steer is about four degrees greater than the °T (degrees True) course given in the text.

Wind

Wind is always denoted by the direction from which it comes, abbreviations used:

N = Northerly, NE = Northeasterly, E = Easterly, SE = Southeasterley, S = Southerly, SW = Southwesterly, W = Westerly, NW = Northwesterly. The word quadrant refers to wind from that quarter of the compass.

Tide tables

Obtainable at all the Chandlers shops, Marinas and seaside shops. For the cruising man use Reeds Macmillan Almanac. Check if the tables are in Standard Time or corrected to Summer Time, now referred to as Daylight Saving Time (DST). If in Standard Time (UT) one hour needs to be added to correct to Summer Time (DST) which is end of March to the end of October.

The entire Pembrokeshire coast is in time Zone 0 (UT)

Tidal information

Is based on MILFORD HAVEN as the Standard Port.   Abbreviations used

MH	=	MILFORD HAVEN
MHLW	=	MILFORD HAVEN LOW WATER
MHHW	=	MILFORD HAVEN HIGH WATER
HW	=	is HIGH WATER at Milford Haven unless indicated otherwise
LW	=	is LOW WATER (Milford Haven)
LWS	=	Low Water Springs
HWS	=	High Water Springs

Differences: refer to time difference of local High Water to MHHW.

Other abbreviations

HM	=	Harbour Master
Ch M	=	Marine VHF radio Marina Channel
RNLI	=	Royal National Lifeboat Institution
OS	=	Ordnance Survey
PCNPA	=	Pembrokeshire Coast National Park Authority

Cardigan, Newport, Fishguard

THE COAST has high rugged cliffs which are generally steep-to (meaning deep water up to them). Pembrokeshire's highest cliffs can be seen at Cemaes Head (180m high). The coast is free of off-lying hazards if you keep more than 0.4M off.

There are three natural bays; Cardigan, Newport and Fishguard. Only Fishguard has deep water moorings. Cardigan and Newport estuaries both dry out at Low Water.

The estuaries are a perfect playground for the dinghy sailor, windsurfer and all small craft. Cardigan is an interesting estuary and cruising vessels entering at High Water can find enough depth in the river once they have past St Dogmael's.

It is a dramatic coastline and should be visited by the experienced sea kayaker. Wind against a Spring ebb can cause rough sea conditions off Dinas Head. Tidal strength up to 2 knots.

Between Cardigan and Newport are some remote pebble beaches where hundreds of seals haul out. Bottlenose dolphin are regularly seen in this area, especially near Cardigan Island.

Main photo: Ceibwr.
Inset: Newport Boat Club.

1.2 Cardigan Estuary

52°07.02N 04°42.07W

Difference:

+ 0130 (-0340 Dover)

Good shelter inside the estuary but care is needed to enter. Deep keeled vessels, especially fin keelers greater than 1.8m draught, should only enter after carefully choosing the tidal heights as the sand bar has 0.3m or less at Chart Datum. Entrance dangerous in N & NW winds when waves break over the shallow sandy bar. Breakers also likely on the Spring ebb. Ebb flow near the Narrows is over 3 knots. Depth of water at High Water Springs on the bar is 4.5m at High Water Neaps 2.6m, however the channel and bar shift constantly.

Approach: Identify the conspicuous 'Cliff Hotel' on the NE side of the bay. When looking along the East cliffs the 'Cliff Hotel' is the first and largest of the buildings. The entrance channel starts under the cliffs (100m off) near the Hotel, at night 2 vertical Red Lights. Take a course 186°T (virtually due South on compass) from close under the cliffs to the Perch, a vertical beacon (Flashes 2 every 5 seconds). The perch is a pole painted red and black topped with two vertical black balls. Pass close to Perch (see photo) leaving it 20m to starboard and look for the Narrows directly ahead. There are two other port hand beacons near a Caravan Site, leave these well to port. When passing the Perch keep on a Southerly course aiming at the right hand sloping hill. Keep midway between the Caravan

Cliff Hotel, Gwbert Looking NE to the Cliff Hotel. The approach over the sand bar starts below these cliffs. When there take a course of 186°T for the Perch

The Perch Looking S to the Perch. Keep the Perch post close to starboard on entry. The channel (0.2m Chart Datum) is to East of the Perch

site shore to port and the sand beach/dunes to starboard. This takes you midway into the Narrows. When you see the fishing boat moorings ahead alter course directly for them, they are in the deepest water.

The estuary now opens out with a deeper channel to port where moorings can be seen outside the Teifi Boat Club. There are visitor moorings, which dry at LW. Follow the line of moored craft as this usually is the deepest water scoured by the river. At High Water most craft (draught less than 1.5m) can take a course directly from the Narrows up the Teifi River towards St Dogmael's. The shallow areas are constantly changing. Even the locals go aground. Mid channel markers are present in the summer months.

Once at St Dogmael's the channel depth increases and

many of the moorings do not dry. Moorings administered by Afon Teifi Fairway Committee. Secretary 01239 613704 Mooring Master 01239 613890 The members of Teifi Boating Club 01239 613890 will endeavour to help visiting yachtsmen find a suitable berth for the night, showers at the Clubhouse.

1.3 St Dogmael's

52°05.17N 04°40.81W

At Pembrokeshire's northern border is St Dogmael's lying alongside the Afon Teifi. Bilge keelers and small craft can anchor and dry out in the shallows, deeper keeled vessels could telephone the Moorings Master 01239 613890 to see if there is an available deep water mooring mid river. **Facilities:** Bus goes to Cardigan town, alternatively go there by tender and tie up at the old town quay. St Dogmael's is a pleasant village with three public houses, 'Ferry Country Inn' 01239 615172 overlooks the river. Shops within walking distance of the two public slipways. A traditional water mill sells its own milled flour. Short walk to the Priory ruins of a Benedictine Abbey founded in 1113, open free of charge all year. Llandudoch Church is on the site of an earlier monastery destroyed by Vikings in 987. Cardigan was once the largest port in Wales and had its heyday in the era 1790 to 1830.

Sea Guide to
Pembrokeshire

PAGE 7

Penrhyn View NW into the small quay, Ceibach, seen in the middle of the picture dries at Low Water. An anchorage sheltered from prevailing winds

1.4 Ceibach, Penrhyn

52° 06.60N 04°42.65W

A small quay, which dries, is situated in the shelter of Cemaes Head. At Low Water ordinary tides the water laps the foot of the sloping quay walls. Difficult to land even at HW. Cardigan's early rowing and sailing Lifeboat was located here. If you need to land someone at any time then the only place is to go to steps coming down the Gwbert cliffs, located on the East side of Cardigan Sound. Just off the quay at Penrhyn is a useful anchorage, on sand, sheltered from S and SW, exposed to N. If you need shelter from the N and E, tuck into the cliffs on the South side of Cardigan Island, near the Sound. However, it is not a good anchorage. It is a rocky bottom and strong tidal streams through the Sound mean a constant check on dragging.

1.5 Ceibwr

52°04.81N 04°45.78W

Not an anchorage but a place to launch kayaks at High Water. I say High Water because the rocks and pebbles are so slippery, sharp and awkward in size that launching any boat or canoe here at Low Tide is extremely arduous, if not dangerous. The cove is an ideal location for landlubbers to view stormy weather. Impressive geological formations. Walking South is the Witches Cauldron, a cove and beach where the sea enters via a huge sea cave. An interesting but remote area for sea kayakers, not recommended for dinghy sailors.

1.6 Newport

52° 01.72N 04° 51.40W

Newport estuary is an ideal location for small craft and bilge keeled vessels. Only one off-lying rock and that is Carregedrywy (height 2m) lying 400m off the North corner of Newport Bay. Deep draught boats are advised not to pass inside Carregedrywy as there are rocks awash. With care, vessels with 1.7m draught can enter the River Nevern and into the sheltered estuary, which dries. On the bar at High Water Springs there is 4m depth, at High Water Neaps 2.6m depth. It is advantageous for visitors to walk the estuary at Low Water before entering and look for channel markers. However with a cautious approach this text should enable the cruising yachtsman to make a safe entry.

Approach: Identify Cat Rock and enter the river channel on the South corner of Traethmawr, the long flat sandy beach. Keep very close to the rocky cliff promontory. The rocks are steep-to, keep off 20m to 30m for the deepest water. On entering, immediately to starboard is Cwm, a tiny cove with the Old Lifeboat House and slip. When this is abeam you need a course of 080°T to the houses (the lower one has 3 chimneys) beyond the Golf Course, on the Northeast side of the estuary. This will avoid an underwater reef directly ahead. If large green barrels are seen these mark the channel, keep the buoys to starboard. Keep on the 080°T course as there is a reef of underwater rocks to starboard. In the middle of the houses (on your starboard side) you will see a tall thin one. When you see this tall three storey house, turn to starboard. The channel now curves to starboard, take a course for the mountain and the nearest moored boats. Follow the moored boats keeping them to starboard and then take a course for the post near the Boat Club. Keep the post to starboard. The channel gets slightly deeper past the Boat Club where there are numerous moorings. Almost all moorings dry at Low Water. Deeper water (1m at LW Neaps) can be found in a pool further up river, opposite the 3 chimney house mentioned before. See photos to aid entry into the estuary.

Bilge keelers and those wanting to chance beaching legs may find harder sand on the beach inside the shelter of the sand dunes. Anchoring in the river (mid channel) is not recommended as there is a strong ebb and holding is not good.

For launching of small boats there are 3 access slipways coming off a large Car Park on Newport Parrog. Launching over sand at Low Water. The main beach is a sweep of sand (nearly 1M long) with safe bathing and lifeguards, lies N of the estuary. Low sand dunes and a Golf Course overlook the beach. Rock pools for the children.

Facilities: Boat Club with showers, Toilets at Parrog and Beach, slipways, shops, cafes, restaurants, garage, National Park Tourist Information 01239 820912. Bank with cash machine, caravan sites, Post Office, three public houses. At High Water the estuary is an ideal place to learn dinghy sailing, kayaking or windsurfing. The large expanse of shallow water provides smooth water but has constant wind and the safety of being able to walk ashore on all its banks. For the small boat or canoe, an expedition under the Iron Bridge and up the river to Llwyngwair Manor is possible at High Water.

There is a speed limit of 8 knots so jet ski and water skiing is forbidden inside the estuary. For the adventurous windsurfer exciting surf can be found on the bar or in the bay on windy days. The Boat Club organizes summer evening dinghy races when the tides are suitable. Regatta for rowing races and dinghy racing in August also combining a spectacular firework display.

Newport. The three middle pictures show views approaching the Boat Club. There is a large post near the Boat Club, for mid channel keep the post in transit with the centre of the small beach.

Lower picture: The estuary at LW beyond the Boat Club

Newport Estuary *Enter over a sand bar close to the cliffs near Cat Rock. When Old Lifeboat House seen turn to 080°T for the houses on the opposite shore beyond the golf course. After 600m on the right hand bank you will see a tall thin 3 storey house. Then turn slowly to starboard towards the small boat moorings. Follow in front of the small boats and past the post outside the Boat Club. Keep all moorings to starboard to remain in the river channel. **Also see Notes 1.6**

1.7 Cat Rock

52°01.50N 04°51.20W

A sheltered anchorage is found in the area between Cat Rock and Newport Bar. Anchorage good in 5m in soft sand. Use trip line as an underwater (treated sewer) outfall pipe lies on the seabed. Not far to take the tender onto the beach at the Old Lifeboat Station. Facilities: From there a short, 15 minute, walk into Newport where there are food shops, garage, banks, Post Office, toilets, telephone and Boat Club with showers.

1.8 Aberfforest

52°01.27N 04°52.72W

A tiny cove sheltered from S. Holiday cottages and a Marine workshop overlook the beach. Sailing dinghies and small boats are sometimes launched here over the sandy beach. Walks along the Coast Path to Newport or alternatively up through a delightful wood to Dinas (1.5M) where there is a Post Office, shop, public house and a garage.

Cwm-yr-Eglwys Looking across the graveyard towards the beach

1.9 Cwm-yr-Eglwys

52°01.51N 04°53.43W

A small cove skirted by rocks and high cliffs. Open to N and NE. The anchorage is untenable in NW due to swell. The beach is sand with a shingle high water mark. A small stream crosses the beach and there is a slipway for launching of small craft. Please do not leave road trailers or launching trollies on the beach. Return them to the Boat Park or the Car Park. Regatta in August with fishing competitions, swimming and dinghy races. Public toilets but no shops or telephone. 8 knot speed restriction within the bay. Some local moorings. Keep between the headlands or just outside the bay if anchoring for the night. If you are sheltering from wind from the SW or W then there is likely to be an uncomfortable swell. This is due to the wind funnelling through the valley keeping the boat's heading at right angles to the swell curving around Dinas Head. Unless it is settled weather this anchorage is not as inviting as it appears.

Beware of underwater rocks especially on the South side. On approaching the beach, identify the prominent Bell Tower of the ruined church and keep on a bearing of 230°T to the Church Bell tower. A good beach for families with interesting rock pools. Nearby circular walk around Dinas Head will take about 1.5 hours to complete. An easy walk from here through the valley to the 'Sailors Safety' at the other end of the short valley. The walk takes about 15 minutes but you will need a good torch if you are returning at night. Shop and garage 1M away up the hill. Ask in the Car Park which way to walk.

Local history: In October 1859 a hurricane hit the Welsh coastline wrecking 114 vessels, accompanied with enormous loss of life. St Brynach's Church was devastated with big seas that washed coffins from the graveyard out to sea. Three sailing ships were lost beneath the cliffs of Dinas Head in the same storm.

Gate to the ruined St Brynach's Church, Cwm-yr-Eglwys

Aber-rhigian, a small pebbly beach between Aberfforest and Cat Rock

1.10 Pwllgwaelod

52°01.22N 04°54.80W

In the East corner of Fishguard Bay, a flat beach with high cliffs to either side. Smooth grey sand beach with a slipway. When anchoring, go cautiously towards the beach on a westerly course, as there is a rocky reef on both sides of the beach. Good holding in sand in 7m sheltered from Southerlies.

Facilities: Convenient to anchor off whilst going ashore to the 'Sailors Safety' pub on the beach. Car park, slipway, toilets and emergency telephone. Interesting circular walk around Dinas Head. 1M walk up the hill to shops, garage, 'Ship Aground' public house and Post Office.

1.11 Fishguard Harbour

52°00.80N 04°57.90W

Difference:
+0105 (−0400 Dover)

Fishguard Harbour (Goodwick) to the Southwest part of Fishguard Bay is protected on its N and E sides by Breakwaters. The Harbour is dominated by Irish Ferry traffic operating to Rosslare. A large Sea Cat operates up to 5 sailings daily at high speeds. Northern Breakwater extends nearly 0.5M ESE from Pencw and has a lit octagonal concrete tower. 52°00.76N 04°58.23W Fl Green 4.5s 18m 13M. The huge concrete blocks of the North Breakwater extend 60m seaward of the light tower. Lobster pot lines are a hazard to yachtsmen going close to the end of the breakwater. The East Breakwater extends 0.4M NE from the middle of Goodwick Sands. It has a metal framed tower, 52°00.31N 04°58.86W Fl Red 3s 10m 5M. At Low Water Springs only about 2m depth of water on the extremity of the East Breakwater. Three visitor moorings by arrangement with the Harbour Master. Anchorage is good anywhere East of the East Breakwater but keep clear of the fisherman's keep pots. Anchorage prohibited within commercial area West of the Breakwaters but permitted on the drying part

Lower Fishguard View looking Northeast across the picturesque harbour of Abergwaun. All the harbour seen here dries at Low Water Springs. Photo taken at High Water on 26th August 1994

Southwest of the Fisherman's Quay. **Landing places**. Only large commercial traffic allowed to use the Port facilities, Railway Quay and Ferry Terminal. The mariner can come alongside the Fisherman's Quay at 52°00.41N 04°59.38W at High Water to disembark or pick up crew. This quay dries at Low Water, access HW+/- 2hours. A tender could be left here while you go shopping. 7 minutes walk to garages and shops. There are two public slipways on the beach, which dries. The largest slipway, located near the Watersports Centre and Ocean Lab, is suitable for launching any sized vessel from a trailer. Goodwick is convenient for carriage of fuel in cans from garages, also diesel available in cans from Chandlers, 3 minutes walk. Walking distance to train station, snacks on main platform. Restaurant on sea front. Shops, chemist, fish & chips about 6 minutes walk.

Contacts: Commercial Harbour Supervisor 01348404453, Harbour Master Ch 14,16 for visitor mooring or alongside rates and bowser diesel. For Goodwick Marine Chandler try Ch M or telephone 01348 873955. Fishguard Harbour Watersports Centre for training and trips 01646 622013.

Film history: The film 'Moby Dick' starring Gregory Peck was shot here in 1954 and the whale itself was constructed by shipwrights at Fishguard Harbour.

Lifeboat history: One of UK's first lifeboats was located here in 1822. Ever since 1855 the RNLI has always located its most up to date Lifeboats at Fishguard as the deep water location is strategically placed for shipping movements in St George's Channel.

Fishguard's North Breakwater and the fast Irish Lynx Ferry

Lower Fishguard, the inner quay at High Water

1.12 Lower Fishguard

52°00.05N 04°58.70W

Small picturesque harbour which dries 3.2m. Access to the inside of the quay wall one hour either side of local HW. Limited alongside berth with permission of the HM. No deep water visitor moorings. A drying mooring may be found by arrangement. Visitors should anchor outside a line from the Fort to Saddle Point in 2m to 5m. Good holding in fine mud/silt/sand. Big swells in Northerlies. In strong S to E winds the wind funnels down the Gwaun valley. In gale force winds better to stay afloat and go to the commercial harbour (see 1.11).

Facilities: a welcoming Yacht Club with showers 01348 873369. Fresh water from Yacht Club. For diesel, petrol and gas better going to Goodwick by boat at HW. 3 Slipways, telephone toilets and public house 'The Ship' 01348 874033. Car park by the Skirmisher Sea Cadets is used for winter storage of craft. Do not leave cars throughout High Water Springs in the main car park, as it is liable to flooding. Water from a spring on the bank opposite Skirmisher Sea Cadets. About 15 minute walk up the hill to the town of Fishguard with shops, cafes, banks, health centre, dentists, chiropractor, fish & chips, library (internet), cinema and tourist information 01348 873484. Small boat regatta in first week of August.

Film history: This is where the film 'Under Milk Wood', starring Richard Burton, was made.

1.13 Passage Notes Cardigan to Fishguard

Because of constraints of depth on Cardigan Bar, yachts tend to leave at High Water Cardigan (MHHW+0130). This is not a bad time for those making a passage towards Fishguard. However do not be tempted to go out to sea straight away as there is a strong North going stream at this time, taking you North off Cardigan Island for about an hour. The sensible course is to tuck in close to Cemaes Head taking advantage of an eddy and then stay close in to the cliffs. Go South for about an hour when you will have slack water close to the cliffs. If you are over 1M out you will be stemming the North going stream. For a sailing yacht the South going ebb starts usually before you arrive at Newport Bay. Now take a more seaward course. It is advantageous to be between 1 and 1.5M off Newport Bay giving Dinas Head a good clearance. The ebb will take you quickly towards Strumble Head and it is easy to overrun altering course into Fishguard. It is difficult to see the Northern Breakwater from this direction. When the caravan site on the cliff top at Penrhyn in Fishguard Bay is clearly seen take a course directly for it. If the caravan site is abeam you have gone too far and need to turn. Over running entering Fishguard will mean tacking back against a strong ebb. Anchor off Lower Fishguard outside the mooring buoys and lobster keep pots. When sailing from Fishguard to Cardigan you should plan to arrive at Cardigan Bar about one hour before High Water Cardigan. The tide should be favourable if you leave at Fishguard Low Water.

If on passage North of Cardigan, beware that a military firing area occupies much of Cardigan Bay and there may be targets and buoys, some unlit. Listen on VHF Ch 16 or telephone 01239 813462 for Range activity.

When approaching Cardigan or Fishguard from Bardsey Island it is difficult to identify Cardigan Island from a distance. A useful landmark is to look for the pimple on the hill of Carn Ingli, above Newport. Sailors in the past used to refer to it as the 'maiden's breast' to locate Fishguard harbour.

1.14 Tidal Streams

Through Cardigan Sound (between Cardigan Island and the mainland) there is a tidal stream up to 2 knots. The River Teifi has an ebb of up to 3 knots at the Narrows and near The Perch making it dangerous to cross the river at Low Water. Within Newport Bay there is little tidal movement except for the area East of Dinas Head, where there is an outgoing NE stream of 1.5knot from Needle Rock near Cwm-yr-Eglwys to off Dinas Head.

There is little tidal stream within Fishguard Harbour and most of Fishguard Bay. There is a contra eddy in the North half of the bay, especially near Dinas Head, that divides in the centre of the bay off Penrhyn Point. There is an ebb stream from the North Breakwater that takes you half way to Strumble Head for the best part of 8 hours.

Midway between Penanglas and Dinas Head, East going stream starts MHHW - 0205 about 1knot. West going stream starts MHHW + 0400 about 1.5knot.

Strumble Head, Porthgain, St David's Head

THE AREA has many sea cliffs, interspersed with numerous rocky North facing coves and some sandy beaches. There are few road access points to the coast and from seaward most of the cliffs are so perpendicular that landing is impossible. In strong Northerly and Northwesterly winds there are no sheltering places apart from the drying harbour of Porthgain and the awkward access into the Blue Lagoon at Abereiddy.

Access to these two sheltering places should not be attempted in heavy weather. Shelter, in moderate winds, can be found in the bay immediately West of Strumble Head Lighthouse. Abercastle does not afford shelter, except for craft that can beach. Abercastle and Porthgain both have slipways for launching of craft.

Due to strong tides the area is not recommended for dinghy sailors. It is, however, an interesting area for divers. Abereiddy has access over the beach from a carpark, but surf can develop quickly and is not suggested as a launch place for trailable boats. Offlying rocks called the Sledges 0.5M off Abereiddy are a particular hazard for vessels on passage. There are also offlying rocks along the coast between Strumble Head and Abermawr, keep 0.4M off the cliffs to keep clear.

Overfalls can be experienced on Penanglas Head, at Strumble Head and St David's Head. When rounding Penanglas near Fishguard Harbour there is a fog horn, giving two Diaphonous blasts every 60 seconds. Below the Fog Horn building are some unique rocks. These are six sided columnar jointed basalt rocks similar to the well known Giants Causeway in Ireland. Like the nearby pillow larva to be seen near Strumble Head it shows evidence of rocks formed by volcanic activity.

Main photo: Abereiddy Head. Inset: Abercastle

2.2 Carregwastad Point

52°01.45N 05°01.10W

There is a large sheltered bay (Aberfelin) just East of Carregwastad Point. It provides shelter from S and W but exposed to the N. Enter the bay from the West side on a South course 180°T as there are underwater rocks if cutting the corner on the East side. Good anchor holding in fine sand in the middle of the bay in 7m depth. When approaching Carregwastad from Penanglas keep well off the rocky reefs near the edges of the bays as there are shallow rocks that can be hit. French troops (1400 soldiers) came ashore on this headland in 1797; the last mainland invasion of Britain. A plaque commemorating the event can be seen on the headland.

2.3 Strumble Head

52°02.20N 05°04.40W

Difference + 0100

A rocky headland with a lighthouse on an island connected to the mainland by a short bridge. Lighthouse position is 52°01.79N 05°04.43W with a light giving 4 Flashes every 15 seconds height 45m above High Water. The light has a range of

Strumble Head Lighthouse, looking Northeast into the anchorage inside Carregonnen

26M and flashes 24 hours a day through an arc 038° to 257°. Immediately to the West of the lighthouse is an island called Carregonnen. The bay landward of Carregonnen is a useful anchorage. Anchor holding is not good but the bay can be used to wait for better conditions to go East. Stony bottom in 11m to 15m depth. The anchorage can be approached with care through the small sound between Carregonnen and the lighthouse island. Keep directly in the middle of the Sound on a course of 130°T to avoid rocks awash on both side of the Sound. Seals always to be seen hauled out on South side of Carregonnen. On the headland cliffs to the East of the lighthouse is a preserved World War II lookout now used as a Bird Observatory (OS Grid Ref SM894413). This is an excellent spot to watch sea birds, seals and porpoise and is frequented by wildlife experts.

Penbrush Point looking towards Strumble Hd Lighthouse. Photo: courtesy of Pembrokeshire Coast National Park

2.4 Abermawr

51°58.30N 05°05.44N

A sheltered area, convenient to anchor for the night or to spend a while if the there is a foul tide around Strumble Head. Keep to the centre of the bay as there are rocks awash on the E side of the bay towards Aberbach and Pwllcrochan. Good anchorage in 6 to 12m depth on sand, not affected by the strong tidal streams found near Strumble Head. No facilities. Good winter surfing beach. Abermawr beach (sand at LW, steep big pebbles at HW) is awkward to land on by tender at any state of the tide. If going ashore by tender after anchoring, you are better landing at the smaller beach of Aberbach in the E corner of the bay. The first transatlantic telephone cable was laid from Abermawr in 1873. The house at the end of the lane is where it connected with America! In the sandy cliff between the two beaches a colony of sand martins may be seen nesting.

2.5 Abercastle

51°57.70N 05°07.76W

A delightful cove bustling with small boats in the summer months. All the area inside the

island dries at Low Water Springs. It is not a sheltering spot unless you can dry out. Anchor at the mouth of the cove with the island on your port. Mind the buoyed keep pots. It is possible to go ashore by tender and land on the very small beach to starboard and walk along the path to the main beach access. Toilets and parking for 15 cars. 15 minutes walk up the coast road to Trefin where there are shops. Slipway for small boats. Sometimes there is very soft sand or spongy flotsam at the top of the beach which can bury trailer wheels. Otherwise the beach is hard sand. At Low Water you need to go a long way into the water to launch a boat off a trailer because the beach profile is very flat. Better launching either side of HW. Good launch site for kayakers.

Unless you are have a vessel capable of being beached, Abercastle is not the place to go for shelter. In winds of force 6 and above from a S quadrant you would expect shelter here but in reality the wind funnels down the valley and over the cliffs and

increases in the places that you would expect shelter. Do not be tempted to anchor under the cliffs on the West side of the bay in 8 to 10m. There is extensive wreckage here from the ship 'Leysian' (4,703 tons lost in 1917) and you are liable to get your anchor fouled. If you need shelter from the S in a keeled yacht you are better going around the point 1M west, anchoring beneath higher cliffs.

Facilities: congested and limited parking, small slip onto sand beach, toilets and telephone. Good coastal walks. Local Diving School 01348 831526.

Local history: Carreg Samson, an impressive cromlech (one of the best in Britain) with 4m capstone is located on the hill to the West of the beach; well worth the 10 minutes walk. The first recorded solo Atlantic sailor, a Dane, landed here in 1876 after a 65 day crossing in a boat less than 5m long.

Carreg Samson. Neolithic burial chamber, a short walk from Abercastle

Abercastle at High Water

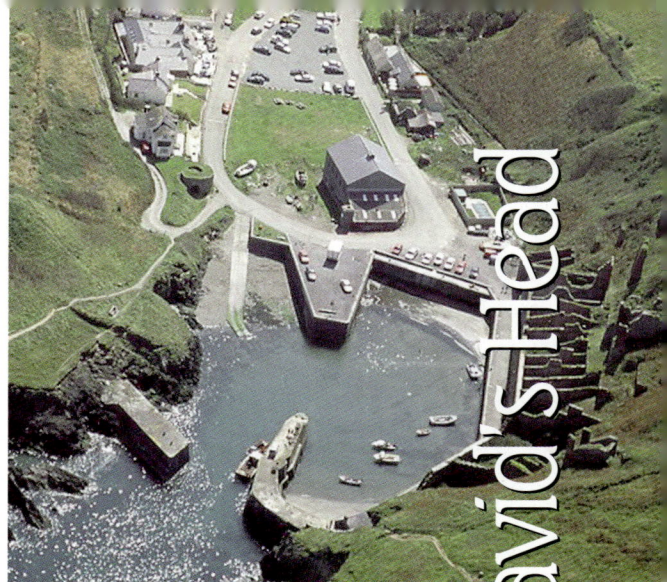

Porthgain. View looking Southeast into the harbour. Photo: courtesy of Pembrokeshire Coast National Park

2.6 Porthgain

52°57.00N 05°10.00W

Difference + 0045

Small harbour with high quay walls dries at LW. Access HW +/- 2 hours. Its entrance can be identified from seaward by large white stone towers on either side of the entrance. Entrance 15m wide. Picturesque village with an obvious industrial past. Fin keelers would be able to dry out against one of the quay walls if space permits and with prior permission. Mooring lines straddle the most protected quay making access awkward for masted boats. One local fishing boat has a deep water mooring at the entrance. Harbour Master 01348 831661.

Facilities: Slipway for trailable boats with access at HW +/- 3.5 hours. Do not block slipway. Large car park, toilets, 'The Sloop' for beer, meals and interesting artifacts, art gallery. Boat trips , telephone, two tea rooms. Boat Trips 01348 831518.

Local history: The harbour was constructed for shipping stone and gravel to Bristol between 1880 and 1920. The huge brick built structures above the harbour were hoppers to load the ketches and small coasters with the stone. The large central building was the brick factory originally built for providing building materials for the hoppers and later producing bricks for export.

Abereiddy Lagoon, a slate quarry breached to the sea to form a small harbour. View looking West

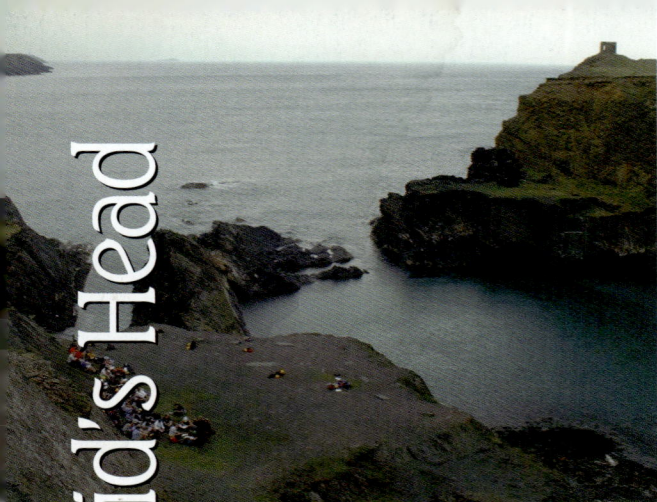

2.7 Blue Lagoon, Abereiddy

51°56.20N 05°12.80W

An interesting man made harbour only accessible from the sea at High Water. Steep-to on its N side with 28m depth, only possible to anchor on the SE side where it shallows to a beach, all other areas of the lagoon deep 20m to 28m. Occasionally small local boats moor inside. Entrance is through a narrow channel cut into the rock only 5m wide and 0.3m CD. Access MHHW +/- 2 hours. Throughout the nineteenth century an important slate quarry. Quarrying stopped in 1904 and in 1926 the quarry was breached to the sea to make a small harbour. Misnamed Blue Lagoon, it is often green! The main beach of Abereiddy points directly West and can get some large dumping surf. Toilets, emergency telephone, ice cream/teas from mobile in the summer months.

2.8 Abereiddy Sledges

(Hazardous rocks) 0.6M off coast

Llech Uchaf
(Upper Sledge) dries 0.6m
51° 56.69N 05°13.87W

Llech Ganol
(Middle Sledge) dries 0.5m
51° 56.23N 05°14.95W

Llech Isaf
(Lower Sledge) dries 0.7m
51°56.11N 05°15.64W

You need to be 0.7M off the coast to avoid the Sledges. Most of the time the Sledges are impossible to see and very difficult to locate when passing close to them. At Low Water breaking water may indicate their presence. However they constitute a danger at all states of the tide. Llech Uchaf and Llech Isaf both dry at least 0.7m. Even with local knowledge these underwater hazards are difficult to locate and a cruising boat should avoid the area. It is, however, a good diving location, with, not surprisingly, shipwrecks on each of these sledges to explore.

2.9 St David's Head

51°54.38N 05°19.00W

Difference + 0030

There is no anchorage here. A useful waypoint for passage makers is 400m Northwest of St David's Head at 51°54.38N 05°19.00W. There are good depths right up close to the cliffs of the headland and when making passage through Ramsey Sound it is best to plot a course very close to these cliffs. The sea cliffs are interesting for rock climbers with an abundance of extreme routes. On a clear day the mountains of Ireland (70M away) can be seen from the high land near St David's Head called Carnllidi (179m). Penberry is a similar conical shaped hill nearly as high as Carnllidi and lies 0.7M East and care must be taken not to mistake one for the other.

2.10 Passage Notes

When approaching Fishguard from Ireland the high hill Garn Fawr (215m) is seen well before Strumble Head Lighthouse (45m). Between Strumble Head and St David's Head be aware of the reefs known as the Sledges. If you can see the South Bishop Lighthouse then you are clear of the all the underwater hazards. When heading North on the flood from St David's Head to Strumble Head the tidal stream will push you away from the coast, ie more to the North. For a night passage Fishguard to Milford Haven a course West of the North Bishop is required. From Strumble Head waypoint 51°52.02N 05°04.40W to the North Bishop waypoint 51°54.00N 05°26.55W course 240°T. From waypoint off North Bishop to Strumble Head waypoint a course of 060°T. In daytime the passages through Ramsey Sound or West side of Ramsey can be chosen with a course from Strumble Head to St David's Head of 230°T.

St David's Head waypoint is 51°54.38N 05°19.00W

2.11 Tidal Streams

Although the general streams are well documented there are numerous counter eddies within 400m of the coast. A West going stream (maximum 2.5 knots) hugs the coast from Fishguard around Penanglas to Carregwastad Point and runs for 9 hours. The East going stream close to Penanglas runs for just over 3 hours and starts at MHHW - 0130 maximum 1.7 knots.

Between St David's Head and Strumble Head

NE stream starts MHHW - 0200 maximum spring rate 2 knots

SW stream starts MHHW + 0400 maximum spring rate 2 knots

There is a West going eddy between Strumble Head and Penbrush on the East going stream, these localised eddies separate at Penbrush Point. There are locations off Porthgain where there may be a 2 knot stream going NE at the same time as a similar counter stream going SW, both within 20m of each other. When the ebb starts in a line St David's Head to Strumble Head, there is a delay of about one hour before the ebb commences within 300m of the coastal cliffs East of St David's Head. Yachts going North can take advantage of this and tuck in to the coast when making a course towards Abereiddy. However beware of the Sledges as mentioned earlier in 2.8.

Ramsey Island and Ramsey Sound

THE AREA is a rocky coastline with high pronounced cliffs. Generally the mainland cliffs are steep and craggy with good depths of water close to them. Ramsey Island has two high peaks and steep cliffs but also has islets and dangerous rocks close to cliffs.

On the Southwesternmost island of the group is the South Bishop Lighthouse, a white round tower sitting on the summit of the high round shaped island of South Bishop.

Between Ramsey Island and the mainland is Ramsey Sound which is about 0.8M wide. The Sound has a least width of 370m abreast the Bitches. In the centre of the Sound, usually marked by overfalls, is a dangerous rock, The Horse. The area is dominated by strong tidal streams. The area between South Bishop, Middle Bishops and the North Bishop should be avoided due to heavy overfalls and tide rips.

It is essential for the navigator to work out the direction of the tidal streams before venturing into this area.

An RNLI Lifeboat Station is located at Porthstinian. Ramsey Island is an R.S.P.B bird reserve and landing is only allowed with permission.

Main photo: Ramsey Island, west cliffs. Inset: Riding the Bitches

Walking the Coast Path at Point St John. Looking Northeast, Carnllidi can be seen in the background beyond Whitesands Bay

3.2 Porthmelgan

51°54.09N 05°18.31W

A small quiet beach Southeast of St David's Head giving good shelter from E and N. The tide outside the Head tends to muffle the swells from the West. No offlying rocks, sound your way in to a suitable anchoring depth in sand. Many years ago an old underwater telegraph cable could catch your anchor but no reports of it happening recently. 0.6M cliff walk to the holiday bustle and a shop at Whitesands Beach. Bathing at this beach is dangerous in Southwesterly swells, otherwise good.

3.3 Whitesands

51°53.30N 05°18.40W

A large beach with all beach facilities. 0.6M stretch of sandy beach at Low Water. One of Pembrokeshire's best family beaches. A good place to await favourable tide and to shelter from S winds. Lifeguards manage the beach in the summer months, with a zone plan to separate swimmers from surfers. Car park, lifeguards, toilets and shop with icecream and teas in the summer months, with a management plan to separate swimmers from surfers. If you wish to anchor for the night then do so at the South end of Whitesands Bay. Tender ashore to come into the beach at Pencarnan Caravan Site. In summer months it is a busy beach with families. Shop at caravan site where gas bottles can be replaced. For vessels with

draught greater than 1.4m there are underwater rocks midway between Carreg Gafeiliog and the mainland headland. These are difficult to locate and a prudent yachtsman should always go West of Carreg Gafeiliog when entering Ramsey Sound.

3.4 Ramsey Sound

51°52.00N 05°19.50W
Difference: + 0030

A boisterous stretch of water with maximum flows at Milford Haven High Water and at Milford Haven Low Water. The main hazard is Horse Rock (dries 0.9m) at 51°52.29N 05°19.23W. Horse Rock is on a line between the Farmhouse on Ramsey Island and the Lifeboathouse at Porthstinan. Horse Rock lies midway along this line. For Passage see 3.8 and page 89.

3.5 Porthstinian

51°52.63N 05°18.56W

A mooring area and where the RNLI St David's Lifeboat is stationed. In the summer months Island and fishing boats moor at Porthstinian (St Justinian's). Anchoring with a trip line is possible near to the moorings. Tender ashore leaving the tender on the small rocky beach underneath the Lifeboat Slipway. Do not use or block the Lifeboat Slip. Steps up to a roadway. Public Toilets in summer months near to Car Park at road end. A pleasant 1.5M walk to

St David's, Britain's smallest city. Shops, facilities, chemist, Tourist information, Cathedral, Oceanarium, Coastal Bus in summer months, Boat trips around the Island 0800 163621 or 01437 721721. National Park Information Centre 01437 720392

Lifeboat history: St David's Lifeboat established in 1869. A lifeboat tragedy occurred in 1910 when the lifeboat was wrecked on the Bitches, the Coxswain and two crew lost their lives. The steps down to the Lifeboat Station are designed to run down and not for ease of climbing!

3.6 The Waterings

51°52.00N 05°19.89W

One of the best anchorages hereabouts for winds from SW and W. Reasonable shelter in all winds, swells if Northerly. Located here are some sizeable mooring buoys belonging to Thousand Island Expeditions.

RNLI Lifeboat Station at Porthstinian showing slipway at Low Water and sea pinks in the April sunshine

The Bitches, Ramsey Sound. View looking West taken at High Water + 0130, tidal stream running North. The island farmhouse is in the centre of the picture and the Waterings anchorage is the sheltered area to the right

Anchor here with a trip line. If you use one of the moorings the eddy will push your bow onto the buoy for half the night. Anchor as close as you can (with swinging room) under the cliffs. It is a nice spot but a bit disconcerting when in the middle of a dark night you can hear the tide roaring through the Bitches only 400m away. Maximum tidal stream over the anchorage about 1.5 knots and often in the opposite direction to the flow in the centre of the Sound. When approaching the Waterings from South beware of a back eddy to the North of the Bitches. This eddy is a danger for a sailing boat wanting to turn West after passing the Bitches, on a North going stream, as the back eddy will push you strongly back towards the Bitches.

It can be done at slack water or with a strong reliable motor but do not attempt it when there is strong tide race. The alternative is to go to the North of the Sound on the mainland side and return on the island side.

3.7 Abermawr, Ramsey Island

51°52.05N 05°20.73W

On the West side of Ramsey is a large bay giving excellent shelter from E and S but exposed to W and swells. An interesting place to stop for lunch or await a tide. Landing is not permitted without prior permission. RSPB Bird Reserve. Rocks in the centre and to N of the beach. Sound your way in to the S of the bay on a bearing of 140°T to suitable depth. Sand bottom. No facilities. Each autumn more than 50 seal pups are born on this beach.

Seal pup. Fifty pups are born each Autumn on Abermawr beach on the West side of Ramsey Island

3.8 Passage: Ramsey Sound from the North

From Fishguard keep very close (220m) to St David's Head and once there you will notice the ebb taking you into Ramsey Sound. You now have two options of going through Ramsey Sound:

Passage A Take a course to leave Carreg Gafeiliog to port and then to the mainland at the start of the Sound. Hug the coast keeping 100m off. You will pass moorings and the Lifeboat Station at Porthstinian half way through and you stay out of the strongest currents until you are at the South end. The two hazards are Horse Rock in the middle of the Sound and Shoe Rock as you leave the Sound. As you approach the south end of the Sound you will see The Bitches rocks abeam of you and you are into the strongest part of the ebb. The island Farmhouse vanishes for a moment behind a rock. When this happens head for the highest part of Skomer Island, 8M ahead of you. Go mid channel to keep well clear of Shoe Rock that is on your port. Also by keeping on this Southerly course you keep out of a back eddy taking you onto Shoe Rock. If going in the Solva direction give this left-hand corner a wide berth to avoid Shoe Rock.

Note: Before passing through Ramsey Sound have a definite plan of action. There is little time to get the charts out once you are in the Sound so have a simple plan with transits and course already prepared. Ignore depth soundings when the water is very turbulent because it may be so boisterous as to make the sounder read nonsense.

Ramsey Sound from the North

Passage B is the faster and more direct route but you must know where Horse Rock lies. On entering the Sound position yourself 200m off the North corner of Ramsey Island, leaving the solitary rock Gwahan to starboard. Then set a course directly towards the Bitches Rocks, the current will take you there. Do not be tempted to go into the middle of the Sound until you have passed Horse Rock. Horse Rock is submerged most of the time and only awash on LWS (it dries 0.9m). This hazard lies midway across the Sound in a line between the Farmhouse on Ramsey Island and the Lifeboat Station on the mainland.

Once passed this line go for the mainland opposite The Bitches. The Bitches is a line of jagged rocks that jut out E into the Sound from the Island Farmhouse (usually painted white). Keep to the mainland side when passing the Bitches or at least 100m off the end of the Bitches, as there are other rocks beyond the ones you can see. Once past the Bitches the depth sounder drops to 60m and the white farmhouse is behind you, then go due south giving the islands on your starboard side a wide berth. If going to Solva direction beware of Shoe Rock on the mainland corner. It is safer to go south until the first gap (Twll) opens on North end of Ynys Berry and then turn for Solva.

3.9 Passage Notes Ramsey Sound from South

Ideally plan to arrive at Slack at MHHW - 0325. Slack is about half an hour with big eddies going in various directions before the general N going stream develops. Maximum flow North is at MHHW when up to 6 knots can be experienced at Springs at The Bitches.

Approach from Solva: When coming out of Porthllysgi and when entering Ramsey Sound from Solva direction beware of Shoe rock (dries 3m) on the mainland corner of the Sound. Give this corner a wide berth of 300 m and only enter the Sound when you are mid channel ie when you can clearly see St David's Head showing up through the Sound. Go North keeping the Bitches 100m to port. Once past The Bitches turn to starboard to follow the mainland coast 100m off.

Ramsey Sound from Skomer Island when approaching keep the Sound wide open and look for St David's Head beyond. When sighted keep St David's Head in line with the mainland point (Point St John) on a course of 005°T. You will pass close to Sylvia Rock, over which there is always 4m of water. Keep on

St David's Head. View looking North from Point St John across the jagged reef of Carreg-gafeiliog. Whitesands Bay to the right, Porthmelgan is opposite

South Bishop Lighthouse *looking East. Photo: courtesy of Voyages of Discovery*

this Northerly course to clear Shoe Rock on the mainland corner. Identify the Farmhouse (prominent white) on the island and The Bitches, jagged dark rocks jutting E from the island into the Sound. Take a course to follow the mainland opposite the Bitches. Keeping at least 100m East of the easternmost end of the Bitches. Then stay close to the mainland going directly for the Lifeboat Station at Porthstinian. Keep St David's Head shut until the danger from Horse Rock is passed. Horse Rock (underwater, only visible MLWS, dries 0.9m) lies in the centre of the Sound on a line midway between the island Farmhouse and the Lifeboat Station. Pass close to Point St John, leave Carreg Gafeiliog 100m to starboard and steer for St David's Head on a North course (000°T). St David's Head waypoint is 51°54.38N 05°19.00W

3.10 Passage: West of Ramsey Island from the North

The Admiralty Pilot (11th edition) recommends the passage immediately to the W of Ramsey Island, rather than going through Ramsey Sound. To quote the Pilot .'It is safer than Ramsey Sound as the tidal streams are more direct and neither so rapid nor so irregular'.

The following passage can be done entering 3 waypoints, one off St David's Head, one off the NW corner of Ramsey Island and one clear off the S of Ramsey Island. A direct line between each will clear all hazards and thus can be used for going N or going S. If you do not use waypoints then the text should

suffice but remember to keep in close to the W side of Ramsey Island; do not stray more than half a mile off.

When approaching from the North keep close to St David's Head as the ebb will want to take you into the Middle Bishops area. From a position 0.5M off St David's Head, waypoint **51°54.40N 05°19.00W** take a course of 225°T towards the South Bishop Lighthouse for 2M until the North end of Ramsey Island is in transit with the North Bishop. You are now at waypoint **51°52.60N 05°21.20W**. Now set a course due South (180°T) keeping approximately 500m off Ramsey Island. You will pass the large bay of Abermawr and beyond the next point is a rock called Carreg Gwylan, 180m West of the Island. Continue South on the same course until you pass the South end of Ramsey Island. When you can see through the gap of Ynys Bery and the Island alter course towards Grassholm Island or 210°T. Keep this course to avoid overfalls on the south end of Ynys Bery. You are clear of these dangers when Ynys Bery is astern or when the South Bishop Lighthouse bears 290°T.

3.11 Passage: West of Ramsey Island from the South

Identify South Bishop Lighthouse and Ramsey Island. From a position 2M south west of South Bishop Light. At waypoint **51°50.00N 05°22.00W** (Lighthouse bears 208°T) take a course of 020°T and steer

towards the high point of Ramsey Island. Keep 0.3M (600m) off Ramsey Island and go due North until you have passed the bay of Abermawr. Do not stray seaward away from Ramsey Island more than 0.5M at any time as there are a host of hazards of rocks awash and tide rips. Go to waypoint **51°52.60N 05°21.20W**. When St David's Head comes into view take a course directly for it leaving the rock, Gwahan, to starboard. St David's Head waypoint is **51°54.40N 05°19.00W**.

3.12 Tidal Streams

In Ramsey Sound (near The Bitches) the tidal streams:

North stream starts MHHW - 0325 maximum spring rate 6 knots

South stream starts MHHW + 0300 maximum spring rate 6 knots

Slack in the Sound starts about 20 minutes before these times. During Neaps the slack may continue for about 40 minutes.

On the West side of Ramsey Island the streams start half an hour later.

Between Ramsey Island and the Bishops the tidal streams:

Northeast stream starts MHHW - 0255 maximum spring rate 5 knots

Southeast stream starts MHHW + 0330 maximum spring rate 5 knots some 2.5M West of the Bishops and Clerks the streams start an hour after those in Ramsey Sound.

St Brides Bay and Solva

S T BRIDES BAY, entered between Skomer Island and Ramsey Island, is a broad sweep of a bay 6.5M wide and backed by 60m high cliffs. The bottom is fine sand and mud affording good holding ground in depths of 20 to 35m. The bay affords convenient temporary anchorage for tankers and large vessels awaiting entry into the Haven.

For yachts, cruising and on passage, a useful anchorage from South and Southwesterlies is at Goultrop in the Southeast corner of the bay. The bay affords no shelter in Westerlies when you will be forced to go to North Haven, Skomer, or to the Waterings, Ramsey Sound. Porthllysgi on the North side of the bay is a delightful anchorage.

There are two small drying harbours, Porthclais and Solva, both on the North side of the bay. For visitors, Solva is the main harbour providing good shelter for boats that can take the ground. Tidal streams generally less than I knot. The bay has no less than 13 beaches, some small and rocky others with long stretches of sand backed with pebbles.

Main photo: Solva. Inset: Hoeten Anchor

Ramsey Sound and Porthlysgi. To the right of the view is the anchorage of Porthlysgi, a useful place to await a favourable tide through the Sound when on passage from Dale to Fishguard

4.2 Porthlysgi

51°51.60N 05°17.80W

One of the best anchorages on the north coastline of St Brides Bay and a good place to await a tide before going north through Ramsey Sound. There are two wrecks inside the bay so always use a tripping line on the anchor. If you are looking for real shelter from the Northeast this is not the spot as the beach valley is low and wind funnels, but suitable in all weathers (except S) up to force 5. To get more shelter from a Northerly tuck into the west corner of the bay. Depths of 8 to 16 metres, the bay is large enough for over 20 vessels. A nice sandy beach to land for a picnic. The approach hazards are Half Tide Rock off Porthclais, Stodair Rock off Carregfran and Shoe Rock on the corner of Ramsey Sound.

4.3 Stodair Rock

51°51.39N 05°17.45W

An isolated underwater rock lying 410m Southeast of Carreg Fran. It is marked awash at Chart Datum on Admiralty Chart 1482. It only shows itself on big swells at Low Water Springs. As it is difficult to locate, vessels should either pass close to Carreg-fran (within 110m) or keep one mile off the coast to avoid this rock and Half Tide Rock.

At Ramsey Sound High Water most yachts would pass over both, at other times they are to be avoided. Vessels going from

Solva to Ramsey Sound are likely to go over or close to **Half Tide Rock**. Vessels going from Porthclais to Ramsey Island are likely to go over or near to **Stodair Rock**.

4.4 Half Tide Rock also called Porthclais Rock

51°51.48N 05°16.86W

This is a group of 3 peaked rocks which dry at half tide (dries 1.8m) and situated approximately 0.9M South of Porthclais Harbour. Looking due North, if you can see clearly the top of Carnllidi then you are seaward of Half Tide Rock. The rocks lie on a line from Porthclais to Skomer Island, but the entrance to Porthclais is difficult to identify when looking from this position. A better transit is the top of Carreg-fran (17m) in transit with the highest peak of Ramsey Island. If you can see the South Bishop Lighthouse through the gap at Ynys Bery (called the Twll) and keep on this transit, you pass safely South of Half Tide Rock.

4.5 Porthclais

51°51.90N 05°16.70N

Difference: + 0030 minutes.

Range difference:
High Water - 1.3m

A small harbour suitable for vessels that can take the ground. Inside the quay all dries to 1.2m at Chart Datum. At Low Water Neaps there is about 0.5m depth inside most of the harbour. For Neaps the range is 1m less than Milford Haven, for Springs 1.9m less range. Use Ramsey Sound tidal corrections. A slipway with access from a public road.

Inside the harbour are two sets of wooden posts and another slipway with no road access immediately inside the quay wall. A fin keeler with 1.5m draught and up to 11m length could tie up alongside the 2 posts immediately inside the quaywall; dries 1.2m at CD but entry onto posts could be made at any High Water (including Neaps). No suitable quay walls to lean against for fin keelers. If you are keen to walk to St David's then a place to

Porthclais. Looking Southeast at mid tide. A winter photograph, congested in the summer. Entrance channel is seen on the West side but visitors are better anchoring off

anchor off, go ashore by tender and spend a few hours looking around Britain's Smallest City. If no swell anchor outside the Harbour in 8m. The writer has always had uncomfortable nights anchored off here with swells contrary to the vessels heading.

Facilities: launching place for shallow draught boats of all sizes, launching charge. Harbour Master 07974020139, Car Park, public toilets and emergency telephone. Showers at camp site. Cliff top walks. No shops but the walk to St David's, with all town facilities, will take about 25 minutes. The return trip will be less time, as it is downhill!

4.6 Caerfai Bay

51°52.19N 05°15.30N

A sandy family beach suitable for swimming. Visiting yachts are requested to anchor away from the beach. Problems have occurred in the past with congestion of boats and swimmers, especially anchors and warps being a hazard for children swimming. For overnight anchoring a better place is the next bay to the East called Caerbwdi.

Caerfai Bay. Looking Southeast across this popular family beach

4.7 Caerbwdi

51°52.12N 05°14.75W

A remote rocky beach but provides more shelter than Caerfai from W. On entering the bay beware of rocky reefs below water on the West side of the bay only enter at a tangent (310°T) from the SE to avoid the underwater rocks.

Good shelter in Northerly winds, use tripping line as sometimes lobster pot lines are across the seabed. The walk to St David's via the cliff path above Caerfai beach will take about 40 minutes. 'Glan-y-Mor' on the Caerfai Road (25 minutes walk) does evenings meals and has a bar, 01437 721788. The purple sandstone, so distinctive in St David's Cathedral, was quarried from these cliffs.

4.8 Solva

51°51.80N 05°11.6W

Difference: + 0015 minutes
Range difference on Springs: 1.5m, Neaps -0.8m

An attractive drying harbour with pubs and shelter for vessels that can take the ground.

Approach: There are three islands 0.6M South of the entrance, Green Scar, Black Scar and The Mare. Deep water exists between The Mare and Green Scar but without a chart do not venture within 0.5M of Green Scar from a SW direction, as there are hazardous rocks. The entrance to Solva is due North of Green Scar and choose an approach midway between Green Scar and the cliffs from either direction. With an approach from the East, The Mare is steep-to on all sides and is not a hazard. Approach the entrance to Solva with caution, where a central rock, Black Rock (dries 3.6m) will be seen. There are two entrances. The entrance, between Black Rock and St Elvis, (both have metal posts on top) is only 25m wide but is the safer entrance. Black rock has a steel post on its top, and is steep-to on its East side, but has rocks awash on its South and West side. Keep Black Rock close to port. The alternative entrance (which is wider) is to the West of Black Rock, and must only be entered on bearing of 040°T to avoid rocks to the SW of Black Rock. To get to the quay proceed North up the centre of the

Solva. Looking North at High Water. Black Rock is in the middle of the entrance with St Elvis Rock 35m to the East. Approach the harbour between these rocks

channel, watch the depth and look out for floating lines. See sketch plan to aid entry into the harbour.

Solva Mooring:

Good shelter for small boats that can take the ground. 6 red visitor moorings, contact Harbour Master 01437 720153 or 07974020139. Cost for visitor £6 for visitor mooring, £8 for alongside berth. Depths of 5m against the Quay Wall at High Water but the quay wall and harbour dries 0.3m at Low Water. With HM permission two yachts can dry out against the harbour wall otherwise there is a small pool for anchoring just inside Black Rock, the entrance rock.

The Pool is small and can only accommodate about 3 yachts. Check the depth of the Pool before use; there should be 2.1m at LW. For shelter from the wind then the Pool is not the place, as it offers no protection in a Southerly and in a Northerly it is too confined to correctly position anchor scope. If there is any swell you will have an uncomfortable night. Bilge keelers can anchor and dry out on the sand between the Pool and the Gwadn beach.

Going Ashore

From here you have the option of launching the tender and going to the quay wall (if there is enough water) or going ashore on the beach at Gwadn (take a torch) and walking the mile to the village. The latter is preferable unless you are disciplined at leaving the pub before the tide recedes. It is a dreadful walk and an awkward carry if caught out with a tender on the quay and no water.

Anchor under the cliffs outside the Harbour to the East if there is no room in the Pool, keeping at least 200m out because of rocks awash close to the cliffs. Alternatively if settled weather go to Dinas Fawr or Dinas Fach.

Facilities: Solva has a variety of eating places, art gallery, souvenir shops, 4 public houses, toilets and telephone. Car parking & 3 slipways. Post Office up the hill.

Dinas Fach. Looking Northeast, the anchorage from Northerlies is to the right of the picture

4.9 Dinas Fawr

51°51.72N 05°10.90W

If you want shelter from the NNW through NE to E winds then anchor in the corner of Dinas Fawr, 0.6M East from Solva entrance. Rock and sand seabed, tripping line recommended as the odd underwater boulder might snag the anchor. Anchor in 9m to 12m in the corner, about 300m off the beach (the middle of the headland is abeam to starboard). The high cliffs will give you shelter from Northerlies but it is very exposed to the South and West, beware of the depth at low water. Do not be tempted to anchor on the other side of the Dinas Fawr headland at Aber Dwyrain as there are odd outlying rocks in the spots that look safe for anchoring. You are better going to the East side of Dinas Fach which has less rock hazards or anchor in excess of 11m.

4.10 Dinas Fach

51°51.54N 05°09.63W

To provide shelter in winds from a Northerly direction this is a better anchorage than Dinas Fawr. Open to S quadrant. Either choose your anchorage at Low Water or sound your way in. Good anchorage on sand. A delightfully secluded anchorage in quiet weather. The author has seen an otter swimming in this bay. Sandy landing at Low Water with cliff walks.

4.11 Newgale

51°50.60N 05°08.00W

An extensive sandy beach backed by a natural pebble ridge. Not suitable as an anchorage as too exposed and too far from the shore to get any depth. Always use footwear when bathing as weever fish are common here. Good surfing beach. no slipway. **Facilities:** Surf Shop and hire, (see surf guide) fish&chips, café, ironmonger, camping gas. toilets and 'Duke of Edinburgh' inn 01437 720586. Footways over the pebbles for pedestrians. A Blue Flag beach with Lifeguards in the summer months.

4.12 Nolton Haven

51°49.30N 05°06.80W.

A rocky cove with sand in the middle of the beach at Low Water. If anchoring you need to be a long way out of the bay (0.4M) to maintain any depth of water through the tidal range. In fact you are so far out that you do not get any shelter from the high cliffs. An interesting beach for dinghy sailors and trailable boats. Small slipway onto hard sand. Sometimes pebbles and soft sand may be experienced at the top of the beach. **Facilities:** Car park & slipway, toilets, public house 'The Mariner's Inn' with restaurant 01437 710469, caravan site, horse-riding centre, shop 15 minutes walk. Bathing safe except at Low Water Springs when there is a dangerous rip current across the points.

Broadhaven. Looking Northwest at mid tide. A popular launch site over sand for diving inflatables

4.13 Druidston Haven

51°48.50N 05°06.80W.

A dramatic sandy beach backed with high cliffs. Not suitable as an anchorage. Nearby hotel with bar facilities.

4.14 Broadhaven

51°46.75N 05°06.75W

A broad beach with flat sand and urban facilities. Popular beach for the family and a good windsurfing beach or to learn surfing with boards or canoes. Small slipway onto hard sand regularly used by RIB diving boats and trailable small craft.
Facilities: Car park & slipway, toilets, tourist information, shops, cafes, pubs ,'Galleon Inn' 01437 781467, post office, hotels, caravan sites, surfboard and windsurfing hire and tuition.

4.15 Little Haven

51°46.50N 05°6.80W

Small cove which dries out past the points at LW. At High Water small boats can go right in to the small slipway. Slipway for small craft from the coast road. Congested in summer months. Sand beach (400m at LW)

backed by a pebble ridge. Interesting rock pools. When landing by tender go directly for the main beach or alternatively cautiously go into the rocky beach (Sheep Wash) to the West of the small headland called the Point. Picturesque village with shops, 3 pubs all doing meals; 'The Swan', 01437 781256, 'St Bride's Inn', 01437 781266 and 'The Castle' 01437 781445, car park, Inshore Lifeboat.

4.16 Goultrop Roads

51°46.50N 05°07.50W

Difference + 0010

Excellent anchorage in SW, S and SE winds, open W to NE. In West winds the anchorage is untenable. Good holding in fine sand and mud bottom. Use a tripping line on the anchor if going close to the cliffs, as there are numerous storage pots, lobster pots and old moorings. A pleasant anchorage in 6m water and convenient for the pubs of Little Haven. One idea is to anchor directly off Little Haven and go ashore by tender, and then later anchor off Goultrop after your visit ashore. Alternatives are to anchor outside the mooring buoys of Goultrop and go the 0.7M by tender into Little Haven, or land by tender on the beach in the corner of the bay and walk the 15 minutes into the village via a steep (with gorse) cliff path.

In strong Southwesterlies a swell can make the anchorage a bit rock and roll. A mizzen sail or a kedge anchor out to head the boat into wind will help. In these situations it is better to be closer to the West headland called Borough Head. It is refreshing to be awoken by a morning chorus of bird song from the wooded cliffs. A concrete platform above the rocks on the shore is all that remains of an early RNLI Lifeboat station that was abandoned in 1922.

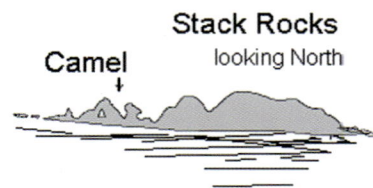

Stack Rocks
looking North
Camel

4.17 Stack Rocks

51°46.50N 05°10.57W

23m high lie 0.5M offshore midway between Goultrop and St Brides Haven. There is plenty of depth (13m) to sail through the channel between the Stacks and the mainland but choose a course midway through to avoid rocks on both sides. These rocks provide no shelter for anchorage in strong winds. When the Stacks are seen at about 340°T the rocks show themselves in the shape of a camel.

Seals are to be seen hauled out on the rocks on the Northeast side. The shallow, clear and colourful underwater habitats are a delight to visit, and make this diving spot ideal for underwater photography.

Tidal Streams between Goultrop and St Brides Haven run West (towards St Bride's Haven) for 9 hours and East for 3.5 hours.

4.18 St Brides Haven

51°45.30N 05°11.29W

A pretty little cove, with sand and rock pools at Low Water. An interesting place to stop for lunch or to go for a swim but affords little shelter as the ground

Little Haven. Looking Northwest at mid tide. Charming village with three pubs

St Bride's Haven. Looking Southwest at High Water. A pretty cove, good for snorkelling and swimming

surrounding is not very high. A good place to snorkel, the water is often clear here when other places have poor visibility. Suitable launch site for sea kayaks, limited car parking and toilets. Telephone kiosk 100m up the road. Slipway access is awkward and not recommended for trailable boats. When coming into the beach at High Water take a course directly for the concrete pad at the rear middle of the beach. This will avoid reefs on either side of the beach.

Local history: Nearby Nab Head in Mesolithic times was a centre for manufacturing flint tools and shale beads. A violent storm in January 1802 caused the ship 'Nymph' from the West Indies, to be wrecked on the nearby rocks. The author considers that the 5m long anchor at Anchor Hoeten Farm, near St Ishmaels is from this shipwreck. See photo page 22.

4.19 Musselwick

51°44.00N 05°12.70W

Corner of the bay gives protection from S winds. Exposed W to NE. Anchor close under the high cliffs in 7m + depth on sand. More shelter than Martin's Haven. A good spot for a lunchtime stop and a nice place to go ashore for a swim. No facilities. The black rocks at the beach access are extremely slippery when wet. Good cliff walks. One mile walk to the village of Marloes. 'Lobster Pot' pub for beer and food.

4.20 Martin's Haven

51°44.22N 05°14.61W

A small cove with mooring buoys and a small jetty for the trip boats to Skomer Island. Visiting yachtsmen are not allowed to use mooring buoys without permission. Permission can be sought from Skomer Island Marine Wardens. Skomer Island Information Office 50m from the beach. National Trust Car Park 200m from the beach. Busy with divers in the summer months. One of the few places you can shore dive to 25m depth, avoid the area near the jetty. The beach is within the Skomer Marine Nature Reserve area and has a 5 knot speed limit. In a strong Southerly this is not the place to shelter, anchorage is not good and the valley funnels the wind affording no shelter. If you are looking for shelter from the S you are better choosing the next bay 500m to the W called Wooltack Bay or go to North Haven, Skomer.

Martin's Haven. Dale Princess loading passengers for Skomer

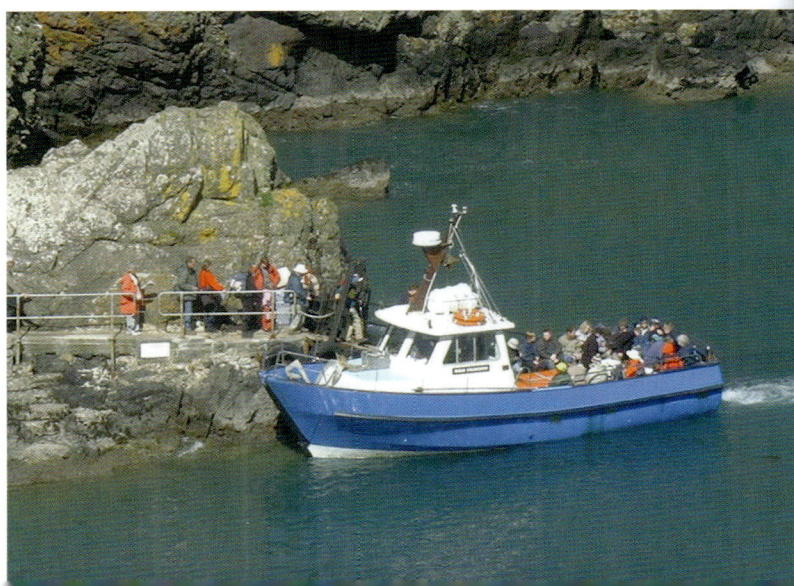

Facilities: Toilets 50m from the beach. Boat trips to Skomer on 'Dale Princess' departs 1000, 1100 and Noon, 01646 603123. Information Office and emergency telephone. Cliff walks.

4.21 Passage Notes

The Bay is a semicircular bight about 7M across on Pembrokeshire's western coast. Tankers regularly anchor within the bay awaiting orders or sheltering before entry into Milford Haven. They are anchoring in 22m to 30m of water. Shelter from S and SW at Goultrop. Shelter from Northerlies under the cliffs at Dinas Fawr. In strong winds from W and NW there is no shelter except in Porthllysgi. Stack Rocks do not provide any shelter. North Haven, Skomer Island is the most convenient shelter for visiting yachts in all weather except Northerlies.

4.22 Tidal Streams

Tides in the area are not strong, usually less than 1.5 knots. An increase in tidal stream velocity will be noticed at the entrance and near Jack Sound and Ramsey Sound. There is a large counter eddy in the bay on the flood. Tidal streams increase in force near Jack Sound. **From Goultrop Roads towards St Bride's Haven is a stream that runs W for over 9 hours.** Goultrop Roads and Stack Rock area E going stream starts at MHHW - 0525 about 1knot. W going stream starts at MHHW - 0225 about 1 knot.

Grassholm and Smalls

SMALLS ROCK with a lighthouse is the outermost rock of Pembrokeshire 16M from mainland consists of a variety of islets and reefs that are awash. The area lying 5M East of the Smalls to Grassholm is dangerous, with tide rips in excess of 4 knots. There are rocks awash, the Hats and Barrels, which are difficult to locate and it is best to avoid the sea area between Smalls and Grassholm.

Grassholm Island, showing white on its North Side, is often the first land sighted when approaching Pembrokeshire from the West or Southwest. The sea area between Grassholm and Skomer Island, a distance of 6M, has no rock hazards but overfalls (Wildgoose Race) close to the West side of Skomer and Skokholm Islands. Strong tidal streams set vessels towards Grassholm which should be given a wide (0.5M) berth.

The Irish Ferry takes a route to Rosslare between Grassholm and Skomer. Laden tankers only allowed to pass landward of Grassholm if they are using St Bride's Bay as an anchorage. Whales, common dolphin, sharks (Mako,Thresher and Basking) and seals are to be seen.The Smalls is one of Britain's best diving locations.

Main photo: The Smalls Lighthouse prior to 1997, when it was sandblasted to remove the red bands. Photo: courtesy of Pembrokeshire Coast National Park. Inset: Irish Ferry. Photo: courtesy of Peter Guinon.

Smalls. None of the rocks are awash but the least depth at Low Water is 2.1m, which means a yacht could hit this reef in a swell. The reef extends nearly 1M in a N/S direction and is within the Red Sector of the Smalls Lighthouse.

The Hats and Barrels is a prohibited area for laden tankers following oil disasters in 1978 and 1984.

5.4 Smalls

51°43.23N 05°40.10W

A collection of low rocks and reefs lying 21M off St David's Head, 13M W of Skomer Island. The lighthouse is a tall all white conical tower with a helipad above the lantern, (36m) situated on the North West Rock. Light, Flash 3 every 15 seconds. Fog Signal 2 blasts every 60 seconds. Apart from the rock with the lighthouse there are 3 other main rocks, South West Rock lies 550m SW of the lighthouse rock.

East Rock lies 450m to the E with another rock awash 200m to the W of East Rock. North East Rock (just dries) lies 520m N of the lighthouse. Two other rocks to the E of the lighthouse dry. The area should be avoided by 0.5M by passing yachtsmen. The landing is on the Southeast

Barrels Rock, looking towards the Smalls and, below, The Smalls, Cleddau King, approaching with a diving group. Photo: courtesy of Kevin, Alun Lewis and Len Bateman

5.2 Grassholm

51°43.86N 05°28.72W

A small rocky island (44m high), lies 6M West of Skomer Island and 7M East of the Smalls. It can be seen from the mainland and identified as a semicircular shape.

The NW half is white with gannets. Care is needed when rounding the island. If you are not looking at the gannets then the island is best avoided. Overfalls common in the area 1.5M Southeast of the island. It is a rugged coast with underwater reefs and rocks awash within 350m of the island. Strong tides will set you towards the island. Mersey Rock (dries 0.6m) lies 100m off the NE side of the island.

A rocky spit extends 100m from the S and SW corner of the island. On the West side you can get a sudden reversal of tidal stream direction. Landing not allowed unless with permission and accompanied by an accredited ornithologist. Permission to be obtained from RSPB or Wildlife Trust of S & W Wales, 01239 621212.

The only anchorage is close in under the cliffs on the North side. Anchoring is not recommended, as it causes disturbance to the nesting birds. It will also mean cleaning your boat of droppings from the thousands of gannets flying overhead. Purchased by the RSPB in 1948, it is one of the most spectacular sea bird sites in Britain with 32,000 pairs of

nesting gannets. An interesting but awkward diving location. Spring tides often give poor visibility and no slack water. About 120 resident seals but they pup elsewhere.

When setting a course for Grassholm from St Ann's Head on a N going stream you will need to set a course 2M South of Grassholm to make sure of clearing it to the South. Laden tankers, over 10,000 GRT, not to navigate landward of Grassholm unless they are using St Bride's Bay as an anchorage.

5.3 Hats & Barrels

51°43.00N 05°33.42W

Barrels Rock (51°43.00N 05°33.42W) lies 3M on a bearing of 250°T from Grassholm or 4.2M ESE of the Smalls. The rock dries 3m. An underwater reef extends 0.4M South of the rock. The rock is extremely difficult to locate without GPS and the area should be given 1M avoidance. This is important when making a course from Milford to Kilmore Quay or Dunmore East. GPS waypoint 51°41.30N 05°40.30W off the Smalls will clear the Barrels Rock from St Ann's Head.

Hats: This rock and reef lies 2M E of the

Sailing around Grassholm. 60,000 gannets are a wildlife spectacular not to be missed. The author is pictured right

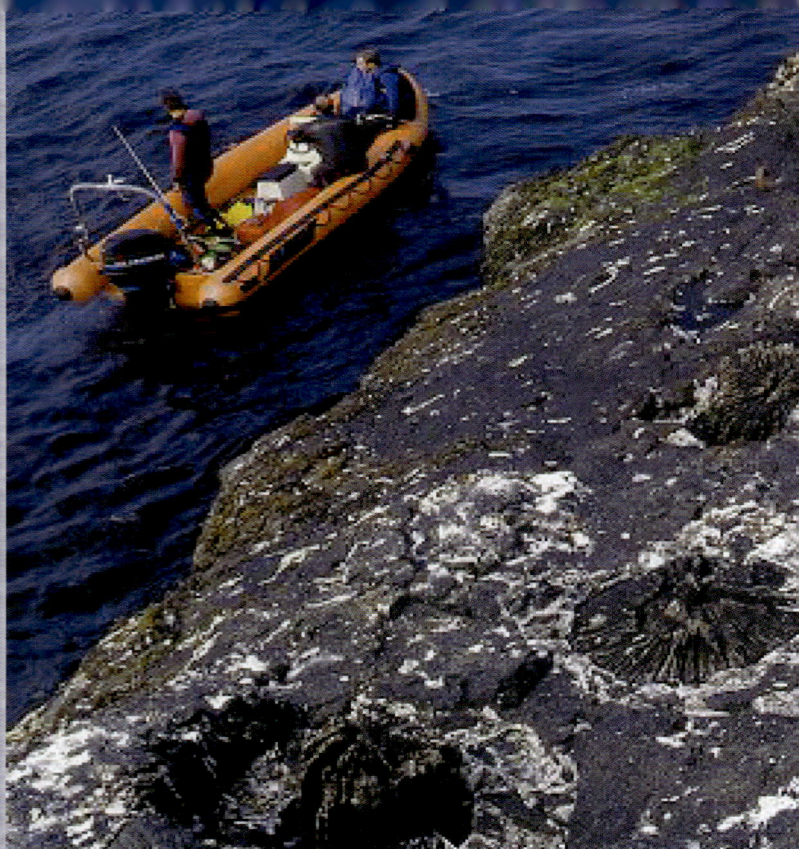

The Smalls. Embedded in the rock in the foreground are the remnants of oak posts, part of the original Lighthouse built in 1776

side of the lighthouse (approx. 5m depth) and receives shelter from other rocks at Low Water. The Lighthouse is all white, prior to 1997 it was painted in red and white bands. This is considered the most isolated Trinity House lighthouse.

A good area for diving with clear water in shallow and deep areas. Close to the main NW Rock is a good place to photograph seals underwater. Dive boats should be kept running at all times and not left unattended. Slack areas for diving can be found throughout the tidal cycle. A Historic Shipwreck Site means that diving is banned from the Smalls site by CADW, (Welsh Historic Monuments, 029 2050 3323) unless with permission.

5.5 Passage Notes

Lying 8M to the West of the Smalls is the centre of a Traffic Separation Zone, which is 2M wide. Yachts crossing should do so at right angles to the Commercial traffic. Ships between the Smalls and the Separation Zone are travelling Northward; those Westward are heading South. When making passage to/from Ireland from/to St Ann's Head set a course to a waypoint 51°41.30N 05°40.30W this is 2M South of the Smalls.

This clears Barrels Rock. It is dangerous to venture into the area of the Hats & Barrels, where overfalls and turbulent water are the norm.

Unless you have a compelling reason to be there, avoid it completely. Strong tidal streams will set you towards Grassholm. A considerable race develops off both ends of Grassholm and a back eddy will take you towards the island on the opposite side to that on which the tide is setting.

5.6 Tidal Streams

Slack on Smalls about Milford Haven High Water -0200, then N going stream for about 6.5 hours. Generally in this area the tide changes direction about one hour later than inshore. Wind against tide can produce severe overfalls around Grassholm and in the Hats and Barrels area.

Near the Smalls the North going stream starts Milford Haven High Water -0100, maximum Spring Rate 5 knots, the South going stream starts Milford Haven High Water + 0505, maximum 5 knots.

Near Grassholm the North going stream starts Milford Haven High Water -0135, maximum 5 knots, the South going stream starts Milford Haven High Water + 0440, maximum 5 knots.

Tidal streams some 10M South or North of the Smalls are no more than 3 knots on Springs.

Common Dolphin. Invariably yachts crossing to Ireland will be greeted by a pod of playful common dolphin

Skomer Island, Jack Sound and Skokholm

SKOMER has many precipitous rocky cliffs, large islands with indented bays and numerous hazardous rocks. Skomer Island is a prominent feature, generally flat topped with the highest point 70m. Immediately East is Midland Isle, 45m high, which is separated from Skomer Island by Little Sound. Between Midland Isle and the mainland is Jack Sound, which is a tidal gate for passage makers.

Skokholm Island, with steep dark cliffs, lies 1.7M South of Skomer Island separated by Broad Sound. Wildgoose Race to the West of Skokholm and Skomer Islands demands respect especially in Springs and rough weather, when tide rips can cause boisterous sea conditions.

The area has strong tidal streams, in excess of 6 knots in the Sounds. Planning and care is needed with the tidal stream charts. The islands are Bird Reserves of international importance and the area around Skomer Island is a statutory Marine Nature Reserve with its byelaws controlling speeds and areas of protection for wildlife. An area of outstanding beauty, with seabirds and seals in abundance.

Main photo: Skomer Marine Nature Reserve. Inset: Marloes Beach

6.2 Skomer Marine Nature Reserve

51°44.00N 05°16.00W

Difference - 0005

Skomer Island and the waters surrounding it, are some of the most intensively studied marine habitats in Europe. The island is of international importance for marine mammals, underwater fauna and nesting seabirds.

The Countryside Council for Wales, through full time wardens administer byelaws that have been made to protect the seabird and seal colonies. All yachtsmen, divers and kayakers must be aware of the Reserve boundary and the exclusion and limited access zones. Boat speed and noise disturbance must be kept to a minimum.

Do not land on beaches where there are seals ashore. Give priority to the well being of wildlife at all times. We all need to respect this area and to preserve its quality for future generations.

The cliff nesting seabird protection zone from 1st March to 31st July covers most of the sea cliffs of Skomer but excludes the area of North and South Haven. A seal breeding protection zone from 1st September to 28th February extends 100m offshore from all the sea cave areas.

More information can be found from the Marine Conservation Officer 01646 636736, or at the Fisherman's Cottage, Martin's Haven. Some 10,000 rabbits inhabit Skomer and the island has its own unique race of vole that provides food for short-eared owls. Puffin, kittiwake, guillemot, manx shearwater, storm petrel, fulmar, lesser and greater black backed gull are just some of the seabirds that nest here. Resident seals are to be seen near the Garland Stone.

6.3 North Haven

51°44.19N 05°16.72W

A sheltered bay on the N side of Skomer Island. Exposed to N and NE. Three visitor moorings are located inside the bay. If the visitor buoys are occupied, then anchor in 11m depth between the moorings and Rye Rocks. Do not anchor South of the moorings as there is an eel grass bed that require protection from anchor disturbance.

On the approach to North Haven you will see a buoy marking the 'Lucy' wreck. This Dutch coaster sank in 1967 and is one of the most popular wreck dive sites in Wales. There are likely to be divers in the water surrounding it. Give Rye Rocks on the NE corner of the bay a good clearance. Approach North Haven on the West side where the cliffs are steep-to, the island landing stage and steps are to be found on this side. Deep water on the landing steps but approach at 90 degrees to the cliff. Landing not allowed unless by permission. Landing fee charged.

A bird lovers paradise and a sheltered spot to wait for more favourable conditions. The cliffs give good shelter but they also block out VHF communication with the Coastguard. A stunning place to see hundreds of puffin in the early summer. Visit the 2nd week in August and the puffin have all departed for mid Atlantic, not a place I would choose to spend the winter!

Midland Isle and Skomer. Looking West from Wooltack Point across Jack Sound to Midland Isle; also known as Middleholm

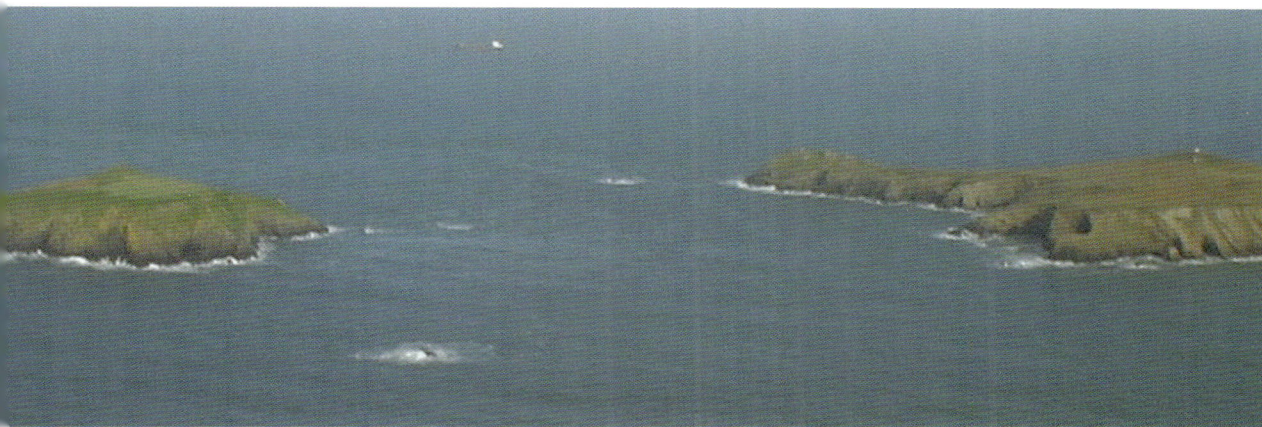

Little Sound and *Jack Sound*. Midland Isle (also called Middleholm) is the island in the middle of the picture, to the far left is Skomer Is and to the right is Wooltack Point. Looking North, The Blackstones and Tusker Rock can be seen as white specks

6.4 Jack Sound

51°44.00N 05°15.30W

Jack Sound lies between the mainland of Wooltack Point and Midland Isle. A reef runs East into the Sound from the middle of Midland Isle and passage through the Sound has to give this reef called the Crabstones ample clearance.

The fairway through the Sound is 190m wide and with a minimum depth of 15m. Do not attempt going through Jack Sound unless you have studied the slack times and you have seen a chart (Admiralty Chart 1482, Imray C60) or Almanac. Basically you should always go through at a tangent between Tusker Rock and the Blackstones.

Always choose slack water times and be prepared to go around the Islands if it is likely to be dangerous. Dangerous conditions occur when the strong flows (up to 7 knots) hit a S or SW swell on the South side or when wind in excess of 20 knots is against the tide. See **Passage Notes 6.12 & 6.13** for more details of passage through Jack Sound, and **6.14** for slack times.

6.5 South Haven

51°43.92N 05°17.03W

A rocky anchorage affording shelter from the N. A lunchtime anchorage surrounded by seabirds. Care needs to be taken to avoid rocks on the Eat side of the bay. Enter on a bearing of 022°T from the Mewstone side. Take a course to the back of the

bay, as there is a long reef parallel to the cliffs on the Mewstone side.

Anchor in 10m. Similarly a course of 202°T to leave will clear the underwater reefs on the East side of the haven. If going towards Jack Sound from South Haven always go South of the Blackstones to avoid the Western Blackstones.

6.6 Little Sound

51°44.04N 05°16.03W

The sound between Midland Isle and Skomer is called Little Sound. Yachts and boats with draught up to 1.5m can go through when it is slack or within 20 minutes of slack. Slack times similar to Jack Sound. GPS waypoint to middle of Little Sound 51°44.04N 05°16.03W.

Minimum depth in the centre of sound is 2.7m. The deepest slack is at Milford Haven High Water + 0230. The width of the channel between the two islands is about 160m. Approach directly from the South or at a tangent from the North.

The chart shows two underwater rocks just North of Little Sound, these form a reef which is only about 0.5m depth at Low Water Springs.

By going through Little Sound on the slacks there should be at least 3.5m depth over these rocks.

The best track through Little Sound from the South is to approach on a course of 010°T. When exiting on the North side

keep 70m to Skomer Island to avoid the shallow water directly ahead. However do not cut this port hand corner too close, as you will hit another reef.

Passage through Little Sound from the North. Approach on a course of 160°T (from North Haven direction) keep 70m to 100m off the cliffs and when in the centre of the Sound go due South. Keep midway until leaving the Sound when you want to go 200°T to clear underwater rocks on port. Keep going 190°T for 0.5M when hidden dangers are behind you.

6.7 Albion Beach

51°43.27N 05°14.20W

A good anchorage, safer and offering more shelter than South Haven. A good place for a lunch spot or to wait for slack in Jack Sound. Anchor in 6m to 8m on sand. On approach from the South give Gateholm Island good clearance as there are reefs extending 150m to the South and to the West of the point. No shelter from strong Easterlies as the wind funnels between Gateholm and the mainland cliffs.

Local History: This beach is named after a Bristol paddle steamer that was wrecked here in 1837. All the crew, passengers, and Irish Whisky were rescued. Of the 400 pigs on board, the majority were swum ashore, driven to Marloes village and made into salted pork. The Albion's paddle wheel shaft can still be seen sticking up from the beach at Low Water.

Albion Beach view looking towards Skomer Island

6.8 Skokholm Island

51°41.80N 05°16.20 W

Landing on the island is not allowed without prior permission from The Wildlife Trust, 01239 621212. It is possible to anchor in the bay near to the landing on the SE side of the island. To find the bay look for the white hut on the skyline half way along the East side of the island. On nearing you will see the white painted wall of the landing quay. Caution, not much depth of water at the quay at Low Water. The landing quay must not be obstructed. Care is required when anchoring in the bay. It is a balancing trick between depth and swinging room. Anchor may drag on rocky bottom. This anchorage is not recommended for overnight but it is convenient stopping place for lunch when out for a day trip from the Haven.

Skokholm Island, Britain's first bird observatory in 1933, has a breeding population of 35,000 pairs of Manx Shearwaters, and 7,000 pairs of Storm Petrels. On its South West corner (51°41.64N 05°17.22W) is a prominent Lighthouse, one Flash every 10 seconds, Range 20 miles. When approaching Pembrokeshire from Lands End direction you are likely to see Skokholm Lighthouse well before St Ann's Head and they can be confused.

6.9 Broad Sound

51°43.00N 05°17.50W

The area between the islands of Skomer and Skokholm is called Broad Sound, with depths in excess of 7m throughout. In the centre of Broad Sound is a reef called The Knoll that a local fisherman reckons should be avoided in big seas or swells as the depth is then far less than 7m, and a yacht could hit it. The slack water times are entirely different to slack times in Jack Sound. At Milford Haven High Water the tide is rushing North up the coast at its maximum flood, and this causes a slack in the lee (NW end) of Skokholm

Island. However there is a strong 4 to 4.5knot stream running North either side of Skomer Island at the same time. Conversely at Milford Haven Low Water a 3 to 3.5 knot stream goes South either side of Skokholm Island, which causes a slack immediately South of Skokholm Island. When the tidal stream is at its maximum in the middle of the channel between Skokholm Island and St Ann's Head, there is often a counter stream close to the mainland.

6.10 Passage: Wildgoose Race

If it is too boisterous to go South through Jack Sound then the seaward route around the West side of Skomer and Skokholm, called Wildgoose Race, will also be very rough. Once you know Jack Sound then it is better and more direct to use Jack Sound than get into the Wildgoose Race.

6.11 Passage: Skokholm Island

For those who have never ventured outside the Haven, a day trip circumnavigating Skokholm is suggested as an introduction to cruising around the islands.

There is no best time or way to go around, you will meet some adverse tide going clockwise or anti-clockwise. See tidal stream chart. Give the rocks on the Northeast corner 0.4M clearance, strong tidal streams from the South can set you onto this corner.

6.12 Passage: Jack Sound from the South.

From Dale take a course to St Ann's Head, but when rounding St Ann's Head keep at least 0.4M off in all weathers. Shoaling water and cross tides often make boisterous conditions off St Ann's Head. Take a course towards the West end of Skomer. When Little Sound (between Midland Isle and Skomer Island) opens, steer towards it and look for two sharp pointed black rocks, the Blackstones, that lie 450m South of Midland Isle. These show 0.9m above Milford Haven High Water Springs and it is important that they are identified, as they are your reference point to enter Jack Sound. Keep the Blackstones 70m to port and then look for Tusker Rock off the mainland on the North side of the Sound. Take a course directly for Tusker Rock (026°T) making sure the boat does not drift north off this line. The boat will usually have to point towards the mainland to achieve this course. The main hazard is an underwater reef named Crabstones (dries 3.7m) that you cannot see at High Water jutting East out from Midland Isle. Keep on your course to Tusker Rock and when you get near it look left (West) to see if you can see down the North side of Skomer. When Garland Stone is sighted you are clear of dangers and can turn away from Tusker Rock and head N for Ramsey Island or alter course for North Haven, Skomer.

Time for leaving the Haven when going for Jack Sound:

Leave Dale at Milford Haven High Water to get to Jack Sound in the last hour of the flood tide. If Spring tides then you want to go through Jack on slack water at Milford Haven HW + 0230 hours. On Neaps going through Jack Sound would be OK half an hour before slack but on Springs aim for slack or 15 minutes before. It takes a displacement boat about an hour and a half to 2 hours to sail to Jack Sound from Dale so leaving at Milford Haven High Water or half an hour after is ideal and you have the tide with you until Jack Sound. Leave any later and the tide will be against you.

The other slack in Jack Sound is High Water minus 0430 hours (or Low Water plus 1.5 hours). The tide getting to Jack Sound is going against you at about 2 knots so you must allow some 2 to 3 hours to sail there from Dale or St Ann's Head. After leaving St Ann's Head say half an hour before Low Water make your way up the coast past West Dale as the tide is less strong near the mainland.

6.13 Passage Notes: Jack Sound from St Brides Bay

Be aware of slack times and take care if there is a strong S or SW wind or swell. Approach very close to Tusker Rock leaving it to port only 30m off. Look for

Skokholm Island beyond the Sound and you will see the Blackstones below. Take a course 201°T directly for the Blackstones. (See Sketch). Do not let the tide take you off this line. When the Blackstones are abeam of you to starboard, 70m away, you have cleared the Sound. All underwater hazards in the Sound are North of a transit line between the Blackstones and the West end of Gateholm (the jagged headland on the mainland after Albion Sands).

If you get the slack High Water + 2.5 hours in Jack Sound you will have the favourable tide towards St Ann's Head, but unfortunately get turbulent water off the Heads as the tide is coming out of the Haven.

If you go South through Jack Sound on the slack, Low Water + 2 hours, you get a tide of 1.5 to 2 knots against you to St Ann's Head but do not experience wind against tide conditions (assuming SW or S wind) until the Haven entrance. Hugging the mainland coast will take you out of the main foul tide.

6.14 Tidal Streams

Strong tides, up to 6.5 knots, are capable of dangerous overfalls especially in wind against tide conditions. When between St Ann's Head and Jack Sound, if the tide is not in your favour then take a course closer to the mainland coast where it will be slack or you can get advantage of a contra-stream.

Jack Sound:

SLACK and then N going stream starts MHHW - 0425 Springs MHHW - 0300 Neaps.

SLACK and then S going Stream starts MHHW + 0200 Springs, MHHW + 0300 Neaps

Slack water lasts for about 20 minutes. See Tidal Stream Chart.

Jack Sound view looking Northwest across the Sound. Midland Isle to the left of the view and Wooltack Point to the right

Sea Guide to Pembrokeshire

Dale, Milford Haven and Neyland

ONE OF THE largest natural deep water harbours in the world. The waterway, referred to as the Haven, affords good shelter and good holding ground in a variety of locations. It is accessible at all times and can easily be entered at night.

There are no offlying dangers (apart from Crow Rock and the Pembrokeshire Islands). A tidal set occurs across the entrance channel. The entrance is nearly 2M wide and lies between St Ann's Head (Lighthouse, one Flash every 5 seconds) and Sheep Island to the East. There are two entrance channels, both marked with lit lateral and cardinal buoys. The entrance is locally referred to as 'The Heads'.

The shores of the Haven are mainly bold cliffs of Red Sandstone of moderate elevation. Administered by Milford Haven Port Authority, the port sees more ship tonnage each year than almost any other British port. The Pilot boats, with green hulls and white superstructure, are regularly seen patrolling and taking out pilots to the incoming tankers.

*Main photo: Brunel and Neyland Yacht Haven
Inset: Stack Fort*

St Ann's Head Lighthouse. View looking Northwest at Low Water

7.2 Entrance Approach waypoint

51°40.21N 05°10.28W

Approach at night: From the Entrance Waypoint steer 040°T towards Great Castle Head (3.1M) This approach takes you in through the West Channel and at night leading lights (occulting) guide you on this transit. At night you may want to anchor or head for the pontoon in Dale Roads. Steer for the East Cardinal buoy and then turn when you can identify the pontoon light (fixed white), keeping the light at Dale Point (FL 2 WR) well to port.

Approach in bad conditions: Keep 0.5M off the south side of St Ann's Head, as there is a shoal with often turbulent and sometimes dangerous conditions. In bad weather it is safer to approach in the East Channel avoiding St Ann's Shoal altogether. Be aware of Commercial traffic of oil tankers, coasters, fishing vessels and Irish Ferries entering and leaving via either channel. However in severe weather if running into the Haven in rough following seas choose the East Channel and stay within the buoys.

Beware of lobster pot buoys off both Dale Point and Watwick Point. Also net and lobster pot buoys close to Sheep Island on the East shore. There are no lobster pots if you keep within the main channels. For vessels of less than 2m draught the entire area between the channels and over Chapel Rocks is possible at all states of the tide.

7.3 Watwick Beach

51°41.48N 05°09.42W

A delightful sandy beach, popular with local families who sail or motor down the Haven. A good place to picnic afloat or ashore. Not recommended for overnight as exposed to swells and disturbance by passing ships. Beach faces Southeast, and is warmed by the morning sun. A nice beach for a swim and a sunbathe. The beach is sandy but drops off steeply. When anchoring, enter slowly and anchor in 4m to 6m depth at Low Water. Sandy bottom. No facilities, cliff walks to St Ann's Head.

7.4 Castlebeach

51°42.03N 05°09.21W

A good anchorage affording shelter from SW to NE. Convenient for an overnight stop but awkward to enter in the dark as there are no lights. A better anchorage than Dale to shelter from Northerlies. Exposed to winds from E to S. A large mooring buoy for use by the Pilot Boats is located in the Southwest corner of the bay at 51°41.90N 05°09.19W. After anchoring you can launch the dinghy, leave it on the wooded beach, and take a stroll to the right along the coast path to Dale. It will take you less than an hour to get to the 'Griffin' public house in Dale. Remember to take a torch with you for the return journey.

West Blockhouse Point.
Looking North from the West Channel, the beacons above line up with a back beacon on Watwick Point as the first leading marks to enter the Haven. Another four sets of leading lights (occulting and isophase) will direct you towards Neyland

7.5 Dale

051°42.45N 05°09.20W

For the cruising yachtsman, Dale is regarded as the first choice of anchorage in most winds. Dale has moorings, anchorage and an anchored pontoon sheltered from S, SW, N and NW winds. Exposed to winds from the East. Outer pontoon 51°42.47N 05°09.40W is permanently anchored in Dale Roads and lit on its East extremity with a white light. This outer pontoon always has 2m of water but vessels with draught of 1.7m plus should take care of depth at Low Water Springs at its Western extremity. Put fenders low, bird droppings can cause slipping underfoot for those jumping down on to the pontoon. Useful as a temporary one hour stay but swells from the open sea can make it unsuitable for an overnight stay and you would be better to anchor overnight in 8m to the North of the pontoon instead. Charted Depth of outer pontoon 2.3m.

On the South end of Dale beach is a pontoon connected to the shore, in position May to September. Hammerhead pontoon which dries 1.2m at Chart Datum. Congested in summer months; leave the North side and the end free for disembarking and put tenders on the South side of this pontoon. A wide shallow slipway leads directly from the public road. No launching charge.

The bay is ideal for dinghy and windsurfing with sheltered water that often has Westerly winds with smooth water.

Facilities: Outer and Land pontoon. Car park & slipway. Boat park, windsurfing hire & tuition, canoe & surfboard hire

01646 636642. Chandler, café and 'Griffin' public house for good beer and food 01646 636227, Moorings Restaurant at Dale Yacht Club 01646 636632, Post office, telephone and toilets. Yacht Club 01646 636362 with showers for the visiting yachtsmen. Dinghy racing program in the summer months and an annual Dale weekend of Yacht races.

7.6 Longoar Bay

51°42.73N 05°06.64W

Getting shelter from Great Castle Head is Longoar Bay situated just to the Northeast. Excellent shelter from W but if wind turns SW you will get swell from the Heads. Approach; give Great Castle Head a clearance of 350m to avoid rocks to the East. Approach on a line of Montreal Buoy (South Cardinal) in transit with the Angle Lifeboat station, this will clear the rocks on the headland. Anchor on sand in 7m depth. Check anchor for dragging if windy conditions. There are small steps in the headland corner accessible only at High Water. No facilities.

7.7 Sandy Haven

51°42.97N 05°05.85W

On the East side of Sandy Haven Bay is an anchorage giving some shelter for deep water vessels in NE and E winds. Sandy Haven Estuary dries and is a sheltered and picturesque spot where boats can dry out on hard sand. Care is needed in entering the estuary as there are offlying rocks to Sandy Haven beach and beware Bull Rock on the approach (see Approach later).

Launching possible for small trailable craft on both sides of the estuary but car parking spaces severely restricted. Beach access on the West side is from the St Ishmael's Road across a grit and small stone beach. Slipway onto hard sand on the East side is below Sandy Haven Caravan Park. Between these access points are stepping-stones across the river at Low Water, these form part of the Pembrokeshire Coast Path. Access over the stepping stones is possible about 20 minutes after Half Tide i.e. High Water + 0320 until Low Water + 0320.

Approach: Outside Sandy Haven Bay are two unlit South Cardinal marks. One is the Behar and the other is Montreal Rock. If rounding Great Castle Head keep off 350m in all directions. You will then be clear of the Behar wreck and the shallow (1.4m) reef to the East of the Head. 350m is the distance the Behar Buoy is from the Head. The other South Cardinal is Montreal Rock, but as there is always 4m over this underwater rock it is not a hazard for most yachts.

When approaching the estuary or beach there are two main hazards. One is the location of Bull Rock (dries 1.5m). The other obstacles are the high and sharp odd reefs lying off the main beach. When approaching the beach and estuary a useful waypoint is 51°42.97N 05°05.85W Anchoring North of this waypoint is dangerous due to foul ground off the beach. Certainly do not be tempted to anchor off the beach in less than 5m of water, as the offlying rocks are difficult to locate. To clear Bull Rock approach from the East side of the bay (or go for the above waypoint). If you can see the quayside houses inside the estuary then you have cleared Bull Rock.

Sandy Haven beach at Low Water. View looking East, note large rocks off the beach which are a hazard for yachts entering Sandy Haven or anchoring off

Look behind you and identify Angle RNLI Lifeboat house (light green). As a back bearing, the Angle Lifeboat House is between the Marine Terminal and Stack Fort, this means that you are on course to enter the estuary. (See sketch)

Do not stray near to the beach on entering the estuary, as there are rocks 2m higher than the beach to your starboard. Take a course 325°T directly for the houses inside the estuary. Keep on this course until you are nearly at the houses. On your starboard quarter on the opposite side of the estuary you will see a solitary post in the water. When this post lines up with the middle of a field behind it, take a course directly for the post. Half way to the post the estuary opens out before you. Within 0.5m the depth across the entire estuary is about the same and generally you can go anywhere. Various channels mean that the bottom is not flat and a bilge keeler could lean when drying out.

The main problem with overnight anchorage is that much of the estuary is hard sand and not good holding for the anchor. This means that on the flood, which can be strong, the anchor may drag before you have enough water to safely exit. On the St Ishmael's side just beyond the houses are two posts, which can be used for a fin keeler to dry out against. They would take a vessel 8m to 13m long. It is suggested use the outside of the posts and point North. No facilities at the estuary. The shortest walk to a public house or shop is to go ashore on the East side at the Caravan Site or where some boats are moored and walk up the country lane for a mile to Herbrandston. The distance to walk up the lane is similar from either landing place. The distance to St Ishmael's, public house and shop, is about 1.5M from the opposite shore.

7.8 Gelliswick

51°42.37N 05°03.55W

A sandy bay lying 1M W of Milford Haven inside the Elf Marine Terminal. In summer months a **pontoon** is positioned at the above waypoint. The pontoon offers a useful place to tie up whilst waiting for the Milford Haven Lock or a meeting point to change crews with other boats. Depth at LW springs at pontoon about 1.5m. In settled weather a suitable anchorage for deep keeled yachts. Wide concrete slipway on the beach is one of the best launching sites at all states of the tide. All sizes of boats can be launched from this easy access slipway. The most convenient launch site into the Haven and ideal for divers visiting the outer islands. Useful place for dinghy launching, small powered craft and sea angling boats. The only downside is the potential for theft from cars whilst owners are out at sea.

Facilities: Toilets, Yacht Club, telephone, shops ten minutes walk up the hill. Between Gelliswick and Milford is the Port Authority Jetty and Hakin Point quay. Ask the Milford Haven Port Authority for permission to use their facilities.

South Cardinal Mark, Behar Buoy

7.9 Milford Haven Docks & Marina

51°42.25N 05°02.02W

Standard Port Milford Haven
(-0500 Dover)
Duration of tide 0605
Mean Level 3.8m

After entering the Haven through the Heads and turning East down the main fairway, the town of Milford Haven will be seen to port after passing two tanker terminals.

The entrance to the dock is difficult to see, look for the buoyed channel on your port after a moorings area. Line up white circular daymarks. At night fixed green leading lights on 348°T. A large dock, dry dock and 360 berth marina inside lock gates. Marina Office 01646 696312.

Shelter and walking distance to all shops, banks and facilities. Call Pierhead on VHF Ch 18 or telephone 01646696310 for locking times. All lock times operate on the following formula: Freeflow (both lock gates open) High Water-2 hours to 15 minutes before High Water. An enter at HW+0130 and an exit at HW+0145, enter at HW+0245, exit at HW+0315.

There is a waiting pontoon on the East side of lock. Tie up at the furthest available space along the pontoon. Fenders need to be positioned high up. This leaves space and easier access

Milford Docks and Marina.
Looking North, a yacht can
be seen entering the
entrance lock and below,
Milford Marina

for those coming in behind you. A monthly sheet of locking times available from the Marina Office. Depth in Marina and lock at Low Water Springs is no less than 3m.

A holding pontoon called the **Mackerel Stage** lies immediately East outside the Milford Haven Dock entrance. At Low Water Springs the Mackerel Stage has about 2m of water in the middle, but at the extreme East end only 1.3m.

At Low Water times approach close to the round steel pylons from the lock wall (W) direction as there is a mud bank 20m South of the staging. The pole immediately to the East end dries. Foot access ashore to large car park from this pontoon. In winter months this pontoon is removed and replaced end of April.

Fenders need to be high. Exposed to winds from a Southerly direction. Always leave room for other craft to drop off passengers. This is for landing and embarkation of crews and is not an alongside berth. Wake from passing vessels may cause violent rocking on this pontoon.

On approach to Milford Dock it is best to use the entrance channel, as the depths on Milford Shelf and through the moorings off Cunjic can be less than 1.8m at Low Water.

Facilities: All town facilities. Late opening Tesco and chemist within 10 minutes walk and also a train station. National Bus and local bus services. Main banks with cashpoints 6 minutes walk, Post Office, Library with internet, Marina with toilets showers and laundry. Chandler and Boatyard. Marine Electronics, Yacht and Small Boat Brokerage. Sailing tuition and Charter Boats. Gas, diesel. Angling supplies, Maritime Museum, Ten pin Bowling. Nearby garages. Indian, Chinese and Fish & Chip takeaways, hotels. 'Martha's Vineyard' pub and food, 01646 697083.

Castle Pill. Looking Northeast across the muddy creek at Low Water

7.10 Milford Shelf

51°42.25N 05°01.65W

South of Milford is a large mooring area and an area where large visiting yachts can anchor. However watch the depths especially on Low Water Springs, as some areas are only 0.2m above Chart Datum.

Anchoring prohibited in the Swinging Area to the South of the port hand buoys of Cunjic (Quick Red) and Milford Shelf (Flash Red every 2.5 seconds).

7.11 Castle Pill

51°42.35N 05°01.30W

Located 0.6M East of Milford Haven is this drying pill, a good shelter for craft that can take the ground. A derelict high quay wall immediately to port on entry could be used in emergency by a fin keeled yacht wishing to dry out alongside.

Mud and gravel bottom, occasional stones, dries 4m. Entrance immediately East of the unused Wards Pier through a swing bridge (approx. 20m wide) that is kept permanently open. Plans to build a marina here. Boat yard. Walking distance (15 minutes) to shops, fish & chips, and the town of Milford Haven.

7.12 Hazelbeach

51°42.25N 04°58.00W

Gravel beach with a small slipway, boat park and a summer pontoon. Landward of the outer moorings all the area dries to thick mud.

Facilities: Hammerhead ended pontoon which dries 0.9m at Chart Datum. (This is 1.2m less depth than at Neyland Pontoon). Small boat park with wide slipway, suitable for High Water launching.

Convenient for meals and a drink at the 'Ferry House Inn' 01646 600270. Toilets, telephone kiosk 200m to the East, no shop. Bus hourly to Milford Haven.

7.13 Neyland Yacht Club & Pontoon

51°42.25N 04°56.85W

At the East end of Neyland Promenade, is Neyland Yacht Club, with boat park and wide slipway. In the summer months a public pontoon is positioned to the West of the Yacht Club. It is a Hammerhead ended pontoon, which has a depth of 0.3m at Chart Datum.

A useful indicator of the depth on the pontoon: look at the base of the Red Can mark on the shore below the Neyland Yacht Club. If the base of this stanchion is in the water there is at least 1.6m at the end of the pontoon. Also, if you see mud below the

seaweed covered rocks on either side of the pontoon then there is less than 1.5m depth at the pontoon.

Not to be used as an overnight stay, be aware of wake from Ferry. As there is a back eddy it is better to tie up to pontoon on the Yacht Club side.

Facilities: Neyland Yacht Club, has bar, showers and food. Open eves Monday to Saturday, noon on Sundays: winter times vary. Nearby food shops, Post Office and ironmongers about 7 minutes walk up the hill. Large slipway (includes public use) for launching of small craft below the Yacht Club. Also two posts (dries about 1m) suitable for drying out against, boat heading better towards the West. Yacht Club 01646 600267. Club racing for yachts Wednesday evenings and Sunday mornings.

7.14 Neyland Yacht Haven (Marina)

51°42.00N 04° 56.60W

Neyland Yacht Haven has 380 berths divided into a lower basin accessed 24 hours per day and an upper basin with half tide sill (access HW+/-3.5 hrs) Contact by VHF CH 80 or 37 or telephone 01646 601601 Approach: Follow the lateral and cardinal marks up the Haven until you see the Cleddau Bridge ahead of you. After passing Neyland Spit port hand buoy (2 Red Flashes every 10 seconds) you will see a quay wall on the North bank and fishing vessels on a pontoon. This is the entrance to the marina. Do not take a direct line to the marina from the Neyland Spit Buoy, as there is foul ground on the North bank. Approach the marina on a Northwesterly course 300°T to 330°T (Hobb's Point moorings astern) to clear the shallow water on Neyland Point. There are lit lateral channel marks (Quick Red and Quick Green). Keep between these especially at Low Water.

Take a course between the port and starboard hand marks and pass the Dale Sailing fuel pontoon close to port. Keep pontoons close to port and be

Neyland Yacht Haven. View looking North across the marina

aware of yachts coming around the corner as visibility is restricted. At Low Water Springs vessels with draught in excess of 2.2m should watch the depths on the first pontoon corner.

Once inside the marina, if unfamiliar, be prepared to turn before approaching the half tide sill. The sill is marked with depth gauge and red and green lit perches. Strong Southerly winds can cause manoeuvring problems of access to and from the berths in the lower basin.

Facilities: Visitor berths at marina, toilets, showers, fuel, diesel, gas, water, boatyard, chandler, restaurant, and fisherman's store. Brokerage, Boat Hoist (35 ton) crane lift out (20 ton), sail repairs, mast repairs, yacht repairs of all kinds. Launching of small boats. Boat trips, sailing school and powerboat courses. Neyland Yacht Club 01646 600267 within 10 minutes walking distance of the marina. Late night shops, post office and iron monger (with paraffin) six minutes walk up the hill.

Local History: Neyland was developed in the 1880's as a transatlantic ferry port by the great engineer Brunel. It never materialised as an important ferry port, Southampton took the trade, but the visionary Brunel is remembered in a statue to be seen at Brunel Quay.

7.15 Dale Sailing Fuel Pontoon

51°42.50N 04°56.50W

Pontoon below Dale Sailing Company on the approach to Neyland Yacht Haven. 2m Charted Depth,(ie always 2m of water). Take care when turning around or back into the channel, as there is a concrete lip below the wall on the opposite (East) bank, which can easily be hit at High Water. At Low Water Springs it is a mud bank with no depth. Put fenders high up for the fuel pontoon. Public toilets and telephone nearby. Water available if taking on diesel. Convenient for visiting Dale Sailing Chandlers and boat repairs. The pontoon immediately South is for lifting out vessels on the Dale Sailing Boat Hoist.

7.16 Cleddau Bridge

51°42.55N 04°55.97W

A landmark that requires passage information. Vertical clearance height 37m. Sailing vessels up to 28m long are likely to pass underneath. The vertical bridge pillars are lit (fixed Red and Green) to show the Channel. Do not go through South of the Southernmost pillar (Pembroke Ferry side) as there is not much water at Low Water. When sailing past Burton from the Bridge to East Llanion you will always find a 'back wind' for 100 metres. Keep to the south bank as there is more depth of water here. At High Water Springs (+/- 0100) there is confused water by the bridge piers, that requires caution.

Facilities: Beneath the Bridge on the South bank is Pembroke Ferry with a small slipway, telephone kiosk and 'The Ferry Inn' for delicious food 01646 682947.

7.17 Passage Plans

For a vessel averaging 5 knots it will take about 50 minutes to go from Milford Marina to Neyland Yacht Station. If the tide is against you it may take one hour fifteen minutes. Allow at least one hour from Milford Haven to the Heads (5.8M). From Neyland to the Heads is over 8M taking about one and a half hours for most displacement boats. Generally if the tide is against you within the Haven for a displacement yacht add 50% on to the time you would expect to do it in slack water. When coming out of Milford Marina at the end of the Freeflow, if you are making your way to Dale, you will notice the tide against you for half an hour, as there is a delay at High Water before the ebb starts.

7.18 Tidal Streams

Within the Haven the tidal streams run nearly parallel to the channel.

Ingoing stream starts High Water - 0555, maximum spring rate 1.5 knots

Outgoing stream starts High Water + 0030, maximum rate 1.75 knots.

Where the stream ebbs at its maximum flow there is often a back eddy on either side of the channel. Off Neyland Yacht Club there is an East going eddy ie upstream (0.5 knots) on the ebb. Outgoing stream at Neyland starts about High Water + 0035. In Dale Bay there is a circular anticlockwise weak stream on the incoming tide. Also North of Stack Fort there is a weak counter stream at maximum ebb. At the entrance to Milford Haven the streams run East and West at right angles to the line of approach. One mile outside the entrance (Heads) the East stream starts High Water + 0455 and the West stream starts High Water - 0125.

The Upper Haven, Landshipping, Lawrenny

AFTER passing under the Cleddau Road Bridge, the navigator meets another world. The waterway changes from the urban and commercial, to a more tranquil scene of gently sloping fields and wooded valleys. In places, the scenery has little changed since it was a departure point for the Crusades in the 12th century.

When the tide ebbs, there are a host of muddy creeks or pills that form vital feeding grounds for ducks and wading birds. Shallow draught vessels can navigate up the Western Cleddau river as far as Haverfordwest or up the Eastern Cleddau to Blackpool Mill.

A speed restriction is imposed on all areas North of Benton Castle. This is to maintain the special nature of the Upper Haven and to prevent disturbance to wildlife. A Water Ranger, employed by the National Park and the Port Authority patrols in a RIB inflatable.

The quays of Lawrenny and Landshipping are evidence of a past thriving maritime trade. Before the railways arrived, all cargoes were conveyed to Haverfordwest by trading sailing craft.

Main photo: Castle Reach, Benton Castle and Lawrenny. Inset: Landshipping

8.3 Rudders Boatyard

51°43.07N 04°54.90W

Rudder's Boatyard Page lies 1M upstream of the Cleddau Bridge on the North bank. It has a landing pontoon, hardstanding storage area and swinging moorings for boats up to 14m long. Care is needed coming alongside the pontoon as a strong tide can trap you, also watch the depths on an ebbing tide. Drying posts and a high quay wall are useful for antifouling and propeller work on deep draughted boats. Boat repairs and shipwright work can be done here. Strong tidal streams here (about 2.5 knots) especially at High Water +2 to 3 hours. When passing keep just south of the swinging moorings, there is shallow water on the opposite (South) side of the river. At the West end of the mooring there is a tidal set on the ebb taking you into the North bank. Upstream of the moorings (1.2M East of Cleddau Bridge) a set of overhead cables cross the river with a vertical mast clearance of 27m.

Facilities: Moorings, winter, summer and visitor. Repairs, and laying moorings service. Water, electricity and car parking near to the landing stage. Winter layup for boats up to 10 ton. Contact Rudder's Yard 01646 600288 Ruddersboatyard.co.uk. 15 minutes walk to 'The Stable Inn'. 01646 600622 with pub food.

8.4 Rhoose Ferry (Williamston Pill)

51°44.18N 04°54.73W

A small drying tidal creek (opposite Lawrenny) where some boats haul up for the winter months. Deep-water moorings of Rhoose Ferry lie off. Small road leads onto a shingle and mud beach. Limited parking and no facilities.

8.5 Benton Castle Reach (South)

51°43.38N 04°53.27W

Benton Castle, painted white, lies distinctively in the trees on the port bank. Good holding anchorage is found North of the moorings at Rhoose Ferry,

Cleddau Bridge. Looking West down the Haven towards the Bridge. Rudder's Boatyard is seen in the bottom right of the view

8.2 Burton

51°42.50N 04°55.72W

Difference + 0005

A small sunny waterside hamlet just East of the Cleddau Bridge. Private moorings off and a small slipway. In the summer months a pontoon gives access to the 'Jolly Sailor' public house. Hammerhead pontoon which dries 0.6m at Chart Datum. As a rule of thumb if the water is lapping around base of the disused wooden jetty (Trinity quay) nearby there is about 1.0m of water on the end of the pontoon. If the stony beach can be seen below the wooden posts there is not enough water to use the pontoon. Pontoon depth only suitable at High Water +/- 1.5 hrs for most yachts. On the moorings an eddy often points boats to the West. Most yachts will touch bottom at Low Water unless in the river flow, i.e. in line with the outermost moorings. East of Burton is a long (160m) jetty wall of the disused NATO jetty. The base of the jetty dries 1.5m but be aware that there is shallow water extending off it to within 150m of the South shore. When passing keep close to the Fish Farm on the South shore.

Facilities: Small slipway, limited parking, telephone up the hill, toilets and the 'Jolly Sailor' for good food and beer 01646 600378.

Burton. View looking North across the river. In the summer months a pontoon gives access to 'The Jolly Sailor' public house

immediately South of Benton Castle. Although good holding ground the spot is exposed to Southerlies. A back eddy on the last three hours of the ebb often means that a vessel will point south for the majority of the time. No facilities. A yellow marker buoy delineates that no high speed boating permitted in the upper reaches of the Haven. All water skiing, jet skiing and planing of boats to be carried out to the South of a line from Lawrenny to Rhoose Ferry.

8.6 Benton, Castle Bay

51°43.60N 04°53.23W

A good sheltered spot with excellent muddy clay holding. One of the few locations in the Haven that does not have a strong ebb flow. Anchor in the middle of the bay. When leaving the bay keep clear of the rock spit, Castle Rocks, jutting out from the Benton Castle shore into the river at Castle Reach. Landing is not permitted, as it is private land. If you see a buoy do not be tempted to use it as a mooring as

Llangwm. Looking West at High Water and inset, 150 year old Compass Net Boat

Castle Reach. Looking North at High Water. Benton Castle is seen to the left, beware of Castle Rocks beneath at Low Water

it is probably a whelk pot. The sound of peacocks may give you a morning call! No facilities.

8.7 Port Lion

51°44.52N 04°54.15W

At the end of the 1M stretch of Beggars Reach is the start of the moorings of Port Lion. Often difficult sailing conditions along Beggars Reach as the wood on the West bank shadows the wind before it funnels from the opposite direction.

When sailing here the West bank is steep-to and the East bank shallows ie watch the depth when tacking near the East bank shore with the fields.

A shallow spit comes out from the South bank on the point opposite Port Lion. No facilities.

8.8 Llangwm and Black Tar

51°44.88N 04°53.82W

A picturesque village inside a drying mud creek. Small boat access only possible about an hour and a half either side of High Water. The High Water slack at Llangwm is approximately 30 minutes later than Milford Haven High Water. The slipway at Black Tar provides the best access for trailable boats in the upper reaches of the Haven at most states of the tide. The slipway is wide with good straight access but avoid Low Water Springs when the end of the slipway comes into view with stones and gravel/mud at its extremity.

Facilities: Small car park with toilets. The shop, post office and 'The Cottage Inn' Llangwm 01437 891494 is 15 minutes walk away from Black Tar; through a field and past the rugby club. Boat hire and sailing holidays. Ideal location to launch sailing dinghies, small craft and canoes to explore the pills of the upper Haven.

Local history: Llangwm, which has had a tradition of a matriarchal society, was famous for its native oyster industry from the 17th to the 19th century.

Blackpool Mill. The bridge (built 1830) is the highest navigable point on the Eastern Cleddau at High Water

When navigating from Landshipping to Slebech, the deepest part of the river is midway between the banks. There is launching for small craft at High Water at Picton Point on the North shore and Landshipping (at any time) on the South shore. Slebech was a collection point for the Crusades in the 12th century.

8.9 Western Cleddau & Haverfordwest

51°4770N 04°57.50W

For fin keeled yachts with a draught of more than 1.5m, the practical limit at High Water is the area of the disused quay at Hook. Bilge keelers and small craft can happily navigate up to Haverfordwest. Depths of water up to the quay in Haverfordwest at High Water is 2m. However the Railway Bridge and Road Bridge at Freeman's Way has a vertical height clearance of 5m at mean High Water Springs and only 4.2m on some big tides. This prevents most masted and large craft from navigating up to the weir at Haverfordwest quay opposite County Hall. Vessels prepared to dry in the mud can navigate up to the Frolic area, 250m downstream of the Freeman's Way Bridge. High Water lasts for about an hour before rapidly ebbing. All

facilities of a market town. including internet at the Library. 'Bristol Trader' pub on the quay 01437 762122. Boat trips in the upper reaches 01646 651210.

8.10 Eastern Cleddau & Slebech

51°47.30N 04°50.75W

The Eastern Cleddau is navigable to small craft for 4M in a Northeast direction from Picton Point. The extremity, for tenders and canoes, is Blackpool Mill where there is a café. For larger craft with say 1.5m draught the practical limit at High Water is Slebech, where there is an island mid channel.

8.11 Landshipping

51°46.18N 04°53.27W

Permanent moorings some staying afloat at Low Water. There is one pool that a 1.5m draught vessel can anchor in and not go aground through the night; but there may be insufficient room to use it because of permanent moorings. Thus deeper keeled vessels either dry out or have to anchor down river nearer to the moorings at Black Tar.

There is a sand spit extending 350m West into the confluence of the Western and Eastern Cleddau. Sometimes a small

Landshipping Quay. One of two quays at Landshipping. Both were busy throughout the 18th and 19th centuries shipping local coal and limestone

Jenkin's Point looking down river from Lawrenny

weed covered buoy marks the extremity of this spit. The gravel slipway at Landshipping is one of the few public places that you can launch at extreme Low Water Springs and at all other states of the tide. Nearby 'Stanley Arms' public house does good evening food 01834 891227.

Dangerous Mud A word of caution about mud banks in the river. If you get caught out on a falling tide do not get out of the boat. In places there are actually mud holes, especially near Little Hook, similar to quicksand and if you attempt to walk across such a place you will not get out.

Always wait in your boat (even if it is likely to be 9 hours) rather than try to push off or wade ashore. The only places to safely walk are the stream-beds between the mud banks.

On the upper reaches the following equation may be useful to calculate when you will refloat.

High Water to the time of Going Aground = X hours

Next High Water minus X Plus 35 minutes = Time of Refloating

This is assuming that river flow remains constant and the heights of the morning tide and evening tide are similar. The Milford Haven tidal curve does not apply to the upper reaches and the Twelfths Rule, commonly used to predict depth, is not applicable to such a long estuary.

8.12 Lawrenny

51°43.10N 04°52.58W

A good destination for the cruising yachtsman. Excellent shelter in strong Southerly winds. Reasonably sheltered in all winds but fast river flows on the moorings. Deep water swinging moorings and a pontoon for walking ashore. Water deep enough for most yachts opposite the Yacht Station and quay. Pick up a suitable mooring and go ashore in the tender to ask if you can stay on it (£5 charge) or alternatively temporarily lie alongside the pontoon whilst you enquire. Both the flood and ebb are very strong so care is needed in manoeuvring and in the use of

the tender. Do not be tempted to berth alongside the Lawrenny quay wall unless you know the spot as there is a step in the quay wall, which you might hit when the tide falls.

Facilities: 'Lawrenny Arms Hotel' 01646 651439, ice cream, diesel, petrol, water, yacht repairs, lifting out facilities for vessels up to 13m and winter storage. Lawrenny Yacht Station 01646 651212 has yacht facilities with a 15 ton lift.

8.13 Cresswell Quay and Carew

51°43.60N 04°49.40W

The two creeks East of Lawrenny are navigable for almost 2M at High Water for boats with shallow draught. Fin keelers are advised to go no further than 0.5M beyond Lawrenny. Where the Cresswell and Carew Rivers meet there is a shoal called Black Mixen which dries 5m. Beyond this dark shoal there is no depth at Low Water save river flows of about 0.3m. Cresswell, up the North arm has a pub 'Cresselly Arms' 01646 651210, toilets and a telephone at its extremity. Carew River, the Southern arm, has the only tidal mill remaining intact in Wales. Carew Castle completed in 1310 was enlarged in the 15th century. Carew Cross stands nearby. café and toilets and public houses. Both these creeks dry out completely at Low Water.

Cresswell Quay. The highest navigable point of the River Cresswell beyond Lawrenny

Eastern Cleddau. Sailing from Landshipping slip towards Picton Castle woods

8.14 East Llanion

51°41.85N   04°55.15W

Located 1M upstream of the Cleddau Bridge on the South side is the large boatyard of East Llanion Marine. An ideal winter storage area that can accommodate larger yachts than Milford Marina or even Dale Sailing.

Approach: Go under the Cleddau Bridge and follow the channel 0.8M along the wooded cliff of the South shore. You will see a fish farm with floating cages and immediately beyond you will see lateral markers marking a channel to the South. Carefully navigate between the port and starboard markers, the channel is only about 20m wide. To starboard you will see the entrance to the Boat Yard. Access High Water +/- 3hrs.

Facilities: Slip, scrubbing piles, Mobile Boat Hoist (30 ton), repairs. Water. East Llanion also has two public slipways for launching HW +/- 4 hours and a car park. Pembrokeshire Watersports administered by Pembrokeshire County Council is located here; training with both day and residential courses for RYA dinghy and powerboat courses, 01646 622013. Shops and café, Mc Donald's, Tesco's and Focus Do IT All, and 'First and Last' pub 01646 682687 within 20 minutes walk.

8.15 Passage Plans

Within the Milford Haven waterway there are over 23M of tidal water to explore. Once past a position 0.8M upstream of the Cleddau Bridge there are no channel markers. Look at the banks on both sides of the river, if it is wooded and you can see rocks beneath the trees then the water is usually deeper. On the opposite bank you will usually see the land gently sloping (often fields), indicating shallower water and the likelihood of sand or mud spits that must be avoided. Although the channel is often deeper on the outside of the bends, the river flow is likely to set you onto that bank. A craft sailing happily upstream under the Cleddau Bridge will suddenly find itself in a hole with no wind before it gets to the Fish Farm and East Llanion Point. There is a severe wind shadow here in most wind directions, but you also need to avoid shallow water on the Burton side. When passing Benton Castle keep mid channel or to the Lawrenny bank to avoid Castle Rocks. Wind shadow difficulties can also be found in Beggars Reach before reaching Port Lion. Fast ebb flows can occur across all the swinging moorings, sometimes dragging large mooring buoys underwater. Careful planning and preparation is often needed to avoid frustration and stress when picking up a buoy in such conditions.

8.16 Tidal Streams

In the upper reaches the strongest tidal streams run parallel to the banks. The ebb is always stronger than the flood. At Black Tar, Castle Reach, Rhoose Ferry and Burton there is a back eddy on the ebb. Local High Water slack about 20 minutes after Milford Haven High Water.

The flood starts at High Water - 0555 maximum spring rate 1.5 knots. The ebb starts High Water + 0030 maximum spring rate 2.3 knots.

The ebb can set you into the deep water banks. On Springs, beware of eddies near the Cleddau Bridge pillars.

East Llanion. East Llanion boatyard, in the distance Pembrokeshire Watersports Inset: Carew Castle

Pembroke Dock, Castle Pond, Angle

T HE HAVEN waterway along its southern shore from the Cleddau Bridge to the open sea is an area with a variety of features and moods.

It encompasses the urban area of Pembroke Dock, the serenity of Pembroke River, the underused Castle Pond, the oil tanker berths and refinery of Texaco, the large peaceful anchorage of Angle Bay, the shelter of Castle Bay and the sandcastles and sun hats of West Angle.

It also has the Irish Ferry terminal at the Port of Pembroke, a Naval dockyard and an RNLI Lifeboat station. The main channel from the sea to the Cleddau Bridge is well marked with lit navigational marks.

All small craft are to keep 100m off the tanker terminals and to give due regard to commercial shipping. When in the Haven always keep a VHF listening watch on Channel 12 which will keep you informed of shipping movements.

Photo: West Angle and Thorn Island

base for the Catalina and Sunderland flying boats and the huge sheds that housed them are still to be seen.

9.4 Pembroke, Castle Pond

51°44.60N 04°55.23W

Castle Pond beneath the imposing Pembroke Castle provides sheltered water (2.0m depth) via a Barrage and Caisson lock gate. A tortuous channel marked with 17 unlit red and white mid channel buoys can be navigated at High Water by most vessels. Navigate close to each buoy as they are in the river channel which is only 15m wide. If unable to access the barrage, then for fin keeled vessels there is nowhere to go except back down the river to Crow Pool. Once inside there are mooring buoys and a pontoon to use. Essential to contact Barrage Gate Supervisor to make access arrangements telephone 01646 685189. The barrage was constructed to prevent the town flooding on tides exceeding 6.4m.

Facilities: All town facilities, shops, banks, library and toilets within 5 minutes walk. Local History: Claimed to be the greatest Norman castle in Britain, due to

Pembroke Castle. The view looks West across Castle Pond. To the right of the picture is the Caisson Lock and Pembroke River. Above: Front Street, Pembroke Dock

9.2 Hobbs Point

51°41.98N 04°56.45W

A very large public slipway points East and facilitates launching in most weather and at all states of the tide, except at extreme Low Water Springs when there is a drop off the bottom of the slipway.

The slipway is a public one, is steep and wide and cleaned of weed. An inner quay wall which dries at Low Water Springs (onto mud) lies to South of the slipway. Outer quay wall has deep water at all states of the tide.

In the summer months a waiting pontoon with deep water is positioned on the outer side of the outer quay. The pontoon is exposed to winds from a northerly direction.

Often best to lie against the pontoon on the port side facing West and to move up to the West end to allow room for others. Some passing vessels can rock you against this pontoon, put fenders high and many of them. Convenient for shopping. Kelpies Chandler & Boat store and outboard servicing. Shops 10 minutes walk into Pembroke Dock, where the Library also has internet access. Public toilets and telephone next to the pontoon and car parking. Pembroke Haven Yacht Club overlooks the slipway and welcomes visiting yachtsmen; is open Friday evening and Sunday afternoons.

9.3 Front Street, Pembroke Dock

51°41.63N 04°56.70W

Two slipways, some drying moorings. Plans to develop into a marina. Access for yachts at High Water to a quay wall next to a public slipway. Area dries 3.3m to mud. Away from the quay wall

Hobbs Point. A useful pick up point; large slipway, toilets, chandler, Yacht Club and summer pontoon

the mud is deep. Winter Boat Yard for Pembroke Haven Yacht Club members. Nearby is the Irish Ferry Terminal (dredged to 5.8m) and Port of Pembroke. **Facilities**: Walking distance to all town facilities and Library (Internet). Pub, 'The Shipwright', for food 01646 692090. Local History: The Royal Dockyard was once the largest, employing nearly 4000 men, and no less than 7 Royal Yachts were built here. From 1857 to 1861, 17 war ships were constructed including four of 50 gun, one of 121 gun and one 90 gun. During World War II it was a

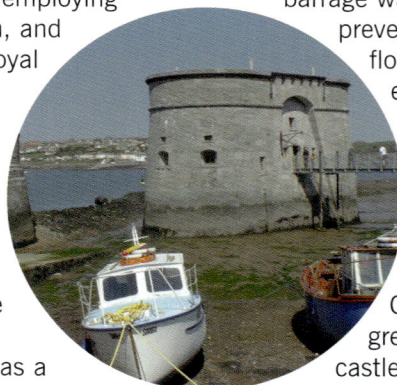

its impressive central keep. Building started in 1093 and throughout the 13th century. Henry V11 was born here in 1457. One of Pembrokeshire's most visited tourist attractions. Pembroke was once a major port exporting wool, corn, meat and herring to North Wales, Spain and Portugal. The author Daniel Defoe described Pembroke in 1724 as "the largest, richest and most flourishing town of all South Wales, except for Carmarthen".

9.5 Crow Pool, Pennar Gut

51°41.07N 05°58.62W

An anchorage for fin keeled owners who want to be away from the hustle and bustle of the Haven. On approach, start from a position half way between end of Petroplus Jetty and Wear Spit pole. The entrance to Pennar Gut is now open and steer a course of 158°T to go mid channel into the Gut. Keep the small red can buoy to port. Good shelter from the Northeast. Relatively low land surrounding gives smooth water in most winds but not a lot of shelter from strong winds. The pool lies near the Pennar Gut red buoy (red Flash every 2.5 seconds). The deepest water (5m) is to the Northwest of the Pennar Gut Buoy but there should be 3m depth at Low Water in a large area around the same buoy. On exiting the Gut look for the pipes coming down the hillside at the oil terminal (Petroplus) on the North shore and steer directly for those. They look a bit like a dry ski slope. This keeps you in the small channel. Do not veer off this course (333°T) until the depth sounder shows you are in the main channel. No facilities.

Angle. Boats dried at Low Water within the shelter of Angle Bay

9.6 Angle

51°41.60N 05°04.40W

A variety of anchorages are to be found near Angle. There are moorings in the area between the Lifeboat House and Angle Point. Care is needed to find depth for vessels with draught in excess of 1.5m. Anchorage to the Northeast of Angle Point with landing by the Lifeboat slip. At Low Water Springs the moorings close to the Lifeboat station will only have 1 3m depth. In East winds yachts can find some shelter near Popton Point on the East side of the bay. This anchorage is better in Neaps as there is less than 1m depth at Low Water Springs. Wind tends to increase near to Angle Point. For vessels that can take the ground there are numerous options around Angle Bay. Most of the small craft moorings dry

about 1m, with few obstructions to ground on over the entire bay. For bilge keeled vessels the Southeast corner of the bay offers seclusion and shelter. Here most of it dries 2m at Low Water Springs.

Facilities: 'The Old Point House' pub, 01646 641205 above the slipway, is a good stopping off place with a hearty meal as is 'The Hibernia Inn' 01646 641517 in the main street. Enquire at 'The Old Point House' about visitor moorings. In the 17th century Angle was frequented by pirates and smugglers.

9.7 Chapel Bay

51°41.80N 05°5.60W

A sheltered spot out of winds from SE to SW. A good overnight anchorage undisturbed by passing ships. Anchor as close as depth permits. Old concrete landing stage amongst the rocks on the shore. Behind the wooded cliffs is another Victorian Fort

Pennar Gut. Looking Southwest across the mouth of the Pembroke River. Crow Pool is the area in the centre of the picture

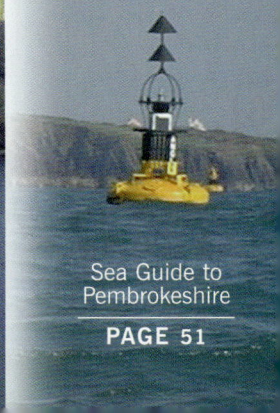

Thorn Island, its Southwest side. The landing to the fort is to the right of the picture

completely hidden and forgotten. Be cautious of the numerous lobster pots in this area. No facilities.

9.8 Thorn Island

51°41.80N 05°06.90W

An island fort 270m off the Northwest corner of the Angle Peninsular (Thorn Point). Deep water moorings belonging to the island hotel are positioned in the sound. A dilapidated half-sunk pontoon acts as a landing stage on its East side. Always pass to the East of a green buoy (marked with a white W). Depths in the sound always greater than 3.3m. Sailing craft more than 10m in length are advised not to pass through the sound due to the overhead cable, with a vertical height clearance of 15m. A sheltered spot to anchor is close under the cliff to the North of Thorn Point, sometimes there are mooring buoys here, which can be unreliable. 600m to the West of Thorn Island is Thorn Rock with only 3m of water over it. To avoid it keep West of the West Cardinal Buoy called Thorn Rock 51°41.53N 05°07.76W (Q Fl (9) 15s).

Local History: This Victorian Fort was completed in 1859, designed to accommodate 100 artillery soldiers. It was built as one of seven such forts to defend the Haven and the Naval Dockyard at Pembroke Dock. A cormorant colony inhabits the West side of the island.

9.9 West Angle

51°41.40N 05°06.90W

Giving limited shelter in Easterlies, this is an interesting anchorage in the summer months. Anchor on sand close to the yellow recreational buoy. The yellow buoy delineates a speed restriction in the bay to its East. Rocky reef extends into the bay from both sides. When approaching the beach do so with care; the best line to take is look for the single beacon at Watwick Point and, using this as a back marker head directly for the blue and white painted café just showing above the right hand side of the beach. This approach should avoid the rocks. Sandy beach with rock pools. Good family beach with teas, café, and toilets. Nearby caravan site for gas. 15 minutes walk to

village store/ post office and public house 'Hibernia' at Angle village.

9.10 Passage Plans

The Haven has over 23M of tidal waterway to explore. If you are new to the area then keep within the marked channel. It is 8.2M from the Cleddau Bridge to the Heads, allow at least one hour forty minutes if you are sailing. The sound between Thorn Island and the mainland should not be attempted if your mast height is more than 14m.

9.11 Tidal Streams

Within the Haven the tidal streams run nearly parallel to the channel.

Ingoing stream starts High Water - 0555, maximum spring rate 1.5 knots

Outgoing stream starts High Water + 0030, maximum rate 1.75 knots.

In the channel South of Dockyard Bank (where the yellow barges are moored) the outgoing Spring rate can be 2 knots. Outgoing stream at Hobb's Point starts about High Water + 0035.

There is an increased ebb flow in the channel near to Weir Spit. The rate is weak across Pwllchrochan Flats and in Angle Bay.

Texaco Terminal. View looking West towards Angle Bay and the Heads. Inset: one of the resident tugs

Crow Rock, St Govan's Head, Lydstep

A ROCKY COASTLINE dominated by some of the most impressive limestone cliffs in Britain. The main danger to navigators is the reefs of the Crow and Toes lying 0.5M off Linney Head. There are strong tidal streams; up to 4 knots at Springs. The strength of the streams and the shallow area off St Govan's Head can produce severe overfalls especially on the shoal known as St Gowan (note spelling).

Spontaneous passage making down this coast is restricted by the activities of three Firing Ranges, contact must be made before departure to determine if firing is in progress (10.2).

It is a remote and beautiful coastline with few stopping places between Freshwater West and Broad Haven South. Manorbier and Freshwater West are popular surfing beaches.

Main photo: Stackpole Head and Church Rock. Inset: Stackpole Quay

Range boat, the red flag is flying indicating firing activity on the Ranges

10.2 Firing Ranges

On passage from Milford Haven to Tenby you pass through three restricted areas that cover most of the sea area that you will want to sail in. When planning your passage make sure you either stay outside the area (12 miles offshore) or confirm that there is no firing. If you stray into an active danger area you will be spotted on radar by the appropriate station and a Range Safety Patrol Vessel will promptly escort you away from the firing.

Castlemartin Firing Range

The area from Freshwater West to St Govan's Head and up to 12 miles seaward is used as a Tank Firing Range. Times of Firing are posted in the Western Telegraph and are displayed outside Bosherston PO and can be checked telephoning Range Control on 01646 661321 extension 4287. A voice message giving times of firing 01646 662367, is available up to 24

hours in advance. It is sometimes more convenient to call Range Safety on CH16. Firing takes place on weekdays normally 0900 to 1630, but sometimes there are night exercises up to 2359. Red flags are flown at day and flashing red lights at night when firing danger is active. By day Red flags mean Danger. Yellow Flags mean No Firing or firing finished for the day. Contact them before departure, as it will take you an extra half-day to travel outside the area. Firing usually does not happen on weekends Friday 1630 to 0900 Monday and Bank Holidays and from midnight to 0900.

Manorbier Range

Covers an arc radius of 12M centred on Great Castle Head and in effect covers the area from St Govan's Head to Caldey Island. Could be active weekdays 0900 to 1700. Firing times are broadcast on CH16 at 0830 or telephone 01834 871282. Passage yachts should stay outside the 12M arc or keep in close to the cliffs of Stackpole

Head, Trewent Point, Priests Nose and Great Castle Head.

Penally Range

For small arms and active on Giltar Point. Seldom interferes with passages through Caldey Sound. Contact 01834 843522

Pendine Range

Tenby area to Burry Inlet. Usually passage yachts can steer a rhum line directly from Tenby to Worm's Head without interference. Contact 01994 453243 VHF CH16 at 0900.

10.3 Freshwater West

51°39.30N 05°04.60W

A large expanse of sandy beach, unsuitable for the cruising yachtsman but excellent for the experienced surfer. Large ships may anchor in the bay but anchoring in less than 16m is to be avoided as inside this the bottom is foul. In the Southern corner of the bay are reefs extending 0.3M from the shore and Brimstone Rocks (4.6m high) lie 0.5M North of Linney Head. Surf is often too big to go ashore safely in a tender. Toilets and emergency telephone. Ice cream/teas van in summer.

10.4 Crow & Toes

51°36.75N 05°03.07W

Crow rock (3m high) lies 0.6M SSE of Linney Head, it has a dilapidated beacon post on top. There are underwater rocks called the Toes to the NW and to

Freshwater West. Looking across the dunes to Linney Head

The impressive limestone cliffs near St Govan's. Photo: Pembrokeshire Coast National Park

the SE of the Crow. The Toes are to be avoided, as there are depths of only 0.9m and 1.8m over them at Low Water. There is a sound, 400m wide, inside Crow Rock that can be navigated in ideal conditions. Least depth in the sound is 7m. To navigate through the sound going South; identify both Flimston Head and Saddle Head beyond. When you can just see both keep these on a bearing of 107°T, this leads through the sound. Take a log reading when Crow Rock is abeam and only proceed out to sea again after 1M of travel on the 107°T course. You will then be clear of all the Toes. There can be overfalls in this area. To give Crow Rock a half-mile berth use 51°36.32N 05°03.32W, this waypoint is 0.5M Southwest of Crow Rock.

10.5 Bullslaughter Bay

51°36.49N 04°58.50W

Enter cautiously on a bearing of 040°T and anchor in sand 100m off the beach. Sheltered from Northerly winds. A place to picnic but not to anchor overnight as exposed to W, S and E winds and swells. St Govan's Chapel is 1.6M walk to the Southeast along the coast path. See 10.2 Firing Ranges.

10.6 St Govan's Head anchorage

51°36.00N 04°55.30W

Tucked into the East side of St Govan's Head is an anchorage to escape winds from WSW to N. The tide race across the headland helps to reduce the swell. Anchor in sand 100m off the small inlet marked New Quay on the chart. Dinghy ashore and walk up to the road leading to Bosherston village 1M away. Check for range activity (10.2 Firing Ranges). Broad Haven beach, suitable for bathing, lies IM to the Northeast.

10.7 Broad Haven South

51°36.27N 04°54.90W

A beautiful spot to stop for lunch or a swim, but not as an overnight anchorage. Anchor to the West of the prominent Church Rock in 6m depth over sand. National Trust Car Park and toilets.1M walk to café. Interesting walks around Bosherston Lilly Ponds accessed in the Northeast corner of the large sandy beach. One of Pembrokeshire's best beaches. Wear footwear when paddling or bathing to prevent weever fish stings.

10.8 Stackpole Head/ Barafundle anchorage

51°37.00N 04° 53.52W

Under the limestone cliffs on the E side of Stackpole Head is a useful anchorage in strong winds from W and NW. The area has a permanent mooring used by the Range Safety Launches at 51°36.88N 04°53.70W. Anchor in sand in 6 to 12 m depth between the above mooring and Stackpole Quay. Dinghy ashore to the Mediterranean looking bathing beach of Barafundle. Note: there are tidal streams of up to 3knots on the headland of Stackpole causing overfalls at times.

10.9 Stackpole Quay

51°37.42N 04°53.78W

A very small drying harbour. Land surrounding owned by National Trust. Only enter after seeking local permission as it is used daily by a lobster fisherman for his fishing vessel. Enter carefully on bearing of 293°T. Depth of 1.4m alongside the inner quay one hour before HW. Lines there are for the resident Fishing vessel. Convenient only to anchor off (about 200m) on sand and use dinghy to go ashore. Use anchor trip outside the harbour as many lines litter the seabed. A good location to launch sea kayaks and small vessels but prior arrangement with National Trust needed for gate access. Stackpole Quay is difficult to locate from seaward. One tip is to look at the colour of the cliffs. The character of the cliff changes; on the Stackpole Head side they are grey/white limestone cliffs to the E of Stackpole they are red sandstone.

Facilities: Toilets, café in summer months. Stackpole village IM with basic stores. Car Park, coast path walks and bathing beach of Barafundle 20 min walk to W.

Stackpole Quay. View looking Southwest at mid tide

Giltar Point and Caldey Sound looking towards Old Castle Head. *Lydstep is in the distance*

10.10
Freshwater East

51°38.52N 04°51.00W

A long sandy beach backed with sand dunes. The beach dries out for 300m. Some small craft are launched over the beach from the E corner with the use of a tractor. Not an overnight anchorage but a place to anchor off for midday stop.

Facilities: Toilets, café and ice creams, telephone, car parking.

10.11 Manorbier

51°38.50N 04°48.80W

A pleasant sandy beach backed by low sand dunes. The dark ruin of Manorbier Castle stands at the head of the valley. An interesting place to visit but on approach be wary of a rock, awash, in the centre of the bay. Not recommended for overnight unless exceptionally settled. Exposed to swells from SW: hence often waves and good surfing conditions. **Facilities**: Toilets, café and ice creams, telephone, car parking. Brief History: A splendid castle completed in 1325 dominates the broad valley. In its day it was skirted by vineyards, orchards and fish ponds. Described as the most beautiful place in the world by Giraldus Cambrensis who was born here. He wrote

topographical accounts of both Wales and Ireland in the twelfth century. Castle open in summer months. 10 minutes walk from beach is a small village with shops.

10.12 Lydstep

51°38.75N 04°45.02W

A well run commercial holiday park controls the beach and land access. A broad shingle beach with large stones, some sandy patches. In the centre of the beach is a slipway and a tractor launches small craft. Jet skis and water skiers are abundant. There is shelter on the E side of the bay from W winds. Some summer moorings to be seen on the E side of the bay. Keep one eye on the depth sounder and anchor in more than 5m. If anchoring here you are likely to be disturbed by the wake and noise of speeding small craft. Facilities ashore with permission of the holiday park owners, toilets, showers, shop, launderette, gas and fuel.

10.13 Passage Notes

When making plans check if the Firing Ranges are operating (see 8.2). There are strong tides in this area and surprisingly strong races off most of the headlands. Great Castle Head should be given a wide berth as tides set

onto it and can produce overfalls and a short broken sea. Extreme caution needed when rounding St Govan's Head especially with tide against wind when huge short seas can develop.

From Caldey Sound to St Govan's Head course required is 247°T. The most useful waypoint for this part of the coast is 0.5M SW of Crow Rock at 51°36.32N 05°03.32W.

10.14 Passage: Stackpole Quay to Milford Haven

The best time to leave Stackpole Quay or Barafundle anchorage to go West is HW minus 0130. You will enjoy the advantage of a West going stream for 5 hours. Remember that if there is a strong W wind there will be wind against tide causing some overfalls off Stackpole Head and more pronounced overfalls off St Govan's Head. The author has seen short sharp seas in various parts of the world but never experienced worse than those on St Govan's Head. The overfalls on St Govan's Head can be so severe that it is dangerous to turn back for the shelter of Stackpole once you are in them. If overfalls are likely then keep 1.8M off St Govan's Head, this is in deeper water of over 30m. Set a course for St Ann's Head keeping at least I M off the coast to avoid the underwater rocks of the SE Toes, which lie 1M Southwest of Crow Rock.

10.15 Tidal Streams

Strong tidal streams of up to 3knots. There is an increase in tidal stream strength close to all the headlands, where another 1knot can be added.

At St Govan's Head the Northeast stream starts at High Water + 0430 and the Southwest stream starts at High Water - 0200.

When 2 miles off St Govan's Head the tidal stream starts half an hour earlier than the above.

Between Stackpole Head and Manorbier the Northeast stream starts at High Water + 0500 and the Southwest stream starts High Water - 0100.

Caldey Island and Caldey Sound

CALDEY ISLAND lies 2M South of Tenby, and is joined by a drying reef of rocks on its North end to St Margaret's Island.

Caldey Island is the home of Cistercian Monks and facilities include toilets, private water supply, gift shop, shop with island made perfumes, café, Post Office, Museum and Medieval Priory. The present community of 66 people supports itself by farming and tourism. The foreshore of Caldey is not Crown owned but belongs to the community. Jones' Bay is reputedly named after the 18th century pirate Paul Jones.

St Margaret's Island is a Nature Reserve supporting a colony of 200 pairs of cormorants and 6 pairs of breeding puffins. The remains of cottages can be seen on St Margaret's, where 22 people lived in 1841 when the island was extensively quarried for its limestone. Prior to the 1830's Woolhouse Rocks had a tower with an iron cage built upon it. This was built specifically for shipwrecked sailors to use as a refuge until rescue arrived.

Main photo: Caldey Island. Inset: Monastery. Photo: courtesy of Carl Evans

Caldey Sound. View looking Southwest, from Tenby. View shows St Margaret's Island with Caldey Sound to the right and Little Sound (no passage) to the left

11.2 Caldey Sound

51°38.83N 04°42.25W

Caldey Sound lies between St Margaret's Island and the mainland at Giltar Point. The Sound should only be used by vessels drawing less than 2.3m, in daylight, and with a favourable stream. At night or if uncertain of the Sound, you would be better to pass South of Caldey Island (see 11.8 Passage Notes).

There is no passage between Caldey and St Margaret's Isle; this is called Little Sound. It may appear passable but even at High Water, depths are less than 2m. Only possible for canoeists.

Caldey Sound has strong tidal streams (up to 3knots at Springs) and demands care.

When going through proceed centrally through the Sound until the red and green channel lateral marker buoys are seen.

These are not evident until you are close to them. Pass between the buoys keeping as central as possible. Keep 0.3M off Tenby South Sands as there is a shoaling patch called Giltar Spit to avoid. A weather-going stream causes a rip at the West end of the Sound. Steep seas can develop with wind against tide.

11.3 Eel Point

51°38.60N 04°42.30W

In settled weather this is a delightful anchorage. Better in Neap tides as the tidal stream can be strong (up to 2 knots at Springs). Stream very strong going towards the Sound on the ebb. Sandy bottom. Private landing is not permitted at any time, without express permission of the Abbot. The only boats permitted to land are those from Caldey island Pool, who ferry from Tenby.

11.4 Priory Bay

51°38.60N 04°41.80W

The main anchorage and shelter in W and SW winds is in Caldey Roads off Priory Beach. Anchor as close to the beach as draught permits or just outside the moorings. The closer to the island you get, the more sheltered and more out of the stream you will be. Sandy bottom.

Strong tidal streams. It is classed as an uncomfortable anchorage in all winds, but safe! There are two visitor moorings for craft up to 6m length. Enquire as to their availability with the Harbour Master at Tenby 01834 842717. Landing permitted only on weekdays and Saturdays, 10am to 6pm.

Caldey Island. Looking Northwest over Priory Bay

11.5 Jones' Bay

51°38.36N 04°40.30W

The best and most sheltered of the anchorages with minimal swell. Close in there is only room for two yachts although there is more room if you anchor outside Northwest of Spur Islet. Sandy bottom.

11.6 Sandtop Bay

51°38.25N 04°42.35W

Useful if winds are from the NE or E. Only stay overnight if weather is extremely settled as it is very open to prevailing swells and winds. However, the writer has had a good nights sleep here at anchor, without the expected westerly swells and with no tidal stream problems.

To get enough depth at Low Water you need to anchor a long way off the shore, indeed out of the bay. A nice place to anchor especially at High Water. Beware of a rocky spit coming out from the middle of the beach. The underwater rocks are in line with the cliff rocks coming down the beach. No obstructions either side of this rock line. Anchor in 6m on sand.

No landing permitted.

11.7 Waypoints, Lights and Buoys

Caldey Lighthouse
51°37.86N 04°41.00W Fl (3) WR 20s 65m W14M

Buoys near Caldey all unlit

Eel Point green conical lateral
51°38.86N 04°42.24W

Giltar Spit red can lateral buoy
51°39.03N 04°42.10W

Spaniel East Cardinal Mark
51°38.06N 04°39.75W

Woolhouse South Cardinal
51°39.32N 04°39.69W

North Highcliff North Cardinal 51°39.38N 04°40.77W

11.8 Passage Notes

When rounding the South side of Caldey Island, if wind against the tidal stream, keep off about half a mile. Rounding South of Caldey Island at night keep a distance off of half a mile, keeping South of the South Cardinal mark (unlit) Spaniel Shoal and East of the East Cardinal (also unlit) Woolhouse Rocks.

The biggest danger when approaching Tenby is Woolhouse Rocks which dries 2.7m (can be seen at half-

Caldey Island, looking Northwest. Photo taken April 2003

tide). On approach to Tenby care must be taken to avoid Sker Rock (1m high) which lies off St Catherine's Island. From between the port and starboard hand buoys of Caldey Sound take a course of 025°T to Tenby. At night a Flashing Red marks the end of Tenby Pier.

11.9 Tidal Streams

A strong Southerly current occurs in Little Sound on a rising tide and displacement boats should give this area a wide berth when passing on the Tenby side for fear of being swept onto the reef between Caldey Island and St Margaret's.

Caldey Sound Tidal Streams

East going (towards Tenby) starts Milford Haven High Water + 0500, average 1.5 knots

West going (towards St Govan's) starts Milford Haven HW - 0100, average 2 knots.

(Note that the stream towards Milford Haven is commencing an hour before High Water)

Tenby, Saundersfoot and Amroth

THE HARBOURS of Tenby and Saundersfoot are a favourite for boating enthusiasts. Both urban areas seem to centre around their harbours which are a hive of summer activity, with leisure and fishing trips available for the visitor.

Both are drying harbours that have anchorages outside; which are useful in settled weather and Northerlies. Not a good area in Easterly winds. Weak tidal streams; less than 1knot in Springs. Firing Ranges to the East and West. The harbours provide access to Pembrokeshire's busiest night life. Regular boat trips to and from Caldey Island operate from Tenby Harbour.

Photo: Tenby church spire seen from Castle Hill

Tenby. View looking Southwest across the harbour. The RNLI Lifeboat Station can be seen far left. Photo: Pembrokeshire Coast National Park

12.2 Tenby

51°40.40N 04°41.85W

Difference

- 0015 (-0510 Dover)

A small congested drying harbour tucked behind a pier. Pier, 120m long with a fixed Red Pier light. Shelter is good but harbour dries up to 5m. Harbour dries to a smooth hard sand bottom, but depths vary due to silting. Pier Head dries 1m. Vessels of 1.4m draught can enter MHHW +/- 2 hours.

Approach: From Caldey Sound by day head for Giltar Pt on a course of ENE between the lateral buoys. Keep 200m off St Catherine's Island to avoid Sker Rock. There are also rocks awash N of Sker Rock. Do not attempt to go inside St Catherine's Island as there are strong currents and a sand ridge which dries. Approach Tenby from the S and W by day, the main hazard is Woolhouse Rocks (dries 2.7m) can be seen at mid tide.

Vessels with draught of less than 2m can go from a position 40m off E end of Caldey Island take a course of 346°T to Tenby Roads, note that Woolhouse Buoy is unlit. If the north cardinal N.Highcliff Buoy and the south cardinal Woolhouse Buoy can be seen then pass midway between them and look for the flagstaff on Castle Hill line up with Bryn-hir House on a course of 321°T.

At night and for vessels drawing less than 4m pass N and E of Woolhouse Rocks by taking a course directly for DZ2 Buoy which flashes Yellow 2 every 5 seconds. Make sure not to enter the red sector of Caldey Lighthouse until after rounding the DZ2 Buoy. Approach from the E look for the yellow DZ2 Buoy and pass it to N i.e. keep it to port. The church, in the centre of the town has a tall conspicuous spire. Keep this spire in line with the N extremity of St Catherine's Island on 276°T until 0.3M off Castle Hill when you can turn for the harbour or moorings.

Anchor off the North Sands seaward of the moorings. There are no visitor moorings. Open from S to NE, anchorage affected by swells

Tenby Anchorage Immediately E of St Catherine's Island is an anchorage area known as The Pool with depths always in excess of 5m. Good anchorage with sand over stiff mud. There are small craft mooring in 3m off North Sands, belonging to commercial Tenby craft, most of these are used daily in the summer months. Anchor E of these moorings in the centre of the bay or telephone the HM if you want to dry out inside the harbour or dry out alongside the harbour wall. Never anchor landward of a line from the

Lifeboat Slip to the NE corner of the bay. If you anchor landward of the deep-water moorings you are likely to go aground. Leaving boats unattended on or near the beach are likely to attract children to play on them. In poor weather from the SW look for shelter near Caldey Island. Tenby Harbour and Harbour Master come under the jurisdiction of Pembrokeshire County Council.

Tenby Facilities:

Fresh Water and Public Toilets and showers at the top of Castle Beach slipway. Harbour Masters Office above the harbour gives weather and tide details. Petrol and Diesel via cans. Water at toilets. Yacht Club, shops, chemist, launderette, public houses, cafes, hotels and B&B.

Bathing beaches with Lifeguards, cinema, garages. Boat trips to Caldey Island. Excellent Museum within walking distance. Information Centre. Post Office, public telephones. National Bus Station and Rail Station within walking distance.

Contacts:

Harbour Master VHF Ch 16, 80, 37 or 01834 842717, mobile 07812 559482/483; Tenby Marine 01834 845519; Hospital 01834 842040, Doctor 01834 844161; Police 01834 842303. Yacht Club above slipway on the SE corner of the harbour. Yacht Club telephone 01834 842762

Tenby. Looking Northeast across the anchorage at High Water towards Monkstone

12.3 Monkstone

51°41.75N 04°40.75W

A delightful spot in settled weather, but exposed as an overnight anchorage. Some shelter at HW from N winds but no depth to anchor throughout LW as less than 2m depth where shelter is to be had. A sandy beach backed by pebbles, dangerous for swimmers but an excellent surf beach. No facilities. Pleasant wooded walks.

12.4 Saundersfoot

51°42.58N 04°41.68W

Difference:

- 0015 (- 0510 Dover)

A good shelter for small boats, but harbour dries. Depths of 3.5m at High Water Springs and 2.5m at High Water Neaps inside the harbour. Yachts drawing 1m can enter at half-tide. Harbour bottom is sand and mud. Contact Harbour Master on VHF channel 11 or telephone

01834 812094 or home on 01834 813782. Harbour Master office at the Northwest end of the harbour. In prolonged Easterly winds the harbour may develop a surge. Pier Head Light Flashing red every 5 seconds (6m) on stone cupola, Range 7M.

Approach:

Look out for buoys marking boat speed restrictions. Keep about 100m Northeast of the entrance, which is 32m wide. When the North Pier Head (right hand breakwater) is almost abeam steer for it keeping it close to starboard. Watch the depth on entering as a sandbank can extend 40m

Saundersfoot. Looking West into the harbour entrance at mid tide.   Above: Saundersfoot Harbour

Wiseman's Bridge. *Looking Northeast across the beach towards Amroth. Inset: Amroth*

from the South Pier Head. Sandbank has a mean high water height of 3m. At the Northwest end of the harbour is an impounding dock and water is released through sluice gates at Low Water to scour the channel.

At the North corner of the harbour is a large slipway. The harbour and Harbour Master come under the jurisdiction of the Saundersfoot Harbour Commissioners. Daily, weekly and seasonal launching tickets for boats on trailers are available from the Harbour Master office.

Facilities:
Fuel, oils and chandlery. Water tap on SW wall. Public Toilets. Slipway for vessels up to 16m length. Public telephones. A small busy seaside town in the summer with Post Office, small shops and food stores, cafes and restaurants, garages and launderette.

In summer daily Boat Trips. Attractive harbour with broad quays and good quay ladders. Large safe bathing beach, when Red/Yellow flag flies on the beach the Lifeguards are on patrol. Bus services to Tenby and Haverfordwest. Rail Station about 1M away.

Anchorage in Saundersfoot Bay Depths generally less than 5m with good holding ground. There are a few fishing boat moorings off the beach, which indicate where to anchor to stay afloat. If you are going ashore by tender onto the beach, ask the Lifeguards to look after your tender.

12.5 Wiseman's Bridge

51°43.00N 04°40.04W

A place for an afternoon anchorage in settled weather. To get any depth at Low Water you will need to anchor 0.5M off the beach. Seaside hamlet with public house Small slipway, toilets, car parking.

Winston Churchill, Montgomery and Eisenhower met here in 1943 when a rehearsal for the Normandy D-Day landings was carried out on the surrounding beaches. The operation included the construction of a nearby airstrip that was built, from scratch, in two days.

12.6 Amroth

51°43.04N 04°38.60W

Not suitable for overnight, really only for a short stop at High Water. You will need to be over half a mile from the shore to obtain enough depth for an overnight stay. Sandy shore backed by a pebble ridge. At Low Water blackened stumps of a prehistoric drowned forest can sometimes be seen.

Facilities: Car park, toilets, telephone, small slipway, café, restaurant, shops, caravan park. Olde Worlde pub 'New Inn' for food 01834 812368. Also Temple Bar Inn

12.7 Passage Notes

Tenby is an excellent overnight stopping place for the cruising yachtsman. It is a favourite overnight spot when making passages from Swansea Marina to Milford Haven and can safely be entered at night.

Tenby and Saundersfoot have lively and bustling harbours but they are only suitable for boats that can dry out. These harbours are a convenient stop for cruising to Swansea, the Gower, Laugharne and Bury Port to the East, and for passage to Lundy Island, only 29 miles away. If the weather is unsuitable for anchorage outside Tenby then refer to the notes on Caldey Island, where shelter may be found.

12.8 Tidal Streams

Weak tidal streams, the flood can be twice as strong as the ebb, up to a maximum of 1.5 knots. Between Monkstone Point to Ragwen Point Northeasterly stream starts at High Water - 0600. Southwesterly stream starts at High Water + 0100. Stream usually less than 1 knot.

Outside Tenby Harbour the North going stream starts at High Water + 0530.

The South going stream starts High Water - 0100, maximum spring rate 1knot.

See tidal stream chart.

Surf and beach guide

PEMBROKESHIRE has about 100 beaches. Some have miles of flat sand, others are small rocky coves, only visited by seals and the occasional sea kayaker. There are about 44 well known beaches.

There are beaches for all occasions and interests. Pembrokeshire has always attracted those who appreciate the outdoors, the fresh air, the coastal scenery and the abundance of wildlife. Today it is increasingly attracting those who enjoy the surf. All ages can now enjoy the surf with clothing that keeps you warm or even dry. The very young are now being introduced to boogie boards and the older ones are learning to kitesail.

Pembrokeshire beaches attracts them all and with this in mind the following information gives details on bathing safety together with data for the more active pastimes of surfing, windsurfing, kitesailing or surf canoeing.

The peninsular nature of the county means that there are always a number of places to choose from. However, be considerate to others in the surf and if you need plenty of beach room to practice your pleasure then choose an appropriate place or time of day. If you hog too much beach space you will not only make yourself unpopular but will also be giving your sport a poor reputation, with the fear of future legislation.

Main photo: Freshwater East. Inset: Penycwm, Newgale

Seaside Awards

The most popular beaches are regularly sampled for water quality. A Bathing Water Directive 76/160/EEC set the European standard for water quality. For more than 25 years the beaches in Pembrokeshire have been regularly monitored to determine compliance with these strict quality criteria. A heavy commitment by the Water Authorities, Councils and the Environment Agency over the years has controlled both urban and agricultural pollution. Today the sea water quality around Pembrokeshire is excellent. Seaside Awards are based on meeting these water quality standards together with good management, cleanliness, safety and up-to-date information. Pembrokeshire has more Seaside Awards than any other county. Seaside Awards are awarded annually. Information given here applies to 2005. Each beach must meet the Bathing Water Directive and land based criteria. For a Resort Beach they must meet 28 land-based criteria, for a Rural Beach 12 criteria. The criteria include, no industrial or urban pollution, safety provision (including 1000 to 1800 hrs supervision or lifeguards for Resort Beaches), public display of byelaws and water sampling results, summer dog ban, drinking water, telephone, toilets, daily litter collection. Visitors should be actively encouraged to protect the beach and environments.

The Resort category beaches mean that access for wheelchairs has been made together with disabled toilet facilities. Beaches with Awards, fly a flag and show the most recent water sampling results on a notice board.

Speedboat Byelaws

All the family beaches around Pembrokeshire are included in byelaws that control the speed of vessels close to the beach. Essentially these are to protect bathers from fast moving craft such as jet skis and water skiers. Powered craft are usually restricted to an 8 knot speed restriction within 100 metres of each beach. Look at the beach notice boards for more information.

Surf and Beach Guide

OS Grid Reference is given for the nearest car park

Poppit SN 152486

Resort Beach

Large expanse of flat sand backed by sand dunes at the mouth of Cardigan Estuary. Rock pools to the left. Bathing good, but keep away from the river where bathing is very dangerous. Suitable for kite surfing and the experienced windsurfer. For the family, only boogie or surf on the main beach where the lifeguards can keep an eye on you. For the experienced surfer, Cardigan bar has some interesting surf conditions with long rides possible. Surf may be held up with the ebb of the River Teifi in W to NW swells. Maximum wave height about 2.5m. The river causes a strong rip needing little work to get out to sea again. Only for the experienced surfer and in company. This area is very dangerous for swimmers and children.

Ceibwr SN 109458

A small dramatic cove with a shingle beach near Moylegrove. It is an uninviting place with sharp stones on the beach and hardly any sand. Nevertheless it is an

*Kitesurfing at **Newgale***

exciting place in a gale to observe the forces of the sea pound against spectacular cliffs. Not suitable for the surfer or windsurfer. Coasteering (a name trademarked by Tyr-Yr-Felin) can be done along the rocks to the West. No facilities.

Newport, Traethmawr SN 055407

Rural Award

A large expanse of sand, some car parking on the beach, a first class family beach with lifeguards in the summer. One of Pembrokeshire's safest bathing beaches. The beach is very flat and rarely produces good surfing waves. Regular waves, with a lot of wind, ideal and safe for learners. Ideal for windsurfing, canoeing and learning to surf. Maximum wave height about 1.2m. Good area for consistent windsurfing kites surfing and surf lifesaving competitions. A safe beach with no strong rips (apart from the South corner where the river exits). Good beach to start learning and to understand surf canoeing. Always short waves on the sand bar to the South corner of the beach, which are good for kite surfing. Landyachting possible with permission from Pembrokeshire Coast National Park. Toilets, drinking water, Lifeguards and ice creams in the summer

Seaside Award Flag

Cwm-yr-Eglwys

Newport, Parrog SN 052397

A small beach inside the estuary, ideal for the family with easy access from a car park. Toilets and shops nearby and plenty of rock pools for the kids. Not suitable for the surfer but excellent for windsurfers of all standards, and canoeists. Ideal for kitesurfers, beginners and experienced.

Cwm yr Eglwys SN 015040

Rural Award

A tiny pretty cove, Northeast facing. Congested in the summer months but a good family beach. Rock pools. Bathing is safe here, but water temperature is colder than nearby beaches. Good for snorkelling and canoeing. Unsuitable for the surfer.

Pwllgwaelod SN 005399

Rural Award

Flat grey sandy beach with high cliffs on either side. Faces west into Fishguard Bay. Suitable for bathing and windsurfing. Easy access on to the beach and a wheelchair walk along the valley towards Cwm yr Eglwys. Toilets and a restaurant. A strenuous circular walk takes you the 3 miles around Dinas Head. Unsuitable for surfers.

Goodwick SM 947380

Rural Award

Sandy beach near Fishguard Harbour. Bathing safe but it can be muddy or stony at Low Water. Good for family sunbathing with plenty of shells on the beach for the kids to look for. Not a beach for the surfer but ideal for flat water windsurfing, kitesurfing and boat launching. Nearby facilities and chandler.

Abermawr SM 883347

A beach to get away from others. Impressive scenery with a large pebble beach, some sand at Low Water. Not recommended as a bathing beach as there are strong undertows. The beach is not very exciting for children. No facilities and a short walk. Good surfing beach which provides good shelter in strong SW winds. Needs a big swell to work well but the best alternative when West facing beaches are blown out or waves unmanageable. Breaks both sides of the beach. Maximum wave height about 2.5m. Best at Low Water. At Low Water the beach is relatively flat with sand or exposed peat. At High Water the water is over

large pebbles which are unstable and may hit your ankles. Sometimes it may be difficult to exit the water without getting hurt by rolling pebbles. No facilities.

Abercastle SM 853338

A Northwesterly facing cove that looks sheltered from strong Southwesterlies, but isn't! Safe bathing but amongst moored boats. Beach shingle and grey and often looks cold. Worth a visit but not recommended as a family beach as car parking extremely limited. Unsuitable for surfers. Good spot to launch kayaks and small boats. Toilets.

Traethllyfn SM 802319

One of the most scenic spots in Pembrokeshire. A glorious and interesting sandy beach interspersed with rocky outcrops. Beware of bathing, tide rips common and many drownings have occurred here especially in surf conditions. Not recommended for surfing as an awkward carry down steep metal staircase and a long walk; also many outcrops at all states of the tide. No facilities.

Abereiddy SM 798313

Rural Award

Facing W it gets a lot of surf. Good waves are to be had when there is a big swell. Breaks on both sides. Reef break to the S. A left to the S and a right to the N. Less rocks to the N of the beach. Surf can develop quickly here. Maximum wave height about 2.5m. Not so good at LW, better at half tide. Toilets. Mobile snacks in summer months.

Porthmelgan SM 735273

An unspoilt and attractive sandy beach near to St David's Head. Footpath access only, and a fifteen minute walk from Whitesands car park. Suitable for bathing in settled weather only. In surf conditions and in Southwesterlies a strong rip makes bathing dangerous. No facilities.

Whitesands
SM 734272

Resort Beach

A very popular beach and hence crowded in the summer months. An excellent family beach, suitable for children, but congested and busy. A sandy beach picking up quite a bit of surf. Not so good at Low Water. Storm conditions can produce curlers. Maximum wave height about 2m. A strong rip develops especially in winds from Southwest, which takes you towards and out at the North end of the beach to the Ram's Nose. This is useful to get out beyond surf line but it also means that swimmers in the centre of the beach drift into the surfing area. In summer months Lifeguards patrol the beach and separate the beach into a swimming area and a surfing area. If the surf is not high then most people including learners could be in the swimming area leaving the surfing area exclusively for the more experienced.

The zoning is essentially to avoid conflict of high-speed surfers and loose boards hitting swimmers. The powered inflatables doing trips around Ramsey Island come onto the beach every 2 hours, landing between the swim and surf zone. Usually too congested for kite surfing, go to Newgale instead. Likewise surf canoeists should use Newgale and not Whitesands.

If you are not familiar with the beach go and talk to a Lifeguard or a fellow surfer. St David's for shops Ma Sime's Surf Shop, TYF for tuition and courses in surfing, kayaking, climbing, coasteering (their trademarked word) www.TYF.com Toilets, telephones, ice cream, pubs, cathedral, Oceanarium, Information centre.

Porthselau SM 728257

Small sandy cove adjacent to Whitesands and beneath Pencarnon Caravan Site. A favourite for children with sand and rock pools. Access from the Coast Path or at Low Water Springs from Whitesands beach. Not for the surfer.

Porthlysgi SM 740242

A shingle beach accessed via the Coast Path, one mile West of Porthclais. Remote and unspoilt, with interesting views. Not for the surfer or windsurfer. No facilities.

Porthclais SM 740242

The small harbour of St David's. Interesting place to visit but not a family beach. Suitable launching site for kayaks and diving inflatables. Not recommended for bathing, windsurfers or surfers. Although shore dive and snorkelling is possible, it is not recommended.

Caerfai SM 760243

Rural Award

A sandy South facing beach close to St David's. Access from a path from the car park. Can be busy in the summer. Large caravan park above the beach.

Good for bathing and interesting family beach. Caves and rocky outcrops, do not get cut off from the tide if exploring the left hand rocks. Has some surf but not a surfers beach, unsuitable for windsurfing, awkward access for kayakers.

Caerbwdi SM 769245

A small remote beach Southeast of St David's. Mainly shingle but a little amount of sand in the centre of the beach at Low Water. Surrounded by rocks and cliffs. Although access is awkward a good place to snorkel. Not for surfers or windsurfing. No facilities.

Solva SM 805245

A picturesque sheltered harbour with gift shops, pubs and cafes. A place to visit but not a family beach. Sand and shingle at Low Water. However there is a pleasant sand and pebble beach, Gwadn, 20 minutes walk away along the East side of the harbour. A pleasant walk to this beach which you cannot see from Solva. Solva is not a surfers beach although for the surf kayaker, in rough weather, the entrance near Black Rock provides some ideal conditions. Toilets.

Pembrokeshire can get some clean waves.
Photo of Luke © Peter Bounds Photography 2003

Surf and beach guide

Plastic paddle ski at Newgale

Newgale SM 850219

Resort Beach

A popular beach for families, surfers, kitesurfers and surf canoeists. Not suitable for small boat launching. Beach faces West, flat sand with pebble ridge.

There are really three areas to the beach, the North end has a pub, surf board hire and café, the middle section has Lifeguards, car parks and toilets and the South end has toilets, lifeguards, café and beach shop. Bathing conditions are similar in all three sections but it is best to choose the South end or where the lifeguards operate.

Bathing not recommended in large waves as there can be rips and undertows. Popular surf and windsurfing beach. A long beach with plenty of space, getting most swell. It is affected by strong Southwesterlies when it will get blown out. When this occurs try Druidstone or Broadhaven.

Waves to 2m maximum. Usually up to 4 to 6 peaks along the beach with small rips in between. A good beach for the experienced windsurfer, especially with winds from the South or Southeast. Good wave riding conditions if swell combines with Northerly winds. Surf Shop at the North end with wetsuit and board hire.

Large natural pebble ridge at the back of the beach, which can make access awkward at High Water. On summer evenings some good surf can be had at High Water but generally any time of tide can produce interesting conditions. Ideal for all levels of surfing with a nice long beach break. If it is good at Newgale it is probably better at Freshwater West. To avoid congestion in the summer months it is recommended that surf canoeists choose Newgale rather than Whitesands.

This suggestion allows more room and less likelihood of conflict with others in the surf. The large expanse of sand is ideal for kite-buggying and land yachting, but ask the lifeguards for permission first. For hire and sale at Newsurf shop, 01437721398 are surf skis, custom boards, foam and body boards. Wet suits and hot showers also available.

Toilets, telephones, ice cream, public house 'Duke Of Edinburgh', café, shop, car parking and lifeguards. On the internet at Newsurf.co.uk you will find a daily surf picture of Newgale beach. It saves you driving there to have a look.

Little Haven and Broad Haven

Nolton Haven SM 859186

Rural Award

A small sheltered cove, a sand and rocky beach with shingle at High Water mark. A good family beach with plenty of streams and rock pools at Low Water.

Safe bathing at higher states of the tide but dangerous rip at Low Water Springs. Only bathe with careful supervision when the water is between the points. Launching of small boats across the beach. Not a surfing or windsurfing beach, too confined for kite surfing. Toilets and pub.

Druidston SM 860169

A spectacular sandy beach backed with dramatic cliffs. It requires a short walk to get to the beach. With no facilities, and no car park it is unsuitable as a family beach. Do not sit under the cliffs as rocks are likely to fall on you. Not suitable for windsurfers but it can get some good surf for surfers, the cliffs giving protection from strong winds. No facilities.

Broad Haven SM 863140

Resort Beach

A good family beach with shops and food close at hand.

Bathing generally safe. Rock pools and streams. At Low Water the flat sand, West facing, provides excellent conditions for kite-surfing, kite buggying, windsurfing and surfing. Wavesailing is best in winds from the Southwest. North east to Southeast winds can offer some smooth water conditions. It can however be congested with swimmers in the school holidays, if you need space then go to Newgale.

The waves are consistent, but only half the size of Newgale in Southwesterlies, however they are cleaner. Maximum wave height 1.2m. Best between High Water to half tide. Ideal for surfing beginners. Haven Sports Shop with wetsuit and board hire also windsurfing and surfing tuition. Toilets, telephones, ice cream, public house 'The Galleon', café, shops, car parking. Tourist Information.

Little Haven
SM 857129

Rural Award
Pretty seaside village that comes alive in the summer. Popular family beach with rockpools to explore and good for bathing. At Low Water the sand extends to the right to The Settlands and also to Broad Haven. Three pubs, all serve meals. At holiday times the village is congested for parking and launching. Not a surfers beach.

St Brides Haven
SM 802109

Rural Award
Small picturesque cove suitable for the family and swimming. Sand, rockpools and walks. Not a surfing beach. Excellent snorkelling beach and a convenient launching site for a kayaking trip. Toilets.

Martin's Haven

Musselwick
SM 784085

Accessed from a long walk and with no facilities, this beach cannot be classed as a family beach. At Low Water it is a beautiful sandy beach with ideal swimming conditions in settled weather. Take care as there are no nearby rescue facilities. Look at the tide table before going, as the beach access is cut off at High Water. Access on to the beach at HW + 0130. The rocky steps down are slippery in wet conditions. Not a surfing or windsurfing beach. No facilities.

Martin's Haven
SM 760089

Rural Award
Situated in the Skomer Marine Nature Reserve this is a pebble and rocky cove. The embarkation point for the Skomer Island. A cold beach and not for sitting on. Suitable for walks and visiting the Skomer Information Centre. Unsuitable for surfing or windsurfing but a convenient launch site for the experienced sea kayaker. For snorkelling and shore diving this is Pembrokeshire's best cove, with deep water within finning distance of the beach. Keep to the right hand side of the beach to avoid being hit by boats. Conform to the Marine Reserve byelaws.

Musselwick

Marloes

Marloes
SM 780082

Rural Award

A fifteen-minute walk to the beach but well worth it. Be careful when swimming as there are strong undertows and no rescue facilities nearby. Spectacular surroundings, and a geologist delight. Sand at Low Water, pebbles and rocks at High Water. Some powerful surf with a variety of breaks. It needs wind from the North to work. Maximum wave height 2.5m. You need to know the beach well to avoid many outcrops of rocks. Less rock hazards at Low Water but better surfing conditions when half tide to High Water. Beware not to get cut off inside a rocky cove. Toilets at Car park. Emergency phone at carpark entrance.

West Dale
SM 800060

Rural Award

A six-minute walk from the cliff top parking beyond Dale Castle. Sand and pebble beach, facing West Southwest, surrounded by unstable cliffs. Very limited parking and no toilets. In the opinion of the author this is one of the most dangerous of all Pembrokeshire's beaches for swimmers due to strong undertows and strong waves. Never surf or swim here alone.

This location is only recommended for competent surfers, it is not for the windsurfer. Maximum wave height 2m to 3m. A good surfers beach with powerful waves and breaks to the left and right. Better at Low Water and up to mid tide. Large dumping shorebreak waves. No facilities. One mile away is Surf Shop with wet suit and board hire at Dale 01646 636642, also café, toilets and telephone.

Watwick SM814040

A delightful beach facing East. Accessed via a walk alongside two fields. Golden sand beach with no facilities. Getting the morning sun and a pleasant place for a swim. Generally safe for swimming but note that the beach profile is steeper than all

the other beaches, ie it drops off suddenly into deeper water.

Dale SM 812059

Rural Award

A good family beach, but there is not much sand, and that is hopeless for sandcastles! Easy parking opposite the beach and nearby amenities. An ideal place to learn windsurfing or dinghy sailing. Sea state is often smooth, unless an Easterly. Launching is easy at all states of the tide. The best consistent wind is from the Northwest, coming across the Gann, when windsurfing or kite-sailing on smooth water can be exhilarating. Tuition, hire and shop for the surfer and windsurfer at West Wales Wind, Surf and Sailing 01646 636642 www.surfdale.co.uk . Toilets, shop and café.

Lindsway SM 843070

Half a mile walk from St Ishmael's and down many steep steps is Lindsway Bay. At High Water there are only large rocks and no beach, but to get away from the crowds or for a sunbathe, a good place to go. At Low Water a large expanse of sand, if going right at Low Water do not get cut off with the incoming tide. The boulders at the base of the steps can be slippery when wet. No information on surf or swimming conditions. No facilities.

West Dale

Sandy Haven

Sandy Haven
SM 857074

Rural Award

Road access through Herbrandston and down a one track lane. A good family beach with sand and rock pools. Many outlying rocks and boulders amongst the sand at all states of the tide. Do not swim in the estuary as the ebb may be strong. Limited facilities at the Caravan Site.

Gelliswick SM
886056

Rural Award

A family beach close to Milford Haven. Not much in the way of sand. Bathing generally safe but keep away from small boats near the central slipway. Toilets at the top of the slipway. Flat water conditions for windsurfing. If canoeing or in a small boat there is a passage through the marine jetty to the right; go through only where the pillars are painted orange.

Freshwater West

West Angle
SM 855033

Rural Beach

A wide beach facing West, found to the West of Angle village. A good family beach with sand, rock pools and amenities. Good for swimming, stay in the centre of the beach. Rocks to left and right. Not a surfers beach but convenient for windsurfers although beware of the rocks.

Freshwater West
SM 895995

Best surfing beach in Wales. Long sandy beach backed by dunes and some pebbles. Beach faces West and receives any swell going. A dangerous beach for swimmers as various rips and inconsistency of depths. The Welsh National Surf Championships, usually May Bank Holiday, are held here. Better at lower states of the tide. Breaks all across this large beach. Maximum wave height 2m to 3m. When waves get bigger than this they become unmanageable. At the North end sometimes a strong outgoing rip. When there are big swells, getting out through them can be exhausting. To the South end (The Point) is a good shore break in offshore winds with great dredging left hand barrels. Further South (Middle Bay) a reef break for pros and the experienced. Care here if you go right of the shallow reef at Low Water. Better here surfing nearing High Water when it is easier to paddle out through the deeper channels. Rips can take you southwards, not for kookies. The south corner is within the Castlemartin Firing Range and landing is forbidden. Surf shop in Pembroke. Toilets, car parking and emergency telephone.

Broadhaven South
SR 977958

Rural Award

A spectacular location with cliffs, sand dunes, sand and rock pools. Beach faces Southeast, getting morning and midday sun. Something for all the family, but a short walk from the car park. Behind the dunes are Bosherston Lilly Ponds (SR 966948) with interesting wildlife walks. Not a windsurfing location but good for surfers especially getting some protection from Westerly and Southwesterly winds. In big swells it is better at High Water. A popular winter location, when there are big swells with strong Westerlies. With swells from the West to the North it can provide short hollow waves. It can hold a good lefthand wave on a big swell. Maximum wave height 2m. Car parking. Toilets.

Surf and beach guide

Barafundle SR 993957

Rural Award

Park at National Trust car park at Stackpole Quay and a ten minute walk across the cliff path. A delightful beach with a Mediterranean feel about it. Glorious for bathing and sunbathing. Plenty of sand but not many rock pools. Sand dunes at the back of the beach and pleasant walks either side. For rock climbers there are some good routes nearby. If you are not aware of the climbing restrictions within the Firing Ranges then contact 01646 662230. No toilets at the beach.

Freshwater East SS 015978

Rural Award

A large family beach, with sand and sand dunes. Generally good for bathing. Sometimes a large pond is created in the middle of the beach fed by fresh water. Do not let children or dogs swim in this pool as it has been known to develop poisonous algal toxins. A flat beach suitable for surfing, kitesurfing and canoeing. If others are using the surf, please do not kite surf. Swell from the W and N can provide a fast hollow shore break. Surf is fickle but can be powerful with barrels. If you are not careful you can easily snap your board here. Can be surfed at all states of the tide. Maximum wave height 2m. Toilets, shop, car parking.

Manorbier SS 063976

Rural Award

A popular surfing beach in a pleasant location. Breaks to the right and to the left. Maximum wave height 2.5m. Some long rides can be had. Be aware of a rock in the centre of the beach at extreme Low Water Springs. Can be surfed at all states of the tide. Better about one hour before High Water. Toilets and car parking. A good location for photographing the surfing action.

Lydstep SS 090980

Resort Beach

Accessed through Lydstep Haven Caravan Park. A large bay with pebble beach. A central slipway gives access to the water for small boats usually with tractor assistance. Popular with families that use the Holiday Park. A family beach, good for bathing, but limited sand except at Low Water. The bay has no speed restriction byelaws applying to it and so offers smooth water for jet

Barafundle

skiers and water skiers to operate. All amenities.

Tenby South Beach SS 118991

Resort Beach

Family beach next to Tenby. Sand, shells and small sand dunes backed by a golf course. Bathing generally good. Lifeguards in the summer months. A long stretch of sandy beach with offshore winds from the North. More suitable for windsurfing and kitesailing than the other two Tenby beaches. In winter short hollow waves can be produced on big swells. Maximum wave height 1.8m. Can be surfed at all states of the tide and the waves are short and fast. Toilets, car parking and shops. Surf board hire at Castle Beach.

Tenby Castle Beach SN 133003

Resort Beach

Small family beach next to Castle Hill, Tenby. Plenty of sand at Low Water when it joins up to South Beach. Only bathe under Lifeguard supervision. At mid tide there can be a strong tidal stream between the beach and St Catherine's Island causing dangerous swimming conditions. Sometimes dumping waves and unpredictable ones as the swell may surge around the island. An embarkation point at Low Water for the Caldey boats.

Surf kayak fun
Photo @ Dave Thom 2006

Tenby North Beach
SN 137004

Resort Beach

A family beach at Pembrokeshire's main holiday resort. Parking a problem, think of the Park and Ride bus scheme. A sweep of golden sand with the Harbour at the Southernmost end. A prominent rock, Goskar Rock, lies in the centre of the beach. This beach tends to be more sheltered than South Beach, but also more congested. Dog ban and Lifeguards in the summer.

All amenities close at hand and a nearby tourist information office. For windsurfing and kitesailing, go to South beach where there is a bit more room and more wind.

Monkstone
SN 142032

A ten-minute walk down to a sandy beach backed by pebbles at High Water. Bathing here requires caution as there are strong rips and powerful waves. Maximum wave height 2.5m.

A surfers beach where mid tide produces a right hand point break. Long rides possible. Sheltered from Northerly winds. Remote beach, always surf in company. No facilities at the beach.

Saundersfoot
SN 136047

Resort Beach

A wide expanse of sand at Low Water. Popular with families. Suitable for bathing with Lifeguards in the summer. Car parking can be a problem, but a bus scheme in operation.

A lively bustling beach situated close to all amenities. Suitable for the disabled. Dog restrictions between 1st May to 30th September. Boat speed restrictions in the bathing area. If windsurfing, choose Coppet Hall as a launch site.

Coppet Hall
SN 140054

Rural Award

A small sandy beach with rocks and rock pools to the left. Large car park giving easy access to the beach. Generally suitable for bathing. At Low Water this beach joins with Saundersfoot beach. Suitable for windsurfing, especially at lower states of the tide when the wind is less affected by the surrounding land and there is more room for everyone.

Wiseman's Bridge
SN 147060

Rural Award

A sandy beach, with rocks and pebbles. Convenient for access, with parking above the beach. Generally suitable conditions for swimming. For surfers it needs the right conditions to work. These could be in the winter months when a large swell combines with offshore NW winds. Maximum wave height 2m. Surfing tends to be best at High Water. Toilets, public house and car parking.

Amroth SN163071

Resort Beach

A busy seaside hamlet situated directly above a long sandy beached backed with pebbles. A family beach with amenities close at hand. Suitable for the

Tenby. Inset above: Coppet Hall

disabled. Groynes along the beach provide wind sheltering places at Low Water. Some winter surfing is to be had, better at higher states of the tide, beware of rocks and groynes. Suitable for windsurfing and kitesurfing with blasting conditions in Westerly winds. All amenities nearby.

Average Sea Water Temperatures

January 8°C, April 11°C, July 16°C, October 15°C

Surfing websites

www.magicseaweed.com

www.surfingwales.org.uk

www.surfwithus.co.uk

www.surfdale.co.uk

www.outerreefschool.com

Drop In Rule

All those who surf be they surfer, boogie boarder, windsurfer or canoeist, must know and heed this rule. It is for your safety and enjoyment.

The rule is: the person riding the wave nearest to the curl (white water) has priority. In practical terms this means that you must look along the wave before dropping in to see if there is someone already on it. If someone has caught it before you, either do not follow suit or remember to keep out of his/her way.

Surf and beach guide

Sea kayak guide

THE ENTIRE Pembrokeshire coast is interesting for the kayaker and whatever the weather there are hundreds of miles of coast and estuary to explore. The following trips help the planning process and, if all are undertaken, you will have seen all of the Pembrokeshire coastline.

The time of launching is suggested for each trip to get best advantage of tide or for ease of launching. Refer to tidal stream charts. Two or more of these trips could be completed in the same day but you would probably forfeit the enjoyment of exploring each beach or cave.

Most of the trips mentioned here can be done in about 4 or 5 hours. The author has done all these trips at least once. The trips are not as strenuous as walking the same cliff path and you see twice as much!

Main photo: Ocean Rock kayaking expedition. Photo:@ Dave Thom 2006
Inset: Author exploring caves at Dinas Head

Afon Teifi

Leave one car at St Dogmael's, launch Cilgerran.
Distance: 3M
Weather: anytime.
Time to launch: MHHW

An excellent expedition for beginners or when the seas are too rough. A paddle down the Afon Teifi from Cilgerran to St Dogmael's. Leave one car at St Dogmael's and then go to Cilgerran to launch. There is a small road down to the river from the centre of Cilgerran, 0.5M E of the Castle. Launch below the car park with the information display. Preferably launch at or about MHHW. This will mean that you will have water over a shallow area of river just above Cardigan road bridges where HW will be MHHW +0130 hrs. The Afon Teifi is a large and fascinating river teeming with birdlife, and you may be lucky enough to see an otter. On the way you pass through a wooded gorge and the banks of the Welsh Wildlife Centre. Fishing for salmon is still occasionally done in the traditional way with coracles along this stretch of river. The distance to St Dogmael's through the town of Cardigan is about 3M and will take about 2 to 3 hours of gentle paddle. If you don't have a canoe and want to join a canoe trip from Cilgerran then contact Heritage Open Canoe Trips 01239 613961. Guided Wildlife tours at the Welsh Wildlife Centre 01239 621600.

The impressive Cilgerran Castle is also worth a visit.

Cilgerran Castle and coracle

Cardigan Island

Leave one car at Poppit, Launch at St Dogmael's.
Distance: 7M
Weather: Less than force 4.
Time to launch: MHHW to MHHW + 0300

Leave one car at Poppit, have a look at surf size especially on the beach and bar. Launch at St Dogmael's. It can be done as a round trip to St Dogmael's but if you stay seaward of the bar when the tide drops it is a real pain to walk back up the river bed to St Dogmael's. Remember outgoing tide starts 0130 hrs after MHHW. Pleasant estuary paddle with strong outgoing ebb when half tide. Care when past the Perch as ebb can produce standing waves on the bar if any swell. The adventurous can round Cardigan Island, keep midway through the Sound. On seaward side of the island look for Bottlenose Dolphins as they live here. Return to Poppit Beach, identify the Lifeboat House on beach with flagpole and aerials and take a course to land there. Care needed when surfing into the beach.

Cemaes Head

Leave one Car at Poppit, launch at Ceibwr.
Distance: 4M
Weather: less than force 4.
Time to launch: MHHW-0100 to MHHW+0100

Recommended to launch at HW as Ceibwr has sharp, awkward and slippery rocks at LW. Stunning tall and rugged cliffs. Cemaes cliffs are amongst the most dramatic in Pembrokeshire.

Ceibwr

A remote spot so care and company essential. If you have time it is nice to circumnavigate Cardigan Island (an extra 1M) to look out for Bottlenose Dolphins. A wetting likely if surf dumping on Poppit beach.

Ceibwr to Newport

Leave one car at Newport Beach or Newport Parrog, launch Ceibwr.
Distance: 5M
Weather: less than force 4.
Time to launch: MHHW to MHHW+0200

A rugged coast for the experienced only. The best of the trip is within 1.5M of Ceibwr where there is Witches Pool a beach entered via a large sea cave. Remote pebble beaches with no access from the land. Hauling out beaches for seals. If you see hundreds of seals, then keep well out to sea to avoid disturbance.

Newport to Cwm-yr-Eglwys

Leave one car at Cwm-yr-Eglwys, launch at Newport Parrog.
Distance: 2M   Weather: avoid strong W or N. Time to launch: anytime unless LW springs

A short distance but interesting paddle with at least 5 delightful beaches on which to picnic and explore. Excellent trip for beginners. Many interesting rocks and reefs to go between. Half the beaches are accessible from the Coast Path.

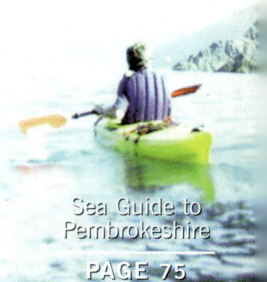

Dinas Head

Leave cars at Pwllgwaelod. Launch at Pwllgwaelod, Land at Cwm-yr-Eglwys.
Distance: 2M
Weather: less than force 4.
Time to launch: anytime

The author's most favoured trip. In winter months you could leave one car at Cwm-yr-Eglwys but in the summer months this is congested and it is only a ten minute walk across the valley from the Caravan Park at Cwm-yr-Eglwys to get to the vehicle at Pwllgwaelod.

Whatever time you choose there is some adverse tide for part of the trip. High interesting cliffs with many huge sea caves. One long and narrow cave goes right through the tip of the headland. The more water the better to go through this long cave, thus safer after mid tide. Before going through the cave look which way the surf is going through. If boisterous go against surf first and then go through again riding it. Not much room for paddle strokes! Seal, cormorant and peregrine falcon are often seen on this trip. Breeding seabirds on Needle Rock to the East of the headland.

Fishguard Bay

Leave one car at Lower Fishguard or Goodwick. Launch at Pwllqwaelod.
Distance: 3.6M
Weather: avoid strong winds.
Time to launch: anytime

A gentle trip but avoid headwinds. Plenty of interesting caves, reefs and small unused beaches. A good trip for beginners but it is a longer trip than you think.

Strumble Head

Leave one car at Goodwick, Launch at Aberbach, St Nicholas.

Distance: 10M Weather: less than force 3. Time to launch: anytime

A fantastic expedition, it is an all day paddle for settled weather and reasonably fit paddlers.

Start at Aberbach. Over a stile and a long carry along a bumpy footpath and a launch from steep big pebbles but it is worth it. With prevailing winds it is easier to go E around Strumble. The coast is stunning, rugged and remote. Many small beaches on which to land all along the trip. Porpoise commonly seen. Strong eddies can be experienced at Penbrush. Overfalls to watch out for at Strumble Head and at Pen Anglas. There is a big bull seal in Pwllderi that is very aggressive towards paddlers, avoid him if you can.

Abercastle

Start and finish at Abercastle
Distance : 3M
Weather: less than force 4.
Time to launch: anytime

If you need to complete the coast to Aberbach the distance is 1M to E. Do not go to Abercastle to look for shelter from the S or SW as the valley and cliffs seem to funnel the wind and make conditions worse rather than better. An interesting paddle, strong tidal streams off the headland. If you do not want a return paddle leave one car at Aber Felin.

Surfing fun at Porthmelgan Photo @ Dave Thom 2006

Abercastle to Porthgain

Leave one car at Porthgain, Launch at Abercastle.
Distance: 3M
Weather: less than force 4. Time to launch: anytime

Rocky coves, Aber Felin could be the picnic spot. If a big swell then care needed in entering Porthgain as you may be surfing through the entrance especially at Low Water.

Porthgain to Abereiddy

Leave one car at Porthgain, Launch at Abereiddy.
Distance: 2M
Weather: less than force 4.
Time to launch: MHHW

Suggested to launch at Abereiddy. If you can get out in the surf then you will land OK at Porthgain. If launching is too bad at Abereiddy then conditions are too severe to go. If settled weather then you could launch at Porthgain at MHHW+0400 to MHLW+0100 to catch the South going tide. Strong tidal streams off the points.

St David's Head to Abereiddy

Leave one car at Abereiddy, Launch at Whitesands
Distance: 5.5M
Weather: less than force 3.
Time to launch: MHLW+0330

Suggested to launch at Whitesands as the biggest hurdle is St David's Head and you have the prevailing wind behind you. The problem of setting off from Abereiddy is that the tide may have changed against you by the time you get to St David's Head. If this combines with a headwind there can be serious overfalls at St David's Head with nowhere to go except turn back. If launching is too bad at Whitesands it will be too rough to land at Abereiddy and you should choose an alternative trip. Strong tidal streams.

Ramsey Sound

Start and finish at Porthclais.
Distance: 4.4M
Weather: less than force 4.
Time to launch: MHLW+0230

If you are launching and

Ramsey Sound rodeo
Photo: courtesy Pembrokeshire Coast National Park

returning to Porthclais and also wish to see Ramsey Sound you need to time it correctly for the tides. Slack in the Sound is MHHW+0300 then the stream turns and runs South. Standing waves and overfalls on the Bitches. Interesting eddies and reefs to explore. Strong tidal streams. Always paddle in company, if you need a buddy ask at TYF shop, St David's.

Porthclais to Solva

Leave one car at Solva, Launch at Porthclais.
Distance: 4M
Weather: less than force 5.
Time to launch: arrive at Solva after mid tide.

Avoid a LW start or finish time. Solva is more awkward at LW than Porthclais. An interesting coast with plenty of reefs, inlets and beaches to explore.

Distance includes paddling around Green Scar. Suitable for beginners and some shelter from winds from the N. Tidal streams less than 2 knots. A more interesting paddle than it looks on the chart.

Solva to Nolton Haven

Leave one car at Nolton Haven, launch at Solva.
Distance: 4M
Weather: less than force 5.
Time to launch: avoid LW

The area closer to Solva is the most interesting. Plenty of beaches for the picnic. Weak tidal streams. Public house on the beach at Nolton Haven.

Nolton Haven to St Brides Haven

Leave one car at St Brides Haven, launch at Nolton Haven.
Distance 6.5M Weather: less than force 5. Time to launch: anytime

It seems a long way on the chart but the chances are that you will have tidal stream for most of the way from Goultrop to St Bride's. Seals to be seen at Stack Rocks.

A favourite paddle of the author's is to do a round trip from St Bride's Haven around Stack Rocks and back to St Bride's. Look out for the camel on Stack Rocks!

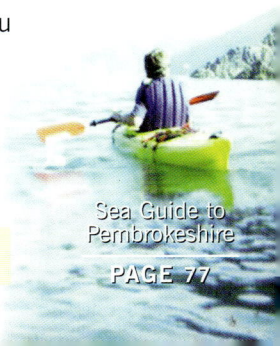

St Bride's Haven to Martin's Haven

Leave one car at St Bride's, launch at Martin's Haven.
Distance 3.8M
Weather: less than force 5.
Time to launch: anytime

At Martin's Haven take cars back to the car park after launching, do not leave on the approach road. High cliffs, the first part of this trip is within the Skomer Marine Reserve area.

Skomer Island

Start and finish at Martin's Haven
Distance: 6.5M
Weather: less than force 3.
Time to launch: avoid spring tides

Refer to Skomer Island tidal streams. Jack Sound needs care unless it is slack water which only lasts about 20 minutes midway between MHHW and MHLW. If leaving at MHHW+0230 to catch a slack then continue along the N coast and get advantage of a W and S going stream. You will get some tide against you on the S of the island. If you are catching the MHLW+0300 slack to start then go S along the island ie clockwise around. You will get some adverse tide near the Garlandstone but generally the tide should not be too strong. Comply with Skomer Marine Reserve byelaws to prevent disturbance to wildlife. No landing permitted without permission. Seals and porpoise often seen near the Garlandstone. A trip for the experienced only.

Jack Sound to Dale

Leave one car at Dale and launch at Martin's Haven.
Distance: 8M
Weather: less than force 3.
Time to launch: MHHW+0300

Even if a neap tide is against you in Jack Sound it is usually possible to hug the mainland rocks and paddle against it. However much better to use the tide and start at slack in the

St Elvis, Solva.

Sea kayak guide

Picton Point sunset

A pleasant drift down the river through areas little changed by time. Upper reaches are a bird sanctuary. Breeding season should be respected and minimum disturbance at all times. Do not attempt wading across mud, when coming ashore do so only on the hard stream beds.

Sound. Then, if it takes you more than 3 hours to get to St Ann's Head, you will have the start of the flood to take you into the Haven. An interesting and challenging trip. Remember there are few places to land near to St Ann's Head. The beach beyond Westdale is a suitable stopping place to have a break. On the approach to this beach keep to the centre of the beach as there is a rocky platform on both sides.

Sandy Haven to Dale

Leave one car at Dale, launch at Sandy Haven
Distance: 5M
Weather: force 5 or less.
Time to launch: MHHW-0100 to MHHW+0100.

By starting around HW there is time to paddle up the creeks of Sandy Haven before venturing out towards Dale.

Alternatively it can be done as a round trip from and back to Dale, distance 6M. If Dale is your start and finish point launch about 2 hours before HW. Look out for white egrets, they are to be seen winter and summer in the creeks of Sandy Haven.

Neyland to Sandy Haven

Leave one car at Sandy Haven, launch at Neyland
Distance: 7M
Weather: force 5 or less.
Time to launch: MHHW

There is often a foul tide against you on the N side off the Neyland Yacht Club even on the ebb. Take advantage of the ebb in mid channel. Keep an eye out for shipping and the Irish Ferry and on Sunday morning racing yachts. Harbour byelaws state you must stay 100m off all the jetties and anchored ships. Suitable place for a rest is the pontoon moored off Gelliswick. Sandy Haven is better entered before mid tide otherwise you may have to walk up the stream. Have a look at Stack Fort, but landing quay is dilapidated and dangerous.

Haverfordwest to Neyland

Leave one car at Neyland, launch at Haverfordwest (Bristol Trader or The Frolic).
Distance: 12M
Weather: force 6 or less.
Time to launch: MHHW

Picton Point and Eastern Cleddau

Start and finish at Picton Point or Landshipping
Distance 7M
Weather: force 6 or less.
Time to launch: MHHW - 0130

With incoming tide can go E up the Eastern Cleddau to Canaston Bridge and return on the ebb. Ideal for beginners and when rough weather prevents a sea trip. Beware of stepping into deep mud, at LW choose landing site carefully preferably in a stream where there is a firmer and safer landing. Only wade where you see can see mussel beds, weed or gravel. An alternative start and finish location for the upper reaches and its creeks is Black Tar beyond Llangwm. Remember you only have about an hour and a half after HW before the water has ebbed considerably leaving mud banks in all the creeks. Shelduck and curlew are common and in the winter months, teal.

Pembroke Dock to Angle

Leave one car at West Angle, launch at Hobbs Point or Llanion.
Distance: 7.5M
Weather: less than force 5.
Time to launch: MHHW

Starting near to the Cleddau Bridge this trip begins in the urban area and takes you to the picturesque mouth of the Haven Waterway. Ships, yachts, tugs, jetties and old forts. A suitable stop would be the Point House pub at Angle where food and a refreshing pint can be had.

What next?
Photo @ Dave Thom 2006

Lower Fishguard,
Photo @ Dave Thom 2006

West Angle to Freshwater West

Leave one car at West Angle, launch at Freshwater West.
Distance: 4.5M
Weather: less than force 4.
Time to launch: MHLW+0300

If you can get out through surf OK at Freshwater West then you will be all right landing at the more sheltered West Angle. If you attempt it the other way you can have big surf develop at Freshwater in the time it takes to complete the trip and then returning to Angle is a long way. Strong tidal streams on the point at Sheep Island otherwise less than 2 knots. Setting off at mid flood should give you the best advantage of tide.

Freshwater West to Stackpole Quay

Leave one car at Stackpole Quay, launch at Freshwater West.
Distance: 9.5M
Weather: must be settled, less than force 3.
Time to launch: MHHW+0330

The most challenging of all the expeditions mentioned here. This trip should be given careful planning and only executed in ideal conditions. See details on Castlemartin Firing Range. Before St Govan's Head there are few places to stop. For the fit and experienced only. Dramatic limestone cliffs, strong tidal streams.

Caldey Island

Stackpole Quay to Manorbier

Leave one car at Manorbier, launch at Stackpole Quay.
Distance: 3.5M
Weather: less than force 5.
Time to launch: LW+0130

A relatively short paddle convenient if strong winds from the north. Launch and retrieval requires a carry from the car access. Suitable for beginners, a convenient stop is at Swanlake.

Manorbier to Tenby

Leave one car at Tenby, launch at Manorbier.
Distance: 6M
Weather: less than force 4.
Time to launch: MHLW

Check if the Manorbier and Penally Range is operating, see Firing Ranges section. Some strong tidal streams especially off Lydstep Point and eddies near Caldey Sound. The distance given here does not include a circumnavigation of Caldey. However it is worth investigating the dramatic caves on the W

side of St Margaret's Island. Two other exciting caves are to be found at Tenby through St Catherine's Island.

Caldey Island

Start and finish at Tenby (Harbour or South Beach).
Distance: 9M
Weather: less than force 3.
Time to launch: anytime

Check tidal streams and avoid launching a retrieval at LW when there can be quite a carry. An interesting and enjoyable paddle but quite a distance. A round trip can also be done starting and finish from Manorbier which is about 11M. If leaving from Manorbier check Firing Range activity. Seals, cormorants and sea caves.

Tenby to Amroth

Leave one car at Tenby, launch at Amroth
Distance: 4.5M
Weather: less than force 4.
Time to launch: avoid LW

Amroth is suggested as the start point as conditions here are likely to be worse than the rest of the trip. If you can get out through the surf at Amroth, then you should be able to complete the trip. Landing is more sheltered at Tenby. A good place to stop is Monkstone but it sometimes has large surf.

Congratulations.
If you have completed all the above trips you have paddled the entire Pembrokeshire coast and you will agree that it has some of the best sea paddling in the UK.

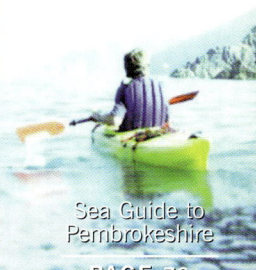

Tidal information

Tidal tips around Pembrokeshire

The old nautical almanacs used to refer tide times in a very simple manner; merely giving the time of high water at the full and new moon. For instance in the Sailing Directions for the Bristol Channel in 1862 the following entry is made;

It is high water, full and change, about Tenby and Caldey at 6 o'clock.

Simplicity itself. Meaning at New and Full moon the HW would be 0600 or 1800.

If you check it out this is spot on.

The fullest spring tide actually happens 2 days after the full and new moon thus nearer 7 o'clock. Add one hour for our Summer Time (DST) this is 0800 and 2000 for Pembrokeshire Spring High Waters (MHHW springs) during the summer.

Another general rule to apply in Pembrokeshire is when you see a half moon it will be high tide at about 0730 and 1330.These are the Neap tides.

Get a tidetable!

Some boating people come down to Pembrokeshire every two weeks in the summer months and find the tide is out every time they want to launch. This is no surprise as on Springs, occurring every two weeks, the tide is out, exposing the beach, between midday to 1500. Making the launching of small boats a real headache. The old adage Time and Tide wait for no man, becomes acute when you start boating, not only in getting afloat but also in making passages along the coast. **The answer is Get a tidetable! See online www.easytide.ukho.gov.uk**

Slack waters

For divers seeking slack water, do not be fooled into thinking that it coincides with High and Low Water. Around Pembrokeshire most of the slacks occur half way between HW and LW which often means that diving at HW or at LW will be the worst time as the tidal stream will be at its maximum force. Also of interest to divers is that when the slacks occur mid-tide then the depths at each slack are similar. There is really no such thing as a HW slack and a LW slack. The depth when a slack does occur may not alter more than 1.5m from the previous slack. Even though the range for that day may be 7m.

Tidal Range & Twelths Rule

The Range, the height difference between High Water and the next Low Water is important when choosing an anchoring depth. The Spring Range in Pembrokeshire is greatest at Tenby which could have a range of over 8m. The Mean Spring Range at Milford Haven is 7m whilst at Fishguard it is only 4.8m. For practical purposes the tide rises and falls according to the 'Twelths' rule.

1/12th of its range in the 1st hour, 2/12ths of its range in the 2nd hour, 3/12ths of it range in the 3rd hour, 3/12ths of its range in the 4th hour, 2/12ths of its range in the 5th hour, 1/12th of its range in the 6th hour.

Generally around the coast this rule applies, but it does not apply E of the Cleddau Bridge.

Predicted heights

Barometric pressure and wind direction can make daily variations, in extreme cases over 1.2m, to the predicted height and also to the time of High and Low Water as predicted in the tide table. A Southwesterly wind, over force 6, could both raise the High Tide level and bring the predicted time of HW forward. Conversely a strong Northerly will delay the time (up to 40 minutes) and will cause a height less than the one predicted. When anchoring make due allowance.

Milford Haven is a Standard Port - 0500 Dover, Milford Haven Mean Level 3.8m

Milford Haven mean Spring Range 6.3m, Milford Haven mean Neap Range 2.7m

Milford Haven mean High Water Springs 7.0m mean Low Water Springs 0.7m

Milford Haven mean High Water Neaps 5.2m mean Low Water Neaps 2.5m

Tidal Range Differences around Pembrokeshire

(HWS =High Water Springs, LWS=Low Water Springs, HWN=HW Neaps, LWN=LW Neaps)

Alter Milford Haven heights accordingly for Springs and Neaps at these ports

Cardigan & Fishguard
   Mean HWS - 2.3m Mean LWS - 0.1m,
   Mean HWN - 1.8m, Mean LWN - 0.5m

Porthgain
   Mean HWS -2.5m, Mean LWS 0.0m,
   Mean HWN - 1.8m, Mean LWN - 0.6m

Solva
   Mean HWS - 1.5m, Mean LWS 0.0m,
   Mean HWN - 1.0m, Mean LWN - 0.2m

Tenby
   Mean HWS +1.4m, Mean LWS +0.2m,
   Mean HWN +1.1m, Mean LWN +0.5m

U.T.   NOT BST.

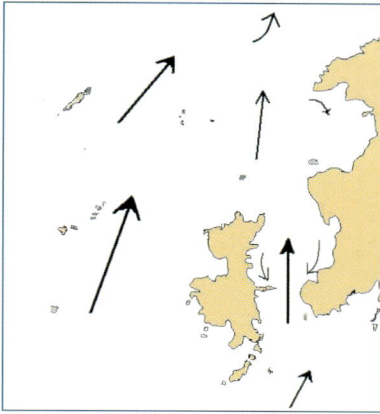

HW + 1

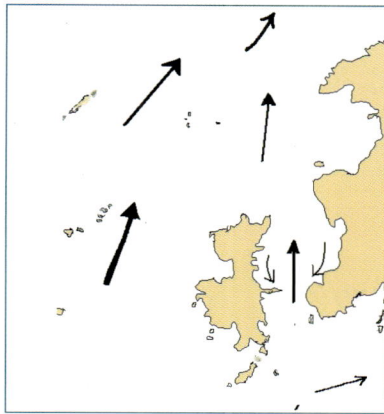

HW + 2

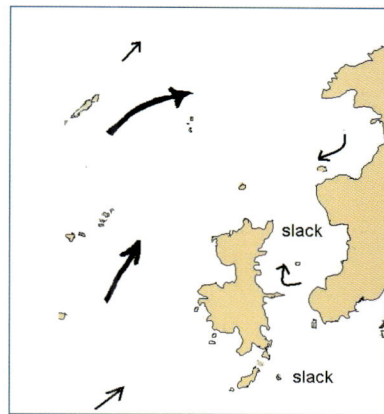

HW + 3

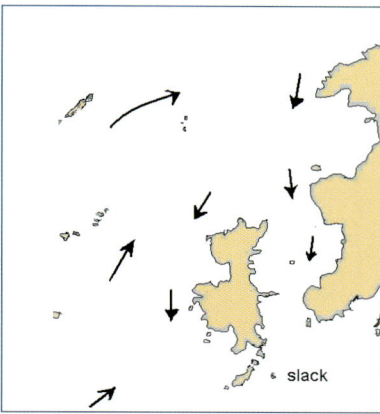

HW+ 4

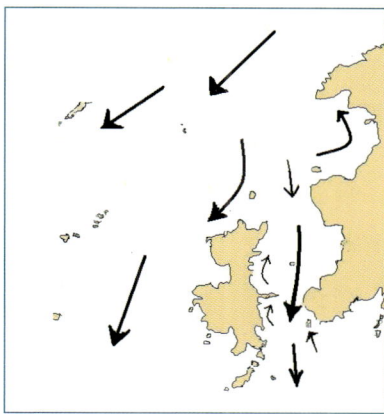

HW + 5

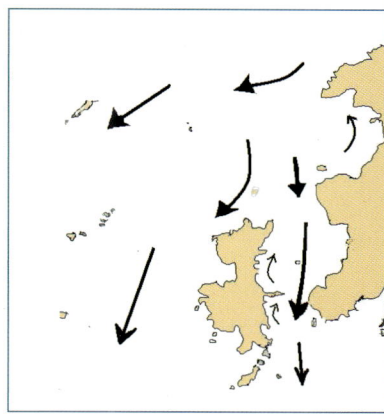

Low Water

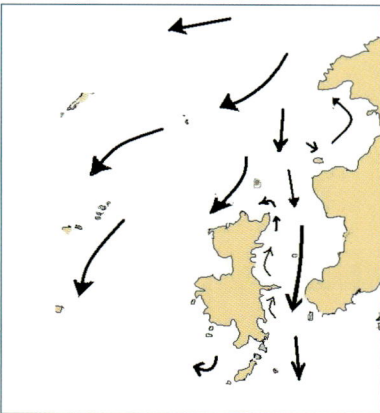

HW - 5

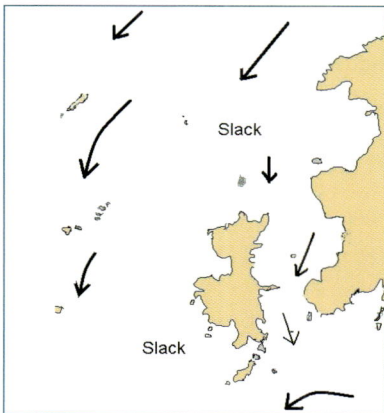

HW - 4

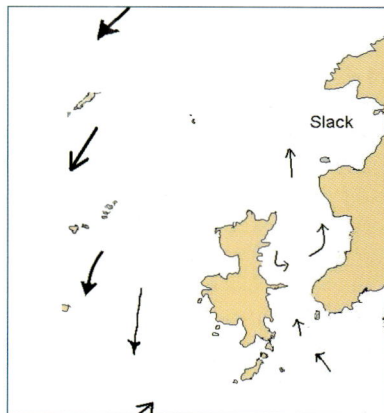

HW - 3

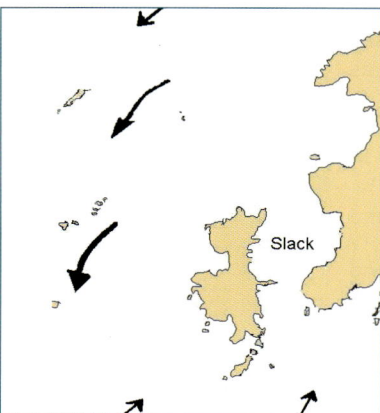

HW - 2

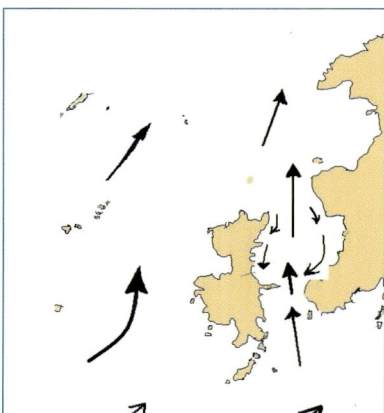

HW - 1

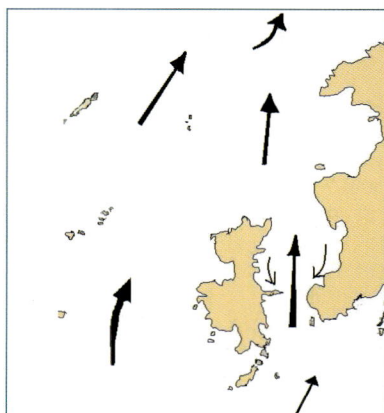

High Water

Tidal streams

Tidal Streams   Cardigan Island to Skomer Island

Every hour Before Milford Haven High Water (Low Tide to High Water)

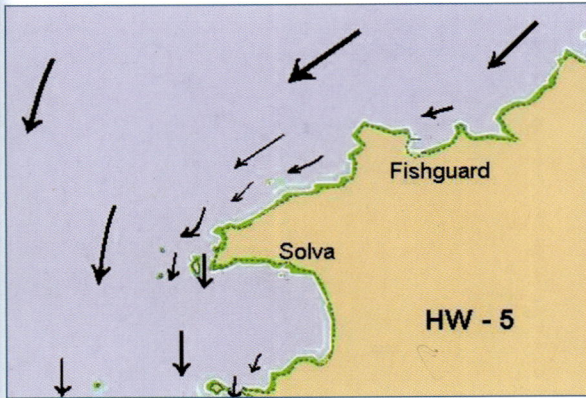

HW - 5

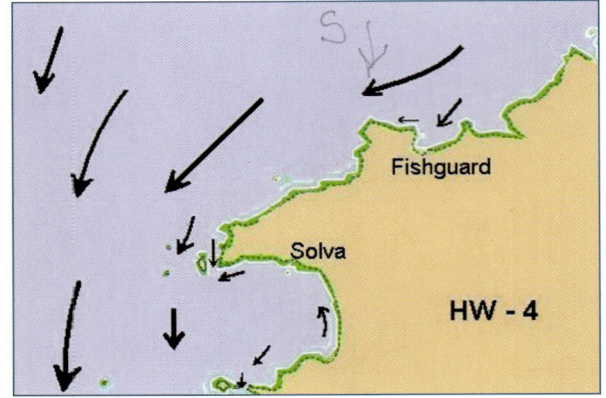

HW - 4

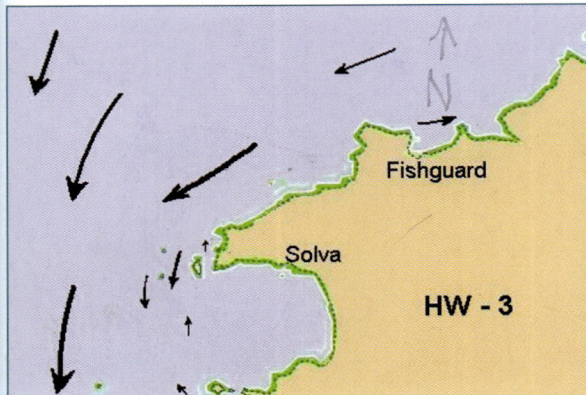

HW - 3

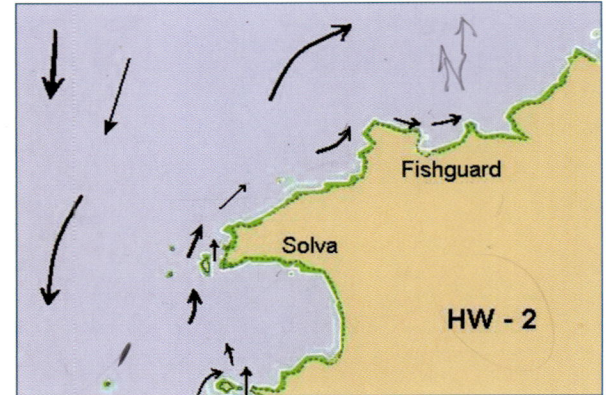

HW - 2

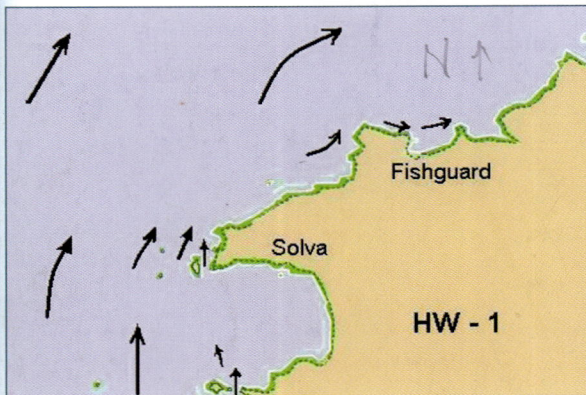

HW - 1

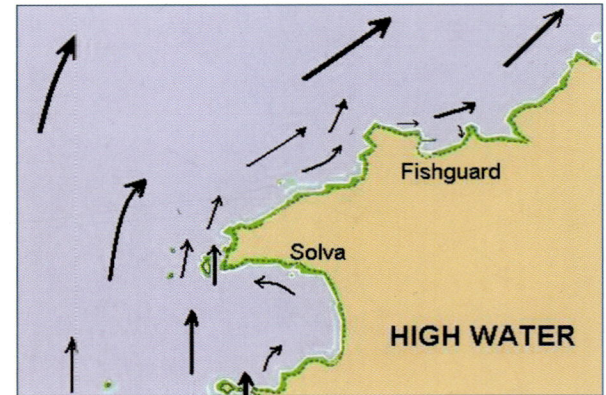

HIGH WATER

Outside Fishguard Bay
Easterly stream starts HW - 0205 (2 knots)
Outside Fishguard Bay
Westerly stream starts HW + 0400 (2 knots)
Penanglas to Strumble Head
West stream starts HW + 0115 (2 knots)
Penanglas to Strumble Head
East stream starts HW - 0155 (1.5 knots)
To the West of Strumble Head
Northeasterly stream starts HW - 0215 (2.5 knots)
To the West of Stumble Head
Southwesterly stream starts HW + 0440 (2.5 knots)
Off St David's Head
Northeasterly stream starts HW - 0225 (2.5 knots)
Off St David's Head
Southwesterly stream starts HW + 0400 (2.5 knots)
Ramsey Sound
Northerly stream starts HW - 0325 (6 knots)
Ramsey Sound
Southerly stream starts HW + 0300 (6 knots)

One mile West of Ramsey Island
Northeasterly stream starts HW - 02.55 (5 knots)
One mile West of Ramsey Island
Southwesterly stream starts HW + 0330 (5 knots)
West of the North Bishops
Northerly stream starts HW - 0225 (2 knots)
West of the North Bishops
Southerly stream starts HW + 0400 (2 knots)
Goultrop Roads and Stack Rocks
West stream starts HW - 0225 (1.2 knots)
Goultrop Roads and Stack Rocks
East stream starts HW - 05.25 (1.2 knots)
West of Skomer Island
North stream starts HW - 0225 (4 knots)
West of Skomer Island
South stream starts HW + 0400 (4 knots)

Every hour After Milford Haven High Water (High Water to Low Water)

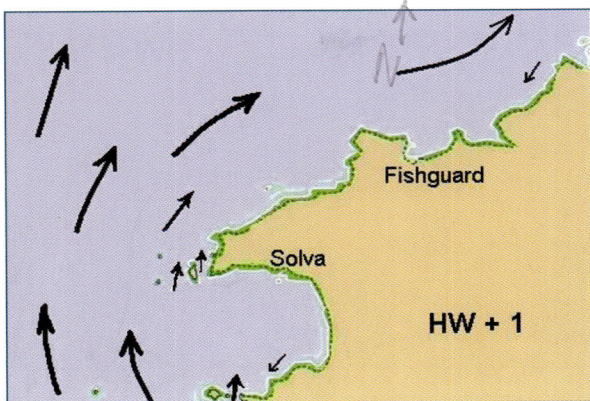

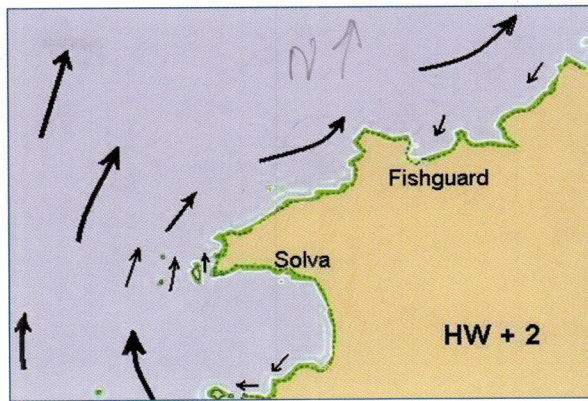

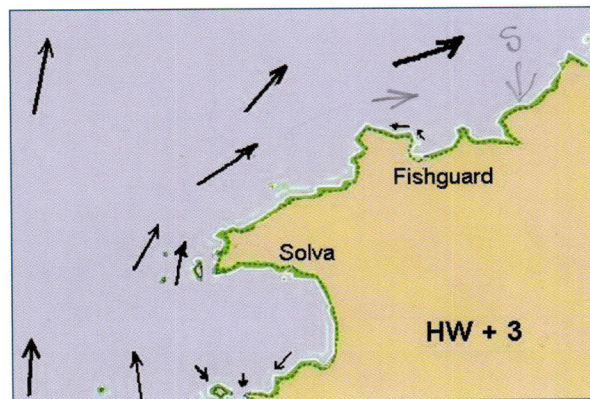

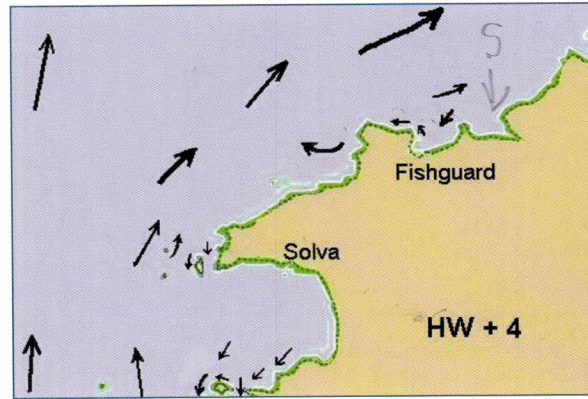

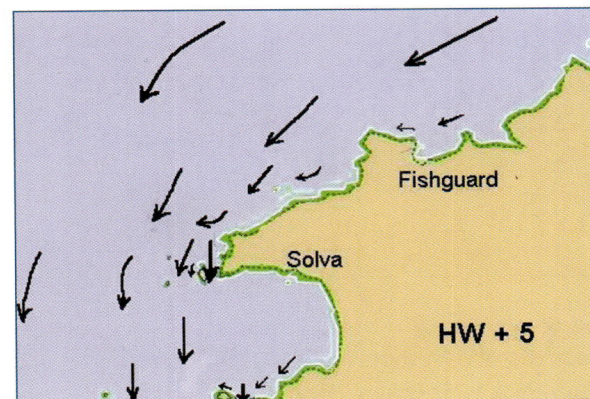

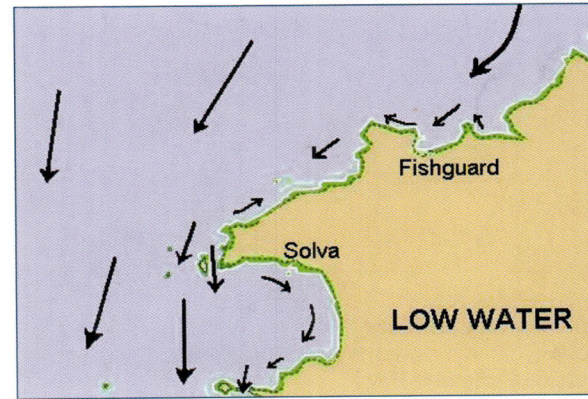

HW + 1

HW + 2

HW + 3

HW + 4

HW + 5

LOW WATER

Outside Fishguard Bay
Easterly stream starts HW - 0205 (2 knots)

Outside Fishguard Bay
Westerly stream starts HW + 0400 (2 knots)

Penanglas to Strumble Head
West stream starts HW + 0115 (2 knots)

Penanglas to Strumble Head
East stream starts HW - 0155 (1.5 knots)

To the West of Strumble Head
Northeasterly stream starts HW - 0215 (2.5 knots)

To the West of Stumble Head
Southwesterly stream starts HW + 0440 (2.5 knots)

Off St David's Head
Northeasterly stream starts HW - 0225 (2.5 knots)

Off St David's Head
Southwesterly stream starts HW + 0400 (2.5 knots)

Ramsey Sound
Northerly stream starts HW - 0325 (6 knots)

Ramsey Sound
Southerly stream starts HW + 0300 (6 knots)

One mile West of Ramsey Island
Northeasterly stream starts HW - 02.55 (5 knots)

One mile West of Ramsey Island
Southwesterly stream starts HW + 0330 (5 knots)

West of the North Bishops
Northerly stream starts HW - 0225 (2 knots)

West of the North Bishops
Southerly stream starts HW + 0400 (2 knots)

Goultrop Roads and Stack Rocks
West stream starts HW - 0225 (1.2 knots)

Goultrop Roads and Stack Rocks
East stream starts HW - 05.25 (1.2 knots)

West of Skomer Island
North stream starts HW - 0225 (4 knots)

West of Skomer Island
South stream starts HW + 0400 (4 knots)

Tidal Streams Skomer Island to Caldey Island

Every hour Before Milford Haven High Water (Low Water to High Water)

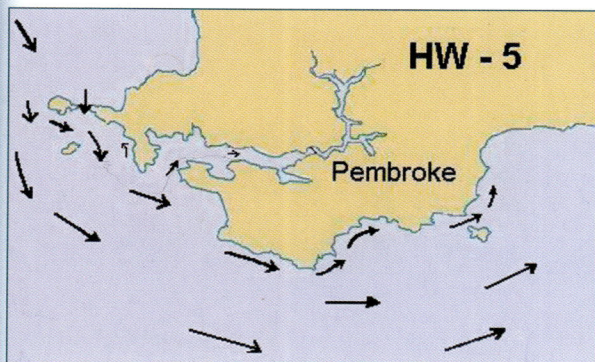

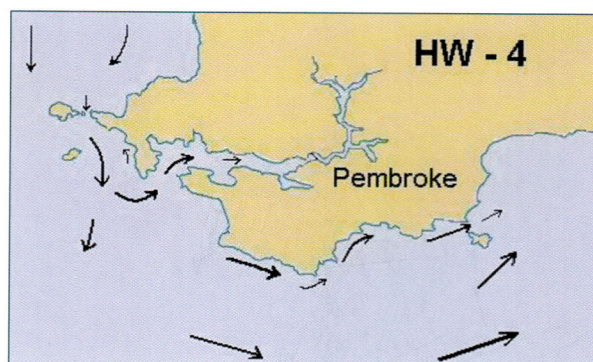

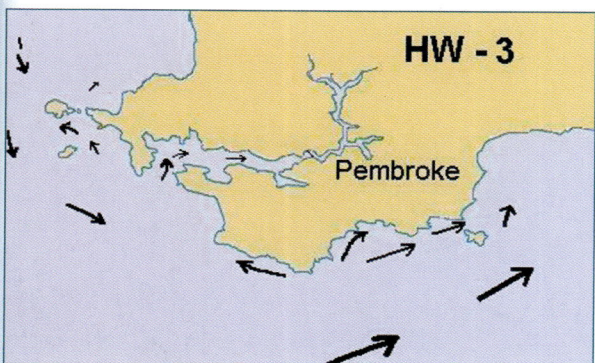

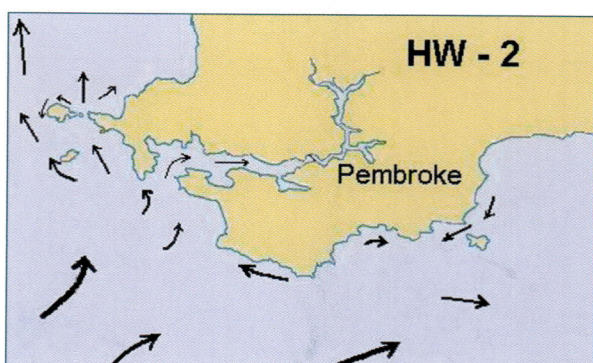

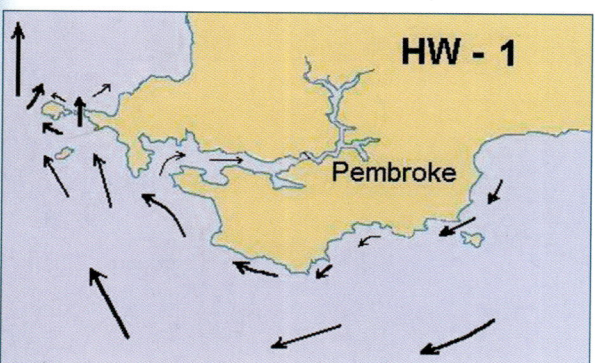

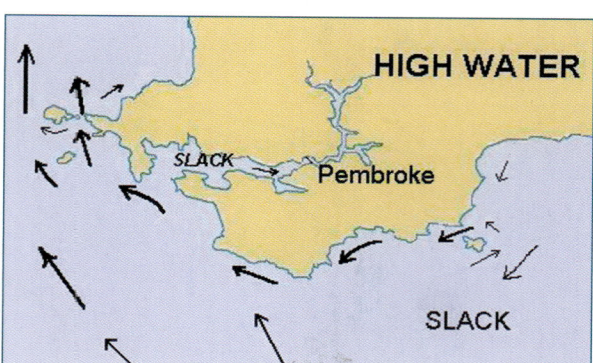

Outside Fishguard Bay
Easterly stream starts HW - 0205 (2 knots)

Outside Fishguard Bay
Westerly stream starts HW + 0400 (2 knots)

West of Skomer Island
North stream starts HW - 0225 (4 knots)

West of Skomer Island
South stream starts HW + 0400 (4 knots)

Jack Sound
North stream starts HW - 0425 (6 knots)

Jack Sound
South stream starts HW + 0200 (6 knots)

Broad Sound and East of Skokholm Island
Northwesterly and West stream starts
HW - 0155 (3 knots)

Broad Sound and East of Skokholm Island
East and Southeasterly stream starts
HW + 0430 (3 knots)

Inside the Heads, Milford Haven
flood starts HW - 0555 (1.5 knots)

Inside the Heads, Milford Haven
ebb starts HW + 0030 (2 knots)

Off St Ann's Head
Northwest stream starts HW - 0310 (3 knots)

Off St Ann's Head
Southeast stream starts HW + 0315 (3 knots)

Crow Rock to St Govan's Head
Northwest stream starts HW - 0325 (4 knots)

Crow Rock to St Govan's Head
Southeast stream starts HW + 0400 (4 knots)

Off St Govan's Head to Stackpole Head
Northeast stream starts HW + 0430 (3 knots)

Off St Govan's Head to Stackpole Head
Southwest stream starts HW - 0200 (3 knots)

Stackpole Head to Manorbier
Northeast stream starts HW + 0500 (3 knots)

Stackpole Head to Manorbier
Southwest stream starts HW - 0100 (3 knots)

Caldey Sound
Easterly stream starts HW + 0500 (2.5 knots)

Caldey Sound
Westerly stream starts HW - 0100 (2 knots)

Off Tenby to Amroth
North stream starts HW + 0500 (1 knot)

Off Tenby to Amroth
South stream starts HW - 0100 (1 knot)

Each hour After Milford Haven High Water   (High Water to Low Water)

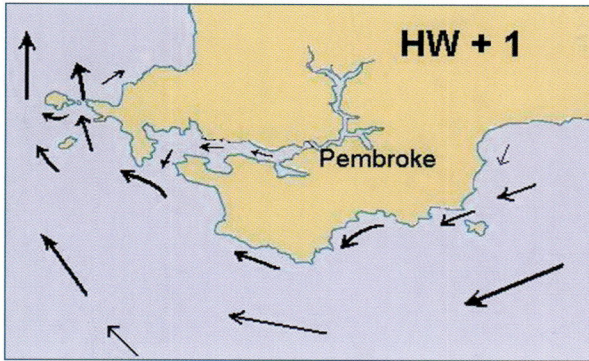

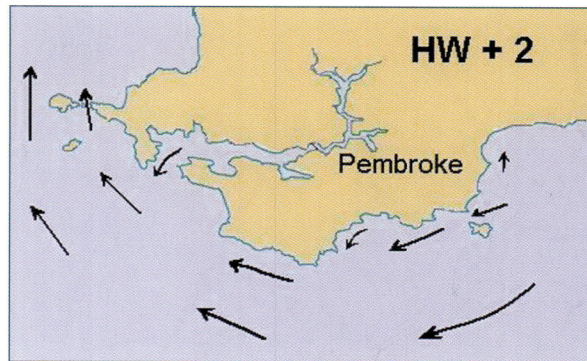

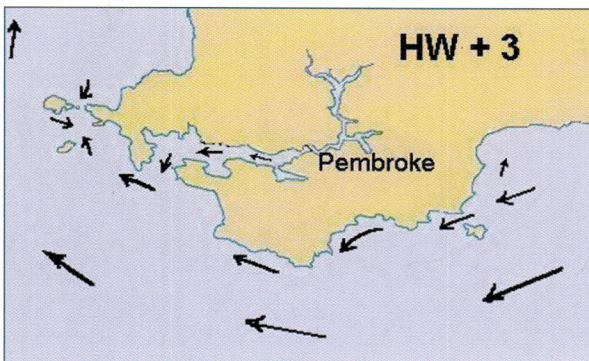

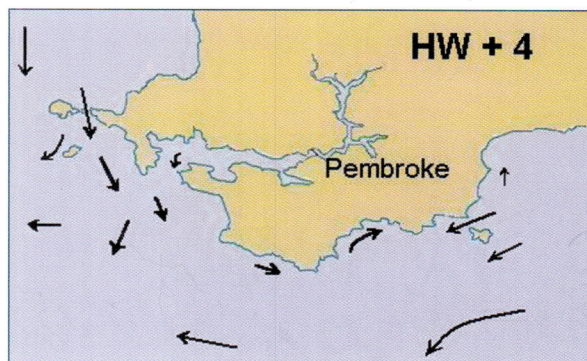

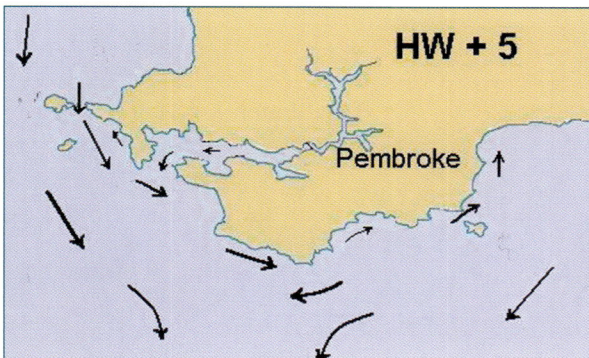

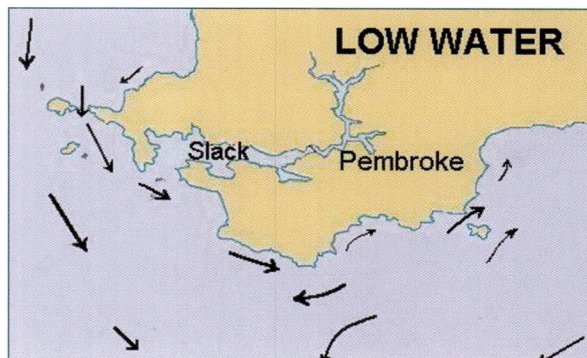

HW + 1

HW + 2

HW + 3

HW + 4

HW + 5

LOW WATER

Pembroke

Slack

Outside Fishguard Bay
Easterly stream starts HW - 0205 (2 knots)
Outside Fishguard Bay
Westerly stream starts HW + 0400 (2 knots)
West of Skomer Island
North stream starts HW - 0225 (4 knots)
West of Skomer Island
South stream starts HW + 0400 (4 knots)
Jack Sound
North stream starts HW - 0425 (6 knots)
Jack Sound
South stream starts HW + 0200 (6 knots)
Broad Sound and East of Skokholm Island
Northwesterly and West stream starts
HW - 0155 (3 knots)
Broad Sound and East of Skokholm Island
East and Southeasterly stream starts
HW + 0430 (3 knots)
Inside the Heads, Milford Haven
flood starts HW - 0555 (1.5 knots)
Inside the Heads, Milford Haven
ebb starts HW + 0030 (2 knots)
Off St Ann's Head
Northwest stream starts HW - 0310 (3 knots)

Off St Ann's Head
Southeast stream starts HW + 0315 (3 knots)
Crow Rock to St Govan's Head
Northwest stream starts HW - 0325 (4 knots)
Crow Rock to St Govan's Head
Southeast stream starts HW + 0400 (4 knots)
Off St Govan's Head to Stackpole Head
Northeast stream starts HW + 0430 (3 knots)
Off St Govan's Head to Stackpole Head
Southwest stream starts HW - 0200 (3 knots)
Stackpole Head to Manorbier
Northeast stream starts HW + 0500 (3 knots)
Stackpole Head to Manorbier
Southwest stream starts HW - 0100 (3 knots)
Caldey Sound
Easterly stream starts HW + 0500 (2.5 knots)
Caldey Sound
Westerly stream starts HW - 0100 (2 knots)
Off Tenby to Amroth
North stream starts HW + 0500 (1 knot)
Off Tenby to Amroth
South stream starts HW - 0100 (1 knot)

Tidal streams

Tidal Streams Skomer and Skokholm Islands

Every two hours based on Milford Haven High Water

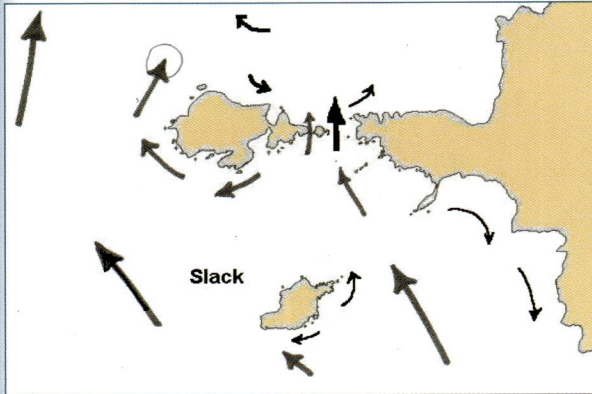

High Water

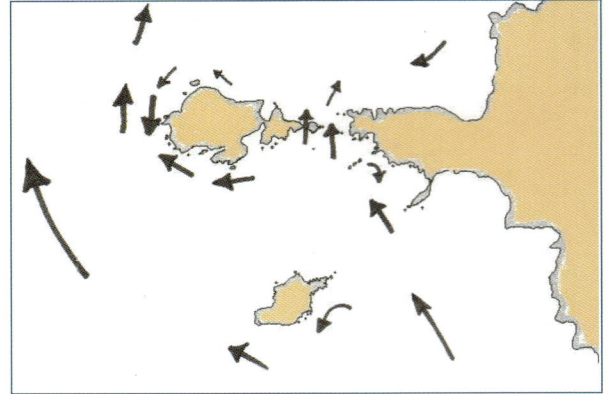

HW + 2

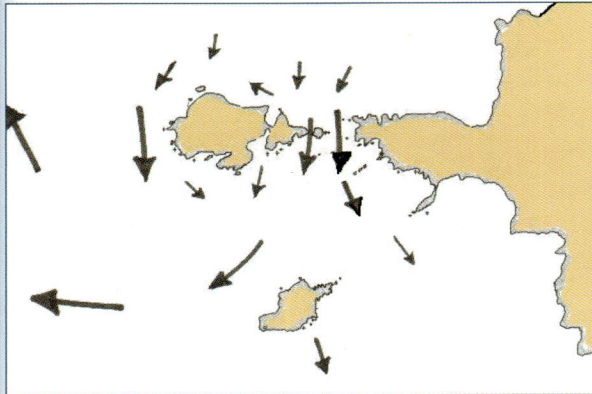

HW + 4

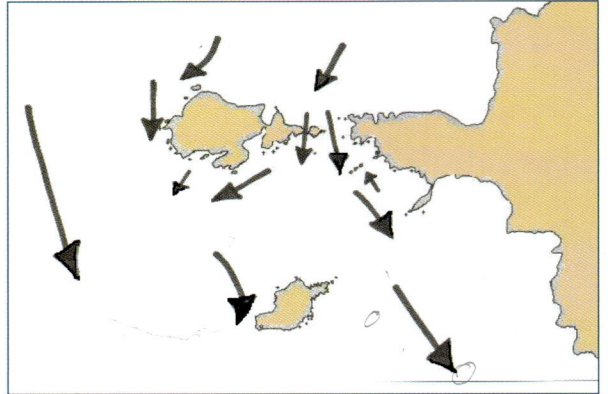

Low Water = HW+6

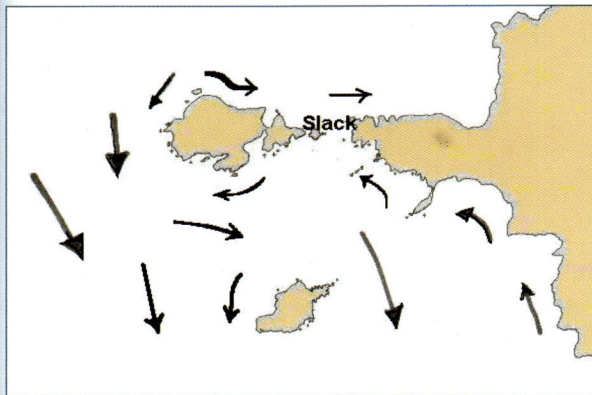

HW - 4

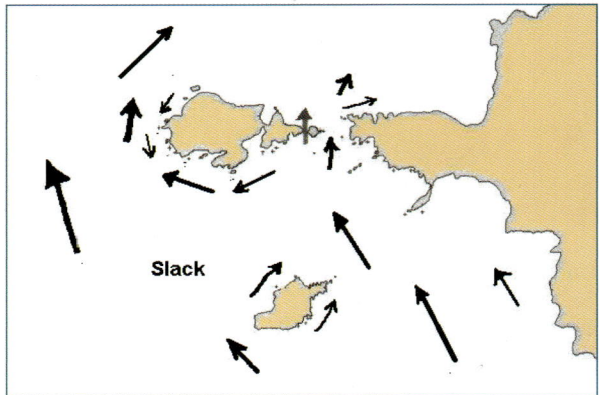

HW - 2

West of Skomer Island
North stream starts HW - 0225 (4 knots)
West of Skomer Island
South stream starts HW + 0400 (4 knots)
Jack Sound
North stream starts HW - 0425 (6 knots)
Jack Sound
South stream starts HW + 0200 (6 knots)
Broad Sound and East of Skokholm Island
Northwesterly and West stream starts
HW - 0155 (3 knots)
Broad Sound and East of Skokholm Island
East and Southeasterly stream starts
HW + 0430 (3 knots)
Inside the Heads, Milford Haven
flood starts HW - 0555 (1.5 knots)
Inside the Heads, Milford Haven
ebb starts HW + 0030 (2 knots)

Off St Ann's Head
Northwest stream starts HW - 0310 (3 knots)
Off St Ann's Head
Southeast stream starts HW + 0315 (3 knots)

Passage through Jack Sound requires caution and planning. See notes 6.12 and 6.13

Slack water in Jack Sound is at High Water - 0415 (on Neaps can be one hour later ie - 0315) then the stream runs North. The other Slack is High Water + 0200 then the stream runs South. Spring rate is 6-7 knots.

Immediately to the West of Skomer and Skokholm is a tidal race called Wildgoose Race, better conditions are to be found 2 Miles west.

Maps and charts

Beaches

St George's Channel

Cardigan Island

National Park

M.O.D. Zone

Lighthouses

Poppit

Ceibwr

Cardigan

Strumble Head

Pwllgwaelod
CwmyrEglwys
Traethmawr
Fforest Parrog

Goodwick

Newport

Abermawr
Abercastle
Porthgain
Traethllyfn
Abereiddy

Fishguard

Porthmelgan
Whitesands **St Davids**
Porthselau

Solva

Porthlysgi
Porthclais Caerfai Caerbwdi

Newgale

**South
Bishop**

Nolton Haven
Druidston
Broadhaven
Little Haven

Haverfordwest

St Bride's Bay

N

MartinsHaven
St Brides
Musselwick Sandy
Albion Haven
Marloes Dale Gelliswick
Westdale Watwick
West Angle

Milford Haven
Neyland

Amroth
Wiseman's Bridge
Coppet Hall
Saundersfoot

Skokholm

St Ann's

Freshwater West

Pembroke

Tenby Castle & North
Penally & South
Lydstep Priory

Freshwater
East Manorbier

Crow Rock

Barafundle
Broad Haven South

Caldey

Bullslaughter

Bristol Channel

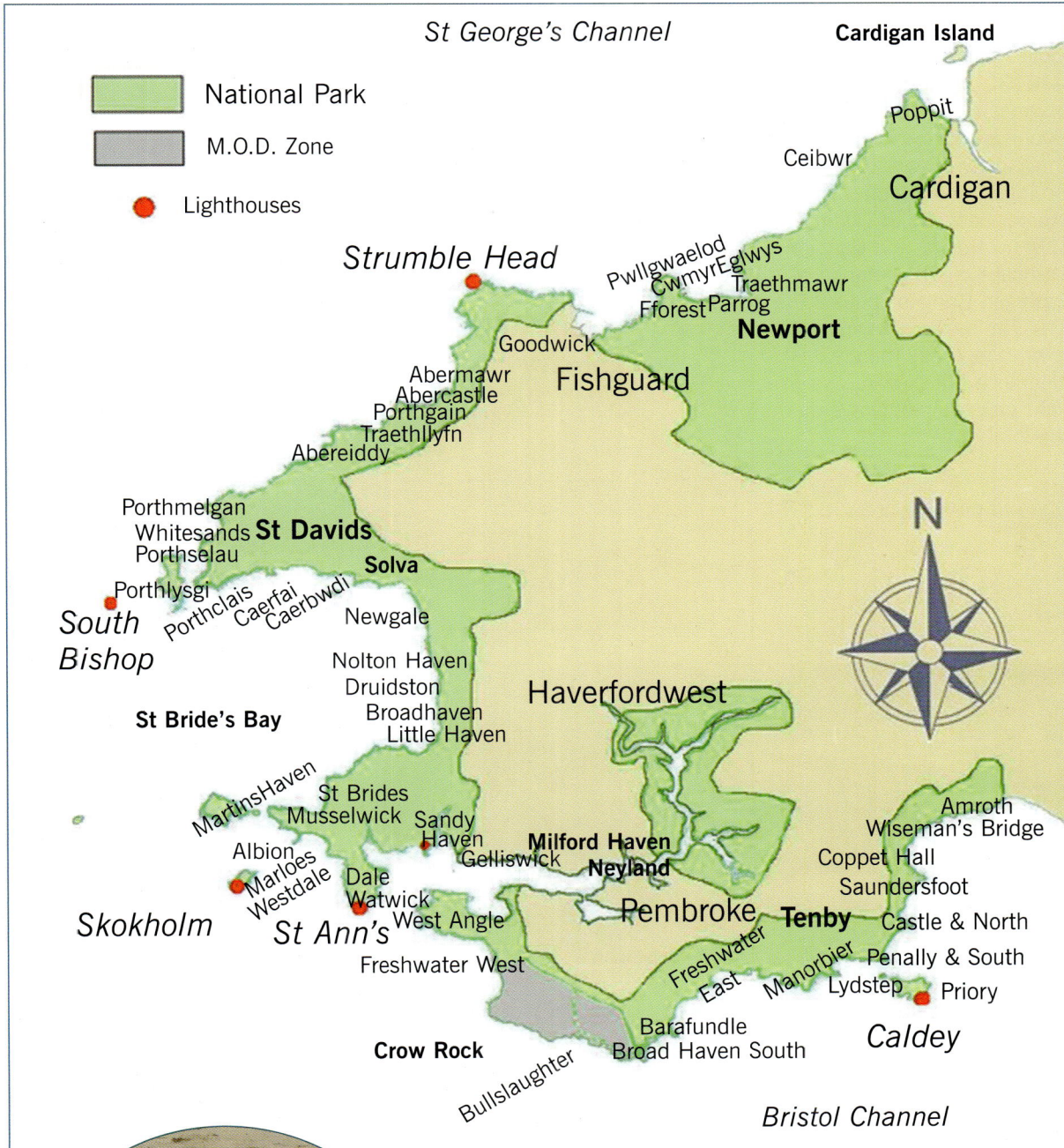

**Fifty of the most popular beaches in
Pembrokeshire.** Most of these have seaside
awards, see Surf and Beaches section for details.

Cardigan Estuary and Entrance.

Cardigan Estuary.

Reasonable shelter inside, but poor holding ground in the river channel. Navigable for most vessels one hour either side of local High Water (Milford Haven + 0130). The entrance approach is on the East side of Poppit sands over a sand bar that nearly dries at Low Water Springs. River depths are greater between St Dogmaels (1M upstream) and Cardigan. Vertical Height clearance of Cardigan Bridges about 2.6m at MHWS. The middle span on the town bridge has the greatest clearance but beware of a fixed light projecting downwards from the footbridge.

Refer to passage notes 1.2

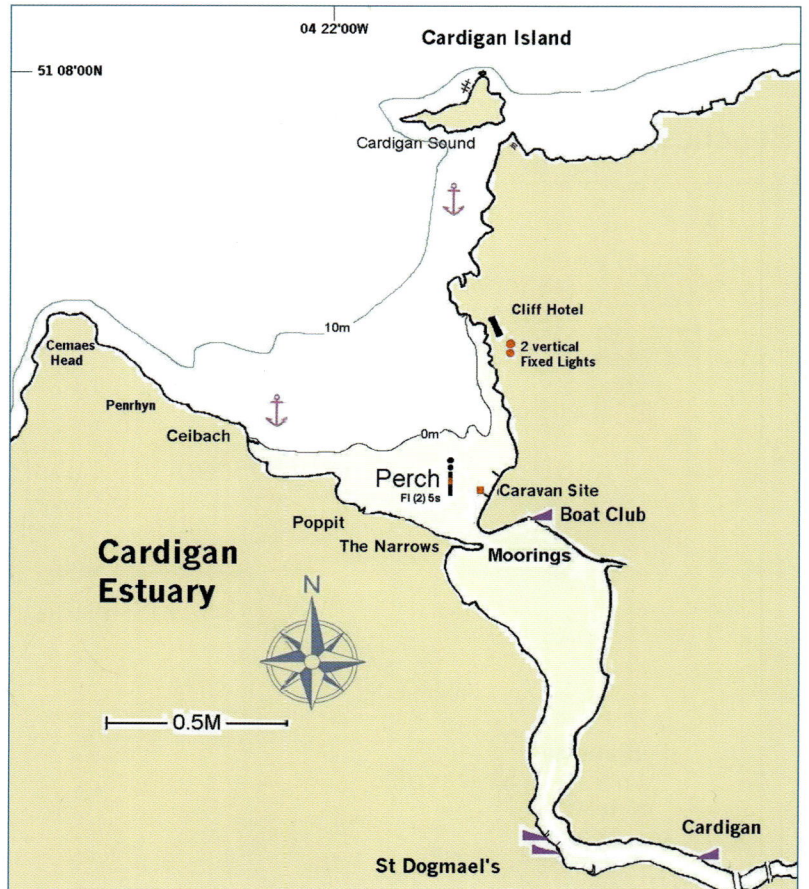

Cardigan Town Bridge.
At High Water small craft can navigate a further mile up the River Teifi from Cardigan Town.

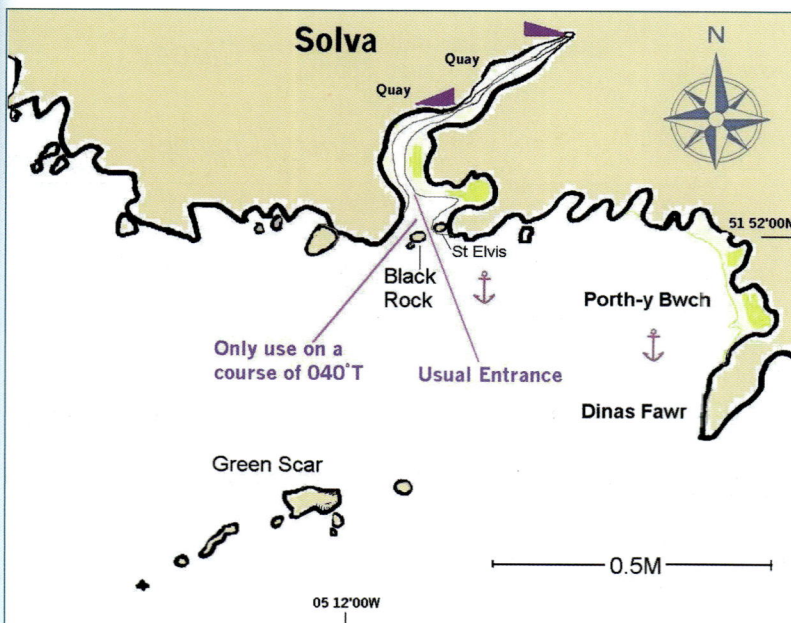

Solva Entrance

The entrance approach, refer to notes 4.8.

Solva; good shelter for vessels that can take the ground. Some visitor moorings and a few alongside berths drying against the quay wall.

The usual entrance is the channel to the East of Black Rock. Only use the West channel with care as there are underwater rocks coming out from Black Rock in a Southwesterly direction.

Ramsey Island and Ramsey Sound, St David's. Refer to 3.8 and 3.9

05 20'00W

St David's Head

N

Whitesands

Carreg gafeiliog

Porthselau

Gwahan

51 53'00N

St. David's

Lech Uchaf

St Justinian

Abermawr

Horse Rock

Porth Clais

Porthllysgi

The Bitches

Shoe

Carreg Fran

Porthclais or Half tide Rock

Ynys Bery   Twll

Stodair Rock

0.5M

St David's Head   South Bishop

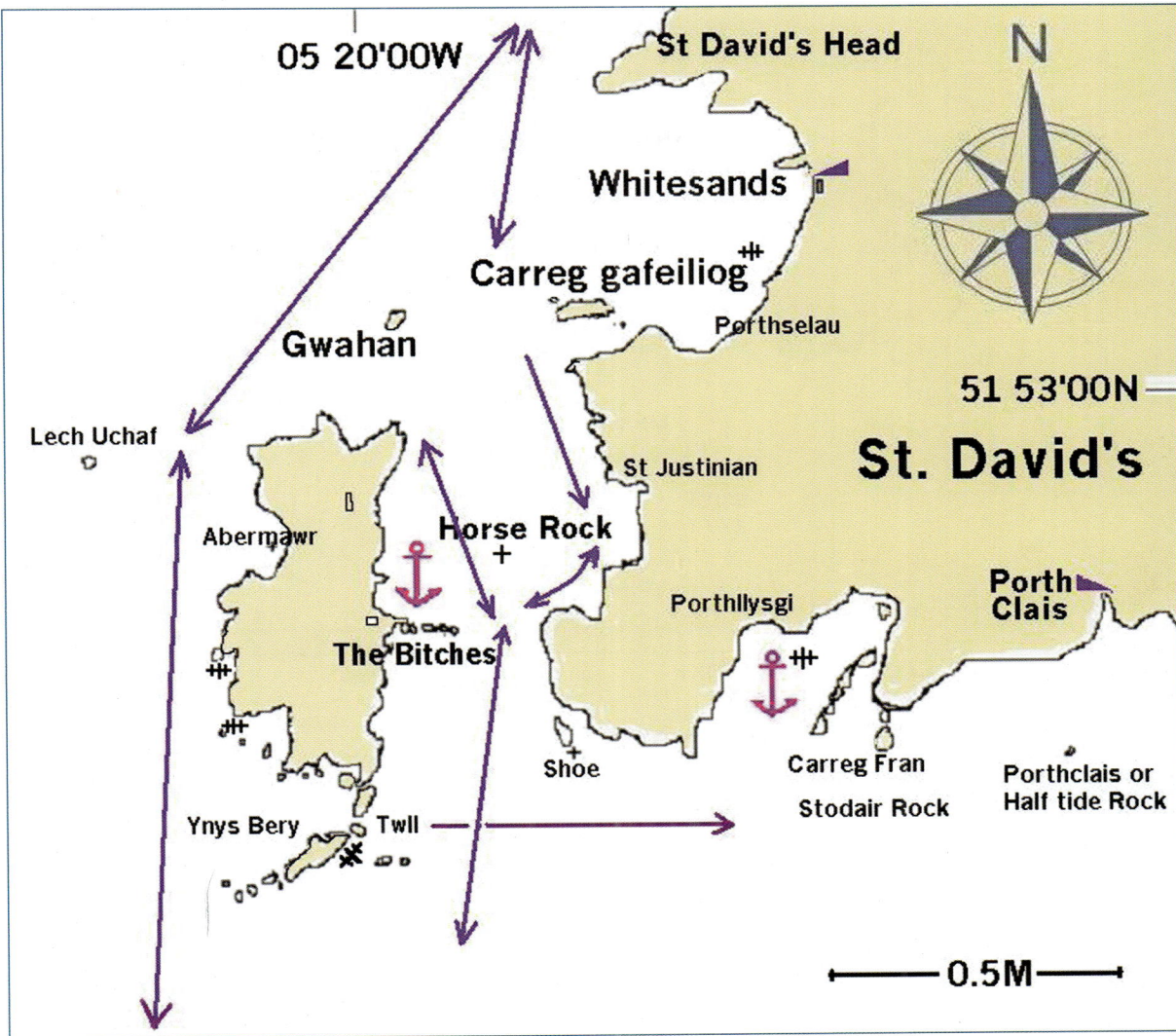

When between Strumble Head and St David's Head keep South Bishop open and on a bearing less than 230°T to clear the Sledges reefs.

Refer to passage notes 2.8 and 2.10

Skokholm Island   Lighthouse   Blackstones

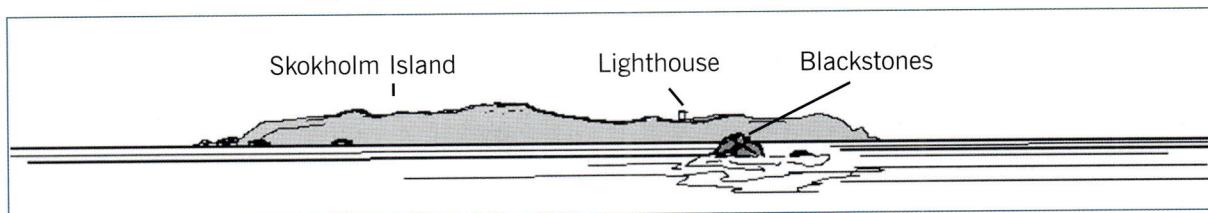

When going **South** through Jack Sound keep the Blackstones to the right (West side) of Skokholm Island at all times. Refer to passage notes on Jack Sound 6.12 and 6.13.

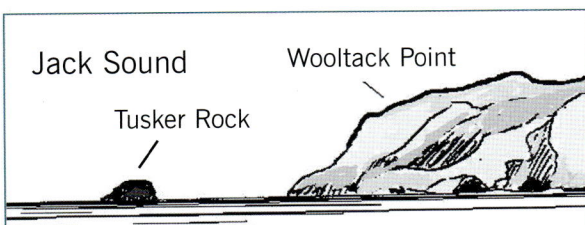

Jack Sound   Wooltack Point

Tusker Rock

When going **North** through Jack Sound aim for the Tusker Rock on a course of 021°T from the Blackstones. Refer to notes 6.12

Jack Sound and Little Sound

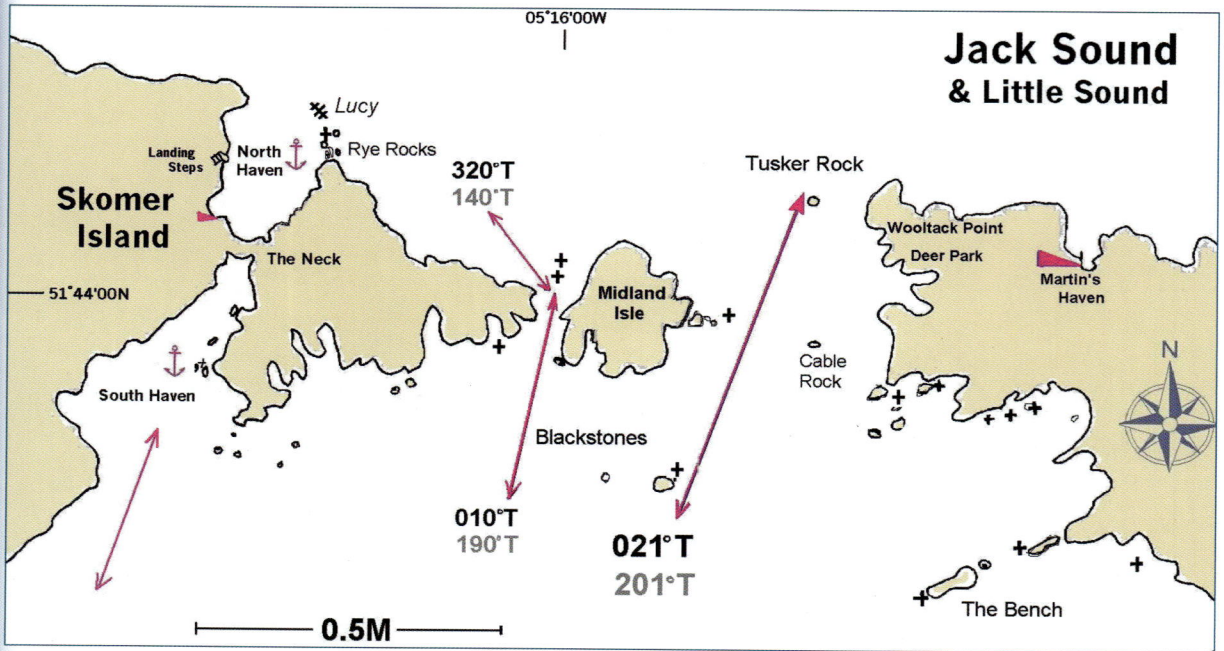

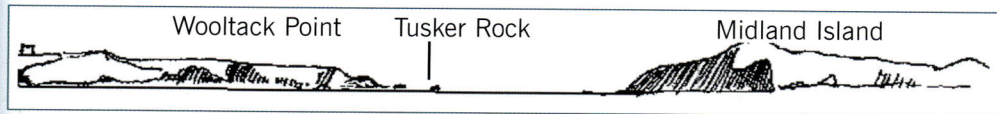

Jack Sound & Little Sound

05°16'00W

Lucy

North Haven
Landing Steps
Rye Rocks

Skomer Island

The Neck

51°44'00N

320°T
140°T

Midland Isle

Tusker Rock

Wooltack Point
Deer Park

Martin's Haven

Cable Rock

N

South Haven

Blackstones

010°T
190°T

021°T
201°T

The Bench

0.5M

Wooltack Point   Tusker Rock   Midland Island

Jack Sound, looking South from St Brides Bay. Head for Tusker Rock to the East of the Sound. Refer to passage notes 6.12 and 6.13.

Sandy Haven. The Bay and entrance approach

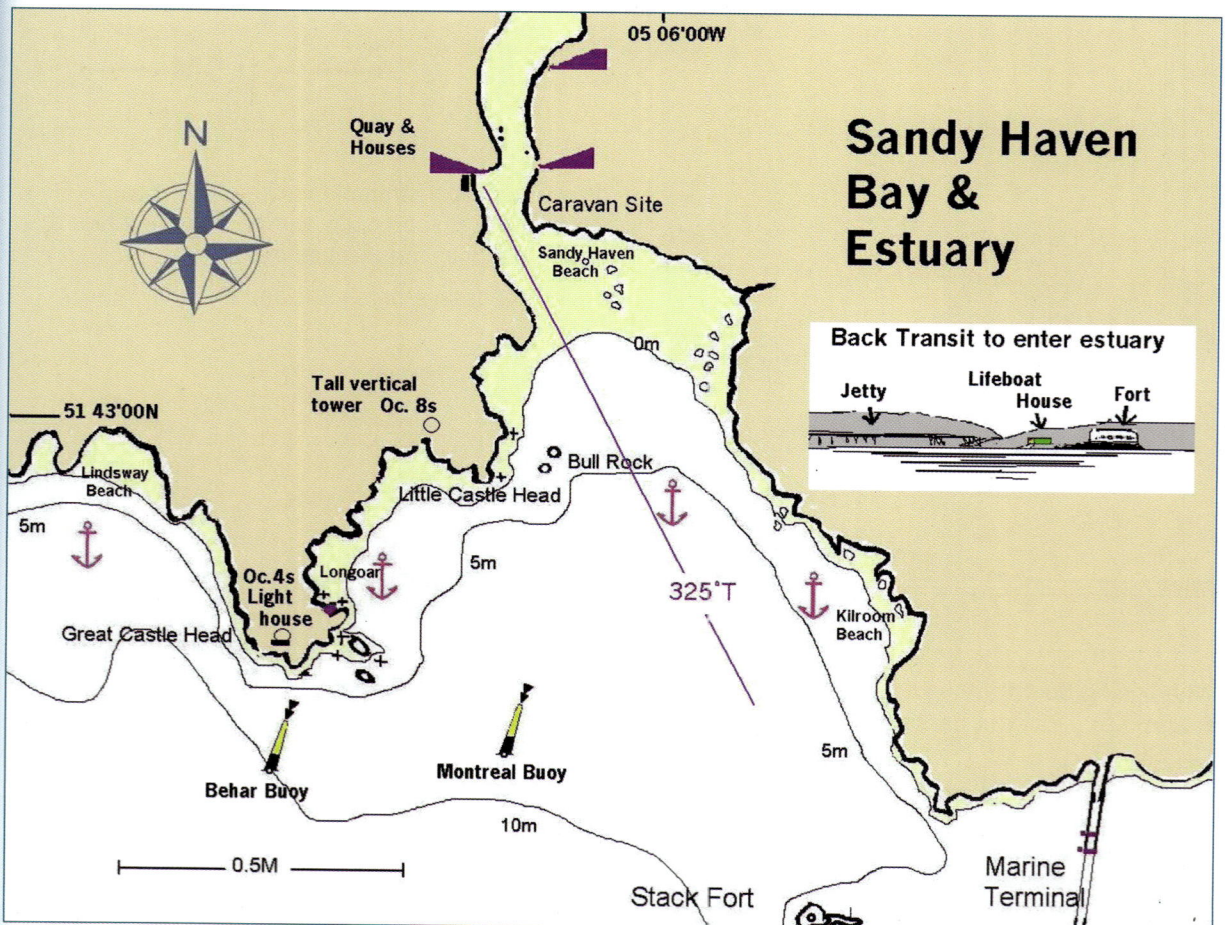

05 06'00W

N

Quay & Houses

Caravan Site

Sandy Haven Beach

Sandy Haven Bay & Estuary

Back Transit to enter estuary

Jetty   Lifeboat House   Fort

0m

51 43'00N

Tall vertical tower Oc. 8s

Bull Rock

Lindsway Beach

5m

Little Castle Head

325°T

Oc.4s Light house

Longoar

5m

Kilroom Beach

Great Castle Head

5m

Behar Buoy

Montreal Buoy

10m

0.5M

Stack Fort

Marine Terminal

Sandy Haven. Good shelter for drying vessels inside the estuary but care needed to enter. Anchor holding inside not good. When entering use the transit of the Angle Lifeboat House between the end of the jetty and Stack Fort as a back bearing. Refer to notes in 7.7.

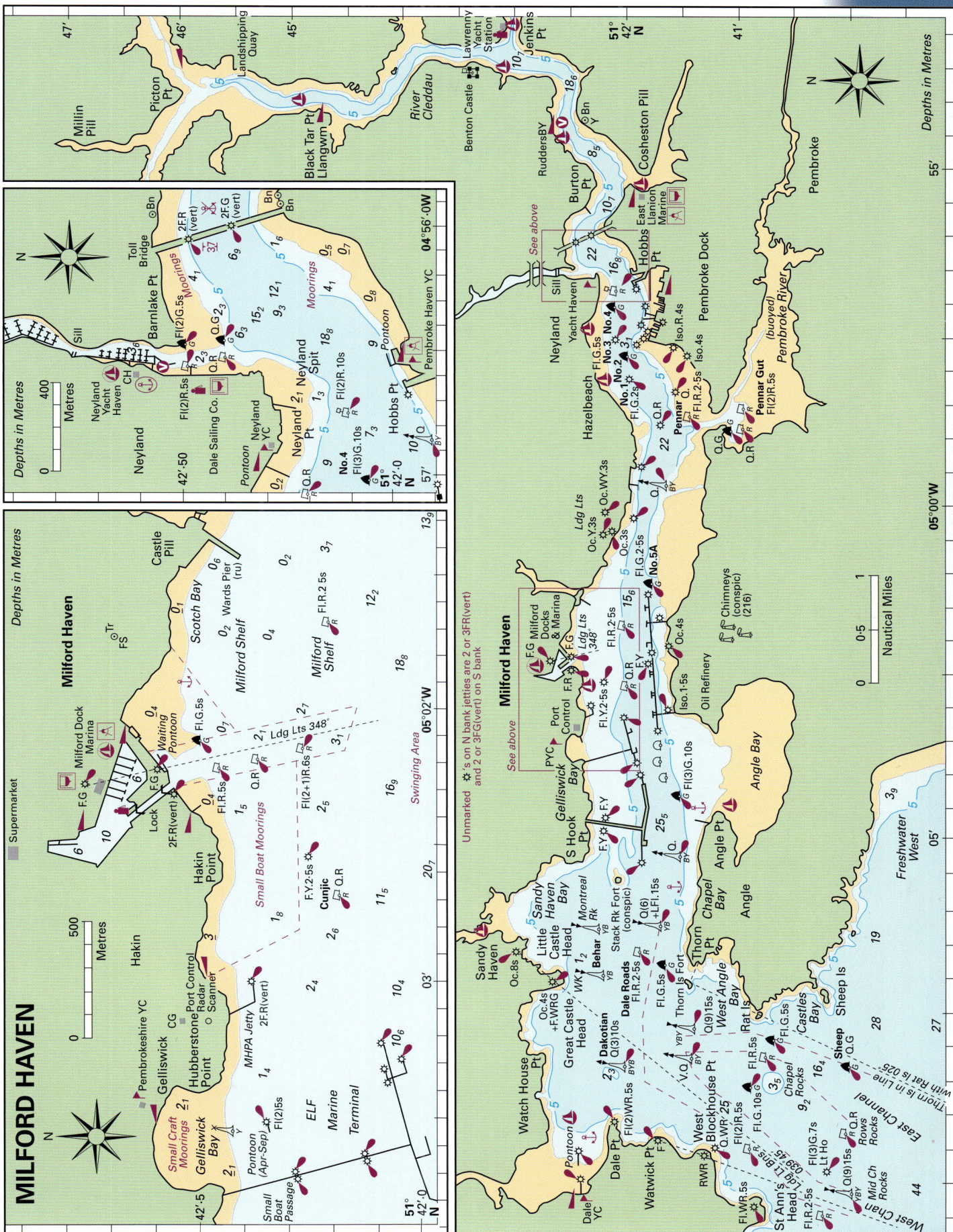

MILFORD HAVEN

Milford Haven

Depths in Metres

Picton Pt
Millin Pill
Landshipping Quay
Black Tar Pt
Llangwm
River Cleddau
Benton Castle
Lawrenny Yacht Station
Jenkins Pt
Rudders BY
Cosheston Pill
Burton
East Llanion Marine
Hobbs Pt
Pembroke Dock
Pembroke River (buoyed)
Pembroke
Neyland
Yacht Haven
Neyland
Sill
Hazelbeach
No.4
No.3
No.2
Pennar
Pennar Gut

51° 42' N

Toll Bridge
Barnlake Pt
Sill
Neyland Yacht Haven
Dale Sailing Co.
Neyland YC
Neyland Pt
Neyland Spit
Hobbs Pt
Pembroke Haven YC
No.4

Metres 400
04°56'·0W

Castle Pill
Scotch Bay
Wards Pier (ru)
Milford Shelf
Milford Shelf
Ldg Lts 348°
Swinging Area

Milford Dock Marina
Waiting Pontoon
Lock
Supermarket
Hakin Point
Hakin
Cunjic
Small Boat Moorings

Pembrokeshire YC
CG
Hubberstone Port Control
Radar Scanner
MHPA Jetty
Gelliswick
Gelliswick Bay
ELF Marine Terminal
Small Craft Moorings
Pontoon (Apr–Sep)
Small Boat Passage

Metres 500
05°02'W 03'

Neyland
Yacht Haven
Milford Docks & Marina
Milford Haven
Port Control
PYC
Gelliswick Bay
S Hook Pt
Oil Refinery
Angle Bay
Chimneys (conspic) (216)
Ldg Lts 348'
Ldg Lts
Oc.Y.3s
Oc.G.3s
No.5A
No.5
Pennar Gut

Unmarked ☆'s on N bank jetties are 2 or 3FR(vert) and 2 or 3FG(vert) on S bank

Sandy Haven
Little Castle Head
Behar
Stack Rk Fort (conspic)
Montreal Rk
Dale Roads
Thorn Is Fort
Great Castle Head
Dakotian
West Blockhouse Pt
Watch House Pt
Dale Pt
Watwick Pt
Dale YC
St Ann's Head
Lt Ho
Mid Ch Rocks
West Chan
West Angle Bay
Angle Pt
Angle
Chapel Bay
Rat Is
Thorn Is
Chapel Rocks
Castles Bay
Sheep Is
Sheep
Rows Rocks
East Channel
Thorn Is is in Line with Rat Is 025°
Freshwater West

Sea Guide to Pembrokeshire

PAGE 91

Caldey Island

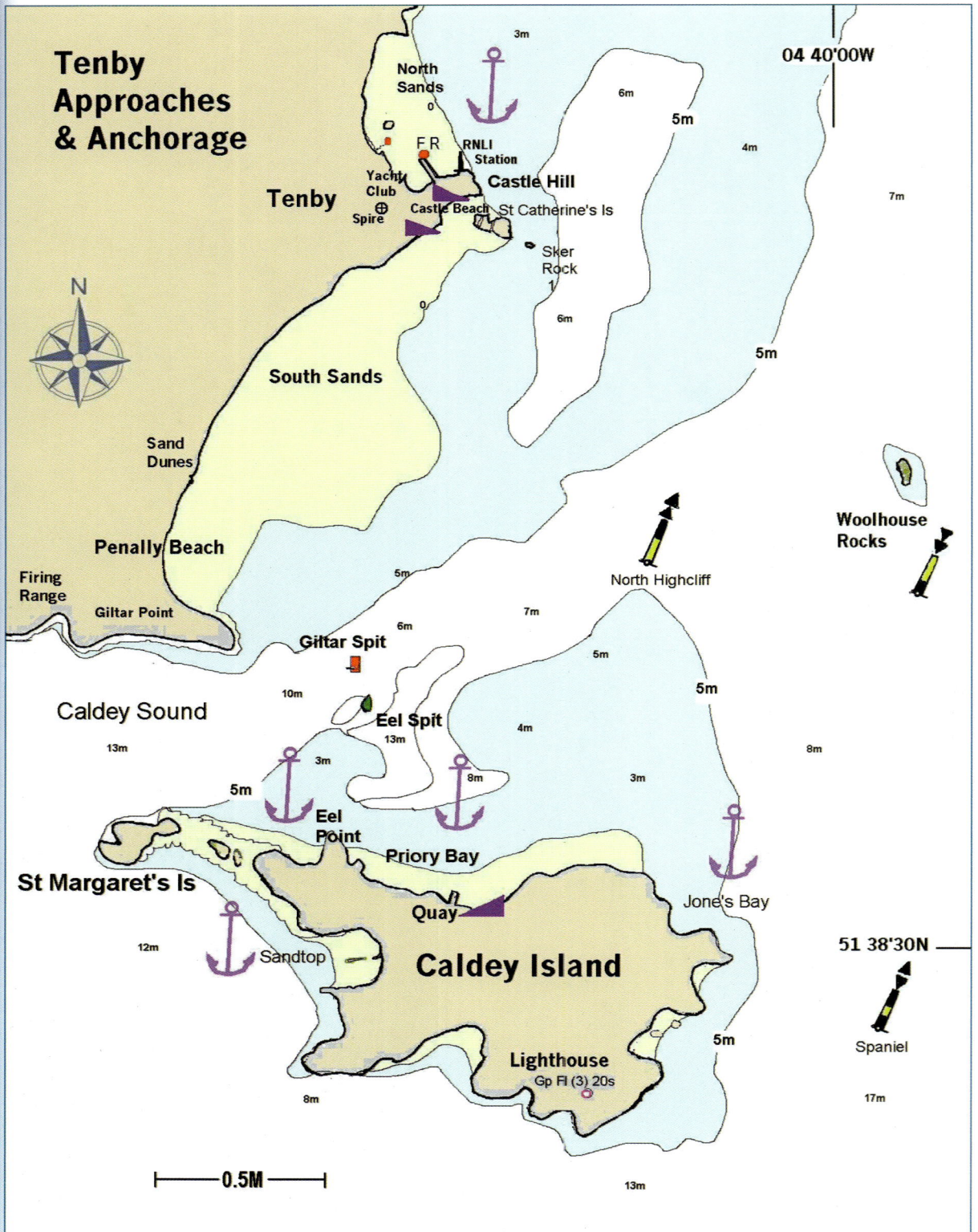

Tenby Approaches & Anchorage

- North Sands
- F R
- RNLI Station
- Yacht Club
- Tenby
- Spire
- Castle Hill
- Castle Beach
- St Catherine's Is
- Sker Rock
- South Sands
- Sand Dunes
- Penally Beach
- Firing Range
- Giltar Point
- Giltar Spit
- Caldey Sound
- Eel Spit
- North Highcliff
- Woolhouse Rocks
- Eel Point
- Priory Bay
- St Margaret's Is
- Quay
- Jone's Bay
- Sandtop
- Caldey Island
- Lighthouse Gp Fl (3) 20s
- Spaniel

04 40'00W
51 38'30N

0.5M

View of Tenby and St Catherine's Island as seen from Caldey Sound. Sker Rock sticks up 100m to the Southeast of St Catherine's Island. Refer to passage notes 12.2.

Further information

Pembrokeshire Climate

The climate and relatively warm waters are the reason for the variety of coastal flora and wildlife that is found both above and below the waters of Pembrokeshire. Influenced by the Golf Stream the coastal climate is almost frost free, an average of only 11 days per year of frost. The coldest month is February with a mean minimum temperature of 6°C, this means that grass grows throughout the winter months, and cattle and sheep can stay outdoors.

Water temperatures (for surfers) range from 8°C in January to 16°C in July. 32 inches of rain falls each year and there are 32 gales (force 8 or above) annually. An extra inch of rain falls for every mile inland from the coast.

Pembrokeshire is the sunniest place in Wales (and almost UK) but it is also one of the windiest. The windswept trees (or lack of them) indicate a predominance of south westerlies. 23 of the 32 gales each year occur in the months between October and February. Winter gales may blow at up to 100 mph, but the overall daily wind strength is 14 to 17 knots (25 km/h) of wind; this is force 4 which is ideal for the sailor.

The coastal plants need to tolerate the wind and salt spray. However no less than fifty species of plants in flower can be seen on New Years Day, including primroses.

Weather broadcasts

On the shipping forecast listen for areas Lundy and Irish Sea. For Inshore listen for Landsend to Colwyn Bay.

BBC radio 4 shipping forecast times 0048, 0535, 1201, and 1754. Sunday 0542 (includes long range forecast for mariners) Saturday 0556

The two early morning forecasts give weather reports from coastal stations from which you can make your own weather chart. These broadcasts are found on Long Wave 198 kHz and the morning ones are also on FM 92.8-96 kHz and 103.5-104.9 kHz Milford Haven actual weather is given on the 0048 broadcast.

Weather bulletin on all BBC channels at 1754, with 24h forecast.

BBC One Wales 1330,1825, 2225
HTV Wales 1215, 1800

Weather Online

www.wunderground.com

www.bbc.co.uk/weather

www.milfordweather.org.uk

www.pembrokeweather.org.uk

www.meto.gov.uk/weather/marine

ukie.accuweather.com

uk.weather.com

www.ndbc.noaa.gov

Source of Weather Information

Pembrokeshire Radio on FM 102.5 kHz and 107.5 kHz, local weather at 10 minutes past the hour.

Weathercall

Telephone 0906 850 0414 (premium call rates)

On marine **VHF Channel 12, 14 and 84** at 0300, 0900, 1500 and 2100. These times are UT, which is all right in the winter months but to convert to Summer Time add one hour during DST (end of March to end of October). **Metfax** marine is available at a charge from **www.metoffice.com**

For Pembrokeshire area the national inshore 3-5 day forecast for metfax dial 09060 100473

If your boat is fitted with **Navtex** then the most suitable transmission is Navarea One, then Niton South (518kHz) and choose option E for weather only. Broadcast times UT are 0300, 0700,1100, 1500, 1900, 2300.

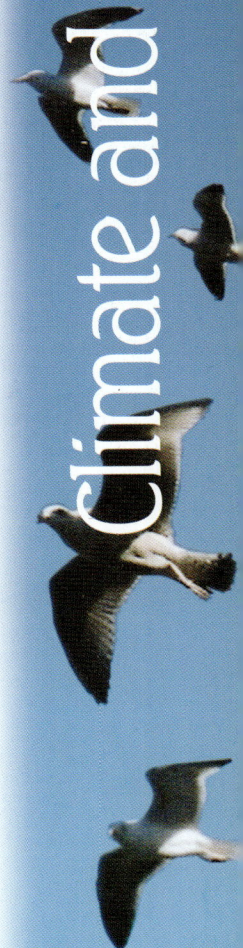

Weather station buoy

The most accurate and up to date weather indicator for Pembrokeshire is data from a weather station buoy anchored off the Turbot Bank some 4 Miles South of St Ann's Head. Accessed over the internet, you can instantly get the latest weather transmitted from this buoy every 90 minutes. More than that you can also get a history of the same information over the last 14 days.

To find the website log on to **www.metoffice.gov.uk/research/ocean/goos/maws_hourly62303.html**

The buoy can also be found at **www.ndbc.noaa.gov/station_page.phtml?station=62303**

If you do not have the website address then search for **Weather Buoys UK**.

The Turbot Bank data buoy is Station 62303 at 51°36'N 05° 10'W and there is another off Aberporth, Station 62301, in Cardigan Bay at 52°18'N 04°30'W The data available from each of these buoys gives:

Wind Direction, Wind Speed, Wave Height, Wave period in seconds, Barometric Pressure, Falling or Rising pressure, Air Temperature, Water Temperature and Dew Point.

It is invaluable for all those that want up to date wind speed and direction and for forecasting changes in the local weather. It is giving more immediate weather details than the latest weather forecast.

This information is regularly accessed by local surfers to judge when and where to surf.

Rudder's Boatyard

Drying out places

For fin keelers capable of leaning against a quay wall.

The following list are possible drying out places to inspect that prop, change that anode or perform a quick scrub or antifoul. (HM) denotes Harbour Master or (YC) Yacht Club permission should be sought.

Lower Fishguard Quay inner wall (HM)
Goodwick Fisherman's Quay & slipway Porthgain (HM)
Porthclais (HM)
Solva (HM)
Sandy Haven Posts
Hakin Jetty (HM Howells)
Neyland Yacht Club posts (NYC)
Hobbs Point Inner Quay wall
Brunel Quay Outer Wall under Car Park
Pembroke Dock Martello Tower slipway
Pembroke Dock public slipway Front Street
Outer Wall Front St, Pemb Dock (HM PHYC)
East Llannion (HM East Llannion Marine),
Rudders Yard Wall (HM Rudders Boatyard)
Lawrenny Quay Wall (HM Yacht Station)
Stackpole Quay (National Trust)
Tenby Harbour (HM)
Saundersfoot Harbour (HM)
Caldey Island Quay Wall (HM)

Craning and hoists for large vessels

Dale Sailing, Neyland has a hoist for vessels up to 50 ft and 35ton

East Llanion Marine can handle vessels up to 60 ft long and 12 ton

Lawrenny can handle boats up to 40 ft long with Crane 15 ton

Milford Docks Company (Marina) has a mobile hoist for vessels up to 50 ft and 16 ton. Also full Dry Dock facilities for large vessels up to 20m beam.

Where to get fuel, gas and water

There are only fuel supplies direct for boats within Milford Haven waterway at;

Milford Docks, Diesel fuel is immediately to starboard after entering the Marina.

Dale Sailing at Neyland, Diesel pontoon (2m depth at LWS) open daily shop hours.

Lawrenny Yacht Station, diesel and petrol
Lawrenny is the only place to supply petrol from a landbased tank.

East Llannion Marine, diesel
Road tanker supplies available at **Fishguard Harbour** and **Milford Docks** by prior arrangement.
Dale Sailing fuel pontoon at **Neyland** is the only place to get Gaz direct.

Cooking bottled gas from **Brunel Chandlery** shop at **Neyland Marina**, the **Marina Office at Milford Haven** and some garages at **Milford Haven. Lawrenny Yacht Station**.

Kelpies at Hobbs Point does not have larger bottles but the Coop Garage some 6 minutes walk away from **Hobbs Point** at **Pembroke Dock** does.

Water, from the Marinas of **Milford** and **Neyland**
Dale Sailing fuel pontoon if purchasing fuel.
Lawrenny

Pick up points/Change of crews

Arrival by train; Train Stations at

Fishguard
Haverfordwest
Milford Haven
Pembroke Dock

Fishguard

Deep water anchorage at Fishguard Harbour, pick up crew at Goodwick which is walking distance from Fishguard Harbour Train Station

Milford Haven

Most convenient of the pick up points. The Milford Marina, Milford Docks is walking distance (500 m) from the train station at Milford Haven. In summer months there is a pontoon called the Mackerel Stage outside Milford where people can be picked up without entering the Lock.

Pembroke Dock

Deep water pick up point at Hobbs Point for crew arrival by train to Pembroke Dock Station (about one mile away).

Arrival by National Bus similar to above.

Ferryport at Fishguard

Ferryport at Pembroke Dock

Milford Haven, the most convenient of pick up points

Possible pick up places/Car/Taxi

Lower Fishguard Quay (HW only)
Goodwick Quay (HW only)
Porthgain (HW only)
Solva (HW only)
Dale Fort Quay
Hakin Jetty (by arrangement)
Mackerel Stage (summer pontoon)
Milford Marina
Llanstadwell (summer pontoon)
Neyland (summer pontoon)
Neyland Marina.
Burton Ferry (summer pontoon)
Rudders Boatyard pontoon
Lawrenny pontoon
Hobbs Point Quay
Stackpole Quay (HW only)
Tenby (HW only)
Saundersfoot (HW only)

Airports

Haverfordwest Airport and Swansea. Milford Docks has an helipad, but 24 hours notice is required for its use.

Slipways

for trailable vessel,
craft usually less than 26 ft.
(HM) denotes Harbour Master permission should be sought.

St Dogmaels, next to Jewsons.
St Dogmaels
Newport Parrog into Newport Estuary.
Cwm yr Eglwys
Fishguard Lower Town Quay

Fishguard Lower Town Skirmisher Car Park
Goodwick outside Watersports Centre
Abercastle (over soft sand)
Porthgain (HM)
Porthclais (HM)
Solva (HM)
Dale
Sandy Haven
Gellyswick
Milford Haven Docks (HM Marina)
Milford Haven Smokehouse Slip
Milford Haven Slip Hill
Neyland Yacht Club
Neyland Brunel Quay Car Park
Rudders Yacht Station (HM)
Llangwm, Black Tar
Landshipping
Llawrenny Yacht Station (HM)
East Llannion Slipway
East Llannion Marine (HM)
Pembroke Dock, Hobbs Point
Pembroke Dock public slipway Front Street
Pembroke Dock Martello Tower Slipway
Angle Beach
Stackpole Quay (HM)
Tenby Harbour (HM)
Saundersfoot Harbour (HM)
Amroth Beach

The best Public slipways are:

St Dogmaels near Jewsons
Goodwick
Dale
Gellyswick
Hobbs Point

Lights, buoys and waypoints

This is a list of all the major lights around the Pembrokeshire coast.

Principal lights are given in capitals.   Unless otherwise stated lights are white, Fl is Flash, Q is Quick Flash, VQ is Very Quick, L Fl is Long Flash, s is seconds, m is elevation above Mean High Water Springs in meters, M is nominal range of the white light in Miles. All positions are referenced to WGS84/ETRS89 datum but should be assumed to be approximate.

Cardigan Channel Perch mark 52° 06.44N 04° 41.21W Fl (2) 5s.

Fishguard North Breakwater 52° 00.76N 04° 58.23W Fl Green 4.5s 18m 13M

Fishguard East Breakwater 52° 00.31N 04° 58.86W Fl Red 3s 10m 5M

STRUMBLE HEAD 52° 01.79N 05° 04.43W Fl (4) 15s 45m 26M visible 038° to 257°T

SOUTH BISHOP 51° 51.14N 05° 24.74W Fl 5s 44m 16M

THE SMALLS 51° 43.28N 05° 40.19W Fl (3) 15s 36m 25M

SKOKHOLM ISLAND 51° 41.64N 05° 17.22W Fl White 10s 54m 20M (Red 154 to 129 T)

ST ANNS HEAD 51° 40.87N 05°10.42W Fl White 5s 48m 18M (Red 247°-285°,314° -332° T)

West Blockhouse Point 51° 41.31N 05° 09.56W Fixed, Q, Red 54m 7 to 10M

Watwick Point (Rear Mark, looks like Toothbrush!) 51° 41.77N 05° 09.23W Fixed 80m 15M

Great Castle Head 51° 42.67N 05° 07.07W Fixed White Red Green 3M. Also Occulting leading Lights every 4s 27m 15M. Rear mark 890m behind is Little Castle Head 51° 43.04N 05° 06.60W Occulting every 8s 53m 15M.

St Anne's Port Hand Buoy 51° 40.25N 05° 10.51W Fl Red 2.5s Useful Waypoint

Mid Channel Rocks West Cardinal 51° 40.18N 05° 10.14W Q (9) 15s

Mid Channel Rock Pillar Mark 51° 40.32N 05° 09.83W Green 7s 18m 8M Useful Waypoint

Sheep Starboard Hand Buoy 51° 40.06N 05° 08.31W Q Green

Millbay Port Hand Buoy 51° 41.05N 05 09.45W Fl (2) Red 5s

West Chapel Starboard Hand Buoy 51° 40.98N 05° 08.67W Fl Green 10s

East Chapel Port Hand Buoy 51° 40.87N 05° 08.15W Fl Red 5s

Rat Starboard Hand Buoy 51 40.80N 05° 07.86W Fl Green 5s

Angle North Cardinal   51° 41.63N 05° 08.27W VQ

Thorn Rock West Cardinal 51° 41.53N 05° 07.76W Q (9) 15s

Dakotian East Cardinal   51° 42.15N 05° 08.29W Q (3) 10s

Chapel Starboard Hand Buoy 51° 41.66N 05° 06.86W Fl Green 5s

Stack Port Hand Buoy 51° 42.03N 05 06.52W Fl Red 2.5s

S Hook South Cardinal 51° 41.83N 05° 06.10W Q (6) + L Fl 15s

Esso North Cardinal 51 41.74N 05° 05.24W Q

E Angle Starboard Hand Buoy 51° 41.72N 05° 04.36W Fl (3) Green 10s

For lights E of Angle in the Haven refer to Almanac or Charts.

Additional lit port and starboard hand buoys are seen entering Neyland Marina and at Pennar Gut (near the disused Pembroke Power Station).

Turbot Bank West Cardinal   51° 37.41N 05° 10.08W   VQ (9) 10s

St Gowan South Cardinal   51° 31.93N 04° 59.77W Q (6) + L Fl 15s

Caldey Island Lighthouse 51° 37.90N 04° 41.08W Fl (3) White Red 20s 65m 13M

Eel Point Starboard Hand Buoy (unlit) 51° 38.86N 04° 42.24W

Giltar Spit Port Hand Buoy (unlit) 51° 39.03N 04° 42.10W

Spaniel East Cardinal (unlit) 51° 38.06N 04° 39.69W

Woolhouse   South Cardinal (unlit) 51° 39.33N 04° 39.69W

North Highcliff North Cardinal (unlit) 51° 39.38N 04° 40.77W

Tenby Pier Head   51° 40.40N 04° 41.89W Fixed Red 7m 7M

Saundersfoot Pier Head 51° 42.59N 04° 41.73W Fl Red 5s 6m 7M

DZ1 Yellow Buoy (unlit) 51° 42.05N 04° 36.00W

DZ2 Yellow Buoy 51° 39.98N 04° 37.73W Fl Yellow 2.5s.

Distance Tables in miles

These are the shortest distances taking into account navigational hazards.
Note: extra mileage will be needed to enter the ports from the Waypoint.

		1	2	3	4	5	6	7	8	9	10
1	Bardsey Is	1									
2	Aberystwyth	33	2								
3	Cardigan	15	28	3							
4	Fishguard	45	40	15	4						
5	South Bishop	60	61	38	25	5					
6	Milford Haven	83	84	61	48	23	6				
7	Tenby	107	107	84	71	46	28	7			
8	Swansea	129	130	138	94	69	55	36	8		
9	Lundy Island	110	111	88	75	50	38	30	37	9	
10	Padstow	141	142	119	106	81	70	70	76	39	10

		1	2	3	4	5	6	7	8
1	Fishguard	1							
2	Strumble Head	6	2						
3	St David's Hd	18	12	3					
4	Ramsey Sound	20	13	1.2	4				
5	Jack Sound	29	23	10	9	5			
6	St Ann's Hd	34	27	20	13	5	6		
7	Milford Haven	40	33	24	19	11	6	7	
8	Neyland Marina	45	37	28	23	14	10	4.3	8

		1	2	3	4	5	6	7	8
1	Tenby	1							
2	Caldey Sound	2.5	2						
3	Stackpole Head	9	7	3					
4	St Govan's Hd	11	9	1.5	4				
5	Crow Rock	16	14	10	5	5			
6	St Ann's Hd	21	19	12	11	5	6		
7	Milford Haven	28	25	18	17	11	6	7	
8	Neyland Marina	32	28	22	21	14	10	4.3	8

Passage Waypoints

1 **Cardigan** 0.6M N of Cemaes Hd 52°07'.60N 04°43'.75W
2 **Fishguard** 1M N of Breakwater Light 52°01'.73N 04°58'.15W
3 **Strumble Head** 1.5M N of Lighthouse 52°03'.40N 05°04'.20W
4 **North Bishop** 3.1M NW of South Bishop Light 51°54'.00N 05°25'.60W
5 **Skomer Island** 1M W of Skomer Island 51°44'.14N 05°20'.30W
6 **Skokholm Island** 1.6M W of Lighthouse 51°41'.60N 05°19'.70W
7 **St Ann's Head** 1.1M S of Lighthouse 51°39'.70N 05°10'.60W
8 **Smalls** 2M S of the Lighthouse 51°41'.30N 05°40'.30W
9 **Crow Rock** 1.3M S of the rock 51°35'.40N 05°03'.50W
10 **St Govan's Head** 1M S of Headland 51°34'.80N 04°55'.30W
11 **Caldey Island** 1M SE of Lighthouse 51°37'.20N 04°39'.60W

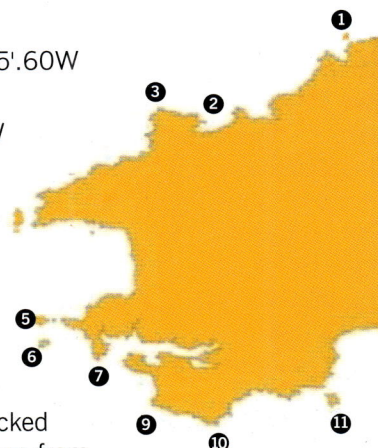

Important Note Any Waypoint being used for the first time must be checked by plotting on an appropriate chart. The waypoints above have been taken from charts prior to conversion to WGS 84 datum. Appropriate corrections should be made.

Passage plan Pembrokeshire to Ireland

A sailing yacht averaging 5 knots can make a 15 hour passage from Dale to Kilmore Quay. In the summer months if you leave at first light say 6 am you should arrive just before darkness. At other times of the year, some of the trip will have to be made in darkness hours.

If you are likely to arrive in the dark then a better landfall is the Waterford Estuary and anchor off Dunmore East. From St Ann's Head always keep a course south of Skokholm, Grassholm and the Smalls Lighthouse.

Do not venture into the area between Grassholm and the Smalls as the Hats and Barrels are difficult to navigate around. Keep the passage simple a course to 2M south of the Smalls (adequately clears Barrel Rock) and then to the Coningbeg Lightship.

If you have plenty of time and wish to see Skomer Island one idea is to start the passage from North Haven Skomer. The crossing to Kilmore Quay from Skomer is 60M (saving of about 2 hours as from Dale). In this case a rhum line takes you north of all the outer islands.

The marina at Kilmore Quay is often the favoured destination, but a word of caution. Do not enter unless you have seen the almanac or chart There is shallow water within 1M of the harbour and on LW Springs that means less than 3m. The transit marks for entering require strict attention and a reliable motor as there is often a cross tide taking you off course. Kilmore Quay is not the place to enter in the dark unless you are familiar with it. If you are looking for a landfall in the dark go to Dunmore East or Rosslare. On the return journey when within about 2M of the Smalls Light the light of South Bishop will usually be seen before the light of Skokholm Island. Note that St Ann's and South Bishop Light have the same light characteristic of one Flash every 5 seconds.

When approaching Milford Haven in daylight from the South and West the refinery chimneys will be seen first. Note that the Power Station chimney that used to be the tallest in the Haven has now been removed. At night the loom of the flare stacks at Elf and Texaco refineries often indicate the area of Milford Haven from a seaward distance of about 17M from St Ann's Head.

Distances to Ireland

		1	2	3	4	5	6	7	8
1	St Ann's Head	1							
2	St David's Head	18	2						
3	Strumble Head	30	12	3					
4	St Govan's Head	11	28	40	4				
5	Kilmore Quay	72	50	58	74	5			
6	Dunmore East	80	65	73	87	16	6		
7	Arklow	80	60	62	95	55	72	7	
8	Cork	123	111	122	123	67	55	118	8

Principal lighthouses and buoys off the Welsh coast

Principal lighthouses and buoys off the Welsh coast, together with their Latitude and Longitude position and distinctive light are:

Point Lynas 53°25.0N 04°17.3W
Occulting every 10 seconds
Skerries 53°25.3N 04°36.4W
Two flashes every 10 seconds
Holyhead South Stack 53°18.4N 04°41.9W
One flash every 10 seconds
Bardsey 52°45.0N 04°47.9W
Five flashes every 15 seconds
Strumble Head 52°01.8N 05°04.3W
Four flashes every 15 seconds,
South Bishop 51°51.1N 05°24.6W
One flash every 5 seconds
Smalls 51°43.2N 05°17.1W
Three flashes every 15 seconds
St Ann's Head 51°40.9N 05°10.4W

One flash every 5 seconds
Skokholm 51°41.6N 05°17.1W
One flash every 10 seconds
St Gowan 51°30.5N 04°59.8W
One flash every 20 seconds
Mumbles 51°34.0N 03°58.2W
Four flashes every 10 seconds
Nash 51°24.0N 03°33.1W
Two flashes every 10 seconds
Breaksea 51°19.9N 03°19.0W
One flash every 15 seconds
Flatholm 51°22.5N 03°07.0W
Three flashes every 10 seconds
East Usk 51°32.4N 02°57.9W
Two flashes every 10 seconds.

The lights are white and powerful and may have a range of over 20M. A sector of red light is shown from some lighthouses over a specific danger area.

Pembrokeshire's sea life

Seals

The Pembrokeshire coast has the largest breeding colonies of Grey Seal (Halichoerus grypus) in Southern Britain. They can be seen in all the tidal waters. Seals are born mid September to mid October and there are about 200 pupping sites around the coast, often away from human disturbance. The Ramsey Island beach of Aber Mawr is the largest pup site in Wales with about 50 pups born each year. About 160 pups are born annually in the Skomer Marine Nature Reserve. Location: Seals are to be seen around all the islands especially Ramsey, Grassholm and the Smalls. From the land they can be seen near all the rocky beaches, look down from the Deer Park at Marloes, and you are sure to see some. There are important haul out beaches on the remote stretch of coast between Newport and Ceibwr. If you want to see young orphaned seals awaiting release then visit the seal sanctuary in Milford Haven Docks. One seal has made the trawler quay at Milford Docks his home base. In the winter months a large bull seal also frequents the weir in Haverfordwest, treating himself to the winter run of salmon! For a Skomer webcam, where you may see seals go to
www.bbc.co.uk/wales/southwest/nature/ lookandlisten/webcam

Otters

The Otter (Lutra lutra) is difficult to observe and you will be lucky to see one in the wild in Pembrokeshire, but each year more and more sightings of them are seen in the coastal belt. Location: Otters inhabit the upper reaches of the Haven and all the main rivers: Afon Teifi, Nevern and Western Cleddau. The best areas are Slebech and Canaston areas of the Eastern Cleddau and Llysyfran Reservoir.

*An otter to be seen at the **Welsh Wildlife Centre**. Constructed with 6000 withies and stands 8m high*

Sharks

At least 21 different species of shark have been recorded around the coast of Britain in the last two decades. Basking shark, plankton feeders, used to be common in Pembrokeshire some 30 years ago but are now a rare sighting. Tope, Porbeagle, Mako and Thresher Shark are the most likely species to be seen. During the 1970's the author regularly saw 3 Basking Shark each year, but has not seen one in the last 18 years.

Sun Fish (Mola mola)

These are not particularly rare in Pembrokeshire waters. The author has seen up to 4 sunfish in one year, one swimming inside the Haven.

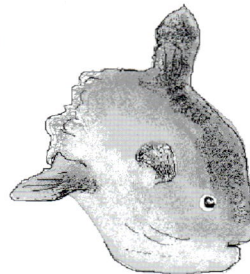

Turtles

Some 5 of the 7 species of sea turtle have been seen around Britain. The Loggerhead is even regarded as a resident species for Cornwall and this is the one most likely to be seen off Pembrokeshire. The other species are thought to arrive by accident. Uniquely amongst reptiles, turtles can maintain a body temperature higher than their surroundings, helping them cope with the cold water. Post mortems show that many are killed by eating plastic bags which they mistake for their usual diet of jellyfish.

Weever Fish

A small fish (60-70mm) with poisonous dorsal spines that can be stepped on whilst bathing. More than 30 people are stung by these fish on Pembrokeshire beaches, every year. All the sandy beaches could have them but Whitesands, Newgale, Broad Haven South and Freshwater East are likely spots especially at low tide, on warm, overcast days.

Always wear footwear. When stung, the pain is excruciating, most people assume they have stepped on a slither of glass. To treat, inspect the wound and remove any spine remaining. Use an Aspiverin syringe if there is one. Immerse the whole foot in a bucket of hot water (careful not to scald) for 20 minutes. The pain should ease, if it does not, go to hospital.

Cetaceans (whales and dolphins)

The Pembrokeshire coast is one of the best areas in the British Isles to view Bottlenose Dolphin (Tursiops truncatus), Common Dolphin (Delphinus delphis) and Harbour Porpoise (Phocoena phocoena). Whilst cruising from Milford Haven to Fishguard in one day it is possible to see both Bottlenose Dolphin and separate pods of Harbour Porpoise, if you know where to look. The larger cetaceans such as Minke whales (Balaenoptera acutorostrata), Pilot whales (Globicephala melaena), Killer whales (Orcinus orca) and Risso's Dolphin (Grampus griseus) are also seen. In 2006 groups of Fin Whale (Baleanoptera physalus), the world's second largest mammal, were seen in the offshore areas, especially in the Celtic deep beyond the Smalls. Bottlenose Dolphin and porpoise can regularly be seen in the inshore waters and they can be observed from clifftop positions around the coast. The smaller cetacean can be difficult to spot, their location and habits may help with identification.

Bottlenose Dolphin

These are the friendliest and best known. Up to 3.5m long with lower jaw protruding conspicuously beyond the upper. Dorsal fin tall and curving backwards. Usually grey or dark all over. Groups will swim and dive in formation. Will often come over to a yacht or vessel that keeps her course and bow-wave. Two separate male individuals have befriended divers and swimmers over the last 30 years in Pembrokeshire.
Location: A resident group is based in Cardigan Bay. When near Cardigan it is worth going E of Cardigan Island for 2M to meet these amazing mammals. From land the best place to see these is between Strumble Head and Cardigan Island.

The wildlife observatory at Strumble Head is probably the best cliff top place to watch out for all these cetacean.

Common Dolphin

More common in the middle of St George's Channel. Slightly smaller than Bottlenose, up to 2.6m long. Usually identified by having a distinct white belly and black and white hour-glass markings. Dorsal fin similar to Bottlenose but often not so pointed. Groups will play around a vessel especially if sailing in rough weather. Sometimes two or three will swim and show off in formation, diving and surfing.
Location: 4 M to 10M beyond Smalls, also regularly seen off South Pembrokeshire and St Govan's area in particular.

Harbour Porpoise

Smaller and more discreet than the above. Up to 1.6m long. Small and stout with no beak. Small and low dorsal fin, roughly triangular with a concave trailing edge. Unlikely to come close the boat. Groups do not formation play. These are the ones most commonly seen inshore.
Location: To the S end of Ramsey Sound on the ebb tide and off St David's Head on the flood. Off Strumble Head and the area between Strumble Head and Dinas Head. A small group often seen around Skomer Island, near Garland Stone and also both sides of Jack Sound.

Common Dolphin Photo @ Tom Bennett 2006

Cetaceans

Pembrokeshire's Lifeboats

Lifeboats are located at Poppit, Fishguard Harbour, St David's, Little Haven, Angle and Tenby. Pembrokeshire has a long tradition with Lifeboats, Fishguard having had a locally built one in 1822. The Royal National Lifeboat Institution (RNLI) exists to save life at sea, and the crews (apart from one full-time mechanic at the all weather lifeboat stations) are volunteers.

Cardigan's Lifeboat is 'Tanni Grey' an Atlantic 75 fast 7.3m inshore boat launched across Poppit Sands. With a crew of 3 this rib with twin 70hp outboards is capable of 32 knots. There is also a D Class Lifeboat, 4.9m, capable of 20 knots, also with a crew of 3.

Fishguard has a Trent Class Lifeboat 'Blue Peter V11', the first all weather Lifeboat funded by BBC Blue Peter viewers. It has a crew of 6, 14.2m long, 25 knots and a range of 250 miles.

Fishguard also has a D Class Lifeboat . St David's Lifeboat 'Garside' is housed at St Justinian's. It is a Tyne Class Lifeboat launched down a slipway, having a crew of 6 she is capable of 17.6 knots and an operational range of 240miles.

Little Haven & Broadhaven have an inshore 'Sybil' D Class Lifeboat housed at Little Haven.

Angle Lifeboat 'Lady Rank' is housed near Angle Point and is slipway launched into Milford Haven waterway. It is a Tyne Class, similar to the St David's and Tenby Lifeboats. Angle also has a D Class named 'Isabella Mary'.

Tenby has a Tyne Class Lifeboat named 'RFA Sir Galahad' and a D Class inshore boat 'Georgina Stanley Taylor'.

Maritime Rescue is co-ordinated by the Coastguard, to call out a Lifeboat ring 999 or a Mayday on VHF Ch 16. The Lifeboat service must not be taken for granted. It only survives because of voluntary donations, raised by volunteers, and is not supported by Government funds. More than 60% of the massive funds needed to maintain the service come from legacies. If you have not already done so, then write your will, leaving a generous amount to the RNLI.

RNLI (Wales Region) 029 20456999 or www.rnli.org/Walesregm.asp

The Longboats

There is probably more sea rowing done in Pembrokeshire than any other county of Britain. Apart from the annual coastal village regatta, before 1978, Penarth was the only place in Wales where sea rowing was regularly carried out. Then, the Cwch Hir, the Pembrokeshire Longboat, arrived; a four oared coxed pulling boat. The original one was built by Tom Sutton and Des Harries of Porthgain, with the help of Robin Pratt. This boat was based on an Irish currugh that had drifted ashore on Ramsey Island. They made a fibreglass version suitable for rowing in the local regatta races.

The fibreglass longboat was an instant success. Racing for cash prizes, became extremely popular and a programme of summer rowing races was developed.

Over the years all the Pembrokeshire villages wanted to compete. In the first four years, the older men's team from Newport were unbeatable, that town having had a hundred year old tradition of a Down River Rowing Race.

Over the next twenty years dozens of longboats were made and racing has grown around the entire Welsh coast with most coastal villages having both men and ladies teams. These boats have regularly raced across St George's Channel from Ireland to the Welsh coast. Dale Sailing Company now build the Celtic Longboat. Dimensions; length 7.4m, beam 1.5m, 137 kg, a 4 oared, fixed seat, coxed rowing boat which is 0.6m longer than the Pembrokeshire Longboat.

These provide a proper one-design longboat where everyone can compete on their rowing and cox skills. To date, more than 23 new Celtic Longboats have been built. The longboats have certainly been a catalyst for sea rowing in Wales if not in Britain.

Pembrokeshire's longboat rowers can beat the best in Britain, certainly when it comes to the long, stamina distance races. With all the fitness training and competition, the longboats are helping to keep Pembrokeshire's youth (and older ones) healthy!

*Left: RNLI Station **St Justinians***
*Above: **Hazelbeach**, first time out*

Useful telephone numbers

Yacht Clubs

Dale Yacht Club	01646 636362
Lawrenny Yacht Club	01646 651212
Pembrokeshire Yacht Club	01646 692799
Neyland Yacht Club	01646 600267
Pembroke Haven Yacht Club	01646 684403
Tenby Yacht Club	01834 842535
Saundersfoot Sailing Club	01834 811129
Fishguard Bay Yacht Club	01348 811245
Teifi Boating Club	01239612361
Pembrokeshire Yacht Fed	01834 842535

Marinas & Boat Yards

Milford Haven Marina	01646 696312
Neyland Marina	01646 601601
Dale Sailing	01646 603110
Swansea Marina	01792470310
Aberystwyth Marina	01970 611422
Rudder's Boat Yard	01646 600288
Lawrenny Boat Yard	01646 651212
East Llanion	01646 686866
Cardigan Outboards	01239 613966

Chandlery

Dale Sailing	01646 603110
Windjammer	01646 699070
Brunel Chandlery	01646 601667
Kelpies	01646 683661
Dyfed Electronics	01646 694572
Neyland Marine	01646 698968
Cosalt	01646 692032
Goodwick Marine	01348 873955
White Water Consultancy	01267 223555
Quadra Boats	01646 602999

Tuition

Pembrokeshire Cruising	01646 602500
Pembrokeshire Dive Charters	01437781569
Patriot Charters	01646 698969
Pembrokeshire College	01646 697076
Pembrokeshire Watersports	01646 622013
West Wales Sailing	01646 636642

Harbour Masters

Milford Port Authority	01646 696137
Tenby	01834 842717
Saundersfoot	01834 812094
Fishguard Goodwick	01348 872881

Medical

Emergency	999
Withybush Hospital	01437764545
Health Care Centre	01646 697000
Dentist Neyland	01646 600687
Dentist Milford Haven	01646 697381
Chemist Milford Haven	01646 692004
Chemist Neyland	01646 600366
Doctor Milford Haven	01646 690674

Rail Service

Wales & West Rail	0345 484950
Train Times	08457 484950

Brokerage

Dale Sailing	01646 603105
Boatshed Wales.com	01646 603888

Electrics

Dyfed Electronics	01646 694572
Neyland Marine Services	01646 698968
Norrard Electrics	01646 692125

Sailmaker

Stephen Ratsey	01646 601561

Police

Emergencies	999
24 hr enquiries	0845 330 2000
Haverfordwest	01437 763355
Milford Haven	01646 692351

Coastguard

Coastguard MRSC	01646 690909

Customs & Excise

Customs	01646 622777

Wildlife

The Wildlife Trust, S & W Wales	01239 621600
Dead dolphins, seals etc	01348 875000
Seal Hospital	01646 692943
RSPB	01686 625678

Wildlife Tours

Voyages of Discovery	01437 721911 or 0800 854367
Thousand Islands Expeditions	0800 163521 or 01437 721721
Ramsey Island Cruises	0800 028 6212
Dale Sea Safari	0800 028 4090
Shearwater Safaris	08081 445529

Other Boat & Charter Trips

Pembrokeshire Cruising	01646 602500
Porthgain Boat Trips	01348 831518
Caldey Island Boat Trips	01834 844453
Sabretooth	01646 602672
Cleddau King	0870 7774544
Pembrokeshire Watersports	01646 622013
Pembrokeshire Boat Charter	07974 946578

Coastal Bus and Trains

Transport Unit	01437 775227
Pembrokeshire Greenways	01437 776313
Traveline	0870 608 2608

Ferries

Irish Ferries	0990 329543
Stena Line	0990 707070

Activity Centres

Activity Wales
01437 766888
www.activitywales.co.uk

Ocean Rock Kayaking Expeditions
01437 891787
www.oceanrock.co.uk

Outer Reef Surf School
01646 680070
www.outerreefsurfschool.co.uk

Pembrokeshire Watersports
01646 622013
www.pembrokeshirewatersports.co.uk

Preseli Venture, Mathry
01348 837709
www.preseliventure.com

Princes Trust Cymru,
01646 622013
www.princes-trust.org.uk

Sealyham Activity Centre
01348 840763

Stackpole Centre
01656 661425

TYF
St David's 01437 721611
www.TYF.com

West Wales Wind, Surf and Sailing
01646 636642
www.surfdale.co.uk

Dive Providers

Celtic Diving
01348 874752

Dive Pembrokeshire
01437 781117

Dive in 2 Pembrokeshire
01646 636684

Pembrokeshire Dive Charters
01646 602941

St David's Scuba Diving Centre
01437 721788

Tenby Water Sports
01834 843553

Venn Farm
01646 690190

West Wales Diving Centre
01437 781457

West Wales Diving School
01348 831526

Organisations

Pembrokeshire Coast National Park Authority
0845 3457275
www.pembrokeshirecoast.org.uk

Pembrokeshire County Council
01437 764551
www.pembrokeshire.gov.uk

Fishing Tackle Shops

Anglers Corner
01646 698899

Bay Fishing Tackle
01834 813115

County Sports
01437 763740

Milford Angling Supplies
01646 692765

Morris Bros Tenby
01834 844789

Pembroke Angling
01646 622712

Sea Stores Neyland
01646 601946

Tenby Angling
01834 844430

Boat Builders

Dale Sailing Co Ltd
01646 603110

Pembrokeshire Yachts
01646 602030

Tourist Information

See the website
www.visitpembrokeshire.com.

Or telephone the following TIC centres

Cardigan 01239 612021
Fishguard 01348 872037
Newport 01239 820912
Fishguard 01348 873484
Goodwick 01348 872528
Haverfordwest 01437 763110
St Davids 01437 720392
Milford Haven 01646 690866
Pembroke 01646 622388
Saundersfoot 01834 813672
Tenby 01834 842404
Kilgetty 01834 814161

Welsh Wildlife Centre. Tuition with Heritage Canoes at Cilgerran

Index

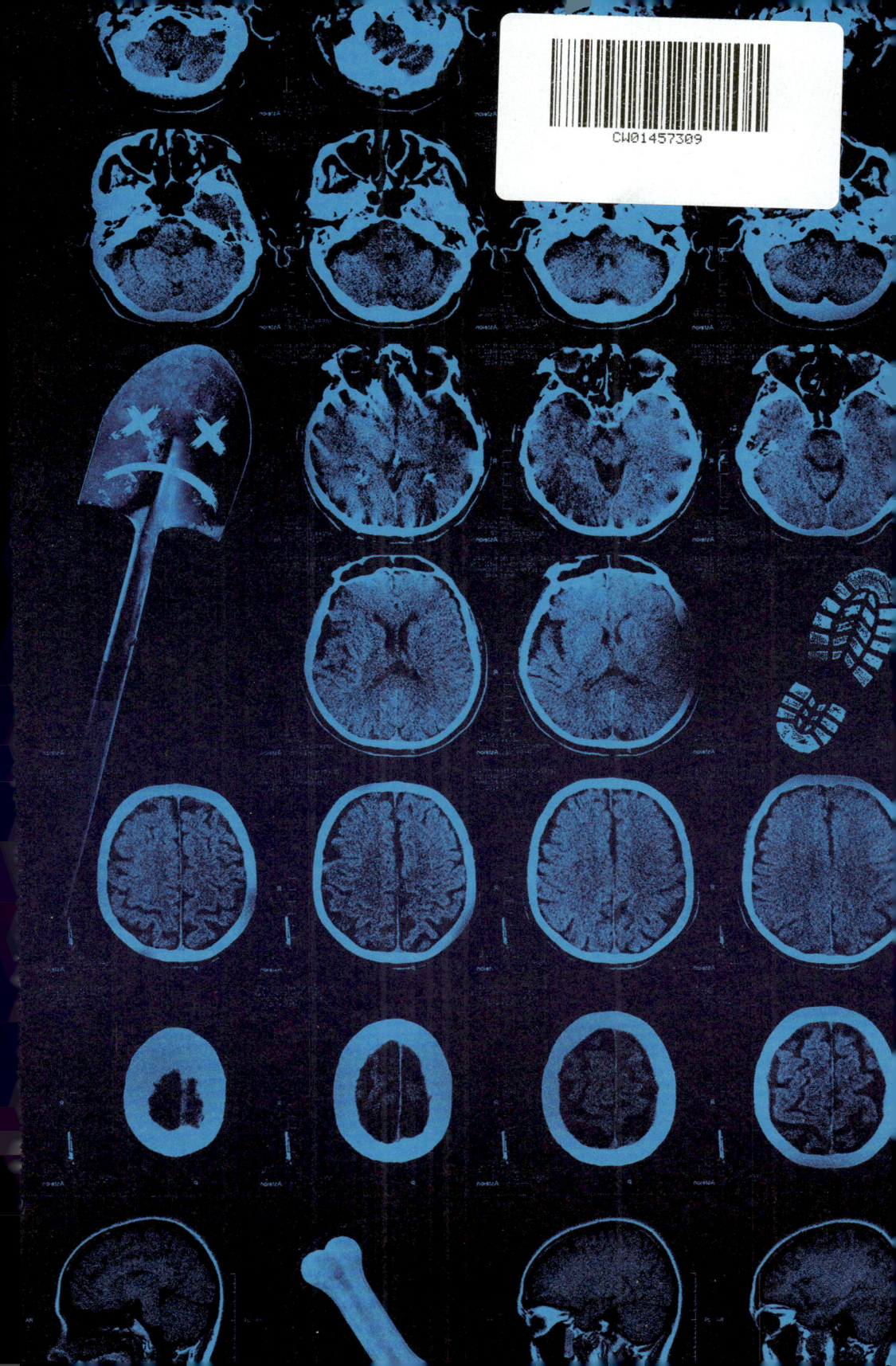

CW01457309

By Holly Jackson

Not Quite Dead Yet
A Good Girl's Guide to Murder
Good Girl, Bad Blood
As Good as Dead
Five Survive
The Reappearance of Rachel Price

Not Quite Dead Yet

HOLLY JACKSON

MICHAEL JOSEPH

PENGUIN MICHAEL JOSEPH

UK | USA | Canada | Ireland | Australia
India | New Zealand | South Africa

Penguin Michael Joseph is part of the Penguin Random House group of companies
whose addresses can be found at global.penguinrandomhouse.com

Penguin Random House UK,
One Embassy Gardens, 8 Viaduct Gardens, London S W I I 7 B W

penguin.co.uk

Penguin
Random House
UK

First published in the United States of America by Bantam Books,
an imprint of Penguin Random House LLC 2025
First published in Great Britain by Penguin Michael Joseph 2025
001

Copyright © Holly Jackson Limited, 2025

The moral right of the author has been asserted

Penguin Random House values and supports copyright.
Copyright fuels creativity, encourages diverse voices, promotes freedom
of expression and supports a vibrant culture. Thank you for purchasing
an authorized edition of this book and for respecting intellectual property
laws by not reproducing, scanning or distributing any part of it by any
means without permission. You are supporting authors and enabling
Penguin Random House to continue to publish books for everyone.
No part of this book may be used or reproduced in any manner for the
purpose of training artificial intelligence technologies or systems. In accordance
with Article 4(3) of the DSM Directive 2019/790, Penguin Random House
expressly reserves this work from the text and data mining exception

Set in 13.5/16pt Garamond MT Std
Typeset by Six Red Marbles UK, Thetford, Norfolk
Printed and bound in Great Britain by Clays Ltd, Elcograf S.p.A.

The authorized representative in the EEA is Penguin Random House Ireland,
Morrison Chambers, 32 Nassau Street, Dublin D02 YH68

A CIP catalogue record for this book is available from the British Library

HARDBACK ISBN: 978–0–241–75368–2
TRADE PAPERBACK ISBN: 978–0–241–75369–9

Penguin Random House is committed to a sustainable future
for our business, our readers and our planet. This book is made from
Forest Stewardship Council® certified paper.

MIX
Paper | Supporting
responsible forestry
FSC
www.fsc.org   FSC® C018179

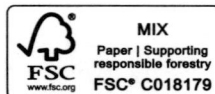

For Jet

Friday
October 31

I

Dead gray skin, rotted away to show off the stringy sinews of muscle below. Sunken, rubbery sockets around sparkling hazel eyes. Those were actually hers, though; they moved as she studied herself. Decaying corn-on-the-cob teeth with gore stuck in the spaces between. What did zombies eat again? Just brains, or they weren't fussy about the other guts too? Probably didn't enjoy the candy apple she'd had earlier.

Jet watched her reflection in the funhouse mirror, her dead face – sorry – her undead face. OK, she'd worn the mask for three whole minutes, so Mom couldn't complain, and now Jet couldn't breathe; hot toffee air that turned wet against the rubber, sticking it to her skin. She pulled the mask off. Still pale, slightly less gray, though, but the mirror elongated her round face, distorting her thick brows and upturned nose. Her short blond hair was sticking up now; static buzzed against her hand as she flattened it.

'Jet?'

'– Damn.' She flinched. The mirror warped his face behind her, squashed his muscular frame into accordion ripples, but Jet knew his voice. Of fucking course. JJ Lim. But not with his usual black swept-back hair and clear tawny skin. He wore a garish red wig and denim overalls over a striped shirt, train-track gashes drawn on his face. Chucky. They'd watched that movie together on their third date.

'Didn't mean to scare you,' he sniffed, awkward.

'It's Halloween, that's the point.' More awkward. Jet walked away without looking at the unwarped him, past a stall of pumpkin pies and apple bread. *Just $5!!!* yelled the chalkboard sign.

'It's . . .' JJ slipped off his wig and stumbled after her, through a group of freshly face-painted kids. Why was he following her? She'd given them both an easy out. *Again.* 'Sorry,' he continued, 'I was wondering. I just . . .'

Well, this was fun. Jet was super glad she'd come to the Halloween Fair now. The whole of Woodstock, Vermont, swarming The Green in the middle of town, and she'd managed to run into the one person she didn't want to see.

'Trick-or-treat!' a small vampire yelled up at her.

Jet hoped he'd choke on his slobbery fangs. Were kids always this annoying, or did the sugar rush bring it out of them? It was past ten now; when did parents put children to bed these days? Not fucking early enough.

She picked up her pace, but JJ didn't give up.

'Jet, please.' He reached out for her arm. 'I need to talk to you about something.'

Jet stopped, sighed. *Something* meant *them,* didn't it? And they weren't a *them* anymore, not for months. 'I can't right now.' Lie. 'I'm helping my parents run the fundraising booth.' Bigger lie. 'Did Henry draw those scars for you?' Change the subject.

JJ narrowed his sharp eyes. 'Please, Jet, it's important.'

'Oh, *important,*' Jet snorted, 'like when you said I was the best you could hope for . . . in Woodstock. Such a poet, J.'

'You know I didn't mean it like that. And it's not about *us,* it's –'

'– Hey buddy, think you dropped this,' a voice said over JJ's shoulder, saving her. It was her brother, Luke, bending to retrieve the crumpled red wig from the grass. Pinpricks of string lights reflected in his matching hazel eyes as he straightened up and squared up, passing JJ the wig.

4

JJ took it, and finally took the hint too, losing himself in the crowd.

'Saved you,' Luke said.

Jet would never admit it. She was about to tell Luke so when he punched her in the shoulder, aiming for the dead-arm spot. He missed. But – also – he was fucking thirty and a dad now. When would the punching stop?

Jet didn't react, a lesson all sisters learned one way or another. It annoyed them more.

Luke grinned, sharpening his jaw. Actually, his whole head somehow – he'd had his honey-brown hair cut too short again; no honey, just fuzz. But Sophia liked it that way, apparently. And – great – here she was now, holding baby Cameron dressed as an unhappy pumpkin.

'Was that JJ?' Sophia asked, slotting in beside Luke, hip to hip, claiming her husband back. She was dressed as Cat-woman, tall and lithe in a tight leather suit that would be unforgiving on Jet's shorter, curvier frame. Remember when they used to share clothes, when they were teenagers? Back when they were the ones joined at the hip. Until Sophia got tall and Jet got boobs.

'Didn't JJ get the message?' Luke surveyed the bustle of the fair, finally starting to die down, thank god. 'How clear can you make it when a guy gets down on one knee and you say no?'

'Literally,' Sophia added, unhelpfully.

'That's not how it happened,' Jet said.

'So, Marge,' Luke said, looking for another reaction. 'What did you come dressed as this year?'

'Oh.' Jet gestured down her black turtleneck sweater and sleeveless denim jacket, black pants and boots. Yes, the boots were also black. 'I thought it was super obvious. I came as a law-school dropout who still lives at home with her parents at twenty-seven.' Made the joke before someone else could.

Luke hissed. 'Scariest costume here.'

Sophia nudged him.

Something stirred in Jet's gut, burned in her cheeks.

'You're also not wearing a costume,' she reminded her brother.

Luke cleared his throat. 'No, 'cause I'm here representing our family, representing Mason Construction. This is our fair, important to look professional and approachable.'

'With that hair?' Jet laughed, still smarting. Maybe she'd feel better if she took Luke down with her. Just a little. 'Company's not yours yet, Luke.'

A muscle ticced in his jaw.

'Next year.' Sophia squeezed Luke's arm, a red-lipped smile spreading across her face. *Next year,* when Dad retired. No, sorry, *if.* He'd been 'about to retire' three times already. They weren't supposed to talk about that and Jet knew it; she shot him an empty grin, too many teeth.

'Cameron's first Halloween,' Sophia said quickly, switching to something they *were* allowed to talk about. Her baby. All she ever wanted to talk about, actually. 'He's a pumpkin.' She jiggled him on her hip.

'Oh shit, really?' Jet said. 'I thought he was a butternut squash.'

'Jet.' Sophia turned on her. 'Can you not swear in front of the baby, please.'

'Fuck, sorry.' Jet clapped her hands to her mouth.

'Seriously?'

'It slipped out.' It hadn't.

'You still writing that . . . what was it?' Sophia asked. 'That screenplay?'

Jet shuffled, digging the toe of her boot into a fallen leaf. Didn't want to talk about that but Sophia and Luke were staring, and she had no choice. 'No, I'm not doing that anymore.'

Luke tucked his hands into his front pockets. Here we go. 'Given up already?' he said, and clearly enjoyed saying it. 'That must be a new record.'

'I'm working on something else, actually.' Jet kept her voice level, walls up, teeth together. 'A new idea.'

'It's not that dog-walking app business thing, is it?' he said.

That feeling burned brighter, churning in her gut. Jet hardened her eyes, an unsaid question.

'Dad told me.'

'Well,' she said, like she didn't care at all. 'I wish you'd all stop talking about me.'

'Well,' he replied, 'I wish we didn't need to.'

'Fuck off, Luke.'

'Jet!'

'He can't talk yet, Sophia.'

'That's the difference between me and you,' Luke said. 'When I have goals, I actually see them through.'

Jet laughed. A dark, husky sound that didn't match her face, people said. An old man's laugh, like she'd smoked a pack a day when she'd never smoked one.

'I've got all the time in the world,' she said, same thing she told herself every Monday morning when her parents went to work and she didn't. Repeated the words until they stuck. Anyway, she shouldn't let Luke get under her skin like this. 'And I think you're forgetting that I won that district spelling bee when I was just ten.'

Luke bowed his head. 'I remember.' Of course he remembered, because that wasn't the only thing that had happened that day.

'Well,' Sophia said, unaware of the dark memory she was

trampling over with her singsong voice. 'We're heading off. This little guy is getting grouchy.'

'Aw, Luke, haven't had enough protein today?'

Damn, he wasn't even listening, craning his neck to look over the heads of witches and superheroes, toward the stall their parents were manning.

'I gotta go rescue Dad now,' he said, no goodbye.

'Good little CFO,' Jet muttered.

He heard, turning back, a flash behind his eyes.

'At least I'm chief financial officer and not chief fuck-up.'

'That doesn't even match.'

'Jet!'

'That was Luke who swore, not me!'

Cameron fussed and Sophia sighed, watching Luke through the crowd.

'I wish you two wouldn't fight,' she said.

Jet shook her head. 'That wasn't a fight. Just a normal conversation. You wouldn't know.'

'He's under a lot of stress.'

'He's Luke,' Jet said, 'he's always stressed. And I bet he managed to find time to play golf with Jack Finney and David Dale at least twice this week. *Stressed*. I knew him first, remember. Knew you first too.'

Because that was the real thing, that cold, barbed thing between Jet and Sophia. You go away to college and your best friend who stopped calling and stopped replying – and stopped caring – sets her sights on your brother instead. Anything to be in with the Masons. Jet didn't know how to talk to her anymore, and she'd never say it, but she thought the baby was boring as fuck.

'Well, I'm going to . . .' She didn't finish, didn't really need to; Sophia looked just as relieved when Jet left her behind, disappearing into the thinning crowd.

People were starting to leave now, werewolves and serial killers jostling her. A ginormous cat costume headed her way, a mismatched human head bursting from its white-and-ginger-furred shoulders, cat head tucked under one arm. Jet recognized the human part: bald head and dark brown skin, eyes magnified by circular glasses. It was Gerry Clay. He was on the board of village trustees with Mom. Actually, Gerry was chair and Mom was vice, and Mom said she didn't mind that when she was elected, but Mom was a bad liar.

Cat-Gerry was walking between two police officers. Not costumes this time, uniforms. Shields on their chests and guns in their belts. Lou Jankowski, their newish chief of police, and Jack Finney, who lived opposite the Masons; always had.

'Hello Jet.' Jack gave her a familiar smile, tall and broad-shouldered, the gray in his dark hair creeping into his stubble. Sophia used to call him a silver fox when they were teenagers, even though the silver part was pretty new.

'Hi Mr Finney.' She was supposed to call him Sergeant or something, but it had never stuck. Mr Finney was an improvement on *Billy's dad* at least, and that's what Jet had called him for most of her life.

'Billy was looking for you,' he said, like he'd read her mind.

Wow, Jet was Miss Fucking Popular tonight.

'Sorry, Lou,' Jack added. 'This is Jet. Scott and Dianne's daughter. Don't know if you've met?'

'Don't know if we have,' Lou said. His face looked mean, hard eyes, but his voice didn't match, too soft. Yellowy-gray hair, close to mustard, and ketchup-ruddy cheeks. Clearly the man had never heard of retinol. 'It's been a pleasure working with your mom, and Gerry of course. Oh, that's my wife, that scarecrow waving at me. Excuse me a minute.'

'A pleasure?' Jet said, watching the chief go. 'He must have the wrong Dianne Mason.'

9

'Ha!' Gerry shouted it, not really a laugh. 'You're a funny one.'

Jet already knew she was a funny one. Sometimes that was all she had.

'What do you think of your new boss, Jack?' the half-cat half-Gerry asked, his attention on the retreating chief. 'Don't tell anyone I said this, Jack, but it should have been you. Made so much more sense to have a chief who's lived here for decades, not some out-of-towner who doesn't know anyone. Of course I voted for you. I don't know why the other trustees – shit, don't tell anyone I said that. But . . . it should have been you.'

Jack's shoulders dropped. He glanced away awkwardly, probably for somewhere else to look, finding a perfect distraction in the stall behind them, where Jet's parents were selling bags of candy corn, fundraising for the town's *Green Spaces*. All sponsored by your friendly local home construction business, of course. The ones who built mansions next to those *Green Spaces*.

Jack coughed, coming back to them. 'I'm sure you picked the right man for the job.'

How had Jet found herself in yet another conversation she didn't want to be in?

'Cool,' she said, trying to break the tension. 'If you want to arrest someone to cheer yourself up, Mr Finney, I nominate my brother. Think we both know he deserves it.'

Jack didn't smile at that, clearly still lost in what Gerry had said.

'Oh,' Gerry piped up. 'There's my kid, Owen, the one taking the photos. He's starting a photography course soon. Let's get a picture, Jack.'

Gerry looped one thick cat arm through Jack's and dragged the poor man away.

'Hey, Jet.'

For fuck's sake, could she just get one minute?

'Billy Finney.' She turned to face him, her fakest smile. 'You found me. Thank god, because I've hardly spoken to anyone tonight.'

'Really?' he said.

'No. I'm sick of people.'

'Am I people?'

'You sure look like one.'

A tall one, with dark brown curls that skimmed his wide-set watery blue eyes. A mouth that was always open and always slightly crooked, even when he wasn't smiling. He raised his eyebrows at her. She knew that look; Billy hadn't changed much since he was ten years old.

'What?' Jet asked.

'I just spoke to your mom, and she asked me my name.'

Jet snorted.

'I literally grew up next door, spent more time at your house than I did my own.' Billy shrank somehow, even though he towered over Jet. 'She was joking, right? She hasn't forgotten who I am?'

Poor, sweet Billy.

'Don't take it personally, bud.' Jet clapped him on the arm. 'I never do.' Which was, maybe, her biggest lie tonight. 'Is that why you wanted to find me . . . sorry, what's your name again?'

'I'm not ready to joke about it.' Billy frowned. 'Actually, I was going to ask if you wanted to come to the bar on Tuesday. We're doing another live music night. It's me, actually, I'm the one who's playing, I – I think I told you before, a few times. Guitar, singing some songs, some I wrote.' Why was he talking so fast? And – was he sweating? 'Just wondering if you could make it this time. N-no – no worries if not.'

Jet sucked in a breath. She couldn't, not the last time he asked, not now. Because what if he was terrible and she laughed and then it became this whole thing? 'Sorry,' she said. 'I can't this week. Really busy. Maybe next time?'

He shrank again. 'Yeah, cool.' Billy nodded, his turn to fake-smile. 'There'll be a next time, don't worry.'

Jet wasn't worried but didn't get a chance to say so because a clown was bounding toward them, slipping and stumbling on the grass. A drunk clown, beer bottle in hand.

'You OK?' Jet asked.

Now she recognized him, only a clown from the neck up, a half-assed red nose and wig. Underneath that, it was just Andrew Smith. He rocked on his feet, his eyes unfocused, setting on fire when they found her.

'You,' he slurred, pointing the empty beer at her. 'Where's your brother? I need to speak to him.'

'Luke?' Jet shrugged. 'I think he left.' Lucky prick.

Andrew laughed, a dark, whistling sound. 'Your fucking family. Think throwing this fucking party every year makes up for any of it?'

Billy stepped closer to Jet, into the line of fire. Well, beer.

'All of you. Destroy everything you touch!' Andrew spat.

'I – I think you've had a little too much to drink, huh, Andrew?' Billy said, raising his hands, palms exposed. 'That's OK. How about I get you some water?'

'Don't tell me what to do, boy! Always telling me what to do!'

Andrew half charged, half fell into Billy, shoving him backward. Billy didn't fight back, let himself get pushed.

'It's OK, Mr Smith,' he strained to say, the clown throwing weak drunken punches at his chest.

Why wasn't Billy doing anything?

'Hey,' Jet yelled, doing something, but it was done before

12

she could reach the scuffle. Billy's dad – shit, old habit, try again – *Jack* had appeared out of the thinning crowd, Chief Lou on his heels. Jack grabbed Andrew, wrenched him away from Billy. Andrew tripped over his own feet, into Chief Lou, who held him in a barrel grip.

'Calm down, sir!' Lou barked into his ear, the softness gone from his voice. Not super calming.

'I've got this, Chief.' Jack gripped one of Andrew's arms. The clown's head lolled onto Jack's shoulder. 'You OK, Billy?' Jack asked his son, over Andrew's head.

'Yeah, fine, Dad,' Billy answered. 'Just a misunderstanding. He needs to go home, sleep it off. Please don't arrest him.'

'You know this man?' Chief Lou asked Billy's dad.

Jack nodded.

'Know where he lives?'

Jack nodded again. 'He lives in the apartment next to Billy's.'

'All right.' The chief righted his uniform. 'Can you escort him home, Sergeant? Make sure he gets a drink of water.'

'Yes, Chief.'

'Next time,' Lou spoke down to the clown, 'it'll be a night in the cell and a charge of disorderly conduct.'

'Come on, Andrew,' Jack said, leading the man away, toward the road and the streetlamps, holding the clown upright, the man too.

The chief turned to speak to Billy, and Jet slipped away. She was done talking to people and done with this Halloween Fair. Maybe she'd pretend she was sick next year. Actually, it didn't matter: next year she wouldn't even be here any-more. She'd be in Boston again, maybe back in law school, or maybe running her new company. There was time for that. She had time.

'What was that about?' Dad asked when she finally reached their stall.

'Andrew Smith.' Jet dropped her zombie mask on the table. 'Drunk and sad again.'

'About his house?' Mom said, distracted, counting cash into a lockbox, her sharp haircut swinging around her neck.

'No, probably about his only daughter killing herself last year.'

Dianne hissed, an intake of breath. 'Jet, I wish you wouldn't.'

'Wouldn't what, Mom? Speak? Exist?' Her mom gave her a look, those fierce green-brown eyes magnified by her glasses, but not softened.

'Ah,' Dad groaned suddenly, bending double, his hand pressed to his side.

'Bad again?' Mom turned, a wad of twenties in her hand. 'Take some painkillers when we get home. And don't say no, Scott; you're going in for another checkup.'

Dad could only grunt. He was sweating, his thinning hair stuck down to his temple, new lines etched in his face, pain bracketing the wrinkles.

'A heating pad and a whole bunch of water,' Jet said with a sad smile. 'That works best for me. You can borrow mine.'

She understood the pain. In fact, she was the only one in the family who could. Mom and Luke had never spent weeks at a time pissing blood, or unable to walk because of the pain in their side. Them and their normal kidneys.

'Well.' Jet clapped her hands. 'It's been a pleasure, but I'm going home.'

'You can't,' Dianne snapped. 'You said you'd stay till the end and help us clear up. People are leaving now. You can make yourself useful and take the chairs back to the hotel.'

Jet had never agreed to that, and she hated when her mom told her to make herself useful. It didn't make her feel useful; it made her feel small.

'I'll do it tomorrow,' she said.

'Your catchphrase, Jet,' her mom sighed.

'That's not the catchphrase,' Dad said, but there was warmth in his voice. 'It's: "I'll do it *later*."'

'*Later* is a great word,' Jet said, voice rising as she turned away from her parents. 'Means I never have to be *useful*. See you at home.'

Mom was distracted again anyway: Gerry Clay was back, a full cat this time.

'Boo!' He jumped out from behind the stall. 'Dianne, I know your deepest, darkest secret,' he said, low and diabolical.

'You're having too much fun, Gerry,' Dianne clipped back.

Jet walked across The Green, onto the street beyond. It was dark, but not yet late enough to worry about it. The town was still thrumming and shrieking with departing cars and the undead. A gaggle of teenagers outside the little church, too loud and giggly for just sugar. Found Mom and Dad's liquor cabinet, she'd bet.

Past the houses beyond, jack-o'-lanterns still glowing outside, mean triangle eyes glaring back at her. Someone hadn't bothered carving theirs; just a bunch of naked pumpkins and gourds lining the steps up to their front door.

Jet turned up College Hill Road, saluting the skeleton hanging outside the Romanos' at number 1, its limbs creaking and flailing in the fall breeze. Up the hill to number 10.

Home.

This big obnoxious house that Dad had renovated and extended, and extended again. It stuck out against the normal houses on the street, against the Finneys' directly opposite at number 7. Jet might just hate the Masons too, you know.

She jogged up the large ringed driveway, past her truck, giving it an affectionate pat on the cargo bed. A Ford F-150 in powder blue. Mom thought Jet had bought it just to piss her off. Mom wasn't totally wrong.

Just one jack-o'-lantern outside their red front door, but its eyes had blown out, gone dark. A bucket on the front step with a sign: *Please help yourself. One candy per person.* What world did her mom live in? Damn, the bucket was empty. Fuckers.

Jet searched her jacket pocket for her house keys, the Ring doorbell camera eyeing her, so she eyed it back, stuck out her tongue.

She unlocked the front door, and Reggie was at her feet in a rush of red fur and a helicopter tail, the happy squeaks he only made for her. He jumped up and pawed her knees.

'Hello, hello, handsome. Who's a good boy, huh?'

Jet bent to tickle him behind the ears. Those silly, long, English cocker spaniel ears.

The dog ran off, skittering around the corner and back two seconds later.

'Oh, did you bring me some dirty socks?' Jet said, thumbing his muzzle, the proud wiggle of his little body at the sacred offering. 'Thank you so much, my absolute favorite.'

Jet closed the front door and moved through the hall; crisp white walls and Moroccan rugs, too neat, too styled, like a show home, and – man – was Jet in trouble every time she dared to treat it like a home, dropping crumbs or leaving her boots out. Through to the kitchen at the back of the house, Reggie trotting in behind her.

There was a plate of cookies on the kitchen island. Sophia had baked them, dropped them off earlier, black iced bats and orange pumpkins. Sophia did things like that. Baked. Jet picked up a bat, bit off its head. Damn, they were actually good. She finished it off, wiping her sticky fingers on one of the dish towels by the stove, a matching set of three: little marching lemons and oranges and avocados, because everything had to match in this house. Jet turned and passed the cookies again. Fuck it, actually; she took one of the pump-kins too, wandering through the wide, corniced archway into the living room.

Cookie in mouth, she reached into her pocket for her phone. Unlocked. Thumb finding Instagram before her eyes did. She bit off half the pumpkin, the sweet orange icing cloying against her tongue. Girls from school or college who were now married, having anniversaries and babies. Or no weddings and babies, but fancy dinners and sipping glasses of champagne to celebrate new jobs. That could have been Jet too, a humble-brag post about a big promotion at a firm with an acronym everyone pretended to recognize. If she hadn't quit and left Boston overnight.

Jet finished off the cookie, sticky fingers against the screen. It didn't matter. Jet had time to find the right thing; she had all the time in the world, remember? And then life would really begin, and when it did, you better believe she'd be shoving it down all of their throats in return. Just you wait.

Reggie stood in front of her, started to whine.

'Sorry bud. Human cookies.'

The whine lowered, sinking into a growl.

'Wh–'

A rush of feet behind.

A fast crack to the back of her head, the wet of splitting skin, crunch of skull.

The phone slips from her hands. No growl anymore but a scream. Jet should scream too but –

Another explosion, harder. The feel of blood, the sound of things breaking inside her head.

Someone's killing her.

Jet can still think that, but she blinks and the light doesn't come back and –

Woodstock Police Department, Woodstock, Vermont
Emergency call log
Date: 10/31/2025
Time: 11:09 p.m.

DISPATCHER: This is 911, how can I help?

CALLER: Oh my god, oh my god, help! Send help!

DISPATCHER: Sir, please calm down. What service do you require?

CALLER: Fuck. Ambulance. Get an ambulance here. Police. She's not moving, oh my god. No!

[screams in background]

DISPATCHER: Can you give me an address, sir?

CALLER: Yeah, fuck. It's number 10, College Hill Road. Oh my god, Jet. No, please don't be dead, please. Is she dead?

DISPATCHER: What's happening over there?

CALLER: Someone's attacked her. There's blood everywhere. Her head. No, no, no.

[screams in background]

DISPATCHER: Is there anyone else with you at the scene?

CALLER: No, no, it's just me and her. I found her, she wasn't –

DISPATCHER: Who's screaming?

CALLER: That's the dog. This can't be happening, no. Jet! Jet! Please don't be dead, I'm begging you.

DISPATCHER: Can you check if she's breathing?

CALLER: No, no, no. Jet, please.

DISPATCHER: Sir, what's your name?

18

CALLER: Billy. Billy Finney.

DISPATCHER: Jack's kid?

CALLER: Yeah.

DISPATCHER: OK, Billy. It's me, Debbie, from the station. I need you to stop crying and stay calm for me, please. The ambulance is on its way. Help is coming. But I need you to check if she's breathing, if there's a pulse.

CALLER: There's so much blood, I don't . . . I can't. Oh my god, Jet, no. Please god, no. She's dead. Someone killed her. She's dead. She's dead.

Not Quite . . .

Sunday
November 2

2

Jet blinked. Something beeped. Someone gasped.

'She's awake! Doctor, she's awake!'

Who's *she*? Talking about her? The room was fuzzy, too white, too bright. It hurt Jet's eyes and the hidden places beneath. She blinked again, smudges of flesh and hair and teeth looming above her.

'Luke. Get the doctor, now. Go!'

Her mom's voice, raw and unfamiliar.

'Mom?' Jet croaked, croakier than usual. She tried to sit up, her body sleep-locked, trapped by thin, rough sheets tucked over her elbows. A white gown, patterns of pale yellow and blue.

'Let me help.' Dad's voice now. Must belong to that smudge there, beside her. Warm hands on her shoulders, she sat up, something stuck to her head, crinkling against the pillows behind her, and a shooting jolt of pain.

She rubbed her eyes, got tangled in the tube sticking out the back of her hand.

'Water?' Mom said, and it was already by her lips. Jet couldn't get the angle. She slurped and she knew Mom hated that, but maybe Mom could forgive her this one time because Jet was in the hospital.

And she knew why. She remembered. The room was fuzzy but her mind was not.

Someone had tried to kill her. Smashed in her head. The crunch of the pumpkin cookie and her skull, and the strange scream of the dog. But Jet was still here, she was breathing – gulped one in just to check. This was real – another blink to be sure, her body laid out before her, two hands, two legs that moved when she asked. And she must have a head because she was seeing and hearing and breathing out of it.

She was alive.

She'd survived.

Fuck.

Thank you, thank you, thank you.

'Jet.' Mom's face was clearer now, inches from hers. 'The doctor is coming now. She's going to explain to you, and you need to listen, OK? It's very important. They won't do it unless it's your choice. You'll know the right choice, sweetie.'

Mom reached out to stroke Jet's hair, but her fingers stalled. 'Sorry, I forgot.'

'Got her!' Luke's voice, charging into the room, breathless, like he'd run all the way. 'Hey, Marge,' he said softly, not like Luke at all. 'You OK?'

'Got a bit of a headache.' Jet smiled. None of them would look at her. Come on, she was just trying to lighten the mood. She was alive.

The door swung open again, a small woman with dark skin and braided hair, a file clutched in her hand. She didn't smile either.

She cleared her throat, eyes alighting on the bed. 'Good to see you awake. Your family said you like to be called Jet,' she said. 'I'm Dr Lee.'

Jet didn't know what to say. *Nice to meet you?* Why did everyone look so fucking miserable? She was alive, she was awake.

'Can I just . . .' Dr Lee said, coming close, drawing a pen-light from the pocket of her white jacket. And, yes, she could just, because she was already doing it, shining the light in Jet's eyes. One and the other. Light off. 'How much have you told her?' The doctor turned to Jet's mom.

'Nothing,' Dianne said, backing off. 'We were waiting for you.'

'Guys, it's OK,' Jet sniffed. 'I already know. I remember everything. Someone hit me in the back of the head. Tried to kill me.'

Silence.

'Didn't do a very good job of it,' Jet said. Jazz hands, for effect.

Dad cupped his fingers to his mouth, holding back a sob. A silent tear rolling down his knuckles.

'Mr Mason, please,' Dr Lee said, pulling up a chair to sit beside the bed. 'Jet. I'm a neurosurgeon. You're in Dartmouth Hitchcock Medical Center.'

'How long have I been here?' Jet asked. 'What day is it today?' What day, or what year? Fuck – had she been asleep a lot longer than she thought? Oh fuck, had she been in a coma for years – is that why everyone was being so weird? She hadn't turned thirty already, had she? All that lost time.

'It's Sunday,' Dr Lee said, voice calming, reacting to Jet's panicked eyes, 'at 2 p.m. You've been here about thirty-six hours.'

'Fucking phew,' she said. 'That's a relief. I thought I was old.'

Dad turned away, faced the wall.

'Jet, you were in a bad way when you arrived at the ER,' Dr Lee said, fiddling with the edges of the file. 'You were an eight on the GCS on arrival, which means you were comatose, had to be intubated. Suffered cardiac arrest from blood loss shortly after. We were able to stabilize you, get you into surgery. You had a subdural hematoma, here on the left side of your head, under that bandage. That means a buildup of blood on the surface of the brain. We evacuated the blood and there didn't appear to be any significant brain trauma.

But we believe you were hit three times. Once on the left side of your head there, and twice on the back of your head, near the base of your skull.'

Those were the ones Jet remembered.

Dr Lee swallowed.

'Your skull was fractured. A longitudinal fracture across the occipital bone. The first blow would have caused the fracture, the second would have depressed the bone farther into your brain.' She paused, looked down. 'Considering the site of the injury, the violence of the attack, it's a miracle there isn't significant damage to the vital tissues and vascular structures of the brain, that you're able to move and think and function as you are. I've never seen anything like it. But.'

Jet knew there had to be a *but* coming. Because if it was a miracle, her family wouldn't be looking at her like this. Like she hadn't woken up at all.

Her head was throbbing, the base and the left side; now she knew where to pinpoint the pain. Hot and sharp, an imitation, a ghost of how it had felt at the time. When her head had exploded open.

Dr Lee flipped the file in her lap.

'The fracture was successfully mended during surgery. We've reconnected the skull pieces with screws and wire mesh. Stitched up your scalp.'

It flared and itched as she mentioned it.

'And after surgery, you were sent for another CT scan.'

She pulled out a scan from the file, the plastic quivering with an almost comic *wub-wub* sound, not reading the room. Dr Lee held the scan up, against the afternoon light streaming through the window. A black background. White writing glowed at the very top: *Margaret Mason, Age: 27, 11/01/2025,* more numbers Jet didn't understand. Below was a grid of pictures. Different angles of her brain, dissected this way and that, rendered in a strange pale blue.

'There is a bone at the base of the skull, at the deepest part, right in the middle of your brain, called the clivus. The trauma to the back of your head has resulted in a fracture to the clivus.' The scan trembled in Dr Lee's hand, threatening that noise again. 'A clivus fracture is an incredibly rare event, seen in less than 0.5 percent of traumatic head injuries. And if you look here' – she pointed to the scan, to an image taken through the top of Jet's head – 'you can see there is a small piece of bone fragment separated from the clivus.'

Dr Lee's finger pressed against a tiny pale white orb, floating there in the middle of Jet's brain. She pointed it out in the side view too, checking that Jet could see. Not even an orb, just a speck really.

'OK,' Jet said. 'But it's tiny, right? And I'm fine. Look, I'm fine.'

Luke pulled out the chair on the other side, made Mom sit down.

'Jet,' Dr Lee said, her teeth holding on to the *t*, chewing on it, so she didn't have to continue. 'That tiny bone fragment is leaning against the wall of your basilar artery.'

Jet breathed out. 'That sounds important.'

'One of the major arteries supplying blood to your brain.'

Yep. Important.

'A surgery to remove the fragment would normally be considered impossible. It's so deep, so hard to access without damaging other parts of the brain. Too easy to accidentally nick the artery and cause a catastrophic bleed. Chances of mortality far too high. Better to leave it and, in time, the fragment may migrate to the outer edges of the brain, where it could be more easily accessed and removed. But.'

Another *but*.

The throbbing was a drumbeat in Jet's head now, mirroring her heart, answering fear with fear.

'You have polycystic kidney disease, Jet.'

'I'm well aware.' Jet sniffed. Again, those weeks of pissing blood, pain so bad it doubled you over, the phantom bruises, quitting her job and moving home because it all got too much, the high-blood-pressure pills she took every day, never smoking, not too much salt, even though she'd once loved fries. 'What does that have to do with my brain?'

Dad was standing behind Mom now, hands on her shoulders, lips in a tight white line to stop him from crying.

Dr Lee swallowed.

'A complication of PKD is that patients have much weaker arterial walls, in the heart and . . . and in the brain.'

'Right.'

'I'm sorry, Jet, there's no easy way to tell you this. With the fragment's position, putting extra pressure on an already weak arterial wall, an aneurysm will form at the site. A large one. And when it ruptures, the resulting hemorrhage, the bleeding, it . . . it would be fatal.'

'O-K,' Jet said, nodding, stopping when she realized that hurt. 'And how likely is it that an aneurysm would form?'

'It's a certainty, Jet. And it would be fast.'

'How fast?'

'It's impossible to accurately predict, especially before the aneurysm has formed.'

'Give it your best guess, doc.'

'Jet,' Mom sniffed.

Dr Lee straightened, looked at the floor instead of Jet. 'Given the particular circumstances of your case, I would say we have just days. Maybe a week until it ruptures.'

Jet clicked her tongue, to hide the thrum of her heart, fight-or-flight fast. This couldn't be happening. Was this really happening? 'So . . . you're saying that I'd be dead in about a week?'

No one answered.

Dad couldn't hold it any longer, burying his face in the crook of his elbow as he sobbed.

'Dad, it's OK,' Jet said, shifting in her bed. She'd only seen him cry once before like this. A guttural, primal sound. She hoped she'd never have to hear that sound again; seventeen years wasn't long enough.

'It's my fault,' he cried.

'Dad, it's not your fault. It's hereditary. There was a fifty percent chance that me or Luke or Emily could have inherited PKD.' That made Jet the unlucky one. She already knew that, because the other two had normal names and she was the one who got stuck with Margaret. 'So, the surgery, then. Right?' Jet looked from Dr Lee to her family.

Mom nodded, wiped her swollen eyes. None of them looked like they'd slept much, in the time Jet had slept too much. 'It's the only choice, Jet.'

'Please, Mrs Mason,' Dr Lee's voice hardened. 'I need to make something clear to you, Jet, before you make any decision. Like I said, under other circumstances, this surgery wouldn't even be considered. The risk of mortality is high. I have to be honest with you: it was my colleague, Dr Fuller, who performed the initial surgery on you. After the second CT scan, once the situation became clear, Dr Fuller refused to even consider performing surgery to attempt to remove the bone fragment. I said that I would only do it if you had all the information – if you chose this, understanding the risk.'

The drumming in her head quickened, unnatural, like it was counting down to something, racing her heart.

'What is the risk?' Jet asked. 'Can you give me a percentage or something?'

29

Dr Lee hesitated, her tongue moving around inside her mouth, bulging through her cheek. 'Less than ten percent chance of survival.'

The drumming stopped.

'So, more than a ninety percent chance that I'd die on the table?' Numb, detached, like she wasn't here in this body, in this bed. Sometimes minds did that, didn't they, to save you from the pain? Or was this a result of the brain trauma, the kind of broken that didn't show up on CT scans? 'I'm not a betting girl, but those don't sound like good odds.'

Jet wasn't good with chance. She'd already lost that game with polycystic kidney disease. And that was with fifty percent. Not ten. Less than ten.

'There's nothing else you can do?'

'I'm sorry, Jet,' Dr Lee said, a tremble in her voice that she coughed to cover. How many times had she had to tell someone they were going to die? Could you get used to a thing like that?

Jet looked at her family. Luke, gray and silent, a muscle ticcing in his jaw. Dad crying, a quieter, more unsettling kind of cry. Mom leaning forward in her chair, taking Jet's hand in her own, giving it a squeeze.

'So.' Jet hesitated, trying to stick her mind back together, to fix what the doctor couldn't. 'My choice is I can die now, or I can die in seven days?'

3

The room was silent, but the world was not. It carried on; a high-pitched beep from a machine, a low-pitched scream down the corridor, the fall sun beaming through the window because it didn't care about her and her little problems.

What kind of choice was that? Jet couldn't even decide what to have for breakfast most days. Die now, or die in a week? Toast or cereal? Both?

There was a humming too, but that wasn't down the corridor; it was in Jet's head, behind her eyes, playing with her heart. A symphony of the damned. Her throat constricted; she wouldn't let the others hear it.

'Damn,' Jet said. 'You sure there isn't a door number three?'

Her mom replied before the doctor could.

'Everything's going to be OK, sweetie. It's obvious which choice to make,' she sniffed, her grip tightening until it hurt. 'One of them has a chance, the other doesn't. I can't lose you. You have to choose the surgery, Jet. Quickly. The doctor said every minute counts.'

'Mrs Mason –'

'– Not much of a chance.' Jet looked at her. 'Less than ten percent chance of survival. I know it's been a while since high school for you, but that's not great math, Mom.'

'Don't make this a competition, Jet.'

'How was I making it a –'

'– You have to have the surgery.' Mom's eyes filled but they didn't spill. 'I can't lose another daughter. You can't do that to me.'

The humming became a roar of thunder. Jet could normally leash it, back down and walk away, but maybe that had gotten broken too.

'I didn't bash my own fucking brain in, Mom. *I'm* not doing this. Not everything is my fault.'

Dad stepped forward. 'Jet, your mom didn't mean it like that. She only wants what's best for you. We all do, baby girl.'

He hadn't called her that in years.

'Yeah,' Luke said gruffly, like that added anything.

'But you're going to choose the surgery,' Mom said, tears released, chasing each other down her cheeks. 'You know that's the right decision, don't you? Scott, help me.'

Dr Lee cut in, rising from her chair. 'This really has to be Jet's decision.' Her voice softened. 'You don't have to make it right this moment. The police are outside. They've been waiting for you to wake up. They need to ask you some questions about your assault, before you decide.'

'In case I choose the surgery and don't make it,' Jet said, seeing through the doctor's words. 'They're here, now, to i-i-in . . .' What was the word? Ah, fuck, you know the word she meant. What you do to get a job, same thing when the police ask you questions. Sounds like . . . Jet couldn't remember what it sounded like. 'I-in . . .' What was that fucking word?

'Interview?' Luke offered.

'Yes. Interview.' Jet smacked her hand down on the bed. 'What was I saying?'

Dr Lee's eyes narrowed. 'Jet, are you having trouble finding your words?'

'No.'

Yes. Not some of them. Like *Fuck, fuck, I'm going to die, fuck*. But she couldn't find the word for that thing resting around Dr Lee's shoulders. That long thing with earbuds and a metal disc, for listening to hearts. Jet didn't need one; her heart was too loud already.

Dr Lee nodded, like she could read minds, even if she couldn't fix this one.

'One of the blows was to the side of your head here.' Dr Lee gestured to the stick-on bandage. 'The left hemisphere, where the brain's language center is. Sometimes trauma to this area can cause problems with understanding or producing language, called an aphasia. Your comprehension and speech seem mostly unaffected, so it's likely anomic aphasia, the mildest kind.' She paused. 'You may have trouble retrieving certain words, specifically ones you don't use too often. It can be temporary, may only last a few weeks or months, and can be treated with speech therapy.'

Jet shrugged. 'I don't have weeks or months, though, do I?' Not really a question.

'If you have the surgery, Jet –' Mom began.

'– I think we need to let Jet speak to the police now.' Dr Lee gestured with Jet's medical file, sweeping Dianne to her feet.

Luke lingered by the door.

'Who was it, Jet?' he asked, mouth in a grim line, hiding his teeth. 'Who did this to you?'

She exhaled. Three words she definitely knew how to find: 'I don't know.'

'Come on, Luke.' Dad patted him gently on the back. 'Let's let the cops ask their questions. There's not much time.'

Mom pressed her hand to the lump of Jet's foot, beneath the sheet. 'I'll be right outside, sweetie.'

The doctor was the last to leave, looking back at Jet, a sad half-smile. The smile of an execu-exec– fuck, what was that word? You know: the people who wore hoods in movies, swung the ax or dropped the platform?

'She's ready for you,' Jet heard Dr Lee say outside, muffled by the door swinging shut. 'Please don't press her too hard. I've just broken the news.'

The news.

Ha.

Extra, extra, read all about it. Jet Mason's got a time bomb in her head.

The door was going to open any second now. Was that enough time to scream?

The hinges creaked. No. Not enough time. To scream. To live.

A man in a suit was the first in, a file clutched in his white-knuckle hands. All this paperwork; lucky her.

'Margaret Mason?' he said gently, overenunciating. 'My name is George Ecker. I'm a detective with the Vermont State Police.'

'It's Jet,' said another voice, one she recognized. Billy's dad – sorry – Jack Finney walked into the room, his badge glinting at her. 'She likes to be called Jet.' His face was wrung out, sleep deprived, but at least it was familiar under all of that.

Chief Lou Jankowski was the last in, shutting the door behind him with a click. He nodded. 'Hello again, Jet.'

George Ecker cleared his throat. 'The chief said you might want Sergeant Finney in here. That you know each other.'

'All my life,' Jet said.

Jack bowed his head, like it hurt to hold her gaze. Mourning her before she even had the good grace to really be gone. Pre-dead. Un-dead. Fuck sake, a *zombie,* that's what she was. Talk about foreshadowing. And Jet was surprised she *could* talk about it – shouldn't that be a word lost to the black hole in her head? So many syllables.

The three of them stood around her bed, like silent sentries, Jet's neck craning to look up at them.

34

'I didn't see who it was,' she said. 'Before you ask. They attacked me from behind. I didn't get a chance to turn around.'

Detective Ecker clicked and unclicked a pen, scribbled something in his file. 'Did you hear or see anything that might help us identify them?'

Jet swallowed. 'So you don't know who it was either? Isn't there evidence or something?'

'The scene is still being processed,' the detective said. 'Anything at all?'

'Footsteps,' Jet answered. 'Coming up behind me.'

'Did they sound heavy?'

'I don't know.'

'Could you tell what kind of shoes? Boots? Sneakers?'

'I don't know, it was just footsteps. It was so fast.'

'One set or more?'

'One. It was one person.'

Detective Ecker flicked to a previous page. 'Do you know what was used to hit you?'

'No.' She paused. 'Wait, so you don't have the murder weapon either?'

She didn't even realize until she'd just said it. *The murder weapon.* That's what it was, though, wasn't it? Because Jet hadn't just been attacked, or assaulted – those paler, one-size-fits-all words. She'd been . . . murdered. Someone had killed her. More than ninety percent killed her, unless Jet was due another miracle and the surgery actually worked.

'The weapon was not recovered at the scene,' Ecker said, omitting the vital word that made them all uncomfortable.

Jack removed his cap, held it by his side.

'Who found me?' Jet asked him, not this stranger with her file. 'Was it Mom and Dad?'

Jack coughed. 'Billy found you.'

'Is he OK?' she asked. A strange thing to ask, for someone who was much less than OK. But Jet was tough, everyone said so. Billy was soft. Used to cry when Jet stomped on spiders.

Jack didn't answer.

'Margaret – sorry – Jet.' The detective pressed closer, bringing her attention back. 'Can you think of any reason, any reason at all, that someone might want to hurt you?'

She wanted to make a joke, to trick that drumbeat in her head, cobbled together with wire mesh and screws. *Who, me? I'm fucking delightful.* But she couldn't this time, couldn't drown out the dread.

'No,' she said, voice almost failing her. 'I can't think of any reason someone would want to kill me.'

But someone had had a reason. You didn't smack someone three times in the skull if you didn't. The *why* was almost as confusing as the *who*. Would Jet ever know the answers? Not if she chose the surgery and the percentage played out as percentages tended to do.

The detective clicked his tongue and Jet wanted to rip it out.

'Can you tell us where your ex-boyfriend is?' He paused to read out the name from his notes, finding it with his finger. 'JJ Lim. Know where he is?'

Jet clicked her tongue too. 'I dunno if anyone's told you, but I've kind of been unconscious in the hospital.'

Ecker raised his eyebrows.

'No, I don't know where he is, Detective. Why?'

'We've been unable to reach him. He's not answering his phone. We've spoken to his brother – Henry – who doesn't know where he is either. Says he left town suddenly on Friday night, on Halloween. Didn't say where he was going.'

Jet straightened up, peeling away from the pillows.

'You don't think he's a suspect, do you?'

But by the looks on their faces, they clearly did.

'How long were you together?' the detective asked.

Why was that relevant?

'Almost two years,' she answered. 'Look, JJ didn't do this.'

'But you didn't see your attacker?' the chief chimed in now.

'No. I didn't. But . . .' Jet didn't know where that was going, left it dangling in the stale room.

'One last thing we need to ask you,' Ecker said, turning another page. 'Your cell phone is missing. Do you know what model it is?'

'They took my phone?'

'It wasn't on you and it's not at the scene.'

'iPhone. A 14, I think.'

'That's what your father guessed.' Ecker made a note. 'And – finally – you were wearing an Apple Watch during the attack. We have it now. Can you tell us the passcode, so we can access the data? It would help speed the process along, so we're not waiting on telephone records.'

Jet glanced at her bare wrist. 'Yeah. It's 0709.'

'You sure?' Ecker eyed her.

'Yes, I'm sure. My passwords didn't get knocked out of my head.'

The detective sniffed awkwardly, and that's when Jet knew, realized why he was double-checking. If she chose to have the surgery – if she died on the table like chance said she would – then this was their final chance to speak to her. That's why they had to be sure. Because they were talking to a dead woman.

'0709,' she said again.

He wrote it down, Jet's eyes following the swish of his pen. He nodded, glancing over at Chief Lou and Jack, closing the file.

'I think that's everything we need from you now, Jet,' he said.

'No, wait.' She sat up, brought her knees closer to her chest. They couldn't be done, because if they were, that meant it was time for Jet to decide, to make her choice. And maybe, maybe she could put it off just a few minutes more. Not right now. Later. Later. Let her choose later.

'It's OK, Jet,' Jack said, voice gruff and raw, like it had been overused since she last saw him. But his eyes were kind, glittering with the threat of tears. 'I promise you, kiddo. We will get the person who did this to you. I promise. I will do that for you.'

Jet locked onto his eyes, blinked. Didn't he know? She couldn't let people do things for her, because what did that prove? That her mom was right; that Jet was born useless and would die that way too? Now she had no time to prove anything at all. This wasn't fair, it couldn't be happening.

Jack wiped his eyes, following the other officers to the door. He thought she was going to choose the surgery, didn't he? That this was goodbye.

'Goodbye, Jet,' Detective Ecker said, leaving no room for doubt.

The door swung shut, taking them away, Jet's last hope with them.

She was out of time.

Alone for less than four seconds before the handle twitched again, Mom in first, followed by Dad and Dr Lee.

'Luke, come on,' Mom barked, beckoning him into the room too.

Dr Lee stood there, holding her own hands, arms crossed in front of her, watching the family assemble around Jet's bedside. Luke was breathing so heavy that Jet couldn't think, and she needed to think; they were here for her choice, and she needed to think.

'Luke, shut up,' she snapped.

'I didn't say anything.'

'It's time, Jet,' Dr Lee said, quiet and serious. 'We would need to get you prepped for surgery right away. Do you know what your choice is?'

'Of course she does,' Mom said, running her hand over Jet's shoulder, gripping on. 'The surgery. She's choosing the surgery. It's the only choice, the only hope.'

'Jet?' Dr Lee pushed.

Jet looked up at her mom, that drumbeat doubling in her head, tripling, her heart throwing itself against the cage of her ribs. The song building to its end.

Mom looked down at her, eyes unwavering.

Jet blinked.

'Come on, sweetie.'

'I don't . . .'

'She's choosing the surgery. We all are.'

'Mrs Mason, please.' Dr Lee raised her voice. 'Jet. What do *you* want?'

What did she want? She wanted her life back. She wanted to go back two days and unbreak her head, make sure none of this ever happened. She wanted what she'd always wanted. To *do* something, achieve something big, something undeniably great, to prove that she could. So that life could *finally* begin. Jet had played the waiting game too long, and now she was out of time.

She'd run out of road, and she'd run out of *later*.

Someone had taken them from her.

But not all of it.

Die now or die in seven days.

Jet didn't have hope, but she could have that week.

To do what?

Jet swallowed, stared straight ahead, turning her mom's face into a blur.

'I'm not choosing the surgery.'

Dr Lee looked almost relieved. Mom did not.

Her face cracked open.

'What are you talking about?' Voice grating against her throat, against her teeth. 'Doctor, she doesn't know what she's saying. She must be confused. We're doing the surgery.'

'No, Mom, we're not.'

'Yes, Jet. We are.' Her eyes were wet but full of fire. 'I just knew you would try to pull something like this. Scott, tell her!'

Dad didn't move.

'Luke.' Mom tried again. 'Tell your sister. Tell her she can't do this to us.'

'I'll die in the surgery, Mom.' Jet fired up at her. 'Everyone else knows that.'

Dr Lee had known it, the way her shoulders had slumped, the weight of Jet's death gone from them.

'There is no hope. And if it's die now or die later, I choose later.' Jet kicked off the sheets, baring her legs.

'Jet, no!'

'It's my catchphrase, isn't it?' She swung her legs out, toes dropping to the cold floor. 'That's what you always say, huh? *I'll do it later*. Why change a habit of a lifetime? I'll die later.'

'Jet, you can't do this! Scott?!'

Jet stood up, unsteady on her feet, taking one step, legs firing up.

'Luke.' Jet pointed. 'Go catch the cops. Tell them to wait up.'

'No, Luke!' Mom shouted at him instead, snapping her fingers.

'Luke, I'm the one that's dying. Do me a favor, huh?'

Luke didn't say anything, slipped out the door before anyone else could yell at him.

'Stop it, Jet. You've made your point. Get back into bed.'

Jet ignored her.

'Doc, my skull is all stitched back together, right? Brain's not gonna fall out if I walk out the door right now?'

Dr Lee nodded, a glint in her eye, ignoring Dianne too. 'Just change the dressings every day.'

'Where are my clothes?' Jet looked at her dad.

'Evidence,' he coughed, almost too scared to speak.

'Jet, stop!' Mom screamed. 'Please stop!'

'I can't, Mom. I don't want to die now.' She was listening to her head and her heart, and they both said the same thing, throbbing in tight, panicked couplets: *Not now, not now, not now.* 'I choose the seven days. I want that time. I need it.'

'For what, Jet?' Mom snapped, and it wasn't the words that hurt; it was the spaces between them: what Mom really meant. That Jet had had twenty-seven years of time and done nothing significant with it; what difference would a week make?

All the difference.

'I'm finally going to *do* something, Mom. Something important. And I'm going to see it through to the end. This time will be different. It has to be different, because it's my last chance.'

'Do something?' Mom cried. 'What do you mean? Do what?'

Something great.

Something no one had ever done before.

'I'm going to solve my own murder.'

4

Yellow and black and striped – angry wasp colors – from one hedge to the other, blocking off the driveway, only a glimpse of the house beyond.

CRIME SCENE – DO NOT ENTER.

A cop was posted in front of the tape, screwing his eyes to stare at the approaching cars.

The chief and Jack Finney pulled up ahead, lowering a window to speak to the cop. He nodded, unhooking one side of the tape, letting it fly free, slithering against the road before he rolled it up.

Jack stuck his arm out the open window, beckoned them to follow.

Luke did, releasing the handbrake and rolling forward. Silent. Silent the whole way. Jet had ridden with him from the hospital, couldn't face the way Mom wept and the way Dad stared, carrying a guilt that wasn't his. Luke had never been the better option, but today he was, and Jet met his silence with her own. He *could* learn to breathe quieter, though.

Their parents were following behind, too close, pulling up and parking beside them. A driveway this big and there was hardly any space, white vans and dark vans and police squad cars all boxed around Jet's blue truck, trapping it there.

The red-and-white front door was wide open, a rectangular mouth mid-scream, burping human shapes in white plastic suits, blue gloves and blue masks and blue shoe coverings, only a band of flesh around their eyes to prove they were people at all. In and out. Paper and plastic bags marked up with thick pen that Jet couldn't read from here, passing them over to disembodied gloved hands waiting inside the vans.

Jack Finney stepped out of the squad car, so Jet did the same, avoiding her parents' eyes as they emerged too, the twin slams of the car doors burrowing into her chest. She looked ahead. The house Dad had built with love and hard work and a fuck load of money, and now another daughter had died here too. Could it ever be a home again, now that it had been a murder scene?

Jack sidestepped the narrow pathways between vehicles, walking back over to Jet. She pulled the toggle tighter on her gray sweatpants, the cuffs rolled up but still dragging on the ground. Luke's. The spare gym stuff he kept in his car: sweatpants and a hoodie that swamped Jet. Smelled a little stale too.

'The crime scene techs will be finished soon,' Jack said, looking down the line of Masons all the way to Luke, back to Jet. 'About an hour or so. Then we can get the cleaners in. They've already been called, waiting down the street until we're ready. Get your house back.'

Mom sniffed, her eyes red raw.

Jack looked at her, opened his mouth, but nothing came out, just a glimpse of his bottom teeth. He turned back to Jet.

'You said you wanted to see it? You sure?'

Jet nodded, jaw tight and creaking.

'It's . . .' Jack hesitated. 'There's a lot of blood. Even some of the officers can't –'

'– I want to see it,' Jet said, rolling up her sleeves to uncover her hands. 'Please.'

Someone was walking over to them. A person with a face not made of white-and-blue plastic. Detective Ecker, already here, pulling off his shoe coverings.

'Jet. They said you wanted to see the scene before it's

43

cleared. I really would advise against that, but if you want, I can take you around now.'

'I want Billy's da— Sergeant Finney to,' Jet said, standing taller, still the shortest person here. Jack knew her and she knew him, so maybe he'd tell her more than this stranger would, protocol forgotten because he'd known her since she was in diapers. He couldn't even escape the crime scene when he went home, his front windows facing it. Maybe that's why he looked so tired.

The detective studied Jack for a moment. 'OK, Sergeant,' he said. 'No need for full PPE, everything's bagged. They're just taking the last photos now. Shoe coverings only. And don't touch anything until the scene is released.'

'Detective.' Jack bowed his head once. 'Come on, Jet.'

'Luke.' Detective Ecker turned to her brother. 'I know you must be tired, but I didn't get a chance to take your statement at the hospital. Can I talk to you now?'

Luke coughed but didn't catch it, something Mom hated. 'Sure,' he said, burying his hands in his pockets.

Jet followed Jack, winding around the vans and cars, up to the front door. The tallest trees in the backyard swayed over the house, leaves jeweled in amber and ruby, the colors that brought the tourists and leaf-peepers to Vermont every year. Forests of fire. And Jet's final time seeing them.

'Here.' Jack pulled out two fresh shoe coverings and Jet slipped them on over Luke's gym socks, staring back at the pumpkin on the front step – a mean grin. Jet lost the staring contest, eyes trailing to the front door, to the splintered wood around the lock, catching on the plastic box mounted above.

'The doorbell cam,' she said suddenly, grabbing Jack's arm. 'Did they check? Does it show who –'

Jack shook his head, cutting her off. 'We've checked. It doesn't show. Just you coming home, then later Billy finding

44

you, kicking the door in. Whoever attacked you, they got in the house another way. Come on.'

Jack stepped over the threshold and Jet followed. It didn't smell any different, still smelled like home. She thought it wouldn't. That it would smell like decay and dead things somehow. But there wasn't a body rotting inside. Nope, she was rotting right here, on the *Welcome* mat.

A white-and-blue man passed them in the hall, out of place against the Moroccan runner rug. Jack veered left, through the door into the living room. Jet followed, her covered feet shushing against the pale polished oak. She looked down to take a breath, before entering the room, before seeing . . . everything. But she saw something worse instead.

A trail of blood. Shaped into little paw prints.

Jet gasped, leaned back against the door to catch herself. 'Reggie?' she said, her heart crawling into her throat. 'No. Is he OK? Is he –'

'He's fine.' Jack steadied her, arm under her elbow. 'The dog is fine.'

Jet still couldn't swallow, not past her roving heart.

'Billy brought him in the ambulance, refused to leave him behind,' Jack said. 'The dog is with your sister-in-law now, at their house. He's fine.' Jack's eyes narrowed. 'Are you sure you want to see this?'

She had to. How could she work out who had killed her if she couldn't even stomach seeing the place where they'd done it?

Jet nodded.

Blinked and held on to it, then stepped out and opened her eyes.

Not her living room. Not the place where she cuddled Reggie and watched Netflix too late. Not where she once dropped spaghetti and stained the rug and begged Dad not to tell Mom. Not the extra-long couch, one corner that belonged to teenage Luke, the other to Jet. It used to be Emily's, until Emily didn't need it anymore. Jet had left it a few years, just to be safe. The TV was now just an empty black mirror, trapping Jet inside it. This was a different room, no longer living. It wasn't even the red she saw first; it was the yellow.

Little crime scene markers, black numbers printed on them, placed around the room, counting up and up.

The red was next.

More paw prints in panicked circles.

Jet's eyes followed Reggie's ghost feet to a pool of blood, drying but not yet dry, winking the afternoon light back at them. Thick and spread out, half on the wood, half soaked into the corner of the rug. Well, forget spaghetti sauce – *that* stain was never coming out.

It was more blood than Jet thought a person could lose.

Hers.

Instinct moved her hand to the bandage at the back of her head. She stopped it before her fingers touched the dressing. So much blood it needed four markers of its own: *6, 8, 9,* and *11.*

'You OK?' Jack asked. 'We can stop anytime.'

Jet took a breath, looked up at the ceiling for air that wasn't tainted by blood. That was a mistake too. Two more yellow markers, stuck there on the white ceiling. Numbers *31* and *32.* Droplets of red dashed in a strange pattern up there, across one of the LED lights, caking the glass.

'What's that?' she sniffed.

Jack joined her, looked up. 'It's a cast-off pattern,' he said quietly. 'From the weapon . . . between hits.'

'And they don't know what the weapon was?'

'It has not been recovered.'

46

Cop speak for *no*.

Two voices moved through the hallway then, a snatched view of her mom and Chief Lou as they passed, bumping shoulders, Lou's hand hovering behind Dianne's back as they headed for the stairs. Shoes covered in blue.

'We already did a walk-through with Scott yesterday,' Lou was saying to her, voice butter-soft again, 'but it would be really helpful if you can check for us too. Might have a better eye. See if you think anything is missing or out of place. Anything at all.'

Their footsteps disappeared upstairs.

Jet moved closer to the bloodstain, seeking permission in Jack's eyes. She passed behind the couch, cushions fluffed, their top corners pointy, so neat and out of place in this room of horror.

Jet stopped. Right where her feet must have lain while her head was making all that blood.

'The doctor said I was hit three times,' she said, bending it up into a question.

'Yes,' he said. 'That's what the evidence shows.'

'What else does it show?'

Jack chewed his tongue, checked over his shoulder.

'Please, Mr Finney. I need to know.'

Jack sighed, lowering his voice. 'The blood-spatter evidence, there.' He pointed to the fireplace in front of the pool of blood, markers *13, 14, 15*. 'Suggests that you were hit twice while you were still standing, in the back of the head.'

Jet could have told them that. She heard it again: the crunch of her skull, an echo that reverberated inside her head. She should take more painkillers soon.

'And the third hit? This one?' She gestured to the dressing on the side of her head, above her ear. The blow that had stolen her words.

Jack pointed to another set of markers – *7* and *10* – almost subsumed by the hungry pool of blood. Jet squinted, could make out small dashes of red just beyond its boundaries.

'The blood spatter there suggests you were on the floor when you received the final blow, the one to the left side of your head. The attacker leaning over you.'

Jet swallowed, picturing it, because she'd already been gone by then, couldn't remember the third crack. 'Definitely wanted me dead, then.'

Jack rubbed his eyebrow, nodding to a forensic tech who'd just strolled into the room, a camera in his hand. Jet waited for him to leave, out toward the kitchen.

'Does the blood spatter tell you anything else?' she asked. 'I've watched some *Dexter*, you know. Shit ending.'

Jack's eyes shifted.

'No one's listening,' she pressed. 'Please.'

He spoke low and fast. 'Trajectory of the spatter and the cast-off suggests that the attacker was using downward strokes. Which tells us that they are taller than you.'

Jet sighed. 'I'm five foot three – it's not hard. Anything else?'

'Right-handed,' he said. 'The blow was only to the left side of your head because that's the way you were facing when you fell. The attacker is right-handed.'

'So, right-handed and taller than me?' Jet said. 'Doesn't really narrow it down. Like, at all.'

'I'm sorry,' he said.

'Anything else I should know?'

Jack looked around the room. 'We don't have all the findings from the search yet. Hairs have been collected. Fibers. Fingerprints. But, as this is a room with a lot of visitors, and there was a lot of activity after – from the first responders, the paramedics, Billy finding the scene – it's hard to know if any of it will be relevant.'

48

'Do you know what time it happened?'

Jack pulled a small notebook from the chest pocket of his uniform, flicked through the pages. 'We don't know the exact time of the attack. But we have a range, from canvassing the neighbors, asking witnesses.'

'Witnesses,' Jet said. 'They saw something?'

'No. They heard something. The dog. Screaming.'

Jet's heart inched a little higher, reaching for her mouth. She'd heard the scream too, right before she'd heard nothing at all. She never knew dogs could scream.

'Did you hear?' she asked Jack. He was their closest neighbor.

'I wasn't home,' he said. 'Was still out after escorting Andrew Smith back to his apartment. I was in the car when the call came through the radio. I can't tell you what that felt like, when I heard it was this address.' He paused to clear his throat, to rub his nose. 'Anyway. The doorbell cam shows Billy approaching the door at 11:05 p.m., drawn by the sound of the dog, so we know it was before then. The Thomases in number 6 think they heard the dog from about 10:40. But Mrs Elliott in number 12 believes it was later than that, more like 10:55 p.m. So, the attack happened sometime roughly between 10:40 and 11:00 p.m.'

Jet nodded, raking over his words again, committing those times to memory. She'd write them down later. 'So, the killer probably didn't hang around much after, knowing that the sound was going to draw at-t-at . . .' Fuck. What was that word? The word for when people noticed something. Fuck it, she'd go around it. 'That people were going to notice the sound. So, the killer would have panicked, right? They left Reggie alone, but must have taken my phone and the weapon and ran?' Jet's eyes left the living room, darting into the hallway beyond. But she stopped herself, corrected herself. 'But

49

not through the front door, because they would have shown up on the doorbell camera, and they didn't. Which means they must have known we had one. So how did they get out? And in?'

'This way,' Jack said, turning his back to the bloody scene. Jet followed him, taking their morbid tour through the open archway into the kitchen.

Sophia's Halloween cookies were still out on the counter, untouched, unmoved. Probably still good – it had only been a couple of days, right? No, shouldn't eat the crime scene. But she should probably eat something soon; her legs felt weak, and she was a little lightheaded, but maybe that was because someone had spilled all the blood out of it.

'Here,' Jack said, walking into the laundry room off the far side of the kitchen.

The back door was open, the crime scene tech standing outside, taking photos of the muddy grass right outside the door. More markers: *49, 50, 51, 52.*

'You seen the size of their pool?' the tech said, not looking up, thinking they were somebody else.

The whine and hiss of the camera, a blinding flash. Another. Imprinted in the back of Jet's eyelids. She cupped one hand over her eyes.

'Sorry.' The tech looked up now, a slow blink when he realized. 'Sorry. I'm done.' He dipped his plastic head awkwardly, disappearing around the side of the house.

'This door was shut, but it was unlocked,' Jack said. 'We think this is how they got in. A lot of shoe impressions. We've taken casts. But it looks like this door gets used a lot.'

Jet nodded. 'I come in this way when I take Reggie for a walk. Mom makes the cleaners use it too. Dad when he's gardening.'

'Your parents seem to think it was possible the door was left unlocked on Friday night?'

More than possible. Jet never remembered to lock it. But neither did Mom or Dad. That doorbell camera at the front was all the security they'd thought they needed. A show. A deterrent, Dad once said. But it had deterred nothing, and the killer had known to avoid it, to come around to the side door instead.

'It's possible, yes,' Jet said. 'Likely. Seventy-five percent chance it was left unlocked.' Because she spoke in percentages now.

'Got it,' Jack said, making a note in his little book.

A phone buzzed. Jet patted her pockets, forgetting that the killer had taken hers. She felt naked, incomplete, without one.

Jack glanced at her apologetically and pulled the phone from his pocket, checking the screen.

'That's Billy again. He'll be asking after you.'

'Does he know?' Jet asked, but Jack didn't have a chance to answer.

Detective Ecker's voice sailed through the open-plan house.

'OK, that's it. The scene is released. Let's get those cleaners in here ASAP. Move this poor family back in. Oh, sorry, Jet. Didn't see you were still in here.'

Didn't see her. Because she was small? Or because she was dead in a week and didn't matter as much as the other people here, the ones who didn't have a countdown hanging over them. Halfway between the living and the not, her edges less defined somehow. No . . . probably just the small thing.

5

They carried the rug out, rolled up, the browning blood soaked through the underside. There was no saving it, apparently. Even though they were *#1 in Forensic Cleanup and Decontamination of Crime Scenes*, or so said the vans.

More plastic people, in and out the front door. And now Dad too, heading toward Jet on the drive, carrying a plate with a sandwich.

He handed it over. 'Made this for you. Found a loaf in the freezer,' he said, as though that made the bread safe, separate from the murder somehow, behind the freezer door.

Jet's stomach growled, a new song, now her head had gone quiet. She took a bite.

'It's the good cheese,' Dad said with a small smile. 'Not the low-sodium stuff. Figured you were allowed that now.'

Jet matched his smile. 'Won't be my kidneys that kill me after all.' She took another bite. He'd been liberal with the mayonnaise too.

'I bet that's good.'

He was right, Jet already on to the second half.

'You warm enough?'

She nodded. She'd put a coat on over Luke's sweats. Finally found some shoes too, the Birkenstocks from the closet.

Another two non-plastic people emerged from the front door: the chief of police and Mom. A look passed between them before they broke apart, Mom walking briskly toward Jet and Dad.

'You eating now?' she said before Jet could ask her anything.

'I was hungry.'

'Dinnertime soon,' she sniffed.

'Yeah, Mom. I think it's probably OK if I don't stick to standard mealtimes. I'll be dead in a week.'

Mom flinched, closing her eyes. 'Jet, please. Please. I'm going to ask you one last time.'

'You already asked me *one last time* in the hospital parking lot.'

'It's not too late to change your mind. We can go back and Dr Lee can –'

'– I made my decision, Mom. There is no going back.'

'Jet, please.' Eyes wide and begging, a cliff edge of more tears.

Jet couldn't see her mother cry again, and she couldn't keep saying the same thing. So she said something else instead, wanted to know what that look between her mom and the chief had meant.

'Was anything missing?' she asked, gesturing toward the house. 'Or out of place?'

Mom shook her head. 'No, don't think so. Everything looks normal.'

Jet chewed the air and chewed her thoughts, now she was finished chewing her sandwich.

'So they weren't in the house to steal something,' she thought aloud. 'Or maybe they were, and I came home early and surprised them. But they hit me three times. Just once would have been enough for a thief to get away, if that was the motive. And why take my phone?'

'Let the police worry about all that,' Mom said. 'It's their job.'

Jet looked over at the cops: at Jack Finney and Chief Lou speaking to Detective Ecker, standing around an unmarked car.

'It's their job,' she said. 'But it's my life. I have to do this. It has to be me.'

'Jet, don't you –'

Jet wasn't listening, spoke over her mom.

'– And they didn't just hit me until I was in-inca-in –' Fuck, another hole in her head.

'Incapacitated?' Dad offered.

'Right.' Jet blinked her thanks. 'I was down and out after the first two hits. But the blood spatter shows that they then leaned over me, hit me a third time. Which doesn't seem like they were just trying to get away. Seems like they wanted to make sure. That they wanted me dead.'

'Excuse me.' Mom covered her mouth, stumbling away around the side of the house, toward the backyard.

'I'll go after her,' Dad said, taking the empty plate from Jet.

'Wait, Dad. You also thought nothing was missing from the house, right? Checked everything?'

'Yes.'

Jet took a long breath, allowed the thought time to grow, winding through all the broken parts.

'If nothing is missing, that means they didn't find the weapon at our house, that it wasn't op-op–'

'– Opportunistic.'

Jet nodded. 'Doesn't that mean it was something they brought with them?'

Dad studied his feet.

'And if they brought the murder weapon with them' – Jet paused, not long enough to lose the budding thought – 'that means they came here with one purpose. It wasn't a stranger. It wasn't a robbery gone wrong. It was someone I know. And they came here to kill me.'

Dad ran one hand over his stubble, pulling his mouth open, a silent scream.

'Who would want to kill me, Dad?'

His eyes filled. 'I don't know, baby girl.'

A car door slammed, breaking the moment, and an engine turned over.

Detective Ecker was pulling away.

'Wait!' Jet waved her hands, running ahead to cut him off, rapping her fist against his hood.

The engine cut out, car door opened again. Detective Ecker's face, a new crease between his brow.

'What?' he asked, stepping out.

'Where are you going?'

'I'm working . . . on your case.'

'So am I,' Jet said. 'And I'd say I'm slightly more motivated to find the killer. Seeing as they – well – killed me.'

The detective stared at her, waiting for more.

'Help me, and I can help you.' She folded her arms. 'How many murders have you solved?'

'A fair few,' he grunted, crease deepening.

'This is my first,' she said, hands up. 'First time being murdered also. Newbie. But I'm a quick learner. Adaptable skill set. Almost got a law degree, by the way.' Jet clapped. 'So, if you've solved a *fair few* murders, then you've already worked out that if nothing is missing from the house, then this wasn't a – Dad,' she yelled suddenly, 'what's that word again?!'

'Opportunistic!' he called.

'An opportunistic murder. It wasn't a stranger robbing the house and I interrupted them. The killer brought the murder weapon with them. They came here with the intent to kill me. Someone who knows me.'

Detective Ecker screwed his mouth.

'We aren't ruling out any possibilities just yet.'

Cop speak for: *You're right, Jet, and you're amazing at this.*

'OK, well, I am,' she said. 'I'm on a pretty tight deadline here, bud.'

Jack had wandered over; the chief too, listening in.

'My Apple Watch,' Jet said. 'You haven't looked through it yet, I only just gave you the code. Do you have it?'

Detective Ecker hesitated. 'It's in the car.'

'Can I look through it with you?' she asked. 'I mean, it is mine?'

Ecker looked back at Chief Jankowski and Sergeant Finney.

'Then you can take it and do whatever cop things you want to do with it, I promise,' Jet said. 'I just need to see.' She glanced down at his wrist. A gold expensive-looking thing. 'Looks like you don't own one. I'm Gen-Z – n-no offense. But I know my way around an Apple Watch pretty well. I'll find you the good stuff. Let me help you. Please.'

The detective checked with the other two cops.

Chief Lou shrugged. 'Can't see the harm in it. We'd tell her anything we find anyway.'

The detective sighed. He circled around and popped the trunk, coming back a few moments later with a small black device in his hands. Jet's watch. He handed it to her, drawing close to look over her shoulder.

'Don't delete anything,' he breathed in her ear.

'I won't,' Jet replied. The device asked for her passcode and she typed it in: *0709*.

'So,' she said, 'I was thinking, you have an estimated twenty-minute range for the time of the attack from those witnesses.'

The detective looked over at Jack. Oops, might have gotten him in trouble there.

'But if we're going to be asking for alibis, shouldn't we know the exact time it happened, the very minute? This thing tracks my heart rate when I wear it. Won't it show us the exact moment I . . .'

Jet trailed off, swiping a notification away: Yep, she was

aware she hadn't closed her activity rings the past couple of days, give her a break. She thumbed onto the small gray square with a red outline of a heart.

It brought up today's data: no heartbeats, *Resting Rate* at 0 beats per minute. Only because she hadn't worn the watch, but it felt pointed somehow, mocking.

Jet swiped to yesterday's data, starting the day at midnight. Nothing. No beats. Was that because they'd taken the watch off her when she arrived at the ER? Or was some of it true: Had she been in cardiac arrest as Friday turned into Saturday? She'd almost died, right here, somewhere in this blank data.

Jet swiped again, back to Friday, to Halloween, and the graph filled with white lines, the daily dance of her heart.

'The doorbell camera shows you getting home at 10:39 p.m.,' the detective said, leaning closer. 'So it's after th–'

'– It's here,' Jet said, cutting him off. Tracing the white line with her finger. A peak out of nowhere, a white tower rising above the rest of the day, 158 beats per minute. And then a drop. Sharp. All the way down that tower, to 56 bpm. 'My heart rate rose, maybe when I heard the footsteps. The first blow. The second, when I realized what was happening. Then I must have lost consciousness here.' Jet thumbed the line to bring up the exact time.

'10:46,' Ecker read it over her shoulder.

Jack removed his notebook, scribbled something down.

'10:46,' Jet repeated. 'That's when it happened.'

'Any messages?' Jack piped up now, his pen ready and waiting. 'That thing shows your texts, doesn't it?'

Jet didn't wait for permission from Ecker, searching for the green message app. 'I think it would've only picked up any messages I got while I was still here, on the WiFi. Anything after that, the watch would have been out of range from my iPhone, wouldn't receive. Yep, just two texts. One from my mom at 10:48 p.m.' Jet sniffed, eyes running ahead of her. 'You wanna do the honors, Detective?'

He cleared his throat, read aloud: '*We will be back later now. Have to take the chairs back to the hotel because you wouldn't do it.*'

Jet looked up at the cops. 'I don't think that's a strong enough motive for murder, do you? The chair thing?'

None of them smiled. Come on, she was the one dying; they could at least pity-laugh.

'The other text?' Ecker asked as Jet backed out into the menu of messages.

A blue dot next to the contact name.

Ecker stiffened beside her, leaning closer still. 'Who's that? Who's *Don't Pick Up*?'

Jet bit down on her lip. 'That's . . . my ex-boyfriend. JJ. I changed his name in my contacts after we broke up.' They were all looking at her, eyes narrowed, Jack's going farther than that, more like troubled. 'Look, it's a thing, OK? People do it. Young people. Never mind, not a big deal.'

Jet pressed the notification and their message thread jumped up.

Weeks of silence. Then, on Halloween, just one word from JJ:

Sorry.

'What time did he send that?' Ecker asked, voice picking up speed.

Jet swiped the message to see.

'10:58 p.m.'

'After you were attacked.' It wasn't a question. 'Why is he apologizing to you?'

Jet shrugged.

'You can't think of any reason?' Ecker sidestepped to face her, to study her eyes.

'No. Not really,' Jet said, meeting his gaze. 'We've been

broken up a while, since July. He didn't want to, but it's fine. It's been fine. I bumped into him at the fair –'

'– Did you speak? What did he say to you? What time?'

'Nothing. I think it was around ten. He asked to talk to me, about something *important*, which I knew meant he wanted to talk about us, so I blew him off.'

'Are you sure that's all?'

Now Jet's eyes were troubled. 'I have no reason to withhold anything from you. I want to solve this more than you do. I didn't give JJ a chance to talk to me at the fair – I don't know what he wanted. And I don't know why he sent *Sorry* to me. Or why he's left town, not answering his phone.'

'I can think of a reason,' Jack said quietly.

'Sergeant,' Ecker snapped in his direction, sharpening the consonants to a point.

'You think he tried to kill me, then texted me *Sorry* twelve minutes later?' Jet asked, not to any of them in particular: collective cop. 'The timing is weird; I give you that. But the killer took my phone. Why would JJ text the phone he knew he had?'

'Well, it came up on your watch, didn't it?' Ecker said.

'Could have been symbolic,' added the chief.

'But if the killer has my phone . . . wait,' Jet stalled, her heart picking up on it the same time as her head. 'The killer *has* my phone, I'm so stupid.' But she wasn't; the cops were. Why had they wasted time looking at heart-rate data and messages? 'Find My Phone,' Jet explained, turning back to the watch, scrolling through the home screen until she found the little green app. Pressed it.

Three devices were listed.

Jet's Apple Watch. Battery half full. *With you now,* it said.

Jet's MacBook Air. Low battery. *At home.* Upstairs in her room.

Jet's iPhone 14.

Jet clicked the final option and it expanded.

Jet's iPhone 14. Woodstock, VT. Last connected Friday, 10:56 p.m.

A map appeared on the little screen. Small white roads, gray background, and a blue flashing dot. The location of her phone.

Ecker pointed at the screen. 'Where is that?'

Jet zoomed in until the road names appeared, and the bend in the Ottauquechee River.

'River Street,' she said. 'Near the corner of North Street. Just beyond Elm Street Bridge. That's less than five minutes away.'

Most of Woodstock was less than five minutes away.

The blue dot didn't look like it was sitting in any of the houses, out there in the middle of the road.

'Last connected Friday at 10:56 p.m.,' Jet read out. 'So that's when they turned it off, hasn't been on since. But it was there, right there, when they turned it off.'

'River Street,' Ecker sounded it out. 'Does that mean anything to you? Know anyone who lives there?'

Jet searched her mind, memories intact, even if not all her words were. 'Nope, I don't know anyone who lives there.'

The detective swapped a look with the other two, then up at the darkening evening sky. 'All right. I'll go speak to the people in these houses. See if they saw anything that night. Chief, you coming?'

'Coming,' Lou said, screwing on his cap.

The detective held out his hand, gesturing for Jet's watch.

Jet looked down at it: 6:49 p.m., it told her, still trying to be useful. She placed it in his open palm but didn't quite let go.

'You'll tell me? When you learn anything more?'

'I'll let you know what you need to know,' he said, closing his hand around the watch.

Cop speak for: *Maybe.*

60

Ecker got back into his car, the chief climbing into the passenger seat. Jet and Jack backed away as he started the engine, driving off with a wave, fingers tapping the glass.

'Can I borrow your pen, please, Mr Finney?'

She smiled up at him. He offered it over without a word.

'And maybe a couple of pages from your notebook?'

A bigger ask. But he still did it, without a word, ripping out two fresh sheets.

'Thanks.' Jet grabbed them, leaning against the roof of Jack's squad car.

10:46 – Time of murder, she wrote, before she forgot any of it. Didn't know how much she could trust her condemned brain.

10:56 – Phone turned off. Last known location: River Street, near corner of North Street. Is that where killer lives? Or they turned it off on their way home? Didn't throw it in the river?

10:58 – 'Sorry' text from JJ.

'I'll just go say goodbye to your parents,' Jack said when she finally looked up from her scribbles. 'The cleaners should be finished soon, then you can get back in, get back to –' He stopped abruptly.

'Normal?' Jet guessed. They both knew it was the wrong choice, *sorry* written all over his creased eyes.

Then he blinked and they softened, the flicker of a smile. 'Someone's here to see you,' he said, pointing, then turning away toward the backyard.

Jet spun around.

The crime scene tape lay trampled across the drive now, forgotten in the wind, pinned down by a pair of boots. And four paws.

'Reggie!' Jet yelled, stuffing the paper in her pocket, darting forward.

Billy smiled, letting go of the leash.

Reggie launched toward Jet, his back half almost leaving his front half behind, legs a tangled blur, yipping as he collided with her.

Jet dropped to her knees, screwed her face as he jumped up to lick it.

'Hello handsome boy,' she said, rubbing his belly. 'Hello. Hello. I'm here. I'm here. Careful of that bandage. No, you can't have it, silly. I'm sorry you had to see that, boy. I'm sorry, I'm sorry. I'd kill them if they touched you.'

She tried to hold him, but he wouldn't stay still, lurching in manic circles around her.

'Dad said you were back from the hospital,' Billy said, his turn to approach. 'Knew Reggie was staying with Luke and Sophia. Picked him up on my way. Thought you'd want to see him.'

'He's clever, isn't he? Our friend Billy,' Jet said to the dog, straightening up, knees clicking.

Billy glanced at the vans behind her, the plastic people.

'Crime scene cleaners,' Jet explained. 'They'll be done soon.'

'I can't believe you're out of the hospital already.'

'Why would I waste any more time in there?'

Billy didn't answer. He did something else: stepped forward and buried her in a hug, Jet's nose pressed up against his chest.

The first person to actually hug her.

It almost brought her blockades down, the ones made of screws and wire mesh in her head. But if they came down now, how would Jet ever bring them back up? She coughed into the fabric of Billy's shirt.

'I'm so glad you're OK,' he said, his breath warm against her hair, against the bandages.

'Don't be too glad.' She pulled back out of the hug, Reggie settling by her leg, dusting the drive with his tail.

'I can't believe it.' He sniffed, catching a tear that fell to the groove of his chin.

Jet shrugged. 'I'm only a few hours ahead of you there.'

Billy's eyes settled on his dad's squad car. 'They don't know who . . . ?'

'Not yet,' Jet replied. 'I'm going to work out who did it. I guess you're the only person I can trust *not* to be the killer, right? I mean, who would come back a few minutes later to *discover* their own crime, on camera, and leave their DNA all over the scene, call the cops and the ambulance? And we grew up together, and I know you can't even kill a bug, so it's a pretty safe bet that it wasn't you, Billy Finney. I did want to ask, though. Why were you here? You live in the center of town.'

'Dad's wallet,' he said. 'Someone found it on The Green, handed it to me as I was leaving the fair. Think he must have dropped it during the scuffle with Andrew Smith. I walked here to bring it back, put it through the mail slot. Didn't even get to his front door before I heard Reggie screaming, knew something was wrong over here.'

They both looked down at the dog. Jet might not have survived at all if Billy hadn't found her when he did. Did she owe these final seven days to this man and this dog?

'I'm going to do it, Billy. Always told you I'd do something big, didn't I? OK, I thought I was going to be president or an astronaut back then, but this is just as big: solving my own murder.'

Billy dipped his head, eyes darkening. 'Why do you keep saying it like that?'

Jet shrugged. 'If you've gotta die, might as well be funny about it.'

No one else seemed quite ready for it.

Another tear: Billy didn't catch this one in time, soaking into his checked collar.

'I was so scared when I found you. I thought you were dead. I really thought you were dead. I don't know what I'd do if . . . but you're alive, you're OK, you survived. It's all going to be OK.'

'Not *that* OK,' Jet said, confused by the sincerity in his face, the hope in his eyes alongside the blue, where hope absolutely did not belong. Wait a minute. 'Billy . . . has no one told you?'

He sniffed.

'Told me what?'

Ah, fuck. This wasn't going to be fun.

Jet pulled her coat tighter, night settling in, claiming her exposed skin. 'Billy. It's . . . the thing is . . . I'm . . . well . . .' Just rip off the Band-Aid, it would hurt him the same whether it was fast or slow. 'I'll be dead in a week.'

His face changed, one second to the next. Mouth cracked open, eyes faraway and spinning, a quake in his knees that made him stumble back.

Poor, sweet Billy.

6

Jet watched it again.

The third time.

Motion Detected 10:39 p.m. 10/31/2025.

Herself, walking up the drive toward the front door, dressed all in black, hair a little mussed from the walk, from the wind, from the zombie mask.

Jet slid her knees up and her MacBook closer, resting against the lump of her thighs, padded by the comforter. Lights off, dark except for the screen, except for the video of *that* Jet, looking into the bucket of Halloween candy, realizing it was empty.

The world was dark behind her, but she glowed from the lights mounted by the front door. Then Jet turned, looking right into the camera, through the screen, staring at this Jet, the one tucked up in bed now. She stuck out her tongue and Jet stuck hers back.

'Don't go in,' Jet muttered darkly, warning her past self as she pulled out her keys and slotted them in the door. The Jet who was still alive, the one who had everything: all the time and all the *later*s she could ever want. Jet envied her, hated her a little. 'Don't go in.'

She didn't listen.

The door opened and swallowed Jet whole, and it took less than a minute to do it.

The frame froze and the video ended.

Was the killer already inside when Jet had opened the door? Or did they come in later, when Jet was distracted by her phone and a fucking cookie? The footage had no answers for her, not the first time she'd watched it, or the second or the third. The killer never crossed the frame, never set off the motion detector.

Jet turned to the notebook spread open on the pillow beside her. The writing on the left-hand page was crossed out: ~~Ideas for dog walking app in Boston/other cities.~~ Many ideas crossed out before that one, half a notebook of them. On the top of the fresh right-hand page she'd written: *Who murdered me?* Underlined. She'd transferred the times and data they'd found on her Apple Watch, and below that she'd asked: *Ring doorbell camera – was the killer already inside when I got home?* Now she answered: *I don't know.* Dropped the pen.

Outside her door, she heard her parents creeping past on the way to their bedroom. Saw them too, the gloom from their passing feet. One set faltered, two shadows that lingered, blocking the glow under the door. A boundary, between here and there, the living and the dead.

'Keep going, Mom,' Jet whispered, not loud enough to be heard. 'I'm asleep.'

'She's asleep, Dianne,' her dad hissed. 'Let her sleep.'

The shadows moved on.

Mom had asked her *one last time* three times since they got back in the house. So Jet told them she was tired, going to bed. Because she didn't want to sit at the dining table and eat lasagna with her parents in the bleach-cleaned air; she wanted a bar of chocolate and she wanted to be alone: to do this. Log in to her parents' Ring.com account – got the password from Dad – and see it for herself. The moment she goes in alive and comes out dead.

Jet skipped ahead to the next video, the next time the motion detector, well, detected motion: 11:05 p.m.

Third time watching this one too.

Billy, hurrying toward the door, pulling his hands out of his pockets, an awful screeching sound that buzzed against Jet's speakers. Reggie. Screaming.

Reggie from now stirred at the sound, sleeping by Jet's feet, or trying to.

'Sorry bud,' Jet said, turning the volume down, dimming his distress.

The dog wasn't allowed upstairs, and definitely not on the beds, but this wasn't the first time Jet had ignored those rules.

'Hello?' Billy called on-screen, before he even got close. 'Mr and Mrs Mason? Jet?'

He reached the front door, knocked his fist against it, the camera fish-bowling his face, distorting his panicked eyes. 'Hello? Are you OK in there? I – I can hear the dog. Is everything . . .' He stopped, cupped his hands to his eyes, peered through the crinkled stained glass of the front door. He drew back, bent down to the mail slot. 'Reggie,' he called through it. 'Reggie, boy, what's wrong? Come here. Reggie!'

The howling didn't stop.

Billy ran his hands through his hair, fingers trapped in the curls.

'I don't know what to do,' he muttered to himself, looking around. He spotted the doorbell camera, looked right into the lens, into Jet's eyes, forty-eight hours in the future. He pressed the button, that annoying chime – *doo-di-dooo,* you know the one. 'Is anyone in?' he asked the camera. 'Hello, can you hear this? I think something's wrong. I . . .'

Billy's face moved right up to the camera, then beyond it, out of frame. The rustle of the bush as he clambered over it to look through the window, into the living room.

You could hear it. The very moment he spotted Jet, lying there, head bleeding and undone. There was a click in his throat, too mechanical to really sound human, something breaking that might not be so easy to fix. Metal screws and wire mesh wouldn't do.

'Oh my god, Jet, no! Jet!'

Knuckles on glass. Over and over. The dog screeching louder.

'Jet!' Billy screamed. 'Jet – can you hear me?! Oh my god!'

That break in his voice, raw and grating, like earlier when he walked away from the house and thought Jet couldn't hear him, crying down the street.

Billy darted back into the frame, past the camera, his jaw set as he eyed the front door.

'I'm coming, Jet!'

He backed up and kicked out at the lock. The door buckled but didn't break.

Billy doubled back, five, then six steps, then he charged at the door, shoulder first.

The wood splintered and the door crashed in, Billy rolling in after it, leaving it wide and gaping.

'Jet! No, no, no! Can you hear me?! Jet!'

The video ended, cutting out his screams.

The next was fifteen minutes later, the paramedics arriving, spiraling red lights on the ambulance. Jet dragged the cursor, speeding through it. She'd watched this one most. One cop car, then two, black and white and red and blue. Jack Finney, removing his hat and holding it over his heart, the chief of police tripping on the front step as he hurried inside.

Fast-forward.

The paramedics coming out again, squeaky wheels as they rolled a stretcher onto the drive.

Jet on top of it, some kind of orange brace around her broken head.

A lifeless arm falling as they turned, finger trailing in the dirt.

'I'm going with her!' Billy screamed, and Jet mouthed his

lines with him, memorized after the sixth time. He reemerged, coming out different too. His white-and-brown-check shirt stained red instead, his own glistening handprint over his chest, a smear under one eye. 'She can't be alone!' they said together: Billy yelling, Jet whispering. 'I'm coming too! So is the dog! No, no, Dad. I'm not leaving him. Jet wouldn't want that!'

Jet smiled sadly, pressing pause, freezing them all in that moment of chaos.

She turned to her notebook, wrote: *DNA probably fucked from the rescue, so many people in and out.*

Jet shifted, and so did Reggie, the empty chocolate packet crinkling under her elbow.

'Enough,' Jet told herself. If she knew it off by heart, then she knew it too well, had watched it too many times. Watching wouldn't undo it, wouldn't bring her back to life, and she had a job to do.

There were other motion alerts, earlier that day. Probably nothing important, but Jet thought she should check them at least; it all happened on the day she was murdered.

One at 8:33 p.m. – when they were out at the fair. Jet settled back and pressed play.

Five dark figures. Misshapen and inhuman. Teenagers. Three witches, a werewolf, and a skeleton, ambling up the drive, elbowing each other and giggling.

'Look at the size of this fucking house!' the skeleton said, exposed jaw dropping open.

'It's the Masons' house,' a witch said, switching her broom to the other hand. 'My mom doesn't like them. Says they flaunt it.'

Jet snorted. The witch wasn't wrong.

'How do you afford a house like this?' said Skeleton. 'Is he a cartel leader or something?'

69

'Stop watching *Ozark,* James, it's becoming your entire personality. And no. He tears down houses and builds giant new ones, like this. Mom thinks it's ugly.'

Jet liked this one.

It was as though the girl had heard the thought, through time and through the lens. She turned, staring strangely right at Jet.

'Dave, what are y–'

It appeared faster than Jet could blink, filling the entire screen.

Empty black eyes. A warped white plastic face.

Jet jumped, recoiled from the screen, head slamming into the backboard of her bed.

A searing jolt of pain in her skull.

'Fuck you,' Jet hissed at the screen, at the image of Ghost-face from *Scream,* smirking into the camera.

'Trick-or-treat, bitches,' the boy said, rattly and deep, enjoying himself too much. He must have hidden behind his friends, snuck around to jump-scare the camera. Little prick.

'They're not in,' Sassy Witch replied, as Ghostface moved back, clearing the view. 'Look, it says take one.'

The werewolf picked up the bucket and upturned it, emptying the entire thing into his open tote bag. 'What?' he sniffed. 'I think they can probably afford it.'

'They have a doorbell camera looking right at us, you idiot!'

They all turned to look at the camera, at Jet, sheepish and ghoulish.

'Run!' Skeleton yelled, laughing as they all bolted back down the drive and into the night, Werewolf howling at the invisible moon.

'Fuckers,' Jet said as the video ended. 'I wanted some of that.'

A video twenty-two minutes before that: Jet leaving the

70

house for the fair, one hour and eleven minutes after she'd promised Mom she would, calling 'Bye!' to Reggie.

3:42 p.m. – Jet driving home, parking her truck, returning after a walk with Reggie. It had been a long one, around Billings Park, and again, because she'd been thinking about that app idea.

3:29 p.m. – Sophia leaving the house, baby Cameron balanced on her hip, walking back to her blue Range Rover parked where Jet's truck normally lived. Must have been on her way out after dropping those Halloween cookies off, leaving them on the kitchen counter with a little note: *Love, Sophia xx*.

3:24 p.m. – Five minutes before that, a blue Range Rover pulled up into the drive. Sophia emerged, getting baby Cameron from the backseat, holding him against her chest as she approached the door, pulling out a set of keys.

Wait a minute.

Jet paused the video, rewound it. Blinked and watched again.

Where was the plate of cookies? Sophia wasn't carrying anything other than the baby. So, where the fuck had those cookies come from? She went in and four minutes later she came out, no cookies in either video.

Jet reached for her pen, scribbled: *Cookies???*

2:21 p.m. – What?! It was Sophia again, leaving the house for the second time – no, the first time actually, because Jet was watching this all in reverse. What was she doing? She'd come to the house two separate times on Friday, just over an hour apart. Why? And where were those damn cookies?

2:14 p.m. The hulking blue Range Rover pulled up again. Sophia stepped out, went to the backseat. Picked Cameron up, resting him on her hip. Reached in for something else, holding it in one hand. Ah. The plate of cookies, bats and pumpkins sliding around as she tried to balance everything and get the door open.

'Cameron, don't fidget,' she said, flustered.

Cookie mystery solved, then. Because if Jet had been murdered over some fucking magic Halloween cookies, she would have been furious. Still, why did Sophia come back an hour after dropping them off? Did she forget the note, thought it was important enough to come back? Jet didn't know – she didn't understand how Sophia's mind worked anymore.

1:59 p.m. – Jet leaving for her walk, hoisting Reggie up into the cab of her truck, shutting the door as he yipped in excitement.

12:00 p.m. – Mom and Dad leaving on the dot, literally, to go help with the setup for the fair.

'You got the sign?' Mom said, walking out, hands full of plastic bags.

Dad grunted, struggling with it.

'Scott, honestly,' she tutted. 'We need to take you to the doctor. You're getting worse.'

'I'm fine.'

And that was it. No other motion detected on Halloween, the day she'd died. And no sign of the killer hanging around before.

Jet looked over at her notebook. Crossed out the *Cookies???* Nothing. A camera out front recording everyone who came and went, and it had given her nothing.

Jet sighed, blew out her lips. Reggie didn't like the sound, grumbling to tell her so.

She'd have to sleep too, wouldn't she? But sleeping felt like a waste of time, and she didn't have time to waste.

On the Ring dashboard, Jet clicked out of *History* into the live image the camera was recording now, right now. The nighttime driveway. Jet's powder-blue truck out of place against all that darkness, lit only by a sickly orange tinge from the porch lights. Nothing moved except the wind in the leaves.

Time ticked by, but the world didn't show it, not from this view.

Past midnight and into a new day. The next day. One day closer to dying.

Dying.

She shouldn't think about that.

She couldn't help it.

Would they come for her again, the killer? To finish her off?

Jet studied the live footage, searched every corner for a sign. Why bother?

Time and that little bone fragment would finish her off for them.

Her curse, their gift.

Her eyes felt strange, a ghostly sheen, like there was another layer she had to see through now. It was probably from staring at the screen too hard. Probably just tired.

Jet hesitated.

Brought up a new tab.

Google.

Symptoms of a brain aneurysm, she typed.

Pressed enter.

The page of results loaded.

'No, don't.'

Jet slammed the lid, shoved her laptop away.

She didn't want to see that.

Her eyes were just tired, that was all.

Jet shuffled down, pulling the comforter up to her chin. She wanted to stare at the ceiling, to search for answers there, but there was too much pain to put any pressure on the back

73

of her head, on her Frankenstein skull. She pressed the right side of her head into the pillow. She never slept this way, ever, facing her bathroom door instead of her window. But it was the only way that didn't hurt.

Jet forced her eyes shut, because if they were tired, she must have been too.

Wouldn't open them. Lay there and waited for sleep.

Not counting sheep. Counting the hours she had left before she died, moving on to the minutes.

Monday
November 3

7

'What's all this?'

Jet rubbed her eyes, following the noise of dinging plates and low voices, into the dining room.

Luke and Sophia were here, sitting at the table, Cameron's high chair tucked in at the end. Something green and swampish wiped around the baby's mouth.

Mom was serving from a platter of scrambled eggs, bacon on every plate except Dad's. Too much sodium.

'Finally,' Luke said, glancing up at her. 'You're awake.' Like he was annoyed about it somehow.

Not as annoyed as Jet. Couldn't sleep for hours, worried about running out of time, then slept in till eleven, forgot to set an alarm. Didn't forget, actually. Didn't have her phone.

Her parents could have woken her. Actually, it was very out of character that Mom hadn't.

'What are you doing here?' Jet asked her brother.

'Come sit down, Jet,' Mom said, handing out pieces of toast. 'I asked them over, thought we could have a nice family breakfast.' Emphasis on the *nice*.

'Jet, hi,' Sophia said, a tremble in her bottom lip. 'I'm just . . . just so sorry . . .'

'Why?' Jet pulled out a chair. 'The eggs aren't that bad, are they?'

The last thing she wanted right now was a family breakfast, for people to ask stupid questions, like whether she was OK or whether she'd slept well.

'Did you sleep well?' Sophia asked.

'Like the dead.' Jet took a bite of buttered toast.

Dad picked up his coffee, inhaled it, hiding his face in the oversized mug.

Luke shoveled eggs into his face, picking up a piece of crispy bacon with his fingers, taking a bite. The crunch of the bacon, not a world away from the crunch of a human skull.

'Luke, slow down,' Mom told him, like he was a teenager again.

'Gotta get to work,' he spoke through his mouthful.

Mom banged her elbows on the table, put her fingers by her temples. 'You can be here for your sister, Luke,' she said, suddenly tearful.

Luke slowed down.

Paused to pick up his knife too. That's when Jet noticed it, the graze on his knuckles, both of them actually. Freshly scabbed, the surface cracking when he tightened his grip on the cutlery.

'What happened to your hands?' Jet asked him.

Luke coughed. Banged his chest until the eggs went down.

'Sorry, wrong way.' He held his hands in front of him, fingers outstretched, flexing. 'Oh, this? I was visiting one of our sites on Friday morning. Tripped over one of the foundation trenches, banged them up a little, catching myself. Just a scrape, it's nothing.'

'I hope you were wearing a hard hat, if you were on site?' Dad said, the mug echoing his voice back.

''Course,' Luke answered. 'I know what I'm doing, Dad.'

Dad tried to smile. 'So, you won't be falling in any trenches again?'

Luke chewed his cheek.

Sophia piped up now, resting a hand on Luke's back. 'I think it's going to be Mason Homes' best project yet.'

'Mason Construction,' Dad corrected her.

Sophia's cheeks reddened and Luke shrugged off her hand.

'No, I know,' she said, speaking across the table to her father-in-law. 'But Luke's been thinking, he might change the name, wh-when he takes over. Thinks it sounds more, well, homey.'

Dad had another sip of coffee, finished it with a shrug. 'It's been called "Construction" for forty years, since I set it up. Don't think there's anything wrong with the name.'

There wasn't any meanness in his voice – Dad didn't know how to *do* mean – but the color drained from Sophia's face.

'No, of course there's nothing wrong with it.'

'I gotta pee,' Luke said, chair scraping as he pushed back from the table, disappearing into the hall. Jet was the one dying, and yet somehow Luke had managed to make it all about him. He was good at that.

'Sophia,' Jet said now, trapping her with her eyes. 'I wanted to ask you something, about Halloween.'

'Sure.' She still looked pale.

'You came over to the house when we were out. Twice.' Leaving the question between the lines.

Sophia nodded, too many nods, cartoon-quick. 'Yeah, to drop off those cookies I baked. Don't know if you saw them, pumpkins and bats.'

'Saw them,' she said. 'Ate two of them, before . . .'

'Oh,' Sophia said.

'They were fine. A little dry.' Jet straightened in her chair. 'But you came over twice. First to drop the cookies, and then again an hour later.'

'Did I?'

'Yes, you did. The doorbell camera recorded you. I can show you the video if you don't –'

'– Oh, sorry,' Sophia laughed, too much breath behind it.

79

'I remember now. I left my phone here. Thought it was in my pocket, but I must have put it down somewhere. Came back to get it when I realized.'

Jet's turn to nod. That made sense, the phone thing. But she was enjoying watching Sophia squirm; she was normally so rigid. She didn't use to be like this, when they were teenagers. Sometimes Sophia had even been the funny one. 'Which room did you leave it in?'

'The kitchen.' Sophia was ready with the answer. 'Got baby brain at the moment, don't I, hun?' She looked up at Luke, who was back in the room.

'Huh?' He wasn't listening.

'Jet was just telling us about the doorbell camera footage, from that night.'

Luke glanced across the table, locked onto Jet's eyes. 'Does it show what time it happened? When exactly it . . .'

'Not exactly,' she replied. 'But my Apple Watch told us. 10:46 p.m. That's when someone whacked me over the head.' Jet spread jelly over a second piece of toast. 'Say, Luke, where were you at 10:46 p.m. on October thirty-first?'

'You joking?' he laughed.

'Kinda.' Jet shrugged. 'But, actually, I do want to know. I need to know where everyone was. And if you don't answer, then everyone's going to think you murdered your own sister.' She showed him the inside of her mouth: the sticky, munched-up toast.

'Jet.' Mom pressed her temples harder.

Luke threw a corner of bacon at Jet, and the baby squealed in delight.

'I was at home, like I told the cops,' he said, half sullen, half smiling. 'Me and Sophia got home around 10:15 and put Cameron to bed. Then we watched some TV.'

'Which show?' Jet asked, eating the small bacon projectile that had landed in her lap.

'*Friends*,' Luke said. 'Sophia loves *Friends*.'

'Then we went to bed,' Sophia added, wiping the green goo from Cameron's face.

'So you two were together all night?' Jet pointed her fork at them. 'And, Mom and Dad, you were together, driving stuff from the fair back to storage at the MC offices?' She clapped her hands. 'Well, it looks like you all have alibis, then.' Jet turned to the baby, accused him with her knife. 'Cameron, what about you?'

He blew a bubble.

'Don't we know who it is already, Jet?' Dad said, dragging his fork through his untouched eggs. 'They've just got to find him.'

'Who?' Luke demanded.

'JJ.'

Luke turned to Jet. 'It was JJ?' The rage undisguised in his voice, and in his fists, gripping the table too hard.

'No, we don't know,' Jet said. 'He's just skipped town, won't answer his phone.'

'And the text,' Dad said. 'The *Sorry* text.'

'I'll kill him.' Luke slammed one hand on the table, making the cutlery jump and the baby flinch.

'Luke, please,' Sophia said. 'Not in front of Cam.'

'No one is killing anybody,' Mom said, voice rising, taking charge. 'I don't know why we're talking about any of this, wasting time. You all know why you're here.'

Did they? Jet looked around at her family. Why *were* they here?

'Jet.' Mom twisted in her chair, knees pointed this way, her voice soft and hard at the same time. 'It's our last chance. Dr

81

Lee said it would be too late once the aneurysm forms. If we want to save you, we need to take you back to the hospital now, right now. This morning. Right now. Please. The whole family agrees.'

Jet's stomach twisted, the toast suddenly tasteless in her mouth.

'Do you, *whole family*?' Jet announced across the table. 'You think I don't get to make decisions about my life, about my death? That you know better than me? You can't understand for one fucking second what it's like to have to make a choice like that. Fuck. And Sophia, I swear to god if you say anything about my language . . .'

None of them would look at her, except Mom, and the baby.

'I'm not choosing to die on the operating table. The answer is no. Sorry, *whole family*.' The answer was no, and the other answer was that pain above her right eye – new this morning – which might mean it was too late anyway, the choice out of her hands. Certainly out of her mom's hands.

'Fine.' The chair screeched on the oak floor as Mom stood up, marched over to the sideboard.

'I went to the funeral home this morning, picked these up.'

She came back to the table, dropped two brochures in front of Jet with a slap.

Jet looked down at them.

One for caskets, every shade of wood, varnished and shining.

The other for urns.

'What the fu–' Jet began.

'– Mom.' Luke buried his face in his hands. 'You can't do th–'

'– Go on,' Mom cut him off, pointing to the catalogs. 'Make a decision, Jet. That's what you care about, your choices? So make another choice. Go on. What's it going to be? Burial or cremation? Pick one.'

'Mom, there is something really fucking wrong with you.' Jet shoved the brochures away, a plate sliding off the table, shattering on the floor.

Cameron started to cry.

'This is what you're doing to me!' Mom screamed, hysterical now, tears merging with lines of snot. 'Why won't you listen? I can't lose you – I can't bury another child, Jet. I won't do it. It's not fair.'

'Not fair?' Jet asked, incredulous. 'I'm twenty-seven. I'm the one who has to die before I've even had a chance to live.'

'So don't!' Mom pleaded. 'Don't die, Jet, please! I know you think I'm being the bad guy, and I don't care – if it saves your life then I'll do anything! Please, Jet, don't do this!'

'It's already done, Mom!'

'I can't do this.' Mom's face folded, came undone, hand pressed over her mouth to hold it together. She hurried out of the room, blindly, bawling into her hands, crying so hard she couldn't breathe, coughing around them. Up the stairs, a thunder that shook the whole house.

Dad sighed, got to his feet. 'Now you've upset your mother,' he said, eyes downcast.

'Hold on.' Jet rounded on him. '*I've* upset *her*? Unbelievable. She put a fucking catalog of coffins in front of me, Dad. For fuck's sake! For once, I wish you would just pick a fucking side, the right side.'

'Luke, let's go,' Sophia whispered, picking Cameron out of his high chair.

'No, no, no,' Jet said. 'You stay, enjoy your *nice* family breakfast. I'll go. I'm going.' She sniffed, wiped her nose on her sleeve. 'I'm leaving. Can't live here anymore.'

'Jet, don't say that.' Dad stepped toward her, arms open. Eyes kind, but his *kind* wasn't good enough now.

'I mean it, I'm not doing it. I have six days until I die, and I'm not doing that here, like this. I'm going!'

Jet was out of the room before any of them could call her back, not that calling would have made a difference. Her mind was made up. She had something important to do, the last thing she would ever do, and she couldn't do it in this house. It was hard enough.

In her room, she grabbed two backpacks and headed to the drawers. Hey, at least she didn't have to take too many clothes, right? Like packing for a week's vacation. Less than. She grabbed a handful of underwear, a couple bras. A few T-shirts. Sweatpants and jeans, stuffed them in. Into the bathroom to grab her hairbrush, her toothbrush. Her makeup bag – would she even need that? Did the walking dead need concealer? Left the white bottle of Lotrel, the pills she took every day for high blood pressure, for her kidneys, because what was the fucking point now? Didn't need them anymore.

Grabbed her notebook from the bed, and the pen she'd stolen from Jack Finney, put them in the second backpack, along with her MacBook. She went to the socket to pull out the – the – the – what's that fucking word, the white wire thing that gave it more battery. Never mind. She grabbed it, unplugged it, shoved it in the top of the bag. Hoisted both up onto her shoulders, still wearing her pajamas.

Downstairs, she slipped on her shoes and her jacket.

'Bye, Reggie. Love you.' She bent to kiss the top of the dog's head. Not even her dog, really. Her parents' empty-nest dog, when Jet left for college. But he was her dog now, and they all knew it. Reggie most of all.

'Jet.' Dad came around the corner. 'You're not really going.'

'I *am* really going.'

'Don't,' he said. 'Your mom wouldn't want this.'

'It's not always about what she wants, Dad. I have to go. I'm going.'

He reached for her backpack, held on to one strap. 'But, Jet, you can't . . . you're not –'

'– Not what, Dad? Responsible? I can do this on my own. I can.'

Just then, the mail slot crashed open, a handful of letters scattering to the *Welcome* mat. Footsteps on the drive, doubling, the mailman hurrying away from the yelling inside.

Reggie rushed toward the mail, but Jet beat him to it.

'Look, see, Dad,' Jet sniffed, hysterical too now, in her quieter, flippant way. 'Here I am picking up my mail. Ah, see, two letters for *Margaret Mason*. Picking up my mail like a responsible fucking adult.' She stuffed the letters in the open backpack, ripping it away from Dad's hands. 'Might even be able to wipe my own ass soon.'

Cameron wailed, Luke and Sophia coming to stand in the hall.

'Don't worry, you'll get there too, bud.'

Jet grabbed her keys and her wallet from the wooden bowl on the side table.

'Where are you going?' Luke asked, because he felt like he had to. Jet knew her brother.

'Literally anywhere that isn't this fucking house! I'm not going to die in here again. Tell Mom she can choose the casket. I really won't care, I'll be dead.'

Jet opened the front door and struggled through, flipping off the doorbell camera as she passed. Unlocked her truck and climbed inside, starting the engine, hitting the steering wheel just once, with the heel of her hand. Fuck, that hurt; she wouldn't do that again.

She checked her mirrors and backed out, waving to Dad and Luke and Sophia in the open doorway.

A curtain twitched in the upstairs window just as she reached the street.

Mom's blotchy face pressed to the glass, watching her leave.

Jet knocked. Three times. Waited two seconds. Knocked again. Waited. But she'd waited long enough, sitting in her truck, wondering what the fuck she should do, where the fuck she should go. She really only had one answer, only one person in this whole fucking town, so she knocked again and again and again. He'd forgive her for the hostility; he always did.

A click and the door swung inward, Billy's confused face in the crack.

'Jet.' He pulled the door the whole way. His eyes looked swollen, hiding underneath those dark curls.

'I asked at the bar downstairs, they told me you lived in 1B,' Jet explained.

'You OK? Sorry, sorry, I didn't mean that. Stupid question.'

His gaze settled on her bags, another question forming on his lips, skirting his teeth.

'Yeah, so,' Jet said, sucking in a breath. 'I was wondering . . . can I stay with you? Here? In your apartment?'

Billy's mouth didn't move but his eyes did, tracking across her face, a flash of his old light behind them.

'Probably won't be much of a roommate,' she laughed. 'I definitely won't be paying any rent, might keep some strange hours, eat your food. And I know I come with baggage.' She gestured to the backpacks on the floor, but they both knew that's not what she meant. 'But it's not like it'll put you out *that* much, 'cause, you know, um, like, I'll be dead by the end of the week.'

Billy swallowed.

'Is that a yes?'

8

'Billy, really, it's fine. Don't worry.'

Jet raised her legs from the coffee table, so he could get past with the vacuum cleaner.

'I've put the sheets in the wash,' Billy said, over the whir, the crackle, as the machine found a stash of crumbs. 'You take the bed, I'll have the sofa.'

'I'm not kicking you out of your bed, Billy.' Jet's eyes returned to her screen, to the Google Street View of River Street, clicking up and down, hunting, a digital stalker. As though she might somehow find her phone there, hiding in the past, in the grass or the dirt.

'I like the sofa. Sometimes I sleep there anyway.'

Billy Finney was the worst liar. And this sofa was a piece of crap, lumps of springs digging into Jet's thighs already.

He disappeared with the vacuum into the bedroom, kept it running as he reached for a can of deodorant, spraying it around the room, into every newly tidied corner. Coughing as he inhaled the fumes.

Jet smiled, kept her teeth to herself, started back at the top of River Street again.

More cursing from the bedroom, more rustling.

'Billy, stop worrying.' Again. It was hard to concentrate with all the worrying.

He reemerged, a small box in his hands. 'Got this for Christmas last year. Never opened it.'

He opened it now, a green candle in a glass jar. A scent described as *Cedar Delight*. Billy placed it on the coffee table, grabbed a lighter from a kitchen drawer, and bent low to light the wick, the baby fire reflected in his glassy blue eyes.

'Lovely.' Jet grinned up at him. 'I can see myself living here, for the rest of my life.'

Billy retracted his thumb, gave her a look.

'What? That's funny.' Jet gave a gruff laugh, if he wouldn't. Billy normally laughed at all of her jokes.

'I'll just grab this,' he muttered, reaching for the photo frame that lived in the middle of the coffee table. It had been blocked by Jet's screen before, but she saw it now as he picked it up. A woman with dark curly hair and glittering eyes, an ice cream melting over her fingers. Billy's mom. Mrs Finney. Beth. Three names for the same person. There was a boy in the photo too, same hair, same ice cream, same cool blue eyes. The Billy Jet knew best, about twelve years old. Billy averted his eyes and Jet averted hers too, pretending she hadn't noticed, watching out the side of her eye as Billy took the photo and shut it away, on the top shelf in the closet.

'You don't have to put everything away just because I'm here.'

'Oh,' he said, remembering something else to worry about. 'I keep a spare key under the mat outside the front door. You should have it. I'll get it for you.'

He got it for her, almost breathless when he arrived back at her side, putting the key down on the table, between her feet. His eyes caught her screen, mirrored it back.

'That's the street where your phone was turned off?'

Jet nodded, craned to look at him, towering above her. 'You know anyone who lives there?'

Billy chewed his lip. 'Don't think so. You think that's where they live?'

'Well, they went straight there, after the attack,' Jet said.

88

'Turned my phone off in this spot.' She pointed to the street view, where River Street passed North Street.

Billy thought about it. 'Could have been on their way home, then realized it was a bad idea to do that with your phone still on. Doesn't mean they live exactly there, right? Just that it was on the way.'

'Maybe.' Jet nodded. 'So maybe they live north of town.'

That was a lot of *maybe*.

'What else do you have?'

Jet glanced at the scribbles in her open notebook, Billy following her eyes.

'Not a lot. The police think it's JJ, I can tell.'

Billy bent lower, leaning on the back of the sofa, his head hovering over her shoulder.

'Do *you* think it's JJ?'

'No. JJ's not like that. But I'm trying to keep an open mind.' She paused. 'Well . . . someone bashed it open for me.'

That one *almost* got a smile out of him, a lopsided twitch in his cheek. His eyes still didn't look right, though: haunted, but also busy somehow, ever moving, too much going on behind them. He was the one who'd seen her dead – well, almost dead. Maybe that took a while to go away. Jet hadn't had to see it, hadn't had to live it after those first few seconds, but she wondered if her eyes looked haunted too. Felt like it, that deep pain behind her right eye, the dull ache and itch beneath the bandages. Not dull enough; she should take more codeine. At least Dr Lee gave her the good stuff.

She winced.

'What's wrong?' He bent even lower, to meet her eyes. 'You need your painkillers? Food? I can make you something, anything you want.'

'Billy, it's OK. Stop doing stuff for me.'

'I like doing stuff for you.'

He always had.

Billy was nine months older than her. Jet didn't know a world he didn't exist in. Always right there, next door.

Hey Billy, wanna ride bikes? I'll race ya. Hey, did you let me win because I'm younger and smaller? Don't let me win, Billy.

Hi Mrs Mason, is Jet in? I found a frog and I need to show her. Jet loves frogs.

Only stopped when Jet turned fourteen, when Sophia became her best friend instead, took all Jet's time and attention, because Billy couldn't come over if Sophia was already there – that would have been weird, two worlds that didn't mix. Jet and Billy had outgrown each other; no more bike races, no more frogs. Billy was right, though; Jet did love frogs. It was a fucking awesome frog.

A notification pinged up on her screen: low battery.

'Shit,' Jet said. 'I need my – fuck sake, what's that word? The white wire thingy?'

'Charger?'

'Yes!' Jet clapped him on the shoulder. 'Charger, that's it.'

'I'll get it.' Billy straightened up, because he couldn't *not* do stuff for her. For anyone, really. He was just like that, made like that. Jet was made a different way.

She pointed him toward the red backpack. 'In there.'

'You got some mail here,' Billy said, digging through, pulling the envelopes out to reach the charger.

'Oh yeah. I was proving a point. Let me see.'

Jet lowered her feet to the floor, MacBook on the table, and took the letters out of Billy's hands. The first was a red envelope, handwritten address. Jet flipped it over and ripped open the tab, while Billy moved his guitar case so he could reach the wall socket, plugging her ch-ch – white wire thingy in.

'It's a card,' Jet said, pulling it out.

A white card, with a vase of flowers drawn on the front, in garish colors. Below the vase and its little shadow were the words: *Get Well Soon.*

'You've got to be kidding me.'

She held it up so Billy could see. He winced.

'Who's it from?' he asked.

Jet opened it, scanned the handwriting inside.

'From Gerry Clay.'

'The village trustee guy?'

Jet nodded, clearing her throat to read aloud. '*So sorry to hear about your accident.* Accident, Gerry? It's called premeditated murder. *Sending all of our thoughts and prayers.* Well, Gerry, you can shove your thoughts and prayers up your –'

'– What's this one?' Billy asked, picking up the other envelope from her lap. 'Looks official.'

Jet swapped the card for the letter. It *did* look official, her name and address in a type so neat it looked almost aggressive, through a thin plastic window. *PRIVATE & CONFIDENTIAL* in bold capitals across the top.

She ripped it open, pulled out the folded letter.

'*Late Notice,*' she said, reading it out. 'Wait, what the fuck?'

'What is it?' Billy sat next to her, the sofa cushion dipping toward him.

'It's from one of those online loan companies, LightFi. *Dear Margaret Mason, you have defaulted on your monthly repayments for the secured loan detailed below.*' Jet scanned the page. 'What the fuck? Thirty grand?'

'What did you need thirty grand for?'

'I didn't need thirty grand, Billy,' she said, the annoyance shifting to him. 'I didn't do this. This wasn't me.' She pointed at the letter, to the series of numbers listed after *Bank Account Number.* 'This isn't my bank account. I didn't get this money, didn't take out any loan.' She read on. '*As the loan was secured against the below personal asset, this will be seized unless we receive repayment* . . . blah, blah, blah . . . *or we will have to proceed with filing a lawsuit* . . . wait, what *asset*?' She scanned lower. '*Vehicle Ford F-150, 1986, registration: HB* – that's my truck!' Jet shook the letter, mouth falling open. 'Someone took out a loan against my fucking truck, in *my* name!'

'You sure you didn't –'

'– I think I'd remember getting and spending thirty grand, Billy. How many lattes and avocados do you think I buy?'

He nodded, taking her heat, cooling it down by blowing out his lip. 'Then it's identity fraud,' he said. 'If someone took this out in your name. Spent that money.'

Jet slumped back against the sofa, forgetting about her broken head, hissing when the bandage made contact. 'Talk about kicking me when I'm down.' She waved the letter, sharp edges carving through the *Cedar Delight*-scented air.

Billy studied her. 'Well, it might not . . . might not be a coincidence, Jet.'

She sat back up.

'Couldn't this be related to your attack?'

Jet studied him back. 'You think?'

'I mean, has this ever happened to you before?'

'No,' she agreed. 'And I've never been murdered before either.'

'Exactly.' He stood up. 'I think we need to take this to the police. Aren't they looking for a reason someone might have wanted to kill you?'

'Over thirty grand?' Funny, Jet always thought she might be worth more than that. 'You're right,' she sniffed, getting to her feet, swiping Billy's spare key from the table.

This was *something*. More than clicking up and down River Street on Google Maps. A possible lead.

She grabbed her jacket from the hook by the door, put it

on, key in one pocket – where her other keys lived – letter and envelope in the other. Patted her jeans pocket to check she had her phone, remembered that checking was useless; her phone was with her killer.

She slipped her thick socks into her Birkenstock clogs.

'See you later,' Jet said, reaching for the door.

'Oh,' Billy replied, one arm already inside his fur-lined denim jacket. 'I thought . . . no, yeah, that's fine.'

Jet faltered in the open doorway. 'Oh,' she said too. 'I just thought you'd be busy, you know. I'm probably imposing enough, right? Don't need to take up any more of your time.'

Billy's jacket fell, his face too, catching it with the hook of his little finger. The jacket, that is, not his face. He'd already picked that up, a one-sided smile. 'Yeah, no, you're right. I've actually g-got a shift at the bar later anyway, so that's . . . yeah, that's fine. S-see you later.'

Later. The meaning different now, shortened to a few hours. Because that's the only kind of *later* Jet had left.

'Yeah, see you later, Billy.'

9

'And when did this arrive?' Detective Ecker's eyes scanned down the letter again, creasing by his thumbs.

'Came in the mail this morning.' Jet sat across the table from Detective Ecker and the chief, tucked into metal chairs that were too small for them. Jack Finney stood against the back wall of the interview room, a file in his hands, hugging it to his chest.

Ecker glanced at the digital clock hanging over Jet's head. She turned to follow his eyes: 4:52 p.m. It had the seconds too, ticking up in angry red digits – red for danger, and blood, and mistakes.

'I didn't open it until this afternoon,' she said, answering a question he hadn't asked. 'And I sat in re-re-re – the waiting room for over an hour, waiting for you to get here. You know I'm on a bit of a tight deadline, right?'

Ecker didn't answer, even though Jet *had* asked him a question. He studied the letter again, moving his thumbs down, the top half of the page flopping over.

'The loan was taken out two months ago,' he said. 'And the first repayment was supposed to be made last week.'

Jet shrugged. 'Guess I've got bigger things to worry about than a bad credit score.' She rubbed the spot above her eye, the pain deepening under these bright overhead lights. They never heard of soft lighting? Lamps?

'And you don't recognize this bank account number? The one the money was paid into?'

'Nope, that's not mine.'

Ecker clicked his tongue. 'OK,' he said, 'we'll look into it.'

'You think it's related? To my murder?'

The detective folded the letter, slid it back inside the envelope. 'We're not ruling anything out at this point.'

More cop speak.

'Well, you've probably ruled *some* things out. I'm no detective, but it probably wasn't aliens or Taylor Swift. She's very busy.'

Chief Lou smiled, hiding it with his hand.

'Let us look into this.' Ecker banged the letter against the table and stood up, tiny metal chair screeching, making more noise than it should, to make up for its size.

'Wait.' Jet's voice stopped him on his way to the door. 'You said you were going up to River Street last night, to speak to the people who live there. You find anything?'

Ecker's fingers stalled on the handle. 'Spoke to the neighbors. No one remembers seeing or hearing anything out of the ordinary that night. The house nearest the phone's last known location, number 12, the elderly woman who lives there was already asleep at the time in question. We had some officers on a grid search this morning. Nothing's turned up so far. I'll let you know if it does.'

Jet nodded, but she didn't entirely trust that he would.

'Oh, and you can tell the pricks at LightFi that they will be seizing that truck over my dead body.'

Crickets. Jet hadn't even meant to do that one. Death was everywhere, linguistically speaking; she hadn't really noticed until she was dying.

Ecker opened the door, and the chief followed him out, dipping his head toward Jet as he did, replacing his cap. The door closed behind them, and the clock shifted upward another minute. Counting up, but counting down really.

Jack came alive then, pushing off the wall and into one of

95

the abandoned chairs, too small for him too. He put the file down on the table and stretched his fingers.

'We had a call into the station a couple of hours ago,' he said, holding her eyes. 'Your mom, trying to file a missing persons report.'

Jet sighed, the air heavier on the way out. 'I'm not missing.'

'I know,' Jack said gently. 'It's just her way, Jet.'

'I wish it wasn't.'

'She said you left home this morning. She's very worried about you . . . in your condition.'

'I'm fine.' Jet sniffed. 'I'm staying with Billy.'

Jack nodded, left his chin up. 'I assumed. I'll let her know, when she calls back.'

Silence, also heavier than it was before.

'Will you get in trouble?' Jet said, head jerking toward the door. 'Because I asked for you to be in here too?'

'Don't remember you *asking*.' Jack smiled. 'More like *demanding*.'

Jet smirked. 'Sorry. It's just, I don't *know* them. I don't trust them.' She played with her hands, slotted them together. 'And they don't know me either. I know they don't really care, beyond closing a case. But I *do* know you, and I know you'll tell me anything I need to know. It's next-door-neighbor code.'

Another smile.

'So . . . is there anything I need to know?' Jet prompted. 'Anything turn up from processing the crime scene?'

The metal chair creaked as Jack shifted his weight. 'Well, I should probably wait for Detective Ecker to –'

'– Please, Mr Finney.' Jet leaned forward, catching his flailing eyes. 'I don't have a lot of time.'

He sighed, checking over his shoulder, watching the door for a few seconds, time ticking away. The clock was silent, but Jet could hear it all the same.

'OK,' Jack said quickly, rubbing his nose with one hand, sliding the file over with the other. 'We did find something interesting.'

'Interesting?'

Jack opened the file, flicking through pages and photographs, those yellow numbered markers from the scene. Jet tried to catch all the words, failed because they moved too fast, upside down.

'Here.' Jack stopped at a large photograph, slid it out and held it up.

A gloved hand at the top of the frame, two fingers pinching a clear baggie in front of a white surface, sealed at the top. And inside the plastic baggie was a hair. Jet squinted, leaned closer. The hair looked red, straight, about five inches long.

Jack handed the photo over and Jet studied it closer.

'That hair was found at the scene. More specifically, it was found where you were lying, after the attack. And this hair was on the wooden floor, underneath the main pool of blood. The hair was there first, and you bled over it; the techs can tell things like that.'

Jet lowered the photo, looked back at him. She thought she knew what that meant, but she wanted him to say it.

Jack nodded. 'Which means it wasn't left there by any of the first responders or police officers, or Billy finding you, when the scene was contaminated. This hair was under the blood. It was left there either before, or during . . .'

He didn't finish his sentence, didn't need to.

'So it was left by the killer?' Jet asked, eyes returning to the photo, running her finger along the zoomed-in strand of hair. Did Jet even know any redheads? Sophia's hair was dark brown, but sometimes looked a little red under the right lighting.

Jet swallowed. 'DNA?' But she already knew. Knew that

movies and TV lied about that stuff, fast-tracked it. Knew that it could take weeks to get any results back from the lab. Jet didn't have weeks, and she wasn't in a movie.

Jack shook his head. 'No need,' he said quietly. 'It's not human.'

Jet narrowed her eyes.

'It's synthetic,' he said. 'Plastic.'

Jet looked back at the hair. 'You mean a wig?'

'I mean a wig.' Jack reached forward, took the photograph from her, replaced it in the file, another look over his shoulder. 'You know anyone who was wearing a red wig at the Halloween Fair?' But he'd asked it like he already knew the answer, like this wasn't really a question at all. Which was why Detective Ecker hadn't needed to ask it.

Jet exhaled. 'JJ,' she said, her hands finding each other again, gripping on.

Jack pressed his lips together, closed the file.

JJ couldn't have done this, right? He'd hardly raised his voice the whole time Jet had been with him; in fact, maybe yelling would have showed that he cared more. But JJ was missing. JJ had sent her a *Sorry* text after the time of the attack. JJ had been wearing a red wig with straight hair on Halloween, on the night Jet was killed.

Jet could see it in Mr Finney's eyes, could count them one by one.

Three strikes against JJ.

10

The inside of the truck smelled like salt and grease, stronger somehow, the colder the fries got. Maybe Jet hadn't needed four whole boxes – large, of course – as well as a double cheeseburger. But she hadn't eaten fries in years, to save her kidneys, and what had been the damn point?

She finished off the last three fries from her second pack, eating with spite more than anything else – because she could now, so she would. They weren't as good as she remembered, and now her tongue stung from the salt.

It was coming up again. The location.

Jet lightened the pressure in her right foot and the truck slowed to a crawl.

River Street.

Right here, where the road met North Street, continuing straight on ahead, where her headlights couldn't reach.

It had been three nights now, since her phone was brought here by her killer, turned off in this exact spot.

What did this place mean to them? Where were they going?

If JJ was the prime suspect, then how did this tie into the police's theory? JJ had never mentioned knowing anyone on this street either, so why would he have come here after killing her? And – scratch that – why would he have killed her in the first place? They used to make each other laugh . . . a lot. Although, now Jet thought about it, maybe the laughter had been mostly one-sided. His. At work, catching stolen moments in the gym staff room, before they realized there were cameras in there. They'd been good together, but good hadn't been good enough for Jet. You had to aim for something better than good, something bigger, and Jet had her whole life in front of her . . . back then, at least. She'd done it nicely, even quit her job at the gym so it wouldn't be awkward for either of them. That wasn't a reason to kill somebody, right?

It was Jet's fourth time driving the street tonight, and she still had no answers, no sign. Apart from that yellow sign over there. *SLOW: Children*, it said. Jet *was* going slow, but not because some sign told her to. So slow that the truck came to a stop, sighing, settling back on its wheels.

Jet sighed too.

Maybe she should get out of the truck, walk the street instead of driving it, swap the smell of congealing fries for the crisp night air. Maybe she'd see it from a different perspective, in a new light. She pulled off onto the grass alongside someone's pristine white fence. Pulled the handbrake but didn't turn off the engine, not yet. The clock on the dashboard was her only way to keep track of time, without a phone, without a watch. It read 10:55. Which meant that, in one minute, it would be the exact same time as well as the exact same spot. The time and place the killer was when they turned off her phone.

Jet pulled the key from the ignition, got out, locked the door. Then she turned, one hand resting on the truck, and she watched the street. The middle of the road, where the last blue blip of her phone had floated, its final stamp on the world. It had guided her here and now she was lost.

Nothing happened. She counted to sixty, and still nothing happened. Just the wind whistling in the burnt-orange trees. Well, what had she expected exactly?

Jet kept going, following River Street, leaving her truck behind. Head spinning as she looked at the houses on either side: that white one there, with the triangular porch and the red car outside, must have been the house Ecker mentioned, where the elderly woman lived. Asleep and useless to Jet.

Her shoes slapped the pavement, the only sound on this too-quiet street. No more streetlamps beyond this point, just the faint glow of the moon hovering over her.

Her killer must have known someone who lived down this way, right? Or why drive straight here after breaking Jet's head open? Could she ask the police for a list of all the owners' names, Mrs Red Shutters and Mr American Flag?

Not just a flag outside that house, though; a jack-o'-lantern too, carved into the face of a skull. The bottom looked a little soggy, but it wasn't rotting yet. It shared its death stare with Jet, and she shared hers back.

At this rate, all the pumpkins would outlive Jet.

The houses petered out again, making way for the cemetery. Strange shapes skulking in the dark, crosses and headstones like wonky rows of teeth, an angel weeping over them all. Jet kept walking, didn't want to think about it too hard. This wasn't the only cemetery in town; she might not end up here. But Emily was buried here, and there was something in that, wasn't there? Sisters, together again. Jet much older than her older sister ever got to be. And, look, there was a fresh corner of grass, a patch waiting to be filled. There you go: Jet had thought about it anyway. Would anyone leave flowers for her? Jet liked sunflowers best.

The cemetery ended and the houses came back. More shutters, more dormer windows, and Jet skulking below. She came to a crossroads, four ways to choose. River Street continued if she picked the road ahead; she'd only just reached the halfway point, but her legs felt a little unsteady. Tired, just tired. She was allowed to get tired; it didn't mean anything else. And the back of her head throbbed, a wet kind of pain.

Jet had left those painkillers behind at Billy's, hadn't realized she'd be out so long.

She picked the road that branched off to the left, back toward town. She'd come all this way, might as well loop around to go pick up her truck. Better than having to walk back past the cemetery again anyway.

The world darkened as she followed the road, the moon blocked out, trees pressing in on either side of her. The bridge waited up ahead in an orange glow, flickering in and out from a faulty streetlamp. Middle Covered Bridge, the one all the tourists stopped to take a photo of, because it was *so Vermont*. That was during the day; at night it looked like something from a horror movie, like you wouldn't step inside unless the plot forced you to.

But no one was forcing Jet. She continued toward the wooden walkway that ran alongside the bridge, her steps echoing around the whole structure, reverberating in her aching head.

Jet stopped.

A rustle in the trees behind her, something moving, following.

She looked over her shoulder, couldn't see anything.

Probably just a fox.

And that was when Jet realized: she wasn't afraid. She *should* be afraid: it was night, it was dark, she was alone, walking, without her phone or any way to call for help. But she wasn't afraid, or her heart hadn't noticed those things, forgot to drum out any warning.

And her heart was right: what was the point of being afraid anymore? The worst had already happened – the thing from your nightmares, the reason you didn't go out alone in the dark or held your keys in your knuckles if you had to. Jet couldn't get any more dead; it had already happened.

Was this what it felt like to be a man? Walking on this creepy dark bridge, not scared for a second that she wouldn't make it out the other side, because it didn't really make a difference whether she did or not. The night belonged to her now too.

A dead woman walking. And dead women had no use for fear.

Jet pushed the door open with her hip. 'Want some fries, Billy? They're cold.'

Billy stood three feet away, eyes wide and unblinking, phone in his hand.

'Where have you been?' he said, breathless, though he hadn't moved.

Jet passed him the two leftover boxes of fries. He held them to his chest, almost dropping one.

'From that burger place on Route 4. Near the police station. Haven't eaten fries in about four years and it was a bit of an anticlimax, if I'm being honest. Maybe I should have found a McDonald's.'

'It's late.' Billy put the boxes on the table, one pack overturning, fries cascading over the edge. 'I was worried. Tried to call but you don't have a phone. What were you doing?'

'I went to the police station, then I went to the burger place on Route 4, then I drove up and down River Street for a while, eating fries, looking for my killer. Walked it too. Pointless, didn't find anything.'

Billy blinked, eyes coming back even wider.

'I could have come with you. It's dark, it's not safe.'

'I wasn't scared. What's going to happen, Billy? I'll get murdered again?'

'Maybe.'

'So, why does it matter?'

'It matters,' he said, scooping up the floor-fries, wiping the grease from his hands. That look in his eyes was bigger than worry. It was fear. Jet thought men weren't scared of the night, but Billy was made different. And now she felt guilty, for some reason.

'I said I might keep strange hours,' she said, not really an apology, not even close. 'I've got a murder to solve.'

Billy sniffed, reluctantly took a sagging fry, held it to his lips. 'What did the detective say? About the loan thing?' He folded the fry and stuffed it in.

'They're going to look into it. *Not ruling anything out* apparently.'

'That's good.' He chewed. 'Yeah, these fries are shit. I'll get you some good ones before –' He cut himself off, a flush in his cheeks.

Jet helped him out, pretending she hadn't heard, hanging up her jacket. 'I got something from your dad, after Ecker and the chief left the room.'

Billy raised his eyebrows, going for another fry.

'Really? He never tells me anything. All we have is football and the weather,' he sniffed.

'Showed me a photograph,' Jet said. 'Of a hair found at the scene. It was under the blood, so either it was there before, or it came from the killer.'

'How long does it take to do a DNA test?'

'It's a wig hair.' Jet sat down, pulling her notebook across the sofa, opening the page. 'A red costume wig hair.' She looked up at Billy. 'And we all know who was wearing a red wig for Halloween.'

'Yeah.' He sucked in a breath.

'JJ –'

'– Andrew Smith,' Billy said at the same time.

They stared, pointed at each other.

Spoke at the same time again.

'JJ had one – ?'

'– Andrew Smith was wearing a red wig?' Jet's eyes narrowed, voice lowered.

'He was a clown, Jet.'

Jet searched her memory. 'I remember the painted red nose. He had a wig on too?'

'One hundred percent.' Billy dropped down on the sofa next to her.

Jet closed her eyes to peel back the time, to see the scene playing out before her.

'Yeah, but clowns have rainbow-colored hair, don't they? And it's curly, like, coiled? This hair at the scene was straight, like five inches long.'

Billy closed his eyes too, trying the same trick. Jet watched him, blew on his face when he took too long.

'You know, you haven't changed much since you were eleven,' he said.

'Neither have you.' She prodded the side of his head, through to his memory. 'Anything?'

Billy nodded. 'It was definitely a red wig, just red, and I'm pretty sure the hairs were straight. Fluffy red. Like the clown from *It*.'

Jet clicked her pen at him. 'You sure?'

'No,' Billy said, crumbling under the pressure of the pen. 'But we could go ask him. He lives literally three steps from my front door, in the other apartment.' Billy rose up from the sofa. 'We can just –'

'– No, we can just not.' Jet pulled him back down, their legs colliding. 'We can't go around and ask him about a wig. If he's a suspect, that will give him time to get rid of it, destroy it. No one can know about the hair at the scene; your dad wasn't even supposed to tell me. You're bad at murders, Billy, god.'

'It's my first time!' He surrendered, palms up. 'How are we going to confirm what wig he was wearing, though? It's important. Takes you from one suspect to two.'

'Possibly more,' Jet thought aloud. 'Almost everyone was in costume. There could have been more red wigs wandering around that fair.'

Billy shrugged, deflating. 'I didn't take any photos.'

Jet didn't need to close her eyes this time, the memory burrowing its way to the front, riding that tunnel of pain behind her eye. 'No, but someone else did.' She clicked her fingers. 'Gerry Clay's son, I think his name is Owen. He was taking the official photos at the fair, with a fancy-ass camera. He's got photos. *A lot* of photos.'

Jet grinned, and Billy mirrored it back.

'Come on.' She jumped up, heading for her jacket.

Billy coughed. 'You're not going now, are you? It's eleven-thirty.'

'I'm kinda on the clock here.'

Billy hesitated.

'I think you'll get a better reception if you go in the morning. And you look tired.'

'Tired is fine, Billy. Not-dying people get tired too.' She slipped one arm into her jacket.

'There's something else,' Billy said, dropping his eyes, like his gaze was suddenly an intrusion. 'You're . . . you're leaking. Through the bandage at the back.'

Jet stopped, the jacket clattering to the floor, her hand moving to the back of her head. A sharp pain when she pushed, warm and sticky. She winced.

'I'm supposed to change the dressing every day.' But how? She couldn't see, couldn't reach.

'I can do it,' Billy offered, before Jet had to ask for help. He'd known her all her life; maybe he knew those hidden parts of her too, that she couldn't ask for help because it was the same as feeling useless.

'If you really want,' Jet sniffed. Besides, she knew some hidden parts of Billy too: that he always had to help, whoever it was. So this wasn't even really about her.

'Yeah, come on, sit down.' He patted the sofa, like this was no big deal, a Band-Aid on a grazed knee. He'd probably done that for her at some point too, when they were kids. 'I've got a first aid kit. Got some gauze pads, and some of that tape. Antiseptic cream.'

'Not sure we need to bother with the cream.' She was going to rot either way.

Billy opened the closet door, beside the TV. The framed photo of his mom peeking out from the top shelf, her eyes watching Jet as she flinched from another throb of pain beneath the bandage. On the shelf below were a tool kit and a little blue first aid box.

'Presents from Dad,' Billy said, 'when I moved out. Never used either of them.'

He unzipped the first aid kit and pulled out some plastic-wrapped pads, a little roll of tape.

'OK, look forward. We'll do the back first, then the one at the side.' He rested his elbows on the back of the sofa, kneeling, so his head was at the same height as hers. 'I'm going to go slow, OK?'

'Just do it.'

Jet gritted her teeth, waiting for the pain. Billy's breath was warm against the back of her neck. And then it wasn't; he was holding it, concentrating. His fingers soft against her head as he pulled at the old dressing, the tape lifting away, pulling at her skin and the weeping wound.

Jet winced, gripped the sofa cushion.

'Sorry, sorry. Oh god.'

'Are you going to faint, Billy?'

'Not if I can help it. There. Done.'

He lifted the bandage away, the air cool against the exposed back of her head. Too cool.

'Did they shave my head, Billy?'

'Um,' he answered. 'It's . . . it's not your best angle. Bit crusty. Little bit bald. Let's get this covered up, nice and clean.'

The sound of ripping plastic behind her ears.

'Here we go. I'm just going to place this on, very carefully, then tape it down. OK?'

Jet waited for him to get close. Closer.

'AH!' she cried suddenly, making Billy jump out of his skin, falling back into it and off his knees.

'Jet, that's not funny!'

She cackled, deep and gravelly. Because it was, actually. And so was the look on his face.

'Don't do that again.'

Jet turned off the bathroom light, closed the door behind her as she stepped into the darkened living room.

Billy was already tucked up on the sofa, his head against one of the patterned cushions, using the matching throw as a blanket. It wasn't long enough, and neither was the sofa, Billy's bare feet dangling over the end. Eyes glowing as they watched her approach.

'I'm done in there now, thanks for the toothpaste,' she said.

'No problem.'

Jet picked her way past the sofa, toward the bedroom, the small lamp glowing inside. She hesitated, turned back.

'You can come with me,' she said to the darkness. 'In the morning, to talk to Owen Clay. If you want?'

Only because she knew Billy wanted to. Then at least she

didn't have to worry about him worrying, or hear about it after.

'I'll be there,' his voice found her, across the dark room.

Jet slipped inside the bedroom, the bed ready and made, a glass of water on the nightstand that Billy must have just put there.

'Night, Jet.'

'Night, Billy.'

Tuesday
November 4

11

Jet pressed the doorbell, holding on just longer than was polite.

Number 19, Pleasant Street. *Pleasant* was the right word: a big house with yellow wooden siding and sleek gray shutters. This must have been a Mason Construction project; it had that look.

Jet reached for the bell again.

'Give them a minute,' Billy said, behind her on the steps.

'I'm running out of minutes.' She ignored him, pressed the bell again, three short bursts.

The door swung inward, Gerry Clay's face appearing in the crack, his dark skin wrinkling as he blinked them in. Recognized them a second later, the wrinkles becoming smile lines.

'Oh, hello Jet. Nice to see you so *early*.'

'Hi Gerry.' She arranged a smile to match his. 'Got your card. Really *thoughtful*, thanks.'

Gerry's smile faltered, eyes trailing to the bandage at the side of her head.

'Do they know who –'

'– Not yet,' Jet cut him off. 'We're working on it. Actually, that's why we're here. I remember your son was taking photos at the Halloween Fair. It would be really useful to see those. Is he in?'

Gerry stuttered, trying to take that all in. 'Uh, y-yes, he's here. In the yard, actually, flying his drone. He – he does that a lot.'

'Better than meth.' Jet took another step forward, forcing Gerry's hand.

'Do you want to come in?' he asked, moving back, holding the door open.

Of course that's what she wanted. 'Thanks,' she said instead, passing him, stepping down the hall, Billy on her heels.

'Come through to the kitchen,' Gerry's voice sailed past them, the front door clicking shut.

A rectangular mirror was mounted on the far wall of the hallway. Jet watched as their reflections approached, real people meeting mirror people: Jet too small that only the top half of her face showed, Billy too tall that his head was cut off at the top, only one swinging arm of Gerry visible behind.

Jet paused for one second, caught her eye. The right eye. She'd noticed it in the bathroom mirror when she woke up, and it hadn't gone away. The pupil on this side was dilated, huge, a black hole, not much space for the orbit of hazel around it.

'You OK?' Billy asked, catching up. If he'd noticed it too, he hadn't said anything yet.

'Fine.' Jet dropped her own gaze and turned, following the hall into the bright kitchen at the back, sage-green cabinets and white marble counters. There was a faint high-pitched whine coming from somewhere.

Gerry circled past them, headed for the glass doors into the backyard.

'I need to get to work, but Owen will help you out with those photos.' He rapped his knuckles on the glass.

A teenager was standing in the backyard, lost inside a baggy hoodie, some kind of remote clutched in his hands. He glanced up as Gerry knocked again, beckoning him in with a curt spin of his hand.

The sharp whining grew louder, angry and waspish, as the

drone lowered into view, landing in the grass by Owen's feet. He picked it up and hurried toward the door.

'I'm off to work,' Gerry announced as Owen shut the door behind him, placing the drone down carefully on the kitchen table. 'This is Dianne Mason's daughter. You help her out, OK?'

He didn't give his son a chance to respond. 'I'll give my best to your mom, Jet,' he said with a wave, heading back to the hallway and the front door. It thudded shut behind him.

Owen stood there, shrinking inside his hoodie, blinking at them.

'I'm Jet,' she said. 'This is Billy. You're Owen.'

He swallowed, studying his own feet. Painfully awkward – the kind you maybe didn't grow out of.

Jet didn't have time for awkward.

'We're here to see the photos you took at the Halloween Fair.'

Owen shuffled, one foot nuzzling the other. 'They're not fully edited yet.'

'That's really OK. We're under a bit of time pressure.'

Owen glanced up from his feet, an unasked question on his face.

Jet exhaled. 'On Halloween, someone hit me over the head, and now I'm going to die in five days, so it would be really great to look at those photos so we can figure out who killed me. Or we can all stare at our feet some more.'

'Oh, that's you,' Owen said, a little more life in his voice.

'Yeah, that's me.'

Owen's eyes shifted behind Jet, to Billy, trailing up all six feet, two inches of him, across those wide shoulders. He shrank inside his hoodie even more, like he had any reason to.

'I'm just Billy,' Billy said.

He forgot the *poor* and *sweet*.

*

115

'OK, these are all the files. Six hundred and twenty-eight in total.'

They were in the teenager's bedroom, Owen sitting at his desk in his spinning chair, two large curved monitors glaring over him, Jet and Billy hovering behind.

'Did you get any drone footage that night too?' Billy asked.

Owen shook his head. 'Just photos. Didn't take her out that night.'

Her. Urgh.

'OK great, we'll have a look through these, thank you so much.' Jet gestured toward the door.

Owen didn't budge, hand still cupped around the wireless mouse.

'OK, Owen, that's great,' Jet said, harder. 'We'll have a look at these now. You can go back to playing with your girl-friend in the backyard.'

'I don't have a – Oh.'

'Yeah,' Jet said. 'Up you get.'

Owen got reluctantly to his feet.

'OK,' he sniffed. 'Well, don't delete anything.'

'Won't, I promise.' Jet took his chair, eyeballed him until he left his bedroom, disappearing down the stairs.

'He's definitely got some kind of weird porn downloaded on this computer,' Jet said, turning to the monitor, fingers finding the mouse.

'Stop traumatizing teenage boys.' Billy leaned his elbows on the desk beside her.

'I do not traumatize teenage boys.'

'You did.'

She double-clicked on the first file, and the photo opened full screen. A jack-o'-lantern, glowing eyes and an eerie too-human smile. Jet pressed the arrow, through many more artsy overexposed shots of the pumpkin, until they reached the fair, the sun setting, early darkness, before Jet had even got there.

Kids at the face-painting stall, missing teeth and gummy smiles for the camera. A vampire carrying two pies in foil dishes. Gerry Clay in his full cat costume, holding up two furry peace signs for the camera.

A lot of knockoff superheroes at the costume contest, a shitty plastic gold medal for the winner: Spider-ish-Man.

Jet paused. A photo of Mom and Dad at their stall, grinning behind a huge pile of bagged-up candy corn. Mom's smile was tight, and Dad's was pained, his skin a little yellow in the flash, too shiny across the forehead.

'Your dad doing OK?' Billy asked, noticing it too.

Jet dipped her head. 'His kidneys are starting to fail. It was always going to happen, once he reached sixty. Might have to think about dialysis or a transplant soon.' She pressed her lips together and clicked on. 'Shame my kidneys are no good either.'

'There, stop!' Billy leaned forward, his hand over hers on the mouse. 'That's JJ.'

Yes, it was. Hardly recognizable in his striped shirt and denim overalls, thick black scars painted across his face. A brassy red wig on his head, the hairs static-straight, about five inches long. He was standing with his arm slung around his little brother, Henry, matching smiles they'd both inherited from their Malaysian dad, but not much else because he'd skipped out when they were kids. Henry was wearing a pirate hat, emblazoned with a skull and crossbones, a gold plastic hook for a hand. JJ was resting his head on his brother's shoulder: younger but taller.

'Does that match the hair from the scene?' Billy asked.

'Think so. Same color, the right length.'

Jet dragged the photo across onto the second monitor,

left it there waiting, the Lim brothers staring at them as they kept going.

'Jesus Christ,' Jet hissed as she clicked onto a zoomed-in picture of herself, a photo she didn't know had been taken, *clearly*: her eyes glowing red from the flash, nose crisscrossed into a maze as she bit into a candy apple, caramel smears on her cheeks. 'I'm deleting that one,' she said, clicking on the icon, the photo shrinking down, dropping into the trash, where it belonged.

'Jet,' Billy scolded her.

'I'm dying,' she reminded him, a catch-all defense.

She skipped through more photos. A group shot: three witches, a skeleton, a werewolf, and Ghostface. The same kids from the doorbell cam, who stole all the Masons' candy. That one witch was flipping off the camera, and Jet liked her even more now.

More photos.

'That kid's wearing a red wig.' Billy pointed at the screen, a girl grinning with a creepy-doll smile, standing between two men, one of them dressed as a cop, because it was Lou Jankowski, Chief of Police. 'Does actually look like the same wig.' Billy looked back and forth, from JJ to the kid.

'Yeah, it does,' Jet said, sucking her teeth. 'But an eleven-year-old girl is probably the one person who isn't taller than me. Rules her out. Off the suspect list.'

'Agreed.' Billy smiled.

Jet clicked on.

'Aw,' Billy said as a photo of Luke and Sophia popped up, Luke holding baby Cameron in his pumpkin costume.

A puff of air out of Jet's nose, before she could hold it in. Billy knew what that meant.

'You and Sophia used to be best friends,' he said, tentatively.

'*You and I* used to be best friends too, Billy.'

'*We* were kids. You and Sophia were really close. What happened?'

Jet snorted. 'Not me. She's the one who never replied to my texts when I went to college. Dropped me and made a beeline for my brother instead. Luke's too stupid.'

Billy nudged her. 'You were maid of honor at their wedding.'

'Yeah. Maybe Sophia thought that might make up for her abandoning me. It didn't. Ugly dress too. Bet she did it on purpose.'

'Well. Cameron's cute.'

Jet shrugged. 'Kinda boring.'

'Jet, you can't call babies boring.'

'Babies are boring, and people who've just had babies are even more boring.'

'Jet!' But he was laughing too.

'Wait,' Jet hissed, eyes drawing her back to the screen, pulling at something in her head. Not Sophia, something about her brother.

Luke was holding the baby up for the camera, hands gripped around the rotund pumpkin costume – both hands, knuckles out, ridges in the thin skin. Jet reached for the screen, swiped her finger across Luke's clean hands.

'What?' Billy asked.

'Luke lied to me,' Jet said, her finger coming away, Luke's knuckles still unmarked, not a trick of the light. 'The fucker.'

'What?'

'His hands. They're all cut up, grazes on his knuckles. They were like that when I woke up.' Jet stared into her brother's eyes, her own reflected back in the dark screen. 'I asked him about it, and he said it happened at a work site, Friday morning. That he tripped. But this is Friday evening and . . .'

'There's nothing wrong with his hands.' Billy finished the thought for her.

'Something must have happened, after this,' Jet said. 'Why would he lie to me about it?'

'Maybe he meant Saturday morning,' Billy offered.

'He was already with me at the hospital by then,' Jet countered.

'You're not thinking that Luke could have anything to do with . . .' Billy trailed off, unable to finish.

'He and Sophia were together at the time of the attack.' So they said. But if Luke had already lied once . . . Jet couldn't finish the thought either. 'Well, he's not wearing a red wig, so . . .'

Jet moved on, spooling through more photos, searching for any flash of red hair, the reason they'd come. They hadn't come for Luke.

'Wait, stop!' Billy said.

Jet clicked one back.

A photo of Gerry Clay, with his human head now, grinning, bookended by two cops, his cat arms looped around Chief Lou and Jack Finney. All smiles for the camera.

In the background, in the far left, Jet could see herself, face frozen mid-frown as she looked up at Billy. But in the right side of the frame, behind Billy's dad, was Andrew Smith, heading toward them, beer bottle paused on the way to his mouth. Blurred in the background, in motion, but still clear enough. A smear of red painted across his nose, black lines down his eyes, and on his head was a red wig. Billy was right: straight hairs, static almost, fluffy, the same length as JJ's.

'That's it, isn't it?' Billy watched as Jet dragged that photo to the second monitor too, lining the photos up side by side, zooming in. 'They're wearing the exact same wig, aren't they?'

Same burnt-red color, same texture, same length. And

both looked like a match for that singular hair dropped at the scene, by Jet's killer.

Jet nodded. 'Probably bought it from the same place.'

'Amazon,' they said, accidental unison.

'So.' Billy drew back to his full height. 'JJ and Andrew Smith.'

'JJ or Andrew Smith,' Jet corrected.

'You really think Andrew is a suspect?'

'He was drunk that night. He was mad.' Jet stared at the screen, at the stumbling clown. 'You heard what he said at the fair. That he hates all the Masons, death to all Masons –'

'– Not quite what he said,' Billy cut her off. 'So what do we do?'

Jet stood up, stumbling, one leg still asleep. Billy held her arm, steadied her.

'Well, JJ isn't here for us to talk to,' she said. 'But Andrew is.'

Billy nodded, lips disappearing in a grim line. 'I think I know where to find him.'

'Come on.'

Jet walked out of Owen's bedroom and straight into Owen, who was hovering by the open door. He darted away with a yelp, pressing up against the wall, making himself as small as possible.

'Hey.' Jet's eyes burned into him. 'You better not have been eavesdropping.'

'I wasn't, I swear!'

'Tell anyone, and I'll let your dad know about your freaky little porn collection.'

Owen whimpered.

Outside, Jet marched across the street to where they'd parked her truck, powder-blue paint gleaming in the morning sun, not out of place on Pleasant Street. But something was out of place: a plastic sleeve, stuck to her windshield.

'You've got to be fucking kidding me,' Jet said, ripping it off, holding it up so Billy could see. 'A ticket? We were only here for like forty-five minutes. These new parking meters, I swear . . .'

But she didn't have to swear, and she didn't have to do anything. She'd be dead in five days, so this little ticket right here in her hands, it meant nothing. Not a thing. Jet pulled the paper out from the sleeve, ripped it in half – Billy's mouth dropped – ripped it in half again – Billy's mouth dropped farther, almost twitching into a smile.

Jet let go, the shredded pieces fluttering to the ground like fallen moths, sticking in the mud.

'I'm not fucking paying that.'

12

'Told you he'd be in here.'

Billy held the door for her, up the steps into Dr Mandrake's Dive Bar. Jet always thought of it as Billy's Bar instead, where he worked, his apartment right upstairs. Not that she ever came here.

Mahogany panels and striped navy walls, glass shelves full of bottles behind the wooden bar, an assortment of different lamps around the room, the stranger the better, lighting the darker corners. In the darkest one sat Andrew Smith, at a table, beer bottle in his cupped hands.

'It's only noon,' Jet said, eyes circling the hunched-over man. No more red wig, just a stubby graying ponytail at the back of his head.

'He's always down here when we open.'

Jet looked up at Billy. 'And who thought it was a good idea for an alcoholic to live above a bar?'

'*He* did,' Billy answered. 'It's OK, that's probably his first.'

'We should speak to him before he orders his second.'

Billy crossed to the bar to say hello to his boss, and Jet went the other way, past a pair of upside-down legs, black and white striped, bursting from the floor. A lightbulb balanced between its ruby slippers, cord running to the closest socket. Definitely not in Kansas anymore.

There was only one chair at Andrew's table, and he was sitting in it. Jet picked up another, dragged it over, a squeal that made Andrew wince, cover his ears.

'You mind?' he said gruffly.

123

'Yeah, I do.' Jet dropped into the chair, steepling her hands, elbows on the sticky table.

'I'm trying to drink here.' He finally looked up, eyes not too faraway, not enough that he wouldn't recognize her.

'I can see that.'

Billy had come over too now, placing a chair next to Jet's, facing the wrong way, straddling it.

Andrew sniffed in his direction, gaze returning to Jet.

'What happened to your head?' He pointed at the bandages with his beer bottle.

Jet glanced at Billy, and he glanced back.

'You haven't heard?' Jet studied Andrew's eyes, his puffy red hands. 'I was attacked, on Halloween.'

Andrew grunted, shook his head. 'No, I never touched you. I just yelled.'

'Not at the fair,' Jet said. 'After. In my house. I didn't see who it was.'

Andrew shrugged. 'I don't know nothing about that.'

Jet wasn't convinced; of course the killer would say that, pretend to know nothing about it. Didn't alcoholics have to get good at pretending? Until they stopped caring, that was, like this man in front of her.

Andrew picked up his beer, took a swig. Jet clocked which hand he'd used.

'You're right-handed,' she said.

'So's everyone.' A fair point.

'Sergeant Finney escorted you home from the fair, walked you back to your apartment upstairs.' Jet glanced up through the ceiling. 'What time did he leave, after getting you home?'

Andrew sniffed. 'I don't think Jack Finney woulda done that to you. He's a cop.'

Jet leaned forward, said in an almost-whisper: 'I'm not asking about Jack Finney.'

'Me?' Andrew laughed, an uneasy wheezing sound. He looked at Billy. 'She thinks it was me? I was passed out all night.'

'So you won't mind answering what time my dad left you in your apartment?' Billy's way was softer, but it seemed to work.

'You should ask him. I was drunk, don't remember.' Andrew put his beer down with a thunk. 'But I do remember texting a friend, right *after* he left. Hold on.' He reached behind him into his pocket, came back with a phone.

His face lit up with a silver under-glow, strange upward shadows playing on his forehead as he tapped at the screen.

'Yeah. I sent that text at 10:29. Mr Finney must have left just before that.'

Seventeen minutes until the first strike hit Jet's head. It only took ten minutes to walk to the Masons' house from here, less if you ran – plenty of time for Andrew to make it through their back door. Jet memorized the time, would write it in her notebook later, fingers twitching in her lap.

'And then you were alone?' Jet pressed.

'Yes, sweetheart.' That eerie whistling laugh again. 'Cop escorting me home is a pretty solid alibi, I'd say.'

'It's not an alibi,' Jet corrected him, 'if you were alone and have no witnesses to co-cor-co – back you up, by the way.'

'Why? What time were you attacked?'

'I'm asking the questions here,' she said. She didn't want to tell him that they knew the exact time. It seemed smarter to keep that back. Also smart to hold on to the fact that Jet was dead, if he didn't know that already, if he thought they were just talking about an assault. The word *murder* might make him panic, make him stop talking and start planning. Better to let him think he failed – if it *was* Andrew.

'Don't know why you care so much,' he said, returning

to his beer. 'Number of times I've woken up with a bloody head and a black eye, and don't know who did it.'

'Because someone tried to kill me.'

'But they didn't.'

Jet caught Billy's eye, gave him a tiny shake of her head. She looked around the room, searching her mind for another way in, eyes idling across the bar, skipping over beer tap logos and a pinned-up flyer with a picture of a guitar and a microphone. *Live music tonight*, it said.

'Why do you hate my family so much?' Jet turned back to Andrew, treading carefully around any accusation. 'At the fair, you said we destroy everything. What did you mean?'

Andrew snorted, the sound echoing in his beer bottle, almost empty. He didn't follow it up, didn't speak.

'I thought our families used to be close,' Jet continued. 'You and my parents have known each other forever. My sister – Emily – and Nina . . .'

Andrew winced at the sound of his daughter's name.

'They were best friends. I was only young, but I remember Nina at our house all the time, in the pool, sleeping over. Your wife too, when she came to pick her up, used to get stuck chatting with my mom. Emily and Nina were inseparable, weren't they?'

'And where are they both now?' Andrew spat, a flash of something darker in his eyes. 'Don't speak about my daughter to me.'

'I'm sorry,' Jet said. 'I know it must have been really hard, when she –'

'– Shot herself in the head?' He laughed, empty and vicious, ripping a strip from the bottle's label. 'Yeah, it was *really hard*. Even harder knowing whose fault it was.'

Jet blinked. She knew she was close to something, didn't want to push too hard, push him over the edge. 'Who –' she began.

'– Dianne.' Not a name, but a rumble in the back of his throat.

'My mom?'

Andrew rubbed his hands through his hair, down his face. His movements erratic, unpredictable. The hairs rose up the back of Jet's neck, her heart picking up, warning her.

'Even after everything we've been through, sh-she . . .'

'What are you talking about?' Jet pressed.

'She's the reason Nina killed herself. The last straw. Got her fired from her job at the hotel. Nina loved that job. She was doing so well.'

Too many questions; Jet didn't know which one to go for.

'How do you know –'

'– Because Nina told me. She said that Dianne had it out for her, that she just got fired and knew who was behind it. Your mom pulled some strings, and she's got many strings, doesn't she? With her seat on the trustee board, running this town. She did that, Nina knew, and then two days later Nina . . .'

Jet gripped the chair beneath her, her hand grazing Billy's on the way. He grazed hers back, like she'd done it on purpose, like their hands had a secret conversation of their own.

'Why would my mom get Nina fired?'

Andrew coughed, a wet, gravelly sound. 'I don't know, ask her. Nina never got the chance to tell me.' His face cracked then, struggling against it, trying not to break, not to cry. He fought hard and only one tear managed to get through. 'It wasn't just the job. She'd had a hard life, Nina. Losing her best friend so suddenly like that, only sixteen. Then her mom getting sick and passing away, when Nina needed her most. She didn't want me to sell the house, said she'd always imagined living there, raising kids of her own, that it had too many memories. But I did, and I shouldn't have. I shouldn't

127

have sold it. It broke her heart. But they were offering too much money.'

'Who?' Jet asked.

'*You!*' Andrew's voice whistled. 'Your family. Luke. Came to me with an offer. They already had the property next door, wanted mine too. It was way over what the asking price would have been. What was I going to say? *No, Luke, you keep all that money.* He knew exactly how to convince me to do it, made it seem like a favor almost, a kindness. Of course I sold it.' He hiccupped. 'Though where all that money has gone, I couldn't tell you.'

He glanced over at the bar, at the bottles behind, like he knew exactly where all that money had gone. Down the drain, down his throat.

'Said they were going to renovate and resell it. I used to walk by, see what they were doing to it, especially after Nina . . .' He sniffed. 'There was some holdup in the construction, think they changed their mind. They've knocked it down now. My old house, and the one next door. Think they're going to combine the lots, build one giant McMansion for some rich asshole. Nina would have been devastated, to know the house she grew up in is completely gone. It's gone, all gone. I checked last week. Digging foundations where our home used to be.'

Jet nodded, because she had her answer now: *Why do you hate my family so much?* But none of that had been her. It was Luke, it was Mom. Or maybe that was why he'd chosen Jet – taking Dianne's daughter, like he thought she'd taken his?

'I'm sorry my brother knocked down your house, but –'

Andrew laughed over her, ripping his beer label clear off. '*He's* not. I'm sure he'll make a nice big profit off it. Show his daddy who the big man is now.' He laughed again, harder, almost frantic, like it hurt his ribs to do it. 'You know what's funny, though?'

Jet didn't.

Andrew rubbed his nose. 'Luke thinks it's gonna be him next, doesn't he? That he's going to be *the* Mason, your dad retiring, leaving the company to him. Well, I know something you don't. Man, I'd love to be the one to tell him.'

'Tell him what?' Jet said, losing track. 'What do you know?'

'Your daddy's not leaving the company to little Luke.' His breath whistled through his teeth. 'He's going to sell it. To Nell Jankowski.'

Jet narrowed her eyes and Andrew licked his lips. Must have enjoyed the confusion on her face, ate it up, a substitute for her brother. This couldn't be true, could it? Andrew was making shit up; he was a drunk, maybe even a murderer.

'How do you know this?' Billy asked, stepping in.

'She told me herself. Nell.'

'The chief's wife?' Billy asked.

Andrew nodded. 'She's got a construction business too, out of town. Makes sense she'd want to expand here, in Woodstock, now they live here, now he's running the police. She's going to buy Mason Construction – they've already started talking, she and your daddy.'

Jet blinked, coming through the shock, recovering just enough to ask: 'Why wouldn't my dad leave the company to Luke?'

Andrew inhaled the air from his beer bottle, long empty. 'Nell said Scott doesn't think it would be fair, to give the company to one of you, when he has two kids. Well, two kids still alive.'

And now Jet did almost believe him, because that sounded exactly like something Dad would say. He was all about *fair*. But this wasn't fair: Jet would never want the company – she'd wanted to do her own thing, something big to prove that she could, and Luke was dying to take over. Dad knew that — *everyone* knew that, even this drunk fuck sitting across from her.

'I don't believe you,' she said, a lie of her own.

'You're not the first to say that.' Andrew grinned.

'What do you mean?' Billy piped up. 'Who else have you told about this?'

Andrew shrugged. 'I'm not good with secrets. Never tell a drunk your business plans. I like Nell, she's nice.' He rolled the empty bottle away from him. 'I need another drink.'

Jet stood up, righting the bottle, slamming it down with a thud. She'd had enough of his face, of his wheezing laugh, of collecting reasons why this man might have killed her.

'Come on, Billy,' she said, walking away, past those stripey legs that came from another world.

Billy came, caught her by a lamp with the body of an ostrich, shade covering its head.

'What are you thinking?' He lowered his voice, eyes on Andrew at the bar.

'I'm thinking he has no alibi for the time of my murder, and he has motive. A few to choose from, actually.' Jet sniffed. 'Blames my family for losing his house, for his daughter's death. Maybe he thought it was Mom's head he was bashing in, I don't know, got me by accident.'

Jet glanced back at Andrew. He'd ordered a harder drink this time, whiskey, nursing it on the way back to his table.

'He's going to be drinking down here for a while,' Jet said. 'We could just go upstairs, break down his door, search for my iPhone in his apartment, prove it that way.'

That should have got more of a reaction from Billy, more alarm, but he must have been distracted, eyes spooling through some unknown thought.

'What?' Jet demanded the thought from him.

'Just thinking. If he brought the phone home with him,

why did it last ping on River Street? That's nowhere near here, and definitely not on the way from your house. What's the connection?'

Now Jet was distracted by Billy's thought too. It was a good point.

'Fine,' she said, marching back over to Andrew's table, not taking a seat this time.

'You're back,' he laughed, choking on the amber liquid.

'One more thing,' Jet said, sharpening her voice, aiming for the back of his head. 'River Street. You know anyone who lives there?'

'River Street?' he repeated, spinning in his chair to glance up at her. 'Yeah, I know people. Used to be my neighbors.'

'What?' Jet said, too breathy, forced out by her quickening heart.

'I used to live over there. My old house, it was on North Street. Just off River Street, the only way to get to the house.'

Jet's head snapped to the side, finding Billy's eyes. Now the alarm was there, where it belonged, a coating over that watery blue. Probably a matching look in hers.

'You're saying there's a Mason Construction site on North Street?' Jet asked the back of Andrew's head, still intact. 'Your old house?'

'It's *your* family's company.' Andrew took a large gulp. 'Down the end. They're only just starting the new building now.' Another. 'Why you asking me about River Street?'

Because it had been the wrong question, and the wrong street.

North Street.

That blue dot hanging in the road right on the corner, where River met North, and Jet had been chasing down the wrong one.

She hooked her arm through Billy's, dragged him away.

131

'We were looking at the wrong street,' she hissed, heading for the exit. 'Maybe Andr— th-the killer turned the phone off, then headed down North toward the construction site. Didn't continue along River like we thought.'

'You think it *is* Andrew, then?'

'Well, he's connected to that location.' Jet glanced back at the man, sitting in shadows, seeing off his glass of whiskey. 'Probably doesn't know we have the phone data, that we can see it was turned off there, the idiot.'

'And if it's not Andrew?'

Jet gave Billy his arm back. 'If it's not Andrew, if someone else killed me, then maybe it's not about the killer's connection to that site. Maybe it's about *mine*.'

Billy stopped by the door, a glint in his eye as he paused to ask: 'To North Street?'

'To fucking North Street,' she answered.

13

Here it was. Fucking North Street.

The road stopped abruptly in front of them, choked up with vans, some white, some branded with the *Mason Construction* logo. A low growl of heavy machinery, shaking the ground and Jet's truck with it, as a yellow digger rolled up the hill toward all that mud. A rickety wire gate pushed off to the side, two signs attached to it: *CAUTION: Construction Area* and *DANGER: Hard Hat Area*.

They couldn't get any closer than this, parking behind a tree less than fifty feet away from her phone's last known location. Jet cut the engine and the truck sighed as she stepped out, Billy on the other side. The sound of their slamming doors was lost in the uproar of clanging metal.

Jet picked their way through the vans and sleeping machinery, heading toward the site, through the open gate.

'There used to be two houses up here?' Jet asked Billy, eyes ahead.

'Apparently.'

Now it was just a field of mud and men in silly yellow hats.

They moved past a cement mixer, spinning and churning, being fed by the spadeful, one man doing all the work, another just watching.

'This must be Luke's big project,' Billy said, scanning the chaos, avoiding a track of the sloppiest mud. 'Sophia was telling me about it at the fair. His first project that's all him, not your dad. That's why he's so stressed about it, needs it to go well.'

Jet shrugged. 'Luke's always stressed.' The same thing she'd said to Sophia at the fair, shrugging her off too.

'Well, this one's important, Sophia said. Apparently, construction was already delayed a while back, a floor collapsed or something, so Luke had to change his plans. Decided to demolish, start again. I guess combining it with the lot next door. I get the impression that this is his baby.'

Jet wrinkled her nose; it didn't look like much. An outline of wooden trenches carved out of the mud, buttressed by planks. The new foundations. Fucking hell, Luke, this was going to be a stupidly big house, look at the size of that. Most of it was just an empty track right now, only one small section at the front filled with concrete. Looked like they were getting ready to fill the rest.

'Maybe that's why he was being extra assholey at the fair,' Jet said.

'Yeah, Sophia said he was nervous because they were starting on the foundations – no going back now.'

'And yet, according to Andrew Smith, Dad isn't even going to let Luke have the company.'

Billy chewed his lip. 'Well, I don't think Luke knows that.'

No, he definitely didn't. And it probably wasn't even true.

'Hey!' a voice cut through all the noise. Uh oh, they'd been spotted.

A man was hurrying toward them, in a neon jacket that clashed with his hard hat, waving his arms. It wasn't a hello, but Jet made it one, waving back with a grin.

'What are you doing here?' the man yelled, catching up to them. 'You can't be here. This is a construction area.'

'Yeah, I saw the signs,' Jet told him.

The man pushed up his hard hat, falling into his meaty eyes.

'I'm going to have to ask you to leave. This is private property, and it isn't safe.'

He pointed them back toward the road, a hand on Jet's back.

'I'm going to have to ask you to stop asking us to leave,' Jet countered, pulling away. 'Scott Mason is my dad.'

The man hesitated. 'And Luke, he's –'

'– My brother, yeah,' Jet said.

The man nodded, retracted his arm. 'He's not here right now.'

'That's OK.' Jet smiled. 'It's you I came to see.'

His mouth folded down, merging with his chin. 'M-me?'

'What's your name, sir?'

He pointed to his own chest, a silent question. Jet nodded. 'It's Jimmy.'

'Hi, yes, Jimmy,' she said. 'Just the man I was looking for. You're the foreman, right?'

'Right?'

'Great,' she said, moving toward the outline of the new house, through the mud. Her poor Birkenstocks. 'I'm just here to ask you a couple of questions about the site. It's a company policy thing.'

'But I –'

'– That gate across the road.' She pointed. 'I assume that's shut and locked at night?'

'I – Of course.'

'But it's not like there's a fence around it, so even if nobody can drive through, you could easily walk around, onto the site.'

'Yes, well, Luke didn't think we needed a fence, as these are the only properties up here and it's not a through road. No one ever comes up here.'

Jet pursed her lips. 'But *if* they did, you guys got any cameras set up here? You know, for security?'

A blank look on Jimmy's face. 'Why would we need cameras?'

'A great question. Billy, my associate, will write that down.'

135

Billy's face stirred, taken aback.

'He's new,' Jet said to Jimmy, in a loud whisper behind her hand.

'If you're on site, you really should be wearing hard hats. It's the rule.'

Jimmy doubled back to an open van, grabbing two yellow hard hats from the pile.

'Your associate?' Billy whispered out the side of his mouth, watching Jimmy return.

'Don't talk back to your boss.'

'Here.' Jimmy passed one to Billy, one to Jet. 'Accidents happen all the time on site. We had a floor collapse here a while ago, brought some of the roof down with it, some guy still working inside. I wasn't here then, wouldn't have happened if I was here. But my point is, anything can happen. Gotta protect those heads.' He knocked against his own hard hat.

Billy blew out his cheeks, something he did when he was uncomfortable, hadn't grown out of it yet. He rammed the hard hat onto his head, avoided Jet's eyes.

Jet dropped hers in the mud. 'I'm not putting this on, Jimmy, because, quite honestly, it doesn't match my outfit. And I don't see any roofs that might collapse anytime soon — doesn't even have foundations yet.'

And there was no way she was forcing that hat over her bandages, to press against the pain, magnify it. There was only so much the codeine could do.

'Speaking of the foundations,' Jet continued, breezing past the horrified look on Jimmy's face, 'when did you start pouring the concrete? It's already set here, on this front part.'

The point closest to the road and what Jet imagined would be the future driveway, about fifteen feet across, blockaded at the corners by more wood.

'Yeah, that's the garage we started on,' Jimmy answered, but that's not what she had asked.

'When did the concrete go in, Jimmy?'

Because what if it was –

'– Saturday morning, I think,' Jimmy said, speaking over her thoughts. 'Finished the trenches Friday afternoon. We started on this' – he pointed to the channel of hardened concrete – 'Saturday morning. Would have finished too, but the boss wanted to be here, and he had to take a couple of days, for personal reasons.'

'Hi,' Jet said, 'I'm Personal Reasons.'

Jimmy narrowed his eyes, clearly had no idea what she was talking about and didn't want to know. 'We're only just back today, really,' he said, for something to say. 'I can make up the time, don't worry.'

'What time did you start work on Saturday – start pouring the concrete?'

Jimmy shrugged. 'Probably about eight a.m.'

'Great,' Jet said, grin widening with the word, trying to cover for her eyes, for her quickening heart. This was something, she knew it. 'And it's just mud underneath, right? You'd already dug the trenches, so you wouldn't have known if there was anything in the mud?'

Jimmy stared at her, confused. 'Did you lose something?'

'Only my mind. Could you give me and my associate two minutes, please, Jimmy? Yeah, you go just over there, that's great.'

'Jet?' Billy looked down at her.

'You thinking what I'm thinking?' she hissed.

'Probably not.'

'That concrete was poured, what, like nine hours after my murder? And we know the killer was here with my phone. Like, right there.' She pointed beyond her truck, to the street.

'If you knew that was going to happen, that the foundations were going in the next morning, wouldn't this be the perfect place to hide it?'

'Hide the phone?' Billy eyed the concrete.

'And the other thing missing from the scene,' Jet said. 'The murder weapon. If they're under concrete, in the foundations of a house, who would ever find them?'

'Ah, shit.' Billy fiddled with his hair, tucked it under his hard hat. 'Should we call the cops?'

'And let them have all the fun?'

Jet winked and Billy swallowed, her eyes tracking the movement, the lump in his throat, up and down.

'Why are you smiling like that? You can't be serious?' he hissed.

'Dead serious,' she said, and not just to make him nervous, though that was fun too. 'The police would have to wait, apply for warrants or something. Could take days. Longer.' She patted Billy on the shoulder. 'I don't have time for paperwork, bud. Sorry.'

Billy's head dropped back, blinking at the sky. 'You're not sorry, though, are you?'

'Hey Jimmy!' Jet called, mud squelching, soaking into her socks as she ran over to the man. 'How deep does that concrete go?'

Jimmy looked even more confused now. 'About three feet deep. Why?'

'Three feet,' Jet muttered to herself, studying the new foundations. 'That's doable. OK, guys!' she called, cupping her hands to send her voice farther. 'Break time! Everyone take five. Or . . . a few fives. Hey, shut that digger off!'

'You can't tell them to do that,' Jimmy said, his confusion thawing, melting into something like anger.

'I just did. You're working too hard, Jimmy. Go grab a coffee, or go take a piss, I don't care. Hey, you!'

Jet stopped a young-looking guy who was walking toward one of the vans, a sledgehammer in his hands.

He widened his eyes, deer in her headlights.

'Hey,' Jet said. 'You mind if I borrow that?'

He didn't say anything. Passed it over and skittered away, into the safety of his van.

The sledgehammer was heavy.

Jet held it with two hands, the handle sleek and orange, rubber grips at the end. The dense metal end was well used, marked with scratches and dents.

'I guess I'm really doing this,' Jet said to Billy and to herself, carrying the sledgehammer over toward the new foundations. She climbed down and over the trench, standing in the footprint of the garage-to-be.

'What are you doing over there? Get out!'

'Sorry, Jimmy,' she called back, raising the sledgehammer. 'I don't think you and me are going to be friends.'

She brought the hammer down, double-handed, into the center of the concrete channel. It cracked, the pressure locking her wrists, riding up her arms, the thud ringing in her ears.

A large chunk came loose, a crater where it used to be.

'What are you doing?!' Jimmy screamed, voice finding a new octave. 'Stop that!'

He barreled toward Jet, sliding in the mud, hands out to reach across the trench and grab her.

'No!' Billy got there first, stood in front of Jet, blocking Jimmy's way. A barricade made of arms, flexing his shoulders. 'You leave her alone,' Billy said, straightening up to his full height, leaning over a red-faced Jimmy. 'Please.'

'But she's —'

139

'– I know she is,' Billy said, calmly. 'But neither you or me are going to stop her. Believe me, she can't be stopped.'

Jet swung again, another thwack, another slice of concrete, the size of her hand.

'Please.' Billy doubled down, too damn nice sometimes, should have just told Jimmy to go fuck himself. Give Jet a second to catch her breath and she'd do it herself.

Jimmy growled and Jet glanced up, ready to swing at him if he dared to hit Billy. But he wasn't, he didn't. He spun on his boots, walking away, pulling a phone out of his back pocket.

'He's gone,' Billy said, the last word lost as Jet swung again, widening the hole, fault lines cracking, spidering along the once-smooth surface.

'I love it when you fight over me, honey,' Jet told him, already breathless. 'You got some balls now, huh, Billy Finney?'

'And you've got a death wish.'

'Billy, I'm not even going to comment on that one.'

Jet swung again. She guessed she was really doing this. She had to – she was dead in five days and she had a murder to solve. And . . . well, she'd kind of always wanted to just smash shit up.

And shit was smashing. The middle of that hole might have already been two feet down.

Billy was watching her, his teeth out, pressing little moons into his bottom lip.

Jet shifted, aiming closer, trying to break the crater into a cross section. She'd need to check the entire trench; it could have been anywhere along it.

'I get it, Billy,' she said, feeling his eyes. 'You're stuck because you want to help, because helping is what you do. But you can't help me now.' Jet wiped her sleeve across her face, beads of sweat prickling her nose. 'You still have to think about consequences. But I don't. It's OK. You cover me. Save me from more angry builders.'

She swung again.

Again.

Stopped to remove her jacket — too hot already — and swung again.

Billy wasn't there when she glanced up; he was gone.

Jet sniffed, letting go of the sledgehammer, dropping to her knees to clear some of the debris, chucking it behind her, out of the way.

She stood up and started again, digging toward the outer boundary now.

Swung.

Thud.

Looked up.

Billy was back.

Crossing the trench, a blue sledgehammer gripped in his hands.

He came to stand beside her, didn't look at her, looked down instead.

'Only you,' he said.

He raised the sledgehammer above his head and brought it down, the sound so loud it shook the world beneath Jet's feet, a huge pit where he'd struck the concrete.

'Always getting me in trouble,' he muttered, swinging again.

'I am not!'

She waited for Billy to go again, then took a turn.

'What about the time you made us put red food dye in your parents' pool because you wanted to make a shark movie?'

Jet removed a huge slab of concrete, dragging it out of Billy's way.

'Let's not talk about the pool,' she grunted. 'Actually, let's not talk at all. This is fucking hard work.'

Jet swung, made a dent, then Billy swung, his dent twice the size of hers.

'Hey,' she said, 'your sledgehammer's better than mine. Switch.'

It wasn't the sledgehammer.

Billy took a turn, and then Jet, one strike then two, while the other reared up, ready. Like a broken clock, the ticking uneven, too slow then too fast, counting down to something, seconds and minutes Jet would never get back.

'Stand back, Jet. Let me do a few.'

Billy smashed, once, twice, and again, concrete breaking up, springing free. 'We're at the bottom here,' Billy panted, dropping the hammer to move the rubble.

They'd done it: cleared a jagged passage in the middle, about three feet wide and three feet down to the soil underneath.

'Let's check it,' Jet said, dropping her hammer, standing directly over the channel, one foot on the concrete either side. 'Billy, grab that spade over there.'

He handed it to her and Jet raked the spade through the exposed mud, driving the tip in and loosening the soil. 'Nothing here. Let's keep going.'

'Let's open it out this way.' Billy pointed with one hand, wiped the sweat from his forehead with the other, adding a smear of mud. 'Closer to the road, to where the killer would have approached from.'

'OK,' Jet said, following his lead.

The builders were all watching them now, sitting and standing around in an amphitheater of their making, paper cups in hands, following each rise and fall of the hammers with their stupid yellow plastic heads. Jimmy at the front, arms folded over his belly.

They found their rhythm again, the heat creeping up Jet's chest, sweat creeping down, trickling, following that dip between her ribs. The same in her lower back. No, lower than that. Lower. OK, yes, fine, her ass was sweating too.

They cleared another three feet of width, a little easier now that they could chip away at it from the side. Checked the mud underneath, moved on.

Billy paused to take off his hard hat, throwing it over his shoulder. Then his jacket five minutes later, then his shirt five minutes after that, down to just the white T-shirt underneath, a see-through ring of sweat around his neck, the muscles in his bare arms straining and twisting as he struck the concrete.

Jet watched him for a moment, taking a break, catching her breath, but she caught something else instead: movement. Someone jumping out of a car, short buzzed hair, heading straight toward them.

It was Luke, breaking into a run now. Any chance he hadn't seen her yet?

'Jet Fucking Mason, what the fuck are you doing?!' Luke screamed across the site.

Jet brought the hammer down, an island of concrete breaking free, falling to the bottom of the trench.

'Jet, what are you doing?' Luke yelled, voice pitching up, near-hysterical.

'Construction!' she yelled back. 'Decided to go into the family business after all!'

'Why are you smashing up my foundations?!'

Jet stole a breath; the air didn't want to give itself up, her throat too tight.

'Because they weren't good enough – you need to start again!'

Billy looked at Jet. She nodded and he kept going.

Jet swung again.

'Jet, stop!' Luke roared, pushing past the rows of watching builders. 'Why are you doing this?!'

'Because I have to, Luke! Fuck sake, it is hard to do this and talk! God, my head hurts. God, I'm thirsty. This is what dying must feel like.'

Luke had almost reached them. 'Give me that hammer!' he roared, approaching the trench, fury staining his face red. 'Now!'

'Come any closer and Billy will hit you with a sledgehammer!'

'I'm not going to hit you with a sledgehammer, Luke,' Billy clarified, the only one not yelling. 'What she means is that we can't stop, and we're very sorry.'

'Jet!'

'Luke!' she screamed back. 'It is important! And stop making me talk or you're going to kill me off early!'

Luke's hands balled into fists, scabs pockmarked across his knuckles. The scabs he didn't get from tripping at a work site Friday morning, the ones he must have got sometime after the Halloween Fair, and then lied about.

'I'm calling Dad!' he shouted, unclenching one hand, pulling out his phone.

'Fine, call him!'

'And I'm calling the cops!'

'No, Luke, *don't* call them!'

'They're already on their way,' a voice pitched in from across the site.

'You're such a fucking rat, Jimmy!'

Jet channeled it, taking it out on the concrete. One hit, two, three, a huge slab cracking and falling away, revealing the dark dirt underneath. She bent to pick it up, double-handed, wrenching her back to haul it out.

Luke was off the phone already, more yelling.

'Why did you let her pick up a sledgehammer, Jimmy? You

let anyone just walk in off the street and pick up your tools? Who are these people now?'

Jet glanced up. *These people*, ones without yellow helmets, standing by the open gate, watching. Probably neighbors from River Street, being nosy, drawn here by all the fuss Luke was making.

'Stand back, Jet. Let me clear this part.'

Billy moved into position, standing wide across the trench, slamming down, again and again, a trail of sweat escaping down his temple, blinked into his eye. He didn't stop to wipe it, not until his sledgehammer found soil instead.

He dropped down to remove the rubble, his hands dusty and scratched. 'Here, cleared another section. Let's check it.'

Jet had been leaning on her hammer, using it as a crutch. She dropped it now, swapped it for the spade. Raked it, blade down, over the new section of mud. Dug the tip in to overturn the surface, moving from back to fro—

The spade found something.

Flipped it out of the soil.

A corner of material, filthy and sodden.

'There's something here,' Jet said, breathless, jumping down into the trench to get closer.

She used the tip of the spade to loosen the mud, brush it away. A corner became a flap, and Jet could see a pattern printed into the material now, underneath all that dirt. A pattern she recognized: little cartoon oranges, freckled, green leaves out the top like hair.

'Oh my god,' she whispered.

'What?'

'This is one of our dish towels, from the kitchen,' Jet said, the hair rising up the back of her neck, a thousand cold fingers tracing her spine. 'Mom has a set of three. Didn't realize one was missing.'

145

She brushed more dirt away with the spade, carefully, even more carefully, revealing the rest of the grimy, folded dish towel. Lumpy, because it was wrapped around something.

'Shit, I need gloves.'

'Work gloves?' Billy suggested, pointing at the row of watching builders.

'No.' Jet shook her head, eyes following his outstretched finger. 'Plastic gloves, like the police use. It –'

Her eyes snagged on something else, in one of the builders' hands. Not gloves, but lunch: a clear plastic bag, resealable at the top, a triangular sandwich inside. One was already half eaten, balanced in his mouth.

'That will do,' Jet muttered, scrambling out of the hole toward him. He froze when he saw her approaching. It was the same guy as before, eyes petrified and wide, or maybe that was how he always looked.

Luke grabbed her arm, got in her way.

'Jet, can you tell me what –'

'– Not now, Luke. I'm a little busy.'

'This is *my* site. Mine.' His fingers dug in. 'I'm in charge here, and you're not allowed to just –'

'– Man, Luke, you are going to feel real stupid in about thirty seconds. We found it.'

'Found *what*?'

Jet shrugged him off, an extra jab with her elbow.

'Hi, Creepy Eyes. Me again. Thanks for the sledgehammer. Can I just –'

Jet took the sandwich bag out of his hand. She upturned it, the other sandwich falling to the mud-churned ground, flapping open.

'PB and J, dude? You twelve?'

'It's my dessert sandwich,' he said weakly, recoiling back.

Jet walked away, sliding her hand inside the clear bag, avoiding a large smear of peanut butter. The plastic formed a glove around her fingers, awkward and misshapen and sticky on the inside.

Back into the trench, Billy taking her arm, helping her down.

Jet dropped to her knees beside the dish towel, not too close.

Her breath loud, but there was a new sound too, echoing through the late-afternoon sky, growing, a high-pitched wail, blaring up and down.

'That's the cops,' Billy said, 'coming down the street.'

Jet reached over, fingers outstretched in their clear bag.

She pinched the corner of the dish towel, just the very corner, and flicked it open.

Clumps of mud and soil rained over her, scattering around her knees.

Jet blinked.

There it was, lying against the white inside of the towel, almost clean.

Her iPhone.

The screen shattered, glass split into delicate little fronds.

The frame buckled, under the weight of all that concrete.

And next to the phone, tucked up against it, was a hammer.

Black handle.

Metal head.

Flecks of brown on the blunt end that might have been dirt or –

'That's –' Billy began.

'– The murder weapon,' Jet finished.

This little thing, right here. No more than sixteen inches long. Head like a metal bird, a few strands of blond hair caught in its mouth.

This was it. This was what killed her. The thing that had broken open her head, shattered her skull, left a sliver of bone where it shouldn't be.

This, right here.

The thing that took Jet's life before she'd even lived it, stole her future, all of her *later*s and all of her *tomorrow*s, leaving her with just a handful. Leftovers. Scraps.

It wasn't even very big.

The siren was almost on top of them now, splitting the sky, the clouds roiling above to mend the cracks.

Billy was on his knees too, right here in the dirt with her. He placed his hand on her back.

'Jet,' he said softly, from another world, the one that belonged to the living.

The touch of his fingers brought her back, warm and clammy against her shoulder.

'Your phone,' she sniffed, dropping the sandwich bag to hold out her hand. Grime was caked under her fingernails, dirt and concrete dust staining her palm gray.

Billy didn't hesitate, placed his phone face up in her filthy hand.

Jet swiped for the camera and leaned forward, over the hammer.

She held her breath, the siren screaming in her head and her head screaming back.

Took a photo. Hand closer. Took another, and another, moving from its head to the claw, down its black spine, rubber ridges for better grip. Stopping over the logo at the bottom. A yellow circle with pointed ends, the brand name *Coleby* printed inside. Took a photo. Tapped the screen to make it focus, took another.

The siren cut off, leaving just a phantom in Jet's ears.

Three doors slammed.

'What the hell is going on here?!'

They were all behind the gate now, yellow hats replaced with dark police caps, officers securing the scene, waiting for the forensic teams to turn up. More black-and-yellow tape – *CRIME SCENE – DO NOT ENTER* – being spooled across the flimsy gate.

'You think you can get DNA from it?' Jet asked Detective Ecker, knowing she didn't have time for DNA. 'Fingerprints?'

Ecker's eyes flashed, mouth set in a grim line.

'You should have called us.' His voice was gruff, an edge of impatience. 'You're lucky we turned up when we did. You've heard of chain of custody, right?' He tapped his pen against his notebook. 'Some lawyer hears about the stunt you pulled here, they might be able to get that evidence thrown out in court.'

'That's a strange way of saying, "Thanks for finding the murder weapon for us."'

'Jet, please,' he sighed. 'You can't do this.'

'Do what?'

'Get in the way of the investigation like this.'

Jet cracked her fingers, her back warm and aching. '*In the way?* I've made more progress than you have.'

'Jet –'

'– I'm running out of time. And I'm not afraid to get my hands dirty. See.'

She held them up for him, crusted with dirt and dust.

'Jet –'

'– I know you think it's JJ, but doesn't this change things?' She gestured at the site. 'Finding my phone and the murder weapon here. JJ has no connection to this place. But someone else does. Andrew Smith. This was his old house. He's been watching the work, could have known the concrete was going in the morning after. He was wearing the exact same red wig as JJ on Halloween, so the hair at the scene could have come from him too.'

Ecker faltered, chewing the air. 'How do you know about the hair at the scene?'

Jet blinked. 'I . . . guessed?'

Ecker glanced over his shoulder, back at Jack Finney in his uniform, standing over there with Luke, Billy, and Jet's parents. Shit. Sorry, Jack. Now he really would be in trouble.

'But *if* there was a red wig hair found at the scene,' Jet continued, 'that makes Andrew Smith just as much a suspect as JJ. And don't just tell me you're not ruling anything out, again.'

'I'm not ruling anything out, suspects either. And the red hair doesn't limit us to just two options.'

'Well, the other matching red wig was on an eleven-year-old girl, so I think —'

'— Hairs can transfer, Jet. Synthetic ones too.' His mouth twitched, watching Jet's eyes spin, like he was scoring points, firing back. 'Just because this wig hair was at the scene, doesn't mean the perpetrator had to be wearing the wig. All it could mean is that they had contact with somebody wearing that wig, that a hair transferred to them, and then to the scene.'

'Oh,' was all Jet could say. And all she could think was: *You stupid fuck, thinking you were good at this.*

'You said you spoke to JJ at the fair, when he was wearing that wig?' Ecker asked, taking aim again. 'Did you have any physical contact with him?'

Jet shrugged. 'He might have touched my arm. I can't remember.'

'Right.' Ecker nodded, the winning shot, eyes softening, but smug all the same. 'So the hair might have transferred from JJ to you, and you're the one who transferred it to the scene.'

Jet didn't like this, being on the receiving end. She wanted to be the smug one, and now she felt . . . flat, the win snatched from her, arms too tired to snatch it back.

'So, you're saying the killer could be anyone who had contact with either JJ or Andrew Smith at the fair. Or if the hair was transferred from JJ to me, then the killer could be . . . well, anyone?'

Ecker exhaled, put his notebook away.

'Please don't get in the way of the investigation again,' he said.

'Cool.' Jet blew out her lip. 'Good talk. Always a pleasure.'

She sidled over to her family.

'Oh, Jet, look at you, sweetie,' Mom said. The past day must have been hard on her, her face grayer and gaunter somehow. 'You're filthy.'

'Yep.' Jet's arms slapped down to her sides.

'Why don't you come home? I'll run you a nice bath.'

'No.' Jet sniffed, sleeve to her nose, rubbing more dirt on than off. 'I don't have time for a *nice bath* and I'm not coming home. I'm not giving up, not this time, Mom. I can do this. I'm *doing* it, see. I just found the murder weapon. Not the police, *me*. I have to do this. I'm supposed to do this.'

'But, Jet –'

'– It's supposed to be hard,' Jet said, trying to convince herself too. A lot harder now, her suspect pool shifting, opening up from two to . . . anyone. No, not anyone. Someone who had a connection to this construction site, who knew that the concrete was going in the morning after, that this would be a perfect place to hide the phone and the weapon. That narrowed it down a bit. Maybe a lot.

'Dad.' Jet turned to him. 'Can you get me a list of all

Mason Construction employees? All contractors and sub-contractors, anyone who could have known about this site?'

He nodded, hand pressed to his side, knuckles white. Jet knew what that meant, knew the unrelenting pain.

'Luke can get that for you, honey,' Dad said.

Jet turned to her brother, eyebrows raised. 'As quick as you can, Luke.'

He sniffed. 'This project was already delayed, and now it's shut down. Now it's a crime scene.'

'It's not a crime scene because I smashed up your foundations, Luke. It's a crime scene because the killer came here to bury the evidence, probably someone you know or someone you employ. Be mad at them, not me.'

'Luke's not mad at anyone,' Dad said. Because Dad had no idea. None at all.

'Sergeant Finney!' Ecker called. 'A word?' Beckoning him over.

Jet pursed her lips, shot Jack a look, said *sorry* with her eyes as he wandered away.

She pulled out Billy's phone, still in her pocket, swiped into the photo reel.

'This is the hammer, Dad.' She showed him. 'See the brand. Coleby. Is that one you use at work, that your employees have?'

Dad took the phone from her for a closer look, squinting at the screen.

'No, it's not the kind we usually order in.' He cleared his throat. 'But contractors will often use their own tools.'

'Know anyone who uses this type?'

Dad's chin dipped, moving side to side. 'Sorry, kiddo.'

'Luke?' She showed him the screen.

'Not off the top of my head.'

'No, it was off the top of *my* head, Luke. The back actually.'

'You feeling OK, Jet?' Mom interrupted, stepping between them.

'I feel like I just spent an hour playing with a sledgehammer.'

'Billy.' Dianne's gaze fixed on him, sudden and surprising. Ah, so she *did* remember his name. The same thought spooled behind Billy's eyes; Jet could tell, the twitch in his parted lips. 'Are you making sure she's getting enough rest?'

'Well, I –'

Dianne didn't let him answer.

'– Jet, come home. Please.'

'I can't.' Jet folded her arms in front of her heart, hiding it, protecting it? 'I have to keep going. Come on, Billy.'

Billy came on.

'I'll take good care of her, Dianne. I promise,' he said.

'And Luke,' Jet called, opening the truck door. 'That list. ASAP. ASAP meaning I'll be dead in less than five days, got it?'

14

'Oh good, you're back.'

Billy stood in the doorway, *his* doorway, plastic bags rust-ling, five hooked over his fingers.

'Got some more food,' he said, shutting the door awk-wardly, Billy Bag-Hands, taking them over to the counter. 'That chocolate you like. I know it wasn't on the list, but . . . Stopped by the pharmacy too, got better bandages.'

Jet was sitting on the floor, legs crossed, her laptop open on the table, eyes back to the screen. The web page spliced, doubled, but Jet hadn't touched anything; she swore she hadn't. She rubbed her eyes, blinked, and the image fused together again, back to normal.

'OK, so I've done more research on this hammer,' she said, over Billy's rustling. 'Turns out you can't actually buy the hammer on its own. It's only sold as part of a set. Comes with a sixty-piece set in this black tool kit.' She clicked through the images. 'Various screwdrivers, lots of different fittings, a file, this little wrenchy thing, measuring tape, a knife, a little saw, pliers or something. You get the picture. So the killer has to have this full set somewhere. Or once had it.'

'OK,' Billy said, putting a carton of milk in the fridge.

'And the other thing I found out,' Jet continued, 'is that this set is only sold in North America, various retailers like Home Depot, Lowe's, Amazon, so that . . . well, I mean, that doesn't really help us at all.'

Billy pulled out a loaf of bread. 'And we now think it's someone connected to your dad's company, who might have known about the project on North Street, and when the foundations were going in.'

'Correct,' Jet said. 'They had to. Just waiting on that list from Luke, then I can figure out who knew about the North Street site, then go ask them what their favorite brand of hammer is.' Jet stared at it on-screen. The clean, shiny new version of the thing that killed her. 'Maybe we got a little too excited about the red wig hair, but it still could be Andrew – he has that connection.'

Jet glanced through the front door, re-creating the space beyond it, that narrow hall that split toward two apartments: 1A through there, and here 1B. Fancy that – living about twenty feet away from one of your murder suspects.

'OK.' Billy balled up the empty grocery bags, quickly, the swishing sound of their whispered secrets. 'I better get down to the bar.' He turned to check his reflection in the mounted microwave, fixing his hair, one stubborn curl that wouldn't let itself be fixed.

Jet slumped against the sofa. 'You working tonight?' she asked, watching Billy as he crossed to the far wall, picked up his guitar case.

He shrugged, hiding his face from her. 'Kinda,' he said. 'It's th-that live music thing I told you about. I – I'm the music. And I'm . . . live,' he added.

'Oh,' Jet said. 'That's tonight?'

'Yeah. Tuesday is the only day Allison will let me do it.'

'When's it start?'

Billy glanced back at the microwave, at the little clock. 'Literally ten minutes. I should already be down there, setting up. People are waiting.' He finally looked at her, resting the case on the tops of his shoes. 'But I can cancel it, I can stay, if you –'

'– No, no,' Jet cut him off. 'You go. Wouldn't want you to get in trouble with Allison. I'm fine.'

Billy hoisted the guitar case on his back, his eyebrows furrowing. Maybe his arms were sore too: Jet's were killing her. OK, OK, she heard it.

'I mean,' Billy said, quieter now, unsure, 'you could come down, i-if you want. It's not far.' He attempted a smile, but it didn't reach his pale eyes. 'You've been staring at that hammer for hours already. A quick break might, I don't know, do you good.'

Jet opened her mouth, but she couldn't find an excuse in time. *Busy* was already out the window, she knew it, and Billy knew it too. She couldn't say *later*, or *next time*, because those weren't options either, not anymore.

Billy watched her, jumped in to fill the silence. 'Your mom told me to make sure you're getting enough rest and . . . she terrifies me.' He laughed, catching it in his closed fist. 'I'm not . . . I'm not terrible, if that's what you're worried about.'

'I didn't think you were terrible.' Lie.

Billy smiled, like he knew it. Ah, fuck sake, Billy Finney, looking at her with those sad blue eyes, a tug of warm guilt in her chest, sliding down to her belly.

'Yeah, OK,' Jet said. 'Maybe I'll see you down there.'

Billy's eyes lit up, a different blue somehow, trading ice for a summer sky.

'OK,' he said, a lopsided smile. 'See you down there.'

The front door closed behind him.

'Fuck sake, Billy,' Jet muttered, closing the lid of her laptop. She pushed herself up from the floor, the muscles down the backs of her arms complaining. An ache they didn't forget as she headed into the bedroom. Well, she couldn't go down to the bar in her sweats, could she? And her clothes from today were basically ruined.

She slipped on the clean pair of jeans, searched her backpack for a shirt. Hmm, see, this was why you didn't pack in a hurry, or when you were mad as fuck. She hadn't packed any-thing bar-appropriate. Her eyes scanned up to Billy's closet, pulled it open. Flannel shirts of almost every color combin-ation, checked and striped and checked again. Billy was a Country Boy and he knew it. And he probably wouldn't mind if Jet borrowed one. Probably. Jet pulled one out – navy and cream – and buttoned it up.

In the bathroom, Jet sprayed some of Billy's deodorant, pulled out her makeup bag, and studied her face.

Her hair was a mess. Should she try to wash it sometime, around the wounds? Was there even a point? Jet tried to get a brush through; it was still matted around the bandages, but it would have to do.

Next, her face. Her skin was a little blue, a little swollen, by her temple, the bruise creeping out from under the bandage there. A bit of foundation covered that, and the circles under her eyes. Blush on her cheeks and a little on her nose. Eye-brow gel to stick them up the way she liked them. A pale pink on her lips, up and down the sharp lines of her cupid's bow.

Jet leaned closer to the mirror, mascara wand in hand. She blinked. The pupil on the right was still dilated, a dark abyss in the middle of her eye, mismatched from the other. There wasn't much the mascara could do about it. But, hey, for a dying girl, she could have looked worse.

Jet had her own table, the one by the upside-down-witch-legs lamp, hands cupped around a cold bottle of beer, stinging the raw scrubbed-clean skin of her palms.

The bar was busy, surprisingly busy, maybe forty people in here, shuffling feet and chatter crammed into the small space. A completely different world from earlier, when it had just been Jet and Billy and Andrew Smith.

The crowd started to cheer, bursts of clapping, and Jet

watched as Billy emerged from the door behind the bar, his hand around the neck of his guitar. He jogged toward the makeshift stage, the microphone on a stand waiting for him. More applause, whoops from a group of middle-aged women, a wolf whistle from a burly man at the back.

'Thank you,' Billy said into the microphone, a screech of feedback. 'Thanks Steve.'

Jet gripped the underside of the table, too nervous for him, crossed her legs because she couldn't sit still.

'I'm Billy, and it is my pleasure to play for you tonight,' he said, strumming one chord, hooking the guitar strap over his head. 'I'm gonna start off with a song probably none of you have ever heard before.'

He started to play, fingers dancing across the strings, and the opening riff drew a laugh from the crowd. More when he started to sing.

That song everyone knew. The one about Vermont and sticks. *Very* popular around here, especially at this time of year, right on the cusp of the season of the sticks.

The crowd quieted and Billy continued the verse, and Jet gripped the table harder and . . . wait a minute. Wait a fucking minute. Billy was good. More than good. He could actually sing, oh my god, he could actually sing. A raspy tone to his voice that wasn't there when he spoke, climbing the notes like it was the easiest thing in the world.

Jet felt the hairs standing up along her aching arms. She hugged them to herself. Billy Fucking Finney, eh? Who would have thought?

Everyone joined in with the chorus, butchering the notes, coming in too late. Jet wanted them to shut up, so she could hear her friend sing.

Billy's eyes scanned the crowd, like he was looking for someone, and then he found her, sitting here at her table, alone.

Jet raised her beer and Billy winked back at her. Moved on to the next verse, but he was smiling so wide out one side of his mouth, it must have been hard to sing through.

'That's my friend,' Jet said to a guy at the next table.

'Billy's everyone's friend.'

Well, fuck you, sir.

The song ended, another wolf whistle from the back of the room.

Billy grinned into the microphone. 'OK, next up: Steve's favorite, because he'll start heckling if I don't.'

He cleared his throat and picked at the strings. 'Teenage Dirtbag', another crowd-pleaser, and Steve back there looked more than pleased.

Jet took another sip of her beer, the fizz of the liquid inside her cheeks, a warm glow pressing in from the other side. Well, in one of them; the other cheek felt nothing. Could you normally feel your cheeks? Jet took another sip, finished off the beer. She glanced over to the bar, scouting her path through the crowd. There was a clear way, there, right to one of the bar stools, and a woman sitting on it. Jet recognized her immediately. Her name wasn't Noelle, like Billy was sing-ing now, but it was close. Nell. Jankowski. The chief's wife.

Jet got to her feet, zigzagged her way through, all eyes on Billy.

'Can I have another?' Jet placed the empty bottle down on the bar, standing right next to Nell, hair like bronze, graying at the temples. She was drinking a glass of white wine, the glass sweating, ghostly fingerprints left behind. 'Hi,' Jet said. 'I'm Jet.'

Nell glanced at her, eyes that matched her hair, softening as they landed on Jet. 'Hi, sweetheart,' she said, straightening up. 'I know who you are. Lou's told me about . . . He's good, isn't he?' Nell pointed her glass toward Billy.

'The best,' Jet answered without a pause. 'What has *Lou* told you?'

Nell hesitated, breathing in the wine. 'I just wanted to say, I'm so sorry about your situation. It's truly awful, what happened. Are you feeling OK? If there's anything I can do before –'

'– I feel fine,' Jet lied. 'No different. Turns out dying feels a lot like living.'

'I'm sorry.' Nell stared into her glass, wincing as the crowd joined in with the chorus.

Jet waited for the sound to die down, then asked: 'Is it true? That my dad is planning to sell Mason Construction to you?'

Nell choked on her wine. 'He told you?'

'Someone else did.'

Nell's chin dipped up, a question in her eyes.

'Andrew Smith,' Jet answered. 'So it's actually true?'

Nell nodded. 'He shouldn't have done that.'

'Probably a lot of things Andrew Smith shouldn't have done.'

'I pay him to do jobs around the house sometimes,' Nell said. 'One of the first people I met in town, in here actually.' She looked around, but Andrew wasn't here. 'I worry he's lonely. We chat sometimes. I didn't think he . . . He shouldn't have told you that. Your dad doesn't want anyone to know yet.'

'Are you going to buy it?' Jet asked. 'The company.'

Nell ran her finger around the rim of her glass. 'It makes sense to. I own a home construction business, based in Hartland and Hartford, where we lived before Lou got this job. Now we live in Woodstock, it makes sense to expand here. We're not total out-of-towners, like people think. Lou actually lived here for six months, in his thirties.'

160

'Thank you,' Jet said to the guy behind the bar, handing her an open beer.

'I'll get this.' Nell jumped in, reaching toward the card machine before Jet had a chance.

'Thanks.' Jet took a sip. 'It would also make sense for my dad to leave the company to Luke when he retires. He's worked there more than ten years. It's what we all thought would happen.'

Nell went back to staring at her wine. 'Your dad doesn't want to do that. He has two children. Doesn't think it would be fair on you, to give the company to Luke.'

'Well, lucky for Luke, I guess that's not going to be a problem anymore. Dad's only gonna have one kid left by the end of the week.' Jet took another sip. 'Excuse me – someone's trying to steal my table.'

Jet made her way back, eyeballing the man who was reaching for her chair until he backed off.

'Thank you, thank you,' Billy said, his breath tickling the mic. 'OK, next I'm gonna play one of my own songs.' The crowd oohed. 'I know, I know. I wrote this song a while back, so you might have heard it already. This one's called "For Her".'

Billy's fingers skipped across the strings, picking out the chords, eyes down on his feet.

'If you asked my heart how long, it could only say it's been a while,' he sang. *'And I'd ask you instead: how could you not love that dangerous little smile? She laughs like an old man dying, and I gotta keep it together, I'm really trying. Loved her since the start, since day one, but day one won't ever be one day 'cause . . .'*

He strummed harder, the guitar picking up for the chorus, Billy's voice too, gravelly beneath the notes. He sang:

> *She might not ever love me back,*
> *Wrong place or time or maybe neither.*

But she looks at me with those earthy eyes,
And I'm not sure I can breathe ugh.
Don't think it's in the cards or stars,
Not on the same page or track.
But, hell, I'm gonna play it,
Because I wrote this little song . . . for her.

Billy swallowed, stepped back from the microphone. He looked nervous, Jet could tell, eyes still on the ground.

'Whoooo,' Jet called between her cupped hands, clapping them together. 'Come on, Billy!'

The crowd joined in.

Billy's smile came back, and so did his eyes, surveying the bar, having fun with it now.

'She's my cup of tea, my bit of me, why yes, I've watched British Love Island *on TV, why do you ask?'*

Jet laughed.

'No, stop asking, we're just friends, stay on task, I've got a verse to sing. She's a queen but I'm no king, I'm just royally fucked, and I'm sorry for swearing.'

Everyone laughed, and Jet's cheeks glowed harder. That was *her* friend up there.

'Got you a beer.'

Billy took the seat opposite, resting his guitar case against the arm.

'Thanks.'

'So,' Jet said.

'So?' Billy asked, gripping the bottle, eyebrows up, forcing little folds onto his forehead.

'You're not terrible.' She smiled, could only feel it on one side.

Billy laughed. 'I told you I wasn't terrible.' He took a sip, mouth creased at the corners, almost dribbling his beer, catching it with his sleeve. 'I'd never lie to you. Wh-why are you prodding your face like that?'

'I can't feel my cheek,' Jet said, driving her finger into it, nail first. 'Can you feel your cheek?'

Billy leaned across the table, fingers outstretched.

'No, not *my* cheek, yours. Can you feel anything when you prod it?'

Billy picked up Jet's bottle of beer instead. 'How many of these have you had?'

'You're good, Billy,' Jet said. 'Better than good. Fucking good.'

'Stop.' He pulled his shirt up, hooking it over his nose, covering his face.

Jet reached over and yanked it down, her fingerprints remaining, creases in the fabric.

'Why have you been hiding that?'

'I didn't hide it,' Billy said. 'I've invited you like fifty times. You're always busy.'

'Always busy,' she murmured, a puff of air that was both a sigh and a laugh, it couldn't decide, and neither could Jet. 'But, Billy, you could do this, you know. Write songs, play them, get paid to do it.'

'Nah,' he said, the sound echoing in his beer bottle.

'No, you could, I'm serious,' Jet said, seriously. 'You just have to be discovered, and then it can all really begin.'

'What can begin?'

'Life, Billy.' She slapped the table. 'I can't believe you've been sitting on this. You've never thought about purs-pur-p – doing this? Doing it properly?'

Billy shrugged. 'I don't think I want that. I just write songs because I like to do it, that's all. Makes me happy.'

Was he joking?

163

'But,' she said, 'what's the point in doing it, if it's not to achieve something big?'

'Maybe there is no point.'

Jet felt a flash of annoyance warm up her neck, sitting straighter with it. 'But there has to be a point. Otherwise you're just wasting your time.'

Billy shrugged. 'Is it a waste of time if I love every minute?'

Jet chewed her lip, studied his face. 'Yes, Billy. You've literally just described a waste of time.'

He laughed into his beer.

'It's not funny,' Jet exhaled into hers. 'You're lucky you found the thing you're good at. I never did find mine. And I looked *a lot*.'

'What are you talking about, Jet? You got into UPenn, one of the best law schools in the world.'

'. . . And dropped out after two semesters.'

'Then you worked at that fancy bank in Boston.'

'. . . And quit because the hours were too long, and I never had time to drink enough water, so I kept pissing blood, which is *not* good for you, apparently.' She held out her bottle to Billy's on the table, *cheers*-ed it.

Billy's smile turned down at the corners. 'I think you're too hard on yourself.'

Jet shook her head. 'Not hard enough. Yeah, I haven't actually finished anything I've started . . . ever.' She rubbed her eye with her sleeve – Billy's sleeve – came back with a grin, used it as a shield. 'Actually, that's not true. When I was ten, I did come first in the regional spelling bee, beat all the teenagers.'

Billy's eyes flickered. 'Wasn't that the same day that –'

'– Emily drowned, yeah. Forgot you were there that day.'

'I didn't forget.' Billy abandoned his beer, chewed his thumb instead. Could he still hear her mom's screams too, if he searched his memories far enough?

Jet cleared her throat. 'You know, I was never allowed to have my hair long after that day. Mom forced me to cut it short, even though I hated it. Guess it kind of stuck with me.' Jet fiddled with the ends of her hair, skimming her shoulders.

'I remember,' Billy said. 'No one was allowed to go in your pool unless there were two adults there, constantly watching. And no swimming under the surface ever, especially any-where near the drain.'

Jet sniffed. Looked into Billy's watery eyes. She could just tell him. She'd never told anyone before – not Luke, not Sophia, not JJ – and if she didn't now, it would probably die with her.

'You know, I . . .' She stopped herself, false start. Pushed herself to try again. 'My mom, she blames me for Emily's death. Said it was my fault.'

Billy blinked. 'What are you talking about? You weren't even there.'

'Exactly,' Jet said. 'It was my fault both my parents were out that afternoon, watching me at the competition. If I hadn't reached the final, Mom and Dad would have been at home, and Emily wouldn't have died.' Jet dropped her chin, hiding it behind Billy's collar. 'I overheard Mom saying it to Dad, right after the funeral. That it was *my* fault Emily died.'

Billy shuffled, his shoes pressing against hers. 'That's crazy.'

'She blames your dad too,' Jet sniffed. 'It always has to be someone's fault.'

'My dad?'

'Yeah. Apparently they passed him on the way to the com-petition, and my mom asked your dad if he could check in on Luke and Emily in a couple of hours. Emily was sixteen, Luke was thirteen, and *man* did they fight all the time. I guess she was worried about them killing each other while they were out. And I guess your dad never did go check.'

Billy shook his head. 'Emily's death was a freak accident; it wasn't anyone's fault her hair got stuck in the –'

'– I know,' Jet interrupted him. 'But my mom doesn't know that. I think she's punished me for it ever since.'

Jet tapped her foot, nudging against Billy's. Something else she'd never told anyone: 'Those were all Emily's plans, you know. She was the one who wanted to go to Dartmouth, then UPenn for law school. I tried, but . . .' Had she really tried, though? Survived Dartmouth – never felt at home there, never made any lasting friends to fill the hole Sophia left – just buckled down, eyes on her shiny future. And then it was there, Jet had it, just as shiny as she'd imagined, and she'd given up law school as soon as she found any reason to, like she'd been waiting for a way out. Why was that? 'You remember what Emily was like, don't you? So cool, so sure, so smart, she didn't even have to try. Effortless. I wanted to be just like her. She won that same spelling bee, you know, when she was ten too. Being Emily, it just came so easy to her. But it wasn't easy for me. Guess I never really filled those shoes, huh?'

Billy pressed his toes against hers, a half-smile. 'You've only got little feet.'

Jet snorted, kicked him away.

'I know your mom is hard on you,' he said, dropping the smile. 'But she does it because she cares.'

'Really?'

'Well, she didn't up and leave when you were eighteen, sent two birthday cards then forgot the rest, no phone call ever, no explanation, no idea where she is.' Billy ran his hands through his hair, finger tracks breaking up the curls. 'That's a mom who doesn't care, Jet.'

Jet caught his eye, a warm creep of guilt stirring in her gut.

'I'm sorry about your mom, Billy.'

'And I'm sorry about yours. Moms, huh?'

'Moms.'

They clinked beer bottles.

'Right, let's stop being depressing,' Jet said. 'Acting like somebody died over here.'

'You're doing that on purpose now, Jet.'

'Let's go back to talking about you becoming a famous singer.'

'Let's not.'

'Is that a Tile tracker on your guitar case?' She pointed.

'Yeah.' Billy traced it with his fingers. 'It's my baby.'

'Oh please,' she snorted again.

'Don't *Oh please* me, you're the same way with your truck.'

'That truck *is* my baby,' she said. 'You're never allowed to drive it.'

'And you're not allowed to play my guitar,' he said.

'Fine.'

'Finer.'

'Sooooo.' Jet leaned across the table to prod Billy in the arm. 'That song you wrote, it's about a girl you like, huh?' She leaned even closer, whispered: 'Who is she?'

Billy tipped back in his chair. 'No one. It's not about anybody, I made it up.'

'Oh, come on,' Jet said. 'You can tell me. I've known you forever. Who could be a better wingwoman? Let me help – it's my dying wish. Does she work at the bar?'

Billy fiddled his fingers, stared down at them too hard, acting strange and un-Billy-like. Which was all the *yes* Jet needed.

'She does, doesn't she?' she hissed. 'Is it Allison? It's Allison, isn't it? You wrote the song about her?'

'No,' he coughed. 'It's not. The song isn't about anybody. It's just a song.'

Wednesday
November 5

15

'So, I guess you really don't know the meaning of ASAP?' Jet raised her voice over the sound of the screaming baby, banging his little fists against his high chair.

Luke didn't react, scooting past Billy to the cupboard over the sink.

Billy stuck his tongue out at Cameron, tried to make him laugh; didn't work.

'Luke?!' Jet said.

'I heard you,' he snapped, a muscle ticing in his jaw, something alive beneath the skin.

'I need that list.'

'I'm in the office later, I'll send it to you then.'

Jet folded her arms. 'Why can't you go now? Where's Sophia?'

Luke closed the cupboard, harder than he needed to, snatched open the one beside it. 'Sophia has Pilates on Wednesday mornings so I have Cameron.'

Jet turned to look at the baby, face reddening, his awful screeches reverberating inside her skull, finding all the cracks.

'What's wrong with him?' she asked.

'He's teething.'

'Well, can you turn him down?'

Luke tensed. 'That's what I'm trying to do, it's – Ah, here it is.'

He pulled a red box down from the highest shelf. Infants' Tylenol. Opened the flap to pull out the glass bottle and little plastic syringe. 'OK, it's coming, Cam. Shh-shh,' he said, which made absolutely no difference at all.

Jet's head ached, pushing back against the sound, return-ing fire.

'Shit, I don't know how much.' Luke narrowed his eyes at the tiny syringe. 'Jet, can you check my phone? Sophia texted about it the other day. There, on the table. Should say the amount.'

Jet sighed, tapped the darkened phone screen. 'Code?' She repeated the phone's demand.

'213024,' Luke said, unscrewing the medicine as Jet tapped the code in.

She pressed the *Messages* icon, opened Luke's thread with Sophia.

'What am I looking for?' she asked, scrolling up.

'Tylenol,' Luke said through gritted teeth, like the sound had made its way inside his head too.

'OK.' Jet clicked her tongue, scanning the screen. 'Is it normal to talk about your baby's poop this much?'

'Jet!'

'Found it. *Just called doctor,*' she read from the screen. '*He says try Tylenol instead of Advil when he's bad. 3ml.*'

'Three,' Luke repeated. 'Perfect.' He dipped the syringe into the bottle, but Jet's eyes strayed back to Luke's phone screen, to that message from Sophia.

It was sent on Friday, at 3:06 p.m. But wait . . . Jet shifted. Wasn't that in the time span between the Sophia sightings on the doorbell camera, when she said she'd left her phone at the Masons'? How was Sophia texting from a phone she'd left behind?

Maybe Jet was wrong; she'd have to check the times in her notebook.

But there was something else too, a few messages below.

A text from Sophia to Luke.

Call me.

That's all it said. Jet swiped to the left and the screen told her it had been sent at 10:52 p.m. that Friday night. Six minutes after Jet's head was split open. When Luke and Sophia were supposed to be here, together, in this house. That was what they'd said in their police statements. But Sophia wouldn't have texted *Call me* if they were here, together, watching *Friends*. So . . . one of them wasn't in the house, and both of them had lied about it.

Jet narrowed her eyes. Billy caught her, widening his in response. She shook her head. Not here, not now.

'There we go,' Luke said, oblivious, his back turned, pressing the plunger of pink liquid into Cameron's open mouth.

The baby swallowed and the screaming stopped, Jet's ears ringing with relief. Cameron clacked his tongue, poked it through his lips. Then his little mouth bared again, a silent scream, revving up, followed by a not-silent one.

'He's still screaming,' Jet said, hands to her ears.

'It doesn't work immediately.' Luke threw her a look, rinsing the plunger.

'OK, I need to leave.' Jet crossed the kitchen, heading for the hall. 'Send me that list of employees, Luke. As soon as you get to the office. Or I'll ask Dad instead.'

'I'll do it,' Luke said, head over the sink, the loud splatter of the water joining in with the screams, an assault of sound.

Jet ran away from it, to the front door, Billy on her heels.

'What was that face for?' he asked her, closing the front door behind them, shutting away all that noise. They headed to her truck, parked in front of the double garage. 'What did you see on Luke's phone?'

'Luke and Sophia lied.' Jet opened her door, slid inside. 'One of them wasn't at home around the time of the attack, like they said. Sophia lied twice, actually. Said she left her phone at my parents' house that afternoon, but I'm pretty sure she was texting Luke at that time. I'll have to show you the doorbell footage.'

Billy clicked in his seatbelt. 'So, what are we going to do now?'

Jet slotted the keys into the ignition.

'I needed that list, fucking Luke,' she said, looking over her shoulder to scowl at his house. 'I wanted to interview those employees this morning. After Andrew Smith, that's our strongest lead: someone who works at the company, would have known about the foundations on the North Street project, might own a hammer like that.'

'We could go back to the site, ask some of the builders there?' he suggested.

'It's been shut down; it's a crime scene now. Won't be anyone there.'

Billy sat back. 'I don't know what to suggest.'

Jet started the engine. 'I do,' she said. 'I know someone who works for the company, whose name will be on that list. Maybe he can help us.'

'JJ's brother?'

Billy closed the truck door, staring across at the small, two-bedroom house: gable roof and once-white panels. Tiny yard along the road and a broken fence. It wasn't broken the last time Jet had been here.

'Yeah. Henry,' she said. 'He works for Mason Construction. Or . . . he did, before his accident.'

'What accident?' Billy asked, still sizing up the house.

'Like seven, eight months ago. Henry got stupid drunk and fell off a wall, fell like a whole story. Shattered his kneecap, had to have surgery. Also fell right on a nail or something, went through his eye.'

174

Billy winced.

'Doctors couldn't do anything about that, though. He's blind in that eye now. JJ was so mad at him for being so fucking stupid. He won't admit it, but his little brother is his world. They come as a pair.' Jet copied Billy, stared at the little house. There would have been space for her in that pair too, if she'd wanted it. 'Anyway, obviously Henry couldn't walk, so he couldn't work, but he can now, so maybe he's back. Might be able to tell us about other employees or contractors who worked on North Street, anyone who might seem, I don't know . . . murdery. Anyone with reason to hate me, or my family.'

Jet started to move but Billy stepped backward, blocking her way to the front door.

'JJ lives here too?' he asked.

'He's not here.' Jet sidled past him. 'We know that. He skipped town. Billy, stop worrying, there's no danger here.'

Jet walked up the path, gravel crunching under her mud-caked shoes. She reached the front door and balled her fist, knocked three times.

They waited.

Billy glanced down at Jet and she up at him.

'Thanks again,' she said, 'for helping me wash my hair.'

'No problem again.'

Except it had been – a problem, that is. Jet bent over the kitchen sink, Billy pouring lukewarm cups of water over her head, the sting when the shampoo found the wounds, clinging to the clumps and clots.

They'd waited long enough; Jet knocked again, three more times.

A dog started barking, down the street.

'I don't think he's home,' Billy said.

Jet put her ear to the door, closed her eyes to focus. Behind the glass, down the hall, there was a faint rumble of voices, and the tinny laugh of a studio audience.

'TV is on,' she said. 'Someone's home.'

Jet knocked again, knuckles on wood, then the backside of her fist, door juddering in its frame.

The door wrenched open and Jet's hand couldn't stop in time, crossing the threshold. Her eyes next.

A gun, pointed straight at her face.

Finger on the trigger.

16

Jet stumbled back, falling into Billy.

'Don't shoot!' Billy shouted.

'Henry, what the fuck!'

The gun lowered, hand shaking, Henry's terrified face behind it.

'Shit, Jet.' He fumbled the gun, hid it behind his back. 'Sorry, I thought you were someone else.'

Jet straightened up. 'Someone else? Who were you planning to point a gun at, Henry?'

'No one,' he sniffed. 'Doesn't matter.' He doubled back inside, put the gun down on the shelf above the radiator, barrel pointed away from them, same place JJ always used to leave his keys. Jet studied his hands, still shaking, as he stuffed them in the pockets of his jeans. He'd held the gun in his right hand. Right-handed.

'Since when do you have a gun?' Jet's voice was still frantic, heart in full agreement, dancing against her ribs. Billy could probably feel it too, her back still pressed against him, his panicked breath in her hair.

'I got it the other day.' Henry avoided her eyes. 'It's registered. Don't worry.'

'Don't worry?! You just almost shot me – don't fucking worry!'

'I said sorry.'

Jet studied his face, now the shock was sinking away, slipping into the uneasiness in her gut. There was a graze on his cheekbone, right below one eye, a ring of bruise around it, a wine-dark purple. Recent.

'Does JJ know you bought a gun?'

Henry shook his head. 'He's not replying to my messages, picking up the phone.'

'Do you know where he is?'

'No, I don't know, just like I told the cops.' Henry stepped toward the threshold again, peered around the corner, face rearranging, the fear back in his eyes, the smell of it too, like stale sweat.

'Anyone with you?' He eyed the street behind them.

'No, it's just me and Billy.'

Henry moved back, hissing when his step landed, doubling over to press his hand against his ribs.

'Who are you scared of?' Jet asked, clocking the ribs too.

'Nobody. I just wanted a gun.'

'JJ?' Billy added.

'Who is this guy?' Henry sniffed. 'I'm not scared of my brother.'

'I'm Just Billy.'

'Why did JJ leave?' Jet cut in. 'He left Friday night, same night I was attacked.'

Henry shook his head, finally meeting her eyes. 'You think he did that to you?'

'Well, the police do,' Jet snapped back. 'Doesn't look great, him disappearing the same exact night. If he had nothing to do with it, why doesn't he come back and explain himself?'

'I don't know where he went, or why. He was just gone, after the fair. Some clothes missing. But you know he wouldn't do that, assault you.' Henry eyed Jet's bandages, his left eye a little filmy, a little behind.

'It wasn't just assault,' Jet said darkly. 'In four days' time it will be murder.'

Henry's mouth dropped open, teeth visible again, and a cut on the underside of his lip. 'What are you talking about?'

'Fuck sake, you too?' Jet said, sharing a look with Billy. 'Why do the cops keep only half telling the story? I'm going to die, Henry. There's a piece of my skull where it shouldn't be, a brain aneurysm that will be fatal when it ruptures. So yeah, there's that.'

Henry's lip shook; his head too. 'That can't be true.'

'Well, it is,' Jet said. 'Medical anomaly over here.' Pointing her thumb to her chest.

Henry wiped his nose on his sleeve. 'Does JJ know?'

'I assume not,' Jet said. 'If no one can get hold of him.'

'He needs to know,' Henry said. 'He'll want to see you, before . . . God, Jet. I can't believe it. Can't believe that you won't be . . .' He couldn't finish, but Jet didn't need him to; that was enough, said it all.

'I know.'

'I've missed it, you know. Having you around the house. JJ does too. He won't say it, but I know.'

Jet knew that too.

'If there's anything I can do.'

Jet jumped on that. 'Actually, there is, Henry. We didn't come over to talk about JJ. I came to ask you some questions.'

'Me?' Henry shuffled, glanced back at his gun. 'You gonna ask me where I was on Halloween between ten and eleven p.m.?'

'No.' Jet hesitated. 'Do I need to?'

Henry shrugged. 'Cops already did. I was here. Alone.'

'No, I wanted to ask you about Mason Construction actually.'

A shadow crossed Henry's face, eyebrows lowered. 'Wh-why?' he asked.

Jet turned to Billy, reached into his jacket pocket like it was her own, pulled out his phone. Billy didn't mind.

'Do you recognize this hammer? Know anyone who uses one like this, anyone who works for my dad's company?'

Jet held the photo up for Henry, the clean picture from Amazon, not the one flecked with her blood and bone.

Henry stared at the screen. 'Not mine,' he said. 'My tools are red and black.'

'But do you remember if anyone else at Mason Construction had this Coleby set? Anyone who was on that project over on North Street?'

Henry swallowed, transferring his eyes from the screen to Jet, something unfamiliar behind them. 'Why would I know that? I've never worked for Mason Construction.'

Jet's arm dropped, and so did her stomach, the phone skimming her side. 'What are you talking about, Henry? I *know* that you did. I practically used to live here with you. Used to give you rides to go pick up a van.'

'I don't know what you're talking about,' he murmured.

'No,' Jet raised her voice. 'I don't know what *you're* talking about.'

'Sorry that I can't help you.' Henry stepped forward into the morning light, the sun finding new colors in that bruise under his eye. His hand snaked around the door, knuckles out, hinges creaking, like he was trying to push it shut without them noticing. A pang in the back of Jet's head and the world split: two Henrys, two of his hands, two doors, and two guns, spliced over each other.

'What happened to your eye?' Jet said, stopping him. And what was happening to hers? Everything still doubled, two Jets, two Billys behind.

Henry blinked. 'I can't see so well anymore. The other eye was injured too, during my accident. Blunt trauma, they said. I had to have an operation a couple months ago, to stop the retina from detaching. It . . . well, it didn't work. I need another surgery, or they say I'll lose the sight in that eye too.' He blinked again.

'I was actually talking about the bruise,' Jet said, trying to read his face. 'But doctors are usually right. You should get that surgery ASAP.'

He sniffed. 'Can't afford it.'

'You don't need to *afford* it,' Jet said. 'That's what health insurance is for. Just ask Luke about it, he deals with all the finance and employee stuff.'

'Doesn't help me.' Henry's hand tightened on the door. 'I've never worked for Mason Construction.'

Jet stopped the door with her foot. Two doors, four feet. 'Henry, why are you lying? What's going on?'

'You must be confusing me with someone else.'

'No, I must not be.' Frustrated, trying to hide it in her voice, trying to hide the panic on her face because they'd all fractured, multiplied, and she was the only one who could see it. 'Did someone attack you, Henry? The bruise, your lip, the ribs. Is that why you bought a gun? You can tell me, you know. I can kinda relate. You help me and I can help you. What's going on?'

'You have to go.' He pushed the door and Jet was too unsteady, a replica of herself with no clear edges, stumbling back over the threshold. 'I have . . . stuff. You need to go.'

The door slammed shut in their faces.

And maybe it was the slam that did it, because Jet blinked and the world righted again. One door, one set of hands in front of her face, one Billy staring down at her, holding her elbow, concern darkening his pale blue eyes, a gale blowing through that calm lake.

*

181

'I'm fine,' Jet said, dropping her jacket to the floor, angry hiss of the zipper dragging across, still attached to one arm. 'It's just a headache.'

'I don't know, Jet.' Billy pulled her jacket the rest of the way off, placed it on the hook. 'I wouldn't describe that as the best driving I've ever seen.'

'Just tired, just a headache,' she said, narrowing her eyes so the world didn't split again, holding it together. 'This whole thing is giving me a headache. Sophia's lied twice, Luke lied, maybe he's lying to cover for Sophia. Because we *know* Sophia knew about the foundations, because she told *you* about them. But now Henry's lying too, and I can't figure out why. It's all just too confusing and, yeah, my head hurts, but I bet yours does too. Whoa.'

Jet's legs buckled beneath her, catching the arm of the couch, gripping on.

Billy swooped forward, wrapped his arm around her waist. 'I've got you.'

'I don't need to be *got*,' she said, wiping the sweat from her upper lip. 'I think I just need to lie down. Yeah. Just like twenty minutes. A nap. Wake me up in twenty minutes, Billy. I can spare twenty minutes. And then we're gonna work out why Sophia lied about leaving her phone, and what she was really doing at my house on Halloween. OK, deal?'

'OK, deal,' Billy answered, guiding her toward his bedroom.

'And Luke should have sent the list by then; we don't need Henry anyway. We have time. Twenty minutes.'

'Twenty minutes,' Billy promised, delivering Jet to the bed.

She sat down, kicked off her shoes. Lay back, head on the pillow, facing out. Billy pulled the comforter up over her shoulders, his eyes still troubled, dark and stormy.

'Twenty m-minutes,' Jet muttered, the drumbeat back in her head, eyes fluttering shut, locking her inside with it.

A soft rap on the door.

Jet sniffed.

'Jet?' Billy's voice, soft too.

She opened her eyes, slowly. Phew. Nothing was doubled, everything looked right, looked normal. Her head ached, but she was getting used to that now, a new normal.

'Has it been twenty minutes?' she croaked.

'It's actually been forty. You wouldn't wake up.'

'No, Billy.' Jet sat up, suddenly awake, suddenly angry. 'We said twenty minutes. I don't have time to –'

She tried to throw the blanket off.

Tried.

But her arm wouldn't move.

Her right arm.

She stared down at it and it still wouldn't move. Not at all.

Jet's heart fell to her gut, curdled there, swimming in the acid.

No, no, no.

Her left arm would listen, shifting with her as Jet threw the comforter off.

She tried again.

Tried to twitch the fingers in her right hand.

Nothing.

Jet pressed her working fingers to her right arm. Pressed harder. Harder. Half-moon imprints from her nails in the skin.

She felt nothing. Just a hunk of meat, attached to her shoulder.

'Billy!' she screamed, voice grating in her throat. 'Billy, help!'

The door was open before she could scream again.

183

'What?' Billy rushed in, eyes wide and circling. 'What's wrong?'

'My arm.' Jet picked it up with her other hand, too heavy. It fell back to the mattress. 'I can't move it. I can't feel it. Something's wrong.'

Billy crashed to his knees beside the bed.

He slotted his fingers between hers, held her hand.

Gave it a squeeze.

'Feel this?' he asked.

Jet shook her head, her heart coming back to her throat, bringing the acid up with it.

'I can't,' she said. 'I can't feel it. It's all gone. It's –'

Her throat constricted around her heart, no space for any more words around it.

'Come on,' Billy said, dropping her hand, hooking his arm under her shoulder instead. 'We need to get you to the hospital.'

Jet got to her feet, testing her legs before she trusted them.

'I can walk,' she said, letting Billy go ahead of her, through the bedroom door.

Arm swaying uselessly by her side, weighing her down.

'I can't move my fucking arm, Billy.'

He turned back, tried to hide the panic in his eyes, but Jet caught it before he could, feeding her own. He looked just as scared as she was, maybe more.

'It's going to be OK,' he said, lying, even though Billy didn't lie. 'We're going to the hospital.'

Jet reached for her keys from the table, where she'd dropped them. No. She thought about reaching for her keys, but nothing happened. Her arm just hung there.

She grabbed them with her left hand instead.

'Billy,' she said, looking down at the keys, her hand balling into a fist around the sharp metal, because it could, because it still worked. 'I can't drive.'

Billy's eyes hooked onto hers. Blue and hazel and fear.
'I know how much you love that truck.'
He stretched out his arm, opened his hand, palm up.
Jet took a breath, held it.
No other choice.
She dropped her keys into his waiting hand.

17

'Sorry about the wait.'

Dr Lee strolled into the room, letting the door swing shut behind her, heels clipping the polished floor, the smell of bleach hanging low in the air.

Jet straightened up, her hospital gown bunching around her knees, right arm dangling lifeless off the bed. Was Dr Lee really sorry about the wait, or was she sorry about something else?

Billy had been sitting beside Jet, the thin mattress sighing now as he stood up, bowed his head.

'I've had a look at the images from your CT scan, with the radiologist,' Dr Lee said, a file gripped in her hands. 'And.' She stopped, cleared her throat.

'Can I see?' Jet asked.

The doctor nodded, eyes heavy, mouth set.

She opened her file and pulled out a thin sheet of plastic, walked around the bed to hold it up against the light streaming in through the window.

Another grid of pale blue images, the inside of Jet's head. She'd been conscious this time, aware of every second as she was fed into that giant metal circle, the machine whirring around her, dissecting her brain.

There was something new this time.

'You see this white mass here,' Dr Lee said, circling it with her finger.

'Is that the aneurysm?'

'That's the aneurysm.'

Jet swallowed, too tacky in her dried-out throat, gouges her heart had left behind.

'Guess you were right, doc.'

What, had Jet seriously thought there was any chance the doctor could have been wrong, that she wouldn't die after all? Stop asking like that, because – because maybe she'd started to, just a little bit, last night in the bar with Billy, when she forgot for a few minutes, forgot that she was dying because she'd been distracted by living. Before, it had just been a *what if*, a theoretical time bomb ticking away, and here it was, made real and tangible, a white shape against the gray mass of her brain. Jet swallowed again, her very last bit of hope.

'Looks big,' she said instead.

Dr Lee nodded. 'It's a large aneurysm. Twenty-three millimeters across. Just two away from being classified a giant aneurysm.'

'Well, that's good, I guess.' Jet sniffed. 'At least it's a high-achieving aneurysm.'

Dr Lee didn't smile. Neither did Billy, his eyes swimming.

'The other symptoms you've described – the headaches, the pain above your eye, the double vision, that dilated pupil,' Dr Lee said, 'those are all typical symptoms of an unruptured aneurysm of this size. You may experience others, such as weakness, loss of balance, difficulty concentrating, numbness in one side of your face.'

Jet looked at Billy; she'd forgotten to mention her cheek. Another one checked off the list.

'And her arm?' Billy asked, staring at it, like he could bring it back to life with his eyes.

Dr Lee hesitated.

'What is it?' Jet ran her fingers down her bare arm, felt nothing, like it belonged to someone else, not even someone close – a stranger.

187

'The scan shows us that the aneurysm is leaking.' Dr Lee tapped the scan, the plastic crinkling. 'We call this a sentinel bleed. A possible side effect is that this internal bleed is putting pressure on one of your nerves, interrupting the signals, which would explain the loss of function in your arm.'

'Will it come back?' Billy asked.

Dr Lee's face was answer enough: no, it would not.

'I'm sorry, Jet.'

Not sorry about the wait at all. Sorry about the rest of it, and that she had to be the one to say it, again.

'Why is it leaking?' Jet asked. 'What does that mean?'

Dr Lee nodded, like she'd expected the question. Or maybe like she wanted to delay answering.

'A sentinel bleed is also known as a warning bleed. It will normally occur just a few days before a significant rupture.'

Jet sighed, letting out that tiny last sliver of hope she should never have had in the first place, watched it disappear in the bleach-heavy air.

'So you were right, about all of it,' she said to the doctor. 'I had a week, and I've used half of it already.'

Half. Halftime. Halfway dead. No return. No taking it back. No undoing her choice.

'I'm so sorry, Jet.'

Billy dropped into the chair, grabbed Jet's hand, the one she could feel. He held on tight and Jet held back.

Her gut churned, laying claim to her heart again, sinking, her chest empty without it.

'Wh-what will it feel like?' She looked up at the doctor. 'When it ruptures? When I die?'

Dr Lee hugged the file, holding it over her heart.

'Patients who have survived a ruptured brain aneurysm describe it as the worst headache of your life. Like a thunderclap, all of a sudden.' She looked into Jet's eyes,

188

like she felt she owed her that, eye contact, while describing her death. 'Other symptoms will come on suddenly, because of the rapid bleeding inside the brain. Your neck might feel stiff, nausea, sudden weakness in the limbs. You might have a seizure as the electrical activity surges in your brain. You'll start slipping in and out of consciousness as the blood starts to starve the brain cells of oxygen. And then . . .'

'And then,' Jet repeated. They all knew what came after.

Billy stroked his thumb across the back of Jet's hand, his skin hard where hers was soft.

'I'll give you two a minute alone.'

The door swung shut behind Dr Lee, shushing as it did. It didn't need to; the room was silent anyway.

Jet took her hand back, used it to push up from the bed, bare feet on the cold tiles.

'Come on,' she said, heading to the chair in the corner, and her pile of folded clothes.

'Jet.' Billy's voice was small, far too small for him. 'We can talk about it, if you –'

'– We don't need to talk about it,' she cut him off. 'We already knew all that. Nothing's changed.'

She picked up her jeans with her left hand, gripped the waistband, and shook them to open up the leg holes. Stepped her right leg inside and almost tripped.

'Do you want my help?' Billy asked, tentative. Like he knew she was going to snap:

'I can do it with one hand. I'm not useless.'

Jet stepped the other leg through, found the floor. Pulled the jeans up to her knees, left hand moving from one side to the other, wriggling as she yanked them up over her thighs, breathless with the effort. The ass was the hardest part, but she would *not* ask Billy for help – she didn't need his help, she could do this, she would not be useless. She tucked the hospital gown up and yanked the jeans the rest of the way, knocking into her dead arm, making it sway.

'There,' she exhaled. 'I did it.'

She glanced down at her waistband, the zipper gaping open. Fuck.

'I can't,' she started. 'I can't . . . Can you –'

'– Do the button?'

'Yeah,' she said, her voice now smaller than his.

Billy stepped forward and Jet averted her eyes as he reached down, pulled the zipper up for her, fastened the button, his fingers grazing the flesh of her belly, her heart not hiding in her gut anymore, but in her ears, burning.

'Done,' he said, not waiting for a thanks. Which was good, because Jet wasn't giving it. But if she had to be useless in front of someone, maybe she would have chosen Billy Finney anyway. She didn't use to mind, when she banged her knee falling off her bike, and he would fix it for her.

Jet sighed, picked up her bra, avoiding Billy's eyes, and he hers.

Now *that* was too far.

She stuffed it into her jacket pocket instead, along with her T-shirt, and draped her jacket over one shoulder. The hospital probably had enough of these gowns anyway. And what were they going to do about it: arrest her for theft?

'Jet, are you OK?' Billy asked, still looking away.

'Fine,' she said. 'Like I said, nothing has changed. I was always dying. I always had a week. Come on, we better get going. My murder isn't going to solve itself.'

Jet stopped at the top of the steps, left hand to the wall. Right swinging by her side.

'What are you all doing here?' she asked, narrowing her

eyes at the group of people standing outside Billy's apartment, too many voices, clogging up the hall.

Detective Ecker, Jack Finney, the chief, and Jet's parents.

'There you are,' her mom said, breathy with relief. 'We're looking for you. Where have you been?'

'At the hospital,' Billy answered from the step behind, before Jet could intervene. She would have preferred her mom not know that, because she was only going to –

'– The hospital?' Dianne snapped, eyes wide. 'Why – what's happened?'

Yep, she was only going to make a big deal out of it. Thanks, Billy.

'Nothing,' Jet said, nudging Billy with her elbow, the one that worked. 'The aneurysm has started to leak, and I can't move my arm anymore.'

Jet pointed to the arm in question, limp at her side in the jacket sleeve.

'What do you mean you can't move your arm?' Dianne's voice pitched higher. 'Show me.'

Jet blinked. 'I can't show you – that's the point. It looks like an arm that can't move, Mom. Not much to see.'

'Did the doctors give you anything for it?'

Jet pursed her lips. 'Yeah, some magical pills to grow another arm.'

'I should have been there, Jet. You never ask the right questions –'

'– What are you all doing here?' That was the right question now, Jet's eyes moving to the cops instead, to Billy's dad, because she knew his face best, searched it for answers.

Detective Ecker was the one to step forward. 'We need to talk to you. Can we come inside?'

'The spare key's not under the mat anymore,' Jack said over Jet's head, looking at Billy.

'Jet's got it.' Billy fished his keys out of his pocket, winding his way through everyone to the door of 1B.

He unlocked it and held the door open, guiding everyone through.

His dad hesitated, rested a hand on Billy's shoulder as he passed.

'Patriots game on Sunday,' Jack said stiffly, hand still there. 'It's supposed to rain, though. You gonna watch it?'

'I don't know, Dad,' Billy said, voice quiet, finding Jet's eyes in the hall. Because Billy didn't really like watching football, only pretended for his dad, so he had someone to watch it with after Billy's mom left. Or because that Patriots game was scheduled for the day Jet would die.

But Jack must not have gotten all of that from Billy's eyes, couldn't read them like Jet. He cleared his throat, dropped his hand, and walked on through.

Jet's mom fussed over her as they crossed the threshold, touching the limp arm on purpose, like she was checking, waiting for a reaction.

Too many people inside this small apartment, boxed in, nudging shoulders.

'Sit down, Jet,' Mom said, guiding Jet to the couch, settling in beside her, almost on top of her. Dad took the other end, leaving her a bit more breathing space.

'Does anyone want a coffee or . . .' Billy offered, hovering by the kitchen.

'Not now, Billy,' Dianne hushed him. 'The detective has important news.'

Ecker had taken the seat opposite, the chief and Jack arranged behind him, a tableau of cop, their mouths set, eyes serious.

'Who died?' Jet said, trying to lighten the mood. Didn't work, only got heavier, pressing down on her chest.

192

Ecker steepled his fingers, two pointing up, pressed them to his lips, like a gun made of flesh and bone.

'Jet,' he said, voice too loud, echoing between her ears. 'We've arrested JJ Lim for your assault.'

Jet sat forward, Mom clinging to her, rubbing her back.

'JJ?' she said. 'You found him?'

'He came back to town a few hours ago.' Ecker dismantled his finger gun, hands dropping to his lap. 'He says his brother texted him, explained about your situation. That's why he came back.'

'You've spoken to him? JJ?'

'We've interviewed him once already, after his arrest, yes.'

'And?' Jet lowered her voice. 'What's he saying?'

Ecker swallowed. 'Well, he's denying everything at the moment. But we had enough evidence for an arrest warrant.'

'Evidence?' Jet asked.

Ecker nodded. 'The red synthetic hair at the scene was a match for the wig JJ wore at Halloween.'

'Right, but you said it could have transferred?'

'There's his *Sorry* text to you, after the time of the attack. And that he has no alibi and left town in a hurry that night.'

'But why would JJ want to kill me? You don't know him like I do.'

'There's more,' Ecker said. 'We have a theory on motive. We are told you turned down his proposal a few months ago.'

'Yeah,' Jet sniffed. 'Because we weren't right for each other. That's not enough of a reason for –'

'– Men have hurt women for far less,' Ecker spoke over her. 'And that's not our only potential motive.' He pulled something out of his pocket, the letter Jet had given him, from that loan company. 'This loan for thirty thousand dollars, taken out in your name, secured against your truck. The bank account it was paid into belongs to JJ.'

Jet's breath stalled, caught in her throat.

'It was JJ?' she said, more to herself.

'He committed identity fraud, cashed the money in your name. He'd already taken out several loans in his own name previously, tanked his credit score. Then he couldn't afford the monthly repayments on this loan.' Ecker shook the page. 'Defaulted on them. Our theory is that he panicked when he realized you were going to find out what he did, that he felt he had no other choice but to . . .'

'Kill me?'

Ecker didn't answer, not directly. 'The prosecutor wants us to hold him a little longer, see if we can get a confession. But this is a strong circumstantial case, Jet, enough to proceed with charges.'

Jet didn't know what to say. Looked like, maybe, her murder *had* just solved itself. So, what the fuck was she supposed to do now?

'I want to reassure you,' Ecker continued, 'that the charges . . . after you . . . when you –'

'– When I die,' she finished for him.

Ecker inclined his head. 'The charges against JJ will be amended to first-degree murder. I know it was important to you, to have the answer before . . . well, now you do.'

Something tightened in Jet's gut, twisted. *She* was supposed to find her killer, not the police. That was the whole point. She needed this, her final chance to actually *do* something, see it through to the end. And now they were sitting over there, telling her the end was already here? Offering her the easy way out. Jet had always taken the easy way out, quit when things got too hard. But it was supposed to be different this time – she wasn't supposed to give up. And for some reason, accepting it was JJ felt like giving up, didn't feel right. Her gut agreed, and so did her broken head.

'What about the hammer?' She leaned forward. 'Does JJ own the rest of that Coleby tool set? It's a sixty-piece set. Are the other fifty-nine tools at his house?'

Jack cleared his throat. 'We've conducted a search of JJ's residence. Nothing has turned up yet.'

'Well, it's a small house,' Jet said. 'It's not going to turn up if you didn't find it already. So how do you know he owned that hammer?'

'Well, we don't,' Ecker said. 'In a case like this, you aren't always able to tie up all the loose ends.'

'Well, excuse me for being picky, but if I'm going to die, I'd kind of like all those ends to be tied up. Real fucking tight.'

'As I said, we are hoping to press JJ for a confe –'

'– What about the foundations on North Street?' Jet said, staring down that easy way out, right there, in between the cops, taking no steps toward it. 'How could JJ have known the concrete was being poured the next morning? He had no connection to that place. Are you telling me he just got lucky?'

'He might have passed that way when leaving town. Spotted the construction and took a chance.'

'So, what?' Jet's voice rose now. 'You're done? You aren't investigating anymore?'

Ecker shook his head. 'We are investigating. We will be shoring up the case against JJ so the prosecutor –'

'– And if it wasn't JJ?'

'Dad,' Billy spoke up. 'I think you should listen to –'

'– Jet,' Mom interrupted, turning to her, face too close. 'It was JJ. They wouldn't have arrested him if they didn't have a reason to. It's over, sweetie.'

It wasn't over. Not for Jet. She still had time, and she was not going to let it go to waste. She'd wasted enough already, her whole life. This was a test, and she wasn't going to fail, not this time, not even with one working arm.

'OK, sure,' she said bluntly. 'Thanks so much for your service, officers. Give JJ my best.'

'I know this is hard for you, Jet,' Jack said, running a finger over his stubble. 'But now we've got him, at least you can enjoy the time you have left.'

'Terrific.' Jet grinned, too many teeth. 'Yeah, I think I might rewatch *Stranger Things*. Maybe knit a scarf. Try get some abs?'

'Jet, please come home.' Mom sniffed. 'We should be together, as a family.'

Jet could go home. She'd done it before when things got too hard, the last time her body turned against her. She could, you know. She could.

But she'd made one hard choice, and now she made another.

'Sorry, I can't,' Jet said. 'There's just too much to do. And I need to enjoy the time I have left. Cops' orders.'

Mom's lip twitched.

'We'll leave you to it, then,' Detective Ecker said, chair creaking as he stood. 'Let us know if you have any questions. And we'll inform you when JJ has been officially charged.'

Jet nodded, following him with her eyes.

Ecker paused, turned to Jet's dad. 'Scott, are you able to meet us back at the site on North Street? We have a few more questions to run through.'

Jet's dad clapped his hands to his knees. 'Sure,' he said. 'We'll be right behind you. Dianne?'

Mom stood up, stopped herself. Bent down to place one kiss to the top of Jet's head. It hurt, everywhere hurt. But that knot in her gut had loosened, finally let go.

The chief nodded by the door, and Jack left with a sad smile, first for Jet, then for Billy. Ecker was the last to leave, behind Jet's parents, closing the door with a click.

Billy followed, peered through the peephole, watching them all leave, voices fading down the stairs.

He turned back, a new glint in his eye, saved just for her.

'We don't think it was JJ, do we?' he said, head back against the door, voice hovering somewhere between resigned and excited.

Jet smiled, a real one, just the right amount of teeth. 'No, we don't,' she agreed. 'I'm not saying it's *not* JJ, but I want to have answers to all of my questions before I can die happy. I'm not half-assing this one, Billy. I'm not dying a half-asser, you know that,' she said. 'Did JJ have access to that hammer brand, and where are the rest of the tools, then? How could he have known about the concrete going in on North Street, if he did? Who else had contact with JJ and Andrew at the fair, could have transferred that red hair? Could it have been Andrew Smith? Why is JJ's brother pretending he never worked for Mason Construction? And why are people in my family lying to me about the day I died?' She cracked her neck. 'Let's start with Sophia.'

Billy nodded, a sideways smile. 'You never even thought about stopping, did you?'

'Maybe for a second,' Jet said, meeting his eyes. 'But I need to do this. I've got like three and a half days to live, and I need to be the one to find my killer. Anyway, do *you* want to stop? Smashing shit with sledgehammers, pissing Luke off, being an asshole because I'm dying and I'm allowed to be, having guns waved in our faces. I'm having fun, aren't you?'

18

Jet tried to point at the screen, almost felt herself doing it, stared down at her lifeless arm. A phantom that moved in her head but not from the couch. OK, left hand then.

'See, look,' she said. 'Now Sophia comes back and it's 3:24. She's in the house for about five minutes before leaving again.'

Billy nodded, watching Sophia on-screen, pulling up in her blue Range Rover.

'And this is just over an hour after she already dropped those cookies off?'

'Correct,' Jet said as Sophia approached the front door, Cameron on her hip. 'And when I asked her about it, she said she accidentally left her phone in the house, came back to get it.'

'But she texted Luke at –'

'– 3:06 p.m.,' Jet finished for him, glancing at her note-book on the coffee table, at her handwritten times. The glance became a stare. Her handwriting. Such a small thing. The way her zeros slanted, the way her *d*s had no tail. She'd never write anything again, one small death already, a prelude to the main event. Jet swallowed, a slow sinking in her gut, a small blip of grief, tucked away with that other one: that she'd never drive her truck again either.

'But she told you she'd left her phone at your house between 2:21 p.m. and now.' Billy paused as Sophia closed the front door behind her. '3:24.'

'Yeah, so she lied.' Jet turned to him. 'I told you it was

weird. On the day I'm murdered, she lies about not having her phone, about the reason she came back to the house. And then there's that *Call me* text at 10:52, when she and Luke were supposed to be together at the house, watching TV.'

'What do you think that means?' Billy paused the video.

'I don't know.' Jet chewed her thumb. Felt strange doing it on this side. 'Maybe it was a *Call me because I just bashed your sister's head in six minutes ago.*' She pitched her voice higher, like Sophia's. '*And I've got her iPhone and I'm about to turn it off and dump it in the foundations on that North Street project because I know you're doing the concrete tomorrow morning, could you come and give me a hand? Oh, and how's the baby doing?*'

Billy tried not to smile at her impression. Was spot on, though; how had Jet not discovered this before?

'You really think Sophia could have killed you?'

'Maybe she doesn't like me much either.' Sinking back to her normal voice, deep and ragged. 'But there's clearly something going on. Something secret she was doing in the house on Halloween, that she doesn't want me or the police to know about.'

'Connected to your attack?' Billy chewed his lip.

'Maybe.'

'Oh,' he said suddenly, eyes widening. Jet watched them in the darkened laptop screen. 'Maybe she did forget something, but it wasn't her phone. It was something she was supposed to do, to get ready.'

'Like what?' Jet held the reflection of his eyes. 'Hide the hammer?'

'No, I was thinking about the door. Wasn't the back door unlocked? That's how the police think the killer got inside. What if someone made sure it was unlocked earlier in the day?' He stroked his fingers on the trackpad, awakening the laptop, pressing play. Sophia came back to life again, leaving

199

the Masons' house without a glance at the camera, head down, eyes locked ahead, Cameron sucking on his pacifier.

'For herself?' Jet said, playing the scenario through in her head, reversing Sophia's steps, rewinding her into the kitchen, then the laundry room, flipping the latch to unlock the back door.

'Or someone else?' Billy suggested with a shrug.

Jet wrinkled her nose. 'Like a hit man? Do we even have hit men in Woodstock? Hit women. Hit people.'

'I don't think hit men use hammers,' Billy said, backing down from the idea. 'OK, let's think this through. I know it's the same day you were attacked, but could this just be a coincidence? I mean' – he gestured to the screen again – 'has she ever done something like this before? Bake cookies, drop them off when you and your parents are out?'

Jet leaned forward, dropped her chin into her left hand, finger to her temple, thinking back. Did thinking make her head hurt more? Did remembering? That constant ache, simmering away, like a little fire. But it wasn't fire; it was blood, a slow leak.

'Yeah,' Jet sniffed. 'Maybe she has.' Definitely not the first time Sophia had baked; it had happened enough times to start to piss Jet off. But when? 'I think she made a cake for Mom's birthday. Yeah, she did. And she dropped it off during the day too. Said she didn't want to bring it to the restaurant we were meeting at later. And it was a fucking carrot cake. Vegetables in cakes.'

'When?' Billy asked, finger on the trackpad, clicking back to the Ring dashboard.

'August thirtieth, Mom's birthday. Me and Mom and Dad were out during the day, visiting my aunt Laura. Came back to find the cake. *Isn't Sophia so thoughtful?*' Jet said, an impression of Mom now.

'Does it save data from that far back?' Billy checked the screen.

'Yeah, goes back one hundred and eighty days. Let me.' Jet shoved Billy out of the way with her elbow, her left hand to the trackpad, finding the correct date on the dashboard. 'Here. This must be Sophia.'

She clicked on the video for *Motion Detected* at 12:07 p.m. that day.

Blue Range Rover pulling up on the driveway, parking.

The car door opened and Sophia stepped out, headed toward the backseat. She pulled out a different baby. Cameron from two months ago, a quarter of his life stripped back, you could tell: the size of him, less hair, pinker-faced, Sophia not struggling so much as she balanced him in one arm and a frosted cake in the other. In a plastic-topped container.

She put the container down on the front step as she pulled a set of keys out of the pocket of her denim shorts. Opened the door, eyes meeting the camera for just a second, alighting on Billy and Jet two months in the future. She took the cake inside and shut the door.

Jet skipped to the next *Motion Detected*, four minutes later: Sophia leaving, without the cake.

'OK,' Billy said. 'And does she –'

'– I think she does come back,' Jet cut him off, clicking on the next video. 'We didn't get back till like four that day, and this is 1:33 p.m. Yeah, look, it's her.'

The blue Range Rover pulled up again. The same routine, minus the cake. Sophia in and out with Cameron, only inside for three minutes.

Billy leaned even closer to the screen. 'What the hell is she doing?'

'Tell you what she's *not* doing,' Jet answered. 'She's *not* forgetting her phone. Here.' Jet reached for her notebook and the pen resting on top, passed them to Billy. 'Can you write the dates and times down? I – I can't anymore. Yeah, there's good. No, neater than that, Billy. You write like a four-year-old.'

'Any other time you can think of?' He turned to her, pressed the pen to the corner of his mouth. 'Any other baked goods that turned up when you were all out?'

'Yeah, actually,' Jet said, finger on the trackpad, finding the date just as she said it. 'Fourth of July. My parents had a cookout in the yard that evening. I remember Sophia dropped off some cookies, little American flags. Would have been when we were out at the store, buying Woodstock out of burgers. Which was weird, because Luke and Sophia were coming to the cookout, so I remember thinking: why didn't she just bring them then?'

Jet clicked play, *Motion Detected* at 10:47 a.m. that day. 'Oh, OK, this is us leaving,' Jet said, watching her parents walk out the front door, Mom cupping her eyes against the morning summer sun, buds and flowers where there were none now.

'Jet, hurry up!' Mom called back into the house. 'We have a lot to do today.'

'We have plenty of time,' Summer Jet said, rushing out of the house, wearing the same Birkenstock clogs, not caked in mud. Both arms moving, hands in her hair, tying it into a stubby ponytail, so alive, so unaware that in four months' time she wouldn't be.

'Is JJ coming tonight?' Dad asked her. 'We should get another pack of burgers, Dianne.'

That Jet scratched her head. 'I think he's busy. Maybe next time.'

This Jet skipped ahead to the next time the camera detected motion.

'This is literally two minutes after we drove away from

the house,' Jet said, watching as Sophia's blue Range Rover peeled into the drive once more.

'Weird,' Billy muttered. 'Almost like she was close by, waiting for you guys to leave.'

'Almost,' Jet agreed.

Sophia got out of the car, wearing a denim jacket and a pale blue summer dress. She went to the back, pulled out a different baby again – even smaller, pinker, balder. Leaned farther in and emerged with a plate of red, white, and blue cookies, Saran-wrapped.

Cameron was fussing by the time she reached the door, grumbling through his pacifier.

'I know,' Sophia cooed at him. 'We'll just be a few minutes, I promise.'

She opened the front door, took the baby and the cookies inside with her.

Jet started the next video, four minutes later.

The front door opened and Sophia walked out, both hands around the baby, the cookies gone, left inside.

Sophia checked her footing on the front step just as Cameron spat out his pacifier, bouncing off the ground.

He started to cry, now his mouth was unplugged.

'Oh no,' Sophia said. 'Mommy will get it, don't worry.'

She bent forward, reaching for the green-and-white pacifier on the front path, and as she did, something fell out of her jacket pocket. Rattled loudly as it hit the ground.

'Whoopsie.' Sophia's voice squeaked as she scrabbled for the white object rolling away from her, quickly stuffing it back in her pocket, a bulge in the denim. Then she grabbed the pacifier and walked to the car, Cameron's screams building.

'Wait.' Jet rewound the video, dragging it back to the moment the white object hit the ground, too fast, too blurry. Jet paused, swiped her fingers on the trackpad to zoom in.

'What is that?' Billy asked, craning forward too. 'A pill bottle?'

'Yes.' Jet zoomed even closer. The object too tiny, too pixelated, but she recognized that band of pale blue across the bottom, the illegible blurred black writing and orange numbers near the top. 'Lotrel,' she said, her heart picking up, echoing the word back. 'Five ten. Amlodipine besylate. One hundred capsules.'

'How the hell can you read that?' Billy looked at her, impressed.

'I can't,' she said. 'I don't need to, I know it. Those are mine.'

'What?' The look in his eyes changed, a tiny storm in the blue again.

'Those are my pills,' Jet said, more sure now. 'Lotrel. I recognize the bottle. It's for high blood pressure. I have to take one every day for my kidneys. Those are mine.' She zoomed out again. 'Why is Sophia stealing my pills?'

Billy blinked, but it didn't shake the storm. 'Were they ever missing?'

'No,' Jet said. 'I would have noticed. I take one every morning. They're in the cabinet in my bathroom. Take it after I brush my teeth.'

Billy returned to the screen. 'Did she come back this time too?'

Another *Motion Detected* at 11:51 a.m. that day. Billy pressed play before Jet could.

Blue Range Rover.

Open door.

Sophia.

Blue dress and denim jacket.

Baby Cameron on her hip, a clean red pacifier in his mouth now.

Nothing in Sophia's hands this time. But there was

something in her pocket, the same-shaped lump the pill bottle had made just over an hour before.

Jet pointed.

'She has the pills in her pocket still.'

'Is she bringing them back?' Billy asked the screen as the front door closed behind Sophia. He clicked on the next video, recorded three minutes later.

Sophia time-jumped, walked back out of the house with Cameron, turned to shut the door behind her. The pocket of her denim jacket was flattened, the lump gone, which meant –

'– The pills are gone,' Billy said.

'She must have put them back.'

They turned to each other, eyes hooking on.

'Is that what she was doing all of these times? Mom's birthday? Halloween. Coming in to take my pills and then bring them back?'

Billy swallowed. 'You think she's doing something to them?'

Jet reached forward, slammed the laptop shut, the sound echoing in her chest. Because what the fuck else could Sophia have been doing?

'Only one way to know for sure. Come on. I left the pills at home. Mom and Dad are at the North Street site – we need to go now, while they're out. Can you . . . can you help me with my jacket?'

19

Jet waved to the doorbell camera, waved to her laptop back at Billy's apartment, waved to whoever might watch this footage after the end of this week, waved beyond the grave and even farther than that.

She slotted her keys in and pushed open the front door. It still smelled too clean in here, a chemical bite to the air even after three days. Billy coughed behind her.

A skittering of claws on the polished wood and Reggie rounded the corner.

He yipped when he saw Jet, speaking to her, yelling. Something like: *Where the fuck have you been, hi, hi, hi, I forgive you already.*

He jumped up, scrabbled at her legs.

'Hello handsome Sir Reginald the Woof.' Jet dropped to her knees, left hand scratching behind Reggie's ear. 'Who's a good boy, huh?'

His tail wagged his whole body, climbing up on her thighs to reach her face, nudging her lifeless arm with his nose.

'I can't do the double scritches anymore, bud, I'm sorry.' Jet scratched even harder with one hand, Reggie leaning his head into it, eyes hooked on hers, almost the same shade of hazel. 'You'll have to ask Billy very nicely.' The dog squeaked. 'But Billy is nice, so he'll say yes.'

Reggie looked up at Billy, tail smacking Jet as he rested his head on her shoulder. She hugged the dog with one arm.

'It's better this way,' she said quietly, resting her chin on the dog's fur. 'I thought I was going to have to watch you die

206

someday, after I stole you from Mom and Dad, obviously. Now I'll be the one checking out first. Sorry, bud. I would've missed you, and I know you'll miss me.'

Billy bent over them, cupped both hands behind Reggie's ears and scratched away, his knuckles grazing Jet's neck.

Reggie closed his eyes and groaned.

'Yeah.' Jet smiled. 'That's the good stuff, huh? Told you Billy will look after you. He's good at that, huh? Better than me?'

'Could never be better than you.' Billy smiled too, drew back.

'OK.' Jet's knees cracked as she straightened up, Reggie circling between their legs. 'Come on, Reg. We're on a mission, to see if my sister-in-law has been poisoning me for months.'

She headed toward the stairs, Billy and Reggie following closely behind.

'You really think Sophia's been trying to kill you?' Billy asked, still taller than her, even though Jet was two steps up.

'Well, *someone* tried to kill me.' Jet gestured to her messed-up head. 'Maybe there was a first plan, to do it slowly. Then it got ex-exp-ex – fuck. You know that word, when something needs to happen sooner.'

'Sped up?' he guessed.

'No, smarter than that.'

'Accelerated?'

Jet pursed her lips, reached the landing. 'No, but that will do. Then the plan got accelerated, swapped pills for a hammer.'

Jet paused outside her bedroom, the door shut. It was never normally shut.

'But why would Sophia want to kill you?'

Jet grabbed the handle. No, *thought* about grabbing the handle, with the arm that no longer worked, still dominant even though it was gone. Used her left hand instead, overriding instinct, scolding herself.

'I can think of a reason,' Jet said darkly, ushering the two boys into her bedroom. 'Sophia cares about money, always has. When you're fifteen, you tell each other everything; she grew up with parents who couldn't afford much, always argued about money, and she said she would never live like that. She wanted to be like us, the Masons. I always thought that's why she really went for Luke. But, hey, I'm no romantic.' She paused. 'Maybe Sophia found out that Dad wasn't going to leave the company to Luke, because it wasn't fair on me. Well, if you get rid of me, you get rid of that problem.'

'That's dark,' Billy said, looking around.

'I think motives for murder usually are pretty dark. But it *is* my first time.'

'Looks different in here.' Billy gestured toward the bed, and the walls. Plain walls with dark baseboards, light cotton sheets, and neutral-patterned cushions.

'Yeah.' Jet followed his eyes. 'I guess you haven't been in here in like –'

'– Fourteen years,' Billy finished.

'No more frog wallpaper.' Jet clicked her tongue. 'And the green bed is gone.'

'Don't tell me you got rid of Mr Rabbitson, the Fifth Earl of Woodstock?'

'I'm not a monster,' Jet scoffed, heading for the bathroom. 'He's in the closet. One of his arms fell off, though. Ooh, foreshadowing.'

Jet pushed the bathroom door open with her shoe, flicked on the light.

'OK. They're in here.'

She approached the mirrored cabinet above the sink, her reflection drawing closer, that strange dilated eye, like it was lost in terror, always ready in fight-or-flight. Billy watched her face too, not his own – she caught him.

Jet opened the cabinet and banished both of them, reaching for the white pill bottle on the bottom shelf, her left arm getting tired, doing all this extra work.

'Here we go.'

The pill bottle rattled as she carried it over to the toilet. She flipped the lid closed and sat on the floor, resting her elbows on top of the closed toilet.

Billy joined her, sitting on the opposite side, his knees grazing hers around the toilet bowl.

Reggie settled himself across the threshold, giving them some space, standing guard . . . lying guard. Facing the wrong way, actually.

Jet clenched the pill bottle in her fist, stared down at the childproof top. A push-down-and-twist kind of lid. She blew out her cheeks.

'Need me to open it?' Billy asked.

'Kind of feels anti-feminist if I let you do that.'

'No one's watching.'

'Apart from Reggie.'

'He won't tell,' Billy said, leaning forward, placing one hand over Jet's on the bottle, the other on the lid, pressing down and twisting it off. 'There, you did most of the work. I just finished it off.'

'Don't humor me.' Jet looked inside the bottle.

'Yeah, you humor yourself too much already.'

Jet tipped the bottle and poured the contents out against the white toilet lid. Little yellow capsules rolled everywhere, a small mountain gathering together in the center. Tiny black writing printed on each one: *Lotrel 2260*.

'What do these pills actually do?' Billy asked, picking one up to study it.

Jet did the same, pinching it in her left hand.

'It's a *calcium-channel blocker*,' Jet said, quoting from the

209

packaging, long ago memorized from the times she'd forgotten to bring her phone to the bathroom with her, had to find something else to read. Shampoo bottle also worked in a pinch. 'Treats high blood pressure, a side effect of PKD, which can make our kidneys worse, me and my dad. That's why we gotta take these. See anything strange?' Jet brought the capsule closer to her eye, picked up another one instead. They both looked normal, no dents, the top half aligned with the bottom.

'Not really,' Billy said. 'But you're the one who's taken them every day for years. You see anything strange?'

'Not really,' Jet repeated him. 'Can you open one up, pour out the powder?'

Billy screwed one of the small capsules between his fingers, working one end away from the other, splitting it into two halves, the powder sitting inside the bottom part. He bent forward and tapped the white powder out onto the toilet seat.

'Is that what it's supposed to look like?' Billy asked, his breath tickling the powder, scattering some.

Jet lowered her head, bringing her eyes down to the level of the powder, studied it. 'Don't know,' she whispered. 'I've never opened one before. What does it taste like?'

Jet licked her left index finger and pressed it to the pile, the powder clinging to her damp skin. She stuck out her tongue and swiped her finger across, tasting it.

Her mouth filled with saliva to wash out the sharp taste.

'Not good?' Billy watched her face, tasting some too.

'I don't know,' Jet said. 'Tastes chemically. Chalky. Tastes like medicine, really.'

'So maybe they aren't tampered with?' Billy pulled the same face, retracting his tongue.

'Well, I don't actually know what poison tastes like either. Probably chemically and chalky too.'

'They don't look tampered with.' Billy picked up another one. He unscrewed the two halves and then tucked them back together into a whole. 'See, it doesn't look perfect now. There's a dent there, and that line isn't exactly aligned. It's hard to make it right again without denting it more.' He tried. 'I think we'd be able to tell if she'd opened every one and replaced the medicine with something else.'

He held out the evidence to Jet and she picked up the slightly deformed capsule. He wasn't wrong.

'But we literally *saw* her taking my pills away, then coming back to plant them an hour later. What was she –' Jet's mind got there before her words did, not even a close race. At least that part of her brain still worked. 'Not *my* pills,' she hissed, scattering more powder, capsules rolling away from her. 'My dad takes the same ones. It was *his* pills Sophia took. Come on. Can you – ?'

Jet gestured to the mess on the toilet seat.

Billy understood perfectly, scooping the capsules with both hands, sliding them into the open bottle. He blew to clear away the last of the powder, re-screwing the lid and handing the bottle to Jet. Wrong hand. He blushed. Jet didn't.

'Come on.'

Jet rattled as she left the bathroom, pill bottle swaying at her side, stepping over Reggie. He got up to follow immediately as they headed out of Jet's room, down the hallway toward her parents' bedroom.

The bed was immaculately made, always was. Old hardcover books on the wall-mounted shelves that weren't actually for reading, display only. The large French double doors leading to the balcony that looked out over the garden, over the pool.

Jet veered left, toward their en suite bathroom.

'His and hers sinks,' Billy muttered. 'Nice.'

Jet smirked at him, through the ornate art deco mirror hanging in the center. She approached the sink on the left – *his* – placed her pill bottle on the counter, and reached up to open the wooden cabinet above. Her fingers closed around the matching bottle of Lotrel, and she turned to hand it to Billy, no speaking this time, no need to.

Billy pushed down and twisted the bottle open with a clack that echoed around the tiles.

'Here,' Jet said, clearing space on her mom's dark oak vanity, pushing away bottles of perfume and makeup brushes.

Billy followed her over, tipped the pill bottle, and let the yellow capsules tumble out. More than had been in Jet's bottle, almost a full pack. Dad must have picked up his prescription last week sometime.

Jet pinched one carefully, raised it to her eye. There was a small dent in the capsule shell where one half met the other. The two white bands against the yellow background didn't quite line up as she rolled it between her thumb and finger.

'Shit,' Billy said, studying a different pill, noticing the same thing. 'These don't look like yours did. They look –'

'– Tampered with,' Jet agreed, picking up a few more to be sure. 'Open one, Billy.'

He was already doing it, unscrewing a capsule, the job easier this time, like it had already been done once before.

He tapped the open capsule out, white powder trickling down against the dark wooden surface. It had a different texture than hers, the grains of white a little larger, a little shinier, like tiny crystals.

'That looks different,' Billy commented, putting the empty shell down.

'That *is* different,' Jet agreed. She dipped her finger into the powder.

'The taste test might not be useful.' Billy watched Jet's

finger move toward her mouth. 'If she swapped it out with another medication, how would you be able to tell?'

Jet flicked her tongue out, pressed it to the powder.

It soaked through, disappearing in her mouth, the taste immediate and bitter.

Jet coughed. 'I know exactly what that is. It's salt.' Her eyes met Billy's. 'Table salt. Try some.'

Billy took a pinch, placed it inside his mouth. Swallowed. 'Yep. Definitely salt.' Like it stung his eyes too.

'Salt,' Jet gasped, the taste sinking in, and the meaning behind it.

'What?'

'That's, like, the worst thing you could give someone with PKD,' she said. 'Open some more, check them.'

Billy did.

'Salt,' he said. 'Salt again. And here. They're all salt, Jet.'

Her gut twisted, made a break for her spine, hairs reacting, standing up.

'We're supposed to follow low-sodium diets,' she said. 'Can't even have the good fucking cheese. Salt increases your blood pressure, and if Dad hasn't actually been taking Lotrel for months, but a whole bunch of salt instead . . . oh my god.' Jet leaned against the wall, hand slipping on the tiles. 'You've seen him. That's why he's det-de-d – got so much worse this year. His kidneys have started to fail, doctors talking about transplant or dialysis soon.' She took a breath, hardened her voice, coming out of shock, finding rage on the way. 'Because Sophia has been poisoning him. She's been killing him.'

'Fuck,' Billy hissed, tucking his hands under his armpits. 'Fuck.' Because no other word would do.

'Fuck,' Jet said too, kicking out at the legs of the vanity, making the yellow pills judder and roll. 'Seems there was more than one murder going on in the same fucking house. And if Sophia is willing to kill one *in-law*, then . . .' Jet pointed to herself, thumb screwing into her chest.

Billy gestured to the pills. 'What should we do? Take these to the police?'

'Fuck the police. No offense to your dad.' She sniffed. 'They're convinced it's JJ. I don't have time to wait around un-convincing them. This is for me, not them. I will deal with Sophia. And I don't want my dad taking any more of these.'

Jet scooped up as many pills as she could in her left hand.

'Grab the rest,' she told Billy, heading toward the toilet.

She dropped the yellow capsules in, floating and twirling in the waiting water, keeping just one, sliding it into her back pocket.

Billy followed her, double-handed, with the rest.

Jet flushed and the pills disappeared in a rushing whirlwind, Billy's hand skimming hers as they watched, side by side.

'To Sophia's house?' he asked.

Jet cracked her neck, bit down on her back teeth.

'There's going to be a lot of yelling, isn't there?'

'I'll go in alone,' Jet said. 'I'll get more out of her alone. You wait down the street.'

'But —'

'— Don't worry, I won't turn my back on her, in case she has any more hammers lying around. I want to see her face when she realizes that I know. That she's been killing my dad. Should have just kept you as my best friend, huh, Billy? You're not the poisoning type.'

Billy sniffed. 'Yeah, you should've.'

'One more thing.'

Jet walked back to her dad's sink, picked up her bottle of Lotrel pills, untampered with. She placed them in her dad's cabinet, in the exact same spot where his had lived, closed the door.

Her final gift to him. Jet didn't need the pills anymore. And maybe it wasn't too late for her dad.

She caught herself in the mirror again, the fire behind both eyes, filling that endless black pit and whatever lay underneath, held together with screws and wire mesh.

'To Sophia's,' Jet said. 'I am going to . . . fuck . . . her . . . u—'

20

'Up?' Sophia asked, singsong high, looking down at the baby, both his arms raised. 'You want *up* out of the high chair?'

At least Cameron wasn't still screaming, like this morning.

He changed his mind, lowering his arms, shoving another tiny floret of broccoli into his mouth, mashing it around.

'Sorry, Jet.' Sophia ruffled Cameron's hair. 'Right in the middle of dinnertime. What were you saying?'

'How was Pilates this morning?'

Sophia pursed her lips. 'Um, it was good. Why?'

'Just checking in with you, sister. Having a chitchat, see how your day's been.' Jet leaned against the doorway, only half in the kitchen. 'Mine's been a bit shit, thanks for asking. Been to the hospital, can't move my right arm anymore, so that's an interesting development on top of the whole only-having-three-and-a-half-days-left-to-live thing. But I'm glad Pilates was good.'

Jet crossed the threshold into the room, spotting something on the counter. 'Stop it,' she almost laughed. 'More baking?' She pointed to the cake on the side, white icing, blue edging. 'Aren't you just the perfect housewife?'

'Oh.' Sophia handed Cameron a piece of shredded chicken. 'That's for Cameron's best friend, Noah. It's his first birthday tomorrow, having a little party.'

'You're too much, Sophia,' Jet said darkly, staring down at the cake. 'Make the rest of us look bad.'

'Haven't finished it yet.' Sophia stepped closer, throwing a dish towel over her shoulder. 'Need to do the writing.'

Jet nodded. 'Where's that going? In the middle, here?' Jet pointed down at the cake, pretended to write with her finger. *'Happy First Birthday Noah.'* But her finger kept going, an indent in the icing, then a hole, then right the way through, grabbing an entire handful right out the middle.

'Jet!' Sophia shrieked. 'What are you doing? You've ruined it!'

'Just tasting it.' Jet brought the handful to her mouth, took a huge bite. Cloying and sweet, sticking to her tongue.

Cameron giggled.

'Jet!'

'Hold on,' Jet said, mouth full of cake, stuffing the rest in, chewing. She pulled a face. 'My god, Sophia. Waaaaay too much salt. What are you trying to do, poison these kids?'

Sophia's eyes widened, feet rooted to the spot. Had she caught that? Jet hoped she'd caught that.

'You've got icing on your face,' Sophia said, sharpening the letters, letting them hiss.

'I know,' Jet said. 'And Cameron's got broccoli on his. Excuse me.'

Jet walked right over to Sophia, too close, looking up into her eyes as she wiped the clumps of cake and icing off on the dish towel, getting some on Sophia's clothes, sucking the rest off her fingers, wiping again.

'What has gotten into you?' Sophia lowered her voice to a whisper.

'An aneurysm, apparently.' Jet stepped back. 'You should listen to what I said about the salt. Can be really dangerous to eat too much, especially for someone who has PKD.'

'I have no idea what you're talking about.' Sophia hadn't moved.

'Oh, really? No idea?'

'No.' Sophia dropped the dish towel into the sink. 'You can't just come in here and –'

Jet placed the little yellow capsule down on the counter.

Sophia's eyes snapped to it.

'Is this where you'd do it?' Jet gestured around with one arm. 'The kitchen? Pour the medicine down the sink, fill each one with salt instead, put them back together. That's fiddly work.' Jet flexed her chin, like she was impressed. 'One hundred pills in each bottle. No wonder it took you over an hour each time.'

'I don't know what you're –'

'– Yes, you do. Don't be boring, Sophia, I don't have time for it.' Jet folded her arms. 'The doorbell camera has footage of you taking the pills out of the house. Coming back an hour later to put them back, after you'd replaced each one with salt. You thought no one would figure it out? Fourth of July. Mom's birthday. Halloween. It's been going on at least four months, maybe longer.'

Sophia pressed her lips together, a tight line.

'Oh good, no more denials,' Jet said. 'Guess we're being grown-ups now, huh?' She wiped her face on her sleeve, more clumps of crystalline icing. 'Honestly, I thought it was me at first, the one you were poisoning. Got excited, seeing as I'm looking for who murdered me. But, no, it's Dad. You've been poisoning him for months, Sophia. Killing him.'

Sophia's mouth opened with a pop of saliva.

'Don't be so dramatic, Jet. I wasn't trying to *kill* him.'

'You were poisoning him. Every day. With salt. The man with the dodgy kidneys. They're starting to fail. He'll need dialysis or a transplant soon or he'll die. You did that to him. That sure looks a lot like killing somebody to me –'

'– Not to *kill* him.' Sophia shook her head like the idea was ridiculous, and so was Jet. 'I was going to stop as soon as . . . I just wanted him to get a little sicker, just for a little while.'

'Why the fuck –'

'– So that he'd realize it was time to retire, time to take his health seriously.'

'Seriously?' Jet snapped, stealing Sophia's word, changing it.

'Oh, come on, Jet, I thought we were being grown-ups.' Sophia sniffed. 'We all know he was supposed to have retired by now. It's been two years since he said he would. Luke has been waiting for so long. I was just trying to . . . speed that process along. Give Scott a little push, make him finally let go of the company. I was not trying to *kill* him,' she spat the word.

'Ah, sure,' Jet laughed, deep and empty. 'Poisoning someone so they retire early is completely different from poisoning someone so they die early. One is definitely morally justified, Sophia, you're right. I shouldn't have questioned your fucking principles.'

'Shut up, Jet. We all do what we have to do.'

Jet clutched her right arm at the elbow, edged her way toward another question, studying Sophia's eyes for a reaction. 'And you think Dad is going to leave Mason Construction to Luke?'

'Yes, of course he will, eventually,' Sophia said, no change in her eyes.

Jet's heart kicked up, reacting instead. Sophia must not have known about Dad's plan to sell the company to Nell Jankowski. And did that mean Sophia no longer had a motive to bash Jet's head in with a hammer? Killing one Mason, but not the other?

Sophia was still talking. 'He just has to retire first. He wants to, your dad, he's tired, he's ready. I'm not just doing this for me. This is for all of us.'

'Yeah, you're such a fucking saint, Sophia. Thank god you married into the family.'

'You're so ungrateful, Jet. Always have been. That's why you never got anywhere.'

219

'Oh, and you went somewhere?' Jet rounded on her. ''Cause it looks to me like the only place you went is my brother's bed.'

'Ah, she finally says it.'

'Says what?'

Sophia flashed her eyes. 'I've always known you were unhappy that I married Luke!'

'I'm more unhappy that you've been slowly murdering my dad so you and Luke can take his company, actually!'

A muscle twitched in Sophia's jaw. 'Luke has worked really hard. The company came close to going under last year, and Luke is the one who turned everything around. He deserves this!' Her voice faltered, came back weaker. 'Why do you hate me so much, Jet?'

Jet widened her eyes, gestured to the small yellow pill.

'No,' Sophia sniffed. 'Before this. Before Luke. What did I ever do to you?'

'Are you joking?' Jet got stronger as Sophia weakened, shrank back. 'You abandoned me, Sophia. I used to think of you as a sister; we spent every day together. Then I go away to college, and everything is scary and new and I don't really belong, and I needed you and you stopped answering! You weren't there!'

Sophia shook her head. 'Funny,' she said. ''Cause that's not how I remember it. You're the one who stopped responding to me, Jet. I didn't have anybody when you left Woodstock. You were my everything, and then you were gone, so focused on Dartmouth, on trying to be Emily, that you forgot to be yourself.'

That stung, Jet felt it behind the eyes. 'No!' she barked. 'You never met Emily. You don't get to talk about her like you know anything. You stopped responding first.'

'I remember it differently.'

'You remember it wrong!'

'Fine!' Sophia snapped, coming back. 'You can hate me as much as you want, but I did this for Luke. I'd do anything for him, for the people I care about.'

'Poisoning your father-in-law seems a step too far, if you ask me,' Jet said. 'Why couldn't you just wait until Dad was ready to retire?'

'Luke can't wait,' Sophia said, tensing like she'd accidentally said too much.

'Why?' Jet stepped closer. 'Why can't Luke wait? Has he done something?'

'No, no, no,' Sophia said, two *no*s too many. 'He's just waited too long already, that's all.'

'Sophia,' Jet growled. 'Tell me.'

'There's nothing to tell!'

'Where were you when I was being murdered?' She stepped forward again, squishing a piece of cake into the floor. '10:46 p.m. on Halloween. I know you and Luke weren't here together, like you said. One of you was out. Was it you? Was it him?'

Sophia blinked. 'I don't know what you're talking ab–'

'– Not this again,' Jet cut her off. 'Yes, you do. You lied to me. You texted Luke, saying *Call me* at 10:52 that night. Look, go get your phone, if you want to keep playing dumb. One of you was not in the house like you said. Was it you, Sophia? Where were you?'

Sophia blinked. 'I was here,' she said, voice deflating.

'So it was Luke?' Jet pressed. 'Luke went somewhere?'

'No.'

'Sophia, tell me!'

'I can't tell you anything! Luke was here with me!'

'You're lying!'

'I'm not!'

'What about those cuts on his hands?' Jet pressed even harder. 'Did he come home with those?'

'Luke didn't leave home!'

'Oh, fuck off, Sophia.'

'Not everything is about you, Jet,' she shouted. 'The world doesn't revolve around you, you know!'

'Well, I'm the one dying this week, so it can revolve around me just a little bit, 'kay? Temporarily.'

Jet drew back, a phantom itch at the back of her neck, heat just below the surface. She pointed to the Lotrel capsule.

'Does Luke know? About you poisoning Dad? Did you plan this togeth–'

'– No, he doesn't know.' Sophia sniffed, a wet sucking sound, though there weren't any tears. 'And, Jet, you can't tell him. You have to promise me you won't tell him.'

Jet folded her lip, scoffed in Sophia's desperate face. 'I'm not promising you shit.'

Sophia grabbed Jet's arm. Her right arm. Jet only knew because she watched her do it, couldn't feel a thing. Sophia could squeeze as tight as she wanted, dig those nails right in, and Jet wouldn't flinch. Not a bit.

'No, Jet. You can't tell Luke about this.'

Jet narrowed her eyes, took aim, right up through Sophia's head. 'I can do whatever I want. I've got three days to live. No consequences, Sophia.'

She shoved Sophia away.

Walked past Cameron – happily picking away at the rest of his broccoli – toward the hallway.

'You've been spending a lot of time with Billy Finney this week, haven't you?' Sophia called after her, breathless between the words, forcing them out.

Jet ignored her, kept going for the front door.

'Does Billy know?' she called. 'What you did to him? How you ruined his life?'

Jet's feet faltered, stopping her on the *Welcome* mat. She pressed her teeth together, swallowed the guilt back where it belonged. Deep down. Farther than that.

'If you tell Luke about the pills, Jet, I'll tell Billy about his mom!'

Jet's heart followed the guilt, down into her gut, hissing in the acid.

'Fuck you, Sophia!'

'Fuck you, Jet!'

'Don't fucking swear in front of the fucking baby!' Jet yelled, wrenching the front door open.

Dark outside, the moon hanging low in the sky.

She slammed the door behind her.

They still had a jack-o'-lantern on the front porch, uneven toothy smile that was closer to a smirk, like Sophia's, upside-down triangle eyes, just starting to soften and sag.

Jet let it take over, the rage, starting in her gut, chewing on her doubled-up heart, clawing behind her eyes. She smashed her heel down onto the jack-o'-lantern and the pumpkin exploded, orange innards everywhere. She stamped again, and again, until it was flat, just chunks and the little stringy goo that held them together.

It helped, actually, to pretend it was Sophia.

The rage burned itself out, but Jet suddenly lit up, here on the porch. A spotlight – no, two. Covering her eyes against the glare.

Headlights.

A car pulling up on the drive, parking beside the blue Range Rover.

It was Luke, coming home from work.

Jet scraped the pumpkin guts from the sole of her

shoe – these Birkenstocks, man, been through a lot this week – and hurried down the steps, reaching the car before Luke had even switched the engine off.

Left hand. She grabbed the passenger door handle and opened it, dropping inside, shutting them in together.

'Um, hi.' Luke stared across at her, keys clutched in his hand. Scabs starting to peel off his knuckles.

'Yeah, um, hi,' Jet replied.

'Did you just smash our pumpkin?' He looked through the window beyond her.

'Yeah, I was mad,' Jet said, no hesitation. 'Where's my list?'

'What?'

'The list of Mason Construction employees, Luke.'

Luke pinched his nose, sighed. 'Fuck, Jet, I forgot.'

'You forgot?' Jet leaned closer, a new glimmer of rage with a different face. This one lived in her chest. 'Not like this is life-or-death or anything, Luke.'

'I'm sorry.' His eyes flashed, catching the moonlight, reflecting it back at her. 'Work has been crazy, with the North Street site shutting down and –'

'– Is there a reason you don't want me to see it?' Jet said, knowing there must be, that there was something more here. 'Because you've sure been stalling a lot.'

'I just forgot, sorry.' He looked down.

'I don't think you would forget. You know I have three days to live, how important this is to me. What's going on, Luke?'

'Huh?'

'Just tell me. I know something's going on.'

'There's nothing going on.'

'You didn't kill me, did you, Luke?' Jet laughed but it was cold, empty, not quite sure of itself.

His jaw tensed, chewing on the stale air inside the car.

'You seriously asking me that?'

'You weren't here, at home, during the time when I was attacked. I know you lied about that.'

He sniffed. 'Yes, I was. Me and Sophia –'

'– Sophia just told me,' Jet said, a lie of her own. But she was pretty sure she was right, that Sophia had been home, and Luke hadn't. 'Those grazes on your hands, you didn't get them Friday morning. There's photos of you at the fair, Luke, I've seen them. Your hands are fine. You must have hurt them after, sometime Friday night.'

'While I was smashing your head in with a hammer?' he asked, a laugh, just as empty.

'I'm just asking.'

'Well, don't.' Luke wiped his face, stubble hissing against his fingers. 'You know it wasn't me. You're my sister, why would I want to kill you?'

Jet sat back. She could think of only one reason: if Luke knew about Dad's plan to sell to Nell Jankowski, if getting rid of Jet was his only option.

Silence, too heavy, pressing down on Jet's shoulders as she watched her brother, scoring his fingernail along the metal of his keys.

'Is . . .' Jet faltered, tried again. 'Is getting Dad's company really that important to you?'

Luke laughed, pressed the keys into his palm, little teeth leaving indents behind, marking him. 'The most important. It's literally the only thing that matters.'

'Really?' Jet asked, trying to find his eyes. 'Like you've spent your whole life fixated on this one goal, on achieving this one thing to prove to everyone that you can. And when you have – when you finally get it – life can actually, really begin, and you'll finally be happy? Like that?'

'Yeah.' Luke stared ahead. 'Something like that.'

'But do you think it will?' Jet looked out the windshield too. 'Make you happy?'

Luke thought about it, sucking in all the air, leaving none for Jet. Pushed it back out.

'Yes, I do,' he said. 'It has to.' He glanced over. 'Why?'

Jet shrugged. 'Just been thinking. About you and me, how we grew up. If we really understand what *happy* is supposed to look like. Because of Emily, because of what happened. Always being compared to her, the things she was going to do. Happened so much that I wonder if we think that life is just about constantly comparing ourselves. To Emily, to each other, to everyone else. To prove something, to Dad, to Mom especially. Like we can be good enough too. But is that right? Is that what it's all supposed to be about or . . .' Jet trailed off. She didn't know where that was going either, what came after the *or*, what other choice there was. It was a stupid thought, blood leaking into her brain, making her think stupid things.

'No, I don't think about that,' Luke said, shutting her down, unbuckling his seatbelt, like he was finished with this conversation.

But Jet wasn't, and the world revolved around her this week.

'You know,' she said, raising her voice, bringing him back in. 'You know you've always said you would give Dad one of your kidneys?'

Luke nodded, something new in his eyes, shifting. 'I would have given you one too.'

Jet smiled, too wide. 'Lucky it's my brain that's killing me, because you really can only give away *one* kidney, Luke.'

'Right.'

'Well,' Jet said, 'you might have to do that, for Dad, sooner rather than later. You can thank your wife for that.'

'What are you talking about?' He looked across at her.

'Tell Sophia Jet said to ask about the Lotrel and the salt.' She smiled. 'Make sure you do – it's a pretty funny story, actually.'

Jet leaned her left arm across herself, reaching for the door handle. 'My right arm doesn't work anymore,' she explained, catching the confusion on Luke's face, opening the door. 'Aneurysm's leaking. Means it'll only be a few days, so . . .'

Jet stared out the open door, the wind picking up, howling as it trespassed inside the car.

She swung one leg out, hesitated, turned back.

'Luke?'

'Jet?'

If Luke knew about Dad's plan to sell the company to Nell Jankowski, then that gave him motive, and Jet couldn't write him off. Even though he was her brother, even though they grew up together, even though he was supposed to be her ally, even though no one had truly felt like an ally inside the war zone of 10 College Hill Road, after Emily died.

His reaction would tell Jet everything she needed to know.

'I found something out,' she said, choosing her words carefully. 'And I think I should tell you, because it's you, and it's me.'

Luke shifted in his seat, facing her. 'What?'

Jet swallowed. Luke could never hide his temper, never, so if it came out, then didn't that clear him?

'Dad isn't planning to leave the company to you,' she said, quickly, before she lost her nerve. 'I know that's what we all thought his plan was, when he retired. But . . .'

A shadow crossed Luke's eyes, face shifting, crowding the corners of his mouth.

'. . . He's planning to sell the company, to Nell Jankowski,' Jet continued, studying Luke, watching the shadow spread farther, bringing a flush of angry red out in his cheeks, creeping down his neck. 'She owns a big home construction

227

business, wants to expand here in Woodstock. Dad's planning to sell to her, because he doesn't think it's fair to give you the company when he has two kids. Even though I would have never wanted it, Luke, you know that.'

His bottom lip dropped open, teeth bared.

'Is this true?' he said, voice just a dark whisper, holding it all back. 'Or are you trying to hurt me?'

'It's true,' Jet said. 'I spoke to Nell.'

Luke exploded, came apart at the seams, his eyes empty black holes, mouth one too. 'Fuck!' he roared, strings of saliva binding his teeth, just about holding his face together. 'FUCK!'

He punched the steering wheel.

Screamed.

Punched it again with the other hand, opening the scabs on his knuckles, a trickle of blood across his wedding ring.

'Fuck!' Luke screeched, taken over by his temper, possessed by it, hitting the steering wheel over and over.

The horn rang out as his fist connected.

And again.

Kept going, bloody knuckles, like the noise fueled him somehow. The soundtrack to his fury.

'FUCK!'

Jet stepped out of the car, left the door open, left her brother behind.

She walked down the darkened street.

Luke's screams and the staccato of the wailing horn followed her all the way.

A car beeped outside on Central Street, the sound rattling the windows in Billy's apartment, breaking up the silence.

Then Billy broke it again.

'I'm sorry, we're going to *what*?'

He stared at her, sandwich clutched between his hands, open-mouthed, matching the bite mark in the bread.

'We're going to break into Mason Construction,' Jet said, pulling her jacket zipper all the way to the top, one-handed. She could do it now, if Billy started it off for her, pulled the two halves together, up a few inches. 'You really should listen the first time.'

'I did listen, I was just giving you a chance to reconsider.' He abandoned the sandwich.

'I've considered,' Jet said. 'Reconsidered.' Grunting as she stepped into her shoes again. 'And re-reconsidered. Luke is hiding something. There's a reason he doesn't want me to have that list of employees; he's not *that* forgetful. What's the time now?'

Billy tapped his phone screen. 'Nine-forty.'

'Perfect,' Jet said. 'No one will be there. All ours.'

'And what will we be looking for?' Billy folded his arms, hugged them over his chest, wearing the same shirt Jet had borrowed last night at the bar.

'That damn list,' Jet hissed. 'And the reason Luke is being so cagey about it. He didn't know about Nell Jankowski, but there's something going on at Mason Construction, I'm sure of it. Why Sophia felt she had to poison my dad to make him retire sooner, stop him poking around. She said Luke couldn't wait. And I want to know why. Because maybe it's the same reason someone took a hammer to my head five days ago. It's all connected to the company, so that's where we're going.'

She moved toward the closet, her dead arm catching on the back of the couch, making her stumble. Or maybe it was the fact that everything had doubled again, her eyes tripping over the interwoven edges, Jet trying to find her way through, somewhere down the middle.

'You got a flashlight?'

'Er, yeah.' Billy pointed. 'Should be in that closet, maybe on top of the tool kit.'

'Duct tape?' Jet asked, pulling the closet door open, missing the handle the first time, scrabbling to its left.

'Why do we need duct tape?'

'Billy.'

'In one of those side pockets, I think.'

Jet found the flashlight resting on top, the tape just on the shelf beside. Struggled to hold them both in one hand as she avoided Mrs Finney's eyes in the framed photo above.

'And you've got the flashlight on your ph-phone.' She nodded toward it, on the counter. The nodding unbalanced her.

'You going to eat anything before we go?' Billy asked. 'The sandwich I made you?'

'Not hungry.' She leaned against the wall, tried to blink the world back together. Blink. Stitch it. Glue it. Hell, duct tape it. Blink.

'Jet.' Billy softened his voice, already cloud-soft. And what was softer than a cloud? 'You sure you're OK to do this? You don't look –'

'– I'm not dead yet,' she sniffed, wiping her nose on her sleeve.

'No,' Billy whispered.

230

'Not quite.' Jet forced out her old-man laugh, gruff and breathy, stopped because it hurt her head. 'You ready?'

'To break and enter? To commit a crime?'

'*I'm* committing the crime, Billy.' She hooked her good arm through his. 'You're just the getaway driver. And the get-there driver. You're my Emotional Support Billy.'

'Physical support too, huh?' he said, arm tensing, holding Jet up, taking half her weight.

'Just for the stairs. I'll be good in a minute.'

'Can't believe we're really doing this.' He scooped up Jet's truck keys from the counter, and his phone.

'Best week of your life, huh, Billy?'

'You said it, Jet.'

The trees loomed over them, thickening the darkness, hiding the moon. They shook their leaves, some kind of ancient warning, snatches of sugary red and fiery orange in the headlights. One perfect leaf dropped onto the windshield, making Billy swerve.

'Nervous?' Jet said.

'Nope,' he answered too quickly.

They were on Hartland Hill Road, the road out of town, not quite out of it yet, and they never would be, because Dad's offices were coming up on the left.

'Pull up over here.' Jet pointed through the windshield. 'Don't go down the drive. There's a camera on the gate.'

Billy pulled off the road, tires scraping gravel, coming to a sudden stop in the grass, his foot clumsy on the brake.

'Careful!' Jet said.

'We've already had this discussion.' Billy pulled up the parking brake. 'If I'm driving, you're not allowed to criticize.'

'Actually, we said I was allowed to criticize twice per trip. I got one more left.'

'Not my fault anyway,' Billy said. 'Brakes are too sensitive.'

Jet gasped, placed her left hand on the dashboard, leaned forward to whisper: 'He didn't mean that, baby.'

'So what's the plan?' Billy turned to her, across the darkness, whites of his eyes and whites of his teeth.

'I'll go inside, cover the cameras, turn off the security alarm.' Jet swallowed. 'Go find some incriminating spreadsheet or something, which explains Luke's behavior, points right to my killer, and we solve my murder and go home and get a large beer. Easy-peasy.'

'No problemo,' Billy answered.

'Keep the change, ya filthy animal.'

'Yippee ki-yay,' Billy said, leaving the best bit for Jet: 'Motherfucker.'

'OK, let's go.' Billy opened his door, stepped out.

'You're coming in?' Jet got out. 'I thought you were staying in the truck?'

Billy smirked. 'And let you have all the fun?'

'Ah, so you *are* having fun? It kinda suits you.'

Billy's smile deepened, pushing out one side.

'But wait, really.' Jet grabbed his arm, wearing the duct tape like an oversized bracelet. 'You know you can still get in trouble, right? I've got a get-out-of-jail-free card. It's called dying. You don't.'

Billy looked down, gently pressed Jet's bandage, one corner that was peeling off.

'I'm obviously coming in with you,' he said. 'I go where you go. Best friend shit, yeah?'

Thank fuck, because Jet really hadn't wanted to go in alone. Not that she was scared – no, remember, she couldn't get scared anymore. But it was just nice, to have a Billy again. She grinned at him, her gut unclenching, heart spinning, both at home when Billy was right here beside her. How had she forgotten, for so many years, this easy feeling she only had around him? Nothing to prove, and no reason to try.

'Yeah,' she agreed. 'We'll make up a handshake later.'

Billy flared his nostrils. 'You've forgotten our handshake?'

'Come on.'

Billy hesitated, glancing back at the powder-blue truck.

'Won't someone spot the truck, driving past? Not exactly subtle.'

Jet shrugged. 'Nah. They'll probably think it's just two teenagers, screwing around, because his parents are religious and hers are light sleepers.'

'Your mind,' Billy muttered, shaking his head, following her down the drive.

'I know,' she said. 'You can keep it, when I'm gone. Pickle it, in a jar.'

'Jet, stop.'

She did stop, because the gate was right up ahead.

Jet grabbed a handful of Billy's shirt, dragging him off the drive and into the tree line.

'Camera faces this way.' She didn't let go of him. 'We can sneak up behind it, cover the lens with tape.'

'Have you done this before?' Billy whispered.

'What?'

'Crimes?'

'No,' Jet snorted. 'But I've watched TV, so . . .'

They walked slowly, together, skirting the thick under-growth that lined the drive, eyes on the gate, the big white-and-blue sign that read: *Mason Construction*. A little boxy logo of a house, two windows and a roof.

Jet pointed out the small white camera, mounted on one of the posts.

They approached it from behind, hidden in the shadows, in its blind spot.

'I'm too small,' Jet said. 'And one-armed. Can you . . . ?'

Billy took the duct tape from her wrist, pulled a section free – hissing like a trapped wasp – and tore it off with his teeth. He reached up and around, pressing the tape over the front of the camera, adding another piece to be sure.

Jet walked over to the gate, stepped in front of the taped-up camera, and flipped it off. She'd only said it as a joke, but maybe she really was having fun. Billy too, joining her in front of the blind camera, raising his shirt up, flashing the pale flesh of his tight belly, even giving it a nipple.

Jet laughed, crashing into him.

Billy held her up, pointing to the keypad in the middle of the gate.

'You know the code?'

'Yeah.' Jet clicked on the flashlight, pointing the beam at the metal keypad, trying to ignore that she saw two beams where there should be one. 'I came to work here, actually, for a couple months, after I left Boston. Had to leave because Luke was too annoying about it, thought he'd start pissing in all the corners, claiming his territory. I didn't want to be here anyway.'

She handed Billy the flashlight, freeing up her hand.

Pressed her finger to the buttons, the metal cold, stinging her skin.

'022492,' she said aloud as she punched it in. 'Emily's birthday.'

The gate buzzed, grating in her ears as it swung open, letting them through.

'Breaking and entering,' Billy muttered, following Jet as she turned the corner, the brick-and-metal building sitting there, waiting for them against the dark sky.

'Just entering for now,' Jet corrected. 'Haven't broken anything. Yet.'

234

They passed a parking lot, regimented rows of white vans with the *Mason Construction* logo emblazoned on the side. A small army, Woodstock's own.

'There's a camera on the main entrance too.' Jet pointed, Billy's flashlight following her finger. 'Careful,' she hissed, 'don't let it see the light. If you hide behind the wall and reach over, you should be able to get the tape on it.'

'Yeah, I can do that,' Billy said, sizing it up. 'You wait here.'

He passed the flashlight back, fingers grazing hers, and hurried over to the wall, using it as cover. He tore off a long bit of tape, dropped the roll into his pocket, and pressed his back to the wall, pausing to shoot two thumbs up at Jet.

She shot one back, just one, all she had.

Billy sidled over to the corner, peered around, his hand following his eyes, reaching. Reaching harder.

'Two inches up,' Jet said.

He found it, pressing the tape over the lens, winding the spare around the back of the camera.

'Nailed it,' Jet said, patting him on the back.

'They don't record sound, right?'

'Just picture.'

'They're gonna know someone was here, though.' Billy glanced over his shoulder, wincing as the wind rattled the trees, throwing whispers at them. 'That the cameras were tampered with.'

'Nah, I doubt Dad even checks them,' Jet said. 'Unless he has reason to.'

Billy nodded. 'Let's not give him a reason to, then.'

'Yep,' Jet agreed. 'We'll leave everything as we find it. Don't worry, they'll never know.'

Billy pointed to the lock on the front door, the building pitch black behind the glass.

'Got the key?' he asked.

Jet pressed her lips together. 'Not exactly.'

'Did TV teach you how to pick a lock, Jet?' Billy shot her a look.

'Don't need to. There's a lockbox.' She pointed to the little black box mounted against the wall, behind a plant pot, a combination lock across its face. 'But I love your faith in me as a master criminal. Let's keep that energy going.'

She shuffled the pot out a few inches, bent down, started sliding the numbers of the lock.

'Emily's birthday again?' Billy asked.

'No.' Jet strained, the plant tickling her face. 'It's actually just *zero – zero – zero – zero*. Kept telling Dad that wasn't very secure. Got it.'

She pulled the front of the lockbox open, scrabbled inside for the key. Passed it to Billy, who slid it into the lock.

'OK, don't freak out,' Jet warned him. 'The alarm will start to beep. But it's fine, I know the code to disable it before it goes off. And that *is* Emily's birthday again.'

'Won't freak out.' Billy twisted the key and pushed open the heavy door.

The alarm woke up, started to chirp, ushering them through into the darkness inside.

Billy held the door for Jet, his hand on her back, closed it behind her.

'OK.' She approached the alarm, eye height on the inside wall, its screen illuminated, counting down. *57 seconds, 56. System armed,* it said. *Enter code?*

Yes, she was going to. Pressed the rubber buttons: *022492 enter.*

The alarm beeped at her, in between the chirps.

Code attempt 1 of 3, it said.

Jet's heart made a break for it, thrumming in the base of her throat.

'Fuck.' She smacked her fist against the wall. 'They've changed the code.'

'OK.' Billy's voice behind her, breathy and panicked. 'Now I'm freaking out. Try something else? Another birthday?'

40 seconds. 39.

Jet tried Luke's next: *051695 enter.*

The keypad beeped again, angrier now.

Code attempt 2 of 3.

'Fuck,' Jet hissed. 'Not Luke's.'

'Jet.'

22 seconds. 21. 20.

One last attempt, one final chance.

Jet pressed the buttons: *120597.* Her birthday, exactly one month away. She hadn't noticed that, hadn't registered the date. Would never make it to twenty-eight.

11 seconds.

10.

9.

'Jet.'

She pressed enter.

A high-pitched tone erupted, clashing with the chirps, and then . . .

Silence.

Just the ringing in Jet's ears, a ghostly echo trapped inside her skull.

Code entered. System disarmed.

'Oh thank god,' Billy said, dropping his head, chin to his chest.

'Well, would you look at that.' She turned to him. '*My* birthday. Guess Dad really is all about being fair. One dead daughter for the gate, another dead daughter for the alarm.'

Billy bent forward, blew out two chipmunk cheeks of air.

'You'll live, Billy,' Jet said, giving his shoulder a squeeze. 'Come on, the office part is upstairs.'

'Lights?' Billy asked, pointing to the switch.

Jet steadied her flashlight instead. 'Let's keep them off – someone might spot them from the road.'

'Right.' Billy pulled out his phone, swiped the screen to bring up the flashlight.

They walked through the warehouse, several towers of pallets wrapped in clear plastic, piles of shimmering blue bathroom tiles stacked inside. Beyond them, rows of huge wooden timber beams, long enough to mock the trees they came from. Twenty years ago, Jet would have tried to balance-beam on those, but Luke and Emily could always stay on longer. Not the kind of siblings who ever let her win.

'This way.'

Through the show kitchen at the back of the warehouse that Jet always found creepy: a kitchen where no kitchen should be, stools at the breakfast bar where only ghosts ever sat.

Through the door, down the corridor to the base of the metal stairs.

Their steps hollow and too loud as they walked up, two beams carving through the darkness. Well, actually, four beams and double darkness, but don't tell Billy that.

Jet shouldered the door at the top, metal becoming carpet underfoot.

She swung the flashlight across the open-plan office space, the beam reflecting off the windows and sleeping computer screens, winking back at them.

'How many people work up here?' Billy asked, trying to count the desks.

'Think there's about fifteen full-time in this office.' Jet ventured forward, checking her path with the light. 'Dad has his own separate office down the hall, next to the kitchen.'

She showed Billy with the beam. 'Luke doesn't have his own office, but Dad let him have a partition. This way.'

She led Billy through the office to the back right corner. Luke's corner. A folded screen made of white-painted wood and thin glass, to separate his desk from the others. Not quite his own office, but all he was going to get.

Jet dropped into Luke's chair, way too high, her feet dangling above the ground. It squeaked as she took it for a spin, hand on the desk to catch herself.

Luke's MacBook screen caught the flashlight, held it there, open on the desk, connected by HDMI to a larger external monitor.

'OK,' Jet said, wiggling the mouse, clicking to wake the computer up.

It blinked into life. The lock screen was a family photo of Luke, Sophia, and Cameron taken on the Fourth of July, sprinkles of fireworks dripping onto their shoulders from the background. A gray box blocking out the baby's eyes, asking Jet for the password.

'I'm guessing this can't be Emily's birthday too?' Billy said, deflating, kneeling beside Jet, head almost as high as hers.

'No.' Jet stretched the fingers of her left hand. 'But there's a high chance it's the same password he uses on his iPhone.'

'And you know that?'

'You know it too.' Jet sniffed. 'He told us this morning, about thirteen hours ago, when I unlocked his phone to check his messages with Sophia.'

Billy's mouth dropped open, a twinkle in his eyes. Impressed. 'You remember that?'

'I'm good at remembering numbers and all other kinds of useless shit, Billy,' Jet said, pressing *213024* on the keyboard. 'That's how I passed all my exams. Must have had a good math teacher.'

She regretted it almost instantly, wincing, the guilt reacting to the sudden change in heat, simmering away.

Billy blinked. 'Better math teacher than she was a mom.'

Jet hesitated. Should she say something; did Billy want her to? 'That's not true, Billy.'

'Shitty math teacher too?'

'No, she was a good mom. You used to talk about her all the time. I actually used to get a little jealous.'

'Yeah,' he sniffed, voice hollow. 'She was. Probably my best friend after you found Sophia instead. Until she decided to leave me and Dad with no explanation.'

Jet didn't know how to respond, so she didn't. She pressed enter and crossed her fingers . . . not literally, had no fingers to spare.

The home screen jumped out at them, icons and files covering every inch of the desktop.

'It worked,' Jet hissed, catching Billy's eyes across the darkness.

She picked up the mouse and guided the on-screen arrow, double-clicking on *Finder* to bring up Luke's files.

'Doesn't take two of us to go through one computer.' Billy straightened up. 'I should keep looking. Does he have files in his desk or . . . ?' He opened a couple of drawers; just pens, a calculator, a tangled yarn ball of cords with different-shaped heads and metal teeth.

'There's a whole room of filing cabinets.' Jet turned to him. 'I think Dad's old-school, likes to keep hard copies of invoices and whatever. It's the little room, beyond the kitchen. That way.' She pointed with her flashlight.

'OK, I'll go look in there.'

Billy walked away, then came right back, the flashlight on his phone pointed up at his face, distorting it with strange upward shadows.

'Um,' he said. 'What am I looking for?'

'Anything,' Jet replied, unhelpfully.

'Anything. Yeah, cool. Got it,' Billy muttered to himself, walking away and out of sight, the darkness claiming him.

'Yell if you find anything,' Jet called to him.

'Yeah, you too,' his voice floated back, Jet smiling as she caught it.

She turned back to the screen. Where first? She clicked on *Documents* and about fifty blue file icons filled the page. Hmm, this could take a while.

Instead, Jet clicked on the little magnifying glass to bring up the search bar.

Coleby hammer, she typed into it, frustrated at how slow it was, typing with one hand, and her weaker hand at that.

Pressed enter.

No results.

Just *Coleby*, deleting *hammer.*

No results.

Fuck it, fine, wasn't going to be that easy. Not a document that said, *Oh hey, Jet, I see you're looking for your murder weapon. Here's a handy little order form with the exact employee who owns that tool kit.*

The hard way, then.

She clicked on a folder named *Important Work Files*, then *Finances*, then *2025*, then kept going, clicking through an entire Russian doll of folders, each one eaten by the last.

Eventually she found an Excel spreadsheet called *October 2025 Payroll,* last edited a few days ago. Double-clicked to open it up, dragged it over to the larger monitor.

She rubbed one eye and then the other with her left hand, tried to read the screen, even though every letter and number had more edges than they should.

It helped when she squinted, sharpened it a little.

A list of employees' names down the left-hand side, starting with those who worked full-time in the office, Scott Mason and Luke Mason at the very top, moving down through names Jet recognized to ones she didn't: the contractors. Their salary or pay rate. Hours worked. Any overtime. Then a highlighted column for *Gross Pay*, the total amount at the bottom.

Jet scanned the list of names for Henry Lim. He wasn't on here. But there was another name missing too, nagging at the back of Jet's mind, she was sure. No, she wasn't. She went back over the list of names, those who worked in the office, these desks right in front of her, these people she knew, many since she was a kid. Under her dad and her brother there was Carl, yes, Maria, yes, Amal, yes. Jet's eyes skipped ahead. Wait, where was Angie? Angie Rice? She'd worked at the company for over twenty years. Had she retired and Jet missed it? Her name wasn't here.

Jet used her elbow, rolled away from the desk, pushed herself to her feet.

She grabbed her flashlight and stumbled out of Luke's corner, crashing into Carl's desk with the arm she couldn't feel, searching. Scanning the desks with her eyes and her light.

Not that one.

No, that's Amal's.

Didn't know this person, must be new.

Here.

The flashlight reflected off the dead computer screen, and then off something else. A photo frame propped up on the desk, beside a pot of pens.

Jet put the flashlight in her mouth, between her teeth, and picked up the frame.

It was Angie Rice, grinning at the camera, her arms around her two grandkids.

'Knew it,' Jet whispered to herself, awkward with her teeth gritted around the flashlight. She put the frame back, the light catching something else.

A Post-it note, stuck to the monitor screen: *Angie – can you get back to Reid about the new designs on Maple?*

Angie Rice *did* still work here; this was her desk. So why was her name not on the payroll last month?

Jet hurried back to Luke's desk, back to the screen. She studied the list of names again, going through them all, pressing her finger to each cell of the spreadsheet, checking them off.

'No Angie.'

Back to the files, Jet opened the payroll from September. Scanned again. No Angie, no Henry. August. The same: no Angie or Henry. July, June. Nope. May, April. Nothing. All the way back to March, then February. Back when Jet was still with JJ, when she knew Henry was working for Mason Construction. But the spreadsheet called her a liar, because his name still wasn't here. And neither was Angie's.

Something cold danced up her spine, spider-leg fast, setting off the pain in her head.

She grunted, pressed her palm to her eye, to the invisible knife behind it.

Why were their names missing? Was it just an error – Luke forgot to type them into the spreadsheet?

Jet clicked the back arrow on the files, again and again. Came out of *Payroll* and into a folder named *Tax Filings*, then *Payroll Taxes*, then *FICA*.

She clicked on a file, opening a 941 form for October's tax return.

She studied it, made her head hurt more. Thought this was supposed to be fun.

It matched. The numbers matched those on the spreadsheet.

And for September, August, July.

So, if it was an error, then Luke had made the same one here. And people like Luke didn't make errors on something as important as federal taxes.

Jet clicked out of taxes into a folder called *Insurance*, then *Workers' Compensation Insurance*. Clicked the document for the most recent filing, the premiums Mason Construction was paying to the insurer. The records matched; it detailed the same number of employees as listed in the payroll, the number that didn't include Henry or Angie.

'Did you call me?' Billy's voice sailed through the dark office, making Jet jump, the arrow careering off the screen.

'No,' she said, watching as he came around the corner, a small pile of papers clutched in his hand.

'Oh.' Billy flexed his lip, lighting Jet up with his phone. 'Thought I heard something. You found anything?' He gestured to the screen.

'Maybe,' Jet said. 'Did you find anything?'

'Maybe.'

'You go first.' Jet spun in her chair to face him.

'OK, so I was looking through the files at random.' Billy leaned against Luke's desk. 'Really boring, by the way. And then I found a folder for a project labeled *19 Pleasant Street*.'

'19 Pleasant Street,' Jet repeated. 'That's Gerry Clay's house.'

'That's what I thought.' Billy saluted her with his papers. 'Most of it looks fine. They were doing a front extension about twelve months ago, remodeling the front of the house and fitting a new kitchen, right?'

'Right.'

'And then, for the kitchen stuff, I found this invoice here, a client invoice, so this one was for Gerry, from Mason Construction.' He held up one of the sheets of paper.

Jet pretended to scan the page, but her eyes tripped up over themselves, not just doubled, doubled on top of doubled, a tangled mess of black lines. Didn't help that Billy couldn't hold it still.

'So here' – he pointed – 'they charged Gerry twelve thousand dollars for *White Calacatta Marble*, for the countertops. Sixty square feet. For materials alone, right?'

'Right.'

'But.' Billy held on to the word, switching to the sheet of paper below. 'This here is an order confirmation form, from a place called Imperial Marble. And the order was for sixty square feet, right, but it was for *Standard Italian White Marble*. And it cost seven thousand dollars.'

Jet swallowed, felt it slide all the way to her gut.

'That's . . . different,' she said.

'Five thousand bucks different,' Billy added, holding up the two pages side by side.

'Invoice fraud?' Jet said in a small voice. 'Has Luke been committing invoice fraud? Pocketing the difference?'

'This is the only example I found, but I can keep looking.' Billy sniffed, shuffling his papers. 'But I think you'll want to see this first. You know Henry Lim was acting strange, told us he didn't ever work for the company when you know he did?'

'Yeah,' Jet said, turning to the screen, 'about that –'

'– Well, I found a folder that had a lot of paperwork for the project on North Street.'

Jet turned back. 'You did?'

'Haven't been through it all yet, but look.'

He handed her a sheet of paper. Jet laid it on the desk, picked up her flashlight.

'It's a delivery notice, from a scaffolding rental company, to North Street. Look who signed it off, who accepted the delivery.'

Jet could read this one, big looping writing in the box that said, *Sign here*.

'Henry Lim,' she said, reading out his signature. 'I knew it. And he was on the North Street project too. When was this from?'

Billy prodded his finger against the top of the page. 'Third of March, this year,' he said.

But Henry hadn't been on the March payroll. What the fuck was going on here?

'March,' Jet said. 'That must have been right before his accide . . .' she trailed off, abandoning the word, her mind busy with other words, *what if*s and *maybe*s.

'Jet –'

'– Shh, thinking.'

She looked back at the screen, the pieces slotting into place, not a puzzle but a house, four walls but no roof, and somehow there was space for it inside her busted-open head.

'Oh my god, Luke,' she whispered.

'What?' Billy dropped to his knees again, eye to eye.

'It's not just invoice fraud,' Jet said, voice coming back to her, bringing her heart up to her throat with it. 'It's tax fraud too. Luke is the one who does the payroll, the taxes. There are employees and contractors who are missing from the payroll, and the tax filings. There's Henry but there's also Angie Rice, and I know she works here because her desk is right over fucking there.' She pointed. 'That's only two of them, but there must be more we don't know about. Luke must be paying them, but not on the books. Under the table. Maybe cash. Maybe from his own money, I don't know. Then he doesn't have to file payroll taxes for them – he saves that money for the company. Federal taxes, Medicare, Social Security, he wouldn't have to pay any of it if their wages aren't reported. He's been doing this for months, maybe even years, since he

246

took over all the finance stuff.' She swallowed, pointing to the screen. 'Insurance fraud too. Because he's misreporting the number of employees to their workers' comp insurance provider. And if one of those unreported employees doesn't have workers' comp, it means that if something happened at work, if they got injured, they wouldn't have access to healthcare or salary compensation.'

'Wait,' Billy said, catching on, building a picture of his own.

'Remember that prick Jimmy, the foreman?' Jet said. 'He mentioned there was an accident on North Street. That a roof collapsed, injuring the worker who was still inside. And the project was delayed and Luke had to change his plans.'

'Do you think that worker was –'

'– I think that was Henry.' Jet nodded. 'I don't think he got drunk and fell off a wall in March, blinding himself in one eye and shattering his kneecap. I think it happened while he was at work, for Mason Construction, working on Andrew Smith's old house when a roof collapsed on him.'

'Fuck,' Billy said, his mouth staying open, long after the word.

'And Henry would have been fucked,' Jet said. 'He would have had to pay for all of it himself, the hospital stay, the surgeries, the treatments. That could have cost, like, tens of thousands of dollars.'

'Maybe more,' Billy said. 'And remember, he said he needed another surgery now, to save his other eye, but he couldn't afford it.'

Jet nodded, adding that to the picture as well. 'Luke would be fucked too, the one actually committing the crime here. If Henry ever told anyone, if anyone found out what Luke . . .' She swallowed, and by the look in Billy's eyes, she could tell his mind had gone to the same dark place.

'Does this mean –' he started. 'Would this give Henry a

motive? If Luke did this to him, if he hated him for it, could he have –'

'– killed me, to hurt Luke, or send him a warning, or blackmail him for the money he desperately needs?' Jet completed their shared thought. 'I don't know.'

'And he worked on the North Street site,' Billy thought aloud. 'Maybe he kept track of the work after – maybe he knew about the foundations going in the morning after Halloween. Fuck.'

'Fuck,' Jet agreed, standing up, the chair spinning a full circle without her. 'I should email these files to myself. The payroll, tax returns. You go back to the files, see if you can find –'

Jet choked on air as it erupted with sound.

A sharp wailing noise, screeching ear to ear, and between them too, inside, Jet's skull vibrating with it.

She clapped one hand over one ear, Billy covering both of his.

'What the fuck?' Jet screamed over the two-tone high-pitched whine. 'I disabled the security alarm! You saw it, it said *disarmed*!'

Billy stared across at her, his phone and its silver light pressed against his face, making his watery eyes glow in the dark.

They shifted, something new in them, shock giving way to something worse.

'I don't think that's the security alarm!' Billy screamed back. 'Jet, do you smell smoke?!'

22

Jet didn't need to smell it; she could see it now, dancing in the beam of her flashlight. Smoke creeping out of the carpet beneath their feet and up, gathering into a dark cloud against the ceiling, skulking over them.

'The building's on fire!' Billy screamed. 'We need to leave!'

Jet's feet wouldn't move, rooted there, the floor growing warm through the soles of her shoes, warmer, into hot. They needed to leave, yes, she knew that, but for some reason she couldn't make herself move, her brain left behind, back twenty seconds ago when it was still quiet, her heart seized in her chest, so fast, like it wasn't even beating at all, erased by the blare of that alarm.

The building was on fire? How was the fucking building on fire? Her mind stuck on that part first.

'Jet!' Billy screamed over the alarm, in her face now. He grabbed her working arm, pulled her back into life. 'Run!'

She finally moved, brain back in her body, moving with her, fear taking over.

'Wait!' Jet snatched her arm from Billy, doubled back toward Luke's desk. 'We need these!'

She grabbed the pile of papers Billy had found, scrunching them around the flashlight, holding it all in one hand.

'Jet, let's go!'

'Right behind you!'

She ran to catch up.

'No, you go first, I've got you!'

Billy caught her, pushed her ahead, his hand pressed to her back, the smoke thickening the darkness around them.

They moved together, past Angie Rice's desk.

Darting around another.

Steps faster than the repeating pattern of the alarm, racing it to the door.

Billy crashed into it first, grabbed the handle, hauled it open.

A wall of heat slammed into them, clawing at Jet's eyes, too hot, too bright.

'Oh my god,' she said – not that she could hear herself, over the alarm or the growl of the flames.

It was all gone. Nothing but fire, licking up the walls, hungry, crackling, an angry laugh as it destroyed everything, screamed for more. Everywhere. Reaching up toward them, claiming half the staircase. The metal steps screeched as they buckled and bent in the heat.

Not a corridor anymore, just a tunnel of flame, building, growing stronger as it bent around toward the warehouse. The deepest reds and the blackest smoke spilling out in a firestorm, faster, hungrier. Not a warehouse anymore, it was hell broken open, raging right beneath the office.

Jet coughed, the thick black smoke reaching them first, claiming them. But it wasn't just smoke she could smell. There was something sharper, more acrid.

Gas.

Billy grabbed Jet by the shoulders, pulled her back, kicking the door shut.

The smoke found other ways in, through the cracks, through the floor.

'Is there another way down?' Billy screamed, scrabbling at Jet's neck, pulling her shirt up over her nose. He coughed, then covered his own.

'Another staircase at the back!' Jet yelled through the

fabric, holding it with her one hand, flashlight and papers still gripped in her fingers.

'Go!'

Billy pushed her ahead, back through the office. The smoke hovered lower now, eye level, blinding them, stealing everything but each other.

Jet crashed into a desk, a sharp pain above her knee. Kept going.

She couldn't see, she couldn't see, the flashlight only found more whirls of smoke, lighting it from within. She wanted to take Billy's hand, but she couldn't see it, had no hands to spare.

Couldn't see, couldn't see.

She planted her foot and the floor cracked beside it, a fault line of bright glowing orange that she could see.

Could see.

The floor crumbled away, down, an earthquake groan as it ruptured, melting into the inferno below.

Jet stumbled away from the hole, that widening mouth, falling back, crashing down.

She watched as it happened. She could see now, too much, the flames finding their way up here, clambering out of that hole down into hell.

With another groan, one of the desks tipped, lost its legs. It slid into that gaping mouth, lost to the flames below. Angie Rice's desk, the photo frame tumbling in first.

Jet could see Billy now, on the other side of hell.

'No, don't!' she screamed, too late.

Billy jumped clean over the chasm, crashing to his knees beside her.

He wrapped his arms under hers, dragged her to her feet. 'This way!'

They ran to the other side, away from the flames chasing

251

behind them, eating up the carpet in widening rings. Finding more to consume. The desks. The walls.

Heat like nothing Jet had ever felt before, bearing down against her skin, pushing from behind, a sharp stab of it against her fingers.

Jet glanced down.

She screamed.

The papers clutched in her hand were on fire.

She dropped them.

The flashlight falling too.

A little white glowing triangle, abandoned behind her.

The floor gave way and ate that too.

'Run!' she screamed as she and Billy barreled into the hall beyond, past Dad's office and the filing room, past the kitchen on the left.

Jet's dead arm thrashed as she sprinted, a puppet arm without a string, unbalancing her, throwing her off.

'That door, down the end!'

They were almost there, and Jet could hear herself now. The alarm wasn't blaring anymore; must have burned, melted away with everything else.

They reached the door together, Billy slamming down on the handle.

'No!' he screamed. 'It's stuck!' Tried again, double-handed, rattling the handle up and down. 'I'll get this open. Stand back!'

Jet did, clearing the way, choking on the smoke, covering her nose to breathe her own air instead, watching as Billy backed up from the door.

He kicked off his heels and bounded toward the door in three fast strides.

Rammed his shoulder into it, hard.

It jolted but didn't open.

Billy drew back, three steps, threw himself at the door again.

It buckled, gave him a few inches, not enough.

Billy backed up again and Jet blinked and they weren't here anymore, on the brink of hell, the world crumbling around them. Jet was behind a computer and Billy was on-screen, breaking down another door, ramming it with his shoulder. Screaming her name like if he screamed hard enough, it could bring her back to life.

'Jet!' The same scream now.

Jet blinked, brought herself back to hell.

Billy had done it, tumbling through the open door into the stairwell.

No smoke swarming in this way, the stairs clear.

They were out.

Jet took a step forward and it all came undone.

The floor split in front of her with a deafening roar, a gorge opening up.

The wall, the one separating them from the office, folded over, caved in. Shrieking as it fell to the flames, plugging the hole, bringing some of the roof down with it.

Jet looked up, could see the stars, before the smoke stole them away.

She couldn't see Billy anymore, on the other side of all that rubble.

But she heard him.

'Jet!' he screamed. 'Jet, are you OK?!'

Jet coughed, a hacking sound against her hand.

'Billy, go!' she yelled. 'You're out! Go!'

'No, Jet! I'm not leaving without you!'

'You have to!'

'No!'

Jet stepped back, the ground groaning beneath her.

'Billy! Go, now! The whole thing is going to come down!'

'Not without you!'

Jet's throat seized, a fist around her heart.

'Go, Billy! You have to leave! You have to live!'

She stepped back again.

'Not going without you!'

'Yes you are!' she screamed, voice fighting the flames, the sigh of the dying building. 'I have three days left! I'm already dead, Billy! You're not, you have to live!'

'No!'

'Billy, you go! You leave or I will never fucking forgive you!' Her voice cracked, not the ground. 'And I will die hating you, I swear. Go! Please, Billy! For me!'

His voice wasn't there anymore, just the sound of boots striking the metal steps, doubled up, like a heartbeat.

Good, he was gone, he was safe.

Billy had to live.

But so did she.

Jet's body absorbed the heat, used it, lit a fire in her gut.

Yes, she only had three days left to live. But those three days were hers, and she was not going to let hell take them from her. They were hers, and she was going to fucking live them, every small moment, stretch each minute into a lifetime.

Jet had to live.

And the other side of that too came crashing in, her breath shuddering with it.

She didn't want to die.

She did not want to die.

Her heart screamed it and her head too, guiding her feet back.

She was scared to die.

She would not die.

All that fear she thought she'd lost, because the dying didn't need fear but the living did, it all came rushing back, wearing her skin, roaring in her ears.

Jet flinched, jumping out of the way of a burning ceiling panel, and she ran.

Back down the corridor, charging through the door into her dad's office.

Shutting the door like it could stand between her and hell, keep it at bay.

To the window at the back.

Jet slammed into it, staring down through the glass, blinking away the smoke.

Yes, she was right.

About ten feet below the window was the tilted roof of a long, narrow lean-to. A covered storage area against the wall down there. Better than jumping out the second story of a burning building and hoping for the best, and that was Option B.

She just had to get the window open. A sash window, only two panes of glass between her and living.

Jet reached up, undid the catch in the middle, the smoke gathering around her, forcing its way into her throat.

She coughed.

She choked.

She grabbed the handle on the lower half of the window and she pulled.

It didn't move.

No, no, why wouldn't it move?

The window was stuck, or her left arm was too weak.

She needed both arms, needed two hands. Fuck.

Jet pulled again, straining, through her fingers all the way up through her neck, screaming with the effort.

'I am not going to die!' she yelled at the window, at her own ghostly reflection.

She lifted one foot, drove it into the windowsill to give her left arm more power, and she pulled.

The window didn't move.

'Fuck you!' Jet coughed.

Smash the glass, smash the glass, she needed something to smash the glass.

Not going to die, not going to die.

The computer on Dad's desk? That was heavy. No, too heavy, Jet couldn't pick it up with one hand. Something else, something else.

A large gold pot in the corner with a sad-looking palm plant inside, too green among all this smoke.

Jet picked it up and ran, ramming it into the window, the plant still inside.

The pot shattered but the window did not, dirt and leaves scattering over her feet.

'Fuck!' she roared.

The door behind her was on fire now, the wall too, the flames finding her, closing in.

Trapped inside her dad's office.

Not going to die here; she was not going to die.

Something else.

On the desk, beside the computer, was a large photo frame. It looked heavy, the frame made of marble or something close to it.

A photo of the Masons. Jet just a squinting red-faced kid, probably thinking about frogs. Mom, Dad, Emily, Luke. That final summer, before five Masons became four.

Jet grabbed it because she was not going to die.

She stumbled through the smoke, back to the window, raised her good arm, and struck.

The corner of the stone frame smacked into the window. Glass broke, not from the window, from the photo, one shard still covering Luke, the rest breaking away, glitters of glass catching in the folds of Jet's jacket.

She struck again, harder, and the window cracked, a spiderweb in a split second, spreading, anchoring itself.

Jet pulled back, aimed for the middle of the web.

She drove the corner through and the window shattered, giving way to the outside world.

Air.

It rushed inside and Jet sucked at it, the cold breeze finding her red-raw face.

The smoke pushed her out of the way, rolling out to claim the sky.

The carpet on fire behind her.

No time, no time to breathe.

Jet smashed the rest of the glass, punching it out with the frame, clearing the bottom ledge.

Then she dropped the photo, wrapped her left hand around the sill.

Pulled herself up onto the ledge, one leg, then two, sitting on the edge.

No time for second thoughts, not even first thoughts.

Jet rolled forward and let go.

She fell, long enough to think, *I'm falling*.

Hit the roof of the lean-to feetfirst, then her back, winded, all the air forced out of her, the smoke too.

She was still moving, rolling.

Going to roll right off the edge, she couldn't stop herself, not with one arm and –

Two hands caught her, appearing out of the dark night, strong against the shoulder she could feel, and the one she couldn't.

Billy pulled her to her feet, standing on the roof of the lean-to, his face dirty from ash, a cut on his neck, trickle of blood, even brighter against the grime.

'You came back,' Jet said, voice ragged.

257

'You got out,' Billy said, wiping his eyes. 'Don't make me do that again, OK?' The words shook in his throat. 'Don't make me leave you. I was going up inside that window if you didn't come out of it. That's not fair, Jet. Not fair.'

A thunderous creak behind them as something collapsed inside the building, whining, crying, feeding the fire.

'Got to get out of here.' Billy took her good hand, led her along the lean-to. 'There's a dumpster over here with pallets inside, that's how I climbed up.'

Billy went first, jumping down. Then he turned back, standing on the edge of the yellow dumpster.

'Sit on the edge and drop down. I can catch you.'

He did catch her, but he lost his footing, stepping back on the shifting pallets, falling over. Jet landed on Billy, head on his chest, rolled off, a corner of a wooden pallet sticking into her lower back.

She didn't move. Billy didn't either.

They lay there for a stolen moment, staring up at the burning building.

At the window Jet had just come out of, angry flames licked at the frame, escaping outside and up the bricks.

'We almost died,' Billy said quietly.

'We're alive,' Jet said instead.

'I smelled gas.'

'Me too.' Jet coughed. 'Someone set fire to it.'

'While we were inside,' Billy added.

Jet looked over at him. '*Because* we were inside?'

A new sound joined the roar of the flames, fighting it, not winning yet, too far away. A high-pitched whine, keening up and down.

'Sirens.' Jet sat up. 'We need to go before they get here.'

She groaned, picking herself up from the pallets one-handed, jumping down to the grass, Billy behind her.

Through the parking lot, around the vans, a loud crash behind them as half a wall caved in, scattering bricks, dragging a section of the upper floor down with it. Sparks as it landed, a snowfall of dark ash.

Billy pressed his lips together.

'We weren't supposed to break anything.'

'*We* didn't,' Jet told him.

They walked back through the main gate, the sensor opening it for them, sirens getting louder, closer, a werewolf howl at a not-full moon.

'Should we uncover the security cameras?' Billy asked, pointing to the taped-up camera, the one they'd danced in front of only an hour ago.

'Hmm, I think they'll probably be able to tell someone's been here,' Jet said, another crash behind, another wall collapsing.

They followed the drive around, Jet's blue truck there, waiting for them.

Jet hesitated, looked back.

Mason Construction was gone – everything her dad had built. Didn't look like a building anymore, folding in around the inferno. Its death throes were loud, almost human, the hiss of things burning not far from a scream. The moon above blocked out by a roiling column of black smoke.

Something else hovered in the sky too, near the smoke: a little red light winking, a dark mechanical shadow against the darker sky.

'Is that . . . is that a drone over there?' Jet squinted.

'Come on.' Billy opened the truck door. 'They're almost here. We have to go.'

Jet could see them now too, red and blue flashes in the trees, right the way down the dark road, speeding toward them.

She opened the passenger door, dropped inside as Billy started the engine.

'Go, go, go!'

Jet dipped her head under the stream of water. Reached out, turned the shower colder, colder still. Her skin felt too hot, like the fire had infected her, made itself at home, reminding her how close she'd come, a bit of hell that stayed behind.

The water soaked through her bandages, but she didn't care. Needed that smell of smoke out of her hair.

A burn on her left index finger that she could feel.

A burn on her right arm that she couldn't. A big one, above the elbow, bits of melted fabric from her jacket stuck in the wound, fused with it.

A cut on her knee, a nebula of bruised skin already forming around it.

A gash on her left palm, from the broken window.

But the worst of it was this feeling in her chest. Too tight, squeezing her heart out of place, into the base of her throat.

And those words she still couldn't let go of, even though the danger had passed.

Her lip quivered and her eyes stung.

She pressed them shut and wished it away, this feeling. It couldn't help her.

Turned the shower even colder, her skin ridging with goosebumps.

Her chest tightened the more she pretended to ignore it, couldn't swallow past her stupid heart.

Jet turned the shower off, had been in here long enough, and the water couldn't wash that feeling away.

Pushed the door open with her good elbow.

Grabbed the towel with her good hand.

How could you . . . how could you wrap a towel around you with only one hand?

Fuck.

That almost did it, broke her in half, but Jet held herself together, even though she only had one hand to do it.

She stood there, naked, dripping, a puddle on the tiles.

Pinched her dead arm, because how dare it leave her to die like that?

Tried something else.

Stuffed one corner of the towel in the gap in the radiator, enough to hold it firm.

Bent down and tried to wrap herself into it, holding the other side.

The towel came free, dropped to the floor.

A frustrated growl that made Jet's eyes sting harder, made them swim.

She blinked them back, tried again.

Stuffed the corner in farther, so it wouldn't tug free. Held the other side in her left hand, wrapped herself inside it, knees bent, spinning, awkward. She just about made it, catching the other corner half a second before it made a break for it.

Both corners in one hand.

She tightened her fist, holding the towel together under her right armpit, covering herself.

She turned.

Stopped.

Stared at the closed bathroom door, no hands to open it.

That almost did it too, pressing her lips together to stop them from shaking, her chin buckling, ready to go, to take her down with it.

No. Jet refused. She raised her foot, pressed her toes against the metal handle, pushed down.

The door opened and she stumbled out.

Billy was sitting on the couch, Jet's notebook open in his lap.

'Oh good, you're out.' He glanced up, then back down at the page. 'So, I've been thinking. If we think the person who started the fire did it because they were trying to kill you, and it's likely the same person who attacked you on Halloween, then that means we –'

Something about Billy's face did it, took Jet all the way down, no hope of coming back up, of stopping it.

She started to cry.

The tears hot and fast, chest seizing around them.

Billy's eyes stretched too wide, hurting to see her hurt. He put the notebook down, stood up.

'What's wrong?' he said, voice soft. Not prying, just asking. Poor, sweet Billy.

Jet sniffed, tears pooling at the crack in her lips as they parted.

'I . . . I can't hold my towel up with one hand,' she cried.

Billy stepped closer.

'Is that really why?' he asked, even softer.

'No.' Jet shook her head, snatching her breath between, building up to it. Those words. 'Billy,' she said, little more than a wet whisper. 'I don't want to die.'

That did it, broke her all the way.

Not just tears anymore, a howl in the back of her throat, breaking into sad little couplets as she tried to breathe through it. She couldn't. The air couldn't get past her heart.

'I don't want to die.'

Billy closed the distance between them in two strides, wrapping his arms around a wet and shivering Jet.

He took the towel ends out of Jet's hand, and she let him.

He crossed his arms around her back and held the towel up for her.

'I'm scared,' Jet cried, her arm free, hand pressing up against Billy's chest, her forehead joining it, the tip of her nose. 'I don't want to die.'

She cried.

Her wet hair dripped and her nose streamed, and the tears doubled up, chasing each other but there were no winners, all soaking into Billy. Her sobs shook both of them, but Billy stood firm, his hands strong and warm against her damp, exposed back.

Jet cried, balling her fist, a handful of his shirt.

Billy bent down, resting his chin against the top of her broken head.

Then his nose.

Then his lips, pressing one kiss into her hair, staying there, his hot breath down her cold neck.

Jet cried.

And Billy stood there and took them all, holding up her towel.

Thursday
November 6

23

Jet knocked, just twice.

Bent down to call through the mail slot into the little house.

'Henry, it's Jet,' she shouted. 'Try not to almost shoot me this time.'

Billy's breath rattled, sucked through his teeth.

'Don't think we should be here,' he said again, jittery and nervous. 'If Henry's our prime suspect for the person who tried to kill you on Halloween, and the person who tried to burn you to death last night to stop you from discovering *why* he tried to kill you in the first place, what's to stop him trying a third time? And he has a gun and –'

The door opened and Billy swallowed the rest of it, an actual gulp, as Henry's face appeared in the crack. The bruise beneath his eye greener than yesterday.

'Hi,' Jet said, with a fake smile. 'Us again.'

Henry stood back, let the door open fully. No gun.

'They arrested JJ,' he sniffed, fiddling with his hands. 'Yesterday. He came back, and they took him away in handcuffs.'

'I know,' Jet said.

'He just wanted to see you,' Henry said quietly. 'It wasn't him, Jet. JJ didn't do this to you, I promise.'

'How could you know that?' Jet pressed him, keeping her voice light so he didn't realize he was being pressed.

'I just . . .' he trailed off, no answer.

Jet would have to press harder, then, more like a push.

'Hey, maybe you can invite us in this time?' She stepped

forward, one foot up over the doorstep, crossing the threshold without permission.

'Um, OK.' Henry blinked, beckoned them inside. 'It's all a bit messed up, from when the police searched it.'

'What were they searching for?' Jet followed Henry down the hall, Billy closing the front door behind them.

'Took the clothes he was wearing on Halloween. Some of his mail too.'

Henry gestured them into the living room, no messier than she remembered it.

Jet sat down in her old spot, on the corner of the faded red couch, Billy slotting in beside her, too close, his hands balled into fists on his knees.

Henry took the armchair. That was where JJ normally sat.

Jet cleared her throat, still raw from the smoke, or maybe from the crying. 'The police say they have enough to charge JJ,' she said. 'When I die, Henry – and I *am* going to die – that will be a first-degree murder charge. JJ won't ever get out of prison, if they convict him. You get that, right?'

Henry stared down at his own lap. 'He didn't do it.'

'If that's true, then you have to help me, Henry. To help JJ.'

He chewed the inside of his cheek. 'I don't know how to help you, I don't –'

'– I'm going to tell you a few things I've learned since yesterday.' She leaned forward. 'Stop me if I go wrong anywhere. You *did* work for Mason Construction. And I don't know when it started, but Luke arranged to pay you off the books, probably in cash. Knowing Luke, he probably sold it to you as a good thing, for both of you.'

Henry's nostrils flared, just for a second.

'And that was fine, you were working on the project over on North Street, in March, signed for some scaffolding rental. And then your accident happened. But you didn't get

268

stupid drunk and fall off a wall like you told everyone, did you? Something went wrong at the construction site, and the roof collapsed on top of you. That's how you shattered your knee, lost sight in one eye, injured the other.'

Henry closed his eyes, like he was hiding them, couldn't trust them not to give him away.

'But the thing is, if you weren't an *official* employee of Mason Construction, it meant you didn't have access to workers' comp or health insurance. You haven't stopped me so far, Henry; am I on the right track?'

He opened his eyes.

'And that means you would have had to pay the hospital for all of it, all the surgeries, the treatment, the overnight stay. And I can imagine that was an unpleasant surprise. A lot of money. And maybe it was only then that you realized just how much Luke Mason had screwed you over. That would make anyone angry, Henry. Angry enough to want revenge. You still haven't stopped me.'

Henry shook his head, wouldn't look at her. 'No, I don't know what you —'

'— I guess you want your brother to die in prison, Henry?' Jet's voice dropped even deeper, sharpening the edges of the words. 'Thought he was your best bud. That's cold.'

Henry glanced at the cupboard to his right, then back to his lap, squeezing his own hand, so tight it must have hurt.

His eyes danced from Jet to the ceiling, chest rising, filling, too much, too far, his shoulders rising with it.

He let it all go. His hand. His breath.

'Luke said it was just temporary,' he said quietly. 'While he was sorting something out with the company.' Henry wiped his nose on his sleeve. 'He said it was legal. I didn't really realize what it meant until . . . until it was too late.'

Jet's heart kicked up, back in her chest where it belonged.

269

'So I'm right, about all of it?'

'Yeah,' Henry croaked. 'It happened at that house, on North Street. Luke drove me to the hospital after.'

'Why didn't you tell anyone, Henry?'

'Because Luke didn't want me to.' He glanced at the cupboard again. 'He said he would pay me, that he would cover all the medical costs as long as I never told anyone. He's been transferring money to me every month, so I can pay off my debt to the hospital, but it's not enough, never enough. I told him I needed more. A lot more.'

Jet swallowed. 'Did JJ know, about all of this?'

'No. No.' Leaning hard on that second *no*. 'Luke meant it when he said I couldn't tell anyone. JJ still believes the drunk-wall story. But he knows I have to pay the hospital back. He's been helping me pay it off. I don't know what I would have done without him. He's been taking on more clients, working extra shifts at the gym, just working, all the damn time, for me.' Henry's eyes went back to his lap, to his empty hands. 'He borrowed money until they wouldn't let him borrow any more, because we couldn't pay it back, because it was all going to the hospital, and it still wasn't enough.'

'Jet,' Billy said, voice vibrating through the back of the couch, turning to her. 'The loan JJ took out in your name. This is why he did it.'

'What?' Henry sniffed.

'You didn't know about that?' Jet asked. 'It's part of the police's case against him. He took out thirty grand in my name. Defaulted on the first monthly repayment. The police think that gives him motive for my murder.'

Henry's eyes widened.

'I didn't know,' he said, little more than a whisper. 'I'm sorry, Jet. JJ wouldn't . . . he wouldn't have done anything like that if I hadn't . . . we're just desperate. Only got worse after that other eye surgery. And it didn't work. We need to find another eleven thousand or I'll go blind, but we can't – we can't, we're out of options.' The words chased each other out, moving faster than his darting eyes. 'Already in so much debt. Can't pay our rent anymore. They're gonna kick us out soon. And now JJ's been arrested, and I can't do anything for him. He took care of me, our whole lives, and I can't do anything for him. Don't have the money to bail him out of jail, if it comes to that. To pay for a lawyer. It's all fucked. This is all my fault.'

He dropped his head into his hands, pressing his fingers into his eyes.

'It's not, though, is it?' Jet said, treading carefully. Because Henry had talked himself out onto the edge, and he had a gun. He knew where it was, and they didn't. 'It's Luke's fault. He did this to you, put you in this position. You got injured on *his* work site. And now he's the one paying you to keep quiet about it.'

Henry raised his head a few inches.

Jet kept going.

'It's Luke's fault, Henry, not yours. He did this.'

Henry straightened up, looked at her eye to eye, though neither of them could see too well anymore.

'Do you hate him, Henry?' she said. 'For doing this to you, putting you in this position.'

He didn't answer.

'Did you want to do something about it? Punish him?'

Henry sniffed. 'No, no, it wasn't about that. I just wanted the money. I don't want to go blind, Jet. I'm scared. I just wanted the money. That's why.'

Jet's gut twisted, bile rising in her throat. Was that a confession? Had she . . . had she done it? Had she really just solved her own murder?

'You thought attacking me would make Luke pay up? Did you mean for it to go that far – did you mean for me to die?'

'Wait.' Henry's face darkened. 'What are you talking about? It wasn't me, Jet. I didn't hurt you, I would never –'

'– Where were you on Halloween, at 10:46 p.m.?'

She stood up.

'I was here.'

Henry stood up too.

So did Billy, straightening to his full height, shoulders wide.

'Alone?' Jet said. 'You know *alone* doesn't count as an alibi, don't you?'

'I – I –' Henry stuttered, shrinking back. 'I wasn't alone.'

Jet tilted her head, surprised by that. 'But you told the police that you were . . . Who – who was here, Henry? Who was here with you?'

Henry swallowed, taking the name with him.

But Jet didn't need him to say it. She got there on her own, new pieces clicking into place, filling in the gaps.

'Luke,' she said. 'Was Luke here?'

Henry nodded, barely, the smallest movement up and down.

Jet's chin dipped, creating more space for her head as it all came together. 'Sophia texted Luke at 10:52 p.m. asking him to call her, because he wasn't at home, he was here,' Jet said, looking at Henry but speaking to Billy. She glanced down at her own knuckles, a Band-Aid across the palm of her left hand. 'They lied to the police, said Luke was at home too, to give him an alibi. But not an alibi for my murder, for something else.' Jet shifted, tried to catch Henry's eyes. 'Because he was here, beating the shit out of you, wasn't he?' Jet didn't wait for an answer. She pointed with her good hand. 'Black eye, cut lip, bruised ribs – that happened to you on Halloween night, Henry. And Luke had matching grazes on his knuckles from that same night, and he lied about how

272

he got them. Because he was here, wasn't he? And he did that to you?'

'Yeah,' Henry sniffed, another check over his shoulder to that same cupboard.

'Why?' Jet pressed, her voice softening, now she no longer thought she was speaking to her own killer.

Henry shrugged. 'I just wanted the money, that's all. Was desperate. I messaged Luke, told him that if he couldn't get me the money, then I'd have to speak to your dad, see if he could help me out. The company is his, and I thought that maybe he could – I don't know . . . I didn't threaten to tell the cops or anything. It was just your dad. Luke saw me trying to talk to him at the Halloween Fair. He intercepted, stopped me. Then he came over to the house and . . .' Henry swallowed, eyes faraway. 'He wanted to make sure I'd never do something like that again, never try to tell anyone.'

The silence was thick, too thick, burrowing into Jet's ears.

'Is that why you bought the gun?' Billy said gently, not quite breaking the silence, skirting just below it. 'Were you scared of Luke coming back?'

Henry blinked. 'Luke can be scary.'

Jet sniffed. Luke wasn't scary, he was just Luke. To her at least. But the Luke she knew wasn't all of him. Not Sophia's Luke. Not Henry's.

'What time was Luke here?' Jet asked Henry.

'I remember when he left,' he answered. 'I looked at my phone right after, wondered if I should call 911. That was 10:56.' Henry held Jet's gaze, returned it. 'He was here less than ten minutes.'

Jet looked at Billy instead, finding the same strange look behind his eyes as she must have in hers.

'So you didn't kill me, Henry,' she said, barely more than a whisper. 'You had an alibi.'

273

'And so does Luke,' Billy said darkly, like he'd really thought it possible, even for a moment, that Jet's brother could have been the one to kill her.

Two suspects, canceling each other out. And where did that leave them now? So many questions answered, just not the one that truly mattered.

But someone had tried to kill Jet again, twelve hours ago, and even though the theory was neat, made most sense, it might not have been the same person who took a hammer to her head five days before.

'Did you burn down Mason Construction last night, Henry?' she said. 'You have more reason to hate the company than most. Did you set fire to it?'

Henry's eyes narrowed. 'It burned down?'

'Where were you last night?'

'I was here.'

'Alone?'

'Alone,' he answered.

Jet sighed. 'You know *alone* is not an alibi.'

'I was alone,' Henry said, more power behind his voice.

'OK.'

Jet glanced at the cupboard that Henry kept looking at, pointed to it.

'Hey, Henry, can I borrow your gun?'

'What?!' That was Billy, not Henry, though Henry parroted him half a second later.

'Someone tried to kill me on Halloween, and again last night,' she said. 'I think I'd feel better having a gun around, if they try a third time.'

Henry didn't move.

'And if I die before figuring this out, then JJ will probably spend his whole life in prison for my murder.'

That did it.

Henry shuffled over, bending to open the cupboard door. He reached inside and pulled out the gun.

Stopped.

Stared at it, turning the black pistol around in his hands, a muscle twitching in his jaw.

Jet watched him, those words still ringing in her ears: *Luke can be scary.*

'You won't have to worry about Luke,' she said. 'I'll deal with him, OK, Henry?'

'OK.'

Henry turned the gun one last time, then held it out by the barrel, aiming back through his own chest.

Jet reached out, wrapped her left hand around the grip, the gun heavier than she expected.

'Safety's on. It's loaded,' Henry sniffed.

'Thanks.' Jet lowered it to her side. 'You can have it back when I'm –'

'– Yeah,' Henry said, so she didn't have to finish. 'Bye, Jet.'

Jet turned to go, catching Billy's face, beckoning him with her eyes. He wasn't happy, she could tell by the set of his mouth.

'Do you even know how to use a gun?' he asked as they crossed the doorstep, shutting the front door behind them.

'Yeah, it's just point and shoot,' Jet replied, hiding the gun against her leg.

Billy opened the passenger-side door for her, hand folded over the top as she climbed in the truck.

'I can point and shoot.' Jet looked up at him, the gun resting in her lap. 'Even with my left hand. It's not rocket science, Billy.'

He closed the truck door, jogged around to the driver's side.

Jet leaned forward to open the glove compartment, shoved some of the papers aside to make room for the gun.

'It can live in there,' she said, closing the compartment as Billy sat down, clicking in his seatbelt. The gun out of sight but not out of mind, either of theirs.

'Jet, I don't know about this –'

'– It's just a precaution,' she cut him off, tempering it with a small smile. 'Someone also tried to kill you last night, Billy, or didn't care if you were col-coll-co –'

'– Collateral?' he guessed.

'Right.' Jet nodded. 'And you're not dying anyway, like me. You're alive, have to keep on living. It's just a precaution.' She patted the glove compartment.

'Oh shit,' Billy said, his phone in his hands, scrolling through. 'I've got loads of missed calls. From your parents. And my dad. Hold on.' He tapped the screen, raised the phone to his ear. 'There's a voicemail.'

He listened, the low buzz of a voice rattling from the speakers, words too fast and too fuzzy for Jet to understand. But she understood that look in Billy's eyes as he turned to her, lowering the phone.

'It's Dad. He says they need to speak to you at the station. It's urgent.'

24

'It burned down?'

Jet's voice pitched up, joining her widened eyes in feigned surprise.

'It's all gone.' Jack Finney sat across the table from her, Chief Jankowski beside him, squeezed into those too-small metal chairs.

'We're still waiting on the full report from the fire department,' the chief said, his chair creaking, sighing, as he leaned forward to rest his elbows on the table. 'But this is a clear case of arson. An accelerant was used. The whole place would have gone up in minutes.'

The whole place *did* go up in minutes; Jet knew, she'd been there, stood on the very edge of hell, its heat still prickling in the burn on her hand. Jet eyed it, dropped the hand into her lap, hiding it under the table.

'Acc-acce —' she began, couldn't find the word the chief had used, one she'd lost out the hole in her head.

'— Gas,' Jack said, helping her. 'Someone poured gas all over the first floor, set fire to it.'

'That's terrible.' Jet swallowed. 'Who would want to burn my dad's company down?'

'That's what we wanted to talk to you about,' the chief said.

Jet met his gaze. 'Do you think it's related to my murder? That it was the same person who burned down Mason Construction? But JJ is in custody, so that means —'

'— We're just considering if there's a connection,' the chief cut her off. 'Nothing concrete yet. We wondered if you knew anything that might help us?'

Jet pressed her lips together. 'No, sorry. I don't know who would want to do that.'

'And where were you last night, Jet?' The chief opened the file on the table, clicked his pen as it hovered over a blank page.

Her chest tightened, heart reacting to the question before she could.

'I've asked a lot of people a similar question the past couple days.'

Not an answer, and not a lie.

The chief clicked his pen twice more. 'So, you understand why we have to ask it, don't you?'

'Sure,' Jet said. Now she had no choice but to lie. She kept her face blank and her reddened hand in her lap. 'I was home. Billy's apartment, I mean. That's where I'm staying.'

The chief wrote something down.

'Alone?'

'No, with Billy.'

'Billy Finney?'

Jack coughed into his hand.

'Yes sir,' Jet answered.

'All night?'

'All night.'

The chief glanced over at Jack for a moment, then closed the file.

'OK. If there's nothing else you think we should know?'

'Is there nothing else you think *I* should know?' Jet countered.

The chief stared blankly at her.

'About *my* case,' she said. 'I have about two days to live. Did you forget that?'

'I didn't forget, Jet.' He held the file against his chest. 'There's nothing new. JJ Lim has been arrested.'

Jet's turn to lean forward, only one elbow on the table, the other hanging lifeless by her side. 'Are you going to charge him? Doesn't the fire change things?'

Jack answered instead.

'Detective Ecker is interviewing him again now. He hasn't confessed yet, but we believe the prosecutor will move forward without a confession.' His eyes hooked onto hers. 'We will get him, don't worry. I made you a promise.'

'Thank you, Sergeant Finney,' the chief said, standing up. Not a real thank you, a warning disguised as one.

The chief gestured toward the exit and Jet took the hint, getting to her feet. But she blinked and the door doubled before her eyes, another world intruding over theirs, Jack's hand – twice – grasping the handle, holding it open for her, two ways to go, one of them not real.

'Thank you,' Jet said to him, not a warning, just a thanks as she stumbled through.

Outside in the rec-rece-re-re – ah, fuck off, the waiting room, Billy and Jet's parents sat, well, waiting. Another doubled man behind them all too: Gerry Clay.

Billy jumped up, but Mom reached Jet first, folding her into a hug that Jet couldn't return, because her arms were pinned down, and one didn't work anyway.

'It's just awful, isn't it,' Dianne said, voice breathy in Jet's hair before she pulled away. 'We wanted to be the ones to tell you.'

'I'm sorry, Dad.' Jet's eyes found him, struggling up from his chair, hand pressed to his side, to his kidneys, a wince of deep pain on his face. 'Must be hard for you. You spent your whole life building that place.'

'We're insured,' he said, hiding the pain in his voice. 'We can come back from this. I'm just glad nobody got hurt.'

Jet found Billy's eyes and she found his. Hazel and blue. One blink and a thousand silent words.

'Does Luke know?' Jet asked, looking between her parents.

'He was the one who called me, in the middle of the night,' Dad said, a yellow tinge to his skin but gray under the eyes, betraying his lack of sleep. 'He won't leave the scene. Been there all night. Your mom took him some breakfast, but he won't leave. Just staring at it.'

'Don't know why,' Dianne sniffed, a self-conscious glance back at Billy and Gerry, at the non-Masons in earshot.

'I do,' Jet said, taking Luke's side, even though she couldn't remember the last time he took hers. 'All his dreams, gone up in smoke. Literally.'

Jet studied her dad's face for any sign of the truth. Because the company was never going to be Luke's anyway, whether it burned down or not.

He didn't react, only Dianne did, pressing her fingers to her temples. 'I've got such a headache.'

Jet rolled her eyes. 'I'm sure it's worse than mine too.'

'What did they ask you?' Dad hissed, hand to his kidneys again. 'Is it related? Was it something to do with JJ? He has a brother, doesn't he? Do you think –'

'– I don't know anything,' Jet cut across him. 'Maybe it was the same person who killed me, maybe it was some-one else.'

'Well, Gerry might be able to help with that,' Dianne said curtly, bringing him in.

Gerry rose to his feet, Jet's eyes snapping to him. 'What do you mean?' she asked the room, waiting for the answer, because it was a waiting room after all.

'Don't know about that.' Gerry shuffled over. 'It's just

Owen. He was flying his drone last night. Heard the sirens, got curious.'

Fuck, it *had* been a drone Jet saw, against the whirling column of smoke. But had the drone seen them back? Jet caught Billy again, over Gerry's shoulder.

'Oh,' she said, that mock-surprise back in her eyes, plastered over the shock. 'Did he manage to record anything?'

Gerry inhaled. 'The building was already collapsed by the time he got it there, only just beat the fire department. Couldn't see a lot through the smoke.' He paused. 'We've watched it a few times, can't see anything important, nobody coming or going. But maybe the police will spot something we can't see. I've got the footage, thought it might be helpful.'

Too fucking helpful, fuck sake, Gerry.

'Thank you,' Jet said, clearing her throat. 'But the footage doesn't show anybody, right? Who might have started the fire?'

'Not that I can see.'

So, Billy and Jet were in the clear, but so was whoever tried to burn them to death, and no leads as to who it could have been. Only JJ was ruled out, and the two of them.

'I know,' Gerry said. He must have read her face as disappointment. 'But I think I know who did this.'

Everyone in the room turned to him, waiting again.

Jet and Billy waited a little harder.

'Yes?' Jet snapped, spooling her left hand impatiently.

Gerry glanced over at Dianne.

'Dianne, did you tell the cops? About the cat thing?'

Dianne sparked back into life, running a hand through her hair, taking her right arm for granted.

'Don't be ridiculous,' she said, almost a laugh, but it hissed too much around the edges. 'Nothing to do with that.'

'You sure?' Gerry asked. 'Someone says they hate Mason

Construction, and your family. Threatens you. And now the premises get burned down.'

'That was a long time ago, Gerry. It was just a prank. It's not relevant.'

'What's he talking about?' Jet's eyes zeroed in on her mom. 'Mom?'

'Oh, it's nothing, Jet.'

'Doesn't sound like nothing. If there's someone who hates the company, hates our family, that means they could be a suspect not just for the fire, but the person who killed me.'

Dianne blinked. 'JJ is the one who –'

'– What's the cat thing?'

'It doesn't matter, Jet.' Mom doubled down, already taking up two outlines, splitting into more.

'Gerry!' Jet pressed him instead. 'What's the cat thing? And remember, I only have two days to live so it'd be really great if we could stop wasting time.'

Gerry swallowed, the lump in his throat moving up and down with it.

'It was –' he began.

'– It was nothing,' Dianne cut him off. 'Just a harmless prank by someone who hijacked one of our Town Hall meetings, during citizens' comments.'

Jet pushed out her chin. 'Dressed as a cat?' she asked.

'No,' Mom said. 'The meetings are online, on Zoom.'

'It was a filter thing,' Gerry added. 'To hide his identity. And he distorted his voice too. Was actually kind of creepy. That was my Halloween costume this year. Doesn't seem so funny anymore, if he's the one who set the fire.'

'You never told me about this,' Dad said, finding his voice.

'Because it's not relevant,' Mom replied. 'It was a harmless prank and we've all forgotten about it.'

Apart from Gerry. Apart from her mom too, hands tucked

behind her back, balled into fists, telltale knuckles pushing through the skin.

'When was this?' Jet asked both of them, either of them.

Gerry looked up, searched the ceiling and his mind for the answer. 'Maybe a year ago. Or less.'

'Thank you, Gerry,' Dianne clipped.

'Do you still have the recording of the meeting?'

'Well, yes,' Gerry said. 'Everyone does. All the village trustee Zoom recordings are posted online on the town website, along with a transcript of the minutes –'

'– Yes, thank you, Gerry,' Dianne shot him down.

Gerry continued mumbling, something about 'transparency of democracy.'

Dianne turned away. 'Look, there's Sergeant Finney now. Jack,' she called, 'Gerry has something he needs to show you. About the fire.'

Gerry's shoulders slumped. Just wait until he finds out how much Luke ripped him off over marble countertops. Maybe he'd be happy that someone else already burned it down.

He shuffled away, dismissed, clearing the path between Billy and Jet. Another thousand words in the blink of an eye.

And a new lead.

For someone who might have started the fire.

Someone who might have smashed Jet's head in with a hammer.

'Come on,' Jet said to him, but he was already coming, truck keys trailing from his finger, his liquid eyes on her. Jet's heart picked up, not in the bad way, not fight-or-flight, actually just flying, side by side with Billy, a new electricity thrumming under her skin, sidestepping her right arm.

Somehow, Billy could tell. 'Are you excited?' He smiled down at her.

'Aren't you?' she whispered.

283

'Where are you going?' Dianne called just before they reached the door.

Jet turned back. 'Home,' she said. 'Billy's.'

Mom released her balled-up hands. 'C-come home for dinner?' She shrank as she said it, eyes heavy and swimming. 'We won't have many more chances, for the family to be together and . . .'

Jet softened, an ache in her chest that hurt her in small ways, not like the one inside her head.

'Tomorrow,' she said. 'I promise.' And she meant it.

Mom brightened, almost a smile, not quite making it. 'Tomorrow,' she said, accepting Jet's promise . . . just. 'Why, what are you doing tonight?'

'Watching cat videos.'

25

'Fuck me, I'm so bored.'

Jet held one eye open, staring at the laptop screen on the coffee table in front of her, cross-legged on the floor.

'Is it possible to die of boredom?'

'Don't try it,' Billy said, stretched out beside her, straight-legged, his hand splayed on the rug, pressed against her right knee.

The video kept playing, full-screen, a Zoom recording split into two halves. One side was labeled *Village Trustees*, a meeting room inside Town Hall, harsh overhead lighting and a long U-shaped table. The five village trustees sat at the far end: Jet's mom, Gerry Clay, and the others. Lou Jankowski was in his uniform, sitting on the right, and a handful of other municipal employees along the left, notebooks and pens at the ready.

On the other side of the split screen was a *Ms Duffy*, sitting too close to the camera, ruddy cheeks and sagging skin in the unforgiving light of her computer screen.

'Thank you for joining us for citizens' comments *again*, Ms Duffy,' Gerry said cheerfully. 'Are you here to talk about something other than your neighbor's solar lights?'

'Yes, actually,' Ms Duffy said, voice old and crusty, annoyed before she'd even started. 'I want to talk about those new parking meters over on Pleasant Street. It is absolutely ridiculous. My daughter lives there and I've already gotten six tickets. I'm not paying them.'

'I hear you, dude.' Jet scrolled the cursor, fast-forwarding the angry woman. No other faces appeared on the split screen, just Ms Duffy; then back to the Town Hall meeting, stretching to take over the full screen again.

'Is there anyone else in the Zoom waiting room, Milly?' Gerry asked someone off camera.

'No, that's all,' replied the disembodied voice.

'Great, let's move on,' he said. 'Any additions or deletions to the posted agenda? No? OK, so let's discuss this financial report, starting with the police revenue.'

Papers and people shuffled.

'Next,' Jet said.

Billy leaned forward, finger on the trackpad, exiting out of the video, back to TownOfWoodstock.org to the page called *Village Trustee Meeting Uploads*.

'OK, so this next video takes us back to January this year,' Billy said, double-clicking it. They'd started in March to be sure, and this was their fifth video already.

Billy pressed play.

Jet held her eye open again.

The same people, in the exact same positions, wearing different clothes, apart from Lou Jankowski in his uniform. Jet eyed her mom, in the middle, hair swinging around her bare neck.

'We're good?' Gerry Clay asked, looking off camera, then back to the room. 'OK, everyone, I'm Chair Gerry Clay, and I call to order this meeting of the Board of Trustees for the Village of Woodstock. It is 6:30 p.m., January fourteenth, and I want to wish you all a happy new year for our first meeting of 2025. Present is myself, Dianne Mason, David Dale, Florence Chu, Richie Collins.' He reeled off the rest of the names. 'And introducing our new chief of police, who was elected by the trustees in a secret ballot at the end of last year: Police Chief Lou Jankowski.'

Lou dipped his head as there was a polite spattering of applause, a tight smile on Jet's mom's face, the first to stop clapping.

'OK, Milly,' Gerry said. 'Do we have anyone in the Zoom waiting room for citizens' comments?'

'No one today.'

'Perfect.' Gerry grinned. 'Let's get to the agenda.'

Jet leaned forward this time, pausing the video, freezing them all.

'Next?' Billy asked.

But it was something else.

'I just realized something,' Jet said, mind aching as it reeled back, her eyes fixed on Mom's pixelated face, staring across at the new chief. 'The vote for the police chief, it's a secret ballot, right? At the Halloween Fair, I heard Gerry telling your dad that he voted for him, not Lou. And obviously David Dale would have voted for your dad; he and Jack and Luke play golf together, like, every weekend.'

'Right?' Billy said, bending it into a question.

'Well, for Lou to have won, that means my mom must have voted for Lou, not your dad. There are five trustees.'

'Oh.' Billy turned back to the screen.

'Why would my mom vote for Lou Jankowski?' she said. 'She probably didn't even know Lou before, and she's known your dad for over thirty years, been neighbors all that time. I just assumed it was Mom and David for your dad and the others voted against him. Why would Mom vote for Lou instead?'

Billy shrugged. 'Maybe she thought he'd do a better job.'

'Seems like a bit of a dick move,' Jet said. 'They're friends. Anyway, not relevant – we're looking for a cat.'

Jet exited the video, on to the next.

'Doesn't look like they had a meeting in December, so we're into November 2024 and –'

Gerry Clay spoke over her, from the speakers.

'– This is Chair Gerry Clay, calling to order this Village of Woodstock Board of Trustees meeting. It is 6:30, November twelfth, and present we have . . .' Jet skipped ahead, dragging the cursor to the end of the names.

Lou Jankowski was gone, replaced with the old police chief. Much older, in fact, hair snow white and so thin it almost looked like it was floating above his uncovered head.

Jet circled his face with the on-screen arrow, poking him in the eyes. 'Can't wait to retire,' she said, putting on an old-man voice. 'These meetings are so fucking boring.'

'Yeah,' Billy joined in. 'Can't wait to do all that old-people shit. Puzzles. Gardening.'

'Bang so many bitches,' Jet added. 'That *I used to be a police chief* line works every damn time.'

'Gonna eat so much ham.'

'Ham?' Jet's old man asked Billy's old man.

'Yeah. I really like ham.' Billy's accent had slipped, some-where between surfer and stoner.

Gerry stopped the fun, as usual.

'OK, let's get this meeting started,' he said.

'Milly, do we have any citizen comments today?' Jet asked before Gerry could, parroting her a few seconds later.

Milly's disembodied voice floated through the speakers. 'Yes, there's someone in the waiting room. I don't actually have a name; their screen name says *Anon*. Shall I let them through?'

Jet leaned forward, holding her breath. Billy too, right beside her.

'Yes, let them through.' Gerry waved his pixelated hand.

The screen fractured into two, and not because of Jet's eyes this time. Town Hall halved, shrinking all the people inside it.

On the right-hand side was a darkened room, no lights, just a pale glow from a window in the background. In front of it, lit from the silver of the computer screen, was a cat.

Not a real cat, not even a full cat. Some kind of filter: a digital ginger-and-white cat face plastered over the human one below, moving with it, blinking bright green, uncanny eyes. The cat wore a dark hoodie zipped up to cover their neck. Pointed cat ears out the top of their head, just a sliver of visible dark hair, but their human ears showed beyond the orange fur.

It tilted its head, cat face moving with it, staring right at Jet, almost an entire year later.

She felt the hairs stand up on her arm. Just one arm.

Then flinched as a sound erupted from the speakers: Town Hall bursting into laughter.

Gerry Clay hooted.

Jet's mom covered her mouth with her hand, giggled into it.

'Oh dear!' Gerry called over all the commotion, barely able to speak. 'Ms Duffy, is that you?'

'Oh my god.' Florence Chu laughed so hard she had to wipe her eyes.

'I'm afraid it looks like you have some kind of filter on,' Gerry continued. 'Has one of your grandchildren been play-ing on your computer, Ms Duffy?' His voice broke, more laughter, high and tuneful, before he wiped it away. 'Is there anyone there who can help you turn it off?'

The cat blinked slowly.

Opened its mouth, a flash of human teeth.

An awful, inhuman sound rattled against the laptop speakers.

Gerry Clay covered his ears; so did the old chief of police, and Billy.

'I don't want to turn it off,' the cat said, its voice terrible and deep, from another world, reverberating on each word. Some kind of voice-changing software. 'I don't want you to know who I am.'

The hair rose up the back of Jet's neck now. Billy pressed closer.

Gerry lowered his hands, the smile still on his face, flickering at the edges, like he didn't know whether to laugh or . . .

'Who are you?' he said, deciding to go with the smile, but the laughter was gone, almost all trace of it.

Dianne's hand was still in front of her mouth.

'I'm a citizen of Woodstock,' the cat answered in its dark and dreadful voice. 'And I have a comment. For Dianne Mason.'

Jet's mom lowered her hand, uncovering her mouth.

'About Mason Construction,' the cat added.

Dianne found her voice, an audible clack from her tongue. 'Well, I don't actually work there. That's my husband's company. Do you have a comment about –'

'– I want to know, how do you sleep at night?' the cat asked, tilting its head the other way.

'Excuse me?' Dianne's voice rose.

'How do you sleep at night?' the cat repeated, voice growling, filling Town Hall, and Billy's apartment one year later. 'Stealing people's homes so you can build mansions and vacation homes for people who don't even live here.'

Dianne shook her head, sharing a glance with Gerry.

'Mason Construction does not *steal* homes,' Dianne replied. 'And if you don't mind, we –'

'– offering too much money to people who are too weak to say no. What's the difference between that and stealing? You're still predators.'

'Milly,' Gerry called, 'I think we should –'

'– Pull out of the sale,' the cat barked over him. 'You know which one. It's not too late.'

Dianne shook her head, almost rolled her eyes too; Jet knew that look. 'I don't know what you're talking about,' she sniffed.

'Houses aren't just four walls and a roof.' The cat flashed its teeth. 'They are important to people. And they are not yours to take.'

'If you have an issue with Mason Construction, I'm afraid you'll have to take it up with my husband –'

'– I'm taking it up with you,' the cat spat, shaking the room. 'Because you can do something about it.' Tilted its head the other way, blinked its strange, empty eyes. 'And because I know your secret.'

Dianne went back to laughing, a hollow sound, looking around at her fellow trustees.

'I don't have any secrets,' she said. 'Other than my apple pie recipe.'

A spatter of polite laughter from the others.

'OK,' Gerry said, his smile back. 'Milly, let's move o–'

'– You do have a secret, Dianne,' the cat cut him off. 'The one your family doesn't know. Except Emily. She knew.'

Dianne's eyes snapped wide, and so did Jet's, behind the screen. A gasp went around the room, because name-dropping Dianne's dead daughter was a step too far, and no one was laughing now, or even pretending to. Jet gripped the edge of the laptop, leaned even closer.

'The fuck,' she muttered.

'Milly, get rid of them,' Dianne barked.

'I'm trying,' came the voice. 'Sorry, I . . .'

The cat smiled, its awful human-hybrid smile.

'Do you know that Emily knew?' it asked. 'She told me, before she died.'

'Milly!' Dianne shouted, pushing up to her feet.

The fast clip of her heels as she ran alongside the table, toward the edge of the frame, her face and the panic in her eyes growing clearer the closer she got to Jet's screen.

'Actually,' the cat added, 'it was *right* before she died.'

'Milly, what are you doing?!'

Dianne disappeared off frame. 'Move, Milly. I'll do it myself.'

'Make it stop, Dianne,' the cat said, an amused half-smile, watching the chaos unfold with those blank eyes. 'Or I'll tell —'

The cat disappeared.

Town Hall stretched back out, everyone doubling in size, taking over the whole screen.

'The fuck,' Jet said again, watching her mom reappear, walking back to her place at the table, straightening her jacket, running a hand through her mussed-up hair.

She sat, her face cracking, an empty smile that showed too many teeth, didn't reach her troubled eyes. 'Teenagers and their pranks,' she laughed, picking up her papers, banging them against the table. 'Well, that certainly livened up the meeting, didn't it?'

Gerry took her lead, a sigh that stretched into a laugh. But his heart wasn't really in it, echoing strangely around the room. 'That was crazy,' he said.

'Yes, absolutely ridiculous,' Dianne agreed. 'Complete nonsense.' Doubled down. 'OK, everyone ready to discuss banner permits?'

Jet clicked pause, freezing her mom, shoulders too rigid and back too straight.

Billy didn't say anything; neither did Jet. She dragged the cursor back and pressed play again.

'You do have a secret, Dianne.' That hellish voice, rattling against the speakers. 'The one your family doesn't know. Except Emily. She knew.'

'Jet?'

She spooled forward, the cat jerking silently, coming alive again when she stopped.

'She told me before she died.'

Yelling, heels rushing on a polished floor, in a race against the pounding of Jet's heart.

'Actually, it was *right* before she died.'

'Jet?'

'What?' She paused the video, back in the room.

Billy touched the screen. 'Who is this?'

'I don't know.'

Jet stared at the cat, into its half-human eyes.

'Is it true?' Billy frowned. 'About Emily telling them a secret?'

'Emily died seventeen years ago,' Jet replied, not really an answer.

'So this is someone who knew your family back then?'

Jet shrugged, but something else had caught her eye behind the cat. A window visible in the background of the darkened room. Jet swiped her fingers on the trackpad to zoom into it. Zoomed again. A silver glare in the dark, pixelated window, turning it into a mirror.

'That's the reflection of the laptop screen.' Jet zoomed in again on the hazy silver shape, her arrow tracing a pinkish blur around it.

'Pink?' Billy said.

'Rose gold,' Jet corrected him. 'And a black keyboard. Looks like a MacBook Air to me.'

'OK.' Billy chewed his lip. 'And how does that help us identify the cat?'

Jet shot him a look. 'I mean, I don't know a *man* who would buy a rose-gold MacBook, do you?'

Billy shrugged. 'It's a bit of a leap.'

'*You're* a bit of a leap,' Jet muttered.

'Can we see what's outside the window?' Billy leaned closer, propped his chin up on his knuckles.

'No, it's night outside and the laptop's too bright,' Jet said.

Billy thought about that for a moment, chewing his cheek.

'Does the cat ever move in front of the laptop, blocking the screen's reflection? Then maybe we can –'

Jet was already doing it, pressing play on this zoomed-in view, focused on the window.

'Make it stop, Dianne,' the cat voice said, just a reflection from this angle, an unknown person. 'Or I'll –'

The cat shifted and Jet paused. Its human shoulders blocked the light from the laptop, the silver rectangle gone from the glass of the window, just the darkness beyond and a pinprick of orange.

'Hold on,' Jet said.

'Holding.'

She turned up her laptop's brightness, and again, shapes emerging in the darkness outside the window.

'That orange thing is a streetlamp.' Billy pointed. 'So we're on a second floor. A bedroom?'

But Jet was looking at something else behind it. A blurry white square. A house. Faint little lines for the panel siding, the windows arranged almost like a face. A little triangle roof above the front porch and a red car parked outside. Did Jet know that house?

'Do I know that house?' she said aloud this time.

'I don't know, do you?'

She did. Her heart got there first, climbing her ribs, making itself at home in her throat.

'Shit,' she hissed. 'That's the house on River Street. Right on the corner, where my phone's last known location was.'

Billy's eyes widened. 'You sure?'

'I saw it a million times on Google Street View, drove past a million times too. I'm sure it's that house. It's River Street.'

Billy's eyes darkened, another storm. 'But if we can see that corner of River Street from this window, that means we're on —'

'— North Street,' Jet finished for him, throat tightening around the words and around her heart, her head not too far behind, filling in the gaps. 'We're in Andrew Smith's house. Before it got knocked down. This house, *again*. I swear, if houses could be prime suspects.'

Billy glanced over at his front door. 'So . . . it's Andrew?' he asked, still a few seconds behind.

'No.' Jet lifted Billy's chin so he'd look at her. 'It's his daughter.'

'Nina?'

'Remember what the cat said.' But Jet couldn't remember exactly, so she dragged the cursor back, pressed play, and let it run, that dark demonic voice vibrating the laptop and the table.

'— offering too much money to people who are too weak to say no. What's the difference between that and stealing? You're still predators.'

Gerry next: 'Milly, I think we should —'

'— Pull out of the sale. You know which one. It's not too late.'

Jet paused it.

'Andrew told us Nina was devastated when he sold their family house to Luke. This was her, trying to stop that sale. *Too much money to people who are too weak to say no.* She's talking about her dad.' She swallowed. 'It was Nina.'

Billy nodded, seeing it now. 'But Nina, she's . . . when did she —'

'— She shot herself last Christmas, a few weeks after this.'

295

Jet zoomed back out, stared at the cat face, into those fake green eyes, trying to picture Nina's real ones beneath, all that pain she was hiding under a filter.

Billy sniffed, deflated. 'But Nina's been dead for eleven months, so she can't be the one who burned down Mason Construction last night, or who attacked you on Halloween. So this is a dead end.'

'I don't know,' Jet said, following a new train of thought, past all the broken bits. 'It's *Nina*.' She leaned on the name, as though that explained it. 'Nina was Emily's best friend. And what do best friends tell each other?'

'Secrets?' Billy guessed.

'Right.' She hooked her arm through his. 'And something else Andrew said. That Mom got Nina fired from her job at the hotel. We didn't know why my mom would do that. But now . . .'

She left it open for Billy. He pointed to the cat.

'Dianne figured out that this was Nina, the one threatening her? And then she got her fired to punish her?'

'Or silence her,' Jet said. 'This was not just a prank, and my mom knew it. Look at her face, Billy. She's scared. And if she really did get Nina fired, that means whatever Nina was threatening to tell, it was true. Doesn't it?'

Billy nodded, eyes ahead, circling little pixelated Dianne.

'And if it was something bad enough for her to do that to Nina . . .' he set Jet up.

'Then maybe it's something bad enough for someone to kill me over, seventeen years later.'

'Well, shit.' Billy slumped back.

'Well, shit indeed.' Jet joined him.

'You think your mom will tell you what it is?'

'I'm not going to give her much choice,' Jet said. 'She already lied her ass off, tried to stop us finding this video.

I'd like more evidence before we go to her so she can't just deny it, like she'll try. It's always someone else's fault with my mom.'

'What evidence?'

'Emily's secret,' Jet said. 'At least some idea of what it could be.'

She laughed to herself then – short, just a sniff.

'What?' Billy turned to her.

'Just. I never could get out of Emily's shadow. And now, with this last thing I'll ever do . . . here we are again. Always comes back to her.'

Billy clapped his hands, bringing her out of that particular hole.

'So how are we going to figure out Emily's secret?' he said. 'A little tricky, considering both people who knew the secret are now gone. Do your parents still have any of Emily's stuff? Her old phone?'

Jet shook her head. 'She died seventeen years ago. And as much as they love to bring her up all the time, they also really wanted a big guest bedroom. There's nothing left.'

'OK. A little trickier, then.' Billy pressed his fingers to his lips, splitting them into little pink quarters. 'What year did she die?'

'2008.' That date seared into Jet's brain, the day she won the regional spelling bee and life changed forever.

'2008,' Billy repeated. 'And how would two sixteen-year-old girls have communicated in 2008?'

Jet sat up. 'Facebook?' She searched his eyes.

'Facebook,' Billy confirmed. 'Do you think you could get into Emily's account?'

'I don't think so. Maybe I could find out the email address, but the password? And it's not like we have one of her devices that might still be logged in after all this time. Seventeen years.'

Jet followed that thought – her eyes too – over to the front door of Billy's apartment, and beyond. 'But Nina died only a year ago . . .' she said, left it hanging there for Billy to pick up. He didn't. 'Do you think Andrew still has her belongings? Her phone, or her laptop? Her rose-gold MacBook?'

Now Billy picked it up, his eyes shifting, joining hers at the door.

He turned back. 'What are you thinking?'

'Oh, come on, Billy.' Jet grinned. 'You're thinking the same thing.'

'No, I am not.'

Jet stood up, winked at him.

'What am I thinking, Jet? What are we thinking?'

'Andrew will be downstairs in the bar, won't he?'

'Oh no,' Billy said, deflating. 'I know what we're thinking.'

26

'Here,' Billy hissed, wide-eyed, standing by the glass door into Dr Mandrake's Dive Bar, half in, half out.

Jet was waiting outside, hiding from the orange pool of the streetlamp, fading into the darkness.

She hurried toward him, held out her left hand.

Billy dropped a set of keys into it.

'Had to wait for him to go take a leak,' he whispered. 'Those were in his jacket pocket.'

'Good job.' Jet closed her fingers around the keys. 'Now you've just got to distract him. Make sure he doesn't come upstairs while I'm in there.'

'Distract him?' Billy's eyes widened even more, endless pools.

'Be neighborly. Buy him more beer.'

'He's an alcoholic,' Billy hissed.

Jet shrugged. 'So it's the perfect distraction.'

Billy groaned, blew out a mouthful of uneasy air.

'Just buy me ten minutes to find the laptop, then I'll meet you in your apartment.' She pulled herself out of Billy's eyes, through the open doorway behind him, watching as a hunched figure slumped down at the table in the farthest, darkest corner.

'Andrew's back,' she hissed. 'Go.'

He went, the door swinging shut behind him.

Jet turned the corner and watched Billy through the windows, walking with the same pace, matching each other, one inside, one out. Billy awkwardly stuffed his hands into his pockets as he approached Andrew's table, opening his mouth to say something, anything.

Jet ran out of windows, wished him luck and kept going, to the outdoor stairs just beyond the bar, leading to the apartments above.

She tripped, the steps doubling before her, feet falling between the cracks, a new stab of pain behind her eye. Nothing she couldn't handle, testing her weight on each step to check it was real first, turning left at the top instead of right, toward 1A instead of home.

Jet gripped the key, pushed it into the lock, missed, blinked, tried again, and turned it.

Andrew Smith's front door sighed as it opened for her, like it knew, an apology before Jet could take it all in.

Empty bottles everywhere.

Piles of unfolded clothes.

Balled-up tissues.

Food wrappers.

A couch that was too big for the room, half blocking the door to the bathroom.

The same layout as Billy's apartment, just reversed. And no *Cedar Delight* in here. It smelled musty, too lived in, rebreathed air.

Jet flicked on the lights and that only made it worse.

She let the door shut her in, picked her way through the trash.

There was a framed photograph on the wall, not quite straight. Nina grinned out of it, in a graduation cap and gown, standing between her parents. She and her mom looked so similar, the two of them standing side by side like this, same light brown skin and dark oval eyes. Andrew actually looked happy, a light behind his smile and behind his eyes that was gone now, dulled by the years of drinking.

The Andrew in this photograph didn't know anything about what was to come; he just smiled, happy, proud, forever frozen that way. Nina's mom might have already been sick, and none of them knew it. They probably all went home to their house on North Street after this photograph, had a celebratory dinner. That house was gone now. And so was Andrew's family.

Jet moved past the photo, past the kitchen counter, stacks of used plates and glasses. Into the bedroom. The curtains shut, like they'd never been opened, because you couldn't let daylight into a graveyard like this.

She darted through, avoiding the discarded clothes – not that Andrew would be able to tell if anything had been disturbed. It was all disturbed; that's how he kept it.

She bent down to look beneath the unmade bed. Nothing here, just some socks that had escaped, found a place to hide.

Jet straightened up. Checked the closet instead. Not much left on the hangers, or in the drawers. And nothing that looked like it belonged to Nina. Damn. How long did she have left? Jet thought about Billy downstairs, fought a smile, thinking of the panic in his eyes. Smiled just to think of him anyway, actually.

Back into the living room, Jet skirted beyond the couch to the same closet Billy had in his apartment. Pulled one door open with her left hand, then shuffled back to open the other.

Stuff everywhere. Shelves full of it. Boxes lining the bottom.

Jet's eyes scanned quickly across it all, squinting to try and stitch the world back into one. They did, just about, settling on a cardboard box tucked into the farthest corner. *Nina* scribbled across the top, flaps not quite meeting, too much inside.

'Yes,' Jet hissed, leaning forward to drag the box out, her

right foot stepping in when it snagged on another box, helping her left hand to free it.

It slumped down onto the floor with a thunk.

Jet dropped to her knees in front of it, her thumb tracing across Nina's name, dipping in and out of the ridges of the cardboard. She opened one flap, then the other.

The first thing she saw was a hoodie, folded neatly, balanced precariously on top. Dark burgundy with a bright yellow logo for Norwich University. The second thing she saw was a pile of loose photographs, fanning out against the fabric of the hoodie.

Jet scooped up the photos, looked at the first one. Nina and her mom, grinning behind a plate of homemade tacos, too many for a family of three. Shuffled that to the bottom of the pile, looked at the next photo. Nina's clear skin pickling with acne, turning her back into a teenager. Her arm slung around a blond girl grinning at the camera, braces fixed to her teeth. Emily. She must have been about fifteen here, the photo taken on the patio in the Masons' yard. Emily stared back at Jet, with the same brown-green eyes. One sister blinked, the other couldn't. Emily's hair was lighter than Jet's, longer – too long, right down to her waist. So long it had killed her.

Jet placed the photos on the floor beside her, lifted out the hoodie, trying to keep its neat folds even though she only had one hand. Her stomach lurched – heart too – when she saw what was buried in the box beneath it.

A MacBook.

A rose-gold MacBook Air, one deep scratch on its case, cutting the *Apple* logo into uneven halves.

'Yes,' Jet whispered, taking it out, tucking it under her arm. 'Thank you, Nina.'

*

'Well, I'm going to hell,' Billy announced, opening the front door, freezing as he spotted Jet by the coffee table, two laptops open in front of her. 'You actually found it?'

'Mission accomplished.' Jet grinned. 'Also, side note: it is very, *very* difficult to open a laptop with just one hand, by the way.'

'Ah, but you're a trouper.' Billy hurried over.

'I don't give up,' Jet said, which wasn't true: she did give up, all the time. But that was the old Jet. '*And* the battery was dead. Of course it was, been sitting in a box for eleven months. So I plugged it in with the ch-char-ch – white wire thingy. It's just waking up now.'

The laptop burred, a whirring sound beneath the keyboard as the screen switched from the charging-battery symbol to the lock page. A matching whirring sound inside Jet's head as she leaned forward, clicked the touchpad to enter.

The home screen sprang straight up.

'No password?' Billy asked. And then: 'Why do you always have to sit on the floor?' He dropped beside her, legs too long, studying the screen.

Jet jostled, made space for him. 'Maybe Nina never had a password. Or maybe Andrew had to get it unlocked after Nina died, documents he needed access to or something.' The something could just have been that he missed his daughter, hoped to find some of her still inside this machine. 'That's the first obstacle. Now we have to cross our fingers that Facebook is still logged in.'

Jet double-clicked on Safari to open the web browser. It was already connected to WiFi, probably Andrew's router next door. She moved the cursor to the URL box, started typing, one finger to one key at a time. *F a c*

'You're typing like someone called Margaret.' Billy smirked.

'Funny.' She smirked back, stuck out her elbow.

e b

It auto-filled for her, some ID code at the end of the web address, and Jet pressed enter, crossing the only fingers she had.

The Facebook log-in page.

The username was already filled in: *nina_diaz_smith_92@ gmail.com.*

But the password box was blank, waiting.

Jet's heart sank. She clicked into it, to see if it would prompt some password manager to fill it in for her.

Nothing happened.

Except her heart sank farther, dropping into her gut.

'Fuck.' She slumped against the couch.

Billy un-slumped her, hand on her back. 'Not a total *fuck* yet,' he said. 'We have her email address, her Gmail, and maybe if she's still logged in to that we can –'

'– reset her Facebook password,' Jet hissed, stealing his thunder. He would have given it to her anyway, she knew; he was Billy after all. She gave some back. 'Yes, Billy, I love you.'

Billy tensed, tensed even more as Jet brushed against him, leaning forward, fingers on the trackpad. She clicked to open a new tab, guided the cursor to the URL. *G m a.* Pressed enter when it auto-filled. Held her breath. Billy had stopped breathing too, a little while ago.

The web page opened, pale blue, lines and lines of emails in Nina's inbox.

'We're in!' Jet laughed, turning to share it with Billy. 'You can add shit-hot hacker to your résumé.'

He reached over, hugged her awkwardly. Awkward because of the floor-sitting and the one arm.

'Let's do this.'

Jet flicked back to the Facebook log-in page, clicked on the *Forgot Password?* button. Let Billy type in Nina's email address:

it was faster that way. Clicked *Yes* to send a reset-password link to that account.

Skipped over to the Gmail page. The email wasn't here. Refreshed it. Still not here. Refreshed again.

There it was.

Jet stabbed her finger against the trackpad, opening the email, following the link.

'What password you gonna use?' Billy asked as Jet started to type.

'Emily Mason,' she said, reentering the new password to confirm. 'Think Nina would have approved.'

Password successfully updated, the page told her. It didn't have to tell her twice. Jet flicked back to the log-in page, typed her sister's name into the empty password box. Remembered to breathe and guided the arrow over to the *Log In* button. Pressed it.

The page disappeared, replaced half a second later with a Facebook homepage, blue and white, and all the other colors too, scrolling photos and status updates. A tiny picture of Nina on a sunset beach at the top, arms open like she didn't have a care in the world. But Jet knew she'd had many.

'Can't believe this worked.' Billy leaned closer. 'There, click into Messenger.'

Jet did.

'Probably going to have to scroll really far down,' he said.

'Yeah, Emily hasn't replied in seventeen years. She'll be right at the bottom.'

Jet sat back, let Billy do the scrolling for her; it was easier with two hands, and they had years to get through.

The page stuttered, reloading each time they reached the bottom, a little spooling circle that started to test Jet's patience.

'OK, last messaged a Mike Fraser in August 2012,' Billy read from the screen. 'We're getting there. Four more years.'

Down, down, down.

The conversations reloading.

The page slowing down, like it got harder the farther back they went, dragging those old messages back into the present.

'We're here, 2008,' Billy muttered. 'Now where is . . . ah.' His hands drew up. 'There she is.'

Emily Mason.

The second to last name on the screen.

Offline, it said. Yeah, no shit.

Billy sat back, gave Jet some space. She took it, fingers back on the trackpad. She looked at him, held it for another second, then clicked her sister's name, opening a chat box that appeared at the bottom of the screen. A conversation between the dead.

Jet's eyes started reading before she was ready.

Nina's final message to Emily, never opened, never read:

It was your funeral today. I sat with your family, held little Jet's hand. I can't believe you're really gone. I'll miss you forever. When I have a daughter, I'll name her after you. Goodbye Emily.

Billy's breath shuddered. 'Hard to read,' he said quietly.

That was June 8, the date of Emily's funeral.

The next message up was from Emily, on Friday, May 30.

'This is the day before she died,' Jet said. '*No, I started to,*' she read her sister's message aloud. '*But she had to leave. I'll do it next week.*'

'What was she talking about?' Billy asked, but Jet was already scrolling up, to Nina's message before that.

'*Did you talk to Mrs Finney yet?*' Jet read, eyes catching Billy's just as his caught hers. A lump in Jet's throat, blocking her heart.

'My mom?' Billy's voice dropped into a whisper.

'She was their math teacher too,' Jet said, around the lump. 'Probably just school stuff.'

306

'Emily wanted to talk to my mom about something,' Billy said, not really a question. 'But she never made it to *next week*.'

Jet scrolled up again, finding another back-and-forth conversation. 'This was two days before that,' she said. 'Wednesday the twenty-eighth. Emily wrote: *I'll tell you at school tomorrow.*'

'*What?*' Billy said, taking Nina's role.

'*Nina, it happened again. Heard them talking, they didn't know I was awake. Heard something. It's ab-about . . . Luke.*' That pause hadn't been Emily's, it was Jet's, stumbling over the words. She read it again without the gap. '*It's about Luke.*'

Then nothing, no messages until the weekend before, something about Andy White's birthday party.

'Luke,' Jet said again, sounding out his name, as though the shape had changed, new angles, that crunch in the middle. The thirty-year-old and the thirteen-year-old that Emily was talking about, and one word that somehow described them both.

'You think that's the secret Nina was talking about?' Billy turned to her. 'It's about Luke?'

'It's about Luke,' Jet copied him, repeating her long-dead sister, like she'd lost all her own words, and maybe she had, out that black hole in her head or the one in her eye.

'Emily overheard them talking about him.' Billy returned to the screen. 'She means your parents, right? Talking about Luke. You think this is *the* secret? Nina did say it was right before Emily . . .'

'Fuck sake, Emily,' Jet said, words all coming back to her at once. 'Why did you have to tell her at school tomorrow? Why couldn't you have just told her right now?'

'Maybe she knew she couldn't,' Billy said, 'in case someone ever read it. Do you think this is what Emily wanted to speak to my mom about? The thing with Luke?'

'I don't know,' Jet sighed, scrolling back down. 'We can't tell from this. Could be something totally unrelated. It was a couple days after.'

'So, she tells Nina the secret at school, on the Thursday. And then, on the Saturday, Emily . . . dies.'

Jet didn't like all the space Billy had left around that word.

'Her death was an accident,' she said, sharpening that last word into a point. 'The timing is just a coincidence. You were there, Billy, you saw it: Emily was alone and it was just an accident. Nothing to do with this.'

'Yeah,' Billy said, staring at the screen, a silver reflection on the surface of his watery eyes, the scrolling words of two ghosts imprinted there, rippling when he blinked.

27

Andrew Smith was slumped over the table in the farthest corner of the bar, head tucked into the crook of his elbow, passed out. People moved around him, talking, laughing, like the drunk man in the corner was invisible to them.

Jet hung back as Billy approached the table to return Andrew's keys, carefully sliding them into the pocket of his jacket, hanging on the chair. Billy didn't come back, not right away; he went to the bar first, grabbed a glass, and filled it with water. Left it there on Andrew's table, for when he woke up. Such a Billy thing to do. Jet smiled to herself, watching him just be Billy, walking back over to her.

He didn't make it again.

'Billy!' Allison called from behind the bar.

Billy made a face just for Jet, then turned, nodding to his boss. 'Allison.'

'You told me you were sick. That's why you've missed your shifts this week. Don't look sick to me. Saw you buying a beer earlier.'

Billy didn't say anything, hid his hands behind his back.

'If I can't rely on you to turn up to work,' Allison said, pursing her lips, 'then I'll have to hire someone else, you know that.'

'Sorry.' Billy nodded, eyes like he meant it. 'It's just . . . I have something, m-more important.'

Allison's hands went to her hips, widening her eyes, a question in them.

Billy didn't answer it, didn't even try.

He walked away, pressing one hand against Jet's back, guiding her toward the door.

'Billy,' she whispered, something tightening in her gut. 'You shouldn't get in trouble for me. I won't be here –'

'– Maybe it's not for you,' he said softly, holding the door open for her, the breeze snatching Jet's hair, throwing it across her eyes.

Billy rounded the corner, following the street, heading for his apartment.

Jet stopped, that thing in her gut pulling her the other way. She caught Billy's arm.

'Can we just . . .' she began, feeling stupid, trying not to feel stupid. 'I don't know . . . walk?'

Billy turned, one thumb over his shoulder, pointing toward the stairs. 'You don't want to read more of Emily and Nina's messages?'

'We've looked for hours,' she replied. 'We're not going to find anything. And I don't think learning that Emily's first kiss was with Chris Allen is going to help me solve my murder. I think . . . I want to walk.'

'Oh.' Billy took a few steps, back to her side. 'You want to go talk to your mom now? Ask her what Emily overheard? I guess it's late but –'

'– No.' Jet sucked in the air, filled herself with the darkness, breathed it all out. 'I think I just want to walk. People do that sometimes, don't they?' She turned, slowly, heading back beyond the bar. 'Don't need a reason to, or a place they're going, or a dog to tire out. They just walk . . . for them.'

Billy walked beside her, a smile, its edges turned down, both confused and amused. 'Yeah, people do do that.'

'Doo-doo,' Jet snorted, waiting for a car to pass.

'I just thought you'd be worried . . . about not having time.'

Jet thought she'd be worried about that too, but her gut

had other ideas – her heart too, picking up against her ribs, a different kind of song.

'I have time,' she said as they crossed the street.

They walked, just walked. Like people did. Billy on her left side, two of Jet's steps for every one of his, arm nudging against hers. Jet breathed in the night air, spiced with autumn and the first falling leaves, the earthy smell of half-rotting pumpkins on people's doorsteps. Jet looked at the jack-o'-lanterns, but she didn't glare back, didn't feel like it anymore, almost smiled instead.

'This way,' she said, following her gut, crossing the street again, toward The Green in the center of the oval road. Patches of grass trampled into mud from the Halloween Fair, six days ago tonight.

They walked under the burnt-orange trees, sugar maples, branches shivering but not cold, and not scared, even though it was late and Jet and Billy were the only ones here.

Jet looked up, spotted it just in time. Reached out with her hand, her only hand. The falling leaf whirled, sailing the breeze, round and round and down, falling into Jet's open palm.

She closed her fingers around it, a perfect amber leaf.

Billy grinned. 'That's supposed to be good luck,' he said.

Jet grinned back. 'Then you keep it.' She offered it out.

Billy wouldn't take it, shook his head.

So Jet didn't give him the choice. 'Please,' she said, sliding it into his pocket.

Billy patted his jacket, a silent kind of thank you.

Jet looked up again, beyond the leaves, to the dark sky above. Not really all that dark, actually, little silver pinpricks of stars winking down at her.

'What are you looking at?' Billy craned his neck. 'Trying to catch another one?'

'Well, you're gonna need all the luck you can get, Billy,

without me here to look out for you.' She sniffed. 'Actually, I was looking at the stars. People do that too, huh? No reason. Just nice to look at.'

'Yeah,' Billy said, but he wasn't looking at the stars, he was looking at her.

Jet didn't warn him. She dropped down, sat back, the grass wet through her jeans.

'Whoa, you OK?'

'Yeah.' She went all the way, legs out, resting her head back on the grass, not too hard against the bandage and the throbbing inside. 'I'm just laying here,' she said.

'Why?' Billy said, immediately joining her, his head close to hers, legs pointed the other way. Their own little mismatched triangle.

'Because I wanted to.' Jet stared up. Could you always see this many stars here? Jet had never bothered to really look up before, to try counting them, just because.

'I was thinking,' Billy said. 'Nina said it was a secret that Dianne knew but her family doesn't, so maybe it wasn't your parents Emily overheard but –'

'– We don't have to talk about it,' Jet spoke across him.

'What?'

'*That.*'

'OK.' Billy nodded, grass blending with his dark hair, too straight among the curls. 'What do you want to talk about?'

'Anything. Anything at all.'

Jet counted the stars.

'Why didn't you want to marry JJ?' Billy asked, voice small, barely making it through the darkness.

Jet's chest contracted, ribs closing into a shield. Well, she did say *anything*. And this was Billy. She trusted him, with her truck, with her life, and maybe something else too. Her chest opened up and she sighed.

'I used to think JJ was good for me. He pushed me, said I should be the best version of myself, dream even bigger. I think that's who he loved: the best version of me, the one with the big ideas. He would have resented me eventually, when none of it worked out. And nothing ever works out. I give up, so I gave up on him. I think he thought he was *settling* with me, and maybe I thought the same too. Because there *had* to be someone better for me, someone perfect – not here, maybe in Boston – once I'd fixed my life, become that better person. And what was the other choice: I marry him and get stuck here in Woodstock forever? Become my parents? Or Luke and Sophia?'

Billy pulled out a handful of grass. 'You wanted to leave?'

Jet tilted her head, glanced over at him. 'Don't you? Don't you ever think about it? Somewhere new? Maybe a lot of somewheres. Not the place that's supposed to be home, but the place that *feels* like home. Find other bars to play your music in, make lots of people smile, because you make everyone smile, Billy. Live out of a truck and have dirty socks and cold beers and sit under new stars every night? Don't plan, or worry about the time. Just . . . be.'

Her eyes prickled, a new sheen, made the stars even brighter.

'Yeah,' Billy said. 'I've thought about leaving, I have.' He glanced over at her, Jet saw in the corner of her eye. 'But there was always something keeping me here.'

Jet sniffed. 'Not realistic anyway. Life can't be about that, about wasting time. Has to be about something bigger, doesn't it?'

Billy shrugged, not so easy lying down. 'I don't know, I think it might be simpler than that. I think life is about finding your person, your one person.' He paused. 'And you better make sure that they really love you back, so they don't just pack their bags one night and abandon you. They have to love you back. That's it, I think.'

Jet looked over at Billy, hair and grass bunching, tickling her neck. Should she just tell him about his mom? Did she owe Billy that, before the end? But it might change things and Jet didn't want this to change, didn't want Billy to look at her any different, that sparkle behind his pale blue eyes. If Jet had time, she wanted it to be like this. Just this.

'Look.' She pointed up at the sky, drawing a shape with the stars. 'Do you see it? No, look this way, Billy. Yeah. That's its eye, that's the other one. It's a frog, see?'

Billy laughed. 'Of course you see a frog. You love frogs.'

'You don't see it?'

Billy breathed out, looked at her. 'If it's a frog to you, then it's a frog to me.'

'It's a frog.'

She dropped her arm to the grass. Turned to smile at Billy.

'Soooo . . . are you cold too?'

'Absolutely freezing,' he laughed, teeth chattering. 'And I'm soaking wet.'

'Me too. Shall we . . . ?'

'Yeah.'

Billy stood up, towering over her. He bent down, reached out, offered her his hand.

'Err, Billy,' Jet said, dragging her head up, pushing her neck into folds. 'Wrong hand.'

She waved with the working one.

'Shit, sorry,' Billy hissed, switching hands.

Jet snorted, eyes finding Billy's. He snorted too, and that fucking did it.

Jet exploded with laughter, couldn't hold it in, rolling onto her side, ribs against the ground, dead arm somewhere beneath her.

Billy laughed too, hard, harder, weaving in and out of Jet's whistling old-man cackle.

'Why are we laughing?' Billy laughed, bent double, tears in his eyes.

'I don't know.' Jet struggled to speak, to breathe. 'It's not even funny.'

But it was, it was the funniest thing in the world and all the stars, and they laughed and they couldn't stop.

Not when Billy found the right hand this time, pulled Jet to her feet.

Not as they stumbled away, crashing into each other, laughing too hard to walk straight.

Jet's stomach ached with it, and she forgot about the worse one in her head.

Billy would try, swallowing the laughter, his after-sigh setting Jet off again, because it was catching, and they both had it.

Red-cheeked and snotty-nosed and scrunched-up eyes.

They walked and they laughed.

This. Just this.

Jet lay in bed, too awake, staring up at the ceiling. There were no stars here, but they weren't far away.

She was smiling.

Her cheek hurt, just the one side she could feel, because she couldn't stop smiling.

Couldn't fight it, didn't really want to try.

'Good night, Billy,' she called first this time, through the half-open door.

'Good night, Jet.'

Friday
November 7

28

'Mom?' Jet called through the empty house.

Not empty.

Reggie scuttled around the corner, launched himself at her.

'Hello, hi, is that the Regmatron?' Jet tickled his ears, one-handed, fingers down his spine to the base of his helicopter tail. 'Who's a good boy?' she asked, because she always did. 'Who's a good boy?'

Reggie yawned, pattering over to Billy, wagging for him too.

'Of course Mom's out when I need to speak to her.' Jet straightened up. 'All this talk about *Please come home, Jet,* but she's not even here. And she calls *me* useless.'

'She's got to be back sometime.' Billy closed the front door. 'We can wait.'

'We have time,' Jet said.

*M*s were hard to say now, one side of her mouth too weak to press her lips together, speaking out the other way, smiles cut in half. She only knew because she'd tried to smile at Billy this morning, when he made her pancakes for breakfast. Got up early to do it. Better than fries.

Jet followed the dog, through the doorway into the living room. Here again. No pools of blood or spatter anymore, but Jet knew where they'd been, scrubbed away, painted over.

Billy held his breath, walking through behind her.

He'd seen it that way too.

Held Jet's lifeless body, seen the insides of her undone head. His voice breaking as he screamed her name, breaking something inside Jet too as she'd watched and rewatched the doorbell footage.

Billy shouldn't have ever seen something like that; he was too good for it.

He breathed again when they reached the kitchen.

Reggie pounced on a balled-up sock, discarded beneath the bar stools, grunting as he showed it off to them. His wagging tail disturbed the two dish towels hanging by the stove, made them sway. Marching avocados and lemons, an incomplete set.

Jet kept going, through the laundry room to the side door. She pulled down on the handle.

It was locked now, lesson learned. Just too late to make a difference.

She flicked the catch and tried again, pushing the door open.

Reggie was first out, barging past, off to dig a hole for his sock and lose it forever.

Then Jet stepped out, then Billy, not one word between them, like they both knew exactly where they were supposed to go without ever needing to say it.

To the pool.

It was covered now, a white plastic cover, creamy against the surrounding ash-wood deck. Wouldn't be uncovered until the summer, or late spring, or whenever Dad decided they'd had two sunny weekends in a row and it was time.

Jet wondered then if they'd ever replaced the water, or if it was still the same water that drowned Emily, hoping the chlorine would take the death out of it.

Her footsteps echoed on the deck, coming to a stop. Billy's too.

'You were here that day.' Jet stared at the pool. 'Do you remember it?'

Billy chewed his lip. 'As much as any eleven-year-old can remember a day like that.'

Jet nodded. 'Tell me again.'

'When we found her?'

'The whole thing.'

Billy took a breath, filled himself. 'It was a nice day. I was out in the yard with Mom, helping her plant a new flower bed. Sunflower seeds, I think. They still grow there now. Dad was inside cooking, or maybe he was out at the store picking up stuff for a barbecue later. He came back, and he said Luke had been knocking on the door, asking to come play with me. Which was . . .' Billy paused. 'Well, Luke never wanted to play with me. He was thirteen, I was eleven. And *you* were mine – m-my best friend. But you were out at that spelling thing, so Dad asked if me and Luke wanted to play soccer outside. We played for a little while. And then . . . see, I was thinking about this last night, after we found what we found. And I thought it was strange at the time, but I haven't thought about it in years.'

'What?' Jet looked up from the pool.

'So, we're playing soccer, one on one, and Dad's referee and Mom's still gardening. And Dad throws the ball for us, but it goes right into the bushes at the back of the yard, against the fence. We both go in, me and Luke, to find the ball, because it was really overgrown back there. And I find it, and we come back out. And Luke's arms got all scratched up, and I remember Dad making a big deal out of it, seeing if Luke wanted a Band-Aid, asking Mom to go inside to get some cream. Think he felt responsible. But . . .' Billy locked eyes with her. 'I don't know how much you can trust my memory. But the thing is, what I remember –'

'– Billy.'

'I think Luke's arms were already scratched up *before* we went into the bushes. He was wearing a T-shirt, and I was sure of that at the time.'

Jet studied his stormy eyes. 'What kind of scratches?'

'Lots of them,' Billy said, 'all over both arms. Little ones. The kind you'd get if you climbed through a bush and got scratched up by thorns, or if someone scratched you, like in a fight. The police asked about them later, when we were giving our statements. We all told them about the bushes: me, Mom, Dad, Luke. But . . .' Billy's eyes darkened, lines pulling around them. 'Last night, I was thinking, there's something else too. Luke said he hadn't been in the pool at all that day. That's what he told us, and the police after.'

'Yeah, I know,' Jet said. 'He hadn't.'

'He said he'd been inside all day, playing PlayStation. Didn't know where Emily was, got bored, came around to see if I was free to play.'

'Yeah, that sounds right.'

'Except,' Billy said, 'when we were playing soccer, when I got close, to tackle him, I think I could smell it on him, in his hair.'

'What?'

'Chlorine,' Billy said, eyes widening, mouth too, a flash of his bottom teeth.

Jet looked back at the covered pool, a switch in her heart, throwing off the pattern.

'Are you sure?' she asked.

'No, I'm not sure. It was so long ago. And maybe it's only because of what we saw in Emily's messages. But I think . . . I don't know. Sorry.'

Jet chewed the inside of her cheek, felt nothing, only knew she'd broken the skin when she tasted the metal bite of blood. It was seventeen years ago; Billy was just a kid. Jet couldn't really trust her own memories of that day, so that ruled Billy's out too. Luke *did* go in the pool later, *after*. Billy was probably getting confused.

'What happened next?' she said.

'When we finished playing soccer, Dad was starting the grill and Luke was going home. But then Luke realized he'd forgotten a key and wasn't sure if any of the doors were unlocked at yours. Mom said she'd walk Luke back, make sure he got in OK. I went too. Followed my mom everywhere back then.' He sniffed. 'We tried the front door first. Knocked. No one answered. We thought Emily had probably gone out. So Mom walked us around the side to try the doors at the back. It was open, that side door.' He pointed to it, the one into the laundry room. The same one Jet's killer had walked through. 'Me and Mom were just about to leave when Mom looked over here and . . .' He trailed off, eyes flickering over the covered pool.

'You saw Emily,' Jet said, not a question.

'You couldn't really see her,' Billy said. 'Just the colors. The shape. On the bottom of the pool.'

Jet swallowed.

'Mom screamed when she realized. Screamed so loud. Luke ran back over. Dad heard, across the road. He came running. So did Mr Griffin, from next door.' Billy closed his eyes, like he could see it all again, unfolding in front of him, seventeen years gone in a blink. 'Dad was the one to jump in, right away, all his clothes. He swam down to the bottom. Those were the longest few seconds I can ever remember. He came back up without her. Said that her hair was stuck in the drain and he couldn't pull her up. He told Luke to run inside and find some scissors. Luke did, fastest I'd ever seen him move. He jumped in the pool to get the scissors to Dad. Dad went under. Even longer this time. Came back up with Emily in his arms, hair ragged, half cut away.'

Billy moved closer to the pool.

'He got her out, right here.' He bent to touch the exact

323

tile. 'Luke helped, pushed her legs up. And then Dad started CPR. But . . . she was already blue. I remember thinking that – that it was too late. Mr Griffin called the ambulance. And Mom, she was hugging Luke. And I watched. Right here.' He stepped back and pointed at his feet, where he'd stood as a little boy. 'Dad refused to stop, the whole time, even though I think we all knew. The ambulance arrived maybe ten minutes later, took over. And then it was only a couple of minutes until you got home with your parents.'

Billy looked over at her finally, back here and now.

'You were still holding your little trophy.' Billy choked up, coughed into his fist. 'I'll never forget the sound your mom made, when she saw Emily. People don't scream like that, it . . .'

Jet remembered it too. But people did scream like that. Billy had, when he found Jet.

'So it was your mom who found Emily?'

That pit of guilt opening up in Jet's gut again.

'Yeah,' Billy sniffed. 'She was the first.'

'Did she . . . did she ever talk about Emily after?'

Billy looked at the sky. 'We sometimes talked about what happened, about that day. She always got upset.'

'But did she ever mention . . . did she know what Emily wanted to tell her, or that she wanted to tell her something?'

'What are you thinking?' Billy asked her.

Jet wasn't sure what she was thinking, hoped she'd figure it out as she was speaking.

'Well, Emily's message said she'd started to tell your mom on that Friday, but then your mom had to leave. So maybe your mom knew something, a part of it, if it wasn't just a school thing, if it was the secret about Luke, what Emily overheard. And, with Emily dying the next day, maybe she would have thought it was more important, I don't know. Told someone what she knew, wrote it down or . . .'

Billy's bottom lip folded up. 'She never said anything to me.'

'But you were a kid,' Jet countered. 'Do you . . . do you still have any of her stuff?'

Billy glanced back at Jet's house, his own childhood home hidden behind it.

'Yeah,' he said. 'Dad wanted to throw most of it out, but I made him keep it. It's all boxed up in the attic. Not her phone or her laptop or anything like that. She took those with her when she left.'

'Any of her work stuff, from school?'

'Yeah, I mean there were her work diaries, some calendars, things like that.'

'From 2008?' Jet asked, a tiny trickle of hope, filling in that pit in her gut.

'Probably.' Billy was still looking toward his house, eyes faraway, farther than that. 'Mom liked to keep things like that. Had memory boxes from each year, ticket stubs, pressed flowers – you know, that kind of thing.'

'Can we look?' Jet asked, treading carefully. 'See if she kept anything, wrote anything down, about Emily?'

'Yeah.' Billy turned his back on the pool. 'I'm not sure we'll find anything, but we can look while we wait for your mom to come home.'

'Reggie!' Jet called, the dog appearing in a flash of orangey fur, now sockless, front paws stained brown from digging. 'Come on.'

They crossed from deck to grass, through the side door into the laundry room. Jet almost forgot again, went back to lock it.

Through the kitchen and living room to the front door, Reggie leaving a trail of pawprints, only dirt this time.

'Love you,' Jet said, opening the door.

'S-sorry?' Billy stuttered.

325

'Talking to the dog. Bye, Reg. See you later.'

They walked out onto the drive, past Jet's truck. Billy had parked it at a strange angle, but Jet wasn't allowed to criticize now, was she? Onto the street and across the road to the fence outside Billy's house, through the little gate.

'Your dad's at work,' Jet said, looking at the small driveway to the side of the house, no cars.

'I know you're into your breaking and entering at the moment.' Billy smiled at her, pulling out his ring of keys. 'But I've actually got a key. Sorry.'

Billy unlocked the front door. The entrance opened straight into their living room. Jet had always thought the Finneys' house was more like a home, too much stuff in some corners, too little in others, too plain or too bright, tidy but not neat. A yellow couch with a collection of unmatched cushions, still fluffed, the top corners pointy but inviting. The stairs in the far corner painted periwinkle blue, the paint chipped off in a few places, showing the original white underneath.

'Come on,' Billy said, leading her up.

He stopped on the landing, glanced up at the hatch in the ceiling.

'Two seconds.'

Billy went over to the big closet, grabbing the pole for the attic. 'You always used to hide in this closet,' he said, 'when we played hide-and-go-seek.'

'I was just thinking that. Hey, if we have enough time, I'll rematch you.'

Billy raised the pole and slotted it into the catch, turning it to lower the entrance, the ladder sliding down with a metallic hiss. 'I'm six foot two now, can't hide anywhere.'

'Don't just let me win because I have forty-eight hours to live.'

Hours now. Couldn't even count it in days anymore. Billy

noticed too, tried to move past it, not let it in. He glanced at the ladder, then back to Jet. 'Do you need help?'

Jet scoffed. 'I can do a ladder with one arm.' She put her foot up on the first step, to prove the point, hooking her left elbow under to take her weight. It was slow – one foot, second foot, then shift her arm – but she was still climbing.

'I'm right behind you if you fall,' Billy said.

'I'll crush you.'

'I'll catch you.'

And Jet was sure he would, actually.

She reached the top, onto the chipboard flooring, and stood up. She didn't even need to duck her head under the low beams, but Billy had to, bending double, flicking on a lamp, yellow and dim.

'Over here,' he said, crouching lower, heading toward a collection of cardboard boxes.

It smelled musty up here, old, like if time itself had a smell.

'So . . . this is her stuff.' Billy pulled one box off a teetering pile. 'That looks like the clothes she left behind.'

'She didn't take her clothes?' Jet stepped closer, speaking loudly over the guilt, so Billy couldn't hear it.

'Not all of them, just one suitcase.' He sniffed. 'Obviously in a real hurry to leave. Took the important stuff, left everything else behind. Us too.'

Billy grunted, lifting the box of clothes off the pile, placing it down. But there was something else too, on top of the folded shirts and jeans. A small leather-bound photo album. Jet bent to her knees, behind Billy's back, flicked through it with her working hand while he searched.

The face of the boy she'd known so well, Billy back then. Holding hands with his mom in a pumpkin patch, scribbled words beneath: *Halloween 2006*. More and more, Billy growing older with each turn of the page, cheeks sharpening, halfway smile. Jet stopped at a double page, one side empty, just the corners of tape where the photo used to live. Underneath it said: *Me and Billy eating ice cream Summer 2009*. This must have been the photo Billy had in his apartment, the frame he'd hidden when she moved in.

But that wasn't the only blank page.

Four years later, there was another gap, another missing photo. *Me and Billy testing out our new bikes 2013*. Jet ran her finger over the empty space, closing her eyes to bring the scene to life.

'What are you doing?' Billy interrupted. 'Why aren't you helping?'

Jet straightened up, turned the album to face him. 'Looks like your mom didn't leave *everything* behind. Took the important stuff,' she repeated his words.

Billy hesitated, eyes lighting up as they flicked over the empty page.

'Probably fell out,' he muttered, blinking, the light gone again. He took the album from her, dropped it on the floor, didn't want to know.

'Oh, look,' he said instead, sliding out the box at the bottom of one of the piles, undoing the tape. 'This looks like work stuff. Math textbooks.' He pulled some out, grunting at the weight of them. 'Some papers.' He dug his hand through. 'Ah. Here's one of her work planners.' He passed it over to Jet. 'That's from 2015. The year she left.'

Jet turned the little ring-bound notebook around in her hands, opened the front cover. *Beth Finney* was scribbled inside, big fancy writing, the *y* looping over to underline the rest of her name. Jet skipped a few more pages, a little hard to read in this light. Each date had its own page, even the weekends, her scribbles in red or black pen. Notes, reminders, to-do lists with her own drawn checkboxes, uneven little squares with *X*s that didn't stay within the lines. Most were checked off.

Jet read a few.

January 15
Math leadership team meeting at 11.
Order more graph paper.
Extra credit marking.
Speak to Taylor Elliott after class.

Skipped some more pages.

March 7
Email Mr Elliott.
Order Billy's birthday present.

That one was checked off. Jet wondered what Billy's mom had bought him that year, the year he would have turned eighteen, his last ever present from her.

The knot in her gut pulled tighter.

She sniffed, snapped the notebook shut.

'2008?' she asked.

'I'm looking,' Billy grunted, his head almost inside the box. 'That's 2013. 2011.' He laid them on the floor, carefully, like his mom might need them again someday. 'Ah-ha. No, that's 2006, sorry.' He buried deeper. '2010. Oh. Here it is – 2008.'

He reemerged with it clutched between his hands, sitting back on his knees.

'May thirtieth,' Jet said. 'Find Friday May thirtieth. That's when Emily tried to speak to her. She might have written something down. Your mom wrote things down.'

Jet moved closer, leaning over Billy's shoulder as he turned the pages, flicked halfway through the book. *June.* Too far. Flicked back.

'Here it is,' he said, running his finger over his mom's writing. 'May thirtieth. *Go over practice tests for AP. Lunch with Sarah. Pick Billy up from practice at 4.*' Billy swallowed, glanced up at her. 'Sorry Jet. There's nothing here about Emily.'

'You sure?' She deflated, resting her arm on his shoulder.

'Yeah.' Billy flicked the page, checking the day before and the one after. 'Nothing about Emi— Wait.'

He settled on the day after, flattened the page.

Saturday, May 31. The day Emily had drowned.

Jet leaned even closer, stared down at the writing, her eyes splitting the words, two layers.

Pick up burgers from store.

Plant flower bed at back of yard.

But that wasn't everything.

Mrs Finney had written something else on this page, tiny, right at the bottom, not in the lines but sideways across them. The letters slanted, like she'd written them in a hurry, in a panic.

Billy spun the book sideways and they read it together. Silent.

He was already wet. Before.

A shaky line under that *Before.*

Jet's heart doubled, copying her eyes, forcing its way to her ears.

No. Wait. No. Jet couldn't be thinking that. She couldn't. Stop it. Stop.

'He was already wet,' she said, barely a whisper.

'Before.' Billy finished it, the diary shaking in his hands. His eyes found Jet's, unstable, turbulent. 'Luke,' he said.

He didn't need to say it, the name was already thundering around Jet's head, throwing itself against the cracks.

She couldn't think it but she was, she had to. Billy's eleven-year-old memories couldn't be trusted alone — but his mom too?

'You were right.' Jet sank to her knees beside him, brushing her thumb across Mrs Finney's writing, to make sure it was really real, not a trick of the light or a trick of her eyes. 'You thought Luke smelled like chlorine. Before. Before you

330

all found Emily and Luke jumped in. Your mom noticed it too. He was wet when he came over. He'd been in the pool already. He said he hadn't, but he lied – he must have been in the pool.'

'Why would he . . .' Billy didn't finish, left the thought hanging there, settling over the layers of dust.

'Billy, those scratches on Luke's arms. If he . . . could they . . .' She didn't know how to say it, because saying it might make it true. 'Did they look like the kind of scratches someone might get, if they were holding someone's head underwater, if that person was fighting for their life?'

Billy blinked and a dark wave crashed behind his eyes.

'It was a lot of scratches.'

Jet's knees gave way. She slumped back against the wooden strut.

'Oh my god. Did Luke kill Emily?'

Billy sat back too, his mom's diary still open.

'I don't know,' he whispered. 'But it looks like, maybe, my mom thought he did.'

Jet shook her head, refusing the thought, not letting it settle long enough to take hold, make itself at home. 'No. He was only thirteen. I mean, yes, he was bigger than Emily already. Stronger. And they fought all the time, like brothers and sisters do. Luke has a temper, everyone knows he has a temper. But he can't have . . . he can't . . . did he?'

Billy didn't have the answer, and neither did Jet. Billy's mom might have, but she was long gone, ten years gone, and whose fault was that?

Jet shook her head again, the world shifting around her, splitting in half. Everything changed after Emily died, and now it was changing again, coming undone, like Jet's head.

'But her hair was caught in the drain, Billy. You saw it. Your dad had to cut her out. How would a thirteen-year-old know how to do that, to stage it like an accident? To come over here so he had an alibi. He was *thirteen*.'

'I don't know.'

'Is it possible? Could Luke do something like that? Kill my sister? And if he could kill one sister, could he . . . ?'

'I don't know,' Billy said again, like he'd lost all other words out of his own black hole.

'No. He had an alibi. He was with Henry at the time of my attack. He didn't. He didn't kill me.'

'That doesn't mean . . .' Billy glanced down at the page again.

'Luke can be scary,' Jet said, echoing Henry's words, picturing Luke smashing his fists against the steering wheel, reopening the scabs on his knuckles, blood pooling under his wedding ring.

Jet shook her head. Just kept shaking it, making the aches ache harder.

And a new thought, forcing its way through the cracks, clawing up her tightening throat.

'If it wasn't an accident, if Luke killed Emily . . . then it wasn't my fault.'

'Jet.' Billy turned to her, the storm settling in his eyes, reaching out to take her hand, holding it in her lap. 'It was never your fault.'

29

'There you are!'

A blue Range Rover was parked outside the Masons' house, too close to Jet's truck, blocking it in.

Sophia slammed the door, marching toward Jet and Billy, meeting them halfway across the drive.

'I was looking for you!' Her cheeks were flushed, eyes swimming.

'Lucky me,' Jet muttered, not stopping. 'Listen, Sophia, I'd love to stick around and chat, but I need to find my mom and –'

'– You told Luke!' she growled, spit foaming at the corner of her mouth. 'I asked you not to tell him, and you did! About the pills. Why would you do that, Jet?!'

Jet's head throbbed, the broken sides crashing together, a spark of rage where they met. Sophia doubled and doubled again, the world splitting apart, time too, all the way back seventeen years. Hot day, cold trophy in her hand.

'You're right, it's *my* fault,' Jet spat back. 'That you were poisoning your father-in-law so he'd stop going into the office and wouldn't discover all the fraud your husband was committing.'

Sophia's eyes snapped wide, nostrils too, looking between Jet and Billy.

'Yeah,' Jet said, 'we know about that too.'

'And about Henry Lim's accident, the hospital bills,' Billy added.

'Everything, Sophia.'

Sophia didn't blink, like she'd forgotten how.

'Luke did it for us, for all of us! The company was going under, and he's the one who turned it around. He saved it!'

'By scamming people. Not paying taxes.' Jet stepped closer, matched Sophia's eyes. 'Someone burned the fucking building down, probably because of something Luke did. So I'm not sure he really saved the company. It's gone!'

'Luke's a good person.'

'I don't think he is, Sophia!' Jet roared, letting the rage in, letting it win. 'Now can you –'

'– Oh, because you are?!' Sophia scoffed, pointing a finger too close to Jet's chest. 'Are you a good person, Jet?'

'Sophia, move your fucking car!'

'I told you what I'd do,' Sophia lowered her voice, a dangerous whisper. 'If you told Luke. I told you what I'd do.'

Jet took a breath, met her eyes. 'Don't,' she said, lower, more dangerous.

Sophia turned to Billy, opened her mouth, stalactites of spit stringing between her teeth.

'Sophia, don't!' Jet pushed her back, one-handed, driving her elbow into Sophia's ribs.

She shoved Jet away, too hard, her back slamming against the Range Rover.

Sophia's eyes found Billy, locked on.

'Do you know?' she asked him.

'Billy, don't listen!' Jet shouted. 'Come on, we need to go!'

Billy looked at Jet instead, eyes reacting to the terror in hers, darkening.

'Please don't listen,' Jet begged him, the tears prickling her eyes, forced up by the guilt churning in her stomach. 'Let's go.'

'Do you know the real reason your mom abandoned you?' Sophia said, almost with a smile.

334

'Sophia, please stop!' Jet begged her now, caught between the two of them, trapped.

'What do you mean?' Billy said, voice wavering and small.

Jet blinked, memorized the way Billy's eyes brightened just for her, saved it, because they wouldn't anymore, not after this.

'It was Jet's fault,' Sophia said, enjoying this. '*She's* the reason your mom left.'

'Sophia, stop!' Jet shouted, even though it was far too late; she could tell by Billy's face, that storm in his eyes, that coldness. 'Billy.' She reached out for his hand.

He didn't take it. His shoulders tensed.

'What did you do?' he whispered, speaking to Jet, looking at Sophia.

'I didn't mean to,' Jet said. 'I didn't know she'd –'

'– Jet went to her after school, our junior year. Asked Mrs Finney to cheat for her, to raise her grade on an extra-credit assignment. Guilted her into doing it, manipulated her and –'

'– That's not . . .' Jet cut her off, lost her way, looked at Billy to find it again. 'I just, I needed a 3.5 GPA, otherwise I wasn't going to get into Dartmouth. And I had to go to Dartmouth, because that's where Emily . . . I just needed this one assignment in precalculus to be graded higher, that's all.'

'We planned it out.' Sophia stepped forward. 'Me and Jet, what she was going to say to bully your mom into cheating for her. Jet thought using her dead sister was the best way to –'

'– Shut up, Sophia.' Jet wiped her face, standing in front of him, making Billy look at her instead. He should hear it from her, not Sophia, who was using her words as a weapon, trying to hurt them both, and doing it with a smile. 'I did. I did talk about Emily, told your mom why I had to get into Dartmouth. And then, I repeated that thing I'd overheard

335

my mom say. That she'd asked your dad to check in on Emily and Luke that day. I said I wondered how different life would be, if he had, if Emily was still here. I know it was wrong, it was horrible. I thought that if your mom felt guilty, about Emily, then maybe she'd help me.' Jet sniffed. 'I didn't realize she'd get so upset. She burst into tears. I went too far, I didn't realize . . . I'm so sorry, Billy. I'm so sorry.'

She reached for him again.

Billy stiffened, stepped back. He shook his head, his watery eyes now wet, blinking tears that raced to his chin.

'It was the same day,' Sophia said, taking aim again, 'that she packed her bags and left you. Jet did that. She's the one who drove your mom out of town. Maybe she wasn't the whole reason, but she was the final straw.' Sophia laughed, hollow and cruel. 'You've been in love with her since you were a kid, and you never knew she's the one who ruined your life!'

Jet blinked, that one getting her straight through the chest, another black hole.

'I'm so sorry, Billy. I'm so sorry.'

Billy's breath shuddered, stepping back from her again, toward the street, tears splitting across his lips as they parted.

'Did she do it?' he asked, not looking at Jet, looking at the sky instead. No stars, just clouds. 'Did she change your grade?'

Jet's chin buckled, her bottom lip shaking. 'Yes,' she whispered. 'Billy, I'm –'

'– I can't believe it.' Billy ran a hand over his face, catching the rest of his tears. He wasn't shouting, not even now. A hurt too deep for that. 'I spent the last ten years of my life wondering why she left us. If I was really that unlovable that my own mother couldn't even . . .' He choked it back, wiped again. 'And you just . . . you knew, Jet, and you didn't . . . And it's you. *You!*' he finally shouted, voice breaking in half, Jet's heart with it.

'Billy, I –'

'– I'm sorry, I can't.'

He turned, boots scraping against the stone, out of the drive, into the street.

He walked away.

Didn't look back.

'Billy!' Jet called after him, the wind in the trees mocking her, stealing her voice.

'You shouldn't have told Luke,' Sophia said darkly. 'No consequences, huh, Jet?'

Jet shoved Sophia, grabbed a handful of her coat.

Wanted to scream in her face, wanted to hit her, wanted to take all her hurt out on her, and Billy's too. But she said something she hoped would cut deeper, carve a hole through Sophia's chest, like she'd done to her.

'I hope you're always this unhappy,' she whispered, staring through Sophia's dark eyes, not blinking, so she knew that she meant it too.

Jet let her go and walked away, onto the street. She wouldn't waste any more seconds on Sophia; those seconds, those minutes, those hours were for someone else.

'Billy!' Jet shouted, following him down the street.

He was far up ahead, moving too fast, already on the main road.

'Billy, wait!'

He couldn't hear her, or he didn't want to, moving even faster, losing his edges as Jet's eyes swam, sliced the world into two uneven halves.

Jet wouldn't let it all fall apart. She leaned against a tree, waited for the worst to pass, breathing through it. She lost

Billy, couldn't see him anymore, but she was not going to lose him.

She ran, down Church Street, a drumbeat in her head. It couldn't be her heart, because that was gone, wherever that black hole had taken it. The same place as Billy's.

Jet followed him. He must have come this way, past The Green, going home.

Not just Billy's apartment.

Home.

There was an earthquake under the pavement that only Jet could feel, unbalancing her legs, dead arm swaying, weighing her down. She blinked her way through it. Had to catch up to Billy. Find Billy. The only thing that mattered, and this earthquake might slow her down, but it was not going to stop her.

But something else did.

A police squad car pulled up on the driveway in front of her, blocking the sidewalk. A squawk, a short burst of sound as it came to a stop, swimming in and out of Jet's vision.

One door opened, then the other.

The police chief and Billy's dad stepped out.

'Jet,' Jack Finney said, shutting his car door. 'We need to speak to you.'

'Not now,' Jet sniffed. She kept moving, doubling around the car, onto the grass. 'I have something more important.'

'I'm afraid you have no choice,' the chief barked, hurrying to catch up to her. He grabbed her arm, the one she couldn't feel, pulled her back. 'Margaret Mason, I'm arresting you on suspicion of second-degree arson. You –'

'– What?!' Jet hollowed out, only panic left behind, ugly and hot. 'No, no. You've got it wrong. You can't arrest me, I'm running out of time!' She tried to pull away.

'You have the right to remain silent –' the chief continued.

338

No, Jet had to stop this.

'– You can't! Do you have a wa-wa-w–' FUCK, what was that word, that legal term? She should know this, she had to know this, to put a stop to this. 'Did the court issue a wa-wa-war– I need to see it. The wa-warr–'

The chief wasn't listening, his fingers gripped around a set of handcuffs, raising them toward Jet's wrist.

Jet couldn't think of the word, and she had nothing else, she couldn't let them take her. It was instinct, a fire that had already started behind her eyes, claiming the rest of her, a new strength.

She shoved the chief back, left hand slamming against his shoulder.

He tripped on the curb, lost his footing, and Jet didn't wait to see what else.

She made a break for it, down the street to the right.

'She's running!' Lou yelled behind her. 'Go, Sergeant, go!'

Two doors slammed again, the growl of an engine.

Then a siren, screaming after her.

Jet flew.

Her breath shuddering in and out.

No thoughts; Jet let instinct, or the black hole, take those too. Just run. Run faster.

Shoes hammering the ground, veering this way and that as the world tilted, tried to throw Jet off.

The police car was right behind, chasing her down, hot breath against the backs of her legs.

She turned left, into the parking lot behind the public library, slamming into the hood of a silver truck just pulling out.

The driver beeped.

Jet blinked. She braced and pushed off the truck, stumbling away, disappearing behind it.

Checked back.

The cop car was pulling around the angry truck, following her down the lot, gaining speed.

The siren shrieking, ready to swallow Jet whole.

She pushed harder, sprinting, the end of the parking lot right ahead.

Pinned down between a brick wall and the siren.

Jet sped up, pressed her left hand against the lip of the wall, and vaulted over it. Not clean, caught her foot and rolled in the gravel on the other side, but she was over.

The siren cut out.

Two doors slammed.

'Jet, please stop running!' Jack shouted.

She already was, checking back to see the two cops climbing over the same wall, chasing her on foot now.

They could not catch up to her.

She didn't have time for this. She had less than forty-eight hours to live, and she would not give those up for anyone.

She ran.

Through some trees.

Through a tight alley between two buildings, across the street.

Climbed up onto a parked car to jump over a fence into someone's backyard.

The alarm went off, drawing the cops to her.

Fuck.

She got over, landed on her feet this time. Kept going.

They could not catch her.

Out the house's open garage door, a man yelling 'Hey!' after her.

Around the corner, through another parking lot.

Another alley, behind the pharmacy. So close to Central Street. So close to home, to Billy.

The alley grew tighter and tighter, catching her, bricks chewing her up.

Couldn't see much anymore, the world spinning, her legs weakening.

Ribs closing in around her heart, piercing it with their sharp ends.

Jet stopped behind a dumpster to catch her breath, and her heart and her eyes, catch them before she lost them entirely.

Just two seconds, then she'd run again.

Jack Finney appeared at the other side of the alley, a silhouette with a strange-shaped head against the sun and the passing cars.

Jet turned, ready to run back the way she'd come, but the chief was behind her, boxing her in.

'Stop running, Jet!' Jack called.

'No.' The word barely came out, no breath to spare.

'Get her!' screamed the chief.

There was a fire escape up the side of the building.

Jet tore over to it, racing both of them.

Grabbed the ladder with her left hand, up with one foot.

If she could climb up, she could break a window, get inside, and –

A fist grabbed her jacket, some of her hair.

Pulled.

Jet crashed back down to the ground, but she didn't fall. She was pushed up against the wall, her mouth and cheek grating on the brick, a hand on the back of her head, where it was broken.

The chief pressed himself against her, wheezing down her neck as he forced her arms together.

The angry hiss of the handcuffs, tightening around her wrists, catching her, too late.

'No. Please.'

Her last hope gone, taking with it all the time she had left in this world.

341

Lost.

Out the hole where her heart used to live.

'Margaret Mason,' he said, breathless. 'I'm arresting you on suspicion of second-degree arson. You have the right to remain silent. Anything you say can and will be used against you in a court of law.'

30

A lightning flash, hiss and whirr of the camera.
Placard gripped in Jet's left hand.

Name: Margaret Mason

Age: 27

Booking ID: 4669283

'Stop looking down at the slate. Look over here at the camera, please.'

She did, blinded by the white light, erasing everything: the room, the booking officer, even Jet, leaving only that unending ache behind her eye.

'Turn to the side.'

Another flash.

Time slipping, her mind skipping between snapshots, the ache taking up too much space.

Cuffed to a bench.

Another pat-down search.

'Do you have any weapons on you?'

'No,' she said for the second time.

The bench again.

'Place your hand on the glass scanner, fingers apart.'

Green light under the glass, a bright line moving up and down, Jet's fingerprints appearing on the computer screen. Black ink, like four dark hooded figures seen from a distance, the crosshatch lines and swirls hidden in her skin.

'Right hand.'

'I can't lift it.'

'Right hand!'

Pushed into another chair: metal, small. Inside the interview room, the same one Jet had been in before, that digital clock hanging above her, ticking down, close to the end now. Red flickering numbers, the color of blood, a slow trickle through her brain, the color of fire, roaring at her heels.

Jet was cuffed again, the metal imprinting in her wrists. Her working arm tied to her dead arm, dragging both up, elbows on the table.

'Stop looking at the clock, look at me,' said the chief, sitting across from her, Sergeant Jack Finney beside him. A dance they'd all danced before, except Jet couldn't leave this time, locks and chains.

'I already told you, I did not fucking burn down Mason Construction,' she growled, her voice strange and flat, now the hope was all gone. 'It wasn't me.'

'This is a very serious offense,' the chief said. 'A class B felony. You understand that, right, Jet?'

'Yes. And do you understand that I have about thirty-six hours to live because someone murdered me a week ago?' Voice even stranger, flatter. Jet looked at Jack instead, his eyes kinder, more familiar; not quite Billy's, but the closest she'd find in here. 'You have to let me go.'

'I'm afraid we can't do that,' the chief cut in.

'I'm dying!' Jet smacked her left fist on the table, a flash behind her eyes, that fiery edge of hell inside her head now, almost falling in.

'That doesn't make a difference,' he sniffed. 'The law is the law. We have enough evidence to place you at the –'

'– What evidence?'

The chief sighed, reaching for the file, the file sighing too, against the table.

'You told us you were at Billy Finney's apartment all night on Wednesday, November fifth.'

'Yes, I was.'

'We know that's a lie, Jet,' Jack said, like it hurt to do it, avoiding her eyes.

The chief removed something from the file, a photograph printed on paper. He slid it across and turned it around so Jet could see.

It was a picture of her truck, taken from behind. The world dark around it, lit only by the moon and the flash of the camera. It was parked up on the side of the road, near the entrance to Mason Construction.

Jet didn't react, pushed the photo away. 'It's my dad's company, I've been there a lot. This could be any time, doesn't prove anything.'

The chief's chair creaked as he shifted forward. 'The metadata tells us that this photograph was taken right by the driveway into Mason Construction, at 11:22 p.m. on Wednesday evening.'

Fuck.

Jet didn't blink.

'The smoke alarm inside the building was triggered at 11:17 p.m., and the fire department arrived at 11:31 p.m. So, Jet.' He steepled his fingers. 'Why was your truck parked outside during the time of the fire, if you were at Billy's apartment all night?'

Jet pressed her lips together. Fuck, they had her. Jet needed to get out of here, now – what could she say to make that happen? But another question forced its way in front of that, another glance at the photograph.

'Who took that photo?' She asked it. Because who the fuck was there, taking photos, at 11:22 p.m., while Jet and Billy were almost burning to death inside? She kept that part of the question to herself.

The chief coughed into his fist. 'A witness.'

'What witness?' She sat up.

'I can't tell you that.'

'Why not?'

'Because I can't.'

Jet leaned forward, pressed one finger against the photo, dragging her right hand with it, the chain on the handcuffs clattering against the table.

'You didn't think that if this *witness* was at the scene around the time of the fire, maybe they could be your *suspect* instead?'

The chief shook his head.

'This witness had a legitimate reason to be there at that time. You, however, did n –'

'– What legitimate reason? Who is the witness?'

Her chest tightened around her phantom heart. Jet knew she didn't set the fire, so if someone else was there at the same time, this *witness*, it was probably the person who really did it – who tried to kill her the second time. And maybe the first time too. Was this how it ended, how Jet solved her own murder, sitting here in cuffs, accused of something she didn't do?

She just needed the name. 'Who?!'

The chief dipped his head. 'I can't give you the name, but they aren't a suspect. It was someone who got an alert when the alarm was triggered, went to the scene to investigate. Saw your truck outside and knew it was important to get a photo.'

Jet shook her head. 'What are you talking about? Got an alert from . . . do you mean my dad?'

346

The chief didn't answer, didn't move.

That was answer enough, Jet's mind ticking, turning over, working around the ache.

'No.' She sniffed. 'You mean Luke, don't you? Luke was at the scene before the fire department?'

'The witness saw your truck outside at 11:22 p.m. after the fire started, and took a photo because –'

'– It was Luke.' Jet almost laughed, the sound hollow in her chest. 'The alarm went off at 11:17 and Luke told you he got all the way over to Mason Construction from his house in five minutes to take that photo? Bullshit. He was already there.'

And there was only one reason Luke could have been there already, the last piece sliding into place, held together with metal screws and wire mesh, like the rest of Jet's head.

'Luke handed this photo in to you, did he?' Jet asked, showing half her teeth, a one-sided grimace. 'Must have felt real guilty about that, handing you a piece of evidence that pointed to his little sister. What a helpful little *witness.*'

The rage dripped down her spine to her gut, caught fire. Jet kicked out, feet catching the table leg, a growl at the back of her throat.

Jack flinched, picked his hands up from the table as it shuddered.

'That fucker,' Jet hissed. 'It was him. Luke set the fire. And he's trying to fucking pin it on me.'

And the other thing Jet couldn't say. That Luke saw her truck, must have known Jet was inside when he doused the place with gas and set it on fire. Her brother tried to kill her, or didn't care if she burned to death with the building. And now he'd gotten her arrested, when he knew she had no time left. That was almost worse. Jet was going to kill him.

347

'Jet,' Jack said, voice firm but calm, 'I know this is a stress-ful situation for you –'

'– Oh, you think?'

'But we need you to tell us what you were doing there.'

What was she doing there? She couldn't tell them the truth – that she was the one who'd taped up the security cameras, that had disabled the alarm. How would that look? Think. Think.

'You know the code to the gate and the key safe,' the chief said, hardening his gaze, moving in for the kill. 'That's how you got in.'

'Don't know what you're talking about.'

'You put tape on the cameras, so they wouldn't record you being there.'

True, but not to fucking burn it down.

'Someone taped the cameras?' Jet asked.

'You knew the code to disable the security alarm.'

'Are you asking a question or . . . ?'

'It'll be easier if you just confess,' the chief said.

'Will it?' She shifted, handcuffs rattling.

'Is that a burn on your hand?' The chief pointed to it.

'I did that cooking.'

'What did you cook?'

'Pasta.'

'Look, Jet, I get it,' the chief sighed.

'Do you?'

'Something awful happened to you, and you're mad. Maybe you thought you'd use the time you had left to take your anger out on someone else. Maybe you're mad at your dad, at your brother, that they weren't there to help you when JJ attacked you. Thought you'd teach them a lesson, burn down the company. Is that it? Talk to us, Jet. We're here to help.'

'Like when you solved my murder?' she asked.

'Jet,' Jack said softly.

'I. Did. Not. Burn. That. Building. Down.'

The chief banged the table. 'Then. What. Were. You. Doing. There?'

'I was in the truck. I just parked there. It's a quiet road.'

'Were you alone?'

Jet swallowed. *Alone* didn't count as an alibi. But she would not let any of this fall back on Billy, not that. He was the one who had to live.

'No, I was with someone,' she said.

'Who?'

'I can't tell you that,' she parroted him.

'Billy?' Jack said quietly, dipped up as a question, but not really.

There was no other answer.

Jet didn't say anything.

'And what were you and Billy doing in your truck, on that road, at that time of night?' the chief said, sitting back, like he'd won.

'What do you think?' Jet scoffed, actually just trying to give herself time to think.

'You tell me.'

A flash of memory: Billy, his pale eyes wide and troubled, worrying that passersby would spot the truck from the road. Jet telling him not to worry, giving him a reason, actually just trying to make him laugh.

Jet smiled, reused those exact same words now.

'We were screwing, like teenagers.'

Jack dropped his eyes to the floor, chair creaking, drawing attention to him just when he was trying to hide from it.

'Sorry,' Jet said in his direction, then back to the chief. 'I'm dying, and having sex in a truck was on my bucket list, OK?

349

That's why I was there. We didn't even know about the fire. We heard the sirens and got out of there. That's all.'

The chief shook his head. 'I don't believe you. I know you did this.'

'Do you have any evidence that I went inside the building?'

The chief glanced over at Jack, a silent conversation, cop speak for *no*.

Jet leaned forward. 'Then let me go.'

Jack ran a hand over his stubble, like he was torn between his uniform and the man beneath, Jet's neighbor, someone who'd known her since she was born. 'We can't,' he said. 'The judge issued a warrant for your arrest.'

Warrant! That was the fucking word.

Jack was still speaking. 'The prosecutor has to decide whether to move ahead with charges.'

'Fine,' she said. 'So charge me and let me go – I don't care, it won't matter after tomorrow.'

A slight shake of his head. 'If you're charged, we have to hold you until morning. You'll go to an arraignment before a judge to enter your plea. You may request bail, and the judge may grant it, but you'll be held in the county jail until it's posted.'

'I don't have time for that.' Jet's voice rose, but the fire went out, just a trail of smoke from her gut, soot coating the back of her throat, making her cough. 'What about now? Can I leave? Is there any way I can leave?'

Another small shake of his head, the other way. 'We have to hold you until the prosecutor makes a decision about filing charges.'

'How long can you hold me?'

'Forty-eight hours.'

Jet's throat closed up the rest of the way, cutting off her breath, the room tilting, doubling, tripling, suffocating her.

She closed her eyes.

'So, this is it,' she said. 'This is how I die. Alone. In a cell. That's how it ends.'

Concrete floor, white-painted brick walls that weren't white at the bottom, grimy and gray. A metal toilet in the corner, connected to a drinking fountain, where Jet could refill her plastic cup.

But she'd broken it. Ripped it in half. Then into tiny pieces, scattered around her like snow, like ash.

Sitting on the floor, because it hurt less than the bench. And if Jet stretched out her legs, she could reach the other side of the holding cell. It was tiny, less than Jet squared.

Too cold, a draft blowing in through the black bars from the corridor beyond, the exposed flesh of her arms rippling into small bumps, a shiver up her spine.

Jet was going to die in here.

She was going to die in this tiny cold room with bars instead of a door, and she just had to get used to that, stop crying.

Stop crying now, Jet.

She couldn't.

She blinked and they just kept coming.

It was over.

She'd failed.

Jet always failed; why had she thought this time would be any different?

So many unanswered questions she was going to die with.

What did Nina Diaz-Smith know about Mom? What was the secret Emily overheard about Luke? Did Luke kill Emily when they were kids, hold her underwater until she drowned? Did Luke mean to kill Jet when he set fire to Mason Construction, to the company he'd worked his whole life to take over? Was he sorry that he sent the cops after Jet to save himself, stealing her final hours? Who owned the Coleby tool kit? Where did the red wig hair come from? Who killed Jet on Halloween and why?

Had she deserved it?

Jet sniffed, wiped her nose on her sleeve.

But there was something worse than all of that put together.

That she was going to die while Billy hated her.

That was worse.

A black hole that spread from her chest, hungry, taking every last bit of her with it.

Leaving her with just Billy's pale eyes.

That frozen, distant look in them as he'd walked away from her. The last time she'd ever see him, and he'd ever see her.

Who would have thought, this time last week, that Billy Finney would be her most important thing?

Not just poor, sweet Billy. So much more than that.

Home.

But this was where she was going to die. Here. In this holding cell. Meant to be temporary, not a tomb.

A door creaked, footsteps, lots of them, echoing down the corridor, getting closer.

Jet sniffed, stood up. She walked to her bars, peered through.

Four men. Two in uniform, two not. One with his hands cuffed behind his back, being escorted through.

'JJ?' Jet said, face pushed up against the bars.

'Jet?' His head snapped in her direction, eyes dark and panicked, brows drawing together, confused. 'What are you doing here?'

'Don't speak to her,' Detective Ecker growled, tightening his grip on JJ's elbow.

'Doesn't matter,' Jet said as the tangle of men passed her cell.

'They're taking me to the judge.' JJ tried to stop in front of her, struggling against Ecker and the chief. 'They're charging me. It wasn't me, Jet. I didn't do that to you.'

'Move!' Ecker barked.

'I know,' Jet said.

'I wanted to call you. They wouldn't let me call you.'

JJ grunted as the chief shoved him against the wall, moving him on.

Jet pushed her face through the bars, watched them go, JJ pinned between the chief and Ecker, Jack Finney two steps behind, blocking JJ from view.

'I wanted to tell you I was sorry,' JJ's voice trailed back, strained, fighting. 'About the loan. It was for Henry, I was desperate. I'm sorry.'

'I know,' Jet said again, head spooling around one of those unanswered questions. Last chance to ask it. 'Wait, JJ, did you touch me at the fair?' she called through the bars. 'When you were wearing the red wig, did you grab my arm? I can't remember.'

'Keep moving.'

'No, I didn't – didn't touch you. And I didn't do it! And I'm sorry that you –'

The door crashed shut at the far end, taking JJ away; Jet heard it, couldn't see that far.

'I know,' she whispered, because she wasn't the only one who was going to die in a cell.

JJ didn't do it, and Jet didn't either, but she couldn't scream about it anymore, there was nothing left.

Well, there was *something* left.

One set of footsteps, coming back.

It was Billy's dad, stopping in front of her cell, sharing a sad smile.

'I'm sorry about that, Jet.' He sniffed. 'I said we should have taken him out the back. He shouldn't have spoken to you.'

But Jet was glad he had, because she was sticking on something JJ had said, something else left behind that the black hole hadn't gotten to just yet.

'Phone call,' Jet said, resting her forehead against the cold bar. 'Mr Finney, don't I get a phone call?'

'Yes. You do.'

'Can I . . . can I do it now?'

He glanced through the bars into the cell, the shredded plastic cup around Jet's outline, a phantom version of her, left behind.

'Sure.'

He reached into his pocket for the keys, unlocked the cell door. A metallic scream from the hinges as he swung the bars open.

'I'm . . . I'm supposed to cuff you,' he said quietly.

'OK.'

She couldn't hold her wrists together for him, only one. Mr Finney had to bring her right arm around, lock her hands together, the cuffs looser than when Chief Jankowski had done it.

'This way.'

He led her to the right, down the corridor, through the door, and into an office area. Desks and papers and windows, the fading afternoon light. And a landline phone attached to the wall. Black receiver on a thick metal wire, well-worn buttons.

Mr Finney led Jet over to it, hand soft on her shoulder.

'You should call your dad,' he sniffed. 'He can get you the kind of lawyer that might be able to get you out of here, given your circumstances. He can afford that. Call your dad, Jet. He can fix this.'

Jet looked up at him, blinked. Call Dad. He could fix this, like he'd fixed things before, get Jet out, give her back her

354

time, time to finish what she'd started. Her head agreed with Mr Finney, but her heart was back, beating in the base of her throat, pulling her another way. A choice between the two, one or the other.

'I only get one phone call, right?' she asked.

'That's right,' he replied.

Jet nodded.

'Then there's only one person I need to call.'

She chose.

'What's Billy's number?'

Jack blinked down at her.

'You sure?'

'I'm sure.'

He turned to the phone, lifted the receiver, pressing the buttons with his other hand.

'It's ringing,' he said, passing it to her.

Jet tried to take it, her dead arm too heavy to raise that high, dragging her other hand down. 'I can't.'

Jack took her hands, unlocked the cuffs. 'Don't tell anyone,' he said, placing the receiver in her left hand. 'I'll just be over there, give you some privacy.'

Jet nodded, raised the phone to her ear.

It rang.

Still ringing.

The sound chiming around her head, through the cracks.

She closed her eyes.

Come on, Billy.

It rang.

Still ringing.

'Pick up, Billy,' Jet whispered, barely making a sound. 'Pick up, pick up, pick up.'

A click.

Jet's eyes snapped open.

'Hello,' a robotic voice cut in. 'Welcome to Verizon's voice-mail service. I'm sorry but *Billy Finney*' – Billy's name in his real voice, Jet's gut reacting to it, flipping over – 'is unable to take your call right now. Please leave your message after the tone.'

It beeped, too shrill, and Jet wasn't ready, but she had to be.

'Hi, Billy,' she said, 'it's me. It's Jet. You know, next-door neighbor, childhood best friend.' She was nervous, the blood rushing to her face. 'Um, yeah, so, I'm at the police station. They've arrested me. They think I'm the one who burned down Mason Construction, which is . . . Anyway, this isn't about that. It's about you.' She took a breath, but it didn't work, her voice breaking anyway. 'I'm so sorry, Billy. I'm so sorry. You are the last person in the entire world I wanted to hurt. I didn't know what I was doing – I'm not making an excuse. But I think, my whole life, I didn't know what I was doing, just ob-obsessed with this idea, of achieving something big, of proving to my parents that I can be like Emily, I can do what she would have done.' She sniffed. 'That's why I did it, your mom. And I think . . . I think I've spent so long waiting for it all to begin, for life to really start, that I missed out on what it was really all about. It's not law school, or the big fancy job at the big fancy firm, or solving your own murder because it's your last chance to prove something. It's about all of those small moments I missed while I was waiting. I haven't been able to see it until now. Racing bikes, doesn't matter who wins. Cold beers. Writing songs just because it makes you happy. Laughing. I haven't laughed so much my whole life as I have the past few days with you. And that's saying something, because I got murdered a week ago. Being brave, being useless, and not caring that I'm useless around you, letting you help me. Sitting on the floor mostly because it bugs you. Looking up at the stars. It didn't even look like a frog, Billy, not really.' She smiled, tears gathering across her lips, salt on her tongue. 'I said I didn't want to stop because I was having too much fun. I was just being . . . well, *me*, being an asshole, but I think that, maybe, I accidentally stumbled on it, I just didn't realize. Because, Billy, this past week, I haven't really been dying. I think, maybe, it's the opposite. I've finally been living. And that's all because of you. You showed me. It's the best thing anyone's ever done for me, and I'll never forget it. And I wanted you to know, that it was all you, before it's too late.' Her breath stuttered, a wet sucking sound up her blocked nose. 'Gross, sorry. I'm sorry, Billy, and I hope you listen to this, and you find some way to forgive me. Because I'm an asshole, and I can't die knowing that you hate me, because I –'

'– You have reached the voicemail limit. To send, please hang up, or press one to rerecord your message.'

Jet swallowed.

Replaced the receiver to hang up.

Wiped her eyes. One eye, then the next.

'You done?' Mr Finney's voice behind her.

'I'm done,' she said.

He didn't put the cuffs back on, just put a hand on her shoulder, walked her back to the holding cell, silent, pretending he hadn't heard her one-way conversation with Billy. Jet didn't care that he had; she meant every word.

Jack pushed the door shut, squealing hinges, mouth in a sad downward line as he locked it, looked at Jet through the bars, face creasing, sorry.

'Hey, Mr Finney,' Jet sniffed, blinking to try and stitch him back into one person, the concrete floor unsteady beneath her. 'Can I borrow some more paper? And a pen?'

He glanced over his shoulders, one way, then the other.

'You're not supposed to have anything in there.'

'Please,' she said, wrapping her hand around a bar, holding herself up. 'We both know what's going to happen. I'm probably not going to see anybody again, won't get a chance to say goodbye. But I can write them letters. I have to say goodbye.'

Mr Finney chewed his lip, nodded.

'How many pages do you need?' he asked.

'A lot.'

'OK.' He nodded again. 'I'll be right back.'

'Thank you.'

Jet sank to her knees, giving in to her legs, sliding back against the wall, feet out in front of her, eyes up. The cell didn't feel quite so small anymore, not as cold.

'Here.'

Mr Finney was back, bending down to slide a small pile of printer paper through the bars, shushing along the concrete. Too clean, too white. He rolled a ballpoint pen through, no cap.

'Sorry, I could only find a red one,' he said.

'That's OK.' Jet picked up the pen, then the first sheet of paper, laid it on the floor, legs hooked around it, one foot pressed to the corner to hold it in place.

'I'll come check on you in a few hours. Bring you some food.'

His footsteps clicked along the corridor, taking him away, through the door at the end that Jet couldn't see.

Couldn't much see the paper in front of her either, her eyes unfocusing, losing their way. But Jet wouldn't lose hers.

She was brave, and she was useless, and that was all fine with her.

She gripped the pen in her left hand, the wrong hand, the hand she never wrote with, wasn't sure she could.

She started. She tried.

D e a r M o m

So slow, the letters squashed and childlike. Red ink crammed together, then spread too far, slipping up and down, out of line, like it was her first time writing, not her last.

It was going to take hours, like this.

But Jet had the time.

She took a breath, steadied herself, anchored herself, looked through her doubled vision, beyond it.

She pressed the pen to the paper and began her goodbyes.

3 1

The hinges screamed and Jet jerked awake, still alive. She knew because the pain came next, head crushed against the wall, knees tucked to her chest.

She blinked at the open bars, at Mr Finney with his hand on the door.

'I'm not hungry. Thanks,' Jet croaked, settling back down on the concrete.

'Jet.' He opened the door wider, another creak, an unknown word in the language of metal. 'You're free to go.'

But those words she understood.

Jet sniffed, sat up, one cheek crushed, the side she could no longer feel, a ring of salt crusted around her eyes.

'Wh-what?' she said.

'You're free to go.'

Jet pushed to her feet, one at a time, stumbling, catching herself on the wall.

'Wh-why?' She blinked again, no idea what the time was, or how much she had left.

Jack stepped back, cleared the way.

'We had a witness come in to give a statement,' he said. 'It corroborated your account. The state attorney wants us to investigate further, before considering charges. Which means . . .' He gestured to the open door. 'You're free to go. For now.'

'I'm free?' She took a tentative step forward. 'Who was the cor-corro-cor— th-the witness?'

Jack pressed his lips together, an almost-smile. 'I think you know him. Come on.'

Jet's heart picked up, back where it belonged. Home. Her foot nudged something as she shuffled forward.

'Oh, your pen.' She bent to pick it up, the world tilting, almost throwing her off. She righted herself, passed the red pen to Jack, then looked back at her cell. Just once.

Patted her jacket pocket to feel them there, to check. Her letters, folded up. Safe. And she might not need them after all.

She was free.

She followed Mr Finney, holding her breath as she passed by the bars, crossed the threshold, that line, into the corridor beyond.

Through the door she couldn't see, but she could see now, into the waiting room, the bench she'd been cuffed to, the front desk.

The officer who'd booked her was standing behind it. So was the chief, eyeing her as she stumbled past, face creasing – but not because he was sorry, Jet knew.

'I'm free to go,' she said, challenging him, eyeing him back, moving her hair out of her face with just one finger. Her middle finger.

The chief didn't say anything, just watched her go, toward the glass-fronted door, the night and the moon waiting beyond.

Mr Finney opened the door for her.

'Thank you,' Jet said. 'For the pen.'

Jack dipped his head, and Jet walked outside.

The night and the moon weren't the only things waiting for her.

Jet's blue truck, just there, in the parking lot.

Someone leaning against the hood, arms crossed, bunching his checked shirt, protecting his chest.

'I got your voicemail,' Billy called.

'You did?' Jet stopped.

361

'Yeah.' He pushed off the truck, crossed one of the head-lights, glowing in front of it. 'It was pretty long.'

'Well, I had a lot to say.' Jet cupped her hand over her eyes, to see Billy clearer. The clearest she'd ever seen him.

'You've always got a lot to say.' Billy smiled.

'Didn't think I'd ever see you again.'

Billy nodded, chewed his lip. 'Do you see me now?' Raised his arms.

'Yeah,' Jet said, 'I see you. Do you see me?'

'I've always seen you, Jet.'

Jet nodded, her heart in her throat.

'OK,' she called. 'Can we stop being weird now?'

'You first.'

Jet first.

Time to be brave, time to be useless.

She kicked off the gravel and ran to him, straight into him, hard to stop, both of them colliding into the truck.

Billy's arms wrapped around her, Jet's left hand hooking onto his elbow, holding on as he held her. She pressed her face into his chest, harder, crushing it. Jet couldn't feel it in her cheek, but she felt it somewhere else, felt like wings.

'I'm sorry,' she said, voice lost in his shirt.

'It's OK,' he said, voice lost in her hair. 'I'm sorry too.'

'Got nothing to be sorry about.'

'I do, Jet.' He pulled back so he could look down at her, eyes pale and shining, a summer lake with no end, not even when he blinked. 'You talked about having a deadline, one last week, to prove something. And I did too. Something different, something I thought was just as important – the only important thing, actually. And that wasn't fair, on either of us.' He breathed out, let something go. 'I don't need to prove anything, and you don't either.'

Jet thought she knew what Billy meant. Maybe she'd

362

already known, since she heard his song, maybe even before that too.

'I don't hate you,' she said.

'And I don't hate you either.' He smiled. 'Shall we?'

He stepped back, opened the passenger door for her.

Jet climbed inside, struggling because Billy's guitar was in the footwell, her legs either side of it.

'What's this doing here?' she asked as Billy dropped into the driver's seat.

'Oh.' His cheeks flushed. 'Well, I've never got someone out of jail before.'

'You thought you could sing me out?'

'No.' His dark hair trailed into his eyes. 'I was going to find a pawnshop, sell my guitar, sell your truck too, get money for bail, whatever it took.'

Jet gasped, but not really. 'You were going to sell my baby?'

Billy ran his hand over the dashboard. 'Would have hurt me too. We've bonded.'

He shifted, his elbow accidentally bumping the steering wheel, a hiccup of the horn.

Jet laughed. 'She says, *Hands off.*'

'That's fine,' Billy said, dropping his eyes. 'You can love something without needing it to love you back.'

Jet nodded, looking at him as he looked away.

'How did you do it?' she asked. 'Get them to let me go?'

Billy's cheeks flushed harder, still not looking. 'Don't be mad.'

'What?'

'I . . . I said we were together, in the truck.'

'Doing what?' Jet pressed, just enjoying this, watching him squirm.

'Screwing like teenagers,' they said at the same time, burst into laughter, Billy accidentally hitting the horn again.

'Me too.'

363

Billy sniffed, swallowing the laugh. 'Good thing we got our alibi sorted beforehand, huh?'

Jet shifted around the guitar case, felt Billy's gaze on her.

'You know,' he said, gripping the wheel with both hands, even though they weren't going anywhere. 'I think this has been the worst week of my life, because I'm going to lose you, and I don't want to lose you.' He cleared the lump in his throat. 'But, it's also been the best week of my life, because I got to spend it with you.'

'Me too,' she said again. Same words, completely different somehow, another language.

'Good.' Billy clicked his tongue. 'Glad we agree.'

'Yep. Same page.'

Billy caught her eye and Jet smiled, just out of one side.

He caught the other half, turned the key in the ignition.

'So. Whaddya want to do tonight?' he asked. 'Should we go solve a murder?'

Jet scrunched her nose, glanced down at her nonexistent watch. 'I think we have time.'

'Where to, Detective?' Billy did up his belt.

'Luke,' Jet said, losing the smile. 'He's the one who took that photo of my truck, sent the police after me. But if he was there at that time, it means –'

'– He's the one who set the fire,' Billy finished. 'Tried to kill you the second time. But we know it wasn't him on Halloween, he was with Henry Lim at the same time.'

'No.' Jet nodded. 'Luke didn't murder me. But he might have murdered Emily. I have to know, Billy. My whole life . . . I just have to know, before . . .' She coughed. 'Where's your phone?'

Billy pulled it out of his pocket, handed it to her.

Jet scrolled through his contacts, looking for *Luke Mason*.

Found it, just above *Mom*. Pressed the call button.

It rang.

Three times.

A click.

Jet didn't wait for him to speak first.

'Where are you? You at home?'

'Jet?' Luke's voice at the other end, low and gravelly.

'I'm out of jail, by the way. Thanks for that,' Jet spat. 'Are you at home?'

'No. Not home.'

'Where are you?'

Luke hesitated, the cold rattle of his breath.

'I'm at Mason Construction.'

Jet nodded, clicked for Billy's attention. 'You're at Mason Construction.'

Billy started reversing out of the spot.

'OK, stay there,' Jet said into the phone. 'Do not move, Luke. I'm coming.'

She hung up.

'On it,' Billy said, pulling out onto the main road, headlights carving through the darkness.

Jet leaned forward as the night sped past the window, pulled open the glove compartment.

Henry's gun was there, waiting, hiding in the shadows.

Jet reached in, fingers closing around it, its metal shell cold enough to sting. She pulled the gun out, catching Billy's eye as he took another turn, ripples in the lake.

'Just in case,' she said. 'Luke can be scary.'

Jet opened her window, breathed in, filled herself with the darkness, a new shape now. Breathed it out.

They didn't talk.

Jet turned the radio up instead.

'Hey, this is the song you like, Billy.'

She turned it up some more.

That song, about Vermont and sticks.

Billy kept driving, started to hum. Jet did too. Then more. Singing.

Loud.

Louder than that.

Turned the radio up again.

Almost shouting.

Jet making up the words because she didn't know them, Billy laughing at her, singing even louder to make up for it.

Out of tune but not out of time.

Jet cradled the gun in her lap, the night in her hair, closed her eyes and she just fucking sang.

'You never heard that expression, Luke? About not returning to the scene of the crime?'

Jet walked over to her brother, feet crunching in the fallen leaves.

He didn't move. He was standing just before the gate into Mason Construction, his back to them. The gate locked and padlocked, yellow-and-black tape strung across it in a crisscross. Another crime scene. *DO NOT ENTER.*

The burned-down husk of the building behind it, none of it left standing. Piles of blackened bricks. Bent, curling metal that might once have been the stairs. A collapsed section of the roof, bite mark through the middle. Ash. Soot. All color leaked away except black and gray. The parking lot full of white vans and blue logos looked otherworldly, out of place, still alive, here in this graveyard.

'Luke,' Jet called, tearing her eyes from the burned building where she'd almost died, back to her brother. 'What are you doing?'

The truck behind Jet and Billy was still running, still breathing, beams on, lighting up their stage. Luke in one spotlight, Jet three steps behind in the other.

366

'I'm just looking,' Luke said, a crack through the middle of his voice. 'It's all gone.'

Jet sniffed. 'Yeah. That tends to happen, Luke, when you cover something in gas and set it on fire.'

She took another step forward.

'Did you know we were inside when you burned it down? Were you trying to kill me?'

Luke didn't answer, but one of his shoulders tensed, flinching toward his ear.

'Did you know I was inside?'

Luke sighed.

'You did,' Jet said, reading the answer in his silence, the wind howling through it. 'You tried to kill me.'

'No.' Luke found his voice. 'I knew you'd have time to get out. I was just trying to stop you.'

'Stop me from finding out about the invoice fraud?' Jet said. 'The workers' comp insurance, the payroll taxes? What happened with Henry Lim? Well, you didn't stop me. We found them all. You've been busy, Luke.'

He turned suddenly, face rearranged around his rage, blinking against the headlight.

'I was saving the company!'

'Someone should have saved it from you!' Jet's left hand was in her pocket, around the gun, her letters folded behind. Luke could be scary, but she wasn't scared. 'And you did, by the way, almost kill us. Me and Billy. Me. You probably think it doesn't count, because I'm dying anyway, but it does count, Luke. It matters. Some things are more important than a company.'

Luke shook his head.

'They are, Luke.' Jet hardened her voice, tightened her grip. 'You know, it's because of Emily. Why you're like this.'

Luke laughed, a breathy, hollow sound.

'Why does everyone always want to talk about Emily?'

'Why don't you?'

'Because it doesn't matter, it was seventeen years ago. Grow up, Jet.'

Jet pressed forward, leaves rustling, whispering under her feet.

'It matters, Luke. Emily dying changed everything. Mom blamed me, you know?' She sniffed. 'I overheard her, after the funeral. Said that if I hadn't gotten to the final of that competition, if I hadn't won, she and Dad would have been at home and Emily wouldn't have drowned. Do you know what that did to me?'

Her chest seized, squeezed her heart for just a second, and then she let it go, that guilt, because it wasn't hers anymore.

'But Emily's death wasn't my fault.' Jet tilted her head, stared her brother down. 'It was yours, Luke.'

His face folded up, a scowl, made uglier by the shadows from the beam. 'What are you talking about?'

'You drowned Emily, didn't you?'

Luke laughed.

'You've lost your mind.'

'No, it's still just about in there, Luke. Tell me the truth. Did you kill her?'

Still laughing.

'Emily's death was an accident, Jet.'

It was the laughing that did it.

'Did you kill her?!' Jet screamed.

She pulled the gun out of her pocket, pointed it at Luke, straight through his chest.

Not laughing anymore.

'You have a gun?' he said. 'Why the fuck do you have a gun, Jet?'

'Jet,' Billy said, behind.

'Tell me!'

'You're not going to shoot me, Jet.' He stepped forward, hands raised.

'I have about twenty-four hours to live,' she said, gun shaking in her hand. 'You think I care about shooting you after everything you just did to me?'

'You won't.' Another step.

Jet aimed the gun, pulled the trigger.

A crack that split the night in half.

Luke's eyes snapped wide.

The leaves exploded at his feet.

Jet pulled the gun up again.

'Did you kill Emily?!'

Luke fell to his knees, hands up, the scowl gone, replaced by fear.

'Luke!'

He closed his eyes and screwed his face.

'I didn't mean to!' It started as a shout, ended as a whisper. 'I didn't want to, I swear. But once I started, it was already too late, because she'd tell, and I had to just keep going. Just hold her head under, until she stopped struggling.'

Jet stepped back, breath heavy in her chest, weighing her down. She'd already known, but now she knew. Bile up her throat, tears too, breaking out of her rubbed-raw eyes.

'She was fighting you,' Jet said. 'She wanted to live.'

'Scratches all up your arms.' Billy's voice behind her, standing in the darkness.

Luke slumped, two handfuls of leaves.

'Why, Luke?' Jet said, lowering the gun. 'Why would you do that to her?'

He started to cry. 'Because she said something. You know Emily could be cruel. It made me mad. I just . . . I lost my temper. Then it was too late to take it back. Couldn't take it back. I wish I could take it back!'

369

'What did Emily say?' Jet eyed her brother like a cornered animal, not trusting his tears, not all the way.

Luke wiped his face. 'All I did was jump in the pool, splash her a little bit. That's all. She didn't need to say that, she didn't need to –'

'– What did she say, Luke?' The gun rattled against her leg.

'She said I wasn't even a Mason anyway. That Dad wasn't my real dad, that I shouldn't even be here.' He finally met Jet's eyes. 'I just got mad. I thought she made it up, to be mean. I thought that for years, wanted to believe it. But now . . .'

'Now what?' Jet said. 'Now you know it's true?'

This was it, wasn't it? The secret Emily had overheard, the one she'd told Nina, the one Nina threatened Mom with and Mom got her back. About Luke. Emily told Luke that day, and she died for it. Luke wasn't really a Mason, and Dad wasn't his dad.

'Is it true, Luke?'

He stared down at the grass, and Jet stared at him, studied her brother, glowing in the spotlight. Hazel eyes, just like Jet. But those came from Mom. Luke was taller than Dad, bigger, stronger, hair shaved short, but when it wasn't, it grew wavy. And something else too.

'There's a fifty percent chance you should have had polycystic kidney disease too,' Jet said, working it out as she said it. 'But not if Dad isn't your dad. He's not, is he?'

'No,' Luke croaked, looking over his shoulder at the burned bones of Mason Construction.

'And you know who it is? Did Emily tell you who?'

Luke didn't look back, eyes lost over there.

'No, she didn't. Didn't have a chance. I only know because he told me.'

'When?'

'Wednesday. Before I saw you, before I got home from work that day. Before . . . the fire.'

'Who is it?' Jet asked, stepping closer, Luke's voice too quiet, now he was looking the other way. 'Luke?'

'I thought he was just nice,' he sniffed. 'Looked out for me, gave me advice about the company. About anything really. Spoke to me in a way Dad never did. But when he told me, I think I already knew, deep down. I think I always really knew that Emily was telling the truth that day. That I wasn't a Mason, that *this* wasn't supposed to be mine.' He pointed, over there, at the ruins.

'Luke?'

'He told me I was his son. He thought I already knew, from that day, with Emily. He told me and he said he was trying to help me. Said that you were going to start looking into the company, and that if I had anything to hide, then I needed to hide it.' Luke looked behind him again. 'Then I drove home, and you were there, told me that Dad was never going to leave me the company anyway, that he planned to sell it. I just . . . lost my temper.'

'Luke!' Jet snapped. 'Who is it? Who's your real dad?'

Luke shook his head, his eyes trailing off to the right. 'I can't tell you. It doesn't matter.'

Jet raised the gun. 'Yes, you can – and it does matter!'

'You're not going to shoot me, Jet.' He stood up to prove the point.

The gun shook in Jet's hand, too weak to hold it up this long, finger vibrating against the trigger.

'I can't tell you,' Luke said. 'Not like this, here. The rest of us have to keep on living when you're gone. Don't look at me like that, Jet. I don't want you to be gone, you're my sister. I'll miss you every day. I don't know how we'll be a family without you. No one to make fun of my hair. I always loved

371

arguing with you. I'll make sure JJ never gets out, for doing this to you. You won't shoot me, Jet.'

She could.

She stepped forward, pressed the gun right up against Luke's chest, looked up into his eyes, so like her own.

She could.

She would never. Not even after everything Luke had done. Jet wasn't like him.

She lowered the gun and Luke actually smiled.

'Fuck you,' she sniffed.

'I know,' Luke replied.

'You killed Emily.'

'Emily's death was an accident.'

'How did you do that?' Jet said, eyes filling again. 'You were just thirteen. You were strong, but you were fucking stupid. How did you know how to make it look like an accident, her hair in the drain? Going over to play with Billy, to give yourself an alibi? How did you know how to do that?'

'I didn't.'

Jet swallowed. 'You didn't? Did somebody help you?'

Luke blinked.

'Was it him?' she said. 'Your father?'

Luke ran his hand over his too-short hair, a hissing sound, the wind picking it up, dragging it away.

'He looked out for me.'

That was all he said.

Returned to the gate, to watch the burned-down building, the wind howling, screaming through the gaps in the rubble.

Jet turned her back on him, followed her headlight beam back to the truck, opening the passenger door, struggling with the gun.

She got it open, leaned in, put the gun back in the glove compartment. Slammed it, a growl in the back of her throat.

372

'Jet,' Billy said, climbing in the driver's side. 'Are you OK?'

She didn't answer.

Her mind was somewhere else, trailing down Billy's guitar case, to the little black square stuck on its neck.

Her eyes circled it, forming an idea.

She reached out, slid her fingernail underneath it, peeled it off.

'Jet, where are you going?'

Back to Luke.

Leaves scattering away from her.

Jet joined him at the gate, side by side. Brother and sister, silhouettes against the blackened ruins.

'I know you didn't kill me, Luke,' she said. 'But I think you might be the reason I'm dead.'

She reached over, touched his arm. Luke could be scary, but he wasn't now, a muscle ticcing in his jaw, silent tears. Jet let her hand fall away, moving it down, dropping the little square into Luke's pocket.

'I'm sorry you couldn't change.'

She walked away.

Into the truck.

Shut the door.

Another crack that split the night.

Billy released the parking brake.

'Where –' he began.

'– Home,' Jet finished.

32

'Has he moved yet?'

Jet looked over at Billy, too jittery to sit down, spider legs up her spine, more inside her head, multiplying. An itch behind her eye.

Billy was leaning on the counter, his phone clutched in his hand, staring at the screen.

'No,' he said. 'Looks like he's still at Mason Construction. Or he found the Tile tracker you put in his pocket and dropped it there.'

Jet shook her head. 'No, he hasn't found it. This is going to work. It's going to work.' She hardened her voice, trying to hear it over her heart, and all those damn spiders. 'Luke is going to lead us straight to him, I know it. He's going to go to him. He has to, after what we just talked about. And we're going to follow.'

'You're sure Luke's real dad is the person who killed you?' Billy didn't look up.

'I think it's the reason why he killed me.'

Jet swallowed. This felt right. It did. They were going to do this; they were actually going to solve her murder. Jet might not have been able to see straight, but she could see the way forward. This was it. Didn't matter that the world was spliced in half, two layers, clashing and filmy, one world closer, the other a little farther back, two Billys, one within reach and one not. Jet rubbed her eye, her hand doubled too, existing in both worlds. She was used to it now, finding the line between.

'And you really don't want to just go ask your mom?' Billy did look up now, four pale blue eyes. 'She obviously knows who Luke's real father is.'

Jet nodded. Shouldn't do that, almost unbalanced her. 'I don't really want to be the one who ruins my dad's life, right before I die. Mom should tell him about Luke, not me. But if we have to . . . We give Luke an hour to lead us to him, or we get it from Mom instead. Luke has an hour to lead us to him.'

'An hour,' Billy agreed, refreshing his screen. 'Who do you think it is? Luke's dad? And don't say Darth Vader again, this is serious.'

'Same person as my killer,' Jet said, seriously.

'Who?'

'There's two options.' She sniffed. 'Has to be one of them.'

'Andrew Smith?' Billy glanced toward his front door. 'If it's him, then Luke would be coming here.'

'Andrew is one of them.' Jet also stared at the front door, two doors, the truth somewhere in the middle. 'I asked JJ at the police station. He says he didn't touch me at the Halloween Fair. And I don't think he did. So it wasn't me who transferred the red wig hair to the crime scene. Which means the killer had to have had contact with Andrew Smith or JJ at the fair. Andrew Smith obviously had contact with Andrew Smith; he was wearing the fucking wig. The construction site on North Street used to be Andrew's house – he could have been watching the work, knew when the foundations were going in, knew to hide the hammer and my phone there. Or maybe he and Luke talked about it. Luke said he gave him advice, about the company.'

'Why, though? What could Andrew's motive be?'

'For Luke,' Jet said, her words echoing in her chest, heart in her throat, stuck there. 'Andrew knew that Dad was going to sell the company to Nell Jankowski, not leave it to Luke, because of me. If you take me out of the equation, then Luke gets the company. That's his motive.'

Billy narrowed his eyes, not following. 'But why would Andrew want Luke to have the company?'

'Because that's his son. And Andrew has nothing. You don't think he'd want access to all the money that Mason Construction can bring in? He's lost everything. Luke could be his damn meal ticket – his drinking ticket.'

Billy chewed his lip. 'I don't know. He really seemed to hate Luke when we spoke to him.'

'Or that's what he wanted us to think,' Jet countered. 'Doesn't have to like Luke to want to use him. If he knew about Emily, if he helped Luke get away with it back then, he could threaten to expose that, make Luke give him whatever he wanted when the company was his.'

'But he was so angry that he'd lost his house,' Billy said. 'That he'd sold it to Luke.'

'Exactly.' Jet slapped one hand on the counter, really just holding herself up, the world tilting again, stomach lurching. 'Why would he sell his house to Luke if he didn't really want to, if Nina had begged him not to? He did it to help Luke, knew that project was Luke's chance to prove himself. He did it for Luke. There's something between them, has to be. Andrew hates my family, hates my mom; maybe that's because the relationship ended, because she kept Luke from him, and he blames her for Nina's death too. It's all so messy, but Andrew is connected to all of it, every bit. That fucking house on North Street. It makes sense, why he'd want to kill me.'

Billy sighed, conceded, still chewing his lip. 'Who's the other option?'

Jet tapped her fingers on the counter, up and down, more spider legs, dragging the name up her throat. 'Lou Jankowski.'

Billy straightened up. 'Really?'

'Let's look at the evidence,' Jet said, before she lost her way. 'The red wig hair. The chief helped break up the fight when Andrew Smith attacked you at the fair. One of the wig hairs could have transferred to him then. Or maybe it wasn't even Andrew Smith. We saw that photo that Owen Clay took of the little girl in the same wig. She was posing with the chief. The hair could have also come from her, two possibilities. And again, Luke said his real dad has been giving him advice about the company, so maybe that's how Lou could have known about the foundations going in on North Street, where to hide the hammer. And it's this thing, with my mom, that I can't let go. Why would she vote Lou for chief of police when your dad has been our next-door neighbor forever? She had to have known Lou before. He didn't live far, only in Hartland. And remember: Nell told me that Lou lived in Woodstock for six months, in his thirties. That's when the affair could have started, when Luke was conceived. Luke could be his. Why else would my mom vote for a stranger? And, man, he does *not* like me, the chief. He really did not want to let me out of jail, to give me any more time to work this out.'

'But what's his motive?'

Jet shrugged. 'I don't know. We'll ask him. Probably the same as Andrew's. He wanted Luke to take over the company – probably pays much better than chief of police.'

Billy pressed his lips together and Jet's stomach turned over, watching him, a warm buzz in her ears. The same Billy but, somehow, not at all.

'But Lou was going to get the company anyway. Your dad was planning to sell to his wife.'

Jet hadn't thought about that, not much space left around the ache in her head and that feeling in her gut, the one with wings. 'I don't know,' she said. 'First, we've got to work out *who*. Then we can ask him *why*, when Luke leads us to him.'

'And what do we do, once Luke has led us to him?'

He glanced at his front door again, and Jet missed his eyes. All four of them.

'I don't know. We tie him up, make him tell us how and why. We have the gun, in the truck. We make him confess.'

Billy looked back at her, eyes hooked on. Hazel and blue, earth and water, fire hidden somewhere behind.

'And then do what?'

'I don't know,' Jet said, and she really didn't. 'I haven't thought that far ahead. I wasn't sure we'd get here. I don't know what to do. He killed me. Do I have to kill him?' she asked.

Billy didn't answer, couldn't, the silence ticking on, ticking up. But Jet liked their silences, different with Billy than with anyone else. Not an absence of sound, its own thing. Didn't want to break it. Had to.

'Has Luke moved?' She pointed to his phone.

Billy refreshed the app. 'Not yet, still there.'

'We should get ready.' She sniffed. 'Be ready, for when he does move.' She pushed off the counter, her feet clumsy beneath her, too heavy, the world pulling at her heels. 'Where's that duct tape we took for the security cameras?'

'Why?'

'In case we have to tie someone up.'

Jet winked, shot him a half-smile, like that was a normal thing to say, watched Billy fill in the other half, because he liked when she did that. When should Jet tell him? After they were done here, after they found her killer? *Should* she even tell him? Was it fair to tell him, so close to the end? What was best for Billy? He was the one who had to live after this.

'I put the tape back,' Billy said. 'Closet. Next to the tool kit.'

'OK.'

Jet stumbled over to it, pulled one door open, then the other, Billy's mom staring down at her.

'Do you have gloves too?' she asked, throwing the question over her shoulder.

'Not even going to ask why,' Billy said, abandoning his phone on the counter. 'Think I have some in the bedroom. I'll get them.'

'Thanks.'

He wandered out of the living room, and Jet watched him go, smiled to herself, just for herself, not to share.

She turned back to the closet, reached for the shelf. Patted around. Couldn't feel the duct tape. Where was it? Maybe Billy had put it back inside the tool kit.

Jet wrapped her fingers around the fabric handle, shunted the tool kit toward her, off the shelf. Took its weight in one arm, too heavy, crashing against her chest to keep ahold of it. She bent down and dropped it to the floor with a thump.

Fuck, that was heavy, should have asked for help.

'Jet?' Billy called from the bedroom.

'I'm OK.'

She got to her knees beside it and pulled the zipper, undoing the black fabric case.

No duct tape on top.

Jet dug her hand through, moving tools aside, searching for the tape.

It must be in here.

Jet peered inside, pulled something out that was blocking her search. A set of pliers, handle wide, mouth open.

Black rubber handle with a yellow logo at the bottom.

Wait.

No.

379

Jet turned the pliers to read the brand name, her heart dropping all the way to her gut, taking the wings with it.

Coleby.

Written in a little yellow circle with pointed ends, against the black.

No, no, no.

Her heart was already there but Jet couldn't follow.

She pulled out more of the tools.

A screwdriver.

A wrench.

Black rubber grips and a little yellow logo.

Coleby.

Coleby.

They were all Coleby.

A measuring tape.

A little knife.

Fuck.

Where was it?

It had to be here.

If the hammer was here, then everything was OK, just a coincidence. Just a strange little coincidence that they would laugh about.

Jet had to find it.

Had to, no choice.

A file.

Another screwdriver.

More pliers.

Where was the hammer? It had to be here.

Jet's hand retreated from the dark folds inside the tool kit. Grabbed its handle instead, flipped it, turned the whole thing over.

The tools clattered onto the floor, Jet shaking the bag until they were all out.

She sank back on her knees, sorting through the chaos of metal and rubber with her one hand, moving the saw, under the screwdriver heads, searching, searching.

It wasn't here.

'No, no, no.'

There was no hammer.

'Jet, what are you doing?' Billy said, framed in the doorway.

Jet turned, fell back, the knuckles of her dead arm dragging on the floor as she backed up against the closet.

'It's yours,' she said, voice almost gone, joining her heart in the pit of her stomach. 'The murder weapon. It's yours, Billy.'

She kicked out at the empty tool kit, so he could see the yellow logo stitched on the side.

Billy narrowed his eyes, shook his head.

'Coleby,' Jet said, bile rising with the word. 'A sixty-piece set. But the hammer isn't here. The murder weapon. It's yours, Billy.'

She couldn't breathe, no air here, stuck between these two worlds, two Billys moving toward her.

'It was you.'

'What?'

He took another step.

'Don't come any closer!' Jet shouted, and pushed herself to her feet, stumbled, tripping over the abandoned tools. 'Stay back!'

Billy didn't stay back, he kept coming.

'Jet, what are you talking about?'

'It was you,' she said, her head trying to catch up to her heart, pounding, not the trickling of spiders anymore, a drumbeat. 'You killed me.'

Billy's pale eyes went cold.

Now he stopped.

'No, Jet.'

'It was you.'

The world went blurry, until she blinked, tears hot and fast, falling into her open mouth. The taste of salt.

'I didn't, Jet!'

Billy kept shaking his head, tendons branching across his throat, eyes wide, full of ice.

'It had to be you. The murder weapon is yours.'

'No, Jet. I didn't know about that. I would have told you if I knew. I've never used those!'

'The red hair. It transferred to you from Andrew Smith, when he pushed you at the fair.'

'Jet, stop!'

'You had time, if you were running, to take my phone and the hammer. Your hammer, the one you used to kill me. You had time to get over to the site on North Street, then come back to find me, kick down the door.'

'Jet, stop!' He was crying now too.

She couldn't stop. One thing led to another, sliding into place. Drums when she blinked, harder, faster.

'You knew about the foundations going in the next morning, because Sophia told you about it at the fair. Told you how important this project was to Luke. You knew about the concrete.'

'Please, Jet, you know me,' he cried. 'I didn't know about that hammer, that it came from here. I swear to you. We can work this out together.'

'We already did that, this whole week! And you were probably pushing me to look at anybody else but you!'

'Jet, stop! I would never hurt you, you know that, you do. Why would I hurt you?'

Jet cried, trapped it inside her hand, closed her eyes and listened to the drums.

'Because . . . because you knew my dad wasn't going to

leave the company to Luke, if I was alive. You live next door to Andrew; he could have told you about Nell Jankowski anytime. And if Luke had the company, then you could extort him for money –'

'– Jet, stop! None of this is true! You know me. It's me, Billy!'

'Because you knew that Luke killed Emily when we were kids. You're the one who told me about it. You already knew, just pretended you only half remembered. If Luke had the company, you could threaten him about Emily, get whatever you wanted.'

'Jet!'

Billy stepped forward and Jet stepped back, toward the coffee table.

'Or maybe you did it because you knew it was me who made your mom go away. Maybe that's why.'

'Jet, please!'

'Or maybe it's because I don't – didn't – because I didn't –'

– A thunderclap.

Not in the sky, in her head, out of nowhere, now everywhere.

A pain worse than hellfire and cracking skulls.

Everything else just practice, for this moment here.

A hurt beyond words, beyond nightmares.

Jet screamed.

She screamed.

One hand to her head but what could that do – it was all coming undone.

She screamed.

'Jet!'

She bent double, all that pain, too much to hold up, her neck stiffening.

'No!' she screamed. 'It's too soon!'

The world tilted, finally threw her off.

383

Jet's legs gave way, too weak.

She crashed sideways into the coffee table, caught herself.

Something fell to the floor, smashed. Glass candle. *Cedar Delight*.

'Jet!'

She let go, too weak to hold on.

On the floor.

Billy's face swimming above her, sitting her up, his hands cupping her face.

'Jet!'

'It's happening, Billy.'

'No!' Billy was screaming, now she couldn't anymore. 'No! We had more time! We need more time!'

Jet shook her head, as much as she could move, the pain moving with it.

'It's happening,' she said.

'OK,' Billy swallowed, his face folding in half, fighting his tears. Losing. 'It's OK, Jet. I'm right here.'

'Billy –'

'– You did it. You did it, Jet,' he cried. 'You solved it. It was me. You're right. You got it right. You did it.'

'No, Billy.' Couldn't shake her head anymore.

'Yes, Jet. It was me, it was me, it was me.' He sobbed. 'You did it. It was me.'

Jet smiled. Just half, that's all she could do. 'No, Billy. I know. It wasn't you.'

She knew.

Of course she knew.

Everything was coming undone and still she knew.

This was Billy.

Billy would never hurt her. Never. She didn't know who had, but she did know that. Would bet her whole life on it. And that's what mattered.

This.

Just this.

Her arm jolted out, legs too.

Stiffening.

Seizing.

Couldn't move because everything moved for her, shuddering. Head tilted back, eyes on the ceiling when she wanted to look at Billy, into his eyes. Not ice, just water, and the storm behind them.

He held her, held her until it was over, everything weak again, melting to the floor.

But she wasn't on the floor. She was in Billy's lap, her head in the crook of his arm.

'I'm here, Jet,' he cried over her. 'You did it, it was me.'

'It's OK,' Jet said, voice weakening too, forcing it out. 'I know, Billy. It wasn't you. It's OK, I don't need it anymore.'

It wasn't important.

'But you did it, you solved –'

'– Shut up, Billy,' she whispered, reaching for his face, finger finding the dip of his chin.

'OK,' he whispered back, his tears falling down her cheeks too, closing the distance.

'Billy,' Jet said, while she still could. 'There's letters. In my pocket. For everyone.'

She blinked.

Everything slowed down.

'Jet?' Billy's voice echoed above her. 'Jet. You're back.'

'I'm here,' she said. 'The letters, Billy. You have to make sure everyone gets them. They're in my – my –'

'– They're in your pocket, I know. I'll make sure, I promise.'

Jet shifted, body peeling away from her, neck too stiff, made of metal not flesh. But she wanted to see his eyes.

'Billy.'

'I'm here.'

Here.

Right where they started.

No blood this time; it was all on the inside.

Billy holding her lifeless body. Again.

Nothing had changed.

Except.

Everything had changed.

She blinks.

'Not yet, Jet,' Billy is saying. 'Not yet.'

'I'm here.' It's her turn to say it.

'I'll finish this for you, Jet. I promise.'

He promises. He presses his warm hand to her face, strokes his thumb across, stealing her tears.

Jet lets him have them.

Blinks.

'Come back, Jet, come back.'

She's here. Opens her eyes.

'I'm sorry,' Billy cries.

Jet isn't. She's home, because she's here with Billy.

He holds her, tucks her hair out of her face.

Jet smiles up at him, fighting her eyes.

'I love you, Jet.'

She knows that too.

'Your letter, Billy,' she whispers. He leans closer to hear her. 'You have to read my letter.'

'I will.'

He's trying so hard not to scream again, she can tell, can feel it vibrating under his hot skin, the way he's biting his lip.

'It's OK,' she tells him. 'Your letter.'

'I'll read it.'

Another promise.

Another blink.

Slower to come back this time, the other side of that tunnel.

Billy is crying over her, holding her to his chest.

'Bi-lly.' Not a word, just two detached sounds, her lips then her tongue.

'Jet.'

She knows that when she closes her eyes, she won't come back again. She knows. The tunnel is too far.

Jet stays as long as she can, not wasting a second.

The last thing she wants to see are those eyes, swim in them, and never find the end.

She blinks.

Dear Mom,

I'm sorry I missed dinner. Think I'm actually missing it right now.

I wanted to say goodbye to you, and more too. So here it is.

I'm sorry that I'm not Emily. But I was never supposed to be. Took me a while to learn that, and I hope you can see it too. I spent my whole life waiting

because I was trying to
live a future that was
never mine. And I did it
because I wanted you to
be proud of me. To just
once say, "Good job, Jet."
I needed it, lived for it,
and I don't think that was
healthy, for either of us.
I'm sorry.
I'll probably die without
once hearing you say
you're proud of me, but
that's ok. I think you'd

have been proud of the
person I would have become
after this week, because
of this week. And even
if you aren't proud of
her, I am. We've come
far, she and I.
 You don't have to
listen to me, but I hope
you do. I think you've
spent a lot of your life
blaming other people. It's
always someone else's
fault, when life is unfair
or hard. It might make you
feel better, just like

it made me feel better
to tell myself I always
had more time, I always
had more "Later."
Sometimes those crutches
are the things that are
hurting us.
  If you can do one thing
for me, Mom, I want you
to let it all go.
  You'll feel so much lighter.
I do.
Love you. And I'm proud of you.

Jet xx

Dear Dad,

I'm not sure where to start
so I'll start with this.

You are the kindest man
I ever knew.

And I know you probably don't
think so—because of our
screwed-up kidneys—but
I'm so lucky I got to be your
daughter.

You are so kind. Sometimes,
maybe, to a fault. You always
want to be fair, never
want to upset people. But
I think, sometimes, that makes
you choose things that are
unfair, on yourself, or the

people around you.

It's OK to take sides.

It's OK to follow your heart or your gut, not just what is "fair." Just

You can get off that fence sometimes.

Say "no" more.

You'll be OK, I promise.

I'll be watching out for you. And remember to take those Lotrel pills — I don't want you to join me for a long, long time.

I mean it.

Love you Dad.

Jet xx

Dear Reggie,
I know you're a dog,
and I know you can't
read.
But I ~~could~~ couldn't go
without answering that
one question I always
ask you.
Who's a good boy?
It's you, Reg.
You're the good boy.
Take care of Mom
and Dad for me.
   Love Jet xx

Dear Sophia,

You're a cunt.

Love,

Jet xx

Dear Lukie,

I think we're a lot alike, you and me.

Or we were.

We've spent our whole lives trying to fill Emily's shoes, feeling crushed by her shadow, trying to prove to Mom and Dad that we are good enough too.

For you that turned into one thing: the company. For me, it was many things, and I never saw them through, never completed them, always self-sabotaged. But how were we ever going to win, competing with a ghost?

And what was the point?
I asked you if getting the
company was the thing that would
finally make you happy, that
life could truly begin after you
achieved it. You said that it
was the only thing that would
make you happy, the most
important thing.
    I think you're wrong. Like
I've always been wrong. It
won't make you happy, but
I'm scared it might be too
late for you to hear that.
    Life isn't about proving
something, about waiting for
it all to begin. It already

began, Luke, and you're
missing it. But we're different
here too. I think I only ever
really hurt myself, living
that way, but I think you've
hurt other people, Luke. I
know you have.
I want you to stop, I want
you to be better, but I'm
not sure you know how.
And I'm sorry I can't be
there to help you see.
There are more important
things.
Please don't hurt anyone
else.
Love,
Jet xx

Dear Billy,
I saved your letter for last,
because it's the hardest one to
write. Actually, in some ways,
it's the easiest, because you're
the one person who makes
everything feel easy, and
Home is wherever you are,
    Billy.

I already said a lot of what
I needed to say to you.
    But there's more.
    I haven't lived so much in
twenty-seven years as I have
this past week with you. I
wish it could last forever,

never end.

I know about the song. I know you wrote it about me. I know, Billy. And I know you think I could never love you back, that we're not on the same page.

But here's the thing. I don't know if I love you in the same way, not yet, but I think I'm starting to. I think I'm falling, if I know what falling feels like. I know you make me feel safe, I know you make me feel ten feet tall. I know you're my best friend, always have been. And I think, if we'd had more time, we could have got there. We would have got there. But I also think that if I hadn't been dying, if we didn't have this week together, then maybe I never would have seen it. Maybe I would have moved to Boston, forgotten all about you. So I don't know what that means. Maybe it just wasn't in the stars for us.

You're the one who has to live. So live.

But I want you to promise me

something.
Don't be scared to love someone else, Billy.
And — most important — don't be scared to be loved back. Because someone will love you back, Billy, I promise. And they'll figure it out much sooner than I did.

You make sure she's nice to you, because you're the best person there is. Tell her I'll be keeping an eye on her.

So, I think I'm going to die here, in this cell, and we still haven't figured out who killed me.

still haven't solved my
murder. Which means we
failed. Which means this
entire week has just been
a waste of time.

But, was it really a
waste of time, if I Loved
every minute of it?

Love you
      (and I do, I really think I do)

      Jet xx

The Last Will and Testament
of Margaret "Jet" Mason

Date: 11/07/2025

I, Margaret "Jet" Mason, residing at 10 College Hill Road, Woodstock, Vermont, declare this to be my Will, and I revoke any and all codicils I previously made.

I hereby leave all of the money in my account and all other personal property to Henry Lim, so he can pay for his eye surgery.

And to Billy Finney, Apartment 1B, 4 Central Street, Woodstock, Vermont, I give my Ford F-150 truck. I know he'll take good care of it.

Go find new stars, Billy.

Saturday
November 15

Eight days later

33

'Billy, what are you doing here?'

'Hi, Dad.'

Billy placed his phone on the side table, screen hidden, watched his dad come down the painted blue stairs, slowing down, unsure.

Still wearing his suit.

Billy wearing his too.

'I thought you'd still be over at the Masons', at the funeral,' his dad said, reaching the final step.

Billy sniffed. 'Oh, I'm going back. But there's something important I have to do first.'

Dad narrowed his eyes, the ghost of something new behind them.

'Why did *you* leave the funeral early, Dad, after the church? Don't think people will notice?'

Dad swallowed; more sure, or less?

'I don't need you to talk,' Billy said. 'Not really. Stop me, if I go wrong anywhere.'

Billy didn't feel brave, but he did when he thought of Jet, her dangerous little smile, used her words instead of his own.

'Luke Mason is your son. You –'

'– I don't know what you're talking about, Billy. Look, this has been a hard day for you. Why don't we –'

'– I said I don't need you to talk.' Billy didn't raise his voice, didn't need to. 'I know, Dad. While Jet was dying in my arms, Luke came here, to you. Because you're his father. You and Dianne Mason lived right across the street from each other and were having an affair, and it didn't stop when Luke was born. You kept going. Right up until the day that Emily Mason died. Want to know how I know that part?' Billy didn't pause. 'Because Mom suspected it. Except she thought it was something else. I've been coming here, reading her work diaries. She'd make little notes in them, Dad. Lists. Observations. Nothing too bad, nothing you'd understand if you just read them, if you didn't know what she was thinking.'

'Billy, I –'

'– Times and dates she saw you leaving the Masons' house, when you were supposed to be working late. She didn't pick up on it at all, not until 2008 – that's when she started to notice. But here's the thing. I don't think Mom thought you were going over there to see Dianne. She thought it was something else. She thought you were going over there to see Emily. A sixteen-year-old girl.'

Dad stepped back, eyes stretching, too much white around them.

'Yeah.' Billy sniffed. 'That's what Mom was scared of. And then we get to that day, the day Emily Mason drowned. *He was already wet. Before.* That's what Mom wrote. We thought she was talking about Luke, but she was actually talking about you. Mom couldn't be sure, but she was scared that it was really *you* – that you'd killed Emily, then made it look like an accident. She got that wrong, but that's what she thought. She stayed, but she must have been terrified of you. And then, seven years later, Jet goes to her, asks Mom to change her grade on a paper. She talks about Emily, uses that to try to make Mom feel guilty, that you were supposed to go check on Emily and Luke. Jet didn't know why it upset Mom so much, but I do now. Whatever Jet said, it confirmed something in Mom's head, what she was already scared of.

That you'd killed Emily, that it was your fault. That's why she packed her bags and left that night, Dad, never looked back.' Billy swallowed. 'It wasn't about me, it's not because she couldn't love me. It was because of you.'

Something healed when he said it, a patch across that hole he'd been carrying around in his heart.

Dad backed up a little more, heels hitting the wooden step.

'But Mom didn't get it all wrong.' Billy kept going. Had to keep going. For Jet. 'You were wet already when you came back to the house that day, before we all found Emily. Because you *did* go check on Emily and Luke, just like Dianne Mason asked you to. And that's when you saw what Luke had done. Your son, and he'd killed the daughter of the woman you love. Maybe you thought you were doing the right thing, that Luke was just an angry kid, that he didn't really mean it, I don't know. You made it look like Emily drowned by accident. Pulled her to the bottom of the pool, wrapped her hair through that drain. Then you brought Luke over here to give him an alibi. Made us play soccer. Threw that ball into the bushes so you could fabricate a reason Luke had those scratches all up his arms, made a big deal out of it, so me and Mom thought the same. He had the scratches before, Dad. I remembered. And then you sent me and Mom over to the Masons' to find Emily's body. You did that. You did all of that.'

Not a ghost behind Dad's eyes anymore, but a sheen of tears. He blinked them back.

'And Dianne blamed you for Emily's death. She blamed other people too, but she blamed you, Dad. Because you didn't go check on her kids when she'd asked you to. Except you had, you could just never tell her. That's when your relationship ended. It must have been going on for fourteen years, maybe longer, but it ended when Emily died. I know,

411

because Mom stopped making notes about you working late in her diaries. She thought it was Emily, and it stopped when she died. I guess she was right in some way.'

'Billy,' Dad said, just that, but Billy's name sounded strange, out of shape in his mouth. No one said his name quite like Jet had; no one ever would.

'That must have made you feel angry, that the woman you loved stopped loving you, even though you did what she'd asked, that you were just trying to protect her from the truth about Luke. Did you think that was unfair?'

One tear, catching in his dad's stubble, soaking in.

'But you keep in touch with your son, with Luke, as he grows up. You look out for him. Play golf with him, twice a week sometimes. You've never asked me to play golf.' Billy sniffed. 'He doesn't actually know, all this time, that you're his dad; he just thinks you're being nice. You give him advice about the company. I don't know, maybe it was your idea, when Luke told you the company was going to go under – maybe you gave him ideas of how he could save some money, turn things around. Luke must have told you about his big project on North Street, his chance to prove himself. How the foundations were going in soon, and he must have been nervous to get it right. But why did you care so much about Luke getting the company? Was it about Scott Mason – was it about him? The man you thought had taken everything from you – the woman you love, your son, that big house over there that makes ours look so small. Did you want to take his company from him as some kind of revenge? Did that mean you'd won somehow, if Luke chose you, if Luke was yours and the company was too?'

He didn't wait for his dad to answer, didn't need him to, didn't want to hear his denials or his excuses.

'And now we come to Jet,' Billy said, trying to hold his

voice straight. He couldn't. It cracked, right down the middle. 'To Halloween. The night you killed her.'

Dad shook his head.

'Stop!' Billy said, a flash of rage, hand itching at his side. 'Don't do that, do not do that, Dad. I know.' He swallowed it back, the fire, had to move through it. For Jet. 'Jet told me something Gerry Clay said to you both that night. That he'd voted for you for chief of police. You didn't know that before – you couldn't have. You probably assumed both Dianne and David Dale had voted for you, that you'd lost the rest of them to Lou Jankowski. So when Gerry Clay told you he'd voted for you, you must have realized what that meant – that Dianne Mason had voted against you.' He searched his dad's flickering eyes, knew he was right. 'Did that feel like another thing that had been stolen from you? You'd wanted that your whole life, to be chief of police, and Dianne, the woman you loved, she didn't want to have to spend any time with you, so she gives it to a stranger over you.'

Billy glanced down at the phone on the side table, face down so Dad couldn't see.

'You were already angry. But that wasn't even what tipped you over the edge, was it? Maybe everything could have been OK if it was just that. And then the fight happens, Andrew Smith shoves me and you come over to break it up. That's when one of the red wig hairs transfers to you, Dad. Then, or when you're escorting Andrew home to his apartment, right next door to mine. And at some point, when you're walking him back, or once you've got him inside, Andrew Smith tells you. He thinks it's funny. That Luke Mason isn't going to inherit Mason Construction, because Scott is planning to sell it to someone else. And, what's even worse, he's going to sell it to Nell Jankowski, the wife of our new chief. He stole chief of police from you, and now he was going to steal the company too, your son's company. That's how you saw it, wasn't it? And you realized that Jet was the only person standing in the way. You had time to think it through – it wasn't just the anger of finding out, a spur-of-the-moment thing. You planned it.'

Billy shifted, getting there now, cold metal digging in against his flesh, tucked beneath his shirt.

'You let yourself into my apartment after leaving Andrew's, with the key you know I keep under the mat outside. You go to that tool kit you bought me when I moved in. I'd never even used it. You open it and you find what you're looking for, something you can kill a person with. You find the hammer. You get in your car. You drive home, but not to come home, to go to the Masons' house. Out of the car, around the side of the house, so the doorbell camera doesn't catch you. You know that Scott and Dianne will be cleaning up after the fair, that Jet will be home alone. Maybe you try that side door, and if it had been locked, maybe you would have let it go, gone home. But it wasn't locked. Nothing stopped you. You went inside the house and you killed her. Hit her twice in the back of the head. Then, when she was on the ground, one last hit to the side of her head, to really make sure. She was dead – we all thought she was dead, including you.' Billy's voice caught, a snag in his throat. 'The dog is screaming, making too much noise. Neighbors will hear that. You don't have much time. You take Jet's phone, and you grab a dish towel on the way out, to wrap the hammer in. You drive to North Street, only takes a couple of minutes. You need to hide the phone, because that makes it look like the killer was someone Jet was in regular contact with, maybe her ex-boyfriend. And the murder weapon, because that weapon is a link back to me, which means it's a link back to you. But you know somewhere you can put them, where no one will ever find them, because concrete was going to be poured on top in just a few hours' time. You remember to turn Jet's phone off, just before you get there. You think no one will ever find them at the construction site, that they'll stay buried forever.

'Then you wait in your squad car for the call to come in on the radio. Rushed over to the scene like you were just a cop, doing his job. I bet you didn't expect that I'd be the one to find her. You didn't plan that, did you?'

Tears stung at the corner of Billy's eyes. He'd had to do that twice. Hold the woman he loved in his arms as she lay dying.

'But Jet didn't die. Not yet.' Billy's eyes blurred, doubled, the world splitting, just until he blinked and the tears raced to his chin. 'It was Jet who figured most of this out, not me. She did it. We just needed a couple more hours, that's all we needed. Then Jet would have known it was you too. She died not knowing.' He cried, couldn't stop it now. 'I would have let her die thinking it was me, so that she had that. I was going to give her that, I wanted her to have that, I thought she needed it.'

But Jet hadn't needed the answer in the end, Billy knew now. She'd found something else, more important. And Billy had learned something too, when he was holding her, when the world was coming to an end, crashing down around them and he confessed because he thought he had to.

He'd finally let something go in that moment.

Not the girl he loved – that would never leave him – but his need to be loved back, to fill the hole his mom had left in his heart.

Billy could be loved, and he had been. He kept Jet's letter close, folded inside his jacket pocket, even now. Especially now, the day she went into the ground, buried forever.

'That's right, isn't it?' he choked. 'All of it. Most of it.

You killed Jet for Luke, for yourself. Because you were angry, because you felt betrayed by Dianne, because you thought there was this life that had been stolen from you and you wanted to punish Jet's parents for taking it. Punish the woman you loved who now hated you, by taking her other daughter. You chose Luke, because he's the person you care most about in this world. And to do that, you took the person I care most about in this world. Look at me, Dad!'

'Billy, I don't know what to say.' He raised his hands. 'I think you're grieving, and you're confused.'

'You do know what to say!' Billy's voice cracked again, a thousand pieces. 'Jet wanted you to confess, so confess!'

He reached behind him, under his shirt, fingers gripped around the cold metal.

Billy pulled out the gun.

Aimed it at his father's chest.

He didn't shake.

The world shook around him, but Billy stood still. So still.

Dad stumbled back, tripping on the stairs, hands raised above his head as he landed, hard.

'Where did you get the gun, Billy?'

'Confess, Dad!'

'Billy, I –'

Billy flicked the safety off, pointed higher, at his head.

'– Confess,' he said, didn't need to shout, had no voice left for it. 'Did you kill Jet?'

His dad flinched, raised his hands higher, in front of his face, shielding his head. 'Yes. Yes, Billy, I did. You're right. Please, put down the gun.'

Billy didn't move.

'Are you sorry?'

'Billy.'

'Are you sorry, Dad?'

His head slumped, eyes crashing to Billy's feet, more ghosts behind them now, too heavy. 'Yes,' he said, barely a whisper. 'Yes, I am.'

'Why?' Billy still didn't shake. 'Why are you sorry?'

Dad lowered his hands, pressed them against his chest, crinkling his dark suit.

'It was when we arrived at the construction site, after you'd found the phone, the hammer. I was watching you, Billy. Saw the way you looked at Jet. It's the same way I used to look at Dianne. I didn't know.'

'That I loved her? That I'd loved her every single day since I was a little boy? That she was everything to me?'

'I'm sorry.' He hung his head, made Billy aim at the gray hair on top.

'Would you have still killed her, if you'd known?'

'I don't know, Billy,' he cried. 'I don't know why it happened. I was just so angry at everyone, at everything, and I only saw one way out, didn't stop long enough to think it all through. Something else took over, like the day Emily died. I just did what I had to do, to protect Luke. To help my son.'

'But I'm your son too!' Billy roared. 'I'm yours too! I'm the one who was here, who was always here! And you never even saw me, especially after Mom left!'

'I'm sorry.'

'Sorry doesn't bring Jet back. She's gone, Dad. I lost her.'

His chest seized, closing in around his heart, hiding it. It belonged to Jet, always would, he thought. But it belonged to Billy now too, shared, one half each.

'Where did you get the gun, Billy?'

'This.' Billy flicked his gaze to the gun in his right hand. 'It belongs to Henry Lim. He let us borrow it. Doesn't want his brother to go to prison forever, for killing Jet. JJ didn't kill Jet. I know you tried very hard to make it look like he did, wrapped a neat little story around all that circumstantial evidence. Was it hard to convince Detective Ecker, or was he happy to take the easy way out, the simplest explanation?'

'Billy –'

'– I can't live with that, Dad,' Billy sniffed, pushing on before he lost his nerve. He wouldn't lose it, because Jet was right here with him, and she was the brave one, dangerous little smile and her old-man laugh. 'I'm the one who has to live, that's what Jet told me, and I can't live with this. *You*, getting to walk around with her blood on your hands, while JJ goes to prison for the rest of his life for something he didn't do. All for Luke. Why did you do this?!' Billy's voice grated, tearing at his throat. 'Why do you care about Luke so much?!'

'Because he's mine!' Dad cried. 'And because he's Dianne's. He's ours!'

'And you think Luke would have wanted you to do this? Kill his little sister?'

Dad put his hands up again, eyes dark and urgent.

'He would understand,' he said. 'I did it for him. I look out for him, always have. He won't have the same life I did, people taking what should have been mine.' He shook his head, something stirring in his eyes as he stared down the barrel of the gun.

Billy tightened his grip. 'I promised Jet, as she was dying, that I was going to finish this for her. So that's what I'm doing.'

'No, Billy, no!' Dad begged. 'Don't kill me. Please. Put the gun down!'

'OK.' Billy loosened his grip, the gun swinging around his finger. He placed it on the table, beside his phone.

'OK?' Dad was confused, gaze flickering between Billy and the gun.

'I'm not going to kill you, Dad. I hate you, but I'm not like

418

you,' Billy said. He picked up his phone instead, tapped the screen. 'I got what I came for.'

Dad pushed up to his feet, wiped his face. 'You were recording me, is that it?' He gestured to Billy's phone, lines of sweat striping his temple. 'You think you can take that to the police, that they'll arrest me and you get your ending?' His face tensed, almost a sad smile, not quite making it. 'That's not how it works, Billy. A recording like that, it's not evidence, it's not admissible in court, especially as you coerced it out of me, a gun in my face. That's not how this works.'

'I know, Dad. I'm not an idiot. I am more than you think I am. Not just poor, sweet Billy.' He sniffed, waved his phone. 'I wasn't recording you. But someone was listening. Just one person.'

The ghosts came back, behind Dad's eyes, mouth dropping open.

'Who?' he whispered.

'Me.'

The voice rang out behind them, through the front door Billy had left ajar.

Luke.

Crisp white shirt, a black tie too tight around his reddening neck. His phone in his hand, by his side.

Dad swallowed, the color draining from his face, from his eyes somehow too, graying hair and grayscale skin. 'Luke. I can explain. None of that was true. He was pointing a gun at me. I didn't —'

'— You killed Jet,' Luke said, voice dark and deep, something ticking by his jaw, beneath the skin.

'No! I just said that because —'

'— I heard everything you said.'

'Luke, listen, I —'

Billy cut in now, stepping back, shoulder to shoulder with

Luke. Half his brother, half not. This man they shared, shivering before them. '– No, you listen, Dad. I thought this would hurt you most,' he said. 'This ending. You've lost everything for Luke. And now you just lost him too.'

Luke sharpened his eyes, that earthy green, so like Jet's.

Dad shook his head, staring at Luke. The only son he saw.

'I asked you,' Luke said, a growl hiding behind his voice. 'The night Jet died. I asked you if you had anything to do with it. You swore to me. You said it wasn't you. You lied! You killed her!' The growl didn't hide anymore, splitting his words in half, that temper rearing, up his throat. Billy stepped back from him, half a step.

'Calm down, Luke.' Dad raised his hands again. 'Let's talk.'

'Don't tell me to calm down!' Luke couldn't stand still, vibrating inside his funeral suit. 'You killed her!'

'I was just trying to protect you, Luke. I did it for you. All for you.'

'Why?!' Luke roared. 'So I'd get the company, is that all?!'

'You deserve it – it should be yours!'

Luke balled his hands, knuckles straining through the skin, almost healed. 'Why? It won't make me happy. There are more important things. My sister was more important!'

Billy looked at Luke. That was what Jet said to him in her letter, her final goodbye. Luke could be scary, Luke had a temper, but maybe Luke *could* change; maybe he was even changing right now, in front of Billy's eyes. Was this what Jet would have wanted? She never got the chance to tell Billy the ending *she* would have chosen.

'You're right, Dad,' Billy spoke up now, standing between them. 'A recording wouldn't have been admissible in court. But now there are two witnesses who heard your confession, both your sons. And there's evidence too.' He paused, pointed up the stairs. 'That Coleby tool kit, I returned it to you, it's in the closet upstairs. The police will find it when they search the house. We'll tell them everything. We'll go tonight, after the funeral, after I say goodbye to the girl I loved. Right, Luke?'

A click in the back of Dad's throat.

'It means nothing,' he said. 'You coerced it out of me, threatened me with a gun.'

Billy pressed his lips together. 'I don't see a gun. Do you, Luke?'

He turned back to look at Luke. Jaw still ticking, counting down to something, hands itching at his sides.

'Luke?'

His eyes darkened, neck strained, ridged with tendons, threads pulled too tight.

'I do,' Luke said, lunging forward.

Billy didn't have a chance to stop him.

He grabbed the gun from the table.

'Luke, no!'

Luke raised the gun, pointed it at Dad's head, finger on the trigger.

'Dad, run!'

Billy barreled into Luke.

An eruption of sound, cracking the night into two. The before and the after.

Plaster rained down on Billy's head, white dust on his jacket, a bullet hole in the ceiling.

Luke growled. He righted his arm, pointed the gun again, but Dad wasn't there anymore.

He was running.

Past them.

Out the open front door into the night beyond.

Luke didn't hesitate. He shoved Billy back and chased after him, gun at his side.

'Luke, stop!'

Billy's legs flew, and so did his heart, fight-or-flight or something in between.

This wasn't supposed to happen.

Outside, Dad was past the fence, sprinting across the road, toward the Masons' driveway.

Luke on his heels, bearing down on him.

Billy followed. No thoughts. Just Jet. What would Jet do?

Three suits, one gun, stained silver by the same moon.

Up the drive, a dozen cars parked in messy rows.

Dad wound between them, colliding with a blue Range Rover. The alarm went off, a mechanical scream, red lights flashing.

Luke followed him, past the Range Rover, catching up.

Billy chose a different path.

'Luke, no! There's a better way!' he shouted.

Dad had reached the house now, pummeling his fists against the red-painted door.

'Dianne!' he screamed. 'Help!'

Luke stopped behind Dad.

Billy behind him.

'Dianne!'

Billy saw her, through the window into the living room. Red-raw face, black dress, peering into the darkness outside the glass, at the chirping car.

Luke raised the gun.

'Luke, don't!'

'Dianne! Help!'

Dad pressed the doorbell instead, that up-and-down song. The camera didn't blink, watching this all happen. Inevitable now.

Luke swung his left arm forward, held the gun with both hands.

'LUKE!'

A thunderclap.

Not inside Billy's head, from Luke's hands.

A flash.

Billy blinked.

Dad fell to his knees.

A spatter on the front door, a darker red, the color of hellfire.

'No,' Billy whispered.

Another crack, another burst of white.

Dad fell to the ground.

He didn't move.

Billy blinked.

Not the ending he'd planned, but an ending he could live with. Because he was the one who had to live.

For Jet.

The front door opened.

Dianne and Scott and Sophia.

Someone screamed.

Billy blinked.

FOR HER
(Updated – New verse and chorus)

I won't drag you round in my heart no more,
I'll save one half for me.
Letting go, without ever forgetting, no.
Because you're coming too, get ready.
I'll do what you asked, leaving at last.
Find new stars, OK, I'm going.
Wish me luck in your little blue truck.

One day starts today because –

I loved her and she loved me back,
Same page, same track, not the right story.
Found each other to find ourselves, I'm sorry,
But it's a lesson I'll never forget.
That final week, not quite long enough, not quite dead yet.
But if it's a frog to you, then it's a frog to me too.
And (I swear) I'll always play it (I do),
Because I wrote this little song . . . for Jet.

Acknowledgments

. . . And breathe. Sorry, I know that was intense. I still find myself feeling sad for Jet (and I made her up) so I'm sorry for inflicting that trauma on you too. But I hope you don't just remember the sadness. I hope you remember her strength, and channel it when you need to. I certainly have this past year. WWJD (What Would Jet Do). So, my first thank you must go to you, reader. Thank you for letting me live my dream, telling stories for a living. It is bananas – truly – and there are no words for how grateful I am (and I know *lots* of words). But most of all, thank you for trusting me with your time; I hope you loved every minute of it.

My next thanks, as always, must go to the best literary agent in the world, Sam Copeland. This book was really an exercise in trust – for *him*, not me . . . I knew I had this down – as I insisted on writing an entire book, start to finish, while not under contract, much to my agent's dismay. But I wanted this book – and Jet's story – to speak for itself, not to rely solely on those who came before (CC: Pip, Red, and Bel). But the book didn't have to speak for itself, because Sam was there to champion it from day one, sowing seeds and spreading the word before he himself even really knew what it was about. All he had to go on was my vague description: 'Woman solves her own murder in seven days, and then it gets a bit *It's a Wonderful Life-y*.' Jet may be one of a kind, and so is Sam. Thank you.

Next, to my other wonderful agent, Emily Hayward-Whitlock, who is the best film/TV agent in the world (see, I can be diplomatic). Thank you, Emily, for being the calm

I have so often needed these past couple of years, and for guiding this ship through every high and low. Thank you for dedicating so much time, effort, and care to me as my fictional worlds make their way to the screen. I think we make a jolly good team.

Perhaps my greatest thanks are owed to Dr Matthew Pitt, without whom this book wouldn't have been possible. Thank you for being so generous with your time and medical expertise, as I detailed exactly what horrors I wanted to put this main character through. Thank you for helping me come up with a scenario that was as realistic and true to life as possible. I did deviate slightly from what we discussed – swapping out a bullet fragment for a sliver of skull – so any medical inaccuracies are mine and mine alone, but I hope you'll forgive me as I hold my hands up and yell: 'Poetic license!' Thank you for making this story I was dying to tell possible.

Now, to my incredible publishers. Firstly, the team at Bantam. My amazing editor needs no introduction, but I will do so anyway. Thank you so much to Jennifer Hershey, for adding me to your incredible existing list of authors, and for so expertly taking me and Jet under your wing. I'm so glad we both found our home with you, and I'm so grateful for the time and care you've dedicated to us. Thank you also to Kara Welsh and Kim Hovey, for believing in this book, and in me. Thank you to Taylor Noel in marketing, and Jennifer Garza and Melissa Folds in publicity. Thank you to Scott Biel for my incredible cover. I love it so much, and thank you for your patience as we slowly found our way toward it – ha! In this instance, I really hope people do judge a book by its cover. And thank you to: Loren Noveck, Jenn Backe, Debbie Glasserman, Saige Francis, Pam Alders, Richard Booth and Sarah Feightner, Nicholas

LoVecchio, Deborah Bader, Kate Gome, Julia Henderson, and Bridget Sweet. Thank you all so much for working so hard to take this story and turn it into a real-life book. I'm still convinced it's magic.

And to my and Jet's UK publisher, Michael Joseph. As soon as I met the team – before any of you even really knew what this book was about – I felt completely at home. I knew that not only were you the best team for the job, but that we would also have fun in the meantime – a lesson I also needed to learn, alongside Jet. Thank you so much to my amazing editor Joel Richardson; I'm so grateful that I have you in my corner, with your sharp eye and your boundless enthusiasm. Thank you to Max Hitchcock, Louise Moore, Hannah Smith, and Nalisha Vansia, for being as excited about this book as I am. Thank you to Sriya Varadharajan and Frankie Banks in publicity, and to Annie Moore and Vicky Photiou in marketing. And thank you to Lee Motley for my amazing UK cover.

Thank you to booksellers across the world who make sure my books actually find their way into readers' hands. I owe you everything.

Thank you to my family, as ever, for always being the first readers of all of my books. But most especially to my little sister, Olivia, who was my very first reader ever. My origin story as an author began at ten years old, when I would write (murder-filled) short stories just for you. Thank you for letting me traumatize you, both back then and forever. And thank you to my parents for not catching on to the above, while I fostered a love for storytelling. Thank you to Joe, who is now *officially* family. Thank you for trusting me to (*unofficially*) marry you and Liv, and to write something different – full of hope and happy endings – for a change. Thank you to Peter and Gaye for your unending support, and to Katie for talking brains and other medical things with me. And to Harry for caring about me and my books more than most. Thank you to Dexter – *you* are actually the good boy, Reggie is just made up, I swear.

And, as ever, the most important thank you belongs to one person. Ben. Unlike most of my book couples so far (oops sorry), we actually are endgame.

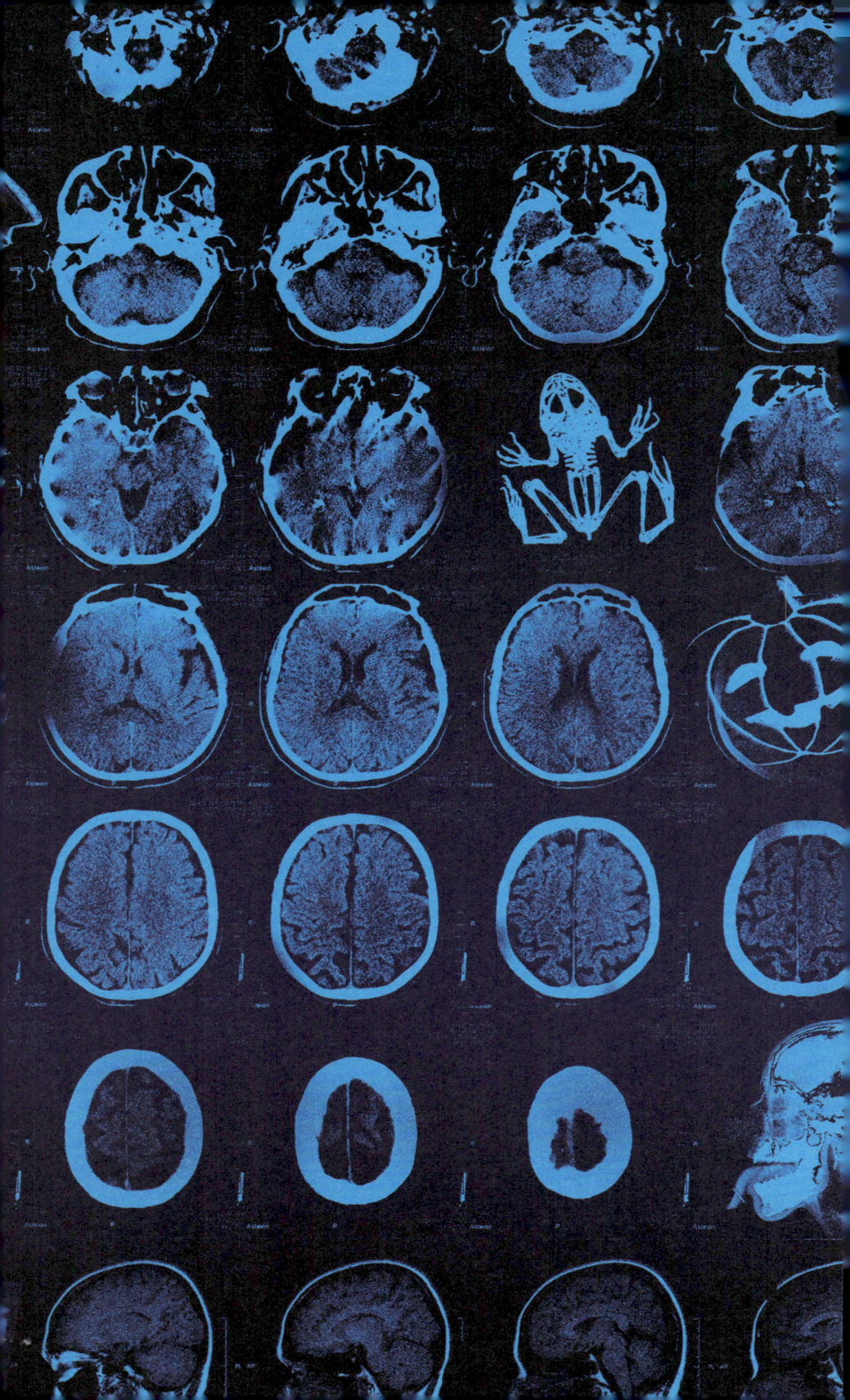